Florian Höhne
Verantwortung in der evangelischen Ethik

Florian Höhne

Verantwortung in der evangelischen Ethik

Begriff – Imagination – Soziale Praxis

DE GRUYTER

ISBN 978-3-11-137895-4
e-ISBN (PDF) 978-3-11-138401-6
e-ISBN (EPUB) 978-3-11-138430-6

Library of Congress Control Number: 2024937162

Bibliografische Information der Deutschen Nationalbibliothek
Die Deutsche Nationalbibliothek verzeichnet diese Publikation in der Deutschen Nationalbibliografie; detaillierte bibliografische Daten sind im Internet über http://dnb.dnb.de abrufbar.

© 2024 Walter de Gruyter GmbH, Berlin/Boston
Einbandabbildung: arsenisspyros / iStock / Getty Images Plus
Druck und Bindung: CPI books GmbH, Leck

www.degruyter.com

Robin

Uns bleibt nur der sehr schmale und manchmal kaum noch zu findende Weg, jeden Tag zu nehmen, als wäre er der letzte, und doch in Glauben und Verantwortung zu leben, als gäbe es noch eine große Zukunft.

(Dietrich Bonhoeffer, DBW 8, 35)

Vorwort von Hans Joas

„Niemand ist für seine Taten verantwortlich, niemand für sein Wesen; richten ist soviel als ungerecht sein. Dies gilt auch, wenn das Individuum über sich selbst richtet." Diese Sätze aus Friedrich Nietzsches Schrift „Menschliches, Allzumenschliches" von 1878, die er selbst „ein Buch für freie Geister" nannte, sind und bleiben eine scharfe Provokation für alle Ethik, ja für das Verständnis des Menschen im Ganzen. Nietzsche krönte mit ihnen seine Reflexionen über die Geschichte der moralischen Empfindungen, die er als die Geschichte eines Irrtums darstellte, „des Irrtums von der Verantwortlichkeit". Als letztes Wort von ihm zu diesen Fragen können die zitierten Sätze nicht gelten, weil ja zwischen ihnen und dem Plädoyer für Freigeistigkeit ein unverkennbares Spannungsverhältnis besteht und Nietzsche dies durchaus bewusst werden musste. Wenn heute, etwa in trivialisierten Bezügen auf angebliche Fortschritte der Hirnforschung, die Annahme eines freien Willens als bloße Illusion verabschiedet werden soll, wird von diesem komplizierten Spannungsverhältnis einfach abgesehen.

Ganz anders, ja im klaren Gegensatz zu Nietzsche wurden Begriffe wie Verantwortung und Verantwortlichkeit in der evangelischen Ethik des zwanzigsten Jahrhunderts, aber auch weit über diese konfessionelle Begrenzung hinaus in der Philosophie und politischen Theorie mit größter Emphase aufgeladen. Hier ging es meist darum, gerade die Freiheitsfähigkeit des Menschen herauszuarbeiten, aber auch dazu aufzufordern, nicht beim guten Gewissen wegen guter Absichten stehenzubleiben. Das Handeln soll vielmehr in der Fülle der von ihm ausgelösten Folgen – kurzfristiger und langfristiger, vorhersehbarer und unantizipierbarer, mitgewollter und paradoxer – betrachtet werden. In der protestantischen Theologie stehen dafür in Deutschland fragmentarische Überlegungen von Dietrich Bonhoeffer und insbesondere deren breite Ausarbeitung im Lebenswerk von Wolfgang Huber, in den USA das Buch „The Responsible Self" des in Deutschland bis heute kaum zur Kenntnis genommenen Denkers H. Richard Niebuhr und an ihn anknüpfend Schriften von William Schweiker. Außerhalb der Theologie ist die von Max Weber vorgenommene Unterscheidung von Gesinnungs- und Verantwortungsethik der wichtigste Bezugspunkt der Debatten, ungeachtet oft ihrer vielen zeitgebundenen politischen Implikationen. Hans Jonas hat mit seinem zum Bestseller gewordenen „Prinzip Verantwortung" dem Utopismus des „Prinzip Hoffnung" den Boden zu entziehen versucht, und das Schlüsselwerk eines politisch orientierten Kommunitarismus, nämlich Amitai Etzionis „The New Golden Rule", erhielt in der deutschen Ausgabe nicht zufällig den Titel „Die Verantwortungsgesellschaft". In all diesen Fällen geht es um eine realitätsgerechte, auch von den spezifischen Zwängen von Institutionen und sozialen Prozessen nicht absehende, in diesem Sinne pragmatische Ethik, die aber keinen Zweifel daran lässt, dass sich Freiheit nicht im Gegensatz zu Verantwortung begreifen lässt.

Einen eigentlichen Dialog zwischen der nietzscheanischen, von Michel Foucault ingeniös fortgesetzten und über zahllose Adepten verfügenden Tradition und der Tradition einer Ethik der Verantwortung gibt es kaum – einen Dialog, der nicht nur in der Zurückweisung des anderen besteht, sondern von diesem belehrt das Eigene neu begreift. Das vorliegende Buch eröffnet und ermöglicht einen solchen Dialog, insofern die Fragen einer nietzscheanischen Hermeneutik des Verdachts wirklich ernst genommen und systematisch auf die evangelische Ethik bezogen werden. Konkret heißt das, dass der Verfasser danach fragt, was die evangelische Ethik eigentlich tut, wenn sie eine Wende zur „Verantwortung" vollzieht, ja, ob sie diese Wende wirklich verantworten kann. Alle wissen, dass die Sorge, es geschehe dabei auch schwer zu Verantwortendes, nicht ganz von der Hand zu weisen ist. So können „liberale" Forderungen nach mehr Eigenverantwortung hohl klingen, wenn man die Lebensbedingungen derer kennt, denen sie gelten. So kann die Bereitschaft zur Übernahme der Verantwortung für andere von diesen als Anmaßung und Entmündigungsversuch erlebt werden. Leitend für den Durchgang durch eine geradezu überwältigend reiche Literatur ist in diesem Buch jeweils die Grundidee, „Verantwortung als soziale Praxis zu verstehen" (S. 62).

Diese Grundidee erzwingt es auch, noch eine Ebene tiefer zu steigen und nicht nur der Disziplin evangelische Ethik eine verstärkte Reflexion auf den Begriff der Verantwortung abzufordern, sondern allen Menschen, die ihr Handeln ethisch reflektieren wollen. Alle Handelnden sind aufgerufen, ihre eigene alltägliche Praxis der Zuschreibung von Verantwortung sensibel zu registrieren und zu überprüfen. In dieser Dimension und eigentlich schon in der genauen Fassung der Grundidee geht dieses Buch damit weit über den fachlichen Kontext der (evangelischen) Theologie hinaus. Der Verfasser zieht Philosophie und Sozialwissenschaften in ungewöhnlicher Breite heran. Dabei wird Vollständigkeit nicht erreicht, aber auch nicht angestrebt. Er greift von seiner Heimat in der deutschen evangelischen Theologie aus in andere Bereiche, bleibt aber auch deutlich dieser Heimat verhaftet. Das ist keine Schwäche, wohl aber ergeben sich daraus für die Leser zahlreiche Impulse zur Erweiterung des Horizonts. Für mich jedenfalls, der ich kein Theologe und kein Protestant bin, hat sich die Lektüre als vielfältig anregend und lehrreich erwiesen. Es wird spannend zu beobachten sein, ob die Gedankengänge des Verfassers in seiner Disziplin und in anderen Fächern aufgenommen werden, aber auch, ob die meist ganz von der Theologie absehenden Vertreter der nietzscheanischen Denktradition den hier angebotenen Dialog ernsthaft aufnehmen werden.

Prof. Dr. Dr. h.c. mult. Hans Joas

Danksagung

Die vorliegende Arbeit ist die leicht überarbeitete Fassung der schriftlichen Habilitationsleistung „Verantwortung. Begriff – Imagination – Soziale Praxis", die im Jahr 2022/23 Teil des Habilitationsverfahrens an der Theologischen Fakultät der Humboldt-Universität zu Berlin war, in dem mir der Fakultätsrat derselben Fakultät die Lehrbefähigung für das Fach Systematische Theologie zuerkannt hat.

Ohne die Möglichkeit, an der Berliner Theologischen Fakultät zu arbeiten, und ohne die förderliche, geistreiche, produktive und immer wieder auch humorvolle Atmosphäre, die ich dort erlebt habe, wäre diese Arbeit nicht entstanden. Deshalb danke ich Prof. Dr. Torsten Meireis, für diese Möglichkeit, für die gedeihlichen Arbeitsbedingungen in der Burgstraße, die Zusammenarbeit und für viele weiterführende theologische Gespräche. Ihm danke ich genauso wie Prof. Dr. Notger Slenczka und Prof. Dr. Traugott Jähnichen (Bochum) für die Erstellung der Gutachten im Verfahren. Zudem danke ich den Mitarbeiter:innen und Kolleg:innen an der Fakultät, die diese Arbeit, das Habilitationsverfahren und mich auf diesem Weg begleitet haben. Dazu zählen auch die Studierenden meiner Lehrveranstaltungen. In den oft intensiven theologischen Diskussionen mit ihnen habe ich viel gelernt. Dem de Gruyter-Verlag danke ich für die Möglichkeit, diese Arbeit zu veröffentlichen, und insbesondere Dr. Albrecht Döhnert und Katrin Mittmann für die erfreuliche Zusammenarbeit.

Darüber hinaus haben zahlreiche Personen, Gruppen und Institutionen es mir ermöglicht, diese Arbeit in dieser Form zu verfassen. Nur einige wenige davon können hier benannt werden; sie stehen zugleich für die nicht genannten: Für wichtige Hinweise und Rückmeldungen danke ich den Mitgliedern des Forschungskolloquiums an der Professur für Ethik und Hermeneutik der Theologischen Fakultät der Humboldt-Universität zu Berlin, insbesondere Prof. Dr. Torsten Meireis und Dr. Clemens Wustmans. Außerdem war hilfreich, dass ich Teile dieser Arbeit sowie das ganze Projekt im Transatlantic Dietrich Bonhoeffer Research Network 2018 und bei der Jahrestagung der Internationalen Bonhoeffer-Gesellschaft, Deutschsprachige Sektion, (ibg) diskutieren konnte. Ich danke Bettina Schön, M.A und Dr. Adrian Schmidt für das Korrekturlesen von Teilen dieser Arbeit – sämtliche jetzt in der Arbeit befindliche Satzfehler sind aber ganz allein meine Verantwortung.

Der letzte Dank im Vorletzten gilt meinen Freund:innen: Ohne eure Unterstützung, ohne eure Ablenkung und ohne euren Beitrag dazu, mich auf diese Arbeit konzentrieren zu können, hätte ich dieses Buch nicht abschließen können.

Erlangen um Ostern 2024
Prof. Dr. Florian Höhne

Inhalt

1 Einleitung: Wieso den Verantwortungsbegriff ethisch reflektieren? Problembestimmung — 1
1.1 Ausgangspunkt: Die Kritik der Verantwortung – und ihr Anschlussproblem — 4
1.1.1 Kritik an Praktiken der Verantwortung — 5
1.1.2 Kritik am Operator „Verantwortung" — 15
1.1.3 Das Anschlussproblem der Kritik — 24
1.2 Übergang: Die theologische Rede von Verantwortung – und ihr Praxisproblem — 26
1.2.1 Individuelle Verantwortung im sozialen Kontext — 29
1.2.2 Soziale Verantwortung im globalen Kontext — 44
1.2.3 Das Praxisproblem der theologischen Reflexion — 59
1.3 Aneignung: Der Weg dieser Arbeit — 61
1.3.1 Ausgangspunkt: Verantwortung als soziale Praxis — 62
1.3.2 Übergänge: Bedeutungsmehrwert und Bedeutungsüberschuss — 66
1.3.3 Aneignung: Zu einer selbstkritischen evangelischen Verantwortungsethik — 71

2 Vom Begriff zur sozialen Wirksamkeit. Praxis und Imagination als Kategorien zur Reflexion der sozialen Wirksamkeit von Verantwortung — 73
2.1 Zum Praxisproblem: Grundelemente einer Praxistheorie — 73
2.1.1 „Practice turn" und Praxisbegriff — 75
2.1.2 Handlungs- und Strukturtheorie — 83
2.1.3 Theorie und Praxis — 95
2.2 Zum Anschlussproblem: Das Imaginäre der Praxis — 102
2.2.1 Psyche, Institution und Imagination (Cornelius Castoriadis) — 104
2.2.2 Imaginierte Gemeinschaft und Plausibilität (Benedict Anderson) — 126
2.2.3 Das soziale Imaginäre (Charles Taylor) — 132
2.3 Aneignung: Verantwortung als Begriff, soziale Praxis und Imagination — 139
2.3.1 Verantwortung als Differenzbegriff — 139
2.3.2 Verantwortung als soziale Praxis — 158
2.3.3 Die Verantwortungspraktiken theologischer Ethiken — 178

3 Von der Pflicht zur Verantwortung. Der Bedeutungsmehrwert des Verantwortungsbegriffs in diskursiven Praktiken evangelischer Ethik —— 204

3.1 Philosophische Ausgangspunkte: Pflicht und Zurechnungsverantwortung —— 209
3.1.1 Pflicht in formaler Pflichtethik (Immanuel Kant) —— 209
3.1.2 Zurechnungsverantwortung in resignativer Mitleidsethik (Arthur Schopenhauer) —— 217
3.1.3 Aufgabenverantwortung in der „Genealogie der Moral" (Friedrich Nietzsche) —— 229
3.2 Übergänge: Von „Pflicht" zu „Verantwortung" —— 232
3.2.1 Der Übergang von „Pflicht" zu „Verantwortung" bei Albert Schweitzer —— 232
3.2.2 Der Übergang von Gesinnungsethik zu Verantwortungsethik bei Max Weber —— 252
3.2.3 Der Übergang von „Nachfolge" zu „Verantwortung" bei Dietrich Bonhoeffer —— 286
3.3 Aneignung: Der Begriff „Verantwortung" in evangelischer Ethik nach dem Zweiten Weltkrieg —— 304
3.3.1 Zur „Verantwortlichen Gesellschaft" (Ökumenische Bewegung und Heinz-Dietrich Wendland): Die Sozialethisierung des Sollenskonflikts —— 306
3.3.2 Zur verantwortlichen Lebensführung (Trutz Rendtorff): Die Rücknahme des Sollenskonflikts —— 329
3.3.3 Zur Verantwortungsethik als Sozialethik (Heinz Eduard Tödt und Wolfgang Huber): Die Operationalisierung und Diskursivierung des Sollenskonflikts —— 345

Zwischenbetrachtung —— 368
(A) „Verantwortung" als responsive Bearbeitung von Sollenskonflikten —— 368
(B) Von ihrer Sachgerechtigkeit zum Allokationsproblem von Verantwortung... —— 371
(C) ...zu einer provisorische Kriteriologie verantwortlichen Verantwortungsgebrauchs —— 374

4 Von der Theologie zum Imaginären der Verantwortung. Der imaginäre Bedeutungsüberschuss des Verantwortungsbegriffs in der Praxis evangelischer Ethik —— 380

4.1 Responsibilisierende Imaginationen von Verantwortung —— 383
4.1.1 Verantwortung aus der Anklage (forensische Imagination) —— 383

4.1.2	Verantwortung aus Begegnungserleben —— **408**	
4.1.3	Verantwortung aus Beziehung —— **429**	
4.2	Situierende Imaginationen von Verantwortung —— **449**	
4.2.1	Verantwortung in Ordnung: die Ordnungsimagination —— **450**	
4.2.2	Verantwortung in außerordentlichen Situationen: die Wagnisimagination —— **467**	
4.2.3	Verantwortung in der Lebensführung: die Gestaltungsimagination —— **476**	
4.3	Kontextualisierende Imaginationen von Verantwortung —— **480**	
4.3.1	Die Diabolizität der Welt – und das Gute im Handeln —— **481**	
4.3.2	Die Fragilität der Welt – und die Macht im Handeln —— **496**	
4.3.3	Die Versöhnung der Welt in Christus – und die Teilhabe daran —— **509**	

Schlussbetrachtung: Verantwortung, Verantwortungslosigkeit, Unverantwortbarkeit. Von der Verantwortungsethik zur selbstreflexiven Ethik freier Verantwortung —— 523

(A) Endliche Verantwortung —— **531**
(B) Gerichtete Verantwortungslosigkeit —— **545**
(C) Humane und individuelle Unverantwortbarkeit —— **560**

Ausblick —— 582

Siglen —— 592

Literaturverzeichnis —— 593

Register —— 614

1 Einleitung: Wieso den Verantwortungsbegriff ethisch reflektieren? Problembestimmung

Verantwortung ist „ein Schlüsselbegriff der gegenwärtigen Ethik"[1], wenn nicht gar „*der* – freilich vielschichtige – Leitbegriff in der Ethik des 20. Jahrhunderts"[2]. Das im ersten Absatz eines akademischen Textes über Verantwortung zu betonen, ist nicht nur fast Brauch, es ist auch plausibel. Aus Buchtiteln und Diskursbeiträgen theologischer Ethik, aus kirchlichen Denkschriften und Texten, aus Sonntagsreden und -predigten, aus den Leitartikeln und Talkshows des populären Diskurses ist der Verantwortungsbegriff kaum mehr wegzudenken[3] – auch nicht im 21. Jahrhundert: Er ist zum „Schlüsselbegriff" geworden.[4]

Die Schlüsselmetapher evoziert die Frage, in welches Schloss dieser Schlüssel „Verantwortung" eigentlich passt.[5] Schließt Verantwortung die Tür auf zu freier, selbstbestimmter Lebensführung vieler mündiger und verantwortlicher Einzelner? Oder öffnet Verantwortung die Tür zu einem Diskurs über die ethischen Dilemmata der Spätmoderne?[6] Erschließt „Verantwortung" einer komplexen, funktional aus-

---

[1] W. E. Müller 1997, 13, auch zitiert bei Ulshöfer 2015, 21. Vgl. auch: „Kein Zweifel: Verantwortung ist eine Schlüsselkategorie unseres gegenwärtigen Selbstverständnisses, das belegt nicht zuletzt die Zahl der im letzten Jahrzehnt erschienen Bücher mit dem Wort ‚Verantwortung' im Titel." (Kaufmann 1992, 11) Oder: „Die Vermutung liegt nahe, daß ‚Verantwortung' ein Schlüsselbegriff ist, der auf tiefgreifende Veränderungen im Selbstverständnis und der Befindlichkeit moderner Gesellschaften hinweist." (Günther 2000, 465–466, dazu auch Vogelmann 2014, 33) Bayertz spricht von „Schlüsselposition" und „Schlüsselkategorie" (Bayertz 1995, 3) und Reuter von „Schlüsselsemantik" (Reuter 2011, 301). Trutz Rendtorff hat zumindest „für das heutige Verständnis der ethischen Lebenswirklichkeit eine Art Schlüsselfunktion" des Verantwortungsbegriffs gesehen (vgl. auch für das Zitat Rendtorff 1982, 117). Werner Veith zufolge „ist auch im Bereich der Medien Verantwortung zum ethischen Schlüsselbegriff geworden" (Veith 2002, 381).
[2] Kreß 1992, 117, kursiv im Original.
[3] Vgl. so auch: „Zur Signatur protestantischer Stellungnahmen gehört der auffällig häufige und auffällig emphatische Rekurs auf den Verantwortungsbegriff – auf diejenige Verantwortung, die mit dem Eintreten für diese oder jene Position wahrgenommen werde." (C. Albrecht und Anselm 2019, 2) Zur Häufigkeit des Verantwortungsbegriffs in den „EKD-Veröffentlichungen der 1990er Jahre" vgl. Kalinna 2021, 76, dort auch das Zitat.
[4] Für einen Einblick in die monographische Literatur zum Verantwortungsbegriff vgl. Schwarzwäller 1992, der auch einige theologische Titel listet (vgl. a.a.O., 165–179). Manche der dort genannten Werke werde im Folgenden diskutiert.
[5] Die im folgenden formulierten Fragen fassen jeweils Deutungsoptionen zusammen, die in der folgenden Arbeit referiert und nachgewiesen werden.
[6] Vgl. dazu etwa Assadi 2013, 54.

https://doi.org/10.1515/9783111384016-003

differenzierten[7] Gesellschaft ein Verständnis ihrer selbst? Schließt „Verantwortung" nach einer langen Rede voller historischer Betrachtungen, Komplexitätswahrnehmungen und Aporien das Hintertürchen zu einem zumindest argumentativen Ausweg in die Gegenwartsrelevanz auf: dem ausgetretenen rhetorischen Schleichweg adressat:innenloser Appelle? Oder ist Verantwortung gar der Schlüssel, der nicht ein Schloss öffnet, sondern die Gefängnistüren eines Verblendungszusammenhangs tatsächlich vermachteter und nur scheinbar souveräner Lebensführung zuschließt?[8]

Letzteres ist in der Tradition zu Michel Foucault in den *„Governmentality Studies"* behauptet worden, die Responsibilisierung als dysemanzipative „Regierungstechnologie" betrachten.[9] Dem liegt eine „Hermeneutik des Verdachts" zugrunde.[10] Ad bonam partem gelesen sensibilisiert diese „Hermeneutik des Verdachts" für die Ambivalenzen – etwas pathetischer, aber hier sogar genauer gesagt: für die dunkle Seite der Verantwortung. Einem Menschen für etwas die Verantwortung zu geben, kann ein (subtiler) Weg sein, diesen Menschen zu beherrschen und dessen Freiheitsgebrauch zu kanalisieren. Für einen anderen Menschen Ver-

---

7 Begriff und Beschreibung von „funktionale[r] Differenzierung" und „Ausdifferenzierung" sind von Luhmann übernommen, vgl. etwa Luhmann 1987, 261–262, Zitate auf S. 261. Zur Relevanz dieser Gesellschaftsbeschreibung im Verantwortungsdiskurs, etwa bei Heidbrink vgl. Assadi 2013, 70.
8 Frieder Vogelmann hat entsprechend geschrieben von „der theoretischen Zelle, in die sich die dem Bann der Verantwortung verfallene Philosophie selbst einschließt" (Vogelmann 2014, 20).
9 Vgl. für die zitierten Begriffe und für eine Zusammenfassung dieser Behauptung im Nachhaltigkeitsdiskurs etwa Sulmowski 2018, 332: „Ein prominenter Strang solcher Kritik ist mit zahlreichen Arbeiten innerhalb der *Governmentality Studies* vertreten, in denen Responsibilisierung im Zeichen der Nachhaltigkeit als eine neoliberale Regierungstechnologie beschrieben wird." (ebd., kursiv im Original) Vgl. auch ausführlicher dazu a.a.O., 332–336. Die einschlägige und umfängliche Foucaultbasierte Betrachtung von Responsibilisierung, die Frieder Vogelmann geleistet hat (Vogelmann 2014, Bezug zur „Gouvernementalität" bei Foucault a.a.O., 63), wird im Folgenden referiert (1.1.2). Mit „dem Begriff der ‚Gouvernementalité'" von Foucault und der entsprechenden Perspektive arbeitet etwa auch: Junge 2008, Zitat auf S. 14; dort findet sich auch eine kurze Bestimmung des Begriffs (vgl. a.a.O., 14–15). Junge erwähnt in seiner Untersuchung auch die „Strategie der Responsibilisierung" (vgl. auch für das Zitat a.a.O., 89) und spricht von Verantwortung (vgl. a.a.O., 21).
10 Ich danke Torsten Meireis für den Hinweis hierauf. Den Grundverdacht in dieser Hermeneutik hat Foucault nicht nur inhaltlich nahegelegt, sondern auch auf den Begriff gebracht. So schrieb er in „Was ist Kritik?": „Deswegen [...] nimmt also die Problematisierung der Beziehung zwischen *Aufklärung* und *Kritik* die Form eines Mißtrauens, jedenfalls eines Verdachts an: für welche Machtsteigerungen, für welche Regierungsentfaltung, die umso unabwendbarer sind als sie sich auf Vernunft berufen, ist diese Vernunft selbst historisch verantwortlich?" (Foucault 1992, 19–20, kursiv im Original) Für eine Kritik daran vgl. etwa Wolfgang Schoberth: „Die Transformation in einen ubiquitären Verdacht, wie sie sich nicht zuletzt im Gefolge Foucaults verbreitet hat, muss die Ideologiekritik trivialisieren" (Schoberth 2014, 129). Zum Begriff „*Hermeneutik des Verdachts*" und seiner Einordnung vgl. etwa Oeming 2010, 130, dort auch das Zitat.

antwortung zu übernehmen, kann diesen anderen entmündigen. Diese „Hermeneutik des Verdachts" tendiert in besagten Studien aber auch dazu, die emanzipativen Wirkungen von Verantwortungsübernahmen abzublenden.[11] Neigen Sonntagsreden dazu, Verantwortung als eindeutig gut zu behandeln, stellt die von Foucault geprägte Kritik Verantwortung tendenziell als eindeutig schlecht dar. Beides übersieht die Ambivalenz von Verantwortung,[12] auf deren Auslotung die Reflexionsbewegungen dieser Arbeit zielen.

Diese Ambivalenzen auszuloten ist gerade für eine theologische Ethik wichtig. Denn erstens hat Georg Picht die vielzitierte These in den Diskursraum gestellt, der „Schlüsselbegriff" Verantwortung stamme aus der Tradition des Christentums: „Der Begriff der Verantwortung ist demnach als moralischer Begriff christlichen Ursprungs […]."[13] Insofern diese These trifft, wäre es naheliegend, der institutionalisierten Reflexion christlicher Traditionen, also der akademischen Theologie, Verantwortung für das zuzuschreiben, was „ihr" Begriff „Verantwortung" gesellschaftlich – und damit auch: kirchlich – für Unterschiede macht. Zweitens arbeiten – wie ich gleich belegen werde (1.2) – zahlreiche evangelische Ethiken unterschiedlichster Provenienz mit dem Verantwortungsbegriff oder verstehen sich gar als Verantwortungsethiken. Das macht es umso dringender, die Ambivalenzen, genauer: die ambivalenten Wirkungen dieses Begriffs in der Gesellschaft sozialethisch zu reflektieren. Darauf zielt die vorliegende Arbeit.

Dieses Ziel macht sie zu einer fundamentalethischen Arbeit in „Public Theology". Einer der prägenden Theologen der Public Theology, Duncan Forrester, hat unter der Überschrift *„Public Theology in an Age of Terror"* eine Aufgabe der Theologie so gefasst:[14]

> This is precisely the point at which a major theological responsibility comes into view: theologians are, or ought to be, people trained in the disciplined and critical investigation of religious symbolic structures, and the careful and responsible use of religious language – skills much needed today, with the new explosion of religious rhetoric and religious language around the world.[15]

---

11 Vgl. Sulmowski 2018, 334–335. Dort heißt es: „Diese Perspektive lässt keine Möglichkeit zu, solche Initiativen und Alltagspraktiken als Ausdruck von Selbst-Ermächtigung, Mündigkeit, Subversion oder gar Emanzipation zu betrachten." (ebd.)
12 Zu diesen Ambivalenzen vgl. schon Valerie Mosers Bericht aus dem Frankfurter DFG-Projekt „Zuschreibung von Verantwortung" (Moser 2008, Zitat auf S. 37); darin bezeichnet sie „Verantwortungszuschreibungen" als „hochgradig ambivalent" (vgl. auch für das Zitat a. a. O., 37).
13 Picht 1969, 319. Oft zitiert, nur beispielsweise auch etwa bei Strohm 2000, 209.
14 Vgl. für das Zitat Forrester 2004, 16, kursiv im Original.
15 Forrester 2004, 19.

Genau diese Verantwortung für die Sprache der eigenen Tradition nimmt Theologie wahr, wenn sie fragt: Was tun wir als theologische Ethiker:innen uns, der Gesellschaft und der Kirche an, wenn wir von Verantwortung reden? Um diese verantwortungsethische Perspektive auf die Verwendung des Verantwortungsbegriffs in Praktiken evangelischer Ethik geht es in dieser Arbeit. Mit einer praxissoziologisch und imaginationstheoretisch informierten Sensibilitätssteigerung für die ambivalenten Wirkungen von Verantwortung soll sie zu einem verantwortlichen Gebrauch von Verantwortung beitragen.[16]

Dazu beginne ich damit, den Forschungsstand zu erheben. Das kann ob der Komplexität und Breite des Themas nur exemplarisch geschehen. So zeige ich zunächst an ausgewählten Kritiken von Verantwortungspraktiken (1.1) und an theologischen Texten zur Verantwortung (1.2), welche Probleme es genau sind, die diese Arbeit sich zu bearbeiten vornimmt: ein Anschlussproblem (1.1.3) und ein Praxisproblem (1.2.3). Daraus ergibt sich die weitere Gliederung (1.3).

1.1 Ausgangspunkt: Die Kritik der Verantwortung – und ihr Anschlussproblem

Die kritische Auseinandersetzung mit Verantwortung und Verantwortungsrhetorik[17] ist nichts Neues. Spätestens seit Friedrich Nietzsche stehen die philosophischen Motive für eine Fundamentalkritik der Verantwortung bereit (3.1.3).[18] Eine neue Welle der Kritik hat sich als Reaktion auf eine wahrgenommene Verschiebung der Verantwortung vom Sozialstaat in die Gesellschaft und die „Eigenverantwortung" von Einzelnen aufgebaut.[19] Für diese neueren Kritiken stehen die Arbeiten von Klaus Günther, Ludger Heidbrink und Frieder Vogelmann, die ich im Folgenden

---

[16] Eine grundsätzliche ähnliche Perspektive wurde in der empirischen Sozialforschung etwa in dem Frankfurter Projekt „Zuschreibung von Verantwortung" eingenommen (dazu Moser 2008, 37). Darin hat Moser nicht nur „die Zuschreibung von Verantwortung als soziale Praxis begriffen" (a.a.O., 38), sondern auch die in diesen Praktiken bestehenden Bilder und Vorstellungen untersucht (vgl. a.a.O., 41–46).
[17] Für den Begriff vgl. auch Günther 2002, 120.
[18] Vgl. zur „*Ambivalenz der Verantwortlichkeit*" bei Friedrich Nietzsche ausführlich Vogelmann 2014, 304–312, Zitat auf S. 304, kursiv im Original, und zu Nietzsches Verantwortungskritik Heidbrink 2003, 80–87.
[19] Vgl. so unter anderem Heidbrink 2007, 164–167; Vogelmann 2014, 166–174. Vgl. auch Günther 2000, 266–267; Günther 2002, 118–119, 131–132. Vgl. auch Buddeberg 2016, 239–244, die dort zitierte Literatur und Buddebergs eigene, ebd. vorgetragene Kritik, sowie manche der Beiträge in Henkel et al. 2018a.

referieren werde.[20] Alle drei behandeln Verantwortung als ein soziales und sozial situiertes Phänomen und machen in dieser Perspektive die „dunklen" Seiten von Verantwortung sichtbar.

Obwohl sich im theologisch-ethischen Diskurs „Verantwortung" ungebrochener Popularität erfreut, sind die Kritiken an Verantwortung dort erstaunlich wenig rezipiert oder diskutiert worden. Diese Spannung zwischen Problemhaftigkeit und (theologischer) Popularität von Verantwortung gab den Anlass für die vorliegende Arbeit. Deshalb ist eingangs zu fragen: Was ist eigentlich problematisch an Verantwortung? In der Beantwortung dieser Frage wird sich zeigen, dass die Kritiken der Verantwortung ein Anschlussproblem haben (1.1.3).

1.1.1 Kritik an Praktiken der Verantwortung

1.1.1.1 Klaus Günther: Das Disziplinierungsproblem in Verantwortungszuschreibungen

Klaus Günther hat das Thema Verantwortung vor allem in seiner Antrittsvorlesung 1999 in Frankfurt und einigen Aufsätzen behandelt.[21] Grundlegend dafür ist, dass er Verantwortung nicht bloß als theoretisches Konzept oder Begriff, sondern als eine soziale Zuschreibungspraxis betrachtet:[22] Verantwortung als „Schlüsselbegriff" signalisiere vermutlich „tiefgreifende Veränderungen im Selbstverständnis und der Befindlichkeit moderner Gesellschaften", weil mit dem Begriff „Regeln und Institutionen" verbunden seien, „welche die Verteilung von Verantwortlichkeiten zwischen Staat und Gesellschaft sowie unter den Bürgern selbst festlegen".[23] Verantwortung als geregelte und institutionalisierte Verteilungspraxis – in Günthers Worten als „soziale Praxis der Selbst- oder Fremdzuschreibung von Verantwortung" – zu verstehen, ermöglicht es Günther, auf Makroebene die *soziale Funktion* und die zeitgeschichtliche Verortung dieser Praxis zu beschreiben.[24] Diese Funktion bestehe darin, Komplexität zu reduzieren, nämlich „gesellschaftliche Kommunikation über soziale Probleme und Konflikte, Risiken, Gefahren und Schäden so zu strukturieren, daß sie einzelnen Personen, Individuen zugeordnet werden, nicht

---

20 Die Auffindung der ersten beiden Kritiken verdanke ich deren Darstellung bei Vogelmann 2014, 33–40. Eine Erste Auseinandersetzung meinerseits mit diesen Kritiken findet sich in Höhne 2017c.
21 Die Antrittsvorlesung wurde publiziert als Günther 2000. Vgl. auch Günther 2002; Günther 2006 Auf diese Texte greift auch Vogelmann 2014, 33–37, 454 zurück. Vgl. dort auch für eine erste Zusammenfassung der Arbeiten Günthers.
22 Vgl. Günther 2000, 469, 482.
23 Günther 2000, 465–466.
24 Vgl. auch für die Zitate Günther 2000, 469, kursiv im Original. Vgl. auch a.a.O., 482.

aber überindividuellen Strukturen und Prozessen, der Gesellschaft, der Natur oder dem Schicksal."²⁵ Verantwortungszuschreibungen strukturierten Kommunikation also so, dass sie diese Kommunikation darauf ausrichten, aus dem vielfältigen Netz von Faktoren und Relationen, in denen und durch die Ereignisse entstehen, handelnde Personen als Ursachen (willkürlich) herauszustellen:²⁶ So verstanden sind Verantwortungszuschreibungen ein personalisierender und individualisierender Mechanismus gesellschaftlicher Komplexitätsreduktion.²⁷

Zeitgeschichtlich verortet erscheint „Verantwortung" bei Günther als Signum gesellschaftlicher Transformationen, insbesondere des Wirtschaftssystems, des Sozialstaates und des Rechtssystems, die er als „Wechsel der Zurechnung" beschreibt:²⁸ Die Verantwortung für „Daseinsvorsorge" und „für die Sicherung der eigenen Lebensbedingungen" werde etwa vom Sozialstaat in die „Eigenverantwortung" der Einzelnen²⁹ und „vom Staat auf die Gesellschaft" verschoben;³⁰ in der „Kriminalpolitik" würden die Ursachen weniger in „Defizite[n] in der Sozialisation oder der Sozialstruktur" und mehr in der individuellen Verantwortung der Täter:innen gesucht.³¹

Die sich im Zuge dessen ergebenden „ambivalenten Folgen" beschreibt Günther zunächst mit Günter Frankenberg als überfordernde „aktivistische Zumutung" an die Bürger:innen, die „Prinzipien ihres Zusammenlebens" selbst hervorzubringen und die eigene Lebensgeschichte nur der eigenen Verantwortung zuzurechnen.³² Später spricht er differenzierter von Disziplinierung (1) und Diffusion (2).³³

(1) Erstens bleiben Günther zufolge in „der inflationären Verwendung des Verantwortungsbegriffs" – und in dem damit einhergehenden Zurechnungswechsel auf den Einzelnen – die Voraussetzungen der Verantwortungszurechnung „unerläutert".³⁴ Wo mit der Verantwortung „positive Verhaltenserwartungen" verbun-

---

25 Vgl. Günther 2000, 469–471, Zitat auf S. 471.
26 Vgl. Günther 2000, 469; Günther 2002, 126.
27 Vgl. Günther 2000, 469–471; Günther 2002, 133.
28 Vgl. Günther 2000, 466–468, 471, Zitat auf S. 471. Zur „Transformation des Sozialstaates" Günther 2002, 131–132, Zitat auf S. 131.
29 Vgl. auch für die Zitate Günther 2000, 466, 471; Günther 2002, 117–119.
30 Vgl. auch auf das Zitat Günther 2002, 118.
31 Vgl. auch für die Zitate Günther 2000, 468; vgl. auch Günther 2002, 118, 133–135.
32 Vgl. Günther 2000, 471–475, Zitate auf S. 471, 473. Vgl. etwa: „Umstände, Milieu, Schicksal gelten immer weniger als Entlastung für die Zurechnung einer Lebensgeschichte zur Verantwortung des einzelnen." (a.a.O., 474)
33 Vgl. Günther 2002; Günther 2006, 324–325. Zur Diffusion vgl. auch schon Kaufmann 1992, 66–67; Heidbrink 2003, 261 (Günther zitiert auch Heidbrink). Zu einer Zusammenfassung und Kritik von Günthers Position vgl. auch Vogelmann 2014, 35–37.
34 Vgl. auch für die Zitate Günther 2002, 118.

den seien, gingen diese Zurechnungsvoraussetzungen über Handlungsfähigkeit und Vorhersagbarkeit der Folgen hinaus und umfassten „[n]eben internen kognitiven und volitionalen Fähigkeiten" auch „externe Handlungs- und Gestaltungsspielräume sowie materielle, zeitliche, kulturelle und soziale Ressourcen" und nicht zuletzt „psychische Dispositionen wie Selbststeuerung und Selbstkontrolle".[35] Trifft die Verantwortungszuschreibung am Ort des Einzelnen nun auf diese Voraussetzungen oder zumindest das Potenzial dafür und einen sich aus freien Stücken selbst als „eigenverantwortliches Subjekt" verstehenden Einzelnen, könne dieser die Verantwortungsforderung als „Ermächtigung" erfahren.[36] Kann der Einzelne sich „das Personenkonzept der Eigenverantwortung" nicht „zu Eigen machen" oder fehlt es an den „Voraussetzungen zur Verantwortungsübernahme" bzw. an der Möglichkeit, diese zu erwerben, wird Eigenverantwortung als „erzwungene", als „Fremdbestimmung" und *„Disziplinierung"* erfahren:[37]

> Es wird ihnen zugemutet, sich selbst als eine Person zu verstehen, die sie nicht sind und zu der sie nicht werden können oder die sie nicht werden wollen.[38]

Auf Mikroebene entsteht so, was sich „Disziplinierungsproblem" von Verantwortung nennen lässt: Der Ruf zur Verantwortung wird in konkreten sozialen Praktiken als fremdbestimmte Disziplinierung erfahren, wo freier Willen und Voraussetzungen zu Verantwortungsübernahme fehlen.[39]

(2) Eine zweite Problematik hat Günther auf Makro- und Mesoebene beschrieben. Dazu unterscheidet er „Aufgaben- und Zurechnungsverantwortung".[40] Bezieht sich erstere auf die Verantwortung, „künftig Erwartungen zu erfüllen", meint letztere vor allem die Zurechnung vergangener Schäden und Normverletzungen.[41] Da der „Ruf nach (mehr) Verantwortung [...] vor allem die Aufgabenverantwortung" meine,[42] setzt er eine „Expansion von Aufgabenverantwortungen bei gleichzeitiger Steigerung gesellschaftlicher Komplexität" um.[43] Das damit ein-

---

35 Vgl. Günther 2002, 126–128., Zitate auf S. 127, 128.
36 Vgl. Günther 2002, 120–123, 128–129, Zitate auf S. 121.
37 Vgl. auch für die Zitate Günther 2002, 121–122, kursiv im Original. Vgl. dafür auch Günther 2002, 128–129.
38 Günther 2002, 129.
39 Vgl. pointiert Günther 2002, 122, 128. Dort heißt es etwa: „Was ihm seine Eigenmacht garantieren soll, ist zugleich das, was ihm diese Eigenmacht nimmt." (a.a.O., 122)
40 Vgl. auch für das Zitat Günther 2006; Vogelmann 2014, 35. Vgl. bei Vogelmann (a.a.O., 35–36) auch für eine kurze Zusammenfassung der These Günthers.
41 Vgl. auch für das Zitat Günther 2006, 295.
42 Vgl. auch für das Zitat Günther 2006, 297.
43 Vgl. auch für das Zitat Günther 2006, 323.

hergehende Fehlerrisiko am Ort des verantwortlichen Subjekts führe zu dessen Überforderung und als Folge dessen zur „*Diffusion von Zurechnungsverantwortung*":[44] Es wird attraktiv, Verantwortung „zu externalisieren und zu verwischen".[45] Diese Diffusion führt zu einer „Zurechnungsexpansion" und deswegen zu einer „Aufgabendiffusion", die von den jeweils individuellen Voraussetzungen der Zurechenbarkeit absähen:[46]

> Was eine verantwortliche Person in einer konkreten Situation tun kann, ob und inwiefern die jeweiligen natürlichen und gesellschaftlichen Umstände ein verantwortliches Handeln ermöglichen – diese Fragen verlieren an Bedeutung und Gewicht, wenn feststeht, dass zugerechnet werden muss.[47]

Insofern scheint die Diffusion von Zurechnungs- und Aufgabenverantwortung das Disziplinierungsproblem weiter zu verschärfen. Gleichzeitig hat Günther damit das Diffusionsproblem von Verantwortung benannt und als sich selbstverstärkende „Abwärtsspirale" identifiziert:[48] Schließlich führe die Diffusion von Zurechnung zur Diffusion von Aufgaben, was wiederum zur Diffusion von Zurechnung führe.[49]

Zur *konstruktiven Bearbeitung* des Diffusions- und des Disziplinproblems schlägt Günther eine „reflexive Wendung" auf die Implikationen von „Verantwortung" vor:[50]

> Die prekäre Balance zwischen Ermächtigung und Disziplinierung lässt sich nur in dem Maße zugunsten der Ermächtigung verschieben, in dem die Individuen und die Gesellschaft sich über das Konzept einer verantwortlichen Person verständigen können, das dem Imperativ der Eigenverantwortung zugrunde liegt.[51]

---

44 Vgl. Günther 2006, 323–324, Zitat auf S. 324, kursiv im Original.
45 Günther 2006, 324.
46 Vgl. Günther 2006, 325–327, Zitate auf S. 327, Vogelmann 2014, 36. Auch in seiner Antrittsvorlesung sprach Günther schon von der Gefahr, „Zurechnungen grenzenlos werden zu lassen und Verantwortlichkeiten zu totalisieren" (Günther 2000, 476).
47 Günther 2006, 326.
48 Vgl. auch für das Zitat Günther 2006, 327; Vogelmann 2014, 36. Zum Diffusionsproblem vgl. etwa auch Bayertz 1995, 67, der schreibt: „Wo alle verantwortlich sind, kann prinzipiell kein Unterschied mehr zwischen denen gemacht werden, die verantwortlich sind und denen, die es nicht sind. Und damit verliert die Rede von Verantwortung tatsächlich jeden deutlichen Sinn." (ebd.)
49 Günther 2006, 327.
50 Vgl. auch für das Zitat Günther 2000, 476.
51 Günther 2002, 137–138.

Dieses jeweils „kontextspezifische[.]"⁵², „implizite Personenkonzept" müsse Günther zufolge „selbst zum Gegenstand öffentlicher Diskurse der Zivilgesellschaft" werden, damit Bürger:innen „Verantwortung für ihre Verantwortlichkeit übernehmen" können.⁵³

1.1.1.2 Ludger Heidbrink: Das Diffusionsproblem in Verantwortungssemantiken

Ähnlich wie Klaus Günther beschreibt auch der Philosoph Ludger Heidbrink eine mit der Konjunktur des Verantwortungsbegriffs verbundene Transformation der Zurechnung von Verantwortung etwa für Daseinsvorsorge weg vom Wohlfahrtsstaat und hin auf die „Bürgergesellschaft" und in die „Eigenverantwortung" der Einzelnen, die aus diesem Prozess als vereinzelte, verunsicherte, überlastete und – so stellte er mit Alain Ehrenberg fest – depressive hervorgehen könnten.⁵⁴ Heidbrinks Habilitationsschrift „Kritik der Verantwortung" stellt im deutschsprachigen Raum die bislang umfassendste Ideengeschichte, soziologische Einordnung und Kritik des Verantwortungsbegriffs dar, die eine komplexere und differenzierte Beschreibung des Diffusionsproblems von Verantwortung beinhaltet.⁵⁵ Grundvoraussetzung der darin vorgestellten Reflexionen ist wieder, Verantwortung als soziale Praxis zu verstehen: „Verantwortungsbegriffe sind", so hält Heidbrink gleich in der Einleitung fest, „interpretative Zurechnungskonstrukte, die erst durch die Verbindung von deskriptiven Beschreibungen mit normativen Wertungen zustande kommen. Jemand ist nicht verantwortlich, sondern wird zur Verantwortung gezogen."⁵⁶ Genau das öffnet das Blickfeld für die gesellschaftlichen Praktiken, „Strukturen und Prozesse[.]",⁵⁷ in denen verantwortlich gemacht wird. Diese perspektiviert Heidbrink nun zunächst sozialhistorisch: Systemtheoretisch beschreibt er die Entwicklung moderner Gesellschaft als „Ausdifferenzierung funktionaler Operationssysteme" und damit insgesamt als „Komplexitätssteigerung".⁵⁸ Die Komplexität erschwere Verantwortungszuordnungen einerseits, weil Nebenfolgen von Handlungen sichtbarer, weitreichender und wichtiger werden, sich aber in komplexen Prozessen kaum mehr individuellen Akteur:innen als Verursacher:innen plausi-

---

52 Günther 2000, 479.
53 Vgl. auch für die Zitate Günther 2000, 477.
54 Vgl. Heidbrink 2007, 163–167, Zitate auf S. 165, zu „Verunsicherungen und Überlastungen" a.a.O., 167.
55 Vgl. Heidbrink 2003.
56 Heidbrink 2003, 22.
57 Das Begriffspaar von „Strukturen und Prozessen" übernehme ich von Jarren und Donges 2006, 30–38, Zitat auf S. 30, im Original fett.
58 Vgl. Heidbrink 2003, 17–19, 28, 39–40, Zitate auf S. 39, 19. Vgl. dazu auch Assadi 2013, 70.

bel zurechnen ließen.⁵⁹ Andererseits ruft dies Verantwortung als Ersatz für „Pflicht- und Rechenschaftsverhältnisse" in der Bearbeitung von Komplexität auf den Plan.⁶⁰ Damit ist der „Ruf nach Verantwortung" ein – wie er an anderer Stelle mit einem deutsch-typisch kurzen Wort sagt – „*Fortschrittsfolgenbewältigungsphänomen*"⁶¹. Im Zuge der damit einsetzenden „Konjunktur des Verantwortungsbegriffs"⁶² sei die Kategorie immer weiter entgrenzt worden, um Ereignisse in ferner Vergangenheit und Zukunft, eigendynamische Prozesse und vernetzt-arbeitsteilige Strukturen ebenfalls zurechenbar zu machen, ohne von der „*personalistischen Basis*" perso- naler Verantwortung zu lassen,⁶³ sodass sie schließlich als „*Medium der Steuerung in einer steuerungslosen Zeit*" fungieren soll,⁶⁴ das die „*Steuerung nicht direkt steuerbarer Prozesse*"⁶⁵ ermöglichen soll.⁶⁶ Dass diese Entwicklung den Verant- wortungsbegriff überfordert, zeigt Heidbrink an sechs Spannungen, von denen die meisten jeweils zwischen der „*personalistischen Basis*" auch alltagspraktischer Verantwortungsübernahme einerseits und ihren Entschränkungen andererseits bestehen – „*zwischen temporaler Erweiterung und präsentischen Grundlagen*" etwa oder „*zwischen Teilung und Unteilbarkeit von Verantwortung*".⁶⁷ Daraus ergibt sich die „problematische *Ambivalenz* des Begriffs" der Verantwortung:⁶⁸

> Wir benötigen ihn, um Nebenfolgen und Randeffekte unseres Handelns in den Gegenwarts- horizont der moralischen Vernunft einbeziehen zu können. Zugleich verleitet der Begriff in seiner normalen (und normativen) Verwendung jedoch dazu, die Einsichten in eigensinnige Strukturzusammenhänge überzubewerten und die Eingriffsmöglichkeiten in sie zu über- schätzen.⁶⁹

---

59 Diese Schwierigkeit wird in den „Konsequenzen des Handelns in komplexen Zusammenhän- gen", die Heidbrink beschreibt, deutlich (Heidbrink 2003, 30–35, Zitat auf S. 30): Diese bestünden im Bedeutungsgewinn des Kontextes und von Nebenfolgen, in der räumlichen und zeitlichen Ent- grenzung möglicher Handlungsfolgen und in der „*Zurechnungsexpansion von Handlungen*" sowie in der Verbreitung der Verantwortungskategorie selbst (vgl. Heidbrink 2003, 30–35, Zitat auf S. 33, kursiv im Original).
60 Vgl. auch für das Zitat Heidbrink 2003, 35 und dazu auch S. 19.
61 Heidbrink 2007, 162, Zitat im Original kursiv.
62 Heidbrink 2003, 35.
63 Vgl. Heidbrink 2003, 35–38, Zitat auf S. 38, kursiv im Original. Heidbrink spricht selbst von „arbeitsteiligen Strukturen" (a. a. O., 37).
64 Vgl. auch für das Zitat Heidbrink 2003, 44, kursiv im Original.
65 Heidbrink 2007, 163, kursiv im Original.
66 Vgl. dazu auch Vogelmann 2014, 34, der teilweise die gleichen Stellen zitiert.
67 Vgl. Heidbrink 2003, 45–49, Zitate a. a. O., 38, 45, 46, kursiv im Original. Vgl. zu dieser Überfor- derung auch a. a. O., 19, 45.
68 Heidbrink 2003, 48; Vogelmann 2014, 34.
69 Heidbrink 2003, 48. Zur Verbindung von Verantwortung mit der „Überschätzung der Möglich- keiten menschlicher Lebensbewältigung" vgl. auch Römelt 2014, 148, dort auch das Zitat.

Die Folgen der „Entgrenzung" von Verantwortung bringt Heidbrink mit dem Ausdruck „*Diffusion* des Begriffs" auf den Punkt:[70] In den genannten Spannungen und widersprüchlichen Entgrenzungen werde der Begriff selbst diffus.[71] Das bringe eine „Reihe gravierender Schwierigkeiten"[72] mit sich, die sich in einfachen, verkürzenden Worten so fassen lassen: Es wird in Verantwortungszuschreibungen unklar, wer genau eigentlich für was genau, auf welcher normativen Grundlage von wem genau zur Verantwortung gezogen werden kann.[73] Aufgrund der Diffusität des Begriffs kann Verantwortung normativ aber auch da zugeschrieben werden, wo sie human eigentlich nicht tragbar ist, was zwar den Begriff gerade als diffuseren attraktiv macht, aber die Überschätzung menschlicher Steuerungsmöglichkeiten und Gewissheiten erzeugt:[74]

> Die Rede von Verantwortung führt, anders ausgedrückt, dazu, daß Handlungen in komplexen Kontexten weiterhin unter vermeintlichen Gewißheitsbedingungen stattfinden, Entschlüsse im Vertrauen auf ihre normative Richtigkeit gefaßt und Nebenfolgen auf kognitivem Weg in den Horizont der Gegenwart einbezogen werden. Der Verantwortungsbegriff fungiert nicht trotz, sondern *wegen* seiner geltungstheoretischen Unschärfe und semantischen Mehrdeutigkeit als handlungspraktisches Passepartout, mit dem sich hochgradig kontingente Entscheidungen in die zerklüftete Wirklichkeit hochmoderner Gesellschaftssysteme umsetzen lassen.[75]

Damit hat nun Heidbrink das Diffusionsproblem von Verantwortung nicht nur differenziert benannt, sondern auch dessen Verstrickung in die „Erfolgsgeschich-

---

70 Vgl. auch für die Zitate Heidbrink 2003, 48.
71 Vgl.: „Indem das Konzept der Verantwortung vom Individuum auf die Gesellschaft, vom Einzelnen auf Korporationen, vom Menschen auf die Natur, von der Gegenwart auf Vergangenheit und Zukunft übertragen wird, verliert es seine Konturen und gewinnt einen begrifflich diffusen und praktisch widersprüchlichen Charakter, der zu einer Reihe gravierender Schwierigkeiten bei der Verwendung des Konzepts in komplexen Zusammenhängen führt." (Heidbrink 2003, 258)
72 Heidbrink 2003, 258.
73 Vgl. Heidbrink 2003, 258–263. Vgl. dazu bei Heidbrink auch Funiok 2011, 66–67; zu den damit gestellten W-Fragen der Verantwortung siehe 2.3.1.3 und die dort zitierte Literatur. Insbesondere expandierten im Zuge der Diffusion die Kreise des human Verantwortbaren (vgl. Heidbrink 2003, 259); das Verantwortungspostulat werde total, indem es auf alles von Alltagswelt bis globalen Zusammenhängen bezogen werde (vgl. a.a.O., 259–260) und mache den Menschen so für das „Schicksal der Weltgesellschaft" absolut verantwortlich (vgl. auch für das Zitat a.a.O., 260), diffundiere aber gleichzeitig bis zur Unlokalisierbarkeit in „arbeitsteilige[.] Prozesse" (vgl. auch für das Zitat a.a.O., 261) und käme dahin, sich auf „völlig disparate Geltungs- und Handlungsebenen" zu beziehen (vgl. auch für das Zitat, a.a.O., 262).
74 Vgl. Heidbrink 2003, 263 und vgl.: Insgesamt verleite „der Begriff in seiner normalen (und normativen) Verwendung […] dazu, die Einsichten in eigensinnige Strukturzusammenhänge überzubewerten und die Eingriffsmöglichkeiten in sie zu überschätzen." (Heidbrink 2003, 48)
75 Heidbrink 2003, 263, kursiv im Original.

te"⁷⁶ von „Verantwortung" herausgestellt: Nur aufgrund seiner internen Diffusität in Bezug auf Geltungsbereich, Zurechnungsregeln und Reichweite konnte der Verantwortungsbegriff zum Medium moderner Zurechnungspraktiken werden, die die paradoxe Funktion erfüllen, *„Steuerung nicht direkt steuerbarer Prozesse"* zu simulieren.⁷⁷ Anders gesagt: Unklarheiten in der Zurechnung und Zurechenbarkeit sind nicht wie bei Günther das akzidentielle Problem eines Gebrauchs von Verantwortung, sondern qualifizieren denjenigen Gebrauch von Verantwortung, der diese als Kategorie in komplexen Gesellschaften erst attraktiv gemacht hat. Diffus ist für Heidbrink nicht nur die Zuschreibung von Verantwortung, sondern der Begriff selbst.

Heidbrinks eigene Arbeit zielt dann auf eine „Diätetik der Verantwortung",⁷⁸ also eine Einschränkung und Vereinfachung des Verantwortungsgebrauchs.⁷⁹ Zur Bearbeitung des Diffusionsproblems entwickelt er entsprechend einen *„kontextualistische[n] Verantwortungsbegriff, der skeptisch grundiert ist"*.⁸⁰ Die „Kombination" aus einer alltagsnahen *„Grundstruktur"* im Verantwortungsbegriff und einem *„Differenzierungsprinzip"* soll als *„methodische Eingrenzung des Verantwortungsbegriffs [...]* der *faktischen Entgrenzung des Verantwortungsfeldes"* entgegenwirken.⁸¹ In der Grundstruktur, die ein „primäres Verantwortungsprinzip" umschreibt, bleibe Verantwortung einfach „ein dreistelliger Zuschreibungsbegriff, durch den ein Subjekt für ein Objekt aufgrund bestimmter Bewertungsregeln verantwortlich gemacht wird", wenn „Freiheit, Kausalität und Willentlichkeit" feststellbar sind.⁸² Erst über *„sekundäre Verantwortungsdimensionen"* werde dieser Grundbegriff dann erweitert, um differenziert und begrenzt angewandt werden zu können.⁸³ Das Differenzierungsprinzip hat dann die Aufgabe, diese Erweiterungen einzudämmen:⁸⁴

> Es muss der Regel unterstellt werden, daß Erweiterungen des primären Verantwortungsprinzips nur dann zulässig sind, wenn sekundäre Verantwortungskriterien eine bessere Bewältigung der Handlungssituation ermöglichen.⁸⁵

---

76 Heidbrink 2003, 263.
77 Vgl. auch für das Zitat Heidbrink 2007, 163, im Original kursiv, und Heidbrink 2003, 48.
78 Vgl. auch für das Zitat Heidbrink 2003, 23.
79 Zur Vereinfachung vgl. auch Heidbrink 2003, 305. Zur Limitierung vgl. a. a. O., 23.
80 Heidbrink 2003, 49, kursiv im Original. Vgl. auch Vogelmann 2014, 34.
81 Vgl. auch für die Zitate Heidbrink 2003, 51, 305–306, kursiv jeweils im Original. Vgl. auch Vogelmann 2014, 34.
82 Vgl. auch für die Zitate Heidbrink 2003, 305.
83 Vgl. auch für das Zitat Heidbrink 2003, 305, kursiv im Original.
84 Vgl. Heidbrink 2003, 306–307.
85 Heidbrink 2003, 306.

Die argumentative Kehrseite dieses pragmatischen Eindämmungsprinzips ist, was sich auf der letzten Seite des Buches andeutet: ein Wissen um Unverantwortbarkeiten in hochkomplexen Gesellschaften.[86] Genau diesen Gedanken hat Heidbrink an anderer Stelle weiter ausgeführt und eine stärkere „Berücksichtigung des Unverantwortbaren", also des von Menschen (jeweils) nicht mehr zu verantwortenden, gefordert.[87]

1.1.1.3 Zusammenfassung

Insgesamt verstehen also sowohl Günther als auch Heidbrink Verantwortung als soziale Praxis, die in die kommunikativen, systemischen und strukturierten Zusammenhänge der Gesellschaft eingebunden ist. Bei beiden ergibt sich durch diese Perspektivierung eine Steigerung der Ambivalenzsensibilität gegenüber „Verantwortung": Verantwortungszuschreibungen könnten eben nicht nur ermächtigend, sondern auch disziplinierend wirken (Disziplinierungsproblem), und die expansive Verantwortungszuschreibung führe zu deren Weiterreichung und Verflüchtigung – Günther sprach von „externalisieren" und „verwischen" (Diffusionsproblem). Über Günther hinaus sieht Heidbrink die Verankerung dieses Diffusionsproblems in der „semantischen Mehrdeutigkeit"[88] von Verantwortung selbst, die aber gleichzeitig überhaupt erst die soziale Funktionalität dieser Semantiken und damit deren Erfolgsgeschichte erkläre.

Nicht schon in diesen Problemwahrnehmungen, wohl aber in den Forderungen zur Bearbeitung dieser Probleme weisen beide Arbeiten selbst wiederum ein eigenes Problem auf, das ich „Anschlussproblem" nennen will:[89] Heidbrink verortet zwar den historisch gewordenen Verantwortungsbegriff in seiner Diffusität deskriptiv und soziologisch vermittels systemtheoretischer Kategorien. Im präskriptiven Schlussteil lässt er allerdings offen, wie der von ihm theoretisch entwickelte Verantwortungsbegriff, der präzise Grundstruktur und limitierendes Differenzierungsprinzip beinhaltet, praktisch wirksam werden soll. Auch wie sich eine praktische „Berücksichtigung des Unverantwortbaren"[90] einstellen soll, bleibt m.E. offen. Grund dafür ist, dass Heidbrink m.E. zwar Verantwortung an soziale Zuschreibungs- und Konstruktionspraktiken bindet, seine eigene Reflexion auf Verantwortung aber nicht als Teil eben dieser Zuschreibungs- und Konstruktionspraktiken einordnet. Die Selbstreflexion der eigenen Wissenschaftspraxis wird

---

86 Vgl. Heidbrink 2003, 313.
87 Vgl. Heidbrink 2007, 170–173, Zitat auf S. 173.
88 Heidbrink 2003, 263.
89 Zu Herkunft und Bedeutung der Semantik des „Anschließens" s. 2.1.2.3.
90 Wie zitiert Heidbrink 2007, 173.

nicht explizit. Von daher kommt in seinem sonst umfassenden Werk nicht in den Blick, wie unterschiedliche gesellschaftliche Zuschreibungspraktiken an die Beobachtungspraktik anschließen könnten, die die akademische Reflexion von Verantwortungspraktiken selbst ist. Unbenannt bleibt damit, wie andere gesellschaftliche Systeme an den kontextualisierten Verantwortungsbegriff und „Berücksichtigung des Unverantwortbaren" anschließen könnten.

Ähnlich entsteht auch bei Günther im präskriptiven Teil ein Anschlussproblem, das hier nicht nur ein Problem fehlender Wahrnehmung möglicher Anschlüsse, sondern eines fehlender Ambivalenzsensibilität gegenüber den beschriebenen Anschlussmöglichkeiten ist: Die von Günther geforderte „reflexive Wendung"[91] setzt m. E. gegenüber der die Freiheit einschränkenden Seite von „Verantwortung" das Vernunftpotenzial der Kommunikationspraxis:[92] Diskursiv sollten in der Zivilgesellschaft „implizite Personenkonzept[e]" expliziert und verhandelt werden.[93] Damit benennt Günther Schnittstellen, über die andere gesellschaftliche Praktiken an seine eigenen akademischen Reflexionen anknüpfen können: Reflexion und zivilgesellschaftliche Diskurse.[94] Schließlich lässt sich seine Explikation und Problematisierung impliziter Personenkonzepte[95] selbst als Beitrag zu diesen Diskursen verstehen. Allerdings kommen die benannten Anschlussvollzüge – Reflexion und Diskurs – selbst nicht als Ambivalentes in den Blick. Die Ambivalenz der Forderung nach diskursiver Vernunft scheint mir aber dieselbe wie die von Verantwortungszuschreibungen zu sein: Die Zuschreibung von „Verantwortung für ihre Verantwortlichkeit"[96] hat an der von Günther beschriebenen Ambivalenz von Ermächtigung und Disziplinierung genauso Anteil, wie die Zuschreibung von Verantwortung selbst. Die Aufforderung zur „reflexiven Wendung" kann genauso disziplinieren, wo die Voraussetzungen dafür fehlen, und so verschärfen, was Günther mit Frankenberg „aktivistische Zumutung" genannt hatte.[97] Wer mit der Verantwortung für sein Leben und seine Daseinsvorsorge überfordert war, wird mit der Mitverantwortung für die Restrukturierung eben dieser Verantwortung nicht nur potentiell ent-, sondern zunächst weiter belastet. Verantwortungsprobleme mit

---

91 Günther 2000, 476.
92 Um dieses Potenzial geht es Habermas in seiner „Theorie des kommunikativen Handelns", nämlich um „ein in der kommunikativen Alltagspraxis selbst angelegtes Vernunftpotential" (vgl. auch für die Zitate Habermas 1990, 34; vgl. dazu auch Reese-Schäfer 2001, 36). Diese Verweise finden sich so auch schon bei Höhne 2015, 143, insbes. Anm. 143.
93 Vgl. auch für das Zitat Günther 2000, 477.
94 Vgl. Günther 2000, 477.
95 So vollzogen bei Günther 2000, 477–485.
96 Günther 2000, 477, im Rückgriff auf Zygmunt Bauman.
97 Vgl. auch für die Zitate Günther 2000, 476, 473.

Verantwortung zu lösen bleibt – mit Frieder Vogelmann gesagt – dem „Bann der Verantwortung" verfangen.

1.1.2 Kritik am Operator „Verantwortung"

Klaus Günther und Ludger Heidbrink haben in sozialphilosophischer Perspektive die Ambivalenz gesellschaftlicher Responsibilisierungen herausgearbeitet. Dabei taucht implizit der sozialphilosophische Diskurs selbst als Ort der Explikation und menschenfreundlichen Bearbeitung dieser Ambivalenzen auf. Frieder Vogelmann hat in seiner Doktorarbeit (!) insofern eine tiefergehende Kritik der Verantwortung vorgelegt, als er den sozialphilosophischen Diskurs selbst als soziale Praktik in diese Kritik miteinbezogen hat. Im Zuge dieser Selbstreflexion in Foucaultscher Tradition spricht Vogelmann dann vom „Bann der Verantwortung", der sich nicht mehr aus philosophischer Außenperspektive auf gesellschaftliche Praktiken diagnostizieren lässt, sondern in den vor allem „der große Teile der Philosophie" selbst verstrickt ist und so nicht mehr anders als in Kategorien der Verantwortung denken kann – in den Bann geschlagen und schlagend –, sodass Philosophie diesen Bann nur von innen beschreiben kann.[98] Anders als Günthers und Heidbrinks Arbeiten ist Vogelmanns Kritik an Verantwortungszuschreibung damit nicht eine Kritik konkreter Zuschreibungen, Semantiken und Auswirkungen von Verantwortung, sondern eine Fundamentalkritik der Kategorie Verantwortung selbst: „Verantwortung" blende Philosophie für die „theoretische wie praktische Gewalt von ‚Verantwortung'".[99] Was ist also Vogelmann zufolge das Verhängnisvolle an Verantwortung?

Die Kategorien für die Beschreibung des verhängnisvollen Banns der Verantwortung gewinnt Vogelmann in der Kombination von Michel Foucaults Arbeiten mit einem vierfach modifizierten Praktikenbegriff von Joseph Rouse.[100] Dies soll es ermöglichen, „Verantwortung als eine Macht ausübende, Erkenntnisse produzierende und Subjektivität gestaltende Kraft analysieren zu können".[101] Entscheidende Grundlage der Analyse ist dabei die Bemühung „um einen spezifischen Wertentzug, der die vorgegebenen normativen Unterscheidungen umgeht; um die Abwehr von

---

98 Vgl. Vogelmann 2014, 435, 19, 21, Zitate auf S. 435, 19.
99 Vgl. auch für die Zitate Vogelmann 2014, 19.
100 Vgl. Vogelmann 2014, 49–50, 50–124. Vgl. dazu auch Honneth in seiner Einleitung (a.a.O., 10).
101 Vogelmann 2014, 49.

Universalien, deren Produktion in den Praktiken analysiert werden soll, anstatt sie als Maßstab an die Praktiken heranzutragen".[102]

Besagte Analyse orientiert Vogelmann entlang der drei Achsen der Foucaultschen Praktikenanalyse: Machtbeziehungen, Wissen und Selbstverhältnisse.[103] *Wissen* definiert er als „die Menge der Elemente, die von der Positivität eines Diskurses gebildet werden, auf deren Grundlage Erkenntnisse als wahre oder falsche [...] Aussagen konstruiert werden können."[104] Wissen meine folglich die „in Praktikenregimes verkörperten Existenzbedingungen der Erkenntnisse", eine praxisimmanente, vermachtete, Erkenntnisse produzierende Struktur.[105] *Macht* versteht er mit Foucault relational als Machtbeziehungen, die allen gesellschaftlichen Prozessen „immanent" sind, die nicht nur repressiv wirken, sondern „Handlungsmöglichkeiten" sowie „Körper, Subjekte und Wissen" produzieren, und die sich zu „[s]ubjektlose[n] Strategien" zusammenschließen.[106] Das *Subjekt* versteht Vogelmann schließlich als in „Selbstpraktiken" und als „Effekt von Machtbeziehungen und Wissensordnungen" produziertes:[107] Ein Individuum erscheine dann als Subjekt, wenn es innerhalb einer Praktik eine eingespielte und so in Machtstrukturen verortbare „Subjektposition[.]" einnimmt, sich damit dem „dauerhaftere[n] Muster" dieser Subjektposition unterwirft und so bestimmten Machtbeziehungen unterworfen ist.[108] Andererseits werde das Subjekt „als Unterworfenes in einer Stellung hervorgebracht, die es selbst zu einem ‚Unterwerfer' macht."[109] Subjektivierung verdanke sich produzierten Existenzbedingungen, wobei das Subjekt als produziertes selbst Existenzbedingungen für sich und andere produziere.[110] Das Subjekt sieht Vogelmann so konstituiert als unterworfenen Unterwerfer:[111] „Das

---

102 Vogelmann 2014, 51–52. Dabei bezieht sich Vogelmann unter anderem auf auf Foucault 1992, 30–34. Vgl. ähnlich dazu auch Vogelmann 2017, 5–7. Vgl. zu dieser Grundlage auch Honneth in seiner Einführung zu Vogelmann (Vogelmann 2014, 11).
103 Vgl. Vogelmann 2014, 50, 21; Vogelmann 2017, 5–13.
104 Vogelmann 2014, 66, ähnlich auch S. 74.
105 Vgl. auch für das Zitat Vogelmann 2014, 76.
106 Vgl. Vogelmann 2014, 52–59, Zitate auf S. 53 (im Zitat), 55, 58.
107 Vgl. auch für die Zitate Vogelmann 2014, 79.
108 Vgl. auch für die Zitate Vogelmann 2014, 81.
109 Vogelmann 2014, 81.
110 Vgl. auch zum Begriff der Existenzbedingungen Vogelmann 2014, 81.
111 Die „paradoxale Denkfigur [...] des ‚unterworfenen Souveräns'" hatte schon Galia Assadi zum „Ausgangspunkt" einer Dissertation über den Verantwortungsbegriff gemacht (vgl. Assadi 2013, Zitate auf S. 13). Assadi rekonstruiert zunächst diese Denkfigur aus dem „neunten Kapitel" von Foucaults *„Ordnung der Dinge"* (vgl. auch für die Zitate Assadi 2013, 13, kursiv im Original, und a. a. O., 30–34, 50–52), wo Foucault selbst den Begriff „Unterworfener Souverän" verwendet (Foucault 1974, 377, auch zitiert bei Assadi 2013, 50), um dann die plausible These aufzustellen und zu begründen,

Subjekt wird also bereits in der spezifischen Unterwerfung, in der es produziert wird, als ein *handlungsmächtiges* produziert."[112]

Wissen, Macht und Subjektivität führt Vogelmann also als Faktoren ein, die in Praktiken produziert werden; Damit entfaltet Vogelmann einen Praktikenbegriff, der Wissen, Macht und Subjektivität nicht als prä-praktische Faktoren fasst, sondern als innerpraktische Variablen.[113] Diesen Praktikenbegriff gewinnt er, indem er den von Rouse weiterentwickelt, und versteht Praktiken zusammengefasst als „Aktivitätsmuster, die sich in die darin verstrickten Subjekte, Objekte, deren Umwelt [...] und das zwischen ihnen herrschende Handlungsgeflecht differenzieren".[114] Diskursive „Artikulationen" versteht Vogelmann dann als Teil dieses Geflechts, als der sie Praktiken umschreiben – also: beschreiben und dadurch verändern.[115] Auf die Analyseachse Wissen bezogen formuliert Vogelmann dies mit einer m. E. wichtigen Einschränkung: „Eine neue Artikulation, *die genügend Unterstützung erhält*, macht nicht einfach nur eine bereits vorhandene praktische Inferenz sichtbar, sondern verändert damit das Geflecht praktischer Inferenzen".[116]

In diesem kategorialen Rahmen verortete Vogelmann den Gegenstand seiner Untersuchung dann „nicht auf der begrifflichen Ebene",[117] sondern auf der Ebene praktischer Existenzbedingungen: Während es eine Vielzahl von Verantwortungsbegriffen gäbe, findet er Einheit darin, Verantwortung als „diskursive[n] Operator" zu thematisieren, der sich auf die „Existenzbedingungen" unterschiedlichster Zuschreibungen, umschreibende Artikulationen und begrifflicher Fassungen von Verantwortung bezieht.[118] Als formale Heuristik für diesen diskursiven Operator dient ihm dann ein relationales Verständnis von Verantwortung, das zwei „Subjektpositionen"[119] als Bedingung für Verantwortungsartikulationen setzt:[120] die

---

„dass sich das moderne Verantwortungsdenken als theoretische Antwort auf die konstitutive Paradoxie modernen Subjektivitätsdenkens lesen lässt" (Assadi 2013, 15).
112 Vogelmann 2014, 81, kursiv im Original.
113 Vgl. Vogelmann 2014, 120–122.
114 Vgl. auch für das Zitat Vogelmann 2014, 120.
115 Vgl. Vogelmann 2014, 120. Ebd. benutzt Vogelmann den Begriff des Umschreibens genauso: „Insofern *umschreibt* das Diskursive die Praktik, das heißt, es beschreibt und verändert sie dadurch." (kursiv im Original)
116 Vogelmann 2014, 121, meine Hervorhebung.
117 Vogelmann 2014, 23.
118 Vgl. auch für die Zitate Vogelmann 2014, 124–125, 20–21.
119 Vogelmann 2014, 126.
120 Vgl. „Erstens die Position, an der die Relation hängt, die also ein Relatum darstellt, und zweitens die Position, von der aus diese Relation artikuliert wird, die also etwas dem diskursiven Operator Verantwortung umschreibt" (Vogelmann 2014, 125). Vgl. dafür und für das Folgende auch Vogelmann 2016, 279, wo Vogelman auch von einer „formalen Heuristik" spricht.

Position der „*Zuschreiber_innen*" und der „*Träger_innen* von Verantwortung".[121] Entscheidend an der Terminologie ist, dass beide Positionen „von ein und demselben Subjekt eingenommen werden können".[122] Diese Heuristik erlaubt dann danach zu fragen, erstens „welche Selbstverhältnisse auf den beiden Subjektpositionen" produziert werden, zweitens welche Machtstrukturen diese Subjektpositionen verstetigen sowie welche „Machtbeziehungen zwischen den beiden Subjektpositionen" bestehen und drittens welche „Wissensformation [...] die Aussagen über Verantwortung wahrheitsfähig macht".[123]

Mit dieser Heuristik arbeitend findet Vogelmann die Einheit des diskursiven Operators dann in den vom Operator umgeschriebenen Selbstverhältnissen auf der Position der Träger:innen.[124] Vogelmann analysiert dieses Selbstverhältnis, dessen Wissen und Machtkontext nun für die Praktikenregime Arbeit, Kriminalität und Philosophie. Wie er dabei einen Bann vorfindet, lässt sich am besten vom Philosophiekapitel aus nachzeichnen, in dem er das mit Verantwortung verknüpfte Selbstverhältnis in den Mittelpunkt einer „Genealogie des diskursiven Operators" stellt,[125] die er in drei Schritten erzählt: Erstens habe sich „Verantwortung" in Debatten um Willensfreiheit vom argumentativen Instrument zum „*Prüfstein*" der Argumentation entwickelt;[126] in einem zweiten Schritte sei Verantwortung selbst moralisch reflektiert worden,[127] um im dritten Schritt zu derjenigen Gewissheit zu avancieren, die Normativität philosophisch zu denken erlaubt.[128] Dabei geht Vogelmann von seiner Rekonstruktion von Nietzsches Bestimmung des ambivalenten „verantwortlichen Selbstverhältnis[ses]" aus, das „im aktiven Umgang mit dem Faktum des eigenen Unterwerfens besteht, sowohl im Sinne des Faktums, unterworfen zu sein, als auch im Sinne einer Selbstbeziehung, die sich auf das Faktum des eigenen Unterwerfens (anderer wie sich selbst) gründet."[129] In diesem bei der Nietzscheauslegung bestimmten Selbstverhältnis findet Vogelmann die „einheitliche Struktur des verantwortlichen Selbstverhältnisses" praktikenübergreifend wieder.[130] Die Doppeldeutigkeit von „Unterwerfen" ermöglicht ihm die strukturierte

---

121 Vogelmann 2014, 126, kursiv im Original. Vgl. auch a. a. O., 24.
122 Vgl. auch für das Zitat Vogelmann 2014, 24. Vgl. auch Vogelmann 2016, 279.
123 Vgl. auch für die Zitate Vogelmann 2014, 126.
124 Vgl. Vogelmann 2014, 23, 25.
125 Vgl. Vogelmann 2014, 265–266, 302, Zitat auf S. 265.
126 Vgl. Vogelmann 2014, 273, 273–301, Zitat auf S. 277, kursiv im Original.
127 Vgl. Vogelmann 2014, 302–375.
128 Vgl. Vogelmann 2014, 376–421.
129 Vgl. auch für die Zitate Vogelmann 2014, 303, ähnlich auch a.a.O., 23, 266. Vgl. dazu genauer Vogelmann 2014, 309–310; Vogelmann 2015, 135–141, pointiert auf S. 141.
130 Vgl. Vogelmann 2014, 23–24, Zitat auf S. 23.

Darstellung der Genealogie von Verantwortung: Während manche Arbeiten Verantwortung vom Unterworfensein des Subjektes her dächten – so etwa bei Wilhelm Weischedel von dem vorgegebenen „Grund-‚ich'" und Bernhard Waldenfels von dem begegnenden „fremde[n] Ansprüche[n]" her –, konzentrierten sich andere auf das Unterwerfen, nämlich auf die Handlungsmächtigkeit, mit der Verantwortung dann verknüpft werde – so etwa Max Weber und Hans Jonas.[131] Die Pointe dieser Bestimmung des Selbstverhältnisses liegt bei Vogelmann aber m. E. nicht im doppeldeutigen Unterwerfen – dieses fällt ja fundamental mit seinem Begriff von Subjektivität zusammen. Sie liegt vielmehr in der genealogisch rekonstruierten *„Intensivierung* des verantwortlichen Selbstverhältnisses", die „eine Verschärfung der Selbstobjektivierung im Namen der Souveränität" beinhaltet.[132] Das Selbstverhältnis wird im Praktikenregime im Laufe der Zeit intensiviert, insofern es etwa „häufiger [...], wichtiger [...] und abstrakter [...]" und verallgemeinert wird.[133] Dazu gehört die Objektivierung: Unterworfensein wie Unterwerfen werden immer weiter zum Faktum verobjektiviert:[134]

> Es ist ein aktiver Umgang mit den zu Fakten objektivierten Grenzen der eigenen Handlungsmacht, der es dem verantwortlichen Subjekt dank der vor ihm selbst verborgenen Objektivierung ermöglicht, sich als souverän zu verstehen.[135]

Dass der „fremde Anspruch" bei Waldenfels beispielsweise als Anspruch auftrete, wird als fraglos gegebenes Faktum behandelt und dem Verfügungsbereich des

---

131 Vgl. Vogelmann 2014, 302–375, zusammengefasst auf S. 304, Zitat auf S. 319, 330.
132 Vgl. Vogelmann 2014, 23, 428–430, Zitate auf S. 23, 428, kursiv im Original.
133 Vgl. Vogelmann 2014, 23, 337–338, 371–372, 428–429, Zitat auf S. 337–338.
134 Vgl. Vogelmann zum Praktikenregime der Philosophie: „Denn einerseits wird das eigene Unterwerfen ebenfalls zum Faktum objektiviert, damit die Folgen für die Unterworfenen gar nicht erst legitimiert werden müssen. Andererseits dient das verantwortliche Selbstverhältnis der Zügelung des eigenen Machtausübens, das zunächst hypothetisch, dann affektiv und schließlich moraltheoretisch mit dem eigenen Unterworfensein verkoppelt wird. Auch die Intensivierung des mit den philosophischen Begriffen von ‚Verantwortung' verknüpften ambivalenten Selbstverhältnisses besteht in einer Verschärfung der Selbstobjektivierung." (Vogelmann 2014, 429–430.)
135 Vogelmann 2014, 429. Vgl. ebenso: „Auch im Praktikenregime der Philosophie zeigt sich das Selbstverhältnis der Träger_innen von Verantwortung als das Bemühen, sich durch die uneingestandene Objektivierung der Grenzen der eigenen Handlungsmacht innerhalb dieser Grenzen als souverän verstehen zu können." (Vogelmann 2014, 426) Vgl. zu diesem Preis auch: „Ist der Preis dafür, aus Pflicht zu handeln, eine notwendige Demütigung, so besteht der Preis dafür, ein verantwortliches Subjekt zu sein, in der partiellen Selbstobjektivierung *und* in der erfolgreichen Verschleierung dieser Objektivierung von Machtverhältnissen vor sich selbst." (Vogelmann 2015, 148, kursiv im Original)

Subjektes entzogen.[136] Gleichzeitig würden – so Vogelmann – im Praktikenregime der Philosophie Verantwortung und Handlungsmacht sukzessive immer weiter „verknüpft", so dass sie schließlich in eins fallen und „Verantwortung" sich als analytisches Urteil des Handlungsbegriffs ergeben kann.[137] Damit denkt die Philosophie „Verantwortung" grundlegend so, dass die beiden Subjektpositionen – Träger:in und Zuschreiber:in von Verantwortung – zusammenfallen:[138] Die Verantwortliche ist diejenige, die auch die Macht hat, (sich) Verantwortung zuzuschreiben.[139] Insgesamt lade Philosophie Verantwortung so mit „Würde und Geltung" auf, gebe ihr „Legitimität" und verbinde Verantwortung mit der Vorstellung von eigener Handlungsmacht.[140] Genau mit dieser begrifflichen Identifikation von Verantwortung mit Handlungsmacht und Legitimität, mit der theoretischen Identifikation der beiden Subjektpositionen mache der philosophische Diskurs übersehen, was der diskursive Operator Verantwortung gesellschaftlich anrichte.[141]

Dies beschreibt Frieder Vogelmann für die Praktikenregime Arbeit und Kriminalität.[142] So sei etwa auch im Praktikenregime Arbeit das Selbstverhältnis von Verantwortungsträger:innen intensiviert worden.[143] Hier sei die Vorstellung eige-

---

136 Vgl. Vogelmann 2014, 325–337. Pointiert beschreibt Vogelmann diese Seite von dem, was er bei Waldenfels als „responsive Verantwortung" (a. a. O., 330) rekonstruiert: „Sie bezeichnet eine Beziehung des Selbst zu sich, die aus der Beziehung zu einem anderen hervorgeht, insofern dem Selbst fremd ist und außerhalb seiner beginnt. Deshalb trägt das Selbst immer schon Verantwortung, noch bevor es diese Verantwortung aktiv übernimmt; *ja, es ist nichts anderes als die ihm im Anruf unabweisbar angetragene Verantwortung,* deren Vorgängigkeit es in seiner Antwort bekräftigt und aus der ihm erst die Möglichkeit zur ‚verspäteten' Antwort erwächst. [...] Das Selbstverhältnis der responsiven Verantwortung ist wiederum der aktive Umgang mit dem Faktum des eigenen Unterworfenseins, das sich diesmal als Unterworfensein durch fremde Ansprüche zeigt, denen man schon deswegen nicht ausweichen kann, weil das Subjekt erst in der Antwort auf sie entsteht." (a. a. O., 330, kursiv im Original)
137 Vgl. Vogelmann 2014, 426–427, auch Vogelmann spricht von „verknüpfen". Vgl.: „Anstatt wie in den vorigen beiden Praktikenregimes ‚Verantwortung' von Handlungsmacht zu dissoziieren, verknüpfen die philosophischen Praktiken beides immer enger, bis der Zusammenhang ein analytischer geworden ist und der Handlungsbegriff über ‚Verantwortung' definiert werden kann." (Vogelmann 2014, 426–427, dazu auch: a. a. O., 24.) Wenn ich im Folgenden auch theologische Entwürfe auf die Verknüpfung, Kopplung oder Verschmelzung von Handlungsmacht und Verantwortung untersuche, stammt diese Semantik von Vogelmann.
138 Vgl. Vogelmann 2014, 426–427, 430, 24 Vgl. auch Honneth in seiner Einleitung dazu (a. a. O., 12–13).
139 Vgl. auch für diese Fassung von Handlungsmacht Vogelmann 2014, 24.
140 Vgl. auch für die Zitate Vogelmann 2014, 430–431.
141 Vgl. Vogelmann 2014, 427, 20, 25. Vogelmann spricht von „der Blindheit dafür, wie dieser diskursive Operator außerhalb der Philosophie wirkt" (a. a. O., 427).
142 Vgl. Vogelmann 2014, 23.
143 Vgl. Vogelmann 2014, 424.

ner Souveränität mehr und mehr durch die uneingestandene Objektivierung des eigenen Unterwerfens und Unterworfenseins zum Faktum erkauft worden:[144]

> Die Struktur des verantwortlichen Selbstverhältnisses ergibt sich aus dem aktiven Umgang mit den Grenzen der eigenen Handlungsmacht, die uneingestanden – vor ihnen selbst verborgen – objektiviert werden, so dass sich die Träger_innen von Verantwortung als souverän verstehen können.[145]

Anders als in der Philosophie seien hier die Subjektpositionen von Zuschreiber:innen und Träger:innen „*asymmetrisch entkoppelt*" worden, sodass nun aus einer Machtposition – etwa des Arbeitgebers – Verantwortung an die Position eines weniger Mächtigen – etwa eines Arbeitskraftunternehmers – zugeschrieben wird.[146] Frei formuliert besteht das von Vogelmann beschriebene, praktische Problem von Verantwortung also in folgendem: A schreibt B aus einer mächtigeren Position ohne dessen Zustimmung Verantwortung zu und lässt B sich damit als souverän erleben, weil B ja nun aktiv mit den eigenen Begrenzungen und Möglichkeiten umgehen kann. Hinter dem Schleier der Souveränität verbirgt sich aber, dass die gesetzten Begrenzungen unhinterfragt und schweigend als gegeben hingenommen werden. Damit ist „Verantwortung" nicht nur wie bei Günther disziplinierend weil unterwerfend, sondern „verschleiert" die Objektivierung dieser Unterwerfung mit einer Souveränitätsvorstellung.[147] Wegen dieser trügerischen Verschleierung nenne ich dies das *Dezeptionsproblem von Verantwortung.*

Die Philosophie erscheint bei Vogelmann dann insofern als Teil dieses Problems, als Verantwortung „blindwütig" legitimiert und Verantwortungsträger:innen Handlungsmacht unterstellt:[148] In „großen Teilen" sei Philosophie „dem Bann der Verantwortung verfallen".[149] Dem Bann entkomme – so Vogelmann – die Philosophie auch da nicht, wo sie sich – wie etwa in den Werken von Heidbrink und

---

144 Vgl. Vogelmann 2014, 424–425 in ähnlichen Begriffen, konkret für das Kreativsubjekt auf S. 161, für Arbeitslosigkeit S. 181.
145 Vogelmann 2014, 424–425. Vgl. so auch Vogelmann 2015, 148.
146 Vgl. Vogelmann 2014, 24, 424, 181, Zitat a.a.O., 24, kursiv im Original. Zum Arbeitskraftunternehmer vgl. a.a.O., 155–157. Das Bild des Koppelns übernehme ich auch im Folgenden von Vogelmann.
147 Zu dieser Verschleierung vgl. pointiert: „Wo mit Pflicht die Demütigung der Selbstunterwerfung gefeiert und offen proklamiert wird, verschleiert Verantwortung diese demütigende Selbstunterwerfung ebenso, wie das eigene Unterwerfen anderer, indem beides zum Faktum objektiviert wird, mit dem es sich zu arrangieren gilt." (Vogelmann 2015, 151)
148 Vgl. auch für das Zitat Vogelmann 2014, 430.
149 Vogelmann 2014, 430–431.

Günther – kritisch mit Verantwortungspraktiken auseinandersetzt, weil sie auch darin Verantwortung noch als Positives zugrunde lege und so legitimiere.[150]

Die Arbeit von Vogelmann ist in ihrer Materialfülle und ihrer argumentativen Stringenz beeindruckend und eine bleibende Anregung für jeden theoretischen Diskurs über Verantwortung – nicht nur den philosophischen, sondern auch den theologischen. Auch Theolog:innen müssen sich, wo sie mit dem Verantwortungsbegriff arbeiten, danach fragen lassen, was sie der eigenen Wissenschaftspraxis, ihrer Bezugsreligion und der Gesellschaft damit theoretisch und praktisch antun, inwiefern sie beim Dezeptionsproblem mittun. Damit diese Frage konkret, konstruktiv-kritisch und nicht in verblendungstheoretischer Fundamentalopposition gestellt werden kann, sind Kategorien für die Reflexion des Anschlusses von philosophischen und anderen gesellschaftlichen Praktikenregimen aneinander nötig, die die Explikation der Wirkung theoretischer Reflexion ermöglichen. In Vogelmanns Arbeit fungieren „transgressive Reflexion" und der Foucaultsche Begriff der „Umschreibung" als solche Kategorien[151] – und sie erfüllen, wie ich gleich zeigen will, diese Funktion so unzureichend, dass ein Anschlussproblem entsteht. An diesem Anschluss hängt aber, dass das philosophische Praktikenregime „Verantwortung" in anderen gesellschaftlichen Praktiken mit „Würde und Geltung" sowie „Legitimität" ausstatten kann, wie Vogelmann behauptet.[152]

Philosophische Praktiken zeichnen sich Vogelmann zufolge dadurch aus, „sich selbst als eine besondere Form der Reflexion" zu beschreiben:[153] Die Praktik Philosophie reflektiere „ihre eigenen Formationsregeln" und schreibe sie so um.[154] Dabei ist „Umschreiben" doppeldeutig gemeint, nämlich als ein Be- und Umschreiben, das das Beschriebene zugleich verändert – und also umschreibt.[155] Diese Doppeldeutigkeit muss m. E. so lange nicht aufgelöst werden, wie die Position des Umschriebenen irgendwie an die Position des Umschreibenden anschließt, etwa im Modus machtasymmetrischer Kopplung als Deutungsmacht. Von dieser Deutungsmacht auszugehen, mag noch plausibel scheinen, solange Philosophie ihre eigenen

---

150 Vgl. Vogelmann 2014, 433., auf Günther verweist Vogelmann hier explizit.
151 Der Begriff „transgressive Reflexion" nimmt diese Position genau da ein, wo es Vogelmann um deren übersehene Wirkungen geht: „Dieser Bann *blendet* den betroffenen Anteil der Philosophie – er macht ihn blind für die theoretischen wie praktischen Auswirkungen ihrer transgressiven Reflexionen" (Vogelmann 2014, 423, kursiv im Original). Zum Begriff der Umschreibung vgl. Vogelmann 2014, 120.
152 Vgl. auch für die Zitate Vogelmann 2014, 430–431.
153 Vgl. auch für das Zitat Vogelmann 2014, 270.
154 Vgl. auch für das Zitat Vogelmann 2014, 270.
155 Vgl. Vogelmann 2014, 120.

Formationsregeln umschreibt. Vogelmann aber fasst die Reflexivität der Philosophie als „transgressive" auf. Das heißt:

> Wenn also philosophische Praktiken etwa zu explizieren versuchen, wie die Subjekte sich in ihren Praktiken verstehen müssen, um als Subjekte anerkannt zu werden, so kann diese Umschreibung auf mehr als nur die philosophischen Praktiken wirken, da die dabei umschriebenen Formationsregeln auch für andere Praktiken gelten. Deshalb ist die philosophische Reflexion *transgressiv*: Sie ist darauf angelegt, *als Reflexion* auf andere Praktiken einzuwirken.[156]

Auf „mehr als nur die philosophischen Praktiken" aber kann Philosophie nur wirken, wenn die anderen Praktiken irgendwie an philosophische Praktiken anschließen – etwa im Modus machtasymmetrischer Kopplung. Andernfalls fallen die beiden Bedeutungen von „Umschreiben" auseinander: Philosophie be- und umschreibt dann zwar Formationsregeln, die auch in anderen Praktiken gegolten haben, hat aber etwa nicht die Deutungsmacht, diese auch für andere Praktiken als sich selbst umzuschreiben, also zu verändern. Wenn andere Praktiken nicht an die philosophische Umschreibungen anschließen, transformieren diese Umschreibungen auch andere Praktiken nicht.

Dieser Einwand zielt nun nicht darauf, diesen Anschluss deskriptiv auszuschließen oder rein präskriptiv zu fassen, fällt also nicht mit den von Vogelmann selbst vorweggenommenen Einwänden[157] zusammen; mit Vogelmann will ich an der gesellschaftlichen Relevanz der Philosophie und über Vogelmann hinaus an der gesellschaftlichen Relevanz der Theologie festhalten. Aber dieses Festhalten findet genauso wie die Frage nach der theoretischen und praktischen Gewalt philosophischer Diskurse ihren theoretischen Grund nicht schon in der Behauptung von Relevanz und damit eines Zusammenhangs akademischer mit anderen gesellschaftlichen Praktiken, sondern erst in der kategorialen Ermöglichung der Reflexion dieses Zusammenhangs, welche der Begriff „transgressive Reflexion" m. E. unzureichend leistet. Solange keine Kategorien bereitstehen, diesen Zusammenhang oder sein Fehlen zu plausibilisieren, hängt auch die behauptete Gewaltwirkung der Philosophie (oder Theologie) in der Luft: Sie könnte ja statt blindlings gewalttätig auch schlicht praktisch belanglos sein. Konkreter und nur etwas überspitzt gesagt: Das Anschlussproblem besteht so lange, wie kategorial nicht plausibel fassbar wird, was Weischedels Verantwortungsphilosophie,[158] die selbst dem

---

156 Vogelmann 2014, 271, kursiv im Original.
157 Vgl. Vogelmann 2014, 431–433.
158 Vgl. Weischedel 1972 [1933].

wohlwollenden Leser, der sträflicher Weise mit dem Heideggerschen Jargon[159] unvertraut ist, eher opake Poesie bleiben wird, mit dem Selbstverständnis prekär beschäftigter Paketboten im ersten Viertel des 21. Jahrhunderts zu tun haben sollte.

1.1.3 Das Anschlussproblem der Kritik

Die Darstellung dieser drei Arbeiten hat gezeigt, dass die soziologisch-sozialphilosophisch informierte Perspektive auf Verantwortung deren Ambivalenzen sehen lässt. Solange „Verantwortung" als juristischer, politischer oder moralischer, als anthropologischer, handlungstheoretischer oder eschatologischer Begriff diskutiert wird, bleibt übersehbar, wie „Verantwortung" praktisch, nämlich in konkreten, in gesellschaftlichen Strukturen, Systemen und Klassen verorteten, in Machtasymmetrien, Interessenkonflikten und Verblendungszusammenhängen verstrickten Prozessen funktioniert, wie sie Machtbeziehungen, Wissensordnungen und Selbstverhältnisse dort „umschreibt" und was sie anrichtet. Genau das rücken die referierten Arbeiten in den Blick, in dem sie Verantwortung grundlegend nicht zuerst als Konzept, sondern als soziale und sozial situierte Praxis bzw. als Praktiken verstehen: Verantwortung als soziale Praxis zu perspektivieren macht ihre praktische Ambivalenz sichtbar. Das setzt einen „spezifischen Wertentzug" voraus, den Vogelmann mit Foucault explizit macht:[160] Erst wenn Verantwortung dementsprechend nicht mehr ausschließlich prä-praktisch positiv gewerteter „Maßstab" ist, sondern auch als in Praktiken Wirksames und Konstituiertes gesehen wird,[161] werden die praktischen Ambivalenzen von Verantwortungsgebräuchen sichtbar.

Konkreter haben die Arbeiten gezeigt, worin diese Ambivalenzen bestehen – nämlich in
– einem Disziplinierungsproblem[162],
– einem Diffusionsproblem und
– einem Dezeptionsproblem.

---

159 Zur Identifikation der Sprache Weischedels als das, was Adorno „Jargon der Eigentlichkeit" nannte vgl. Vogelmann 2014, 314, dort auch das Zitat.
160 Vgl. auch für das Zitat Vogelmann 2014, 51 und s. oben 1.1.2.
161 Vgl. für Zitat, Inhalt und Wortwahl hier Vogelmann 2014, 51–52.
162 Der Begriff mag wegen der Unklarheit, ob es sich um einen Genitivus subjectivus oder objectivus handelt, unglücklich erscheinen. Gemeint sind alle drei Begriffe so, dass das Problem im ersten Wortteil des Kompositums besteht, und nicht so, als spezifizere der erste Wortteil das Problem: Es geht nicht um das Problem zu disziplinieren, sondern um Disziplinierung als Problem.

Das Disziplinierungsproblem besteht darin, dass die Zuschreibung von Verantwortung nicht immer auf die freiwillige Bereitschaft zu und die individuellen und sozialen Voraussetzungen für ihre Übernahme trifft; fehlen Bereitschaft oder Voraussetzungen, wird „Verantwortung" nicht als Ermächtigung, sondern als Disziplinierung erfahren.[163] Verantwortung ist dann nicht die Kehrseite von Freiheit und Autonomie, sondern eine Form von Heteronomie.

Das Diffusionsproblem besteht zunächst praktisch darin, dass individuell weiterdelegiert und gesellschaftlich oder organisational unklar zugeschrieben wird, sodass unklar bleibt, wer genau wofür auf welcher Grundlage verantwortlich ist.[164] Dieses Problem entsteht in Günthers Darstellung auch daraus, dass Verantwortung aufgrund des Risikos zurechenbaren Scheiterns eine Last ist, der Individuen sich zu entledigen suchen. Verantwortung überfordert ihre Träger:innen. Wegen der Diffusität des Begriffs erzeugt Verantwortung – so Heidbrink – den Eindruck von Steuerbarkeit, Sicherheit und Gewissheit unter Bedingungen von „Unsicherheit und Ungewissheit"[165].

Das Dezeptionsproblem besteht darin, dass Verantwortung dem verantwortlichen Subjekt seine eigene heteronome Disziplinierung verschleiert, indem die Verantwortungszuschreibung das Subjekt sich als scheinbar souverän erleben lässt.[166]

Vogelmanns Analyse des Dezeptionsproblems geht insofern tiefer als die referierten Arbeiten zu den beiden erstgenannten Problemen, als er gerade die akademische Reflexion selbst als Teil des Problems und nicht als Ort der scheinbar unschuldigen Problemwahrnehmung und Lösungsfindung behandelt. Im Blick auf die Arbeit an einer theologischen Verantwortungsethik ist daraus zu lernen, dass Theoriebildungen über das von Günther und Heidbrink hinaus Beschriebene auch an den erstgenannten beiden Problemen ihren beihelfenden Anteil haben: Wo Ethik etwa in einem unspezifischen Ruf zur Verantwortungsübernahme oder der undifferenzierten Rede vom Priestertum aller Gläubigen ungeachtet der Voraussetzungen potentieller Träger:innen Verantwortung zuschreibt, ist das Disziplinierungsproblem ihr eigenes; wo Ethik Verantwortung unbegrenzt zuschreibt, ist das Diffusionsproblem ihr eigenes.

Wegen dieser Probleme ist die Perspektivierung von Verantwortung als soziale Praxis und damit auch von Verantwortungsethik als eine dieser Responsibilisierungspraktiken nötig. Allerdings entsteht in allen drei referierten, auf Praxis reflektierenden Arbeiten an unterschiedlichen Orten das, was ich Anschlussproblem

---

163 Siehe 1.1.1 und die dort zitierte Literatur.
164 Siehe 1.1.1 und die dort zitierte Literatur.
165 Heidbrink 2003, 19.
166 Siehe 1.1.2 und die dort zitierte Literatur.

genannt habe. Bei Heidbrink und Günther ist dies ein Problem ihrer Vorschläge zur Bearbeitung von Disziplinierungs- und Diffusionsproblem. Bei Vogelmann ist dies ein Problem der Plausibilisierung des Dezeptionsproblems selbst. Das Anschlussproblem lässt sich auf folgende Frage bringen: Wie schließen andere gesellschaftliche Praktiken an akademische, an philosophische und theologische Reflexionspraktiken an?

In Vogelmanns umfassender Arbeit wird m. E. nicht plausibel, über welche Kabelverbindungen Philosophie den Operator Verantwortung in anderen Praktikenregimes mit „Legitimität", „Würde und Geltung" (s. o.) aufladen kann. Auch Heidbrinks sonst umfassende Darstellung lässt diese Frage unbeantwortet. Günther beantwortet sie implizit und allgemein mit dem Verweis auf Reflexion und Diskurs, wendet aber die an Verantwortungszuschreibungen ausgebildete Ambivalenzsensibilität nicht auf diese Anschlussvollzüge an, sodass die potentiell disziplinierenden Wirkungen seines eigenen Vorschlags nicht explizit werden. Über Heidbrink und Günther hinaus muss mit Vogelmann die akademische Reflexion und Diskussion selbst als ambivalente gesellschaftliche Praxis reflektiert werden.

Während die „wertentziehende" Perspektive auf Verantwortung als Praxis weiterführend ist, weil sie die Ambivalenzen – ja: die Gewalt von Verantwortung sichtbar macht, sind über die referierten Arbeiten hinaus Kategorien zur Reflexion dieses Anschlusses zwischen akademischen und anderen gesellschaftlichen Praktiken nötig. Diese Kategorien müssen sowohl die Ambivalenzen von Verantwortung als auch die Ambivalenzen von akademisch entwickelten, konstruktiven Bearbeitungen dieser Ambivalenzen so wenig wie möglich übersehen machen. Die Kategorien für den Anschluss müssen die Ambivalenz dieses Anschließens selbst benennbar machen. In der vorliegenden Arbeit soll ein an Cornelius Castoriadis gewonnener, mithilfe von Charles Taylors und Benedict Andersons Arbeiten konturierter Begriff des Imaginären solch eine Kategorie bereitstellen (1.2): Er ermöglicht zu reflektieren, wie mit Freiheitsintentionen erarbeitete Begriffe in gesellschaftlichen Praktiken imaginativ so aufgeladen werden, dass sie nicht nur intentionsgemäß befreien, sondern sich auch zu entfremdenden und entfremdeten Strukturen des Selbstverständlichen verstetigen.

1.2 Übergang: Die theologische Rede von Verantwortung – und ihr Praxisproblem

Vor dem Hintergrund von Vogelmanns Fundamentalkritik müssen theologischethische Arbeiten zur Verantwortung wie die theologischen Verantwortungsethiken unkritisch gegenüber der Gewalt von Verantwortung erscheinen. Sie sind – das will ich im Folgenden zeigen – nicht grundsätzlich unkritisch, haben aber bisher

1.2 Übergang: Die theologische Rede von Verantwortung – und ihr Praxisproblem — 27

die mit Verantwortung benannten sozialen Praktiken selbst außer Acht gelassen – selbst da, wo sie Verantwortung als soziale konzeptualisieren: Die theologische Rede von Verantwortung hat ein Praxisproblem, das im Übersehen der Praktiken besteht, in denen Verantwortung wirksam zugeschrieben und übernommen wird.

Nun gilt für die theologische Ethik immer noch, was Franz-Xaver Kaufmann 1992 allgemein anmerkte: „Im Vergleich zur praktischen Bedeutung, die heute der Kategorie der Verantwortung zugemessen wird, nimmt sich die Literatur, welche den Begriff nicht einfach voraussetzt, sondern ihn zu klären versucht, eher bescheiden aus."[167] Zumindest gibt es in der deutschsprachigen, evangelischen Ethik[168] eine Fülle kleiner theologischer Arbeiten, die den Verantwortungsbegriff

---

[167] Kaufmann 1992, 9.
[168] Aus pragmatischen Gründen ist dieser Forschungsüberblick auf deutschsprachige und evangelische Beiträge fokussiert. Damit kommen im Folgenden einerseits römisch-katholische Arbeiten nicht vor – unter diesen wären sonst etwa Josef Römelts ausführliche Arbeiten zur Verantwortung zu diskutieren (vgl. Römelt 1991; Römelt 2006; Römelt 2014). Andererseits sind englischsprachige Arbeiten so nicht im Fokus – unter diesen hätten hier sonst insbesondere William Schweiker und Etienne de Villiers besprochen werden müssen (vgl. Schweiker 1999 [1995]; Villiers 2003; Villiers 2015; Villiers 2018). De Villiers hat Max Webers Arbeit zur Verantwortungsethik für christliche Ethik fruchtbar gemacht (vgl. etwa Villiers 2003, zu diesem Vorhaben insbes. a.a.O., 31 und Villiers 2015). De Villiers' Arbeit wird deshalb im Zuge der Weberinterpretation (3.2.2) eine Rolle spielen. Schweiker hat in „Responsibility and Christian Ethics" (Schweiker 1999 [1995]) bereits 1995 einen systematischen und fundamentaltheistischen Ansatz einer christlichen Verantwortungsethik vorgelegt, die eine „integrated ethics of responsibility" sein will (vgl. auch für das Zitat a.a.O., 31, 85, 106, 213 und auch a.a.O., 33, 52). Diese wird profiliert zunächst durch eine „theory of responsibility", die Theorien, die Schweiker als „agential, social and dialogical" qualifiziert, in sich aufnimmt (vgl. a.a.O., 1, 40 – 42, 44, 52, 78 – 105, Zitate auf S. 1, 40), um dann einen Verantwortungsimperativ zu fassen (vgl. dazu etwa: a.a.O., 28, 32, 104, 117, 123 – 134), der auf das Problem menschlichen Machtzuwachses reagiert („increase of in human power" [a.a.O., 28], dazu auch: a.a.O., 32) und für den die von Schweiker als Gut bezeichnete „integrity" zentral ist (vgl. a.a.O., 3, 32 – 33, 39, 117, 119); dieser lautet: *„In all our actions and relations we are to respect and enhance the integrity of life before God.* Respecting and enhancing the integrity of life is the meaning of responsibility; the integrity of life is the moral good; the source and goal of that good and thus the scope of the moral community is defined in relation to the divine." (a.a.O., 33, kursiv im Original, ähnlich: a.a.O., 125) Während dies begrifflich als Verantwortungsethik mit güterethischer Ausrichtung vorgestellt wird, die deontologische und teleologische Aspekte integriert (vgl. a.a.O., 128), tendiert der Ansatz inhaltlich stark zur Pflichtethik: Das wird an der Rede vom Verantwortungsimperativ, der mit Kant ein kategorischer bzw. moralischer sein soll (vgl. a.a.O., 124 – 125, 127), sowie dessen eben zitierter inhaltlicher Fassung genauso deutlich wie darin, dass „integrity" eher als Pflicht formuliert ist (vgl. a.a.O., 119 – 122): „Moral integrity is about the fulfillment of life but with respect to a commitment *of* self *to* be true to a specific moral project." (a.a.O., 122, kursiv im Original). Dies passt dazu, dass trotz der Betonung responsiver Züge (vgl. a.a.O., 45, 56, 75) über die gerade theologische Betonung von Gewissen und Selbstprüfung ein starker Zug zur forensischen Pointierung des Verantwortungsbegriffs ins Spiel kommt (vgl.

reflektieren.¹⁶⁹ Ich konzentriere mich aus dieser Fülle auf einige ausgewählte Arbeiten, die Verantwortung primär individualethisch (1.2.1) oder primär sozial-

---

a.a.O., 70–71, 176–177, 181). Zur Unterscheidung von forensischer und responsiver Verantwortung vgl. etwa Vogelmann 2014, 326–334; Waldenfels 2010b.

169 *Oswald Bayer* hat „‚Evangelische Sozialethik' als Verantwortungsethik" verstanden (vgl. etwa Bayer 1995, 183–196, Zitat auf S. 183, auch referenziert und zusammengefasst bei W. E. Müller 1997, 38–41, dem ich die Auffindung des Bayertextes verdanke).

Georg Pfleiderer hat über die Rekonstruktion von Max Webers, Ernst Troeltschs, Friedrich Gogartens und Dietrich Bonhoeffers Verantwortungsverständnis den „Verantwortungsbegriff als Signatur reflexiver Handlungsmächtigkeit" konturiert (vgl. Pfleiderer 2006, Zitat auf S. 201).

In einem Aufsatz in der Zeitschrift für Evangelische Ethik hat *Etienne de Villiers* zunächst problematisiert, „dass es den Vertreter[n] einer christlichen Verantwortungsethik nicht gelungen ist, die Verantwortungsethik als einen klar erkennbaren alternativen Ansatz innerhalb der christlichen Ethik zu etablieren" (Villiers 2007, 9), um dann die Arbeiten von Hans Jonas, William Schweiker, Johannes Fischer, Wolfgang Huber und Ulrich J. Körtner zum Thema zu diskutieren und (daraus) fünf Anregungen für die Verantwortungsgebrauch in der Ethik zu ziehen (vgl. Villiers 2007): „Christen sollten" ihre Verantwortung „als weite und umfassende" verstehen, zum „Aufbau moralischer Verpflichtungen" beitragen, „Eigengesetzlichkeit" beachten, Pluralität akzeptieren und Folgen miteinbeziehen (vgl. auch für die Zitate a.a.O., 21).

Wolfgang Nethöfel (Nethöfel 2009) hat den Ansatz vorgestellt, den Sprachgebrauch von Verantwortung mit „strukturalistischen Methoden" (vgl. auch für das Zitat Nethöfel 2009, 102) zu untersuchen und so „kanonische Beziehungen innerhalb einer ‚normalen' und vollständigen Rede von Verantwortung" auszumachen (vgl. auch für das Zitat a.a.O., 105); Verantwortung versteht er so explizit als „System von Diskursen" (a.a.O., 115). Dieser Ansatz steht dem der vorliegenden Arbeit insofern nahe, als er die Aufmerksamkeit auch auf konkrete Relationen richtet, Nethöfel reflektiert diese allerdings strukturalistisch und nicht praxeologisch und fokussiert auch ein forensisches Verständnis von Verantwortung (vgl. a.a.O., 111–116).

Peter Dabrock hat in theologischer Nähe zum hier vertretenen Ansatz (s. Schlussbetrachtung) Bonhoeffers Verantwortungsethik als „responsive[n] Ansatz theologischer Ethik" gefasst (vgl. Dabrock 2009, Zitat aus dem Untertitel). Der Text hat wichtige Anregungen zu dieser Arbeit gegeben.

Hans G. Ulrich hat in einem längeren 2014 erschienenen, überblicksartigen Aufsatz viele der auch im Folgenden analysierten Arbeiten zur Verantwortung erwähnt und andiskutiert (Ulrich 2014). Nach dem Referat unterschiedlicher Genealogien und Theorien von Verantwortung (Ulrich 2014, 29–36), schreibt er der evangelischen Ethik einen anderen, nicht genealogischen, anhand von Bonhoeffers „Struktur verantwortlichen Lebens" und Emmanuel Lévinas gewonnenen Zugang ins Stammbuch (vgl. a.a.O., 36–39, 42, 64, Zitat auf S. 36), der ihn Verantwortung von ihrer Verortung in einer „gottesdienstlich gefasst[en]" „Menschwerdung" (vgl. a.a.O., 43, 60, Zitate auf S. 43) her verstehen lässt, in der Verantwortung zum Zeugnisgeben wird (vgl. a.a.O., 43–44, 61–65). So spannend diese Such- und Denkbewegungen zum Verantwortungsbegriff auch sind, so macht Ulrichs klare Unterscheidung von evangelischer Ethik und Genealogie (vgl. a.a.O., 42) doch die praxeologische Selbstkritik von Verantwortungspraktiken unmöglich, weil sie sämtliche Konstitutionsbedingungen von Verantwortungspraxis im christlichen Sinne dem genealogischen wie soziologisch-kritischen Zugriff entzieht: „Diese andere Ethik ist nicht aus einem Problem generiert, das genealogisch zu fassen wäre. Sie entsteht immer, voraussetzungslos, dort, wo die Befreiung zum Nächsten hin geschieht." (a.a.O., 64) Diese theologisch behauptete Voraussetzungslosigkeit kann sich m.E. nicht auf ethisch (1.2.2) reflektieren, um anhand dieser zu zeigen, inwiefern die praktischen Ambivalenzen von Verantwortung unberücksichtigt bleiben. Dass diese praktischen Ambivalenzen unberücksichtigt bleiben, nenne ich „Praxisproblem" (1.2.3).

1.2.1 Individuelle Verantwortung im sozialen Kontext

1.2.1.1 Hartmut Kreß: Individuelle Verantwortung als Pflicht mächtiger Subjekte

Hartmut Kreß hat Verantwortungsethik als „Ethik personaler Verantwortung" entworfen.[170] Dabei qualifiziert der Personbegriff sowohl das *„Subjekt* verantwortlichen Handelns" als Person als auch das *„normative[.] Kriterium* der Ethik", nämlich den nötigen Schutz der Person und Personwürde.[171]

Dietrich Bonhoeffer als Gewährsmann berufen, da Bonhoeffer mit der Kategorie des Vorletzten und der „Wegbereitung" gerade die soziologisch kritisierbare Dimension jedes Gottesdienst-, Verkündigungs- und Zeugnisgeschehens zu denken ermöglichte (vgl. DBW 6, 151–162, Zitat auf S. 153; Angabe bezieht sich auf: Bonhoeffer 1986–1999b).

Im „Zusammenhang der Arbeit der DFG-Forschergruppe 1765 *Der Protestantismus in den ethischen Debatten der Bundesrepublik Deutschland 1949–1989"* ist „eine Vermessung der politischen Einfluss suchenden protestantischen Beteiligung an ethischen Debatten aus Verantwortung" entstanden, die die Herausgeber unter den Verantwortungsbegriff gestellt haben (vgl. C. Albrecht und Anselm 2019, Zitate auf S. 1 und 2, kursiv im Original; der Sammelband ist C. Albrecht et al. 2019); Interesse dabei ist, einen „Beitrag zu einer gesellschaftlich informierten Religionsgeschichte der deutschen Nachkriegszeit" zu leisten und dabei auch gegenwärtige Transformationen zu betrachten (vgl. auch für das Zitat C. Albrecht und Anselm 2019, 1).

Georg Kalinna hat jüngst etwas ausführlicher seine Interpretation von H. Richard Niebuhr in den evangelisch-theologischen Verantwortungsdiskurs eingebracht und dabei dessen „Theorie der Responsivität für gegenwärtige Ethik fruchtbar" gemacht (vgl. Kalinna 2021, Zitat auf S. 127). Seine Auslegungen Niebuhrs (vgl. a.a.O., 55–74) und die daraus folgende Pointierung der Responsivität sind weiterführend und m.E. auch mit dem praxistheoretischen Ansatz der vorliegenden Arbeit kompatibel. Allerdings sieht er die „neuere[.] verantwortungsethische[.] Debatte in Deutschland" m.E. zu stark vom Verständnis von „Verantwortung als zukunftsbezogene[r] Rechenschaftspflicht" geprägt (vgl. auch für die Zitate a.a.O., 75 und ebenso a.a.O., 58, 66). Das liegt vermutlich an dem Fokus auf Körtners Arbeit (vgl. a.a.O., 80–88), für die dies stimmt (vgl. a.a.O., 83). Gerade bei Heinz Eduard Tödt, bei Wolfgang Huber und in der Tradition zu beiden spielen responsive Züge von Verantwortung aber durchaus eine wichtige Rolle (s. 1.2.2.1 und 3.3.3).

170 Vgl. auch für das Zitat Kreß 1997, 116.
171 Vgl. auch für die Zitate Kreß 1997, 115, kursiv im Original. Vgl. zu dieser zweifachen Rolle von „Person" bei Kreß auch Körtner 2008, 95, Anm. 10.

In seinen Arbeiten zeichnet er die Geschichte des Verantwortungsbegriffs an exemplarischen Stationen entlang nach[172] und deutet „Verantwortung" plausibel als „Krisenbegriff"[173]. Mit diesem Überblick belegt Kreß die *„Mehrdimensionalität ethischer Verantwortung"*[174] und spricht von der „Vielschichtigkeit dieser Kategorie":[175] So könne „Verantwortung individualethisch als Gewissensverantwortung, personalethisch im Bezug auf den Mitmenschen und sozialethisch als strukturelle und institutionelle Leitidee verstanden" werden.[176] Methodisch will er vor allem die „teleologische Frage nach den Handlungsfolgen (so die Verantwortungsethik Max Webers)"[177] einerseits und andererseits zunächst die „Wertverantwortung" Hans Jonas',[178] beziehungsweise später eine eigenständig entworfene „normative Verantwortung" integrieren:[179] der Abwägung von möglichen Folgen – also: „Handlungs*folgen*verantwortung" oder „Folgenverantwortung" fehlten die „normativen Kriterien", die diese Folgen bewertbar machen.[180]

---

172 Vgl. Kreß 1992.
173 Kreß 1997, 117–118. Diese Beobachtung bezieht sich auf die Verwendung des Begriffs nach dem ersten Weltkrieg in Deutschland bei Max Weber und Albert Schweitzer: „Wenn der Religionsskeptiker und Soziologe Max Weber sowie der protestantische Kulturphilosoph Albert Schweitzer im frühen 20. Jahrhundert je aus ihrer Sicht zur ethischen ‚Verantwortung' aufrufen, sind ihre Überlegungen einander darin verbunden, daß diese sich am Erlebnis und der gedanklichen Aufarbeitung der damaligen Kultur- und Zivilisationskrise entzündeten. Weber ging es um die politische Bewältigung des Ersten Weltkrieges und um die verantwortliche Ausübung staatlich-politischer Macht nach dem Kriegsende. Schweitzer war an der gedanklichen Auseinandersetzung mit der Anonymisierung, Vermassung und Bürokratisierung der technischen Zivilisation des frühen 20. Jahrhunderts interessiert." (Kreß 1997, 118)
174 Vgl. auch für das Zitat Kreß 1992, 129.
175 Kreß 1988, 96.
176 Kreß 1988, 96.
177 Kreß 1988, 96.
178 Vgl. Kreß 1988, 96–97, Zitat auf S. 96. Vgl. zur Integration beider: „Angesichts der Tatsache, daß heutige Technik ihrerseits menschliches Wertebewußtsein in problematischer Weise beeinflussen kann und die Gentechnik gar das Menschenbild selbst betrifft, bedarf eine pragmatische Folgenethik der Ergänzung durch eine Wertethik" (Kreß 1988, 98).
179 Vgl. zu „normativer Verantwortung" Kreß 1997, 121–123, Zitat auf S. 121, und zur Integration Kreß 1988, 96–97, Kreß 1997, 119–123. In dem Text „Theologische Ethik" hatte Kreß noch „drei Grundtypen ethischer Verantwortung": „die Folgenverantwortung, die dialogische Verantwortung und die normative bzw. Wert-Verantwortung" (Kreß 1996, 71–86, Zitate auf S. 72). Die dialogische bzw. *„personal-dialogische[.] Verantwortung"* (a.a.O., 76, kursiv im Original) ist nun in „Verantwortungsethik heute" (1997) nicht einfach weggefallen, sondern integriert die beiden anderen. Das deutet Kreß schon 1996 an: „Letztlich stehen auch die Wert- und die Folgenverantwortung im Dienst der personalen Verantwortung, da die Ethik grundsätzlich der Humanität und dem Mitmenschen verpflichtet ist." (Kreß 1996, 86, ähnlich auch S. 94)
180 Vgl. auch für die Begriffe Kreß 1997, 119–120, kursiv im Original.

1.2 Übergang: Die theologische Rede von Verantwortung – und ihr Praxisproblem

Seine Arbeit in „Verantwortungsethik heute" zeigt im Vollzug ein Gefälle sowohl zur Pointierung der individual- und personalethischen gegenüber der sozialethischen Perspektive (2) als auch der normativen gegenüber der Folgenverantwortung[181] (1).

So bezieht er erstens (1) die für die eigene Konzeption entscheidende Bestimmung von Verantwortung aus der behaupteten Kontinuität von Verantwortung zum Pflichtbegriff älterer Ethiken und etwa der Ethik Richard Rothes.[182] Verantwortungsethik konzipiert er so „als Fortschreibung der Pflichtethik"[183] und damit als theologisch-ethische Variante einer „normorientierten Handlungstheorie"[184]. In der Kreßschen Theorie benennt der Verantwortungsbegriff primär den konstitutiven Normenbezug und demgegenüber sekundär, weil m. E. erst durch den von Kreß benannten lebensweltlich erfahrbaren Machtzuwachs bedingt, die Integration der „Folge-, Fern- und Nebenwirkungen" ins Handlungskalkül.[185] Stimmt letzteres, bleibt angesichts der Betonung der Kontinuität von Verantwortungs- zur älteren Pflichtethik und der damit einhergehenden Herausstellung des Normenbezugs unklar, worin der semantische Mehrwert von „Verantwortung" gegenüber „Pflicht" in seiner Ethik besteht: Was unterscheidet „normative Verantwortung" eigentlich noch von Pflicht?

---

181 Für den Begriff vgl. etwa Kreß 1997, 120.
182 Vgl. Kreß 1997, 116, 122, 126–130. Kreß fasst zusammen: „Eine heutige evangelisch-theologische Konzeption normativer sozialethischer Verantwortung läßt sich als Fortführung der älteren pflichtethischen Reflexionen des Protestantismus begreifen. Inhaltlich erwachsen aus dem modernen wissenschaftlich-technischen Fortschritt und aus den weitreichenden Folge-, Fern- und Nebenwirkungen heutiger menschlicher […] Handlungsformen dann allerdings erweiterte, neue Bezugsfelder ethischer Verpflichtung, die der normativ-kriterialen Erörterung bedürfen und zu deren Bewältigung die menschliche Gewissensverantwortung bzw. die ethische, pflichtorientierte Vernunft in neuer Weise aufgefordert sind." (Kreß 1997, 130)
183 Kreß 1997, 126, im Original gefettet.
184 Vgl. für den Begriff Reckwitz 2003, 287, im Original kursiv und im Nominativ.
185 Vgl. Kreß 1997, 130–131, 117, 119, Zitat auf S. 130. Kreß verwendet den Begriff des „Handlungsfolgenkalküls" (a. a. O., 117). Die Handlungsfolgenverantwortung ist m. E. bei Kreß der normativen Verantwortung gegenüber argumentationslogisch sekundär, obwohl sie dem Aufbau – erst Weber, dann Schweizer (a. a. O., 117–123) – und bestimmten Formulierungen nach primär scheint: So schreibt Kreß, zu „Handlungsfolgenabschätzungen" müsste „eine Reflexion der normativen Kriterien hinzutreten, anhand derer die Handlungsfolgen inhaltlich bewertet werden können. Diese inhaltlich-normative Komponente von Verantwortungsethik hatte Weber selbst zu stark ausgeblendet." (a. a. O., 120–121) Damit ist argumentationslogisch aber die inhaltlich-normative Komponente die primäre, weil Handlungsfolgen im praktischen Vollzug der Abwägung ja erst dann als relevante – also abzuwägende – rekonstruiert werden, wenn sie dem zum Handeln Herausgeforderten als normativ qualifiziert erschienen sind – nämlich als gut oder schlecht –, die inhaltlich-normative Komponente praktisch also schon zur Anwendung gekommen ist.

(2) Die Zuordnung von „Verantwortung" zur Geschichte einer den Einzelnen adressierenden Pflichtethik[186] führt m. E. auch dazu, dass Verantwortung bei Kreß dann primär zu einer individual- und personalethischen Kategorie wird, die eine Sozialzusammenhängen scheinbar enthobene Realität fasst. Dies hängt außerdem erstens (2.1) mit der Unterscheidung von „individuelle[r] Gewissensverantwortung und rechtliche[r] Haftungsverantwortung"[187] zusammen: Diese lässt ihn, sobald er von „überindividuellen Verantwortungsträgern" zu handeln beginnt, die sozialethisch reflektiert werden könnten, in Kategorien rechtlicher Verantwortung, nämlich „Haftungsverantwortung" wechseln und vor dem Hintergrund der von ihm selbst zitierten neuzeitlichen Ausdifferenzierung von Recht und Ethik das Mutterland der Ethik gerade verlassen:[188]

> Letztlich obliegt die echte *ethische* Verantwortung jedoch stets dem je individuellen Gewissen, das grundsätzlich nicht vergesellschaftet werden kann.[189]

Während dies die „persönliche Gewissensverantwortung [...] auch für überpersönliche Handlungszusammenhänge" gerade nicht aus dem Blickfeld geraten lässt,[190] nimmt Kreß Gewissensverantwortung selbst so aber nicht als sozial ermöglichte, weil in sozialen Praktiken erst konstituierte, sondern reduktiv als rein individuell Gegebenes wahr.

(2.2) Es zeigt sich zweitens daran, dass Kreß sich in seiner „lebensweltliche[n] Begründung für ethische Verantwortung" zunächst auf die „subjekttheoretische Seite des Machtbegriffs" konzentrieren kann, ohne diese zugleich schon in ihrem Zusammenhang mit der strukturtheoretischen Seite zu sehen, die er auch benennt.[191] Macht als Verantwortung begründendes Phänomen – Kreß: „Macht muss verantwortet werden."[192] – kommt so primär in der Perspektive des „Subjekt[es]

---

186 Vgl.: „Die Ethik der Pflicht hob darauf ab, daß der Einzelne durch seine sittliche Vernunft und sein Gewissen zum Handeln angehalten wird." (Kreß 1997, 126)
187 Kreß 1997, 132, im Original gefettet gesetzt.
188 Vgl. auch für die Zitate Kreß 1997, 133. Zu von Kreß auch so bezeichneten Ausdifferenzierung und Zuordnung von „Recht und Ethik" vgl. Kreß 1997, 126–129, Zitat auf S. 127.
189 Kreß 1996, 105. Das Zitat geht weiter: „Kollektive Entscheidungsfindungen entbinden den Einzelnen nicht von seiner persönlichen, unteilbaren Gewissensverantwortung." (ebd.)
190 Vgl. auch für das Zitat Kreß 1997, 132. Vgl. zu dieser individuellen Mitverantwortung am Überpersönlichen auch: „Kollektive Entscheidungsfindungen entbinden den Einzelnen nicht von einer persönlichen unteilbaren Gewissensverantwortung." (Kreß 1996, 105)
191 Vgl. auch für die Zitate Kreß 1997, 131–132, im Original teilweise gefettet.
192 Kreß 1997, 131. Vgl. dazu auch schon: „Diese Ausdehnung ethischer Verantwortung trägt insbesondere der Einsicht in gewandelte Strukturen und Möglichkeiten menschlicher Machtausübung Rechnung. Denn die ethische Frage nach Struktur und Begrenzung von Macht ist heute ja nicht mehr nur auf Staat und Politik, sondern auch auf die Machtentfaltung durch Technik, Wirtschaft,

von Machtausübungen", in der Perspektive des Machthabers also, in den Blick.[193] Ein solcher „subjektiv-intentionaler Aspekt von Macht"[194] lässt sich von Machtstrukturen aber nur dann so entkoppelt betrachten, wie Kreß dies tut, wenn die Konstitution des Subjektes vor die Klammer der von Machtstrukturen durchwirkten Sozialität gezogen wird,[195] Subjektivität also von sozialen Praktiken vorausgesetzt und nicht als in ihnen konstituiert gedacht wird.[196] Er thematisiert zwar die „anonym vernetzte[.] Macht",[197] andere Machtformen und „deren Auswirkung auf das Bewußtsein, die Lebenseinstellung und das Verhalten von Menschen",[198] referiert gar das von Foucault beschriebene „Phänomen der Medikalisierung"[199]. Dies bleibt der Reflexion des verantwortlich handelnden Subjekts aber insofern äußerlich, als all dies eben zu den „Anwendungsfeldern für eine heutige personale Verantwortungsethik" gerechnet wird:[200] „Die Ethik steht vor der Herausforderung, verantwortungsethisch-normative Kriterien zur Bewertung und Steuerung solcher Formen von Macht zu entfalten."[201] Daran ändert auch die Rede von der „‚Macht' von Religion, Ethik" und der „relationale Personbegriff" nichts.[202] Damit haben verantwortliche Subjekte und „Verantwortung" bei Kreß zwar mit sozialen Praktiken als ihren Anwendungsfeldern zu tun, bleiben ihnen aber äußerlich. Subjektivität, Gewissen und Verantwortung kommen nicht als erst in ambivalenten sozialen

---

Medien usw. zu beziehen. Entsprechend zur zunehmenden Komplexität des Phänomens der Macht erweitert sich die Notwendigkeit der Reflexion bewußter ethischer Verantwortung." (Kreß 1988, 95)
193 Vgl. auch für das Zitat Kreß 1997, 131.
194 Kreß 1997, 132.
195 Das tut Kreß explizit in der Abgrenzung von Foucaults Machtverständnis: „Anders als Foucault wird eine Theorie der Verantwortungsethik die klassische Thematik des Machtsubjektes allerdings nicht ausblenden bzw. sie nicht durch genealogische oder strukturelle Fragestellungen völlig überblenden dürfen. Vielmehr sind beide Aspekte von Macht zu sehen." (Kreß 1997, 132) Wie der vermachtete Aspekt von Subjektivitätskonstitution in Kreß' Begriff individueller Gewissensverantwortung vorkommt, erkenne ich allerdings nicht.
196 Vgl. dazu das von Vogelmann Referierte, insbesondere Vogelmann 2014, 120–122, dort insbes. S. 121. Dort handelt Vogelmann auch davon, ob sein Praktikenbegriff „ein Subjekt voraus[setzt]" (ebd.).
197 Kreß 1997, 137.
198 Vgl. Kreß 1997, 137–151, 139, 150, Zitat auf S. 139.
199 Vgl. Kreß 1997, 139–140, Zitat auf S. 140.
200 Vgl. auch für das Zitat Kreß 1997, 140.
201 Kreß 1997, 150.
202 Vgl. Kreß 1997, 151 und 152–157, Zitate auf S. 151 und 152, im Original gefettet. Der relationale Personbegriff ändert bei Kreß deshalb nichts daran, weil er die individuelle Identität des Einzelnen eigentlich nicht von ihrer Relationiertheit, sondern von ihrem selbständigen Relatsein her denkt (vgl. a.a.O., 155–156): Der „Selbstand, die Identität und die Eigenständigkeit des jeweiligen ‚Ich'" blieben „im Vergleich zum Du" bestehen (a.a.O., 155).

Praktiken Konstituiertes, sondern als präpraktische Faktoren in den Blick, denen praktische Sozialität Umwelt ist.

Insgesamt pointiert Kreß die ethische Kategorie Verantwortung also als individual- und personalethisch und weniger sozialethisch.[203] Die von ihm eingeforderte sozialethische Perspektivierung hat er insofern umgesetzt, als er Sozialität und Machtstrukturen als Umwelt des verantwortlichen Subjekts und verantwortlichen Handelns ethisch in den Blick nimmt.[204] Die Sozialität von Verantwortung selbst und deren Ambivalenz kommt damit nicht oder nur punktuell vor. Punktuell klingt die praktische Ambivalenz an, wenn er den bloß rhetorischen Gebrauch des Verantwortungsbegriffs problematisiert,[205] vor Überforderung der „Verantwortlichkeit des Einzelnen" warnt[206] und auf das Verhältnis von Verantwortung und Sozialstaat verweist.[207] Der Primat von Individual- und Personalethik lässt ihn Verantwortung insgesamt aber nicht als soziale Praxis, sondern als Gewissensbindung[208] des als präpraktisch mächtig gedachten Subjekts wahrnehmen.

---

[203] Vgl. so auch Körtner, der ebenfalls darauf hinweist, dass bei Kreß wohl mit dem Kriterium des Schutzes der Person auch „die sozialethische Dimension in den Blick kommt" (Körtner 2008, 95, Anm. 10). Kreß' „personale[r] Verantwortungsethik" geht „es in subjektiv-intentionaler Hinsicht um die Handlungsverpflichtung und -verantwortung des einzelnen Menschen und sodann im normativ-kriterialen Sinne um den Schutz jeder Person" (Kreß 1997, 160).
[204] Vgl. zu seiner Forderung nach Sozialethik, insbesondere in Sachen Verantwortungsethik: „Zu kurz greift ebenfalls die Deutung, welche Verantwortung *einseitig* individualistisch im Blick auf die freiheitliche Entfaltung des ‚selbständigen' Menschen versteht und demzufolge die (angebliche) ‚Betreuungs-Herrschaft' durch den Sozialstaat beklagt. Hier wird verkannt oder beiseitegeschoben, daß in der komplexen Gegenwartsgesellschaft auch (3) die strukturelle und institutionelle Umsetzung von Verantwortung eigens zu bedenken ist, zu der entscheidend die Ausgestaltung des Sozialstaatsgedankens oder die rechtliche Gewährleistung von Umweltschutz gehören." (Kreß 1988, 96, im Original kursiv) Zur „Notwendigkeit einer genuin *sozial*ethischen Urteilsbildung" vgl. Kreß 1996, 37, dort auch das Zitat, im Original kursiv) und indirekt Kreß 1997, 115.
[205] Vgl. Kreß 1988, 95–96.
[206] Vgl. Kreß 1997, 129, 133, Zitat auf S. 129. Vgl. auch: „Es drängt sich indes die Frage auf, ob der einzelne Mensch, als ethisches Subjekt, der ‚Last der Selbstbehauptung' und der Komplexität der heute auszuübenden, vielschichtig gewordenen ethischen Verantwortung überhaupt noch gewachsen ist." (Kreß 1992, 129)
[207] Vgl. Kreß 1988, 96.
[208] Vgl.: „Sofern die einzelne Person das Subjekt ist, welches Macht ausübt, kann sie auf ihr Gewissen, ihre moralischen Intentionen und ihre persönliche Verantwortung hin behaftet werden." (Kreß 1997, 132)

1.2.1.2 Wolfgang Erich Müller: Individuelle Verantwortung als allgemeinverbindliche Pflicht

Wolfgang Erich Müller geht in seiner Untersuchung zum Verantwortungsbegriff von dessen soziologischer Einordnung aus und fragt von daher, wie sich in einer „segmentierten Gesellschaft" die „Verbindlichkeit der Verantwortungsübernahme begründen" lässt, „die dem entscheidenden Individuum in seiner institutionellen Bezogenheit Rechnung trägt".[209] Damit legt ihn schon seine Fragestellung auf eine individualethische Perspektive auf Verantwortung im sozialethischen Horizont fest. Ein Praxisproblem (3) entsteht bei Müller m. E. in der Spannung von geltungstheoretischer Beantwortung dieser Frage einerseits (1) und soziologischer Sensibilisierung anderseits (2).

(1) Zur geltungstheoretischen Beantwortung dieser Frage kartiert er den theologischen und philosophischen Diskurs zum Thema zumindest für die Theologie relativ umfassend.[210] Die theologischen Arbeiten scheinen die Allgemeinverbindlichkeit von Verantwortung zunächst begründen zu können; sie tun dies aber nur mit traditionsinternen Gründen – nämlich „schöpfungstheologisch, christologisch oder eschatologisch".[211] Das reiche aber „in einer multiperspektivischen Gesellschaft" nicht aus[212] bzw. erschiene „heteronom"[213]. Verantwortung lasse sich – so Müller anders als Huber, Picht und Bonhoeffer – „nicht exklusiv theologisch begründen".[214] Während die von ihm gesichteten philosophischen Entwürfe auf „wichtige Momente" hinwiesen – Weischedel und Levinas vor allem auf die individuelle Verantwortung, „Jonas, Apel, Birnbacher und Höffe" auch auf „gesamtgesellschaftliche Aspekte" – biete „sich kein Ansatz unwidersprochen als Grundlage für die gesuchte Verantwortungsethik" an.[215] Das größte Begründungspotenzial für die „Verbindlichkeit der Verantwortungsübernahme" (s. o.) sieht Müller bei Ottfried Höffe, der zusammen mit Birnbacher „die größte Offenheit gegenüber verschiedenen inhaltlichen Bestimmungen des Guten" zeige und zudem „die individuelle Vielgestaltigkeit in einer gemeinschaftlichen Zielgröße konvergieren sieht", „gesellschaftlicher eudaimonia" nämlich.[216] Dass Menschen einander Verantwor-

---

209 Vgl. auch für die Zitate W. E. Müller 1997, 21–22. Der Arbeit von Müller verdanke ich den Verweis auf wichtige Literatur.
210 Vgl. W. E. Müller 1997, 22–49.
211 Vgl. auch für das Zitat W. E. Müller 1997, 48.
212 Vgl. auch für das Zitat W. E. Müller 1997, 48.
213 Vgl. auch für das Zitat W. E. Müller 1997, 95.
214 Vgl. auch für das Zitat W. E. Müller 1997, 103. Dazu, dass bei Karl Barth „Verantwortung nur ein rein theologisch möglicher Begriff" sei vgl. W. E. Müller 1997, 30, dort auch das Zitat.
215 W. E. Müller 1997, 94.
216 Vgl. auch für die Zitate W. E. Müller 1997, 94.

tung schulden,[217] ergäbe sich bei Höffe aus einem Tausch.[218] Für die als allgemein zu begründende „angeborene Verantwortung" müsse es also „einen vor- und einen übergeschichtlich gültigen Tausch geben".[219] Dieser sei – so Müllers Höffe-Rekonstruktion – letztlich ein „negativer Tausch", nämlich, dass Menschen auf ihre „Willkürfreiheit" zur Gewalt aneinander wechselseitig verzichten und so „eigene[.] Integrität" ermöglichen, was auf „der gemeinsamen eudaimonia beruht".[220] An diesem „Freiheitstausch" habe jeder ein Interesse, weil dieser zuerst Leben, Handlungsfähigkeit und das Zielen auf je unterschiedliche Glücksvorstellungen ermögliche.[221] Deswegen können „Menschen diese Verantwortung autonom übernehmen".[222] Dass Menschen sich dafür gegenseitig Rechenschaft schulden, verhindere, dass einzelne den Willkürverzicht anderer ausnutzen.[223] In dieser Tauschgerechtigkeit sieht auch Müller bei Höffe die „Denkmöglichkeit eines allgemeine[n] Verantwortungsbegriffs" besser begründet als im Utilitarismus, den Müller Birnbachers Argumentation zugrunde liegen sieht.[224] Diese Begründung funktioniert transzendental[225], nämlich über die wechselseitige autonome Selbstverpflichtung auf den in praktischer Handlungsfähigkeit als deren Ermöglichungsbedingung schon vorausgesetzten Lebenswillen und Willkürverzicht, wobei für letzteren Rechenschaft erfragt werden kann, also Verantwortung geschuldet wird:[226]

---

217 Vgl. W. E. Müller 1997, 88.
218 Für die „erworbene[.] Verantwortung" ist dies ein „Tausch von Leistung und Gegenleistung" (W. E. Müller 1997, 91): „Wer jemand zur Verantwortung zieht, der fordert die verabredeten Gegenleistungen ein" (Höffe zitiert bei W. E. Müller 1997, 91). Die Verantwortung der Kinder für ihre Eltern etwa sei Gegenleistung für das Erfahrene (vgl. W. E. Müller 1997, 91). Müller bezieht sich dabei auf diesen Aufsatz Höffes: Höffe 1989, in dem Höffe fragt: „Gibt es neben der erworbenen Verantwortung eine aus Gerechtigkeitsgründen angeborene, eine apodiktische und überdies geschuldete Verantwortung?" (Höffe 1989, 24) Höffe bejaht dies dann aus der Annahme einer „Tauschgerechtigkeit" heraus (vgl. a.a.O., 24–34, Zitat auf S. 24, kursiv im Original).
219 Vgl. auch für die Zitate W. E. Müller 1997, 91.
220 Vgl. auch für die Zitate W. E. Müller 1997, 92. Höffe spricht vom „gegenseitigen Tötungsverzicht" (Höffe 1989, 31).
221 Vgl. auch für das Zitat W. E. Müller 1997, 92, 96.
222 Vgl. auch für das Zitat W. E. Müller 1997, 96.
223 Vgl. W. E. Müller 1997, 92. Zu „geschuldeter gegenseitiger Verantwortung" vgl. a.a.O., 93.
224 Vgl. W. E. Müller 1997, 93–95, Zitat auf S. 93. Zu Birnbacher vgl.: „Birnbacher kommt ohne eine derartige Metaphysik aus, unterlegt aber seiner Auffassung die nutzensummenmaximierende Anthropologie des hedonistischen Utilitarismus." (W. E. Müller 1997, 95)
225 Vgl. zur Qualifizierung dieser Begründung als „transzendental" auch: W. E. Müller 1997, 92, 96.
226 Vgl. W. E. Müller 1997, 92–93, 94, 96.

Damit basiert Verantwortung auf einer rationalen Entscheidung – hier der Zustimmung zur Vorstellung des negativen Tausches – und beschreibt formal einen universal zutreffenden Sachverhalt.[227]

Diese formale Universalisierung des Verantwortungsbegriffs, die wegen ihrer Formalität auch „der ethischen Pluralität" von Zielbestimmungen gerecht werde,[228] will Müller dann mit den inhaltlichen Bestimmungen theologischer Ansätze im Rahmen von Rawls' politischem Liberalismus zusammendenken.[229]

(2) Müller ordnet das Thema „Verantwortung" nicht nur vermittels seiner Rezeption von Franz-Xaver Kaufmann soziologisch ein[230] und verweist immer wieder auf die sozialethische Reflexion von Verantwortung.[231] Die soziologische Sensibilisierung zeigt sich auch zentral daran, dass er Verantwortung als „interaktionale Struktur eines Handelns aufgrund einer bestimmten Lebensdeutung"[232], als „Zuschreibungsbegriff"[233] und damit als „Praxis" versteht. Zwar führt er dies im Gefolge Rendtorffs auf die Praxis der Lebensführung eng, für die „der Begriff Verantwortung zugleich ‚eine Abbreviatur für die Sozialität der ethischen Lebenswirklichkeit'" ist,[234] hat damit aber Verantwortung anders als Kreß in ihrer sozialen und praktisch eingebundenen Gefasstheit vorgestellt. Von daher verwundert es auch nicht, dass Müller die „Frage nach dem Subjekt der Ethik" stellen kann und „entsubjektivierende Tendenzen moderner Technologie" benennt.[235] Damit ist das verantwortliche Subjekt nicht als vorhandene Gegebenheit von Praktiken fraglos vorausgesetzt, sondern wird auch zur Aufgabe einer „Ethik institutionellen Handelns".[236] In diesem Zuge sieht er auch das Diffusionsproblem, wenn er von der Gefahr spricht, „daß Individuen ihre Verantwortung an Institutionen abgeben".[237]

(3) Insgesamt geht er damit argumentativ einen Schritt in die Richtung, Verantwortung selbst als soziale Praxis und nicht nur als sozial umrundet zu verstehen.

---

227 W. E. Müller 1997, 96.
228 Vgl. auch für das Zitat W. E. Müller 1997, 96. Entsprechend betont Müller, dass der Verantwortungsbegriff selbst keine materialen Handlungsmaßstäbe oder verpflichtenden Normen impliziere, sondern eine „Haltung" sei (vgl. W. E. Müller 2000).
229 Vgl. W. E. Müller 1997, 96–100., insbes. 99.
230 Vgl. W. E. Müller 1997, 12, 13–22.
231 Vgl. W. E. Müller 1997, 75, 94–95, 106.
232 Vgl. auch für das Zitat W. E. Müller 1997, 102.
233 W. E. Müller 1997, 108.
234 Vgl. auch für das Zitat W. E. Müller 1997, 102. Das Zitat im Zitat stammt von Rendtorff.
235 Vgl. auch für die Zitate W. E. Müller 1997, 104–105.
236 Vgl. auch für das Zitat W. E. Müller 1997, 106.
237 Vgl. auch für das Zitat W. E. Müller 1997, 106. Auch an anderer Stelle weist er auf Gefahren hin: „Gerade in dem oftmals benannten Moment der Nicht-Reziprozität der Verantwortung steht Jonas in der Gefahr der Ideologisierung des Handelns" (W. E. Müller 2000, 29).

Dabei fallen allerdings geltungstheoretische und sozialtheoretische Reflexion auseinander. Zielt die soziologische Sensibilisierung letztlich auf konkrete Praktiken von Verantwortungszuschreibungen und -übernahmen, die gesellschaftlich, kulturell, politisch und technikgeschichtlich kontextualisiert sind, hebt die geltungstheoretische Begründung von Verantwortung gerade auf „übergeschichtlich[e]" (s. o.) Bedingungen ab. Will man beides aufeinander beziehen, entsteht ein Dilemma: Entweder zieht man die geltungstheoretische Begründungsfigur in konkrete Praktiken, wo sie dann um den Preis ihrer Übergeschichtlichkeit mehr oder weniger plausibel sein und so tatsächlich autonomiebasiert Verbindlichkeit auch praktisch mehr oder weniger herstellen kann. Oder aber sie bleibt eine theoretische, formale und universale Figur übergeschichtlicher Geltung, die dann aber konkreten Praktiken so äußerlich bleibt, dass sie praktisch keine Verbindlichkeit schafft oder praktisch individuelle Autonomie doch umgeht.

Das Dilemma wird konkret an der Frage nach der Handlungsfähigkeit. In konkreten gesellschaftlichen Praktiken ist diese auch am Ort des Individuums immer eine sozial, technisch, kulturell, ökonomisch und psychologisch bedingte Handlungsfähigkeit, was Müller mit Hubig grundsätzlich sieht.[238] Um praktisch konkrete Verbindlichkeit von Verantwortung herzustellen, müsste sich die geltungstheoretische Argumentation auf diese konkret mehr oder weniger gegebene Handlungsfähigkeit beziehen, verlöre aber darin schon ihre Universalität: Wer das eigene Maß an Handlungsfähigkeit nie als Gutes erfahren hat, wird möglicherweise schon deshalb kein Verständnis für deren Ermöglichungsbedingungen als Bezugspunkt wechselseitiger Selbstverpflichtung auf Verantwortung aufbringen und der „Vorstellung des negativen Tausches" (s. o.) nicht zustimmen. Erhält man diese Vorstellung aber als eine rein formale, universale, übergeschichtlich gültige,[239] sieht sie sowohl von der praktisch konkret, am Ort des Individuums vorhandenen Handlungsfähigkeit als auch dessen praktisch konkreter und gegebenenfalls fehlender „Zustimmung zur Vorstellung des negativen Tausches"[240] (s. o.) ab. So aber verspielt die geltungstheoretische Figur ihr Begründungspotenzial letztlich mit dem konstitutiven Autonomiebezug: Verantwortung wird heteronom.

Obwohl er Verantwortung als Praxis versteht, kommt Müller in diesem Dilemma also zum Praxisproblem: Denn in der geltungstheoretischen Begründung allgemeiner Verantwortung muss er gerade übersehen machen, was die praxistheoretische Perspektive sichtbar machen könnte. Andernfalls fiele die von ihm rekonstruierte Geltungsgrundlage der Begründung der „Verbindlichkeit der Ver-

---

238 Vgl. W. E. Müller 1997, 104–107.
239 Vgl. so W. E. Müller 1997, 91–92, 96.
240 W. E. Müller 1997, 96.

antwortungsübernahme"²⁴¹ praktischer Kontingenz²⁴² zum Opfer – und letztlich auch die Notwendigkeit zur ethischen Beachtung der praxistheoretischen Perspektive auf Verantwortung.

1.2.1.3 Johannes Fischer: Individuelle Sorge als christliche Grundlage
Johannes Fischer hat selbst mit dem Verantwortungsbegriff gearbeitet,²⁴³ in einem Aufsatz aber auch seinen „theologisch begründeten Vorbehalt gegenüber dem Verantwortungsbegriff"²⁴⁴ erläutert. Insofern es von den sozialphilosophischen Arbeiten her auch mir um eine Kritik von Verantwortung geht, ist dieser Text besonders interessant. Im Modus der Kritik und Konstruktion fokussiert auch Fischer das Individuum (1). Gerade in der Konstruktion einer Alternative zum ausschließlichen Fokus auf Verantwortung zeigt sich auch in Fischers Text ein Praxisproblem (2).

(1) Angesichts der Verantwortungsexpansion und der Tendenz zur Verantwortungsethik in der Theologie stellt Fischer 1992 in einem Aufsatz die Frage, „ob nicht entscheidende Dimensionen christlicher Ethik aus dem Blick geraten, wenn diese einseitig am Begriff der Verantwortung orientiert wird".²⁴⁵ Während er selbst die „Verantwortung der heute Lebenden für eine lebenswerte Zukunft" betont,²⁴⁶ bejaht er die Frage doch und vertritt schließlich eine am „Motiv der Sorge" orientierte Situationsethik.²⁴⁷ Grundlage für diese Beantwortung ist m. E. seine Unterscheidung zweier Wirklichkeitsverhältnisse,²⁴⁸ die sich durch den ganzen Aufsatz

---

241 W. E. Müller 1997, 22.
242 Zur Klärung des Kontingenzbegriffs siehe 3.1.1, Anm. 78.
243 Vgl. etwa Fischer 2002, 68–69, 133 und vor allem Fischers wissenschaftsethische Reflexionen (a.a.O., 301–311) Auch in der Debatte um die sogenannte „Flüchtlingspolitik" arbeitet Fischer affirmativ mit dem Begriff der „politischen Verantwortung – auch wenn er diesen in eine etwas befremdliche Opposition zu Menschen- und Grundrechten bringt: „Stellt man solche politischen Grenzen in Rechnung, dann kann Flüchtlingspolitik immer nur ein Kompromiss sein zwischen dem moralischen Gebot, der Not der Flüchtlinge abzuhelfen, und dem moralischen Gebot, der politischen Verantwortung gegenüber dem Gemeinwesen gerecht zu werden." (Fischer 2016, 306) Für eine etwas umfassendere Darstellung und Diskussion von Fischers Arbeit zum Verantwortungsbegriff, als ich dies hier leisten kann, vgl. etwa Villiers 2007.
244 So Müller in seiner Darstellung dieses Aufsatzes: W. E. Müller 1997, 43. Vgl. a.a.O. (43–46) auch für eine Zusammenfassung des Aufsatzes.
245 Vgl. sowohl für die Feststellung besagter Expansion und Tendenz als auch für das Zitat Fischer 1992, 115.
246 Vgl. Fischer 1992, 115, 119, Zitat auf S. 115.
247 Vgl. Fischer 1992, 124–128, Zitat auf S. 124.
248 Explizit betont Fischer: „Beide Arten von Wirklichkeit müssen strikt auseinandergehalten werden, und auf diese Unterscheidung kommt heute theologisch alles an." (Fischer 1992, 123). Vgl.

zieht: Menschen stehen entweder im neuzeitlichen Modus der verfügenden „Vergegenständlichung der Welt", das selbst in den Bann[249] schlage, oder im Modus des existentiellen Erschlossenseins durch unverfügbare Wirklichkeit im Verhältnis zur Wirklichkeit.[250] Bei der Entität, die hier auf Welt beziehungsweise Wirklichkeit bezogen ist, handelt es sich m. E. um das individuelle Subjekt. Zwar schreibt Fischer dies nicht explizit und benutzt einen Wir-, Nominal- und Passivstil, der die Identifikation dieser Entität umgeht. Aus seinen Beispielen – dem barmherzigen Samariter und der Eltern-Kind-Beziehung[251] –, aus der Verwendung des Erfahrungsbegriffs – die „Erschlossenheit durch die Wirklichkeit" bezeichnet er als Erfahrung[252] – und aus seinem Verweis auf die Gefahr der Überforderung[253] schließe ich aber, dass die sich verhaltende, sich erschlossen seiende, erfahrende und überforderte Entität jeweils das individuelle Subjekt ist und nicht Kollektivakteure, die ganze Menschheit oder Strukturen.

Vor dem Hintergrund dieser Unterscheidung ordnet Fischer „Verantwortung" und „Ethik der Verantwortung" nun ganz dem Modus verfügenden Vergegenständlichens zu.[254] Der „Druck zu immer intensiverer Verfügung über die Wirklichkeit" zeige sich „gerade auch an einer Ethik […], die sich die Welt allein noch aus der Perspektive der Verantwortung vergegenständlicht".[255] Auf diesem Wege macht

---

dazu auch W. E. Müller 1997, 45. Fischer selbst benutzt häufig den Begriff „Wirklichkeitsverständnis", durch den ja auf ein spezifisches Wirklichkeitsverhältnis hingewiesen ist, vgl. etwa Fischer 2002, 313, 38, Zitat auf S. 313.

249 So spricht er davon, dass „der Mensch der Gegenwart […] im Regelkreis der Selbstbehauptung gefangen" sei (Fischer 1992, 123).

250 Das neuzeitliche Wirklichkeitsverhältnis rekonstruiert Fischer als eines, das von der „Vergegenständlichung der Welt" (Fischer 1992, 116) bestimmt ist: „Verfügen im Wahrnehmen" und „Verfügen im Tun" (a.a.O, 116) stünden im Mittelpunkt und führten zu einer „Krise der Wahrnehmung", weil nichts mehr in seinem Eigenwert gesehen werden könne, (a. a. O., 117– 118) und zu einer „existentiellen Heimatlosigkeit" (a.a.O., 118). Der „Mensch der Neuzeit ist sich nicht unmittelbar durch die erfahrene Welt erschlossen", sondern versteht sich „von woandersher" (a.a.O., 118). Dem stellt Fischer zunächst implizit ein anderes Wirklichkeitsverhältnis gegenüber, das durch Beheimatung, nämlich das „Einbezogensein in einen unverfügten Zusammenhang, durch den wir uns selbst erschlossen sind" (a.a.O., 118), und durch das „Sich-Erschlossensein durch die Wirklichkeit" (a.a.O., 122) qualifiziert ist.

251 Vgl. für beide Beispiele Fischer 1992, 120–122.

252 Vgl. auch für das Zitat Fischer 1992, 124.

253 Vgl. Fischer 1992, 119.

254 Vgl. auch für die Zitate: „Wir haben uns erkennend und handelnd ,unsere' Welt geschaffen mit der Konsequenz, daß auch deren Zukunft nun ganz von uns abhängt und in unserem Erkennen und Tun auf dem Spiel steht. Diese Situation drängt zu einer Ethik der Verantwortung." (Fischer 1992, 117. Vgl. inhaltlich dazu auch a.a.O., 118) Und etwa: „Beim Motiv der Verantwortung ist eine Person oder Sache einseitig als Gegenstand oder Bezugspunkt unseres Tuns im Blick." (a.a.O., 124)

255 Fischer 1992, 126.

1.2 Übergang: Die theologische Rede von Verantwortung – und ihr Praxisproblem — 41

Fischer nicht nur sichtbar, dass Verantwortung als eine „drückende Last" und „permanente Überforderung" erfahren würde,[256] sondern verweist tiefgründiger darauf, dass der Gebrauch des Verantwortungsbegriffs eine Haltung der Weltbeherrschung unkritisch reproduziert, der eine christliche Ethik dann etwas entgegenstellen könnte, wenn sie sich nicht selbst nur zur Verantwortungsethik reduziert.[257]

Diese Zuordnung ergibt sich m.E. daraus, dass Fischer „Verantwortung" ausschließlich forensisch versteht, indem er sie mit einer *„ganz bestimmte[n]* ethische[n] Grundsituation" verbunden sieht:[258]

> Diese Grundsituation lässt sich beschreiben durch jenes Netz von zur Rede stellenden, Verantwortung erzwingenden Vorhalten und Fragen, welches über uns als Handelnde geworfen werden kann – sei es durch andere oder durch unser eigenes Gewissen – und das uns über unser Wissen einfängt, an dessen Umfang sich der Grad unserer Verantwortlichkeit bemißt.[259]

In der so vorgestellten Grundsituation ergäbe sich die Handlungsverantwortung des Einzelnen gegenüber einem Verantwortungsobjekt tatsächlich aus der Verpflichtung durch eine dritte Instanz und unabhängig von der Beziehung des Einzelnen zum Verantwortungsobjekt; die Verantwortung ergäbe sich außerdem tatsächlich im Wissen, das dann als vermittelnde und vergegenständlichende Größe zwischen dem Einzelnen und dem Verantwortungsobjekt steht.[260]

Als Alternative zu dieser Verantwortungssituation und dem Verantwortungsmotiv verweist Fischer schließlich auf die „Grundsituation neutestamentlicher Ethik" und das „Motiv der Sorge".[261] In der „Grundsituation neutestamentlicher Ethik" ginge es darum, „daß der Mensch der Wirklichkeit entspricht, durch die er sich erschlossen ist."[262] Und: „Im Motiv der Sorge dagegen bekundet sich ein Indikativ der Verbundenheit mit einer Person oder Sache, der zum Imperativ des Tuns wird."[263] Daran schließt er seine These an, „christliche Ethik" sei „ihrem innersten Wesen nach Situationsethik".[264] Nicht eine „Regel oder Norm" und „nicht Verantwortung" veranlassen, motivieren und orientieren danach menschliches Verhalten, sondern im jeweiligen „Augenblick ganz durch die Situation selbst in Anspruch

---

256 Vgl. auch für die Zitate Fischer 1992, 119.
257 So lässt sich m.E. eine Grundthese des ganzen Textes zusammenfassen.
258 Vgl. auch für das Zitat Fischer 1992, 120, kursiv im Original.
259 Fischer 1992, 120.
260 Vgl. Fischer 1992, 118–119, 120–121, 124.
261 Vgl. Fischer 1992, 120–126., Zitate auf S. 123, 124–125.
262 Fischer 1992, 123. Auch zitiert bei W. E. Müller 1997, 45.
263 Fischer 1992, 124.
264 Vgl. auch für das Zitat Fischer 1992, 127.

genommen" zu sein, der „unmittelbare[.] Anruf der Wirklichkeit", das „Sich-Erschlossensein durch die Wirklichkeit".²⁶⁵ An Hans Jonas' paradigmatischem Beispiel gesagt: „[I]n ihrem Verhältnis zu ihrem Kleinkind sind Eltern sich primär nicht durch die ethische Grundsituation der Verantwortung erschlossen, sondern unmittelbar durch die Beziehung zu ihrem Kind".²⁶⁶

(2) Zunächst schafft Fischer mit der Verbindung von Verantwortung und ethischer Grundsituation theoretisch die Möglichkeit, Verantwortung als in sozialen Praktiken konstituierte vorzustellen, auch wenn er diese Möglichkeit nicht durch eine soziologisch informierte Reflexion der Verantwortungsethik nutzt. Ein Praxisproblem hat Fischers Argumentation kategorial damit noch nicht in der Beschreibung der kritisierten Verantwortungspraxis, wohl aber in der Konstruktion einer mit dem „Motiv der Sorge" und dem „Sich-Erschlossensein durch die Wirklichkeit" arbeitenden Situationsethik. Weil diese Situationsethik der Sache nach etwas ist, was seit Karl Barth und Dietrich Bonhoeffer selbst als Verantwortungsethik firmiert, ist dies ein Praxisproblem auch der darin impliziten Verantwortung.²⁶⁷

---

265 Für die Zitate in ihrer Reihenfolge: Fischer 1992, 128, 122, 128, 128, 122.
266 Fischer 1992, 122. Für eine kritische Auseinandersetzung mit dieser vermeintlichen Unmittelbarkeit vgl. 4.1.2. Dafür, dass dieses Beispiel sowohl bei Jonas als auch bei Bonhoeffer vorkommt vgl. Huber 2012b, 83.
267 Fischers Argumentation liegt m. E. ein eigentümlicher Argumentationsweg zugrunde: Er problematisiert an der Konzentration auf Verantwortung in theologischer Ethik, dass diese Konzentration „entscheidende Dimensionen christlicher Ethik aus dem Blick geraten" (Fischer 1992, 115) lasse. Dass diese Dimensionen aus dem Blick geraten, stimmt aber nur für die Version einer „Ethik der Verantwortung", die Fischer selbst beschreibt, wobei er sich in diesem Aufsatz bezeichnenderweise nur am Rande und nur auf einen einzigen Text von Wolfgang Huber bezieht (Fischer 1992, 121, Anm. 10). Die Reduktion von Ethik auf forensisch verstandene Verantwortung vor einer Instanz, die er problematisiert, ist damit eine Reduktion, die er selbst im Modus der Unterstellung zuerst vollzogen hat (Auch das Unterkapitel „[z]ur Herkunft und zum geschichtlichen Wandel des Verantwortungskonzepts" in seiner Ethik ist auf ein forensisches Verständnis von Verantwortung enggeführt, vgl. Fischer 2002, 305–308, Zitat auf S. 305). Die philosophische wie theologische Literatur zu „Verantwortung" zeigt hingegen, dass sämtliche, vermeintlich ausgeblendete Dimensionen christlicher Ethik oft Kernelemente von Verantwortungskonzeptionen sind – von solchen Konzeptionen allerdings, die Verantwortung nicht primär oder ausschließlich forensisch als Verantwortung vor einer Instanz, sondern responsiv, als „Antwort auf" verstehen (vgl. zu der Unterscheidung von forensisch und responsiv: Waldenfels 2010b, den Vogelmann mit unter Verwendung der Begriff „[f]orensische" und „[r]esponsive Verantwortung" rekonstruiert, vgl. Vogelmann 2014, 326–334, Zitate auf S. 326 und 330, kursiv im Original). So taucht der Gedanke des erschließenden Einbezogenseins in Wirklichkeit prominent in Dietrich Bonhoeffers Verständnis von Stellvertretung auf, die er ja mit Verantwortung identifiziert (DBW 6, 256–257). Wolfgang Huber versteht zwar in seinem Marburger Festvortrag von 1982, auf den Fischer verweist (Fischer 1992, 121, Anm. 10), Verantwortung tatsächlich mit Bonhoeffer auch forensisch als „Verantwortung vor ..." einer In-

1.2 Übergang: Die theologische Rede von Verantwortung – und ihr Praxisproblem — 43

Dieses Praxisproblem lässt sich an zwei Punkten aufzeigen: Erstens stellt Fischer die Grundsituation seiner Sorge- und Situationsethik immer wieder als eine dar, in der sich das Subjekt in seinem Sollen unmittelbar erschlossen ist.[268] Diese behauptete Unmittelbarkeit entzieht besagte Grundsituation in ihrer ethischen Relevanz der sozial-, kultur- und darin praxistheoretischen Reflexion. Damit macht Fischer die kulturelle und soziale Situiertheit dieser Situation in ökonomischen, politischen und symbolischen Machtasymmetrien übersehen, die so ethisch nicht reflektierbar werden. Eltern sind sich ja gerade leider nicht „unmittelbar durch die Beziehung zu ihrem Kind", daraufhin erschlossen, für dieses liebend zu sorgen, sondern auch aufgrund von kultur-, sozialisations- und genderspezifischen Wahrnehmungsmustern.

Zweitens ist es ein Symptom dieses Praxisproblems, dass Fischer das „Motiv der Sorge", das in der Tat ein gängiges Motiv der Verantwortungsethik ist, nicht in seiner Ambivalenz in den Blick nimmt: Dass dem sorgenden Individuum „ein Indikativ der Verbundenheit mit einer Person oder Sache [...] zum Imperativ des Tuns wird",[269] kann aber nicht als unzweideutig gut erscheinen, wenn man dies auf der Linie der zitierten Verantwortungskritiken als sozial situierte Praxis reflektiert. Als Verweis darauf lässt sich beispielsweise die Arbeit von Tine Haubner zur Laien-

---

stanz, aber eben nicht nur, sondern genauso als „Verantwortung für ..." (Huber 1990, 143 – 144, 149 und nicht schon auf S. 141 wie Fischer in der Fußnote behauptet; in der Ethik von 2002 erwähnt Fischer dann auch die „Verantwortung *für*" und unterscheidet einen „forensischen" (primär: „vor") und einen „relationalen" Verantwortungsbegriff („für"): Fischer 2002, 133, v. a. Anm. 150, dort auch die Zitate, kursiv im Original, hier stimmt dann auch die Seitengabe im Huberverweis). Die ethische Relevanz ergibt sich durch Hubers Parallelisierung dieser Vor-Für-Doppelstruktur mit Luthers „Doppelthese seiner Schrift ‚Von der Freiheit eines Christenmenschen'" auch eher in der Für-Relation, zu der Einzelne in der forensischen Vor-Relation durch Gott befreit sind (vgl. auch für das Zitat Huber 1990, 149). Analog zu Fischers vorausgehender Verbundenheit von Subjekt und Objekt der Sorge, rahmt Huber Verantwortung schon 1982 durch Reziprozitätsverhältnisse (vgl. Huber 1990, 144, 146 – 147 und 1.2.2.1). Und 1992, etwa zeitgleich zu Fischers Publikation, ist bei Huber das „Motiv der Sorge" im Verantwortungsbegriff da zentral, wo er in Tradition zu Bonhoeffer Verantwortung als Vor- und Fürsorge entwickelt (vgl. Huber 2012b, 83 – 84). Später hat etwa Wilhelm Vossenkuhl im Anschluss an Heidegger „Verantwortung als Sorge" konzeptualisiert (vgl. Vossenkuhl 2006, Zitat aus dem Aufsatztitel). Ein reduktives Verständnis von Verantwortung und Rationalität und problematische Gegenüberstellung hat auch Müller an Fischers Aufsatz kritisiert (vgl. W. E. Müller 1997, 46).
268 So spricht er davon, dass sich Eltern „unmittelbar durch die Beziehung zu ihrem Kind" erschlossen sind (Fischer 1992, 122), dass es um Offenheit gegenüber dem „unmittelbaren Anruf der Wirklichkeit" (a. a. O., 128) gehe und dass der „Mensch der Neuzeit [...] sich nicht unmittelbar durch die erfahrene Welt selbst ethisch erschlossen" sei (a. a. O., 118). Grundlegender noch scheint bei Fischer gerade diese Unmittelbarkeit eben der Gegensatz zum verobjektivierenden und damit sich selbst gegenüber der Wirklichkeit auf Distanz bringenden Wirklichkeitsverhältnis zu sein.
269 Fischer 1992, 124.

pflege lesen:²⁷⁰ Laienpflegerinnen auf deren „Verbundenheit" zu den Gepflegten zu behaften²⁷¹ und so deren Arbeitskraft auch über das verträgliche Maß hinaus zu mobilisieren, kann mit Haubner als eine Form von Ausbeutung gedeutet werden.²⁷²

Kurz gesagt: Als soziale Praxis perspektiviert würden „Sorge" und „Selbst-Erschlossenheit" genauso wenig unschuldig erscheinen wie „Verantwortung". Das nicht zu thematisieren ist das Praxisproblem in Fischers Aufsatz zur Verantwortungskritik.

1.2.2 Soziale Verantwortung im globalen Kontext

1.2.2.1 Wolfgang Huber: Sozialethik als Ethik reziproker Verantwortung

Wolfgang Huber hat den Begriff „Verantwortung" in unterschiedlichsten Zusammenhängen verwendet.²⁷³ Gleichzeitig hat er zwar nicht monographisch, aber in

---

270 Vgl. Haubner 2016.
271 Für dieses Wort vgl. Fischer 1992, 122.
272 Vgl. zum Thema Laienpflege insgesamt und zur Ausbeutungsproblematik dabei ausführlich Haubner 2016. Haubner referiert nun nicht nur „‚Austausch- und Verpflichtungsmotive' auf der Grundlage innerfamiliärer Reziprozität" und etwa auch „Verbundenheit und Zuneigung" als „Hauptmotive für die Übernahme familiärer Pflege" (a. a. O., 234), sondern verweist auch auf einen Umstand, der in ethischer Perspektive als geschlechterungerecht erscheinen muß, dass es hier nämlich vor allem zu „weiblicher Verantwortungsübernahme" kommt (a. a. O., 269 und inhaltlich auch 229): „Frauen sind [...] aufgrund zugeschriebener und internalisierter Sorgeverpflichtung kulturell-symbolisch verwundbar." (a. a. O., 269) Zur Überforderungsproblematik vgl. a. a. O., 247, 255, 257.
273 Schon seine Habilitation handelt von der öffentlichen Verantwortung der Kirche: „Die Verantwortung für Frieden, Gerechtigkeit, Freude, die Verantwortung für den Abbau von Gewalt, von Unfreiheit und von Not ist nicht nur eine Verantwortung der einzelnen Christen, sondern eine Verantwortung der Kirche als ‚irdisch-geschichtlicher Existenzform Jesu Christi'." (Huber 1973, 645) In „Kirche in der Zeitenwende" (1998) ist die „öffentliche Verantwortung der Kirche" dann konkretisiert als „Bildungsverantwortung", als „politische Verantwortung" und als „Verantwortung der Kirche für eine Kultur des Helfens" (Huber 1998, 293, 293, 305, 320); zu „kirchlicher Mitverantwortung" vgl. auch Huber 1988, 179 und a. a. O., 173. Programmatisch schreibt er von der „Friedensverantwortung" (Huber 2012a, 230), thematisiert dabei das „Konzept der Schutzverantwortung *(Responsibility to Protect – RtoP)*" (Huber 2013, 236–240, Zitat auf S. 237, kursiv im Original) und benennt die historische Verantwortung angesichts der Verbrechen der Nationalsozialisten (Huber 1995, 147–148; Huber 2012b, 75–76), die Zukunftsverantwortung angesichts neuer technischer Möglichkeiten (Huber 2012b, 76–78) und die „Verantwortung für die noch Ungeborenen" (Huber 2013, 243), thematisiert die Verantwortung der „Medienproduzenten" (Huber 1993, 31–32, Zitat auf S. 32) und schreibt über die „Verantwortung in Schwangerschaftskonflikten" Huber 2013, 46–52, Zitat auf S. 48, im Original gefettet. Zu den „Ebenen der Verantwortung" in wirtschaftsethischer Perspektive vgl. Huber 2013, 158–160, Zitat auf S. 158, im Original gefettet.

einigen Aufsätzen zum Verantwortungsbegriff gearbeitet und diesen zur Grundlage seines eigenen Ansatzes einer „Sozialethik als Verantwortungsethik"[274] gemacht. Im Zuge seiner Bonhoeffer-Interpretation macht Huber deutlich, was diese Sozialethik von den primär individualethischen Ansätzen insbesondere Trutz Rendtorffs oder Wolfgang Erich Müllers unterscheidet: „Nicht die individuelle Lebensführung für sich, sondern der Beitrag der individuellen Lebensführung zur Gestaltung der geschichtlichen Gegenwart ist das Thema der Ethik."[275] Nach der kurzen Darstellung der Grundgedanken Hubers (1)[276] wird deutlich, wieso auch diese zu einer spezifischen Fassung des Praxisproblems führen (2).

(1) Einen wichtigen Teil von Hubers Arbeiten zu Verantwortungsbegriff und -ethik bilden einerseits Wahrnehmungen der „sozialethischen ‚Großwetterlage'"[277] und anderseits begriffsgeschichtliche Reflexionen zu ausgewählten „Stationen der Problemgeschichte".[278] Vor diesen Hintergründen entwickelt Huber dann sein eigenes „Konzept", das sich kurz mit den Stichworten Relationalität, Reziprozität, Reflexivität, Dialogizität und eschatologische Perspektive umreißen lässt.[279]

---

[274] Huber 1990. Etienne de Villiers zufolge hat Huber „seinen eigenen Ansatz zu einer christlichen bzw. theologischen Verantwortungsethik vor allem in zwei Vorträgen" entwickelt, dem eben zitierten und „Toward an Ethics of Responsibility" (1992) (vgl. auch für die Zitate Villiers 2007, 23, Anm. 20). Der zweitgenannte Vortrag ist auf Deutsch publiziert in Huber 2012b, 73–96, 231–232. De Villiers eben zitierter Aufsatz bietet auch einen kurzen Überblick in Hubers Ansatz.
[275] Huber 1990, 143. In Anm. 27 auf ders. Seite macht Huber explizit, dass dies auch als Abgrenzung von Trutz Rendtorffs „Theorie der Lebensführung" gemeint ist.
[276] Arbeiten von mir zu diesen Grundgedanken Hubers zu Verantwortung und Verantwortungsethik finden sich auch bereits in Höhne 2022b.
[277] Huber 2009, 24. Als deren Teil beschreibt er 2007 – das ist das Jahr des Vortrages (vgl. a.a.O., 18) – das „Ende des Systemgegensatzes von Ost und West", die „Auswirkungen der Globalisierung", die „Individualisierung in der Multioptionsgesellschaft" und die „Wiederkehr der Religion" (Huber 2009, 20–24, im Original jeweils kursiv gesetzt). 1992 nannte er als Herausforderungen „[k]ollektive Verbrechen aus Gehorsam" bzw. die Frage nach den Lehren daraus, die „Globalisierung der modernen Technologie" und „die Ambivalenz des Projekts der Moderne" (vgl. Huber 2012b, 75–79, Zitate auf S. 74).
[278] Huber 1990, 137. In dem einschlägigen Festvortrag „Sozialethik als Verantwortungsethik", gehalten 1982 in Marburg für Dietrich von Oppen und Stephan Pfürtner, sind dies Max Weber, Dietrich Bonhoeffer und Hans Jonas (Huber 1990); in einem 1992 in Chicago gehaltenen Vortrag kam – wohl kontextbedingt – H. Richard Niebuhr dazu (Der Vortrag wurde auf Englisch publiziert und liegt in deutscher Übersetzung vor in Huber 2012b, 73–96, vgl. zu Niebuhr darin S. 80–83, zur Geschichte dieses Textes Huber 2012b, 231–232).
[279] Diese Charakteristika decken sich teilweise mit den „strukturelle[n] Dimensionen der Verantwortung", die Huber selbst explizit entfaltet (vgl. auch für das Zitat Huber 2012b, 74). Es sind dies „die Grundlegung in einer relationalen Anthropologie, [...] die Übereinstimmung mit der Wirklichkeit, [...] der teleologische Charakter und [...] der reflexive Gebrauch von Prinzipien" (Huber 2012b, 74). Diese Dimensionen decken sich teilweise mit den Hinsichten, in denen Huber 1982 sein

Relationalität. Huber entwickelt sein Konzept von Verantwortung im Zusammenhang einer reformatorischen „relationale[n] Anthropologie".[280] Dabei beschreibt er, an Dietrich Bonhoeffer, H. Richard Niebuhr und Georg Picht anknüpfend, die soziale Binnenstruktur von Verantwortung mit zwei Relationen – der Relation zu einer Instanz, „*vor*" der eine:r verantwortlich ist und zu einem Gegenüber, „*für*" das eine:r Verantwortung trägt.[281] Diese Struktur lädt Huber von vornherein schon theologisch-evaluativ auf, insofern er diese „Doppelstruktur" mit dem Moment der Freiheit und des Dienstes aus der „Doppelthese" in Martin Luthers Freiheitsschrift verbunden sieht – und zwar mit der Unvertretbarkeit des Einzelnen in Freiheit „*vor*" Gott und der Stellvertretung im „Dienst *für* andere", die im „Begriff der Verantwortung" zusammen kämen.[282] Aus dieser theologischen Struktur folgert er, dass „Verantwortungsethik [...] notwendigerweise als Sozialethik entfaltet werden" muss, weil es ihr um die gegenseitige Angewiesenheit der Menschen aufeinander ankomme.[283]

Reziprozität. Zweitens bestimmt Huber den Verantwortungsbegriff so, dass die Für-Relation grundsätzlich als reziproke, also wechselseitige gedacht werden muss:[284] „Verantwortung wurzelt also in der Erfahrung der Gegenseitigkeit."[285] Entsprechend kritisiert Huber Hans Jonas dafür, dass bei ihm „nicht die Wechselseitigkeit von Verantwortung den Rahmen" gebe, „innerhalb dessen sich unterschiedliche Gestalten und deshalb auch nicht reziproke Formen der Verantwortung entfalten – sondern die Einseitigkeit", woraus sich ein „elitärer [...] Begriff der Verantwortung" ergebe.[286] Entsprechend versucht Huber, diese Reziprozität auch bei Bonhoeffer wiederzufinden, nämlich in dessen Denkvoraussetzungen, in psychologischen Arbeiten zu Bonhoeffers „Ursituationen stellvertretender Verantwortung", hier: der Eltern-Kind-Beziehung, in „Bausteine[n] für eine Theologie des Daseins füreinander" in Bonhoeffers Doktorarbeit und im Gedicht „Menschen gehen zu Gott in ihrer Not".[287] Grundlegend von „wechselseitiger Verantwortung"[288]

Konzept einer Verantwortungsethik konkretisiert hatte (vgl. Huber 1990, 147–157). Vgl. zu diesen Gliederungspunkten auch Villiers 2007, 14–15.
280 Vgl. Huber 2012b, 81–86, Zitat auf S. 81.
281 Vgl. auch für die Zitate Huber 1990, 149, kursiv im Original, und Huber 2012b, 83–86.
282 Vgl. auch für die Zitate Huber 1990, 149, meine Hervorhebung. 25 Jahre später nennt Huber auch umgekehrt Verantwortung als Moment der Freiheit, wenn er betont, dass Verantwortung Freiheit gegen den Missbrauch von Freiheit bindet (vgl. Huber 2009, 29, 30).
283 Vgl. Huber 1990, 149, dort auch das Zitat.
284 Vgl. Huber 1995, 154. Die Begriffe „Wechselseitigkeit" und „Reziprozität" verwendet Huber selbst als Synonyme, vgl. etwa a. a. O., 158.
285 Huber 1995, 154.
286 Vgl. auch für das Zitat Huber 1990, 146–147.
287 Vgl. Huber 1995, 154–160, Zitate auf S. 156, 157 und 158.

auszugehen wird von daher Teil von Hubers eigenem Verantwortungsbegriff: „Ethik beschreibt Verhältnisse der Gegenseitigkeit, der Reziprozität."[289] Erst auf dieser Basis kann er dann den zunächst einseitigen, nicht-reziproken Zug des „Stellvertretungscharakter[s]" der Verantwortung bei Bonhoeffer als nötige Erweiterung theologischer Ethik sehen, die eben auch das „einseitige und zuvorkommende Handeln" reflektiert – etwa von der Bergpredigt her.[290] Bleibt es bei dieser Einlinigkeit, wie er es bei Jonas sieht, wird für Huber wie gesehen dieser Verantwortungsbegriff problematisch. Und auch gegen die „Einlinigkeit in Bonhoeffers Verantwortungsbegriff" bleiben bei ihm „Einwände".[291]

Reflexivität und Dialogizität. Verantwortungsethik konzipiert er dann als zukunftsorientiert, wobei die Orientierung an den „‚geringsten Brüdern'" zum „Maßstab unserer Verantwortung" wird, sowie als dialogisch strukturiert:[292] Weil Huber Verantwortungsethik mit Gewissensfreiheit sowie weltanschaulicher Pluralität verbunden sieht und diese deshalb den „Konsens gemeinsam geteilter Prinzipien" nicht mehr voraussetzen kann, sondern „als Ziel kommunikativen Handelns" betrachten muss, sind Verantwortliche in den „reflexiven Prinzipien-

---

288 Huber 2009, 29.
289 Huber 1990, 144.
290 Vgl. auch für die Zitate Huber 1990, 144–145. Dass dabei die Wechselseitigkeit die Basis bleibt, zeigt sich auch in dem Vortrag von 1982 schon in Hubers bereits zitierter Kritik an Jonas (vgl. a.a.O., 146–147).
291 Vgl. auch für die Zitate Huber 1995, 154.
292 Vgl. Huber 1990, 149–154, Zitat auf S. 154. Huber betont etwa: „Deshalb eignet der Verantwortungsethik notwendigerweise eine dialogische Struktur; sie muß am Dialog zwischen unterschiedlichen Situationsdeutungen interessiert sein, um so eine gemeinsame Situationswahrnehmung zu ermöglichen. Dieser Dialog markiert den Übergang vom unvermittelten zum reflexiven Prinzipiengebrauch." (a.a.O., 151) Max Webers Begriff der „Verantwortungsethik" hatte Huber mit Wolfang Schluchter im Kontext von „Webers Religionssoziologie" als dritte Stufe einer Entwicklung nach Gesetzes- und Gesinnungsethik aufgefasst (vgl. a.a.O., 139–141, Zitat auf S. 139). Verantwortungsethik markiert dann den „Schritt vom einfachen zum reflexiven Prinzipiengebrauch" (Huber 1990, 140): wo Gesinnungsethik von allgemeingültigen Prinzipien ausgehe, müsse Verantwortungsethik angesichts der „Pluralität ethischer Orientierungen" eigene „Prinzipien reflexiv zu den Prinzipien anderer in Beziehung setzen" und wird dabei die Handlungsfolgen berücksichtigen müssen (vgl. a.a.O., 140–141, 150–152, Zitate auf S. 140): Sie ist auf den Dialog verwiesen (vgl. a.a.O., 150–151). Damit markiert Verantwortungsethik implizit bei Huber den Übergang zu einem kommunikativen Begriff von Rationalität (vgl. dazu Habermas 1995a, 28). Das zeigt sich besonders da, wo Verantwortungsethik am Ende von Hubers Aufsatz als Integration der Weltbezüge auftaucht (Huber 1990, 156) und er schreibt: „Doch sie [die mit Verantwortungsethik verbundene Revision, FH] will diese in einen Prozeß der Kommunikation einbringen und dadurch zur Konstitution gemeinsam geteilter normativer Ansprüche beitragen, die auf ihre Richtigkeit erfragt werden können." (a.a.O., 156–157)

gebrauch" und den Dialog gewiesen.²⁹³ Die in weiterführender Weber-Interpretation gewonnene Dialogizität und die an Bonhoeffer angelehnte Stellvertretung stehen dabei in einer Spannung: Müssen sich im Dialog unterschiedliche Positionen wechselseitig vor den Gewissen der jeweils anderen verantworten,²⁹⁴ meint Stellvertretung ein einseitiges Handeln für andere: „das stellvertretende Reden für die, die keine Stimme haben; das stellvertretende Handeln für die, denen selbständiges Handeln verwehrt ist."²⁹⁵

Eschatologische Perspektive. Huber bestimmt Verantwortungsethik „grundsätzlich als teleologische Ethik", in der es um ein Telos, einen angestrebten „zukünftigen Zustand" geht.²⁹⁶ Entscheidend für Huber ist dabei die eschatologische Perspektive, in der zwischen Teleologie und Eschatologie und damit zwischen vorläufigen und endlichen Tele innerhalb der Geschichte einerseits und dem „ausschließlich in Gottes Hand" liegenden „Ende der Geschichte" andererseits zu unterscheiden ist.²⁹⁷ Ethisches Kriterium für die Tele sei dann, inwieweit sie als Entsprechungen zum Eschaton verstanden werden könnten.²⁹⁸ Verantwortungsethik ist in eschatologischer Perspektive bei Huber in Tradition zu Karl Barth „Ethik der Entsprechung".²⁹⁹

(2) Insgesamt liefert Hubers Arbeit damit Grundzüge einer Bestimmung von Verantwortung und Verantwortungsethik, die Verantwortung in der Differenzierung von Vor-Relation und Für-Relation dezidiert als soziales Geschehen versteht und dabei die Für-Relation grundlegend an Reziprozität ausrichtet. Diese grundlegende Wechselseitigkeit von Verantwortung sowie die Verwiesenheit der Verantwortungsethik in Dialog und Reflexivität bei Huber erklären, wie er die immer in soziale Zusammenhänge eingelassene und in ihnen verwirklichte Freiheit anscheinend synonym mal kommunikative³⁰⁰ und mal verantwortete Freiheit³⁰¹ nennen kann.

---

293 Vgl. auch für die Zitate Huber 1990, 150–151. Zum „reflexiven Prinzipiengebrauch" und seiner Herkunft aus der Weber-Schluchter-Rezeption vgl. auch Huber 2012b, 91–93.
294 Vgl. Huber 1990, 152.
295 Huber 1990, 153.
296 Vgl. auch für die Zitate Huber 2012b, 89.
297 Vgl. auch für die Zitate Huber 2012b, 90. Vgl. ebd. auch für die Vorläufigkeit und Endlichkeit" der Tele. Vgl. dazu insgesamt schon das ähnliche Referat dieser Perspektive in Höhne 2022b.
298 Vgl. Huber 2012b, 90.
299 Vgl. Huber 2012b, 90.
300 Vgl.: „Sondern Freiheit verwirklicht sich darin, daß der eine den anderen als Bereicherung seiner selbst und als Aufgabe des eigenen Lebens erfährt. Sie verwirklicht sich also in Gemeinschaft und in wechselseitiger Verständigung, in communio und communicatio; deshalb kann sie ‚kommunikative Freiheit' genannt werden." (Huber 1985, 118) Zum „kommunikativen Charakter" der

1.2 Übergang: Die theologische Rede von Verantwortung – und ihr Praxisproblem — 49

Huber benennt auch verschiedene potentiell problematische Seiten von Verantwortung: So weist er darauf hin, dass „die Rede von der Befähigung zu Eigen- oder Selbstverantwortung [...] nicht zur zynischen Zumutung" werden dürfe und betont, dass die Verantwortungszuschreibung die Fähigkeit zur Bewältigung voraussetzt.[302] Er problematisiert auch vorsichtig die „Einlinigkeit in Bonhoeffers Verantwortungsbegriff"[303]. Auch theoretisch schafft Huber die Möglichkeiten für eine Kritik der Verantwortung als sozialer Praxis, wenn er das „Subjekt der Verantwortung" als sozial konstituiert sieht, nämlich als „konstituiert durch das Zusammenspiel zwischen spezifischen Bereichen der Verantwortung" – ein Theorieelement, das Vogelmanns Ausgangspunkt ähnelt und mit dem Huber explizit der individualethischen Engführung widerspricht, „der autonome Wille eines individuellen Subjekts konstituier[e] Verantwortung".[304]

Ausführlicher und tiefergreifend thematisiert Huber diese Ambivalenzen m.E. aber deshalb nicht, weil er Verantwortung zwar relational vorstellt, aber diese Relationalität gleich theologisch-ethisch auflädt, indem er sie fundamental auf Reziprozität ausrichtet. Damit aber ist „Verantwortung" mehr eine kriteriale als eine heuristische Kategorie: „Verantwortung" beschreibt bei Huber mehr den Maßstab für Verantwortungspraktiken, als dass der Begriff für die Verantwortungspraktiken in der Gesellschaft sensibilisiert, die diesem Maßstab nicht entsprechen – Verantwortungsübernahmen etwa, die nicht auf Reziprozität, sondern auf einseitigen, funktionslosen Machterwerb ausgerichtet sind.

Obwohl Huber Verantwortung als soziales Geschehen versteht und sozialethisch einordnet, weist seine Verantwortungsethik darin ein Praxisproblem auf,

---

Freiheit vgl. auch Huber 2013, 13–15, Zitat auf S. 13. Dort (a.a.O., 15) spricht Huber dann auch von „verantwortete[r] Freiheit".

301 Vgl. etwa: „Weil ein Gebrauch der eigenen Freiheit unabhängig von ihren Bedingtheiten und Voraussetzungen [...] selbstzerstörerische Folgen hätte, ist der Gedanke der verantworteten Freiheit nicht eine Einschränkung der Freiheit. [...] Und weil verantwortete Freiheit sich stets schon vorfindet in dem Wechselspiel von Akteuren, die aufeinander antworten und darin auch füreinander und voreinander Verantwortung wahrnehmen, ist es kein sekundärer Zusatz zum Begriff der Freiheit, wenn wir von ihr sagen, dass sie in wechselseitiger Verantwortung von Menschen füreinander Gestalt annimmt." (Huber 2012b, 110)

302 Vgl. Huber 2009, 33–34, Zitate auf S. 34. Entsprechend führt er als „ein zentrales Kriterium für die Gestaltung von Institutionen [ein], ob sie Bereiche der Verantwortung strukturieren und Personen dazu befähigen, ihrer Verantwortung gerecht zu werden." (Huber 2012b, 84)

303 Huber 1995, 154.

304 Vgl. auch für die Zitate Huber 2012b, 84. Allerdings stammt dieser Gedanke der Subjektkonstitution bei Huber m.E. hier nicht aus der Foucaultschen Tradition, sondern von Picht, der ebenso das Subjekt der Verantwortung durch die Aufgabe konstituiert sieht (vgl. Picht 1969, 337, 340).

dass die ethisch-evaluative Aufladung von Verantwortung darauf tendiert, Praktiken übersehen zu machen, die ihr nicht entsprechen.

1.2.2.2 Ulrich Körtner: Sozialethik als Ethik forensischer Verantwortung

Während Kreß und Müller Verantwortung nicht ausschließlich, aber primär als personal- und individualethische Kategorie in Anschlag bringen, verwendet auch Ulrich Körtner den Begriff dezidiert sozialethisch.[305] An die kurze Darstellung von Körtners Grundgedanken dazu (1) schließe ich im Folgenden die Frage nach der Praxis an (2).

(1) Wie Huber entwickelt auch Körtner eine „Sozialethik als Verantwortungsethik".[306] Der Verantwortungsbegriff weitet für Körtner die Individual- und Personalethik gerade zur Sozialethik, indem er die „Beschränkung der Ethik auf das sittliche Subjekt" überkomme.[307] Dies funktioniert so, weil Körtner „die ethische Grundsituation" im Verantwortungsbegriff „als eine *forensische*" bestimmt sieht,[308] nämlich selbst als soziale Situation mit „einer dritten Instanz", verantwortlichem Subjekt und Verantwortungsbereich:[309] Dieses forensische Verständnis sieht Körtner über das dialogische darin hinausgehen, dass es über das Ich-Du-Dual hinaus eine dritte Instanz impliziert, was auch „*nicht-reziproke* Verantwortungsverhältnisse" denkbar macht.[310] Anders als Huber bestimmt Körtner diese Einseitigkeit in der Für-Relation also nicht im Rahmen vorausgesetzter Reziprozität, sondern bedingt durch eine wiederum nicht-reziproke Relation – die zu einer Instanz in fo-

---

305 Vgl. dafür und für die Einordnung von Kreß: Körtner 2008, 95, Anm. 10. Eine kurze Darstellung und Diskussion von Körtners Ansatz findet sich auch bei W. E. Müller 1997, 41–42; Villiers 2007; Kalinna 2021, 80–88.
306 So die Überschrift des dritten Kapitels seiner Sozialethik: Körtner 2008, 92.
307 Vgl. auch für das Zitat Körtner 1992, 97. Der Begriff ermögliche es gerade, „Gesichtspunkte der *Individualethik*, der *Personalethik*, der *Sozialethik* und der *Umweltethik*" zu umfassen (vgl. auch für das Zitat Körtner 1992, 97). Zu diesen vier Dimension die Körtner mit A. Rich unterscheidet vgl. auch Körtner 2001, 45) und „die fragwürdige Trennung von Individualethik und Sozialethik" zu vermeiden. (Vgl. auch für das Zitat Körtner 2001, 103; Körtner 2008, 95; Körtner 2018, 98.)
308 Vgl. auch für das Zitat Körtner 2008, 94, kursiv im Original, und Körtner 2001, 103; Körtner 2018, 97; W. E. Müller 1997, 41. Explizit hält Körtner diesen Zusammenhang fest: „Das mögliche Subjekt von Verantwortung findet sich also immer schon in Relationen vor, die zu einem Verantwortungsverhältnis werden können. Eben darum überwindet der Verantwortungsbegriff bereits im Ansatz die strikte Trennung von Individual- und Sozialethik." (Körtner 1992, 99)
309 Vgl. auch für das Zitat Körtner 1992, 98–99; Körtner 2001, 103, 105; W. E. Müller 1997, 41–42.
310 Vgl. auch für das Zitat Körtner 1992, 98–99 und für das Zitat im selben Zusammenhang ohne Kursivsetzung: Körtner 1997, 142. Vgl. zur nicht-reziproken Verantwortung und ihrer Relevanz gerade im diakonischen Handeln: Körtner 2010, 240.

rensischer Situation nämlich.³¹¹ Damit ist Körtners Verantwortungsbegriff weniger stark evaluativ aufgeladen als Hubers, weil nicht sofort mit Reziprozität identifiziert, aber viel stärker dogmatisch: So verstanden braucht Verantwortung immer eine dritte Instanz, was Körtner auch feststellt und folgerichtig fragt, „ob sich eine Ethik der universalen Verantwortung unter Absehen vom Gottesgedanken hinreichend begründen läßt."³¹²

Körtner zieht aus dieser Sozialität der forensischen Grundsituation tatsächlich die Konsequenz, Verantwortung immer sozial konstruiert zu verstehen – „[d]er Begriff der Zurechnung macht zugleich klar, *dass es sich bei jeder Form der Verantwortung um eine interpersonale, soziale Konstruktion handelt*"³¹³ – und verweist auch darauf, dass das Verantwortungssubjekt so auch qua Imputation konstituiert werde.³¹⁴ Verantwortung ist also in ihren Binnenrelationen als soziale Praxis verstanden. Obwohl Körtner vor diesem Hintergrund auch das Diffusionsproblem von Verantwortung und andere Ambivalenzen beschreibt,³¹⁵ kommt er dann nicht dazu, entsprechende Praktiken sozialer Konstruktion von Verantwortung selbst sozialethisch ausführlich zu reflektieren. Was passiert, wenn Menschen innerweltlich zur Verantwortung gezogen werden, bleibt offen.

---

311 Vgl.: „Das Subjekt der Verantwortung, das sich gegenüber einer anderen Instanz verantwortlich weiß, wird grundsätzlich nicht allein durch seine Selbstwahl oder seinen Entschluß konstituiert, sondern durch Imputation, d. h. durch Zurechnung." (Körtner 1992, 99.)
312 Vgl. auch für das Zitat Körtner 1992, 99. Zur Notwendigkeit einer dritten Instanz: „Eine Verantwortungsethik läßt sich daher nur begründen, wenn eine *Instanz* gedacht werden kann, die ihrerseits nicht nur gegenwärtig, sondern auch zukünftig vom ethischen Subjekt Rechenschaft fordert." (ebd., kursiv im Original)
313 Nicht kursiv gesetzt in Körtner 2010, 237; Körtner 1997, 138; kursiv gesetzt in Körtner 2008, 95. Zu „Verantwortung als soziale Konstruktion" vgl. auch Körtner 2018, 98.
314 Vgl.: „Das Subjekt der Verantwortung wird grundsätzlich jedoch nicht allein durch seine Selbstwahl oder seinen Entschluss konstituiert, sondern durch Imputation, d. h. durch Zurechnung." (Körtner 2008, 95)
315 Vgl. etwa Körtner 1992, 102–103. Dort heißt es: „Die Ausweitung der Verantwortung ins Universale führt aber paradoxerweise dazu, daß sich sowohl das Subjekt der Verantwortung wie diese selbst verflüchtigen." (Körtner 1992, 102) Vgl. dazu auch Körtner 1997, 140; Körtner 2001, 46; Körtner 2008, 112. Dabei bringt Körtner dieses Problem auch in Zusammenhang mit „hochgradiger Arbeitsteilung" (Körtner 2001, 46).
In inhaltlicher Überschneidung mit dem Diffusionsproblem verweist Körtner zudem auf die Ambivalenz der Relation von Verantwortung und Moral: Einerseits werde „der Verantwortungsbegriff fortschreitende entmoralisiert und das ethische Phänomen der Verantwortung gerade durch deren Ausweitung ins Grenzlose zum Verschwinden gebracht", andererseits spricht er auch von der „Risikoträchtigkeit der Moral", die „nicht unbedingt zur Versachlichung von Entscheidungen" beitrage (vgl. auch für die Zitate Körtner 2008, 97–98). Zudem zeige „die allerorts grassierende Verantwortungsrhetorik", dass es „gerade verantwortungsethische Argumentationsweisen einer moral- bzw. ideologiekritischen Analyse bedürft sind" (a. a. O., 98; Körtner 1997, 141).

Verantwortung versteht Körtner von der forensischen Grundsituation her „zunächst im Sinne einer *Pflichtenlehre*", von da aus aber auch als Teil der Güter- und Tugendlehre.[316] Die Einordnung in die Güterlehre und damit die Zuordnung zur als Güterlehre verstandenen Sozialethik ist nötig, weil Körtner Verantwortung mit Bayertz „evaluativ neutral"[317] versteht und deshalb über die Güterlehre inhaltlich und kriterial konkretisieren will.[318] Eingeordnet in die Tugendlehre bestimmt Körtner Verantwortlichkeit mit Franz-Xaver Kaufmann als „ein ‚Bündel personenbezogener Fähigkeiten'", das auch die „affektiven Voraussetzungen unseres Handelns" beinhaltet, die zu „freiwilliger Übernahme" von Verantwortung motivieren können.[319] Auch damit verweist Körtner in das Innere der sozialen Praxis von Verantwortungsübernahmen und -zurechnungen.

Während Kreß Verantwortung in der Konspektive von Theologie und Philosophie auslegte und Müller Verantwortung dezidiert „nicht-exklusiv theologisch begründen" wollte,[320] ist sie für Körtner wie auch für Huber in ihrer genuin theologischen Fassung relevant.[321] Für Körtner ist es im Rahmen seines forensischen Verantwortungsbegriffs gerade die Frage nach der Instanz im Verantwortungsbegriff, die Theologie spezifisch beantworten kann:

> So hat jede Verantwortungsethik zu klären, mit welchem *Recht* eigentlich die jeweils angenommene Rechtfertigungsinstanz vom ethischen Subjekt Rechenschaft fordert, aus welchem Grund die jeweils postulierte Instanz überhaupt *anzuerkennen* ist.[322]

Hier könne Theologie mit dem Schöpfergott antworten, der wegen des Schöpfungsaktes dieses Recht habe.[323] Als theologisch profilierten Begriff aber will

---

316 Vgl. dazu auch: Körtner 1997, 142–144, Zitat auf S. 142, kursiv im Original; Körtner 2008, 102–103; Körtner 2010, 240–241; Körtner 1996, 584–585.
317 Körtner 2001, 102; Körtner 2008, 93; Körtner 2010, 235, dort auch das Zitat aus Bayertz 1995, 65, im Original kursiv gesetzt. In diesem Zusammenhang hält Körtner mit Bezug auf Johannes Fischers Aufsatz (s. 1.2.1.3), fest, dass „der Verantwortungsbegriff für sich genommen kein hinreichendes Prinzip der Ethik" sei (Körtner 2010, 235). Das ist folgerichtig, weil dieser wie jener Verantwortung auf ein forensisches Verständnis von ihr reduzieren.
318 Vgl.: „Als moralischer Begriff aber kann der an sich wertmäßig neutrale Begriff der Verantwortung nur dann inhaltlich bestimmt werden, wenn es gelingt, ihn als Begriff einer *Güterlehre* zu bestimmen." (Körtner 1997, 143; Körtner 2008, 102; Körtner 2010, 241, kursiv im Original)
319 Vgl. auch für die Zitate Körtner 1997, 143–144; Körtner 2008, 103; Körtner 2010, 241.
320 Vgl. auch für das Zitat W. E. Müller 1997, 103 (s. o.).
321 Vgl. so auch W. E. Müller 1997, 41–42.
322 Körtner 1992, 100; kursiv im Original. Vgl. ähnlich auch Körtner 1997, 145. Und zur Instanzfrage vgl. auch Körtner 2001, 103, 106.
323 Vgl. Körtner 1992, 100; Körtner 1997, 145; Körtner 2008, 126. Vgl.: „Die Theologie spricht an dieser Stelle von *Gott dem Schöpfer*, der als solcher das Recht hat, für den Umgang mit seiner Schöpfung,

Körtner Verantwortung grundsätzlicher noch in der Rechtfertigungs- und nicht nur in der Schöpfungslehre begründet und bestimmt wissen.[324] Der „*Rechenschaftspflicht* des ethischen Subjekts" ginge dessen „*Rechtfertigung*, d.h. aber die *Gerechtsprechung des Sünders* durch den ihm gnädigen Gott voraus":[325] „In der Kommunikation des Evangeliums wird die Rechenschaft fordernde Instanz zugleich als diejenige erfahren, welche die Schuld vergibt."[326] Rechtfertigung entlaste so nicht von Verantwortung, sondern ermögliche erst deren Übernahme.[327]

Diese rechtfertigungstheologische Grundlegung von Verantwortungsethik hat Körtner ausgeführt, wo er den „Schöpfungsglaube[n]" als „eine Gestalt des Rechtfertigungsglaubens"[328] versteht und in diesem Sinne Albert Schweitzers Schöpfungsethik zur Verantwortungsethik weiterdenkt:[329] Das theoretische Problem in Schweitzers Ethik, dass aus dessen „Grundaxiom" des Lebenswillens eigentlich kein Sollen, also keine Ethik folge, will Körtner beheben, indem er dieses Grundaxiom durch ein Lebenwollensollen ersetzt, das in einem „Sich-wollen-als-gewollt" gründet, welches Körtner nun nicht als Postulat setzt, sondern angeregt von Tillich als Gehalt des Rechtfertigungsglaubens bestimmt und damit als Glaubenserfahrung.[330] Dann gilt in der Tat, „daß eine Ethik der universellen Verantwortung für das Leben de facto nur eine theologische Ethik sein kann."[331]

Insgesamt verlagert Körtner so die Konstitution von Subjektivität in die rechtfertigungstheologisch verstandene Verantwortung vor Gott.[332] Damit hat Körtner

---

d.h. mit den Mitgeschöpfen des ethischen Subjekts, Rechenschaft zu fordern." (Körtner 1992, 100, kursiv im Original) Zu Gott als Instanz vgl. auch Körtner 1996, 581.

324 Vgl. Körtner 1997, 146–147, Körtner 1992, 101; Körtner 2001, 109; Körtner 2018, 101.
325 Vgl. auch für die Zitate Körtner 1992, 101; Körtner 1997, 146, 1992 kursiv im Original. Interessant ist hier, dass Körtner in dem Text von 1992 von dem „ihm gnädigen Gott" spricht, in der fast gleichen Formulierung in dem Text von 1997 aber das „ihm" fehlt. In einem Text von 1996 (Körtner 1996, 586) fehlt das „ihm" ebenso.
326 Körtner 1997, 146; Körtner 2008, 130.
327 Vgl. in ähnlichen Worten Körtner 2008, 131 und Körtner 1997, 147; Körtner 2018, 103.
328 Vgl. auch für die Zitate Körtner 1992, 102.
329 Vgl. so pointiert: „Sondern wenn die Grundbedingung einer Ethik der Verantwortung für das Leben nur darin bestehen kann, daß sich jemand will als gewollt, so kann es Schöpfungsglauben nur als Gestalt des Rechtfertigungsglaubens geben und eine sogenannte Schöpfungsethik nur die ethische Verlängerung des Rechtfertigungsglaubens sein." (Körtner 1988, 347)
330 Vgl. Körtner 1988, 345–347, Zitate auf S. 345 und 347. Vgl. so auch Körtner 1992, 101–102; Körtner 2008, 100.
331 Körtner 1988, 347.
332 Vgl. Körtner 1997, 146–147; Körtner 2008, 131; Körtner 2018, 103. Vgl. pointiert: „Die christliche Rechtfertigungslehre verweist damit auf eine Möglichkeit, wie das ethische Subjekt von Verantwortung, welches durch die fortschreitende Vergesellschaftung unseres Handelns zu entschwinden droht, neu konstituiert werden kann." (Körtner 1997, 146–147) Und: „Von der Wiedergewinnung

erstens die Grundlage für Verantwortung von einem bei Schweitzer vermeintlich denknotwendigen Postulat[333] in eine nicht-verallgemeinerbare, weil „im Glauben erfahrbare Wirklichkeit" verlagert.[334] Das dadurch entstehende Relevanzproblem[335] der theologischen Perspektive löst er so, dass er – stärker als Huber – einen nicht-reziprok, einseitigen Begriff von Verantwortung als Stellvertretung profiliert: „Der universale Geltungsanspruch der Rechtfertigungslehre wird praktisch durch die stellvertretende Übernahme von Verantwortung zur Geltung gebracht."[336] Zweitens hat Körtner Verantwortung damit als einen Begriff profiliert, der seinen ethischen Sinn „der Zurechenbarkeit von Handlungen" nun „transzendiert".[337] Er Verantwortungsethik insgesamt dogmatisch verankert.

(2) Insgesamt deutet sich bei Körtner die kaum[338] realisierte Möglichkeit an, die soziale Konstruktion von Verantwortung selbst als soziale Praxis sozialethisch zu reflektieren, weil er Verantwortung forensisch streng als relationales Geschehen versteht.[339] Die an das forensische Verständnis anknüpfende Gründung von Verantwortungsethik in der Dogmatik mag grundsätzlich weiterführend sein. Freilich lässt sich bei Körtners Ausführung dieser dogmatischen Grundlegung erstens anfragen, ob er wirklich „Schöpfungsglauben nur als Gestalt des Rechtfertigungs-

---

endlicher Freiheit und damit der moralfähigen Subjektivität handelt namentlich die paulinische Rechtfertigungslehre. Ihre Pointe besteht nicht etwa darin, eine vorgängige Struktur von Subjektivität religiös zu interpretieren, sondern darin, dass die konkret angesprochene Person im Rechtfertigungsgeschehen als einem Sprachgeschehen neu konstituiert wird [...]." (Körtner 2018, 103, teilweise kursiv gesetzt auch in Körtner 2008, 131.)
333 Ein solches sei der „Schluß auf einen universalen Willen zum Leben", der bei Schweitzer dessen „Ethik der Verantwortung für das Leben" begründet, wobei es Schweitzer nicht gelänge, die Denknotwendigkeit tatsächlich zu erweisen (vgl. auch für beide Zitate Körtner 1988, 342).
334 Vgl. Körtner 2008, 129, 132–133. Zitat auf S. 129. Vgl.: „Die Anerkennung des Sünders ist nun aber nicht ein bloßes Postulat, sondern eine im Glauben erfahrbare Wirklichkeit [...]" (Körtner 2008, 129; Körtner 2018, 101).
335 Vgl. dazu Körtner 1997, 147; Körtner 2001, 110; Körtner 2008, 132.
336 Körtner 2008, 133.
337 Vgl. auch für die Zitate Körtner 1988, 348.
338 Ansätze dazu finden sich, wo Körtner wie bereits gesagt der Sache nach das Diffusionsproblem von Verantwortung thematisiert (vgl. zur soziologisch informierten Perspektive bei ihm auch Körtner 1997, 139–141). Wo er über die „Verantwortung in Diakonie" (Körtner 2010, 243–48, Zitat auf S. 243, im Original kursiv) schreibt kommt etwa das hoch umstrittene Thema der Eigenverantwortung auch vor (a.a.O., 244), „Verantwortung" bleibt hier bei Körtner aber doch unzweideutig positiv besetzt (was vor seinem theologischen Hintergrund verständlich ist): Es geht eben um die „Verantwortung einer diakonischen Einrichtung" (a.a.O., 244), nicht um ambivalente Responsibilisierungspraktiken.
339 Vgl. Zum Zusammenhang von Relationalität und forensischer Pointierung etwa Körtner 1997, 142; Körtner 1992, 99; Körtner 2008, 94–95, 101; Körtner 2018, 99.

glaubens"³⁴⁰ fasst oder nicht eigentlich Rechtfertigungsglauben als Gestalt des Schöpfungsglaubens, des Glaubens an das geschöpfliche Gewolltsein nämlich. Zweitens und weniger spitzfindig ist später (4.1.1) zu problematisieren, ob die juridische Metaphorik des forensischen Verantwortungsbegriffs tatsächlich Rechtfertigungslehre und Ethik so miteinander vermittelt, dass erstere letztere transzendiert und gleichzeitig begründet,³⁴¹ oder nicht vielmehr so, dass erstere letztere praktisch auflöst: Auf der praktischen Bildebene der Gerichtsmetapher ist der durch den Richter – in diesem Falle Gott – gerechtgesprochene Angeklagte – der Sünder – doch gerade nicht mehr rechenschaftspflichtig – das wäre ja Selbstrechtfertigung –, also auch nicht mehr zur Verantwortung genötigt.³⁴²

Während dies später (4.1.1) verhandelt wird, ist jetzt schon entscheidend, was aus der Grundlegung in der Dogmatik für denjenigen Ansatz zur Reflexion von Verantwortung als sozialer Praxis folgt, der in Körtners Verständnis von forensischer Verantwortung als sozialer Situation gegeben ist: Das Problem hier ist, dass die dogmatische Grundlegung die Momente, die Verantwortung konstituieren, der Reflexion von Verantwortung als sozialer Praxis gerade entzieht. Die Beziehung der Einzelnen auf den sie richtenden, schaffenden und ihnen vergebenden Gott in der vorgestellten Gerichtssituation, die Glaubenserfahrung und die Erfahrung von Rechtfertigungsglauben denkt evangelische Theologie doch als ihrem reflektierenden und beobachtenden Zugriff fundamental entzogen – und zwar wiederum aus theologischen Gründen.³⁴³ Wie Verantwortung sozial entsteht, kann Ethik dann gerade nicht als soziale Praxis reflektieren, weil dieser Entstehungsakt als Rechtfertigungsgeschehen bestimmt ist und damit als alleiniges Werk Gottes bestimmt

---

340 Körtner 1988, 347. Vgl. auch Körtner 1992, 102.
341 Zum Transzendieren siehe: „Verantwortung als an der Rechtfertigungslehre gewonnener Begriff transzendiert freilich dessen ethischen Sinn." (Körtner 1992, 102) Zum Begründen vgl. den Gedanken Körtners, dass „sich der Ruf zur Verantwortung im Geschehen der Rechtfertigung" ereignet. (Vgl. für das Zitat inklusive des Verbs „ereignet" Körtner 1997, 147. Vgl. ähnlich auch Körtner 1992, 103.) Die Fassung von Entscheidungen unter Verwendung „nur forensischer Metaphern" hat bereits de Villiers kritisiert (vgl. Villiers 2007, 20, dort auch das Zitat). Die forensische Pointierung hat auch Bernd Wannenwetsch schon kritisiert, ebenfalls mit Bezug auf Körtner (vgl. Wannenwetsch 2005, 132–137, Körtner wird erwähnt auf S. 132).
342 Die Formulierung ist an das Zitat oben angelehnt (Körtner 1992, 101; Körtner 1997, 146.). Daran ändert m. E. auch die „Unterscheidung zwischen Person und Werk" (Körtner 1997, 147) nichts.
343 Vgl. zu diesen etwa Reuter 2009, 34, wo Reuter über den Glauben schreibt: „In der Latenz der menschlichen Herzen nämlich wirkt der den Glauben hervorrufende Geist – zwar nicht ohne leibhaft manifeste Folgen, aber doch dem unzweideutigen menschlichen Urteil entzogen. Denn weder ist das Wirken des Geistes durch Menschen autoritativ verfügbar noch sind seine Wirkungen an Menschen personell abgrenzbar" (ebd.).

sein müsste.[344] Wo also Huber den Verantwortungsbegriff der praxissoziologischen Selbstreflexion von Ethik durch dessen ethisch-evaluative Aufladung entzieht, ist es bei Körtner die dogmatische Aufladung, die das Praxisproblem schafft.

1.2.2.3 Gotlind Ulshöfer: Soziale Verantwortung als Beziehungsgeschehen in Handlungsräumen

Gotlind Ulshöfer hat „Soziale Verantwortung" in ihrer 2015 erschienenen Habilitationsschrift ausführlich theologisch-ethisch und phänomenologisch reflektiert und inhaltlich in protestantischer Perspektive als „Freiheit und Gerechtigkeit" ausgerichtet.[345] Ihre Reflexion steigt mit der Darstellung der Corporate-Social-Responsibility-Debatte[346] und der Analyse der „Handlungsräume ökonomischen Geschehens"[347] ein und entwickelt dann ausgehend von theologischen und philosophischen Arbeiten zur Verantwortung eine Bestimmung der Ziele, Inhalte und Arten von sozialer Verantwortung,[348] die als (theologische) „Bestimmung von *Sozialer* Verantwortung"[349] wieder auf die CSR-Debatte bezogen und in eine „Ethik der Handlungsräume"[350] integriert wird. Die Begründung auch sozialer Verantwortung entwirft sie schöpfungstheologisch und mit Rich von der Gottebenbildlichkeit her, wobei sie die Ermöglichung rechtfertigungstheologisch pointiert:[351] In der „Freiheit, die mit der Unterscheidung von Werk und Person einhergeht" und „die wiederum rückgebunden ist an das Geschöpf-Sein des Menschen, liegt die Verantwortung und die Verantwortlichkeit des Menschen für seine Taten".[352]

---

344 Die soziale Entstehung von Verantwortung ist auch damit noch nicht materialiter reflektiert, dass Körtner festhält, dass die „Vergebung der Schuld [...] real vermittelt werden muss" (Körtner 2018, 102): Das entscheidende Moment des Rechtfertigungsgeschehens rückt ja auch damit nicht in den Bereich soziologischer Wahrnehmbarkeit.
345 Vgl. Ulshöfer 2015, zweites Zitat auf S. 235, 345. Der Arbeit von Ulshöfer verdanke ich wichtige Literaturhinweise. Die Großschreibung von „Sozialer Verantwortung" übernehme ich im Folgenden von Ulshöfer (vgl. dazu a. a. O., 17, Anm. 1).
346 Zu dieser Diskurs und den „Verknüpfungen von CSR und Finanzmärkten" vgl. auch schon Ulshöfer 2009, Zitat auf S. 34, im Original gefettet.
347 Ulshöfer 2015, 85.
348 Vgl. Ulshöfer 2015, 136–137, 230–233.
349 Ulshöfer 2015, 136, kursiv im Original.
350 Ulshöfer 2015, 39.
351 Zur schöpfungstheologischen Begründungen vgl. Ulshöfer 2015, 25, 298, zu Arthur Rich und der „Verantwortung des Menschen als ‚Inbegriff der Gottebenbildlichkeit'" Ulshöfer 2015, 167, zur Ebenbildlichkeit bei Ulshöfer 2015, 300, 306 und zur rechtfertigungstheologischen Ermöglichung Ulshöfer 2015, 24, 300.
352 Ulshöfer 2015, 25.

Ulshöfer versteht Soziale Verantwortung grundlegend als „Beziehungsgeschehen" insbesondere wohl zwischen Verantwortungsträger, -objekt und Instanz, wobei die zu analysierende „soziale Dimension" von Verantwortung auf die Ausweitung des Verantwortungsbegriffs gegenüber den individuell-personalen Füllungen dieser drei Positionen verweist:[353] Soziale Verantwortung meint dann, dass diese Positionen jeweils auch mit sozialen Zusammenhängen – etwa: „Institutionen, gesellschaftliche Akteure sowie Strukturen" – gefüllt werden können.[354] Phänomenologisch gelingt es ihr, diese soziale Dimension mit der Vorstellung von „Handlungsräumen", einem Waldenfels entliehenen Begriff, zu analysieren.[355] Im Laufe ihrer Arbeit gewinnt diese Vorstellung die Kontur eines von „verschiedenen Formen von Handlungen"[356] unterschiedlicher Handlungssubjekttypen konstituierten Raumes,[357] in dem – so Ulshöfer in Anlehnung an Eilert Herms – unterschiedliche Interaktionsordnungen zusammenspielen.[358] Das ermöglicht und erfordert bei Ulshöfer nicht nur eine transdisziplinäre[359] Perspektivierung dieser Räume, sondern auch die Integration von individueller, korporativer und kollektiver Verantwortung in die ethische Reflexion.[360] Während der Begriff der „Handlungsräume" mit dem Praxisbegriff praxeologischer Arbeiten den Fokus auf das praktisch-konkrete Zusammenspiel von Vollzügen quer zu Systemdifferenzierungen[361] und die Sensibilität für Dinge und Körperlichkeit gemein hat,[362] unterscheidet sich jener von diesem quantitativ durch die Weite des gemeinten Feldes und qualitativ durch den Fokus auf „Handlungen" als intentionalen Aktionen.[363]

Fruchtbar macht Ulshöfer den für die soziale Dimension sensibilisierenden Begriff der Handlungsräume in erster Linie für eine Theorie verantwortlichen Handelns, die analysiert, welche kollektiven und individuellen Subjekttypen auf

---

353 Vgl. dafür und für das folgende Ulshöfer 2015, 17–19, 22–23, 26–27, 247, 249, 300, 305–316, 342. Zitate auf S. 22, 18, und Ulshöfer 2009, 31–34.
354 Vgl. Ulshöfer 2015, 17–19, 342 und die Definitionen auf S. 26 und dann theologisch präzisiert auf S. 247, Zitat auf S. 17.
355 Vgl. Ulshöfer 2015, 35, 41, 85, auch Ulshöfer spricht von „der Vorstellung von Handlungsräumen" (a. a. O., 35, 272, 343).
356 Ulshöfer 2015, 35, vgl. ähnlich auch Ulshöfer 2015, 286, 343.
357 Vgl. Ulshöfer 2015, 45, 286, 342.
358 Vgl. Ulshöfer 2015, 33, 272, 285–287.
359 Vgl. Ulshöfer 2015, 43, 346.
360 Vgl. Ulshöfer 2015, 22, 267–269, 320–329.
361 Vgl. etwa Ulshöfer 2015, 270, 285–286.
362 Zur „leibliche[n] Dimension" vgl. etwa Ulshöfer 2015, 38. Zur „Materialität der Dinge und der Körperlichkeit" vgl. Ulshöfer 2015, 296.
363 Zum Feldbegriff vgl. Ulshöfer 2015, 89, zum Handlungsbegriff Ulshöfer 2015, 32.

welche Art und Weise und unter welchen „sozialen Bedingungen"[364] in theologischer Perspektive an „Gerechtigkeit und Freiheit" orientiert verantwortlich handeln,[365] und kaum für eine Theorie der Verantwortung, die das interne Beziehungsgeschehen von Verantwortung zwischen Subjekt, Objekt und Instanz unabhängig von seiner normativen Aufladung phänomenologisch reflektierte.[366] Verantwortung kommt zwar praktisch, aber kaum selbst als ambivalente Praxis in den Blick. Verantwortung bleibt bei Ulshöfer ein mit *„Gerechtigkeit und Freiheit"* aufgeladener[367] und in ethischer Evaluation unzweideutig positiver Begriff. Das wird bei zwei Themen besonders deutlich:

(1) Die Vorstellung von Handlungsräumen ermöglicht es Ulshöfer, Machtverhältnisse zu thematisieren und zu sozialer Verantwortung in Beziehung zu setzen.[368] Dabei bezieht sie Verantwortung auf die *„Legitimation* von Macht", die verantwortliche Verteilung und *„Ausübung* von Macht", wobei „Verantwortung" diese Vollzüge vorsichtig an „Freiheit und Gerechtigkeit" ausrichtet.[369] Dass Verantwortungszuschreibungen und -übernahmen[370] als Praktiken selbst Machtausübungen sind, kommt dabei nicht in den Blick, obwohl sie „Soziale Verantwortung" auch als *„Erschließungsbegriff"* verstanden wissen wollte.[371] Dass Verantwortungszuschreibungen und -übernahmen als Praktiken selbst an ungerechten Machtstrukturen Anteil haben können, kommt als Möglichkeit indirekt vor – einmal etwa, wo sie die Grenzen der menschlichen Verantwortung thematisiert,[372] ein weiteres Mal, wo sie die „Frage der Verantwortungsverteilung" stellt und diese auf die an „Gerechtigkeit und Freiheit" orientierte situative Klärung demokratischer Beteili-

---

364 Ulshöfer 2015, 26.
365 Für die zentrale Rolle von „Gerechtigkeit und Freiheit" vgl. Ulshöfer 2015, 235–250, Zitat auf S. 235.
366 Das zeigt sich exemplarisch in ihrer „präzisierte[n] Definition" und deren normativen Implikationen (Ulshöfer 2015, 247). Zu der Dreiheit von Subjekt, Objekt und Instanz bei ihr vgl. a.a.O., 19.
367 Vgl. Ulshöfer 2015, 247, dort auch das Zitat, kursiv im Original.
368 Vgl. dazu und zum Folgenden Ulshöfer 2015, 287–292.
369 Vgl. auch für die Zitate Ulshöfer 2015, 289–290, 292, kursiv im Original. Vgl. pointiert: „Dies bedeutet: obwohl der Begriff Soziale Verantwortung, wie aufgezeigt, jeweils situativ der genauen normativen Ausformulierung bedarf, kann er jedoch auch bei der Frage der Ausübung, der Verteilung, der Erlangung und Legitimierung von Macht mit Hilfe eines inhaltlich gefüllten Verständnisses Sozialer Verantwortung wenigstens eine Leitlinie bieten, das gemeinsame Handeln so zu gestalten, dass Freiheit und Gerechtigkeit in dem jeweils angemessenen Maß relevant sind." (Ulshöfer 2015, 291–292)
370 Zu dieser Unterscheidung vgl. Ulshöfer 2015, 298–299.
371 Vgl. auch für das Zitat Ulshöfer 2015, 249, kursiv im Original.
372 Vgl. Ulshöfer 2015, 36–39.

gung verweist,³⁷³ und ein drittes Mal, wo sie im Zusammenhang mit CSR und Sozialstaatlichkeit auf die problematische „Verantwortungsverschiebung zu Unternehmen" hinweist³⁷⁴ – es wird aber nicht eigenständig und systematisch ausführlich thematisiert.

(2) Außerdem führt sie die *„Verantwortung für Marginalisierte"* zwar (m.E. zurecht) als „Orientierung an der Idee von Nächstenliebe und Barmherzigkeit" ein, problematisiert aber nicht den paternalisierend-asymmetrisierenden Zug der damit gesetzten Beziehung von Verantwortungssubjekt und -objekt.³⁷⁵

Insgesamt kommt soziale Verantwortung ermöglicht durch die Kategorie der „Handlungsräume" bei Ulshöfer als soziale Praxis und als Beziehungsgeschehen in den Blick. Dies bleibt aber in weiten Teilen unter dem Vorbehalt der normativen Aufladung des Verantwortungsbegriffs.³⁷⁶ Deshalb kann Ulshöfer darauf verweisen, wie Verantwortung an ungerechten Machtverhältnissen teilhat, aber nicht darauf, dass Verantwortung selbst praktisch auch ein ungerechtes Machtverhältnis sein kann.

1.2.3 Das Praxisproblem der theologischen Reflexion

Sowohl die individualethische als auch die sozialethische Perspektivierung von Verantwortung in theologischer Ethik führen also ein Praxisproblem mit sich: Bei Hartmut Kreß ist es der Primat von Individual- und Personalethik, der ihn Verantwortung insgesamt nicht als soziale Praxis, sondern als Gewissensbindung des als präpraktisch mächtig gedachten Subjekts wahrnehmen lässt. Wolfgang Erich Müller diskutiert zwar soziologische Reflexionen von Verantwortung, bezieht diese aber nicht auf seine geltungstheoretische Argumentation, sodass individuelle Verantwortung am Ende entweder unpraktisch bleibt und allgemein gilt oder praktisch und gleichzeitig allgemein ungültig wird. Johannes Fischer reflektiert Verantwortung theoretisch als Praxis, reduziert den Verantwortungsbegriff aber selbst so, dass die eigene Konstruktion einer Sorgeethik von der zunächst aufscheinenden Ambivalenzsensibilität gegenüber Verantwortungspraxis unberührt bleibt. Auf unterschiedliche Weise übersehen die individualethischen Arbeiten also die praktische Konstituierung und Wirksamkeit von Verantwortung.

---

373 Vgl. Ulshöfer 2015, 333. Die Frage der Verantwortungsverteilung kommt auch da vor, wo sie das *„Überforderungsargument[.]"* referiert (a.a.O., 306, kursiv im Original).
374 Vgl. auch für das Zitat Ulshöfer 2015, 330.
375 Vgl. Ulshöfer 2015, 266–267, Zitate auf S. 266, kursiv im Original.
376 Das, was bei Vogelmann „spezifischer Wertentzug" war, findet nicht statt.

Wolfgang Huber entwirft Verantwortung als soziales Geschehen und „Sozialethik als Verantwortungsethik".³⁷⁷ Dennoch weist diese sozialethische Verantwortungsethik darin ein Praxisproblem auf, dass die ethisch-evaluative Aufladung von Verantwortung als durch Reziprozität gerahmte dazu tendiert, Praktiken übersehen zu machen, die ihr nicht entsprechen. Ähnlich wie Huber, aber auf forensische Verantwortung reduziert, entfaltet Körtner Verantwortung als soziales Geschehen und legt so die Grundlage für die Praxisreflexion von Verantwortung, die aber ausbleibt – nun nicht wegen der ethisch-evaluativen, sondern der dogmatischen Aufladung von Verantwortung als im Rechtfertigungsglauben begründeter. Gotlind Ulshöfer führt mit dem Begriff „Handlungsräume" eine Kategorie in ihre Sozialethik der Verantwortung ein, die eine Reflexion von Verantwortung als sozialer Praxis ermöglicht, behandelt den Verantwortungsbegriff aber derartig als normative Orientierung, dass die Ambivalenz der Verantwortung selbst kaum in den Blick kommt.

In allen drei sozialethischen Arbeiten wird damit der „spezifische[.] Wertentzug", der Vogelmann eine Beschreibung der praktischen Ambivalenz von Verantwortung ermöglichte (1.1.2), gerade für den Verantwortungsbegriff nicht vollzogen, sodass dieser immer als „Maßstab" für Praktiken und nicht als in Praktiken ambivalent Wirksames und Konstituiertes erscheint.³⁷⁸

Insgesamt haben die theologischen Arbeiten damit ein Praxisproblem. Dieses besteht in der völligen Aus- oder teilweise Abblendung von Verantwortung als sozialer Praxis gerade in ihrer Ambivalenz. Warum ist das ein Problem? Die Kritiken der Verantwortung haben vorgeführt, dass Verantwortung erst als soziale Praxis und in der Perspektive eines „spezifischen Wertentzugs" (Vogelmann) ihre Ambivalenzen zeigt. An diesen aber kann eine theologische Reflexion nur um den Preis von Realitätsbezug und performativer Stimmigkeit vorbeigehen: Schreibt theologische Ethik als Verantwortungsethik die Folgenverantwortung in Handlungsabwägungen ein, muss sie selbst auch für die Folgen ihrer eigenen Praxis Rechenschaft ablegen und Verantwortung übernehmen. Dafür muss sie wahrnehmen, welchen Unterschied der von ihr reflektierte, mitentwickelte und mitgeprägte Verantwortungsbegriff praktisch macht und dies in die ethische Theoriebildung einbeziehen. Dafür wiederum ist es nötig, in der Reflexion des eigenen Begriffsgebrauchs (nicht ausschließlich, aber) auch besagten „Wertentzug" vorzunehmen – und dafür sind wertentziehende Kategorien nötig, vermittels derer die konkreten, sozial situierbaren, praktischen Ambivalenzen von Verantwortungsübernahmen

---

377 In Abgrenzung von der individualethischen Engführung, ein präpraktisches Subjekt würde Verantwortung konstituieren, verweist er explizit wie zitiert auf die soziale Konstitution dieses Subjekts, vgl. Huber 2012b, 84.
378 Vgl. für die Zitate Vogelmann 2014, 51–52.

und -zurechnungen diskursiv repräsentiert werden. Diese Kategorien müssen wertentziehend sein – also solche sein, die „Verantwortung" nicht ausschließlich, aber auch als noch nicht ethisch-evaluativ, dogmatisch oder normativ aufgeladenen Begriff, sondern in der Bemühung um „Wertentzug" als praktisch sozial wirksame Semantik reflektieren lassen. Um sicher zu gehen: Die Kategorien müssen nicht um ihrer selbst willen wertentziehend sein, sondern damit sie einer theologischen Verantwortungsethik, die – gut verantwortungsethisch – auch die eigene Praxis und Begriffsverwendung verantworten will, die Sensibilisierung für die ambivalenten Wirkungen ihres eigenen Verantwortungsbegriffs ermöglichen.

Ich werde vorschlagen, diese Kategorien im Praxisverständnis soziologischer und insbesondere praxissoziologischer Arbeiten zu finden (2.1).

1.3 Aneignung: Der Weg dieser Arbeit

In exemplarischen Kritiken der Verantwortung und evangelisch-theologischen Ethiken der Verantwortung habe ich also zwei Probleme ausgemacht: Das Anschlussproblem meint die fehlende Reflexion auf die Art und Weise der gesellschaftlichen Wirksamkeit der eigenen akademischen Arbeit am Verantwortungsbegriff; das Praxisproblem verweist auf die fehlende Reflexion der tatsächlichen Ambivalenzen von Verantwortungszuschreibungen und -übernahmen in der Gesellschaft. Zur Bearbeitung beider Probleme will ich im Zuge der kritischen Selbstreflexion evangelischer Verantwortungsethik hier einen Beitrag leisten. Den argumentativen Weg dieses Beitrages werde ich in diesem dritten und letzten Teil der Einleitung erläutern und zusammenfassen.[379]

Für die gliedernde Einteilung dieses Weges war im Großen wie im Kleinen ein Dreischritt formgebend: In der Gesamtgliederung der Arbeit, wie in vielen Kapiteln und Unterkapiteln, beginne ich mit der Frage nach dem historischen oder systematischen *Ausgangspunkt* einer Denkbewegung oder Begriffsentwicklung (1.3.1). Daran schließe ich jeweils eine Fokussierung der Bewegung und Entwicklung an, in der sich eine theoretische oder praktische Veränderung zeigt; hier geht es also um *Übergänge* (1.3.2). Im dritten Schritt – der *Aneignung* – geht es darum, wie eher zeitgenössische und gegenwartsorientierende Entwürfe besagte Übergänge oder

---

[379] Bei diesen Erläuterungen und Zusammenfassungen werde ich mit Fußnoten sparen. Die verwendeten Begriffe, Gedanken und ihre Herkunft werden in den jeweils zusammengefassten Kapiteln ausführlich nachgewiesen.

deren Ergebnisse historisch angeeignet haben oder systematisch anzueignen hätten (1.3.3).[380]

1.3.1 Ausgangspunkt: Verantwortung als soziale Praxis

Ausgangspunkt und Grundidee dieser Arbeit ist es, Verantwortung als soziale Praxis zu verstehen. Verantwortung kommt also nicht als abstraktes und aus seinem sozialen Verwendungszusammenhang abstrahiertes Konzept in Blick, sondern als gesellschaftlich und kulturell situierte Praxis. Wo Menschen einander oder sich selbst verantwortlich machen, Verantwortung für andere übernehmen und verantwortlich handeln – da ist Verantwortung im hier fokussierten Sinne. Sieht man Verantwortung als soziale Praxis – wie das Kritiken der Verantwortung getan haben (1.1) – wird ihre Ambivalenz deutlich. Während es auf konzeptioneller, abstrahierend-begrifflicher Ebene möglich sein mag, Verantwortung als unzweideutig Gutes zu denken, zeigt die Fokussierung von Verantwortung als Praxis die Zweideutigkeiten – und damit auch die dunkle Seite der Verantwortung: Verantwortlich zu machen kann disziplinieren und manipulieren, Verantwortung für andere zu übernehmen kann diese paternalistisch bevormunden und verantwortlich handeln zu wollen kann überfordern.

(Kapitel 2) Gerade wegen dieser Ambivalenzen muss eine evangelische Ethik, die mit dem Verantwortungsbegriff arbeitet, Verantwortung als soziale Praxis reflektieren. Das *zweite Kapitel* erarbeitet die dafür nötigen Kategorien, die mit Vogelmann gesagt „wertentziehend" sein müssen: Sie dürfen die Güte der reflektierten Praxis nicht schon über die Kategorien und Begriffe herstellen, um sehen zu können, wie dieser Begriffe selbst entstehen und wirken. Entsprechend werden im zweiten Kapitel die Kategorien „Praxis" und „Imagination" erarbeitet und auf ein provisorisches Verständnis von Verantwortung bezogen. Damit wird das begriffliche Fundament für die folgenden ethischen Reflektionen gelegt.

(2.1) Die Kategorie sozialer *Praxis* wird aus der Praxissoziologie übernommen (2.1). Deren Praxisbegriff verweist auf tatsächlich ablaufende, gesellschaftlich situierte Praktiken, in denen Dinge und Körper auf jeweils spezifische, von Fähigkeiten und implizitem oder praktischen Wissen informierte Weise gebraucht werden.[381] Unter anderem ist an diesem Praxisbegriff entscheidend, dass er es ermöglicht hat, auch akademisches Theoretisieren selbst als Praxis zu reflektieren. Insgesamt soll

---

[380] Mit den Begriffen „Ausgangspunkt" und „Aneignung" arbeitet etwa auch Zeyher-Quattlender 2021, 16, dort auch die Zitate, im Original gefettet.
[381] Vgl. zu all dem die unter 2.1 zitierte Literatur.

der Praxisbegriff diejenige Kategorie bereitstellen, die die Bearbeitung des Praxisproblems erlaubt. Auf Praktiken der Zuweisung und Übernahme von Verantwortung bezogen ermöglicht dieser Praxisbegriff unterschiedliche Schwerpunktsetzungen: Es könnte etwa um die Rolle von Körperlichkeit oder materieller Artefakte in diesen Praktiken gehen. Weil es mir auch um das Anschlussproblem und um die kritische Selbstreflexion evangelischer Ethik als Praxis geht, fokussiere ich ein Moment des impliziten oder praktischen Wissens, nämlich: dessen imaginäre Anteile.[382]

(2.2) Deshalb wird im nächsten Unterkapitel die Kategorie des Imaginären entfaltet – und zwar im Rückgriff auf Cornelius Castoriadis, Benedict Anderson und Charles Taylor (2.2). Kurz gesagt meint das „Imaginäre" sozial geteilte, dynamische, als Selbstverständliches vorausgesetzte Vorstellungswelten und -horizonte, die in sozialen Praktiken bestehen, diese ermöglichen, prägen und sich in ihnen verändern. Entscheidend dabei ist gerade von Castoriadis her, dass das Imaginäre nicht in einzelnen Verkörperungen oder individuellen Imaginationen aufgeht, sondern immer auch „anderswo" verkörpert oder imaginiert sein kann – deshalb kommt das Imaginäre nicht nur in individuellen Vorstellungswelten, sondern auch als äußerer Zwang vor (2.2). Das wird gerade deutlich, wenn man mit Anderson Nationen als „imagined communities"[383] versteht: Nationale Grenzen werden nicht nur individuell imaginiert, sondern auch gegebenenfalls mit Gewalt verteidigt.

Die praxistheoretisch eingeordnete Kategorie des Imaginären soll hier die Reflexion dessen ermöglichen, was akademische Praxis mit anderen gesellschaftlichen Praktiken verbindet und sie füreinander anschlussfähig macht. So wird das vierte Kapitel detailliert beschreiben, wie Texte evangelischer Ethik Imaginationen voraussetzen, implizieren, explizieren und damit am Imaginären der Verantwortung mitarbeiten. Die Kategorie des Imaginären hilft so, das Anschlussproblem zu reflektieren.

(2.3) Um Verantwortung als soziale Praxis auf ihre prägende imaginäre Dimension hin zu reflektieren, ist schließlich eine provisorische Bestimmung des Begriffs „Verantwortung" als Heuristik für die Auffindung relevanter Phänomene nötig. Dies liefert der dritte Teil des ersten Kapitels. Dazu werde ich zunächst in Aufnahme der Literatur zum Thema und elementarisierend zwei Hauptbedeutungsstränge in der Entwicklung des Verantwortungsbegriffs verfolgen – den juristischen (2.3.1.1) und den politischen Begriff von Verantwortung (2.3.1.2), um daran anschließend die ethische Grundbedeutung des Verantwortungsbegriffs in folgende provisorische Definition zu bringen (2.3.1.3): *Verantwortung meint primär das auf*

---

[382] Vgl. zu diesen Begriffen und dieser Einordnung insbesondere 2.2.3.
[383] Vgl. Anderson 2006 [1983], das Zitat ist der Buchtitel.

zukünftige Erfüllung gerichtete Zugerechnetsein einer relativ unbestimmten Aufgabe zu Akteur:innen, die für die eigenständige Erfüllung dieser Aufgabe gegenüber einer dritten Subjektposition rechenschaftspflichtig bleiben. In dieser Arbeitsdefinition ist die responsive Grundstruktur von Verantwortung angelegt: Verantwortung ist mindestens evangelisch-ethisch gesehen Antwort auf Wirklichkeit.

Mit den so entwickelten Kategorien von Praxis und Imaginärem lässt sich mittels dieser Arbeitsdefinition von Verantwortung dann präzisieren, was genau mit der Formel von „Verantwortung als sozialer Praxis" gemeint ist und welche Rolle Imaginationen und der Fokus auf diese dabei spielt (2.3.2): Verantwortungspraktiken sind dann solche Praktiken, in denen Menschen auf etwas sich verhaltend antworten, das sie im Horizont des jeweils Imaginären als dazu herausfordernde Wirklichkeit wahrnehmen (2.3.2.3).

Solche Praktiken gruppiere ich in zwei Typen (2.3.2.2): Es geht einerseits um Praktiken, in denen vor allem besagtes „Zugerechnetsein einer relativ unbestimmten Aufgabe" hergestellt wird – diese Praktiken nenne ich *Responsibilisierungspraktiken*. Andererseits geht es um Praktiken, in denen dieses Zugerechnetsein gelebt und ausagiert wird – diese Praktiken nenne ich *Responsepraktiken*. In beiden Gruppen von Praktiken besteht eine Vielfalt von Imaginationen, die sie ermöglichen und prägen. In diesen imaginären Horizonten werden die Praktiken nicht nur selbst sinnvoll – sie schließen auch in diesen Horizonten aneinander an. Stimmt dies, dass Praktiken auch über das Imaginäre aneinander anschließen, dann ist es sinnvoll, das praxisprägende Imaginäre von Responsibilisierungs- und Responsepraktiken zu reflektieren, um damit sowohl das Anschluss- als auch das Praxisproblem zu bearbeiten; denn in diesem Imaginären hängen Responsibilisierungs- und Responsepraktiken ja zusammen. Diese Unterscheidung ermöglicht es, präziser zu fassen, was mit der kritischen Selbstreflexion evangelischer Verantwortungsethik gemeint ist: Selbstkritisch ist evangelische Verantwortungsethik dann, wenn sie sich selbst als Responsibilisierungspraktik reflektiert. Damit wird es um die Imaginationen gehen, die in dieser Responsibilisierungspraktik bestehen, sie ermöglichen, prägen und anschlussfähig machen für Responsepraktiken – oder eben nicht.

Die Kategorien Praxis und Imaginäres, angewandt auf den provisorischen ethischen Verantwortungsbegriff, sind damit zunächst als wertentziehende Kategorien erarbeitet worden. In dieser Arbeit geht es mir aber nicht nur um die Beschreibung von Verantwortungspraktiken, sondern – wie eingangs benannt – um die *kritische* Selbstreflexion evangelischer Verantwortungsethik: Eine evangelische Ethik, die verantwortlich mit dem Verantwortungsbegriff umgehen will, muss selbstkritisch-konstruktiv reflektieren, was sie mit ihren eigenen Verwendungen dieses Begriffs der Gesellschaft antut, beziehungsweise genauer: in anderen gesellschaftlichen Praktiken anrichtet und ermöglicht. Genau dafür sind die wertentziehenden Begriffe nötig. Um diese potenziellen Wirkungen aber nicht nur feststellen, sondern um sie auch als Ambivalenzen selbstkritisch reflektieren zu können, bedarf es wiederum ethischer Maßstäbe. Versteht sich die ethische Arbeit mit diesen Maßstäben am Ort akademischer evangelischer Ethik aber selbst als Praxis, entsteht eine Spannung zwischen wertentziehender und wertbezogener Reflexion. Der dritte Teil des ersten Kapitels legt diese Spannung so aus, dass sie produktiv wird und ethische Kritik zu einem unabschließbaren Prozess macht (2.3.3.1): Theologische Ethik *hat*[384] danach keinen Maßstab der prinzipiell der wertentziehenden Kritik entzogen wäre – auch nicht in der Begründung von Verantwortung. Vielmehr arbeitet sie praktisch mit Maßstäben, die sie phasenweise auch der wertentziehenden Kritik unterziehen kann. Dieses Verständnis wird dann mit Barths Religionskritik theologisch formal grundgelegt (2.3.3.2) und mit Mereis Differenzierung von unverfügbaren, intendierten und realisierten Guten operationalisierbar (2.3.3.3). Vor diesem Hintergrund wird die Kritik einer verantwortlichen, evangelischen, selbstkritischen Verantwortungsethik als eine dreifache profiliert (2.3.3.3): Diese Ethik fragt als *Praxiskritik* nach der Güte anderer gesellschaftlicher Responsibilisierungs- und Responsepraktiken und der darin bestehenden Imaginationen. Sie perspektiviert als *Selbstkritik* sich selbst als Responsibilisierungspraktik und fragt nach der Güte der Auswirkungen des eigenen Verantwortungsbegriffs und der davon konnotierten Imaginationen. Als *Kritikkritik* öffnet sie wiederum den Maßstab ihrer eigenen Selbst- und Praxiskritik der kritischen Reflexion.

So stellen die Begriffe der Praxis, der darauf bezogenen Imaginationen und des Imaginären die Kategorien, mit denen Verantwortungspraktiken im Sinne des provisorisch gefassten Verantwortungsbegriffs auf ihre praktische Ambivalenz hin konstruktiv-kritisch reflektiert werden können. Der Rest der Arbeit vollzieht diese konstruktiv-kritische Reflexion für die Responsibilisierungspraktik, die evangelisch-theologische akademische Ethik selbst ist. Dazu werde ich zunächst den Verantwortungsbegriff (Kapitel 3) und die von ihm konnotierten Imaginationen (Kapitel 4) am Ort vor allem evangelischer Ethik im deutschsprachigen Raum rekonstruieren und reflektieren, um an diese Selbstkritik anschließend dann selbst Position zu beziehen und – ganz im Sinne der Offenheit für Kritikkritik – die Grundgedanken und Kriterien einer selbstkritischen evangelischen Verantwortungsethik zu skizzieren (Schlussbetrachtung).

---

[384] Das „hat" ist hier kursiv gesetzt, weil es auf das anspielen soll, was etwa in Weinrichs Barth-Auslegung „Habenmentalität' der Kirche" heißt, so Weinrich 2019, 244 (dort auch das Zitat).

1.3.2 Übergänge: Bedeutungsmehrwert und Bedeutungsüberschuss

Verantwortung in Praktiken evangelischer akademischer Ethik werde ich in zwei Hinsichten reflektieren, die sich aus der Erarbeitung der Kategorien des Imaginären ergeben haben: Ein Symbol *„denotiert"* bei Castoriadis einerseits Reales und Rationales, andererseits *„konnotiert"* es Imaginäres (2.2.1.3).[385] Auf die Reflexion von Verantwortung bezogen heißt dies: Es müssen zunächst die denotierten, intendierten Bedeutungen von Verantwortung in ihren theologisch-ethischen Entdeckungszusammenhängen rekonstruiert werden (3. Kapitel). Aus diesem *Bedeutungsmehrwert* von Verantwortung ergibt sich, was mit dem Einsatz des Begriffs erreicht werden soll und warum es sich bei aller Kritik lohnt, an diesem Begriff festzuhalten.

Anschließend müssen die Bezüge und Eingriffe des Verantwortungsbegriffs evangelischer Ethik ins Imaginäre soweit wie möglich explizit gemacht werden, um sie Reflexion und Diskurs zugänglich zu machen. Dabei geht es um die Konnotationen und damit den *Bedeutungsüberschuss* von Verantwortung. Das ist auch wichtig, weil nach dem entfalteten Begriff des Imaginären, dieses nicht voraussehbare Eigendynamiken entwickelt und sich so potenziell gegen die Intention der Begriffsverwender:innen wenden kann. Deshalb werden imaginäre Konnotationen beschrieben, die sich an den Verantwortungsbegriff geheftet haben, heften und anlagern (4. Kapitel). Das wird die Grundlage dafür bieten, im Feld der Verantwortungsethik Position zu beziehen, um von dort aus Grundgedanken und Kriterien für verantwortliche Responsibilisierungs- und Responsepraktiken zu skizzieren (Schlussbetrachtung).

(Kapitel 3) Das dritte Kapitel geht von der einschlägigen Grundannahme aus, dass sich Verantwortung als ethischer Begriff in Kontinuität und Differenz zum Pflichtbegriff entwickelt hat.[386] Entsprechend zieht sich durch dieses Kapitel die Frage nach dem Bedeutungsmehrwert von Verantwortung gegenüber Pflicht. Kernthese und Kernertrag dieses Kapitels ist dann folgender: Während der Pflichtbegriff einen Willenskonflikt bei Sollenseindeutigkeit denotiert, repräsentiert der Verantwortungsbegriff den Umgang mit Sollenskonflikten und -kontingenzen.

(3.1) Ausgangspunkt für die Entfaltung dieser These ist einerseits die Rekonstruktion des Pflichtbegriffs bei Kant (3.1.1) und andererseits die Entwicklung des Verantwortungsbegriffs von einem Begriff affirmierter Zurechnungsverantwortung mit Willensbezug bei Schopenhauer (3.1.2) und dekonstruierter Aufgabenver-

---

[385] Vgl. Castoriadis 1990 [1984], 254. Vgl. auch a.a.O., 246, ausführlicher zum Unterschied von Konnotieren und Denotieren vgl. a.a.O., 570. Vgl. dazu auch Wabel 2010, 402.
[386] Vgl. dazu ausführlich die Hinführung zum dritten Kapitel vor 3.1, dort insbesondere Punkt (3) *Leitthese*, und die dort zitierte Literatur.

antwortung bei Nietzsche (3.1.3). Damit wird deutlich, dass die Verknüpfung von Verantwortung und Voluntarismus, die sich auch bei den Theologen Schweitzer und Bonhoeffer finden wird, bei Schopenhauer anhebt, der den Verantwortungsbegriff aber noch nicht im modernen, hier vorausgesetzten Sinne primär als Aufgabenverantwortung verwendet. Dieses moderne Verständnis hebt erst bei Nietzsche an, aber unter dem Vorzeichen des Abgelehnten.

(3.2) Vor diesem Hintergrund erlaubt die Auseinandersetzung mit Albert Schweitzer und der Kritik an ihm (3.2.1), die Kernthese zuerst auf den Punkt zu bringen: Der Verantwortungsbegriff steht bei Schweitzer im Zusammenhang mit unversöhnlichen Sollenskonflikten. Schweitzer will den Kantschen Rigorismus übernehmen, nicht aber den Formalismus (3.2.1.2). Genau das führt theoretisch zur Möglichkeit von echten Sollenskonflikten, die Schweitzer mit dem Verantwortungsbegriff verbindet.

Der so formulierten Intuition gehe ich in den folgenden Interpretationen von Max Webers (3.2.2) und Dietrich Bonhoeffers Texten (3.2.3) nach. Max Weber verbindet einerseits Verantwortung auch mit Sollenskonflikten und tut dies differenzierter als Schweitzer. Er ordnet das Zustandekommen dieser Konflikte und Kontingenzen zudem soziologisch ein. Anderseits bezieht Weber den Verantwortungsbegriff elitistisch auf die Macht des heldenhaften Politikers (3.2.2.1). Etwas Ähnliches passiert bei Bonhoeffer, insofern er Verantwortung in der Situation des Widerstandes gegen den Nationalismus mit den Kategorien des Wagnisses und der Entscheidung verbindet (3.2.3.3). Damit ist der Verantwortungsbegriffs eher an einem außerordentlichen als einem alltäglichen Plausibilitätshintergrund generiert. In Bonhoeffers Verantwortungsbegriff dieser Widerstandssituation laufen zwei Bedeutungslinien von Verantwortung bei ihm zusammen: einmal die pflichtnahe, weil Sollenseindeutigkeit denotierende Verantwortung aus Sanctorum Communio, zum anderen diejenige Verwendung, in der Verantwortung bei Bonhoeffer die konfliktgenerierende Eingebundenheit in Sozialität und Ordnung, in Familie und Volkszusammenhänge meint. Die Verbindung beider Bedeutungslinien fasst Bonhoeffer in den Ethikfragmenten dann in einen christologisch-rechtfertigungstheologisch begründeten Verantwortungsbegriff – und geht gerade mit dieser explizit theologischen Rahmung über Schweitzer weit hinaus.

In den drei Übergängen von Pflicht, Gesinnung und Nachfolge zu Verantwortung denotiert der Verantwortungsbegriff bei allen dreien den Umgang mit Sollenskonflikten und Sollenskontingenzen. Bei Schweitzer ist dies voluntaristisch-mystisch gefasst, bei Weber soziologisch eingeordnet und politik-pragmatisch konkretisiert und bei Bonhoeffer christologisch-rechtfertigungstheologisch begründet.

(3.3) Das anschließende Unterkapitel zeigt dann, wie dieser Übergang von Pflicht zu Verantwortung in unterschiedlichen Traditionslinien der vor allem deutschsprachigen Ethik nach dem zweiten Weltkrieg angeeignet wurde. Die grundlegende Tendenz aller dieser jüngeren Arbeiten lässt sich bereits in der Konzeption und Rezeption von „verantwortlicher Gesellschaft" in der ökumenischen Bewegung auffinden (3.3.1): Die Reichweite des Begriffes wird ausgeweitet; Verantwortung wird präskriptiv zur sozialethischen Kategorie popularisiert; Verantwortung qualifiziert nicht nur Politiker und außerordentliches Entscheiden, sondern gesellschaftliches Handeln und das Verhalten aller;[387] diese Verallgemeinerung[388] oder Sozialethisierung setzten die im Folgenden rekonstruierten Verantwortungsreflexionen der Ethischen Theologie (3.3.2) und der Heidelberger Sozialethik (3.3.3) fort. Sowohl Trutz Rendtorff für erstere als auch Heinz Eduard Tödt und Wolfgang Huber für letztere verbinden Verantwortung implizit oder explizit mit Sollenskonflikten und -kontingenzen. Während der Ansatz von Trutz Rendtorff – so werde ich im dritten Kapitel argumentieren (3.3.2.2) – sich aber letztlich vor der ethischen Herausforderung der Freiheit in Sollenskonflikten wegduckt, indem er ihr ein stetes Gefälle zum Gegebenen unterlegt, machen die Arbeiten von Tödt und Huber mit besagten Herausforderungen ernst: Tödts Schema sittlicher Urteilsfindung (3.3.3.2) interpretiere ich als Operationalisierung von Verantwortung als Denotation von Sollenskonflikten; Huber arbeitet Verantwortungskonzeptionen insbesondere in Tradition zu Schluchters Weberauslegung zu einer Ethik aus, in der Reflexivität, Diskursivität und Reziprozität verantwortliches Handeln angesichts von Sollenskonflikten und -kontingenzen qualifizieren (3.3.3.3).

Insgesamt liegt der Bedeutungsmehrwert vom Verantwortungs- im Vergleich zum Pflichtbegriff also darin, den Umgang mit Sollenskonflikten und Sollenskontingenzen zu denotieren. Als solches ist er – so wird die *Zwischenbetrachtung* argumentieren – einer evangelischen Ethik angemessen, die sich soziologisch in einer weltanschaulich pluralen Gesellschaft und theologisch in der versöhnten aber noch nicht erlösten Welt[389] verorten lässt. Wird der Verantwortungsbegriff mit dieser Bedeutung wie im theologischen Diskurs nach dem zweiten Weltkrieg geschehen anthropologisch verallgemeinert[390], tendiert dies dazu, die Frage nach der Gerechtigkeit der Allokation von Verantwortung zu verdecken. Genau um dieses Allokationsproblem muss es aber ethisch gehen – und damit um die Frage, wie Verantwortungsübernahmen und -gefühle entstehen. Genau dafür sind die individuellen Imaginationen und das sozial Imaginäre entscheidend, vermittels derer sich Men-

---

387 Vgl. ähnlich aber auf Wallace bezogen: Vogelmann 2014, 370.
388 Vogelmann hat in nicht-theologischen Arbeiten eine ähnliche Entwicklung beobachtet und diese trefflich „Verallgemeinerung von Verantwortung" genannt (vgl. Vogelmann 2014, 342, 370–372, Zitat auf S. 370).
389 Vgl. zu diesem Begriff etwa 3.3.3.1 und die dort zitierte Literatur.
390 Zu dieser „Verallgemeinerung" vgl. wie bereits zitiert auch Vogelmann 2014, 342, 370–372.

schen praktisch mehr oder weniger zur Verantwortungsübernahme genötigt, vor verantwortlich zu entscheidende Situationen gestellt erleben und vorstellen. Deshalb geht es im dritten Kapitel um genau diese Imaginationen. Um auf deren Ambivalenzen benennen zu können, skizziert die Zwischenbetrachtung zunächst grob die kriteriale Ausrichtung auf Diskurs, Reziprozität und Freiheit, die in der Schlussbetrachtung als Teil meiner eigenen Position begründet und präzisiert wird.

(Kapitel 4) Gleichzeitig konnotiert der Verantwortungsbegriff in evangelischer Ethik auch Vorstellungswelten und imaginäre Horizonte. Diese soweit wie möglich zu explizieren und damit der kritischen Reflexion zugänglich zu machen, ist das Ziel des vierten Kapitels. Quelle dafür sind dieselben Traditionen, die bereits im dritten Kapitel analysiert wurden. Die darin konnotierten Verantwortungsimaginationen evangelischer Ethik systematisiere ich in drei Gruppen: *Responsibilisierende Imaginationen* stellen primär (aber nicht ausschließlich) die Zurechnungsrelation vor, in der beauftragt und Rechenschaft abgelegt wird (4.1). *Situierende Imaginationen* beziehen sich vor allem auf die Situation, in der Praxisteilnehmende Verantwortung übernehmen oder sich dazu aufgerufen finden (4.2). Sie beinhalten vor allem Vorstellungen von der Einordnung des eigenen Selbst und des eigenen Handelns in einen größeren Zusammenhang. *Kontextualisierende Imaginationen* stellen primär (aber nicht ausschließlich) vor, worin und wozu Verantwortliche zuständig sind (4.3). Hier geht es primär um die vorgestellten Eigenschaften des Verantwortungsbereiches. Die Namen dieser Gruppen benennen immer nur, was im Vordergrund des Imaginierens steht; aber natürlich beinhalten responsibilisierende Imaginationen auch Vorstellungen von Situation und Kontext und natürlich haben die kontextualisierenden und situierenden Imaginationen responsibilisierende Wirkungen. Um diese Zusammenhänge wird es in der ausführlichen Beschreibung der Imaginationen gehen. Die einzelnen Imaginationen werden schon im vierten Kapitel konstruktiv-kritisch reflektiert. Sie lassen sich in folgender Tabelle zusammenfassen:

Tabelle 1: Imaginationen der Verantwortung

Responsibilisierende Imaginationen (4.1)	**Situierende Imaginationen (4.2)**	**Kontextualisierende Imaginationen (4.3)**
Forensische Imagination	Ordnungsimagination	Diabolizitätsimagination
Mystische Imagination Reziprok-personalistische I. Asymmetrisch-personal. I.	Wagnisimagination	Fragilitätsimagination
Stellvertretungsimagination Mitmenschlichkeitsimag. Reziprozitätsimag.	Gestaltungsimagination	Versöhnungsimagination

(4.1) In responsibilisierenden Imaginationen evangelischer Ethik ergibt sich Verantwortung aus der Erwartung, in einem künftigen Forum Rechenschaft ablegen zu müssen (4.1.1), aus der augenblickhaften Begegnung mit dem mehr oder weniger überwältigenden Anspruch des konkreten Anderen (4.1.2) oder aus der dauerhaften Beziehung zu anderen (4.1.3).

(4.2) In den situierenden Imaginationen, die in den Texten evangelischer Ethik konnotiert und vorausgesetzt werden, stellen Handelnde sich in unterschiedlichen Situationen vor: Ordnungsimaginationen situieren verantwortlich Handelnde in einer gesellschaftlichen Ordnung (4.2.1), vermittels von Wagnisimaginationen verorten sich Handelnde in außerordentlichen Situationen, auch im wörtlichen Sinne (4.2.2); Gestaltungsimaginationen stellen die Situation von der Lebensführung der Subjekte aus vor (4.2.3).

(4.3) Der Kontext, auf den verantwortliches Handeln in der responsiven Grundstruktur von Verantwortung antwortet, steht in den kontextualisierenden Imaginationen im Vordergrund: Die erste Untergruppe dieser Imaginationen stellt die die Handelnden umgebende Welt als von diabolischen Mächten durchwirkte vor und impliziert so meist einen evaluativen Dual (4.3.1): Ein Momente des Guten im verantwortlichen Handeln steht in diesem Dual dem Bösen in der Welt gegenüber. Die zweite Untergruppe stellt die umgebende Welt oder etwas in ihr als verletzlich, schwach oder fragil vor und bringt so in einen potestativen Dual (4.3.2): Handelnde sind hier als irgendwie stärker oder mächtiger vorgestellt als ihr Gegenüber – und gerade deshalb zur Verantwortung gerufen. Die dritte kontextualisierende Imagination stellt die Welt als in Christus schon versöhnte und gerichtete vor (4.3.3), was sich vor allem im Rückgriff auf Dietrich Bonhoeffers späte Arbeiten wird entfalten lassen.

Insgesamt wird im Kapitel 4 so ein Set von unterschiedlich ambivalenten und unterschiedlich miteinander kombinierbaren Imaginationen entworfen. Das zeigt nicht zuletzt und schon von der Praxis evangelischer akademischer Ethik her, wie vielfältig entsprechende Verantwortungspraktiken sind – nur zwei Beispiele dazu: Verantwortung haben kann in der Kombination von Wagnis-, Fragilitäts- und Begegnungsimaginationen meinen, sich durch die Begegnung mit einem Notleidenden zu einem außerordentlichen Handeln genötigt zu fühlen; Verantwortung kann in der Kombination von Gestaltungsimagination und forensischer Imagination genauso meinen, sich für seine alltägliche Lebensführung und Lebensplanung als vor Gott verantwortlich zu erleben. Solche unterschiedlichen Verantwortungspraktiken werden materialethisch thematisch und werden materialethisch auf ihre jeweils konkrete Ambivalenz hin reflektiert werden müssen. Um diese Ambivalenzen zu benennen und zu diskutieren bedarf es einer Kriteriologie für Verantwortungspraktiken, die ich in der Schlussbetrachtung im Zuge einer eigenen Positionierung entwickle.

1.3.3 Aneignung: Zu einer selbstkritischen evangelischen Verantwortungsethik

(Schlussbetrachtung) Ziel der abschließenden Schlussbetrachtung ist es, Ansätze für eine eigene Positionierung zu entfalten – und damit Ansätze für eine (selbst-)kritische evangelische Verantwortungsethik. Diese wird mit den Kategorien „Praxis" und „Imagination" arbeiten und das responsive Grundverständnis von Verantwortung voraussetzen (siehe Kapitel 2). Sie wird Kriterien für die Bearbeitung des in der Zwischenbetrachtung aufgeworfenen Allokationsproblems entwickeln. Dies geschieht, indem ich mich zunächst vor dem Hintergrund der verschiedenen Verantwortungsimaginationen aus dem vierten Kapitel positioniere. Maßgeblich soll die anhand des Spätwerkes von Bonhoeffer entwickelte (4.3.3) Versöhnungsimagination sein. Die These, die in der Schlussbetrachtung begründet und entfaltet wird, lautet also: Selbstreflexive evangelische Verantwortungsethik findet den Grund für (ihre eigenen) Responsibilisierungen und deren Kritik in einem formal responsiven Verantwortungsverständnis und material im Horizont der Versöhnungsimagination, die die religiös forensische integriert, ohne diese selbst zur Basisimagination zu machen.[391] Die Basisimagination von Verantwortung, die der hier zu entwickelnden Position zugrunde liegt, ist vielmehr, Verantwortung als materiell auf Versöhnungswirklichkeit antwortende und ihr entsprechende zu verstehen.

Als Maßstab für die Responsibilisierungen, Reflexionen und die Kritik einer selbstreflexiven Verantwortungsethik werden in der Schlussbetrachtung dann neun sich überschneidende und zusammenhängende Kriterien entwickelt. Dazu wird materialiter bei der Versöhnungsimagination angesetzt (4.3.3), genauer gesagt bei dem Narrativ, das bei Bonhoeffer die Versöhnungsimagination tradiert, dem Christusnarrativ. Darin macht Bonhoeffer vor allem drei Erzählstränge aus (dazu: 4.3.3.2 und DBW 6, 70–90), aus denen ich Kriterien entwickle:

1. Vom inkarnationstheologischen Erzählstrang her ist menschliche Verantwortung als *endliche Verantwortung* vorzustellen und zu bejahen (A). Deshalb sind Verantwortungspraktiken insofern relativ besser, als sie Verantwortungssubjekt und -bereich klar benennen (Konkretionskriterium), als dabei die Handlungs- und Entwicklungsmöglichkeiten des Verantwortungssubjektes beachtet sind (Kapitaladäquanzkriterium) und als die Positionen zumindest grundsätzlich reziprozitätsoffen sind (Reziprozitätskriterium) (siehe A.3).
2. Vom kreuzestheologischen Erzählstrang her ist die *gerichtete Verantwortungslosigkeit* der Menschen mit Gott in Christus versöhnte Wirklichkeit (B). Das macht einen heilsamen Umgang mit humaner Verantwortungslosigkeit relativ besser, der in den Kriterien der Fehlertoleranz, der diskursiven Über-

---

[391] Ich danke Torsten Meireis für den Hinweis darauf, dies zu betonen.

prüfbarkeit von Verantwortungszurechnungen und der Reintegration konkret wird (siehe B.3). Letzteres zielt darauf bekennend Schuldigen die Reintegration in die gemeinsame Geschichte nicht unmöglichen zu machen.
3. Vom auferstehungstheologischen Erzählstrang her wird die *humane Unverantwortbarkeit der Erlösung* Thema (C). Das wird konkret in der Aufgabe, die Grenzen zu dem zu entwerfen, was menschlich oder individuell nicht mehr verantwortet werden muss (Grenzentwurfskriterium), in der Bestimmung dessen die Perspektive der Teilnehmenden zur Geltung zu bringen (Beteiligungskriterium) und die Lasten des Unverantwortbaren solidarisch zu tragen oder zu lindern (Solidaritätskriterium) (C.3).

Die Kriterien lassen sich in folgender Tabelle zusammenfassen (Tabelle 2):

Tabelle 2: Kriterien für Verantwortungspraktiken

Endliche Verantwortung	Gerichtete Verantwortungslosigkeit	Angenommene Unverantwortbarkeit
Reziprozität	Diskursive Prüfbarkeit	Beteiligung
Konkretion	Fehlertoleranz	Grenzentwurf
Kapitaladäquanz	Reintegration	Solidarität

Damit werden in der Schlussbetrachtung Grundlage und Kriteriologie für die kritisch-konstruktive Reflexion von Response- und Responsibilisierungspraktiken vorgetragen, insbesondere auch für die Responsibilisierungspraktik die evangelische Verantwortungsethik selbst ist. Insofern sie diese Kriterien auf sich selbst wendet, ist sie selbstreflexiv und selbstkritisch. Damit ist die fundamentalethische Grundlage für materialethische Arbeit an Verantwortungspraktiken in unterschiedlichen Bereichen gelegt. Der *Ausblick* wird am Ende exemplarisch projektieren, in welche Richtungen diese Weiterarbeiten gehen könnten. Zunächst aber zum Anfang.

2 Vom Begriff zur sozialen Wirksamkeit. Praxis und Imagination als Kategorien zur Reflexion der sozialen Wirksamkeit von Verantwortung

Ziel dieses Kapitels ist, wertentziehende[1] Kategorien zu erarbeiten, die es einer theologischen Verantwortungsethik ermöglichen, die soziale Wirksamkeit ihres eigene Verantwortungsbegriffs kritisch-konstruktiv zu reflektieren. Als solche Kategorien schlage ich theologischer Verantwortungsethik erstens den praxissoziologischen Praxisbegriff vor (2.1), der das Praxisproblem bearbeiten lässt, und dann den Imaginationsbegriff (2.2), der das Anschlussproblem adressiert. Vor diesem Hintergrund wird es die provisorische Bestimmung des Verantwortungsbegriffs (2.3.1) erlauben zu präzisieren, wie Verantwortung als imaginationsvermittelte soziale Praxis zu denken ist (2.3.2). Während diese Kategorien – Verantwortung als imaginationsvermittelte soziale Praxis – um „Wertentzug" (1.1.2) bemüht sind, zielt theologische Ethik im hier vertretenen Sinne auf Wertung. Die Rolle wertziehender Kategorialität im Kontext einer auf Wertung und Orientierung zielenden Ethik gilt es als Vorbereitung für die materialen Reflexionen der folgenden Kapitel deshalb zu explizieren (2.3.3).[2]

2.1 Zum Praxisproblem: Grundelemente einer Praxistheorie

Der Durchgang durch eine exemplarische Auswahl theologischer Verantwortungsethiken hatte deren Praxisproblem offengelegt (1.2.3): Verantwortung als soziale Praxis in ihrer Ambivalenz und die Rolle theologischer Ethik in dieser Praxis selbst bleiben weitgehend unreflektiert. Gerade als Verantwortungsethik, die sich auch für die gesellschaftlichen Folgen ihrer eigenen Arbeit verantwortlich sieht, müsste Ethik diese Ambivalenzen der eigenen Begriffe reflektieren. Dies ermöglicht eine an Foucault anschließende Methode, die Vogelmann „spezifischen Wertentzug"[3] genannt hatte (1.1.2): Wertentzug benennt danach die Bemühung, die eigenen Begriffe den Praktiken nicht als „Maßstab" des Guten oder Wahren anzutragen, sondern diesen Begriffen die Bewertung als „gut" und „wahr" zunächst zu entzie-

---

[1] Diesen Begriff übernehme ich, wie in der Einleitung ausgeführt (1.1.2) von Frieder Vogelmann.
[2] Vorarbeiten zu den folgenden Praxis- und Imaginationstheoretischen Kategorien finden sich in den Methodenkapiteln von einigen meiner Aufsätze, so etwa Höhne 2019b; Höhne 2019a; Höhne 2020b; Höhne 2020a; Höhne 2021d; Höhne 2022a. Zu Bourdieu vgl. schon Höhne 2017b.
[3] Vogelmann 2014, 51.

hen, um ihre Genese und Wirkung in Praktiken zu fokussieren.[4] Für die Bearbeitung des Praxisproblems sind so wertentziehende Kategorien nötig.

Eine solche wertentziehende Kategorie, die die Bearbeitung dieses Problems erlaubt, finde ich hier im Praxisbegriff.[5] Dass diese Feststellung selbst geneigten Leser:innen banal scheinen mag, liegt an der Weite des Praxisbegriffs. Ich verwende ihn hier im spezifischen Sinne praxissoziologischer Arbeiten. Als solcher verweist der Begriff etwa bei Theodore Schatzki, Andreas Reckwitz oder Robert Schmidt auf tatsächlich ablaufende, gesellschaftlich situierte Praktiken, in denen Dinge und Körper auf jeweils spezifische, von Fähigkeiten und implizitem Wissen informierte Weise gebraucht werden.[6] Entscheidend ist daran erstens, dass in praxeologischer Perspektive kein Praxismoment – weder Struktur noch Wissen, weder Körper noch Dinge – als „unabhängige Variable"[7] gefasst wird, sondern alle in ihrer jeweiligen Konkretion in einer spezifischen Praktik thematisch werden. Entscheidend ist zweitens, dass so die Unterscheidung von Beobachtungs- und Teilnahmeperspektive unerlässlich wird, weil Praxisteilnehmer:innen, die sich tatsächlich vollziehende Praktik anders erleben und orientieren werden, als Beobachter:innen.[8] Die Beachtung dieser Differenz relativiert – wie sich in Auseinandersetzung mit Bourdieus „Theorie der Praxis" zeigen wird (2.1.3.1) – das epistemische Privileg wissenschaftlicher Beobachtung, weil nun nicht nur der

---

4 Vgl. dazu 1.1.2 und die dort zitierte Literatur, insbes. Vogelmann 2014, 51–52, dort auch für die Maßstabssemantik. Vgl. dazu auch kurz Vogelmann 2017, 5. Auf Wissen bezogen geht es dann etwa um Folgendes: „Der Wertentzug, den Foucaults Begriffsraster auf der Achse des Wissens durchführen soll, betrifft die Unterscheidung von wahr und falsch; statt von ihr auszugehen soll untersucht werden, wie sie hergestellt wird und welchen Bereich sie abdeckt." (Vogelmann 2017, 5–6)
5 Vogelmann findet diese Kategorie wie gesehen auch im Praxisbegriff, der hier zugrunde gelegt ist, aber anders pointiert und konkretisiert als der von Vogelmann, wie sich gleich zeigen wird (Zum „Wertentzug" im „Praktikenbegriff" vgl. Vogelmann 2014, 123). Die Anregung, hier mit dem Praxisbegriff zu arbeiten stammt aus dem Studium Bourdieus, zu dem mich Torsten Meireis dankenswerter Weise angeregt hat, und der Lektüre von J.-H. Schmidt 2011. J.-H. Schmidt 2011 und dann insbesondere Reckwitz 2003, Hillebrandt 2014, Bongaerts 2007, Schatzki 2008, R. Schmidt 2012 sowie den von Bourdieu zitierten Werken verdanke ich die im Folgenden referierten grundlegenden Einsichten in die Praxissoziologie und die Verweise auf weitere Literatur zum Thema, insbesondere verdanke ich Schmidt 2011 die Auffindung des Aufsatzes von Bongaerts. Bei meinem Studium von Bourdieu war hilfreich: H.-P. Müller 2014.
6 Vgl. für den Nachweis der Herkunft dieser Elemente und das Folgende die folgenden Ausführungen in diesem Kapitel und die darin zitierte Literatur.
7 Vgl. zum Begriff „unabhängige Variable" etwa: Früh und Schönbach 1982, 78, dort auch das Zitat, wie bereits zitiert in Höhne 2015, 208.
8 Ein Beispiel für den Ertrag dieses Differenzierung findet sich bei Günther 2006, 312–313. Ausführlich zu dieser Unterscheidung vgl. 2.1.3.1.

Beobachter aus Vogelperspektive sieht, was Praktiker:innen verborgen bleibt, sondern auch diese sehen und denken, was jenem unzugänglich bleibt.

Um diesen Praxisbegriff zu entfalten, setze ich beim „practice turn" und einer Begriffsbestimmung von Praxis ein, die die eben schon erwähnten „Grundelemente einer Theorie sozialer Praktiken"[9] impliziert (2.1.1). Daraus ergibt sich die Frage nach dem Strukturmoment und den übergeordneten Zusammenhängen der Praktiken (2.1.2) und nach dem Verhältnis von Theorie und Praxis (2.1.3). Dabei referiere ich nur die Bestimmungen und Reflexionen, die sich in der praxissoziologischen Einführungswerken und Grundlagentexten finden – ohne den Anspruch, zu diesem praxissoziologischen Diskurs einen eigenen Beitrag zu leisten.

2.1.1 „Practice turn" und Praxisbegriff

Spätestens seit Theodore Schatzki et al. 2001 die praktische Wende („practice turn"[10]) in der Soziologie mehr ausgerufen als festgestellt haben,[11] verweist der Begriff „soziale Praktik" auf eine Gruppe von Theorieelementen und Forschungsansätzen,[12] die unter die Überschriften wie „Theorie sozialer Praktiken"[13], „Soziologische Praxistheorien"[14] oder „Soziologie der Praktiken"[15] zusammengefasst werden. Gemeint ist mit der „Theorie sozialer Praktiken" also „keine bis in die Details konsensual geteilte ‚Praxistheorie'", sondern „eher ein Bündel von Theorien mit ‚Familienähnlichkeit'" – wie Andreas Reckwitz in begrifflichem Rückgriff auf Wittgenstein bemerkt hat.[16] Will man vor den Rössern die Reiter benennen, lohnt es sich, auf Gregor Bongaerts' Hinweis auf die Vereinnahmung großer Namen durch die Theoretiker:innen der praktischen Wende zu hören und zwischen den ausgesprochenen Vertretern eine Praxistheorie im Sinne einer praktischen Wende einerseits und den soziologischen Ansätzen andererseits zu unterscheiden, aus

---

9 So der Titel des einschlägigen Aufsatzes von Andreas Reckwitz 2003.
10 Vgl. Schatzki, Knorr Cetina und Savigny 2001. Vgl. kritisch zu diesem „turn" Bongaerts 2007, zusammenfassend auf S. 257, dort auch das Zitat, kursiv im Original.
11 Vgl. Reckwitz 2003, 282. Vgl. dort auch den Verweis auf den eben genannten Sammelband von Schatzki et al. Vgl. dazu auch Bongaerts 2007, 247.
12 Vgl. Reckwitz 2003, 282–284. Reckwitz spricht schon im Titel von „Grundelemente[n]", im Text von „Forschungsansätze[n]" (a.a.O., 283) und dann von einem „fruchtbaren Ideenpool": Reckwitz 2003, 289.
13 Reckwitz 2003.
14 Hillebrandt 2014.
15 R. Schmidt 2012.
16 Vgl. Reckwitz 2003, 283–284, Zitate auf S. 283. Vgl. dazu auch a.a.O., S. 289. Vgl. dazu auch Hillebrandt 2014, 7–8, 10; Schatzki 2001, 11.

denen erstere Theorieelemente übernommen haben.[17] Zu den ausgesprochenen Vertretern zählen auf jeden Fall Theodore Schatzki, der bereits 1996 eine von Ludwig Wittgensteins Sprachtheorie geprägte Praxistheorie vorgelegt hat,[18] und im deutschsprachigen Raum Andreas Reckwitz, der 2003 in einem vielzitierten Aufsatz das Neue und die gemeinsamen Merkmale von Praxistheorien herausgearbeitet hat.[19] Pierre Bourdieu, insbesondere sein Habitusbegriff,[20] und Anthony Giddens werden oft referiert oder für den „practical turn" vereinnahmt, ohne sich diesem selbst zugerechnet zu haben.[21] Als weitere Theorieansätze nennt Reckwitz Charles Taylors Arbeiten zu Heideggers Hermeneutik, Harold Garfinkels Ethnomethodologie, den späten Foucault und Forschungsprogramme der Cultural Studies.[22]

Was praxistheoretische Zugänge ausmacht, haben Schatzki, dann Reckwitz und seitdem andere[23] darüber zu benennen versucht, dass sie in dem „Bündel von Theorien"[24] und Forschungsansätzen gemeinsame Merkmale eines innovativen Zugangs zum Verständnis von menschlicher Sozialität ausgemacht haben. Pointiert hält Schmidt fest:

> Praxistheoretische Zugänge konvergieren [...] in der analytischen Entscheidung, bei der Bearbeitung der genannten Grundfragen der Soziologie nicht Bewusstseinsformen, Ideen, Werte, Normen, Kommunikation, Zeichen- und Symbolsysteme, sondern soziale Praktiken in ihrer Situiertheit, ihrer materialen Verankerung in Körpern und Artefakten sowie in ihrer Abhängigkeit von praktischem Können und implizitem Wissen in den Mittelpunkt zu stellen.[25]

Die Stichworte situierte Praktiken (2.1.1.1), implizites Wissen (2.1.1.2) materiale Verankerung (2.1.1.3) benennen die drei wesentlichen Hauptmerkmale, die sich

---

17 Vgl. Bongaerts 2007, 248, 254.
18 Vgl. Schatzki 2008.
19 Vgl. Reckwitz 2003. Vgl. zu diesen beiden Vertretern auch Bongaerts 2007, 247. Die Praxeologie ist auch einer und ein besonders prägender Ausgangspunkt von Reckwitz eigenem kultursoziologischen Ansatz (vgl. bes. Reckwitz 2016, 34–41), in der er „Praxis-/Diskursformationen" als „heuristisches Konzept" verwendet (Reckwitz 2016, 51). Auch seine großangelegte, gesellschaftstheoretische Arbeit „Zum Strukturwandel der Moderne" (so der Untertitel) verwendet praxeologische Kategorien als Heuristik (vgl. besonders Reckwitz 2018, 29–30, 50–51, 54, 64–71).
20 Zum Zusammenhang von Habitus und Verantwortungszuschreibungen vgl. etwa schon Moser 2008, 39.
21 Vgl. Bongaerts 2007, 254; Reckwitz 2003, 282–283.
22 Vgl. Reckwitz 2003, 283.
23 Vgl. Schatzki 2001, 11–12; Bongaerts 2007; R. Schmidt 2012; Hillebrandt 2014.
24 Reckwitz 2003, 283.
25 R. Schmidt 2012, 23–24. Reckwitz zufolge unterscheiden sich Praxistheorien von anderen Modellen dadurch, wie sie den „Ort des Sozialen" bzw. die „kleinste Einheit' des Sozialen" bestimmen: Als solche werde „nicht ‚Diskurs' oder ‚Kommunikation' und auch nicht ‚Interaktion', sondern die ‚Praktik'" gesehen (vgl. auch für die Zitate Reckwitz 2003, 286, 290).

auch in Schatzkis und Reckwitz'[26] Definitionen dessen finden, was mit „sozialer Praktik" gemeint ist. Schatzkis Definition ist mittlerweile – ganz oder in Teilen – einschlägig. Danach ist eine Praktik „a temporally unfolding and spatially dispersed nexus of doings und sayings."[27] Reckwitz hat etwas ausführlicher definiert:

> In dieser Perspektive ist die soziale und humane Welt […] aus Praktiken zusammengesetzt, die sich als Wiederholung und permanente Verschiebung von Mustern der Bewegung und der Äußerung von aktiven Körpern und Dingen verstehen lassen, welche zugleich durch Formen impliziten Wissens – Know-how-Wissen, interpretatives Wissen routinierter Sinnzuschreibungen, Komplexe kulturell modellierter Affekte und Motivationen – zusammengehalten und ermöglicht werden.[28]

Als Beispiel für Praktiken nennt Reckwitz die „Praktik des Gehens und des Schreibens" sowie „Praktiken der Aktenorganisation und der Bilanzbuchhaltung, des Tanzens, Versprechens, Streitens oder des Abhaltens von Parlamentssitzungen" und später auch „Praktiken des Lesens".[29]

2.1.1.1 Praktiken als Vollzugswirklichkeiten

In Schatzkis Definition wird erstens klar, dass es in Theorien solcher Praktiken um situierte und tatsächlich sich vollziehende Praktiken gehen muss, um Praktiken im „present continuous", eben um „doings", um „Praxis als Vollzugswirklichkeit"[30], um „Tätigkeit im Vollzug"[31]: „Each of the linked doings and sayings constituting a practice is only in being performed."[32] Im Fokus steht das, was konkrete Menschen tatsächlich und konkret sagen und tun. Grund für diesen Fokus ist der noch zu explizierende Gedanke, dass sich praktisch etwas vollzieht oder ereignet, was in der theoretischen Modellierung nicht nachvollzogen werden kann – etwa eine „Logik der Praxis"[33], die sich bleibend der theoretischen Rekonstruktion entzieht (Bourdieu, s. u.). Der Fokus auf Vollzugswirklichkeiten wird in den Methoden der Prak-

---

26 Vgl. zu diesen Merkmalen Schatzki 2001, 11; Reckwitz 2003, 290–297; Hillebrandt 2014, 11–12. Reckwitz gliedert grob ähnlich wie ich im Folgenden – nämlich nach *„Materialität der Praktiken"* und *„Logik der Praxis"* (vgl. auch für die Zitate Reckwitz 2003, 290–291, kursiv im Original).
27 Schatzki 2008, 89. Auch als Definition zitiert bei: Reckwitz 2003, 290; Hillebrandt 2014, 58.
28 Reckwitz 2016, 61–62.
29 Vgl. auch für die Zitate Reckwitz 2016, 34–35, 63.
30 Hillebrandt 2014, 58, 11, 29.
31 Bongaerts 2007, 249, auch zitiert bei J.-H. Schmidt 2011, 41.
32 Schatzki 2008, 90.
33 Vgl. dazu etwa Reckwitz 2003, 291–294, Zitat auf S. 291, kursiv im Original.

tikenanalyse deutlich: Dort besteht „ein Primat der teilnehmenden Beobachtung und sekundär eine Relevanz von qualitativen Interviews".[34]

Unabhängig davon, ob die Rede von einem „practice turn" gerechtfertigt ist,[35] bleibt das Impulsgebende an der Praxeologie, eben diese sozialen Praktiken „als Vollzugswirklichkeiten"[36] in den Mittelpunkt des Interesses zu stellen. Auf Vollzugswirklichkeiten[37] zu fokussieren, steht oft in der Tradition des Wittgensteinschen Gedankens, „that the meaning of a concept is to be understood through its use."[38] Praxistheorien übernähmen, so Hillebrandt, das „*Regelregressargument[.]* aus der Sprachphilosophie Ludwig Wittgensteins", indem sie betonen, „*dass sich die Logik der Praxis, also das, was tatsächlich geschieht, nicht aus theoretischen Regelsystemen ableiten lässt*", sondern es immer auf den „Sprachgebrauch" ankommt:[39] „Praxis wird von den soziologischen Praxistheorien im Anschluss an diese Einsichten Wittgensteins als *Vollzugswirklichkeit* gefasst."[40] Von daher schaut Praxistheorie auf Körper, Dinge, Wissen, Regeln, Strukturen und Bedeutungen nicht so, als stünden diese praxisunabhängig und invariant fest, sondern achtet auf deren Wirklichkeit im jeweils konkreten Gebrauch.[41]

Mit dieser Gegenstandsbestimmung bearbeiten Praxistheorien erstens die Spannung von „Subjektivismus und Objektivismus"[42] (2.1.2) und zweitens das Theorie-Praxisproblem (2.1.3).

---

34 Vgl. auch für das Zitat Reckwitz 2016, 56.
35 Vgl. zu dieser Frage Bongaerts 2007, 247–248.
36 Hillebrandt 2014, 58, 11, 29.
37 Für diesen Begriff vgl. auch Hillebrandt 2014, 12, 58.
38 Vgl. das Zitat im Kontext: „Wittgenstein is the philosopher to whom nearly all theorists of practice defer and I offer my project in terms of the Wittgensteinian sentiment that the meaning of a concept is to be understood through its use." (Collins 2001, 115) Vgl. zur prominenten Rolle von Wittgenstein bzw. seiner „Gebrauchstheorie" in Praxissoziologien auch Bongaerts 2007, 248–249; Schatzki 2008.
39 Vgl. auch für das Zitat Hillebrandt 2014, 54, kursiv im Original. Für ein kurzes Wittgensteinreferat dazu vgl. Hillebrandt 2014, 36–39. Schon zitiert in meinem Aufsatz Höhne 2022a. Zum „*rules-regress model*" vgl. auch Collins 2001, 118, kursiv und gefettet im Original. Wittgensteins Argument fasst Collins zitierend so: „rules do not contain the rules for their own application'" (Collins 2001, 118).
40 Hillebrandt 2014, 54.
41 Für den Nachweis dieser Elemente und den Fokus auf „Gebrauch" bei Reckwitz vgl. hier 2.1.1 und 1.1.2.2. Für die Elemente vgl. auch Hillebrandt 2014, 11. Vgl. auch ähnlich: „So werden in einem praxeologischen Verständnis beispielsweise Phänomene wie ‚Klasse' oder ‚Geschlecht' nicht konzeptionell vorkonstruiert, sondern als Resultate und Voraussetzungen fortlaufender Praktiken des *doing class* oder *doing gender* aufgefasst." (R. Schmidt 2012, 33, kursiv im Original)
42 Bourdieu 1993, 49. Damit meint Bourdieu zwei sozialwissenschaftliche „Erkenntnisweisen", die er zum einen „als phänomenologische" ausführt, die beim subjektiven „Erfahren der Sozialwelt"

2.1.1.2 Praktiken und implizites Wissen[43]

Schatzkis Definition wirft insbesondere die Frage auf, wie dieser „nexus" verlinkt ist, wie also „doings" und „sayings" untereinander und miteinander zusammenhängen. Diese Frage beantwortet er so:

> Three major avenues of linkage are involved: (1) through understanding, for example, of what to say and do; (2) through explicit rules, principles, precepts, and instructions; and (3) through what I will call 'teleoaffective' structures embracing ends, projects, tasks, purposes, beliefs, emotions, and moods.[44]

Die hiesige Anwendung der Kategorie „Praxis" konzentriert sich auf Ausarbeitungen, die den ersten Punkt – „understanding" – hervorheben.[45] Auch in der von Reckwitz zitierten Definition waren es die „Formen impliziten Wissens", die Praktiken zusammenhalten.[46] Praxistheorien lenken die Aufmerksamkeit auf das in Fähigkeiten, Routinen und Selbstverständlichkeiten implizite Wissen, auf das *„tacit knowledge* von Kriterien, Skripts, Schemata und Bewertungen".[47] Diese Wissensform wird als Strukturmoment in Praktiken ausführlicher zu erläutern sein (2.1.2.2).

Für „understanding" hat Schatzki drei Elemente benannt,[48] die sich ähnlich aber in anderer Reihenfolge auch bei Reckwitz finden:

---

bleibt (vgl. auch für die Zitate Bourdieu 1993, 49–50). Zum anderen soll der Objektivismus „vom individuellen Willen und Bewußtsein unabhängige objektive Gesetzmäßigkeiten (Strukturen, Gesetze, Systeme von Relationen usw.)" reflektieren (vgl. auch für das Zitat Bourdieu 1993, 51).

43 Den Begriff des „impliziten Wissens" verwende ich hier so wie Reckwitz 2016, 61 (dort auch das Zitat), von dem ich ihn hier übernommen habe.

44 Schatzki 2008, 89.

45 Schatzki hat zwar Theorien kritisiert, die nur „understandings" als Organisationsmechanismus von Verhalten behandeln (vgl. Schatzki 2008, 103, dort auch das Zitat). Sich vorerst auf „understandings" zu konzentrieren, schließt aber m. E. die Rolle der anderen beiden von ihm genannten Punkte nicht grundsätzlich aus.

46 Vgl. Reckwitz 2016, 61–62, Zitat auf S. 61.

47 Vgl. auch für das Zitat Reckwitz 2016, 35. Zu „Routinisiertheit" vgl. Reckwitz 2003, 294. Für die Rolle des „Selbstverständlichen" in Praktiken vgl. auch R. Schmidt 2012, 10. Zu vielen dieser Begriffe und zur Differenzierung von Routine und Gewohnheit vgl. Bongaerts 2007, 256. Zum „tacit knowledge" vgl. auch Collins 2001. Und zum „tacit knowing" einschlägig Polanyi 1962, den Verweis auf Polanyis Arbeiten dazu verdanke ich Paßmann 2018, 22, Anm. 43, schon zitiert in Höhne 2022a.

48 Vgl.: „This understanding [„the understanding of X-ing", FH], in turn, normally has three components: (1) the ability to carry out acts of X-ing (e.g., describing, ordering, questioning), (2) the ability to identify and attribute X-ings, in both one's own and other's cases, and (3) the ability to prompt or respond to X-ings." (Schatzki 2008, 91)

> [P]raktische[s] Wissen [beinhaltet danach] ein Wissen im Sinne eines interpretativen Verstehens, d.h. einer routinemäßigen Zuschreibung von Bedeutung zu Gegenständen, Personen, abstrakten Entitäten, dem ‚eigenen Selbst' etc.; ein i.e.S. methodisches Wissen, d.h. scriptförmige Prozeduren, wie man eine Reihe von Handlungen ‚kompetent' hervorbringt; schließlich das, was man als ein motivational-emotionales Wissen bezeichnen kann, d.h. ein impliziter Sinn dafür, ‚was man eigentlich will', ‚worum es einem geht' und ‚was undenkbar wäre'.[49]

So bestimmt überschneidet sich das mit der Kategorie des praktischen Wissens Gemeinte mit dem, was in anderen soziologischen Texten als Imaginationen oder Imaginäres bezeichnet wird (2.2). Das praktische und implizite Wissen von Verantwortungspraktiken werde ich hier deshalb mit der Kategorie des Imaginären reflektieren (2.2).

2.1.1.3 Praktiken und Materialität

Zweitens ist mit der Schatzkis Definition betont, dass Praktiken nicht nur „Sprechakte (sayings)" bezeichnen, sondern auch „Formen der Performanz von physischen Körpern", eben: „doings".[50] Als erste gemeinsame Grundposition von Praxistheorien nennt Reckwitz entsprechend die Betonung der *„Materialität der Praktiken"*:[51] Praktiken benennen nach Reckwitz nicht ein körperloses geistliches Geschehen, sondern konkrete Vollzüge, die von „zwei ‚materiale[n]' Instanzen" ermöglicht werden: erstens Körper und zweitens Dinge oder Artefakte.[52]

Praxistheorie fokussiert die „Körperlichkeit der Praktiken".[53] Handlungen vollziehen sich nicht einfach so, es sind konkrete menschliche Körper, die sich bewegen und so das entstehen lassen, was als „Handlung" rekonstruiert wird.[54] Dass dies auch für intellektuelle Praktiken wie Lesen oder Sprechen gilt,[55] wird spätestens da klar, wo Körper eingeschränkt sind. Dabei werden Körper gleichzeitig als „Produkte und Quellen der Praxis" verstanden:[56] Menschliche Körper sind Quellen der Praktiken, weil es ohne sie keine sozialen Praktiken gibt.[57] Mit Reckwitz generell gesagt: „Eine Praktik *besteht* aus bestimmten routinisierten Bewegungen

---

49 Reckwitz 2003, 292, kursiv im Original. Reckwitz verwendet ebd. auch den Terminus „praktisches Wissen".
50 Vgl. auch für die Zitate Hillebrandt 2014, 59.
51 Vgl. auch für das Folgende Reckwitz 2003, 289–291, Zitat auf S. 290, kursiv im Original.
52 Vgl. auch für das Zitat Reckwitz 2003, 290.
53 Vgl. Reckwitz 2003, 290; Reckwitz 2016, 35, Zitat im Text von 2003.
54 Vgl. Reckwitz 2003, 290.
55 Vgl. Reckwitz 2003, 290.
56 Vgl. auch für das Zitat Hillebrandt 2014, 62. Hillebrandt betont beide Aspekte (a.a.O., 63).
57 Vgl. Hillebrandt 2014, 61.

und Aktivitäten des Körpers."⁵⁸ Andererseits prägen soziale Praktiken die in ihnen agierenden Körper schon allein insofern, als sie sich „in den Körper materiell einschreiben".⁵⁹ Wie dieses Einschreiben funktioniert, hat Pierre Bourdieu für den Zusammenhang von Körper und Geschmack beschrieben:

> Der Geschmack: als Natur gewordene, d.h. inkorporierte Kultur, Körper gewordene Klasse, trägt er bei zur Erstellung des ‚Klassenkörpers'; als inkorporiertes, jedwede Form der Inkorporation bestimmendes Klassifikationsprinzip wählt er aus und modifiziert er, was der Körper physiologisch wie psychologisch aufnimmt, verdaut und assimiliert, woraus folgt, daß der Körper die unwiderlegbarste Objektivierung des Klassengeschmacks darstellt [...].⁶⁰

Es sind bei Bourdieu die dem Klassenhabitus⁶¹ spezifischen, weil von ihm erzeugten Praktiken etwa des Essens oder Sporttreibens, die sich materialiter in den Körper einschreiben, indem sie Gewicht, Umfang oder Muskelaufbau formen.⁶² Hier sind auch „Geschlechterunterschiede" relevant.⁶³ Der Erwerb eines bestimmten Habitus beinhaltet das „Einschreiben einer Hexis (Körperbeschaffenheit, Körperhaltung, Körperform, Körperausdruck) in den Körper".⁶⁴ Im Entstehen und Wirken des Habitus lassen sich folglich „Körper und Geist" nicht cartesianisch trennen, sondern hängen im Habitus zusammen.⁶⁵ Außerdem verstetigen und reproduzieren sich nach diesen Grundannahmen über die Hexis die gesellschaftlichen Strukturen und Ungleichheitsbedingungen, weil sie sich in die Körper der Handelnden einschreiben. Das ist ausführlicher zu erläutern, sobald es um den Habitus als Strukturmoment in Praktiken geht (2.1.2.1).

Praxistheorien betonen zweitens die Dinglichkeit der Praktiken. Praxistheorien wenden sich einerseits gegen die „konzeptuelle Marginalisierung von Artefakten" und andererseits dagegen, „das ‚Materielle'" als „handlungsdeterminierend[.]" zu behandeln.⁶⁶ Artefakte werden als konstitutiver und co-regulativer, aber nicht als

---

58 Reckwitz 2003, 290, kursiv im Original.
59 Vgl. auch für das Zitat Hillebrandt 2014, 63.
60 Bourdieu 2014, 307. Zum „inkorporierten Wissen" vgl. auch Reckwitz 2003, 291.
61 Ausführlicher dazu vgl. hier unter 2.1.2.1 und kurz Nassehi 2011, 60.
62 Vgl. Bourdieu 2014, 307.
63 Vgl. dazu Bourdieu 2020 [2012], Zitat auf S. 17. Für den Hinweis auf dieses Thema in diesem Zusammenhang danke ich dem Berliner Forschungskolloquium.
64 Vgl., auch für das Zitat Hillebrandt 2014, 68. Vgl. dazu Bourdieu: „Die körperliche Hexis ist die realisierte, *einverleibte*, zur dauerhaften Disposition, zur stabilen Art und Weise der Körperhaltung, des Redens, Gehens und damit des *Fühlens* und *Denkens* gewordene politische Mythologie." (Bourdieu 1993, 129, kursiv im Original) Vgl. dazu auch Bourdieu 2015a, 189, 195.
65 Vgl. auch für das Zitat Hillebrandt 2014, 65. Zur „Opposition" der Praxistheorie zu den „einflussreichen ontologischen Dichotomien" vgl. Reckwitz 2003, 291, dort auch die Zitate.
66 Vgl. auch für die Zitate Reckwitz 2003, 291.

determinativer Bestandteil von Praktiken verstanden.⁶⁷ Ganz im Sinne der Betonung von Vollzugswirklichkeiten wird der praktische „Gebrauch" von Artefakten zum entscheidenden Thema, wobei dieser Gebrauch von den Artefakten selbst zwar limitiert und ermöglicht, aber wiederum nicht detailliert determiniert wird.⁶⁸ In Reckwitz' Worten:

> Die Artefakte erscheinen weder ausschließlich als Objekte der Betrachtung noch als Kräfte eines physischen Zwangs, sondern als Gegenstände, deren sinnhafter *Gebrauch*, deren praktische Verwendung Bestandteil einer sozialen Praktik oder die soziale Praktik selbst darstellt.⁶⁹

Entscheidend ist bei Reckwitz damit nicht das Objekt für sich, sondern das Objekt in seinem „sinnhaften Gebrauch", den es materialiter ermöglicht und limitiert.⁷⁰ Am Beispiel: Die Praktik, einen Nagel in eine Holzwand zu hämmern, wird ermöglicht durch das Zugegensein des Artefaktes „Hammer" und das des menschlichen Körpers, der das „know how" des Hämmerns inkorporiert hat.⁷¹ Als Hammer besteht die Versammlung von Holzstiel und Hammerkopf in ihrem „sinnhaften Gebrauch" durch den Hämmerer, wobei weder die Materialität des Hammers diesen Gebrauch determiniert – der Hammer kann auch in der Praktik des wenig eleganten Öffnens von Bierflaschen einen zumindest im kulturtheoretischen Sinne „sinnhaften Gebrauch" finden – noch völlig unlimitiert lässt – zur Praktik des Malens eines barocken Ölgemäldes taugt der Hammer qua materieller Architektur kaum. Erst im Vollzug gewinnt der Hammer seine Bedeutung als Hammer.

Beispielhaft und diskutabel hat Bruno Latour mit seiner Akteur-Netzwerk-Theorie die Dinglichkeiten von Artefakten in die Analyse soziale Praktiken miteinzubeziehen vorgeschlagen.⁷²

---

67 Vgl. Reckwitz 2003, 291. Vgl. dort auch für das Folgende.
68 Vgl. Reckwitz 2003, 291. Vgl. auch: „Materielle Träger sind dauerhafte Depots sozialen Wissens, sozialer Fähigkeiten und Zweckmäßigkeiten. Als Träger sozialer Regeln erschweren Artefakte unorthodoxe Gebrauchsweisen und stabilisieren im Zusammenspiel mit verkörperten Fähigkeiten der Beteiligten soziale Routinen und Gewohnheiten." (R. Schmidt 2012, 63–64)
69 Reckwitz 2003, 291, kursiv im Original.
70 Vgl. auch für das Zitat Reckwitz 2003, 291.
71 Vgl. für „know how" und „inkorporierte[s] Wissen" Reckwitz 2003, 291, dort auch die Zitate. Das Beispiel des Hammers erwähnt etwa auch Tschida 2014, 238.
72 Vgl. Latour 2007, Hillebrandt 2014, 76–87; R. Schmidt 2012, 65–69. Schmidt verweist ebenfalls auf das genannte Werk von Latour.

2.1.2 Handlungs- und Strukturtheorie

Die soziologischen Antworten auf die Grundfragen nach menschlicher Sozialität sind nach zwei grundlegend unterschiedlichen Ansatzpunkten typisiert worden:[73] In „der interpretativen Soziologie" wird handlungstheoretisch beim individuellen Akteur und dessen Handeln angesetzt, um daraus den Aufbau sozialer Phänomene zu erklären.[74] Den anderen Pol bilden Ansätze bei sozialen Strukturen, in denen sich individuelles Handeln immer schon vorfindet.[75] „Auf der einen Seite steht das situative Handeln von Akteuren, auf der anderen Seite stehen überindividuell und übersituativ vorliegende soziale Strukturen."[76] Natürlich ist die Zuordnung von Theorien zu diesen Polen dabei nicht so bruchlos möglich, wie diese Typologie es scheinen lassen mag, und natürlich gibt es vermittelnde Ansätze.[77]

Praxistheorien lassen sich als Integrationsversuche einordnen.[78] Damit, dass sie Praktiken als Vollzugswirklichkeiten in den Mittelpunkt des Interesses rücken, bezeichnen sie den Ort, an dem soziale Strukturen sowohl produziert und reproduziert als auch angeeignet und wirksam werden:[79] In Praktiken liegt subjektives Handeln sowohl als Struktur (re-) produzierendes als auch als strukturiertes vor – in beiden Fällen besteht die Struktur auch als wirksame in der Vollzugswirklichkeit und nicht ausschließlich als praktikenunabhängige Objektivierung:[80] „Praktiken werden nicht als Erscheinungsformen objektivierter sozialer Strukturen oder vorab festgelegter Regeln verstanden, sondern als Konstitutionsereignisse sozialer Pra-

---

73 Vgl. dazu und zu der folgenden Spannung: Giddens 1997, 51–52; Bongaerts 2007, 246–247; J.-H. Schmidt 2011, 41; Hillebrandt 2014, 10–11; Reckwitz 2003, 287.
74 Vgl. Bongaerts 2007, 246 sowie auch für das Zitat: „In der interpretativen Soziologie haben Handeln und Sinn den gemeinsamen Primat in der Erklärung menschlichen Verhaltens; strukturelle Konzepte sind nicht besonders wichtig, und von Zwang ist kaum die Rede." (Giddens 1997, 52)
75 Vgl.: „Für den Funktionalismus und den Strukturalismus jedoch hat die Struktur [...] den Primat vor dem Handeln, und die Zwang ausübenden Eigenschaften der Struktur werden stark betont." (Giddens 1997, 52)
76 J.-H. Schmidt 2011, 41.
77 Bongaerts 2007, 250–54; Bongaerts 2007, 246–247.
78 Vgl. Bongaerts 2007, 247; J.-H. Schmidt 2011, 41–42. So schrieb schon Schatzki über das „either/or of totality or individuality" (Schatzki 2008, 11): „One of the most promising impulses beyond this either/or is practice theory." (ebd.)
79 Vgl. auch R. Schmidt 2012, 10–11.
80 Die Herkunft dieser Gedanken wird die folgende Auseinandersetzung mit Bourdieu und Schatzki ausweisen. Vgl. inhaltlich so auch Hillebrandt 2014, 59. Bourdieu spricht etwa im Zusammenhang mit dem praxisbezogenen Habitus von Objektivierung, vgl. etwa Bourdieu 1993, 108 und betont in Abgrenzung vom „Strukturrealismus" die „Dialektik zwischen Interiorität und Exteriorität", vgl. auch für die Zitate Bourdieu 2015a, 164, kursiv im Original.

xisformen [...]."[81] In Anlehnung an Giddens können die strukturellen Aspekte in Praktiken „Strukturmomente" genannt werden;[82] diese sind in Giddens' Theorie „dafür verantwortlich, daß soziale Praktiken über unterschiedliche Spannen von Raum und Zeit hinweg als identische reproduziert werden, also systemische Formen erhalten."[83] Mit dem Begriff Struktur*momente* ist dabei betont, dass sie *in* Praktiken bestehen: „Gemäß der dem Begriff der Dualität von Struktur sind die Strukturmomente sozialer Systeme sowohl Medium wie Ergebnis der Praktiken, die sie rekursiv organisieren."[84] Giddens unterscheidet vom Begriff der Strukturmomente den der Struktur: „Struktur als rekursiv organisierte Menge von Regeln und Ressourcen ist außerhalb von Raum und Zeit [...]".[85] Im Folgenden geht es um Strukturmomente.

Diese Integriertheit des Strukturmoments in Praxis findet sich sowohl in der Tradition zu Bourdieus Habitusbegriff, in der Wittgenstein-Rezeption bei Schatzki, als auch in den „Routinen" bei Reckwitz. Die kategoriale Fassung des Strukturmomentes bei diesen Autoren als Habitus (2.1.2.1) und als implizites Wissen (2.1.2.2) hier ausführlicher zu erläutern ist insbesondere deshalb wichtig, weil die Praxeologie mit ihrem Fokus auf tatsächlich ablaufenden Praktiken eine „mikroorientierte, detailversessene"[86] Perspektivierung sozialer Wirklichkeit nahelegt, die übergreifende Strukturen nur allzu leicht aus dem Blick verlieren würde. Deshalb ist auch zu fragen, wie in praxeologischen Kategorien, überpraktische Zusammenhänge terminologisch benannt werden können (2.1.2.3).

2.1.2.1 Habitus als Strukturmoment (Pierre Bourdieu)

Bourdieu hat mit dem „Habitus" die inkorporierten Erzeugungsschemata bezeichnet, durch die am Ort des individuellen Verhaltens gesellschaftliche Strukturen produziert, reproduziert und subjektiv ausagiert werden und die genau damit

---

81 Hillebrandt 2014, 59.
82 Giddens selbst bezeichnet *„Strukturmomente"* als „institutionalisierte Aspekte sozialer Systeme" (Giddens 1997, 240, kursiv im Original).
83 Vgl. auch für das Zitat Giddens 1997, 68–69.
84 Giddens 1997, 77. Vgl. ähnlich auch a. a. O., 246. Damit ist auch betont, was er vorher schon explizit gemacht hat, nämlich „daß Struktur, als raumzeitliches Phänomen, nur insofern existiert, als sie sich in solchen Praktiken realisiert und als Erinnerungsspuren, die das Verhalten bewußt handelnder Subjekte orientieren." (a. a. O., 69, vgl. ähnlich auch a. a. O., 79) Vgl. zu Giddens' „Dualität von Struktur" auch Meireis 2008, 257, dort auch das Zitat.
85 Giddens 1997, 77.
86 Reckwitz 2016, 41.

strukturierend auf das Handeln von Akteuren wirken.[87] Strukturen sind dabei vor allem Strukturen „soziale[r, FH] Ungleichheit", Strukturen von „oben/unten, reich/arm".[88]

> Die Konditionierungen, die mit einer bestimmten Klasse von Existenzbedingungen verknüpft sind, erzeugen die *Habitusformen* als Systeme dauerhafter und übertragbarer *Dispositionen*, als strukturierte Strukturen, die wie geschaffen sind, als strukturierende Strukturen zu fungieren, d.h. als Erzeugungs- und Ordnungsgrundlagen für Praktiken und Vorstellungen, die objektiv an ihr Ziel angepaßt sein können, ohne bewußtes Anstreben von Zwecken und ausdrückliche Beherrschung der zu deren Erreichung erforderlichen Operationen vorauszusetzen, die objektiv ‚geregelt' und ‚regelmäßig' sind, ohne irgendwie das Ergebnis der Einhaltung von Regeln zu sein, und genau deswegen kollektiv aufeinander abgestimmt sind, ohne aus dem ordnenden Handeln eines Dirigenten hervorgegangen zu sein.[89]

Im Habitus ist Bourdieu zufolge die gesellschaftliche Struktur im subjektiven Denken, Wahrnehmen und Sich-Verhalten wirksam.[90] Der Habitus erzeuge sowohl „objektiv klassifizierbare[.] Formen von Praxis" als auch jeweils das *„Klassifikationssystem"* dafür.[91] Da dies bei Bourdieu für alle Akteure gilt, entsteht über individuelle Hervorbringungen von Praxis und wechselseitige Beurteilungen ein hier-

---

87 Vgl. dazu, zur verwendeten Begrifflichkeit und zum Folgenden Bourdieu 1993, 97–121; Bourdieu 2014, 277–286; Bourdieu 2015a, 146–202. Vgl. zum Ausgieren Bourdieu 1993, 167. Relativ pointiert hat Bourdieu den mit dem Habitusbegriff damit und im Folgenden entfalteten Zusammenhang so formuliert: „Durch die Praxis aufeinanderfolgender Generationen innerhalb eines bestimmten Typs von Existenzbedingungen geschaffen, funktionieren diese Wahrnehmungs-, Denk- und Handlungsschemata, die durch die Praxis erworben und in praktischem Zustand ins Werk gesetzt werden, gewissermaßen wie praktische Operatoren, vermittels derer die objektiven Strukturen, deren Produkte sie sind, sich zu reproduzieren trachten. [...] Die Kohärenz, die in allen Produkten der Anwendung eines gleichen Habitus aufweisbar ist, findet ihre Grundlage wiederum in der Kohärenz, die die für diesen Habitus konstitutiven generativen Prinzipien den gesellschaftlichen Strukturen [...] verdanken, deren Produkt sie sind und die sie gleichzeitig [...] ihrer Tendenz nach reproduzieren." (Bourdieu 2015a, 229, vgl. ähnlich auch Bourdieu 1993, 173)
Teilweise in eigener Begrifflichkeit hat Armin Nassehi pointiert zusammengefasst: „Im Habitus wird das Handeln *verkörpert*, d.h. es ist die bis ins Körperliche reichende, dem Handelnden selbst gar nicht verfügbare Disposition, die das Rollenhandeln plausibel macht." (Nassehi 2011, 60, kursiv im Original)
88 Vgl. auch für das zweite Zitat Bourdieu 2014, 279. Für Bourdieus Interesse für „soziale Ungleichheit" vgl. Nassehi 2011, 60; Hillebrandt 2014, 63., Zitat bei Nassehi.
89 Bourdieu 1993, 98–99, kursiv im Original.
90 Bourdieu spricht von „Wahrnehmungs-, Denk- und Handlungsschemata" (Bourdieu 1993, 112, vgl. dazu auch Bongaerts 2007, 256) bzw. von einer *„Handlungs-, Wahrnehmungs, und Denkmatrix"* (Bourdieu 2015a, 169, kursiv im Original). Zu Bourdieus Habitusbegriff im Zusammenhang mit Schemata und Strukturen vgl. auch R. Schmidt 2012, 204–205.
91 Vgl. auch für die Zitate Bourdieu 2014, 277, kursiv im Original.

archisch strukturierter sozialer Raum.[92] Dabei seien die jeweiligen Habitusformen unter bestimmten Existenzbedingungen entstanden, die sich aus der spezifischen Kapitalakkumulation der jeweiligen Akteure ergeben:[93] Bourdieus Habitus ist ein Sozialisationsphänomen;[94] Habitus ist jeweils auch „Habitus einer Klasse".[95] Und genau die Struktur dieser Existenzbedingungen produzierten die vom Habitus hervorgebrachten Praxisformen tendenziell wieder.[96]

Auf diese Weise beinhaltet die Disposition von individuellem Verhalten und Urteilen auf Mikroebene die auf Makroebene[97] abstrakt konstruierbare Struktur: „In den Dispositionen des Habitus ist somit die gesamte Struktur des Systems der Existenzbedingungen angelegt, so wie diese sich in der Erfahrung einer besonderen sozialen Lage mit einer bestimmten Position innerhalb dieser Struktur niederschlägt."[98] Am Beispiel einer von Bourdieus eigenen Konkretion gesagt:[99] Der strukturelle Unterschied und damit ein Ausschnitt gesellschaftlicher Strukturen ist auch darin praktisch, dass ein Mitglied der herrschende Klasse[100] und ein Arbeiter anders essen und wie sie die Esskultur des jeweils anderen beurteilen.

In Makroperspektive verweist Bourdieu mit der Kategorie „Habitus" entsprechend darauf, dass die „objektiven Strukturen" nicht wie im *Strukturrealismus* der Geschichte der Praktiken entzogen sind, sondern in „*dialektischen* Beziehungen" zu „den strukturierten *Dispositionen*", also den Habitusformen stehen.[101] Der jeweilige Habitus sei ein „Produkt der Geschichte", das Geschichte erzeugt:[102] Von

---

92 Vgl. Bourdieu 2014, 281–286. Zur Hierarchisierung im Raum vgl. Bourdieu 2014, 206.
93 Für den Zusammenhang von Habitus, Existenzbedingungen und Kapital vgl. exemplarisch Bourdieu 2014, 285, 288–290; Bourdieu 2015a, 164–165; Bourdieu 2015b, 49. Zum „Konzept der Kapitalakkumulation" bei Bourdieu vgl. Bourdieu 2015b, 49, dort auch das Zitat (Den Hinweis auf diesen Aufsatz verdanke ich Haubner 2016). Zu Bourdieus Theorie der „Kapitalsorten" vgl. auch H.-P. Müller 2014, 47–57, Zitat auf S. 47.
94 Vgl. Bourdieu 2015a, 178, 186.
95 Vgl. Bourdieu 2015a, 181, 187–189, Zitat auf S. 181. Vgl. auch Nassehi 2011, 60.
96 Vgl. Bourdieu 2015a, 165, 170, 229. Vgl. ebd. auch gerade für diese „Tendenz".
97 Bourdieu selbst qualifiziert den „hier beschriebenen sozialen Raum" als „*abstrakte Darstellung, ein Konstrukt, das analog einer Landkarte einen Überblick bietet, einen Standpunkt oberhalb der Standpunkte*" (Bourdieu 2014, 277, kursiv im Original) und damit als eine makroperspektivische Kategorie. Die Unterscheidung von Mikro-, Meso- und Makroebene ist in Sozialwissenschaften gängig; in theologischer Ethik arbeitet beispielsweise Jähnichen mit dieser Unterscheidung (vgl. Jähnichen 2015, 345).
98 Bourdieu 2014, 279.
99 Zu diesen Unterschieden in der „Eß- und Trinkkultur" vgl. Bourdieu 2014, 292, dort auch das Zitat.
100 Der Begriff der „herrschenden Klasse" stammt hier von Bourdieu: Bourdieu 2014, 205. Zur Klassentheorie bei Bourdieu vgl. Bourdieu 2014, 174–195; H.-P. Müller 2014, 146–147.
101 Vgl. auch für die Zitate Bourdieu 2015a, 147, 164–165, 147, kursiv im Original.
102 Vgl. auch für das Zitat Bourdieu 2015a, 182; Bourdieu 1993, 101.

daher wären Strukturen nicht jenseits geschichtlicher Praktiken aufzufinden, sondern in ihnen als produzierender und produzierter Habitus. Insofern Bourdieu den Habitus sowohl „strukturierende" als auch „strukturierte Struktur" nennt,[103] reproduzieren und tradieren habituelle Praxisformen den Habitus, der sie hervorbringt, indem sie die ungleichen Existenzbedingungen reproduzieren, die jeweils unterschiedliche Habitusformen produzieren.[104] Denn die durch „Kapitalvolumen, Kapitalstruktur und zeitliche Entwicklung dieser beiden" qualifizierten Lebensbedingungen sind die „Erzeugungsbedingungen des Habitus",[105] der wiederum Praxis entsprechend strukturiert.[106] Der Habitus ist die „Verinnerlichung"[107] der sozialen Unterschiede und „Inkorporierung der Struktur des sozialen Raumes",[108] die er selbst wieder reproduziert. Am Beispiel formuliert: Es sind die materiell, kulturell und sozial[109] privilegierten Existenzbedingungen des Mitgliedes der herrschenden Klasse, die ihn einen Habitus ausbilden lassen, der wiederum Praxisformen erzeugt, die für ihn und seine Erben besagte Existenzbedingungen und den davon ermöglichten Habitus reproduzieren und die von seinesgleichen wie anderen als solche Praxisformen erkennbar sind.[110]

---

103 Vgl. für beide Zitate Bourdieu 2014, 279.
104 Vgl. Bourdieu 2015a, 164–165, 170 und: „Der Habitus ist nicht nur strukturierende, die Praxis wie deren Wahrnehmung organisierende Struktur, sondern auch strukturierte Struktur: das Prinzip der Teilung in logische Klassen, das der Wahrnehmung der sozialen Welt zugrunde liegt, ist seinerseits Produkt der Verinnerlichung der Teilung in soziale Klassen. Jede spezifische soziale Lage ist gleichermaßen definiert durch ihre inneren Eigenschaften oder Merkmale wie ihre relationalen, die sich aus ihrer spezifischen Stellung im System der Existenzbedingungen herleiten [...]." (Bourdieu 2014, 279) Als „ein zwar subjektives, aber nicht individuelles System verinnerlichter Strukturen" erzeugt der jeweilige Habitus also Praxisformen, die tendenziell diejenigen Existenzbedingungen reproduzieren, die den jeweiligen Habitus produzieren (Vgl. Bourdieu 2015a, 188, 164–165, Zitat auf S. 188. Dort besonders: „Praxisformen und Praktiken, die der Habitus [...] hervorbringt" werden „doch durch die implizite Vorwegnahme ihrer Folgen, nämlich durch die vergangenen Bedingungen der Produktion ihres Erzeugungsprinzips derart determiniert, daß sie stets sie Tendenz aufweisen, die objektiven Bedingungen, deren Produkt sie in letzter Analyse sind, zu reproduzieren." (Bourdieu 2015a, 165)
105 Vgl. auch für die Zitate Bourdieu 2014, 195–196. Mit Kapital meint Bourdieu dabei nicht nur das ökonomische Kapital, sondern auch kulturelles und soziales, aus deren spezifischer Kombination sich jeweils die Kapitalstruktur ergibt (vgl. Bourdieu 2014, 195–209). Ausführlicher zu den drei Kapitalarten vgl. Bourdieu 2015b und H.-P. Müller 2014, 47–55. Die Auffindung des Aufsatzes von Bourdieu verdanke ich der Arbeit von Haubner 2016, 467.
106 Vgl. zur strukturierenden Wirkung des Habitus wieder Bourdieu 2014, 279.
107 Bourdieu 2014, 279.
108 Bourdieu 2014, 285.
109 Damit ist auf die drei in Anm. 105 in diesem Kapitel genannten Kapitalsorten bei Bourdieu angespielt.
110 Vgl. Bourdieu 1993, 108.

Auf Mikroebene[111] der Akteure kommt so bei Bourdieu dem Strukturmoment ein unbewusster und subtiler machttheoretischer Primat gegenüber dem Handlungsmoment zu:[112] Der „Habitus ist *„Erzeugungsprinzip"*[113] von Praxisformen, sei „strukturierende Struktur"[114]. „Über den Habitus regiert die Struktur, die ihn erzeugt, die Praxis [...]"[115] Die habituelle Abstimmung der Praxisformen und ihrer Beurteilung in der Struktur liege „fern jeder bewußten Abstimmung";[116] das Strukturmoment bleibt sich Verhaltenden „im Dunkel".[117] Am Beispiel gesagt: Das Mitglied der herrschenden Klasse mag sich dabei frei fühlen, sein Essen zu ästhetisieren und die Esskultur von Arbeitern *„vulgär"* zu finden, bestimmend in diesen Präferenzen ist aber letztlich der klassenspezifische Habitus.[118]

In dieser makroperspektivisch dialektischen und mikroperspektivisch asymmetrischen Verbindung von Struktur- und Handlungsmoment trägt Bourdieu dem Umstand Rechnung, dass Strukturen nicht einfach „unschuldige" Strukturen, sondern Machtstrukturen ungleicher und in ethischer Perspektive oft ungerechter Kapitalverteilung sind, die sich durch die unterschiedlichen Habitus subtil und machtvoll reproduzieren: Indem der Habitus „die Gesamtheit der Praxisformen eines Akteurs"[119] hervorbringt situiert er Praxisformen und Akteure im sozialen Raum und gibt ihm somit mehr oder weniger „Lebenschancen"[120]. Diese Strukturen

---

111 Um Missverständnissen vorzubeugen: Mikroebene meint hier nicht die Teilnahmeperspektive.
112 Vgl. wie zitiert Bourdieu 2015a, 165 und kritisch dazu auch Hillebrandt 2014, 63.
113 Bourdieu 2014, 277, kursiv im Original.
114 Bourdieu 2014, 280.
115 Bourdieu 1993, 102.
116 Vgl. auch für das Zitat Bourdieu 2014, 281.
117 Vgl. auch für das Zitat: „[D]abei bildet der Teil der Handlungen, der noch für deren eigene Produzenten im Dunkel verbleibt, jenes Moment, durch das diese Handlungen den anderen Handlungen und Strukturen, deren Produktionsprinzip das Produkt selbst ist, angepaßt sind." (Bourdieu 2015a, 179)
118 Vgl. Bourdieu 2014, 298–322, 316, 286, Zitat auf S. 286. Zum Zusammenhang von Klasse und Habitus vgl. Bourdieu 2015a, 187–189.
119 Bourdieu 2014, 278.
120 Den Dahrendorfschen Begriff „Lebenschancen" verwende ich hier wie Philipp Staab, der nach den „unterschiedlichen Paradigmen der Distribution von Lebenschancen" fragt (vgl. Staab 2019, 294f, 300, Zitat auf S. 294, Staab verdanke ich auch den Verweis auf das im Folgenden zitierte Werk von Ralf Dahrendorf). Von Dahrendorf selbst übernehme ich dabei nur seine Fassung des Begriffs, nicht seine auf diesen bezogene Argumentation zur Ungleichheit (vgl. Dahrendorf 1979, 167–193). Dahrendorf führt den Begriff der Lebenschancen ein auf der Suche nach einem „Begriff, den wir zur Bestimmung der sozialen und politischen Ziele eines aktiven Liberalismus brauchen" (Dahrendorf 1979, 41). Pointe des Begriffs ist, individuelle Möglichkeiten und Bindungen zu kombinieren (vgl. a.a.O., 50), so dass er definiert: „Lebenschancen sind Gelegenheiten für individuelles Handeln, die sich aus der Wechselbeziehung von Optionen und Ligaturen ergeben. Sowohl Optionen als auch Ligaturen sind Dimensionen der Sozialstruktur, das heißt, sie sind als Bestandteile sozialer Rolle

und ihre Wirkung herauszuarbeiten ist die Chance einer mit Bourdieus Begrifflichkeit arbeitenden (Praxis-) Soziologie.

2.1.2.2 Implizites Wissen[121] als Strukturmoment (Th. Schatzki und A. Reckwitz)

Schon an der weniger komplexen der zwei von *Theodore Schatzki* unterschiedenen Kategorien von Praktiken – den „dispersed practices", in denen die „doings and sayings" primär durch praktisches Verstehen („understanding of X-ing") und selten wie in den „integrative practices" zusätzlich durch „explicit rules" und „teleoaffective structures") verkettet sind[122] – lässt sich der eingangs benannte Grundgedanken zeigen: Taten und Sprechakte werden in dispersen Praktiken wie beispielsweise derjenigen, eine Regel zu befolgen, durch ein praktisches Verstehen verbunden, das Schatzki als „knowing how to" fasst: „understanding of X-ing".[123] Dieses Verstehen meint also eine Fähigkeit, ein „knowing how to", das durch die Einzelaktionen der Praktik zum Ausdruck kommt.[124] Es meint kein propositionales, explizites Wissen.[125] Mit diesem „understanding" hat Schatzki m. E. ein Strukturmoment benannt.[126] Denn damit setzten – wie Schatzki betont – die Einzelhandlungen diejenige Praktik, die aus ihrer eigenen Verkettung entsteht, voraus, weil sie erst in dieser das sind, was sie praktisch sind.[127] An einem Beispiel gesagt, das nicht

---

gegeben und nicht als zufällige Gegenstände des Willens oder der Phantasie von Menschen." (a. a. O., 55) Deshalb gilt: „Für jeden gegebenen Einzelnen [...] gibt es eine Bilanz von Lebenschancen." (a. a. O., 50) Genau das ermöglicht die wie gesagt auch von Staab angesprochene Frage nach der „Distribution von Lebenschancen" (Staab 2019, 294). Dabei drückt mindestens die Komponente „Optionen" das aus, was Bourdieus Begriff des Kapitals differenziert untersuchen lässt (zu Bourdieus Kapitalverständnis vgl. hier die Ausführungen zum Kapitaladäquanzkriterium (A.3 in der Schlussbetrachtung) und wie dort zitiert etwa Bourdieu 2015b, 50).
121 Den Begriff des „impliziten Wissens" verwende ich hier so wie Reckwitz 2016, 61 (dort auch das Zitat), von dem ich ihn hier übernommen habe.
122 Schatzki 2008, 91–110, Zitate auf S. 91, 98–99. Den Begriff der „Verkettungen" verwendet etwa auch Reckwitz 2016, 92.
123 Vgl. auch für die Zitate Schatzki 2008, 91. Vgl. dort auch für das Beispiel der Regelbefolgung.
124 Vgl. Schatzki 2008, 91.
125 Dazu, dass bei diesem Wissen „Explizierungsfähigkeit oder Explizierungsbedürftigkeit" nicht gegeben sein muss, vgl. Reckwitz 2003, 290. Zur unterstellten Abgrenzung zu „propositionale[m] Wissen" vgl. Bongaerts 2007, 249, dort auch das Zitat.
126 Schatzki nennt noch andere Strukturmoment, aber die Fähigkeit ist auch eines. Das lässt sich aus folgendem Zitat schließen: „In my account, finally, the common order is composed of understands, rules, and teleoaffectivities." (Schatzki 2008, 149)
127 Vgl. Schatzki 2008, 92. Dort heißt es: „Now, an important feature of action [...] is that individual acts of X-ing presuppose the dispersed practice of X-ing." (ebd.)

von Schatzki, sondern von Trutz Rendtorff[128] stammt: Die Einzelbewegungen, die beim Autofahren das Schalten in einen höheren Gang erfordert, setzten die Praktik des Hochschaltens voraus, zu der es ohne sie nicht käme, weil sie nur in dieser Praktik, nämlich in der Fähigkeit der Autofahrerin, ohne reflektierter Orientierung an Handlungsanweisungen hochzuschalten, als solche ausgeführt werden können. Die primär dadurch zusammengehaltenen dispersen Praktiken sieht Schatzki nun erstens selbst als eingebunden in ein Netz von Praktiken und zweitens als etwas, das sich kaum plausibel als nicht sozial verstehen lässt:[129] Sie sind sozial „in the sense of mastered essentially by muiltiple people".[130] Das „understanding of X-ing" ist also kein individuelles Sonderwissen, sondern wird gleichzeitig von anderen beherrscht, sodass es als Soziales besteht und sich als in ihm transsituativ, transindividuell Prägendes auswirkt.[131] Schon mit seinem Verständnis von dispersen Praktiken und nicht erst mit dem von integrativen Praktiken, die explizite Regeln und Strukturen beinhalten, hat Schatzki so einen Praxisbegriff vorgelegt, in dem individuelle Handlung und Strukturmoment in einem gegenseitigen Bedingungsverhältnis miteinander verknüpft sind:[132] Im Tun des einzelnen Akteurs im Kontext einer Praxis handelt dieser Akteur individuell und gleichzeitig sozial strukturiert, insofern die Fähigkeiten, die sein Tun erst zu einer Praktik verbinden sozial kontextualisiert sind. In diesen Fähigkeiten liegt ein Strukturmoment der Praxis.

Reckwitz' Praxisbegriff setzt nicht ausgewiesenermaßen bei den dispersen Praktiken von Schatzki an und vollzieht dessen Herausarbeitung des „knowing how to" nach:

---

128 Rendtorff selbst nimmt dieses Beispiel von Hare: Rendtorff 1990, 131–132. Vossenkuhl zufolge entsteht Handlungsfähigkeit „aufgrund unbewusster Leistungen, beim Rad- oder Autofahren, bei vielen Routinen des täglichen Lebens." (vgl. auch für das Zitat Vossenkuhl 2006, 342)
129 Schatzki 2008, 91, 94–95. Er spricht von „woven into nexuses" (a.a.O., 91). Vgl. pointiert zur Sozialität von Praktiken: „In my account, on the other hand, an action is the action it is as part of a practice. Action, consequently, is essentially social; and practices must consist not only in considerations but also in actions." (a.a.O., 97)
130 Vgl. Schatzki 2008, 94–95, 105., Zitat auf S. 95.
131 So schreibt Schatzki etwa schon vorher grundsätzlicher: „The preceding sketch of the progression of a human being from infancy onward shows that a functional adult's extensive bodily repertoire of doings and sayings is social in the sense of being acquired through learning and training in the context of others' activities." (Schatzki 2008, 70) Vgl. zur prägenden Kraft von Praktiken auch Schatzki 2008, 131–132.
132 Vgl. zu den unterschiedlichen Praktiken wie eingangs zitiert Schatzki 2008, 91–110, insbes. S. 91–93 und 98–99. Die Gegenseitigkeit zeigt sich etwa an folgendem Zitat: „It follows that a doing or saying constitutes an X-ing on the background of an understanding carried by the practice of X. Any given X-ing, consequently, presupposes the practice." (a.a.O., 92) Weil aber die Praktik aus den „doings and sayings" besteht (a.a.O., 91), ist der Kreis geschlossen und das Verhältnis gegenseitig.

Zentral für das praxeologische Verständnis des Handelns ist, [...] dass Handeln im Rahmen von Praktiken zuallererst als *wissensbasierte* Tätigkeit begriffen werden kann, als Aktivität, in der ein praktisches Wissen, ein Können im Sinne eines ‚know how' und eines praktischen Verstehens zum Einsatz kommt.[133]

Damit hebt Praxistheorie auch bei Reckwitz die „Implizitheit dieses Wissens, das kein explizierbares Aussagewissen (knowing that) von Überzeugungen darstellt", hervor.[134] Wie Schatzki betont auch Reckwitz die Sozialität dieses Wissens, das auch er eben nicht an Einzelpersonen, sondern an der jeweiligen sozialen Praktik festmachen will:[135] Nicht, was ein einzelner kann, ist dann die entscheidende Frage, sondern welches kollektive Können in einer sozialen Praktik sich ausdrückt:[136]

Aus Sicht der Praxistheorie besteht das Soziale einer Praktik statt dessen in der – durch ein kollektiv inkorporiertes praktisches Wissen ermöglichten – Repetitivität gleichartiger Aktivitäten über zeitliche und räumliche Grenzen hinweg, die durch ein praktisches Wissen ermöglicht wird.[137]

Durch diese Wiederholung, durch das dem „Routinehandeln" implizite Wissen der Praktiken, entsteht Regelmäßigkeit im sozialen Handeln, in der Reckwitz eine „relative Strukturiertheit" der Sozialwelt sieht.[138] Auch damit besteht Strukturiertheit am Ort individuellen Handelns, ohne dieses komplett zu determinieren.[139]

Die praxeologische Pointe aller drei Ansätze ist, die Integration von Individualitäts- und Sozialitätsmoment, von handlungstheoretischer und strukturtheoretischer Perspektive immer schon im Vollzug sich realiter vollziehender Praktiken vorauszusetzen, im strukturierend Praxisformen erzeugenden Habitus (Bourdieu),[140] im geteilten „knowing how" des praktischen Wissens (Schatzki), in den Routinen und dem „impliziten Wissen" der Praktiken (Reckwitz). Damit ziehen Praxistheorien Strukturmomente[141], die andere Ansätze als unabhängige – insbesondere praktikenunabhängige – und übersituativ persistierende Variablen be-

---

133 Reckwitz 2003, 291–292, kursiv im Original.
134 Vgl. auch für das Zitat Reckwitz 2003, 292. Vgl. dazu auch Schatzki 2008, 129.
135 Vgl. Reckwitz 2003, 292.
136 Vgl. Reckwitz 2003, 292.
137 Reckwitz 2003, 292.
138 Vgl. auch für die Zitate Reckwitz 2003, 294. Für die „Regelmäßigkeit in Praktiken" vgl. auch R. Schmidt 2012, 10, 39.
139 Vgl. Reckwitz 2003, 294.
140 Zum „Habitus als Bindeglied zwischen Struktur und Praxis" auch Hillebrandt 2014, 72.
141 Siehe oben und wie dort zitiert etwa Giddens 1997, 77.

handeln, selbst auch als relativ abhängige Variablen in die Dynamiken realer Praktiken ein.¹⁴²

Das gilt auch für strukturtheoretische Kategorien: Was an „expliziten Regeln"¹⁴³ und Artefakten, an Normen und technischen Architekturen, an implizitem praktischen Wissen und am Habitus strukturierend ist, aktualisiert sich danach als strukturierendes erst im kontextuellen „Vollzug der Praktiken".¹⁴⁴ Eine explizite Regel etwa wäre dieser Logik folgend nicht als solche schon strukturierend, sondern erst in ihrer praktischen Verbindung mit praktischem Wissen, Körpern, Dingen, Habitus und vollzogenem Handeln.¹⁴⁵ Am Beispiel: Mit der expliziten und in § 37, Abs. 2, Nr. 1, Satz 7 StVO verschriftlichen Norm bedeutet in der Bundesrepublik Deutschland das rote Licht einer „Wechsellichtzeichen"-Lichtanlage: „Halt vor der Kreuzung". Soziales Handeln im Straßenverkehr strukturiert diese Norm aber nur, insofern sie in den Praktiken der Verkehrsteilnahme eingeübt und aktualisiert ist – in Berlin also kaum. Auch wo sie wirksam ist, ist sie dies qua praktischer Übung – etwa weil jemand als Kind gelernt hat, nicht bei Rot über dem Ampel zu gehen – und nicht qua Kenntnis der Rechtsnorm im expliziten Wissen.

2.1.2.3 Anschlussfähigkeit durch Strukturmomente

Die praxeologische Anregung, Strukturmomente in ihrer situativen Wirksamkeit in konkreten Praktiken aufzusuchen, widerspricht auch in gängigen Praxistheorien nicht dem Versuch, Kategorien zu entwickeln, die den Zusammenhang mehrerer Praktiken benennen. So verwendet Schmidt den Ausdruck „Ensemble von Praktiken"¹⁴⁶ und Reckwitz spricht von „teilweise miteinander verknüpften Praktiken und Komplexen von Praktiken", später von *„Praxis-/Diskursformationen"* und von „Praxis-/Diskurskomplexen".¹⁴⁷ Ähnlich unterscheidet Hillebrandt zwischen Praktik und Praxisformationen: Unter Praktiken seien die von Schatzki angesprochenen

---

142 So schreibt Hillebrandt über die Konzentration der Praxisforschung auf den „Vollzug der Praktiken" (Hillebrandt 2014, 11): „Dies zwingt zum einen dazu, die variablen Bedingungen des Vollzugs der Praxis situationsanalytisch zu identifizieren, also das Zusammenkommen und -wirken von sozialisierten Körpern mit materialen Artefakten und Dingen sowie mit diskursiven und symbolischen Formationen zu untersuchen, was eine Neukonzeption der sozialwissenschaftlichen Methoden nach sich zieht." (Hillebrandt 2014, 11)
143 Vgl. dazu und zu deren Bezug zum impliziten Wissen Reckwitz 2003, 292.
144 Vgl. Hillebrandt 2014, 11, 16, 54, Zitat auf S. 11.
145 Vgl. für den Grundgedanken dahinter Hillebrandt 2014, 16, 54 und dessen Rückführung auf Wittgenstein: a. a. O., 39, 54 und hier 2.1.1.1.
146 R. Schmidt 2012, 13.
147 Vgl. auch für die Zitate in dieser Reihenfolge Reckwitz 2016, 34, 61, 64, kursiv im Original. Früher hatte er von *„lose gekoppelte[n] Komplexe[n]* von Praktiken" geschrieben (Reckwitz 2003, 295, kursiv im Original).

vernetzten „doings and sayings" zu verstehen.[148] Nach Hillebrandt setzen Praktiken andere Praktiken voraus und funktionieren selbst wiederum als „Attraktoren" neuer Praktiken – Praktiken seien „nur als Folgepraktiken vorstellbar".[149] So würden sich Praktiken nach einer eigenen „Logik der Verkettung" zu dem verbinden, was er „Praxisformen bzw. -formationen" nennt.[150] So unterscheidet Hillebrandt „zwischen Praktiken als Einzelereignisse, Praxisformen als Verkettung von Einzelpraktiken zu Formen der Praxis und Praxisformationen als Versammlung von unterschiedlichen diskursiven und materialen Elementen".[151] Diese Unterscheidung ist zwar hilfreich, aber keineswegs so klar zu ziehen, wie es bei Hillebrandt klingt: Praktiken sind bei Schatzki ja selbst schon eine Verkettungen, nämlich von „doings" und „sayings". Deshalb müsste Hillebrandt für die Eindeutigkeit besagter Unterscheidung benennen, was die Verkettung zwischen „doings" und „saying" von der Verkettung zwischen Praktiken qualitativ unterscheidet – sonst können ja Praxisformen als schlicht komplexere Verkettung von mehr „doings" und „sayings" verstanden werden. Das Problem wird noch dadurch verschärft, dass es eine Pointe von Praxistheorien ist, dass Praktiken, Praxisformen und Praxisformationen nur insofern wirksam bestehen als sie sich wirklich gerade praktisch ereignen.[152] Betonte er das nicht, führte er entgegen einer Intention von Praxistheorien[153] praxisunabhängige Strukturen als Explanans ein – nämlich etwa die Struktur „Praxisform" zur Erklärung von Praktiken. Hillebrandts Beispiel zeigt gleichermaßen den Sinn der Unterscheidung und deren Uneindeutigkeit: Die Medizin nennt er Praxisformation, eine Operation Praxisform, „in der sich diverse

---

148 Vgl. Hillebrandt 2014, 58.
149 Vgl. auch für die Zitate Hillebrandt 2014, 58. Praktiken „können nicht voraussetzungslos, also quasi aus dem Nichts entstehen. Sie ereignen sich als neue Ereignisse im Anschluss an bereits geschehene Praktiken und sind dadurch gegenwärtige Effekte bereits vergangener Praktiken. Zugleich sind sie Attraktoren zukünftiger Praktiken." (Hillebrandt 2014, 58)
150 Vgl. auch für das Zitate Hillebrandt 2014, 58–59.
151 Vgl. Hillebrandt 2014, 59, 103, Zitat auf S. 59.
152 Vgl. Hillebrandt 2014, 59–60. Dort wörtlich: „Eine Praxisformation ist nur wirksam, wenn sie sich ständig ereignet." (a.a.O., 60)
153 Diese Intention hält Hillebrandt selbst fest, wenn er schreibt: „Praxis konstituierende soziale Aktivitäten, also Praktiken werden nicht als Erscheinungsformen objektivierter sozialer Strukturen oder vorab festgelegter Regeln verstanden, sondern als Konstitutionsereignisse sozialer Praxisformen und -formationen, deren Eigenlogik jenseits vorab theoretisch festgelegter Regelsysteme analysiert werden muss." (Hillebrandt 2014, 59) Vgl. auch Hillebrandt 2014, 11. Das steht insofern nicht im Widerspruch zu seiner Aussage, „dass Praktiken sich auf Dauer stellen können, dass sie sich also in spezifischer Weise übersituativ formieren und dadurch die Praktiken affizieren, die sie selbst in Gang halten" (Hillebrandt 2014, 103), als „übersituativ" ja nicht praxisunabhängig meint, sondern sich gerade auf die in Praktiken bestehenden Strukturmomente beziehen kann.

Einzelpraktiken als doings und sayings verketten".[154] Gleichzeitig kann er auch die Behandlung von Kranken – unter die die Operation zu subsummieren wäre – selbst als Praktik beschreiben.[155] Insgesamt kann diese Unterscheidung deshalb m. E. nur solange als sinnvolle Heuristik verwendet werden, wie sie im Moment des Gebrauchs implizit wieder in Frage gestellt wird, um nicht praxisunabhängig wirksame Strukturen anzunehmen.

Grundsätzlicher wichtig an der Kategorie von Praxiskomplexen oder -formen ist, dass Praktiken nicht nur Verkettungen sind, sondern immer auch verkettet. Praktiken beginnen – wie Hillebrand betont – nie voraussetzungslos im luftleeren Raum, sondern schließen an vorherige Praktiken an und attrahieren neue.[156] Mit der Behauptung von Verkettungen rückt die Kategorien von Praxiskomplexen, -formen oder -formationen vor allem ins Blickfeld, was Armin Nassehi in Luhmannscher Tradition aber bei ihm handlungstheoretisch pointiert „*Anschlussfähigkeit*" genannt hat.[157] Danach hängt der „soziale Sinn" von Handlungen „davon ab, ob und wie an sie angeschlossen wird."[158] Das lässt sich vom Handlungs- auf den weiteren Praxisbegriff übertragen. In grober Anlehnung an Bourdieu, Schatzki und Reckwitz scheint es plausibel davon auszugehen, dass nicht nur die Einzelvollzüge von Praktiken über die gemeinsame Erzeugung in einem Habitus (Bourdieu), über „understanding" (Schatzki) oder über „Formen impliziten Wissens – Know-how-Wissen, interpretatives Wissen routinisierter Sinnzuschreibungen, Komplexe kulturell modellierte Affekte und Motivationen – zusammengehalten und ermöglicht werden",[159] sondern darüber auch die Verkettung von Praktiken miteinander geschieht. Zum Beispiel:[160] Das implizite Wissen, wie ein Auto zu fahren ist, beinhaltet nicht nur die Fähigkeit des Hochschaltens, sondern verkettet die entsprechende Praxis des Hochschaltens mit der darauffolgenden des Gasgebens, Blinkens, Hupens oder Fluchens. Ähnlich entsteht Anschlussfähigkeit nicht nur über geteiltes implizites Wissen, sondern auch über den jeweiligen Habitus:[161] An Praktiken ästheti-

---

154 Vgl. Hillebrandt 2014, 59–60, Zitat auf S. 60.
155 Vgl. Hillebrandt 2014, 59.
156 Vgl. Hillebrandt 2014, 58.
157 Vgl. auch für das Zitat Nassehi 2011, 42, kursiv im Original. Zu Luhmanns systemtheoretischer Verwendung des Begriffs der „*Anschlußfähigkeit*" vgl. etwa Luhmann 1987, 62, kursiv im Original.
158 Nassehi 2011, 41.
159 Reckwitz 2016, 61–62.
160 Das einschlägige Beispiel für „tacit knowing" wäre seit Polanyi zwar Radfahren (Polanyi 1962, 601, Paßmann 2018, 22, Anm. 43), Polanyis Beispiel tauch etwa auch bei Collins 2001, 116–118), was auch ungleich unweltfreundlicher wäre, ich setzte hier aber das bereits begonnene, an Rendtorff angelehnte Beispiel des Autofahrens fort.
161 Vgl. dazu: „In dem Maße, und nur in diesem, wie Habitusformen dieselbe Geschichte verkörpern – oder genauer dieselbe in Habitusformen und Strukturen objektivierte –, sind die von ihnen

sierten Essens etwa können Praktiken gepflegter Konversation anknüpfen. Anschlussfähigkeit entsteht zusammengenommen also über das Strukturmoment der Praktiken.[162]

Insgesamt kann so nach Voraussetzungen, vorangegangenen Praktiken, Attraktionen, Anschlussfähigkeiten und -unfähigkeiten gefragt werden: Welche Praktiken schließen an welche an?

2.1.3 Theorie und Praxis

Der Fokus auf Vollzugswirklichkeiten lässt sich zudem als Bearbeitung des basalen „Theorieproblem[s]"[163] verstehen, das Hillebrandt wie folgt beschrieben hat: „Etwas, das in der Theorie schlüssig erscheint, erweist sich in der Praxis nicht selten als undurchführbar."[164] Diese „Kluft"[165] reflektieren die Praxistheorien damit, dass sie in der Praxis besonders mit dem zu rechnen sich vornehmen, was sich theoretischer Modellierung entzieht oder sich mindestens bislang entzogen hat, nämlich der Eigenlogik der Praxis, die nicht vor dem Vollzug feststeht und sich nicht nach dem Vollzug ein für alle Mal festhalten lässt, sondern die im Vollzug der Praktik besteht.[166] Von daher stellt sich die Frage, wie diese Eigenlogik theoretisch rekonstruiert werden kann (2.1.3.1) und inwiefern theoretisch rekonstruierende Diskurse als Praxis verstanden und reflektiert werden können (2.1.3.2).

---

erzeugten Praktiken wechselseitig verstehbar und unmittelbar den Strukturen angepaßt, und außerdem aufeinander abgestimmt mit einem zugleich einheitlichen und systematischen, über subjektive Absichten wie individuelle und kollektive Vorhaben hinausreichenden objektiven Sinn ausgestattet." (Bourdieu 1993, 108) Vgl. dazu auch: „Bourdieu hat sich vor allem für soziale Ungleichheit interessiert, also für klassentypische Habitusformen – etwa ob man in der Lage ist, sich in bestimmten Kreisen zu bewegen, mit Speisen und Kleidung, Umgangsformen und Dingen angemessen umzugehen. *Angemessen* ist hier in dem Sinne gemeint, wie ich es in der ersten Vorlesung als *Anschlussfähigkeit* beschrieben habe. *Angemessen* ist ein Verhalten nicht im moralischen Sinne oder inhaltlich irgendwie festgelegt – angemessen ist es dadurch, dass es anschließen kann und dass man daran anschließen kann." (Nassehi 2011, 60, kursiv im Original)

162 Das sollten gerade die Ausführungen über Bourdieus Habitusbegriff gezeigt haben.
163 Hillebrandt 2014, 8.
164 Hillebrandt 2014, 8. Vgl. dort auch für den im Folgenden verwendeten Begriff der „Kluft".
165 Hillebrandt 2014, 8.
166 Vgl. für die Nachweise zu diesem Gedanken die folgenden Ausführungen und die darin referenzierte Literatur.

2.1.3.1 Beobachtungspraktiken und „Logik der Praxis"[167]

Paradigmatisch für besagte Eigenlogik steht die von Praxistheorien häufig zitierte „Theorie der Praxis" von Pierre Bourdieu.[168] Grundlegend für Bourdieus Bearbeitung des Theorie-Praxis-Problems ist, dass er die „Unterscheidung von Theorie und Praxis" als Unterscheidung *„zweier* sozialer Praktiken" versteht:[169] „der theoretischen Praxis des Wissenschaftlers einerseits und der Alltagspraxis der alltäglichen Akteure andererseits."[170] Entsprechend hat Bourdieu auch „die wissenschaftliche Praxis" selbst der wissenschaftlichen Reflexion unterzogen.[171] Auch die theoretische Arbeit als Praktik zu verstehen, ermöglicht es Bourdieu, die Eigenlogik der Praxis des Theoretisierens zu beschreiben, die sich jeder theoretischen Beschreibung praktischer Vollzüge so einprägt, dass sie die alltagspraktisch sich vollziehende Logik selbst verstellt oder verfälscht.[172] Dafür benennt Bourdieu etwa folgende Effekte: den Synchronisierungseffekt, den Totalisierungseffekt, den Neutralisierungseffekt.[173]

- „Synchronisierungseffekt"[174]: Der Wissenschaftler arbeitet mit einem anderen Zeitbegriff als der Teilnehmer einer Alltagspraxis, weil er in zeitliche Distanz alles sich Vollziehende überschauen kann, während für den Praxisteilnehmer das Geschehen unumkehrbar und nacheinander abläuft:[175] „Die Praxis rollt in der Zeit ab und weist alle entsprechenden Merkmale auf, wie z. B. die Unumkehrbarkeit, die durch Synchronisierung beseitigt wird; ihre zeitliche

---

167 Bourdieu 1993, 147.
168 Vgl. dazu besonders Bourdieu 2015a; Bourdieu 2014; Bourdieu 1993. Zitat aus dem Titel von Bourdieu 2015a.
169 Vgl. Bongaerts 2007, 254–255, Zitate auf S. 254, kursiv im Original.
170 Bongaerts 2007, 254.
171 Vgl. besonders Bourdieu 2018, dort das Zitat auf S. 9, und Bourdieu 2020, insbes. S. 40–41. Schmidt weist darauf hin, dass „die Praxeologien auch die wissenschaftlichen Praktiken von Soziologinnen und Soziologen zu ihrem Gegenstand" machen (R. Schmidt 2012, 12).
172 Bourdieu spricht von der „Kluft zwischen praktischer und theoretischer Logik" (Bourdieu 2020, 45), ähnlich auch a.a.O., 45) Die Verfälschungen ergeben sich dann aus dem *„scholastische[n] Epistemozentrismus"* (a.a.O., 68, kursiv im Original): „Dem Gegenstand zuschreibend, was im Grunde aus seiner Anschauungsweise hervorgeht, projiziert er [...] eine gedanklich nicht verarbeitete soziale Beziehung, die nichts anderes ist als die scholastische Beziehung zur Welt, auf die Praxis." (a.a.O., 68) Vgl. für die Unterscheidung der beiden Logiken (Theorie und Praxis) bei Bourdieu und den Verfälschungseffekt bzw. das Verfehlen auch R. Schmidt 2012, 13, 29, 34–37; Bourdieu 1993, 148.
173 Vgl. dafür und für das Folgende Bourdieu 1993, 148–153, 157; Bourdieu 2015a, 248.
174 Bourdieu 1993, 151. Vgl. dort auch für das Folgende. Für diesen Effekt auch Bourdieu 2020, 73.
175 Vgl. Bourdieu 1993, 151.

Struktur, d.h. ihr Rhythmus, ihr Tempo und vor allem ihre Richtung, ist für sie sinnbildend [...]. Für den Analytiker ist die Zeit aufgehoben [...]".[176]
- Totalisierungseffekt. Die Synopse des Wahrgenommenen gibt dem Wissenschaftler einen Blick auf die Totale des Geschehens:[177] Wissenschaftler haben „das *Privileg der Totalisierung,* d.h. die Fähigkeit, sich und anderen die synoptische Sicht der Totalität und Einheit der Beziehungen zu gestatten".[178] Dadurch zeigten sich in der Theorie Fragen, die in praktischer Teilnahmeperspektive nicht auftauchen.[179]
- Neutralisierungseffekt:[180] Die wissenschaftliche Praxis neutralisiert die *„praktischen Funktionen"*, indem sie etwa einen Probanden befragt und damit der Alltagspraxis enthebt.[181]

Konstitutiv an diesen Effekten ist jeweils die Differenz der Perspektiven von Praxisteilnehmenden und theoretisch Beobachtenden[182] – Bourdieu spricht vom „Standpunkt des Schauspielers" und „dem des Zuschauers";[183] an anderer Stelle betont er die „Differenz zwischen dem theoretischen und dem praktischen Blickpunkt".[184] Diese Differenz zwischen Teilnahme- und Beobachtungsperspektive gilt es theoretisch zu beachten, sollen nicht nur Fragen gestellt werden, die sich für Praxisteilnehmende gar nicht stellen.[185]

Damit, dass Bourdieu diese „Theoretisierungseffekt[e]"[186] explizit beschreibt und reflektiert, lässt er das durch diese Effekte Verzeichnete erahnen: Im „Umkehrbild" träten so – wie er formuliert – „Eigenschaften der Logik der Praxis"

---

176 Bourdieu 1993, 149.
177 Vgl. Bourdieu 1993, 150–151.
178 Vgl. auch für das Zitat. Bourdieu 1993, 151, kursiv im Original. Zum *„Privileg der Totalisierung"* vgl. a. Bourdieu 2015a, 243., kursiv im Original.
179 Vgl. Bourdieu 1993, 151.
180 Vgl. Bourdieu 1993, 152–153.
181 Vgl. auch für das Zitat Bourdieu 1993, 152, kursiv im Original.
182 Zur Differenz von „Beobachterperspektive" und „Teilnehmerperspektive" vgl. auch Jütte 2016, vgl. a.a.O. etwa S. 52, dort auch die Zitate.
183 Vgl. auch für die Zitate Bourdieu 1993, 151.
184 Bourdieu 2020, 70. Vgl. auch a.a.O., 67. Bourdieu weist damit darauf hin, „daß der Wissenschaftler [...] sich angesichts der Situation und der Verhaltensweisen, die er beobachtet und analysiert, nicht in der Position eines agierenden, in der Aktion, in dem Spiel und seinen Einsätzen involvierten Akteurs befindet [...]" (a.a.O., 70)
185 Vgl. Bourdieu 2020, 70. Dass genau dies sonst passiert, hat Bourdieu so formuliert: „So sucht er [der Analytiker, FH] beispielsweise Antworten auf Fragen des Zuschauers, die die Praxis niemals stellt, weil sie sie sich nicht zu stellen braucht, anstatt sich zu fragen, ob das Eigentliche der Praxis nicht gerade darin liegt, daß sie solche Fragen ausschließt." (Bourdieu 1993, 151)
186 Bourdieu 1993, 157.

hervor.[187] So wird die „Logik der Praxis" als Grenzbegriff eingeführt, der auf das verweist, was in der Praxis anders ist als in der Theorie:

> Man muß der Praxis eine Logik zuerkennen, die anders ist als die Logik der Logik, damit man der Praxis nicht mehr Logik abverlangt, als sie zu bieten hat.[188]

Folglich vollzieht sich die praktische Logik bei Bourdieu im nicht selbst reflektierten, sondern ablaufenden Vollzug der Praxis. In der tatsächlich und konkret sich vollziehenden Praxis wirkt diese Logik, wobei die Perspektive der Theorie sie gerade – wie erläutert – nicht erfassen kann,[189] weil sie sich aus der Teilnehmendenin die Beobachtungsperspektive, aus der Gegenwart in die Zeitlosigkeit, aus dem Vollzug in die Selbstreflexion zurückgezogen hat:

> Genau nach dieser paradoxen Logik richtet sich jede Praxis, jeder *praktische Sinn:* gefangen von dem, *um was es geht,* völlig gegenwärtig in der Gegenwart und in den praktischen Funktionen, die sie in dieser Gestalt objektiver Möglichkeiten entdeckt, schließt die Praxis den Rekurs auf sich selbst [...] aus, da sie nichts von den sie beherrschenden Prinzipien und den Möglichkeiten weiß, die sie in sich trägt und nur entdecken kann, indem sie sie ausagiert, d. h. in der Zeit entfaltet.[190]

Damit markiert der Begriff „Logik der Praxis" m. E. bei Bourdieu zunächst eine Selbstbegrenzung der Theorie:[191] Beschreiben kann der Theoretiker nunmehr nur noch im Bewusstsein, dass die Praxis eine eigene Logik hat, die sich aber theoretisch schon deshalb nicht erfassen lässt, weil „Theorie" eine andere Praktik ist als „Praxis". Diese Selbstbegrenzung drückt Bourdieu so aus:

---

187 Vgl. auch für die Zitate Bourdieu 1993, 157. Vgl. dazu auch schon Bourdieu 2015a, 248. Vgl. zu dieser Annäherung ex negativo auch R. Schmidt 2012, 35–36.
188 Bourdieu 1993, 157.
189 Die „Logik der Praxis" bleibt „jedem scholastischen Denken, das auf sich hält, praktisch unzugänglich" (vgl. auch für die Zitate Bourdieu 2020, 65).
190 Bourdieu 1993, 167. An anderer Stelle hat Bourdieu die Unmöglichkeit des nicht verfälschenden Rekurses der Praxis auf sich selbst noch anschaulicher formuliert: „In dieser Hinsicht trennt uns nicht weniger von unserer eigenen praktischen Erfahrung als von der praktischen Erfahrung der anderen. Allein schon die Tatsache, daß wir in Gedanken in unserer Praxis innehalten, daß wir uns zu ihr zurückwenden, um sie zu betrachten, zu beschreiben, zu analysieren, macht, daß wir in gewisser Weise aus ihr ausscheiden und den agierenden Akteur tendenziell durch das reflektierende ‚Subjekt' ersetzen, das praktische Wissen durch das geistige [...]." (Bourdieu 2020, 67)
191 Vgl. ähnlich R. Schmidt 2012, 35–36.

> Alles weist darauf hin, daß der Handelnde, sobald er über seine Praxis nachdenkt und sich damit sozusagen theoretisch in Positur wirft, keine Chance mehr hat, die Wahrheit seiner Praxis vor allem die Wahrheit des praktischen Verhältnisses zu Praxis zu formulieren.[192]

Die „wissenschaftliche Konstruktion" kann „die Prinzipien der praktischen Logik nur erfassen [...], indem sie diese ihrem Charakter nach verändert".[193] Diese Einsicht, die auf der Grundeinsicht beruht, dass mit Theorie und Praxis zwei Praxen unterschieden sind, macht der wissenschaftlichen Praxis zur Aufgabe das zu tun, was Bourdieu tut, nämlich Theoretisierungseffekte zu beschreiben, um so der Logik der Praxis darüber näher zu kommen, dass die Art und Weise, wie sie verzeichnet wird, explizit gemacht wird. Nötig ist also eine Selbstreflexion der Wissenschaft als Praxis.

Mit den genannten Theoretisierungseffekten hängt bei Bourdieu ein zweiter, verwandter Aspekt zusammen, auf den auch Robert Schmidt verwiesen hat:[194] Einen theoretischen, distanzierten, synchronisierenden, neutralisierenden und totalisierenden Blick auf das Soziale zu haben, ist ein Luxus, der in Bourdieus Begriffen formuliert selbst erst durch die Akkumulation von ökonomischem, sozialem und kulturellem Kapital[195] möglich wird und Teil des inkorporierten Habitus ist, sei es des Feld- oder Klassenhabitus;[196] in seiner „Kritik der scholastischen Vernunft" hat Bourdieu ausführlich diese „Voraussetzungen" reflektiert, die sich etwa aus der „Einnahme einer Position im sozialen Raum" ergeben oder feldspezifisch sind, – und damit das, was er „scholastische Disposition" nennt.[197] Damit beschreibt er die „gesellschaftlichen Bedingungen der Möglichkeit dieses sonderbaren Blicks auf die Welt", der einen Gegenstand ohne Druck und spielerisch „als Gegenstand der Kontemplation" sieht.[198] So schreibt Bourdieu über die soziologische Sicht des „Objektivismus", die „die Sozialwelt wie ein Schauspiel" beobachtet:[199]

---

192 Bourdieu 1993, 165.
193 Bourdieu 1993, 164.
194 Vgl. R. Schmidt 2012, 29. Schmidt nennt ebd. zwei „Defizite", die sich mit den hier beschriebenen überschneiden.
195 Zu den Kapitalarten und zu Kapitalakkumulation vgl. Bourdieu 2015b, zur Verteilung und Struktur des Kapitels im universitären Feld vgl. Bourdieu 2018, 90–101 und das dritte Kapitel in ebendiesem Buch.
196 Zu dieser Unterscheidung vgl. kurz H.-P. Müller 2014, 89–90. Zum „Verhältnis zwischen dem Klassenhabitus und dem individuellen Habitus" vgl. Bourdieu 1993, 112, dort auch das Zitat.
197 Vgl. Bourdieu 2020, 18–45, Zitate auf S. 18, 19, 19, 21 und auch 23. Zur Verbindung von Feld und Habitus vgl. a.a.O., 20, zur Ausdifferenzierung der Felder vgl. a.a.O., 28–36. Zur „scholastische[n] Vernunft" bei Bourdieu vgl. auch Hillebrandt 2014, 28.
198 Vgl. auch für die Zitate Bourdieu 2020, 22. Das spielerische betont Bourdieu selbst ebd.
199 Vgl. auch für dieses und das folgende Zitat Bourdieu 1993, 97.

> Genau diese Sicht hat man von den besseren Plätzen der Sozialstruktur, von denen sich die Welt – im Sinne der idealistischen Philosophie, aber auch der Malerei und des Theaters – wie eine Darstellung darbietet, eine Sicht, aus der die Praktiken nichts weiter sind als Theaterrollen, aufgeführte Partituren oder ausgeführte Pläne.[200]

An anderer Stelle beschreibt er die „scholastische Situation" als „Ort und [...] Zeitpunkt sozialer Schwerelosigkeit", ermöglicht durch „die mehr oder weniger dauerhafte Distanzierung von der Arbeit und der Welt der Arbeit".[201] In und mit den „Theoretisierungseffekten" ist es so die soziale Situiertheit des Forschenden, die die Forschungsperspektive prägt. Dabei tendierten Forschende dazu, diese „gesellschaftlichen Voraussetzungen zu vergessen".[202] Über die „Formen des scholastischen Irrtums", die Bourdieu beschreibt, hält er dann pointiert fest:[203]

> Die drei Formen des Irrtums beruhen auf demselben Prinzip, nämlich der Verallgemeinung eines Sonderfalles, das heißt auf der Weltsicht, die durch eine besondere soziale Bedingung begünstigt und autorisiert wird, und auf dem Vergessen oder Verdrängen der sozialen Bedingungen ihrer Möglichkeit [...].[204]

Forschende tendieren – in Schmidts Worten gesagt – also dazu, die eigenen „partikularen Perspektiven und Sozialerfahrungen [...] unkontrolliert zu universalisieren und auch den untersuchten Teilnehmerinnen zu unterstellen."[205]

Gerade weil Praxistheorien Praxis als Vollzugswirklichkeit sehen, schreiben sie im Gefolge Bourdieus dem soziologischen Beobachter der Praxis also ins Aufgabenbuch, nicht nur das Beobachtete als Praxis zu reflektieren, sondern auch das eigene Beobachten,[206] um so die Differenz von Beobachtungs- und Teilnahmeperspektive, von Logiken und Situationen zu wahren. Insofern Sozialethik auch als evaluativ arbeitende Soziologie verstanden werden kann, gilt diese Aufgabe genauso für die Sozialethik. Sie wird beachten müssen, dass und wie sich gesellschaftliche Strukturen, insbesondere die ungleiche Verteilung von Kapitalsorten

---

200 Bourdieu 1993, 97.
201 Vgl. Bourdieu 2020, 23–24, Zitate auf S. 23 und 24.
202 Vgl. etwa Bourdieu 2020, 36–37, Zitat auf S. 36.
203 Vgl. Bourdieu 2020, 64–104, Zitat auf S. 64. Vgl. dazu auch und ebenfalls mit Bezug zu den Meditationen und diesem Abschnitt: Bongaerts 2007, 255.
204 Bourdieu 2020, 64, dazu auch a.a.O. 84.
205 Vgl. auch für das Zitat R. Schmidt 2012, 29. Bourdieu formuliert dieses Problem so, dass der Beobachter, dazu neige „die Grundlagen seiner Beziehung zum Objekt in dieses einzubringen" (vgl. Bourdieu 1993, 52–53, Zitat auf S. 53). Zu „halbwissenschaftliche[n, FH] Taxonomien" vgl. Bourdieu 2018, 46–51, Zitat auf S. 46.
206 Vgl. in ähnlichen Worten R. Schmidt 2012, 34. Vgl. auch a.a.O., 31. Zu dem Verhältnis von soziologischer und Alltagsperspektive auch Bourdieu 2014, 277.

und Privilegien, immer schon in der Perspektivität und in den Vollzug der eigenen Reflexionspraxis einschreiben, und darauf verzichten, die eigene Perspektive „unkontrolliert zu universalisieren"[207].

2.1.3.2 Diskurspraktiken und Praxis

Nun scheint der Praxisbegriff der akademischen Tätigkeit von Soziolog:innen, Ethiker:innen und Theolog:innen auf den ersten Blick ferner zu liegen als der Diskursbegriff. Zwar umfasst der Diskursbegriff der Diskursanalyse natürlich viel mehr als nur wissenschaftliche Diskurse.[208] Dennoch kann eine Bestimmung des Verhältnisses diskursanalytischer und praxeologischer Ansätze, genauer: des Verhältnisses von Diskurs- und Praxisbegriff helfen zu bestimmen, inwiefern sich Theorievollzüge sinnvoll als Praktiken reflektieren lassen.

Reckwitz' Aufsatz von 2003 klingt so, als würde er einen Gegensatz zwischen dem Praxis- und dem Diskursbegriff aufmachen.[209] Später referiert er ausführlich die theoretischen Unterschiede von Praxisanalyse, die er mit Pierre Bourdieu verknüpft sieht, und Diskursanalyse, die er mit Michel Foucault verbindet,[210] kommt aber zu einem integrativen Verständnis, das auch hier zugrunde liegt. Dessen Pointe ist, Diskurse als „eine Spezialform von Praktiken" zu verstehen.[211] Diskurse sind *„Praktiken der Repräsentation*, d. h. solche der Darstellung von Sachverhalten, Zusammenhängen, Subjekten, mit argumentativer oder narrativer oder auch bildli-

---

207 Vgl. auch für das Zitat R. Schmidt 2012, 29.
208 Reiner Keller greift in seinem Einführungswerk in die Diskursforschung auf die Arbeit des „Sprachwissenschaftler[s] Teun van Dijk" zurück, der die Diskursanalyse auf die „Analyse von Sprachgebrauch – Reden oder Schreiben (,text and talk') – als Realprozess im gesellschaftlichen Kontext (,in action')" ausrichtet (vgl. auch für die Zitate R. Keller 2011, 20). So tut sich eine „Spannweite der Begriffsverwendung von ‚Diskurs'" auf, die von einfachen Gesprächen bis zu „historische[n FH] ‚Diskursordnungen'" reicht (vgl. auch für die Zitate R. Keller 2011, 63. Für einen Überblick über die Forschungstraditionen der Diskursanalyse vgl. R. Keller 2011, 20–64) Damit ist klar, dass der Diskursbegriff keineswegs nur formalisierte und institutionalisierte akademische oder politische Diskurse meinen kann, sondern alle Formen des mündlichen oder schriftlichen, kontextualisierten Sprachgebrauchs.
209 Vgl. so in der Formulierung: „Wenn man als ‚kleinste Einheit' des Sozialen nicht ein Normensystem oder ein Symbolsystem, nicht ‚Diskurs' oder ‚Kommunikation' und auch nicht die ‚Interaktion', sondern die ‚Praktik' annimmt, dann ist diese kleinste Einheit des Sozialen in einem routinisierten ‚nexus of doings and sayings' (Schatzki) zu suchen, welches durch ein implizites Verstehen zusammengehalten wird." (Reckwitz 2003, 290)
210 Vgl. Reckwitz 2016, 49, 52–55.
211 Vgl. auch für das Zitat Reckwitz 2016, 36. Ähnlich auch Hillebrandt: „Diskurse sind eine ganz spezifische, häufig akademische Art der Praxis, die aber sehr wohl Wirkungen in anderen Praxisformen hinterlassen kann." (Hillebrandt 2014, 51)

cher Struktur."²¹² Damit lassen sich Diskurse auch auf ihre Materialität und auf Körperlichkeit hin betrachten.²¹³ Von anderen Praktiken hebt Reckwitz die „diskursiven Praktiken" dadurch ab, dass diese Wissensordnungen explizit machen:²¹⁴

> Sinnzusammenhänge, die in allen Praktiken zwangsläufig enthalten sind und ihnen, ohne dass sie repräsentiert oder thematisiert werden müssten, ihre Form geben, werden in Diskursen zum expliziten Thema [...]. Alle sozialen Praktiken enthalten Wissensordnungen und Codes; die diskursiven Praktiken produzieren und explizieren selbst [...] Wissensordnungen.²¹⁵

Entsprechend unterscheidet Reckwitz nicht primär zwischen Diskursen einerseits und Praktiken andererseits, sondern „eher zwischen unterschiedlichen Praxis-/Diskurskomplexen".²¹⁶ Die auch für die vorliegende Arbeit entscheidende Pointe daran ist, dass sich so auch Diskurse als Praktiken auf ihre Materialität, ihr Körperlichkeit und ihr implizites Wissen hin beschreiben lassen – gerade insofern sie als Diskurse Wissensordnungen „produzieren und explizieren".²¹⁷ Dabei müssen die im Diskurs als Diskurs explizierten Wissensordnungen nicht dieselben sein, wie diejenigen, die den Diskurs als Praxis durchwirken.²¹⁸

In der (Selbst-) Reflexion theologischer Ethik bietet der Praxisbegriff damit eine gemeinsame Kategorie zur Selbstbeschreibung akademischer Ethik-Diskurse genauso wie zur Beschreibung anderer gesellschaftlicher Praktiken, die beide Beschreibungen für Materialität, implizites Wissen und damit für die soziale Situierung dieser Praktiken sensibilisiert.

2.2 Zum Anschlussproblem: Das Imaginäre der Praxis

Der Begriff der Imagination oder des Imaginären ist nicht nur in Sozialphilosophie und Kulturtheorie verbreitet,²¹⁹ sondern erfreut sich auch in der englischsprachigen systematischen Theologie stetiger Beliebtheit – von David Tracys „Analogical Imagination" über William Cavanaughs „Theopolitical Imagination" zu David Kel-

---

212 Reckwitz 2016, 36–37, 62, kursiv im Original.
213 Vgl. Reckwitz 2016, 37.
214 Vgl. Reckwitz 2016, 37.
215 Reckwitz 2016, 63.
216 Vgl. auch für das Zitat Reckwitz 2016, 61.
217 Vgl. auch für das Zitat Reckwitz 2016, 63.
218 Vgl. Hillebrandt 2014, 51 und dort pointiert: „Das heißt, die praktische Umformung des im Diskurs erzeugten Sinns ist immer vom Diskurs zu unterscheiden." (ebd.)
219 Vgl. Strauss 2006, 322; Gaonkar 2002.

seys „Imagining Redemption", um nur einige Beispiele zu nennen.[220] Im deutschsprachigen Raum haben etwa Thomas Wabel in der Systematik und Konstanze E. Kemnitzer in der Praktischen Theologie mit dem Begriff gearbeitet.[221] Für die Reflexion von Verantwortungspraktiken bietet sich die noch genauer zu differenzierende Kategorie des Imaginativen und Imaginären an, weil sie im praxistheoretischen Rahmen eine Lösung des in der Einleitung herausgearbeiteten Anschlussproblems der Kritik der Verantwortung ermöglicht: Die Kategorie des Imaginären soll den Zusammenhang von akademischen und anderen gesellschaftlichen Praktiken theoretisch fassbar machen.

Die Anthropologin Claudia Strauss hat drei einflussreiche Traditionen in der Reflexion des Imaginären unterschieden:[222] Während Cornelius Castoriadis *„the social imaginary"* im Singular als einheitliches Kernethos einer Gruppe („ethos of a group") und Lacan es als illusionäre Fantasie verstanden habe,[223] entdeckt sie in Charles Taylors, an Anderson anknüpfenden Begriff des „social imaginary" eine große Nähe zu kognitiven Schemata und kulturellen Modellen („shared cognitive schemas and cultural models").[224] Diese Ähnlichkeit nimmt Strauss zum Anlass, die Forschungen zu kulturellen Modellen für eine Differenzierung des Taylorschen Imaginationsbegriffs als Wissenskategorie zu nutzen.[225] Diesen Taylor-Andersonschen Begriff von Imagination und sozial Imaginärem lege ich hier zugrunde und

---

220 Vgl. Tracy 1981; Cavanaugh 2002; Kelsey 2005 (Die Auffindung dieses Buches von Kelsey verdanke ich der Arbeit von Nadia Marais, die ebenfalls den Imaginationsbegriff verwendet, vgl. Marais 2015). Häufig wird der Begriff auch am Rande erwähnt oder bloß beiläufig verwendet, etwa in Moltmann 1966, 180.
  Etwas ausführlicher hat William Schweiker mit den Begriffen „imagination", „social imaginary" und „image scheme" gearbeitet (vgl. Schweiker 2004, insbes. Part III, Zitate etwa auf S. 131, 148 und 138). Dies geschieht sogar im Zusammenhang mit dem Verantwortungsbegriff – so spricht er vom „theme of imagination and its relation to moral responsiblity" (a.a.O., 131), allerdings ohne erkennbaren Bezug auf Charles Taylor. Obwohl Schweiker einzelne Vorstellungsinhalte explizit macht – etwa *„images of posession"* (a.a.O., 179, kursiv im Original), geht es ihm – zumindest im dritten Teil des zitierten Buches – anders als mir hier nicht um eine methodisch reflektierte, selbstkritische Explikation der vom Verantwortungsbegriff konnotierten Imaginationen.
221 Vgl. Wabel 2010, 307–502, insbes. 398–428 (vgl. dazu schon kurz Höhne 2020b, 256–259). Vgl. Kemnitzer 2013; Kemnitzer arbeitet mit dem Begriff der Imaginationen (a.a.O., 21–27), bezieht sich allerdings nicht auf die Arbeiten von Castoriadis, Anderson und Taylor.
222 Vgl. Strauss 2006. Es sind drei, weil sie Taylor und Anderson zusammen verhandelt.
223 Vgl. Strauss 2006, 323–329, Zitate auf S. 324, kursiv im Original. Strauss verdanke ich die Auswahl von Castoriadis, Taylor und Anderson als Referenzen und wichtige Einsichten in deren Arbeiten.
224 Vgl. Strauss 2006, 330–331, Zitat auf S. 331.
225 Vgl. Strauss 2006, 331–332.

verorte ihn stärker als Strauss in der Tradition zu Castoriadis.[226] Folgendes spricht hier für diese Kategorie der Imaginationen und des Imaginären:[227]

Erstens verweist der Imaginationsbegriff auf etwas, das nicht nur Beobachtungsperspektiven auf soziale Praxis zugrundliegt, sondern vor allem auch in der Teilnahmeperspektive als „implicit understanding[.]" diese Praxis prägt.[228] Damit ist die Kategorie des Imaginären kompatibel mit praxeologischen Ansätzen. Vermittels dieser Kategorie wird der Zusammenhang von akademischer Theorie als Reflexionspraxis einerseits und anderen gesellschaftlichen Praktiken andererseits reflektierbar und das Anschlussproblem so bearbeitbar. Dies werde ich in Auseinandersetzung mit Charles Taylor zeigen und präzisieren (2.2.3).

Zweitens lässt sich Benedict Andersons Klassiker „Imagined Communities" als Beschreibung dessen lesen, wie eine bestimmte Imagination – die Imagination von Nationalität nämlich – entstanden ist, plausibel erschien und sich verbreitete. Diese Erzählung ist methodisch für den reflexiven Umgang mit Imaginationen instruktiv. Von Andersons Vorgehen will ich also das methodische Vorgehen lernen (2.2.2).

Drittens ermöglicht der Imaginationsbegriff in Anschluss daran, dass Claudia Strauss nach der Situierung von Imaginationen fragt,[229] deren soziale Situierung zu thematisieren und differenziert zu reflektieren (s. 2.2.1.4). Die Grundgedanken zum gesellschaftlichen Imaginären, die in Benedict Andersons Arbeit zu „imagined communities" und Charles Taylors zum „social imaginary" zur modifizierte Anwendung kommen, führe ich dabei im Folgenden implizit auf den postmarxistischen Sozialtheoretiker Cornelius Castoriadis zurück.[230]

2.2.1 Psyche, Institution und Imagination (Cornelius Castoriadis)

Um den Begriff des „Imaginären" zu präzisieren ist es unerlässlich, auf die umstrittene, viel kritisierte, teilweise verkannte und gleichzeitig hochgelobte Arbeit

---

226 Strauss grenzt sich relativ deutlich von Castoriadis ab: „Oddly, Cornelius Castoriadis seems to be the most frequently cited of these theorists of imaginaries, even though his conception of the imaginary has the least to contribute to anthropological analysis." (Strauss 2006, 323)
227 Manche dieser Gründe habe ich bereits in einer früheren Auseinandersetzung mit der Imaginationstheorie angedeutet: Höhne 2020b, 256–259, bes. 256–257.
228 Vgl. dazu Strauss 2006, 332–333, Zitat auf S. 333. Vgl. zur Teilnehmerperspektivität C. Taylor 2004, 23.
229 Vgl. Strauss 2006, 333, 335, 339.
230 Für einen sehr kurzen Vergleich von Anderson und Taylor einerseits und Castoriadis andererseits vgl. schon Strauss 2006, 329. Folgende Arbeiten von mir zu dem im Folgendem Entfalteten liegen unter anderem schon vor: Höhne 2020b, 256–259; Höhne 2019a; Höhne 2019b; Höhne 2021d sowie Höhne 2022c.

von Cornelius Castoriadis zurückzugreifen,[231] der den Begriff als sozialphilosophische Kategorie m. E. eingeführt hat.[232] Trotz seines Postmarxismus ist Castoriadis für eine theologische Ethik anknüpfungsfähig, weil die praktische Zielvorstellung seiner Arbeit geschichtlich gefasst ist und so als atheistische Entsprechung zum eschatologischen Vorbehalt verstanden werden kann und inhaltlich dem theologischen Verständnis „kommunikativer Freiheit"[233] bedingt nahesteht – das wird sich in den ersten beiden der folgenden Unterabschnitte zeigen. Insofern lässt sich gerade im Kontext und für den Kontext einer freiheitlichen Demokratie von Castoriadis' Terminologie lernen.

Castoriadis' Denken ist auf ein praktisches Ziel gerichtet, von dem her er die Kategorie des Imaginären als Ambivalentes einführt. Von der Rekonstruktion dieser Zielbestimmung ausgehend, die zugleich die Anschlussfähigkeit theologischer Ethik erweist (2.2.1.1), werde ich im Folgenden zeigen, wie Castoriadis' Begriff des Ima-

---

[231] Claudia Strauss hat vor allem den Ertrag aus Castoriadis' Arbeit für die Kulturanthropologie in Frage gestellt, weil sie ihn für sein „concept of culture as bounded and unified" genauso kritisiert wie für die Ortlosigkeit des Imaginären bei ihm (Strauss 2006, 325–326, Zitat auf S. 325). Zur Auseinandersetzung mit dieser Kritik siehe unten. Gertenbach, dessen Arbeit die hiesige Castoriadis-Rezeption viele Literatur- und Stellenhinweise (insbesondere die auf Habermas und Honneths Texte zum Thema) verdankt, bezeichnet Castoriadis als jemanden, der „oftmals als einer der interessantesten und originellsten Theoretiker des zwanzigsten Jahrhunderts vorgestellt wird" und trotzdem „bis heute außerhalb bestimmter, zumeist eher politischer Kreise weitgehend unbekannt" sei (Gertenbach 2011, 277). Hohes Lob auf Castoriadis findet sich gerade in der Frankfurter Schule, etwa bei Axel Honneth (Honneth 2013, 144) und mit Einschränkungen bei Jürgen Habermas, der schreibt: „Castoriadis hat den originellsten, ehrgeizigsten und reflektiertesten Versuch unternommen, die befreiende Vermittlung von Geschichte, Gesellschaft, äußerer und innerer Natur noch einmal als *Praxis* zu denken." (Habermas 1988, 380, auch zitiert bei Gertenbach 2011, 277) Habermas' Hauptkritik liegt darin, dass „Castoriadis die Lösung verfehlt, weil sein fundamentologisches Gesellschaftskonzept keinen Platz läßt für eine intersubjektive, vergesellschafteten Individuen *zurechenbare* Praxis. Am Ende geht die gesellschaftliche Praxis im anonymen Sog einer aus dem Imaginären geschöpften Instituierung neuer Welten auf." (Habermas 1988, 383–384, kursiv im Original) Einerseits trifft Habermas' Kritik, weil Castoriadis auf die bewussten, diskursiven, anteilig Individuen zurechenbaren Prozesse, in denen die Gesellschaft sich reflektiert und instituiert, tatsächlich nicht eingeht. Andererseits ist es m. E. gerade eine Stärke von Castoriadis, die Anonymität dessen, was gesellschaftliche Praktiken durchwirkt, beschreibbar gemacht zu haben, ohne dabei die Hoffnung auf emanzipierende Praktiken theoretisch zu erübrigen.

[232] Als psychoanalytische Kategorie ist das „Imaginäre" entscheidend von Lacan entwickelt worden (Strauss 2006, 326–329, Nemitz 2016; Žižek 2016, 18–19). Castoriadis hat bei Lacan in Paris gelernt (Gertenbach 2011, 277), sodass sein gesellschaftstheoretischer Begriff des Imaginären auch von Lacan beeinflusst sein wird (Gertenbach 2011, 285). Den Unterschied zu Lacan, der Castoriadis hier interessant macht, hat Gertenbach in Bezug auf den Begriff des Imaginären so formuliert: „Folglich verweist er bei Castoriadis im Gegensatz etwa zu Lacan primär auf eine *gesellschaftliche* Ebene und bildet zugleich eine Art Grundkategorie des Sozialen." (Gertenbach 2011, 285, kursiv im Original)

[233] Vgl. dazu etwa Wolfgang Huber, s. 1.2.2.1 und 3.3.3.3.

ginären von seinem psychoanalytischen Entdeckungszusammenhang her (2.2.1.2) auch in seinem gesellschaftsbezogenen, institutionen- und symboltheoretische Entwurf verständlich wird (2.2.1.3) und wie diese individuelle und gesellschaftliche Verortung bei ihm zusammenhängen (2.2.1.4).

2.2.1.1 Zielbestimmung und Anschlussfähigkeit

Schon in den Beiträgen zu der von ihm selbst mitherausgegebenen und 1966 eingestellten Zeitschrift „Socialisme ou barbarie" hat sich Castoriadis schonungslos kritisch mit dem Marxismus und dessen geschichtlichen Realisierungen auseinandergesetzt.[234] Dies mündet im ersten Teil seines 1974 vollendeten soziologischen Hauptwerkes „L' institution imaginaire de la société" in die systematische Ideologiekritik am Marxismus.[235] Dort wendet er sich gegen den materialistischen Geschichtsdeterminismus, gegen die darauf beruhende „absolute Macht der Partei" und die daraus folgende „Ideologie der Bürokratie".[236] Seine Kritik richtet sich damit nicht nur gegen verfehlte Anwendung, sondern gegen die marxistische Theoriebildung selbst, insofern diese zu einem spekulativen System wird, das sich in Praxis und Geschichte nicht mehr verändern lässt.[237]

---

[234] Eine Auswahl von Castoriadis' Texten aus dieser Zeitschrift ist 1980 in einer von Jürgen Hoch besorgten Übersetzung in Berlin (West) herausgekommen: Castoriadis 1980. Zu den Gründen für das Ende der Zeitschrift vgl. Castoriadis' Selbstzeugnis in Castoriadis 1980, 46. Thomas Schmid schildert in der Einleitung zum Buch, wie die Zeitschrift 1948 aus einer trotzkistischen Splittergruppe entstanden war (Castoriadis 1980, 7). Honneth zufolge ist sie von „1949 bis 1966" erschienen (Honneth 2013, 146). Vgl. zu dieser Zeitschrift auch Gertenbach 2011, 279.
[235] Vgl. Gertenbach 2011, 279–280, 281; Castoriadis 1990 [1984], 9. Castoriadis Hauptwerk in dt. Übersetzung ist Castoriadis 1990 [1984].
[236] Vgl. Castoriadis 1990 [1984], 97–108, Zitate auf S. 101, 103. Zur „Verwandlung des Marxismus in die faktische Ideologie der Bürokratie" vgl. auch Castoriadis 1990 [1984], 115, dort auch das Zitat. Vgl. dazu auch Gertenbach 2011, 279–280; Honneth 2013, 148.
[237] So stellt Castoriadis fest: „Der theoretische Ausgangspunkt für den Verfall des Marxismus – das ideologische Äquivalent zum bürokratischen Verfall der Arbeiterbewegung – ist in der raschen Umwandlung der neuen Konzeption in ein geschlossenes und möglichst vollständiges System zu suchen, das die Probleme der Menschheit vorzugsweise wieder im Medium des Kontemplativen und Spekulativen zu lösen sucht." (Castoriadis 1990 [1984], 116) Später betont er: „Diese Verwandlung des Marxismus [in, FH] eine abgeschlossene Theorie bedeutet das Ende seiner ursprünglichen revolutionären Bestrebungen und bezeichnet eine neuerliche Entfremdung ins Spekulative." (Castoriadis 1990 [1984], 119) Zur Tiefe dieser Kritik vgl. auch Gertenbach 2011, 279–280. Axel Honneth hat Castoriadis' Werk als „Selbstkritik des Marxismus" bezeichnet, in dem „die ersten Zweifel an den traditionellen Grundannahmen des Marxismus" nicht aus theoretischer Reflexion entstanden sind, sondern aus „Erfahrungen der politischen Praxis"; Castoriadis hatte „die autoritäre und repressive Strategie der stalinistischen KP Griechenlands an eigenem Leib erfahren" (vgl. auch für die Zitate Honneth 2013, 145). Zu den Zweifeln an der Theorie selbst vgl. auch Honneth 2013, 147.

Gegen die genannten versteinernden[238] Effekte will er gerade an einen dynamischen, sozialen Praxisbegriff anknüpfen, in dem wie beim ursprünglichen Marxismus Praxis und Theorie, „Reflexion und Aktion" eine Einheit bilden.[239] In den Praxisbegriff schreibt Castoriadis normativ *Autonomie* als Mittel und Ziel ein:[240] Es geht ihm um „eine bewußte Umwandelung der Gesellschaft durch die autonome Tätigkeit der Menschen" auf die Autonomie aller hin.[241] Damit ist das Ziel benannt, in das er auch sein eigenes Denken und Arbeiten einordnen wird: Autonomie. Entsprechend definiert er Praxis als politisches Tun so:

> Praxis nennen wir dasjenige Handeln, worin der oder die anderen als autonome Wesen angesehen und als wesentlicher Faktor bei der Entfaltung ihrer eigenen Autonomie betrachtet werden. [...] In der Praxis gibt es etwas, das *zu tun ist* [...], nämlich die Beförderung der Autonomie des oder der anderen [...]. Man könnte sagen, daß für die Praxis die Autonomie des oder der anderen zugleich Zweck und Mittel ist.[242]

Damit steht Castoriadis zumindest dem sozialtheoretischen Aspekt des theologischen Gedankens der *„kommunikative[n]* Freiheit" insofern nahe, als auch in diesem die „Freiheit der anderen nicht bloß [...] als Beschränkung der eigenen Freiheit [...], sondern zugleich als deren Ermöglichung" verstanden ist.[243] Die anderen sind, so

---

238 Diese Metaphorik stammt von Castoriadis selbst, der eine Lehre kritisiert, „die in der Gestalt versteinert ist" und der Praxis „bestenfalls als ideologischer Deckmantel dient" (Castoriadis 1990 [1984], 105).
239 Vgl. auch für das Zitat Castoriadis 1990 [1984], 106. Vgl. dort: „Der Marxismus hat dagegen in seinen Anfängen etwas gänzlich Neues angestrebt. Die Einheit von Philosophie, Politik und wirklicher Bewegung der ausgebeuteten Klasse in der Gesellschaft sollte keine bloße Addition, sondern eine echte Synthese werden, eine höhere Einheit, in der jedes Element eine Wandlung erfahren sollte." (ebd.)
240 Vgl. Castoriadis 1990 [1984], 170, 128. Es ist dieser emanzipatorische Praxisbegriff, an den auch die Frankfurter anknüpfen. Vgl. zu dem „normativ angereicherte[n] Praxisbegriff" bei Castoriadis nämlich Honneth 2013, 151 und Habermas: „Und schließlich zielt Praxis auf eine Beförderung der Autonomie ab, der sie selbst zugleich entspringt [...]". (Habermas 1988, 381, vgl. ebd. auch für Emanzipation) Dazu, dass die Attraktivität von Castoriadis für die Frankfurter genau im Festhalten am „Projekt von Autonomie und Emanzipation" besteht, und den Verweis auf Habermas und Honneth in diesem Zusammenhang vgl. Gertenbach 2011, 280, dort auch das Zitat.
241 Vgl. auch für das Zitat Castoriadis 1990 [1984], 107 und vgl.: „Was angestrebt wird (die Entwicklung der Autonomie), steht in einer inneren Beziehung zu dem, womit es angestrebt wird (der Ausübung dieser Autonomie)." (Castoriadis 1990 [1984], 129) Vgl. dazu auch pointiert a.a.O., 162.
242 Castoriadis 1990 [1984], 128, kursiv im Original. Dabei betont Castoriadis, dass der Gebrauch der Zweck-Mittel-Semantik hier nicht im technischen Sinne misszuverstehen ist, sondern Zweck und Mittel „in einer inneren Beziehung" zueinanderstehen (vgl. auch für das Zitat Castoriadis 1990 [1984], 129). Vgl. zu Castoriadis Autonomieverständnis auch Gaonkar 2002, 8.
243 Vgl. auch für die Zitate Tödt 1988f, 40–41, kursiv im Original. Genauso versteht auch Wolfgang Huber den Begriff, wenn er schreibt: „Freiheit sondert die Menschen also nicht voneinander ab wie

Castoriadis, „für das Subjekt selbst konstitutiv, für sein Problem und seine mögliche Lösung."[244] Die Nähe bleibt, wenn Castoriadis sehr subjektiv[245] von seinen Zielen spricht und damit implizit den Autonomiebegriff konkretisiert:

> Ich möchte – zusammen mit allen anderen – wissen können, was in der Gesellschaft vorgeht, ich möchte den Umfang und die Qualität der verbreiteten Information überprüfen können. Ich möchte an allen gesellschaftlichen Entscheidungen unmittelbar teilnehmen können, soweit sie meine Existenz und den allgemeinen Lauf der Welt, in der ich lebe, betreffen. […] Ich möchte, daß der andere frei ist, denn meine Freiheit *beginnt* dort, wo die Freiheit des anderen beginnt, und allein könnte ich höchstens ‚anständig, aber unglücklich' sein.[246]

So ließe sich auch kommunikative Freiheit theologisch und fast schon poetisch fassen: meine Freiheit endet nicht, sondern beginnt in der Freiheit des anderen. Diese Nähe endet allerdings, wo es über diesen sozialtheoretischen Aspekt hinaus geht: Theologisch hat Wolfgang Huber „kommunikative Freiheit" eben nicht nur als konstitutiv in Sozialzusammenhänge eingebunden verstanden, sondern auch rechtfertigungstheologisch als „geschenkte und verdankte Freiheit" und damit gerade nicht nur als menschlich umzusetzende.[247] Genau als solches taucht sie aber wie gesehen bei Castoriadis auf: als Handlungsziel. Autonomie ist hier angestrebte – und nicht göttlich zugesagt oder verheißene.[248]

Auf diese Zielbestimmung hin entwerfend führt Castoriadis den Begriff des Imaginären ein – und zwar zunächst psychoanalytisch (2.2.1.2) und dann gesellschafts- sowie symboltheoretisch (2.2.1.3).

---

in der *lex iustitiae* Kants: ‚Tritt in einen Zustand, worin jedermann das Seine gegen jeden anderen gesichert sein kann.' Sondern Freiheit verwirklicht sich darin, dass der eine den anderen als Bereicherung seiner selbst und als Aufgabe des eigenen Lebens erfährt. Sie verwirklicht sich also in Gemeinschaft und in wechselseitiger Verständigung, in *communio* und *communicatio*; deshalb kann sie ‚kommunikative Freiheit' genannt werden." (Huber 2012b, 63) Und etwas später schreibt Huber über kommunikative Freiheit: „Wo sie herrscht, ist der andere nicht mehr Schranke meiner Selbstverwirklichung, auch nicht bloß Anlass oder Material meiner sittlichen Bewährung. Vielmehr können wir durch die Liebe im anderen zu uns selbst kommen." (Huber 2012b, 63)

Den Begriff der „kommunikativen Freiheit" hat Huber auf Michael Theunissens Hegelarbeiten zurückgeführt (vgl. Huber 1985, 118, Anm. 14). Die bedingte Nähe von Castoriadis zu diesem theologischen Gedanken könnte deshalb im gemeinsamen Schnittpunkt bei Hegel liegen, von dem Castoriadis über Marx und Hubers sowie Tödts Begriff über Theunissen geprägt sind.
244 Castoriadis 1990 [1984], 184.
245 Das macht Castoriadis explizit: Castoriadis 1990 [1984], 156.
246 Castoriadis 1990 [1984], 157–158, kursiv im Original.
247 Vgl. auch für das zweite Zitat Huber 2012b, 58. Zur Einbindung der Freiheit in Sozialzusammenhänge bei Huber und den Begriff „kommunikative Freiheit'" vgl. a. a. O., 63.
248 Zur Freiheit als Zusage und Verheißung in der Bibel vgl. Huber 2012b, 62–63.

2.2.1.2 Psychoanalytischer Entdeckungskontext des Imaginären und Vergeschichtlichung des Zieles

Explizit fasst Castoriadis Autonomie zunächst individuell und psychoanalytisch, von Freud und Lacan[249] geprägt, als Gegenbegriff zu Heteronomie und Entfremdung.[250] En passant benutzt er dabei den Begriff des Imaginären, das schon hier als ambivalent erscheint.[251] Damit, dass er diesen Begriff im Weiterdenken von Freuds und Lacans Psychoanalyse einführt, verbindet er das Imaginäre mit dem Unbewussten in Freuds Entwurf: Von Freud her versteht Castoriadis Autonomie als Ichwerdung im Gegenüber zur Fremdbestimmtheit durch das Unbewusste,[252] das er wiederum mit seinem Lehrer Jacques Lacan als „Diskurs des Anderen" denkt:[253] Dieser „Diskurs des Anderen" steht für jene „Bedeutungen [...], die dem Individuum seit seiner Zeugung und sogar schon vorher von denen beigemessen wurden, die es gezeugt und aufgezogen haben"[254] – kurzum für das, worin sich ein Individuum vorfindet.[255] Diesem Unbewussten gegenüber steht der bewusste, dem Subjekt je eigene „Diskurs des Subjektes".[256] Den „Diskurs des Anderen" wiederum bezieht Castoriadis auf das Imaginäre.[257] Heteronom und damit entfremdet ist ein Individuum, das von einer unbewussten, fremden und verselbständigt-imaginären, weil fälschlich für real gehaltenen Imagination beherrscht wird:[258] Das Subjekt „hält sich [...] für etwas, das es nicht ist".[259] Demgegenüber meint Autonomie offenbar, sich dieses „Diskurs[es] des Anderen" andauernd bewusster zu werden und ihn gegebenenfalls

---

249 Zu diesem Einfluss vgl. Strauss 2006, 326.
250 Vgl. Castoriadis 1990 [1984], 172–181, für Heteronomie und Entfremdung vgl. S. 175.
251 Vgl. Castoriadis 1990 [1984], 174–176.
252 Vgl. Castoriadis 1990 [1984], 172–173.
253 Vgl. auch für das Zitat Castoriadis 1990 [1984], 174.
254 Castoriadis 1990 [1984], 174.
255 Vgl. zu diesem Begriff Castoriadis 1990 [1984], 207.
256 Vgl. Castoriadis 1990 [1984], 176–178, Zitat auf S. 178.
257 Vgl. Castoriadis 1990 [1984], 174. Dort heißt es: „Wie Jacques Lacan sagt: ‚Das Unbewußte ist der Diskurs des Anderen' [...]. Autonomie heißt dann: mein Diskurs muß den Platz des Diskurses des Anderen einnehmen, eines fremden Diskurses, der in mir ist und mich beherrscht: der aus mir spricht. [...] Das Hauptmerkmal dieses Diskurses des Anderen unter dem hier interessierenden Gesichtspunkt ist sein Bezug zum *Imaginären*. Unter der Herrschaft dieses Diskurses hält sich das Subjekt für etwas, was es nicht ist [...]." (ebd.)
258 Vgl. Castoriadis 1990 [1984], 174–175. Entfremdung als Gegenteil von Autonomie läge „auf individueller Ebene in der Herrschaft eines verselbständigten Imaginären, das sich anmaßt, für das Subjekt die Realität und ein Begehren zu definieren." (a. a. O., 175) Während Castoriadis selbst von „verselbständigen" spricht, hat er diesen Terminus auch problematisiert, wegen des von diesem Ausdruck unterstellten Vorhers (vgl. a. a. O., 275).
259 Vgl. auch für das Zitat Castoriadis 1990 [1984], 174.

in den „Diskurs des Subjektes" aufzunehmen.²⁶⁰ Die Imaginationsfähigkeit führt Castoriadis in diesem Zuge als grundsätzlich ambivalente ein: Sie schaffe einerseits die unbewussten, fälschlich für real gehaltenen Vorstellungen, also „entfremdende Phantasmen", andererseits aber auch „freie Schöpfungen [...], die wahrer sind als alle Wahrheit".²⁶¹

Zweierlei ist dabei entscheidend. Erstens versteht Castoriadis das autonome Ich in diesem Zuge gerade nicht cartesianisch als das „punktförmige Ich des ‚Ich denke'", sondern als sozial mitbedingtes Körperliches, in dessen Weltbezug Welt unhintergehbar präsent ist und das so immer von Vorfindlichem mitbestimmt ist, während es zugleich schöpferisch sein kann.²⁶² Insofern das Selbst bei Castoriadis in seiner autonomen Tätigkeit immer auf Vorfindliches²⁶³, auf den „Diskurs des Anderen", auf die soziale Welt angewiesen bleibt, hat es immer mit fremdbestimmenden Einflüssen zu tun, die sich verselbständigen können.²⁶⁴

Zweitens wird dabei deutlich, dass Castoriadis die angestrebte individuelle Autonomie nicht als Zielzustand, sondern selbst als praktische Tätigkeit denkt; Autonomie meint individuell die ständige Bewusstmachung des Imaginären, das ständige Ringen um eine eigene Entscheidung – und nicht die Stilllegung des Imaginären.²⁶⁵ Das Imaginieren läuft weiter und kann immer nur nachträglich re-

---

260 Vgl. Castoriadis 1990 [1984], 174, 176–178, 183. Zur Unerreichbarkeit dieser Autonomie (a.a.O., 176) komme ich gleich.
261 Vgl. auch für die Zitate Castoriadis 1990 [1984], 176. So fragt er: „Wie sollte eine Quelle in den tiefsten Tiefen unserer selbst austrocknen, aus der zugleich entfremdende Phantasmen und freie Schöpfungen sprudeln, die wahrer sind als alle Wahrheit"? (ebd.)
262 Vgl. Castoriadis 1990 [1984], 178–181, Zitat auf S. 178. Vgl. dort besonders: „Das Ich der Autonomie ist kein absolutes Selbst, keine Monade [...]. Es ist vielmehr eine tätige und hellsichtige Instanz, die ihre Inhalte unter Zuhilfenahme eben dieser Inhalte immer wieder neu organisiert, die bei ihrer Produktion auf ein Material angewiesen ist und den Bedürfnissen und Ideen gemäß produziert, in denen selbst wiederum Vorgefundenes und Selbstgeschaffenes vermengt ist." (a.a.O., 181)
263 Vgl. zum Inhalt und zu diesem Begriff Castoriadis 1990 [1984], 207.
264 Hier zeigt sich wieder die Nähe zur kommunikativen Freiheit: Denn dieses Vorfindliche begegnet bei Castoriadis wie gesehen nicht nur als „Schranke" individueller Autonomie (Vgl. dazu Huber wie oben zitiert [Huber 2012b, 63], sondern auch als „neu" Organisierbares (vgl. etwa Castoriadis 1990 [1984], 181) und damit als Gestaltungsmöglichkeit.
265 Vgl. Castoriadis 1990 [1984], 176–178: „Freuds Maxime [...] muß so verstanden werden, daß sie nicht auf einen fertigen Zustand, sondern auf eine tätige Situation verweist. [...] Kennzeichnend für diese Situation ist also auch keine ein für allemal vollzogene ‚Bewußtwerdung', sondern ein *anderes Verhältnis* zwischen Bewußtem und Unbewußtem, zwischen Klarheit und imaginärer Funktion [...]." (a.a.O., 177) Vgl. dazu, dass es um die Stilllegung des Imaginären nicht gehen kann a.a.O., 176–177. Vgl. zum ständigen Ringen: „Beobachtung, Objektivierung, Absonderung, Herauslösung und Veränderung des Diskurses des Anderen in einen Diskurs des Subjekts ist jederzeit möglich und muß stets aufs neue in Angriff genommen werden." (a.a.O., 178)

flektiert werden.²⁶⁶ Diese Vergeschichtlichung des angestrebten „fertigen Zustand[es]" zu einer „tätige[n] Situation" findet sich analog bei Castoriadis auf gesellschaftlicher und theoretischer Ebene:²⁶⁷ Auch die von ihm denkend mitbetriebene gesellschaftliche Transformation zielt auf „fortwährende Selbstveränderung der Gesellschaft" zwischen „Setzung relativ fester und dauerhafter Formen" und „deren Aufbrechen"– kurz gesagt:²⁶⁸ Das Ziel ist die „Einsetzung einer Geschichte, in der sich die Gesellschaft als selbst-instituierende nicht nur explizit weiß, sondern auch *werden läßt*", wobei m. E. gerade in diesem „Werdenlassen" das Imaginäre als ambivalent schöpferisch Imaginäres aktiv bleibt und nicht ein für allemal in bewusste Durchdringung aufgehoben wird.²⁶⁹ Zudem verfolgt er eine Vergeschichtlichung der Theoriebildung selbst: Es geht ihm ja gerade „nicht darum, ein für allemal eine neue Theorie aufzustellen – noch eine! –, sondern eine Konzeption zu formulieren, die imstande ist, eine offene *Entwicklung* anzuregen, und vor allem eine wirkungsvolle Aktivität mit Leben und Geist zu erfüllen [...]."²⁷⁰

Diese Einordnung von Theoriebildung, individueller und gesellschaftlicher Zielvorstellung in die unabgeschlossene Geschichte, macht Castoriadis' Arbeit trotz seiner Nähe zum Marxismus für theologische Ethik insofern anschlussfähig, als diese Einordnung in theologischer Perspektive die Grunddifferenz von menschlichem (Reform-)Handeln und allein göttlicher Realisierung des Reiches Gottes oder – mit Meireis gesagt: von intendiertem und unverfügbaren Guten aktualisiert (2.3.3.3).²⁷¹ Menschlich intendierbar ist nicht ein endgültiger Zustand, der die Geschichte beendete, sondern ein innergeschichtlicher Modus von Selbstveränderung,

---

266 Vgl.: „Die Vorstellung ist radikale Imagination. Der Vorstellungsstrom ist Selbstveränderung, vollzieht sich als unaufhörliches Auftauchen von Anderem in der und durch die Setzung/Vor-Stellung [...] von Bildern und Figuren. Diese Verbildlichung entwickelt, schafft und aktualisiert erst, was der reflexiven Analyse nachträglich als Bedingung ihrer eigenen Möglichkeit erscheint: Verzeitlichung, Verräumlichung, Differenzierung, Anderswerden." (Castoriadis 1990 [1984], 542)
267 Vgl. auch für die Zitate Castoriadis 1990 [1984], 177. Zur Geschichtlichkeit vgl. auch etwa a.a.O., 606.
268 Vgl. Castoriadis 1990 [1984], 606–607, Zitate auf S. 607.
269 Vgl. Castoriadis 1990 [1984], 608–609, 176, 229, 521, Zitat auf S. 609, kursiv im Original. Auch Castoriadis verwendet den Schöpfungsbegriff und lässt die „Schöpfung alles Neuen in der Geschichte" im Imaginären gründen (vgl. auch für das Zitat a.a.O., 229). Zum Imaginären „as a potential source of creativity and freedom, for both individuals and societies" bei Castoriadis vgl. auch Strauss 2006, 324.
270 Castoriadis 1990 [1984], 110. Den Gedanken „einer fertigen und endgültigen Theorie" bezeichnet er als „Hirngespinst" (a.a.O., 121) und will stattdessen von einem „Entwurf" sprechen, der „Element der Praxis" bleibt (a.a.O., 132). Vgl. dazu auch a.a.O., 152–153.
271 Vgl. dazu inhaltlich und auch zu dieser Begrifflichkeit Meireis 2008, 259–263 und hier 2.3.3.3 Theologische Differenzierung: Unverfügbares, intendiertes und realisiertes Gutes (Torsten Meireis) sowie Tödt 1967, 198.

in dem Autonomie als Tätigkeit permanent mit dem sich zum Entfremdungsfaktor verselbständigenden und gleichzeitig schöpferischen Imaginären umgehen muss, ohne dessen Ambivalenz jemals in Eindeutigkeit auflösen zu können. Genau dabei muss Theorie für Castoriadis Entwurf bleiben, darf sich also nicht zum System oder zur Ideologie verselbständigen oder verfestigen[272] – damit ist die genannte theologische Grunddifferenz zwischen göttlicher Vollendung und menschlichem Tun nicht nur praktisch, sondern epistemisch aktualisiert.[273]

2.2.1.3 Gesellschaftstheoretischer Entdeckungskontext des Imaginären

Die gesellschaftstheoretische Bestimmung des Imaginären fällt komplexer aus als die psychoanalytische, obwohl die Wirkungen des soziale Imaginären hier material greifbarer sind: Verselbständigt[274] begegnet es nicht nur wie das individuelle als psychische Fremdbestimmung des Selbst, sondern auch „woanders [...] ‚verkörpert'" – als „Maschinenpistole", „Gefängnis" oder „Gerichtsurteil".[275] Wie leitet Castoriadis das Imaginäre als soziales her?

Castoriadis' Interesse ist, Entfremdung – nun als gesellschaftlich institutionalisierte und damit individuell unüberwindbare – besser zu verstehen, um Autonomie zu befördern.[276] In diesem Zusammenhang funktioniert die Herleitung des Begriffs des „Imaginären" über seine Ausführungen zur Institutionen- und Symboltheorie, in der er sich einerseits vom soziologischen Funktionalismus und andererseits vom Strukturalismus abgrenzt.[277] Ausgangspunkt ist sein *Gesellschaftsbegriff*: Strukturanalog zur psychoanalytischen Unterscheidung von „Diskurs des Anderen" und „Diskurs des Subjekts" versteht Castoriadis die Gesellschaft als „instituierende[.] und instituierte[.]", wobei der „Diskurs des anderen" auf gesellschaftlicher Ebene anders gedacht ist, nämlich als „in einer kollektiven Anonymität" des gesellschaftlich Instituierten „verflüchtigt".[278]

> Das Gesellschaftlich-Geschichtliche besteht einerseits aus vorgegebenen Strukturen, Institutionen und ‚materialisierten' Werken (die auch immateriell sein können), zum anderen jedoch aus dem, *was* da strukturiert, instituiert und materialisiert. Kurz, es ist die spannungsvolle

---

272 Vgl. etwa Castoriadis 1990 [1984], 105, 127, 132, 153.
273 Zum Doppel von praktischer und epistemischer Unverfügbarkeit vgl. Meireis 2008, 259–261.
274 Zum Verselbständigen bei Castoriadis siehe etwa Castoriadis 1990 [1984], 196.
275 Vgl. auch für die Zitate Castoriadis 1990 [1984], 186. Auch zitiert bei Strauss 2006, 325.
276 Vgl. Castoriadis 1990 [1984], 185, 187–188, 196.
277 Zur Abgrenzung gegen den Funktionalismus siehe unten (etwa Anm. 287 in diesem Kapitel), gegen den Strukturalismus Claude Lévi-Strauss' (dazu: Honneth 2013, 152) schreibt er: „Die Behauptung, Sinn sei schlicht und einfach das Ergebnis einer Zeichenkombination, ist nicht haltbar." (Castoriadis 1990 [1984], 237)
278 Vgl. auch für die Zitate Castoriadis 1990 [1984], 185.

Einheit von instituierender und instituierter Gesellschaft, geschehener und geschehender Geschichte.[279]

Wie das Subjekt bei Castoriadis auf das vorfindliche Andere angewiesen bleibt, so ist eine „Gesellschaft ohne Institutionen […] undenkbar" für ihn.[280] Stellt man einmal das Problem zurück, dass Castoriadis damit die Gesellschaft oder das Gesellschaftliche als zwar nicht greifbare aber doch homogene Einheit denkt,[281] wirft dies die Frage auf, was eine Gesellschaft überhaupt tut, wenn sie Institutionen institutionalisiert. Castoriadis verortet Institutionen „im Symbolischen", ohne sie darin aufgehen zu lassen:[282] Institutionen bezeichnen „ein reales und zugleich symbolisches Netz, das sich selbst sanktioniert".[283] Instituieren meint folglich, sanktionierte Verknüpfungen von Symbolen und Bedeutungen im weiteren Sinne zu etablieren und so der jeweiligen Bedeutung eines Symbols „Geltung zu verschaffen":[284] Dass Geldscheine etwa „Symbol für das Recht ihres Besitzers sind, eine Anzahl von Kaufakten zu tätigen", ist eine Institutionalisierung.[285]

---

279 Castoriadis 1990 [1984], 184–185, kursiv im Original, vgl. auch a. a. O., 194–195. Der zwischen subjectivus und objectivus doppeldeutige Genitiv im französischen Originaltitel weist auf dieses Zusammenspiel von Instituieren und Instituiertsein schon hin: „L'institution imaginaire de la société". Die Übersetzung gibt dies leider nicht wieder. Hier danke ich Dr. Anne Jordan für Übersetzungshinweise.
280 Vgl. auch für das Zitat Castoriadis 1990 [1984], 194.
281 Strauss hat dies herausgearbeitet – Zitat: „His focus is on unity, rather than multiplicity" (Strauss 2006, 324) – und in kulturanthropologischer Perspektive kritisiert (vgl. Strauss 2006, 325).
282 Vgl. Castoriadis 1990 [1984], 199–200, 234, 243, Zitat auf S. 200.
283 Vgl. auch für das Zitat Castoriadis 1990 [1984], 214, ähnlich a. a. O., 226. An anderer Stelle hat er Sanktionieren sogar mit Institutionalisieren gleichgesetzt (a. a. O., 248).
284 Vgl.: „Die Institutionen lassen sich nicht auf das Symbolische zurückführen, doch können sie nur im Symbolischen existieren. […] Eine bestimmte Organisation der Ökonomie, ein juridisches System, eine instituierte Macht oder eine Religion existieren als gesellschaftlich anerkannte Symbolsysteme. Ihre Leistung besteht darin, Symbole (Signifikanten) mit Signifikaten (Vorstellungen, Ordnungen, Geboten oder Anreizen, etwas zu tun oder zu lassen, Konsequenzen – also Bedeutungen im weitesten Sinne) zu verknüpfen und ihnen als solche Geltung zu verschaffen, das heißt diese Verknüpfung innerhalb der jeweiligen Gesellschaft oder Gruppe mehr oder weniger obligatorisch zu machen." (Castoriadis 1990 [1984], 200) Ähnlich rekonstruiert Honneth den Institutionenbegriff von Castoriadis: Die „Gesellschaft wird als ein symbolisch vermittelter Bedeutungszusammenhang begriffen, in dem die Institutionen die besondere Rolle übernehmen, mittels einer ‚starren Verknüpfung von Signifikanten und Signifikaten' (200) den herrschenden Sinnentwürfen soziale Geltung zu verleihen." (Honneth 2013, 153)
285 Für dieses Beispiel vgl. Castoriadis 1990 [1984], 200, dort auch das Zitat. In dem Beispiel wird auch ein Grund klar, warum sich Institutionen nicht „ausschließlich als symbolisches Netz verstehen" lassen, sondern immer auf „Außersymbolisches" verweisen (vgl. auch für die Zitate Castoriadis 1990 [1984], 234–235) – in diesem Fall auf Materiales, Kaufbares.

Das führt ihn zum gesellschaftlich *Imaginären als Bedeutungsüberschuss:*[286] Besagte Institutionalisierung erfülle nicht nur eine gesellschaftliche Funktion; ihre substantielle Eigendynamik lasse sich nicht neutralisieren oder in Rationalität einordnen, sondern übersteige die Referenz auf Reales und Rationales.[287] Dieses Mehr fasst Castoriadis mit dem Begriff des Imaginären und versteht „imaginär" folglich im Unterschied zum „Realen" und Rationalen.[288] „Die Fahne", so ein Beispiel von Castoriadis, „ist ein Symbol mit rationaler Funktion, Erkennungszeichen und Sammelpunkt [...]" zu sein.[289] Dass Menschen bei ihrem Anblick ein „Schauer über den Rücken" laufe und sie bereit seien, ihr Leben zu opfern – das erklärt sich nur aus der imaginären Komponente des Symbols.[290]

Das Symbol *„denotiert"* nicht nur Reales und Rationales, sondern *„konnotiert"* Imaginäres – und zwar nicht nur individuell, sondern kollektiv Imaginäres.[291]

---

286 Zum *„Überschuß"* bei Castoriadis vgl. auch Wabel 2010, 402, dort auch das Zitat, kursiv im Original.
287 Vgl. für den Begriff des Real-Rationalen Castoriadis 1990 [1984], 201. Der Funktionalismus (v. a. wohl der T. Parsons, so Honneth 2013, 152) hat dieses Symbolisieren Castoriadis zufolge entweder substantiell neutralisiert (Castoriadis 1990 [1984], 201, 206–207) oder in rationale Funktionalität (a. a. O., 201–206) eingeordnet. Beides funktioniert nicht, weil Symbolsysteme historisch wachsen (und nicht am Schreibtisch der Rationalität entworfen werden), das „Material dem ‚Vorfindlichen' entnehmen", älterer Systeme nutzen und sich Signifikanten nie auf ein Signifikat feststellen lassen (a. a. O., 207–215, Zitat auf S. 207): Das Symbolisieren ordnet sich der Funktion nicht vollständig unter (a. a. O., 206), sondern behält „relative[.] Autonomie gegenüber den Funktionen" (a. a. O., 214.). Später schreibt er, „daß die Wirkung des Imaginären über seine Funktion *hinausschießt*" (a. a. O., 225–226, kursiv im Original).
288 Vgl. Castoriadis 1990 [1984], 217–219, Zitat auf S. 218. Vgl.: „Wir behaupten also, daß es Bedeutungen gibt, die von ihren Trägern – den Signifikanten – relativ unabhängig sind und die bei der Wahl und Anordnung dieser Signifikanten eine Rolle spielen. Diese Bedeutungen können sich auf *Wahrgenommenes, Rationales* und *Imaginäres* beziehen. [...] Und da jene Bedeutung weder auf Wahrnehmbares (Reales) noch auf ein Gedachtes (Rationales) bezogen ist, handelt es sich um eine imaginäre Bedeutung." (Castoriadis 1990 [1984], 241, kursiv im Original) Dabei betont er: „Das Symbolische umfaßt beinahe immer einen ‚rational-realen' Bestandteil [...]. Aber diese Komponente ist unentwirrbar mit der des aktualen Imaginären verwoben." (a. a. O., 219)
289 Vgl. auch für die Zitate Castoriadis 1990 [1984], 224.
290 Vgl. auch für das Zitat und zu den Reaktionen auf die „Fahne" Castoriadis 1990 [1984], 224. Zum Ausdruck „imaginäre Komponenten" vgl. a. a. O., 222. Vgl. zu einer ähnlichen Wirkung des Imaginären dann auch Anderson 2006 [1983], 7.
291 Vgl. auch für die Zitate Castoriadis 1990 [1984], 254, kursiv im Original. Vgl. auch a. a. O., 246, ausführlicher zum Unterschied von Konnotieren und Denotieren vgl. a. a. O., 570. Vgl. dazu auch Wabel 2010, 402.

Für die Gemeinschaften der Vergangenheit gilt dagegen, daß sie von ihrem Namen nicht nur *denotiert*, sondern auch *konnotiert* werden – und diese Konnotationen verweisen auf ein Signifikat, das weder real noch rational ist oder sein kann, sondern imaginär [...].²⁹²

Damit wendet Castoriadis den Begriff des Imaginären – vermutlich den Lacanschen – auch ins Gesellschaftliche:²⁹³ Die „Nation" etwa denotiere nicht nur eine reale Menschengruppe und erfülle so die reale Funktion der Identifikation, sondern konnotiere auch kollektiv Imaginäres, eine „eine ‚gemeinsame Geschichte'", die eher mythisch und real gar nicht so gemeinsam ist.²⁹⁴ Gerade mit dem Beispiel der Nation zeigt Castoriadis, wie „beständig[.]" und wirkungsvoll dieses Imaginäre ist: Es habe in Weltkriege geführt.²⁹⁵

Diese symboltheoretische Unterscheidung zwischen dem Denotieren einer real-rationalen Funktion und dem Konnotieren von Imaginärem ist entscheidend für den Aufbau der vorliegenden Arbeit, weil sie die Frage nach der Bedeutung des Symbols „Verantwortung" differenzieren lässt: in die Frage nach dessen intendierter Denotation in der Theorie (Kapitel 3) einerseits und der Frage nach dem imaginären Konnotationen in den sozialen Praktiken akademischer Ethik (Kapitel 4) anderseits.

In Bezug auf das Imaginäre unterscheidet Castoriadis nun Fähigkeit und Aktualisierung:²⁹⁶ Das „*radikale[.] Imaginäre[.]*" meint die Fähigkeit, Bilder und Vorstellungen von Dingen „die in der Wahrnehmung nicht gegeben sind oder es niemals waren", „hervorzurufen".²⁹⁷ Diese Fähigkeit liegt dem „*aktualen Imaginären*" wie dem „*Symbolischen*" zugrunde.²⁹⁸ Das Imaginäre brauche das Symbolische, „um überhaupt zu ‚existieren'"– und das Symbolische brauche die „*capacité imaginaire*"²⁹⁹, weil es „auf der Fähigkeit [beruht], in einem Ding ein anderes [...] zu se-

---

292 Castoriadis 1990 [1984], 254.
293 Castoriadis Begriff des Imaginären steht inhaltlich dem Lacanschen nahe, so wie Žižek ihn rekonstruiert hat (vgl. dafür und für das Folgende Žižek 2016, 18–19): Lacan unterscheide „drei miteinander verbundene Ebenen [...]: das Symbolische, das Imaginäre und das Reale" (a.a.O., 18). Žižek exemplifiziert das am Schachspiel: Die Regeln seien die „symbolische Dimension" (a.a.O., 18) – also der Verweis auf Rationales bei Castoriadis –, die imaginäre Dimension verweist auf die Figuren, ihre Formen und Charakteristika; real sind die „kontingenten Begleitumstände" (Žižek 2016, 19). Zum Fokus auf das Gesellschaftliche bei Castoriadis vgl. Gertenbach 2011, 285.
294 Vgl. Castoriadis 1990 [1984], 254–255, Zitate auf S. 254.
295 Vgl. auch für das Zitat Castoriadis 1990 [1984], 255.
296 Vgl. Castoriadis 1990 [1984], 218. Vgl. dazu und zum Folgenden auch Gertenbach 2011, 286.
297 Vgl. in teilweise ähnlichen Worten und auch für die Zitate Castoriadis 1990 [1984], 218., kursiv im Original.
298 Vgl. auch für die Zitate Castoriadis 1990 [1984], 218, kursiv im Original.
299 Castoriadis 1990 [1984], 218. Die Übersetzung mit „Einbildungskraft" ist insofern unglücklich, als das Castoriadis sich später gegen diesen Begriff ausspricht: Er betont, dass die Imagination „nicht

hen".³⁰⁰ Insgesamt konzeptualisiert er das radikal Imaginäre als „elementare und nicht weiter zurückführbare Fähigkeit"; wie diese „Quelle der Kreativität" funktioniert, ist danach nicht weiter ergründbar.³⁰¹ Das *aktuale Imaginäre* hingegen meint bei Castoriadis die Produkte dieser Fähigkeiten, also *„Imaginiertes"*.³⁰² In diesem konkret Imaginierten hat eine Gesellschaft ihre Ziele und „wählt" ihren Symbolismus.³⁰³

Unterschieden von der „radikale[n] Imagination" der „Psyche-Soma-Einheit" stellt, Castoriadis das Imaginäre auch als „Gesellschaftlich-Geschichtliches", als „gesellschaftliches Imaginäres", als „offenes Strömen des anonymen Kollektivs" vor.³⁰⁴ Vor diesem Hintergrund wird klarer, inwiefern das *Imaginäre als Ursprung des Instituierens* auftritt: Liegt das Imaginieren dem Symbolisieren zugrunde und sind Institution als ein „symbolisches Netz, das sich selbst sanktioniert",³⁰⁵ verstanden (s. o.), erscheint folgerichtig, dass Castoriadis den „Ursprung der Institution [...] im *gesellschaftlichen Imaginären"* bestimmt.³⁰⁶ Genauer gesagt liegt im Imaginären die Verbindung von Symbol und Bedeutung, deren Etablierung er ja gerade mit dem Begriff der Institutionalisierung benannt hatte.³⁰⁷ Im Imaginären fielen „Sinn und Geltung" tatsächlich zusammen, könnten aber im rationalen

---

Einbildungskraft*, sondern *Bildungskraft**'' sei (vgl. auch für das Zitat Castoriadis 1990 [1984], 553, kursiv im Original).
300 Vgl. auch für die Zitate Castoriadis 1990 [1984], 218. Es meint zum Beispiel die Fähigkeit, in dem geschriebenen Wort „Baum" einen Baum, der nicht da ist, zu sehen (für dieses Beispiel vgl. a. a. O., 243).
301 Vgl. auch für das erste Zitat Castoriadis 1990 [1984], 218. Vgl. dazu auch Strauss 2006, 324., wo sie von „source of creativity" spricht, übersetzt im zweiten Zitat. Zum radikal Imaginären als „Quelle von Neuem" vgl. auch Wabel 2010, 399, dort auch das Zitat.
302 Vgl. Castoriadis 1990 [1984], 218, 245, 251, Zitat auf S. 251, auf S. 218, bes. Anm. 24.
303 Vgl. auch für das Zitat Castoriadis 1990 [1984], 251, 226.
304 Vgl. auch für die Zitate Castoriadis 1990 [1984], 603.
305 Vgl. auch für das Zitat Castoriadis 1990 [1984], 214, ähnlich a. a. O., 226. An anderer Stelle hat er Sanktionieren sogar mit Institutionalisieren gleichgesetzt (a. a. O., 248).
306 Vgl. auch für das Zitat Castoriadis 1990 [1984], 225.
307 Vgl.: „Geschieht das [= die rationale Erkenntnis der „Einheit und Unterschiedenheit dieser drei Elemente (Signifikant, Signifikat und ihrer Verbindung *sui generis*)" (Castoriadis 1990 [1984], 219, kursiv im Original), FH] nicht, so regrediert die symbolische Beziehung – deren ‚eigentliche' Verwendung die imaginäre Funktion *und* deren Beherrschung durch die rationale Funktion voraussetzt – oder bleibt überhaupt, was sie ursprünglich war: ein starres Band zwischen Signifikant und Signifikat, Symbol und Ding; eine Verbindung, die meist als Gleichsetzung, Teilhabe oder Verursachung gedacht wird. Mit anderen Worten, man bleibt im aktualen Imaginären." (Castoriadis 1990 [1984], 219, kursiv im Original) Auch Wabel hat darauf verwiesen, dass sich bei Castoriadis die „Verbindlichkeit des Gesetzten [...] nicht zuletzt aus den sie begleitenden Imaginationen speist." (Wabel 2010, 406)

Denken bewusst differenziert werden.[308] Sanktioniert ist die Verbindung m. E. deshalb, weil Castoriadis sie nicht im individuellen, sondern im gesellschaftlichen Imaginären verortet – und das liegt dem „klaren Bewußtsein[.] des menschlichen Gesetzgebers" voraus:[309]

> Jenseits der bewußten Tätigkeit der Institutionalisierung finden die Institutionen ihren Ursprung im *gesellschaftlich Imaginären*.[310]

Dass ein Geldschein in Castoriadis' eigenem bereits zitierten Beispiel gesagt verbindlich auf das Recht, „eine Anzahl von Kaufakten zu tätigen",[311] verweist, verdankt sich so verstanden, dem vom Symbol Geldschein konnotierten gesellschaftlich aktual Imaginären – der imaginären Macht des Geldes etwa.

Damit liegt es in der Tat nahe, in dem sozial Imaginären bei Castoriadis mit Strauss „the ethos of a group" zu sehen, also geteilte Bedeutungszuschreibungen.[312] Gleichzeitig taucht das Imaginäre auch bei Castoriadis von daher schon als das auf, was Strauss bei Anderson und Taylor findet: als „cultural model[.]", verstanden als „similarly shared, implicit schemas of interpretation":[313] Das *Imaginäre ist Interpretationsschema* oder Horizont.[314] So verweist schon Castoriadis folgendermaßen

---

308 Damit trifft m. E. Habermas' Kritik, „das Sprachkonzept, das Castoriadis verwendet, [lasse, FH] eine Differenz von Sinn und Geltung nicht" zu (Habermas 1988, 385, dort auch das Zitat im Haupttext) nur die imaginäre, nicht die rationale Komponente von Sprache. Castoriadis zufolge können „auf sehr weit fortgeschrittenen Stufen des klaren rationalen Denkens [...] Einheit und Unterschiedenheit dieser drei Elemente (Signifikant, Signifikat und ihre Verbindung *sui generis*)" sehr wohl erkannt werden (vgl. auch für das Zitat Castoriadis 1990 [1984], 219, kursiv im Original).
309 Vgl. auch für das Zitat Castoriadis 1990 [1984], 225.
310 Castoriadis 1990 [1984], 225, kursiv im Original. Deshalb stellt der Funktionalismus eine Reduktion dar: „Gewiß erfüllt das Imaginäre der Institution eine *Funktion*, aber auch hier wieder muß man feststellen, daß die Wirkung des Imaginären über seine Funktion *hinausschießt* [...]. Erst das gesellschaftlich Imaginäre erklärt die Besonderheit und Einheit des Symbolischen. Erst aus dem gesellschaftlichen Imaginären wird ersichtlich, an welcher Zielsetzung sich das Funktionale orientiert." (a. a. O., 225–226)
311 Für dieses Beispiel vgl. Castoriadis 1990 [1984], 200, dort auch das Zitat.
312 Vgl. auch für das Zitat Strauss 2006, 324.
313 Vgl. auch für die Zitate Strauss 2006, 329.
314 Vgl. dafür Castoriadis 1990 [1984], 274–282. Dort wird der Horizontcharakter etwa deutlich, wenn Castoriadis die „Kategorie des Imaginären" mit den Fragen verbindet: „Wer oder was gibt die Zielrichtung vor, ohne die die Funktionalität der Institutionen und der gesellschaftlichen Prozesse im Unbestimmten bliebe? [...] Wer oder was stellt die maßgeblichen, kanonischen Beziehungen her und lenkt alle abstrakt vorstellbaren Metaphern und Metonymien in *eine* der zahllosen möglichen Richtungen?" (a. a. O., 274–275, kursiv im Original) Vgl. zu diesem Horizontcharakter auch wie bereits zitiert: „Die Vorstellung ist radikale Imagination. [...] Diese Verbildlichung entwickelt, schafft und aktualisiert erst, was der reflexiven Analyse nachträglich als Bedingung ihrer eigenen Mög-

auf die Vorstellungsinhalte des aktual Imaginären – und nimmt m. E. Charles Taylors Begriffsbeschreibung (s. 1.2.3) vorweg:

> Wer sind wir, als Gemeinschaft? Was sind wir, die einen für die anderen? Wo und worin sind wir? Was wollen wir, was begehren wir, was fehlt uns? Die Gesellschaft muß ihre ‚Identität' bestimmen, ihre Gliederung, die Welt, ihre Beziehungen zur Welt und deren Objekten, ihre Bedürfnisse und Wünsche. […] Die Rolle der imaginären Bedeutungen liegt darin, eine Antwort auf solche Fragen zu liefern – eine Antwort, die weder ‚Realität' noch ‚Rationalität' zu geben vermögen […].[315]

Diese antwortenden imaginären Bedeutungen oder Definitionen müssen genauso wenig „sprachlich formuliert" sein wie die Fragen nach ihnen; sie erscheinen implizit, „im *Tun* einer Gesellschaft […] als verkörperter Sinn".[316] Die „Rolle der gesellschaftlich imaginären Bedeutungen" zeigt Castoriadis zunächst am Verständnis eines „Wir", das eben nicht nur ein konkretes Kollektiv denotiert, sondern auch Imaginäres konnotiert – etwa die „Nation" eine „gemeinsame Geschichte".[317] Diese imaginäre Komponente des „Wir" einer Nation, ist aber genau das, was Benedict Anderson als „imagined communities" beschreiben wird (s. 2.2.2). Insofern zum Imaginären so ein Bild des Wir und darüber hinaus „ein Bild des Universums" gehören, hat es definitiv Horizontcharakter.[318]

Entscheidend ist nun, dass das Imaginäre, als Fähigkeit genauso wie als Aktualisierung in Ethos und Schema bei Castoriadis von diesen praktisch-normativer Zielbestimmungen her grundlegend als *ambivalent* erscheint, insofern es für ihn sowohl entfremdendes als auch schöpferisches Potenzial hat. Einerseits kann er Entfremdung nun so verstehen:

> Entfremdung ist die Verselbständigung und Vorherrschaft des imaginären Moments der Institution, deren Folge wiederum die Verselbständigung und Vormachtstellung der Institution

---

lichkeit erscheint: Verzeitlichung, Verräumlichung, Differenzierung, Anderswerden." (Castoriadis 1990 [1984], 542) Vgl. auch a. a. O., 554.

Zu diesem Horizontcharakter vgl. auch Wabel 2010, 408, wo Wabel vom „*Horizont des Imaginären*" spricht (ebd., kursiv im Original), und a. a. O., 416, wo er die „Horizonthaftigkeit dieser Imaginationen" voraussetzt (Zitat ebd.). Auch Gertenbach benutz den Horizontbegriff: „Nach Castoriadis ist das Imaginäre nicht nur in den Phantasmen und Vorstellungswelten der Subjekte abzulesen, sondern auch in den Strukturen, Ausdrucksformen und Horizonten der gesellschaftlichen Institutionen." (Gertenbach 2011, 286) Auch Honneth spricht im Zusammenhang mit Castoriadis von der „Schöpferischen Hervorbringung neuer Sinnhorizonte" (Honneth 2013, 156).

315 Castoriadis 1990 [1984], 252.
316 Vgl. auch für die Zitate Castoriadis 1990 [1984], 252, kursiv im Original.
317 Vgl. Castoriadis 1990 [1984], 253–255, Zitate auf S. 253–254.
318 Vgl. Castoriadis 1990 [1984], 253–256, Zitat auf S. 255. Für die prominente Verwendung des Horizontbegriffes ist Hans-Georg Gadamers Werk einschlägig (vgl. dazu etwa Moltmann 1966, 95).

gegenüber der Gesellschaft ist. [...] Anders gesagt, die Gesellschaft vermag im Imaginären der Institution nicht mehr ihr eigenes Produkt zu erkennen.[319]

Am Beispiel: Die Verknüpfung von Fahne, Nation, Kollektiv, Wirgefühl und Opferbereitschaft, kann nicht mehr als Produkt gesellschaftlichen Instituierens erkannt werden, Signifikat, Signifikant und Relation können nicht mehr differenziert werden, sondern scheinen als starr, vielleicht naturgegeben verbunden und bestimmen so Handeln in der Gesellschaft machtvoll.[320] Andererseits führt Castoriadis auch die Entstehung von „Neuem in der Geschichte" auf das Imaginäre zurück; „Denn die Schöpfung setzt – genau wie die Entfremdung – die Fähigkeit voraus, sich etwas vorzustellen, das nicht ist [...]".[321] Im Begriff des von daher ambivalenten Imaginären verbindet Castoriadis also eine Entfremdungs- und eine Kreativitätstheorie.[322] Die Gesellschaft findet sich nicht nur als im Imaginären instituierte vor, sondern instituiert sich auch neu aus dem Imaginären.[323]

2.2.1.4 Imaginationen zwischen Subjekt und Gesellschaft

Die Frage nach der Relation von psychoanalytischer und gesellschaftstheoretischer Beschreibung des Imaginären führt zu einer Pointe und einer methodischen Problematik des sozial Imaginären bei Castoriadis: Immer wieder betont Castoriadis, dass sich „dieses gesellschaftliche Imaginäre" und „das individuelle Imaginäre" nicht aufeinander „‚zurückführen'" lassen.[324] Einerseits produziert das radikale Imaginäre[325] als Psyche Bilder, individuelle Vorstellungen und Phantasmen.[326] Dem

---

[319] Castoriadis 1990 [1984], 226.
[320] Vgl. Castoriadis 1990 [1984], 218–219. Zur „Macht des Imaginären" vgl. a.a.O., 218–219, dort auch das Zitat.
[321] Castoriadis 1990 [1984], 229.
[322] Gerade Honneth hat betont, wie wichtig bei Castoriadis „die kreativ-schöpferische Dimension sozialen Handelns" ist, vgl. auch für das Zitat Honneth 2013, 149.
[323] Vgl. Castoriadis 1990 [1984], 601–609, 511, bes. S. 603. Vgl. dort etwa: „Das gesellschaftlich Imaginäre oder die instituierende Gesellschaft besteht in der und durch die Setzung/Schöpfung gesellschaftlicher imaginärer Bedeutungen und Institutionen." (Castoriadis 1990 [1984], 603)
[324] Vgl. Castoriadis 1990 [1984], 247–250, 516, 529, Zitate auf S. 247, etwa: „Gesellschaft und Psyche sind voneinander ebensowenig trennbar wie aufeinander zurückführbar." (a.a.O., 529)
[325] Zwischen radikalem Imaginären und radikaler Imagination scheint Castoriadis nicht zu unterscheiden (vgl. Castoriadis 1990 [1984], 245).
[326] Vgl. Castoriadis 1990 [1984], 244–245, 468–472 und bes.: „Die Psyche ist ein *Formant*, der nur in dem von ihm Geformten, durch es und *als* dieses besteht. Sie ist Bildung * *[formation]* und Einbildung* *[imagination]*, radikale Imagination, die aus einem Nichts an Vorstellung, das heißt *aus nichts* eine ‚ursprüngliche' Vorstellung auftauchen läßt." (a.a.O., 471, kursiv im Original) Oder: „Denn hier

stehen andererseits die „gesellschaftlichen imaginären Bedeutungen" gegenüber, die zwar an die Phantasmen anknüpfen können aber nicht in deren Summe aufgehen.[327] Vielmehr wird Castoriadis zufolge die Psyche des Subjektes in die gesellschaftlichen Imaginationen hineinsozialisiert, sie muss sich hineinsublimieren – und dabei findet die „Schöpfung eines gesellschaftlichen Individuums" statt:[328]

> Erst die Institution der Gesellschaft, die sich aus dem gesellschaftlichen Imaginären speist, vermag der radikalen Imagination der Psyche Schranken zu setzen und eine Realität für sie aufzurichten, indem sie eine Gesellschaft für sie sein läßt.[329]

Unter „Sublimierung" versteht Castoriadis gerade den „Prozeß, durch den die Psyche genötigt wird, ihre ‚privaten' Besetzungsobjekte [...] aufzugeben, durch solche Objekte zu ersetzen, die in und dank einer gesellschaftlichen Institution bestehen und Geltung haben".[330] Castoriadis „Modell dafür ist der Zugang zur Sprache im vollen Sinne":[331] Das heranwachsende Kind gibt seine „Privatwörter" auf und erlernt die gesellschaftlich instituierte „gemeinsame Sprache" als System, in dem Signifikanten mit Signifikaten konventionell verknüpft sind.[332] Im Zuge dieses Hineinsozialisierens verortet sich das Subjekt – mit seinen Imaginationen als „Gegenpol" – in der gesellschaftlichen Imagination, in dem es eine der Rollen übernimmt, die in der gesellschaftlichen Imagination instituiert sind, und folglich „als Jäger, Krieger, Handwerker, *mater familias*, Filmstar" oder ähnliches auftritt.[333]

---

kommt die schöpferische Kraft der Psyche als radikaler Imagination, als Bildung von Phantasmen, Auftauchen und Verwandeln von Vorstellungen ins Spiel." (a.a.O., 482)
327 Vgl. etwa Castoriadis 1990 [1984], 246–247, Zitat auf S. 246. Castoriadis verweist auf die Anknüpfung, wenn er schreibt: „Unstrittig ist, daß eine imaginäre Bedeutung im Unbewußten der Individuen Anhaltspunkte finden muß; aber diese Bedingung ist nicht zureichend, und man hat sogar Anlaß zu fragen, ob sie überhaupt eine Voraussetzung ist oder nicht eher ein Resultat." (Castoriadis 1990 [1984], 247) Dass die gesellschaftlichen Imaginationen in den individuellen nicht aufgehen, formuliert er deutlich am Beispiel „Gott": „[D]och als gesellschaftliche imaginäre Bedeutung ist Gott weder die ‚Summe' noch der ‚Mittelwert' dieser Bilder und auch nicht ihr ‚gemeinsamer Nenner'." (Castoriadis 1990 [1984], 246) Zu einem Bezug zu Gott bei Castoriadis vgl. auch Wabel 2010, 427.
328 Vgl. Castoriadis 1990 [1984], 493, 515, 517, 521, Zitat auf S. 493. Castoriadis spricht auch von „Sublimierung" (a.a.O., 515).
329 Castoriadis 1990 [1984], 511.
330 Vgl. Castoriadis 1990 [1984], 517.
331 Castoriadis 1990 [1984], 517.
332 Vgl. auch für die Zitate Castoriadis 1990 [1984], 517–519, Zitate auf S. 519. Zur „Verknüpfung von Signifikanten und Signifikaten" (Honneth 2013, 153) siehe oben, bes. Anm. 284 in diesem Kapitel.
333 Vgl. auch für die Zitate Castoriadis 1990 [1984], 521, kursiv im Original.

Das macht verständlicher, wie Castoriadis von der „gesellschaftliche[n] Fabrikation von Individuen" sprechen kann.[334]

Hier zeigt sich konkret, was es bei Castoriadis heißt, „daß das Gesellschaftlich-Geschichtliche und das Psychische wechselseitig irreduzibel sind":[335] Die (Selbst-)Bilder der Psyche kommen mit den gesellschaftlichen Bildern nie völlig zur Deckung.[336] Auch als Jäger wäre ich nie nur, was an gesellschaftlicher imaginärer Bedeutung mit diesem Symbol verbunden ist, sondern immer auch, was ich mir selbst darunter vorstelle, wobei sich diese Vorstellung wiederum durch gesellschaftlich instituierte Bilder vermittelt:[337] Das individuelle Subjekt bleibt „in der Einzigartigkeit seiner schöpferischen Imagination ein[.] Gegenpol" zur gesellschaftlichen Imagination.[338] Und genau dafür muss – so Castoriadis – die gesellschaftliche Imagination auch Raum lassen:

> Anders formuliert, die Institution der Gesellschaft kann die Psyche als radikale Imagination niemals in sich aufsaugen – und eben dies ist eine positive Bedingung der Existenz und des Funktionierens der Gesellschaft. Die Konstitution des gesellschaftlichen Individuums schafft das schöpferische Vermögen der Psyche nicht ab und kann auch ihre fortwährende Selbstveränderung und den Vorstellungsstrom als beständiges Auftauchen neuer, anderer Vorstellungen gar nicht abschaffen.[339]

Das auch theologisch-sozialethisch weiterführende an diesem Entwurf ist, dass Castoriadis damit Individualität als „gesellschaftliche Institution" erkannt hat,[340] ohne dabei die Widerständigkeit und Kreativität der Einzelnen ins Gesellschaftliche aufzuheben. Problematisch ist – wie Habermas zu Recht bemerkt –, dass Castoriadis in diesem irreduziblen Gegenüber von Psyche und Gesellschaft keine wünschenswerte „Figur für die Vermittlung zwischen Individuum und Gesellschaft" angeben kann.[341] Die Frage nach einer wünschenswerten Vermittlungsfigur ist damit jedoch noch tiefsinniger stellbar als bei Habermas, weil dieser anders als Castoriadis m. E.

---

334 Vgl. auch für das Zitat Castoriadis 1990 [1984], 511, vgl. auch a.a.O., 513.
335 Vgl. Castoriadis 1990 [1984], 516, dort auch das Zitat.
336 Vgl. Castoriadis 1990 [1984], 521–522.
337 Vgl. Castoriadis 1990 [1984], 521–522.
338 Vgl. auch für das Zitat Castoriadis 1990 [1984], 521.
339 Castoriadis 1990 [1984], 529.
340 Vgl. etwa bes. Castoriadis 1990 [1984], 528, wo er von der „gesellschaftliche[n] Institution des Individuums" (ebd.) spricht.
341 Vgl. Habermas 1988, 387. Habermas rekonstruiert den bei Castoriadis hergestellten Zusammenhang von Psyche und Gesellschaft so: „Der Typus der gesellschaftlich instituierten Welt wird dem Einzelnen aufgedrückt." (Habermas 1988, 387) Damit würde Castoriadis eine Vermittlungsfigur anbieten – nur eben keine wünschenswerte. Im Haupttext habe ich allerdings versucht zu zeigen, dass es Castoriadis kein bloßes „Aufdrücken" ist.

das „vernünftige Potenzial verständigungsorientierten Handelns" auch in der Alltagspraxis gegenüber dem Beharrungspotenzial gesellschaftlicher Imaginationen überschätzt.³⁴²

Vor diesem Hintergrund lässt sich auch verstehen, inwiefern das gesellschaftlich Imaginäre – „der ‚andere'" wie Castoriadis schreibt – „woanders […] ‚verkörpert'" ist als im „individuellen Unbewußten": in „Maschinenpistole" und „Mobilisierungsbefehl" etwa.³⁴³ Anders als auf individueller Ebene, ist dieses andere auf gesellschaftlicher Ebene aber genaugenommen nicht lokalisierbar³⁴⁴ und nicht greifbar, es ist „verflüchtigt […] in einer kollektiven Anonymität".³⁴⁵ Das Gesellschaftliche als Institutionen Instituierendes bezeichnet Castoriadis als „ungreifbares Ferment, ungestaltes Gestaltendes":³⁴⁶ „Das Gesellschaftliche schließt etwas ein, das sich als solches immer entzieht."³⁴⁷

Diese abstrahierte Unverortbarkeit des anderen hat Strauss kritisiert, nachdem sie Castoriadis Gedanken von der Verkörperung der „social imaginaries" in „material objects, institutions, and practices" als vernünftig („sensible") bezeichnet hat:³⁴⁸ „I would say that if imaginaries are real in their effects, they must be somewhere (even if their locations are multiple) and denote something".³⁴⁹ Pointiert formuliert sie: „Societies are not creatures who imagine, but people do."³⁵⁰ Strauss fragt folglich: „Whose imaginaries are these?"³⁵¹ Ganz ähnlich hatte schon Jürgen Habermas die fehlende individuelle Zurechenbarkeit von Castoriadis Praxen kri-

---

342 Vgl. zu Habermas Alternativvorschlag einer Vermittlung, die auf Sprache und „Praxis im Sinne kommunikativen Handelns" setzt, kurz Habermas 1988, 388–389, Zitat auf S. 388. Vgl. länger dazu Habermas 1995a; Habermas 1995b und zu Habermas schon Höhne 2015, 121–170. Das Habermaszitat im Haupttext find sich hier: Habermas 1995b, 485, schon zitiert bei Höhne 2015, 143.
343 Vgl. auch für alle vier Zitate Castoriadis 1990 [1984], 186. Vgl. auch Strauss 2006, 325.
344 So schreibt Castoriadis über die „gesellschaftlichen imaginären Bedeutungen" (Castoriadis 1990 [1984], 246): „Verglichen mit den individuellen imaginären Bedeutungen sind sie sehr viel umfassender als ein Phantasma […]. Außerdem haben sie keinen bestimmten Ort (sofern man davon sprechen kann, daß das individuelle Unbewußte an einem bestimmten Ort existiert)." (ebd.)
345 Vgl. auch für das Zitat Castoriadis 1990 [1984], 185.
346 Vgl. Castoriadis 1990 [1984], 191–192, Zitat auf S. 191.
347 Castoriadis 1990 [1984], 191.
348 Vgl. auch für die Zitate Zitate Strauss 2006, 325. Sie spricht selbst von „a kind of abstraction" (ebd.). Auch Habermas hatte bereits kritisiert, dass Castoriadis „jene emanzipatorische schöpferisch-entwerfende Praxis […] nicht mehr *lokalisieren* kann (Habermas 1988, 386, kursiv im Original).
349 Strauss 2006, 325–326.
350 Strauss 2006, 326.
351 Strauss 2006, 339.

tisiert.³⁵² Diese Kritik lässt sich teilweise zurückweisen (1) und fordert andernteils zur Modifikation der Ortsunbestimmbarkeit bei Castoriadis heraus (2).

(1) Teilweise zurückweisen lässt sich die Kritik, weil sie Castoriadis Pointe verfehlt. Dieser hatte das gesellschaftlich Imaginäre ja als Erschließungskategorie für Entfremdung eingeführt (2.2.1.3). Erst wenn das gesellschaftlich Imaginäre nicht mehr eindeutig verortbar, sondern in Anonymität verflüchtigt ist,³⁵³ kann es sich verselbständigen und Gesellschaft wie Einzelnen als anonyme Macht begegnen, in der die Gesellschaft „nicht mehr ihr eigenes Produkt"³⁵⁴ erkennt – das aber war Entfremdung für Castoriadis (2.2.1.3). Dass die Antwort auf die Straussche Frage „‚Whose imaginaries are these?'" bei Castoriadis wie von ihr festgestellt fehlt,³⁵⁵ ist kein Theoriemangel, sondern für das individuell Imaginäre unzutreffend und für das gesellschaftlich Imaginäre theoretisch Programm, weil zuerst ein praktisches Problem: Sobald die Imaginationen einem Subjekt bewusst zugeordnet und Strauss' Frage so beantwortet werden kann, ist das Entfremdungsproblem praktisch gelöst.

(2) Die Kritik macht andernteils eine Präzisierung nötigt, weil die wirksame Verkörperung des gesellschaftlich Imaginären in Spannung zu dessen behaupteter Unverortbarkeit steht. Nötig ist ein Verständnis, das einmal Strauss' Frage „Whose imaginaries are these?" erlaubt – und damit eine für die methodisch reflektierte Beschreibung nötige Lokalisierung – und gleichzeitig über deren Beantwortung das Erschließungspotenzial der Imaginationskategorie für Entfremdungsprozesse bei Castoriadis nicht aufgibt. Wie ist das vorstellbar?

Ich sehe bewusst von Castoriadis ontologischen Spekulationen³⁵⁶ ab und knüpfe stattdessen an praxistheoretischen Grundannahmen (2.1) und Castoriadis Semantik von Verflüchtigung³⁵⁷ an: Praxissoziologisch liegt nahe, das gesellschaftlich Imaginäre als Bedeutungen zu verstehen, die in sozialen Praktiken bestehen und zwar – angeregt von einer Formulierung in Strauss' Kritik – gerade nie nur in einer, sondern in einer offenen Vielheit von Praktiken:³⁵⁸ Das Imaginäre besteht

---

352 Vgl. Habermas 1988, 383. Habermas' entsprechende Kritik ist wörtlich zitiert in Anm. 231 in diesem Kapitel. So fragt Habermas: „[W]em sollte die Verantwortung für den Abfall der instituierten Gesellschaft von den Ursprüngen ihrer Selbst-Instituierung zugeschrieben werden, wenn nicht dem demiurgischen Sprachschöpfer selber?" (Habermas 1988, 386)
353 Vgl. wie gesagt Castoriadis 1990 [1984], 185.
354 Castoriadis 1990 [1984], 226.
355 Vgl. auch für das Zitat Strauss 2006, 339.
356 Vgl. Castoriadis 1990 [1984], 559–579.
357 Vgl. eben Castoriadis 1990 [1984], 185.
358 Strauss legt mir diese Lösung mit der Formulierung „(even if their locations are multiple)" nahe (Strauss 2006, 326). Zumindest manche Formulierung bei Castoriadis legen eine Kompatibilität mit dieser Auffassung nahe, etwa: Castoriadis 1990 [1984], 191, 251. Vgl. so praxistheoretisch „im Anschluss an Bourdieu" etwa Hillebrandt 2014, 87–102, 114–115, Zitat auf S. 114. Dort heißt es unter

inter- und intrapraktisch, aber insofern es praxisrelevant ist, nicht quasi-ontologisch transpraktisch.[359] Über Castoriadis hinaus ist damit gesagt, dass gesellschaftlich imaginäre Bedeutungen in ihrer Praxisrelevanz nicht unabhängig von ihrer Verkörperung in gesellschaftlichen Praktiken persistieren. Mit Castoriadis ist damit aber festgehalten, dass sich gesellschaftliche imaginäre Bedeutungen dem Begreifen im Zugriff auf jeweils eine konkrete Praktik gerade deshalb entziehen. Über Castoriadis hinaus geht der nun benennbare Grund dafür: Sie persistieren in der offenen Vielheit gesellschaftlicher Praktiken weiter – im Praxiszusammenhang sozusagen. Genau damit kommt die strukturelle Dimension des Imaginären in den Blick. Das Imaginäre ist dann nicht ortlos, aber sein Ort ist kein bestimmter; es bleibt mit Castoriadis gesagt: flüchtig.[360] Das sozial Imaginäre ist am Ort der konkreten Praktik zwar als Verkörpertes wirksam, entzieht sich aber gerade dem feststellenden Zugriff, weil es in dieser Verkörperung nicht aufgeht,[361] sondern – so meine Ergänzung – immer auch anders und andernorts verkörpert ist.[362] Die wirksame imaginäre Macht des Staates ist in „Maschinenpistole" und „Mobilisierungsbefehl" praktisch und materiell zwar verkörpert,[363] aber in diesen konkreten Verkörperungen nach Castoriadis gerade nicht greifbar, insofern sie mit diesen konkreten Praxiselementen nicht beseitigt wäre.[364] Das verselbständigte gesellschaftlich Imaginäre lässt neue Praktiken und Artefakte entstehen,[365] weil es – so behaupte ich mit praxissoziologischen Grundannahmen – in anderen Praktiken, aber nicht unabhängig von diesen, weiter besteht.

An einem an Castoriadis angelehnten Beispiel gesagt: Die Verbrennung des Einberufungsbescheides befreit den Einberufenen nicht aus der Macht des gesellschaftlich Imaginären, das in anderen Verwaltungspraktiken, Verkörperungen oder

---

Verwendung des Sinnbegriffs: „Sinn entsteht in der Praxis und ermöglicht die Assoziation zwischen Körpern und Dingen." (Hillebrandt 2014, 114)
359 Dies knüpft an das Verständnis von Praxis als Vollzugswirklichkeit und das Regelregressargument an (2.1.1.1, 2.1.2.2).
360 Auch Castoriadis spricht von „keine[m] bestimmten Ort" (Castoriadis 1990 [1984], 246) und von Verflüchtigung (s. o.).
361 Castoriadis betont ja gerade die relative Unabhängigkeit des gesellschaftlich Imaginären von seinen Signifikanten (Castoriadis 1990 [1984], 241). Zum nicht-Aufgehen vgl. auch a. a. O., 199.
362 Vgl. Castoriadis 1990 [1984], 186.
363 Vgl. auch für die Zitate Castoriadis 1990 [1984], 186. Vgl. dazu, dass „instituierte Macht" oder Ähnliches „als gesellschaftlich anerkannte Symbolsysteme" besteht a. a. O., 200, dort auch die Zitate.
364 Vgl. so ganz praktisch etwa: „Die Unterdrückten […] wehren sich vor allem gegen ihre eigene Unterdrückung. Doch tausendfach bleiben sie abhängig von dem Imaginären, das sie ansonsten bekämpfen, und oft ist das, was sie erstreben, nur eine Neubesetzung der Rollen im alten Drehbuch." (Castoriadis 1990 [1984], 267)
365 So verweist Castoriadis ja auch darauf, dass Bedeutungen „bei der Wahl und Anordnung dieser Signifikanten eine Rolle spielen" (Castoriadis 1990 [1984], 241).

intrafamiliären Verurteilungen weiterpersistiert. Dieses inter- und intra-praktische Verständnis des gesellschaftlichen Imaginären kommt ohne Transzendierung oder Ontologisierung des Imaginären aus, aber auch ohne das Erschließungspotenzial der Imaginationskategorie für Entfremdungsprozesses preiszugeben. Erhalten bleibt auch in dieser Theoriemodifikation die Pointe der Verflüchtigung erhalten, nämlich: die Persistenz von entfremdeter anonymer Machtdynamik zu benennen, oder – in der Parabel gesagt – zu erklären, wieso in George Orwells Animal Farm die Schweine am Ende den Menschen so gleichen.[366] Dies tun sie in dieser Modifikation von Castoriadis Theorie gesagt, weil das gesellschaftlich Imaginäre einer hierarchisch strukturierten Gesellschaft nicht nur an den humanen oder porzinen Individuen der jeweiligen Machthaber, sondern am Praxiszusammenhang und seiner Eigendynamik hängt.[367]

Bei Castoriadis ist das Erschließungspotenzial der Kategorie des Imaginären um den Preis der methodischen Operationalisierbarkeit erkauft. Nicht als solches kann das gesellschaftlich Imaginäre bei Castoriadis untersucht werden, sondern nur als „Abstand" zwischen ihrerseits kaum fassbaren Größen:

> Erfaßt werden können sie nur in abgeleiteter und mittelbarer Weise, nämlich als evidenter und doch nie genau zu bestimmender Abstand zwischen dem Leben und der tatsächlichen Organisation einer Gesellschaft einerseits und der ebenso undefinierbaren, streng funktional-rationalen Organisation dieses Lebens andererseits. Danach wären die gesellschaftlichen imaginären Bedeutungen als ‚kohärente Deformationen' des Systems der Subjekte, Objekte und ihrer Beziehungen zu verstehen, als die jedem gesellschaftlichen Raum eigentümliche Krümmung, als der unsichtbare Zement, der den ungeheuren Plunder des Realen, Rationalen und Symbolischen zusammenhält, aus dem sich jede Gesellschaft zusammensetzt [...].[368]

Das macht es freilich eigentlich unmöglich, mit diesem Begriff methodisch kontrolliert soziologisch oder sozialethisch zu arbeiten – darin liegt des Recht von Strauss' Kritik. Insofern sich die Arbeiten von Charles Taylor zum „social imaginary" und von Benedict Anderson zu „imagined communites" wie oben angedeutet als unausgewiesene Aufnahmen von Castoriadis Begrifflichkeit lesen lassen, kann aber von diesen gelernt werden, wie und unter Aufgabe welcher Theorieelemente diese Begrifflichkeit dennoch sozialphilosophisch anwendbar wird. Ihre Arbeiten interessieren an dieser Stelle also wegen ihrer impliziten Methodik, die sich mit dem eben vorgestellten Postulat kombinieren lässt, das gesellschaftlich Imaginäre in der offenen Vielheit der sozialen Praktiken zu lokalisieren.

---

366 Vgl. Orwell 1982 und zum referierten Ausgang insbes. a. a. O., 119.
367 Vgl. dazu Castoriadis wie eben in Anm. 364 in diesem Kapitel zitiert.
368 Castoriadis 1990 [1984], 246. Teilweise auch zitiert von Strauss 2006, 325.

2.2.2 Imaginierte Gemeinschaft und Plausibilität (Benedict Anderson)

Prominent hat der US-amerikanische Politikwissenschaftler Benedict Anderson den Imaginationsbegriff in seiner zuerst 1983 erschienen Arbeit zum Nationalismus verwendet.[369] Das greift zumindest implizit Castoriadis' Gedanken von der auch imaginären Bedeutung von „Nation" auf. Ohne den Imaginationsbegriff als methodische Kategorie ausführlich zu entwickelt, nutzt Anderson ihn, um „Nation" zu definieren: Nation sei „an imagined political community – and imagined as both inherently limited and sovereign".[370] Andersons gebraucht den Imaginationsbegriff dabei, um erstens den virtuellen und zweitens ähnlich wie Castoriadis den kreativen Charakter des Imaginierens zu benennen und drittens, um den Begriff gegen den Charakter der Unwirklichkeit oder Falschheit abzugrenzen:[371]

Erstens hält er fest, dass das Vorgestellte seinen Ort nicht in den körperlichen Sinneswahrnehmungen hat, sondern im Geist oder Verstand („mind"):

> Die politische Gemeinschaft „is *imagined* because the members of even the smallest nation will never know most of their fellow-members, meet them, or even hear them, yet in the minds of each lives the image of their communion."[372]

Damit hat das Imaginäre, auch als Gemeinsames oder Gesellschaftliches, anders als bei Castoriadis einen bestimmbaren Ort – nämlich im Bewusstsein der Glieder einer Gemeinschaft.

Das Imaginäre hat zweitens den Charakter von etwas Erfundenem, wie er mit Gellner formuliert: das Selbstbewußtsein „*invents* nations where they do not exist"[373]. Dieser Gedanke ermöglicht es Anderson, das historische und soziale Zustandekommen dieser Erfindung zu untersuchen.

Er benutzt drittens den Imaginationsbegriff, um zu betonen, dass diese Erfindungen nicht mit der Unterscheidung zwischen falsch und genuin beurteilt werden sollen:

> In fact, all communities larger than primordial villages of face-to-face contact (and perhaps even these) are imagined. Communities are to be distinguished, not by their falsity/genuineness, but by the style in which they are imagined.[374]

---

369 Vgl. Anderson 2006 [1983].
370 Vgl. auch für das Zitat Anderson 2006 [1983], 6.
371 Vgl. Anderson 2006 [1983], 6.
372 Anderson 2006 [1983], 6. Bereits zitiert bei Höhne 2020b, 256, Anm. 3.
373 Vgl. auch für das Zitat Anderson 2006 [1983], 6, kursiv im Original. Das Anderson ebd. Gellners Kautelen zurücknimmt, verstärkt diesen Erfindungscharakter.
374 Anderson 2006 [1983], 6.

Methodisch ermöglicht dieser Imaginationsbegriff, nach Gegenstand und Geschichte der Imagination zu fragen.

Der *Gegenstand der Imagination* ist bei Anderson eine „community"; das beinhaltet einerseits eine Vorstellung der Verbindung zu den anderen Mitgliedern derselben „community".[375] Im Falle von „Nation" werde diese etwa als „deep, horizontal comradeship" vorgestellt.[376] Andererseits wird damit auch das Ganze der „community" vorgestellt, im Falle der „Nation" als begrenzt und souverän.[377] Nicht nur Nationen, auch andere Gemeinschaften, etwa Religionsgemeinschaften, sind imaginierte Gemeinschaften („imagined communites"), die sich voneinander durch den Modus der Imagination unterscheiden:[378] Im Falle einer „Nation" wird die Gemeinschaft eben *als* begrenzt und souverän vorgestellt.[379]

In dem Buch erzählt Anderson nun die *Geschichte* unterschiedlicher nationaler Imaginationen. Im hiesigen Zusammenhang interessiert daran weniger die konkrete Durchführung als die mit dem Imaginationsbegriff implizit verbundenen *methodischen Grundentscheidungen*.

In der Rekonstruktion der Geschichte nationaler Imaginationen beschreibt Anderson ausführlich die Ermöglichungsbedingungen für die Entstehung und Verbreitung bestimmter Imaginationen. Folgende Schlaglichter aus dieser Rekonstruktion werden es mir ermöglichen, methodische Grundentscheidungen zu erörtern: Die großen religiösen Gemeinschaften beruhten Anderson zufolge jeweils auch auf einer heiligen, einheitlichen Sprache[380] – dem Kirchenlateinischen im römischen Christentum etwa – und verloren folglich mit der horizonterweiternden Entdeckungsreise außerhalb Europas und der Abwertung der heiligen Sprache „Latein"[381] an Einfluss.[382] Neben dem Niedergang religiöser Gemeinschaften und dynastischer Herrschaft[383] sei seit dem Mittelalter vor allem eine neue Vorstellung von Gleichzeitigkeit („*simultaneity*") entstanden, die in einer homogenen und leeren Zeit („homogeneous, empty time") Gleichzeitigkeit an chronologisch messbare

---

375 Vgl. Anderson 2006 [1983], 7.
376 Vgl. auch für das Zitat Anderson 2006 [1983], 7.
377 Vgl. Anderson 2006 [1983], 7.
378 Vgl. Anderson 2006 [1983], 6, 9–19, Zitat aus dem Buchtitel.
379 Vgl. Anderson 2006 [1983], 7.
380 Vgl. Anderson 2006 [1983], 12–19. Vgl. insbes.: „But Christendom, the Islamic Ummah, and even the Middle Kingdom [...] were imaginable largely through the medium of sacred language and written script." (Anderson 2006 [1983], 12–13)
381 Vgl.: „In a word, the fall of Latin exemplified a larger process in which the sacred communities integrated by old sacred languages were gradually fragmented, pluralized, and territorialized." (Anderson 2006 [1983], 19)
382 Vgl. Anderson 2006 [1983], 12–19.
383 Vgl. Anderson 2006 [1983], 19–22.

gleiche Zeitpunkte binde und den Formen „Roman" und „Zeitung" zugrunde liege:[384] Die Tageszeitung etwa stellt Ereignisse versammelt und damit fiktiv als verbunden dar, schlicht weil sie kalendarisch zusammenfallen.[385] Mit dem Bedeutungsverlust früherer Gemeinschafts-, Herrschafts- und Zeitvorstellungen sei – so Anderson – historisch die „possibility of imagining the nation" entstanden.[386]

Positiv zeigt Anderson zweitens, wie das Zusammenwirken von Kapitalismus, neuer Drucktechnik und gegebener Sprachenvielfalt historisch die Ermöglichungsbedingungen für nationale Imaginationen geschaffen hat.[387] Nicht schon die nicht auflösbare Vielfalt vieler Umgangssprachen, sondern erst die Erfahrung jeweils spracheinheitlicher Massenpublika durch Kapitalismus und Druckerzeugnisse habe Nationalitätsimaginationen ermöglicht:[388] „Yet this mutual incomprehensibility was historically of only slight importance until capitalism and print created monoglot mass reading publics."[389] Dazu wurde eine markttaugliche Drucksprache populär, die Kommunikation ermöglichte – und zwar: „below Latin and above the spoken vernaculars".[390] Die Fixierung dieser Sprache machte sie als „alt" vorstellbar.[391] Anderson fasst die Ermöglichungsbedingungen nationalen Bewußtseins so zusammen:

---

384 Anderson 2006 [1983], 22–36, Zitate auf S. 24, kursiv im Original.
385 Vgl. Anderson 2006 [1983], 32–36. Dort spricht er auch von „calendrical coincidence" und „imagined linkage" zwischen den einzelnen Nachrichten (a. a. O., 33). Anderson beschreibt das Ritual des gleichzeitigen Tageszeitungslesens („simultaneous consumption (,imagining') of the newspaper-as-fiction") vieler Menschen als „mass ceremony" (vgl. auch für die Zitate a. a. O., 35) und fragt: „What more vivid figure for the secular, historically clocked, imagined community can be envisioned? At the same time, the newspaper reader, observing exact replicas of his own paper being consumed by his subway, barbershop, or residential neighbours, is continually reassured that the imagined world is visibly rooted in everyday life." (a. a. O., 35–36)
386 Im Zusammenhang: „I have been arguing that the very possibility of imagining the nation only arose historically when, and where, three fundamental cultural conceptions, all of great antiquity, lost their axiomatic grip on men's minds." (Anderson 2006 [1983], 36)
387 Vgl. Anderson 2006 [1983], 37–46. Zusammenfassend formuliert a. a. O., 42–43, 46, dort in ähnlichen Englischen Worten, vgl. etwa: „What, in a positive sense, made the new communities imaginable was a half-fortuitous, but explosive, interaction between a system of production and productive relations (capitalism), a technology of communication (print), and the fatality of human linguistic diversity." (a. a. O., 42–43) Später spricht er auch von Drucktechnik („print technology"): a. a. O., 46.
388 Vgl. Anderson 2006 [1983], 43–44.
389 Anderson 2006 [1983], 43.
390 Vgl. auch für das Zitat Anderson 2006 [1983], 44.
391 Vgl. Anderson 2006 [1983], 44.

> We can summarize the conclusions [...] by saying that the convergence of capitalism and print technology on the fatal diversity of human language created the possibility of a new form imagined community, which in its basic morphology set the stage for the modern nation.[392]

Was genau hat Anderson mit diesen Ermöglichungsbedingungen nun beschrieben: empirische Konstitutionsbedingungen oder praktische Plausibilitätsbedingungen? Ersteres würde vor allem in Beobachtungsperspektive auf soziale Praktiken beschreibbar; letzteres wäre erlebbar in Teilnahmeperspektive. Ersteres hieße, dass etwa eine Heilige Sprache tatsächliche die Menschen zu einer Gemeinschaft miteinander verbindet.[393] Die empirische Gegebenheit einer gemeinsamen Sprache konstituierte Gemeinschaft. Sind es aber praktische Plausibilitätsbedingungen, hieße dies, dass die kulturelle Gegebenheit einer Sprache praktisch Erfahrung ermöglicht, die die Imagination einer Gemeinschaft plausibel erscheinen lassen. Die situative Gemeinsamkeit einer Sprache schaffte die Plausibilitätsbedingungen für die Imagination von Gemeinschaft. Nach dieser zweiten Lösung klingen Andersons Beispiele.[394]

Sachlogisch lassen sich die Fragen nicht trennen, methodisch will ich wegen der praxissoziologisch besonders überzeugenden Abschnitte von Andersons Buch der Frage nach praktischen Plausibilitätsbedingungen Priorität einräumen. Sachlogisch hat Anderson m. E. Konstitutions- und Plausibilitätsbedingungen beschrieben, weil sich Konstitutionsbedingungen und Imaginationen wechselseitig insofern verstärken, als Imaginationen im Sinne des „Thomas-Axioms" menschliches Verhalten auf die Reproduktion ihrer eigenen Konstitutionsbedingungen hin orientieren:[395] So macht nicht nur die Gemeinsamkeit einer Sprache die Imagination einer Volksge-

---

392 Anderson 2006 [1983], 46.
393 Vgl. Anderson 2006 [1983], 12–13. Manche von Andersons Formulierungen klingen danach, z. B.: „In this sense, written Arabic functioned like Chinese characters to create a community out of signs, not sounds." (a. a. O., 13) Oder: „Yet such classical communities linked by sacred languages had a character distinct from the imagined communities of modern nations." (a. a. O., 13) So auch, nun auf die Nation bezogen: „…we are simply at the point where communities of the type ‚horizontal-secular, transverse-time' become possible" (a. a. O., 37).
394 Vgl.: „Take only the example of Islam: if Maguindanao met Berbers in Mecca, knowing nothing of each other's languages, incapable of communicating orally, they nonetheless understood each other's ideographs, *because* the sacred texts they shared existed only in classical Arabic." (Anderson 2006 [1983], 13, kursiv im Original)
395 Dürrschmidt findet bei Robertson das „Thomas-Axiom" als Implikation wieder, wenn er schreibt (vgl. auch für das Zitat Dürrschmidt 2011, 737): „Implizit ist hier im Sinne einer makrosoziologischen Auslegung des Thomas-Axioms mitgedacht, dass die Wahrnehmung der Welt als Ganzer in seiner Handlungskonsequenz tatsächlich dazu beiträgt, dass sich das Zusammenrücken der Welt realisiert […]." (ebd.) Den Hinweis auf das Thomas-Axiom verdanke ich der Auseinandersetzung mit Roland Robertson. Vgl. dazu auch schon Höhne 2022c.

meinschaft plausibel, sondern Imagination eine Sprachgemeinschaft nötigt auch zum Sprechen, Pflegen und Tradieren dieser Sprache. Die Imagination von Nationalität kann bei Anderson auch auf territorialer Abgrenzung beruhen[396] – und sie schafft als Imagination territoriale Abgrenzung.

Andersons Ausführung können in praxeologischer Perspektive besonders da überzeugen, wo es ihm gelingt zu zeigen, wie bestimmte Imaginationen in konkreten Praktiken in der Erfahrung der Praxisteilnehmer:innen Überzeugungskraft und Selbstverständlichkeit gewinnen. So beschreibt Anderson beispielsweise in Anlehnung an Victor Turner das Reisen als „meaning-creating experience" und fokussiert nach religiösen Pilgerreisen die Reisetätigkeit, die absolutistische Staaten von ihren Funktionäre verlangten.[397] Auf diesen Reisen hätten die Funktionäre ihre Kollegen aus anderen Teilen desselben Reiches getroffen und dabei spezifische Erfahrungen gemacht:[398] „But in experiencing them as travelling-companions, a consciousness of connectedness [...] emerges, above all when all share a single language-of-state".[399] Und für die Reisen kreolischer Funktionäre in Mexiko oder Chile gelte: „Yet on this cramped pilgrimage he found travelling-companions, who came to sense that their fellowship was based not only on that pilgrimage's particular stretch, but on the shared fatality of trans-Atlantic birth."[400] Genau das sei ein Faktor, der die Entstehung von imaginierten Gemeinschaften erkläre.[401]

Damit hat Anderson eine Imagination an eine praktische Plausibilitätserfahrung rückgebunden und gleichzeitig erzählt, wie diese Plausibilitätserfahrung historisch kontingent[402] und machtpolitisch ermöglicht entstanden ist. In praxeologischer Perspektive ist diese Rückbindung deshalb besonders überzeugend, weil sie nicht von präpraktischen Strukturen ausgeht, die Praktiken determinieren, sondern weil diese Rückbindung den Punkt markiert, an dem Imaginationen in ihrer konkret-praktischen Aktualisierung, in ihrem „sinnhaften Gebrauch" (Reckwitz) und also in einer Praktik strukturierend wirken: Nur insofern eine Imagination praktisch plausibel konkret imaginiert wird, kodeterminiert sie Verhalten. Wo Anderson die Imagination von Nation an Plausibilitätserfahrungen rückbindet, zeigt er, wie diese Imagination praktisch plausibel, konkret imaginierbar und verhaltenswirksam werden konnte. Deshalb räume ich der Frage nach dieser Rückbindung, nach den praktischen Plausibilitätsbedingungen also, methodische Prio-

---

396 Vgl. Anderson 2006 [1983], 7, 170–178.
397 Vgl. Anderson 2006 [1983], 53–57, Zitat auf S. 53.
398 Vgl. Anderson 2006 [1983], 55–56.
399 Anderson 2006 [1983], 56.
400 Anderson 2006 [1983], 57.
401 Vgl. Anderson 2006 [1983], 65.
402 Vgl. zur Kontingenz bei Anderson: Anderson 2006 [1983], 10.

rität ein, um von dieser Rückbindung aus nach ihren Konstitutionsbedingungen fragen zu können, die Anderson im Beispiel in dem Absolutismus wiederfindet, der seine Funktionäre auf Reisen schickt. Damit kommen Machtfragen in den Blick, weil die Bindung von Plausibilität an Teilnahmeperspektive jeweils spezifische Plausibilitätsbedingungen gesellschaftlich und damit in machtasymmetrischen Strukturen situiert:[403] Was dem mit der Möglichkeit zu reisen ausgestatten Funktionär schon plausibel schien, mag dem verarmten Landarbeiter noch nicht plausibel erschienen sein.

Das Vorgehen, zunächst Plausibilitätsbedingungen zu erkunden, legt Anderson selbst nahe, insofern er immer wieder nach der *Plausibilität* von Imaginationen fragt.[404] Dabei scheint er davon auszugehen, dass die Plausibilität einer Imagination dieser zu Durchsetzung, Verbreitung und Selbstverständlichkeit verhelfen kann, während an den Orten der jeweiligen Praktiken nachlassende Plausibilität den Bedeutungsverlust einer Imagination erklärt.

Insgesamt wird der Imaginationsbegriff bei Anderson so methodisch handhabbar: Konkrete Inhalte des Imaginierens – eben die Vorstellung einer Gemeinschaft und Gemeinsamkeit – werden genauso wie die Plausibilitätsbedingungen dafür beschreibbar. Möglich wird dies, weil Anderson anders als Castoriadis den Ort des gemeinsam Imaginären bestimmt, nämlich im Bewußtsein der jeweiligen Glieder einer Gemeinschaft.[405] Die Gegenüberstellung von Psyche und Gesellschaft, von individuellem und gesellschaftlich Imaginären bei Castoriadis wird dadurch eingezogen und dafür die Beschreibung des „aktualen Imaginären" (Castoriadis) am Ort des jeweils individuellen Bewusstseins in seiner je praktisch-situativen Plausibilität ermöglicht. Durch diese Lokalisierung, die methodische Handhabbarkeit ermöglicht, geht dagegen das bei Castoriadis vorhandene Potential, den entfremdenden Machtaspekt des sich der eindeutigen Lokalisierung entziehenden gesellschaftlichen Imaginären zu erschließen, nur dann nicht verloren, wenn man wie vorgeschlagen (2.2.1.4) die interpraktische Flüchtigkeit auch der Andersonschen Verortung betont. Lokalisierbar ist das aktual Imaginäre damit zwar am Ort des jeweils individuellen Bewusstseins, als gesellschaftliches Imaginäres entzieht es sich jedoch gerade dort der Transparenz und unmittelbaren Transformierbarkeit, weil es – wie ich vorgeschlagen hatte (2.2.1.4) – in einer offenen Vielheit von Praktiken und darin konstituierte Subjekte besteht.[406] Das Imaginäre am Ort eines In-

---

403 Vgl. zu dieser Situiertheit historisch Anderson 2006 [1983], 109–110.
404 Vgl. Anderson 2006 [1983], 12, 18–19, 22, 32, 36. Beispielsweise: „It is therefore essential to consider what gave these cultural systems their self-evident plausibility [...]." (a.a.O., 12)
405 Vgl. wie eingangs zitiert: „[...] yet in the minds of each lives the image of their communion." (Anderson 2006 [1983], 6)
406 Zur Konstitution von Subjekten in Praktiken vgl. etwa Vogelmann 2014, 76–87.

dividuums zu beschreiben oder zu transformieren, erfasst nicht das Imaginäre auch an allen anderen Orten dieser offenen Vielheit. Am Beispiel gesagt: Nur weil ein Individuum Nationalität als Imagination erkennt und dekonstruiert, kann dieses Individuum noch lange nicht ohne Pass und Grenzkontrolle in die USA einreisen, weil diese Imagination eben in einer offenen Vielheit anderer Praktiken (etwa: Grenzkontrolle) und darin konstituierter Subjekte (etwa: CBP-Mitarbeiter:in) trotzdem weiter besteht. Über diesen Gedanken erhält die Kategorie des Imaginären m. E. ihr Potential überindividuelle Entfremdungsprozesse zu erschließen und wird gleichzeitig methodisch lokalisierbar.

2.2.3 Das soziale Imaginäre (Charles Taylor)

Charles Taylor hat den Imaginationsbegriff verwendet, um das Phänomen der Moderne beziehungsweise der Modernitäten in einer Weise zu beschreiben,[407] die der bleibenden Rolle von bildhaften, impliziten und traditionellen Vorstellung gegenüber Theorie und Rationalisierungsprozessen Rechnung trägt.[408] Dabei bezieht er sich explizit auf Benedict Anderson und übernimmt implizit vieles vom Imaginationsbegriff von Cornelius Castoriadis.[409] Taylor spricht vor allem von „the social imaginary" und meint damit das Vorstellungskonglomerat, das sinnstiftend soziale Praxis ermöglicht und zu ihr befähigt.[410] Die Vorstellungsinhalte benennt Taylor schon in seiner Definition:

> By social imaginary, I mean something much broader and deeper than the intellectual schemes people may entertain when they think about social reality in a disengaged mode. I am thinking, rather, of the ways people imagine their social existence, how they fit together with others, how things go on between them and their fellows, the expectations that are normally met, and the deeper normative notions and images that underlie these expectations.[411]

Einfach gesagt, gibt das sozial Imaginäre also eine geteilte Vorstellung davon, wie das soziale Leben, also die sozialen Praktiken, gemeinhin ablaufen („usually go")

---

[407] Vgl. C. Taylor 2004, 1–2.
[408] C. Taylor 2004, 2, 23. Ich danke dem Berliner Forschungskolloquium 2018 für Hinweise in diese Richtung.
[409] Für den expliziten Bezug zu Anderson vgl. C. Taylor 2004, 2.
[410] Vgl.: „The social imaginary is not a set of ideas; rather, it is what enables through making sense of, the practices of a society." (C. Taylor 2004, 2)
[411] C. Taylor 2004, 23. Vgl. ähnlich auch C. Taylor 2002, 106. Ich zitiere im Folgenden den jüngeren der beiden ähnlichen Texte. Für eine kurze Zusammenfassung von Taylors Begriff des Imaginären vgl. Gaonkar 2002, 10–12.

und abzulaufen haben („ought to go").[412] Dabei legt Taylor nahe, diese geteilte Vorstellung auch als klassenspezifische oder gruppenspezifische verstehen zu können.[413] Taylors Begriff des „social imaginary" interessiert hier, weil er über Castoriadis und Anderson hinaus ermöglicht, die Beziehungen von Praxis, Sozialtheorie, Vorstellungssubjekten und Imagination so zu klären (1), dass eine praxistheoretische (2.1) Einordnung des Imaginären als „praktisches Wissen" explizierbar wird (2).

(1) Schon die zitierte Definition zeigt, dass Taylor den Begriff des „social imaginary" auf einen Wissensmodus bezieht, der vom Modus des theoretischen, expliziten und propositionalen Wissens klar unterschieden und auf diesen nicht rückführbar ist:[414] Der Begriff „Social imaginary" meine die Vorstellungswelt der breiten Bevölkerung („ordinary people"), die in „images, stories, and legends", also eher narrativ als in Theorien tradiert werde,[415] von großen Gruppen („large groups of people") eher als von kleinen Expertenkreisen imaginiert und gemeinsame Praktiken („common practices") möglich macht.[416] Besonders wichtig ist dabei erstens, dass das soziale Imaginäre folglich in Gruppen geteiltes („shared") Wissen meint,[417] und zweitens, dass das sozial Imaginäre also in der Perspektive der Praxisteilnehmer:innen eine handlungsprägende Rolle spielt,[418] sich aber ähnlich wie der praktische Sinn bei Bourdieu in der Perspektive der theoretisierenden Beobachter entzieht: Es ist nicht restlos in theoretisches Wissen überführbar.[419] Deshalb kann es auch im Folgenden nur um Annäherungen an das soziale Imaginäre gehen. Die soziale Vorstellungswelt wird entsprechend auch nicht primär durch die Aneignung von theoretischem Wissen vermittelt, sondern besteht in „images, stories,

---

412 Vgl. zu der Kombination von Deskription und Präskription darin auch Taylor selbst wie zitiert: „Such understanding is both factual and normative; that is, we have a sense of how things usually go, but his is interwoven with an idea of how they ought to go [...]." (C. Taylor 2004, 24).
413 Vgl.: „This transformation altered the self-understanding of noble and gentry elites, their social imaginary not of the whole society, but of themselves as a class or order within it." (C. Taylor 2004, 34) Später formuliert er noch deutlicher, aber nun retrospektiv: „It is also the case that the social imaginaries of different classes have come much closer together." (a. a. O., 161)
414 Vgl. C. Taylor 2004, 23, 25; Gaonkar 2002, 4.
415 Vgl. dazu auch Strauss 2006, 330–331.
416 Vgl. auch für die Zitate C. Taylor 2004, 23; Gaonkar 2002, 4.
417 Vgl. auch für die Zitate C. Taylor 2004, 23.
418 Das Prägende zeigt sich schon in dem „makes possible common practices" (C. Taylor 2004, 23).
419 Vgl.: „It can never be adequately expressed in the form of explicit doctrines because of its unlimited and indefinite nature. That is another reason for speaking here of an imaginary and not a theory." (C. Taylor 2004, 25)

and legends"[420] – anders gesagt: sie wird in sozialen Praktiken erworben und tradiert.[421]

Das sozial Imaginäre benennt entsprechend ein „implicit understanding".[422] Es sei „unstructured and inarticulate".[423] Damit spielt für Taylor das sozial Imaginäre einerseits in konkreten Praktiken eine Rolle, er lässt es andererseits in diesen aber nicht aufgehen:[424] Das sozial Imaginäre gehe für ihn weit über das Hintergrundwissen („background understanding") konkreter Praktiken weit hinaus, weil es die Vorstellung der gesamten sozialen Situation einschließlich ihrer gegenwärtigen Üblichkeiten und normativer Sollensforderung beinhaltet.[425] Das soziale Imaginäre bezeichnet über konkrete Praxiskompetenz hinaus die Vorstellungswelt, die als Horizont[426] und Vorstellungsressource fungiert: Das sozial Imaginäre ist das Repertoire, das „‚repertory' of collective actions at the disposal of a given group".[427] Es ermöglicht bei Taylor Praktiken nicht nur in dem Sinne, dass es die Praktik selbst im Ablauf informiert, sondern auch in dem Sinne, dass es sie initiieren oder an andere Praktiken anschließen lässt;[428] um Taylors eigenes Beispiel aufzugreifen: Aus dem sozial Imaginären heraus habe ich nicht nur eine Vorstellung davon, wie politische Demonstrationen aussehen und ablaufen, ich weiß mich auch zur Organisation von Demonstrationen berechtigt – oder nicht.[429]

Dabei sieht Taylor das Hintergrundwissen in ein internes Wechselverhältnis zu Praktiken stehen:

> If the understanding makes the practice possible, it is also true that it is the practice that largely carries the understanding. At any given time, we can speak of the 'repertory' of collective

---

420 C. Taylor 2004, 23.
421 Vgl. C. Taylor 2004, 25. Für die Praxisinhärenz von Ideen vgl. a. a. O., 33. Dafür, dass sozial Imaginäres in Praktiken gelernt (und tradiert) wird vgl. auch Strauss 2006, 326, 330–331.
422 Vgl. auch für das Zitat C. Taylor 2004, 26; Gaonkar 2002, 4.
423 Vgl. auch für das Zitat C. Taylor 2004, 25.
424 Vgl. C. Taylor 2004, 25.
425 Vgl. C. Taylor 2004, 24–27 und besonders S. 25, dort etwa: „What I'm calling the social imaginary extends beyond the immediate background understanding that makes sense of our particular practices." (C. Taylor 2004, 25)
426 Siehe zu diesem Horizontcharakter des Imaginären hier auch Anm. 314 in diesem Kapitel.
427 C. Taylor 2004, 25. Vgl. ähnlich auch C. Taylor 2004, 115.
428 Vgl. dazu etwa C. Taylor 2004, 23, 127, 165, 167. Dass das sozial Imaginäre bei Taylor auch Praxisvollzüge initiieren lässt, schließe ich einerseits aus dem gleich zu referieren Beispiel der Demonstration bei Taylor und andererseits daraus, dass er betont: „What I'm calling the social imaginary extends beyond the immediate background understanding that makes sense of our particular practices. [...] [T]his understanding supposes, if it is to make sense, a wider grasp of our whole predicament [...]." (C. Taylor 2004, 25)
429 Vgl. C. Taylor 2004, 26–27. Das Beispiel der Demonstration stammt hier von Taylors selbst.

actions at the disposal of a given group of society. These are the common actions that they know how to undertake [...]. The discriminations we have to make to carry these off, knowing whom to speak to and when and how, carry an implicit map of social space, of what kinds of people we can associate with in what ways and in what circumstances.[430]

Diese Vorstellungswelt – beziehungsweise genauer: die Tatsache, dass es sich um eine geteilte Vorstellungswelt handelt – macht dann Taylor zufolge gemeinsames Handeln als gemeinsame Praktiken überhaupt möglich.[431] Ohne diese Vorstellungen wüssten Praxisteilnehmer der Definition zufolge eben nicht, was adäquate Reaktionen sind, wie die eigenen Taten sinnvoll an andere anknüpfen können, und also insgesamt nicht, was wie getan werden kann.[432]

Wichtig ist, dass Taylor in die Unterscheidung von *Vorstellungswelt und Theorie* ein wechselseitiges Beziehungsverhältnis der beiden Relate einschreibt: Sobald Theorien Verbreitung finden, beeinflussen, verändern, ja: infiltrieren[433] sie die sozialen Imaginationen:

> The modern theory of moral order gradually infiltrates and transforms our social imaginary. In this process, what is originally just an idealization grows into a complex imaginary through being taken up and associated with social practices, in part traditional ones but ones often transformed by the contact.[434]

Theorien stellen danach Deutungsmuster für neu entstehende Praktiken zur Verfügung, ermöglichen deren sinnvolle Deutung und wandern so prägend in die Transformationsprozesse von Praktiken ein.[435] Am Ort sozialer Praktiken sickern explizite Theorien ins Imaginäre und damit ins Selbstverständliche („taken-for-granted") ein.[436] Die dadurch transformierten Praktiken könnten dann wiederum neue Theoriebildungen anregen – deshalb ist das Verhältnis ein Wechselverhältnis.[437] Während es, zusammengefasst gesagt, also für Taylor einerseits soziale Vorstellungswelten sind, die in ihrer klaren Unterschiedenheit von Sozialtheorien

---

430 C. Taylor 2004, 25–26.
431 Vgl. C. Taylor 2004, 23–24.
432 Vgl. C. Taylor 2004, 24.
433 Vgl.: „It often happens that what start off as theories held by a few people come to infiltrate the social imaginary". (C. Taylor 2004, 24)
434 C. Taylor 2004, 28–29. Vgl. für diesen Weg von der Theorie ins sozial Imaginäre auch C. Taylor 2004, 2, 6, 15–16, 19.
435 Vgl. C. Taylor 2004, 29.
436 Vgl. C. Taylor 2004, 29, dort auch das Zitat. Dazu, dass das Imaginäre das Selbstverständliche ist, vgl. auch: „This is so easy to forget, because once we are well installed in the modern social imaginary, it seems the only possible one, the only one that makes sense." (a.a.O., 17)
437 Vgl. C. Taylor 2004, 29–30.

soziale Praktiken ermöglichen, transformieren Sozialtheorien andererseits soziale Vorstellungswelten, indem sie am Ort neuer Praktiken in diese einsickern, wobei die so neu entstehenden Praktiken wiederum neue Theoriebildungen anregen.

Dabei wehrt sich Taylor dagegen, idealistisch in dem Sinne mißverstanden zu werden, als seien „ideas [...] an independent force in history", indem er Ideen in material bestimmte Praktiken immer schon eingebunden sieht:[438]

> In fact, what we see in human history is ranges of human practices that are both at once, that is, material practices carried out by human beings in space and time, and very often coercively maintained, and at the same time, self-conceptions, modes of understanding.[439]

M. E. ist das Imaginäre damit bei Taylor m. E. sowohl eine erfahrungs- als auch eine praxistheoretische Kategorie.[440] Erstens erleben, erfahren und erkennen Menschen im Horizont ihrer sozialen Vorstellungswelt ihre soziale Realität.[441] Teil des westlichen „modern social imaginary" bei Taylor ist etwa der Individualismus.[442] Ist die Vorstellung, dass alle Menschen zunächst Individuen sind, zur Selbstverständlichkeit geworden,[443] werden sich Menschen im Horizont dieser Vorstellung auch als solche erleben: „After all, are we not all individuals?"[444] Zweitens bezeichnet das Imaginäre eine praxistheoretische Kategorie, indem es – wie bereits beschrieben – sinnvolles Verhalten und gemeinsame Praktiken möglich macht und informiert.[445]

Insgesamt steht bei Taylor wie bei Castoriadis auch das Imaginäre also für die Versorgung der Gesellschaft mit geteiltem, gemeinsamem, Praktiken grundierendem, informierendem und koordinierendem Wissen. Anders als Castoriadis unterscheidet Taylor nicht zwischen dem individuellen und dem gesellschaftlichen Imaginären. Wie bei Anderson und anders als bei Castoriadis ist für Taylor das Imaginäre *lokalisierbar:* nämlich in den Vorstellungen von Menschen – es geht ihm ja wie zitiert um „the ways people imagine their social existence".[446] Das ist im Vergleich zu Castoriadis (ähnlich wie bei Anderson auch) ein Gewinn, weil so die

---

[438] Vgl. C. Taylor 2004, 31–33, Zitat auf S. 31.
[439] C. Taylor 2004, 31.
[440] Das legt Taylor selbst nahe, wenn er schreibt: „The modern social imaginary is thus both active and contemplative. It expands the repertory of collective action, and also that of objective analysis." (C. Taylor 2004, 167)
[441] Vgl. dazu auch Gaonkars Hinweis auf das sozial Imaginäre in „its role in the hermeneutics of every day life" bei Taylor (vgl. auch für das Zitat Gaonkar 2002, 10).
[442] Vgl. C. Taylor 2004, 17–18.
[443] Vgl. C. Taylor 2004, 17.
[444] C. Taylor 2004, 17.
[445] Vgl. C. Taylor 2004, 23–24.
[446] Vgl. auch für das Zitat C. Taylor 2004, 23.

Annahme einer vermeintlich einheitlichen Gesellschaft zugunsten einer Vielfalt gruppenspezifischer Imaginationen entfällt,[447] weil Taylor die informierende und initiierende Rolle des Imaginären in und für spezifische Praktiken wie gesehen konzeptualisieren kann und weil das Imaginäre in seinen Inhalten – nämlich wie in der Definition Taylors genannt: Vorstellungen von Sozialität, Situation und Verhaltenserwartungen – beschrieben werden kann und nicht nur als „Krümmung" (Castoriadis, s. 2.2.1.4) ahnbar wird.[448]

Diese Lokalisierbarkeit ist dann nicht um den Preis des Erschließungspotenzials der Imaginationskategorie für Entfremdung erkauft, wenn man sie wie bereits vorgeschlagen als inter- und intrapraktischen pointiert versteht (2.2.1.4). Danach besteht das gesellschaftlich Imaginäre im Praxiszusammenhang intrapraktisch und interpraktisch als Flüchtiges: Die Imaginationen, die Menschen einen „sense of how we all fit together" geben,[449] bestehen dann in anderen Praktiken verkörpert sein oder bleiben, an denen das jeweilige Subjekt gerade nicht teilnimmt.[450] Dieser Mehrwert der Castoriadisschen Ausführungen ist festzuhalten: Kollektive Imaginationen sind nicht nur psychisch wirksam, sondern auch strukturell und material verkörpert.

(2) Vor diesem Hintergrund lässt sich das Imaginäre praxistheoretisch einordnen. Erstens hat Gaonkar das „social imaginary" zum Bourdieuschen Habitus ins Verhältnis gesetzt: Während das Imaginäre als implizites Hintergrundwissen einerseits durchaus habituellen Charakter habe, fänden Imaginationen bei Taylor anders als der Habitus selbst direkt symbolischen Ausdruck.[451]

Zweitens beinhaltet das „social imaginary" Aspekte dessen, was bei Reckwitz „praktisches Wissen" heißt (2.1.1.2). Beide Begriffe bezeichnen den gleichen Modus des Wissens, nämlich ein in praktischen Vollzügen implizites und nicht primär

---

447 Vgl. zur Gruppenspezifizität der Imaginationen Taylors Rede von „large groups of people" (C. Taylor 2004, 23). Vgl. dazu auch Strauss bereits zitierte Kritik an Castoriadis' Einheitlichkeitsunterstellung in Bezug auf das Gesellschaftliche und das gesellschaftlich Imaginäre: Strauss 2006, 324–325.
448 Zu diesem Vorteil bzw. dieser Kritik an Castoriadis vgl. wie gesagt Strauss: „Hence, the key is not to mystify ideas as ‚the curvature' of ‚social space' or the ‚invisible cement' of a society, and not to think of societies as imagining anything, but to theorize how people in societies imagine." (Strauss 2006, 326)
449 Vgl. auch für das Zitat C. Taylor 2004, 24. Vgl. dazu auch C. Taylor 2002, 91.
450 Das scheint mir mit Taylors Ansicht kompatibel, weil auch dieser wie zitiert davon spricht, dass Praktiken „coercively maintained" sein könnten (vgl. auch für das Zitat C. Taylor 2004, 31).
451 Vgl. Gaonkar 2002, 10–11. Insbes.: „In a manner similar to Castoriadis, Taylor (2001: 189) claims that the social imaginary, 'while nourished in embodied habitus, is given expression on the symbolic level.' The social imaginary therefore occupies a fluid middle ground between embodied practices and explicit doctrines." (a.a.O., 11)

explizites Wissen (2.1.1.2 und 2.1.2.2). Beide Begriffe beziehen sich auf die gleiche praktische Funktion, nämlich die Ermöglichung von Praxis qua Handlungs- und Deutungskompetenz. Beide Begriffe bezeichnen etwas, das in spezifischer Wechselbeziehung zu der sich vollziehenden Praktik einerseits und der diese beschreibenden Theorie andererseits steht. Damit scheint es insgesamt gerechtfertigt, *die „social imaginary" als Teil des praktischen Wissens zu verstehen.*

Gleichzeitig geht Taylors Begriff der „social imaginary" an zwei Punkten über den des praktischen Wissens bei Reckwitz und Schatzki hinaus, was ihn im hiesigen Zusammenhang interessant macht.

(2.1) Taylors „social imaginary" meint wie gesagt nicht nur das für eine konkrete Praktik nötige Wissen, sondern geht darüber hinaus: Es informiert Praktiken nicht nur im Vollzug, sondern initiieren den Vollzug auch. Das unterscheidet es vor allem vom dem „understanding of X-ing" bei Schatzki und tendenziell[452] auch von dem praktischen Wissen bei Reckwitz. Es hat – wie oben entfaltet – den Charakter eines Deutungshorizonts und Repertoires für konkrete Praktiken.

(2.2) Taylor beschreibt, wie Sozialtheorie im Wechselverhältnis mit Praktiken diese selbst transformiert und prägt – und zwar auch solche Praktiken, die nicht selbst Praktiken des wissenschaftlichen Reflektierens sind. Damit betont er stärker, als sich das bei Reckwitz finden lässt, den Einfluss der Theorie auf praktisches Wissen, genauer: auf die sozialen Vorstellungen im praktischen Wissen. Bei der Entstehung neuer Praktiken wirkt bei Taylor theoretisches Wissen mit[453] und in soziale Vorstellung eingewandert prägt theoretisches Wissen den Vollzug von Praktiken. Damit ist – nicht empirisch aber konzeptuell – genau der Zusammenhang hergestellt, der in Vogelmanns Kritik des „Banns der Verantwortung" unplausibel bleibt (1.1.2): der Zusammenhang, der Verantwortungskonzeptionen der akademische Praxis in anderen gesellschaftlichen Praxen wirksam macht und so erst deren Gewaltpotential[454] schaffen könnte. Damit macht Taylors Begriff der „social imaginary" die Arbeit theoretisierender Praktiken für alltägliche Praktiken so relevant, dass auch die ethische Reflexion sich in ihrer Wirkbeziehung zu sozialen Praktiken selbst reflektieren kann, indem sie ihren Einfluss auf Imaginationen miteinbezieht: Wie arbeitet theologische Ethik mit ihren expliziten oder impliziten Imaginationen an den sozialen Imaginationen gegenwärtiger Gesellschaften?

---

452 Einerseits beinhaltet die von Reckwitz zitierte Definition praktischen Wissens Elemente, die durchaus als über eine konkrete Praktik hinausgehend gedacht werden können, andererseits betont er die „Zuordnung zu einzelnen, historisch und kulturell spezifischen Praxiskomplexen" (Reckwitz 2003, 292).
453 Vgl. so unter anderem C. Taylor 2004, 109.
454 Vgl. dazu wie gesagt Vogelmann 2014, 19 und auch Gaonkar 2002, 5.

Der Charme des Imaginationsbegriffs dabei ist, dass er nicht nur an Vorstellungen, sondern auch an Bilder („images" (s. o.)) denken lässt und so gerade begrifflich fasst, dass es hier um nicht begrifflich explizites Wissen, sondern um ein Wissen geht, das in praktisch gebrauchten Vorstellungsbildern besteht.[455] Das bislang in der Auseinandersetzung mit Castoriadis, Anderson und Taylor zum Imaginationsbegriff Erarbeitete führe ich weiter unten (2.3.2.3) auf Verantwortungspraktiken hin pointiert systematisch zusammen, um so das Anschlussproblem der akademischen Verantwortungsreflektion zu bearbeiten.

2.3 Aneignung: Verantwortung als Begriff, soziale Praxis und Imagination

2.3.1 Verantwortung als Differenzbegriff[456]

Der Begriff „Verantwortung" hat im Sprachgebrauch eine Fülle von Bedeutungen.[457] Hans Lenk hat diese Bedeutungen in „schematischen Übersichten" zusammengestellt, die Ropohl referiert:[458] Er nennt „Handlungs(ergebnis)verantwortung", unterteilt in „Rollen- und Aufgabenverantwortung" sowie „Universalmoralische[.] Verantwortung", und „rechtliche Verantwortung".[459] Um von Verantwortung sinnvoll ethisch reflektieren zu können, bedarf es einer *heuristischen Arbeitsdefinition*, die „Verantwortung" in Texten und Praktiken identifizierbar macht. Frieder Vogelmann hat diese „Heuristik" über den einheitlichen diskursiven Operator „Verantwortung" gefunden, der der Vielfalt der Begriffsverwendungen zugrunde liege.[460] Mir scheint es sachnäher weil theorievoraussetzungsärmer, bei der Vielfalt

---

455 Vgl. C. Taylor 2004, 23–25.
456 Den Begriff „Differenzbegriff" verdanke ich einer Anregung von Torsten Meireis (vgl. auch für das Zitat Meireis 2019a, 48).
457 Vgl. Ropohl 1994, 110. Picht spricht von „unbestimmte[r] Vieldeutigkeit" (Picht 1969, 318). Konkret etwa: „Neben den *juristischen* und den *religiösen* Verantwortungsbegriff ist, von beiden abgeleitet und zugleich doch unterschieden, im 20. Jahrhundert der *moralische* getreten. Von diesem sind nochmals zu unterscheiden sein *politischer* Gebrauch sowie der *funktionale* Begriff der Aufgabenverantwortung." (Körtner 2008, 94, kursiv im Original, ähnlich: Körtner 2001, 102). Vgl. zur Vielfalt auch: Körtner 2010, 236; Körtner 1997, 137–138.
458 Vgl. auch für das Zitat Ropohl 1994, 110.
459 Vgl. wie zitiert bei Ropohl 1994, 110, dort auch die Zitate. Eine aktuelle Fassung Lenkscher Übersichten, in der die Begriffe „Handlungsergebnisverantwortung", *„Aufgaben- und Rollenverantwortlichkeit", „(universal)moralische Verantwortlichkeit"* und *„rechtliche Verantwortung"* vorkommen, findet sich hier Lenk 2017, 66–70, Zitate auf S. 66, 67, 68, 69, kursiv im Original.
460 Vgl. auch für das Zitat und die Begriffe Vogelmann 2014, 125.

der Verantwortungsbegriffe selbst anzusetzen. Ähnlich wie Meireis „Öffentlichkeit" als „Differenzbegriff" fasst, lässt sich „Verantwortung" sachgerecht als „Differenzbegriff" verstehen.[461]

Arbeiten zum Verantwortungsbegriff erzählen zwei Geschichten von Verantwortung, die (oft auch in diesen Arbeiten) beide in den philosophisch-ethischen Diskurs münden: die erste beginnt im Kontext des Rechts (2.3.1.1),[462] die andere im Kontext von Politik (2.3.1.2). Kurt Bayertz hat beide Geschichten erzählt und ihren Zusammenhang herausgearbeitet, Frieder Vogelmann profiliert den Unterschied beider Geschichten, und Klaus Günther hat die beiden Geschichten systematisch in eine Differenzierung des Verantwortungsbegriffs in „Aufgaben-Zurechnungsverantwortung" übernommen.[463] Reuter hat diese Differenzierung mit den englischen Begriffen *„liability"* für Zurechungs- und *„accountability"* für Aufgabenverantwortung verbunden.[464] Die folgende Darstellung dieser beiden Geschichten, die sich vor allem den genannten Autoren verdankt, führt in die sich anschließende Diskussion eines gegenwärtigen Integrationsmodells, von dem aus ich zu einem *hierarchisch-integrativen Differenzbegriff formal responsiver Verantwortung* als heuristische Arbeitsdefinition für diese Arbeit komme (2.3.1.3): Verantwortung meint danach das primär *auf zukünftige Erfüllung gerichtete Zugerechnetsein einer relativ unbestimmten Aufgabe zu Akteuren, die für die eigenständige Erfüllung dieser Aufgabe gegenüber einer dritten Subjektposition*[465] *rechenschaftspflichtig bleiben.* In dieser Arbeitsdefinition ist – wie ich zeigen werde – die Grundstruktur von Verantwortung formal responsiv[466] gefasst, insofern Erfüllung und Zugerechnetsein auf eine

---

461 Vgl. zu Meireis' Verwendung von „Differenzbegriff": Meireis 2019a, 48. Zur Frage, ob Verantwortung in unterschiedlichen Zusammenhängen dasselbe meint: Günther 2000, 468–469.
462 Vgl. zur Rezeption dieser Geschichte in der Theologie etwa Körtner 1992, 98.
463 Vgl. Bayertz 1995, 3–47; Vogelmann 2014, 26–30, 343–348; Günther 2006, Zitat aus dem Titel von Günthers Aufsatz. Vgl. zur Unterscheidung von Zurechnungs- und Aufgabenverantwortung und den damit verbundenen Gedanken und Konzepten, die im Folgenden referiert werden, auch Reuter 2011, 301–302. Otfried Höffe hatte bereits ähnlich zwischen *„Aufgabenverantwortung"* und „Rechenschaftsverantwortung" unterschieden (vgl. Höffe 1989, 15, dort auch die Zitate, kursiv im Original. Den Hinweis auf den Höffetext verdanke ich W. E. Müller 1997, 111).
464 Vgl. auch für die Zitate Reuter 2011, 301–302, kursiv im Original. Günther ordnet Arten und englische Begriffe anders zu (Günther 2006, 296), ich halte aber Reuters Version für plausibler.
465 Ich spreche hier wie Vogelmann bewusst von Subjektpositionen, um anzuzeigen, dass diese Position auch von derselben Person ausgefüllt werden kann, wie eine andere Position (vgl. Vogelmann 2014, 24, 125–126).
466 Zum formal-responsiven Verständnis von Verantwortung in evangelischer Ethik vgl. Bonhoeffer (DBW 6, 254) und Huber 2012b, 81–82; Huber 2013, 120; Reuter 2011, 303; Dabrock 2009, 128–158, sowie phänomenologisch Waldenfels 2010b; Vogelmann 2014, 325–337. (Den Hinweis auf diesen Waldenfelstext verdanke ich Vogelmann.) Den Begriff „responsive Grundstruktur" hat auch Kalinna

als Aufgabe rekonstruierte Wirklichkeit antworten. Die „responsive Grundstruktur"[467] von Verantwortung herauszustellen, ist nicht selbstverständlich, sondern kann als freilich nicht exklusives Spezifikum evangelisch-theologischer Perspektiven gelten.[468]

2.3.1.1 Vom juridischen Verantwortungsbegriff...

In der deutschen Sprache kam der Begriff „Verantwortung" in der „zweiten Hälfte des 15. Jahrhunderts" auf und blieb bis ins 18. Jahrhundert vor allem „ein juristischer Fachbegriff".[469] Verantwortung meinte „den streng geregelt ablaufenden Vorgang der ‚Antwort' auf die Klage".[470] An dieser Stelle stammt der Begriff wohl aus dem „römisch-rechtlichen Sprachgebrauch"; Georg Picht vermutet gar einen Zusammenhang „mit dem Vordringen der Form des Inquisitionsprozesses".[471] In jedem Fall meinte Verantwortung die Antwort auf eine Klage.[472] Schon diese ursprüngliche Grundbedeutung von Verantwortung unterstellt damit eine formal responsive Grundstruktur:[473] Verantwortung ist formal eben *Antwort* auf eine Klage. In diesem Sinne benutzte etwa Martin Luther in seiner Bibelübersetzung von 1545 den Begriff,[474] zum Beispiel im Prozess gegen Paulus: „Da er aber solchs zur Verantwortung gab / sprach Festus mit lauter Stimme / Paule / du rasest / die grosse

---

zur Rekonstruktion von H. R. Niebuhrs Verantwortungskonzept verwendet (vgl. etwa Kalinna 2021, 57, dort auch das Zitat).
467 Kalinna 2021, 57.
468 Vgl. so Reuter: „Das für die evangelische Ethik spezifische Profil des Verantwortungsbegriffs geht auf Einflüsse des dialogischen Personalismus zurück: ‚Ver-antwortung' ist Ausdruck der *Responsivität* menschlicher Existenz im Wechselspiel von Wort bzw. Anspruch und Antwort [...]." (Reuter 2011, 303, kursiv im Original)
469 Vgl. auch für die Zitate Bayertz 1995, 17, 36; Vogelmann 2014, 26 – 27, das erste Zitate ist bei Bayertz auf S. 17, das zweite bei Vogelmann auf S. 27. Vgl. dazu auch schon Picht 1969, 318; Ropohl 1994, 110; Waldenfels 2010b, 73 – 74; Kirchschläger 2014, 30 – 31. Quelle für diese Behauptung ist bei Bayertz und Vogelmann das Grimmsche Wörterbuch.
470 Vgl. auch für das Zitat Vogelmann 2014, 27. Vgl. ähnlich auch Kirchschläger 2014, 30 – 31.
471 Vgl. auch für die Zitate Picht 1969, 318 – 319. Belege liefert Picht für diese spannende Vermutung leider nicht. Den Zusammenhang zum römischen Recht und zum danach „organisierten Gerichtsprozess" stellt auch Vogelmann her: Vogelmann 2014, 27., dort auch das Zitat.
472 Vgl. so auch Vogelmann 2014, 27.
473 Vgl. so, nämlich zum Zusammenhang von Rechenschaftspflichtigkeit und der Bestimmung des Menschen „als antwortendes Wesen", auch schon Huber 2013, 120, dort auch das Zitat.
474 Vgl. Vogelmann 2014, 27. Das Wort „Verantwortung" kommt in besagter Übersetzung etwa vor in Phil 1,17; 2. Tim 4,16; Apg 17, 19; Apg 26,24; 1. Petr 3,15 und 2. Kor 7. 11 (vgl.: https://www.bibel-online.net/suche/?search=Verantwortung&translation=luther_1545_letzte_hand&testament=all, letzter Zugriff am 23.3.2022).

Kunst machet dich rasend." (Apg 26, 24).⁴⁷⁵ Wie in diesem Beispiel meint Verantwortung immer die Verteidigung „gegenüber anderen Menschen, nie gegenüber oder vor Gott".⁴⁷⁶ Bayertz und Vogelmann verweisen darauf, dass noch Johann Gottlieb Fichte und Immanuel Kant den Begriff in diesem streng juristischen Sinne verwenden konnten.⁴⁷⁷ Fichte formulierte schon den Titel seiner Schrift entsprechend: *„Der Herausgeber des philosophischen Journals gerichtliche Verantwortungsschrift gegen die Anklage des Atheismus"* von 1799 und Kant antwortet auf Beschuldigung von König Friedrich Wilhelm II.: „Was die ‚gegen mich erhobene Anklage betrifft, so ist meine gewissenhafte Verantwortung folgende: …'".⁴⁷⁸ So verstandene Verantwortung lässt sich Rechenschaftsverantwortung nennen.⁴⁷⁹ Als Rechenschaft verstanden ist Verantwortung – wie Heidbrink trefflich bemerkt hat – „ein *reaktives Legitimationskonzept*".⁴⁸⁰ Als solche habe Verantwortung schon früh die „Frage nach der *Zurechnung* aufgeworfen."⁴⁸¹

Im Feld dieser juristischen Semantik hat auch Kurt Bayertz entsprechend die „Idee der Verantwortung" auf das „Problem der Zurechnung" von Handlungsfolgen bezogen und das *„klassische Modell der Verantwortung"* als Zurechnungsmodell skizziert.⁴⁸² Darin meint Verantwortung m. E. nicht die Verteidigungsschrift oder -rede selbst, sondern das, was in dieser Rede zur Rede steht: nämlich zunächst „die Zurechnung jener Folgen […], die ein menschliches Subjekt durch sein Handeln kausal bewirkt hat", wobei die Frage nach dieser Verantwortung anhand *„schlim-*

---

475 Vgl. die Übersetzung „Luther 1545 (Letzte Hand)" zitiert nach https://www.bibel-online.net/buch/luther_1545_letzte_hand/apostelgeschichte/26/#24, letzter Zugriff am 23.3.2022 (dort auch das Zitat).
476 Vgl. auch für das Zitat Vogelmann 2014, 27.
477 Vgl. Bayertz 1995, 17; Vogelmann 2014, 27.
478 Vgl. für den Titel Fichtes einschließlich der Datierung Vogelmann 2014, 27, kursiv im Original, und für das Kantzitat im Zitat: Bayertz 1995, 17.
479 Auch Heidbrink rekonstruiert den angeblichen Verantwortungsbegriff bei Kant mit dem Begriff der Rechenschaft: „Der Begriff der Verantwortung ist bei Kant im wesentlichen gleichbedeutend mit der Rechenschaft, die das Individuum vor sich selbst in Ansehung einer gesetzgebenden Instanz ablegt, die nach der Analogie Gottes gedacht ist." (Heidbrink 2003, 64) Kirchschläger verwendet den Begriff „Rechenschaftsverantwortung" für das, was hier Zurechnungsverantwortung (s. u.) heißen wird (vgl. Kirchschläger 2014, 40).
480 Vgl. auch für das Zitat Heidbrink 2003, 60, kursiv im Original. Anderes als Heidbrink an dieser Stelle benutze ich nicht den Begriff „Rechtfertigung" (ebd.), sondern zunächst den der „Rechenschaft", um Rechenschaftsverantwortung nicht unreflektiert rechtfertigungstheologisch aufzuladen.
481 Vgl. auch für das Zitat Heidbrink 2003, 60, kursiv im Original.
482 Vgl. Bayertz 1995, 4–6, Zitate auf S. 4 und 5, kursiv im Original. Vgl. zu diesem Modell in der Verbindung mit „juridische[r] *Zurechnungsverantwortung*" auch Reuter 2011, 301, kursiv im Original.

me[r] Folgen" aufgekommen sei.⁴⁸³ Entsprechend gehört zur Entfaltung dieses Verantwortungsbegriffs bei Bayertz die Klärung der objektiven und „subjektiven Bedingungen" für die Zurechnung von Folgen genauso wie der Normenkorpus, aufgrund dessen eine Instanz diese Folgen zuerst als „schlimme Folgen" qualifizieren kann.⁴⁸⁴

Verantwortung ist – Bayertz Ausführungen folgend – aus dieser Problemzuordnung heraus damit erstens normativ aufgeladen, zweitens retrospektiv ausgerichtet, drittens mit der Frage nach individueller Freiheit als subjektiver Zurechnungsvoraussetzung verknüpft und viertens ein dreistelliger Begriff: Erstens unterscheidet Bayertz mit Kant zwischen *Zuschreibung*, „die sich auf den faktischen Tatbestand der kausalen Verursachung bezieht, und der *Zurechnung*", die ein gewertetes „Handlungsergebnis" zurechnet.⁴⁸⁵ Die Frage nach der Zurechnung entsteht nur bei gesetzeswidrigen Handlungen und Handlungsfolgen.⁴⁸⁶ Darin liegt die „normative Komponente",⁴⁸⁷ die Verantwortungsbegriff aus der Rechtsgeschichte mitführt: Nur für das normativ negativ Beurteilte braucht es jemanden, der zur Verantwortung gezogen werden kann.⁴⁸⁸ An diesem klassischen Modell hängt zweitens, dass die Frage nach Verantwortung nach Eintritt der Folgen entsteht, also immer in „retrospektive[r]" Zeitrichtung.⁴⁸⁹ Drittens arbeiten die von Bayertz beschriebenen klassischen Zurechnungen mit der subjektiven Voraussetzung individueller Freiheit: Nur für die Folgen freiwilliger Entscheidungen kann ein Individuum auch zur Verantwortung gezogen werden.⁴⁹⁰ Viertens ist Verantwortung in diesem Modell bei Bayertz damit in einer dreistelligen Relation loziert: Ein menschliches Subjekt (a) wird für ein Objekt (b) – also ein Ereignis – zur Verantwortung gezogen und zwar aufgrund eines „System[s] von Bewertungsmaßstäben",

---

483 Vgl. auch für die Zitate Bayertz 1995, 5, kursiv im Original. Dort heißt es: „Den Anlaß für die Frage nach der Verantwortung gibt in der Regel ein schlimmes Ereignis." (ebd.)
484 Vgl. Bayertz 1995, 5–19, erstes Zitat auf S. 8, zweites auf S. 13. Als objektive Bedingung nennt Bayertz Kausalität (a.a.O., S. 8, 14), als subjektive Bedingungen dann „die Intentionalität der Handlung, das Vorauswissen um die Folgen und die Freiheit, auch anders entscheiden und handeln zu können" (a.a.O., S. 14). Zur Qualifikation der Folgen vgl. insbes. a.a.O., 13–14.
485 Vgl. auch für die Zitate Bayertz 1995, 14, kursiv im Original.
486 Vgl. Bayertz 1995, 14. Damit meint Verantwortung in diesem Modell mehr als Ursachenfeststellung wie in der Formulierung „daß ein Blitz oder ein defektes Kabel den Brand hervorgerufen" habe (Bayertz 1995, 5).
487 Vgl. auch für das Zitat Bayertz 1995, 15.
488 Vgl. Bayertz 1995, 5, 13–14.
489 Vgl. auch für das Zitat Bayertz 1995, 45. Zum „retrospektive[n] Charakter der Rechenschaftspflicht" vgl. auch Vossenkuhl 2006, 343, dort auch das Zitat.
490 Vgl. Bayertz 1995, 9, 14.

das etwa von einem Gericht repräsentiert wird (c).[491] Damit hat Bayertz Verantwortung als aus dem Rechtskontext abgeleiteten Begriff gefasst: „Das Sich-Verantworten für eine Tat wird immer – mehr oder weniger – nach dem Paradigma einer gerichtlichen Verantwortung konzipiert."[492]

Ebenfalls im Feld juristischer Semantik und dicht an Bayertz Modell liegt die „Zurechnungsverantwortung", die Klaus Günther von „Aufgabenverantwortung" differenziert hat:[493] Auch jene bezieht sich darauf, „eine Person für eine Normverletzung oder einen Schaden verantwortlich" zu machen – und zwar „für ein vergangenes Verhalten".[494]

In der vom juristischen Kontext ausgehenden Verantwortungssemantik meint der Begriff also zunächst im engeren Sinne die „‚Antwort' auf die Klage"[495], also Verantwortung als Rechenschaft, und von dort aus das in dieser Antwort zur Rede Stehende, nämlich die Zurechnung eines negativen Ereignisses zu einem menschlichen Subjekt als dessen verantwortlichen Verursacher. Letztere nenne ich im Folgenden mit Günther „Zurechnungsverantwortung", erstere nenne ich Rechenschaftsverantwortung. Beide rechtliche Bedeutungen kommen m. E. in der gegenwärtigen Umgangssprache vor: Wo sich jemand verantwortet, schwingt die „Antwort auf die Klage" mit, wo jemand für eine Tat verantwortlich gemacht wird, die Zurechnung dieser Tat zum Subjekt. In beiden rechtlichen Bedeutungen ist Verantwortung grundlegend formal responsiv strukturiert:[496] Sie ist Antwort auf – genauer hier: Antwort auf Klage oder Anklage.

---

491 Vgl. dazu, für das Zitat und diese Durchbuchstabierung Bayertz 1995, 15–16: „Wir haben es daher mit einem mehrstelligen Relationsbegriff zu tun, der mindestens drei Elemente in Beziehung zueinander bringt: a) ein Subjekt der Verantwortung, b) ein Objekt der Verantwortung und c) ein System von Bewertungsmaßstäben." (ebd.) Dazu, dass das Subjekt ein menschliches sein muß vgl. a.a.O., 5–7. Ähnlich hat auch Kirchschläger einmal Verantwortung gefasst (vgl. Kirchschläger 2014, 33).
492 Bayertz 1995, 17. Huber beschreibt dies ähnlich, wenn er schreibt, dass „der ethische Begriff der Verantwortung […] in Analogie zum rechtlichen – genauer: zum strafrechtlichen – Verantwortungsbegriff konstruiert" wurde (Huber 2013, 118).
493 Vgl. für die zitierten Begriffe und ihre Bestimmung Günther 2006.
494 Vgl. auch für die Zitate Günther 2006, 295. Für die retrospektive Zeitrichtung s. auch Günther 2006, 298. Günther differenziert auch die dafür nötigen „Verhaltens- und Zurechnungsregeln" sowie Arten von Pflichtverletzungen und Zurechnungen (vgl. Günther 2006, 298–303, Zitat von S. 298). Für die Unterscheidung von retrospektiver und prospektiver Verantwortung vgl. etwa Bayertz 1995, 45.
495 Wie eingangs zitiert: Vogelmann 2014, 27.
496 Vgl. dazu Huber 2013, 120. Vgl. so auch Vogelmann 2014, 32.

2.3.1.2 Vom politischen Verantwortungsbegriff...

Der Verantwortungsbegriff gewinnt Bayertz zufolge allerdings nicht schon im 15. Jahrhundert, sondern „erst seit der zweiten Hälfte des 19. Jahrhunderts sowohl in der ethischen Literatur wie auch in der öffentlichen Debatte an Relevanz."[497] Bayertz führt dies auf die „strukturellen Veränderungen des menschlichen Handelns seit dem späten 18. Jahrhundert" zurück; bedingt seien diese „durch die intensivierte Arbeitsteilung" und „durch den Fortschritt der Technik", die die direkte „Zurechnung von Handlungsfolge[n]" nach dem klassischen Modell unplausibel machten.[498] Der „moderne Verantwortungsbegriff" sei angetreten, dieses Problem zu lösen;[499] er sei aber gar nicht primär aus dem paradigmatisch juristisch gefassten Begriff, sondern als „Extrapolation" eines „politischen Konzepts" entstanden.[500] Prägend geworden sei *politische Verantwortung* als ein zweites Paradigma", konkret etwa: die Idee „verantwortlicher Regierung".[501] Dieses Paradigma haben Bayertz und Vogelmann vor allem anhand der „Federalist Papers", also New Yorker Arbeiten zur Verfassung in den USA von 1787/88, der Arbeit von Edmund Burke, von Benjamin Constant (1815) und einer „moralphilosophische[n] Arbeit" von Lucien Lévy-Bruhl (1884) beschrieben.[502] Die Idee verantwortlicher Regierung kommt also im Rahmen der Entwicklung moderner Demokratien auf.[503] Sie ist im Englischen wie Französischen „im Kontext der jeweiligen Revolutionen geboren".[504] Grundgedanke dieser Idee ist, Regierungsmacht durch Rechenschaftspflichtigkeit dem Souverän gegenüber zu binden.[505] Bayertz zitiert,[506] wie Alexander Hamilton diesen Gedanken in den Federalist Papers etwa in der Möglichkeit des Impeachments

---

[497] Vgl. auch für das Zitat Bayertz 1995, 24.
[498] Vgl. Bayertz 1995, 24–36, Zitate auf S. 25.
[499] Vgl. Bayertz 1995, 27.
[500] Vgl. auch für die Zitate Bayertz 1995, 36, 40. Entsprechend sah auch Günter Ropohl den „theoretischen Ursprung" des moralphilosophischen Verantwortungsbegriffs auch „im Frankreich des ausgehenden 19. Jahrhunderts und insbesondere in einer Monographie von Lucien Lévy-Bruhl" (vgl. auch für die Zitate Ropohl 1994, 110). Zu Lévy-Bruhl in diesem Zusammenhang gleich mehr im Haupttext.
[501] Vgl. auch für die Zitate Bayertz 1995, 36–37, kursiv im Original. Vgl. zur Verbindung von Aufgabenverantwortung und dem „Typus der politischen Verantwortung" auch Reuter 2011, 302.
[502] Vgl. Bayertz 1995, 36–42; Vogelmann 2014, 343–348, für das erste Zitat Bayertz 1995, 37, für das zweite Vogelmann a.a.O., 346.
[503] Vgl. Bayertz 1995, 37.
[504] Vgl. auch für das Zitat Vogelmann 2014, 28.
[505] Vgl. Bayertz 1995, 37; Vogelmann 2014, 28.
[506] Vgl. Bayertz 1995, 38.

ausgedrückt: Anders als der britische König solle der US-amerikanische Präsident bei seiner „personal responsibility" behaftbar sein.[507]

Folgende Kennzeichen politischer Verantwortung lassen sich mit Bayertz und Vogelmann benennen: erstens sei Verantwortung hier immer Verantwortung des Mächtigen, sie sei „an die machtvolle Subjektposition" gekoppelt.[508] Zweitens sei sie „nicht vollständig juristisch kodifizierbar".[509] Bei dieser Verantwortung komme es, wie Vogelmann in seiner Interpretation von Constant betont hat, auch nicht auf „ein strafrechtliches Urteil mit anschließender Sanktion", sondern „auf die permanente Möglichkeit des Parlaments, vom Minister eine öffentliche Verteidigung seiner Handlungen verlangen zu können" an.[510] Politische Verantwortung sei charakterisiert durch eine gewisse „*Unbestimmtheit*":[511] Wenn Politik für die „Sicherung des Wohls der Bürger" verantwortlich gemacht werde, sei an dieser Aufgabe – so Bayertz – „unbestimmt, worin das Wohl der Bürger" genau besteht und welche Mittel dafür wie und wann genau einzusetzen wären.[512]

Daß der moderne Verantwortungsbegriff in Tradition zu diesem politischen Begriff steht, belegen Bayertz und Vogelmann unter anderem damit, dass Max Weber seine einschlägige Unterscheidung von gesinnungs- und verantwortungsethischer Maximen einem Vortrag über „Politik als Beruf" – und damit auf Politik bezogen – entwickelte.[513] Gegenüber dem klassischen, juridisch gefassten Verantwortungsbegriff zeichnet Bayertz den modernen, in Kontinuität zum politischen stehenden Verantwortungsbegriff durch die „prospektive" Zeitrichtung und die Ausrichtung auf „*positiv* bewertete Zustände" aus:[514] Das Subjekt werde nicht

---

507 Vgl.: „The President of the United States would be liable to be impeached, tried, and, upon conviction of treason, bribery, or other high crimes or misdemeanors, removed from office; and would afterwards be liable to prosecution and punishment in the ordinary course of law. The person of the king of Great Britain is sacred and inviolable; there is no constitutional tribunal to which he is amenable; no punishment to which he can be subjected without involving the crisis of a national revolution. In this delicate and important circumstance of personal responsibility, the President of Confederated America would stand upon no better ground than a governor of New York, and upon worse ground than the governors of Maryland and Delaware." (Hamilton, The Federalist Papers, No. 69, https://avalon.law.yale.edu/18th_century/fed69.asp, Zugriff am 23. 3. 2022, größtenteils auch zitiert auf Deutsch bei Bayertz 1995, 38.)
508 Vgl. auch für das Zitat Vogelmann 2014, 346.
509 Vgl. auch für das Zitat Vogelmann 2014, 346.
510 Vgl. auch für das Zitat Vogelmann 2014, 345.
511 Vgl. Vogelmann 2014, 347; Bayertz 1995, 41, Zitat bei Bayertz, kursiv im Original.
512 Vgl. auch für die Zitate Bayertz 1995, 41. Vgl. dazu auch a. a. O., 34.
513 Vgl. Bayertz 1995, 40–41; Vogelmann 2014, 351.
514 Vgl. auch für die Zitate Bayertz 1995, 45, kursiv im Original; zur Kontinuität siehe Bayertz oben und a. a. O., 36–37, 40.

nachträglich „für bereits eingetretene Schäden verantwortlich gemacht, sondern [...] für die Erhaltung oder Herstellung erwünschter Zustände".[515]

Die von Klaus Günther benannte „Aufgabenverantwortung" beschreibt das am Verantwortungsbegriff, was in Kontinuität zur politischen Verantwortung steht.[516] So betont Günther die „Handlungsspielräume", die „relative Selbständigkeit des Treuhänders" und die „[r]elative Unbestimmtheit der Aufgabe" in der Aufgabenverantwortung.[517] Mit dem „Treuhandmodell der Aufgabenverantwortung"[518] zeigt er, dass auch diese relational strukturiert und dreistellig ist, allerdings mit anderen Relationen als die Zurechnungsverantwortung:[519] Das Subjekt (a) übernimmt eine Aufgabe, wird damit verantwortlich für einen „Drittbegünstigten" (b) und rechenschaftspflichtig „gegenüber dem Treugeber", dem Treugeber, „der die Aufgabe festlegt, dem Treuhänder überträgt und die für die Aufgabenerfüllung notwendige Macht verleiht" (c).[520]

Außerdem zeigt Günthers Beschreibung von Aufgabenverantwortung, wie diese mit Zurechnungsverantwortung zusammenhängt:[521] „Aufgabenverantwortung ist zugleich immer auch antizipierte Zurechnungsverantwortung."[522] Politiker handeln verantwortlich in dem Wissen darum, dass sie jederzeit für das, was sie als Aufgabenerfüllung getan haben, zur Verantwortung, also zu Rechenschaft gezogen werden können.

Nach Bayertz einschlägiger Darstellung ist dieser Begriff von Verantwortung zunächst moralisch und sogar *„evaluativ neutral"*.[523] „Die Verantwortung für eine bestimmte Aufgabe hat zunächst einen rein *funktionalen* Charakter und keinen *moralischen* Gehalt."[524] Weil er die Verantwortungszuschreibung von der Bewertung der Aufgabe und für den Fall der Zurechnungsverantwortung auch von der Bewertung der Folgen entkoppelt, kann er dies übrigens sowohl für Zurechnungs-

---

515 Vgl. auch für das Zitat Bayertz 1995, 45.
516 Vgl. Günther 2006, 303–316.
517 Vgl. auch für die Zitate Günther 2006, 303, 304, 307.
518 Günther 2006, 304.
519 Vgl. Günther 2006, 305.
520 Vgl. Günther 2006, 304–307, Zitate auf S. 305. Die Rechenschaftspflicht kann bei Günther auch gegenüber dem Drittbegünstigten stehen (vgl. ebd.). Die Identifikation von Drittbegünstigten und Verantwortungsobjekt habe ich, nicht Günther, vorgenommen.
521 Vgl. Günther 2006, 316–323.
522 Günther 2006, 317.
523 Vgl. auch für das Zitat Bayertz 1995, 65, kursiv im Original (auch zitiert bei Funiok 2011, 78). Dort erklärt Bayertz wie ebenfalls ebendort von Funiok zitiert: „Der Verantwortungsbegriff konstituiert keine Wertungen, sondern ‚transportiert' sie lediglich [...]" (Bayertz 1995, 65).
524 Bayertz 1995, 35.

als auch für Aufgabenverantwortung so gelten lassen.[525] Gerade Bayertz' Beispiel der „Zuständigkeit innerhalb einer Organisation"[526] weckt Zweifel[527] an dieser evaluativen Neutralität: „Die spezifischen Organisationsziele oder institutionellen Normen, die als Kriterium dafür dienen, ob die betreffende Person ihrer ‚Verantwortung' gerecht geworden ist oder nicht, treten an die Stelle der allgemeinverbindlichen moralischen Normen."[528] Damit hat Aufgabenverantwortung über Organisationsziele und institutionelle Normen sehr wohl eine normative Komponente – nur eben eine, die ohne Anspruch auf Allgemeinverbindlichkeit auftritt, sich aber gerade vor dem Hintergrund praxeologischer Prämissen aber kaum sauber aus der Verantwortungspraktik wird herauspräparieren lassen.[529]

Auch Aufgabenverantwortung ist insofern als grundlegend repsonsiv strukturiert zu denken, weil verantwortlich Handelnde ja auf die Wahrnehmung einer Aufgabe antworten, indem sie diese Aufgabe erfüllen: Verantwortung ist auch hier Antwort.[530]

2.3.1.3 ... zu einem hierarchisch integrierten Differenzbegriff formal responsiver Verantwortung

Insgesamt kommen im Verantwortungsbegriff also zwei Grundbedeutungen zusammen. Aus rechtlichen Zusammenhängen heraus meint Verantwortung die retrospektive Zurechnung eines negativen Ereignisses zu einem menschlichen[531] Subjekt als dessen Verursacher (2.3.1.1). Aus politischen Zusammenhängen meint Verantwortung *die prospektive Zurechnung einer relativ unbestimmten Aufgabe zu einem (dadurch) ermächtigen Subjekt, das für die relative selbständige Erfüllung dieser Aufgabe gegenüber Dritten rechenschaftspflichtig bleibt* (2.3.1.2).[532] Verant-

---

525 Vgl. Bayertz 1995, 65.
526 Bayertz 1995, 35.
527 Zweifel daran weckt auch, was Bayertz selbst schreibt: „[W]ir sprechen in der Regel aber nur dort von ‚Verantwortung', wo mit der Zuschreibung zugleich ein Werturteil transportiert wird." (Bayertz 1995, 65)
528 Bayertz 1995, 35.
529 Was diese Abstraktionsmöglichkeit angeht, behauptet Bayertz das Gegenteil: Bayertz 1995, 65.
530 Vgl. ähnlich auch schon Buber 2017b, 204.
531 Vgl. dazu Bayertz 1995, 5.
532 Vgl. zur Rechenschaftspflichtigkeit v. a. Günther 2006, 305–306. Auch Körtner betont, dass Verantwortung „als ethischer Begriff auch die Notwendigkeit künftiger Rechenschaftspflicht" beinhaltet (Körtner 2008, 96). Zur „relative[n] Selbständigkeit des Treuhänders" vgl. etwa wie zitiert Günther 2006, 304, dort auch das Zitat. Zur „relative[n] Unbestimmtheit der Aufgabe" vgl. Günther 2006, 307, dort auch das Zitat. Kompatibel damit sieht Körtner „Autonomie und Rechenschaftspflicht" im Verantwortungsbegriff verbunden (Körtner 2008, 96). Zur Ermächtigung vgl. Günther 2006, 305.

wortlich im ersten Sinne ist, wer schuldhaft einen Schaden verursacht hat. Verantwortlich im zweiten Sinne ist, wem ein unbestimmtes Gut anvertraut[533] wurde. Mit Klaus Günther nenne ich erstere im Folgenden Zurechnungs- und letztere Aufgabenverantwortung.[534] Beide sind als grundlegend responsiv strukturiert rekonstruierbar: Zurechnungsverantwortung antwortet auf eine Klage, Aufgabenverantwortung auf eine Aufgabe.

Gegenwärtige ethische oder moraltheoretische Arbeiten zum Verantwortungsbegriff fassen diesen Begriff meist als mehrstellige Relation[535] und integrieren so ein Spektrum unterschiedlicher Bedeutungen: Die „Standardtheorie der Verantwortung" geht von drei Relaten aus: Subjekt, Objekt (verantwortlich für) und Instanz (vor) oder Kriteriologie.[536] Otfried Höffe listet vier[537] und Sombetzki fünf Relate (Subjekt, Objekt, Instanz, Adressat und Kriterien).[538] Bei Hans Lenk und Matthias Maring sind es gar sechs Relate (Verantwortungssubjekt, Handlungsfolge, Adressat, Instanz, Kriterium, Rahmen des Bereiches).[539] Den Rekord aber hält Ropohl mit sieben Stellen:[540] „(A) WER verantwortet (B) WAS, (C) WOFÜR, (D) WESWEGEN, (E) WOVOR, (F) WANN und (G) WIE?"[541] Der Konzeptualisierung von Verantwortung als „siebenstellige Relation"[542] wird man zunächst kaum Unterkomplexität vorwerfen können, zumal Ropohl die sieben Stellen durch jeweils drei Optionen in einer „Morphologische[n] Matrix" zu einer noch differenzierteren Typologie ausarbeitet.[543] Deshalb setzt meine weitere Reflexion hier an. Folgende, noch nicht einmal abgeschlossene Matrix, entwirft Ropohl:[544]

---

533 Unter Verwendung des Begriffs „Anvertrautes" hat auch Martin Buber Verantwortung verstanden: Buber 2017b, 204. Vgl. zur ähnlichen Verwendung des Begriffs auch Huber 1995, 153.
534 Vgl. Günther 2006.
535 Vgl. dazu auch Günther 2000, 469; Reuter 2011, 301 und Vogelmann 2014, 125, Anm. 116; Bayertz 1995, 15. Bayertz spricht von „einem mehrstelligen Relationsbegriff" (ebd.).
536 . Vgl. Bayertz 1995, 15–16; Heidbrink 2003, 21–22, 305; Günther 2000, 469, Zitat bei Heidbrink auf S. 21.
537 Vgl. Heidbrink 2003, 22., Anm. 16.
538 Vgl. Sombetzki 2014, 63–132, pointiert auf S. 65.
539 Vgl. Lenk und Maring 1995, 247. Auch bei Bernhard Debatin sind es sechs Relate (vgl. Debatin 1998, 117).
540 ... und – wenn ich mir diese Bemerkung erlauben darf – nicht Lenk und Maring mit bloß sechs Stellen (so Vogelmann 2014, 125). Zur „siebenstellige[n] Relation" vgl. Ropohl 1994, 111.
541 Ropohl 1994, 111. Auch zitiert bei Fischer 2002, 302. Kirchschläger hat „[s]ieben Dimensionen der Verantwortung" unterschieden (vgl. Kirchschläger 2014, 36–41, Zitat auf S. 36, im Original gefettet und kursiv), die sich teilweise mit den Stellen bei Ropohl überschneiden.
542 Ropohl 1994, 111.
543 Vgl. auch für das Zitat Ropohl 1994, 112.
544 Die folgende Tabelle 3 gibt in eigener Form Ropohls Tabelle 1 wieder: Ropohl 1994, 112 (auch wiedergegeben bei Fischer 2002, 302). Dass diese Matrix erweiterbar ist, betont Ropohl selbst: „für

Tabelle 3: Matrix von Verantwortung nach Ropohl

„(A) WER verantwortet	Individuum	Korporation	Gesellschaft
(B) WAS	Handlung	Produkt	Unterlassung
(C) WOFÜR	Folgen voraussehbar	Folgen unvoraussehbar	Fern- und Spätfolgen
(D) WESWEGEN	moralische Regeln	gesellschaftliche Werte	staatliche Gesetze
(E) WOVOR	Gewissen	Urteil anderer	Gericht
(F) WANN	vorher: prospektiv	momentan	nachher: retrospektiv
(G) WIE	Aktiv	virtuell	passiv„

Diese Matrix leistet, was sie Ropohl zufolge soll: Sie demonstriert „die Vielschichtigkeit des Verantwortungsbegriffs" und systematisiert „wichtige Verantwortungstypen".[545] Tatsächlich integriert sie auch Zurechnungs- und Aufgabenverantwortung schon über die Optionen in Zeile F. Um als Heuristik für eine ethische Arbeit zu fungieren, ist sie allerdings zu über- und zu unterkomplex zugleich: Einerseits enthält diese „Matrix theoretisch bereits 3 hoch 7", also 2187 Verantwortungstypen.[546] Auch wenn manche davon „widerspruchsvoll" sind, wie Ropohl selbst feststellt,[547] scheint diese Menge kaum handhabbar. Andererseits räumt Ropohl in dieser Matrix m. E. der Zurechnungsverantwortung eine subtile Priorität ein. Das legt er selbst nicht nur explizit nahe.[548] Das belegt die zitierte Matrix auch damit, dass diese bei aller Mehrstelligkeit und Komplexität letztlich die Relation zweier Akteure beschreibt. Diese sind Verantwortungsträger:in und die wie auch immer geartete Zurechnungsinstanz. Sämtliche andere Interrogativpronomina zielen auf Bezugspunkte, Inhalte oder Modi eben dieser kommunikativen Relation. Damit fällt

---

weitere Differenzierungen könnte man die Spalten pro Zeile ohne weiteres vermehren" (Ropohl 1994, 111). Für die Unterscheidung von retrospektiver und prospektiver Verantwortung vgl. etwa Bayertz 1995, 45.

545 Vgl. auch für die Zitate Ropohl 1994, 112.
546 Vgl. auch für das Zitat und diese Rechnung Ropohl 1994, 114; Fischer 2002, 302.
547 Vgl. auch für das Zitat Ropohl 1994, 114.
548 So will er das, was bei Hans Lenk „Rollen- und Aufgabenverantwortung" ist, aus dem Äquivokationszusammenhang „Verantwortung" herauslösen (Ropohl 1994, 110): „So hat die Zuständigkeit für eine bestimmte Aufgabe, auch wenn sie anders als im zugespitzten Beispiel nicht krimineller Art ist, mit moralischer Verantwortung zunächst allenfalls gewisse formale Merkmale gemein. […] Die Frage, welche moralische Verantwortung man im Hinblick auf eine bestimmte Aufgabenzuständigkeit trägt, liegt, wie Lenk zu Recht feststellt, auf einer anderen Ebene, und dieser Ebene sollte der Verantwortungsbegriff vorbehalten bleiben." (Ropohl 1994, 110–111).

eine Akteursgruppe zunächst heraus, die Günther im Treuhandmodell der Aufgabenverantwortung „Drittbegünstigte[.]"[549] genannt hatte und die mit Georg Pichts und Wolfgang Hubers „Verantwortung *für*" in den Blick kommen.[550] Damit ist die Matrix in ihrer Überkomplexität noch nicht komplex genug. Diese Für-Relation muss ethisch berücksichtig werden (s. dazu 2.3.2.1).

Formal vielversprechend scheint mir hingegen der Weg zur Begriffspräzision, den Ludger Heidbrink gewählt hat: Er unterscheidet eine *„Grundstruktur* verantwortlichen Handelns" von allen sekundären Komplexitätssteigerungen und stellt letztere unter Vorbehalt seines Differenzierungsprinzips (s. 1.1.1.2).[551] Die Grundstruktur, die stark an Bayertz klassisches Zurechnungsmodell erinnert, schafft dabei die nötige Komplexitätsreduktion, die sekundären Komplexitätssteigerung tragen gleichzeitig die Binnenvielfalt des Begriffs weiter.

Formal angelehnt an dieses Vorgehen, schlage ich theologischer Ethik einen *hierarchisch-integrierten Verantwortungsbegriff* vor, der auch der vorliegenden Arbeit als Heuristik zugrunde liegt. Danach ist Verantwortung in ethischer Hinsicht primär Aufgabenverantwortung im oben entfalteten Sinne (2.3.1.2).[552] Nur in Zusammenhang damit und abhängig davon ist Verantwortung in ethischer Hinsicht sekundär auch Zurechnungsverantwortung: wie von Günther beschrieben hängt Aufgabenverantwortung mit Zurechnungsverantwortung im Modus der Antizipa-

---

549 Günther 2006, 305.
550 Vgl. Picht 1969, 319; Huber 2012b, 83; Huber 2013, 121, Zitat bei Huber ebd. (2012) im Original kursiv. Johannes Fischer hat dazu kritisiert: „Es trifft keineswegs zu, dass Verantwortung stets den zweifachen Aspekt der Verantwortung *vor* und der Verantwortung *für* in sich schließt." (Fischer 2002, 133, Anm. 150) Dagegen behaupte ich mit Picht und Huber, dass dies sehr wohl zutrifft. Natürlich ließe sich mit Fischer von einem „relationalen Verantwortungsbegriff" reden, „welcher nur Verantwortung ‚für' meint" (ebd.). Diese „Verantwortung" aber Verantwortung – und nicht etwa „Liebe oder Fürsorge" (ebd.) zu nennen – geht der Geschichte des Begriffs entgegen, in der Verantwortung immer mit Rechenschaftspflichtigkeit verbunden ist, die sich deshalb auch in meiner Arbeitsdefinition finden wird. Die Pointe eines theologischen Verantwortungsbegriffs könnte ja gerade sein, nicht „bloß" Liebe oder „bloß" eine Instanz zu implizieren, sondern in der von Huber beschriebenen „Doppelstruktur" beides zu kombinieren (Huber 1990, 149).
551 Vgl. Heidbrink 2003, 305–306, Zitat auf S. 305, kursiv im Original.
552 Dabei gehe ich anders als Ropohl von einer Unterscheidung von Rollen- und Aufgabenverantwortung aus (Ropohl spricht äquivozierend mit Hans Lenks Begriffen von „Rollen- und Aufgabenverantwortung" (Ropohl 1994, 110–111), Lenk selbst unterscheidet aber übrigens „Rollen- und Aufgabenverantwortung" unter dieser Überschrift im Schema (vgl. Lenk 2017, 67). Rollenverantwortung ist m. E. ein Sonderfall der Aufgabenverantwortung, weil sie auf diejenigen Aufgaben sich beschränkt, die sich aus der Übernahme einer Rolle – der Rolle „Lehrer" oder „Arbeiter" etwa – ergeben. Aufgabenverantwortung kann aber zunächst auch an Aufgaben entstehen, die prima vista nicht mit einer Rolle identifizierbar sind.

tion von letzterer zusammen.⁵⁵³ Die Primärstellung von Aufgabenverantwortung lässt diese Arbeitsdefinition an das anknüpfen, was bei Bayertz der „moderne Verantwortungsbegriff" hieß, der im „Paradigmenwechsel[.]" von rechtlicher zu politischer Verantwortung seine „steile Karriere" begann.⁵⁵⁴

Was nur oder primär Zurechnungsverantwortung ist – also die retrospektive Zurechnung negativer Folgen –, sollte im ethischen Diskurs präziser als „Schuld" bezeichnet werden.⁵⁵⁵ Die Pointe dieser Unterscheidung zeigt sich in folgendem Beispiel: Geht es in rechtsethischer Perspektive etwa darum, inwieweit und unter welchen Voraussetzungen „Verbrechen aus Gehorsam"⁵⁵⁶ ihren Täter:innen vorgeworfen werden können, dann ist das Thema in der von mir vorgeschlagenen Terminologie „Schuld" – nämlich die retrospektive Zurechnung schlimmer Hand-

---

553 Vgl. Günther 2006, 317.
554 Vgl. Bayertz 1995, 36, Zitate auf S. 36 und S. 3.
555 Diese Unterscheidung kommt auch bei Bernd Irlenborn vor, der „[d]as klassische Modell der Verantwortung" (Bayertz 1995, 5, kursiv im Original) begrifflich als „Modell der Schuldzurechnung" wiedergibt und so bei Bayertz implizit folgende Unterscheidung von Schuld und Verantwortung findet (vgl. auch für das Zitat Irlenborn 2002, 35): „Damit kommt für ihn neben dem ‚klassischen' Modell der Schuldzurechnung, das ‚retrospektiv' ausgerichtet sei, ein neues, ‚modernes' Modell auf, und zwar das eines ‚prospektiv' orientierten Verantwortungsdenkens." (Irlenborn 2002, 35) Obwohl Bayertz klassisches Modell sich eigentlich auch auf Verantwortung bezieht, m.E. nämlich: Zurechnungsverantwortung, scheint mir diese Begriffsdifferenzierung in Irlenborns Bayertzinterpretation plausibel. Der Einwand dagegen, den Irlenborn selbst in den Raum stellt, überzeugt nicht: Es ließe sich fragen, „ob das als ‚klassisch' bezeichnete Modell nur retrospektiv orientiert ist, denn sowohl die eigene wie die fremde Zurechnung von Schuld geschieht ja gerade deswegen, um zukünftiges Handeln des Akteurs positiv zu beeinflussen." (Irlenborn 2002, 35) So streng genommen ist m.E. aber nichts „nur retrospektiv", insofern die Performanz des eigenen Handelns immer schon in den Zeitstrom eingebunden ist; auch der Entschluss zum Studium der Geschichte ist nicht „nur retrospektiv", weil er ja die eigene Zukunft prospektiv unter dies Aufgabe stellt. Nicht nur die Pragmatik, sondern die Semantik des Schuldbegriffs betrifft m. E. Honeckers Hinweis auf die dessen Mehrdeutigkeit: Schuld könne im Sinne von „causa" und „culpa", aber auch im Sinne von „debitum" und „obligatio" gebraucht werden (vgl. auch für die Zitate Honecker 1993, 218): „Während die obligatio auf die Zukunft ausgerichtet ist, blickt culpa zurück auf die Vergangenheit." (Honecker 1993, 218) Damit verweist Honecker auf eine Prospektivität der Schuld, die nicht nur wie bei Irlenborn in der Pragmatik, sondern nun in der Semantik liegt. Vor diesem Hintergrund läuft mein Vorschlag im Haupttext darauf hinaus, in ethischer Perspektive „Schuld" in Relation zu „Verantwortung" vor allem im Sinne von „causa" und „culpa" zu gebrauchen.

Mit der von mir im Haupttext vorgeschlagenen Differenzierung von Schuld und Verantwortung wird so – wie de Villiers dies Hans Jonas' Zukunftsethik vorgeworfen hat – „das Problem der rückwirkenden Zuschreibung von Verantwortung" nicht ausgeblendet (vgl. auch für das Zitat Villiers 2007, 11), sondern dann, wenn es unter den Verantwortungsbegriff gefasst wird, nun im Kontext der Frage nach dem künftigen Weiterleben bearbeitet werden (s. dazu das Beispiel, das im Haupttext folgt).
556 Huber 2012b, 76.

lungsfolgen zu einem menschlichen Subjekt (s. o. 2.3.1.1); geht es in ethischer Perspektive darum, was die Täter:innen, nachfolgende Generationen und das politische System aus diesen Taten für die Zukunft lernen können und sollten, welche Aufgaben Täter:innen und anderen also daraus erwachsen, dann wird nach meiner Terminologie deren Verantwortung verhandelt.[557]

Auf einen Satz gebracht: Bei aller Mehrstelligkeit, Vielfalt und Mehrdimensionalität meint Verantwortung im Folgenden das primär auf zukünftige Erfüllung gerichtete Zugerechnetsein einer relativ unbestimmten Aufgabe[558] zu Akteur:innen, die für die eigenständige Erfüllung dieser Aufgabe gegenüber einer dritten Subjektposition rechenschaftspflichtig bleiben.[559] Darin ist entscheidend:

- Ich spreche hier wie Vogelmann bewusst von Subjektpositionen, um anzuzeigen, dass diese Position auch von derselben Person ausgefüllt werden kann, wie eine andere Position in der Relation.[560]
- Ich spreche von Zurechnung und nicht Zuschreibung, um zu betonen, dass die Aufgaben immer schon gewertete Aufgaben sind.[561]
- Ich spreche etwas umständlich von „Zugerechnetsein" nicht um von der zurechnenden Instanz abzulenken, sondern um das perfektische Moment zu betonen: Verantwortung ist dort, wo Zurechnung schon erfolgreich angesetzt hat.[562]

---

[557] Genauso differenziert hat Huber die Begriffe Schuld und Verantwortung verwendet, wo er davon spricht, die „Vergangenheit zu verantworten" (vgl. Huber 1995, 147–148, Zitat auf S. 147). Auf dieser Linie lässt sich auch verstehen, was Trutz Rendtorff (auch) anlässlich des 50. Gedenktages des 9. November 1938 als Aufgabe benannt hat, nämlich: „Schuld in Verantwortung auslegen" (Rendtorff 1989, 115); zu Konkretionen dieser Aufgabe vgl. a. a. O., 115–124.
[558] Zur „relative[n] Unbestimmtheit der Aufgabe" vgl. wie gesagt Günther 2006, 307.
[559] Vgl. zu der Herkunft der hier vorkommenden Elemente 2.3.1.2 und oben Anm. 532 in diesem Kapitel.
[560] Vgl. Vogelmann 2014, 24, 125–126.
[561] Vgl. dazu die von Bayertz bzw. von Kant übernommene Unterscheidung dieser Begriffe unter 2.3.1.1, insbes. Anm. 485.
[562] Vgl. dazu auch Körtners Verweis auf die Begriffsgeschichte, dass Verantwortung „[i]n späterer Zeit [...] einerseits allgemein jede Form der Rechtfertigung, andererseits den Zustand der Verantwortlichkeit" meinte (Körtner 2008, 94) – auf letzteres kommt es mir hier an. In diesem Punkt unterscheidet sich meine Definition entscheidend von Ulshöfers „Definition von Sozialer Verantwortung", die diese als *„ein Beziehungsgeschehen"* fasst, *„in dem es [...] um die Zurechenbarkeit von Handlungsfolgen bzw. um die Eröffnung komplexer Handlungsräume und deren normative Beurteilung geht."* (Ulshöfer 2015, 26, kursiv im Original). Meinem Begriff nach reicht die Thematisierung von Zurechenbarkeit und Eröffnung eben nicht aus, damit Verantwortung gegeben ist. Dafür muss mindestens eins von beiden schon im Ansatz geschehen sein. Wo es bloß um Zurechenbarkeit *geht*, geschieht noch nicht „Verantwortung", sondern steht Verantwortung als Zugerechnetsein möglicherweise gerade in Frage. Ulshöfers Defintion würde es demgegenüber unmöglich machen, den

– Wegen der Rechenschaftspflichtigkeit in dieser Bestimmung gehört zu verantwortungstragenden Akteur:innen das mitlaufende antizipierende Bewusstsein möglicher Zurechnungsverantwortung dazu, das den Machtgebrauch bindet.[563] Charakteristisch ist damit, was das Wort „eigenständig" in der Arbeitsdefinition ausdrücken soll und was Günther als „Inkongruenz zwischen *Können* und *Dürfen*" beschrieben hat:[564] Verantwortliche können mehr als sie dürfen, müssen ihr Können aber im Blick auf potentielle Rechenschaften einsetzen und kontrollieren.[565]

Meine Arbeitsdefinition lautet also:

Verantwortung meint primär das auf zukünftige Erfüllung gerichtete Zugerechnetsein einer relativ unbestimmten Aufgabe zu Akteur:innen, die für die eigenständige Erfüllung dieser Aufgabe gegenüber einer dritten Subjektposition rechenschaftspflichtig bleiben.

Mit dieser Definition verbinde ich *formal* ein grundlegend *responsives Verständnis von Verantwortung*:[566] Die *responsive Grundstruktur*[567] *von Verantwortung* besteht darin, dass Verantwortung als Zugerechnetsein einer relativ unbestimmten Aufgaben immer auf eine wahrgenommene Wirklichkeit antwortet.[568]

Verantwortung ist damit responsiv, weil sie eine Antwort auf etwas meint. Diese strukturelle Bestimmung ist grundsätzlicher als die forensische: Verantwortung ist immer responsiv, aber nicht immer Rechenschaftsablage, also forensisch.[569]

Bedeutungsunterschied zwischen den Sätzen „Ich bin verantwortlich" und „Ich frage mich, ob ich verantwortlich bin" theoretisch zu repräsentieren.

563 Vgl. dazu wie gesagt auch Günther 2006, 317. Zur Machtkontrollfunktion von Verantwortung vgl. etwa auch Vogelmanns Interpretation von Constant (Vogelmann 2014, 345). Von einem „Bindungsmoment der Verantwortung" hat schon Huber in seiner Bonhoeffer-Interpretation gesprochen, vgl. etwa, auch für das Zitat Huber 1990, 144. Auch Günter spricht von der Bindung an eine Aufgabe durch Rechenschaftsplicht (Günther 2006, 306).

564 Vgl. dafür, für das Folgende und beide Zitate Günther 2006, 306, kursiv im Original.

565 Vgl. Günther 2006, 306. Vgl. bes. Günthers ähnliche, nicht-inklusive Formulierung: „Der Treuhänder kann (rechtlich) mehr, als er nach dem Treueverhältnis darf." (ebd.)

566 Zum responsiven Verständnis von Verantwortung vgl. grundlegend Dabrock 2009 und die dort zitierte Literatur.

567 Den Begriff „responsive Grundstruktur" hat auch Kalinna zur Rekonstruktion von H. R. Niebuhrs Verantwortungskonzept verwendet (vgl. etwa Kalinna 2021, 57, dort auch das Zitat).

568 Zur Wirklichkeitswahrnehmung in dieser Struktur vgl. auch Tödt 1988f, 30. Und ausführlicher 3.3.3.1 (b).

569 Die hier und im Rest der Arbeit damit zugrunde gelegte Unterscheidung von responsivem und primär forensischem Verständnis von Verantwortung geht auf Waldenfels (Waldenfels 2010b) bzw. in dieser begrifflichen Fassung auf Vogelmanns Waldenfelsrezeption zurück (vgl. Vogelmann 2014, 326–336).

Diese strukturelle Bestimmung ist zunächst nur formal, weil sie noch nicht näher qualifiziert, worin diese Wirklichkeit besteht, sondern nur hervorhebt, dass Verantwortung das in Antwort auf eine Wirklichkeit geschehene Zugerechnetsein einer Aufgabe ist.

Die Hervorhebung von Responsivität im Verantwortungsbegriff ist nichts Neues,[570] sondern findet sich so nicht nur bei Karl Barth und Dietrich Bonhoeffer[571] und daran anknüpfend bei Wolf Krötke,[572] Heinz Eduard Tödt,[573] Wolfgang Huber,[574] Peter Dabrock[575] und Bernd Wannenwetsch,[576] sondern auch bei Trutz Rendtorff,[577] Oswald Bayer[578] oder H. Richard Niebuhr.[579] „Der neue Ton heißt", so

---

570 Vgl. dazu auch schon Bernhard Waldenfels Rede von „einer *responsiven Ethik*": Waldenfels 2010a, 169, dort auch das Zitat, kursiv im Original, und besonders Waldenfels 2010b.
571 Vgl. ausführlich 3.2.3 und die dort zitierte Literatur.
572 Krötke formuliert in der Auslegung der Barmer Theologischen Erklärung ein responsives Verständnis von Verantwortung (vgl. Krötke 1985, 174–178), wenn er schreibt: „Ich fasse diese[.] beiden Momente der bestimmten Verpflichtung und der Freiheit mit dem Begriff der *Verantwortung* zusammen, der ja dann später in der V. These auch ausdrücklich benutzt wird. Menschliche Verantwortung kommt her von einer bestimmten Anrede, auf die sie antwortet. Sie gestaltet, ‚ver'-antwortet diese Antwort aber selbst." (a.a.O., 175, kursiv im Original). Die Auffindung dieses Aufsatzes von Krötke verdanke ich W. E. Müller 1997, 112.
573 Vgl. ausführlich 3.3.3.1 und die dort zitierte Literatur.
574 Vgl. etwa Huber 2012b, 81–82; Huber 2013, 120–121.
575 Vgl. etwa Dabrock 2009.
576 Wannenwetsch 2005 hat grundlegend forensische und responsive Aspekte von Verantwortung unterschieden (vgl. Wannenwetsch 2005, 138), sich kritisch gegen eine forensische Pointierung von Verantwortung (vgl. Wannenwetsch 2005, 127, 132–137) und die damit einhergehende Tendenz zur Selbstrechtfertigung (vgl. a.a.O., 134, 136f) gewandt und dem seine eigene Bonhoefferinterpretation gegenübergestellt, die vor allem die Schuldübernahme und das „letzte Nichtwissen des eigenen Guten" (DBW 6, 268) betont (vgl. a.a.O., 135, 138, Bonhoefferzitat aus engl. Übersetzung dort auf S. 138). Er fasst zusammen: „I hope to demonstrate that, contrary to the mainstream assumption, the moral significance of the notion of responsibility should not be understood as resting in its forensic dimension and accordingly in 'accountability' but rather in the constant need to actively listen to a (divine) call that provokes a response." (Wannenwetsch 2005, 127)
577 Vgl. ausführlich 3.3.2 und die dort zitierte Literatur.
578 Vgl. etwa Bayer 1995, 186.
579 Vgl. einschlägig: H. R. Niebuhr 1999 [1963]. Die Arbeit von H. Richard Niebuhr ist für den deutschen Diskurs vor allem von Wolfgang Huber fruchtbar gemacht worden (Huber 2012b, 80–83; Huber 2013, 121). Niebuhr schreibt etwa pointiert: „What is implicit in the idea of responsibility is the image of man-the-answerer, man engaged in dialogue, man acting in response to action upon him." (H. R. Niebuhr 1999 [1963], 56) Und etwas später: „The first element in the theory of responsibility is the idea of *response*. All action, we now say, including what we rather indeterminately call moral action, is response to action upon us." (H. R. Niebuhr 1999 [1963], 61, kursiv im Original) Eine konzise Zusammenfassung und Reflexion des Verantwortungskonzepts von Niebuhr hat jüngst Georg Kalinna 2021 vorgelegt (vgl. dort insbes. die Rekonstruktion von Niebuhrs Kerngedanken: a.a.O., 55–74).

Bernhard Waldenfels, „*Antwort*, und zwar Antwort auf einen *fremden Anspruch.*"[580] Entsprechend betont Reuter, dass die „evangelische Ethik des 20. Jahrhunderts" anknüpft „an einen pränormativen und präevaluativen existentiellen Sachverhalt [...], den der *mainstream* heutiger Moralphilosophie ausklammert, nämlich das Phänomen des *Antwortens* auf eine vorgängige Anrede."[581] Im Gefolge des „dialogischen Personalismus" gilt Reuter zufolge in evangelischer Ethik:[582] „‚Ver-antwortung' ist Ausdruck der *Responsivität* menschlicher Existenz im Wechselspiel von Wort bzw. Anspruch und Antwort".[583]

Implikationen. Diese formale strukturelle Bestimmung von Verantwortung als Antwort impliziert zwei Vorentscheidungen, die für das Verständnis von Verantwortung als Praxis und sozialer Imagination wichtig werden (2.3.2.3): Erstens sind sowohl die Aufgabe, als auch deren Zugerechnetsein und deren Erfüllung mit dieser Fassung der formalen Grundstruktur in die Antwort „Verantwortung" eingeordnet. Sie ergeben sich nicht von selbst aus der Wirklichkeit, sondern wenn, dann aus einer im Antworten *gedeuteten* Wirklichkeit – dies haben H.R. Niebuhr und mit ihm Georg Kalinna zurecht betont.[584] Verantwortung ist damit nicht so konzeptualisiert, dass sie sich unmittelbar aus der Wirklichkeit ergibt,[585] und nicht so, dass Wirklichkeit unmittelbar Aufgaben impliziert. Vielmehr meint Verantwortung ein Zugerechnetsein und eine Aufgabenwahrnehmung, die in Praktiken be- und entstehen, die auf Wirklichkeit antworten. Dazu gleich mehr (s. 2.3.2.3).

Zweitens lässt sich diese Grundstruktur zwar auch der Zurechnungs- oder Rechenschaftsverantwortung unterlegen – diese antworten ja wie gesehen auch auf etwas, nämlich auf eine Klage oder Anklage – die formale Grundstruktur des Antwortens hebt aber eine andere Grundrelationalität hervor: Während die Zurechnungs- und Rechenschaftsverantwortung Antwort in der Relation zu einer Instanz sind, also dem Gericht antworten,[586] rückt die responsive Grundstruktur auch und

---

580 Waldenfels 2010b, 71, kursiv im Original.
581 Reuter 2011, 303, kursiv im Original.
582 Vgl. auch für das Zitat Reuter 2011, 303.
583 Vgl. auch für beide Zitate Reuter 2011, 303, kursiv im Original (auch zitiert bei Kalinna 2021, 62). Reuter verweist auch auf Waldenfels.
584 Vgl. H. R. Niebuhr 1999 [1963], 61–63; Kalinna 2021, 59–60 sowie hier unten 2.3.2.3 (2), dort insbes. Anm. 643, Anm. 648 und Anm. 649 sowie die dort zitiert Literatur. Kalianna verwendet ebd. auch den Deutungsbegriff.
585 Vgl. dazu, dass sich Wirklichkeit phänomenologisch betrachtet „im Modus ‚etwas als etwas' zeigt" wie unten (2.3.2.3) ausführlicher zitiert etwa Dabrock 2009, 132, dort auch das Zitat. Auch Niebuhr hatte betont: „We do not, however, call it action of a self or moral action unless it is response to *interpreted* action upon us." (H. R. Niebuhr 1999 [1963], 61, kursiv im Original)
586 Vgl. wie oben zitiert etwa Vogelmann 2014, 26–27.

primär die Für-Relation[587] (s. o.) in den Fokus: Verantwortliches Handeln antwortet auf das, wofür handelnde sich verantwortlich sehen.[588]

Verantwortlich ist nach der Arbeitsdefinition also, wer eine Aufgabe hat. Mit diesem Verständnis ist der Verantwortungsbegriff in die Nähe des Pflichtbegriffs gerückt. Denn einerseits ergibt sich die Aufgabe aus einer (Selbst-)Verpflichtung auf diese Aufgabe; andererseits entlässt die Aufgabe Pflichten aus sich, ganz grundlegend eben die zur Aufgabenerfüllung.[589] Vor dem Hintergrund der Unterscheidung von Tugend-, Pflicht- und Güterethik,[590] ist Verantwortung als Substantiv damit zuerst eine pflicht- und güterethische Kategorie.

Eine pflichtethische Kategorie ist Verantwortung, insofern der Begriff an den Pflichtbegriff anknüpfend diesen ablöst und erweitert:[591] Was der Verantwortungsbegriff in diesem Anknüpfungs- und Ablösungsprozess mehr bedeuten soll als Pflicht, wird das nächste Kapitel (3.) ausführlich und vor allem für die theologische Ethik rekonstruieren.

Eine güterethische Kategorie ist Verantwortung insofern, als erst im Horizont von angestrebten Gütern in ethischer Perspektive klar werden kann, welche Aufgaben zu übernehmen gut ist und wem sie wie und welchen Bedingungen zugeschrieben werden können.[592]

Als Substantiv ist Verantwortung zunächst keine Tugend. Eine Verantwortungsethik wird Tugenden zu diskutieren haben, etwa: Verantwortungsbereitschaft[593] oder Verantwortungsgefühl. Verantwortung als Substantiv meint in der vorliegenden Arbeit aber keine Tugend, also keine „persönliche[n] Fähigkeiten und Kompetenzen, Charaktereigenschaften und Haltungen",[594] sondern mit Bayertz ein soziales Zurechnungskonstrukt.[595]

---

587 Vgl. dazu das bereits Ausgeführte, insbes. etwa Anm. 550 in diesem Kapitel, und 2.3.2.1.
588 Vgl. ähnlich so auch Vogelmann in seinem Waldenfelsreferat: Vogelmann 2014, 326–334.
589 Vgl. Günther 2006, 307–314, der den Zusammenhang von Pflicht und Aufgabe ähnlich entfaltet.
590 Zu dieser auch von Reuter auf Schleiermacher zurückgeführten „Dreigliederung der wichtigsten Typen ethischer Theoriebildung" in „Tugendethik, Pflichtethik und Güterethik" vgl. Reuter 2015, 24–25, Zitate auf S. 24. Vgl. zu diesen Dreien auch: Körtner 1997, 142–143; Körtner 2010, 239–241.
591 Vgl. ausführlich dazu Kapitel 3 in dieser Arbeit und die dort zitierte Literatur.
592 Vgl. dazu das bereits zu Bewertungsmaßstäben Gesagte sowie Hubers Ausführungen zu „Eschatologie und Teleologie", in denen er „eine theologische Ethik der Verantwortung zugleich als Ethik der Entsprechung bezeichnet": Huber 2012b, 89–90, Zitate auf S. 90. Vgl. dazu auch schon, was ich bereits in Höhne 2022b geschrieben habe.
593 Auch Reuter listet Verantwortungsbereitschaft als Tugend: Reuter 2015, 39.
594 Vgl. so Reuters Begriffsbestimmung Reuter 2015, 39, dort auch das Zitat.
595 Vgl. Bayertz 1995, 4, 20–21. Den Begriff „*Zurechnungskonstrukt*" übernehme ich von Heidbrink 2003, 81, kursiv im Original.

Die heuristische Arbeitsdefinition lautet also: *Verantwortung meint das primär auf zukünftige Erfüllung gerichtete Zugerechnetsein einer relativ unbestimmten Aufgabe zu Akteuren, die für die eigenständige Erfüllung dieser Aufgabe gegenüber einer dritten Subjektposition rechenschaftspflichtig bleiben.* Mit dieser heuristischen Arbeitsdefinition werden die im folgenden zweiten Kapitel analysierten Stationen der Begriffsgeschichte als Arbeiten zur Verantwortung in diesem Sinne auffind- und identifizierbar: Albert Schweitzer, Max Weber, Dietrich Bonhoeffer, das Konzept „verantwortliche Gesellschaft" der ökumenischen Bewegung, das sogar begrifflich mit der politischen Idee der „verantwortlichen Regierung" (2.3.1.2) spielt, sowie die Ethikansätze von Trutz Rendtorff, Heinz Eduard Tödt und Wolfgang Huber.

2.3.2 Verantwortung als soziale Praxis

Viele grundlegende Arbeiten zum Verantwortungsbegriff nehmen ihren Ausgang bei dem Geschehen, in dem Verantwortung zugerechnet wird und verstehen dieses Geschehen dann als ein fundamental und primär soziales.[596] Das trifft auch auf die Arbeiten von Bayertz bis Vogelmann zu, in Auseinandersetzung mit denen ich ein heuristische Arbeitsdefinition für Verantwortung entwickelt habe. Dieser Ausgangspunkt beim sozialen Geschehen ist nicht selbstverständlich und beinhaltet deshalb eine Vorentscheidung. Andere Arbeiten haben Verantwortung primär als

---

[596] Günter Ropohl hat seinen letzlich siebenstelligen Verantwortungsbegriff sachlich durch Erweiterung der zunächst „dreistellige[n]", kommunikativ-juridisch verstanden Zurechnungsrelation gewonnen: „Jemand verantwortete eine Handlung vor einem Gericht." (Ropohl 1994, 111, dort beide Zitate) Einschlägig hat Bayertz Verantwortung als *soziale[.] Konstruktion* in einer Zurechnung bestimmt (vgl. Bayertz 1995, 20–21, Zitat auf S. 21, kursiv im Original): „Verantwortlich ‚sind' wir nicht durch die Natur der Sache, sondern werden wir in bestimmten sozialen Kontexten ‚gemacht'." (a.a.O., 20) Julian Nida-Rümelin hat die Sache, um der es bei Verantwortung geht, schon bevor der Begriff aufkam, zunächst auf das kommunikative Geschehen in der Zurechnungsrelation pointiert: „Die Sache selbst ist jedoch älter: Menschen vollziehen Handlungen, die andere nicht für richtig halten. Auf vorgebrachte Kritik werden Gründe angeführt, die aus der Sicht des Kritisierten für diese Handlung sprechen. Der Handelnde wird verantwortlich gemacht und versucht sich zu verantworten, seine Verantwortung wahrzunehmen." (Nida-Rümelin 2011, 11) Janina Sombetzki setzt in ihrer Dissertation zum Verantwortungsbegriff mit folgender, eindeutig auf das Kommunikationsgeschehen in der Zurechnungsrelation konzentrierten Minimaldefinition an: „Verantwortung bedeutet (1) die Fähigkeit des Rede-und-Antwort-Stehens in (2) einem normativen Sinne und korreliert (3) mit einer spezifischen psychomotivationalen Verfasstheit des Verantwortlichen" (Sombetzki 2014, 41). Auch Vogelmanns Ausführungen zum „diskursiven Operator Verantwortung" fokussieren die Zurechnungsrelation, vgl. auch für das Zitat Vogelmann 2014, 125.

Geschehen im Selbstverhältnis gedeutet:[597] Wilhelm Weischedel etwa meinte, dass „das Sich-zu-sich-selbst-Verhalten des Menschen [...] sein ursprüngliches Verhalten" sei und deshalb alle Verantwortungstypen „auf die Selbstverantwortung zurückverweisen".[598] Das aber widerspräche nicht nur der „Abkunft des Begriffs aus dem Bereich der Rechtsprechung", „marginalisiert" nicht nur „*soziale Funktion*" und „*relationale Struktur*" von Verantwortung, wie Bayertz zurecht kritisiert,[599] es ist grundlegender noch eine Deutung, der durch (spätere) Entwicklungen der Ideengeschichte von der Sprachphilosophie bis zur postkolonialen Theorie, von Sozialpsychologie bis Milieustudien der Sache nach die Plausibilität entzogen wurde: Unsere Selbstverhältnisse sind immer schon sozial, kulturell, sprachlich und milieuspezifisch vermittelt, wenn nicht gar konstituiert, und damit nicht ursprünglicher als ihre Einbettung in Sozialität.[600] Deshalb scheint es auch plausibel, Verantwortung primär und fundamental als soziales Geschehen aufzufassen – auch da, wo sie die Form der Selbstzurechnung annimmt.

Verantwortung als soziales Geschehen zu verstehen, ist die Voraussetzung für ihre soziologische und sozialphilosophische Reflexion, die die Ambivalenzen dieses Geschehens sichtbar macht (s. 1.1). In dieser Perspektive kommt Verantwortung nicht als ontologische Gegebenheit vor,[601] sondern als „*soziale[.] Konstruktion*".[602] Pointiert schreibt Bayertz:

---

597 Vgl. Weischedel 1972 [1933]. Zur Auseinandersetzung mit diesem und anderen verinnerlichenden Ansätzen vgl. Bayertz 1995, 18–19. Weischedel kennt neben der „Selbstverantwortung" auch die „soziale" und „religiöse Verantwortung" (vgl. Weischedel 1972 [1933], 5–6, 26, Zitate auf S. 26, im Original gesperrt). Dass Erstere für Weischedel grundlegend ist, zeigt folgendes Zitat: „Die Beziehungen zum Mitmenschen, zu Gott und zu sich selbst stehen aber nicht als drei gleichartige Beziehungen nebeneinander. In ihnen allen verhält der Mensch s i c h. Das besagt, daß ihnen eine Beziehung des Menschen zu sich zugrundeliegt." (Weischedel 1972 [1933], 53, gesperrt im Original, von dieser Seite zitiert auch Bayertz 1995, 19)
598 Vgl. für die Zitate, die Sache und die Auseinandersetzung damit Bayertz 1995, 19; Vogelmann 2014, 314–320. Das erste Zitat im Zitat bei Bayertz stammt aus Weischedel 1972 [1933], 53.
599 Vgl. auch für die Zitate Bayertz 1995, 19, kursiv im Original.
600 Vgl. so in Bezug auf Verantwortung Foucault rezipierend etwa Vogelmann 2014, 76–87. Vogelmann sieht das „Subjekt konstituiert [...] in den Selbstpraktiken" (a. a. O., 79).
601 Vgl. Bayertz 1995, 4, 20. Seine Ablehnung der Ontologisierung dieser Relation wird besonders auch in Bayertz' Kritik an Picht deutlich, der behauptet hatte: „Die Verantwortung ist also keine Sache des moralischen Bewußtseins, sondern sie ist in der Struktur der Geschehnisse vorgezeichnet. Die Struktur der Sachverhalte unterwirft die Menschen, ob sie es wahrhaben wollen oder nicht, jenem Gefüge von Verweisungen, das die Verantwortung konstituiert." (Picht 1969, 325, auch zitiert bei Bayertz 1995, 20) Dies versteht Bayertz letztlich als „Ontologisierung" und kritisiert daran, es unterschlage „die Geschichtlichkeit ‚unseres' Verständnisses von Verantwortung" (Bayertz 1995, 20, dort auch die Zitate).

> Verantwortlich ‚sind' wir nicht durch die Natur der Sache, sondern werden wir in bestimmten sozialen Kontexten ‚gemacht'.[603]

Verantwortung ent- und besteht dort, wo Menschen sich selbst und andere für Aufgaben verantwortlich machen und für deren Erfüllung zur Verantwortung ziehen. Diese Perspektive gilt es in eine sozialethische Verantwortungsethik zu integrieren, um deren Ambivalenzsensibilität zu steigern. Sozialethik muss reflektieren, was sozial zwischen Menschen dort geschieht, wo Verantwortung ent- und besteht. Damit ist nicht gesagt, dass „Verantwortung" ausschließlich eine soziale Konstruktion ist, sondern zunächst nur, dass Sozialethik Verantwortung in soziologischer Perspektive auch als kontextuelle soziale Konstruktion reflektieren sollte.

Dies bedarf auf der Ebene der Kategorien gerade gegenüber Bayertz' Arbeit noch der Erweiterung und der Präzision. Um dies zu leisten, werde ich im Folgenden zuerst den Fokus bisheriger Arbeiten auf Zurechnungsrelationen um einen Fokus auf Zuständigkeitsrelationen erweitern (2.3.2.1), dann die soziologische zu einer praxissoziologischen Perspektive auf Verantwortung präzisieren und damit die erarbeiteten Elemente einer Praxissoziologie (2.1) auf Verantwortung beziehen (2.3.2.2). Auf dieser Basis beziehe ich den Imaginationsbegriff (2.2) auf Verantwortungspraktiken (2.3.2.3). Damit stehen die aus dem soziologischen und sozialphilosophischen Diskurs entliehenen Kategorien zur Reflexion von Verantwortung als sozialer Praxis bereit, woran die theologisch-ethische Perspektive anschließen kann (2.3.3).

Die Relate in praktischen Verantwortungsrelationen nenne ich im Folgenden mit Vogelmann „Positionen", meist Subjektpositionen, um wie dieser zu betonen, dass erstens zwei Positionen auch von demselben Menschen ausgefüllt werden können und zweitens Selbstverhältnisse und Subjektivität nicht unabhängige Variablen der Praktiken sind, sondern erst auf diesen Positionen konstituiert werden.[604]

---

602 Vgl. auch für das Zitat Bayertz 1995, 21, kursiv im Original. Heidbrink hat den Kern dieses Gedankens, dass „Verantwortung ein *Zurechnungskonstrukt*" sei, auf Nietzsche zurückgeführt: Heidbrink 2003, 81, kursiv im Original.
603 Bayertz 1995, 20. Vgl. dazu auch: „Die Verantwortung wohnt nicht den Handlungen selbst inne, sondern wird den Subjekten von anderen Subjekten unter bestimmten Voraussetzungen, in bestimmten Kontexten und mit bestimmten Zielen auferlegt. In genau diesem Sinne ist sie das Produkt einer ‚sozialen Konstruktion'." (Bayertz 1995, 24) Vgl. inhaltlich so auch Ludger Heidbrink: „Verantwortungsbegriffe sind interpretative Zurechnungskonstrukte, die erst durch die Verbindung von deskriptiven Beschreibungen mit normativen Wertungen zustande kommen. Jemand ist nicht verantwortlich, sondern wird zur Verantwortung gezogen." (Heidbrink 2003, 22)
604 Vgl. Vogelmann 2014, 24, 126. Dort etwa: „Es sind verschiedene Subjekt*positionen* der Träger_innen und Zuschreiber_innen von ‚Verantwortung', die allerdings von ein und demselben

2.3.2.1 Verantwortung als doppelte[605] Relation

Viele Arbeiten zum Verantwortungsbegriff gehen vom rechtlichen Begriff der Zurechnungsverantwortung oder vom Zurechnungsproblem aus und tendieren folglich dazu, sich auf die Relation zwischen Verantwortungszuschreiber:innen und Verantwortungsträger:innen zu fokussieren.[606] Dieser Fokus ergibt sich also aus dem Anfahrtsweg über den Rechtsgeschichte von Verantwortung:[607] „Eine Sache verantworten, heißt eine Sache verteidigen."[608] Ist dies die paradigmatische Situation, steht die Beziehung zwischen Instanz und Verantwortungssubjekt im Mittelpunkt. In diesem Sinne hat Kurt Bayertz die Geschichte der „Herkunft der Verantwortung" vom „Problem der Zurechnung" her rekonstruiert.[609] In diesem Sinne hat Frieder Vogelmann die Relation auf „zwei Positionen" elementarisiert – eben: „*Zuschreiber_innen* und *Träger_innen* von Verantwortung" und mit Fokus auf diese beiden „Subjektpositionen" seine ganze Arbeit aufgebaut.[610] Selbst Ropohls siebenstellige Relation von Verantwortung, beinhaltet – wie beschrieben (2.3.1.3) – nur zwei Akteurspositionen, nämlich eben diese genannten beiden. Damit konzentrieren sich all diese Arbeiten auf die Relation zwischen den Subjektpositionen der Zuschreiber:innen und der Träger:innen von Verantwortung. Angelehnt an Günthers Begriff der „Zurechnungsverantwortung" und Bayertz „Problem der Zurechnung" nenne ich diese Relation im Folgenden Zurechnungsrelation.

Versteht man Verantwortung nun primär als Aufgabenverantwortung ist diese Zurechnungsrelation verschmerzbar unpräzise bestimmt (1) und ergänzungsbedürftig (2). In der Entfaltung dieser beiden Punkte halte ich an der Terminologie fest, die nach Positionen und deren Relation fragt, weil dies kategorial die Möglichkeit dafür eröffnet, dass verschiedene Positionen von derselben Person ausgefüllt werden können.[611]

Subjekt eingenommen werden können." (a. a. O., 24) Zur Konstitution von Selbstverhältnissen und Subjektivität in Praktiken vgl. Vogelmann 2014, 76–87, 121, 126, insbes. S. 79–80, 121, Vogelmann spricht dort selbst vom Subjekt als „konstituiert" (a. a. O. 79). Zur „Verantwortung" im Kontext eines „Zurechnungsproblems" vgl. auch Bayertz 1995, 4, dort auch die Zitate.
605 Der Titel ist an eine Formulierung Pichts angelehnt, der von der „doppelten Verweisung" spricht und damit die Für- und Vor-Relation der Verantwortung meint (vgl. auch für das Zitat Picht 1969, 319, 323).
606 So etwa Bayertz 1995; Ropohl 1994, 110–111; Vogelmann 2014, 125–126. Die Terminologie der „*Zuschreiber_innen* und *Träger_innen*" stammt von Vogelmann 2014, 126, kursiv im Original.
607 Vgl. so etwa bei: Picht 1969, 318.
608 Picht 1969, 318.
609 Vgl. Bayertz 1995, erstes Zitat aus dem Titel, zweites Zitat auf S. 5.
610 Vgl. Vogelmann 2014, 125–126, Zitat auf S. 126.
611 Vgl. zu dieser Terminologie und dieser Möglichkeit wie gesagt Vogelmann 2014, 24, 125–126.

(1) Verantwortung hatte ich bestimmt als *das primär auf zukünftige Erfüllung gerichtete Zugerechnetsein einer relativ unbestimmten Aufgabe zu Akteuren, die für die eigenständige Erfüllung dieser Aufgabe gegenüber einer dritten Subjektposition rechenschaftspflichtig bleiben.* Auch und gerade diese prospektive Fassung von Verantwortung beinhaltet die Position der Zurechner:innen, von der aus das Zugerechnetsein durch Zurechnung ausgelöst werden kann. Diese Zurechner:innen-Position ist aber streng genommen nur für die Zurechnungsverantwortung eindeutig: In der dafür paradigmatischen Gerichtssituation füllt die Instanz eindeutig diese Zurechnungsposition. Deshalb legt der etymologische Anfahrtsweg über die Rechtssemantik m. E. Picht, Bayertz und auch Vogelmann auf den Eindruck fest, diese Zurechnungspositionen sei auch in der Relation von Aufgabenverantwortung nur eine.[612] Dass dem nicht so ist, steckt schon in der Definition: Die Position, von der aus die Aufgabe zugewiesen wird, muss nicht notwendig mit der Position zusammenfallen, vor der Verantwortungsträger:innen rechenschaftspflichtig sind und zu der sie so in einer antizipierten Zurechnungsrelation stehen.[613] Am Beispiel: Um sich im „Bewußtsein seiner Verantwortung vor Gott und den Menschen" (Präambel, GG) ein Grundgesetz zu geben, musste sich das „Deutsche Volk" nicht notwendigerweise von demselben Gott zu dieser Rechtssetzung beauftragt wissen.[614]

Da die Positionen von Aufgabensteller:innen und Rechenschaftsinstanzen aber häufig tatsächlich zusammenfallen – etwa im Falle von Arbeitgeber:innen und -nehmer:innen –, ist es verschmerzbar, diese Differenz zu übergehen. Der Einfachheit halber spreche ich deshalb im Folgenden auch undifferenziert weiter von Zurechnungsrelation.

(2) Gleichzeitig bleibt mit dieser Konzentration auf die *Zurechnungsrelation* wie gesagt eine andere Relation unterberücksichtigt, die in der Debatte über Verantwortung sehr wohl vorkommt und in ethischer Perspektive vorkommen muss. So unterscheiden beispielsweise Georg Picht und Wolfgang Huber von der „Verantwortung *vor*" eine „Verantwortung *für*":[615] Verantwortliche stehen in Relation nicht nur zu der Instanz, vor der sie verantwortlich sind, sondern auch zu den Subjekten,

---

612 So schreibt Picht etwa diese Identität explizit voraussetzend und herstellend: „[M]an ist verantwortlich *vor* einer Instanz, welche den Auftragt erteilt, der die Verantwortung begründet [...]." (Picht 1969, 319, kursiv im Original)
613 Diese Differenz ist m. E. auch im „Treuhandmodell der Aufgabenverantwortung" möglich: Günther 2006, 304–307, Zitat auf S. 304.
614 Vgl. für die Zitate Präambel, GG (hier aus: Deutscher Bundestag 2000, 13).
615 Vgl. auch für die Zitate Huber 2012b, 83, kursiv im Original, und Picht 1969, 319.

für die sie verantwortlich sind.[616] Die Grundstruktur von Verantwortung als responsive zu verstehen weitet wie beschrieben den Blick gerade für diese Für-Relation, in der ebenso auf Wirklichkeit geantwortet wird.

Das Verantwortungssubjekt steht bei prospektiver Zeitrichtung in Relation zu einem Zuständigkeitsbereich und voraussagbaren Handlungsfolgen für diesen Bereich.[617] Dass Zuständigkeitsbereiche Menschen beinhalten, die selbst als Subjekte auftreten können, bleibt in zahlreichen Arbeiten zum Verantwortungsbegriff abgeblendet, in Ropohls siebenstelliger und dreispaltiger Verantwortungsmatrix genauso wie in Vogelmanns Subjektpositionen-Dual.[618] Problematisch daran ist, dass diese Abblendung den retrospektiven Zurechnungsdiskurs auf die Schuld der Täter und weg von dem Leid der Opfer lenkt und bei der Aufgabenverantwortung diejenigen ausblendet, die von der Aufgabenerfüllung profitieren sollen.[619] Diese stattdessen zu berücksichtigende Relation zwischen Verantwortungssubjekt und -objekt, die Verantwortung-für-Relation nenne ich im Folgenden *Zuständigkeitsrelation*.

Die Unterscheidung dieser Grundrelationen behauptet nicht, dass die Relationen praktisch unterschieden sein müssen, sondern macht deren praktische Identifizierung im gegebenen Fall als solche sichtbar. Zum Beispiel: Wenn jemand vor seinem Gewissen für seine eigene Gesundheit Verantwortung übernimmt fallen beide Relationen im Selbstverhältnis zusammen. Wenn sich jemand von einem Hilfeschrei für eine nötige Hilfeleistung verantwortlich gemacht sieht, fallen Zurechner:in und Objekt zusammen.

---

616 Vgl. Picht 1969, 319; Huber 2012b, 83. Diese Für-Relation hatte ich auch in den „Drittbegünstigten" bei Günther 2006, 305 wieder gefunden (s. o. Anm. 520 in diesem Kapitel). Entsprechend schreibt Huber auch von der Verantwortung, die darin besteht, dass „eine bestimmte Zuständigkeit übertragen ist" (Huber 2013, 119).
617 Hier von Zuständigkeitsbereich zu sprechen trägt auch der Schwierigkeit Rechnung zwischen Handlungen und Handlungsfolgen zu unterscheiden. Während dies für die Relation zum Zuständigkeitsbereich nicht nötig ist, entsteht diese Unterscheidung erst in der Zurechnungsrelation relativ zu dem Bezugsproblem der Zurechnung: Erst damit, eine Handlungsfolge einer Handlung und einem Handelnden zuzuordnen werden diese drei Elemente zu unterschiedenen Größen. Entsprechend hatte auch Bayertz Handlungen als in „Beschreibungen und Deutungen" erst Konstruiertes verstanden (Bayertz 1995, 21): „Zu ‚Handlungen' werden bestimmte Geschehnisse erst durch eine entsprechende Beschreibung und Deutung, und in vielen Fällen sind solche Beschreibungen und Deutungen von vorn auf die Zuschreibung von Verantwortung bezogen." (ebd.)
618 Vogelmann blendet diese Relation vermutlich aus, weil er zwischen Subjektpositionen unterscheidet und diese dritte Position auch als „Objektposition" gefasst werden könnte (vgl. auch für das Zitat Vogelmann 2014, 126).
619 Entsprechend ja auch Günthers Rede von „Drittbegünstigen" (Günther 2006, 305).

Für die fundamentalethische Reflexion von Verantwortung ist neben der Zurechnungsrelation gerade die Zuständigkeitsrelation deshalb relevant, weil der Zuständigkeitsbereich direkt andere Menschen bezeichnet oder sie indirekt betrifft, weshalb hier auch eine genuin soziale Relation vorliegt. Das wird besonders an den klassischen Beispielen für diese Relation deutlich, etwa bei Dietrich Bonhoeffer: „Daß Verantwortung auf Stellvertretung beruht, geht am deutlichsten aus jenen Verhältnissen hervor, in denen der Mensch unmittelbar genötigt ist, an der Stelle anderer Menschen zu handeln, also etwa als Vater, als Staatsmann, als Lehrmeister." (DBW 6, 256–257)[620] Verantwortung ist dann nicht nur insofern ein soziales Geschehen als die Zuordnung von Handlungen, Handlungsfolgen und Zuständigkeit zu einem Verantwortungssubjekt sozial konstruiert wird, sondern auch, insofern diese Konstruktion wiederum eine soziale Beziehung rekonstruiert, produziert oder reproduziert – nämlich die Zuständigkeitsrelation etwa zwischen Vater und Säugling etc.

Zusammengefasst gesagt impliziert der primär als Aufgabenverantwortung gefasste Verantwortungsbegriff also mindestens zwei entscheidende Relationen zwischen drei Positionen: die Zurechnungsrelation zwischen der Position der Zurechner:innen und der Position der Träger:innen von Verantwortung und die Zuständigkeitsrelation zwischen der Position der Träger:innen von Verantwortung und der Position derjenigen, für die sie verantwortlich gemacht sind.

2.3.2.2 Verantwortung als soziale Praxis

Kurt Bayertz behandelt Verantwortung wie gesehen entsprechend als soziales Geschehen. Obwohl er nun den sozialen und sozialhistorischen Kontext erwähnt und damit „Verantwortung" für die soziologische Selbstreflexion bereitlegt, scheint er die soziale Zuschreibung vor allem als Kommunikationsgeschehen, also in kommunikationstheoretischer Perspektive zu verstehen: „Verantwortung erweist sich damit als ein Prozeß der Kommunikation [...]"[621]. Damit bleibt die Rolle gesellschaftlicher Machtverhältnisse in diesen Zuschreibungen zwar nicht un-, aber doch unterberücksichtigt. So kann Bayertz beispielsweise die „subjektiven Bedingungen" für die Zuschreibung rekonstruieren – etwa: Freiwilligkeit, Wissentlichkeit, Willentlichkeit[622] – ohne danach zu fragen, wie klassen- und habitusspezifisch die

---

620 Bonhoeffer zitiere ich hier wie im Folgenden aus der Dietrich Bonhoeffer Werkausgabe (DBW): Bonhoeffer 1986–1999b. Vgl. zu diesen Beispielen Bonhoeffers und ihre (implizite) Rezeption auch Huber 2012b, 83.
621 Bayertz 1995, 16.
622 Bei Heidbrink sind es „Freiheit, Kausalität und Willentlichkeit" (Heidbrink 2003, 22).

Plausibilität dieser Bedingungen und damit des entsprechenden Verantwortungskonzeptes ist.[623]

Vielversprechender scheint es deshalb, das, was in diesen Relationen geschieht, kategorial nicht als Kommunikation, sondern weiter als Praktik im oben entfalteten Sinne zu reflektieren – so kann praxeologisch die jeweilige gesellschaftliche Situiertheit Verantwortung mitreflektiert werden.[624] Auf diese Weise wird Verantwortung in den Kategorien der Praxissoziologie reflektiert und damit das Praxisproblem theologischer Verantwortungsethik bearbeitet. Zurechnungs- und Zuständigkeitsrelationen sind so gesehen soziale Phänomene und damit in praxeologischer Perspektive Teil von Vollzugswirklichkeiten, in denen sich „praktisches Wissen" (Reckwitz) in der Beziehung von Dingen, Körpern und Akteuren aktualisiert, und in allen diesen Elementen sozial kontextualisiert zu denken ist.[625] Mit dem Vorschlag, Verantwortung als soziale Praxis zu verstehen, meine ich also konkreter, diese beiden Relationen mit dem in Praxistheorien zusammengestellten theoretischen Begriffsinstrumentarium zu verstehen.

Dies mag zunächst so klingen, als sei es nun sinnvoll, unter Verantwortung zwei soziale Praktiken zu verstehen, nämlich Zurechnungspraktiken[626] und Zuständigkeitspraktiken. Diese Differenzierung ist aber allenfalls auf den ersten Blick plausibel, weil sie die Mehrstelligkeit des Verantwortungsbegriffs genauso übersieht wie die Differenz zwischen Relation und Praktik: Was man als Zurechnungspraktiken fassen könnte, wird immer die (vorgestellte) Relation zum Zuständigkeitsbereich umfassen. Am Beispiel gesagt:[627] Wenn Elternteil A Tagesvater B die Aufgabenverantwortung zurechnet, sich um Kind C zu kümmern, spielt in dieser Zurechnung ja die Relation von B und C eine Rolle. Andererseits wird, was man als Zuständigkeitspraktik fassen könnte, immer eine Relation enthalten, in der dem Verant-

---

623 Vgl. Bayertz 1995, 8–13; 65, Zitat auf S. 8. Zum möglichen Zusammenhang von Habitus und Verantwortungszuschreibungen vgl. schon Moser 2008, 39. Zum Thema „Verantwortung und soziale Ungleichheit" vgl. etwa schon Wendt und Görgen 2018, Zitat aus der Zwischenüberschrift auf S. 59, im Original gefettet und in Kapitälchen. In dem Text kommt auch der Bourdieusche Habitusbegriff vor (a.a.O., 59).
624 Zu dieser kategorialen Fassung zumindest der Zuschreibungsrelation und diesem Vorteil vgl. schon Moser 2008. Moser hat reflektiert, „wie die Zuschreibung von Verantwortung als soziale Praxis begriffen und analysiert werden kann" (a.a.O., 38). Dabei grenzt sie sich von der Attributionsforschung ab, an der sie kritisiert, „die soziale Einbettung der Akteure, ihre jeweilige gesellschaftliche Position oder der Einfluss des Habitus auf das Urteilsverhalten" unbeachtet zu lassen (vgl. a.a.O., 38–39, Zitat auf S. 39).
625 Für die hier verwendete Begrifflichkeit vgl. die Nachweise in 2.1.
626 So unterscheidet Moser etwa verschiedene „Zuschreibungspraktiken", vgl. Moser 2008, 41, dort auch das Zitat.
627 Zum Elternbeispiel und dessen Vorkommen vgl. etwa Huber 2012b, 83.

wortungssubjekt das Getane oder zu Tuende zugerechnet wird – und wenn es die Selbstrelation des Verantwortungssubjektes ist. Das Elternteil ernährt sein Kind, weil es sich die Zuständigkeit dafür selbst zurechnet. Gleichzeitig steht in den meisten Verantwortungspraktiken eine der beiden Relationen im Mittelpunkt: In der Praktik des Gesprächs, in dem das Elternteil den Tagesvater beauftragt, wird vor allem die Zurechnungsrelation in Szene gesetzt. Der Praktik „der Tagesvater spielt mit dem Kind" wird vor allem die Zuständigkeitsrelation sichtbar. Um diese Schwerpunktsetzungen auszudrücken und gleichzeitig zu betonen, dass darin Praktiken mit Relationen nicht identisch werden, spreche ich im Folgenden von Responsibilisierungspraktiken[628] und Responsepraktiken:

Responsibilisierungspraktiken machen Verantwortungsbeziehungen symbolisch deutlich, indem sie etwa den Begriff Verantwortung verwenden oder mit Dingen arbeiten, die in dieser Praktik als Verantwortungssymbole fungieren. Zum Beispiel: A sagt zu B: „Du bist für dein Leben selbst verantwortlich." Oder: A überreicht B in einer feierlichen Zeremonie eine Ernennungsurkunde. In diesen Praktiken wird von einer Subjektposition auf eine andere Subjektposition explizit Verantwortung für eine Objektposition zugerechnet:[629] Der Staat macht Bürger:innen für ihre Daseinsvorsorge[630] verantwortlich. Ich mache mich dafür verantwortlich, künftig besser auf meine Zahnhygiene zu achten. Auch wenn in einem Satz hier nur eine oder zwei Akteure vorkommen, ist der praktisch ausagierte Verantwortungsbegriff doch ein dreistelliger – es bleiben drei Positionen, auch wenn eine oder gar alle von demselben Akteur besetzt sind.[631] Beispielhafte Responsibilisierungspraktiken sind solche, in denen Ämter übertragen werden:[632] Ernennungen, Weihen, Beauftragungen, Ordinationen. An diesen ist am deutlichsten sichtbar, dass auch Responsibilisierungspraktiken nicht das Wort „Verantwortung" gebrauchen müssen, um solche zu sein. Vielmehr wird hier material oder performativ symbolisiert Verantwortung übertragen, also zugerechnet. Die Kategorien der Praxissoziologie machen gerade sichtbar, wie sich dabei Verantwortungszurechnung über Dinge, implizites Wissen, Routinen und Körper vollziehen kann, mit der Übergabe einer Amtskette, eines Schlüssels oder eines Zepters etwa. Dabei ist es

---

[628] Auch andere haben Responsibilisierungen schon als Praktik gefasst, etwa Buschmann und Sulmowski 2018, 282.

[629] Für diese von Vogelmann übernommene Terminologie der Subjekt- und Objektpositionen vgl. etwa Vogelmann 2014, 24, 125–126. Vogelmann spricht auch von einer „Objektposition" (a.a.O., 126). Die Terminologie soll – wie bei Vogelmann – anzeigen, dass diese Position auch von derselben Person ausgefüllt werden kann, wie eine andere Position (vgl. a.a.O., 24).

[630] Vgl. dazu auch Günther 2006, 297, 305, 326–327.

[631] Vgl. dazu, dass die Positionen vom selben Subjekt besetzt werden können Vogelmann 2014, 24.

[632] Vgl. zum „Amtseid" als Beispiel für eine Responsibilisierung Huber 2013, 119.

erst der „sinnhafte Gebrauch" (Reckwitz) dieser Gegenstände, der sie praktisch zu Symbolen einer Responsibilisierung macht. Responsibilisierungspraktiken moralischer Verantwortung finden sich aber auch in diskursiven Praktiken, etwa in dem, was Habermas „praktischer Diskurs" nennen würde. Es sind die Praktiken des miteinander Redens, des Antwortens, sich Rechtfertigens, eigene Richtigkeitsansprüche Begründens und andere Richtigkeitsansprüche Kritisierens.

Dem hier vertretenen Differenzbegriff von Verantwortung (2.3.1.3) folgend, kann erst von Responsibilisierungspraktiken die Rede sein, wenn ein Zugerechnetsein von Verantwortung in diesen Praktiken auch anhebt. Nicht notwendig hingegen ist, dass an dieses Zugerechnetsein auch andere Praktiken und Handlungen anknüpfen. Wenn allerdings ein Mensch mutterseelenallein in einem deutschen Mischwald seine abwesenden Artgenossen anbrüllt: „Übernehmt Verantwortung", dann wird dies nicht sinnvoll als Responsibilisierungspraktik reflektierbar sein.

Von diesen Responsibilisierungspraktiken sind *Responsepraktiken* zu unterscheiden. Fast alle Praktiken können als Responsepraktiken in Anspruch genommen werden. Das geschieht dann, wenn eine Praktik im Rahmen einer früheren, gegenwärtigen oder zu erwartenden Responsibilisierungspraktik auf deren Objektposition bezogen ist: Zähneputzen, Daseinsvorsorge, Spielen mit dem anvertrauten Kind C. Praktiken als Responsepraktiken in den Blick zu nehmen, kann heißen, den Fokus auf das mitlaufende (antizipierende) Bewusstsein künftiger oder vergangener Zurechnungspraktiken zu richten.

Als Praktiken sind sowohl Responsibilisierungs- als auch Responsepraktiken damit nicht nur dinglich und körperlich, sondern auch von praktischem Wissen (Reckwitz) ermöglicht und vom Habitus (Bourdieu) hervorgebracht. Da der Habitus immer auch ein klassenspezifischer Habitus ist (2.1.2.1), sehen die entsprechenden Praktiken je nach Klasse und gesellschaftlichem Milieu anders aus. Wie jeweils Responsibilisierungs- und Responsepraktiken ausagiert werden, hängt damit an der gesellschaftlichen Position der Akteur:innen. Daran hängt auch die Frage der Anschlussfähigkeiten.[633] An die von dem Habitus eines Milieus hervorgebrachte Praktik wird ein anderes Milieu vielleicht nicht anknüpfen können. Was in einem weniger privilegierten Milieu etwa als Praktik der Responsibilisierung der Regierung ausagiert wird, mag in einem bürgerlichen Milieu gar nicht als solche (sondern nur als Gewalt oder Lärm ankommen), weshalb unwahrscheinlicher wird, dass an die Responsibilisierung durch jene die Responsepraktik dieser anknüpft.

Damit ist das hier Wichtigste an der Unterscheidung von Responsibilisierungs- und Responsepraktiken genannt: Sie ermöglicht, die Fragen nach Verkettungen,

---

633 Zum Zusammenhang von Habitus und Anschlussfähigkeit vgl. oben 2.1.2.3.

Attraktion und Anschlussfähigkeiten (s. 2.1.2.3) kontextübergreifend zu stellen. Attrahieren bestimmte Responsibilisierungspraktiken bestimmte Responsepraktiken? Wird in Respsonsibilisierungspraktiken ein praktisches Wissen eingeübt, das Responsepraktiken formiert – oder gerade nicht? Schließen an Responsibilisierungspraktiken tatsächlich Responsepraktiken an?

2.3.2.3 Verantwortung als soziale Imagination

Die Kategorie des Imaginären ermöglicht die Reflexion solcher Verkettungen, Attraktionen und Anschlussfähigkeiten, insofern sie zur Selbstreflektion des Zusammenhangs sowohl von Responsibilisierungspraktiken einerseits und Responsepraktiken andererseits als auch von akademischen Praktiken ethischer, philosophischer, theologischer und soziologischer Diskurse einerseits mit anderen gesellschaftlichen Praktiken in Alltag, Beruf und Politik andererseits rüstet. Damit ermöglicht die Kategorie des Imaginären die Lösung des in der Einleitung beschriebenen Anschlussproblems: Vermittels der Kategorie lässt sich benennen, in welchem imaginären Horizont akademische und andere gesellschaftliche Praktiken ablaufen, aneinander anschließen und sich so wechselseitig beeinflussen – oder eben nicht. Außerdem passt die Kategorie des Imaginären – wie sich gleich (2) zeigen wird – in die responsive Grundstruktur von Verantwortung (2.3.1.3). Außerdem ist auch schon in der empirischen Forschung auf die wichtige Rolle von Bildern und Vorstellungen mindestens in der Zuschreibung von Verantwortung hingewiesen worden.[634]

Damit das oben (2.2) aus Castoriadis, Andersons und Taylors Arbeit referierte Material die Kategorie des Imaginären für die hiesige Reflexion von Verantwortungspraktiken klärt, bedarf es trotz der von mir behaupteten Abhängigkeit Andersons und Taylors von Castoriadis einer systematischen Zusammenführung, die erstens Imaginäres so fasst (1), dass es in die responsiven Grundstruktur von Verantwortung passt (2), und zweitens in der Unterscheidung von Individuellem und Gesellschaftlichem so zu lokalisieren erlaubt, dass die methodische Operationalisierbarkeit genauso gewahrt bleibt wie das Erschließungspotenzial für Entfremdungsprozesse (3). Daraus ergibt sich viertens ein Schema zur Reflexion des Imaginären (4).

---

634 Vgl. Moser 2008. Erste Forschungsergebnisse hatte Moser so zusammengefasst: „Wie vermutet, zeigte sich, dass Zuschreibungspraktiken von ‚Bildern', von Vorstellungen über eine spezifische Person, Gruppe oder auch Gesellschaft geleitet sind." (a.a.O., 41) Welche dies sind, beschreibt sie im Folgenden (vgl. a.a.O., 41–46).

(1) Was ist mit „sozial Imaginärem" gemeint? Mit Cornelius Castoriadis lässt sich darunter der kreative und imaginäre Bedeutungsüberschuss[635] institutionalisierter Symbole verstehen, der selbst Ursprung des Instituierens ist, insofern er auch die Verknüpfungen von Symbol und dessen „rational-realen' Bestandteil"[636] herstellt und so Sinn mit Geltung[637] auflädt. Castoriadis hatte das Imaginäre psychoanalytisch wie gesellschaftlich vom Bewussten, Realen, Rationalen und Funktionalen unterschieden, Anderson hatte es der Einbildungskraft im gegenüber zu körperlichen Sinneswahrnehmungen zugeordnet und Taylor die Differenz zu sozialer Theorie und Explikation hervorgehoben. Bei allen dreien verweist der Begriff des Imaginären auf eine Vorstellungswelt,

- die erstens Menschen nicht nur bewusst-intentional geschaffen haben, sondern in der sie sich auch und zunächst vorfinden,[638]
- die zweitens nicht als rational begrifflich Erfasstes, real Wahrgenommenes, Expliziertes, soziale Theorie oder Bewusstes vorliegt, sondern als implizite, unbewusste, selbstverständliche, virtuelle, alltagspraktische, eher bildhafte und narrative Vorstellungswelt wirksam ist,
- die drittens eine Vorstellungswelt der Praxisteilnehmer:innen in Teilnahmeperspektive ist und der Beobachtungsperspektive in ihrer Eigensinnigkeit entzogen bleibt, und
- die viertens den Charakter eines Horizontes hat, der prägt, wie Menschen Wirklichkeit wahrnehmen und erleben.[639]

Einfacher gesagt: Das sozial Imaginäre meint die selbstverständliche Vorstellungswelt, in der Menschen sich verhalten und deuten. Geht man mit Taylor davon aus, dass in diese alltägliche Vorstellungswelt auch Gehalte aus Sozialtheorien einsickern können,[640] bezeichnet genau diese Vorstellungswelt des Imaginären den Anschluss von akademischen und anderen gesellschaftlichen Praktiken.

Von dieser Lösung des *Anschlussproblems* her lässt sich auch das einleitend formulierte *Praxisproblem* theologischer Verantwortungsethik präziser fassen: die bisherigen theologischen Arbeiten zur Verantwortung haben diese vor allem als

---

635 Castoriadis spricht selbst von Über-Hinausschießen, vgl. wie zitiert Castoriadis 1990 [1984], 225– 226. Zum „*Überschuß*" vgl. auch Wabel 2010, 402, dort auch das Zitat, kursiv im Original.
636 Castoriadis 1990 [1984], 219.
637 Die Semantik von Sinn und Geltung ist in meiner Castoriadis Rezeption oben und hier von Habermas übernommen (vgl. Habermas 1988, 385).
638 Vgl. dazu besonders Castoriadis wie zitiert, s. oben Anm. 255 und Anm. 263 in diesem Kapitel.
639 Vgl. zum Horizontcharakter besonders oben Anm. 314 in diesem Kapitel und die dort zitierten Referenzen und Belege.
640 Vgl. 2.2.3 und die dort zitierte Literatur.

Begriff mit rational intendierter Bedeutung untersucht und dann nach der praktischen Rolle dieser rational intendierten Bedeutung gefragt. Sie haben danach gefragt, was der Verantwortungsbegriff denotiert und denotieren soll. Diese Frage ist auch entscheidend, weil ihre Beantwortung explizit macht, warum es sich für die ethische Reflexion lohnt, am Verantwortungsbegriff festzuhalten: Der Begriff soll denotieren, was andere Begriffe noch nicht denotiert hatten und haben. Genau dieser Frage geht das dritte Kapitel dieser Arbeit nach, in dem der *Bedeutungsmehrwert des Verantwortungsbegriffs* herausgearbeitet wird. Meine These wird sein: Der Verantwortungsbegriff wird dahin entwickelt, über den Pflichtbegriff hinaus Sollenskonflikte im ethischen Diskurs zu repräsentieren und über ein responsives Verständnis des Verhaltens, Handelns und Entscheidens zu bearbeiten.

„Verantwortung" tritt aber nicht nur als ein rational-denotierender Begriff auf, sondern in Responsibilisierungs- und Responsepraktiken auch als ein Symbol – ein ausgesprochenes Wort, eine überreichte Amtskette, ein Zepter –, das selbstverständliche Vorstellungswelten, also Imaginäres, konnotiert.[641] „Verantwortung" denotiert eben nicht nur Sollenskonflikte (3.), sondern konnotiert auch Bilder – etwa von Gericht, Anklage und jüngstem Gericht (4.1.1). Das Praxisproblem der Verantwortungsreflexion entsteht nun da, wo diese Vorstellungswelten nicht mitreflektiert werden, die sich an das Symbol „Verantwortung" individuell und gesellschaftlich, bewusst und unbewusst, implizit und explizit anlagern und auch schon in Theorien manifest angelagert haben. In Anlehnung an Castoriadis formuliert: Das Praxisproblem entsteht da, wo das individuell und gesellschaftlich Imaginäre der Verantwortung nicht mitreflektiert wird, das einerseits die Institutionalisierung von Verantwortungspraktiken ermöglicht, andererseits auch entfremdende Eigendynamiken entfaltet, wie sie etwa Frieder Vogelmann seziert hatte (1.1.2). Deshalb wird es im dritten Kapitel hier darum gehen, den *imaginären Bedeutungsüberschuss von Verantwortung* (2.2.1.3) explizit zu machen und so näherungsweise in diskursive Praktiken zu überführen, wo diese Bedeutungen kritisierbar und transformierbar werden.

(2) Das ist umso wichtiger als konnotiertes Imaginäres und denotierte Bedeutungen zusammenhängen. Dies zeigt schon die Einordnung des Imaginären in die *responsive Grundstruktur* von Verantwortung: Nach dieser Grundstruktur antwortet Verantwortung als Zugerechnetsein einer Aufgaben immer auf eine wahrgenommene Wirklichkeit (2.3.1.3). Für eine gegenwartsrelevante Interpretation von Bonhoeffers Verantwortungsethik hat Peter Dabrock das „Schema von Wirklichkeitserkenntnis" der Phänomenologie angewendet, das sich hier imaginati-

---

641 Zu den Begriff „Symbol", „Konnotieren" und „Denotieren" vgl. Castoriadis wie referiert (2.2.1.3).

onstheoretisch wenden lässt.⁶⁴² „Dieses besagt, dass Wirklichkeit nicht einfach da ist, sondern sich im Modus ‚etwas als etwas' zeigt."⁶⁴³ Er referiert von Waldenfels, „dass jedes Phänomen [...] schon immer ‚gedeutete und verarbeitete Erfahrung ist'", weshalb eine „Theorie der Wirklichkeitserfahrung [...] nach den *Deutungsmustern*, also nach den Bedingungen der Möglichkeit von Erfahrung, zurückfragen" müsse.⁶⁴⁴ An die Stelle der Deutungsmuster tritt in den hier erarbeiteten Kategorien der Begriff des Imaginären, insbesondere als erfahrungstheoretische Kategorie (2.2.3).

Zusammengenommen gilt dann, dass Wirklichkeit praktisch immer schon vermittels von Imaginationen und in imaginären Horizonten wahrgenommen wird. Das Imaginäre findet sich in der responsiven Grundstruktur folglich als Schema und Horizont,⁶⁴⁵ das die Wirklichkeit als eine Wirklichkeit erscheinen lässt, auf die Verantwortung antwortet.⁶⁴⁶ Grob auf dieser Linie spricht Dabrock in seiner Bonhoeffer-Interpretation auch vom *„Antworten auf den entscheidenden Anspruch Jesu Christi in unseren je eigenen, lebensweltlichen Wirklichkeitskonstitutionen"*.⁶⁴⁷ Insgesamt trägt die Arbeit mit dem Imaginationsbegriff hier einem Umstand Rechnung, den H. Richard Niebuhr in seinem Verantwortungskonzept besonders betont und den Georg Kalinna in seiner Niebuhrrekonstruktion unterstrichen hat:⁶⁴⁸ Die Antwort ist immer „response to *interpreted* action upon us", Antwort auf gedeutete Handlung an uns also.⁶⁴⁹

Ohne Bezug zum Verantwortungsbegriff hat Bourdieu den eben entfalteten Zusammenhang konkret auf den Punkt gebracht:

---

642 Vgl. Dabrock 2009, Zitat auf S. 131, für die Herangehensweise dieses Aufsatzes vgl. a. a. O., 124–125.
643 Dabrock 2009, 132. Für Waldenfels Ausführungen zum phänomenologischen „als" vgl. etwa Waldenfels 2010a, 160–162, insbes. S. 160.
644 Vgl. auch für die Zitate Dabrock 2009, 132, kursiv im Original.
645 Zum Imaginären als Schema vgl. Anm. 313 in diesem Kapitel und die dort genannten Literatur, zum Imaginären als Horizont vgl. Anm. 314 in diesem Kapitel und die dort genannten Literatur.
646 Vgl. so auch Tödt zur „Wahrnehmung eines konkreten Problems", das Urteilsbildung veranlasst: Tödt 1988f, 30, dort auch das Zitat und: „Diese Wahrnehmung ist von dem *Horizont* abhängig, den das Wirklichkeitsverständnis dem Urteilenden vorgibt [...]." (ebd., kursiv im Original)
647 Vgl. auch für das Zitat Dabrock 2009, 137–138, kursiv im Original.
648 Vgl. Kalinna 2021, 57, 59–60, 69, 107–108. Er spricht sogar von vermittelnden „Bildern, Narrativen und Symbolen" (a. a. O., 108). Außerdem gelangt Kalinna über die Betonung dieses Umstandes der Deutung zu einer m. E. sehr trefflichen Kritik von Körtners Anwendung der Kategorien von Gesinnungs- und Verantwortungsethik auf die Politikoptionen in Sachen Migration im Jahre 2015: „Die grundlegende Frage ist gerade nicht, *ob* man als handelnde Person die Zukunft im Blick hat, sondern *welche* Deutungsmuster wir für wie wichtig halten und welche Zukunftsszenarien wir aufgrund dessen entwerfen." (Kalinna 2021, 87)
649 Vgl. H. R. Niebuhr 1999 [1963], 61–63, Zitat auf S. 61, kursiv im Original. Kalinna spricht von einem „Element der Deutung" (Kalinna 2021, 59).

> Der kabylische Bauer reagiert auf keine ‚objektive Bedingungen', sondern auf die von ihm erzeugte praktische Interpretation dieser Bedingungen, der die gesellschaftlich konstituierten Schemata seines Habitus zugrunde liegen [...].[650]

Verantwortlich Handelnde antworten nicht auf die Wirklichkeit, sondern auf das, was ihnen im Horizont des situierten Imaginären als Wirklichkeit jeweils erscheint. Erst vermittels des Imaginären kann Wirklichkeit als Anspruch wahrgenommen werden, auf den verantwortliches Handeln antwortet.[651] Von der Ebene formaler Einordnung her gesehen hängt damit – in Tödts Begrifflichkeit gesagt – die „Evidenz"[652] der Verantwortung immer am Imaginären. Die Evidenz der Verantwortung ergibt sich nicht aus der Wirklichkeit, sondern erst in der Praxis, die von besagten Imaginationen informiert ist und in der vermittels dieser Imaginationen Verantwortung als evident erscheinen kann – und erschienen ist.

Genau davon lassen sich aber Denotationen von Verantwortung in Texten evangelische Theologie nicht abstrahieren:[653] Denotiert Verantwortung ebendort – wie in Kapitel 3 erarbeitet werden wird – Sollenskonflikte beziehungsweise den Umgang damit, dann setzt die Entwicklung des Verantwortungsbegriffs in gesellschaftlichen Praktiken erfahrene Sollenskonflikte voraus. Sollensforderungen und deren Konflikte sind in Praktiken aber nicht unmittelbar empirisch gegeben oder erlebbar, sondern erst vermittels spezifischer Imaginationen in spezifischen imaginären Horizonten.[654] Erst in einer spezifischen Vorstellungswelt wird die Begegnung etwa mit einem verletzten Tier zur Hilfsforderung an das Subjekt, die mit anderen Forderungen im Konflikt stehen kann.[655] Hier nun von Verantwortung zu sprechen – wie Albert Schweitzer dies tun wird – verbindet Verantwortung mit eben solchen Vorstellungen, in denen Subjekte verantwortlich sind. Verantwortung konnotiert diejenigen Vorstellungen, durch die begegnende Realitäten erst als[656] berechtigte Ansprüche in potentiellem Konflikt miteinander erscheinen können – und diese Konflikte beziehungsweise den „verantwortlichen" Umgang damit, denotiert Verantwortung dann. Kurz gesagt: Der Verantwortungsbegriff denotiert

---

650 Bourdieu 2015a, 257.
651 Vgl. ähnlich auch Tödt 1988f, 30.
652 Tödt verhandelt die Frage nach der „Evidenz" und „Nicht-Evidenz des Sittlichen" (vgl. auch für die Zitate Tödt 1988g, 13, 17).
653 Ich danke dem Berliner Forschungskolloquium für den Hinweis darauf, den folgenden Zusammenhang zu betonen.
654 Zur Rolle des Horizontes in der Problemwahrnehmung vgl. auch Tödt 1988f, 30.
655 Vgl. auch zu diesem Beispiel die Ausführungen zu Schweitzer (3.2.1.3).
656 Das „als" ist hier im eben mit Dabrock referierten, phänomenologischen Sinne gemeint. Vgl. dazu auch Waldenfels 2010a, 160–162, für die Reden von „fremden Ansprüchen" vgl. a.a.O., 169, dort auch das Zitat.

nicht nur Sollenskonflikte, sondern konnotiert auch Imaginationen, die die Wirklichkeit praktisch als Sollenskonflikt erfahren lassen. Ersteres entfaltet Kapitel 3, letzteres Kapitel 4 in dieser Arbeit.

Ethisch betrachtet scheint all dies zunächst auf eine wertnihilistische[657] Konzeption von Verantwortung hinauszulaufen, die die Evidenz der Verantwortung jeweils nur praktisch, in sozialen Beziehungen und Machtstrukturen, soziokulturell kontextualisiert hergestellt und nicht mehr präpraktisch normativ begründet sehen kann. Eine solche Konzeption ist insoweit hilfreich, als sie den „Wertentzug" (Foucault, Vogelmann, s. 1.1.2) ermöglicht, der die kritische Perspektive auf die Allokation und Übernahme von Verantwortung und die Ambivalenz des Symbols „Verantwortung" überhaupt erst ermöglicht. Eine (theologische) Ethik muss aber über diesen Wertentzug hinaus gehen (s. 2.3.3). Sie muss vorher aber auch besagten imaginären Bedeutungsüberschuss von „Verantwortung" wertentziehend explizit gemacht haben, wenn nicht die praktische Ambivalenz von Verantwortung unsichtbar bleiben sollen. Für diese explizite Beschreibung imaginärer Bedeutungen ist eine Differenzierung der Kategorie des Imaginären nötig.

(3) Anknüpfend an Castoriadis und diesen auf eine Systematisierung der Taylorschen Theorieelemente hin weiterführend werde ich im Folgenden zwischen dem sozial bzw. *gesellschaftlich Imaginären und individuellen Imaginationen* unterscheiden.[658]

(3.1) *Individuelle Imaginationen* bestehen am Ort des in Praktiken eingebundenen Individuums und bezeichnen dessen praxisrelevante, horizonthafte, implizite oder explizite Verstellungswelt in Teilnahmeperspektive, konkret, in Anlehnung an Taylor gesagt:[659] Die Vorstellung die Person A von sich selbst und ihrer sozialen Umgebung hat, davon, wer sie ist, was von ihr erwartet wird, in welche Gemeinschaft sie eingebunden ist und wo sie einen Ort im sozialen Gefüge hat.[660] Individuelle Imaginationen lassen sich in den konkreten Vorstellungen beschreiben, die Einzelpersonen in ihren Texten, Handlungen und Äußerungen ausdrücken, voraussetzen, implizieren und manifest werden lassen. Individuelle Imaginationen sind genauso wie die Praktiken und ihre Subjekte immer sozial situiert. Abhängig

---

657 Zum Wertentzug vgl. wie in der Einleitung zitiert (1.1.2). Dazu und zum „Nihilismus" (bei Foucault) vgl. Vogelmann 2014, 51–52, 87, 123, dort auch das Zitat.
658 Die Idee, diese Unterscheidung auch begrifflich über den Unterschied von Imaginärem und Imagination auszudrücken, verdanke ich dem Austausch mit Dr. Matthew Robinson, dem an dieser Stelle dafür herzlich gedankt sei. Die Wichtigkeit hier zwischen Individuellem einerseits und Sozialem oder Kollektivem andererseits zu unterscheiden betont auch Strauss 2006, 329, 336–337, 339.
659 Vgl. dazu 2.2 und die dort referierte Literatur.
660 Vgl. dazu Taylor wie oben (2.2.3) zitiert: C. Taylor 2004, 23–24.

von dieser Situierung lässt sich nach ihren Plausibilitätsbedingungen[661] fragen: Von welchen Positionen im Gefüge gesellschaftlich ungleich verteilten ökonomischen, sozialen und kulturellen Kapitals[662] erscheint eine Imagination als plausibel? Von wo aus setzt sich eine Imagination als Teil der herrschenden Kultur durch? Kurz gesagt bezeichnen individuelle Imaginationen das Imaginäre so wie es am Ort des Individuums konkret ist.

(3.2) Diese individuellen Imaginationen partizipieren am *sozial Imaginären* einer bestimmten Gruppe, Gesellschaft oder Kultur, in deren Horizont sie erst zum Hintergrund gemeinsamer, sozialer Praktiken werden können. Das sozial oder gesellschaftlich Imaginäre bezeichnet – in Anlehnung an Taylor gesagt – ein sozial geteiltes Repertoire von Vorstellungen und Praktiken, einen Vorstellungsraum des Selbstverständlichen.[663] Nicht schon für individuelle Imaginationen, sondern erst für das soziale Imaginäre tritt das Lokalisierungsproblem auf, das ich über die Verortung des sozial Imaginären in der offenen Vielheit der Praktiken – also inter- und intrapraktisch, aber nicht transpraktisch – zu lösen vorgeschlagen hatte (2.2.1.4): Das sozial Imaginäre besteht im Praxiszusammenhang, ohne in einer einzelnen Praktik oder der in dieser Praktik konstituierten Subjekte greifbar zu werden, weil es immer auch anderswo schon verkörpert, praktiziert oder impliziert ist. Das heißt erstens, dass dem Einzelnen das sozial Imaginäre als Machtstruktur unabhängig vom individuellen Nachvollzug begegnen kann: Nationalitätsvorstellungen als Teil des sozial Imaginären begegnen etwa in der Struktur, die auch denjenigen an der Grenze abweist, der sich gar nicht als Teil einer anderen Nation imaginiert.[664] Insgesamt bezeichnet das soziale Imaginäre also das Imaginäre, sofern es sich der konkreten Verortung entzieht. Gerade darin wird es zur Erschließungskategorie für Entfremdungsprozesse.

Das impliziert zweitens, dass das sozial Imaginäre nicht unabhängig von der Gesamtheit der Praktiken besteht, in denen es verkörpert, praktiziert oder impliziert wird. Ist das Imaginäre inter- und intra- aber nicht transpraktisch gedacht, verändert es sich entsprechend auch mit den (interdependenten) Veränderungen der individuellen, praxisprägenden Imaginationen. Deshalb besteht die Möglichkeit am sozialen Imaginären zu arbeiten, ohne diesem habhaft werden zu können: Neu aufkommende Praktiken – und seien es als Beispiele fungierende Einzelfälle – oder neue Vorstellungen verändern das sozial Imaginäre.

---

661 Siehe dazu ausführlich 2.2.2 und die dort referierte Literatur.
662 Siehe zu dieser Begrifflichkeit Bourdieus 2.1.2.1, dort insbes. Anm. 105 und H.-P. Müller 2014, 47–55.
663 Vgl. 2.2.3, zum Selbstverständlichen insbes. dort Anm. 436 und zum „Repertoire" insbes. C. Taylor 2004, 25, 115.
664 Vgl. zu dem Gedanken hinter diesem Beispiel 2.2.1.4 und zu diesem Beispiel 2.2.2.

2.3 Aneignung: Verantwortung als Begriff, soziale Praxis und Imagination — 175

Diese Kategorie des inter- und intrapraktisch verkörperten sozial Imaginären, das damit gerade der konkreten Verortung immer auch entzogen bleibt, ist entscheidend für die Reflexion von Responsibilisierungs- und Responsepraktiken. Vermittels dieser Kategorie werden das Disziplinierungs- und Dezeptionsproblem von Verantwortung (1.1.3) reflektierbar: Ist „Verantwortung" nicht nur mit individuellen Imaginationen verbunden und so in der bewussten oder unterbewussten Vorstellungswelt der Einzelnen zugegen, sondern auch mit dem sozial Imaginären, so ist „Verantwortung" in Strukturen und Institutionen verkörpert und begegnet auch zwingend unter Absehung freiwilliger Übernahme. Was Frieder Vogelmann als „Bann der Verantwortung" beschrieben hat, muss in Castoriadis von Marx geprägter Begrifflichkeit als „Entfremdung" erscheinen – und zwar folgendermaßen:[665] Vogelmann zeichnet implizit nach, wie sich die imaginäre Bedeutung von Verantwortung – bei ihm nämlich: imaginierte Handlungsmacht – in den Praxisregimen der Arbeit und Kriminalitätsprävention verselbständigt und so eine Macht über Praktiken gewinnt, die die Gesellschaft im Modus des akademischen Diskurses nicht mehr als ihre eigenen Produkte erkennt, sondern als in den Bann schlagende Instituiertheiten voraussetzen muss.[666]

Die Unterscheidung von individuellen Imaginationen und sozial Imaginärem macht das Imaginäre als methodisch Lokalisierbares *und* als Erschließungskategorie für Entfremdung denkbar. Taylors „social imaginary" schillert zwischen Imagination und Imaginärem: Als Wissensmodus am Ort der Einzelnen bezeichnet es Imaginationen. Als sozial geteilte Vorstellungswelt, die gemeinsame Praktiken bei Taylor zunächst ermöglicht, bezeichnet es das Imaginäre. Auch Andersons „imagined communites" schillern zwischen beidem: Insofern diese auf ihre Plausibilitätsbedingungen untersucht werden können, geht es Anderson um individuelle Imaginationen von Nationalität; insofern sie selbst geschichtswirksam werden, um Nation als Teil des sozial Imaginären. Bourdieus „Habitus" als strukturierender und strukturierter Struktur entspricht die Partizipation der individuellen Imaginationen am Imaginären, sofern diese implizit bleibt:[667] In der Selbstlokalisierung und im Modus der Teilhabe am Imaginären sind die individuellen Imaginationen Pro-

---

[665] Zu den hier und im Folgenden verwendeten Begriffen und Argumentationsfiguren vgl. die Kapitel zu Castoriadis (2.2.1) und Vogelmann (1.1.2).

[666] Letzteres wendet Castoriadis' Begriff von Entfremdung an, vgl. dazu 2.2.1 und insbes. Castoriadis 1990 [1984], 226, wo Castoriadis wie zitiert schreibt: „Anders gesagt, die Gesellschaft vermag im Imaginären der Institutionen nicht mehr ihr eigenes Produkt zu erkennen." (ebd.) Für den von Vogelmann referierten Gedanken vgl. 1.1.2 und Vogelmann 2014, 423–435.

[667] Zum Habitus-Begriff bei Bourdieu siehe hier 2.1.2.1 und Bourdieu 1993, 98–99. Ebd. benutzt Bourdieu selbst die Ausdrücke „strukturierte Strukturen" und „strukturierende Strukturen" (a. a. O., 98). Zum Verhältnis von Habitus und Imaginärem vgl. auch wie zitiert Gaonkar 2002, 10–11.

dukte des jeweiligen Habitus. In Habermas' Kategorien überschneidet sich das Konzept der Lebenswelt mit dem der individuellen Imaginationen.[668]

Mit dieser Unterscheidung von Imaginärem und Imagination kann Taylors Vorstellung des Zusammenhangs von Imaginärem und Sozialtheorie präzisiert werden: Diese Wechselwirkung kann nun so gedacht werden, dass sie sich über Imaginationen vollzieht: Dann sind es die in einer gegebenen Sozialtheorie vorausgesetzten, impliziten und manifesten Imaginationen der jeweiligen Theoretiker:innen in ihren Reflexionspraxen, die auch in anderen Praxiskontexten und neu aufkommenden Praktiken plausibel erscheinen, sich so ausbreiten und ins Imaginäre einwandern. Genau einen solchen Prozess beschreibt Taylor auch, wenn er die Entstehung des „modern social imaginary" beschreibt: Was zunächst in wenigen Theorien, etwa bei Hugo Grotius, zum Ausdruck kam, habe sich verbreitete und die Art und Weise bestimmt „we imagine our society":[669]

> In other words, during these past four centuries, the idea of moral order implicit in this view of society has undergone a double expansion: in extension (more people live by it; it has become dominant) and in intensity (the demands it makes are heavier and more ramified).[670]

Die in einer Theorie manifeste individuelle Imagination wird zur immer prägenderen Imagination in immer mehr Praktiken und sickert so ins sozial Imaginäre ein. Am Beispiel: Die Imagination entschränkter „Zukunftsverantwortung", die sich in Hans Jonas' „Prinzip Verantwortung" manifestiert,[671] hat sich ausgebreitet und ist so ins sozial Imaginäre eingesickert. Genau wegen dieses Zusammenhangs lohnt die ethische Explikation und Reflexion der individuellen Imaginationen: Sie ermöglicht die Arbeit an dem erkennendem Zugriff immer auch entzogenen sozial Imaginären.

(4) Methodisch eröffnet dies die Möglichkeit, anhand von prominenten Theorien charakteristischen Zügen und Veränderungen des sozial Imaginären auf die Spur zu kommen. So geht Taylor selbst vor, wenn er die charakteristischen Züge des modernen sozial Imaginären ausgehend von Grotius und Lockes Theorien beschreibt, die – so seine Erzählung – ins sozial Imaginäre migriert seien.[672] Nimmt

---

668 Vgl. dazu Habermas 1995b, 182–228 und schon Höhne 2015, 142–164.
669 Vgl. C. Taylor 2004, 3–6, 69, Zitat auf S. 3.
670 C. Taylor 2004, 5.
671 Vgl. H. Jonas 1979, Zitat auf S. 175, auch zitiert bei Vogelmann 2014, 353, der Jonas kurz referiert (a. a. O., 352–357).
672 Vgl. C. Taylor 2004, 3–22. Von Migration, nämlich von „Migrating from one niche to many, and from theory to social imaginary" spricht Taylor in diesem Zusammenhang selbst, vgl. auch für das Zitat a. a. O., 6, und ähnlich a. a. O., 8.

man den praxistheoretischen Gedanken ernst, dass (akademische) Theoriebildungen auch Praktiken sind (2.1.3), besteht über Taylor hinaus ein weiterer Grund für diese methodische Möglichkeit der Annäherung an das sozial Imaginäre: Dann können theoretische Texte nicht nur Ausgangspunkt eines Migrationsprozesses[673] (Taylor) ins sozial Imaginäre sein, sondern auch Manifestationen von individuellen Imaginationen, die am sozial Imaginären teilhaben.

Welche Schritte müssten nach dieser am Vorgehen Taylors und Andersons orientierten Methodik zur Annäherung an das sozial Imaginäre gegangen werden?

1. Ausgangspunkt sind theoretische Texte, die sich retrospektiv als wirkmächtig erwiesen haben – bei Taylor etwa: Grotius und Lockes Werke.
2. Von daher können die „Vision einer moralischen Ordnung" beziehungsweise das „Bild von Gesellschaft" beschrieben werden,[674] das sich in diesen Texten ausgedrückt, vorausgesetzt oder propagiert wird, das also, was ich „individuelle Imaginationen" genannt hatte. Dabei geht es nicht um das, was diese Texte explizit meinen und denotieren, sondern um den imaginären Bedeutungsüberschuss der Texte. Damit ist beschrieben, was in Weiterführung von Taylor und Castoriadis' ein individuell Imaginäres wäre: eine individuelle Imagination davon, wie Gesellschaft und der jeweils Einzelne darin sind und sich verhalten sollen. An dieser Stelle ist die Frage nach der sozialen Situiertheit und damit nach den gesellschaftlichen Positionen möglich, von denen aus diese Imagination plausibel erscheint. Die von Verantwortung im theologischen Diskurs konnotierten Imagination werden entsprechend hier im vierten Kapitel beschrieben.
3. Schließlich wäre zu plausibilisieren, dass in der Beschreibung dieser individuellen Imaginationen die Annäherung an das sozial Imaginäre stattgefunden hat. Taylor tut dies, indem er der Migrationsweg „from theory into social imaginary" nacherzählt.[675] Um das Erschließungspotenzial des Imaginationsbegriffs für Entfremdungsprozesse von Castoriadis zu erhalten und gleichzeitig mit den praxissoziologischen Grundannahmen und den methodischen Verwendungen bei Anderson und Taylor zusammenzudenken, habe ich vorgeschlagen das sozial Imaginäre im Praxiszusammenhang intra- und interpraktisch als Flüchtiges zu verorten, das zwar in den individuellen Imaginationen einzelner Praktiken präsent ist, darin aber jeweils nicht aufgeht, sondern, sofern es sozial Imaginäres ist, auch in anderen Praktiken und ihren Subjekten

---

673 So Taylor: „Thus, while moving from one niche to many and migrating from theory into social imaginary, the modern idea of order also travels on a third axis and the discourses it generates are strung out along the path from the hermeneutic to the prescriptive." (C. Taylor 2004, 8)
674 Meine Übersetzung zu Taylors Begriffen: C. Taylor 2004, 3.
675 Vgl. auch für das Zitat C. Taylor 2004, 8.

zugegen ist. Deshalb lässt sich das Gelingen der Annäherung an das sozial Imaginäre darüber plausibilisieren, dass sich das vorher Beschriebene auch als individuelle Imagination oder strukturell verkörpert in anderen Praktiken wiederfinden lässt. Die Beschreibung dieser praktischen Wirksamkeit von Verantwortungsimaginationen kann im Rahmen dieser Arbeit nur schlaglichtartig projektiert werden, weil sie in die materialethische Detailarbeit fällt und dort ausführlich erfolgen müsste (Ausblick).

Diese Methode beschreibt m. E. einen Weg, sich theoretisch dem sozial Imaginären einer Gruppe oder Gesellschaft anzunähern und situativ relevante Züge davon zu erfassen. Das ist wichtig, weil in den Bildern und Vorstellungen dieser geteilten Vorstellungswelt des sozial Imaginären akademische und andere gesellschaftliche Praktiken zusammenhängen und erst insofern davon die Rede sein kann, dass die in akademischen Praktiken manifesten und initiierten, produzierten und reproduzierten, kurzum: als alte und neue bestehende Imaginationen in anderen gesellschaftlichen Praktiken eine entfremdende oder freiheitsförderliche Rolle spielen. Auf dieser Grundlage kann von der Gewalt von Begriffen aus dem theoretischen Diskurs die Rede sein (Vogelmann, 1.1.2) – gegebenenfalls auch von der Gewalt eines theologischen Verantwortungsbegriffs. Auf dieser Grundlage lässt sich aber auch nach dem emanzipativen Potential akademischer und hier gerade theologischer Diskurspraktiken fragen. Und auf dieser Grundlage besteht die gesellschaftliche Verantwortung akademischer und hier gerade theologischer Praktiker:innen. Denn in diesem Rahmen wird klar, dass akademische Praktiker:innen mit ihren Begriffen gesellschaftspraktisch mehr sagen und konnotieren als sie meinen – und dass sich nicht nur an dem, was sie meinen, sondern gerade an dem, was sie sagen, die Freiheitsdienlichkeit ihrer Praxis entscheidet.

2.3.3 Die Verantwortungspraktiken theologischer Ethiken

2.3.3.1 Ethik der Verantwortung zwischen Maßstab und „Wertentzug"[676]

Was bedeutet es nun für eine evangelisch-theologische Ethik, Verantwortung als soziale Praxis und Imagination zu reflektieren, vermittels von Kategorien, die Wert entziehen sollen also?

Zunächst ermöglichen diese Kategorien eine Reformulierung der Aufgabe evangelische Ethik selbst. Hans-Richard Reuter hat Ethik verstanden als „die Re-

---

676 Zum „Wertentzug" vgl. 1.1.2 und die dort zitierte Literatur.

flexion auf das gute Leben und richtige Handeln".[677] Damit bezieht er die Reflexionsarbeit der Ethik erstens grundlegend auf das, was sich Praktiken im hier erarbeiteten Sinne nennen lässt, auf Praktiken des Lebens und Handelns nämlich. Möglich und aneinander anschlussfähig werden diese Praktiken im Horizont des sozial Imaginären.

Reuter weist der ethischen Reflexionsarbeit damit zweitens eine Orientierungsaufgabe zu: Nicht nur um Leben, sondern um gutes Leben soll es gehen. Ethik richtet sich auf die Güte und Richtigkeit der von ihr reflektierten Praktiken. Sie tut dies, indem sie die „im Ethos eingespielten Gewohnheiten und die auf der moralischen Ebene erhobenen Geltungsansprüche [...] auf ihre Tragfähigkeit" prüft.[678] Damit muss es – in die hier entfalteten Kategorien übertragen – auch um die Explikation und kritische Prüfung der in Praktiken und gerade in besagten Gewohnheiten und Geltungsansprüchen manifesten Imaginationen gehen. Insofern diese Imaginationen am sozial Imaginären partizipieren ist auch das „Strukturmoment"[679] in diesen Praktiken Gegenstand von Explikation und Prüfung und die entsprechende Ethik Sozialethik.

Diese Orientierungsaufgabe erfordert einen wertenden „Maßstab"[680], der an Praktiken angelegt werden kann, um deren Güte und Richtigkeit zu evaluieren. Auf formaler Ebene lassen sich „konkrete[.] Ethik[en]" mit Reuter dann danach unterscheiden, ob sie den Maßstab „fundamentistisch[.]" in „allgemeinen ethischen Theorien", kontextualistisch aus dem „Vergleich mit anderen paradigmatischen Fällen", mit Urteilen zu ähnlichen Praktiken oder kohärentistisch aus dem wechselseitigen Zusammenspiel beider gewinnen.[681]

Weil die Orientierungsaufgabe einen Maßstab erfordert, scheint sie in logischem Widerspruch zur Arbeit mit den um „spezifischen Wertentzug" bemühten Kategorien zu stehen:[682] Eine mit einem wertentziehenden Praxisbegriff arbeitende

---

677 Vgl. Reuter 2015, 14.
678 Vgl. auch für das Zitat Reuter 2015, 15–16.
679 Siehe zu dem Begriff 2.1.2, insbes. Anm. 82.
680 Die Wortwahl ist hier bewusst an Vogelmann (Vogelmann 2014, 51–52, Zitat auf S. 52) angelehnt, um die gleich folgende Abgrenzung zu pointieren.
681 Vgl. Reuter 2015, 94–101, Zitate auf S. 94–95, 97, im Original teilweise gefettet. Die drei Bezeichnungen – Fundamentismus, Kontextualismus und Kohärentismus – sind verbreitet und hier ebenfalls von Reuter übernommen. Peter Dabrock hat diese Typen als „idealtypische Auffassungen des Verhältnisses von allgemeiner und angewandter Ethik" differenziert und unter den Stichworten „*Top-Down*-Ansätze", „*Bottom-Up*-Ansätze" und „*Reflective-Equilibrium*-Ansätze" beschrieben (Dabrock 2012, 18–24, Zitate auf S. 19, 20, 21, 22, kursiv im Original).
682 Es ging ja bei der Kategorienwahl wie bereits entfaltet (1.1.2) „um einen spezifischen Wertentzug, der die vorgegebenen normativen Unterscheidungen umgeht; um die Abwehr von Universalien, deren Produktion in den Praktiken analysiert werden soll, anstatt sie als Maßstab an die

Ethik müsste diesen konsequenter Weise ja auch auf sich selbst – eben: auf die eigene Orientierungspraxis – beziehen. Sie könnte sich nicht darauf beschränken zu fragen, wie beispielsweise die Orientierung an Freiheit, in unterschiedlichen gesellschaftlichen Praktiken produziert wird. Sie müsste sich selbst auch als eine dieser gesellschaftlichen Praktiken reflektieren und etwa explizieren, welche imaginären Horizonte, welche habituellen Voraussetzungen und materiellen Ressourcen (etwa: Beamtenverhältnisse) oder welche Körperlichkeiten in der Praxis, die akademische evangelische Ethik selbst ist,[683] „Freiheit" als Orientierungsbegriff mit welchen ambivalenten Folgen produzieren. Insofern Ethik damit ihrem eigenen Maßstab den Wert entzieht, treten Orientierungsaufgabe und wertentziehende Kategorien in einen logischen Widerspruch.

Das muss genauer entfaltet werden, um eine Lösungsstrategie zu entwickeln: Ausgehend von einer einfachen, einlinigen Reflexionsbeziehung zwischen Theorie und Praxis – Ethik als Theorie reflektiert Praxis (1) – zeigt sich die Notwendigkeit des Wertentzugs in der komplexeren Relationierung von Theorie und Praxis in einer Reflexionsbeziehung mitlaufender Selbstreflexion: Ethik als Theorie reflektiert andere Praktiken, während Ethik sich selbst gleichzeitig als Praxis reflektiert (2). Die Theoretisierungseffekte (2.1.3.1) des bis dahin Entfalteten reflexiv einzuholen, transformiert den entstanden logischen Widerspruch in eine praktische Spannung (3), mit der es weiterzuarbeiten gilt.

(1) Zunächst also: *Ethik reflektiert Praxis.* Verstanden wie eben im Anschluss an Reuter vorgeschlagen, bezieht sich evangelische Ethik reflektierend und orientierend auf eine Vielzahl von Praktiken, nicht nur auf Responsibilisierungspraktiken oder solche, die sich als Responsepraktiken in Anspruch nehmen lassen. Das Blickfeld evangelischer Ethik ist immer weiter als das, was sich mit dem Begriff „Verantwortung" sinnvoll diskursiv repräsentieren lässt.

Bezieht sich evangelische Ethik auf Verantwortung, wird sie auf dieser Linie zu einer theologischen und orientierenden Reflexion derjenigen sozialen Praktiken, in denen Menschen Verantwortung zuweisen, übernehmen und tragen – der Responsibilisierungs- und Responsepraktiken also (2.3.2.2). Sie prüft diese Praktiken, deren Gewohnheiten, Regeln und imaginativen Anteile auf Güte und Richtigkeit hin. Verantwortungsethik ist auf dieser Linie zunächst die praxeologisch sensibilisierte

---

Praktiken heranzutragen" (Vogelmann 2014, 51–52. Dabei bezieht sich Vogelmann unter anderem auf auf Foucault 1992, 30–34). Vgl. zu dieser Grundlage auch Honneth in seiner Einführung zu Vogelmann (Vogelmann 2014, 11).

683 Auf diese Voraussetzungen hatte – wenn auch nicht dezidiert für evangelische Ethik – Bourdieu in seiner „Kritik der scholastischen Vernunft" hingewiesen (vgl. Bourdieu 2020, Zitat auf S. 18, inhaltlich etwa S. 9, 11, 18, 20, 22). Vgl. dazu auch das oben bereits von Bourdieu referierte: 2.1.3.1.

Reflexion, Orientierung und Beanspruchung von Verantwortungspraktiken und deren Verantwortungsimaginationen.

Am Beispiel: In seiner „integrativen Medienethik" hat Rüdiger Funiok die Publikumsethik vor allem verantwortungsethisch gefasst.[684] Dem Publikum bzw. den einzelnen Mediennutzern kommt Funiok zufolge die „[s]taatsbürgerliche Mitverantwortung für die Medien", die „Verantwortung für sich selbst und die eigene Freizeit" sowie die „Verantwortung für Heranwachsende" zu.[685] Damit reflektiert, orientiert und beansprucht er mehrere, unterschiedliche alltägliche und vor allem implizite Verantwortungspraktiken: Die staatsbürgerliche Mitverantwortung wird bei ihm konkret in dem, was ich in diesem Kontext „Responsepraktiken" nenne: einen Leserbrief zu verfassen oder an einem „Fernsehbeobachtungskreis" teilzunehmen.[686] Mit der Rede von der „Verantwortung für sich selbst" erklärt Funiok Mediennutzungspraktiken implizit zu Responsepraktiken und mit der „Verantwortung für Heranwachsende" reflektiert er Praktiken des Erziehens. Publikumsethik verantwortungsethisch zu perspektivieren heißt hier also, Mediennutzungspraktiken als Responsepraktiken zu betrachten, als solches in Anspruch zu nehmen und die in ihnen liegenden Kompetenzen, Normen, Sitten und Motivationen ethisch zu reflektieren.

In dieser einlinige Reflexionsrichtung, die ich eben an Funioks Arbeit nur exemplifiziert habe, wendet Ethik die um „spezifischen Wertentzug" bemühten Kategorien wenn überhaupt, dann nur auf anderes an. Während der in der Theorie selbst gewonnene Maßstab als Wertungsmaßstab fungiert, werden den Maßstäben, die den reflektierten Praktiken inhärent sind, ihre Wertsetzungen zum Zwecke der Prüfung entzogen: Wer die Selbstverständlichkeiten eines Ethos in deren vermachteten Genese beschreibt, um sie ethisch zu prüfen, entzieht ihnen ihre impliziten Wertsetzungen, insofern er die selbstverständliche Geltung des Ethos als gut sistiert, um dessen Güte nun zu prüfen. Eine unausgesprochene Ethos-Regel – „Das macht man bei uns nicht" – explizit zu machen, um zu diskutieren, wie sie entstand, wer sie durchsetzt und ob diese Regel zum Guten dient, entzieht *dieser Regel* den Wert, aber noch nicht *dem eigenen Maßstab* „zum Guten dienen". Darin

---

684 Vgl. Funiok 2011, 157. Zum Begriff der „integrativen Medienethik" vgl. a. a. O., 14, im Original gefettet (Auch Bernhard Debatin hatte in der Medienethik Verantwortung schon „aufgeteilt" [vgl. Debatin 1998, 121–125, Zitat auf S. 121]). Vgl. dazu und für die im Folgenden genannte Literatur auch schon Höhne 2017c. Im Diskurs der Medienethik haben auch andere die Verantwortung des Publikums thematisiert, so etwa Christians 1989, insbesondere S. 255, 257–258; Werner Veith hat Verantwortung als „ethische Leitidee der Rezeption" verwendet und die „Verantwortung der Rezipierenden" konkretisiert (vgl. Veith 2002, Zitate auf S. 381 und 382, vgl. insbes. a. a. O., 382)
685 Vgl. Funiok 2011, 157–163, Zitate auf S. 157, 160, 161, im Original jeweils gefettet.
686 Vgl. auch für das Zitat Funiok 2011, 158.

liegt der „spezifische Wertentzug" dieser Reflexionsrichtung: Er gilt einseitig dem beobachteten Maßstab, nicht dem Beobachtungsmaßstab.

In dieser Reflexionsrichtung wird das einleitend identifizierte Praxisproblem (1.1.2) schon zur Hälfte deutlich – und damit auch die Notwendigkeit wertentziehender Kategorien. Schon in dieser Reflexionsrichtung kann Ethik beschreiben, welche ambivalente Rolle „Verantwortung" in anderen gesellschaftlichen Praktiken spielt: die ambivalente Rolle der „Eigenverantwortung" in der politischen Transformation des Sozialstaates im Zuge der Agenda 2010;[687] die ambivalente Rolle von Responsibilisierungen für Krankheitsprävention im Gesundheitswesen oder ähnliches. Schon eine Ethik, die sich auf andere gesellschaftliche Praktiken richtet, kann so auf die Ambivalenzen von Verantwortung stoßen, die zu ihrer Reflexion wertentziehender Kategorien bedürfen. Diese Ambivalenz nicht zu reflektieren, ist die erste Hälfte des eingangs beschriebenen Praxisproblems.

(2) In dieser Reflexionsrichtung fehlt aber noch die *Selbstreflexion*.[688] Das einleitend beschriebene Praxisproblem evangelischer Verantwortungsethik ist erst dann bearbeitet, wenn die erste Responsibilisierungspraktik, die die theologischethische Theoriebildung reflektiert, sie selbst ist. Um ihr Praxisproblem zu bearbeiten, muss sich akademische Ethik selbst als sozial situierte Responsibilisierungspraktik verstehen, die sie nolens volens ist. Für die Philosophie auf diese Hälfte des Praxisproblems über Günther und Heidbrink hinaus verwiesen zu haben, war das Verdienst Vogelmanns: nicht nur Arbeits- und Kriminalitätspräventionspraktiken sind von „Verantwortung" durchwebt, sondern auch die Praxis der Philosophie selbst.[689] Auch die Selbstreflexion stößt auf ambivalente „Verantwortung".

Am Beispiel: Wenn Funiok in seiner Medienethik auf Publikum und Nutzer: innen bezogen von der „[s]taatsbürgerliche[n] Mitverantwortung für die Medien" schreibt,[690] ist das zunächst und ganz basal eine Kommunikation mit der er (direkt oder indirekt) selbst Verantwortung zuschreibt – und zwar den Mediennutzer:innen. Verantwortungsethik ist deshalb selbst eine explizite Responsibilisierungspraktik nach dem hier entwickelten Praxisbegriff (2.1). Als solche ist sie – wie alle Praktiken – sozial situiert. Sie ist vom Habitus des sie Entwerfenden mithervorgebracht. Sie ist eine Materialität – das Ding des Buches, den Körper des Schreiben-

---

687 Vgl. dazu etwa Heidbrink 2007, 164–167.
688 Für andere Wissenschaften hat Bourdieu auf die Notwendigkeit dieser Selbstreflexion verwiesen: „Die Umkehrung des Blicks, die erforderlich ist, um die Praxis in ihrer eigenen Logik zu erfassen, gebietet, gegenüber dem theoretischen Standpunkt einen theoretischen Standpunkt zu beziehen [...]." (Bourdieu 2020, 70) Vgl. zur „Selbstreflexion" auch a.a.O., 18, dort auch das Zitat.
689 Vgl. die Zusammenfassung unter 1.1.2.
690 Vgl. auch für das Zitat Funiok 2011, 157, im Original gefettet.

den – einbeziehendes Geschehen. Sie aktualisiert praktisches Wissen. Und sie ist selbst von sozialen Imaginationen geprägt – mindestens von der, die es dem Autor einer Verantwortungsethik erlaubt, sich selbst als zum Verfassen einer solchen befähigt, berechtigt und berufen zu imaginieren.[691] Diese Imagination mag eine sozial geteilte sein, selbstverständlich ist sie nicht.

Lässt sich Ethik selbst derartig als Praxis verstehen, heißt das auch, dass die Maßstäbe, mit denen Ethiker:innen in akademischen Praktiken ausgesprochener oder unausgesprochener Maßen arbeiten, ihre Plausibilität, Geltung und Selbstverständlichkeit nur im Horizont praktisch bestehender Imaginationen haben – und zwar unabhängig davon, für wie universal oder partikular die jeweiligen Ethiker:innen diese Maßstäbe ausgeben: Wenn ein akademischer Ethiker von „staatsbürgerlicher Mitverantwortung" als geltendem Maßstab spricht, tut er dies immer schon in dem imaginären Horizont eines spezifischen Bildes von Öffentlichkeit und von individuellen Freiheitsrechten – und so in dem, was Taylor als sozial Imaginäres westlicher Modernitäten rekonstruiert hat.[692]

Die Selbstreflexion der Ethik wendet wertentziehenden Kategorien auf die eigene Praxis an. Diese Kategorien ermöglichen es, selbstkritisch zu reflektieren, wie der eigene Maßstab – hier Verantwortung – praktisch tatsächlich zustande kommt und welche Wirkungen er hat. Die wissenschaftssoziologische und Bourdieusche Pointierung des Praxisbegriffs lässt gerade das akademische Theoretisieren der Ethik mit all ihren Maßstäben und Imaginationen selbst als Praxis verstehen, die in die Herrschaftsstrukturen der Gesellschaft eingeflochten ist.[693] Mit den Kategorien Praxis und Imagination lässt sich deshalb um Wertentzug bemüht fragen: Welcher Habitus, welche Materialitäten und welche imaginären Horizonte lassen Ethiker:innen von Verantwortung schreiben und reden? Und was bewirkt die Verantwortungssemantik der Ethik und vor allem die von ihr konnotierten Imaginationen in anderen gesellschaftlichen Praktiken?

Die Selbstreflexion ist Selbstkritik, insofern die auf diese Fragen hin beschriebenen Genealogien und Wirkungen immer schon Gegenstand ethischer Evaluationen sind: Ist die ethische Rede von Verantwortung praktisch tatsächlich dazu geeignet, Leben und Handeln auf gutes Leben hin zu gestalten und zu orientieren? Gerade eine Verantwortungsethik muss diese Frage stellen, um ihre eigene

---

691 Vgl. zur „Ungleichheit im Zugang zu der sogenannten persönlichen Meinung" in anderem Zusammenhang bes. Bourdieu 2020, 87, dort auch das Zitat, und dazu auch a.a.O., 89.
692 Zu den individuellen Freiheitsrechten und Öffentlichkeit als Teil des westlich-modernen Imaginären bei Taylor vgl. C. Taylor 2004, 19–22, 83–99, 141. Zum Fokus auf „Western modernity" vgl. a.a.O., 195.
693 Vgl. für diese soziologischen Einordnungen des Theoretisierens (freilich ohne direkte Anwendung auf evangelische Ethik): Bourdieu 2020, insbes. S. 18–28, 36–37, 42, 64–65.

Praxis zu verantworten: Dient es dem guten Leben was Ethik als Verantwortungsethik tut? Insgesamt ist die Bemühung um Wertentzug damit in eine evaluativ arbeitende Ethik eingespannt: *Die Orientierung am Guten macht um Wertentzug bemühte Selbstreflexion gerade imaginärer Selbstverständlichkeiten nötig – eine Selbstreflexion nämlich, die prüft, inwieweit die eigene Ethikpraxis zum Guten dient – und orientiert gleichzeitig, woraufhin die Praxis geprüft wird.*

Dabei entsteht ein *logisches Problem*. Flapsig gesagt, sägt die Selbstreflexion an dem Ast, auf dem sie sitzt: an dem eigenen Maßstab und dessen Plausibilitätsbedingungen – ein Problem, das Vogelmann in seiner Verantwortungskritik selbst explizit macht.[694] Wertentzug tendiert dazu, letztlich auch zu dekonstruieren, was ihn selbst motivieren und mit seinem Ergebnis gesellschaftskritisch weiterarbeiten lassen könnte: die Orientierung am Guten als Maßstab. M.E. ist dies ein Grund, warum das Studium Foucaultscher Kritiken, insbesondere auch der Frieder Vogelmanns, mich als Leser unbefriedigt zurückgelassen hat: Bis in die kleinsten Äderchen hinein ist wertentziehend der Blutkreislauf des Bannes der Verantwortung seziert, aber was folgt nun ethisch daraus? Der Vorhang schließt sich, der Ast ist abgesägt. Vielleicht auch deshalb hat Axel Honneth Vogelmanns Beschreibungen als „eigentümlich kalt anmutendes Panorama" bezeichnet.[695] Zumindest eine gesellschaftskritische, verantwortliche und darin realistische Ethik kann es dabei nicht belassen und gerät gerade deshalb zwischen die Pole Wertentzug (motiviert im Maßstab des Guten) und Maßstab (zur Evaluation des unter Wertentzug Reflektierten).

Damit steht Ethik im *logischen Widerspruch von Maßstab und Wertentzug:* Eine selbstkritische Ethik wendet den wertentziehenden Blick auch auf sich selbst, den eignen Maßstab und so tendenziell gegen den Grund der Selbstkritik. Das ist eine Variante des Adornoschen „Begründungsdilemmas der Ideologiekritik":[696] Kritik

---

694 So schreibt er im letzten Absatz seiner Dissertation: „Weil die Praktikenanalyse als konzeptuelle Grundlage dieser Kritik selbst auf einen Normativitätsbegriff zurückgreift, der seine bindende Kraft über eine responsive ‚Verantwortung' expliziert, und eine Heuristik für Verantwortung nutzt, die deren gegenwärtige expressive Funktion in der Philosophie nahekommt, kann diese Kritik nur im Augenblick ihres Sturzes vorgetragen werden: Denn sie zu äußern bedeutet zugleich, ihr den Boden zu entziehen." (Vogelmann 2014, 435)
695 So im Vorwort zu Vogelmann 2014, 14, vgl. dort auch das Zitat.
696 Vgl. dazu Schoberth 2014, 118, 123–131, Zitat auf S. 118. Die „Entgrenzung der Ideologiekritik in der Kritischen Theorie" behauptet die „Totalität des Verblendungszusammenhangs", was „selbstwidersprüchlich" sei – so eine Kritik –, weil es damit „keinen Standpunkt außerhalb des Verblendungszusammenhangs geben" kann, von dem aus dieser beschrieben werden könnte (a.a.O., S.126). Das ist insofern dasselbe Dilemma, als der äußere Standpunkt ja den Ort markiert, an dem der kritikmotivierende Maßstab vor dem wertentziehenden Blick sicher wäre, der den Verblendungszusammenhang decouvriert. Schoberth nennt dies „ideologiekritische Dialektik", die beinhaltet,

bedarf eigentlich eines Standpunktes bzw. eines Grundes „außerhalb dieses Zusammenhangs", außerhalb des Kritisieren also; hätte sie diesen, wäre das aber eine „Verharmlosung der Ideologie" und ihrer Totalität.[697]

(3) *Praktische Spannung.* Der Ausweg aus diesem sich selbst in Nihilismus auflösenden logischen Widerspruch gründet auf einem Baustein der hier rekonstruierten Praxistheorie, der diese für eine theologische Reinterpretation öffnet: der Unterscheidung von Teilnahme- und Beobachtungsperspektive (s. o. 2.1.3.1).

Die Differenzierung von Teilnahme- und Beobachtungsperspektive hatte ermöglicht, im Gefolge Bourdieus von einer praktischen Logik auszugehen, die – als Grenzbegriff verstanden – einen Sinn bezeichnet, der sich der Beobachtungsperspektive wegen der Theoretisierungseffekte immer schon entzieht (2.1.3.1). Vor diesem Hintergrund macht dieselbe Differenzierung nun die Frage nötig, in welcher Perspektive der logische Widerspruch von Wertentzug und Maßstab als solcher wahrgenommen wird. Dies muss die Beobachtungsperspektive auf (selbst-) reflektierende Ethik sein, also eine Metaperspektive[698] auf die Selbstbeobachtung der Ethik. Deshalb lässt sich die Wahrnehmung besagten Widerspruchs mit Bourdieu als „Synchronisierungseffekt" und Totalisierungseffekt verstehen (2.1.3.1), also als Theoretisierungseffekte dieser Metaperspektive auf Ethik und ihre Selbstbeobachtung. Wir haben es also streng genommen mit drei Theorieebenen zu tun – der Ebene der einlinigen Reflexion, der mitlaufenden Selbstreflexion und schließlich der Ebene der Metareflexion. Erst von Standpunkten auf dieser Metaebene werden der logische Widerspruch von Maßstab und Wertentzug und das „Begründungsdilemma der Ideologiekritik"[699] als solche beschreibbar. Wegen folgender Effekte erscheinen beide als Theoretisierungseffekte:

Zunächst zum *Synchronisierungseffekt*: Die eben vollzogene Metareflexion auf die Selbstreflexions- und Reflexionspraxis akademischer Ethik arbeitet mit einem anderen Zeitbegriff als die Teilnehmenden besagter Praxis. In der (Selbst-) Reflexionspraxis laufen am Maßstab orientierte Praxisreflexion, wertentziehende Perspektivierung und am Maßstab orientierte Selbstreflexion unausweichlich nacheinander ab.[700] Erst die oben vollzogene Metareflexion behandelt in zeitliche Distanz besagte Vollzüge als synchron und erkennt deshalb in ihnen einen logischen

---

„dass die Geltung letzter Kriterien, ohne die Kritik haltlos wäre, sowohl vorausgesetzt als auch entzogen ist." (a. a. O., S. 130).
697 Vgl. auch für die Zitate Schoberth 2014, 127–128. Schoberth bezieht sich dabei vor allem auf Adorno 2003, 283, auch zitiert bei Schoberth 2014, 127.
698 Für die Metaperspektive auf Theoriearbeit vgl. auch Bayertz Reden von „Metaverantwortung" Bayertz 1995, 60–64, Zitat auf S. 60, auch referenziert bei Kirchschläger 2014, 51.
699 Schoberth 2014, 118. Vgl. inhaltlich dazu das oben bereits Referierte.
700 Vgl. dazu wie zitiert (s. oben Anm. 190 in diesem Kapitel): Bourdieu 1993, 167; Bourdieu 2020, 67.

Widerspruch, der sich in Teilnahmeperspektive nicht als Widerspruch darstellt, sondern als Kritikphase in einem weiterlaufenden Prozess.[701] Vor und nach der Phase wertentziehender Kritik arbeitet Ethik dann mit einem expliziten Maßstab, den sie an Praxis anlegt oder im Lichte wertentziehender Kritik revidiert, ohne dass dies in diesen Phasen jeweils in Teilnahmeperspektive als Widerspruch zur intermittierenden Kritik wahrgenommen werden muss.

Zudem erscheint der logische Widerspruch als *Totalisierungseffekt*. In der Phase der Kritik wird diese Kritik praktisch aus zwei Gründen nie fertig, nie total: Erstens wird die Kritik nie fertig, wenn man mit Castoriadis auf die Eigendynamik des Imaginierens und Konnotierens verweist (2.2.1, bes. 2.2.1.2). So gedacht entstehen an jedem Begriffsgebrauch immer schon neue ambivalente konnotierte Imaginationen, die neue Wertungen imponieren, implementieren oder plausibilisieren. Die wertentziehende Kritik arbeitet nicht an einem statischen Gegenstand, sondern an dynamisch sich verändernder Sozialität. Im Bild gesagt: Noch während des Sägens wächst der Ast, auf dem wir sitzen nach.

Die Kritik wird zweitens nie total, weil ihr das Kritisierte immer insofern entzogen bleibt, als sie um wertentziehend kritisieren zu können in die Beobachtungsperspektive wechseln muss, womit ihr der Eigensinn der Praxis nicht mehr voll zugänglich ist (2.1.3.1). Dieser sich der beobachtenden Erfassung immer auch entziehende Eigensinn der Praxis ist in der vorliegenden Arbeit mit der Kategorie des sozial Imaginären repräsentiert: Das Imaginäre meint gerade von Taylor her verstanden einen praktischen Sinn in Teilnahmeperspektive als Selbstverständlichkeitshorizont in der Gesellschaft (2.2.3 und 2.3.2.3). Wie Praxisteilnehmende im Vollzug im Horizont des Imaginären Dinge und Körper gebrauchen, kann die Beobachtung nur verzerrt erfassen, weil ihre Sicht auf den Horizont die Draufsicht des distanzierten Beobachters ist. Das Imaginäre, wie ich es hier zu verstehen vorgeschlagen hatte (2.2), hängt mit dem Maßstab jeder ethischen Evaluation insofern zusammen, als es dem jeweiligen Maßstab erst seine Plausibilität, Geltung und Anwendbarkeit verleiht: Nur im Horizont der Imagination von unhintergehbarer Individualität[702] etwa kann individuelle Freiheit als Maßstab plausibel, gültig und orientierend erscheinen.

Zusammengedacht heißt das: Der in einer Praxis zur Anwendung kommende Maßstab partizipiert an der Eigensinnigkeit der Praxis, insofern er mit dem Imaginären, dem mitlaufenden Selbstverständlichkeitshorizont der Praxis, als seiner Plausibilitäts- und Geltungsbedingung verbunden ist. Insofern der Maßstab also an

---

701 Dieses Verständnis andauernder ethischer Theoriebildung ist auch angeregt von dem, was Castoriadis über Entwurfscharakter (s. oben etwa Anm. 272 in diesem Kapitel) und Vergeschichtlichung (s. oben etwa Anm. 268, 269 in diesem Kapitel) geschrieben hatte, vgl. 2.2.1.2.
702 Vgl. dazu etwa C. Taylor 2004, 17–22.

der Eigensinnigkeit der Praxis partizipiert, entzieht er sich immer auch dem beobachtend-beschreibenden Zugriff – und damit dem Wertentzug. Im Bild gesagt: Wir können den Ast auf dem wir sitzen nicht absägen, weil wir den Ast, solange wir auf ihm sitzen, nicht komplett mit der Säge erreichen.

Im Vollzug der selbstreflexiv wertentziehende Kritik haben Kritisierende damit erstens das Nachwachsen und zweitens ihren eigenen maßstabgebenden imaginären Horizont außerhalb ihres Sichtfeldes. Zwischen diesem außerhalb des Sichtfeldes liegenden Anteilen des Maßstabes und dem innerhalb des Sichtfeldes sich vollziehenden Wertentzugs einen Widerspruch zu konstatieren, ist nur aus der Perspektive der Metabeobachtung – der Beobachtung der wertentziehenden Beobachtung – möglich, die zusammenschaut, was in Teilnahmeperspektive der Selbstreflexionspraxis aber in Teilen außerhalb des Sichtfeldes liegt: Die Wahrnehmung des Widerspruchs setzt die Totalisierung der Theorieperspektive voraus.

Die Wahrnehmung des Verhältnisses von Maßstab und Wertentzug als logischen Widerspruch ist also ein Theoretisierungseffekt der Metaperspektive auf die Praxis der Selbstreflexion und der Reflexion der Ethik. In der Teilnahmeperspektive an dieser Praxis der Selbstreflexion bleibt davon nur eine praktische Spannung, weil (anders als der Synchronisierungseffekt es auf Metaebene erscheinen lässt) die Explikation des Maßstabs und dessen kritische Reflexion zeitlich aufeinander folgen können und (anders der Totalisierungseffekt es auf Metaebene erscheine lässt) Teile des Maßstabes immer implizit und unverfügbar bleiben. Beides macht eine das Praxisproblem bearbeitende Ethik so zu einem unabschließbaren Prozess,[703] den die bleibende Spannung zwischen Maßstab und Wertentzug antreibt, indem sie zwischen Explikation und Kritik, zwischen impliziter Maßstabsproduktion und unvollständig einholender Reflexion ständig wechseln lässt. Ethik hat in Beobachtungsperspektive auf sie keinen bleibenden Maßstab, aber sie kann praktisch in Teilnahmeperspektive mit einem revidierbaren Maßstab arbeiten – und entspricht gerade damit der theologischen Situierung in einer als „unerlöst" interpretierbaren Welt und der soziologischen Situierung in der „fortwährende[n] Selbstveränderung der Gesellschaft"[704] (Castoriadis).

Nun ließe sich einwenden, dieser Ausweg hieve Widerspruch und Dilemma lediglich auf eine höhere Ebene. Tatsächlich ließe sich das Spiel ja ewig so weiterspielen, weil ich in der Beschreibung der Metaebene eben eine Metametaebene eingeführt habe. Das ändert aber an den beschriebenen Theoretisierungseffekten

---

703 Dieses Verständnis andauernder ethischer Theoriebildung ist auch angeregt von dem, was Castoriadis über Entwurfscharakter (s. oben etwa Anm. 272 in diesem Kapitel) und Vergeschichtlichung (s. oben etwa Anm 268, 269) geschrieben hatte, vgl. 2.2.1.2.
704 Castoriadis 1990 [1984], 607, vgl. dazu ausführlicher oben 2.2.1.2. Zur als „unerlöst" interpretierbaren Welt vgl. hier die Schlussbetrachtung und die dort zitierte Literatur.

nichts, in Anlehnung an Bourdieu gesagt: Sobald ich eine selbst vollzogene eigene Praxis als Praxis beobachte, vollziehe ich sie nicht mehr gegenwärtig, sondern blicke auf sie zurück,[705] vollziehe also die Praxis des Beobachtens, die ich wiederum als solche nicht mehr vollziehe, wenn ich sie beobachte, und so die Praxis des Beobachtens des Beobachtens vollziehe – und so weiter. Immer aber unterlaufen den Beobachtenden Theoretisierungseffekte und immer ermöglicht deren Benennung von der jeweils höheren Ebene eine Annäherung an das durch sie verzeichnete. Aber zurück zum Thema.

Die bleibende Spannung zwischen Maßstab und Wertentzug spielt auch eine Rolle, wo es um die in dieser Arbeit projektierte Beschreibung von *Imaginationen und sozial Imaginärem* geht: Wenn ich im Folgenden nicht nur die denotierten Bedeutungen von Verantwortung im akademisch-theologischen Diskurs, sondern auch die dort konnotierten Imaginationen beschreibe und ethisch reflektiere, tue ich dies zunächst von einer wertentziehenden Beobachtungsperspektive auf die akademische Praxis evangelischer Ethik aus. Denn in Teilnahmeperspektive der beobachteten akademischen Praxis würden besagte Imaginationen ja gerade als Horizonte des Selbstverständlichen auch implizit und vorausgesetzt bleiben; sie werden erst vom Standpunkt des distanzierten Beobachters sichtbar – freilich in theoretischer Verzeichnung.[706] Diese Distanzierung ist zur konstruktiv-kritischen Bearbeitung des Praxisproblems unerlässlich, weil sie eben die Beschreibung derjenigen Imaginationen ermöglicht, über die ethische Verantwortungsbegriffe für ambivalente gesellschaftliche Praktiken anschlussfähig sind – also gesellschaftlich wirken. Damit erst werden diese Imaginationen diskursiv kritisier- und praktisch transformierbar.

Den Grund für diese wertentziehende Beschreibung genauso wie den Maßstab für die diskursive Kritik der Imaginationen bietet aber erst ein wertender Maßstab, der selbst wiederum eines imaginären Horizontes als Plausibilitätsbedingung bedarf. Auf der Ebene der Metareflexion erscheint dies nun zunächst als Widerspruch, weil die wertentziehende Kritik ja eigentlich ihrem eigenen imaginären Horizont und dem darin plausiblen Maßstab den Wert entziehen müsste, während dieser sie doch erst auf den Plan ruft. Holt man auf der Metaebene die Synchronisierungs- und Totalisierungseffekte dieser Widerspruchswahrnehmung aber reflexiv ein, verwandelt sich der Widerspruch in eine *bleibende Spannung:* Die Explikation eines Maßstabes in einem vorausgesetzten imaginären Horizont sowie die ethische Arbeit damit wechseln sich erstens über die Zeit ab mit der wertentziehenden Reflexion von Maßstab und Imaginationen. Zweitens bleibt auch die

---

705 Vgl. Bourdieu 1993, 167, wie zitiert, siehe oben Anm. 190 in diesem Kapitel.
706 Zur Beobachtungsperspektive und ihren Effekten vgl. 2.1.3.1 und die dort zitierte Literatur.

wertentziehende Kritik nolens volens von impliziten Maßstäben und Imaginationen informiert. Genau diese Imaginationen bleiben im Vollzug des von ihnen informierten Beobachtens vorausgesetzt und damit selbst unsichtbar, aber nicht unwirksam. Das macht die Arbeit am Praxisproblem zu einer unabschließbaren: Je und je bleiben hochwirksame Imaginationen der ethischen Selbstreflexion entzogen, die gleichzeitig die Ambivalenz anderer hochwirksamer Imaginationen aufzudecken in der Lage ist – aber nie abschließend und immer vorläufig und fehlbar.

Fazit. Dieses spannungsgeladene Verständnis von Ethik als unabschließbarer Praxis hat zwei wichtige und gegensätzliche Konsequenz für die theologische Reflexion von Verantwortung als Praxis.

(a) Dieses Verständnis macht zunächst die prinzipielle Unterscheidung von Verantwortungsbegründung einerseits und Verantwortungsallokation[707] andererseits praktisch unmöglich – das wird sich theologisch gleich noch genauer fassen lassen (2.3.3.3). Menschliche Verantwortung lässt sich dann nicht präpraktisch begründen, um auf diesem Fundament nach den Allokationspraktiken von Verantwortung zu fragen. Die selbstkritische Frage nach der praktischen Ambivalenz von Verantwortungssemantiken kann sich nicht auf Allokationspraktiken beschränken, sondern muss sich genauso auf Begründungspraktiken beziehen, weil diese genauso als Praktiken perspektivierbar sind und weil der ihnen inhärente Maßstab praktisch genauso ambivalent wirken kann wie der Maßstab von Allokationspraktiken. Theologische Ethik *hat*[708] keinen Maßstab der prinzipiell der wertentziehenden Kritik entzogen wäre – auch nicht in der Begründung von Verantwortung. Vielmehr arbeitet sie praktisch mit Maßstäben, die sie phasenweise auch der wertentziehenden Kritik unterziehen kann.

(b) Denn theologische Ethik muss immer wieder wagen[709], einen Maßstab zu entwerfen und von diesem her Verantwortung zu begründen und zu allozieren: Sie wagt Entscheidungen und bleibt dabei in der menschlich nicht auflösbaren Spannung von Beobachtung und Teilnahme, von Maßstab und Wertentzug als Praxis aber immer kritik- und revisionsoffen und damit letztlich unabgeschlossen. Auf diesen Entwurfscharakter hatte auch schon die Auseinandersetzung mit Castoriadis

---

707 Was ich hier und unten über die Unterscheidung von Begründung und Allokation sage, trifft deutlicher noch Hans Jonas' Versuch, von einer „von Natur aus bestehende[n] Verantwortung" eine „‚künstlich', durch Erteilung und Annahme eines Auftrages instituierte" Verantwortung zu unterscheiden (vgl. auch für die Zitate H. Jonas 1979, 178).
708 Das „hat" ist hier kursiv gesetzt, weil es auf das anspielen soll, was etwa in Weinrichs Barth-Auslegung „Habenmentalität' der Kirche" heißt, so Weinrich 2019, 244 (dort auch das Zitat) und vgl. dazu unten Anm. 727 in diesem Kapitel. Zur offenbarungstheoretisch begründeten „Unmöglichkeit methodischer Absicherung der theologischen Arbeit" vgl. auch Jütte 2016, 252, dort auch das Zitat.
709 Zum Wagnischarakter vgl. etwa Weinrich 2019, 243.

(bes. 2.2.1.2) geführt. Gerade in dieser bleibenden Unabgeschlossenheit entspricht die Reflexionspraxis der Ethik aber theologisch gesehen ihrer unaufgebbaren und unhintergehbaren Situierung in einer in Christus schon versöhnten, aber „noch nicht erlösten Welt"[710]. Wie das theologisch zu verstehen (2.3.3.2) und in verantwortungsethischer Reflexion zu operationalisieren (2.3.3.3) ist, gilt es nun zu entfalten.

2.3.3.2 Theologisch formale Grundierung: Religionskritik (Karl Barth)

Was ermöglicht diese immer vorläufige, kritisch-orientierende und wertentziehende Reflexion der sozialen Praktiken und Imaginationen von Verantwortung nun theologisch und macht sie zu einer Reflexionspraxis theologischer Ethik? Grundlage der vorliegenden Arbeit ist es, diese Frage mit dem doppelten Verweis auf die formale theologiespezifische Freiheit zur Selbstkritik (2.3.3.2) und auf die material differenzierte Zukunftsoffenheit (2.3.3.3) zu beantworten.[711]

Zunächst zur formalen[712] Einordnung: Die Freiheit zur Selbstkritik ergibt sich aus der in barthianischer Tradition einschlägigen Unterscheidung von Glaube bzw. Offenbarung einerseits und Religion andererseits, deren erste Pointe es ist, die Religionskritik zuerst nicht der Polemik oder Apologetik, sondern der Selbstreflexion christlicher Religion zuzuordnen – und damit auch der theologischen Ethik.[713] Das bietet die Form für eine selbst-, nämlich religionskritische Haltung gegenüber den Produkten individuellen und sozialen Imaginierens.

Karl Barth hatte in § 17 der Kirchlichen Dogmatik zunächst Offenbarung und Religion unterschieden:[714] Bei der Offenbarung sei es Gott, der „zum Menschen

---

710 Meireis 2008, 261.
711 Den Verweis auf manche der hier rezipierten Sekundärliteratur verdanke ich der Arbeit von Georg Breitfeld, der eine Dissertation schreibt zum Thema „Theological Critique of Religion as Critique of Domination: Exploration in the wake of Karl Barth" (Arbeitstitel). Die folgende Barth-Auslegung ist stark geprägt von der Arbeit von Weinrich 2013; Weinrich 2014; Weinrich 2019.
712 Der Gedanke, Barths Offenbarungstheologie als formale Einordnung in Anschlag zu bringen, geht letztlich auf die noch zu referierende Ebenendifferenzierung (s. 2.3.3.3) von Torsten Meireis zurück: Meireis 2008, 263. Vgl. dafür, dass die Frage nach der „Verhältnisbestimmung von Offenbarung und Religion" auch bei Karl Barth zunächst „eine die Form (und noch nicht den Inhalt) betreffende Frage" ist Weinrich 2019, 233.
713 Der Gegenstand der Ethik wird von Barths Religionsbegriff insofern miterfasst als dieser auch Verhalten umfasst – entsprechend fasst Weinrich diesen Begriff Barths so: „Die Religion bezeichnet den von der Seite des Menschen propagierten und ausgemessenen Glauben und die aus diesem Glauben resultierende Lebenspraxis." (Weinrich 2019, 230) Zur Selbstkritik als notwendiger Haltung „Theologische[r] Ideologiekritik", auch mit Bezug auf Karl Barth vgl. Schoberth 2014, 128–130, insbes. S. 130, Zitat aus Aufsatztitel.
714 Vgl. Barth 1948a, 304–397.

komme" und bei dem „die Wirklichkeit und die Möglichkeit dieses Geschehens" liegen (KD I/2, 305).⁷¹⁵ Dann ist Offenbarung „ein dem Menschen widerfahrendes Ereignis" (KD I/2, 305). In Verbindung damit heißt Glaube dann: „sich in Erkenntnis seines eigenen Widerspruchs gegen die Gnade an die diesem Widerspruch unendlich widersprechende Gnade Gottes halten."(KD I/2, 370) Demgegenüber bezeichnet bei Barth Religion eine „menschliche Wirklichkeit und Möglichkeit" (KD I/2, 308). In der Religion will der Mensch nach Barths Religionsbegriff „Rechtfertigung und Heiligung als sein eigenes Werk" (KD I/2, 338); Religion entspringt aus dem menschlichen „Vermögen, Götter zu ersinnen und zu gestalten und sich selbst zu rechtfertigen zu heiligen" (KD I/2, 354), in der Terminologie dieser Arbeit gesagt also auch aus dem menschlichen Vermögen zu imaginieren.

Die darin anklingende Religionskritik richtet sich zuvörderst auf das Christentum als Religion selbst (KD I/2, 308):

> Der Satz „Religion ist Unglaube" solle nun „nicht nur irgendwelche andere mit ihrer Religion, sondern er soll auch und vor allem uns selbst als Angehörige der christlichen Religion treffen. Er formuliert das Urteil der göttlichen Offenbarung über alle Religion." (KD I/2, 327; auch: 358)

Wie der Mensch an sich Sünder sei, so sei auch die Christliche Religion an sich Religion und werde erst und immer nur als Gottes Schöpfung, Erwählung, Rechtfertigung und Heiligung wahre Religion (KD I/2, 356–397).⁷¹⁶ Damit findet wirkliche Kritik der Religion als Unglaube ihren Grund und Maßstab in der „göttlichen Offenbarung", die dem Menschen unverfügbar widerfährt (KD I/2, 343, 305). Davon unterscheidet Barth die „immanente Problematisierung der Religion", die selbst Gegenstand der Kritik sein muss (KD I/2, 343).⁷¹⁷ Entsprechend müsste die ethische Reflexion ihre Kriterien in Beziehung zu dem jeweils unverfügbaren Ereignis der Offenbarung Gottes entwickeln, dürfte dabei aber den Religionsverdacht gegen sich selbst nie suspendieren. Damit ergibt sich für Barth, was Weinrich so zusammengefasst hat: „Religion bleibt ambivalent."⁷¹⁸ Einerseits sei Religion bei Barth „im-

---

715 Vgl. Barth 1948a. Ich zitiere Barth aus dem Kirchlichen Dogmatik im Folgenden mit der Sigle „KD", dann: Band/ Teilband, Seitenzahl. Sperrungen sind jeweils aus dem Original übernommen.
716 Vgl. Weinrich 2019, 246.
717 So hält Barth fest: „Es gilt hier aber klar zu sehen: jene kritische Wendung, in der dieser Selbstwiderspruch und diese Unmöglichkeit der Religion sichtbar wird, ist ein Moment im Leben der Religion selbst. [...] Sie ist also – darauf kommt es hier an – mit der Offenbarung ja nicht zu verwechseln. Nicht in ihre wird jene Entlarvung der Religion als Unglaube vollzogen. Sondern diese Entlarvung betrifft durchaus auch sie!" (KD I/2, 343)
718 Weinrich 2019, 233. Vgl. zu dieser Ambivalenz und Barths Religionsbegriff Weinrich 2019, 227–251, insbes. S. 228, 230, 245.

mer auch mehr oder weniger intensiv durchmischt von der Eigenwilligkeit des sich selbst behauptenden Menschen" und „Ausdruck des Unglaubens", andererseits trete „auch der christliche Glaube geschichtlich nicht anders als eine Religion in Erscheinung", wo „wahre Religion" ist, wo also „Gott durch seinen Geist die Religion der Kirche heiligt".[719] Die „Aufhebung der Religion", von der Barth spricht, meine dann ganz im Hegelschen Sinne nicht nur „ihre Negation", sondern auch positive Aufhebung:[720] „Offenbarung kann Religion annehmen und auszeichnen als wahre Religion." (KD I/2, 357)[721]

Insgesamt liegt in dieser formalen Unterscheidung zunächst die Freiheit zur Selbstkritik, zur Religionskritik an christlicher Religion nämlich, und damit zum Wertentzug gegenüber den eigenen religiösen Begriffen und Imaginationen.[722] Das individuelle und soziale Imaginieren ist auch in christlichen Traditionen Religion, also menschliche Möglich- und Wirklichkeit. Auf dieser Linie ist theologische Ethik darin theologisch, dass sie auch Idolatrie- und Ideologiekritik[723] an menschlichen Götzen („Götzendienst", KD I/2, 338) und Gottesbildern (KD I/2, 330), an sakrosankten Vorstellungen und Lebensgestaltungen ist (KD I/2, 358), insbesondere da, wo diese als „christlich" daherkommen. Aus der Freiheit heraus, nicht die Position des offenbarenden Gottes selbst einnehmen zu müssen, kritisiert Theologie auch ihre eigenen Dogmen und Imaginationen.[724]

Auf dieser Linie ist theologische Ethik auch darin theologisch, dass sie selbstkritisch die expliziten Dogmatismen traditioneller Theologien – etwa die Vorstellungen von Gott als Mann – und die impliziten Dogmatismen moderner Theologien – etwa das Dogma, es gäbe ein religiöses Selbstbewusstseins – entlarvt, deren imaginäre und damit klassen- und kulturspezifische Anteile explizit macht und da

---

719 Vgl. auch für die Zitate in dieser Reihenfolge Weinrich 2019, 230, 239, 233, 245.
720 Vgl. auch für die beiden Barth-Zitate (KD I/2, 357) Weinrich 2019, 241 sowie a.a.O., 232. Weinrich macht auch den Hegelbezug explizit (a.a.O., S. 232).
721 Auch zitiert bei Weinrich 2019, 241.
722 Weinrich hält diese Möglichkeit fest, indem er von der „Humanität der Religion" spricht: „Die Religion wird aus der sie umgebenden Aura der Unnahbarkeit herausgenommen, in der sie immer ein wenig über den irdischen Dingen zu schweben scheint, und fest mit beiden Beinen auf den Boden dieser Erde gestellt." (Weinrich 2013, 305, s. dort auch das erste Zitat.)
723 Zum Zusammenhang von Religions- und Ideologiekritik vgl. ausführlich Schoberth 2014.
724 Dass diese Ideologie- und Religionskritik auch die Explikation und Kritik der Imaginationen beinhaltet, hält auch Schoberth fest, wenn er schreibt: „Theologische Ideologiekritik ist […] das Aufdecken von impliziter Ideologie und Religion. Ihr Ziel sind nicht nur oder primär die expliziten Gedanken- und Vorstellungssysteme, denen Menschen anhängen, sondern vielmehr das, was das Handeln von Menschen – also auch von uns selbst – oft genug unbewusst steuert." (Schoberth 2014, 131–132)

kritisiert, wo sie der christlichen Freiheit entgegen stehen.[725] Die Barthsche „Unterscheidung von Religion und Offenbarung"[726] bricht mit der „Habenmentalität" der christlichen Religion und betont die humane „Unverfügbarkeit der Wahrheit", weil „Religion allein von Gott bewahrheitet werden kann".[727]

Konsequenz. Denkt man die Barthsche Unterscheidung zusammen mit der hier eben getroffenen Unterscheidung von Maßstab und Wertentzug, erscheinen diese beiden Vollzüge theologischer Arbeit als ambivalent, insofern beide Religionscharakter haben und beiden Bewahrheitung zukommen kann: Der Maßstab und der ihn plausibilisierende imaginäre Horizont sind menschliche Vorstellung und so Religion, die aber qua göttlicher Bewahrheitung human unverfügbar „wahre Religion" werden kann (KD I/2, 356).[728] Gleiches gilt für den darauf kritisch-dekonstruierend bezogenen Wertentzug, der religionsimmanent[729] bleiben oder wahre Kritik sein kann. Damit erinnert die Barthsche Unterscheidung theologische Ethik und deren Selbstkritik daran, dass ihnen die Wahrheit dieses Maßstabes immer entzogen bleibt.[730] Diesem offenbarungstheologisch pointierten Wahrheitsentzug auf der einen Seite entspricht nun auf der anderen Seite eine Ethikpraxis, die vermittels des hier entfalteten Praxisbegriffs ihren Eigensinn und eigenen Maßstab als immer auch praktisch entzogen vorstellt – eben als Umkehrschluss des Synchronisierungs- und Totalisierungseffektes. Dabei sind offenbarungstheologischer und praktischer Wahrheitsentzug betontermaßen nicht derselbe. Vielmehr versucht das oben entfaltete, praxistheoretische Selbstverständnis von Ethik mit seinen praktischen Wahrheitsentzügen dem offenbarungstheologischen Wahrheitsentzug antwortend zu entsprechen: Praxistheoretisch und imaginationskritische verstandene Ethik ist auch auf Metaebene Entsprechungsethik.[731] Diese Differenz von offenbarungstheologischem und praktischem Wahrheitsentzug zu betonen ist wichtig, weil nur so die Fehleranfälligkeit von Kritik und Selbstkritik auch theologisch gewahrt bleibt und der Tendenz gewehrt wird, die negative Theologie und

---

725 Vgl. so etwa: „Wenn Barth pointiert vom Christen als Bourgeois spricht, hat er genau das selbstbezogene und rücksichtslos auf beständige Selbststeigerung ausgerichtete Bürgertum vor Augen, an welches Schleiermacher 1799 seine Reden ‚Über die Religion' adressiert hat." (Weinrich 2019, 249)
726 Weinrich 2013, 303.
727 Vgl. Weinrich 2019, 227, 241–250, Zitate auf S. 244, 250 und 250. Zur „Unverfügbarkeit der Wahrheit" vgl. auch Weinrich 2014, 22; Weinrich 2013, 308–315.
728 Auch zitiert bei Weinrich 2019, 241.
729 Zur religionsimmanenten Kritik vgl. wie referiert KD I/2, 343.
730 Dafür, dass dieser Maßstab entzogen bleibt, vgl. auch Schoberth 2014, 128, 130; Weinrich 2013, 313. Zur offenbarungstheoretisch begründeten „Unmöglichkeit methodischer Absicherung der theologischen Arbeit" vgl. auch Jütte 2016, 252, dort auch das Zitat.
731 Zur Entsprechungsethik vgl. etwa Huber 2012b, 90.

Dekonstruktion dichter an die eigentlich unverfügbare Wahrheit zu rücken als die positive Konstruktion.[732] „Die Kritik", das betont auch Weinrich, „verbleibt grundsätzlich in dem gleichen Horizont wie die kritisierten Gegenstände, d. h. sie kommt auch ihrerseits niemals über unvollkommene und vorläufige und somit ihrerseits kritisierbare Anregungen hinaus."[733]

Die Ebenendifferenz von Reflexion, Selbstreflexion und Metareflexion (2.3.3.1) weiterführend unterscheide ich drei Richtungen dieser Ideologie- und Religionskritik:

(1) Auf der einfachen Reflexionsebene richtet sich ethische Reflexion wertentziehend und -prüfend auf soziale Praktiken und Imaginationen und ist in dieser Richtung auch Religions- und Ideologiekritik. Denn in dieser Richtung blickt sie auf Vollzüge, die einerseits Religion sind, insofern hier Menschen qua „eigene[m] Vermögen, in der Welt und Mensch zu sein" praktizieren und imaginieren (KD I/2, 354[734]), die aber andererseits auch von dem unverfügbaren Ereignis von Gottes Offenbarung her gestaltet oder selbst Ort des Widerfahrnisses dieser Offenbarung sein können. Insofern ethische Reflexion mit letzterem rechnet, wird sie Orientierungen und Kriterien in den von ihr reflektierten Praktiken nicht nur wiederfinden, sondern auch und zunächst: auffinden. Theologische Ethik ist anderen gesellschaftlichen Praktiken gegenüber deshalb nie nur redende, sondern immer auch hörende. Insofern Ethik mit dem Religionscharakter der Praktiken rechnet, wird sie zur Explikation und Kritik der gesellschaftlich und kirchlich virulenten Imaginationen einschließlich ihrer bannenden Gottesbilder. Diese Richtung heißt im Folgenden *Praxiskritik*[735].

(2) In theoretisch-logischer Spannung dazu ist ethische Reflexion immer selbst sozial situierte Praxis, die genauso zwischen Religion und Glauben steht, wie die von ihr reflektierte Praxis. Nur insofern auch in diesen Reflexionspraktiken Glaube und Offenbarung widerfahren oder sie von diesem Widerfahrnis inspiriert sind, haben sie Grund und Maßstab zur Religionskritik. Insofern sie als menschliches Unterfangen aber immer auch selbst Religion und religionsproduktiv sind, muss

---

732 Zu ersterem könnte m. E. die Auffassung tendieren, „dass das Begründungsdilemma der Ideologiekritik letztlich selbst nur theologisch zu überwinden ist" (Schoberth 2014, 118). Schoberth wehrt dieser Tendenz, wo er von dem Glaubensbewusstsein spricht, „dass Wahrheit nicht in menschlicher Verfügung steht, sondern Gott vorbehalten ist." (a. a. O., 130).

Die soziologische Variante dieses Gedankens, die Grundlagen der Kritik nicht außer Reichweite der Kritik zu rücken, finden sich etwa bei Bourdieu, wo er von einer „Fundamentalkritik, die die Frage des (sozialen) Fundaments der Kritik eskamotiert, eine[r] ‚Dekonstruktion', die vergißt, den ‚Dekonstruierer' zu ‚dekonstruieren'", schreibt (vgl. auch für das Zitat Bourdieu 2020, 136).

733 Weinrich 2014, 19. Vgl. dazu auch: Weinrich 2013, 301.
734 Teilw. auch zitiert bei Weinrich 2019, 230.
735 Weinrich verwendet diesen Begriff ähnlich: Weinrich 2014, 17.

sich die Religions- und Ideologiekritik zweitens auch gegen die (eigene) theologische Reflexionspraxis und deren selbstverständliche Imaginationen richten. Dies geschieht auf der Ebene der Selbstreflexion.

In diesen Spannungen wird die interdisziplinäre Offenheit theologischer Ethik denkbar: Das Theologische an theologischer Ethik liegt dann nämlich nicht darin, sich auf besondere Offenbarungen oder Autoritäten exklusiv beziehen zu können, die anderen Wissenschaften verschlossen bleiben. Als theoretische Reflexion steht theologische Ethik neben anderen Wissenschaften, die sich wie sie selbst auch ihres eigenen Praxischarakters mehr oder weniger bewusst sind. Das Theologische theologischer Ethik liegt zunächst darin, dass sie frei dazu ist, ihre eigenen normativen Grundlagen, ihr eigenes Axiomenfundament, explizit zu machen und der Kritik auszusetzen – nicht zuletzt der eigenen. Anders als viele Volkswirtschaftslehren, Kultur- oder Naturwissenschaften weiß Theologie im Modus der Kritik um ihren eigenen Religionscharakter. Dies ist die Chance theologischer Ethik im interdisziplinären Dialog und die Chance des Barthschen Religionsbegriffs im intradisziplinären Dialog. Diese Kritikrichtung heißt im Folgenden *Selbstkritik.*[736]

(3) Schließlich ist auch diese theologische Religions- und Ideologiekritik als Selbstkritik selbst in die Praxis eingeordnet, der ihre Kritik gilt.[737] Deshalb kann auch die Religions- und Ideologiekritik der Theologie selbst niemals für sich in Anspruch nehmen, Praxis des Glaubens im Barthschen Sinne zu sein, auch da nicht, wo sie nur dekonstruiert oder ein fundamentalkritisches „Nein" formuliert, und muss immer damit rechnen, selbst Religion im Barthschen Sinne zu sein, selbst – wie oben beschrieben – „immanente Problematisierung der Religion" zu sein (KD I/2, 343, s. o.). Die Dekonstruktion von Deutungen, Narrativen und Ideologemen ist nicht weniger kritikbedürftig als die Konstruktion. Diese Kritikrichtung heißt im Folgenden *Kritikkritik.*

Das ist nun einerseits unbefriedigend, weil auf dieser Linie – wie Torsten Meireis bei Barth problematisiert hat – Ethik „auf menschlich verfügbare Kriterien des Handelns weitgehend verzichten muss".[738] So verstanden ist der theologischen Ethik im praktischen Vollzug die Wahrheit ihrer Begriffe, Kriterien und Imaginationen stets epistemisch wie handlungspraktisch unverfügbar.[739] Andererseits entspricht Ethik mit diesem Wissen um den praktischen Wahrheitsentzug dem, was

---

736 Zur „Selbstkritik" als Teil des Verantwortungsdenkens vgl. auch Kalinna 2021, 124, 126, dort auch das Zitat.
737 Vgl. so auch wie bereits zitiert Weinrich 2014, 19–20.
738 Vgl. auch für das Zitat Meireis 2008, 258. Meireis geht es an dieser Stelle um die „methodologische Operationalisierung" der Sozialkritik, die der Barthsche Reich-Gottes-Begriff ermöglicht (ebd., dort auch das Zitat).
739 Zu diesen beiden Unverfügbarkeiten vgl. auch Meireis 2008, 259–261.

sich dem Glauben als offenbarungstheologischer Wahrheitsentzug darstellt, der mit Barth seinen Grund darin hat, dass Bewahrheitung immer in Gottes Verfügen bleibt. *Die Bewahrheitung auch responsibilisierender Imaginationen im Verfügen Gottes zu sehen, macht die wertentziehende Kritik humaner Imaginationen nötig, ohne das wagende*[740]*, wertsetzende Weiterimaginieren prinzipiell sinnlos zu machen. Darin ist diese theologische Perspektive vom Wertnihilismus unterschieden.*

Dieses Wissen um den praktischen Wahrheitsentzug macht Ethik zu einem human unabschließbaren Prozess,[741] in dem sich das Entwerfen von Maßstäben mit deren wertentziehender Kritik abwechselt. Diese Unabgeschlossenheit entspricht der Situierung der Ethik in einer sozialen Welt, die sich theologisch als unerlöst, als – mit Bonhoeffer gesagt: Vorletztes deuten lässt.[742]

Ethik als Reflexions- und Diskurspraktik ist also auch theologisch immer ein unabgeschlossener und human unabschließbarer Prozess: Unabgeschlossen und vorläufig ist die ethische Reflexion mit ihren Kriterien genauso wie die reflektierte Praxis. Dieses praxistheoretisch konkrete, theologisch informierte Selbstverständnis ist folgenreich für Ethik und ihre Begriffe. Denn ethische Kriteriologien für die kritische Reflexion der (eigenen) Praxis beziehen sich dann nicht auf Zustände, substantielle Bestimmungen oder arretierte Relationen, sondern immer auf Dynamiken, in denen Zustände, Substanzen und Relationen nur um den Preis der Sachgerechtigkeit arretiert werden können.[743] Deshalb qualifizieren – das war in der Auseinandersetzung mit Castoriadis bereits teilweise benannt worden – Autonomie und Freiheit, Transparenz und Teilhabe als ethische Kriterien in besagten Spannungen auch selbst Dynamiken. Freiheit der Urteilsfindung etwa ist vor diesem Hintergrund keine Qualifikation des individuellen Subjekts, sondern des praktischen Verfahrens und damit der in diesen Verfahren persistierenden imaginären Horizonte. Freiheit qualifiziert soziale Praxis, nicht bloß die Konstitution von Individuen als einem Faktor in dieser Praxis.

---

740 Zum Wagnischarakter vgl. etwa Weinrich 2019, 243.
741 Vgl. in Bezug auf die Kirche so auch: „[V]ielmehr geht es um eine keineswegs selbstverständliche, anhaltende und immer wieder neu zu vollziehende Umkehr der Kirche zu ihrem Grund und zu ihrer Bestimmung. Theologische Religionskritik vollzieht sich im Horizont dieses ‚semper reformanda', das die Kirche ebenso vor ihrer Erstarrung wie vor einer betriebsamen Geschäftigkeit bewahren helfen soll." (Weinrich 2014, 20)
742 Vgl. zum Quellennachweis dazu die Schlussbetrachtung und die dort zitierte Literatur sowie DBW 6, 137–162.
743 In dieser Auffassung findet sich auch der Ertrag aus der Auseinandersetzung mit Castoriadis (2.2.1.2)

2.3.3.3 Theologische Differenzierung: Unverfügbares, intendiertes und realisiertes Gutes (Torsten Meireis)

Wie lässt sich angesichts der problematisierten Operationalisierbarkeit[744] ethisch arbeiten? Wie lassen sich materiale und konstruktive Praxisbeschreibungen, -orientierungen und Transformationsvorschläge wagen[745]? Konkreter noch: Wie lässt sich Positives und Orientierendes angesichts besagter Unverfügbarkeit überhaupt in den ethischen Prozess einbringen?

Hilfreich dafür ist die von Torsten Meireis eingeführte Ebenenunterscheidung „*von unverfügbarem, intendierten und realisiertem Guten*", die einerseits die „Unverfügbarkeit Gottes ernst nimmt" und andererseits eine „Zuordnung und Unterscheidung von Gutem und Richtigem" erlauben soll.[746]

Die „Ebene des *unverfügbaren Guten*" benennt eine Glaubensperspektive, die als solche selbst unverfügbar sei, weil sie sich der Offenbarung im „Glauben im Wirken des Geistes" verdanke.[747] In dieser Perspektive erscheine „die Welt als gute, aber gefallene Schöpfung Gottes […], deren Erlösung allein von Gott zu erwarten ist", wobei das „Einleuchten dieser Sicht der Welt […] als menschlich unverfügbar gelten" müsse.[748] „[H]öchstes Gutes" in dieser Sicht ist das Reich Gottes, dessen Kommen exklusiv von Gottes Handeln zu erwarten sei.[749] Sämtliche „menschliche Artikulationen" davon seien nur insofern wahr, als sie „von Gott gewirkt" seien und stünden deshalb ganz im Barthschen Sinne „stets unter ‚theologischer Religionskritik'".[750] Der Gedanke der Unverfügbarkeit nimmt hier also die Barthsche Unterscheidung auf und ist gleichermaßen als erkenntnistheoretische und als handlungspraktische Qualifizierung zu verstehen: Was das Reich Gottes als höchstes Gut ist, können Menschen weder selbst erkennen, noch an dessen Umsetzung arbeiten.[751]

Das Reich Gottes könne – so Meireis weiter – „zwar nicht als erreichbares Ziel menschlichen Handelns, aber als Inspirations- und Impulsquelle […] gedacht werden".[752] Ziele liegen auf der zweiten Ebene des *„intendierten Guten"*; hier geht es um „Bilder[.] des guten Lebens".[753]

---

744 Vgl. oben und Meireis 2008, 258.
745 Zum Wagnischarakter vgl. wie zitiert Weinrichs Barth Auslegung (Weinrich 2019, 243).
746 Vgl. auch für die Zitate Meireis 2008, 259, kursiv im Original. Diese Unterscheidung habe ich bereits in anderen Texten referiert und rezipiert, unter anderem in Höhne 2019a, 39–43; Höhne 2021b, 50; Höhne 2021c, 302.
747 Vgl. auch für die Zitate Meireis 2008, 259, kursiv im Original.
748 Vgl. auch für die Zitate Meireis 2008, 259.
749 Vgl. Meireis 2008, 260; Tödt 1967, 198, Zitat bei Meireis ebd..
750 Vgl. auch für die Zitate Meireis 2008, 260.
751 Vgl. Meireis 2008, 259–261.
752 Vgl. auch für das Zitat Meireis 2008, 260.

> Im Erstreben des intendierten Guten lassen sich Menschen im Wissen um ihre Grenzen – homo peccans simul iustificatus – von dem unverfügbaren Guten inspirieren.[754]

Auf dieser Ebene geht es also um das Gute, sofern dieses erkenntnistheoretisch und handlungspraktisch verfügbar aber entsprechend auch zweideutig und fehlbar ist.[755]

Davon unterscheidet Meireis dann die dritte Ebene, „das *realisierte Gute*", das auf schon Realisiertes verweist, in dem Gutes und Böses immer zusammenspielen:[756]

> Damit geht es unter dem Titel des realisierten Guten um die soziologischer, psychologischer, ökonomischer, also human- und naturwissenschaftlicher Beschreibung zugängliche Gestalt des Guten im Sinne der Produkte menschliche Tätigkeit.[757]

Insgesamt richtet diese Ebenendifferenzierung theologische Ethik so in einer Weise auf Gottes Verheißung aus,[758] die mit der erkenntnistheoretischen und handlungspraktischen Unverfügbarkeit dieser Verheißung rechnet. Dabei hängen die Ebenen wechselseitig zusammen, wie Meireis betont:[759]

> Während wir zur Illustration sowohl des intendierten wie des unverfügbaren Guten auf Bilder, Vorstellungen und Konzepte aus dem Bereich des realisierten Guten angewiesen sind, verstehen wir das unverfügbare Gute als kritischen Maßstab des intendierten und dieses als Maßstab des realisierten Guten.[760]

Offenbarungstheologische Kategorien – hier das verheißene Reich Gottes als höchstes Gut – werden so – wie auch Meireis explizit macht – auf formaler Ebene verortet, was Operationalisierungen auf materialer Ebene ermöglicht, während sie diese zugleich als vorläufig, fehlbar und als in unabgeschlossenen Prozessen situiert qualifizieren:[761]

---

753 Vgl. auch für die Zitate Meireis 2008, 261, kursiv im Original.
754 Meireis 2008, 261.
755 Zur „noetische[n]" und handlungspraktischen Unverfügbarkeit vgl. Meireis 2008, 259–262, Zitat auf S. 259–260.
756 Vgl. auch für das Zitat Meireis 2008, 262, kursiv im Original.
757 Meireis 2008, 262.
758 Zur „göttliche[n] Verheißung" vgl. Meireis 2008, 263, dort auch das Zitat.
759 Vgl. Meireis 2008, 262–263.
760 Vgl. auch für die Zitate Meireis 2008, 262–263.
761 Zur Unterscheidung von formaler und materialer Ebene in diesem Zusammenhang vgl. Meireis 2008, 263. Zu der Frage nach Operationalisierung vgl. a. a. O., 258; zur Unvollkommenheit mensch-

Was als göttliche Verheißung verstanden wird, motiviert material (als Gestalt) wie formal (als Impuls) menschliche Handlungsziele: Die Vorstellung von Gottes Reich [...] etwa inspiriert soziale Gestaltung, dem Nächsten zugewandtes Handeln [...]. Insofern kommt das Reich Gottes – wie bei Barth – als Maßstab menschlicher Güter in den Blick, allerdings ist nur die formale Bestimmung Glaubensgegenstand, der konkrete Inhalt aber ist Thema menschlicher Überlegung, der Fortschreibung wissenschaftlicher Weltwahrnehmung und sozialer Phantasie im Dialog der Glaubenden untereinander, mit der Schrift und der Tradition.[762]

Damit ist die Quelle theologischer Maßstäbe benannt: Im unverfügbaren, nie selbst gewirkten, aber inspirierenden Bezogenwerden auf das unverfügbare Gute von Gottes Verheißung sehen sich Menschen „orientiert" und „inspiriert", im Dialog Begriffe und material konkrete Vorstellungen des Erstrebenswerten zu entwickeln, die als „kritische[r] Maßstab" fungieren können.[763] Eine Pointe der Meireisschen Ebenenunterscheidung ist, dass diese material konkreten Maßstäbe als menschlich gefundene niemals die Autorität des Offenbarungscharakters für sich in Anspruch nehmen können und gerade, wenn sie dies doch tun, der Religionskritik bedürfen.

Vor diesem Hintergrund lässt sich präziser fassen, inwiefern sich in der Praxis nicht prinzipiell zwischen Verantwortungsbegründung und -allokation unterscheiden lässt (2.3.3.1).[764] Die eigentliche Begründung humaner Verantwortung ist in theologischer Perspektive auf der Ebene des unverfügbaren Guten zu verorten: Der Grund der Verantwortung könnte so etwa in der Schöpfung, in der Rechtfertigung oder in der eschatologischen Bestimmung gesehen werden.[765] Damit ist diese Begründung in der operationalisierenden Arbeit der (Material-)Ethik aber epistemologisch und handlungspraktisch unverfügbar. Die begrifflichen und operationalisierenden Fassungen dieser Begründung fallen hingegen auf die Ebene des intendierten und realisierten Guten. In dem Moment, in dem wir das „unverfügbare Gute als kritischen Maßstab des intendierten und dieses als Maßstab des realisierten Guten" verstehen und verwenden,[766] ist dieser Maßstab selbst Teil des intendierten Guten. Verantwortungsbegründungen sind, insofern sie von einer (Material-)Ethik in ihrer Arbeit in Anspruch genommen werden, immer schon Teil der ambivalenten, vorläufigen, sozial situierten und kontextualisierten Praxis, die Ethik

---

licher Urteil vgl. a.a.O., 260. Fehlbarkeit und Vorläufigkeit sehe ich hier als Implikationen der von Meireis beschriebenen Kritisierbarkeit und Unverfügbarkeit.
762 Meireis 2008, 263.
763 Vgl. Meireis 2008, 262–263, Zitate auf S. 263.
764 Im Folgenden sind Hinweise und Gedanken verarbeitet, zu denen mich das Berliner Forschungskolloquium, insbesondere Torsten Meireis, angeregt hat: Danke.
765 Eine eschatologische Begründung finden sich beispielsweise bei Huber 2012b, 84–85, eine rechtfertigungstheologische hier: Huber 1990, 149.
766 Vgl. auch für die Zitate Meireis 2008, 263.

selbst ist. Als Teil dieser Praxis wird die formulierte Begründung durch ihren Praxischarakter und der in diesem implizierten sozialen Situiertheit nolens volens zu einer Allokation – das ist ja gerade eine Pointe des praxistheoretischen Selbstverständnisses der Ethik, das Verantwortungsethik selbst als Responsibilisierungspraktik fasst. Deshalb lässt sich in der Praxis prinzipiell nicht zwischen Verantwortungsbegründung und -allokation unterscheiden – und zwar gerade angesichts der Auffassung, dass humane Verantwortung ihren eigentlichen Grund jenseits menschlichen Verfügens hat. Sobald aber Menschen diesen Grund ethisch in Anspruch nehmen, ist er praktisch und praxistheoretisch gesehen schon eine Allokation von Verantwortung. Das ergibt sich ganz basal aus der kultur- und milieuspezifischen Sprachlichkeit der Diskurspraktik „Begründung", die diese in der praxisspezifischen Relation zwischen den Kommunizierenden eine Allokation sein lässt. Grundlos ist Verantwortung damit nicht – ihr von der Allokation differenzierbarer Grund ist nur unverfügbar.

Die Meireissche Ebenendifferenzierung ermöglicht die theologische Einordnung der ethischen Reflexion von Verantwortungspraktiken und -imaginationen in die Richtungen der Praxiskritik und der Selbstkritik, einschließlich der Kritikkritik (2.3.3.2).

Zunächst zur *Praxiskritik:* In dieser Richtung geht es um die Perspektive der kritischen Theorie der Ethik auf von ihr selbst unterschiedene Verantwortungspraktiken. Ablaufende Response- und Responsibilisierungspraktiken liegen einschließlich der in ihnen bestehenden Imaginationen auf die Ebene des realisierten Guten, auf der Gutes und Böses immer schon zusammenspielen. Das gilt für gesellschaftliche und kirchliche Praktiken. Auf der Ebene des realisierten Guten, in diesen schon ablaufenden Praktiken spielen damit auch Imaginationen des Guten eine Rolle.[767] Manche dieser Imaginationen werden dieses Gute nach der Unterscheidung von realisiertem, intendiertem und unverfügbaren Guten bewusst differenzieren, andere nicht. Manche dieser Imaginationen werden in den jeweiligen Praktiken bereits diskursiv explizit, andere bleiben implizit. Insofern Ethik die Imaginationen explizit macht und reflektiert, die in schon ablaufenden Verantwortungspraktiken bestehen, richtet sie ihre Aufmerksamkeit auf die Ebene des realisierten Guten.

Insofern Ethik nicht nur Praktiken beschreibt und Imaginationen explizit macht, sondern kritisiert und Orientierungen vorschlägt, muss sie Begriffe vom intendierten Guten enthalten. Dieser bereits problematisierte Maßstab einer Ethik

---

767 Vgl. zu Gedanken in diese Richtung in anderer Begrifflichkeit Meireis 2008, 263. Dort rechnet er etwa mit der Möglichkeit, „dass dieses Realisierte anderen Maßstäben des Guten verpflichtet ist, die mittels Verfahren des Gerechten auf Kompatibilität zu prüfen sind" (ebd.).

(2.3.3.1) liegt als material-inhaltlich bestimmter Maßstab auf der Ebene des intendierten Guten; die definierbaren Begriffe und Kriterien liegen mitsamt ihren denotierten und intendierten Bedeutungen auf der Ebene des intendierten Guten. Ethiker:innen entwerfen Begriffe etwa von Freiheit, Verantwortung oder Teilhabe, definieren diese und operationalisieren sie in konkreten Kriteriologien. Diese auf individuelle und kollektive menschliche Möglichkeiten bezogenen Maßstäbe konkretisieren die Bedeutung des intendierten Guten.

In der Blickrichtung der Praxiskritik richtet sich die ethische Reflexion unter expliziter Verwendung von Begriffen des intendierten Guten auf ablaufende Praktiken auf der Ebene des realisierten Guten, in denen bereits implizite und explizierte Imaginationen des realisierten, intendierten und unverfügbaren Guten wirksam sind. Der Blick auf die konkret ablaufenden Praktiken ist damit nicht erst für Klugheitserwägungen nötig, sondern schon in der Suche nach grundlegenden Orientierungen, eben weil damit gerechnet werden muss, dass Imaginationen des unverfügbaren Guten in diesen Praktiken schon wirksam gewesen sind. Gleichzeitig sind Entwürfe von Begriffen des intendierten Guten nötig, die explizit und damit diskursiv kritisierbar machen, was die ethische Perspektive auf Praxis informiert und so als Maßstab ihrer Praxiskritik fungiert.

Auf der Linie der Praxiskritik sieht es so aus, als könne Ethik als Theorie mit ihren denotierten und definierten Begriffen Praktiken mit ihren konnotierten Imaginationen beobachten und orientieren. Die Blickrichtung der *Selbstkritik* erhöht demgegenüber die Komplexität. Denn nun kommen die Theorie, die ethische Reflexion und der akademische Diskurs selbst als Praktiken in den Blick, die selbst als Response- und Responsibilisierungspraktiken thematisiert werden können und in denen vor allem selbst Imaginationen bestehen, implizite wie explizite. Als soziale Praxis verstanden ist die akademische Theorie- und Begriffsbildung selbst von imaginären Selbstverständlichkeitshorizonten ermöglicht, geprägt und von imaginären Konnotationen durchwirkt. Als Teil von Praktiken gesehen sind mit Theorieelementen und Begriffen nicht nur denotierte und intentional definierte Bedeutungen verbunden, sondern immer auch konnotierte imaginäre Horizonte und Vorstellungen, die Eigendynamiken entwickeln können. Freiheit ist als Orientierungskategorie in ethischer Reflexionspraxis nicht nur definierte Bedeutung intendierender Begriff, sondern auch Symbol, das Vorstellungen, Bilder und Narrative, also Imaginationen, konnotiert – und sei es der lonesome Cowboy, der auf seinem Pferd in den Sonnenuntergang reitet.

Sofern dies trefflich ist, konnotieren ethische Begriffe nicht nur in akademischen Diskurspraktiken der Ethik Imaginationen, sondern auch in den anderen gesellschaftlichen Praktiken, auf die sich Ethik bezieht. Darüber entsteht ja gerade – so die heuristische These dieses Kategorienkapitels – deren Anschlussfähigkeit aneinander. Wenn theologische Sozialethik zum Beispiel einen spezifisch definierten Begriff von „Freiheit" als Maßstab ihrer Gesellschaftskritik verwendet, konnotiert der Begriff als Symbol in gesellschaftlichen und kirchlichen Praktiken gleichzeitig Imaginationen, über die der Begriff eine weit größere und unter Umständen andere praktische Wirkung entfaltet als definitorisch intendiert.

Im Modus der Selbstkritik kann theologische Ethik so ihr Praxisproblem bearbeiten, indem sie reflektiert und kritisiert, welche Imaginationen ihre eigenen Orientierungsbegriffe in ihrer eigenen Praxis und anderen gesellschaftlichen Praktiken konnotieren und so praxisprägend wirken. Im Modus der Selbstkritik reflektiert theologische Ethik also nicht primär andere gesellschaftliche Praktiken und deren Imaginationen, sondern sich selbst als Praktik und die daran anschließenden Praktiken mit den darin persistierenden Imaginationen. Im Modus der Selbstkritik behandelt theologische Ethik sich so selbst als Gegenstand auf der Ebene des realisierten Guten, der am Maßstab des intendierten Guten kritisch reflektiert wird während er selbst Wirkungen des unverfügbar Guten enthalten kann.

Nun kann der Maßstab auch der Selbstkritik nach dem bisher gesagten kein praxistranszendenter sein. Das ist die Pointe der *Kritikkritik*. Sie vermeidet diejenige, von Bourdieu beschriebene „Dekonstruktion', die vergißt, den ‚Dekonstruierer' zu ‚dekonstruieren'."[768] Der in der Praxis der Selbstkritik der Ethik verwendete begriffliche Maßstab konnotiert selbst im Zuge der Selbstkritik Imaginäres und wird selbst zum realisierten Guten, das in der Ambivalenz von Gut und Böse hängt. Kritikkritik bezeichnete damit die Metaperspektive, in der der Maßstab aufgedeckt wird, der die wertentziehende Selbstbetrachtung motiviert und orientiert. In der Metaperspektive der Kritikkritik sind Maßstab und Wertentzug solange im Widerspruch, wie sie totalisierend und synchronisierend die Zeitdimension ausblenden. Dies lässt sich am besten so vermeiden, dass man die Zeitdimension darüber im Blickfeld behält, den Vorläufigkeitscharakter des eigenen Maßstabs und damit indirekt den unabschließbaren Prozesscharakter des ethischen Diskurses performativ zu markieren – und zwar indem man die Kritikkritik nicht selbst leistet, sondern post scriptum den Lesenden überlässt und den eigenen Maßstab von Praxis- und Selbstkritik soweit möglich explizit macht. In diesem Zuge mache ich in der Zwischen- und dann vor allem in der Schlussbetrachtung explizit, was ich aus meinem Kontext heraus zum jetzigen Zeitpunkt für verantwortbare Maßstäbe in evangelischer Ethik halte.

Vor diesem Hintergrund ergibt sich *folgende Gliederung* für den Rest dieser Arbeit. Das nächste, das *3. Kapitel* perspektiviert Ethik als *Praxiskritik*, indem es Verantwortung als Begriff mit seinen intendierden und denotierten Bedeutungen in den Blick nimmt. Die Heuristik für die Auswahl von Texten zur Analyse stellt da-

---

[768] Bourdieu 2020, 136. Vgl. dort auch für ein soziologisches Argument für Kritikkritik.

bei der hier erarbeitete Differenzbegriff von Verantwortung (2.3.1.3). Leitfrage der Auswertung ist: Was soll der ethische Verantwortungsbegriff in seinen Entdeckungskontexten bedeuten und diskursiv leisten? Das heißt: Das dritte Kapitel rekonstruiert Verantwortung in theologischen Texten als denotierenden Begriff des intendierten Guten.

Das *4. Kapitel* perspektiviert Ethik wieder als Praxiskritik, nun aber dezidiert im Modus der *Selbstkritik*. Kapitel 4 untersucht die schon in Kapitel 3 verhandelten Texte, nun aber als Teil von Diskurspraktiken und auf ihre imaginären Konnotationen hin. Leitfrage ist dabei: Welche Imaginationen sind als Horizont vorausgesetzt, impliziert oder expliziert, wenn Theologen von Verantwortung reden?

Vor diesem Hintergrund soll die *Schlussbetrachtung* die Grundlage für die *Kritikkritik* bieten, in dem ich hier meine eigene Postionierung in Bezug auf imaginäre Horizonte und kriteriologische Maßstäbe der Praxis- und Selbstkritik explizit mache.

3 Von der Pflicht zur Verantwortung. Der Bedeutungsmehrwert des Verantwortungsbegriffs in diskursiven Praktiken evangelischer Ethik

Ziel dieses Kapitels ist, systematisch den Bedeutungsmehrwert zu bestimmen, der Verantwortung als ethischer Kategorie in der deutschsprachigen, evangelischen Theologie zugeschrieben wurde. Dieser Bedeutungsmehrwert lässt sich nicht darüber finden, auf den selbstverständlich gewordenen und schon gebräuchlichen Begriff Verantwortung zu fokussieren, sondern darüber, auf Verantwortung in Übergängen zu schauen, in den Übergängen von einem anderen Begriff zu Verantwortung nämlich.[1] Ich hoffe, dass sich in den Texten des Übergangs, für die der Verantwortungsbegriff noch einen gewissen Neuheitswert hatte, klar zeigt, welcher denotative Bedeutungsmehrwert „Verantwortung" zu einer interessanten Begriffsinnovation machte: Was sollte „Verantwortung" in der Ethik denotieren, das andere Begriffe vorher nicht ausdrücken konnten? Das Erkenntnisinteresse ist dabei wohlgemerkt kein historisches, sondern ein systematisches: Es geht mir nicht um eine Begriffsgeschichte der Verantwortung – ein kundiger, ausgewogener und hilfreicher Ansatz dazu liegt mit der umfangreichen Habilitationsschrift von Ludger Heidbrink bereits vor[2] – sondern um den systematisch spezifizierten Bedeutungsmehrwert von Verantwortungssemantiken. Kurz gesagt: Was bedeutet „Verantwortung" evangelischer Ethik, das nicht auch „Schuld", „Pflicht", „Nachfolge" oder „Ordnung" bedeuten konnten?[3]

Texte, die diesen Übergang vollziehen oder voraussetzen, sollen in diesem Kapitel auf die Denotation des Verantwortungsbegriffs hin analysiert werden (3.2 und 3.3). Der Fokus auf den Übergang setzt die Klärung voraus, wo dieser Übergang zum ethischen Verantwortungsbegriff schon stattgefunden hat und wo noch nicht. In der Auswahl dieser exemplarischen Texte bin ich von der These ausgegangen, dass der Übergang zum ethischen Verantwortungsbegriff da noch nicht stattgefunden hat, wo erstens (1) der Begriff „Verantwortung" noch nicht prominent vorkommt und wo zweitens (2) Verantwortung primär Rechenschafts- oder Zu-

---

[1] Zur Übergangssemantik und zum Fokus jeweils auf den „Übergang zur Verantwortungsethik" vgl. Huber 1990, Zitat auf S. 143, dort insbesondere S. 139–141, 143, 150–151. Vom „Übergang vom Pflicht- zum Verantwortungsbegriff" spricht auch Kreß 1997, 126.
[2] Vgl. Heidbrink 2003.
[3] Zu einer teilweise gleichen, teilweise abweichenden Liste von Alternativbegriffen vgl. Vogelmann 2014, 32.

rechnungsverantwortung (s. 2.3.1) meint. Die Erläuterung dessen führt zur vorausgesetzten Leitthese dieses Kapitels und dessen Gliederung (3).

(1) *Begriffsvorkommen.* Frieder Vogelmann hat sich dem verweigert, was er „retroaktive Projektion" des Verantwortungsbegriffs nennt:[4] Vielfach werde auf „die relative Jugend des Begriffs" hingewiesen, selten aber werde diese „Einleitungswahrheit [...] [e]rnst genommen":[5]

> ‚Verantwortung' wird in geradezu exzessiver Weise in Texte zurückgelesen, in denen sie keine (große) Rolle spielt – die Diskussionen um ‚Kants Begriff von Verantwortung' können hier als Musterbeispiel gelten – oder gar nicht präsent ist – so wenn François Raffoul [...] oder Ludger Heidbrink [...] die Geschichte des Verantwortungsbegriffs mit Aristoteles beginnen lassen. Die Rechtfertigung dafür ist stets dieselbe: Mag auch das Wort ‚Verantwortung' nicht oder nur marginal vorkommen, der Sache nach ist von ‚Verantwortung' die Rede.[6]

Auch theologische Arbeiten haben diese „retroaktive Projektion" vollzogen.[7] Vogelmann beurteilt dieses Vorgehen zurecht als problematisch, weil diese Projektionen eben „das eigene, gegenwärtige Verständnis von Verantwortung für die Entscheidung nutzen, wo ‚der Sache nach' von dieser so verstandenen ‚Verantwortung' gesprochen wurde"[8] und so das Neue beim Aufkommen des expliziten Begriffs, die „feinen Unterschiede in den Praktiken, die ‚Verantwortung' gebrauchen", tendenziell übersehen:[9] Die „retroaktive Projektion" überbetont Kontinuitäten und verschleiert Diskontinuitäten. Vogelmanns Verweigerung[10] demgegen-

---

4 Vgl. Vogelmann 2014, 31–32, Zitat auf S. 31, und Vogelmann 2015, 129; Vogelmann 2016, 274–276. Ähnlich hatte Galia Assadi „zwei unterschiedliche historische Ordnungsmodelle" differenziert – eines, das „die konzeptuellen Wurzeln des modernen Verantwortungsbegriffs in der antiken Philosophie verortet", und eines, „das eine genealogische Geschichtsschreibung vollzieht" – und dann für Letzteres votiert (vgl. Assadi 2013, 56, 61, Zitate auf S. 56).
5 Vgl. auch für die Zitate Vogelmann 2014, 31.
6 Vogelmann 2014, 31.
7 Vgl. besonders deutlich etwa in einer biblisch-theologischen Arbeit zum Thema: „In unseren deutschen Übersetzungen des Alten Testaments taucht der Begriff Verantwortung kaum auf. Es wäre aber ein Trugschluß, daraus zu folgern, daß die mit Verantwortung umschriebene Sache für das alttestamentliche Daseinsverständnis ohne Bedeutung wäre. Im Gegenteil, es ist ein Grundelement des alttestamentlichen Menschenbildes, daß ein Mensch für all sein Tun und Lassen verantwortlich ist." (Würthwein und Merk 1982, 13)
8 Vogelmann 2015, 129. Vgl. ähnlich auch Vogelmann 2016, 275.
9 Vgl. auch für das Zitat Vogelmann 2014, 32 und auch Vogelmann 2016, 275–276, wo er davon spricht, wie die Projektion es erschweren könne, „Neues aus der Geschichte zu erfahren" (a.a.O., 276).
10 Vgl.: „Und drittens bedeutet die vielfach festgestellte Jugend des Wortes ernst zu nehmen, sich zumindest aus methodologischen Gründen der retroaktiven Projektion zu verweigern." (Vogelmann 2014, 32)

über ist deshalb berechtigt: Eine Reflexion des Verantwortungsbegriffs darf sich auf Texte konzentrieren, in denen dieser Begriff auch eine zentrale Rolle spielt. Dies ist bei Albert Schweitzer, Max Weber und Dietrich Bonhoeffer der Fall. Dies ist bei Immanuel Kant[11] und Georg Wilhelm Friedrich Hegel[12] sicher noch nicht der Fall.

(2) *Aufgabenverantwortung*. Ich hatte vorgeschlagen, heuristisch Verantwortung primär als Aufgabenverantwortung zu verstehen (2.3.1). Das schränkt die Auswahl der Texte weiter auf solche ein, in denen es nicht bloß um Zurechnungs-, sondern mindestens auch um Aufgabenverantwortung geht. Diese Ausdifferenzierung von Verantwortungsreferenzen im engeren, ethischen Sinne ist der Sache nach kompatibel mit Vogelmanns Genealogie: Dieser hatte zwar, vom retroaktiven

---

[11] Im Werk Immanuel Kants spielt der Verantwortungsbegriff keine zentrale Rolle und wird auch nur „gelegentlich gebraucht" (vgl. dafür und für das Zitat Bayertz 1995, 3, vgl. auch Bayertz und B. Beck 2017, 134). Vogelmann hat die wenigen Stellen, an denen Kant das Wort verwendet, aufgelistet: Vogelmann 2014, 31, Anm. 24. Selbst Luca Fonnesu, der ausführlich über die Verantwortungsthematik bei Kant schreibt, hält fest: „Obwohl Kant die Frage nach der Verantwortung expressis verbis nicht thematisiert, kann man in seiner praktischen Philosophie eine besondere Rolle des *Begriffs* von Verantwortung rekonstruieren." (Fonnesu 2017, 125, kursiv im Original)

Wo Kant den Begriff verwendet, tut er dies – das betonen unterschiedliche Interpreten einheitlich – im Sinne von Rechenschaft: Kant verwende den Begriff „im juristischen Sinne der Klageerwiderung", stellt Vogelmann im Zusammenhang mit der Listung sämtlicher Stellen fest (vgl. auch für das Zitat Vogelmann 2014, 31, Anm. 24). Heidbrink schreibt: „Der Begriff der Verantwortung ist bei Kant im wesentlichen gleichbedeutend mit der Rechenschaft, die das Individuum vor sich selbst in Ansehung einer gesetzgebenden Instanz ablegt, die nach der Analogie Gottes gedacht ist." (Heidbrink 2003, 64) Oder er wird auf Zurechnungsfragen bezogen (vgl. Heidbrink 2003, 63–64; Fonnesu 2017, 113, 125–129). Das zeigt exemplarisch die folgende, in der Geschichte des theologischen Verantwortungsbegriffs m. E. wirkmächtige und auch für Heidbrinks Kantauslegung wichtige Wortverwendung (vgl. Heidbrink 2003, 63): In der Tugendlehre der Metaphysik der Sitten handelt Kant „von der Pflicht des Menschen gegen sich selbst" (A98, Kant 2014, 572, im Original in Großbuchstaben) und fasst dabei das Gewissen als „Bewußtsein eines i n n e r e n G e r i c h t s h o f e s im Menschen" (vgl. auch für das Zitat A99, Kant 2014, 573, gesperrt im Original). Um nicht in Ungereimtheiten zu geraten, müsse in diesem Bewusstsein der Richter als ein anderer als man selbst gedacht werden (vgl. A100, Kant 2014, 573): „Da nun ein solches moralisches Wesen zugleich alle Gewalt (im Himmel und auf Erden) haben muß, weil es sonst nicht (was doch zum Richteramt notwendig gehört) seinen Gesetzen den ihnen angemessenen Effekt verschaffen könnte, ein solches über alles machthabende moralische Wesen aber G o t t heißt: so wird das Gewissen als subjektives Prinzip einer vor Gott seiner Taten wegen zu leistenden Verantwortung gedacht werden müssen" (A101 f., Kant 2014, 574, Sperrung im Original, teilweise auch zitiert bei Heidbrink 2003, 63). Die Rahmenvorstellung stammt explizit aus dem juristischen Bereich: Es geht um einen Gerichtshof. Verantwortung meint eindeutig die Rechenschaft oder Verteidigungsrede, die vor einem Richter – hier Gott – abzulegen ist. Verantwortung ist hier noch nicht als Aufgaben-, sondern als Rechenschaftsverantwortung gemeint. Der Übergang zu einem ethischen Verantwortungsbegriff hat noch nicht stattgefunden.

[12] Vgl. Vogelmann 2014, 29, Anm. 19.

Projizieren lassend, die Geschichte des modernen philosophischen Verantwortungsbegriffs mit „dem Streit zwischen Freiheit und Notwendigkeit" bei Arthur Schopenhauer und John Stuart Mill begonnen,[13] die Zurechnung und Verantwortung „noch mehr oder weniger unbekümmert synonym verwenden" konnten, bevor sich beides im Verlauf des Streites differenzierte.[14] Seine sich durchziehende Bestimmung des verantwortlichen Selbstverhältnisses als „Umgang mit dem Faktum des eigenen Unterwerfens"[15] gewinnt Vogelmann dann aber an Friedrich Nietzsches Verantwortungstheorie in der „Genealogie der Moral".[16] Nun lässt sich zeigen, dass diese Verantwortungstheorie Nietzsches gerade schon Aufgabenverantwortung beinhaltet (3.1.3), während Schopenhauers Verantwortungsbegriff noch ganz einer von Zurechnungsverantwortung war (3.1.2).

(3) *Leitthese und Gliederung.* Leitend für die Analyse der Übergangstexte ist die These, *Verantwortung habe sich aus dem Pflichtbegriff* entwickelt oder diesen „abgelöst".[17] Diese oft vertretene eigentlich begriffsgeschichtliche These ist spätestens durch ihre eigene Wiederholung wahr geworden. Denn im Gefolge dieser These wird „Verantwortung" auch heute noch in Kontinuität zum und Differenz vom Pflichtbegriff bestimmt.[18] Der Fokus auf den Übergang von Pflicht zu Verantwor-

---

13 Vgl. auch für das Zitat Vogelmann 2014, 273.
14 Vgl. auch für das Zitat Vogelmann 2014, 299.
15 Vogelmann 2014, 32; Vogelmann 2015, 141.
16 Vgl. Vogelmann 2014, 304–312; Vogelmann 2015, 135–141; Vogelmann 2016, 282–283.
17 Vgl. Bayertz 1995, 33; Ropohl 1994, 110; Kreß 1997, 126; Körtner 1992, 97; Körtner 1997, 136; Körtner 2010, 235; Reuter 2011, 302; Kirschschläger 2014, 30–31, Zitat von Kreß, ebd.. Vgl. auch Villiers 2007, 8, 18. Heinz Eduard Tödt zufolge habe „die sittliche Sprache der Gegenwart, mindestens im deutschsprachigen Raum, [...] den Begriff der Verantwortung die Nachfolge des Pflichtbegriffs antreten lassen." (Tödt 1988, 44) „Zur Ablösung der Pflichtkategorie durch den Verantwortungsbegriff" vgl. auch Heidbrink 2003, 80, bes. Anm. 90 und die dort zitierte Literatur (dort auch das Zitat) sowie a.a.O., 35, 89. Frieder Vogelmann schreibt über den „(kantischen) Pflichtbegriff[.]", dass dieser „ja häufig genug als Vor- und Doppelgänger von ‚Verantwortung' genannt wird" (Vogelmann 2014, 339). Den Zusammenhang von Pflicht und Verantwortung stellt auch her: H. Jonas 1979, 8, dazu mehr im Exkurs unter 3.3.
18 So geht Körtner davon aus, dass Verantwortung „mehr und mehr an die Stelle des ethischen Begriffs der *Pflicht* getreten ist" (Körtner 1992, 97; Körtner 1997, 136, Hervorhebung teilw. im Original, Körtner 2008, 92; Körtner 2010, 235) und benennt die Vorzüge von Verantwortung gegenüber Pflicht oder Gesinnung (Körtner 1992, 97); Hartmut Kreß stellt fest: „Der Verantwortungsbegriff wurde seit dem frühen 20. Jahrhundert zum Schlüsselbegriff der Ethik. Damit hat er ältere ethische Leitbegriffe, insbesondere den Begriff der Pflicht, abgelöst bzw. ihn fortgeschrieben und aktualisiert." (Kreß 1997, 126) Und: „Das Konzept der Verantwortungsethik bildet also eine Beerbung der älteren Pflichtethik." (Kreß 1997, 116) Wolfgang Erich Müller zitiert den Soziologen Franz-Xaver Kaufmann mit dessen Profilierung von Verantwortung gegenüber Pflicht: „Damit zielt er [der Begriff Verantwortung, FH] auf mit herkömmlichen Mitteln der Definition und Kontrolle der Pflichtübernahme nicht zu Fixierendes ab: ‚Verantwortlichkeit appelliert an die Selbstverpflichtung des Verantwor-

tung liegt auch systematisch nahe, weil die Übergänge von Schuld und Nachfolge zu Verantwortung dasselbe im Verantwortungsbegriff pointieren wie der Übergang von Pflicht zu Verantwortung.

In Anlehnung an einen Werbespruch gesagt, lässt sich damit das Thema dieses Kapitels spezifizieren: *Was hat Verantwortung (für evangelisch-theologische Ethik), das Pflicht nicht hat?*

Um diese Frage im Folgenden systematisch zu beantworten, setze ich bei den philosophischen Ausgangspunkten des Übergangs zum ethischen Verantwortungsbegriff ein (3.1): Löst Verantwortung Pflicht ab, ist der erste Ausgangspunkt der Pflichtbegriff, der sich mit Immanuel Kant bestimmen lässt (3.1.1). Den zweiten und dritten Ausgangspunkt bilden der noch nicht im engeren Sinne ethische Verantwortungsbegriff, den Arthur Schopenhauer affirmativ verwendet (3.1.3) und Friedrich Nietzsche kritisiert hat (3.1.3).

Daran anschließend werden die Texte des Übergangs bei Albert Schweitzer (3.2.1), Max Weber, vor allem in der für die Theologie einflussreichen Weiterführung Wolfgang Schluchters, (3.2.2) und Dietrich Bonhoeffer (3.2.3) interpretiert, in denen der Verantwortungsbegriff das Erbe des Pflichtbegriffs antritt. Dabei wird sich zeigen, dass Verantwortung in allen drei Übergängen in Ablösung des Pflichtbegriffs den Umgang mit Sollenskonflikten denotiert.[19]

Darauf aufbauend werden Texte jüngerer Verantwortungsethik daraufhin befragt, inwiefern sie diesen Übergang mit dieser Denotation theologisch aneignen (3.3).[20] Leitend für die Auswahl der Texte war hier, einerseits möglichst disparate und andererseits möglichst prominente Traditionen aufzugreifen. Entsprechend geht es zunächst um Texte aus dem Umfeld der ökumenischen Bewegung, die die Leitkategorie der „verantwortlichen Gesellschaft" entwickeln und reflektieren (3.3.1), dann um Trutz Rendtorffs „Ethische Theologie" (3.3.2) und schließlich um die Heidelberger Sozialethiken von Heinz Eduard Tödt und Wolfgang Huber (3.3.3).

Damit wird deutlich werden, was der Verantwortungsbegriff zu leisten in der evangelischen Ethik angetreten ist: Der Verantwortungsbegriff soll den Umgang mit Sollenskonflikten denotieren und diese Konflikte diskursiv, partizipativ, plurali-

---

tungsträgers im Sinne einer nichtprogrammierbaren Handlungsbereitschaft.'" (W. E. Müller 1997, 18, das Zitat stammt aus Kaufmann 1992, 75, dort anders als bei Müller kursiv gedruckt). Vgl. sozialphilosophisch: Vogelmann 2014, 337–341.

19 Außerhalb des theologischen Diskurses hat etwa Klaus Günther seinen Begriff der „Aufgabenverantwortung" mit dem „Problem der Pflichtenkollisionen" verbunden (vgl. auch für das Zitat Günther 2006, 310).

20 Hans G. Ulrich hat jüngst in einem Überblicksaufsatz eine ähnliche Auswahl zugrunde gelegt, was deren Exemplarizität bestätigt; auch Ulrich diskutiert, nach Bonhoeffer, die „verantwortliche Gesellschaft", Rendtorff und Huber (vgl.: Ulrich 2014, bes. S. 30–36).

tätssensibel, reziprok und rechtfertigungstheologisch fundiert am Ort von Verhalten und Reflexion bearbeiten.

3.1 Philosophische Ausgangspunkte: Pflicht und Zurechnungsverantwortung

3.1.1 Pflicht in formaler Pflichtethik (Immanuel Kant)

Beginnen wir also mit der Frage, was Pflicht ist. Günther Keil hat den „umgangssprachlichen Sinne"[21] von Pflicht folgendermaßen gefasst:

> Pflicht ist eine über die Vernunft hinweg geschehende Forderung an ein zugleich auch sinnlich bestimmtes Wesen, die nicht auf physischem Zwang, sondern auf moralischer Nötigung durch Vernunft beruht und der bloß je subjektiven, je persönlichen Neigung als Forderung einer anderen Instanz entgegentritt.[22]

Diesen vermeintlich umgangssprachlichen Pflichtbegriff gewinnt Keil als Schwundstufe des Kantischen Pflichtbegriffes: Umgangssprachlich impliziere Pflicht anders als bei Kant nicht Autonomie, sondern meine auch heteronome Forderungen.[23] Während fraglich bleiben darf, ob die Umgangssprache aller Milieus tatsächlich den Kantischen Bestimmungen so nahe liegt, erscheint es doch sinnvoll, mit dem Kantischen Pflichtbegriff einzusetzen, da dieser das Pflichtverständnis und so den Hintergrund von Albert Schweitzer, Dietrich Bonhoeffer und Max Weber mitgeprägt hat.

In der „Grundlegung der Metaphysik der Sitten" führt Kant den Pflichtbegriff ein, um zu bestimmen, was ein guter Wille ist.[24] Damit zeigt sich die Zentralstellung des Pflichtbegriffs in der Kantischen Ethik: Pflicht qualifiziert, was gut bzw. was von sittlich moralischem Wert ist, dasjenige nämlich, was „aus Pflicht" heraus getan

---

21 Keil, 439.
22 Keil, 439.
23 Vgl. Keil, 439.
24 Vgl. Immanuel Kant, Grundlegung zur Metaphysik der Sitten, BA 8 (Kant 1974, 22). Im Folgenden zitiere ich dieses Werk nach der Kurzform: Kant, GMS. Die Seitenzahl in Klammern bezieht sich auf die entsprechende Stelle in der Werkausgabe von Wilhelm Weischedel (für GMS: Kant 1974). Die folgende Kant-Auslegung ist an seinen Texten selbst gewonnen. Hilfreich zur Erarbeitung dieses Verständnisses waren Hirschberger 1980; Höffe 2004; Heidbrink 2003, 63–68; Keil; Kühn 2004; Schluchter 2016.

wird.²⁵ Dabei ist Neigung der „Gegenbegriff zu Pflicht":²⁶ Sittlich soll „nicht aus Neigung, sondern aus Pflicht" gehandelt werden.²⁷ „Pflicht", so definiert Kant, „ist die Notwendigkeit einer Handlung aus Achtung fürs Gesetz"²⁸, ist die „objektive Notwendigkeit einer Handlung aus Verbindlichkeit"²⁹, Pflicht ist „praktische Nötigung"³⁰. Die Bestimmung von Pflicht als „praktische[r] Nötigung" – so meine These – verbindet den Pflichtbegriff mit einem Willenskonflikt bei Sollenseindeutigkeit: Das sittlich zu Tuende oder zu Lassende ermittelt Kant ausschließlich formal aus der Vernunft und nicht aus der Erfahrung oder Neigung;³¹ die formale Vernunft stellt Sollenseindeutigkeit her. Solange der menschliche Wille aber von Neigungen mitbestimmt sein kann, steht ihm das vernünftig Gesollte so gegenüber, dass es eine den Willen nötigende Pflicht ist:³² Der Wille zum Handeln aus Pflicht und der Wille zum Handeln aus Neigung treten in Konflikt. Es ergibt sich ein Willenskonflikt. Dies gilt es im Folgenden am Text zu belegen und zu erläutern.

Die zitierte Definition von Pflicht hängt bei Kant mit einer Handlungstheorie zusammen, nach der ein „vernünftiges Wesen" prinzipiengeleitet und selbstgesetzgebend handelt:³³ Eine Handlung geschieht demnach nach einer „Maxime", die Kant als „subjektive[s] Prinzip des Wollens" versteht, wobei er Prinzipien mit „d e r V o r s t e l l u n g der Gesetze" gleichsetzt.³⁴ Eine Maxime kann etwa sein – so in einem Beispiel von Kant selbst –, sich „durch ein unwahres Versprechen aus Verle-

---

25 Vgl. auch für das Zitat Kant, GMS, BA 10–13, BA 25 (Kant 1974, 24–25, 33). Vgl. auch: „[…] nicht aus Neigung, sondern aus Pflicht, und da hat sein Verhalten allererst den eigentlichen moralischen Wert." (Kant, GMS, BA 13 [Kant 1974, 25]).
26 Vgl. auch für das Zitat Keil, 442.
27 Vgl. Kant, GMS, BA 10–13, Zitat: BA 13 (Kant 1974, 24–25, Zitat auf S. 25).
28 Kant, GMS, BA 14 (Kant 1974, 26, im Original gesperrt gesetzt), auch zitiert bei Keil, 439.
29 Kant, GMS, BA 86 (Kant 1974, 74).
30 Kant, GMS, BA 76 (Kant 1974, 67).
31 So erwähnt er die „klare Überzeugung, daß […] die Vernunft für sich selbst und unabhängig von allen Erscheinungen gebiete, was geschehen soll […] und daß z.B. reine Redlichkeit in der Freundschaft um nichts weniger von jenem Menschen gefordert werden könne, […] weil diese Pflicht als Pflicht überhaupt, vor aller Erfahrung, in der Idee einer den Willen durch Gründe a priori bestimmenden Vernunft liegt." (Kant, GMS, BA 27f [Kant 1974, 35]) Und: „Aus dem Angeführten erhellet: daß alle sittlichen Begriffe völlig a priori in der Vernunft ihren Sitz und Ursprung haben […]" (Kant, GMS, BA 34 [Kant 1974, 39]).
32 Vgl. auch für das Folgende bes. Kant, GMS, BA 36–37 (Kant 1974, 41). Vgl. zu den Voraussetzungen für dafür auch Keil, 438: „Erst für ein Wesen, das sowohl sinnlich als auch vernunftmäßig bestimmt ist, gibt es Pflicht. Erst bei ihm trifft das vernunftmäßig Gebotene auf den Widerstand der sinnlich bestimmten Neigung und umgekehrt […]." (ebd.)
33 Vgl. Kant, GMS, BA 36–37, Zitat: BA 36 (Kant 1974, 41).
34 Vgl. Kant, GMS, BA 13–16, BA 36–37, Zitate: BA 15, Anm. * und BA 36, im Original gesperrt (Kant 1974, 26–27, 41, Zitate: 27 und 41).

genheit zu ziehen".³⁵ Den „moralischen Wert" einer Handlung sieht Kant dann eben „nicht in der Absicht, welche dadurch erreicht werden soll, *sondern in der Maxime, nach der sie beschlossen wird*"³⁶ Auch sittlich-moralisch nicht wertvollen, also nicht guten Handlungen liegen folglich Maximen zugrunde, etwa die genannte Maxime der Handlung, ein unwahres Versprechen zu geben. Moralischen Wert hat eine Handlung laut Kant dann, wenn die in ihr beschlossene Maxime die Form eines allgemeinen Gesetzes haben kann:³⁷

> [S]o bleibt nichts als die allgemeine Gesetzmäßigkeit der Handlung überhaupt übrig, welche allein dem Willen zum Prinzip dienen soll, d.i. ich soll niemals anders verfahren, als so, daß ich auch wollen könne, meine Maxime solle ein allgemeines Gesetz werden.³⁸

Der Wille, dessen Maxime immer diesem Imperativ gehorcht, ist ein guter Wille.³⁹ Der Gesetzesbegriff bezeichnet also eine spezifische Form von Prinzipien und Maximen; ihm spezifisch ist die „Allgemeinheit" und die „objektive[.] und mithin allgemein gültige[.] Notwendigkeit".⁴⁰ Als Imperativ formuliert gibt der zitierte Satz die Grundfassung des kategorischen Imperativs; objektiv gültige praktische Gesetze sind danach bei Kant diejenigen Prinzipien und Maximen, die diesen Imperativ erfüllen.⁴¹ Während das Gesetz qua Allgemeinheit objektiv ist, entspricht ihm „subjektiv" die „reine Achtung für dieses praktische Gesetz".⁴² Verpflichtet bin ich zu einer Handlung also dann, wenn sie der Achtung für ein Prinzip, dessen Geltung als allgemeines Gesetz ich wollen kann, entspringt.

Am kategorischen Imperativ zeigen sich der Rigorismus (1) und der Formalismus (2) von Kants Pflichtbegriff:⁴³

(1) *Rigorismus.* Pflichten können Kant zufolge nur in „kategorischen Imperativen […] ausgedrückt werden".⁴⁴ Kategorisch nennt er den Imperativ in Unter-

---

35 Vgl. auch für das Zitat Kant, GMS, BA 19 (Kant 1974, 29–30).
36 Kant, GMS, BA 13 (Kant 1974, 26), Hervorhebungen im Original.
37 Vgl. auch: „Es liegt nämlich der Grund aller praktischen Gesetzgebung objektiv in der Regel und der Form der Allgemeinheit, die sie ein Gesetz […] zu sein fähig macht […]." (Kant, GMS, BA 70 [Kant 1974, 63], Sperrung im Original)
38 Kant, GMS, BA 17 (Kant 1974, 28), Hervorhebung im Original.
39 Vgl.: „Der Wille ist schlechterdings gut, der nicht böse sein, mithin dessen Maxime, wenn sie zu einem allgemeinen Gesetz gemacht wird, sich selbst niemals widerstreiten kann." (Kant, GMS, BA 81 [Kant 1974, 70], Hervorhebung im Original)
40 Vgl. auch für die Zitate Kant, GMS, BA 52, BA 43 (Kant 1974, 51, 46), Hervorhebung im Original.
41 Vgl. Kant, GMS, BA 52 (Kant 1974, 51).
42 Vgl. auch für das Zitat Kant, GMS, BA 15 (Kant 1974, 27), Hervorhebung im Original.
43 Vgl. zu beidem auch Hirschberger 1980, 340–345.
44 Vgl. auch für das Zitat Kant, GMS, BA 59 (Kant 1974, 56).

scheidung vom hypothetischen gerade, weil dieser Imperativ „eine Handlung als für sich selbst, ohne Beziehung auf einen andern Zweck, als objektiv-notwendig vorstellte":[45] Er stützt sich auf „keine Voraussetzungen" und gilt „unbedingt".[46] In Anlehnung an Kants eigenes Beispiel gesagt:[47] Würde ich nur deshalb nicht lügen, um nicht das Risiko einzugehen, im Falle des Auffliegens meiner Lüge beschämt zu werden, bestünde die Notwendigkeit, nicht zu lügen, ja nur dieses Risiko des Beschämtwerdens voraussetzend.[48] Würde ich nur deshalb nicht lügen, weil Lügen anderen Menschen schadet, könnte ich ja immer dann lügen, wenn es anderen nützt. In beiden Fällen wäre die Unterlassung des Lügens nicht nach einer Maxime geschehen, die aus einem moralischen, also kategorischen Imperativ abgeleitet ist, sondern einem hypothetischen.[49] Es gelte, dass „das unbedingte Gebot dem Willen kein Belieben in Ansehung des Gegenteils frei läßt"; der kategorische Imperativ ist ein „absolutes Gebot".[50] In dieser philosophischen Entfaltung des Pflichtbegriffs kommt dem kategorischen Imperativ also die Rolle zu, die „praktisch-unbedingte Notwendigkeit der Handlung", also der Pflicht, sicherzustellen.[51]

Der „Sinn der Lehre vom kategorischen Imperativ" ist – das hat Albert Schweitzer trefflich formuliert – eine „Ethik der unmittelbar und absolut gebietenden Pflicht".[52] Diese absolute Forderung des Anspruchs ist es auch, an die der junge Bonhoeffer positiv anknüpfen wollte (3.2.3.1, DBW 1, 27). Spätestens seit Kant ist diese Absolutheit, Unbedingtheit und Unentrinnbarkeit des in der Pflicht begegnenden Anspruchs Teil der Pflichtsemantik.

(2) *Formalismus.* Formal ist die Bestimmung der Pflicht, weil der kategorische Imperativ „nicht die Materie der Handlung und das, was aus ihr erfolgen soll, sondern die Form und das Prinzip, woraus sie selbst folgt" betrifft.[53] Er schreibt also nicht den Inhalt der Maxime vor, sondern die Form: Es muss die eines allgemeinen Gesetzes sein.[54] Dieser Formalismus sichert einerseits ab, dass es tatsächlich die reine Vernunft ist, die hier den Willen bestimmt, und nicht etwa „Neigungen".[55]

---

45 Vgl. auch für das Zitat Kant, GMS, BA 39 (Kant 1974, 43). Vgl. ebd. auch für die Unterscheidung von kategorisch und hypothetisch.
46 Vgl. auch für die Zitate Kant, GMS, BA 48–49 (Kant 1974, 49).
47 Vgl. zu diesem Beispiel auch Kant, GMS, BA 18–20 (Kant 1974, 29–30)
48 Vgl. ähnlich aber anders konkretisiert Kant, GMS, BA 48–49 (Kant 1974, 49). Kant spricht auch von „Beschämung" (BA 49).
49 Vgl. Kant, GMS, BA 48–49 (Kant 1974, 49).
50 Vgl. auch für die Zitate Kant, GMS, BA 50–51 (Kant 1974, 50).
51 Vgl. auch für das Zitat Kant, GMS, BA 59 (Kant 1974, 56).
52 Vgl. auch für die Zitate A. Schweitzer 1974a, 228.
53 Vgl. auch für das Zitat Kant, GMS, BA 43 (Kant 1974, 45).
54 Vgl. Kant, GMS, BA 51–52 (Kant 1974, 51).
55 Vgl. Kant, GMS, BA 17, BA 27–28, BA 33–34, Zitat BA33 (Kant 1974, 28, 35, 39–40).

Damit verbürgt Kant andererseits die Autonomie des Menschen: Die Formulierung des kategorischen Imperativs gewinnt Kant als Analyse des Begriffs einer kategorisch, also unbedingt geltenden Sollensforderung;[56] solle diese nichts Bedingendes enthalten, „so bliebt nichts, als die Allgemeinheit eines Gesetzes überhaupt übrig".[57] Dieser Ausschluss von allem Empirischen, von Erfahrung, „Interesse", Neigung und Abzweckung auf Glückseligkeit lässt den Willen autonom selbst Urheber des Gesetzes werden:[58]

> Der Wille wird also nicht lediglich dem Gesetze unterworfen, sondern so unterworfen, daß er auch als selbstgesetzgebend, und eben um deswillen allererst dem Gesetz (davon er selbst sich als Urheber betrachten kann) unterworfen, angesehen werden muß.[59]

Der kategorische Imperativ verbürgt, ja „gebietete" dabei genau diese Autonomie des „allgemein-gesetzgebenden Willens", weil die Allgemeinheitsforderung Interessen von der Gesetzgebung des Willens ausschließt.[60] Geschieht das nicht, ist der Wille heteronom bestimmt.[61] Diese Heteronomie beschreibt Kant so: „Der Wille gibt als denn sich nicht selbst, sondern das Objekt durch sein Verhältnis zum Willen gibt diesem das Gesetz."[62] Damit ist die Konzentration auf die „Pflicht als Pflicht"[63] bei Kant Garant der Freiheit als Selbstgesetzgebung, die zunächst die Freiheit von den sich aus Objektbeziehungen ergebenden Eigengesetzlichkeiten ist.[64]

Sind aber derartig alle Interessen an der Pflichterfüllung ausgeschlossen, bleibt die Frage offen, wieso Menschen aus Pflicht handeln. Kant beantwortet diese in der „Grundlegung der Metaphysik der Sitten" so: „Triebfeder" sei die subjektive „Achtung fürs Gesetz",[65] die letztlich die Möglichkeit des eigenen Willens achtet, sich selbst Gesetz zu sein und danach neigungsunabhängig frei zu handeln:

---

56 Vgl. Kant, GMS, BA 37–39, BA 51–52 (Kant 1974, 42, 50–51).
57 Vgl. auch für das Zitat Kant, GMS, BA 51 (Kant 1974, 51).
58 Vgl. Kant, GMS, BA 51–52 (Kant 1974, 51) und Kant, GMS, BA 70–72, Zitat: BA 71 (Kant 1974, 64–65). Zum Ausschluss der Empirie vgl. Kant, GMS, BA 30–33 (Kant 1974, 37–39), zum Ausschluss der Erfahrung vgl. ebd., und zum Ausschluss des Interesses vgl. Kant, GMS, BA 71–73 (Kant 1974, 64–65).
59 Kant, GMS, BA 70–71 (Kant 1974, 64), Hervorhebung im Original.
60 Vgl. Kant, GMS, BA 87–88, BA 71–72, Zitate: BA 88 und BA 71 (Kant 1974, 75, 64–65), Hervorhebung im Original.
61 Vgl. Vgl. Kant, GMS, BA 88, BA 71–72 (Kant 1974, 75, 64–65).
62 Kant, GMS, BA 88 (Kant 1974, 75).
63 Kant, GMS, BA 28 (Kant 1974, 35).
64 Zu einer negativen Bestimmung der Freiheit bei Kant vgl. Kant, GMS, BA 97 (Kant 1974, 81).
65 Vgl. auch für die Zitate Kant, GMS, BA 86 (Kant 1974, 74). Während Kant das Gesetz dem Objektiven zuordnet, nennt er dessen Achtung subjektiv: „[A]lso bleibt nichts für den Willen übrig, was ihn bestimmen könne, als, objektiv, das Gesetz, und, subjektiv, reine Achtung für dieses

> Unser eigener Wille, so fern er, nur unter der Bedingung einer durch seine Maximen möglichen allgemeinen Gesetzgebung, handeln würde, dieser uns mögliche Wille in der Idee, ist der eigentliche Gegenstand der Achtung, und die Würde der Menschheit besteht eben in dieser Fähigkeit, allgemein gesetzgebend, obgleich mit dem Beding, eben dieser Gesetzgebung zugleich selbst unterworfen zu sein.[66]

Die Pflicht ist durch den Willen selbstgesetzt und gleichzeitig die „objektive Notwendigkeit einer Handlung",[67] die den Handelnden nötigt.[68] In anderen Worten: Menschen handeln gut aus Achtung vor ihrer eigenen Würde, die in der Freiheit besteht, dem menschlichen Handeln eine freiheitswahrende Form zu geben.[69] Daran ist für die Profilierung des Pflichtbegriffes zweierlei entscheidend:

(3) *Sollenseindeutigkeit.* Erstens ist Pflicht wie zitiert die „objektive Notwendigkeit *einer* Handlung" (meine Hervorhebung, F.H.).[70] Es gibt dasjenige, was „praktisch notwendig" ist, zu tun.[71] Das zeigt sich auch an den ersten beiden Beispielen Kants zum kategorischen Imperativ: der Frage nach der Selbsttötung und nach falschen Versprechungen.[72] In beiden Fällen gibt es eine eindeutige Antwort: Selbsttötung und falsches Versprechen sollen unterlassen werden. Pflicht setzt – so will ich dies fassen – Sollenseindeutigkeit. Der Konflikt zwischen zwei Pflichten ist in Kants Argumentation schon deshalb nicht denkbar, weil solch ein Konflikt ja daraufhin deutete, dass einer oder beiden konfligierenden Pflichten kein objektives Gesetz,[73] sondern eine offenbar nicht verallgemeinerbare Maxime zugrunde liegt. Diese innere Konsequenz des Pflichtbegriffs hat Kant in der „Metaphysik der Sitten" selbst explizit gezogen:

> Da aber Pflicht und Verbindlichkeit überhaupt Begriffe sind, welche die objektive praktische N o t w e n d i g k e i t gewisser Handlungen ausdrücken und zwei einander entgegengesetzte

---

praktische Gesetz, mithin die Maxime, einem solchen Gesetze, selbst mit Abbruch aller meiner Neigungen, Folge zu leisten." (Kant, GMS, BA 15 [Kant 1974, 27], Sperrungen im Original)
66 Kant, GMS, BA 86–87 (Kant 1974, 74).
67 Vgl. auch für das Zitat Kant, GMS, BA 86, 75–76 (Kant 1974, 74, 67).
68 Vgl.: „Sind nun die Maximen mit diesem objektiven Prinzip der vernünftigen Wesen, als allgemein gesetzgebend, nicht durch ihre Natur schon notwendig einstimmig, so heißt die Notwendigkeit der Handlung nach jenem Prinzip praktische Nötigung, d.i. Pflicht." (Kant, GMS, BA 76 [Kant 1974, 67]).
69 Vgl. zunächst: „A u t o n o m i e ist also der Grund der Würde der menschlichen und jeder vernünftigen Natur." (Kant, GMS, BA 79 [Kant 1974, 69, im Original gesperrt] Zum Zusammenhang von der „Idee der Freiheit" und der „Autonomie des Willens" vgl. Kant, GMS, BA 103 (Kant 1974, 84–85).
70 Vgl. auch für das Zitat Kant, GMS, BA 86 (Kant 1974, 74).
71 Vgl. auch für das Zitat Kant, GMS, BA 36–37 (Kant 1974, 41).
72 Vgl. Kant, GMS, BA 53–55 (Kant 1974, 52–53).
73 Zur Rede vom „objektive[n] Gesetz" vgl. auch Kant, GMS, BA 75 (Kant 1974, 66), dort auch das Zitat.

Regeln nicht zugleich notwendig sein können, sondern, wenn nach einer derselben zu handeln es Pflicht ist, so ist nach der entgegengesetzten zu handeln nicht allein keine Pflicht, sondern sogar pflichtwidrig: so ist eine Kollision von Pflichten und Verbindlichkeiten nicht denkbar.[74]

Die Sollenseindeutigkeit wird dabei dadurch erreicht, dass Kant erstens empirische Bestimmungen auf prinzipieller Ebene ausschließt. Neigung, Interesse, Handlungserfolg und -absicht[75] spielen auf prinzipieller Ebene wie gesehen keine Rolle und können deshalb gerade nicht in eine symmetrische Spannung zu vernünftig Gesolltem treten.[76] Für die Urteilskraft mag das, was Weber „Erfolgswert" nennt, eine Rolle spielen, für die praktische Vernunft tut er dies nicht.[77] Der maßgebliche Imperativ ist nicht hypothetisch und also „kontingent"[78], sondern kategorisch. Zweitens sorgt der kategorische Imperative dafür, dass es keine Konflikte zwischen materialen Prinzipien und daraus abzuleitenden Pflichten geben kann: Der kategorische Imperativ funktioniert als formales Prüfprinzip, das genau diese Einheit herstellt, indem er einander widersprechende Maximen ausschließt.[79] Geltungstheoretisch begründet der kategorische Imperative bei Kant wie beschrieben nicht die kontingente, sondern die absolut-unbedingte Gültigkeit von Pflichten.

---

74 Immanuel Kant, Metaphysik der Sitten, AB 23–24 (Weischedel VIII, 330 = Kant 2014, 330), Hervorhebung im Original, auch referenziert bei Schluchter 2016, 286, Anm. 229.
75 Vgl. Kant, GMS, BA 13 (Kant 1974, 26).
76 Entsprechend und mit dieser Einschränkung auf die prinzipielle Ebene hat auch Schluchter formuliert: „Für Kant kann es zwar faktisch, nicht aber im Prinzip eine Pflichtenkollision geben, weil sich die Vernunft nicht selbst widersprechen kann." (Schluchter 2016, 286, Anm. 229)
77 Vgl. für diese Begrifflichkeit in diesem Kontext: Schluchter 2016, 252. Hier liegt der von Schluchter formulierte Unterschied zu Weber: „Es [das Begründungsproblem, FH] stellt also, mit Kant gesprochen, nicht so sehr der praktischen Urteilskraft als vielmehr der praktischen Vernunft eine Aufgabe." (ebd.) Für den Ausschluss des Erfolgswertes von praktischer Vernunft, i. e. Wille (vgl. Kant, GMS, BA 36 [Kant 1974, 41]), siehe schon den Anfang der GMS: „Der gute Wille ist nicht durch das, was er bewirkt, oder ausrichtet, nicht durch seine Tauglichkeit zu Erreichung irgend eines vorgesetzten Zweckes, sondern allein durch das Wollen, d. i. an sich, gut [...]." (Kant, GMS, BA 3 [Kant 1974, 19], in ähnlichem Kontext auch zitiert bei Schluchter 2016, 198, Anm. 53) Und vgl. Kant, GMS, BA 15 (Kant 1974, 27). Zur „Kritik der Urteilskraft" vgl. Höffe 2004, 259–280, wo Höffe diese Schrift Kants als „Höhepunkt seines teleologischen Denkens" nennt (vgl. auch für das Zitat a.a.O., 260).
78 Den Kontingenzbegriff verstehe ich hier und im Folgenden immer in Anlehnung an eine Formulierung von Niklas Luhmann, die vorschlägt, mit dem Begriff „kontingent" das zu verstehen, „was weder notwendig ist noch unmöglich" (Luhmann 1987, 152). Luhmann hatte definiert: „Der Begriff bezeichnet mithin Gegebenes (Erfahrenes, Erwartetes, Gedachtes, Phantasiertes) im Hinblick auf mögliches Anderssein" (Luhmann 1987, 152; vgl. dazu auch Luhmann 1987, 47). Zur Zufälligkeit vgl. auch Kant, GMS, BA 34 (Kant 1974, 39).
79 Zum kategorischen Imperativ als Prüfverfahren vgl. Schluchter 2016, 256, 230–231, 254, 286; Heidbrink 2003, 67.

(4) *Willenskonflikt.* Zweitens ist mit dieser „*Notwendigkeit* einer Handlung" (meine Hervorhebung, F.H.)[80] potentiell die Nötigung eines Handelnden verbunden, weil Menschen – einfach gesagt – im Regelfall weder Götter noch Heilige sind, bei denen nach Kants Verständnis das „W o l l e n schon von selbst mit dem Gesetz notwendig einstimmig ist".[81] Der menschliche Wille ist in der Regel auch von anderem als dem Vernunftnotwendigen bestimmt, von „subjektiven Bedingungen (gewissen Triebfedern)" und von Neigungen.[82] In Kants Worten „ist der Wille nicht a n s i c h völlig der Vernunft gemäß (wie es bei Menschen wirklich ist)."[83] Daraus folgt: „so sind die Handlungen, die objektiv als notwendig erkannt werden, subjektiv zufällig, und die Bestimmung eines solchen Willens, objektiven Gesetzen gemäß, ist N ö t i g u n g".[84] Nicht bei Göttern und Heiligen, wohl aber bei den meisten Menschen besteht damit ein Zwiespalt zwischen wirklichem Willen und objektivem Gesetz, genauer: zwischen dem „nicht schlechterdings guten Willen[.]" einerseits und dem Willen, „so fern er, nur unter der Bedingung einer durch seine Maximen möglichen allgemeinen Gesetzgebung, handeln würde, dieser uns mögliche Wille in der Idee", andererseits,[85] zwischen dem „durch sinnliche Begierden affizierten Willen" und dem „reinen, für sich selbst praktischen Willen[.]"[86] Wohlgemerkt ist dabei der dem objektiven Gesetz gegenüberstehende Wille nicht einfach bloß Trieb, Neigung oder böse, sondern schlicht nicht notwendig durch das Gesetz bestimmt, also nur „subjektiv zufällig".[87] Das heißt einerseits, dass dieser Wille offen ist für ein Bestimmtwerden durch die Vernunft und andererseits nicht ausschließlich durch Neigung, sondern bloß „nicht hinlänglich" durch Vernunft bestimmt ist.[88] Wären alle Götter und Heilige, würden „keine Imperativen" gelten, weil bei allen Wollen und Gesetz „notwendig einstimmig" wären.[89] Es gäbe keine Willenskonflikte. Die Pflicht, also eine Nötigung des Willens, ergibt sich bei Kant gerade aus der Kon-

---

80 Vgl. auch für das Zitat Kant, GMS, BA 86 (Kant 1974, 74).
81 Vgl. Kant, GMS, BA 37–39, BA 86, Zitat: BA 39 (Kant 1974, 41–43, 74, Zitat: 43), im Original gesperrt.
82 Vgl. auch für das Zitat Kant, GMS, BA 37 (Kant 1974, 41). Zum „Widerstand der Neigung gegen die Vorschrift der Vernunft" vgl. Kant, GMS. BA 58 (Kant 1974, 55), dort auch das Zitat.
83 Kant, GMS, BA 37 (Kant 1974, 41), Hervorhebung im Original.
84 Kant, GMS, BA 37 (Kant 1974, 41), Hervorhebung im Original.
85 Vgl. auch für die Zitate Kant, GMS, BA 86–87 (Kant 1974, 74). Zu Göttlichem und Heiligem vgl. wie zitiert Kant, GMS, BA 39 (Kant 1974, 43).
86 Kant, GMS, BA 111 (Kant 1974, 90).
87 Vgl. auch für das Zitat, wie oben bereits zitiert Kant, GMS, BA 37 (Kant 1974, 41).
88 Vgl. auch für das Zitat Kant, GMS, BA 37 (Kant 1974, 41).
89 Vgl. Kant, GMS, BA 39 (Kant 1974, 43). Vgl. so auch: „Aber ein bloß vernunftmäßig bestimmtes Wesen würde ebenfalls keine Pflicht kennen. Es würde völlig selbstverständlich das erfüllen, was die Vernunft gebietet". (Keil, 438)

tingenz des Willens, die auch die Pflicht nicht löst.[90] Denn auch durch Imperative ist der Willen „seiner subjektiven Beschaffenheit nach [...] nicht notwendig bestimmt".[91] Insofern erst die Kontingenz des Willens die Pflicht nötig macht, setzt die Pflicht, wo von ihr die Rede sein muss, einen Konflikt zwischen dem Willen zum objektiven Gesetz und dem auch anders bestimmbaren Willen. Pflicht setzt Willenskontingenz bei Sollensnotwendigkeit, bzw. Willenskonflikt bei Sollenseindeutigkeit.

Damit impliziert der Kantische Pflichtbegriff in allen, die keine Heiligen oder Götter sind, einen Konflikt in der Handlungsabwägung, der sich mit Kant unterschiedlich begrifflich fassen lässt: Es ist ein Konflikt zwischen wirklichem Wollen und vernunftgemäßem Wollen, zwischen dem Willen „seiner Natur nach"[92] und dem Gesetz. Diesen Konflikt nenne ich im Folgenden „Willenskonflikt \b „. Da auch das Gesollte in der Handlungsabwägung als „Vorstellung der Gesetze" bzw. als „Achtung fürs Gesetz" repräsentiert ist, ist es ein interner Willenskonflikt.[93] Mit dem Pflichtbegriff gibt Kant gleichzeitig eine eindeutige und moralische Lösung zu diesem Konflikt: Das Vernunftgemäße ist das Zutuende. Im Handeln aus Pflicht ist der Konflikt gelöst – und zwar einseitig zugunsten des objektiven Gesetzes. Und ich ergänze über Kant hinaus: Im nicht-pflichtgemäßen Handeln bleibt der Konflikt bestehen und wird als „Schuld" thematisch.

Der bisherige Ertrag lässt sich damit zusammenfassen, dass der Pflichtbegriff vor dem Hintergrund der Kantischen Ethik eine Willenskontingenz bei Sollensnotwendigkeit und deshalb einen Willenskonflikt bei Sollenseindeutigkeit[94] impliziert.

3.1.2 Zurechnungsverantwortung in resignativer Mitleidsethik[95] (Arthur Schopenhauer)

Frieder Vogelmann sieht bei Arthur Schopenhauer den Verantwortungsbegriff „erstmals einen systematischen Stellenwert in der deutschsprachigen Philosophie"

---

90 Vgl. Kant, GMS, BA 37 (Kant 1974, 41).
91 Kant, GMS, BA 37 (Kant 1974, 42).
92 Kant, GMS, BA 37 (Kant 1974, 41).
93 Zitate aus Kant, GMS, BA 36, im Original gesperrt (Kant 1974, 41) und Kant, GMS, BA 14, im Original gesperrt gesetzt (Kant 1974, 26).
94 Zur Sollenseindeutigkeit im klassischen Pflichtbegriff vgl. Bayertz 1995, 33.
95 Zur Qualifikation von Schopenhauers Ethik als „Ethik der Resignation" und des „Mitleids" vgl. schon A. Schweitzer 1974a, 295, dort auch die Zitate.

gewinnen.[96] In der Preisschrift „Über die Freiheit des Willens" (1839) von Schopenhauer findet sich die wohl „früheste [...] Ausarbeitung des Verantwortungsbegriffs" im deutschen Sprachraum.[97] Diese Ausarbeitung ist zwar auch im Werk Schopenhauers so gut wie singulär.[98] Dennoch ist eine grobe Skizze von Schopenhauers Philosophie (1) nötig, um seinen Verantwortungsbegriff (2) zu entfalten.[99] Von der folgenden Rekonstruktion aus wird sich später (3.2.1.2) zeigen, dass Schopenhauers Voluntarismus den Weg für den modernen, ethischen Verantwortungsbegriff vorzeichnet, sein eigener Verantwortungsbegriff aber noch Zurechnungs- und nicht Aufgabenverantwortung bedeutet.[100]

3.1.2.1 Doketischer Voluntarismus und Pessimismus

Grundlegend ist das Denken Schopenhauers gekennzeichnet durch seinen „Voluntarismus und Pessimismus".[101] Zunächst zum *Voluntarismus:* In seinem Hauptwerk[102] unterscheidet Schopenhauer zwei Weisen, in denen dem erkennenden Subjekt die Welt und es selbst gegeben sind: zum einen als Vorstellung und zum

---

[96] Vgl. Vogelmann 2014, 28–29, Zitat auf S. 29. Vgl. auch a.a.O., 282. Vgl. a.a.O., 28–29 auch den Verweis auf die Preisschrift zur Willensfreiheit. Zum Verantwortungsbegriff bei Schopenhauer vgl. auch Assadi 2013, 60.

[97] Vgl. auch für das Zitat Vogelmann 2014, 282. Vgl. dort auch für Vogelmanns Interpretation dieses Textes: Vogelmann 2014, 282–285. Schopenhauers „Preisschrift für die Königlich Norwegische Gesellschaft der Wissenschaften zu Drontheim" wurde 1839 mit der „Verleihung der großen goldenen Medaille gekrönt" und 1841 zusammen mit der nicht ausgezeichneten Preisschrift „Über die Grundlagen der Moral" unter dem Titel „Die beiden Grundprobleme der Ethik" (Schopenhauer 2018a) veröffentlicht (vgl. auch für die Zitate Lütkehaus 2018, 227–228).

[98] In seinem Hauptwerk „Die Welt als Wille und Vorstellung" spielt der Verantwortungsbegriff keine zentrale Rolle, bezeichnenderweise auch nicht an der Stelle im zweiten Band, wo Schopenhauer von der Willensfreiheit handelt und sich auf seine Preisschrift bezieht (vgl. Schopenhauer 2018c, 372–376). Einzig in der „Preisschrift über die Grundlagen der Moral", die 1840 kurz nach der Willensfreiheitsschrift (1839) entstand (vgl. Lütkehaus 2018, 228), kommt derselbe Gedanke wie in der Willensfreiheitsschrift ebenfalls unter Verwendung des Verantwortungsbegriffs vor (vgl. Schopenhauer 2018a, 531–535).

[99] Die dafür nötigen ersten Einsichten in Schopenhauers Werk verdanke ich Hirschberger 1980, 455–467; Vogelmann 2014, 282–285.

[100] Zum „Einfluss Arthur Schopenhauers" auf den Voluntarismus, dem auch der junge Dietrich Bonhoeffer über seinen Doktorvater Reinhold Seeberg nahe stand vgl. Huber 2019, 71, dort auch das Zitat.

[101] Hirschberger 1980, 455, im Original gefettet: Mit diesen Begriffen charakterisiert auch Johannes Hirschberger Schopenhauers Philosophie trefflich, obwohl Hirschbergers Schopenhauer-Darstellung insgesamt von einer schwer erträglichen, süffisanten Verachtung Schopenhauers durchzogen ist (vgl. Hirschberger 1980, 455–467, bes. 461).

[102] Vgl. Schopenhauer 2018b; Schopenhauer 2018c.

anderen als Wille.¹⁰³ In der ersten Hinsicht geht es nicht um die Welt, wie sie an sich ist, sondern wie sie dem erkennenden Subjekt in dessen Vorstellung erscheint; die Welt ist hier „nur Objekt in Beziehung auf das Subjekt […], Anschauung des Anschauenden, mit Einem Wort, Vorstellung".¹⁰⁴ Objekte seien immer schon Objekte für den Erkennenden; erscheinendes Objekt und Vorstellung von diesem Objekt seien folglich nicht unterscheidbar.¹⁰⁵ Für die Explikation der Welt als Vorstellung rezipiert und modifiziert Schopenhauer nun Immanuel Kants Transzendentalphilosophie und Kategorienlehren.¹⁰⁶ Die Welt als Vorstellung sei nach einem apriorischen System strukturiert, das Schopenhauer als „Satz vom zureichenden Grunde" bereits in seiner Doktorarbeit entfaltet hat.¹⁰⁷ Die grundlegenden „Formen dieser Vorstellung" sind danach – wie bei Kant – Raum und Zeit:¹⁰⁸ Dem erkennenden Subjekt erschienen die Dinge der Welt immer schon „nebeneinander" und „nacheinander", also räumlich und zeitlich geordnet.¹⁰⁹

---

103 Dass dies unterschiedliche Weisen des Gegebenseins für das Subjekt sind, zeigt sich besonders an Schopenhauers Ausführungen zum Leib des „erkennenden Subjekts" (Schopenhauer 2018b, 150): „Dem Subjekt des Erkennens, welches durch seine Identität mit dem Leibe als Individuum auftritt, ist dieser Leib auf zwei ganz verschiedene Weisen gegeben: einmal als Vorstellung in verständiger Anschauung, als Objekt unter Objekten, und den Gesetzen dieser unterworfen; sodann aber auch zugleich auf eine ganz andere Weise, nämlich als jenes Jedem unmittelbar Bekannte, welches das Wort Wille bezeichnet." (Schopenhauer 2018b, 151, im Original teilweise in Kapitälchen)
104 Vgl. auch für das Zitat Schopenhauer 2018b, 31.
105 Vgl. Schopenhauer 2018b, 31, 146; Schopenhauer 2018d, 38–39 und insbes.: „OBJEKT FÜR DAS SUBJEKT SEYN, UND UNSRE VORSTELLUNG SEYN, IST DAS SELBE. ALLE UNSRE VORSTELLUNGEN SIND OBJEKTE DES SUBJEKTS, UND ALLE OBJEKTE DES SUBJEKTS SIND UNSRE VORSTELLUNGEN. NUN ABER FINDET SICH, DASS ALLE UNSRE VORSTELLUNGEN UNTER EINANDER IN EINER GESETZMÄSSIGEN UND DER FORM NACH *a priori* BESTIMMBAREN VERBINDUNG STEHN, VERMÖGE WELCHER NICHTS FÜR SICH BESTEHENDES UND UNABHÄNGIGES, AUCH NICHTS EINZELNES UND ABGERISSENES, OBJEKT FÜR UNS WERDEN KANN. Diese Verbindung ist es, welche der Satz vom zureichenden Grund, in seiner Allgemeinheit, ausdrückt." (Schopenhauer 2018d, 39)
106 Vgl. Hirschberger 1980, 457–458.
107 Vgl. auch für das Zitat (wie in der vorletzten Anmerkung bereits zitiert) Schopenhauer 2018d, 39. Einen kurzen Überblick über die Werke Schopenhauers bietet Hirschberger 1980, 456–457.
108 Vgl. Hirschberger 1980, 457. Die anderen „Kategorien allerdings fallen" (ebd.). Zuweilen zählt Schopenhauer auch die Kausalität unter die „Formen der Erkenntniß" (Schopenhauer 2018b, 192). Vgl. auch für das Zitat im Haupttext Schopenhauer 2018d, 40.
109 Vgl. (auch für die Zitate) Schopenhauer 2018d, 41; Schopenhauer 2018b, 35, 37–43, im Original in Kapitälchen. Schopenhauer benutzt auch diese Begriffe: „Die Vorstellung des ZUGLEICHSEYNS aber ist in der bloßen Zeit nicht möglich; sondern, zur andern Hälfte, bedingt durch die Vorstellung vom RAUM; weil in der bloßem Zeit ALLES NACHEINANDER, im Raum aber NEBENEINANDER ist: dieselbe entsteht also erst durch den Verein von Zeit und Raum." (Schopenhauer 2018d, 41, im Original in Kapitälchen)

Die Subjekte erkennten aber nicht nur die Welt und sich selbst als Objekte und Vorstellungen, sondern erlebten[110] zunächst den jeweils eigenen Leib auch unmittelbar als Willen, nämlich in den „unmittelbare[n] Affektionen des Willens":[111] im am Leib erlebten „Schmerz", wo etwas Einwirkendes „dem Willen zuwider", und erlebter „Wollust", wo es dem Willen „gemäß" ist.[112] In diesem Willen ist ihm die Welt nicht als Vorstellung gegeben; vielmehr ist Wille „Ding an sich".[113] Schopenhauer bestimmt diesen Willen zwar als „Wille[n] zum Leben",[114] lässt ihn inhaltlich aber bewusst unbestimmt: Der Wille will nicht etwas, sondern ist zunächst ein unstillbarer, „ein blinder, unaufhaltsamer Drang",[115] das blanke Wollen in allem Wollen von etwas sozusagen. Erst die „hinzugetretene [...] Welt als Vorstellung" gibt dem Willen Inhalt.[116] Schopenhauers Voluntarismus ist im Kern ein formaler Voluntarismus: Der Inhalt des Gewollten ist dem Dass des Wollens gegenüber immer sekundär.

Das unmittelbare Erleben dieses Willens am eigenen Leib wird bei Schopenhauer dem erkennenden Subjekt zum „Schlüssel", diesen Willen „nach Analogie" auch in allen Erscheinungen der Welt als Vorstellung zu erahnen.[117] Zunächst sei dem Subjekt zwar nur der eigene Leib auf „doppelte Weise" gegeben – nämlich einerseits als Objekt der Vorstellung und andererseits als Wille –, während alle anderen Objekte „allein als Vorstellungen unserem Bewußtseyn gegeben sind".[118] In „Analogie" zu dieser doppelten Weise, könnten nun aber auch andere Objekte beurteilt werden, weil diese anderen Objekte „ganz so wie er [der eigene Leib, FH], Vorstellung und darin mit ihm gleichartig sind, auch andererseits, wenn man ihr Daseyn als Vorstellung des Subjekts bei Seite setzt, das noch übrig Bleibende, seinem innern Wesen nach, das selbe seyn muß, als was wir an uns WILLE nennen."[119] Einfacher gesagt: Meinen eigenen Leib sehe ich als Objekt und spüre den Schmerz

---

110 Zur Qualifikation dieses Erlebens als „Erleben" vgl. auch Hirschberger 1980, 458.
111 Vgl. Schopenhauer 2018b, 150–155, Zitate auf S. 152. Vgl. auf diese Seiten auch zur Unmittelbarkeit. Vgl. insgesamt dazu auch Hirschberger 1980, 458–459.
112 Vgl. Schopenhauer 2018b, 150–155, Zitate auf S. 152. Dort formuliert Schopenhauer ähnlich wie im Haupttext hier zur „Einwirkung auf den Leib": „sie heißt als solche Schmerz, wenn sie dem Willen zuwider; Wohlbehagen, Wollust, wenn sie ihm gemäß ist." (a. a. O., 152.) Zur Unmittelbarkeit vgl. bes. a. a. O., 152–153.
113 Vgl. Schopenhauer 2018b, 155, 162–163, 362 und dort: „DING AN SICH aber ist allein der WILLE" (Schopenhauer 2018b, 163, Kapitälchen im Original).
114 Vgl. auch für das Zitat Schopenhauer 2018b, 362.
115 Vgl. auch für das Zitat Schopenhauer 2018b, 361. Zur Unstillbarkeit vgl. Hirschberger 1980, 459.
116 Vgl. auch für das Zitat Schopenhauer 2018b, 361.
117 Schopenhauer 2018b, 157, 163, 165, 478, 480–481, Zitate auf S. 157.
118 Vgl. auch für die Zitate Schopenhauer 2018b, 157.
119 Schopenhauer 2018b, 157, Kapitälchen im Original.

an ihm, den Mitmenschen sehe ich zunächst nur als Objekt, ohne dessen Schmerz zu spüren, kann qua Analogie aber unterstellen, dass er denselben Schmerz auch empfindet. So entsteht ein *erlebnispraktisches Intensitätsgefälle*, das Schopenhauer selbst beschrieben und zur Erklärung des Egoismus in Anschlag gebracht hat:

> Während also jedes sich selber als der ganze Wille und das ganze Vorstellende unmittelbar gegeben ist, sind die übrigen ihm zunächst nur als seine Vorstellungen gegeben; daher geht ihm sein eigenes Wesen und dessen Erhaltung allen anderen zusammen vor.[120]

Diesem erlebnispraktischen Intensitätsgefälle stellt Schopenhauer letztlich die Unmittelbarkeit entgegen, die er auch aus der Analogie erwachsen sieht. Für diesen Gedanken ist entscheidend, dass Schopenhauer die Unterscheidung von Wille und Vorstellung mit der von Einheit und Mannigfaltigkeit identifiziert: Der Wille sei eigentlich unteilbar einer, Mannigfaltigkeit entstehe erst in dessen Erscheinung vermittels der Formen des zeitlichen Nach- und räumlichen Nebeneinanders.[121] Erst vermittels des *„principii individuationis"* – also erst in Raum und Zeit – erscheint Subjekten die Welt als „Vielheit von Individuen":[122]

> Der Wille als Ding an sich liegt [...] außerhalb des Gebietes des Satzes vom Grunde in allen seinen Gestaltungen [...]; er ist ferner frei von aller VIELHEIT, obwohl seine Erscheinungen in Zeit und Raum unzählig sind, er selbst ist Einer: jedoch nicht wie ein Objekt Eines ist, [...] sondern er ist Eines als das, was außer Zeit und Raum, dem *principio individuationis*, d.i. der Möglichkeit der Vielheit, liegt.[123]

Einheit des Willens ist für Schopenhauer also das Eigentliche; Vielheit, Individualität und Partikularität sind nur Erscheinungen. Damit schließt das erkennende Subjekt bei Schopenhauer m. E. nicht vom eigenen Willen auf den Willen des zunächst nur als Vorstellung begegnenden anderen, sondern erlebt im eigenen Wol-

---

120 Schopenhauer 2018b, 432.
121 Vgl. Schopenhauer 2018b, 166–167, 174–176, 184–185, 431, 455, zur Unteilbarkeit des einen Willens vgl. Schopenhauer 2018b, 174, 185. Pointiert: „Dabei wird überall der Wille sich in der Vielheit von Individuen erscheinen. Aber diese Vielheit trifft nicht ihn, den Willen als Ding an sich, sondern nur seine Erscheinungen: er ist in jeder von diesen ganz und ungeteilt vorhanden und erblickt um sich herum das zahllos wiederholte Bild seines eigenen Wesens." (Schopenhauer 2018b, 431)
122 Vgl. etwa und auch für die Zitate Schopenhauer 2018b, 166–167, 431–432, kursiv im Original. Den Begriff „principium individuationis" benutzt Schopenhauer selbst häufig, zum Beispiel: „In dieser letztern Hinsicht werde ich, mit einem aus der alten eigentlichen Scholastik entlehnten Ausdruck, Zeit und Raum das *principium indiviationis* nennen, welches ich ein für alle Mal zu merken bitte. Denn Zeit und Raum allein sind es, mittelst welcher das dem Wesen und dem Begriff nach Gleiche und Eine doch als verschieden, als Vielheit neben und nach einander erscheint" (Schopenhauer 2018b, 166, kursiv im Original).
123 Schopenhauer 2018b, 167, Käpitälchen und kursiv im Original.

len den einen, ganzen, unteilbaren Willen,[124] der auch im Wollen des anderen das Wollende ist. Auf dieser Grundlage kann Schopenhauer m. E. dem Willenserleben eine Unmittelbarkeit zumessen, die dem erlebnispraktischen Intensitätsgefälle entgegensteht, das zu Egoismus geführt hatte.[125] Diese Unmittelbarkeitsunterstellung wird innerhalb von Schopenhauers Theoriearchitektur dadurch plausibilisiert, dass er den Erscheinungen und Vorstellungen, genauer: dem ihnen zugrundeliegenden principio individuationis im Verlauf der Argumentation deutlich den Charakter von Täuschungen beimisst, die entweder befangen machen oder durchschaut werden.[126] Die „Durchschauung des *principii individuationis*" ist die „unmittelbare Erkenntniß der Identität des Willens in allen seinen Erscheinungen".[127] Pointiert führt er zusammen:

> Er [der Edle, FH] wird inne, daß der Unterschied zwischen ihm und Anderen, welcher dem Bösen eine so große Kluft ist, nur einer vergänglichen täuschenden Erscheinung angehört: er erkennt, unmittelbar und ohne Schlüsse, daß das Ansich seiner eigenen Erscheinung auch das der fremden ist, nämlich jener Wille zum Leben, welcher das Wesen jeglichen Dinges ausmacht und in Allem lebt.[128]

Damit entsteht ein epistemologisches wie geltungstheoretisches Gefälle hin zur Totalität des Willens und weg von der Unterschiedenheit und Individualität in dessen Erscheinung. Die Willen in verschiedenen Individuen wahrzunehmen, unter denen man selbst eines ist – genau diese Wahrnehmung von Unterscheidung ist für Schopenhauer Täuschung, ist „Schleier der Maja".[129] Schopenhauers Voluntarismus ist auf die Mannigfaltigkeit in der Welt hin gesehen also ein doketischer Voluntarismus.

Aus der Formalität seines Voluntarismus folgt auch für Schopenhauer selbst sein *Pessimismus*.[130] Ist „der Wille, dessen Objektivation das Menschenleben wie jede Erscheinung ist, ein Streben ohne Ziel und ohne Ende", erkläre dies die „Un-

---

124 Zu „ganz und ungetheilt" vgl. Schopenhauer 2018b, 431.
125 Vgl. Schopenhauer 2018b, 431–432, 480, 165. Zur Unmittelbarkeit vgl. bes. a.a.O., 480 und das Zitat von dort im Haupttext unten.
126 Zum Täuschungscharakter vgl. Schopenhauer 2018b, 213–214, 371, 431, 472, 481, zur Befangenheit im principio individuationis Schopenhauer 2018b, 462–463, 469, 471–472, 481 (Schopenhauer nutzt selbst das Wort „befangen") und zu dessen „Durchschauung" vgl. Schopenhauer 2018b, 479, 483, 487, 524.
127 Vgl. auch für die Zitate Schopenhauer 2018b, 487–488, kursiv in Original. Inhaltlich dazu vgl. auch Schopenhauer 2018b, 483, 524.
128 Schopenhauer 2018b, 480.
129 Vgl. auch für das Zitat Schopenhauer 2018b, 481.
130 Zur Verbindung von Schopenhauers Bestimmung des Willens und seinem Pessimismus vgl. auch Hirschberger 1980, 459–460.

erreichbarkeit dauernder Befriedigung und die Negativität alles Glückes".[131] Hemmung des endlosen und damit unstillbaren Willens sei Schmerz, Glück nur negativ fassbar „als die Befreiung von einem Schmerz":[132]

> Sein Leben schwingt also, gleich einem Pendel, hin und her, zwischen dem Schmerz und der Langenweile, welche beide in der That dessen letzte Bestandtheile sind.[133]

Damit sei „das Leiden dem Leben wesentlich", weil „[j]eder die unversiegbare Quelle desselben in seinem eigenen Innern herumträgt", eben den unstillbaren Willen.[134]

Aus formalem und doketischem Voluntarismus und Pessimismus folgt bei Schopenhauer eine Ethik, die zunächst als „Mitleidsethik"[135] auftritt, letztlich und genauer aber eigentlich *Resignationsethik* ist.[136] Die entscheidende ethische Frage ist, wie sich das erkennende und wollende Subjekt anderen gegenüber bestenfalls verhält.[137] Schopenhauer beantwortet diese Frage zunächst mit den Begriffen „Liebe" und „Mitleid": Liebe erkenne das Leid im anderen, wolle es lindern und sei deshalb „ihrer Natur nach Mitleid".[138] Weil Schopenhauer keine positive Bestimmung des Glücks zugelassen hatte, kann Liebe tatsächlich nur Mitleid sein, kann tatsächlich nur dies tun: „Linderung ihrer Leiden".[139] Das ließe sich nun leicht so verstehen, als ginge es wesentlich um das Mitleid mit einem anderen Individuum und damit grundlegend um den Bezug auf einen konkreten Anderen. Genau so ist diese Verhältnisbestimmung aber m. E. nicht gemeint. Denn Liebe geht – so Schopenhauer – „aus der Durchschauung des *principii individuationis*" hervor.[140] Der Liebende hat sozusagen erkannt, dass alles, was ihn von dem anderen unterscheidet, nur Täuschung ist und letztlich in beiden derselbe unteilbare Lebenswille leidet:

> Wenn nämlich vor den Augen eines Menschen jener Schleier der Maja, das *principium individuationis*, so sehr gelüftet ist, daß derselbe nicht mehr den egoistischen Unterschied zwi-

---

131 Vgl. auch für die Zitate Schopenhauer 2018b, 418.
132 Schopenhauer 2018b, 404, 406, 415–416, Zitat auf S. 416.
133 Schopenhauer 2018b, 407.
134 Vgl. auch für die Zitate Schopenhauer 2018b, 414–415.
135 Vgl. für den Begriff zur Qualifikation von Schopenhauers Ethik Hirschberger 1980, 465. Deren resignative Elemente benennt auch Hirschberger ebd.
136 Zur „Ethik der Resignation" und „Ethik des universellen Mitleids" bei Schopenhauer vgl. auch A. Schweitzer 1974a, 295, dort auch die Zitate.
137 Zu dieser Frage und ihrer Problematik vgl. Schopenhauer 2018b, 257.
138 Vgl. auch für das Zitat Schopenhauer 2018b, 484.
139 Schopenhauer 2018b, 484.
140 Vgl. auch für das Zitat Schopenhauer 2018b, 483, (487), 524, kursiv im Original.

schen seiner Person und der fremden macht, sondern an den Leiden der anderen Individuen so viel Antheil nimmt, wie an seinen eigenen, [...] dann folgt von selbst, daß ein solcher Mensch [...] auch die endlosen Leiden alles Lebenden als die seinen betrachten und so den Schmerz der ganzen Welt sich zueignen muß.[141]

Kombiniert mit seinem Pessimismus, dass „ALLES LEBEN LEIDEN" sei,[142] ergibt sich daraus für Schopenhauer, dass Mitleid und Liebe noch nicht das höchste sind, sondern „Resignation, oder Verneinung des Willens":[143] „so wird hingegen jene beschriebene Erkenntniß des Ganzen, des Wesens der Dinge an sich, zum QUIETIV alles und jedes Wollens".[144] Das Ziel ist „gänzliche Willenslosigkeit"; „wahre Resignation" ist der „Weg zur Erlösung".[145] Am Ende von Schopenhauers Gedankenführung steht – auch ganz buchstäblich – „Kein Wille: keine Vorstellung, keine Welt" und damit: „Nichts".[146]

3.1.2.2 Verantwortlichkeit als gefühlte Zurechnungsverantwortung

Schopenhauer benutzt den Verantwortungsbegriff – wie andere Arbeiten auch – im Kontext der Frage nach der Freiheit des menschlichen Willens.[147] Er weist dem Verantwortungsbegriff dabei eine eigentümliche Vermittlungsposition zu:[148] Grundlegend differenziert Schopenhauer wie eben beschrieben – und seinen eigenen Angaben zufolge, an Kants Unterscheidung von „empirischem und intelligiblem Charakter" angelehnt – zwischen empirischer Realität und Erscheinungen einerseits und dem intelligiblen Charakter, dem „Ding an sich" und dem Willen andererseits.[149] Die empirische Realität stellt Schopenhauer deterministisch dar:

---

141 Schopenhauer 2018b, 488, kursiv im Original.
142 Vgl. auch für das Zitat Schopenhauer 2018b, 405, Kapitälchen im Original.
143 Vgl. auch für das Zitat Schopenhauer 2018b, 524. Vgl. dazu auch schon a.a.O., 215.
144 Schopenhauer 2018b, 488, Kapitälchen im Original. Vgl. dazu auch a.a.O., 374.
145 Vgl. Schopenhauer 2018b, 489, 510, 524, Zitate auf S. 489 und 510.
146 Schopenhauer 2018b, 527, 528.
147 Zu Schopenhauers Einordnung wie zu den anderen Autoren, die ebenso über Willensfreiheit schreiben vgl. Vogelmann 2014, 273–294.
148 Zu dieser Position vgl. auch Vogelmann 2014, 285.
149 Diese Unterscheidung referiert er in der besagten Preisschrift und führt sie auf Kant zurück (vgl. Schopenhauer 2018a, 451f., dort auch die Zitate; für die Rückführung auf Kant vgl. Schopenhauer 2018a, 451 und die entsprechende Stelle in der „Preisschrift über die Grundlage der Moral": Schopenhauer 2018a, 531–533. Vgl.: „Der empirische Charakter nämlich ist, wie der ganze Mensch, als Gegenstand der Erfahrung eine bloße Erscheinung, daher an die Formen aller Erscheinung, Zeit, Raum und Kausalität gebunden und deren Gesetzen unterworfen: hingegen ist die als Ding an sich von diesen Formen unabhängige und deshalb keinem Zeitunterschied unterworfene, mithin beharrende und unveränderliche Bedingung und Grundlage dieser ganzen Erscheinung sein INTELLIGIBLER CHARAKTER, d.h. sein Wille als Ding an sich, welchem, in solcher Eigenschaft, allerdings

3.1 Philosophische Ausgangspunkte: Pflicht und Zurechnungsverantwortung — **225**

Hier sei alles durch den „Satz vom zureichenden Grunde" bestimmt, den er bereits in seiner Doktorarbeit entfaltet hatte:[150] Dem „Gesetz der Kausalität" nach sei jede Veränderung notwendig durch eine Ursache gewirkt,[151] entsprechend finde jede Handlung (selbst bei einer Vielfalt von Motiven) im jeweils stärksten Handlungsmotiv eine sie notwendig bedingende Ursache.[152] Die Behauptung von Willensfreiheit, die Behauptung also, dass einem individuellen Menschen situativ „ZWEI VERSCHIEDENE HANDLUNGEN MÖGLICH SEIEN", sei folglich „vollkommen ABSURD".[153]

---

auch absolute Freiheit, d. h. Unabhängigkeit vom Gesetz der Kausalität [...] zukommt." (Schopenhauer 2018a, 452, Kapitälchen im Original) Diese Unterscheidung liegt auch seinem Hauptwerk zugrunde, wie schon im Titel deutlich wird: „Die Welt als *Wille* und *Vorstellung*" (Schopenhauer 2018b, meine Hervorhebung). Vgl. zu dieser Unterscheidung auch kurz Vogelmann 2014, 284.

150 So identifiziert er zunächst „OBJEKTE DES SUBJEKTS" und „VORSTELLUNGEN" und behauptet dann: „NUN ABER FINDET SICH, DASS ALLE UNSERE VORSTELLUNGEN UNTER EINANDER IN EINER GESETZMÄSSIGEN UND DER FORMA NACH *a priori* BESTIMMBAREN VERBINDUNG STEHN, VERMÖGE WELCHER NICHTS FÜR SICH BESTEHENDES UND UNABHÄNGIGES, AUCH NICHTS EINZELNES UND ABGERISSENES OBJEKT FÜR UNS WERDEN KANN. Diese Verbindung ist es, welche der Satz vom zureichenden Grund, in seiner Allgemeinheit, ausdrückt." (Schopenhauer 2018d, 39, Hervorhebungen im Original). Für die Klasse der „ANSCHAULICHEN, VOLLSTÄNDIGEN, EMPIRISCHEN Vorstellungen" nimmt dieser „Satz vom zureichenden Grunde" nun die Form dies Kausalitätsgesetzes an, das Schopenhauer hier „SATZ VOM ZUREICHENDEN GRUNDE DES WERDENS" nennt, nach dem „das Verhältniß der Ursach zur Wirkung ein nothwendiges" ist (vgl. auch für die Zitate Schopenhauer 2018d, 40, 45 – 46, 53, Hervorhebung jeweils im Original).

151 Entsprechend fasst Schopenhauer selbst die These seiner Preisschrift in den Ergänzungen zu seinem Hauptwerk zusammen: „Erinnern wir uns jetzt an eine Wahrheit, deren ausführlichsten und gründlichsten Beweis man in meiner Preisschrift über die Freiheit des Willens findet, an diese nämlich, daß, kraft der ausnahmslosen Gültigkeit des Gesetzes der Kausalität, das Thun oder Wirken aller Wesen dieser Welt, durch die dasselbe jedesmal hervorrufenden Ursachen, stets streng NECESSITIERT eintritt; [...] das Gesetz der Kausalität kennt keine Ausnahme; [...] Daher konnte nie, im ganzen Verlauf der Welt, weder ein Sonnenstäubchen in seinem Fluge eine andere Linie beschreiben, als die es beschrieben hat, noch ein Mensch irgend anders handeln, als er gehandelt hat: und keine Wahrheit ist gewisser als diese, daß Alles was geschieht, sei es klein oder groß, völlig NOTHWENDIG geschieht." (Schopenhauer 2018c, 373). Fast wörtlich kommt die letzte Formulierung über die Notwendigkeit von allem so auch in der Preisschrift vor (Schopenhauer 2018a, 419). Zum „Gesetz der Kausalität" in Doktorarbeit und Freiheits-Preisschrift vgl. schon Schopenhauer 2018d, 45, 53; Schopenhauer 2018a, 385, 404. Schopenhauer definiert „URSACHE" schon entsprechend als „die vorhergehende Veränderung, welche die nachfolgende nothwendig macht" (Schopenhauer 2018a, 404). Als Formen der Kausalitäten oder Ursachen nennt Schopenhauer Ursachen „im engsten Sinne", Reize und Motive, wobei Motive dadurch ausgezeichnet sind, dass ihr Medium die Erkenntnis ist (vgl. Schopenhauer 2018a, 387–390, 406, Zitat auf S. 387 und Schopenhauer 2018d, 58–59).

152 So fasst Schopenhauer die Situation, in der mehrere Motive vorliegen, so: „Daher hat er eine Wahlentscheidung, mit deutlichem Bewußtseyn: nämlich er kann die einander ausschließenden Motive als solche gegen einander abwägen, d. h. sie ihre Macht auf seinen Willen versuchen lassen; wonach sodann das stärkere ihn bestimmt und sein Thun mit eben der Nothwendigkeit erfolgt, wie das Rollen der gestoßenen Kugel." (Schopenhauer 2018d, 60)

153 Vgl. auch für die Zitate Schopenhauer 2018d, 61, Kapitälchen im Original.

Entsprechend verneint er die Frage nach der Willensfreiheit in der Preisschrift zunächst ausführlich; alles Tun sei determiniert durch das die jeweilige Tat notwendig verursachende Zusammenspiel „zweier Faktoren": des je individuellen, empirischen, unveränderlichen und angeborenen Charakters und des Motivs.[154] In seinen eigenen Worten lapidar zusammengefasst: „Kurzum, der DETERMINISMUS steht fest"[155].

Am Ende der Preisschrift spricht er doch noch von einer Freiheit „höherer Art".[156] Diese beträfe aber nicht den empirischen, sondern den intelligiblen Charakter, den Willen „an sich selbst", der „dem Satz vom Grund nicht unterworfen[.]"sei:[157]

> Vermöge dieser Freiheit sind alle Thaten des Menschen sein eigenes Werk; so nothwendig sie auch aus dem empirischen Charakter, bei seinem Zusammentreffen mit den Motiven, hervorgehen; weil dieser empirische Charakter bloß die Erscheinung des intelligibeln, in unserm an Zeit, Raum und Kausalität gebundenen ERKENNTNISSVERMÖGEN, d. h. die Art und Weise ist, wie in diesem das Wesen an sich unserem eigenen Selbst sich darstellt. Demzufolge ist zwar der WILLE frei, aber nur an sich selbst und außerhalb der Erscheinung.[158]

Diese Freiheit sei „nicht in der Erscheinung", sondern als „TRANSZENDENTALE" aufzufinden:[159] „Die FREIHEIT, welche daher im *Operari* nicht anzutreffen seyn kann, MUSS im *Esse* LIEGEN."[160] Einen vermittelnden Hinweis[161] auf diese transzendentale Freiheit findet Schopenhauer im Bewusstsein nun eben genau in dem, was er „Gefühl der Verantwortlichkeit" nennt.[162] Dieses lege „Zeugniß" ab von be-

---

154 Vgl. Schopenhauer 2018a, 382, 404–417, 450–451, Zitat auf S. 450. Vgl. dazu auch Schopenhauer 2018c, 374. Vgl. in Schopenhauers Worten zusammengefasst: „Die Nothwendigkeit, mit der, wie ich oben ausführlich dargethan habe, die Motive, wie alle Ursachen überhaupt, wirken, ist keine voraussetzungslose. Jetzt haben wir ihre Voraussetzung, den Grund und Boden worauf sie fußt, kennen gelernt: es ist der angeborene, INDIVIDUELLE CHARAKTER […] gerade so ist jede That eines Menschen das nothwendige Produkt seines CHARAKTERS und des eingetretenen MOTIVS." (Schopenhauer 2018a, 414–415, Kapitälchen im Original)
155 Schopenhauer 2018c, 375, Kapitälchen im Original.
156 Vgl. Schopenhauer 2018a, 449–454, Zitat auf S. 449.
157 Vgl. auch für die Zitate Schopenhauer 2018c, 374.
158 Schopenhauer 2018a, 452, Kapitälchen im Original.
159 Vgl. Schopenhauer 2018a, 451–454, Zitate auf S. 452. Vgl. so auch: „Der Verantwortungsbegriff dient in der Argumentation gerade der Verbindung transzendentaler Freiheit mit der empirischen Notwendigkeit." (Vogelmann 2014, 285)
160 Schopenhauer 2018a, 453, sämtliche Hervorhebungen im Original. Vgl. ähnlich auch Schopenhauer 2018c, 375.
161 Zur Hinweisfunktion der Verantwortlichkeit bei Schopenhauer vgl. auch Vogelmann 2015, 132.
162 Vgl. auch für das Zitat Schopenhauer 2018a, 449, 452; Vogelmann 2014, 285; Schopenhauer 2018a, 535.

sagter transzendentaler Freiheit.¹⁶³ Dieses „Gefühl der Verantwortlichkeit" bestimmt Schopenhauer nun so:

> Es giebt nämlich noch eine Thatsache des Bewußtseyns, von welcher ich bisher, um den Gang der Untersuchung nicht zu stören, gänzlich abgesehen habe. Diese ist das völlig deutliche und sichere Gefühl der VERANTWORTLICHKEIT für Das was wir thun, der ZURECHNUNGSFÄHIGKEIT für unsere Handlungen, beruhend auf der unerschütterlichen Gewißtheit, daß wir selbst DIE THÄTER UNSERER Thaten sind. Vermöge dieses Bewußtseyns kommt es Keinem [...] jemals in den Sinn, sich für ein Vergehen durch diese Nothwendigkeit zu entschuldigen und die Schuld von sich auf die Motive zu wälzen, da ja bei deren Eintritt die That unausbleiblich war. [...] Ihm, weil er dieser und kein Anderer ist, weil er einen solchen und solchen Charakter hat, war freilich keine andere Handlung möglich; aber an sich selbst, also *objective*, war sie möglich. Die VERANTWORTLICHKEIT, deren er sich bewußt ist, trifft daher bloß zunächst und ostensibel die That, im Grund aber SEINEN CHARAKTER: für DIESEN fühlt er sich verantwortlich. Und für DIESEN machen ihn auch die Anderen verantwortlich, indem ihr Urtheil sogleich die That verläßt, um die Eigenschaften des Thäters festzustellen: ‚er ist ein schlechter Mensch, ein Bösewicht' [...] – so lautet ihr Urtheil, und auf seinen CHARAKTER laufen die Vorwürfe zurück.¹⁶⁴

Schopenhauer fasst Verantwortlichkeit damit in einem juristisch-forensischen Vorstellungskontext – es geht um „Zurechnungsfähigkeit" und ein „Urtheil", etwas später spricht er von „SCHULD"¹⁶⁵. Er fasst Verantwortung aber nicht mehr als Verteidigungsrede oder Rechenschaft vor einem Richter (2.3.1.1), sondern als Selbstzurechnung von Taten, genauer: als Selbstzurechnung der eigenen Taten zum verursachenden Charakter im „Gefühl der Verantwortlichkeit". Verantwortlichkeit meint das mitlaufende Bewusstsein, „daß unsere Thaten von uns selbst ausgehen".¹⁶⁶

Genau besehen führt Schopenhauer hier nicht den Begriff „Verantwortung", sondern den Begriff „Verantwortlichkeit" ein. Dieser Begriff meint bei ihm primär keinen sozialen Zusammenhang, sondern eine „Thatsache des Bewußtseyns" und ist dort die bewusstseinsphilosophische Fassung der Zurechnungsverantwortung:¹⁶⁷ der „Gewißtheit, daß wir selbst DIE THÄTER UNSERER Thaten sind", auf der

---

163 Vgl. auch für das Zitat Schopenhauer 2018a, 452.
164 Schopenhauer 2018a, 449, Hervorhebungen im Original. Einen kleinen Ausschnitt daraus zitiert auch Vogelmann 2014, 283.
165 Schopenhauer 2018a, 450, Kapitälchen im Original.
166 Vgl. auch für das Zitat Schopenhauer 2018a, 451. Dort heißt es: „Da nun dieser Charakter ein ebenso nothwendiger Faktor jener Handlung ist, wie das Motiv; so erklärt sich hierdurch das Gefühl, daß unser Thaten von uns selbst ausgehen, oder jenes ‚ICH WILL', welches alle unsere Handlungen begleitet und vermöge dessen Jeder sie als SEINE Thaten anerkennen muß, für welche er sich daher moralisch verantwortlich fühlt." (Schopenhauer 2018a, 451, Kapitälchen im Original)
167 Zur fehlenden Differenzierung zwischen Verantwortung und Zurechnung bei Schopenhauer vgl. auch Vogelmann 2014, 299; Vogelmann 2015, 133.

das „Gefühl der VERANTWORTLICHKEIT" beruht, von dem Schopenhauer nicht auf empirische, sondern auf transzendentale „MORALISCHE FREIHEIT" schließt.[168] In der Terminologie seines Hauptwerkes gesagt, ist das „Gefühl der Verantwortlichkeit" so mit dem „Wille als Ding an sich", mit dem Willen „an sich selbst" verbunden.[169]

Verantwortung ist damit noch nicht im hier zugrunde gelegten Sinne ethisch als Aufgabenverantwortung gefasst. Sie ragt allenfalls als mitlaufendes Bewusstsein antizipierter Zurechnung in Aufgabenverantwortung hinein, ohne primär eine solche zu meinen. Schopenhauers Parallelisierung der Unterscheidung von intelligiblem und empirischem Charakter einerseits mit der von Freiheit und Notwendigkeit andererseits führt in seiner Argumentation zu einem anti-empirischen Freiheitsbegriff und in dessen Folge zu einem kontra-empirischen und erfahrungsfernen[170] Verantwortungsbegriff: Nur gegen die durchweg deterministisch vorgestellte Empirie kann das Ich sich sein eigenes Tun kontrafaktisch noch zurechnen, einzig aufgrund der angeblich zum Verantwortlichkeitsgefühl positivierten transzendentalen Freiheit des „Wille[ns] als Ding an sich".[171] In diesem Gefühl empfindet das Subjekt bei Schopenhauer moralische Verantwortung für ausnahmslos notwendige Taten beziehungsweise einen angeborenen, unveränderlichen Charakter. Entscheidend ist: Verantwortlichkeit ist bei Schopenhauer gefühlte Zurechnungsverantwortung. Sie ergibt sich bei ihm aus der Absehung von der empirisch erfahrenen Wirklichkeit und nicht aus Erfahrung dieser Wirklichkeit.

---

168 Vgl. Schopenhauer 2018a, 449–452, Zitat auf S. 449, Kapitälchen im Original. Dort v. a.: „Aber nur daraus läßt sich, so weit menschliche Kräfte es vermögen, begreifen, wie die strenge Nothwendigkeit unserer Handlungen doch zusammenbesteht mit derjenigen Freiheit, von welcher das Gefühl der Verantwortlichkeit Zeugniß ablegt, und vermöge welcher wir die Thäter unserer Thaten und dies uns moralisch zuzurechnen sind." (a. a. O., 451–452) Vgl. auch Vogelmann 2014, 285. Genau an diesem Rückschluss wird Friedrich Nietzsches Kritik in Menschliches Allzumenschliches I ansetzen (siehe 3.1.3 (1)).
169 Vgl. auch für die Zitate Schopenhauer 2018a, 452 und dann Schopenhauer 2018c, 374.
170 Erfahrungsnah ist das Verantwortungsgefühl ja nur, insoweit es sich selbst überschätzt, weil das – so Schopenhauer – aus dem Charakter als zweitem determinierenden Faktor des Tuns erklärliche, jedes Tun begleitende „‚Ich will' [...] den rohen Verstand verleitet, eine absolute Freiheit des Thuns und Lassens, ein *liberum arbitrium indifferentiae*, hartnäckig zu behaupten. Allein es ist nichts weiter, als das Bewußtseyn des zweiten Faktors der Handlung [...]" (Schopenhauer 2018a, 451, kursiv im Original. Zur Selbstüberschätzung der Verantwortung siehe Heidbrink wie unter 1.1.1.2 referiert.).
171 Vgl. auch für das Zitat Schopenhauer 2018a, 452. Diese Verwendung von Positivieren und die Gedankenstruktur, dass „der philosophisch rekonstruierte Ermöglichungszusammenhang zu einem allgemeinen Erlebnisphänomen des Gegründetseins positiviert wird", stammen von Rieger 2007, 293, dort auch das Zitat. Zum Vermittlungscharakter der Verantwortung „zwischen transzendentaler Freiheit" und „der empirischen Notwendigkeit" bei Schopenhauer Vogelmann 2014, 285, dort auch die Zitate.

3.1.3 Aufgabenverantwortung in der „Genealogie der Moral" (Friedrich Nietzsche)

Genau an diesem Punkt, bei der Frage nach der Willensfreiheit und Schopenhauers Argumentation dazu, setzt auch eine Verwendung des Begriffs „Verantwortlichkeit" bei Friedrich Nietzsche an, der in unterschiedlichen Werken und Schaffensperioden von „Verantwortlichkeit" geschrieben und diese kritisiert hat. Einen kurzen und konzisen Überblick dazu bietet Ludger Heidbrink, für Vogelmanns Arbeit ist die Auseinandersetzung mit Nietzsche grundlegend.[172] Vor diesem Hintergrund konzentriere ich mich hier nur auf zwei Verwendungen des Begriffs bei Nietzsche, weil sich zwischen diesen der Schritt von Zurechnungsverantwortung zu Aufgabenverantwortung ausmachen lässt.

(1) *Menschliches, Allzumenschliches I.* Nietzsches Denken war gerade in der Frühzeit von seiner Auseinandersetzung mit Schopenhauers Werk geprägt.[173] Noch in „Zur Genealogie der Moral" von 1887 spricht er rückblickend von „meinem großen Lehrer Schopenhauer".[174] In „Menschliches, Allzumenschliches I" von 1878 setzt Nietzsche sich mit der Frage nach der Willensfreiheit und insbesondere mit Schopenhauers Schrift dazu auseinander und verwendet in diesem Zusammenhang den Begriff der Verantwortlichkeit. In der Frage der Willensfreiheit argumentiert Nietzsche wie Schopenhauer deterministisch.[175] Auch Verantwortlichkeit fasst jener wie dieser hier als Gefühl der Zurechnung und spricht nur statt von Gefühl von „Empfindungen"; wenn Nietzsche die „Geschichte der Empfindungen" skizziert, „vermöge derer wir Jemanden verantwortlich machen", ist Verantwortlichkeit als die empfundene Zurechnung von „Handlungen", „Folgen", Motiven und schließlich dem „Wesen" des Menschen zum Handelnden gefasst.[176] Verantwortlichkeit ist bei Nietzsche hier – so Heidbrink – „ein *Zurechnungskonstrukt*", das in Sozialität konstruiert wird.[177] Im Zusammendenken von Determinismus einerseits und manifestem Gefühl der Verantwortlichkeit andererseits geht Nietzsche aber einen

---

172 Vgl. Heidbrink 2003, 80–87. Heidbrinks Darstellung verdanke ich den Überblick über und die Auffindung der im folgenden diskutierten Passagen. Vgl. Vogelmanns Interpretation von Nietzsche: Vogelmann 2014, 304–312. Zur Arbeit mit Nietzsches Werken habe ich auch die digitale Online-Ausgabe genutzt (http://www.nietzschesource.org/#eKGWB/GM [Abruf am 11.4.2022]).
173 Vgl. etwa Hirschberger 1980, 502–503; A. Schweitzer 1974a, 301.
174 Vgl. auch für das Zitat Nietzsche 1968, 263.
175 Vgl.: „Nun entdeckt man schliesslich, dass auch dieses Wesen nicht verantwortlich sein kann, insofern es ganz gar nothwendige Folge ist und aus den Elementen und Einflüssen vergangener und gegenwärtiger Dinge concrescirt" (Nietzsche 1967, 61, auch zitiert bei Heidbrink 2003, 81). Zum Determinismus Nietzsches vgl. auch Heidbrink, a.a.O., 80.
176 Vgl. auch für die Zitate Nietzsche 1967, 60–61.
177 Vgl. auch für das Zitat Heidbrink 2003, 81, kursiv im Original.

anderen Weg als Schopenhauer: Er wendet nicht wie Schopenhauer das manifeste Verantwortungsgefühl zur Behauptung einer transzendentalen Freiheit, die kontraempirisch den Determinismus in letzter Konsequenz relativiert, sondern denselben Determinismus gegen das Gefühl von Verantwortlichkeit, das folglich als „Irrthum" dasteht.¹⁷⁸ *„Zurechnungskonstrukt"* ist Verantwortlichkeit damit für beide – für Schopenhauer allerdings ein vernünftiges Konstrukt im Bewusstsein, für Nietzsche ein irrtümliches:

> Damit ist man zur Erkenntniss gelangt, dass die Geschichte der moralischen Empfindungen die Geschichte eines Irrthums, des Irrthums von der Verantwortlichkeit ist: als welcher auf dem Irrthum von der Freiheit des Willens ruht.¹⁷⁹

Nietzsche kritisiert Schopenhauer dafür, dem „U n m u t h (,Schuldbewusstsein')" Vernünftigkeit zu unterstellen, um daraus auf intelligible Freiheit zu schließen, wohingegen doch eigentlich die Unterstellung von Freiheit erst diesen „Unmuth" produziere.¹⁸⁰ Deshalb kommt Nietzsche zu dem Schluss:

> Niemand ist für seine Thaten verantwortlich, Niemand für sein Wesen; richten ist soviel als ungerecht sein. Diess gilt auch, wenn das Individuum über sich selbst richtet.¹⁸¹

Entscheidend an dieser Argumentation ist, dass die hier negierte Verantwortlichkeit immer noch Zurechnungsverantwortung ist. Eben diese negiert Nietzsche mit dem Verweis auf Notwendigkeit.

(2) *Genealogie der Moral.* In der zehn Jahre später veröffentlichten „Zur Genealogie der Moral" taucht der Begriff der „Verantwortlichkeit" wieder auf, denotiert hier aber nicht mehr Zurechnungsverantwortung, sondern vor allem Aufgabenverantwortung. In der zweiten Abhandlung fasst Nietzsche das in der Geschichte der Moral offenbar „zu einem hohen Grad" gelöste Problem des Menschen so: „Ein Thier heranzüchten, das v e r s p r e c h e n d a r f ".¹⁸² Dieses Versprechendürfen hängt an der Entwicklung eines Gedächtnisses, das der gesunden

---

178 Vgl. Nietzsche 1967, 60–61, Zitat auf S. 61.
179 Nietzsche 1967, 61. Auch zitiert bei Heidbrink 2003, 81.
180 Vgl. auch für die Zitate Nietzsche 1967, 61, im Original gesperrt. Vgl. auch: „Also: weil sich der Mensch für frei hält, nicht weil er frei ist, empfindet er Reue und Gewissensbisse." (Nietzsche 1967, 62, auch zitiert bei Heidbrink 2003, 80–81).
181 Nietzsche 1967, 62. Diese Seite ist auch referenziert bei Heidbrink 2003, 81.
182 Vgl. auch für beide Zitate Nietzsche 1968, 307, gesperrt im Original. Nicht diese Stelle, aber die Parallelstelle etwas später bei Nietzsche zitiert Heidbrink 2003, 83; Ulrich 2014, 30. Für eine ausführliche Diskussion dieses Verantwortungsverständnisses in der „Genealogie der Moral" Nietzsches vgl. Vogelmann 2014, 304–312; Vogelmann 2015, 135.

Vergesslichkeit des Menschen entgegensteht.¹⁸³ Wer verspricht, muss sich über die Zeit hin im Gedächtnis behalten, woran der Wille sich im Versprechen gebunden hat. In Nietzsches Worten meint versprechensrelevantes Gedächtnis nämlich

> ein aktives Nicht-wieder-los-werden-wollen, ein Fort- und Fortwollen des ein Mal Gewollten, ein eigentliches G e d ä c h t n i s d e s W i l l e n s : so daß zwischen das ursprüngliche ‚ich will' ‚ich werde tun' und die eigentliche Entladung des Willens, seinen A k t, unbedenklich eine Welt von neuen fremden Dingen, Umständen, selbst Willensakten dazwischengelegt werden darf, ohne daß diese lange Kette des Willens springt. [...] Wie muß der Mensch, um dermaassen über die Zukunft voraus zu verfügen, erst gelernt haben, das nothwendige vom zufälligen Geschehen scheiden, causal denken, das Ferne wie gegenwärtig sehn und vorwegnehmen [...]!¹⁸⁴

Entscheidend daran ist, was vielleicht banal klingt: Der Akt des Versprechens ist von der Gegenwart auf die Zukunft gerichtet. Er setzt – wie Nietzsche in diesem Zitat explizit macht – die Fähigkeiten zum kontrollierten, reflektierten Umgang mit der Zukunft, mit Wirkungen, mit nahen und fernen Folgen voraus.

Die Geschichte der Heranzüchtung eines Tieres, „das versprechen darf", identifiziert Nietzsche nun mit der „Geschichte von der Herkunft der V e r a n t w o r t l i c h k e i t ".¹⁸⁵ So verbindet er Verantwortlichkeit mit der Möglichkeit zu versprechen und richtet Verantwortlichkeit damit implizit auf Zukunft aus: Ein Schritt weg von reiner Zurechnungsverantwortung hin zur Aufgabenverantwortung ist getan. Es geht hier bei Verantwortlichkeit nicht mehr in erster Linie darum, sich im forensisches Rahmen schuldhaftes Handeln selbst zuzurechnen, sondern den Willen an ein Versprochenes zu binden – und damit der Sache nach an eine Aufgabe. Interessanterweise denkt Nietzsche diese Geschichte der Verantwortlichkeit weiter in die Vision eines „s o u v e r a i n e [n] I n d i v i d u u m [s, FH]" hinein, dessen Verantwortlichkeit er dann auch nicht negiert, sondern feiert:¹⁸⁶

> Das stolze Wissen um das außerordentliche Privilegium der V e r a n t w o r t l i c h k e i t , das Bewusstsein dieser seltenen Freiheit, dieser Macht über sich und das Geschick hat sich bei ihm bis in seine unterste Tiefe hinabgesenkt und ist zum Instinkt geworden, zum dominierenden Instinkt [...]¹⁸⁷.

---

183 Vgl. Nietzsche 1968, 307–308.
184 Nietzsche 1968, 308, gesperrt im Original.
185 Vgl. auch für die Zitate Nietzsche 1968, 309, gesperrt im Original, auch zitiert bei Heidbrink 2003, 83.
186 Vgl. auch für das Zitat Nietzsche 1968, 309, gesperrt im Original, auch zitiert bei Heidbrink 2003, 84.
187 Nietzsche 1968, 310, gesperrt im Original, auch zitiert bei Heidbrink 2003, 84.

Während Nietzsche Verantwortlichkeit als Schopenhauersches Gefühl der Zurechnungsverantwortung also als Irrtum qualifiziert, schillert Verantwortlichkeit als zukunftsorientiertes Versprechenkönnen in eine auch positiv bewertbare Aufgabenverantwortung des „souveränen Individuums".[188] Nicht schon bei Schopenhauer, sondern erst bei Nietzsche hebt Verantwortung an, das zu sein, was sie ethisch späteren Diskursen ist: Aufgabenverantwortung.

3.2 Übergänge: Von „Pflicht" zu „Verantwortung"

3.2.1 Der Übergang von „Pflicht" zu „Verantwortung" bei Albert Schweitzer

„Der terminologische Übergang vom Pflicht- zum Verantwortungsbegriff zeigt sich" – wie Hartmut Kreß m. E. zu Recht feststellt – „bei Albert Schweitzer."[189] In „Kultur und Ethik" greife Schweitzer einerseits Kants Pflichtbegriff konstruktiv auf und „überführte Pflichtethik" andererseits in Verantwortungsethik.[190] Dieser Übergang soll hier genauer betrachtet werden. Denn es ist nicht nur ein Übergang von Pflicht zu Verantwortung, sondern genauer: zur Verantwortung als Aufgabenverantwortung, nicht bloß als Zurechnungsverantwortung (3.2.1.2).

Den argumentativen Kontext für den Verantwortungsbegriff bei Schweitzer bildet dessen „Ethik der Ehrfurcht vor dem Leben"[191] – so schreibt Schweitzer selbst in der Vorrede zu seiner Kulturethik:

> In der Gesinnung der Ehrfurcht vor dem Leben liegt ein elementarer Begriff von Verantwortung beschlossen, dem wir uns ergeben müssen[192].

Damit tritt – so will ich argumentieren – bei Schweitzer der Verantwortungsbegriff unter der prominenten Überschrift „Ehrfurcht vor dem Leben" die Mission an, ein Problem zu lösen, das Schweitzer in dem sonst von ihm übernommenen kantischen Begriff absoluter Pflicht ungelöst sieht, und erschüttert das Konzept „Pflicht" grundlegender als intendiert. Ausgehend von der Beschreibung, wie mit

---

188 Vgl. zur Ambivalenz von Verantwortung und dem „souveränen Individuum[.]" bei Nietzsche und den Streit darum auch Vogelmann 2014, 308–312, Zitat auf S. 309.
189 Vgl. auch für die Zitate Kreß 1997, 126.
190 Vgl. auch für das Zitat Kreß 1997, 126–127.
191 A. Schweitzer 1974a, 375, im Original in Kapitälchen.
192 A. Schweitzer 1974a, 111. Vgl. dagegen Körtner: „Schweitzer behauptet, daß im Begriff des Willens ein Begriff von Verantwortung impliziert ist. Dies aber ist nicht der Fall." (Körtner 1988, 341)

der „Ehrfurcht vor dem Leben" Schweitzer zufolge Verantwortung gegeben ist (3.2.1.1), wird im Vergleich zu Schopenhauer und Kant das Spezifikum des Schweitzerschen Verantwortungsbegriffs deutlich, vor allem dessen Kontinuität und Differenz zum Pflichtbegriff (3.2.1.2). Das erlaubt zu bestimmen, was das Spezifische des Verantwortungsbegriffs gegenüber dem Pflichtbegriff in der Schweitzerschen Aneignung ist (3.2.1.3).[193]

3.2.1.1 Ausgangspunkt:[194] „Ehrfurcht vor dem Leben"

Das Manuskript zu „Kultur und Ethik" ist Schweitzers eigenen Angaben zufolge vor allem zwischen 1914[195] und 1923 in den Wirren des ersten Weltkrieges, in einer Missionsstation in Lambarene, in französischen Kriegsgefangenenlagern und schließlich in Straßburg entstanden und 1923 im C.H.Beck-Verlag publiziert worden.[196] Von daher verwundert es nicht, dass Schweitzer die Krise der „ethischen Energien"[197] der Kultur zum Ausgangspunkt seiner Argumentation macht, wobei er den Krieg nicht als Ursache, sondern als Symptom dieser Krise sieht,[198] und gleichzeitig eine Behandlung empfiehlt[199]. Die Krise macht Schweitzer darin aus, dass das „abendländische Denken"[200] daran gescheitert sei, eine Weltanschauung zu entwerfen, die überzeugend „die Welt- und Lebensbejahung und die Ethik" in

---

[193] Wertvolle Einsichten in die Arbeit Schweitzers genauso wie Verweise auf hier verwendete Literatur verdanke ich etwa folgenden Arbeiten: Groos 1974; Körtner 1988; Gansterer 1997; Harris 2014; Kantzenbach 1978.
[194] Gansterer bestimmt den „Ausgangspunkt" der Ethik Schweitzers im „Erleben des Willens zum Leben in mir und außer mir" (vgl. auch für die Zitate Gansterer 1997, 88).
[195] So schreibt er über die Zeit unmittelbar nach dem Kriegsausbruch: „Da mir die Arbeit im Spital verboten war, hatte ich nun Zeit, mich mit dem Stoffe, den ich seit Jahren in mir herumtrug und der durch das Ausbrechen des Krieges aktuell geworden war, dem Problem von ‚Kultur und Ethik', zu beschäftigen." (A. Schweitzer 1974b, 178) Mit dem Nachdenken über ein Buch, das zeitweise den Titel „Wir Epigonen" tragen sollte, hatte er bereits um 1900 begonnen (vgl. Harris 2014, 813). Vgl. dazu Schweitzer selbst: „Da ich aber den Eindruck hatte, daß wir uns in einer Periode des geistigen Niedergangs befanden, war ich versucht, es ‚Wir Epigonen' zu benennen." (A. Schweitzer 1974b, 176)
[196] Vgl. A. Schweitzer 1974b, 176–188. Vgl. zur Entstehung auch Groos 1974, 502–503. Zum Entstehungskontext vgl. auch Körtner 1988, 331.
[197] A. Schweitzer 1974b, 175.
[198] Vgl.: „Unsere Kultur macht eine schwere Krise durch. Gewöhnlich meint man, diese Krise sei durch den Krieg herbeigeführt worden. Dies ist falsch. Der Krieg mit allem, was mit ihm zusammenhängt, ist selber nur eine Erscheinung der Kulturlosigkeit, in der wir uns befinden." (A. Schweitzer 1974a, 117)
[199] So stellt er selbst rückblickend fest: „Warum nur Kritik an der Kultur? [...] Die Zeit erforderte nunmehr aufbauende Arbeit." (A. Schweitzer 1974b, 178)
[200] A. Schweitzer 1974a, 99.

sich begründet[201] – und zwar weil es versucht habe, die Welt als sinnvoll zu deuten und in dieser „Welterklärung" die Ethik zu gründen.[202] Auf solche Welterklärungen will Schweitzer verzichten, stattdessen die Welt so nehmen, „wie sie ist",[203] und bei der „Lebensanschauung" ansetzen.[204] Er gründet „die Welt- und Lebensbejahung und die Ethik" im mystischen Erleben[205] des „Willen[s] zum Leben", in dem das Ja zu Welt und Leben schon gewollt ist:[206]

> Das Entscheidende für unsere Lebensanschauung ist nicht unsere Erkenntnis der Welt, sondern die Bestimmtheit des Wollens, das in unserem Willen zum Leben gegeben ist. In der Natur tritt uns der unendliche Geist als rätselhaft schöpferische Kraft entgegen. In unserem Willen zum Leben erlebt er sich in uns als welt- und lebensbejahendes und als ethisches Wollen.[207]

Darin ist hier zweierlei entscheidend: die Gründung im mystischen Erleben (1) und die (noch implizite) Spannung von Partikularität und Universalität (2), welche zur Verwendung des Verantwortungsbegriffs führt (3).

(1) *Mystisches Erleben.* Erstens verlagert Schweitzer so die Grundlage für Ethik und Rationalität ins „denknotwendig[.] Irrationale",[208] das im Selbst- und Weltverhältnis des Willens als „Gesinnung" bestimmend sei und sein solle.[209] Der „Wille

---

201 Vgl. auch für das Zitat: „Wir wollen die Welt- und Lebensbejahung und die Ethik, die wir zum wertvollen, unserem Leben einen Sinn gebenden Wirken nötig haben, in dem Denken über Welt und Leben als sinnvoll begründet finden. Ist unser Suchen nach Weltanschauung einmal davon ganz erfüllt, daß sich alles um diese beiden fundamentalen Fragen dreht, so ist es davor bewahrt, sich auf Nebenpfade zu begeben [...]." (A. Schweitzer 1974a, 101–102) Biographisch drückt sich in dieser Diagnose des Scheiterns des abendländischen Denkens wohl auch Schweitzers eigene „große Enttäuschung" darüber aus, dass es nicht dazu gekommen ist, „daß die Religion und die Philosophie miteinander kraftvoll gegen Nietzsche auftreten und ihn widerlegen würden." (vgl. auch für die Zitate A. Schweitzer 1974b, 174–175)
202 Vgl. A. Schweitzer 1974a, 102–103. Vgl. Groos 1974, 515; Körtner 1988, 336; Gansterer 1997, 88. Gansterer benutzt – wie A. Schweitzer 1974a, 347 – auch den Begriff der „Welterklärung".
203 Vgl. auch für das Zitat A. Schweitzer 1974a, 104.
204 Vgl. auch für das Zitat A. Schweitzer 1974a, 107.
205 Vgl. auch kurz und bündig: „Die Ethik muß aus Mystik kommen wollen." (A. Schweitzer 1974a, 371) Mit Schweitzers eigenem Begriff der Mystik ist diese Art der Erfahrung hier m.E. präziser benannt, als wenn man Gansterers Vorschlag folgt, sie „als *lebensweltliche Erfahrung* zu bezeichnen" (Gansterer 1997, 89, kursiv im Original).
206 Vgl. auch für die Zitate A. Schweitzer 1974a, 101, 106–107 und vgl. Gansterer 1997, 88.
207 A. Schweitzer 1974a, 107.
208 Vgl. auch für das Zitat A. Schweitzer 1974a, 110.
209 Vgl. auch für das Zitat: „Welt- und Lebensbejahung und Ethik sind irrational. Sie sind in keinem entsprechenden Erkennen des Wesens der Welt gerechtfertigt, sondern sind die Gesinnung, in der wir unser Verhältnis zur Welt aus der inneren Notwendigkeit unseres Willens zum Leben bestimmen." (A. Schweitzer 1974a, 110)

zum Leben" werde nicht erkannt, sondern erlebt; Aufgabe des Denkens sei es, dorthin und über sich hinaus zu führen.[210] Aus dem Erleben, nicht aus dem Denken, gewinnt das Gedachte so Überzeugungskraft; das ethische entscheidende Erleben ist dann bei Schweitzer das mystische Erleben eines Willens zum Leben.[211] Dieses Erleben fasst er als „Ehrfurcht vor dem Leben":

> Ehrfurcht vor dem Leben ist Ergriffensein von dem unendlichen, unergründlichen, vorwärtstreibenden Willen, in dem alles Sein gegründet ist.[212]

Zu einer Art mystischem Erlebnisbericht hat Schweitzer auch seine eigene, viel zitierte Erzählung vom Entdeckungszusammenhang des Begriffs „Ehrfurcht vor dem Leben" stilisiert, von seinem Ogowefluss-Erlebnis.[213] Konkret formuliert er den Inhalt des Erlebens als „fundamentale Tatsache des Bewußtseins des Menschen" so:[214]

> Ich bin Leben, das leben will, inmitten von Leben, das leben will.[215]

Diese „elementare Erfahrung"[216] soll denkend das Leben in einer Welt bejahen lassen, die nicht erklärt oder sinnvoll gedeutet werden kann, und dies, „ohne den Sinn der Welt zu verstehen".[217] Damit wird die folgende Feststellung von Verantwortung nicht von metaphysischen oder transzendentalphilosophischen Reflexionen ausgehen, sondern von Erfahrung und mystischem Erleben.

(2) *Spannung von Partikularität und Universalität.* Zweitens zeigt sich schon an den drei letzten Langzitaten die Spannung zwischen Partikularität unterschiedli-

---

210 Vgl. auch für das Zitat A. Schweitzer 1974a, 108, wo es etwa heißt: „In der Ehrfurcht vor dem Leben geht mein Erkennen in Erleben über." (ebd.) Vgl. zudem a. a. O., 376 und dort etwa: „Nichts anders vermag das immer tiefer und immer umfassender werdende Erkennen zu tun, als uns immer tiefer und immer weiter in das Rätselhafte hineinzuführen, daß alles, was ist, Wille zum Leben ist." (A. Schweitzer 1974a, 376)
211 Vgl. A. Schweitzer 1974a, 108, 376–377.
212 A. Schweitzer 1974a, 347.
213 Vgl. A. Schweitzer 1974b, 179–180 und dort etwa: „Auf einer Sandbank, zur Linken, wanderten vier Nilpferde mit ihren Jungen in derselben Richtung wie wir. Da kam ich, in meiner großen Müdigkeit und Verzagtheit plötzlich auf das Wort ‚Ehrfurcht vor dem Leben', das ich, soviel ich weiß, nie gehört und nie gelesen hatte." (A. Schweitzer 1974b, 180)
214 Vgl. dafür, das Zitat und das Folgende: A. Schweitzer 1974a, 377; A. Schweitzer 1974b, 181. An der erstgenannten Belegstelle steht statt „fundamentale": „unmittelbarsten und umfassendsten" (A. Schweitzer 1974a, 377) und die Nennung des Menschen fehlt.
215 A. Schweitzer 1974a, 377; A. Schweitzer 1974b, 181.
216 So nennt Körtner das in diesem Satz ausgedrückte: Körtner 1988, 342.
217 A. Schweitzer 1974a, 108–109, 347, auch S. 105, Zitat auf S. 109.

cher Willen und einem „universalen Willen"[218]. Viele Singularformulierungen im Zusammenhang mit dem „Willen zum Leben" deuten darauf hin, dass Schweitzer hier von einem Willen zum Leben ausgeht, der überall und unterschiedlich erscheint:[219] die Rede vom dem „Willen, in dem alles Sein gegründet ist"[220], kollektive Identitätsaussagen wie „wir sind Wille zum Leben"[221], der Gedanke von der Vielgestaltigkeit des (einen) Willen[222] und „dem geheimnisvollen Willen zum Leben, der in uns ist"[223] etwa. Gerade in Singularformulierung kann Schweitzer den Willen auch theologisch deuten:

> Denn in Welt- und Lebensbejahung und in Ethik erfülle ich den Willen des universellen Willens zum Leben, der sich in mir offenbart. Ich lebe mein Leben in Gott, in der geheimnisvollen ethischen Gottespersönlichkeit, die ich so in der Welt nicht erkenne, sondern nur als geheimnisvollen Willen in mir erlebe.[224]

Der Ausdruck der Grundtatsache – „Ich bin Leben, das leben will, inmitten von Leben, das leben will."[225] – spricht aber von unterschiedlichen partikularen Willen. Körtner hat zu Recht darauf verwiesen, dass sich aus der axiomatischen Erfahrung partikularer Willen logisch kein universaler Wille (und „kein Sollen") schließen lasse, an dem aber die Plausibilität der Denknotwendigkeit der Ethik hängt:[226] Logische Denknotwendigkeit wird hier tatsächlich nicht erwiesen.[227]

In Schweitzers eigener Argumentation wird weder die Spannung noch das von Körtner benannte Problem des logischen Schlusses an dieser Stelle akut, weil es für Schweitzer die Mystik ist, die die Brücke schlägt:[228] Der Satz „Ich bin Leben..."

---

218 Die Terminologie, von einem „universalen Willen" (Körtner 1988, 342) und einem „partikularen Willen" (a. a. O., 346) zu sprechen, ist hier von Körtner übernommen.
219 Zu der Formulierung, nach der der Wille zum Leben „erscheint" vgl. A. Schweitzer 1974a, 109, 347.
220 A. Schweitzer 1974a, 347.
221 A. Schweitzer 1974a, 343.
222 Vgl. A. Schweitzer 1974a, 344, 354.
223 A. Schweitzer 1974a, 346.
224 A. Schweitzer 1974a, 109.
225 A. Schweitzer 1974a, 377; A. Schweitzer 1974b, 181.
226 Vgl. Körtner 1988, 342, 346, Zitat auf S. 346. Dort heißt es: „Man sieht, daß der Schluß auf einen universalen Willen zum Leben logisch nicht gegeben ist. [...] Von einer Denknotwendigkeit, wie Schweitzer behauptet, kann im Blick auf die Ethik der Ehrfurcht vor dem Leben – jedenfalls in ihrer bei Schweitzer anzutreffenden Formulierung – keine Rede sein." (a. a. O., 342) Körtner nennt die „Ehrfurcht vor dem Leben" bei Schweitzer auch „Grundaxiom" (a. a. O., 345).
227 Vgl. Groos 1974, 519 im Rückgriff auf W. Picht; im Anschluss an beide Körtner 1988, 342.
228 Vgl. A. Schweitzer 1974a, 109 und dort etwa: „Das voraussetzungslose Vernunftdenken endet also in Mystik." (ebd.). Vgl. zu dieser Erlebnismöglichkeit, allerdings auf „[f]remde Ansprüche"

formuliert für ihn m. E. nicht eigentlich das Axiom eines logischen Schlusses, sondern eher ein Meditationsmantra,[229] das zu der Erfahrung führt, dass der (partikulare) Wille zum Leben, der in einem selbst drängt und gleichzeitig bestimmt ist zum „Einswerden mit dem unendlichen Willen zum Leben"[230], auch in anderem Belebtem drängt, wo er dem eigenen Willen analog ist und so erfassbar wird:[231] „So wird mir das Wissen von der Welt zum Erleben der Welt."[232] Konkreter fasst Schweitzer das so:

> Wie in meinem Willen zum Leben Sehnsucht ist nach dem Weiterleben und nach der geheimnisvollen Gehobenheit des Willens zum Leben, die man Lust nennt, und Angst vor der Vernichtung und der geheimnisvollen Beeinträchtigung des Willens zum Leben, die man Schmerz nennt: also auch in dem Willen zum Leben um mich herum, ob er sich mir gegenüber äußern kann oder ob er stumm bleibt.[233]

In dem „also auch" steckt die „elementare Erfahrung" und ihre ethische Relevanz. Dieses Grunderleben begründet dann, was Schweitzer als „denknotwendige[s, FH] Grundprinzip des Sittlichen" ausgibt:[234]

> Gut ist, Leben erhalten und Leben fördern; böse ist, Leben vernichten und Leben hemmen.[235]

---

bezogen, auch Waldenfels (vgl. auch für das Zitat Waldenfels 2010a, 169): „Fremde Ansprüche, die sich gemeinsamen Zielen und allgemeinen Geltungsansprüche entziehen, haben etwas Unausweichliches, das die Alternative von Sein und Sollen unterläuft." (ebd.)
229 Vgl. Schweitzer auf dieser Linie: „Dies ist nicht ein ausgeklügelter Satz. Tag für Tag, Stunde für Stunde wandle ich in ihm. In jedem Augenblick der Besinnung steht er neu vor mir. [...] Mystik ethischen Einswerdens mit dem Sein wächst aus diesem hervor." (A. Schweitzer 1974a, 377) Für diese Interpretation spricht, worauf Ruth Harris hingewiesen hat: „Rather than deriving from his rejection of Kantian abstraction alone, his ‚reference for life' owed much to his engagement with Jainism and Buddhism." (Harris 2014, 817)
230 Vgl. A. Schweitzer 1974a, 349.
231 Vgl. A. Schweitzer 1974a, 377. Schweitzer verwendete dort selbst den Analogiebegriff. Vgl. so auch a.a.O., 356.
232 A. Schweitzer 1974a, 377.
233 A. Schweitzer 1974a, 378.
234 A. Schweitzer 1974a, 378. Die Begründung der Denknotwendigkeit im Erleben formuliert Schweitzer selbst explizit: „Ethik besteht also darin, daß ich die Nötigung *erlebe*, allem Willen zum Leben die gleiche Ehrfurcht vor dem Leben entgegenzubringen wie dem eigenen. Damit ist das denknotwendige Grundprinzip des Sittlichen gegeben." (A. Schweitzer 1974a, 378, meine Kursivsetzung) Vgl. zu dieser Begründung, den unterschiedlichen Fassungen, schrittweisen Ausweitungen und Reduktionen dieses Grundprinzips in den Texten Schweitzers ausführlicher: Gansterer 1997, 97–101.
235 A. Schweitzer 1974a, 378.

(3) *Verantwortungsbegriff.* Mit diesem Prinzip hat Schweitzer eigentliche eine Pflichtethik güterethisch begründet, führt diese Pflichtethik aber nicht als solche aus: Denn diese Verpflichtung auf die Erhaltung und Förderung des Lebens ist es nun,[236] für die Schweitzer einige Male auch den Begriff „Verantwortung" und „Verantwortlichkeit" verwendet, freilich ohne dies explizit als Begriffsinnovation, sonst irgendwie oder überhaupt zu reflektieren: „Ethik ist ins Grenzenlose erweiterte Verantwortung gegen alles, was lebt."[237] Und es ist die „Ehrfurcht vor dem Leben", die in diese „niemals und nirgends aufhörende Verantwortlichkeit" bringt.[238]

Körtner hat bezweifelt, dass dieser argumentative Schritt vom Erleben des Lebenswillens zur Verantwortlichkeit für das Leben funktioniert:[239] Die Begründung dafür, dass das, was leben will, auch leben soll und so Verantwortung erfordere, leiste bei Schweitzer der „Hinweis auf den universalen Willen zum Leben als ethische Verantwortungsinstanz", der „intuitiv erahnt" werde, aber sich damit – so Körtner – nicht „argumentativ einsichtig" mache.[240] Vielleicht nicht diese Kritik,[241] aber auf jeden Fall die Beobachtung, dass der Schritt vom Wollen zum Sollen und damit zur Verantwortung bei Schweitzer am universalen Willen hängt, trifft meines Erachtens: Es ist bei Schweitzer letztlich nicht die bloße Erfahrung, dass ich leben

---

[236] Groos sieht bei Schweitzer aus dieser „Bewusstseinstatsache" auch die „Einsicht in die Verpflichtung dem anderen Leben gegenüber" folgen (vgl. auch für die Zitate Groos 1974, 516).

[237] A. Schweitzer 1974a, 379. Auch zitiert bei Groos 1974, 516. Grundsätzlich trefflich hat Gansterer bemerkt, dass damit zunächst nicht viel mehr über Verantwortung gesagt ist, als dass sie *„grenzenlos"* sei (Gansterer 1997, 107, kursiv im Original). Damit ist aber auch schon gesagt, dass sie Verantwortung „gegen alles" ist, Verantwortung also Verwiesenheit auf anderes Leben meint. Das ist mit Gansterers eigener Definition auch impliziert, wenn auch nicht formuliert: „Verantwortung heißt für Schweitzer Lebensförderung aus der Gesinnung der Ehrfurcht vor dem Leben heraus." (Gansterer 1997, 107)

[238] Vgl. auch für die Zitate A. Schweitzer 1974a, 380, vgl. auch A. Schweitzer 1974a, 390, 393.

[239] Vgl. Körtner 1988, 341–342. Auch Gansterer hat diese Frage aufgeworfen und ausführlich die beiden „Geleise" beschrieben, auf denen Schweitzer sie beantwortet: nämliche die „geistige Tat" der Lebensbejahung des „instinktiv" gegebenen Willens und das Erleben der Nötigung zur Ehrfurcht (vgl. Gansterer 1997, 89–97, Zitate auf S. 96).

[240] Vgl. auch für die Zitate Körtner 1988, 346.

[241] Die von Körtner eingeforderte argumentative Stringenz scheint mir insofern nicht Schweitzers eigenes Ziel zu sein, als sie sich dem (wie beschrieben) Schweitzer zufolge erfolglosen Versuch zuordnen ließe, „die Welt- und Lebensbejahung und die Ethik" (s. o., A. Schweitzer 1974a, 101) in der Weltanschauung, nämlich in kohärenter Deutung der Welt zu gewinnen; Überzeugungskraft soll bei Schweitzer aber nicht aus der Kohärenz dieser Deutung, sondern eben aus dem mystischen Erleben kommen (s. o.).

will und anderes auch, die zu Ehrfurcht nötigt[242] und so in Verantwortung bringt, sondern dasjenige mystische Erleben, das in diesen partikularen Willen zum Leben bei mir und anderen, einen unendlichen, rätselhaften Willen zum Leben in Erscheinung treten spürt; das belegen die bereits zitierten Singularformulierungen.[243] Erst das sich in mystischer Erfahrung zum Erlebnisinhalt positivierende Postulat eines universalen Willens[244] macht m. E. bei Schweitzer den begegnenden partikularen Willen zu einem Anspruch[245] an das Selbst, der in der „Ehrfurcht vor dem Leben" als berechtigter Anspruch erscheint.[246] Wertunterscheidungen zwischen unterschiedlichen Lebenswillen lässt Schweitzer dabei nicht zu:[247] „Das Leben als solches ist ihm heilig. Er reißt kein Blatt vom Baume ab, bricht keine Blume und hat acht, daß er kein Insekt zertritt."[248] Es beinhaltet also gleichermaßen berechtigte Ansprüche.

Die Grenzenlosigkeit der Verantwortung, von der Schweitzer wie zitiert spricht: die „Verantwortung gegen alles, was lebt",[249] folgt dabei implizit genauso aus besagter Universalität des Willens zum Leben: Wenn sich in allem Lebenwollen von allem Leben universeller Wille zum Leben ausdrückt, begegnet in all diesem Leben berechtigter Anspruch, und damit ist der Einzelne auch für alles andere Leben, dessen Förderung und Erhalt, verantwortlich. Dass sich Verantwortung etwa auch

---

242 Vgl. auch für den Begriff der „Nötigung" A. Schweitzer 1974a, 378, dort auch das Zitat, und inhaltlich vgl. Gansterer 1997, 95–96.
243 Vgl. A. Schweitzer 1974a, 377 und auch, wie bereits zitiert: „In der Natur tritt uns der unendliche Geist als rätselhaft schöpferische Kraft entgegen. In unserem Willen zum Leben erlebt er sich in uns als welt- und lebensbejahendes und als ethisches Wollen." (A. Schweitzer 1974a, 107)
244 Vgl. zum „Postulat"-Charakter Körtner 1988, 342, dort auch das Zitat. Die Begrifflichkeit und die Gedankenstruktur, dass „der philosophisch rekonstruierte Ermöglichungszusammenhang zu einem allgemeinen Erlebnisphänomen des Gegründetseins positiviert wird", stammen aus Hans-Martin Riegers luzider Auseinandersetzung mit Wilhelms Gräbs Theologie (vgl. auch für das Zitat Rieger 2007, 293). Eine Strukturanalogie zu dem, was Rieger wie zitiert beschreibt und problematisiert, findet sich m. E. bei Schweitzer.
245 Zur Rede von „Ansprüchen" vgl. grundsätzlich etwa Waldenfels 2010a, 169.
246 Vgl. auch für das Zitat A. Schweitzer 1974a, 108.
247 Vgl. dazu, dass Schweitzer „grundsätzlich alles Leben […] für gleichwertig erklärt", auch Körtner 1988, 343, dort auch das Zitat.
248 A. Schweitzer 1974a, 379. Vgl. zum Ausschluss von Wertunterscheidungen auch Groos 1974, 522, auf den sich auch Körtner 1988, 343 bezieht. Zumindest stellenweise lässt Schweitzer ahnen, dass dieser Gedanke im Kern ein offenbarungstheologischer ist, wenn er etwa schreibt, dass sich der Wille zum Leben „in mir offenbart": „Denn in Welt- und Lebensbejahung und in Ethik erfülle ich den Willen des universellen Willens zum Leben, der sich in mir offenbart. Ich lebe mein Leben in Gott, in der geheimnisvollen ethischen Gottespersönlichkeit, die ich so in der Welt nicht erkenne, sondern nur als geheimnisvollen Willen in mir erlebe." (A. Schweitzer 1974a, 109)
249 Vgl. auch für das Zitat A. Schweitzer 1974a, 379.

auf Tiere und Pflanzen erstreckt, ist ja gerade eine Pointe von Schweitzers Ethik der Ehrfurcht vor dem Leben.

„Verantwortung" bezeichnet bei Schweitzer also die sich aus Ehrfurcht vor dem Leben in der „Gesinnung" ergebende Verwiesenheit auf alle Lebenswillen als berechtigte Ansprüche.[250] Insofern würde tatsächlich gelten: „In der Gesinnung der Ehrfurcht vor dem Leben liegt ein elementarer Begriff von Verantwortung beschlossen, dem wir uns ergeben müssen".[251]

Schwerer als Körtners theoretische Kritik, von der Erkenntnis des Lebenswillens führe kein Weg zur Verantwortung für Leben,[252] wiegt die praktische Kritik, dass Verantwortung für anderes Leben immer eine paternalistische Schlagseite habe: Sieht man mit Ruth Harris Schweitzers Krankenhausprojekt als „exemplification" seines ethischen Ansatzes, gibt die Kritik an den autoritären Ordnungsaspekten dieses Projektes zu denken:[253] Zu wie viel praktischem Paternalismus verführt Verantwortung?

3.2.1.2 Einordnung: Kontinuität und Differenz zu Kants formaler Pflichtethik und Schopenhauers resignativer Mitleidsethik

Insgesamt hat Schweitzer damit einen Begriff von Verantwortung als Aufgabenverantwortung über Schopenhauer hinaus eingeführt (1), in diese aber noch nicht die Folgenverantwortung[254] Webers (s. 3.2.2.1) integriert (2). Dieser Verantwortungsbegriff geht über den Rahmen der Kantischen Pflichtethik hinaus (3). Von dem Vergleich mit Kant her wird sich der denotierte Bedeutungsmehrwert der Verantwortungs- gegenüber der Pflichtsemantik bei Schweitzer bestimmen lassen (3.2.1.3).

(1) *Schopenhauer.* Die gleich zu benennenden inhaltlichen Parallelen deuten darauf hin, dass Schweitzer den Voluntarismus und infolge dessen den willensbezogenen Verantwortungsbegriff von Schopenhauer übernommen hat. Weil Schweitzer aber Schopenhauers Pessimismus explizit nicht übernimmt, pointiert er „Verantwortung" anders.

---

250 Vgl. für die Zitate A. Schweitzer 1974a, 111.
251 A. Schweitzer 1974a, 111.
252 Vgl. Körtner 1988, 341–342.
253 Vgl. Harris 2014, 814, 823–824, Zitat auf S. 814. So weist Harris auf die kritikbedürftigen Aspekte des Projektes hin: „While he [Albert Schweitzer, FH] issued his Declaration of Conscience in 1957 asking nuclear powers to desist from further nuclear testing, his hospital remained without African physicians or even nurses, and he was uninterested when sympathisers suggested he train indigenous medical staff. Increasingly, he was criticized for holding court over a ramshackle hospital in which a curious combination of authoritarianism and untidiness reigned [...]" (Harris 2014, 823).
254 Für den Begriff vgl. etwa Kreß 1997, 120.

Folgende inhaltlichen Parallelen zwischen Schweitzer und Schopenhauer (vgl. 3.1.2) stechen ins Auge: Beide denken grundlegend voluntaristisch. Beiden ist unmittelbares Erleben wichtiger als begriffliche Erkenntnis. Beide fassen Willen als „Willen zum Leben".[255] Beide sehen diesen Willen zum Leben universell als einen, der sich in einer Vielfalt von Individuen ausdrückt; beide arbeiten also mit der Spannung von Willenseinheit und Vielfalt. Bei beiden führt eine Art von mystischem Analogieschluss vom eigenen zum fremden Lebenswillen, zum Erleben des einen Willens zum Leben, der in allem Leben leben will. Bei beiden ist diese erlebte Erkenntnis entscheidend für die Ethik. In diesem Rahmen führen beide den Verantwortungsbegriff ein, der bei beiden willensbezogen ist. Zudem kennt Schweitzer Schopenhauers Werk – er hat es in „Kultur und Ethik" mehr kritisch als konstruktiv diskutiert.[256] Allerdings spielt der Doketismus Schopenhauers bei Schweitzer kaum eine Rolle, von Schopenhauers Pessimismus grenzt sich Schweitzer explizit ab.[257] Das schlägt sich in einer anderen Terminologie für die gute Relationierung unterschiedlich individuierter Willen nieder: Sind bei Schopenhauer hier die Begriffe „Mitleid" und „Resignation" entscheidend,[258] ist für Schweitzer „Resignation" nur ein Durchgangsstadium[259] und das entscheidende Stichwort ist „Ehrfurcht vor dem Leben".

Damit hat Schweitzer einen anderen Rahmen gesetzt, in dem ein anderer, neuer Verantwortungsbegriff plausibel wird: Weil für Schopenhauer das eigene wie das fremde Glück nur negativ als „Befreiung von einem Schmerz, von einer Noth" bestimmbar ist,[260] weil so der Bezug zum anderen nur negativ an der Vermeidung von Schmerz orientiert ist und weil Schopenhauer insgesamt die Erlösung in der resignativen Verneinung allen Wollens sucht (3.1.2.1.), konzeptualisiert er letztlich keine positive Beziehung des Subjekts auf andere. Alle Ansprüche, die der Wille in mir oder anderen erheben könnte, führen für Schopenhauer wie gesagt letztlich tiefer ins Unglück. Entsprechend ist für seinen Verantwortungsbegriff auch nicht der positive Bezug auf den Willen im anderen als einen berechtigten Anspruch entscheidend, sondern der Wille, wie er sich in einem selbst zu ahnen gibt. Das Gefühl

---

255 Vgl. Schopenhauer 2018b, 362; A. Schweitzer 1974a, 108.
256 A. Schweitzer 1974a, 291–301.
257 Vgl.: „Es gehört zum Wesen der Welt- und Lebensverneinung, die er als Ethik ausgeben will, daß sie sich nicht konsequent zu Ende denken und nicht konsequent durchführen läßt." (A. Schweitzer 1974a, 300) Vgl. dazu auch Körtner 1988, 340.
258 Vgl. 3.1.2.1 und so auch Schweitzers Rekonstruktion von Schopenhauer, vgl. A. Schweitzer 1974a, 295.
259 Vgl.: „Resignation ist die Halle, durch die wir in die Ethik eintreten." (A. Schweitzer 1974a, 383)
260 Schopenhauer 2018b, 415–416, Zitat auf. S. 416, s. o.

für Verantwortlichkeit im Bewusstsein war ihm ja Ahnung der Freiheit des einen Willens in mir (3.1.2.2): Dieses Wirken des Willens in mir lässt mich fühlen, dass meine Taten von mir ausgehen – und das ist das Gefühl der Verantwortlichkeit.[261]

Ganz anders bei Schweitzer: Sein Voluntarismus führt vermittels der „Ehrfurcht"-Semantik zu einem positiven Bezug des Subjektes auf den anderen Willen als berechtigten Anspruch. Der Verantwortungsbegriff ist damit nicht durch den Bezug zum Willen in mir, sondern zum Willen im anderen bestimmt, genauer: zum einen Willen, so wie er nicht nur in mir, sondern hier nun vor allem im anderen erscheint.[262] Nicht das Wirken des einen Lebenswillens in mir responsibilisiert mich wie bei Schopenhauer, sondern der Lebenswille im anderen. Zudem hatte Schweitzer diesen Lebenswillen auch positiv bestimmt: Es geht nicht wie bei Schopenhauer nur um Leidenslinderung, sondern um „Leben erhalten und Leben fördern".[263]

Verantwortung meint bei Schweitzer also primär nicht mehr die durch den Willen im Subjekt gefühlte Zurechnungsverantwortung, sondern die in der positiven Bezogenheit auf den Willen zum Leben im anderen Subjekt gründende Aufgabenverantwortung. Anders gesagt: Der Verantwortungsbegriff wird da zu genuin ethischer Aufgabenverantwortung, wo die egologische Engführung des Voluntarismus in der Bewusstseinsphilosophie in die Sensibilität für Sozialität aufgelöst ist. Das ist bei Schweitzer paradigmatisch geschehen.

(2) *Weber.* Verantwortung als Aufgabenverantwortung hängt damit bei Schweitzer noch nicht mit Folgenabwägungen zusammen, sondern benennt eine Pflicht, nämlich die Pflicht zu Lebenserhalt und -förderung.[264] Über die Verantwortung enthaltende Ethik der Ehrfurcht vor dem Leben schreibt er: „Wirken wollend, darf sie doch alle Probleme des Erfolges ihres Wirkens dahingestellt sein lassen".[265] Damit setzt Verantwortung nach diesem Verständnis auch keine Macht seitens des Verantwortlichen voraus. Verantwortung integriert hier noch nicht das, was bei Weber der „Erfolgswert" ist, in die Handlungsüberlegung (S. 3.2.2).

---

261 Siehe oben 3.1.2.2 und Schopenhauer 2018a, 449, 451. Es ist „vermöge" des „ICH WILL", dass „Jeder sie als SEINE Thaten anerkennen muß" (a.a.O., 451, Kapitälchen im Original).
262 Siehe oben und vgl. bes. A. Schweitzer 1974a, 378.
263 Vgl. auch für das Zitat A. Schweitzer 1974a, 378.
264 Zu diesem Unterschied zwischen Webers und Schweitzers Verantwortungsbegriff vgl. auch Kreß 1997, 117.
265 A. Schweitzer 1974a, 381. Diese Bestimmung Schweitzers ist m.E. grundsätzlicher für seine Verantwortungskonzeption als das, was er später über die „überpersönliche[.] Verantwortung" schreibt (vgl. auch für das Zitat a.a.O., 400): „Darum hat der in überpersönlicher Verantwortung wirkende Mensch sich nicht nur dem durch ihn zu verwirklichenden Erfolg, sondern auch der zu schaffenden Gesinnung verantwortlich zu fühlen." (a.a.O., 400) Zielpunkt bleibt auch hier die Gesinnung, nicht der Erfolg (vgl. dazu auch Kreß 1997, 117–118)

(3) *Kant.* Wie sieht bei Schweitzer nun das Verhältnis dieses Verantwortungsbegriffs zum Pflichtbegriff aus? Eine Antwort muss bei Kant einsetzen, mit dem Schweitzer sich schon während seiner Doktorarbeit ausführlich auseinandergesetzt hatte.[266] Schweitzer stößt sich interessanterweise nun nicht am Kantischen Rigorismus, sondern an dessen Formalismus:[267] Er würdigt Kant für dessen absoluten und unbedingten Pflichtbegriff, für „die Ethik der unmittelbar und absolut gebietenden Pflicht", in der er den „Sinn der Lehre vom kategorischen Imperativ" sieht[268] und kritisiert ihn für die inhaltliche Unbestimmtheit dieser Pflicht: „Die Absolutheit der ethischen Pflicht ist erfaßt; aber ihr Inhalt wird nicht ergründet."[269] In der inhaltlichen Bestimmung eines „allgemeinen Grundprinzips des Sittlichen" sieht Schweitzer das Ziel der Ethik.[270]

Dieses „Grundprinzip" findet Schweitzer wie gesehen in der „Ehrfurcht vor dem Leben", die sein Funktionsäquivalent zu Kants „Achtung vor dem Gesetz" ist.[271] Beide Begriffe bezeichnen die subjektive Anerkennung des sittlichen Grundprinzips – die „Achtung vor dem Gesetz" ist die subjektive Achtung des Gesetzes (3.1.1) und in der „Ehrfurcht vor dem Leben" wird das „denknotwendige Grundprinzip des Sittlichen"[272] als verbindlich erlebt. Beide benennen die Achtung gegenüber einem Willen – einmal dem „in der Idee" pflichtbestimmten eigenen Willen, der sich selbst Gesetz sein soll,[273] und einmal im Willen zum Leben. Beide qualifizieren das Handeln, das aus dem von ihnen geprägten Willen hervorgeht, unabhängig davon, ob es Gutes bewirkt, als gut.[274] Darin ist auch Schweitzer noch ganz Pflicht- und nicht Verantwortungsethiker im Weberschen Sinne.[275] Beide Willen haben einen

---

266 Vgl. dazu und zur Rolle Kants für Schweitzer: Körtner 1988, 334; Harris 2014, 814; Groos 1974, 606–636.
267 Zu beidem in Bezug auf Kant vgl. Hirschberger 1980, 340–343.
268 Vgl. auch für die Zitate A. Schweitzer 1974a, 228.
269 A. Schweitzer 1974a, 237. Auf diese Seite verweist auch Kreß 1997, 126, Anm. 49. Kant stelle – so Schweitzer an anderer Stelle – „den Begriff der absoluten Pflicht auf, ohne ihm einen Inhalt zu geben." (A. Schweitzer 1974a, 352)
270 Vgl. auch für das Zitat A. Schweitzer 1974a, 350, s. auch S. 230.
271 Siehe dazu oben 3.1.1.
272 A. Schweitzer 1974a, 378.
273 Vgl. auch für das Zitat Kant, Grundlegung zur Metaphysik der Sitten, BA 86–87 (Kant 1974, 74).
274 Vgl. Schweitzer: „Wirken wollend, darf sie doch alle Probleme des Erfolges ihres Wirkens dahingestellt sein lassen. Bedeutungsvoll für die Welt ist die Tatsache an sich, daß in dem ethisch gewordenen Menschen ein von Ehrfurcht vor dem Leben und Hingebung an Leben erfüllter Wille zum Leben in die Welt eintritt." (A. Schweitzer 1974a, 381) Und Kant: „Der gute Wille ist nicht durch das, was er bewirkt, oder ausrichtete, nicht durch seine Tauglichkeit zu Erreichung irgend eines vorgesetzten Zweckes, sondern allein durch das Wollen, d.i. an sich, gut" (Kant, GMS, BA 3 [Kant 1974, 19]).
275 Vgl. zur Verantwortungsethik in Webers Sinn unten 3.2.2.

Allgemeinheitsbezug: Bei Kant ist der Wille nur Achtungsgegenstand, insofern er seine Maxime auch als allgemeines Gesetz wollen kann. Bei Schweitzer macht erst der im partikularen Willen erlebte universale Wille diesen zum berechtigten Anspruch und so zum Handlungsantrieb. Insofern ist der universale Wille bei Schweitzer das voluntaristische Äquivalent zum Kantischen Vernunftuniversalismus des kategorischen Imperativs.

Vor dem Hintergrund all dieser Gemeinsamkeiten sticht die fundamentale Differenz umso mehr ins Auge: Mit der „Ehrfurcht vor dem Leben" hat Schweitzer seiner eigenen Intention gemäß eine inhaltliche Bestimmung vorgenommen, die den Kantischen Formalismus verabschiedet – und damit nicht intentionsgemäß auch dessen Rigorismus.[276] Gerade dabei kommt der Verantwortungsbegriff vor, der zwar mit dem Pflichtbegriff noch zusammengehen kann,[277] aber nur mit dem einer materialen Pflichtethik, nicht mit dem Pflichtbegriff des Kantischen Formalismus. Inhaltlich bestimmt ist das Grundprinzip bei Schweitzer über die Verwiesenheit des eigenen Willens zum Leben auf andere Willen zum Leben, die jenen zu Förderung und Erhaltung von diesen verpflichten – eine Verwiesenheit, die Schweitzer auch „Verantwortung" genannt hatte. Damit aber soll der Wille tun, was er in Kants Formalismus gerade nicht tun soll: sich das verpflichtende Gesetz nämlich aus der Objektbeziehung geben lassen.[278] Verantwortung beinhaltet Pflicht noch als Verpflichtung auf den anderen, aber nicht mehr als Pflicht, das objektive Gesetz um seiner selbst willen zu befolgen. Insofern Schweitzer den Formalismus also als Problem des Kantischen Pflichtbegriffs rekonstruiert hatte, löst der Verantwortungsbegriff dieses Problem für ihn. „Verantwortung" scheint für Schweitzer besser die inhaltlich bestimmende Verwiesenheit auf anderes Leben auszudrücken als Pflicht. So ließe sich erklären, warum – obwohl die Formulierung seines Grundprinzips zunächst eine Pflichtethik nahelegt – er Ansätze einer Verantwortungsethik zeigt und in diesen Ansätzen der Verantwortungsbegriff den Pflichtbegriff ablöst.

3.2.1.3 Aneignung: Zwiespalt des Lebens – Anspruchskonflikte

Diese Ablösung und insbesondere das Grundprinzip in der „Ehrfurcht vor dem Leben" bringt mit sich, was in der kritischen Reflexion auf Schweitzer als Problem diskutiert wurde: So haben Groos, Kantzenbach und Körtner kritisch darauf

---

276 Vgl. auch zum Zusammenhang der beiden Hirschberger 1980, 340–344.
277 Vgl. die Schweitzer-Belege bei Kreß 1997, 127, insbes. Anm. 50.
278 Vgl. dazu auch die Arbeit Tödts zum Bezug der Pflicht auf ihr Material, wie hier bereits unter 3.3.3.2 referiert: Tödt 1988f, 27, 44. Tödt hebt seinen Verantwortungsbegriff dort explizit so gegen Kant ab, wie Schweitzer dies hier meiner Rekonstruktion zufolge implizit tut (vgl. 3.3.3.2).

verwiesen, dass das „Prinzip der Ehrfurcht vor dem Leben [...] ja niemals absolut durchführbar" sei:²⁷⁹ „Der Mensch [...] *muß* töten, um zu leben."²⁸⁰ Schweitzer fordere aber, „keinerlei Wertunterschiede zwischen den Lebewesen zu machen".²⁸¹ Deshalb bringe dieses Prinzip – so Körtner – „in einen ethischen Konflikt", stelle zu dessen situativer Lösung es „keine Maßstäbe" zur Verfügung, „sondern institutionalisiert ihn als Dauerkonflikt".²⁸²

Daran knüpfe ich die These, die es im Folgenden zu prüfen gilt: Es ist bei Schweitzer der Verantwortungsbegriff, der genau diesen Konflikt divergierender, nach Ausschluss eines gewichtenden Maßstabes gleichermaßen berechtigter und unversöhnlicher Ansprüche²⁸³ als Dauerkonflikt in der ethischen Reflexion denotiert. Genauer gesagt: Verantwortung denotiert das Stehen in und das Umgehen mit diesem Konflikt. Damit ist nicht nur oder zuerst ein geltungstheoretisches Problem benannt, auf das die Problematisierungen von Groos, Kantzenbach und Körtner zurecht verweisen, sondern auch und vor allem ein Spezifikum des Verantwortungsbegriffs, das diesen nun tatsächlich vom Pflichtbegriff differenziert: Verantwortung denotiert „Pflichtkollisionen"²⁸⁴, die formale Pflichtethik nicht denken kann.

Schweitzer selbst hat besagten Dauerkonflikt gesehen und ausführlich benannt:

> Die Welt ist das grausige Schauspiel der Selbstentzweiung des Willens zum Leben. Das Dasein setzt sich auf Kosten des anderen durch, eines zerstört das andere. Ein Wille zum Leben ist nur wollend gegen den anderen, nicht wissend von ihm. In mir aber ist der Wille zum Leben wissend von anderem Willen zum Leben geworden. Sehnen, zur Einheit mit sich selbst einzugehen, universal zu werden, ist in ihm.²⁸⁵

---

279 Vgl. auch für die Zitate Kantzenbach 1978, 161. Vgl. dazu, dass das Wollen „zum Lebens- oder Selbsterhaltungswillen anderen Lebens in Konflikt geraten kann und muss" Körtner 2008, 100, dort auch das Zitat. Unter anderem und insbesondere der abgelehnten „Wertunterschiede" wegen hält Groos die „Ehrfurcht vor dem Leben im Sinne Schweitzers als Grundlage und Mittelpunkt der Ethik" deshalb für „unhaltbar" (vgl. Groos 1974, 519–540, Zitate auf S. 522 und 537). Auf Groos greift Körtner in der pointierten Formulierung dieser Kritik zurück (Körtner 1988, 343). Zu den Aporien der Schuldübernahme, der fehlenden Wertunterschiede und der Entscheidung und einer Diskussion dieser Aporien vgl. auch Gansterer 1997, 158–168.
280 Kantzenbach 1978, 161, kursiv im Original.
281 Vgl. Groos 1974, 522, 531, Zitat auf S. 522, und auch Gansterer 1997, 118–119.
282 Vgl. auch für die Zitate Körtner 1988, 343. Dazu vgl. auch Gansterer 1997, 163.
283 Auch Gansterer hat in diesem Zusammenhang im Anschluss an Günzler von Ansprüchen, genauer: „Lebensansprüche[n]" gesprochen (vgl. Gansterer 1997, 110, dort auch das Zitat).
284 Vgl. zu dieser Implikation von Aufgabenverantwortung später auch Günther 2006, 310, dort auch das Zitat, und zum Zusammenhang von Verantwortung und „Pflichtenkollisionen" auch W. E. Müller 1997, 15.
285 A. Schweitzer 1974a, 381. Den Gedanken der „Selbstentzweiung des Lebens" hat Schweitzer vermutlich von Schopenhauer: Schopenhauer 2018b, 208. Zur „Tatsache der Selbstentzweiung"

Damit ist genau die dilemmahafte Situation angesprochen, in der partikulare Willen zum Leben in der Welt gegeneinander stehen. Abgesehen davon, dass er diese Entzweiung als „[s]chmerzvolles Rätsel" stehen lässt,[286] präsentiert Schweitzer zwei ethische Umgangsweisen damit, erstens eine von „Hingebung" geprägte und zweitens eine von „Verantwortung" geprägte: *Erstens* sieht er die „Selbstentzweiung des Willens zum Leben" da überwunden, wo sich mein Wille dem anderen hingibt:[287]

> Wenn ich ein Insekt aus dem Tümpel rette, so hat sich Leben an Leben hingegeben, und die Selbstentzweiung des Lebens ist aufgehoben. Wo in irgendeiner Weise mein Leben sich an Leben hingibt, erlebt mein endlicher Wille zum Leben das Einswerden mit dem unendlichen, in dem alles Leben eins ist.[288]

Diese Hingabe qualifiziert er als religiöse Bestimmung.[289] Diese erste Lösung ist eine pflichtethische: Den Konflikt zwischen meinem Willen und den anderen bzw. dem in mir offenbaren höheren Willen, der zur Hingabe an den anderen drängt, dieser Willenskonflikt wird bei Sollenseindeutigkeit – du sollst dich dem anderen Leben hingeben – durch gehorsame Hingabe gelöst.[290] Der Verantwortungsbegriff kommt in diesem Zusammenhang nicht vor.

Die *zweite* Bearbeitung des Konflikts steigt mit der Feststellung ein: „Auch ich bin der Selbstentzweiung des Willens zum Leben unterworfen."[291] In dieser Situationsbeschreibung hat Schweitzer das Dilemma, in das die Ehrfurcht vor dem Leben mit ihrer Verantwortung gegenüber anderem Leben bringt, umfassender erfasst als bei der ersten Erwähnung: Hingabe kann hier den Konflikt nicht mehr lösen, weil sie Selbstmord,[292] also Schuldigwerden am Willen zum Leben in einem selbst, bedeutete: „Um mein Dasein zu erhalten, muss ich mich des Daseins, das es

---

vgl. auch Gansterer 1997, 110–111, Zitat auf S. 110, a.a.O., 111 zitiert Gansterer auch das hier von Schweitzer zitierte in Auszügen.
286 Vgl. auch für das Zitat A. Schweitzer 1974a, 381.
287 Vgl. A. Schweitzer 1974a, 382–386. Zitat auf S. 282.
288 A. Schweitzer 1974a, 382.
289 Vgl.: „Darum erkenne ich es als die Bestimmung meines Daseins, der höheren Offenbarung des Willens zum Leben in mir gehorsam zu sein. Als Wirken wähle ich, die Selbstentzweiung des Willens zum Leben aufzuheben, soweit der Einfluß meines Daseins reicht." (A. Schweitzer 1974a, 382)
290 Vgl. wie zitiert A. Schweitzer 1974a, 382.
291 A. Schweitzer 1974a, 387.
292 Vgl. zu diesem Dilemma Groos 1974, 528; Körtner 1988, 343–344. Es ist auch bei Schweitzer implizit ein echtes Dilemma, weil die Ehrfurcht vor dem Leben die Ehrfurcht vor dem eigenen Sein und Leben ja beinhaltet vgl. A. Schweitzer 1974a, 108, 378, pointiert: „Ethik ist Ehrfurcht vor dem Willen zum Leben in mir und außer mir." (A. Schweitzer 1974a, 383)

schädigt, erwehren."²⁹³ So sieht sich das Selbst mit unversöhnlich konfligierenden, gleichermaßen berechtigen Ansprüchen konfrontiert. Die Lösung der „gewöhnliche[n] Ethik", Kompromisse zu suchen und so zu einer „relative[n] Ethik" zu werden – also in meinen Worten: die konfligierenden Ansprüche jeweils zu relativieren und nur teilweise gelten zu lassen, um sie im Kompromiss miteinander zu versöhnen – verwirft Schweitzer und setzt ihr eine „absolute Ethik der Ehrfurcht vor dem Leben" gegenüber.²⁹⁴ Das macht den Konflikt der Ansprüche unlösbar, weil es nun – m. E. im Nachklang der Absolutheit des Kantischen Pflichtbegriffs – absolute Ansprüche sind, die berechtigtermaßen Widersprüchliches fordern. Widersprüchliche Ansprüche können in Schweitzers Logik gleichermaßen berechtigt sein, weil er den Kantischen Formalismus, der dies qua kategorischem Imperativ verhinderte,²⁹⁵ zugunsten einer mystisch erlebten Ehrfurcht vor dem Leben verabschiedet hatte. Anders gesagt: Wer durch den Verantwortungsbegriff bestimmt ist, kann sich anders als der oder die durch den formalen Pflichtbegriff Bestimmte nicht mehr durch die unterstellte Einheit allgemeiner Vernunft²⁹⁶ von den Widersprüchen des Lebens abschirmen.

Weil der Anspruchskonflikt ein Konflikt berechtigter Ansprüche ist, nenne ich diesen Sollenskonflikt. Schweitzers Ziel ist es ausgesprochener Maßen nicht, diesen Sollenskonflikt prinzipiell zu lösen, sondern „die Konflikte immer tiefer [zu] erleben";²⁹⁷ der immer wieder problematisierte²⁹⁸ Verzicht auf Wertunterschiede ist Teil dessen, insofern Schweitzer damit gewissensberuhigende Kompromisse ausschließt: *Die von Körtner beschriebene Institutionalisierung des Konflikts zum Dauerkonflikt erfasst also zunächst Schweitzers Programm.*²⁹⁹ Genau diese bleibend konflikthafte Situation und das nur situativ-subjektiv mögliche Entscheiden in ihr qualifiziert Schweitzer nun mit dem Verantwortungsbegriff:³⁰⁰

---

293 A. Schweitzer 1974a, 387.
294 Vgl. auch für die Zitate A. Schweitzer 1974a, 387–388.
295 Vgl. dazu 3.1.1, insbes. etwa Anm. 79, und die dort zitierte Belege.
296 Zur „Einheit der Vernunft" und deren Probleme vgl. Schluchter 2016, 286, dort auch das Zitat.
297 Vgl. auch für das Zitat A. Schweitzer 1974a, 388, vgl. dazu auch Gansterers Zusammenfassung: „Schweitzers ureigenster Lösungsvorschlag sieht nun folgendermaßen aus: [...] Der Mensch muß anerkennen, daß er aus der Spannung zwischen tatsächlichem Welt- und Naturgeschehen und menschlichem Wollen in seinem Handeln niemals entlassen wird. Seine ethische Hauptaufgabe besteht nun darin, in allen nur denkbaren Situationen seines ethischen Handelns zu versuchen, ein Maximum an Gutem [...] zu ermöglichen [...]." (Gansterer 1997, 173)
298 Siehe hier oben und vgl. z. B. Körtner 1988, 343–344.
299 Vgl. so Körtner 1988, 343–344.
300 Vgl. A. Schweitzer 1974a, 388.

> Nur subjektive Entscheide kann der Mensch in den ethischen Konflikten treffen. Niemand kann für ihn bestimmen, wo jedesmal die äußerste Grenze der Möglichkeit des Verharrens in der Erhaltung und Förderung von Leben liegt. Er allein hat es zu beurteilen, indem er sich dabei von der aufs höchste gesteigerten Verantwortung gegen das Leben leiten läßt.[301]

Die Verantwortung gegen das Leben war es bei Schweitzer, die als Verwiesenheit auf die berechtigten Ansprüche anderen Lebens, in diesen Sollenskonflikt geführt hat, und sie bearbeitet bei ihm diesen Sollenskonflikt – und zwar nicht, indem sie ihn prinzipiell löst, sondern dadurch, dass sie ihn auf den Ort des unvertretbaren, subjektiven und situativen Entscheidens verweist:[302]

> Immer von neuem und in immer originaler Weise setzt die absolute Ethik der Ehrfurcht vor dem Leben sich im Menschen mit der Wirklichkeit auseinander. Sie tut die Konflikte nicht für ihn ab, sondern zwingt ihn, sich in jedem Falle selber zu entscheiden [...].[303]

Schweitzer verstehe – so Gansterer – die „subjektive Entscheidung als letzte Instanz".[304] Ob seine Ethik damit auf eine *„radikale Situationsethik* hinausläuft",[305] muss an anderer Stelle diskutiert werden. Hier ist wichtig: Das Subjekt entscheidet situativ nicht darüber, ob eine Sollensforderung gegen eigene Willensanteile gültig ist oder zur Anwendung kommt, sondern darüber, welche der geltenden Sollensforderungen es handelnd zur Ausführung bringt. Der Verantwortungsbegriff bearbeitet den Sollenskonflikt damit, das Subjekt zum Ort der situativen Entscheidung zu machen – und zwar nicht über Gültigkeit der Ansprüche, sondern nur über ihre Handlungsrelevanz. Kriterien und Orientierungen für dieses subjektive Entscheiden entwickelt Schweitzer nicht[306] und kann er bei konsequenter Ablehnung von Wertunterschieden auch logisch nicht entwickeln.

Der Verantwortungsbegriff Schweitzers denotiert in dieser Welt erstens also das Stehen in einem Sollenskonflikt, in dem Sollensforderungen auf paradoxe

---

301 A. Schweitzer 1974a, 388. Gerade vor dem Hintergrund seines Schreibens über Hingabe klingt Schweitzer dabei manchmal so, als ginge es primär um den Konflikt zwischen dem eigenen Willen und dem anderen. Dass es sehr wohl auch um mehrere konfligierende *andere* Willen bzw. Lebensansprüche geht, belegen seine Beispiele, etwa das auch von Groos zitierte: „Ich kaufe Eingeborenen einen jungen Fischadler ab, den sie auf einer Sandbank gefangen haben, um ihn aus ihren grausamen Händen zu erretten. Nun aber habe ich zu entscheiden, ob ich ihn verhungern lasse oder ob ich täglich soundso viele Fischlein töte, um ihn am Leben zu erhalten." (zitiert nach: Groos 1974, 522)
302 Vgl. wie eben und im Folgenden zitiert A. Schweitzer 1974a, 387–388.
303 A. Schweitzer 1974a, 387–388, auch zitiert bei Gansterer 1997, 121.
304 Vgl. Gansterer 1997, 120–121, Zitat auf S. 121.
305 Vgl. auch für das Zitat Gansterer 1997, 168, kursiv im Original.
306 Vgl. so auch Körtner 1988, 343.

Weise kontingent werden, ohne kontingent zu werden. Anders als der Kantische kategorische Imperativ vereindeutigt das sittliche Grundprinzip Schweitzers unterschiedliche Maximen nicht zu einem vernunftnotwendig, allgemein und objektiv geltenden praktischen Gesetz, sondern vervielfältigt Sollensforderungen, die aber alle wie der kantische Imperativ absolut gelten sollen. Rigorismus ohne Formalismus wird aber paradox, weil so Sollensforderungen auf paradoxe Weise gleichzeitig kontingent und notwendig, also nicht-kontingent, werden:[307] Aus der „objektiven Notwendigkeit einer Handlung" – so Kants Pflichtbegriff – ist ja bei Schweitzer nicht eigentlich kontingenzsteigernd die Möglichkeit einer Handlung neben anderen geworden, sondern die Notwendigkeit einer Handlung neben anderen konfligierenden Notwendigkeiten: „Das Leben als solches ist ihm heilig."[308] Konsequenter lässt Schweitzer keinen Zweifel daran, dass die unvermeidliche Schädigung von Leben entsprechend mit Schuld verbunden ist.[309] Der Ausweg aus dem Sollenskonflikt ist für Schweitzer die noch zu verantwortende, aber in dieser Verantwortlichkeit schuldhafte Schädigung des Lebens, die in ihrer Schuldhaftigkeit das absolute Recht auch der verletzten Sollensforderung stehen lässt:[310]

> Das wahre Wissen besteht darin, von dem Geheimnis, daß alles um uns herum Wille zum Leben ist, ergriffen zu sein und einzusehen, wie schuldig wir fort und fort an Leben werden.[311]

Deshalb gilt für ihn: „Das gute Gewissen ist eine Erfindung des Teufels."[312] Das ist bemerkenswert: Nicht erst bei Bonhoeffer, sondern schon vor 1923 bei Albert Schweitzer tauchen die Unvermeidlichkeit der Schuldübernahme und das verantwortliche Leben in unlöslichem Zusammenhange miteinander auf – hier anders als bei Bonhoeffer allerdings ohne christologische Begründung und rechtfertigungstheologische Rahmung.

In der beschriebenen paradoxen Dilemmasituation zu entscheiden, kommt bei Schweitzer dem durch nichts mehr orientierbaren Subjekt zu. Damit setzt Verant-

---

307 Zum hier verwendeten Begriff von Kontingenz als „Ausschließung von Notwendigkeit und Unmöglichkeit" (Luhmann 1987, 152) siehe Anm. 78 in diesem Kapitel und die dort zitierte Literatur.
308 A. Schweitzer 1974a, 379.
309 Vgl. A. Schweitzer 1974a, 388. Vgl. ausführlich zur „Notwendigkeit" und „Unausweichlichkeit des Schuldig-Werdens": Gansterer 1997, 116 – 117, Zitate auf S. 116 und 117.
310 Vgl. A. Schweitzer 1974a, 388 – 389.
311 A. Schweitzer 1974a, 398.
312 A. Schweitzer 1974a, 388.

wortung zweitens die Entscheidungsfähigkeit des Subjekts voraus. Wie diese zustande kommt, lässt Schweitzer offen.[313]

Über diesen offenbar verantwortungsspezifischen Sollenskonflikt ist der pflichtspezifische Willenskonflikt in Schweitzers Formulierungen hier in den Hintergrund geraten. Das ist inhaltlich schlüssig. Denn der Sollenskonflikt setzt insofern den eindeutig guten, eindeutig von der „Ehrfurcht vor dem Leben" affizierten Willen voraus, als erst diesem gegenüber unterschiedliche Ansprüche als gleichermaßen berechtigt erscheinen können: Gerade der im Kantischen Sinne Heilige kommt bei Schweitzer am tiefsten in den Konflikt. Deshalb setzt Verantwortung anders als Pflicht einen Sollenskonflikt unter Zurückstellung des Willenskonflikts. Der Verantwortungsbegriff setzt bei Schweitzer implizit einen anderen Zwiespalt als der Kantische Pflichtbegriff: Es ist nicht der Zwiespalt zwischen dem berechtigten Anspruch des Sollens und dem unberechtigten der Neigungsbestimmung des Willens, sondern der Zwiespalt zwischen unterschiedlichen berechtigten Ansprüchen von Willen zum Leben.

3.2.1.4 Zwischenergebnisse: Verantwortung als Repräsentation von Sollenskonflikten

Worin liegt also das Differenzgebende des Verantwortungsbegriffs gegenüber dem Pflichtbegriff in dem Übergang von diesem zu jenem bei Schweitzer? Es liegt nicht in der Zukunftsorientierung von Verantwortung, weil Pflicht auch zukunftsorientiert ist,[314] nicht in der Integration von Folgen in die Handlungsentscheidung, weil diese bei Schweitzer fehlt, und nicht in einer Verbindung von Macht und Verantwortung, sondern vor allem in Folgendem: *Während Pflicht zumindest von Kant her Willenskonflikte bei Sollenseindeutigkeit impliziert, so denotiert „Verantwortung" das Stehen in Sollenskonflikten ohne Willenskonflikt.*[315] Pflicht erzeugt und bear-

---

313 Zu einem ähnlichen Punkt kommt auch Groos 1974, 539. Vgl. zu „*Überforderung des einzelnen in der Entscheidungsfindung*" auch Gansterer 1997, 166–168, Zitat auf S. 166, kursiv im Original. Von „Überforderung" spricht auch Groos 1974, 546, 548, dort auch das Zitat.
314 Für „Normen" verweist Müller in seinem Referat Birnbachers auf diesen Umstand: „Die Verbindung von Reflexion der Zukunft und Normen ergibt sich aus dem immanenten Zukunftsbezug der Normen selbst, denn sie zielen grundsätzlich auf das, was getan werden soll, sich also zukünftig realisiert [...]" (W. E. Müller 1997, 82) – das trifft so auch für Pflicht zu.
315 Bayertz hat im Vergleich von Pflicht und Verantwortung das Charakteristikum von Pflicht ähnlich, aber das von Verantwortung etwas anders bestimmt: „Pflichten sind explizite Handlungsvorschriften, mit denen mehr oder weniger präzise festgelegt wird, was zu tun ist. Mit dem Verantwortungsbegriff in seiner nicht klassischen Bedeutung werden demgegenüber bestimmte positiv ausgezeichnete (erwünschte) Zustände umschrieben, ohne daß im einzelnen festgelegt werden muß, wie der jeweilige Verantwortliche diese Zustände herbeiführt oder aufrechterhält. [...] Indem offenbleibt, wie einer solchen Verantwortung nachzukommen ist, bleibt sie wesentlich

beitet den durch pflichtgemäßes Handeln lösbaren Willenskonflikt. Verantwortung denotiert und bearbeitet Situationen unversöhnlich konfligierender, weil berechtigter Ansprüche. „Verantwortung" bearbeitet schon bei Schweitzer diesen Konflikt dadurch, dass im Zusammenhang mit der Verwendung des Verantwortungsbegriffs die Konfliktbearbeitung nicht auf den Ort prinzipieller Erwägungen, sondern auf den Ort des situativen, subjektiven Entscheidens gebracht wird: *Verantwortung bearbeitet den unlösbaren Sollenskonflikt, indem sie ihn an das situativ entscheidende Subjekt delegiert.*

Anders als der kantische Pflichtbegriff ist der Verantwortungsbegriff bei Schweitzer *erfahrungsnah:* Verantwortung gründet im mystischen Erleben und verweist auf die erlebten, konkreten anderen Willen zum Leben. Vorausgesetzt ist bei Schweitzer dabei gerade, den Versuch aufzugeben, der Welt einen Sinn beizulegen. Nicht in erkennender Sinndeutung, sondern in Erfahrung gründet Verantwortung. Anders als Schopenhauers Begriff der Zurechnungsverantwortung ist Schweitzer Verantwortung positiv auf den anderen Willen bezogen: Verantwortung ist verbunden mit einer erfahrungsnahen, positiven Bezogenheit auf andere.

Insofern stimmt für den Übergang von Pflicht zu Verantwortung, was Frieder Vogelmann im Vergleich der Selbstverhältnisse feststellt:[316] Während sich im Falle der kantischen Pflicht der Mensch selbst dem objektiven Gesetz frei[317] unterwirft, „die Aktivität des Subjektes [also, FH] in der Unterwerfung besteht", geht Verantwortung „vom *Faktum* des Unterworfen- und Beanspruchtseins aus":[318] Ein „Ergriffensein" – die „Ehrfurcht vor dem Leben" – wirft bei Schweitzer in die Verantwortung,[319] nicht das Subjekt selbst. Das erklärt auch die Ausblendung des Willenskonflikts in der Thematisierung von Verantwortung: Der Willenskonflikt

---

unbestimmt." (Bayertz 1995, 33 – 34, kursiv im Original) Ähnlich zu Bayertz hat Kirchschläger über Verantwortung im Vergleich zur Pflicht geschrieben, erstere stelle „einen offeneren und unfassbareren Nachfolgebegriff dar" (vgl. auch für das Zitat Kirchschläger 2014, 31). Bei Ulshöfer kommt ein ähnliches Spezifikum des Verantwortungsbegriff vor, wenn sie Soziale Verantwortung „als *Erschließungsbegriff*" für „das moralische Dilemma einer Situation" beschreibt (Ulshöfer 2015, 249, kursiv im Original). Zur Verbindung des Verantwortungsbegriffs mit Situationen, in denen „Güter miteinander konkurrieren" vgl. Feldhaus 1999, Zitat auf S. 181.

316 Zu der in diesem Absatz verwendeten Terminologie Vogelmanns vgl. 1.1.2.
317 Zur Freiheit in der Selbstunterwerfung bei Kant vgl. Vogelmann 2014, 339; Vogelmann 2015, 145.
318 Vgl. Vogelmann 2014, 340, 320. Zitate auf S. 340. Vgl. dazu auch Vogelmann 2015, 145 – 148. Vgl. bes.: „Die Aktivität des Selbstverhältnisses der Pflicht ist also eine gleichermaßen demütigende und Achtung erweckende Unterwerfung unter das selbstgegebene Moralgesetz. Dagegen ist der Zusammenhang von Aktivität und Unterwerfung im Selbstverhältnis der Verantwortung ein anderer. Unterwerfung ist dort etwas Vorgefundenes, Nicht-Eigens, das durch die Aktivität, die das Selbstverhältnis erzeugt zu etwas Eigenem oder zumindest doch Erträglichem gemacht wird." (Vogelmann 2015, 147)
319 Vgl. A. Schweitzer 1974a, 347, 380, 390, Zitate auf S. 347.

wird ja gerade in der Herausforderung zur Selbstunterwerfung akut. Allerdings erfasst Vogelmanns Philosophienvergleich den beim Theologen Schweitzer herausstellbaren Übergang von Sollenseindeutigkeit zu Sollenskonflikt nicht, der m. E. für die theologischen Verantwortungsbegriffe prägend wird: Das „Selbstverhältnis der Verantwortung" geht zumindest bei Schweitzer nicht vom *„Faktum* des Unterworfen- oder Beanspruchtseins" aus, das das Subjekt sich dann – so Vogelmann – durch Objektivierung des Faktums und Souveränitätsillusion „annehmbar" machen müsste,[320] sondern geht vom Faktum des unversöhnlich widersprüchlichen Beanspruchtseins aus, von einem Sollenskonflikt eben, angesichts dessen der Willenskonflikt zunächst ausgeblendet wird, weil das Selbst aktiv unterschiedliche, nicht gewichtbare Ansprüche gewichten muss. Sobald diese Entscheidung getroffen ist, taucht aber der Willenskonflikt in der Notwendigkeit, die selbstgesetzte Entscheidung auch gegen eigene Willensanteile durchzuführen, und also die Aktivität im Unterwerfen wieder auf. Dass der Übergang von Pflicht zu Verantwortung hier nur den Fokus verlagert und Verantwortung die Situation als komplexere vorstellt, fasst m. E. die Terminologie vom Willens- und Sollenskonflikt besser als die Terminologie von Aktivität und Unterwerfung.

3.2.2 Der Übergang von Gesinnungsethik zu Verantwortungsethik bei Max Weber

Es ist auffällig, dass bei Schweitzer die Themen, die spätestens seit Hans Jonas Kernthemen des Verantwortungsdiskurses geworden sind, kaum oder gar nicht vorkommen: Die Verbindung von Macht und Verantwortung[321] – der Gedanke also, dass Macht mit Verantwortung einhergeht – und die „Handlungsfolgenverantwortung"[322]. Beides spielt bei Max Weber eine prominente Rolle und kommt m. E. über die Weber-Rezeption in die theologische Debatte – möglicherweise schon im Falle Bonhoeffers.[323] Wegen dieser prominenten Rolle für den theologischen Verant-

---

320 Vgl. auf für die Vogelmann 2014, 340–341, kursiv im Original.
321 Vgl. dazu besonders die Darstellungen von Vogelmann 2014, 265–421, zusammenfassend auf S. 371, 411 sowie 24, 426–427.
322 Kreß 1997, 120.
323 Zu den Themen Folgenverantwortung und Macht im Zusammenhang mit Weber vgl. Kreß 1997, 118; Vogelmann 2014, 348–352, insbes. 351. Zur möglichen Rolle Webers für „Bonhoeffer's own theological ethic of responsibility" vgl. Villiers 2018, 4–5, Zitat auf S. 4. Zumindest die „Gesammelte[n] Aufsätze zur Religionssoziologie, Bd. I" Webers lagen Bonhoeffer bei der Arbeit an seiner Ethik vor (auch für das Zitat: DBW 6, 478). Bonhoeffer bezieht sich im Zusammenhang mit dem Verantwortungsbegriff auch explizit auf Weber, allerdings abgrenzend (DBW 6, 254).

wortungsdiskurs, kommt der Soziologe Max Weber auch in der hiesigen Rekonstruktion theologischer Ansätze vor. Zudem ist in Webers Verantwortungsbegriff die Wende zu dem, was sich „Aufgabenverantwortung" nennen lässt, vollzogen.[324]

Max Webers Unterscheidung von Verantwortungs- und Gesinnungsethik, die er in dem Vortrag „Politik als Beruf" vorgenommen hat, ist auch in der evangelisch-theologischen Ethik einschlägig rezipiert, verwendet und kritisch reflektiert worden:[325] Während etwa Kreß in direkter Auslegung vom „Politik als Beruf" Verantwortung vor allem als Integration der Folgenabwägung in die Handlungsentscheidung versteht,[326] hat Wolfgang Huber Webers Unterscheidung über deren Einordnung in die Religionssoziologie Webers durch Wolfgang Schluchters rezipiert und von daher Verantwortungsethik an „reflexiven Prinzipiengebrauch" geknüpft.[327] Etienne de Villiers hat die diskursethische Vereinnahmung Webers bei Schluchter als Engführung diskutiert und in umfassender Aufarbeitung der nicht-theologischen Weber-Rezeption einen „second-level ethic of responsibility approach" entwickelt.[328]

---

[324] Zum Begriff vgl. hier 2.3.1. Die entsprechende Zuordnung Webers zur Aufgaben- und nicht zur Zurechnungsverantwortung hat Pfleiderer pointiert explizit gemacht: „In dieser Weise löst bei Weber der zukunftsgerichtete, handlungsreflexive und insofern bewegliche Verantwortungsbegriff den vergangenheitsorientierten, auf Imputation zu einem als feststehend gedachten Subjekt bezogenen, ab." (Pfleiderer 2006, 183) Dafür, dass Weber Verantwortung als „prospective responsibility" sieht, vgl. auch Villiers 2015, 3, dort auch das Zitat.

[325] Vgl. etwa kritisch Ohly 2017 und beispielsweise die dort zitierten Texte von Fischer 2016; Körtner 2016. Zu dem Körtnertext (Körtner 2016) findet sich eine besonders luzide Kritik bei Kalinna 2021, 80–88, insbes. S. 87. Jüngst hat sich vor allem Etienne de Villiers um eine Max-Weber-Rezeption in der Ethik verdient gemacht, die auch die relevante Sekundärliteratur wahrgenommen hat: Villiers 2018. Nicht nur auf die Theologie bezogen hat Wolfgang Huber zu Webers Unterscheidung geschrieben: „Diese in ihrer Schlichtheit scheinbar plausible Gegenüberstellung zweier Ethiktypen hat Schule gemacht." (Huber 1990, 138)

[326] Vgl. Kreß 1992, 118–120; Kreß 1997, 117–121. Auch Kreß bezieht sich auf Schluchter, übernimmt von diesem aber anders als Huber nicht die weiterführende Rekonstruktion von Webers Verantwortungsethik, sondern den Verweis auf den „‚Polytheismus' der Werte" und die damit einhergehende Notwendigkeit des Auswählens (Kreß 1992, 119–120, Zitat auf S. 119). Zur Integration der Folgen in die Entscheidung vgl. Kreß' Rede vom „Handlungsfolgenkalkül[.]" (Kreß 1997, 117) und de Villiers' Rede vom „decision-making" (Villiers 2018, 38).

[327] Vgl. Huber 1990, 139–141, 150–151, Zitat auf S. 140. Hubers Text verdanke ich den Verweis auf die Arbeiten Schluchters. Für eine zusammenfassende Rekonstruktion von Schluchters Weberinterpretationen vgl. Villiers 2018, 70–77.

[328] Zu de Villiers' kritischer Auseinandersetzung mit Schluchter vgl. Villiers 2018, 134–138 und dort etwa: „One cannot overcome the suspicion that here Schluchter is reading Weber's ethic of responsibility through the lens of Jürgen Habermas's discourse ethics." (a.a.O., 138) Zu dem de Villiers „second-level ethic of responsibility approach" vgl. a.a.O., 151, 195–196, 207–228, Zitat auf S. 207 und

Geht man davon aus, dass die Webersche Unterscheidung von Gesinnungs- und Verantwortungsethik auch die Unterscheidung von Verantwortung und gesinnungsethisch fokussierter Pflicht profiliert,[329] dann markiert vor allem mit Hubers, von Schluchter beeinflussten Ausführungen „zum reflexiven Prinzipiengebrauch"[330] die Weberrezeption in der deutschen, evangelischen Nachkriegsethik einen Übergang vom Pflicht- zum Verantwortungsbegriff. Vor diesem Hintergrund liegt es hier nahe, sich mit Webers Begriff von Verantwortungsethik und Schluchters weiterführender Rekonstruktion dessen auseinanderzusetzen – gerade auch, weil mit letzterer Pflicht und Verantwortung komplexer unterschieden sind als nur über die Berücksichtigung von Handlungsfolgen.[331] So werde ich in der folgenden Darstellung von einer Analyse des Vortragstextes „Politik als Beruf" ausgehen (3.2.2.1), dies dann mit der Hilfe von Sekundärliteratur – vor allem von Schluchters, aber auch von de Villiers' Arbeit – in Webers soziologische „Gegenwartsdiagnose"[332] einordnen (3.2.2.2), um schließlich die Profilierung von Verantwortungsethik durch genuin ethische Folgenreflektion und Dialogizität bei Schluchter zu entfalten (3.2.2.3).

3.2.2.1 Ausgangspunkt: „Politik als Beruf"

Die einschlägige Quelle für Max Webers Begriff von Verantwortung und Verantwortungsethik ist der Vortrag „Politik als Beruf",[333] den etwa Etienne de Villiers ausführlich in seinen historischen, biographischen und textlichen Kontext eingeordnet hat.[334] Den Vortrag hat Weber als Teil der Reihe „Geistige Arbeit als Beruf"

---

die kurze Darstellung bei Villiers 2015, 4–7. Zu einer entsprechenden Einordnung von Webers Verantwortungsethik vgl. auch Schluchter 2016, 275.

329 Zum Zusammenhang von Gesinnungsethik und Pflicht vgl. hier 3.2.2.1. Körtner spricht auf dieser Linie von einer „am Begriff der Pflicht orientierte[n] Gesinnungsethik" (Körtner 1992, 98; Körtner 1996, 581). Mit der Formulierung im Haupttext sind Verantwortungsbegriff und Verantwortungsethik unterschieden. Denn de Villiers hat zurecht auf den Unterschied zwischen einer „theory on responsibility" als „a theory *dealing with the concept or discourse of responsibility*" einerseits und einer „ethic(s) of responsibility" andererseits hingewiesen und vorgeschlagen, diese Differenz auch terminologisch auszudrücken (vgl. auch für die Zitate Villiers 2018, 208, kursiv im Original).

330 Huber 1990, 140, 151. Vgl. auch Huber 2012b, 92.

331 Dem Folgenden liegt deshalb eine stark von Schluchter und Huber geprägte Weber-Rekonstruktion zugrunde, die darüber hinaus de Villiers viele Einsichten verdankt.

332 Für den Begriff s. Schluchter 2016, 278.

333 Max Weber, Politik als Beruf, MWS I/17, 35–88. Im Folgenden zitiert als Weber 1994a.

334 Vgl. dafür ausführlich Villiers 2018, 13–46. De Villiers hatte zurecht diejenigen Interpreten problematisiert, „who rely solely on an exegesis of ‚Politic as a vocation'" (a.a.O., 6).

am 28. Januar 1919 in München gehalten.³³⁵ In derselben vom „Freistudentische[n] Bund. Landesverband Bayern"³³⁶ organisierten Reihe hatte Weber bereits 1917 den Vortrag „Wissenschaft als Beruf" gehalten.³³⁷ Dem Nachwort zur Studienausgabe beider Vorträge zufolge hat Weber mit beiden „die Jugend erinnern" wollen an eine Erkenntnis, die „schon die Anlage der ‚Zwischenbetrachtung'" bestimmt hatte:³³⁸ „daß wir in aufeinander nicht reduzierbare, miteinander nicht harmonisierbare Wertbezüge hineingestellt und daß wir deshalb unser eigenes Schicksal zu wählen gezwungen sind".³³⁹ Diese noch ausführlicher zu entfaltende Einsicht (3.2.2.2) bietet den zeitdiagnostischen Hintergrund für Webers Anmerkungen zu einer Verantwortungsethik, zu denen er in „Politik als Beruf" erst „at the end of this rather long speech" kommt.³⁴⁰ Diese Anmerkungen werde ich im Folgenden zunächst dem Geltungsbereich zuordnen, für den Weber sie entwickelte (1), um dann zu erörtern, inwiefern auch bei Verantwortung Sollensuneindeutigkeit denotiert (2), und darauf zu verweisen, wie Verantwortung religiös eingeordnet ist (3).

(1) *Geltungsbereich: Macht.* In „Politik als Beruf" führt Weber die Unterscheidung zwischen verantwortungs- und gesinnungsethischer Maxime³⁴¹ ein, aber keineswegs schon in der Allgemeinheit, in der sie rezipiert wurde, sondern dezidiert auf das Handeln des Politikers und damit auf Macht bezogen:³⁴² *Die verant-*

---

335 Vgl. für den Titel der Vortragsreihe Weber 1994c, 111, für Ort und Datum Villiers 2018, 13.
336 Weber 1994c, 111.
337 Vgl. Villiers 2018, 13.
338 Vgl. auch für die Zitate Weber 1994c und die Textfassung Weber 1988b.
339 Vgl. auch für das Zitat Weber 1994c, 96. Vgl. dazu auch Villiers 2018, 22.
340 Vgl. auch für das Zitat Villiers 2018, 13.
341 Zur Frage, ob hier Maximen, Ethiktypen oder beides unterschieden vgl. Schluchter 2016, 199 und hier unter 3.2.2.3. Schluchter beschreibt auch ausführlich die Vorgeschichte dieser Unterscheidung und die terminologischen Vorläufer des „Begriffspaares" bei Weber (vgl. Schluchter 2016, 173–200, Zitat auf S. 173, im Original kursiv). Dabei ist insbesondere interessant, dass Weber in den „Rußlandschriften" von „Panmoralismus" und „Erfolgsethik" sprach (vgl. auch für die Zitate Schluchter 2016, 185–187, 193, 197). „Erfolgsethik" sei – so de Villiers Waas zusammenfassend – damals auch bei Neukantianern ein Thema gewesen (vgl. auch für das Zitat Villiers 2018, 121, kursiv im Original). In der Zwischenbetrachtung Webers taucht dann die bekannte Unterscheidung und zumindest schon der „Begriff *gesinnungsethisch*" auf (vgl. auch für das Zitat Schluchter 2016, 195, im Original kursiv, Weber 1988b, 553), sowie die Begriffspaare von „E r f o l g" und „E i g e n w e r t" sowie von „Verantwortung" und „Gesinnung" (Weber 1988b, 552, im Original gesperrt, auch zitiert bei Schluchter 2016, 196). „Und in ‚Politik als Beruf' schließlich, also am Ende von Webers Leben, wird die eine Maxime wie bereits zuvor, ‚gesinnungsethisch', die andere aber, zum ersten Mal, ‚verantwortungsethisch' genannt." (Schluchter 2016, 196) So kann Schluchter über „Verantwortungsethik" festhalten: „Dieser Begriff hat den der Erfolgsethik abgelöst." (Schluchter 2016, 197)
342 Vgl. Weber 1994a, 36. Macht hat Weber einschlägig und prominent so definiert: „*Macht* bedeutet jede Chance, innerhalb einer sozialen Beziehung den eigenen Willen auch gegen Widerstreben durchzusetzen, gleichviel worauf diese Chance beruht." (Weber 1984, 89, kursiv im Original)

wortungsethische Maxime ist zunächst spezifisch auf den politischen Machtgebrauch bezogen. Das wird schon zu Beginn des Vortrages klar: Es geht um „Politik als Beruf", wobei Politik in diesem Zusammenhang für Weber nur „die Leitung oder die Beeinflussung der Leitung eines *politischen* Verbandes, heute also: eines *Staates*" meint,[343] wobei er den Staat nicht funktional von der Aufgabe, sondern durch das ihm spezifische Mittel soziologisch bestimmt:[344]

> Staat ist diejenige menschliche Gemeinschaft, welche innerhalb eines bestimmten Gebietes [...] das *Monopol legitimer physischer Gewaltsamkeit* für sich (mit Erfolg) beansprucht[345].

Bei Politik geht es um „Machtverteilungs-, Machterhaltungs-, oder Machtverschiebungsinteressen", kurz gesagt: „Wer Politik treibt, erstrebt Macht", die Macht über den Einsatz von physischen Gewaltmitteln.[346] Und auf diesen Umgang mit dem für Politik „entscheidende[n] Mittel: die Gewaltsamkeit" nur bezieht er zunächst den Verantwortungsbegriff und die verantwortungsethische Maxime.[347] Damit ist Vogelmanns Qualifizierung von Webers Verantwortungsethik als „Ethik der Gewalt" plausibel.[348] *Von daher verkoppelte Weber Verantwortung und Macht*[349] bis hin zum

---

Dass Webers Verantwortungsdenken zunächst nur auf die Politik und „die Figur des ‚verantwortlichen Souveräns'" bezogen ist, hat unter anderen auch schon Assadi betont (vgl. Assadi 2013, 98– 103, Zitat auf S. 98). Assadi hebt zu Weber hervor, dass der „Geltungsbereich seiner nachfolgenden Erläuterungen" begrenzt sei „auf den Bereich der ‚charismatischen Herrschaft'" (vgl. auch für die Zitate a.a.O., 101)

343 Vgl. auch für das Zitat Weber 1994a, 35, kursiv im Original.
344 Vgl. zum Fokus auf „Mittel" in Webers Politikverständnis auch Villiers 2018, 100, 111.
345 Weber 1994a, 36, Hervorhebung im Original. Ähnlich bestimmt Weber auch grundsätzlicher den Begriff *„politischer* Gemeinschaft" über das „Gebiet" und die „Bereitschaft zu physischer Gewalt" (vgl. auch für die Zitate Weber 2009a, 58, Hervorhebung im Original). Dazu, dass diese Kontextualität nicht vernachlässigt werden darf vgl. auch Villiers 2018, 13.
346 Vgl. auch für die Zitate Weber 1994a, 36.
347 Vgl. auch für das Zitat Weber 1994a, 80 und auch a.a.O., S. 84. (Auch zitiert bei Vogelmann 2014, 349, Anm. 117) Außerdem fragt er rhetorisch: „Sollte es wirklich für die ethischen Anforderungen an die Politik, so gleichgültig sein, daß diese mit einem sehr spezifischen Mittel: Macht, hinter der *Gewaltsamkeit* steht, arbeitet?" (Weber 1994a, 78, Hervorhebung im Original)
348 Vgl. auch für den Begriff Vogelmann 2014, 248.
349 Zur engen Verbindung von Machtposition und Verantwortung bei Weber vgl. auch Vogelmann 2014, 348–352 und dort etwa: „Das verantwortliche Selbstverhältnis [...] entsteht aus dem Bewusstsein seiner Handlungsmacht." (a.a.O., 348). Das Bild der „Kopplung" stammt hier auch von Vogelmann (vgl. etwa a.a.O., 24. Diese Bild verwendet auch: Assadi 2013, 63). Assadi spricht in Bezug auf Weber von „der Kopplung von Verantwortung und Souveränität" (vgl. auch für das Zitat Assadi 2013, 114). Die enge Verbindung von Verantwortung und Handlungsmacht bei Weber hat auch Georg Pfleiderer rekonstruiert – und zwar mit einer subjekttheoretischen Pointe (vgl. Pfleiderer 2006, 179–86): Verantwortung bei Weber sei „mithin nichts anderes als die Orientierung des Handelns an

3.2 Übergänge: Von „Pflicht" zu „Verantwortung"

identifizierenden Gebrauch der Begriffe,[350] sobald er definitiv in die zeitgenössische Präskription wechselt.[351] Macht responsibilisiere.[352]

Damit ist auch das Subjekt der Verantwortung benannt: De Villiers betont zurecht, dass es Weber nach der Anlage des Vortrages vor allem um den Typ charismatischer Herrschaft[353] und damit um die charismatische Führungsperson und deren Verantwortung zu tun ist.[354] So schreibt Weber:[355]

---

seiner eigenen immanenten (und insofern rationalen) Struktur." (vgl. auch für das Zitat a.a.O., 181); und: „Subjektivität ist dann aber nichts anderes als so verstandene rational-selbstdurchsichtige Handlungsmächtigkeit." (a.a.O., 182)

350 Vgl.: „Sie hatten keine Macht, keine Verantwortung [...]." (Weber 1994a, 70) Oder: „Aber die Frage ist nun für ihn: durch welche Qualitäten kann er hoffen, dieser [...] Macht und also der Verantwortung, die sie auf ihn legt, gerecht zu werden?" (a.a.O., 73)

351 Zur historischen und normativen Dimension bei Weber auch Schluchter 2016: 170; 288. Grundsätzlich ist in der Weberforschung umstritten, ob und gegebenenfalls in welchen Teilen der Vortrag als akademische Soziologie-Vorlesung oder als nicht-akademische politisch Rede zu verstehen ist (vgl. Villiers 2018, 31–38), welche Rolle also „evaluative argumentation" spielt (Villiers 2018, 33). In diesem Punkt halte ich de Villiers' Argumentation für plausibel, der erst die Dichotomie der Kategorien Vorlesung und politischer Vortrag kritisiert, um dann Webers Kritik der Gesinnungsethik in der Politik und seine Empfehlung der Verantwortungsethik zum Anlass zu nehmen, Webers Text auch im Bereich einer *„normative ethics"* zu verorten (Villiers 2018, 32–34, 36–38, insbes. S. 33, 37, Zitate auf S. 37–38, Hervorhebung im Original): „Weber is proposing a particular normative ethical approach to political decision-making for the political leader." (Villiers 2018, 38)

352 Vgl. Weber 1994a, 73.

353 Weber unterscheidet zwischen Macht und Herrschaft, wobei für erstere für die „Chance, innerhalb einer sozialen Beziehung den eigenen Willen auch gegen Widerstreben durchzusetzen" steht und letztere für die „Chance, für einen Befehl bestimmten Inhalts bei angebbaren Personen Gehorsam zu finden" (Weber 1984, 89). Vor diesem Hintergrund differenziert Weber dann drei Typen von Herrschaft, die auch de Villiers referiert (vgl. Villiers 2018, 23): *„Legale Herrschaft* kraft Satzung", *„Traditionelle Herrschaft*, kraft Glaubens an die Heiligkeit der von jeher vorhandenen Ordnungen und Herrengewalten" und *„Charismatische Herrschaft*, kraft affektueller Hingabe an die Person des Herrn und ihre Gnadengaben (Charisma)" (Weber 2009b, 217–221, Hervorhebung im Original).

354 Vgl. Villiers 2018, 23–24, 79. Vgl. besonders deutlich: „In fact, Weber regards the political leader as the sole agent of the ethic of reponsibility" (Villiers 2018, 37); Vgl. so auch schon Assadi 2013, 101. Vgl. zum „charismatischen Führer" in Webers Vortrag etwa Weber 1994a, 41.

355 Dass es Weber in „Politik als Beruf" vor allem um charismatische Führung geht, belegt auch folgende Stelle: „Uns interessiert hier vor allem der zweite von jenen Typen: die Herrschaft kraft Hingabe der Gehorchenden an das rein persönliche ‚Charisma' des ‚Führers'. Denn hier wurzelt der Gedanke des *Berufs* in seiner höchsten Ausprägung." (Weber 1994a, 37, kursiv im Original)

> Ehre des politischen Führers, also: des leitenden Staatsmannes, ist dagegen gerade die ausschließliche Eigenverantwortung für das, was er tut, die er nicht ablehnen oder abwälzen kann und darf.[356]

Den Verantwortungsbegriff bezieht Weber damit nicht nur auf eine Machtposition, sondern auf den charismatischen, männlichen Führer – und zwar in expliziter Abgrenzung von den ausführenden Beamten.[357] Letzteren ordnet Weber zu, was der Sache nach einem heteronomen Pflichtbegriff gleichkommt. So schreibt er über den „Beamten" im „modernen Staat"[358]:

> Ehre des Beamten ist die Fähigkeit, wenn – trotz seiner Vorstellungen – die ihm vorgesetzte Behörde auf einem ihm falsch erscheinenden Befehl beharrt, ihn auf Verantwortung des Befehlenden gewissenhaft und genauso auszuführen, als ob er seiner eigenen Überzeugung entspräche: ohne diese im höchsten Sinne sittliche Disziplin und Selbstverleugnung zerfiele der ganze Apparat.[359]

Sache des Beamten ist also Pflichterfüllung, gegebenenfalls im pflichtspezifischen Willenskonflikt aber jeweils immer mit Sollenseindeutigkeit. Insgesamt hat Weber damit den Verantwortungsbegriff gegen die Pflichterfüllung des Beamten mit ihrer Sollenseindeutigkeit abgegrenzt, mit Macht oder Machtstreben verkoppelt und so – mit de Villiers' Kritik gesagt – elitistisch auf das herausgehobene Individuum des charismatischen „Führers" bezogen verstanden.[360] Eine Ausweitung auf andere Subjekte sei – so Assadi – zunächst nicht vorgesehen.[361]

---

356 Weber 1994a, 53, Hervorhebung im Original, teilweise aus der englischen Übersetzung auch zitiert bei Villiers 2018, 24.
357 Zur typologischen Abgrenzung von Beamtem und Politiker bei Weber vgl. Schluchter 1971, 39–42. Zu Webers Verantwortung als „Führungsverantwortung" vgl. Assadi 2013, 112, dort auch das Zitat.
358 Diese Spezifikation auf den „modernen Staat" ist entscheidend, weil die folgende ethische Unterscheidung die Ausdifferenzierung „des Verwaltungsstabes" voraussetzt vgl. Weber 1994a, 40–41, Zitate auf S. 40.
359 Weber 1994a, 53, Hervorhebung im Original, teilweise aus der englischen Übersetzung auch zitiert bei Villiers 2018, 24.
360 Vgl. so de Villiers' Kritik, Webers Verantwortungsethik sei *„elitist, open to authoritarian abuse, and one-sidedly political"* Villiers 2018, 197–200, Zitat auf S. 197, kursiv im Original, besonders a.a.O., 199, wo er von „unacceptyble elitist" spricht; vgl. zu diesem Elitismus bei Weber schon Villiers 2015, 5. Vgl. pointiert über Weber: „Responsibility is carried, in the first instance, by individuals: it is the charismatic political leader and not the parliament that carries the responsibility to set and realise political goals." (Villiers 2018, 143). Zu Webers Fokus auf den charismatischen Führer (als Individuum) vgl. a.a.O., 23, 79, 144–147 und Villiers 2015, 4 sowie Assadi 2013, 98–102.
361 Vgl. „Dehnt man die Reichweite der Weberschen Führungsverantwortung universalistisch aus, verlässt man den argumentativen Boden, auf dem sie notwendig fußt, nimmt ihr damit ihre Plausibilität und konstruiert eine Gesellschaft ‚kleiner Könige' […]." (Assadi 2013, 112)

(2) *Sollensuneindeutigkeit.* Auf das politische Problem, die Macht zum Einsatz von Zwangsmitteln zu haben, zu verteilen oder zu erstreben,[362] bezieht Weber nun die Unterscheidung von gesinnungs- und verantwortungsethischer Maxime.[363]

> Nicht daß Gesinnungsethik mit Verantwortungslosigkeit und Verantwortungsethik mit Gesinnungslosigkeit identisch wäre. [...] Aber es ist ein abgrundtiefer Gegensatz, ob man unter der gesinnungsethischen Maxime handelt – religiös geredet –: ‚der Christ tut recht und stellt den Erfolg Gott anheim', *oder* unter der verantwortungsethischen: daß man für die (voraussehbaren) *Folgen* seines Handelns aufzukommen hat.[364]

Damit führt Weber die beiden Ethiken oder Maxime einerseits als unterschieden und gegensätzlich ein, betont aber gleichzeitig deren Nichtausschließlichkeit.[365] Auf Politik bezogen ist bei Weber aber ein gewisses Gefälle zur verantwortungsethischen Maxime erkennbar:[366] Beide Maximen ergänzten sich,[367] zur menschlichen „Echt"-heit gehört nach Weber aber das Verantwortungsbewusstsein, das erst die Gesinnungstat glaubwürdig mache.[368] Damit ist noch keine Stellung bezogen in der Fachdiskussion über die Kompatibilität und Unterscheidung der beiden Maxime oder Ethiken.[369] Es ist nur betont, dass Weber auf Mikroebene, auf Handlungsebene auch die verantwortungsethische Maxime nahelegt.[370]

---

362 Vgl. Weber 1994a, 36.
363 Vgl. Weber 1994a, 79.
364 Weber 1994a, 79. kursiv im Original.
365 Vgl. so besonders deutlich auch Weber 1994a, 87. Zur Relation der beiden vgl. auch differenziert Schluchter 1971, 29–30.
366 So hat auch de Villiers betont: „Not only is the ethic of conviction approach to political decision-making strongly criticised, but the ethic of responsibility approach is recommended as the appropriate one." (Villiers 2018, 37) Als Beleg dafür kann auch Webers „Eindruck" von den Gesinnungsethikern seiner Zeit zählen, „daß ich es in neun von zehn Fällen mit Windbeuteln zu tun habe" (vgl. für beide Zitate Weber 1994a, 86). Dazu, dass Weber „als praktisch stellungnehmender Mensch *für* die Verantwortungsethik optierte" vgl. Schluchter 2016, 275, dort auch das Zitat, kursiv im Original, und die dort referierte Literatur, sowie auch Schluchter 1971, 29, 52.
367 Von „Ergänzung" sprich Weber selbst explizit: Weber 1994a, 87.
368 Vgl. etwa und auch für die „Echtheit": „Während es unermeßlich erschütternd ist, wenn ein *reifer* Mensch – einerlei ob alt oder jung an Jahren –, der diese Verantwortung für die Folgen real und mit voller Seele empfindet und verantwortungsethisch handelt, an irgendeinem Punkte sagt: ‚ich kann nicht anders, hier stehe ich'. Das ist etwas, was menschlich echt ist und ergreift." (Weber 1994a, 86, kursiv im Original)
369 Für einen Einblick in diese Diskussion und seine Position vgl. kurz Villiers 2018, 44–45.
370 Vgl. so auch: „Weber is proposing a particular normative ethical approach to political decision-making for the political leader." (Villiers 2018, 38)

Insofern Weber nicht nur deskriptiv zwei Maximen unterscheidet, sondern mit dem Politikerberuf verbindet, auch nach verantwortungsethischer Maxime zu handeln, rechnet er Politikern Verantwortung zu.

Was unterscheidet nun die verantwortungsethische Maxime von der gesinnungsethischen? , Weber kommt auf die Unterscheidung der Maxime, indem er als Gegensatz zum Politikerethos die „Ethik der *Bergpredigt*" als „die absolute Ethik des Evangeliums" beschreibt.[371] Diese „absolute Ethik" kennt keine Sollensuneindeutigkeit – Zitat Weber: „Das evangelische Gebot ist unbedingt und eindeutig"[372] – und keine „Rücksicht auf die Folgen".[373] *Die gesinnungsethische Maxime arbeitet entsprechend mit Sollenseindeutigkeit*[374] und trifft so der Sache nach, was hier bislang „Pflicht" hieß. „Die Gesinnungsethik", so hält Schluchter fest, „negiert [...] die Unausweichlichkeit des Wertkonflikts."[375]

Die verantwortungsethische Maxime hingegen legt nicht einseitig auf eine eindeutige Sollensforderung fest, sondern integriert auch die Folgen – genauer: die „voraussehbaren" Folgen in die Handlungsentscheidung.[376] Deshalb konnte von Webers Verantwortungsethik her Verantwortung auch allgemein pointiert als „Handlungs*folgen*verantwortung"[377] verstanden werden. Deshalb ist – wie Schluchter betont hat – Verantwortungsethik auf die erfahrungswissenschaftliche Erhellung der Handlungsbedingungen angewiesen.[378] Der Sache nach impliziert schon dies einen ersten von zwei Punkten, die die verantwortungsethische von der gesinnungsethischen Maxime unterscheiden: Denn erstens ist jede verantwortungsethische Rücksicht auf die Folgen für Handelnde der Sache nach mit einer „Spannung auch in sich selbst" verbunden, die auch bei eindeutig in Geltung stehenden Werten bestünde,

---

371 Vgl. Weber 1994a, 78–79, Zitate auf S. 78, kursiv im Original.
372 Weber 1994a, 78. Zur *„Eindeutigkeit* der ethischen Gebote" in manchen Gesinnungsethiken bei Weber vgl. auch Schluchter 2016, 199, dort auch das Zitat, kursiv im Original.
373 Weber 1994a, 79.
374 Vgl. Weber 1994a, 78–79. Zu dieser *„Eindeutigkeit* der ethischen Gebote" vgl. auch Schluchter 2016, 199, dort auch das Zitat, kursiv im Original.
375 Schluchter 1998, 143.
376 Vgl. auch für das Zitat Weber 1994a, 79. Zur Integration der Folgen in die Entscheidung vgl. Kreß' Rede vom „Handlungsfolgenkalkül[.]" (Kreß 1997, 117) und de Villiers Rede vom „decision-making" (Villiers 2018, 38).
377 Kreß 1997, 119, kursiv im Original.
378 Schluchter rekonstruiert zunächst die Frage, ob sich politisches Handeln „an die von der Wissenschaft formulierten restriktiven Bedingungen halten will. Der Verantwortungsethiker unterwirft sich ihnen, der Gesinnungsethiker aber nicht." (Schluchter 1971, 28) Dann kommt er zur Verknüpfung mit der Wissenschaft: „Der Verantwortungsethiker dagegen ist nicht nur grundsätzlich auf Wissenschaft verwiesen, er braucht auch eine selbständige Erfahrungswissenschaft, die ihm durch wertfreie Analyse von Zweck-Mittel-Relationen die Voraussetzung für die Anwendung der verantwortungsethischen Maxime erst schafft." (a. a. O., 32)

weil sich aus der entsprechend wertgeleiteten Beurteilung der Folgen eine Forderung ergeben kann, die von der Forderung abweicht, die sich aus der ebenfalls wertgeleiteten Beurteilung der für sich genommenen Handlung ableitet, und zudem nichts zur Verfügung steht, was diese Spannung zwischen „Erfolg" und „Eigenwert dieses Tuns an sich" ethisch vereindeutigt.[379] In der Folge dieser Spannung entsteht auch die „Spannung zwischen Mittel und Zweck", von der Weber in „Politik als Beruf" explizit spricht.[380] Weil diese Spannung zwischen Erfolg und Eigenwert als konkrete Herausforderung für Handelnde auftritt, nenne ich sie handlungstheoretische Spannung . In der verantwortungsethischen Maxime Webers denotiert Verantwortung also diese *handlungstheoretische Spannung*[381].

Hinzu kommt ein *Zweites:* Während die von Weber wohl auch als Beispiel von religiösen Gesinnungsethiken beschriebene „Ethik der *Bergpredigt*" durch Unbedingtheit und Eindeutigkeit der Forderung, also durch Sollenseindeutigkeit profiliert ist,[382] charakterisiert er die Situation des Politikers, dem er die verantwortungsethische Maxime empfiehlt, durch Uneindeutigkeit – so schreibt er zum *„Ethos der Politik als ‚Sache'"*:[383] „Da stoßen nun freilich letzte Weltanschauungen aufeinander, zwischen denen schließlich *gewählt* werden muß."[384] Das erinnert an das, was Weber in „Wissenschaft als Beruf" metaphorisch als „ewigen Kampf jener Götter" beschrieben hatte, in dem der Einzelne „zwischen ihnen sich zu *entschei-*

---

379 Vgl. für Inhalt und die Zitate Weber 1988b, 552–553, Zitate auf S. 552, im Original teilweise hervorgehoben: „Es [das rationale Handeln in der Welt, FH] trägt aber eine tiefe Spannung auch in sich selbst. Denn es scheint kein Mittel zum Austrag schon der allerersten Frage zu geben: von woher im einzelnen Fall der ethische Wert eines Handelns bestimmt werden soll: ob vom E r f o l g oder von einem – irgendwie ethisch zu bestimmenden – E i g e n wert dieses Tun an sich aus." (a. a. O., 552, gesperrt im Original. Zu besagter Spannung vgl. auch Schluchter 2016, 195–196, 212) Der Offenheit dieser Frage ist implizit, dass beide Ausgangspunkte zu differierenden und damit potenziell konfligierende Wertungen führen könnten. Genauer wird sich der Zusammenhang von Folgenbeachtung und Uneindeutigkeit in der Integration von Webers Folgenverantwortung in Heinz Eduard Tödts Wirklichkeitsbegriff zeigen (3.3.3.2). Zu dieser Konfliktmöglichkeit einschließlich einiger Beispiel vgl. auch Fischer 2016, 298.
380 Vgl. auch für das Zitat Weber 1994a, 80.
381 Wenn ich hier von „Spannung" rede, greife ich Webers eigenen Begriff aus der Zwischenbetrachtung auf (Weber 1988b, 552).
382 Vgl. wie oben bereits zitiert Weber 1994a, 78, kursiv im Original. Als erstes biblisches Beispiel wählt Weber eine Perikope (anhand der übrigens auch Bonhoeffer seinen Nachfolgebegriff konkretisiert (DBW 4, 59–67)), die allerdings nicht in der Bergpredigt steht: der Geschichte vom reichen Jüngling (Mk 10, 17–31 parr). Darüber Weber: „Das evangelische Gebot ist unbedingt und eindeutig: gib her, was du hast – *alles,* schlechthin." (Weber 1994a, 78, kursiv im Original)
383 Vgl. auch für das Zitat Weber 1994a, 76, kursiv im Original.
384 Weber 1994a, 76, kursiv im Original.

den" habe.³⁸⁵ Damit ist neben der handlungstheoretischen Spannung nun auch explizit eine *geltungstheoretische Sollensuneindeutigkeit* benannt.³⁸⁶ Muss zwischen Weltanschauungen gewählt werden, ist uneindeutig, welche Orientierungen in Geltung stehen. Weil eine und andere Orientierungen damit jeweils „weder notwendig [...] noch unmöglich" sind,³⁸⁷ kann hier mit Schluchter auch von *Kontingenz* die Rede sein.³⁸⁸ Wie sich handlungstheoretische Spannung und geltungstheoretische Kontingenz zueinander verhalten, wird sich über die soziologische Einordnung der verantwortungsethischen Maxime in Webers Rationalisierungsthese (3.2.2.2) und über die weiterführrewnde und differenzierende Weberinterpretation Schluchters klären (3.2.2.3).

Unabhängig von dieser Verhältnisbestimmung ist jetzt schon festzuhalten, dass der Verantwortungsbegriff in Verantwortungsethik auch bei Weber Sollenskonflikte denotiert – oder zumindest Spannungen und Kontingenzen, die sich in Sollenskonflikten manifestieren können.³⁸⁹ Darauf hat auch schon Heidbrink verwiesen, wenn er das „Verantwortungsprinzip" bei Weber mit „konfligierenden Wertvorstellungen" verbunden und den Verantwortungsbegriff „zu einem reflektorischen Medium der Behandlung von Anspruchskollisionen in pluralistischen Gesellschaften" werden sieht.³⁹⁰ Der Unterschied von gesinnungsethischer und

---

385 Vgl. auch für die Zitate Weber 1994b, 20, kursiv im Original. Auch zitiert bei Schluchter 2016, 278, Zu Webers „Konflikttheorie" vgl. auch a.a.O., 306. Mehr dazu unter 3.2.2.2.
386 Beide Spannungen bzw. Uneindeutigkeiten spricht Schluchter jeweils als „Brückenproblem" an, nämlich als Problem „der Unvereinbarkeit wertsphärenspezifischer Geltungsansprüche und der Paradoxie der Wirkung gegenüber dem Wollen." (Schluchter 2016, 275) Die geltungstheoretische Uneindeutigkeit hat er damit eher differenzierungs- als pluralisierungstheoretisch pointiert (s. 3.2.2.2).
387 Entsprechend lässt sich in Anlehnung an eine Formulierung von Niklas Luhmann mit dem Begriff „kontingent" das verstehen, „was weder notwendig ist noch unmöglich" (Luhmann 1987, 152). Luhmann hatte definiert: „Der Begriff bezeichnet mithin Gegebenes (Erfahrenes, Erwartetes, Gedachtes, Phantasiertes) im Hinblick auf mögliches Anderssein" (Luhmann 1987, 152; vgl. dazu auch Luhmann 1987, 47). Eine Kontingenzsteigerung liegt von daher dann vor, wenn entweder vorher als notwendig Behandeltes nun „auch anders möglich" (Luhmann 1987, 47) scheint oder vorher Unmögliches möglich wird.
388 Vgl. zur „Kontingenzerfahrung des moralischen Bewußtseins" in Schluchters Weberinterpretation Schluchter 1998, 121.
389 Von Spannungen und Konflikten reden nicht nur die Weberinterpreten, sondern auch Weber selbst, vgl. dazu die Nachweise im Folgenden, etwa in Anm. 379, 432, 434, 435, 459 in diesem Kapitel. Vgl. zu verschiedenen Arten von möglichen Sollenskonflikten auch Körtner 2001, 45.
390 Vgl. auch für die Zitate Heidbrink 2003, 92, 95. Das zweite Zitat lautet im Kontext so: „Es [das Verantwortungsprinzip, FH] dient zum einen der Bewußtmachung, daß das Handeln des Menschen auf konfligierenden Wertvorstellungen beruht, die aus seiner ‚Verflochtenheit in die ethisch irrationale Welt' resultieren. Es ermöglicht zum zweiten das Austragen der kollidierenden Wertan-

verantwortungsethischer Maxime markiert damit der Sache nach den bereits bei Schweitzer beschriebenen Übergang von Pflicht zu Verantwortung, vom Umgang mit Sollenseindeutigkeit zum Umgang mit Sollensuneindeutigkeit oder gar Sollenskonflikt.

Ich fasse den Zwischenstand zusammen: In „Politik als Beruf" rechnet Weber dem Politiker, der Macht hat oder erstrebt, über die Unterscheidung von gesinnungs- und verantwortungsethischer Maxime Verantwortung zu, wobei diese Verantwortung von vornherein auf eine Situation (potenzieller) Sollenskonflikte bezogen ist.

(3) *Theodizee.* Im Zuge einer theologischen Arbeit ist besonders interessant, dass der Verantwortungsbegriff zwei Aspekte eines Problems bearbeitet, das Weber als religionsproduktives beschreibt: das „uralte Problem der Theodicee":[391] Der erste Aspekte dieses Problems ist es, die „Erfahrung von der Irrationalität der Welt" zusammenzubringen mit dem Glauben an „eine Macht, die als zugleich allmächtig und gütig hingestellt wird".[392] Die „Irrationalität der Welt" besteht für ihn in der fehlenden oder nicht erfahrbaren Verknüpfung von guten Tun und guten Folgen, von guter Absicht und Erfolg und so – mit Kant gesagt – letztlich von Sittlichkeit und Glückseligkeit.[393] Verantwortung wird als Handlungsprinzip gefragt, wo diese Verknüpfung oder deren Postulat[394] an Plausibilität verliert – und das geschieht

---

sprüche durch ‚Leidenschaft und Augenmaß' […]." (a.a.O., 92) Vgl. dazu auch Schluchters Hinweis darauf, dass Weber „Vertreter der Wertkollision" war: Schluchter 2016, 277, dort auch das Zitat.
391 Vgl. auch für das Zitat und dieses Problem als „treibende Kraft aller Religionsentwicklung" Weber 1994a, 82.
392 Vgl. auch für die Zitate Weber 1994a, 82.
393 So spricht Weber von der „irrationale[n] Welt des unverdienten Leidens, des ungestraften Unrechts und der unverbesserlichen Dummheit", in der für das Handeln des Politikers „*nicht* wahr ist: daß aus Gutem nur Gutes, aus Bösem nur Böses kommen könne" (für beide Zitate Weber 1994a, 82, kursiv im Original). Vgl. zu „Sittlichkeit" und „Glückseligkeit" im hier verwendeten Sinne bei Kant: Kant 1974, 254–256 (A 223–226). Auch Schluchter verweist darauf, dass bei Kant „das Sittengesetz am Ende doch mit dem Glückseligkeitsprinzip ‚vermählt' sei, weshalb „auf den Erfolgsaspekt einer sittlichen Handlung […] letztlich doch keine Rücksicht genommen" werden muss (Schluchter 2016, 237).
394 Bei Kant ist der „Zusammenhang zwischen Sittlichkeit und der ihr proportionierten Glückseligkeit" Teil des Gottespostulats der „reinen praktischen Vernunft" (für beide Zitate Kant 1974, 254–255 (A 223), im Original in Kapitälchen): „Gleichwohl wird in der praktischen Aufgabe der reinen Vernunft, d.i. der notwendigen Bearbeitung zum höchsten Gute, ein solcher Zusammenhang als notwendig postuliert: wir sollen das höchste Gut (welches also doch möglich sein muß) zu befördern suchen. Also wird auch das Dasein einer von der Natur unterschiedenen Ursache der gesamten Natur, welche den Grund dieses Zusammenhanges, nämlich der genauen Übereinstimmung der Glückseligkeit mit der Sittlichkeit, enthalte, postuliert." (Kant 1974, 255 (A 225), im Original teilweise gesperrt)

bei Weber im Zuge der „Entzauberung der Welt".[395] „Verantwortung" soll bei Weber diese Verknüpfung in den begrenzten Möglichkeiten des Handlungssubjektes, nämlich nur für die „voraussehbaren[.] *Folgen*",[396] wieder herstellen. Insofern Weber vermittels des Verantwortungsbegriffs damit den Zusammenhang von Sittlichkeit und Glückseligkeit zur Aufgabe des Handlungssubjektes in den Grenzen dessen Fähigkeit zur Voraussicht macht, betraut er das Handlungssubjekt mit derjenigen Position, für die Kant die praktische Vernunft Gott postulieren ließ.[397] Dass Weber so mit seiner spezifischen Verwendung des Verantwortungsbegriffs dem Politiker eine Verantwortung zurechnet, die auch in christlicher Perspektive als Gottes Sache gesehen werden kann, macht er indirekt selbst deutlich, wenn er die „gesinnungsethische[.] Maxime" über den Satz qualifiziert: „der Christ tut recht und stellt den Erfolg Gott anheim".[398]

Der *zweite Aspekte des Problems* hängt mit dem ersten insofern zusammen, als diese „Irrationalität der Welt" auch konkret den Einsatz von „Macht und Gewaltsamkeit als Mitteln" trifft:[399] Wer diese Mittel einsetze schließe, so Weber, „mit diabolischen Mächten einen Pakt", die die Verknüpfung von guter Absicht und guter

---

[395] Vgl. genau dazu: „Wo immer aber rational empirisches Erkennen die Entzauberung der Welt und deren Verwandlung in einen kausalen Mechanismus konsequent vollzogen hat, tritt die Spannung gegen die Ansprüche des ethischen Postulates: daß die Welt ein gottgeordneter, also irgendwie ethisch sinnvoll orientierter Kosmos sei, endgültig hervor." (Weber 1988b, 564, im Original teilweise gesperrt) Vgl. zur Entzauberung auch Villiers 2018, 1–2, 85 und dort etwa: „Modern science [...] denies any religious claim that the world is ordered by God, and could thus be regarded as an ethically meaningful cosmos." (a.a.O., 85)
[396] Vgl. auch für das Zitat Weber 1994a, 79, kursiv im Original. Weber begrenzt die Zurechnung von Folgen explizit auf „die Folgen eigenen Tuns, soweit er sie voraussehen konnte" (Weber 1994a, 80).
[397] So musst Kant zufolge (wie zitiert) „in der praktischen Aufgabe der reinen Vernunft" ja nicht nur der „Zusammenhang zwischen Sittlichkeit und der ihr proportionierten Glückseligkeit [...] als notwendig postuliert" werden, sondern auch der „Grund dieses Zusammenhangs", den Kant dann mit „Gott" identifiziert (vgl. auch für die Zitate Kant 1974, 255–256 (A 224–226)). Das entsprechende Unterkapitel in der „Kritik der praktischen Vernunft" zusammenfassend schreibt Kant: „Eben dieses Gesetz muß auch zur Möglichkeit des zweiten Elements des höchsten Guts, nämlich der jener Sittlichkeit angemessenen Glückseligkeit, eben so uneigennützig, wie vorher, aus bloßer unparteiischer Vernunft, nämlich auf die Voraussetzung des Daseins einer dieser Wirkung adäquaten Ursache führen, d.i. die Existenz Gottes, als zur Möglichkeit des höchsten Guts (welches Objekt unseres Willens mit der moralischen Gesetzgebung der reinen Vernunft notwendig verbunden ist) notwendig gehörig, postulieren." (Kant 1974, 254–255 (A 223–224), im Original teilweise gesperrt.) Die Begriffe „Sittlichkeit" und „Glückseligkeit" im Haupttext sind auch von Kant übernommen.
[398] Vgl. auch für die Zitate Weber 1994a, 79. Dieselbe Formulierung taucht im selben Zusammenhang übrigens schon in der Zwischenbetrachtung von 1915 auf: Weber 1988b, 553.
[399] Vgl. auch für die Zitate Weber 1994a, 82.

Folge besonders zu gefährden scheinen.⁴⁰⁰ Gerade angesichts des Gewalteinsatzes versagt offenbar die gesinnungsethische Maxime, weil sie dessen Eigendynamik übersehen lässt. Der Verantwortungsbegriff soll dabei auch von den korrumpierenden Wirkungen von Gewalt- und Machgebrauch bewahren:

> Wer Politik überhaupt und wer vollends Politik als Beruf betreiben will, hat sich jener ethischen Paradoxien und seiner Verantwortung für das, was aus *ihm selbst* unter ihrem Druck werden kann, bewußt zu sein. Er läßt sich, ich wiederhole es, mit den diabolischen Mächten ein, die in jeder Gewaltsamkeit lauern.⁴⁰¹

Bei Weber ist der Begriff der Verantwortung so nicht nur mit der Machtposition verkoppelt,⁴⁰² Zwangsmittel einsetzen zu können oder zu wollen. Im Entwurf dieser Machtposition bezieht Weber auch explizit dem eigendynamischen Bemächtigungscharakter des Machthabens ein: Er scheint davon auszugehen, dass sich die Macht in ihrer auch diabolischen Dimension des Machthabers bemächtigen kann – und genau auf den Umgang damit ist der Verantwortungsbegriff bezogen.⁴⁰³

Wie bei Schweitzer denotiert Verantwortung also auch Weber Sollenskonflikt und Sollenskontingenz; über Schweitzer hinaus ist Verantwortung nun aber zudem mit Folgenverantwortung und einer Machtposition verbunden, die andere Traditionen „Gott" zurechneten. Darüber hinaus ist bei Weber im Vergleich zu Schweitzer noch spezifisch, dass Weber das Zustandekommen von Spannungen, Sollenskontingenzen und damit letztlich auch Sollenskonflikten soziologisch erklärt, wo Schweitzer dies philosophisch und voluntaristisch als „Selbstentzweiung des Willens zum Leben" (3.2.1.3) gedeutet hatte. Wie funktioniert diese soziologische Erklärung?

3.2.2.2 Einordnung in Webers soziologische Rationalisierungs-, Pluralisierungs- und Differenzierungsthese

Die von Weber skizzierte verantwortungsethische Maxime für Politiker und die dieser Skizze implizite „Verantwortung" lassen sich – so die gleich ausführlich zu

---

400 Vgl. auch für das Zitat Weber 1994a, 82. Direkt auf die Erwähnung der „diabolischen Mächte" folgt dann bei Weber der bereits zitierte Gedanke über den Politiker, „daß für sein Handeln es *nicht* wahr ist: daß aus Gutem nur Gutes, aus Bösem und Böses kommen könne […]" (ebd., kursiv im Original).
401 Weber 1994a, 85, kursiv im Original.
402 Zu dieser Verkopplung von Machtposition und Verantwortung bei Weber vgl. wie bereits zitiert Vogelmann 2014, 348–352. Zum Bild des Koppelns vgl. etwa a.a.O., 24.
403 Auf diesen Machtcharakter der diabolischen Dimension werde ich im Imaginationskapitel zurückkommen (4.3.1.2).

entfaltende und zu belegende These – tiefgreifender als Antwort auf den von Weber beschriebenen Rationalisierungsprozess verstehen.[404] Damit denotiert Verantwortung des Politikers nicht nur wie eben beschrieben auf der Mikroebene eine Maxime, die mit Sollensuneindeutigkeit rechnen und darauf antworten lässt. Weber führt den Begriff der Verantwortungsethik auch vor dem Hintergrund einer Gesellschaftsbeschreibung ein, die auf Makroebene die zunehmende Sollensuneindeutigkeit im „Wertpluralismus" erklärt.[405] Denn Weber rekonstruiert vermittels der Kategorie „Rationalisierung" die moderne Gesellschaft als eine, in der Ermöglichungsvoraussetzungen für Sollenskonflikte vielfältiger werden und so ihre Wahrscheinlichkeit zunimmt. Diese Gesellschaftsanalyse, die sich pointiert in „Wissenschaft als Beruf" zeigt, bildet den Hintergrund für die handlungstheoretische Einführung der verantwortungsethischen Maxime.

Diese These gilt es im Folgenden zu entfalten, an Webers Texten und an Sekundärliteratur zu belegen. Dazu werde ich in Abhängigkeit von Etienne de Villiers' und Wolfgang Schluchters Weberinterpretation besagte Gesellschaftsanalyse in ihrer Rationalisierungsthese (1) und ihren Pluralisierungsthesen (2) rekonstruieren, die unabhängig von ihrer damaligen oder heutigen Trefflichkeit dann den Horizont für Webers Rede von Verantwortungsethik abgibt (3).

(1) *Rationalisierung.* Zentral und charakteristisch für Webers Beschreibung moderner westlicher[406] Gesellschaften ist der Begriff der Rationalisierung, dessen Bedeutung de Villiers vor allem anhand zweier Passagen Webers klärt.[407] Erstens verweist er darauf, dass Weber „Bestimmungsgründe sozialen Handelns" differenziert und zwar zweckrationale, wertrationale, affektuelle und traditionale.[408]

---

[404] Vgl. Villiers 2018, 78–98, 117, der mit anderen betont, dass „Weber's ethic of responsibility" auf „extratextual factors" antwortet („response"), bei de Villiers insbesondere dann: „the ambivalences of modernity" (a.a.O., 79, 90, 94, 96–98, Zitate auf S. 79 und 94, kursiv im Original) und unter anderem Webers Diganose des „process of rationalisation" nachzeichnet (a.a.O., 80, 82–86).

[405] Vgl. zum „Wertpluralismus" und damit zur Rückvermittlung von „Webers ‚Therapie' […] an seine ‚Gegenwartsdiagnose'" Schluchter 2016, 277–278, 281, 305, Zitate auf S. 277–278.

[406] Zu dieser Kontextualisierung („Western modernity") vgl. Villiers 2018, 85, dort auch das Zitat.

[407] Vgl. (auch für das Folgende) Villiers 2018, 82–83. Die folgende Darstellung hat auch profitiert von Habermas' Reflexionen zu Webers „Theorie der Rationalisierung", vgl. Habermas 1995a, 205–366, insbes. S. 207–292, 225–269, Zitat auf S. 205.

[408] Vgl. auch für die Begriffe Weber 1984, 44; Weber 1976, 12; Villiers 2018, 82. Weber schreibt: „Wie jedes Handeln kann auch das soziale Handeln bestimmt sein 1. *zweckrational:* durch Erwartungen des Verhaltens von Gegenständen der Außenwelt und von anderen Menschen und unter Benutzung dieser Erwartungen als ‚Bedingungen' oder als ‚Mittel' für rational, als Erfolg, erstrebte und abgewogene eigene *Zwecke,* – 2. *wertrational:* durch bewußten Glauben an den –ethischen, ästhetischen, religiösen oder wie immer sonst zu deutenden – unbedingten *Eigenwert* eines bestimmten Sichverhaltens rein als solchen und unabhängig vom Erfolg, – 3. *affektuell,* insbesondere *emotional:* durch aktuelle Affekte und Gefühlslagen, – 4. *traditional:* durch eingelebte Gewohnheit." (Weber

Während Weber betont, dass im konkreten Handeln diese Orientierungen – und gerade die ersten beiden – in jeweils unterschiedlicher Ausprägung auch zusammenspielen können,[409] zeigen doch schon diese Begriffsbestimmungen zwei Spannungen: Zum einen benennt Weber einen in der Unterscheidung von Wert- und Zweckrationalität angelegten Widerspruch, der darin besteht, dass in zweckrationaler Perspektive die Orientierung am Eigenwert irrational erscheint.[410] Zum anderen qualifiziert der Rationalitätsbegriff eben nur die ersten beiden Handlungsorientierungen; rational ist nur, was sich an Zwecken oder Eigenwerten orientiert, und nicht, was von Gefühlen oder Gewohnheiten bestimmt ist.

Damit liegt auch schon nahe, wie Weber Rationalisierung bestimmen wird. Dies tut er – zweitens – etwa in der auch von de Villiers zitierten Passage:

> *Eine* wesentliche Komponente der ‚Rationalisierung' des Handelns ist der Ersatz der inneren Einfügung in eingelebte Sitte durch die planmäßige Anpassung an Interessenlagen. Freilich erschöpft dieser Vorgang den Begriff der ‚Rationalisierung' des Handelns nicht. Denn außerdem kann diese positiv in der Richtung der bewußten Wertrationalisierung, negativ aber außer auf Kosten der Sitte auch auf Kosten affektuellen Handelns, und endlich auch zugunsten eines wert*un*gläubigen, rein zweckrationalen, auf Kosten wertrational gebundenen Handelns verlaufen.[411]

Rationalisiert ist Handeln für Weber also in dem Maße, in dem es nicht durch „eingelebte Sitte", also traditional, oder Affekte orientiert ist, sondern wertrational oder zweckrational, wobei „die planmäßige Anpassung an Interessenlagen" der Sache nach auch Zweckrationalität benennt.[412]

1984, 44; Weber 1976, 12, Hervorhebungen im Original. Teilweise aus der englischen Übersetzung auch zitiert bei Villiers 2018, 82.)
409 Vgl. Weber 1984, 45–46; Weber 1976, 13; Villiers 2018, 82. De Villiers verweist darauf, dass gerade die ersten beiden „often combined" aufträten (ebd.). Bei Weber heißt es etwa: „Die wertrationale Orientierung des Handelns kann also zur zweckrationalen in verschiedenartigen Beziehungen stehen." (Weber 1984, 46)
410 Vgl.: „Vom Standpunkt der Zweckrationalität aus aber ist Wertrationalität immer, und zwar je mehr sie den Wert, an dem das Handeln orientiert wird, zum absoluten Wert steigert, desto mehr: *irrational*, weil sie ja um so weniger auf die Folgen des Handelns reflektiert, je unbedingter allein dessen *Eigen*wert (reine Gesinnung, Schönheit, absolute Güte, absolute Pflichtgemäßheit) für die in Betracht kommt." (Weber 1984, 46; Weber 1976, 13, Hervorhebung im Original) Schluchter hält fest, dass „erfolgsorientiertem" Handeln „im Rationalitätsfalle: zweckrationale[s] Handeln" entspricht, während „eigenwertorientiertes, im Rationalitätsfalle: wertrationales Handeln" wäre (Schluchter 2016, 23, vgl. dazu auch a.a.O., 209).
411 Weber 1984, 53; Weber 1976, 15–16, Hervorhebungen im Original, aus der englischen Übersetzung auch zitiert bei Villiers 2018, 82–83.
412 Die letzte Aufschlüsselung wird auch nahegelegt durch Schluchter 2016, 206.

Den Rationalisierungsprozess der westlichen Moderne[413] verbindet Weber (wie auch de Villiers feststellt) mit anderen Entwicklungen, insbesondere mit der Entwicklung des „asketischen Protestantismus", vor allem des Calvinismus, oder etwa der „Entzauberung der Welt".[414] Aus diesem Komplex zusammenhängender Entwicklungsthesen ist hier entscheidend, was Schluchter in Anknüpfung an Webers Wortwahl „These vom absoluten Polytheismus der Werte" und was de Villiers „differentiation thesis" genannt hat.[415] In den Beobachtungen Webers, auf die diese Thesen der Sache nach verweisen, spielen m. E. zwei Wahrnehmungen zusammen: unterschwellig die Wahrnehmung weltanschaulich-kultureller Pluralität und deutlicher die der konflikthaften Ausdifferenzierung[416].

(2) *Pluralisierungsthesen.* Beides, Pluralität und vor allem Ausdifferenzierung, lässt sich bei Weber nachweisen. Schon Webers einschlägige metaphorische Rede

---

413 Vgl. zu dieser Kontextualisierung wie bereits zitiert etwa Villiers 2018, 83, 85.

414 Vgl. dazu etwa Villiers 2018, 83–89. In „Die protestantische Ethik und der Geist des Kapitalismus" (Weber 1988a und dazu in diesem Zusammenhang Villiers 2018, 83–84) führt Weber die „R a t i o n a l i s i e r u n g d e r L e b e n s f ü h r u n g" auf die „B e r u f s k o n z e p t i o n d e s a s k e t i s c h e n P r o testantismus" zurück (Weber 1988a, 163, gesperrt im Original), die er zunächst und besonders ausführlich am Calvinismus herausarbeitet (Weber 1988a, 87–128). Zur „Entzauberung der Welt" vgl. etwa Weber 1988a, 94; Weber 1994b, 9; Weber 1988b, 564; Villiers 2018, 84–85, im Original teilw. gesperrt, Etienne de Villiers benennt als Konsequenzen der Rationalisierung bei Weber neben diesem „process of disenchantment" noch die *„differentiation of life orders or spheres"*, den *„[l]oss of an ethically meaningful cosmos"* und die *„[r]estriction of personal freedom"* (Villiers 2018, 82–89, Zitate auf den S. 85, 85, 86, 88, kursiv im Original) und überprüft daran anknüpfende die Sachgerechtigkeit dieser Säkularisierungs-, Differenzierungs- und *„iron cage"*-These (Villiers 2018, 156–185, die Benennungen der Thesen geben de Villiers' Benennungen a. a. O., 157 wieder).

415 Schluchter 2016, 302 in Anknüpfung vermutlich an Weber 1994b, 16–17, 20 und Villiers 2018, 165, 85. Auch Schluchter schreibt an anderer Stelle, „daß Weber zumindest implizit mit Differenzierungsannahmen arbeitet." (Schluchter 1998, 162)

416 Vgl. dazu und auch zur Konflikthaftigkeit wie gesagt v. a. Villiers 2018, 85–86, 97. Für die *„Ausdifferenzierung* der kapitalistischen Wirtschaft und des modernen Staates" bei Weber vgl. Habermas 1995a, 226–228, Zitat auf S. 226, kursiv im Original; zur Ausdifferenzierung von *drei Wertsphären, die jeweils einer eigenen Logik folgen*" a.a.O, 234, kursiv im Original. In seiner „*inoffizielle[n] Version*" von Webers Handlungstheorie fragt Habermas nach „Mechanismen der Handlungskoordinierung" (vgl. auch für die Zitate Habermas 1995a, 381, kursiv im Original); die Unterscheidung solcher Mechanismen führt ihn schließlich auch zur Feststellung von „systemischen Mechanismen, die nicht-intendierte Handlungszusammenhänge über die funktionale Vernetzung von Handlungs*folgen* stabilisieren" (Habermas 1995b, 226, kursiv im Original) – so knüpft Habermas' Gedanke der Systemdifferenzierung (vgl. dazu ausführlicher a. a. O., 229–279, v. a. 269–275) mittelbar and Webers Ausdifferenzierungen an. Zudem stellt de Villiers eine Verbindung zwischen Webers „differentiation-thesis" and Niklas Luhmanns Systemtheorie her: Villiers 2018, 166–169. Zur „Ausdifferenzierung der beiden Handlungsräume, des technisch-praktischen und des normativ-praktischen" vgl. Schluchter 2016, 219.

vom „Kampf[.] der Götter der einzelnen Ordnungen und Werte" ist für beide Auslegungen offen, insofern er diese Metapher sowohl auf ordnungsspezifische als auch auf kulturspezifische Götter bezieht.[417] Gerade in „Wissenschaft als Beruf" kommt zunächst auch das Gegeneinander verschiedener Kulturen vor, also weltanschaulich-kulturelle Pluralität und damit die Grundlage für geltungstheoretische Sollensuneindeutigkeit.[418] So schreibt er dort:

> Wie man es machen will, ‚wissenschaftlich' zu entscheiden zwischen dem *Wert* der französischen und deutschen Kultur, weiß ich nicht. Hier streiten eben auch verschiedene Götter miteinander und zwar für alle Zeit.[419]

Auch, wo Weber nicht mehr metaphorisch spricht, bleibt diese Auslegung möglich: So entfaltet er den

> Grundsachverhalt, daß das Leben, so lange es in sich selbst beruht und aus sich selbst verstanden wird, nur den ewigen Kampf jener Götter miteinander kennt, – unbildlich gesprochen: die Unvereinbarkeit und also die Unaustragbarkeit des Kampfes der letzten überhaupt *möglichen* Standpunkte zum Leben, die Notwendigkeit also, zwischen ihnen zu *entscheiden*.[420]

Schon dieses zweite Zitate aus „Wissenschaft und Beruf" lässt sich aber auch auf die Ausdifferenzierung beziehen: Grundlegend geht Weber davon aus, dass sich in modernen Gesellschaften verschiedene „Sphären"[421], „Wertsphäre[n]"[422], „Lebenssphären"[423], „innerweltlichen Ordnungen"[424] oder differenzieren.[425] Die terminologische Frage lasse ich hier offen,[426] weil es mir auf Folgendes ankommt:

---

417 Vgl. auch für die Zitate Weber 1994b, 17.
418 Schluchter verweist darauf, dass Weber bereits in seiner Antrittsvorlesung „von verschiedenen ‚Sollensgesetzen'" gesprochen hat (vgl. auch für das Zitat Schluchter 2016, 179).
419 Weber 1994b, 17, kursiv im Original.
420 Weber 1994b, 20, kursiv im Original, auch zitiert bei Schluchter 2016, 278.
421 Weber 1988b, 541, 548, 554.
422 Weber 1994b, 22.
423 Weber 2005, 121.
424 Weber 2005, 121.
425 Dazu, dass „Webers Terminologie schwankt" vgl. Schluchter 2016, 299, dort auch das Zitat.
426 Schluchters Weber-Rekonstruktion klärt diese Frage beispielsweise so, dass er die genannten Begriffe differenziert und relationiert: Schluchter findet dann bei Weber „drei fundamentale Wertsphären von *prinzipiell* verschiedener Dignität" – nämlich Wahrheit, Ethik und Kultur (Schluchter 2016, 299). In der zitierten Metapher des Götterkampfes formuliert, findet er die so rekonstruierten Wertsphären dann in „Wissenschaft als Beruf" wieder: „den verstandesbezogenen Gott des (wissenschaftlichen) Wahrheit, den gewissensbezogenen Gott (religiöser und nichtreligiöser) Güte, den gefühlsbezogenen Gott der Schönheit und der (nationalen) Kultur" (Schluchter 2016, 302). Von den Wertsphären scheint er Sphären und Lebensordnungen aber zu unterscheiden,

Weber beschreibt die „Eigengesetzlichkeiten der einzelnen Lebenssphären",[427] sowohl der Sphären mit „den Eigengesetzlichkeiten des zweckrationalen Handelns" wie der Wirtschaft oder der Politik[428] als auch der nicht-rationalen „ästhetischen und erotischen Sphäre".[429] Entscheidend ist nun, dass diese Eigengesetzlichkeiten, oder zumindest deren handlungsrelevante Wahrnehmung, für Weber ein Effekt der Rationalisierung sind:

> Denn die Rationalisierung und bewußte Sublimierung der Beziehungen des Menschen zu den verschiedenen Sphären äußeren und inneren, religiösen und weltlichen, Güterbesitzes drängte dann dazu: innere Eigengesetzlichkeiten der einzelnen Sphären in ihren Konsequenzen bewußt werden und dadurch in jene Spannungen zueinander geraten zu lassen, welche die urwüchsigen Unbefangenheit der Beziehung zur Außenwelt verborgen blieben.[430]

Was heißt das? Rationalisierung konnte wie zitiert unter anderem die „die planmäßige Anpassung an Interessenlagen" oder die zweckrationale Bestimmung des Handelns meinen, also die Bestimmung „durch Erwartungen des Verhaltens von Gegenständen der Außenwelt und von andere Menschen und unter Benutzung dieser Erwartungen als ‚Bedingungen' oder als ‚Mittel'".[431] In beiden Fällen müssen Handelnde sich auf die konkreten Bedingungen und Gegebenheiten der jeweiligen Sphäre einstellen, um zweckorientiert handeln zu können, etwa auf die Eigengesetzlichkeiten des Wirtschaftens oder politischen Handelns – und schon das hat

---

wenn er gleich danach schreibt: „Diese Götter [...] herrschen über selbständige Sphären, die in Lebensordnungen wie Wissenschaft, Religion, geschwisterlichen und brüderlichen Gemeinschaften, Kunst, Politik, Wirtschaft und ‚Erotik' institutionalisiert sind." (Schluchter 2016, 302, zu den „sieben Lebensordnungen" vgl. auch Schluchter 1998, 91). Mit dieser Begriffsarchitektur versteht Schluchter den „absoluten Polytheismus der Werte" aber nur als einen Polytheismus zwischen Wertsphären – er spricht ja für die Wertsphären auf der Bildebene von Gott jeweils im Singular: „Gott der Schönheit und der (nationalen) Kultur" – und nicht innerhalb von Wertsphären. Bei Weber aber spielt m. E. nicht nur diese Ausdifferenzierung, sondern auch weltanschaulich-kulturelle Pluralität eine Rolle – immerhin spricht er ja auch auf den Kulturunterschied von Deutschland und Frankreich bezogen (wie zitiert) von Göttern, geht also offenbar von Göttern „der (nationalen) Kultur" aus.

427 Vgl. auch für das Zitat Weber 2005, 121. An anderer Stelle nennt er diese „innere Eigengesetzlichkeiten der einzelnen Sphären" (Weber 1988b, 541, im Original gesperrt).
428 Vgl. zu diesen beiden Weber 2005, 121–135.
429 Vgl. auch für die Zitate Weber 1988b, 554. So kann er hier etwa von der „Eigengesetzlichkeit der Kunst" sprechen (Weber 1988b, 555).
430 Weber 1988b, 541–542, Sperrungen im Original.
431 Vgl. auch für die Zitate Weber 1984, 53, 44.

Konfliktpotenzial:[432] So spricht Weber schon bei der Klärung Begriffs „[z]weckrational" von „konkurrierenden und kollidierenden Zwecken und Folgen".[433]

Während Rationalisierung so am Ort des Handelnden auch zur Spannung zwischen den Eigengesetzlichkeiten der Sphären führen kann, steht für Weber die „Spannung" von Wert- und Zweckrationalität im Mittelpunkt, die ich handlungstheoretische Spannung genannt hatte und die sich auch nicht-religiös ergibt, religiös aber bis zum Zerreißen gedehnt ist:[434] Das

> rationale Handeln innerhalb der Welt [...] trägt aber eine tiefe Spannung auch in sich selbst. Denn es scheint kein Mittel zum Austrag schon der allerersten Frage zu geben: von woher im einzelnen Fall der ethische Wert eines Handelns bestimmt werden soll: ob vom E r f o l g oder von einem [...] E i g e n wert dieses Tuns an sich aus.[435]

Besonders weit ist diese handlungstheoretische Spannung für die „religiöse[.] Ethik" gedehnt, insofern diese die Orientierung am Eigenwert ins Extrem setzt, was sie in den Gegensatz zur Zweckrationalität der Welt bringt.[436] Dabei ist die Entstehung dieser Spannung bei Weber auf beiden Seiten Teil des Rationalisierungsprozesses – das liegt schon von dem Text „Die protestantische Ethik und der Geist des Kapitalismus" her nahe, in dem Weber die These vertreten hatte, dass die „R a t i o n a l i s i e r u n g der Lebensführung innerhalb der Welt im Hinblick auf das Jenseits [...] die Wirkung der B e r u f s k o n z e p t i o n des asketischen Protestantismus" sei.[437] In der „Zwischenbetrachtung" beschreibt Weber dann, wie sich religiöse Ethik am

---

432 Weber verwendet den Konfliktbegriff v. a. für den gleich zu benennenden Konflikt, so etwa Weber 2005, 121. Vgl. für den „Konflikt zwischen den Lebensordnungen" bei Weber auch Schluchter 1998, 91. Für umfassendere Reflexion zu „der Bewältigung der Spannung zwischen Ordnungen und der Bewältigung der Spannung in diesen Ordnungen" vgl. Schluchter 1998, 102–105, Zitat auf S. 102. Vgl. zu möglichen Konflikten zwischen Ordnungen auch Villiers 2018, 2. Für die *willingness to let oneself be guided in certain cases by the value axioms of other spheres* than the political one" siehe de Villiers' Bruun-Referat: Villiers 2018, 70, kursiv im Original. Für die Verbindung von Verantwortungsethik, Unterwerfung unter solche Bedingungen und deren wissenschaftliche Erforschung vgl. schon Schluchter 1971, 28–32.
433 Vgl. auch für die Zitate Weber 1984, 45; Weber 1976, 13.
434 Vgl. Weber 1994b, 22, wo Weber „die Spannung zwischen der Wertsphäre der ‚Wissenschaft' und der des religiösen Heils" erwähnt, oder Weber 2005, 121, wo Weber von den „Konflikte[n] der Eigengesetzlichkeiten der einzelnen Lebenssphären gegenüber dem religiösen Postulat" (ebd.) spricht.
435 Weber 1988b, 552, gesperrt im Original.
436 Vgl. Weber 1988b, 552–554, Zitat auf S. 553.
437 Weber 1988a, 163, gesperrt im Original. Vgl. zum Protestantismustext im Kontext der Rationalisierungsthese auch Villiers 2018, 83.

„Eigenwert dieses Tuns" und damit am „Wert der Gesinnung" orientiert, wie er hier schon in begrifflicher Nähe zu „Politik als Beruf" feststellt.[438] Dort tritt christlich-religiöse Ethik (der Bergpredigt) als Gesinnungsethik auf.[439] Diese „gesinnungsethische Sublimierung der religiösen Ethik" ist aber selbst eine Rationalisierung, innerweltlich gesehen eben eine Wertrationalisierung,[440] etwa auf den Eigenwert gewaltenlosen Nicht-Widerstehens.[441] Auf dieser Linie wird Webers Rede von der „religiösen Rationalisierung" genauso verständlich wie die Tatsache, dass er bei der Spannung zwischen „politischen Ordnungen" und „Brüderlichkeitsethik der Erlösungsreligionen" von „voller Rationalisierung jeder von beiden" sprechen kann.[442] Konkret macht Weber diese Spannung nicht nur für politische Ordnungen[443], sondern auch „in der ökonomischen Sphäre"[444] oder die Wissenschaft[445].

Zusammengefasst gesagt ergeben sich also bei Weber im Zuge der Rationalisierung Spannungen zwischen den eigengesetzlichen Sphären, zwischen Zweck- und Wertrationalität und insbesondere zwischen religiöser Ethik und anderen Lebenssphären. Damit sind diese Spannungen, die der Verantwortungsbegriff ja als Situation denotierte, bei Weber insgesamt soziologisch, nämlich modernisierungs- und rationalisierungstheoretisch gefasst.

Die Unterscheidung zwischen weltanschaulich-kultureller Pluralität und gesellschaftlicher Ausdifferenzierung – und damit entsprechend die Unterscheidung von geltungstheoretischer und handlungstheoretischer Sollensuneindeutigkeit (3.2.2.1) – verblasst dabei gegenüber Webers Lokalisierung des Ortes, an dem diese Spannungen auflaufen: Aus dem „ewigen Kampf jener Götter miteinander" folgt wie zitiert für Weber „die Notwendigkeit also: zwischen ihnen sich zu *ent-*

---

438 Vgl. Weber 1988b, 552–553, Zitate auf S. 552, gesperrt im Original. Hier finden sich auch schon die Begriffe „Verantwortung" und „Gesinnung" (a. a. O., 552) und das vermeintliche Motto religiöser Ethik: „der Christ tut recht und stellt den Erfolg Gott anheim", das in Politik als Beruf wiederkehrt (Weber 1988b, 553). Vgl. dazu und zu diesen Stellen bei Weber auch Schluchter 2016, 195.
439 Vgl. Weber 1994a, 78–80.
440 Vgl. für das Zitat Weber 1988b, 553. Für den Gedanken inhaltlich auch Weber 2005, 121 und den Zusammenhang von Rationalisierung, Sublimierung und „Gesinnungsreligiösität" (Weber 1988b, 541).
441 Vgl. zu dieser Exemplifizierung von einer „Ethik der *Bergpredigt*" Weber 1988b, 547 und Weber 1994a, 78 (dort auch das Zitat, Hervorhebung im Original). Vgl. zum Konflikt aus einer Ethik des Nicht-Widerstehens auch Villiers 2018, 22.
442 Vgl. Weber 1988b, 541, 546–549, Zitat in dieser Reihenfolge 547, 546, 546, 548, gesperrt im Original.
443 Vgl. dafür auch Weber 2005, 128–135.
444 Vgl. Weber 1988b, 544–546, Zitat auf S. 544, im Original teilweise gesperrt, und Weber 2005, 124–128.
445 Vgl. Weber 1994b, 22.

scheiden".⁴⁴⁶ Es bleibe der „Zwang, sich *selbst* zu entscheiden".⁴⁴⁷ Und de Villiers schlussfolgert für Weber: „For him it is clear that modern individuals have no alternative but to choose between the conflicting values [...]."⁴⁴⁸ Selbst und Individuum erscheinen implizit als der Ort, an dem die Spannungen auflaufen und entschieden werden müssen – unabhängig davon, ob sie in handlungstheoretischer oder geltungstheoretischer Uneindeutigkeit gründen.

Dabei betont Schluchter, dass in der Zeit eines solchen Wertepluralismus⁴⁴⁹ diese Entscheidung als *Entscheidung* und so als kontingent bewusst bleibt.⁴⁵⁰ Schluchter zufolge ist der „Polytheismus der Werte"⁴⁵¹ ein „*absoluter* ‚Polytheismus'",⁴⁵² das heißt, daß die unterschiedlichen Wertsphären mit ihren „Göttern" gleichrangig und deshalb unversöhnlich konflikthaft neben- und gegeneinander stehen.⁴⁵³ Den dabei zu beziehenden Standpunkt sieht Schluchter bei Weber so bestimmt: „Für Webers Lebensanschauung ist charakteristisch, daß der Standpunkt subjektiv sein muß und daß der Konflikt auszuhalten ist."⁴⁵⁴

Lebensimmanent gebe es für Weber „keine Versöhnung" dieses Konflikts, weshalb der je konkret zu findende Kompromiss ein „schuldbelastete[r]" sei.⁴⁵⁵ Versöhnung bleibe – so Schluchter weiter – „eine theologische Kategorie".⁴⁵⁶

(3) *Verantwortung*. Vor dem Hintergrund dieser groben Teilrekonstruktion der soziologischen Wirklichkeitsinterpretation Webers lässt sich sein Verantwortungsbegriff in „Politik als Beruf" in zweierlei Hinsicht vertiefen.

Erstens erscheint die Verantwortung, die der Politiker nach verantwortungsethischer Maxime übernimmt, nun als Antwort auf eine Situation des Menschen in

---

446 Weber 1994b, 20, auch zitiert bei Schluchter 2016, 278.
447 Vgl. auch für das Zitat Schluchter 2016, 278, kursiv im Original.
448 Villiers 2018, 87. Vgl. ähnlich auch a. a. O., 22.
449 Vgl. Schluchter 2016, 281.
450 Vgl.: In die „*bewußte* Entscheidung" des „auf seine eigene freie Entscheidung gestellten Menschen [...] geht nämlich das Wissen um die Möglichkeit *mehrerer* letzter konsequenter Stellungnahmen zur Welt und damit um die Selektivität der eigenen Stellungnahme mit ein." (Schluchter 2016, 283)
451 Vgl. auch für das Zitat Schluchter 2016, 281, 283, 305. Dass Weber diese „Metaphysik" der Verantwortungsethik für adäquat hält macht Schluchter an drei Stellen in dessen Gesamtwerk fest (Vgl. die a. a. O., 281–282, 305, Zitat auf S. 281).
452 Schluchter 2016, 284, kursiv im Original.
453 Schluchter 2016, 302–303. Ähnlich sieht Assadi „unversöhnliche Wertsphärenkonflikte" bei Weber die Politik kennzeichnen (vgl. auch für das Zitat Assadi 2013, 104).
454 Schluchter 2016, 305.
455 Vgl. auch für die Zitate Schluchter 2016, 310.
456 Schluchter 2016, 310.

modernen Gesellschaften:[457] Er hat es bei Weber mit Spannungen,[458] Konflikten[459], Uneindeutigkeiten und Kontingenzen zu tun, die in der Spannung von religiöser Ethik und sphärischen Eigengesetzlichkeiten nur auf eine Spitze getrieben sind:[460] der Spannung aus der Uneindeutigkeit der Relationierung von Eigenwert und Erfolg,[461] den Konflikten zwischen Wertsphären und die Kontingenz von Verbindlichkeit in der Pluralität der Weltanschauungen. Der Einzelne muss – in Webers Metaphorik gesagt – im „ewigen Kampf jener Götter" entscheiden.[462] Zumindest für den Politiker, der Macht hat oder erstrebt, qualifiziert Max Weber in „Politik als Beruf" die sachgerechte Antwort auf diese Situation mit dem Begriff Verantwortung, dessen Bedeutung in der verantwortungsethischen Maxime konkret wird. So ist der Verantwortungsbegriff mit eben jener Entscheidungssituation im „ewigen Kampf der Götter", in den Sollensuneindeutigkeiten und -konflikten ausdifferenzierter, weltanschaulich pluraler moderner Gesellschaften denotierend verbunden.[463] Und diese Verbindung ergibt sich nicht nur wie bei Schweitzer aus philosophisch-voluntaristischer Spekulation, sondern aus soziologischer „Gegenwartsdiagnose".[464]

Zweitens macht die Unterscheidung von Wert- und Zweckrationalität die auch in der Weberforschung diskutierte Frage naheliegend, ob die Unterscheidung von Gesinnungs- und Verantwortungsethik jener Unterscheidung zu parallelisieren ist.[465] Genau dies macht eine Begriffsdifferenzierung und -präzisierung über Weber

---

457 Zu „Situation" und Situationsgemäßheit der Verantwortungsethik vgl. Schluchter 1998, 140; Villiers 2018, 4. Zum Zusammenhang von Verantwortung und Modernität vgl. Heidbrink 2003, 89.
458 Die Spannungssemantik verwendet Weber wie zitiert selbst, etwa: Weber 1988b, 552.
459 Die Konfliktsemantik verwendet Weber etwa in Weber 2005, 121.
460 Vgl. etwa Weber 2005, 121–141.
461 Vgl. wie bereits zitiert Weber 1988b, 552.
462 Vgl. auch für das Zitat Weber 1994b, 20.
463 Vgl. so pointiert: „Absoluter Polytheismus der Werte und formale Verantwortungsethik gehören also *innerlich* zusammen." (Schluchter 2016, 35, kursiv im Original)
464 Vgl. auch für das Zitat Schluchter 2016, 248. Dort betont er: „Webers ‚Therapie', sein Wertungsstandpunkt, ist an seine ‚Gegenwartsdiagnose' rückvermittelt." (ebd.)
465 Eine solche Parallelisierung kommt in der Sekundärliteratur vor, die de Villiers referiert (vgl. für Nicholas Gane und Peter Müller etwa Villiers 2018, 44–45): „They believe that Weber associated the ethic of conviction with strong convictions closely correlated with value rationality and the ethic of responsibility with the consideration of consequences closely correlated with instrumental rationality [...]." (a.a.O., 45. Zu de Villiers' Kritik daran vgl. a.a.O., 123) Diese Parallelisierung liegt zunächst nahe, insofern Weber Wertrationalität und Gesinnungsethik beide begrifflich mit „Pflicht" und „Geboten" verbindet (vgl. für Wertrationalität Weber 1984, 45; Weber 1976, 12–13 und für Gesinnungsethik Weber 1994a, 78–79; Körtner 1996, 581), während es bei Zweckrationalität und Verantwortungsethik um Folgen, Mittel und Zwecke geht (vgl. für Zweckrationalität Weber 1984, 45–46; Weber 1976, 13 und für Verantwortungsethik Weber 1994a, 79–80). Anderseits stellt Weber

hinaus nötig, die sich bei Schluchter findet und die ein integratives Verständnis von Verantwortungsethik erlaubt, das diese eben nicht auf Zweckrationalität reduziert.

3.2.2.3 Aneignung bei Schluchter: Zur Einordnung von „Verantwortung" in Webers Ethik-Typologie

Der Heidelberger Soziologe Wolfgang Schluchter hat die oft alleinstehend rezipierte[466] Rede Webers von Verantwortungsethik in „Politik als Beruf" in den Kontext von Webers Gesamtwerk insbesondere in seine Religionssoziologie eingeordnet, systematisiert und weitegeführt.[467] Damit präzisiert Schluchter zwar streng genommen nur den Begriff „Verantwortungsethik"; weil er diese aber von anderen Ethik-Typen über eine Spezifikation der „*Art* der Verantwortung" abgrenzt,[468] liefert diese Präzisierung mittelbar eine Einordnung des Weberschen Verantwortungsbegriffs.

Hilfreich in Schluchters Systematisierungen ist zunächst sein Verweise auf eine *Doppeldeutigkeit der Weberschen Unterscheidung von Gesinnungs- und Verantwortungsethik*, die für viele Missverständnisse verantwortlich ist: „Die Begriffe werden einmal zur Charakterisierung formaler ethischer Maximen, einmal zur Charakterisierung typischer normativer Ethiken verwandt."[469] Während Verantwortungs-

---

die Frage, „welcher Zweck *welches* Mittel heiligen solle" als ethisch nicht zu beantwortende (vgl. Weber 1994a, 81, Zitat auf S. 81, kursiv im Original.). Genau das hat aber eine einfache Parallelisierung der beiden Unterscheidungen bereits ausgeschlossen: Denn wäre Verantwortungsethik mit reiner Zweckrationalität gleichzusetzen, wäre diese Frage nach der Zweck-Mittel-Relation ja ethisch beantwortet – dann heiligte der Zweck die Mittel. Auf dieser Linie hat auch Wolfgang Schluchter die Auffassung, dass „die Befolgung der verantwortungsethischen *Maxime* mit erfolgsorientiertem, im Rationalitätsfall: zweckrationalem Handeln zusammenfiele" als „Mißverständnis" bezeichnet (vgl. auch für die Zitate Schluchter 2016, 254, kursiv im Original). Vgl. auch: „It seems much more likely, then, that Weber formulated the ethic of responsibility to correlate with the optimal combination of value-rational and instrumental-rational action, rather than formulating it to correlate with the limiting case of pure instrumental action." (Villiers 2018, 123)

466 Vgl. zur Diagnose dieses Defizits Villiers 2018, 6.
467 Vgl. Huber 1990, 139, Anm. 14 mit Verweis auf Schluchter 1979 und Huber 2012b, 91. Dass es sich bei Schluchters Arbeit nicht nur um eine Rekonstruktion, sondern eine Weiterführung Webers handelt, hat er früh selbst als Desiderat formuliert: „Webers Modell des Verhältnisses von Wissenschaft und Politik ist ambivalent und lückenhaft. Dies zwingt dazu, nicht nur seine Grundzüge freizulegen, sondern es auch weiter auszugestalten." (Schluchter 1971, 54) Als eine solche Ausgestaltung lässt sich sein späteres Werk lesen. Dass dabei Kants Ethik prägend ist, hat de Villiers zurecht problematisiert: „Kant's formal ethic becomes the key in his interpretation of Weber's ethic of responsibility." (Villiers 2018, 135) Zu de Villiers' differenzierter Auseinandersetzung mit Schluchter vgl. a. a. O., 134–138.
468 Vgl. auch für das Zitat Schluchter 2016, 168, kursiv im Original.
469 Schluchter 2016, 199. Auch referiert bei Villiers 2018, 74.

und Gesinnungsethik als Typen klar unterschieden sind und einander ausschließende Alternativen benennen, sind sie als Maximen zwar auch unterschieden, aber schon insofern kompatibel als besagte Typen sich gerade über eine unterschiedliche Relationierung der beiden Maximen unterscheiden.[470] Die Stärke dieser Explikation der Doppeldeutigkeit liegt in Folgendem: Wenn de Villiers' Sortierung der Weberinterpretationen plausibel ist, erklärt und integriert Schluchters Explikation die von de Villiers unterschiedenen Grundrichtungen; die Ansätze der „responsibility solely for consequences" würden dann eher von der verantwortungsethischen Maxime her denken, während die Ansätze der „responsibility for both conviction and consequences" eher den Typ Verantwortungsethik entfalten.[471] Schluchters eigene Interpretation zählt de Villiers zur zweiten Gruppe.[472]

Das bis 1978 fertiggestellte Werk „Die Entwicklung des okzidentalen Rationalismus"[473] war Wolfgang Schluchters „erster Versuch, Max Webers Forschungsprogramm zu explizieren", den er vor allem in den ab 1988 erschienen Sammlungen „Religion und Lebensführung"[474] erweitert und korrigiert hat.[475] In dem Rationalismustext rekonstruiert Schluchter von Kohlbergs Stufenmodell ausgehend eine Ethik-Typologie bei Weber,[476] auf deren Fassung im Rationalismustext von 1978

---

470 Das ist wird gleich noch näher erläutert, entfaltet und belegt.
471 Vgl. Villiers 2018, 48–78, Zitate auf S. 48.
472 Vgl. Villiers 2018, 70–77.
473 Vgl. Schluchter 1979. Zum Fertigstellungsdatum vgl. a.a.O., IX. Schluchter hat den 1979 publizierten Text „Die Entwicklung des okzidentalen Rationalismus" zwanzig Jahre später, also 1998, „weitgehend unverändert" (Schluchter 2000, 153), aber unter neuem Titel erneut publizierten: „Die Entstehung des modernen Rationalismus." (Schluchter 1998) Ich zitiere im Folgenden zur besseren Nachvollziehbarkeit und von wenigen Ausnahmen abgesehen jeweils aus beiden Ausgaben.
474 Schluchter 2016.
475 Vgl. Schluchter 2000, 153–154, Zitat von S. 154. De Villiers verweist darauf, dass Schluchter Webers Verantwortungsethik bereits in einer Publikation von 1971 interpretiert hatte: Villiers 2018, 70, Anm. 4. Gemeint ist Schluchter 1971.
476 Vgl. Schluchter 1979, 59–71; Schluchter 1998, 111–125. Im Rationalismus-Text von 1978 bzw. 1998 greift Schluchter zunächst auf Lawrence Kohlbergs Arbeit zur ontogenetischen Entwicklung „des moralischen Urteilens und des moralischen Bewußtseins" zurück (Schluchter 1979, 60–63, Zitat auf S. 61, Schluchter 1998, 112–115), fokussiert dabei auf den „Proceß der Abstraktion der Urteilsbasis", um „Anhaltspunkte für die phylogenetische Entwicklung" zu gewinnen (Schluchter 1979, 63–64, Zitate auf S. 63, Schluchter 1998, 115–116), und präzisiert diese Ebenen mit deren handlungstheoretischer Interpretation von Jürgen Habermas (Schluchter 1979, 64; Schluchter 1998, 116–117). So gewinnt er als Heuristik zur Weberanalyse die Unterscheidung von drei Abstraktionsebenen: Kohlbergs „präkonventionelle[m] Niveau" des Denkens entspricht „die Ebene der symbolisch vermittelten Interaktion", auf der Handeln und Sprechen nicht differenziert sind, es also keine allgemeinen Handlungsregeln, sondern nur Imperative gibt (vgl. auch für die Zitate Schluchter 1979, 61, 64). Dem „konventionellen Niveau" entspricht „die Ebene der propositional ausdifferenzierten Rede", auf der Handelnde aus der Teilnehmerperspektive hinaustretend Handlungen beobachten und

Wolfgang Huber in dem Marburger Vortrag „Sozialethik als Verantwortungsethik" (1982) zurückgreifen wird:[477] Schluchter findet bei Weber den Typus magischer Nichtethik sowie die Ethik-Typen der Gesetzes-, der Gesinnungs- und der Verantwortungsethik; Gesetzesethik ist Normenethik, beurteilt also Handlungen nach gegebenen Normen; Gesinnungsethik ist Prinzipienethik, beurteilt also Normen nach gegebenen Prinzipien.[478] *Verantwortungsethik* markiert Schluchter dann durch den „Übergang zu einem reflexiven Prinzipiengebrauch":[479] Verantwortungsethisch werden nicht nur „Normen [...] im Lichte von Prinzipien" reflektiert,[480] sondern Prinzipien selbst – und zwar nicht in „dem Zustand göttlicher oder vernünftiger ‚Gegebenheit'", sondern in dem „‚kontingenter' Generiertheit".[481] In die-

---

so „im Lichte von Normen, die als gegeben angenommen sind" beurteilen können (vgl. auch für die Zitate Schluchter 1979, 62, 64). Auf der dritten, Kohlbergs „postkonventionelle[m] Niveau" entsprechenden Ebene des „praktische[n] Diskurs[es]" können nun „diese Normen selber im Lichte von Prinzipien" beurteilt werden (vgl. auch für die Zitate Schluchter 1979, 62, 64). Mit dieser Unterscheidung rekonstruiert Schluchter dann Webers Religionssoziologie: Auf die präkonventionelle und eigentlich prä-ethische Magie folgt die religiöse „Gesetzesethik", also eine Normenethik, die „Handlung [...] von der Norm" differenziert und die „Befolgung des religiösen Gesetzes" vorschreibt (Schluchter 1979, 65–66, Zitate auf S. 66, Schluchter 1998, 117–118). Von dieser konventionellen Ethik lasse sich der Typ postkonventioneller Ethik differenzieren: die religiöse Gesinnungsethik, die Schluchter als Prinzipienethik identifiziert (vgl. Schluchter 1979, 66–67; Schluchter 1998, 118–120). Darüber hinaus sieht Schluchter dann in der „Verantwortungsethik auch systematisch ein eigenes Strukturprinzip" und rekonstruiert diese als eigenständigen Typus, den der „Übergang zum reflexiven Prinzipiengebrauch" charakterisiert (Schluchter 1979, 67–71, Zitate auf 68, Schluchter 1998, 120–125). Für einen schematischen Überblick über die drei Ethiktypen und die Spezifikationen von „Geltungsbasis", „Bewertungsobjekt" und „Gewissenstyp", die Schluchter diesen Typen zuordnet vgl. Schluchter 1979, 94; Schluchter 1998, 149, dort auch die Zitate.

In „Religion und Lebensführung" korrigiert Schluchter die im Rationalismustext vorgenommene „Zuordnung von Ethiken zu Gewissenstypen" (Schluchter 2016, 223–224, insbes. Anm. 101, dort auch das Zitat) und profiliert die Unterschiede der Typen nun anhand von „Regelaspekt", „Motivationsaspekt" und „Sanktionsaspekt" (Schluchter 2016, 218, 224, 248, Zitate auf S. 224) – und nicht mehr anhand von „Geltungsbasis", „Bewertungsobjekt" und „Gewissenstyp" (s. o.). So entsteht eine komplexere und differenziertere Typologie (Schluchter 2016, 219–273, grafisch zusammengefasst auf S. 273).

477 Vgl. Huber 1990, 139–141.
478 Vgl. Schluchter 1979, 64–71; Schluchter 1998, 117–125 und ausführlich oben (hier, Anm. 476 in diesem Kapitel). Zum Gegebensein der Prinzipien s. Schluchter 1998, 122. Dazu, dass „magische ‚Ethik' [...] für Weber deshalb keine Ethik im strengen Sinne des Wortes" ist vgl. Schluchter 2016, 220, dort auch das Zitat. Vgl. insgesamt zu diesem und dem folgenden Referat der drei Typen auch Huber 1990, 139–141.
479 Vgl. Schluchter 1979, 68–71, Zitat auf S. 68, Schluchter 1998, 121.
480 Vgl. auch für das Zitat Schluchter 1979, 64; Schluchter 1998, 116.
481 Vgl. auch für die Zitate Schluchter 1979, 69; Schluchter 1998, 122.

ser geltungstheoretischen Kontingenz habe Weber Schluchter zufolge die „ethische[.] Dauerproblematik der okzidentalen Moderne" gesehen:[482]

> Die gesellschaftliche Ethik ist jetzt *prinzipiell* unfähig geworden, Sinn nichtselektiv zu konstituieren. Die Kontingenzerfahrung des moralischen Bewußtseins basiert nicht mehr, wie noch im Falle der der Theodizee, auf der erfahrenen Unvollkommenheit dieser Welt, sondern auf der Unvollkommenheit der ‚Hinter' bzw. der Überwelt.[483]

Nach diesem Gedanken steht in der Moderne die unvollkommene, kontingente Welt mit kontingenten Entscheidungen und kontingenten Handlungsfolgen nicht mehr einem vollkommenen Prinzip gegenüber; vielmehr ist die Geltungsgrundlage des Prinzipiellen selbst kontingent geworden:[484] Wir wählen unsere „Letzt"-Begründungen im Bewußtsein ihrer Kontingenz selbst.[485] Der Schritt vom Typus der Gesinnungs- zum Typus der Verantwortungsethik markiert also den Übergang zur Bearbeitung dieser geltungstheoretischen Kontingenz mit der Reflexivität des Prinzipiengebrauchs. Verantwortungsethik ist, wie Schluchter später schreibt, „eine *reflexive* Prinzipienethik".[486]

Die Implikationen von Webers Verantwortungsethik in Schluchters weiterführender Rekonstruktion werden anhand folgenden Problems deutlich: An der entstandenen Ethiken-Typologie erkennt Schluchter schon im Rationalismustext die Problematik, dass sie just die Kantische Ethik eigentlich nicht einordnen kann:[487] Während diese einerseits als reflexive Prinzipienethik[488] Verantwortungsethik sein müsste, Kant aber Kerncharakteristika der Verantwortungsethik kritisiert habe – Schluchter verweist auf die Unterhintergehbarkeit des Wertkonflikts und die Konstitution des guten Willens über die Integration der Handlungs-

---

482 Vgl. auch für das Zitat Schluchter 1979, 68; Schluchter 1998, 121 und dort: „Der moralisch urteilende und handelnde Mensch der okzidentalen Moderne ist gezwungen, sein moralisches Schicksal selbst zu wählen." (ebd.)
483 Schluchter 1979, 68–69; Schluchter 1998, 121, kursiv im Original.
484 Schluchter spricht auch von der „Problematisierung und Possibilisierung […] ethischer Prinzipien überhaupt" (Schluchter 1979, 68; Schluchter 1998, 121).
485 Vgl. Schluchter 1979, 68; Schluchter 1998, 121.
486 Vgl. auch für das Zitat Schluchter 2016, 250, kursiv im Original.
487 Vgl. Schluchter 1979, 95; Schluchter 1998, 151.
488 Im Rationalismustext formuliert Schluchter vorsichtig, dass Kant „entscheidend dazu beiträgt, daß die Grundlage der Ethik reflexiv wird und damit Verantwortungsethik entstehen kann" (Schluchter 1979, 95; Schluchter 1998, 151). In „Religion und Lebensführung" heißt es dann klar: „Die Kantsche Ethik ist also nicht bloß eine Prinzipienethik, sondern eine *reflexive* Prinzipienethik." (Schluchter 2016, 231, kursiv im Original, auch a. a. O. 233, 248, 273).

folgenabwägung –, scheint andererseits eine Einordnung als Gesinnungsethik ohne Unterscheidung „von der des asketischen Protestantismus" ebenso widersinnig.[489]

Dieses Problem löst Schluchter zunächst in „Religion und Lebensführung", indem er den Typus Gesinnungsethik in materiale und formale Gesinnungsethiken differenziert, wobei erstere mit materialen Prinzipien arbeiten – so religiöse Gesinnungsethiken – und letztere mit formalen Prinzipien.[490] Die Kantische Ethik versteht er damit als „eine *formale* oder *reflexive* Prinzipienethik" und ordnete sie typisierend als formale Gesinnungsethik ein.[491] Damit verliert er allerdings die differentia specifica der Verantwortungsethik gegenüber der Gesinnungsethik – die Reflexivität des verantwortungsethischen Prinzipiengebrauchs nämlich – und ist gezwungen, genauer zu bestimmen, was die Reflexivität des Prinzipiengebrauchs spezifisch im Typ der Verantwortungsethik impliziert und auszeichnet. Während Reflexivität und Formalität ihm als Gemeinsamkeit von Kantischer Ethik und Verantwortungsethik erscheinen,[492] sind hier aus seiner umfangreichen Differenzbestimmung[493] vor allem zwei Charakteristika des mit dem Verantwortungsbegriff arbeitenden Ethik-Typs wichtig: die Relevanz der Folgen (1) und die Dialogizität (2) in der Reflexivität der Prinzipien.[494]

---

489 Vgl. auch für das Zitat Schluchter 1979, 95; Schluchter 1998, 151. In Bezug auf „Webers Auffassung vom Charakter des Wertkonflikts" hält Schluchter später fest, dass „Kollisionsfragen" für Weber „*existentielle* Fragen" seien (Schluchter 2016, 286, kursiv im Original).
490 So unterscheidet Schluchter erst Prinzipienethik und reflexive Prinzipienethik: Eine reflexive Prinzipienethik „begründet ethische Normen mit Hilfe eines formalen Moralprinzips, des Universalisierungsgrundsatzes, nicht mit materialen Moralprinzipien; sie motiviert mit dem Erstrebenswertsein des formalen Moralprinzips, nicht mit moralischen Gütern; und sie vertraut gänzlich auf innere und intentionsbezogene Sanktionen, nicht auf eine Mischung aus intentions- und situationsbezogenen Sanktionen und auf die Kombination von innerer und äußerer Kontrollinstanz." (Schluchter 2016, 248) Im Anschluss daran unterscheidet er dann den „Typus einer *formalen* Gesinnungsethik", der ein formales Moralprinzip zugrunde legt, und dem Typus „*materiale* Gesinnungsethik", der von materialen Prinzipien, etwa denen des Naturrechts, ausgeht (vgl. auch für die Zitate Schluchter 2016, 248, kursiv im Original).
491 Vgl. Schluchter 2016, 233, 248, Zitat auf S. 233, kursiv im Original, und bes.: „Kants Ethik repräsentiert deshalb den Typus einer *formalen* Gesinnungsethik [...]" (a. a. O. 248).
492 Vgl. Schluchter 2016, 250–251.
493 Vgl. Schluchter 2016, 250–273.
494 Dies sind auch bei Schluchter die ersten beiden, den sog. „Regelaspekt" betreffenden Differenzen (vgl. Schluchter 2016, 253, 260–261, Zitat auf S. 261). M.E. entfalten diese beiden Differenzpunkte bei Schluchter inhaltlich „die doppelte Bedeutung des Begriffs Verantwortungsethik", nämlich, „daß er sich einmal auf die Bestimmung des Gesinnungswertes, einmal auf die Bestimmung der Beziehung von Gesinnungs- und Erfolgswert bezieht" (vgl. auch für die Zitate Schluchter 2016, 265–266). Später spricht er von einem „zweistufigen Verantwortungsbegriff (dialogische Anwendung des Moralprinzips und Sorge um die Folgen)" (a. a. O., 336).

(1) *Relevanz der Folgen*. Erstens hält Schluchter fest, dass „ein Handeln, das im Rahmen einer Verantwortungsethik als sittlich gelten will, *zwei* Bedingungen genügen" muss:[495] „Es muß sich außer mit einer sittlichen Gesinnung mit einer Folgenabschätzung begründen."[496] Damit betont Schluchter gegen alle Reduktionen von Verantwortung auf „Handlungsfolgenverantwortung" (s. u.) die Kontinuität von Verantwortungs- zu Gesinnungsethik – beide hätten „mit einer sittlichen Gesinnung" zu tun. Die beiden genannten verantwortungsethischen Bedingungen sittlich guten Handelns nennt Schluchter dann mit Weber „Gesinnungswert und Erfolgswert".[497] Den „Konflikt" zwischen diesen beiden siedle Weber nun nicht auf der Anwendungs-, sondern auf der Begründungsebene an:[498] „Es stellt also, mit Kant gesprochen, nicht so sehr der praktischen Urteilskraft als vielmehr der praktischen Vernunft eine Aufgabe."[499] Spezifisch für Verantwortungsethik gegenüber Gesinnungsethiken sei, dem „Erfolgswert ethische Relevanz" einzuräumen, also: Relevanz auf Begründungsebene.[500] Entsprechend schreibt Schluchter auch von der „doppelte[n] Verantwortung" des Verantwortungsethikers „für den Gesinnungswert *und* für dessen Beziehung zu anderen Werten und zur ethisch irrationalen ,Welt'".[501] Rückt so der Erfolgswert auf Begründungsebene, ist damit der handlungstheoretische Konflikt zwischen Eigenwerten und Erfolg auf geltungstheoretischer Ebene verortet und so mit geltungstheoretischer Kontingenz verbunden. Damit ist insgesamt die Differenz zwischen handlungstheoretischem Sollenskonflikt und geltungstheoretischer Sollenskontingenz nicht nur – wie bereits beschrieben (3.2.2.2) – soziologisch relativiert, sondern nun auch ethisch, genauer: genuin verantwortungsethisch.

Insofern Schluchters Rede von doppelter Verantwortung Webers Intention trifft, ist die theologische Rezeption der Unterscheidung von Gesinnungs- und

---

495 Vgl. auch für das Zitat Schluchter 2016, 251.
496 Schluchter 2016, 251–252.
497 Vgl. auch für das Zitat Schluchter 2016, 252. Der Begriff „Gesinnungswert" bezeichnet Schluchter zufolge „[s]pätestens mit dem Übergang von Normenethik zur Gesinnungsethik" das gleiche wie „Eigenwert" (vgl. auch für die Zitate ebd.). Zu „Gesinnungswert" und „Erfolgswert" und deren Relation auch in Verbindung mit dem Verantwortungsbegriff vgl. auch schon a. a. O., 198.
498 Vgl. auch für das Zitat Schluchter 2016, 252, wo Schluchter von „Anwendungsproblem" und „Begründungsproblem" spricht (ebd.). Für das „Spannungsverhältnis" von „Erfolgswert und Gesinnungswert" vgl. auch schon Schluchter 2016, 212.
499 Schluchter 2016, 252. Vgl. dazu auch a. a. O., 236–237.
500 Vgl. auch für das Zitat Schluchter 2016, 253. Zur Sicherheit hält Schluchter vom Erfolgswert fest: „Das heißt nicht, daß er deshalb ein ethischer Wert wäre, wohl aber, daß man den Gesinnungswert zu ihm in eine begründete Beziehung setzen muß." (ebd.)
501 Vgl. auch für das Zitat Schluchter 2016, 253, kursiv im Original. Zu dieser doppelten Verantwortung vgl. auch schon a. a. O., 198. Vgl. dazu auch Heidbrink 2003, 93.

Verantwortungsethik daran zu erinnern, auch Webers Verantwortungsbegriff nicht auf „Handlungsfolgenverantwortung" zu reduzieren.[502] Dies würde Verantwortung zwar pointierter der Kantischen Pflicht gegenüberstellen, sie aber – in Anlehnung an Schluchters Begriffsbestimmungen gesagt – mit der Kontinuität zur Pflicht gleichzeitig ihres ethischen Charakters berauben und zur Klugheitslehre machen;[503] zudem bliebe offen, woher die Ziele kommen, anhand derer sich Folgen messen ließen.[504] Pointiert gesagt: Verantwortungsethik ist von Weber her eine Erweiterung formaler Gesinnungsethik, nicht deren Ablösung.[505] Von daher erscheint auch der Verantwortungsbegriff als Erweiterung und nicht als Ablösung des Pflichtbegriffs.[506]

Vor dem Hintergrund dieses Begriffsgebrauchs bei Weber lassen sich Verantwortung und Pflicht folglich auch nicht über die mit den Begriffen jeweils verbunden unterschiedlichen Selbstverhältnisse kontrastieren wie Vogelmann dies

---

[502] Eine Tendenz zu dieser Reduktion weist etwa Kreß auf, wenn er Webers Verantwortungsethik und Schweitzers Gesinnungsethik relationiert, Weber mit „Handlungs*folgen*verantwortung" verbindet und kritisiert, dieser habe die „inhaltlich-normative Komponente von Verantwortungsethik […] zu stark ausgeblendet" (vgl. Kreß 1997, 117–121, Zitate auf S. 119, 120–121, kursiv im Original). Auch Johannes Fischer nimmt eine solche Reduktion vor, wenn er schreibt: „So, wie Weber diese Unterscheidung eingeführt hat, bezieht sie sich auf die Kriterien, nach denen Handlungen bewertet werden. Für den Gesinnungsethiker ist eine Handlung moralisch richtig, wenn die darin aktualisierte Handlungsweise – z.B. die Handlungsweise ‚einem Menschen in Not helfen' – moralisch gut bzw. geboten ist, ungeachtet der Folgen, die die Handlung unter den gegebenen Umständen tatsächlich hat. Demgegenüber bemisst sich für den Verantwortungsethiker die moralische Richtigkeit einer Handlung an ihren realen Folgen." (Fischer 2016, 297) Im Licht von Schluchters Weberinterpretation wäre hier sachgerechter festzuhalten, dass sich für den Verantwortungsethiker „die moralische Richtigkeit einer Handlung" nach der Güte der „darin aktualisierte[n] Handlungsweise – z.B. die Handlungsweise ‚einem Menschen in Not helfen' –" *und* „ihren realen Folgen" – nämlich: inwiefern dem „Menschen in Not" mit der betreffenden Handlungsweise geholfen ist – „bemisst" (Zitate: ebd.). Insofern kann sich Fischers Kritik an Bedford-Strohm, die Gesinnungsethik zum äußersten „Korrektiv" von Verantwortungsethik reduziert (vgl. auch für das Zitat Fischer 2016, 298), zwar auf einzelne Passagen in „Politik als Beruf", aber nicht umfassend auf Max Weber berufen.
[503] Vgl. zur Bestimmung und Abgrenzung von Ethik und Klugheitsregeln im Geiste Kants, in dem Schluchter Weber liest, zusammenfassend: Schluchter 2016, 218–219 und auch a.a.O., 182.
[504] Vgl. für diesen Hinweis: „Im ersten Fall ergänzen sich Gesinnungs- und Verantwortungsethik insofern, als eine Ethik der Zweck-Mittel-Relationen erst sinnvoll wird, wenn Ziele gewollt werden […]." (Schluchter 1971, 29) Diese Problem sieht so auch Fischer 2016, 299, allerdings als Problem des Konsequentialismus.
[505] Vgl. Schluchter 2016, 250–253 und dort insbesondere wie teilweise zitiert: „Während der Gesinnungsethiker gleichsam nur eine einfache Verantwortung übernimmt, nämlich die für den Gesinnungswert, hat der Verantwortungsethiker ein doppelte Verantwortung zu tragen, […]" (a.a.O., 253).
[506] Zur Kontinuität zu Kant und zum „deontologischen Grundzug" von Webers Verantwortungsethik vgl. auch Heidbrink 2003, 93, dort auch das Zitat.

tut:⁵⁰⁷ Der Kontrast zwischen „Unterwerfung unter das selbstgegebene Moralgesetz" bei der Pflicht und der Unterwerfung als „Vorgefundenes, Nicht-Eigenes" bei der Verantwortung⁵⁰⁸ funktioniert unter anderem bei dem Weberschen Verantwortungsbegriff nicht, der eher auf Pflicht aufbaut als diese abzulösen. Nicht nur der Pflichtige, sondern auch der Verantwortliche hätte sich hier das vermeintlich Vorgefundene selbst gesetzt.

(2) *Dialogizität*. Eine zweite „entscheidende Differenz zwischen einer formalen Gesinnungsethik vom Typus Kants und einer formalen Verantwortungsethik vom Typus Webers" fasst Schluchter Webers Impulse weiterdenkend so:⁵⁰⁹

> Sie betrifft die Auslegung des formalen Moralprinzips. Es wird im einen Fall als monologisches Begründungsprinzip, im anderen Fall als dialogisches Prinzip der kritischen Prüfung verstanden.⁵¹⁰

Zwischen den beiden „Auslegungen des formalen Moralprinzips" sind damit zwei Differenzen benannt: erstens die zwischen Monolog und Dialog und zweitens die zwischen „Begründungsprinzip" und „Prinzip der kritischen Prüfung", wobei nach Schluchters kompletter Typologie⁵¹¹ nur erstere Verantwortungsethik spezifizieren hilft. Wieso also sollte Verantwortung durch Dialognotwendigkeit qualifiziert sein?

Das im Zitate erwähnte „formale[.] Moralprinzip" bei Kant ist der kategorische Imperativ; danach „ist der Wille gut, der sich selbst jederzeit nach dem allgemeinen Vernunftgesetz zu bestimmen vermag."⁵¹² Dies könne bei Kant – so verstehe ich Schluchter – als „monologisches Begründungsprinzip" funktionieren, weil der Einzelne sich „*auf* den Standpunkt der Vernunft" stellen könne, „die zugleich die Vernunft *aller* vernünftiger Wesen ist", sodass „kein realer Dialog" nötig wäre, sondern „ein fiktiver" genügte.⁵¹³ In der Gewissensterminologie von Schluchters Rationalismustext gesagt: Die „Gewissensfreiheit' der *Anderen*" spielte keine Rolle,

---

507 Vgl. Vogelmann 2014, 337–341; Vogelmann 2015.
508 Vgl. dafür und für beide Zitate Vogelmann 2015, 147.
509 Vgl. auch für das Zitat Schluchter 2016, 261. Schluchter erweitert sein Typenschema wenig später so, dass es „vier Typen reflexiver Prinzipienethiken" geben könnte (Schluchter 2016, 262–263, Zitat auf S. 262). Was über Kant hinaus noch formale Gesinnungsethik und über Weber hinaus noch formale Verantwortungsethik sein könnte (ebd.), kann hier aber unberücksichtigt bleiben.
510 Schluchter 2016, 261. Vgl. dazu auch Villiers 2018, 134. Freilich lässt sich auch der Kategorische Imperativ schon vor Weber als „Prüfregel" verstehen, die „keine Erzeugungsregel für Maximen" ist (vgl. auch für die Zitate Schluchter 2016, 256).
511 Vgl. Schluchter 2016, 262–263.
512 Vgl. auch für das Zitat Schluchter 2016, 254. Vgl. dazu auch a. a. O., 256, 260–261.
513 Vgl. Schluchter 2016, 254–261, Zitate auf S. 254–255, kursiv im Original.

weil der Einzelne vom Standpunkt allgemeiner Vernunft schon begründen kann, was auch für andere Gewissensfreiheiten richtig wäre.[514]

Genau das funktioniert in Webers Typ der Verantwortungsethik in Schluchter weiterführender Interpretation so nicht mehr, wie Schluchter schon 1978 festhält:

> Die Verantwortungsethik dagegen muß die Idee der Gewissensfreiheit uneingeschränkt akzeptieren. Sie schließt die ‚Gewissensfreiheit' der *Anderen*' ein. Weil sie mit Kontingenzformeln operiert, ist sie dazu geradezu gezwungen.[515]

Theorieintern muss Webers Verantwortungsethik bei Schluchter mit Kontingenzformeln operieren, weil sich Weber Kants Kategorischen Imperativ nur in einem „reduzierten Sinne" aneigne, nämlich nicht als „Begründungsprinzip" eines „konstitutiven Universalismus", sondern als Kritikprinzip eines „regulativen Universalismus".[516] Anders formuliert: Der Verantwortungsethiker wird sich nicht „auf den allgemeinen Standpunkt" der Vernunft stellen, um von dort aus allgemeingültige Notwendigkeiten – also: Nichtkontingentes – als solche zu begründen, sondern vielmehr Verallgemeinerungsfähigkeit als Teststreifen an seine eigene Gesinnung kritisch anlegen, während er in „Wert- bzw. Wertungsdiskussionen" steht und seine eigenen Prinzipien als Prinzipien neben anderen Prinzipien und also als kontingent erfährt.[517] Deshalb ist für Schluchter Verantwortungsethik mit Dialog verbunden – und zwar nicht nur mit „einem idealen Dialog, der realiter ein Monolog ist", sondern mit einem „reale[n] Dialog".[518] So schreibt er schon 1978, dass „man die Verantwortungsethik, die ihr Prinzip im Lichte anderer Prinzipien entwickelt und bei der Verwirklichung eines Prinzips Konsequenzen für andere ins Auge faßt, als eine

---

514 Vgl. auch für die folgenden Bezüge auf die Gewissensbegrifflichkeit: Schluchter 1979, 87; Schluchter 1998, 141, dort auch das Zitat, kursiv im Original.
515 Schluchter 1979, 87; Schluchter 1998, 141. Die Verbindung von Akzeptanz der Gewissenfreiheit des anderen und Verantwortungsethik stellt – wie Schluchter selbst bemerkt – nicht Weber her, sondern Schluchter diesen systematisch rekonstruierend (vgl. Schluchter 1979, 87; Schluchter 1998, 142).
516 Vgl. Schluchter 2016, 257–261, Zitate auf S. 257, 260. Vgl. dazu auch Villiers 2018, 76, 137. De Villiers kritisiert nicht zu Unrecht, dass sich bei Weber in diesem Kontext keine Anhaltspunkte für diesen „regulativen Universalismus" finden lassen, sondern nur für dessen Kritik an Kants „konstitutiven Universalismus" (vgl. a. a. O., 137).
517 Vgl. Schluchter 2016, 256–261, Zitate auf S. 259, zur „Kontingenzerfahrung" Schluchter 1998, 121. Zum „Test der Verallgemeinerbarkeit […]'" vgl. mit Bezug auf Albrecht Wellmer Schluchter 2016, 231, dort auch das Zitat.
518 Vgl. auch für die Zitate Schluchter 2016, 260.

dialogisch Ethik bezeichnen kann".[519] Genau darauf bezieht sich Huber 1982, wenn er „der Verantwortungsethik [...] eine dialogische Struktur" zuspricht.[520]

Theorieextern hängt dies mit dem zusammen, was Schluchter mit Weber „Polytheismus der Werte" genannt hatte:[521]

> Absoluter Polytheismus der Werte und formale Verantwortungsethik gehören also *innerlich* zusammen. *Weil* der absolute Polytheismus gilt, ist in der ethischen Wertsphäre eine Haltung gefordert, die den eigenen Gesinnungswert bewußt zu den Gesinnungswerten anderer und zu seinen voraussehbaren Folgen in Beziehung setzt.[522]

Aus diesem „absolute[n] Polytheismus der Werte", genauer: aus dessen Akzeptanz erst ergäbe sich die Notwendigkeit des gewaltfreien Dialogs.[523] Dieser Gedanke findet sich wie zitiert schon in Schluchters Rationalismustext, wo die Akzeptanz des Wertepolytheismus als Akzeptanz anderer Gewissensfreiheiten auf ethische Werte pointiert ist.[524]

Insgesamt lässt sich also sagen, dass Webers Verantwortungsethik in der von Schluchter weitergeführten und systematisch eingeordneten Fassung dialogisch ist, um so die geltungstheoretische Kontingenz zu bearbeiten, die in pluralen und ausdifferenzierten modernen Gesellschaften entsteht. Führten die bisherigen soziologischen (3.2.2.2) und ethischen (s. o.) Theorierekonstruktionen zum Zusammenlaufen von handlungs- und geltungstheoretischer Kontingenz, mündet die zuletzt rekonstruierte Synthese von Verantwortungsethik, Dialogizität und

---

519 Vgl. auch für das Zitat Schluchter 1979, 89; Schluchter 1998, 143. Später schreibt er von der Behauptung, eine „Verantwortungsethik müsse immer auch eine Ethik des Dialogs enthalten." (Schluchter 1998, 262)
520 Vgl. auch für das Zitat Huber 1990, 151, für den Schluchterbezug ebd., Anm. 56.
521 Vgl. auch für das Zitat Schluchter 2016, 305.
522 Schluchter 2016, 305, kursiv im Original.
523 Vgl.: „Weil der absolute Polytheismus der Werte gilt, kann sich keine Ethik mit dem monologischen Prinzip begnügen. Sie muß, schon allein um ihrer selbst willen, zum Dialog, zur Wertungsdiskussion, übergehen. Weil der absolute Polytheismus gilt, kann sich keine Ethik [...] als das Ganze setzen, ist keine berechtigt, Gewalt, die Degradation des anderen zum bloßen Mittel, ethisch zu legitimieren [...]." (Schluchter 2016, 307, kursiv im Original) Zur Akzeptanz vgl. die bereits zitierten Stellen über die Akzeptanz der „,Gewissensfreiheit' der *Anderen*" (Schluchter 1979, 87, kursiv im Original).
524 Die Verbindung von der Gewissensfreiheit des anderen einerseits und der Möglichkeiten von Wertkonflikten (die ja eine Mehrzahl an Werten voraussetzen) andererseits liegt nicht nur sachlich auf der Hand, sondern wird von Schluchter auch explizit hergestellt, wenn er über Verantwortungsethik schreibt: „Gleichzeitig basiert sie aber auch auf der Idee der Gewissensfreiheit der Anderen, die sie schon deshalb akzeptieren muß, weil ihr die Bedeutung des Wertkonflikts für die okzidentale Moderne gegenwärtig ist." (Schluchter 1979, 88; Schluchter 1998, 143)

Wertepolytheismus in theologischer Perspektive in einander gegenläufigen Bearbeitungen beider Kontingenzen: Während die Bearbeitung der handlungstheoretischen Kontingenzsteigerung den Handelnden bei Weber zum Vermittler von Sittlichkeit und Glückseligkeit machte und so auf die Gottposition versetzte, verbietet ihm die geltungstheoretische Kontingenzsteigerung des absoluten Polytheismus über der Akzeptanz der „‚Gewissensfreiheit' des *Anderen*" in Schluchters Rekonstruktion genau dies, indem sie den Gott des eigenen Moralprinzips in das Olymp der Götter anderer Prinzipien und Wertsphären einzuordnen zwingt.

Spezifisch für Verantwortung im Sinne der Weberschen Verantwortungsethik ist also, dass sie nicht nur von der Irrationalität der Welt ausgeht, deshalb Folgenabwägung und Gesinnungswert auf Begründungsebene vermittelt und so handlungstheoretische Uneindeutigkeit denotiert und bearbeitet, sondern auch mit geltungstheoretischer Uneindeutigkeit rechnet, mit der geltungstheoretischen Kontingenz von moralischen Prinzipien nämlich, die weder in göttlicher Offenbarung noch durch allgemeine Vernunft notwendig gegeben sind,[525] sondern geglaubt,[526] dialogisch geprüft und damit insgesamt human verantwortet werden müssen.

3.2.2.4 Zwischenergebnis

Der Verantwortungsbegriff von Webers Verantwortungsethik steht in Kontinuität und Differenz zum Pflichtbegriff formaler und materialer Gesinnungsethik: Wie dieser impliziert jener einen unbedingt verpflichtenden Gesinnungswert, anders als der Pflichtbegriff trägt der Verantwortungsbegriff aber dem von Weber als Situationsdeutung behaupteten „Polytheismus der Werte" Rechnung, indem sein Gesinnungswert in Schluchters weiterführender Weberinterpretation real-dialogisch bestimmbar ist und auf den Erfolgswert bezogen wird; der Verantwortungsbegriff ist also mit handlungs- und geltungstheoretischen Sollenskonflikten oder -kontingenzen verbunden, die er einmal folgenabwägend und einmal dialogisch bearbeitet, ohne sie prinzipiell aufzulösen.[527]

---

525 Vgl. dazu Schluchters bereits zitierte Formulierung, dass Prinzipien nicht mehr im „Zustand göttlicher oder vernünftiger ‚Gegebenheit'", sondern immer in dem „‚kontingenter' Generiertheit" behandelt werden (Schluchter 1979, 69; Schluchter 1998, 122).
526 Vgl. dafür, dass diese Prinzipien eben „nicht mehr rational *begründet*" werden können, sondern „*geglaubt* werden": Schluchter 2016, 258, kursiv im Original.
527 Vgl. so auch Heidbrink 2003, 91–96, insbes. 92–93, der ebenfalls Schluchter rezipiert hat. Für eine kurze Zusammenfassung der oben zusammengefassten These bei Schluchter sowie die verwendeten Begriff vgl. nochmal Schluchter 2016, 274–275.

Einerseits hat Weber Verantwortung eng mit Macht- und Führungspositionen verbunden und so – mit de Villiers gesagt – elitistisch verstanden (3.2.2.1). Andererseits bleibt eine geltungstheoretische Leerstelle konstitutiv im von Weber her gedachten Verantwortungsbegriff: „Verantwortung" lässt offen, welches Prinzip gelten soll. Die damit offen bleibende Frage nach den „normativen Kriterien" ist bei Weber aber, anders als Kreß meint, weder „zu stark ausgeblendet"[528] noch bleibt die Wahl der „Wertoption [...] subjektivistisch-beliebig"[529]. Vielmehr muss diese Frage vor dem Hintergrund des „Polytheismus der Werte" subjekt- und standpunktunabhängig unbeantwortbar sein; sie ist damit aber nicht subjektivistisch-beliebig zu beantworten, weil sie in die dialogische Prüfung der „Wert- und Wertungsdiskussionen" verwiesen ist.[530]

Neu gegenüber Schweitzer ist bei Weber nicht nur die implizit differenzierte Fassung der Sollenskontingenz (3.2.2.1) und der Verweis auf den Dialog (3.2.2.3), sondern auch die soziologische und insbesondere modernitätstheoretische Einordnung des Sollenskonflikts (3.2.2.2). Die hier entwickelte und referierte Weberinterpretation belegt somit die These Heidbrinks:

> Mit der Umstellung von Pflicht auf Verantwortung wird der Versuch unternommen, der Kontingenzsteigerung und Eigendynamik moderner Gesellschaften Rechnung zu tragen, die dazu genötigt sind, ihre leitenden Handlungsmaßstäbe aus sich selbst zu generieren und zu reproduzieren.[531]

3.2.3 Der Übergang von „Nachfolge" zu „Verantwortung" bei Dietrich Bonhoeffer

Der Übergang von Pflicht zu Verantwortung lässt sich mit anderen Pointierungen und theologischen Aufladungen auch bei *dem* Referenzautor evangelischer Verantwortungsethik im 20. Jahrhundert nachzeichnen: bei Dietrich Bonhoeffer.[532]

---

528 Vgl. auch für beide Zitate Kreß 1997, 120–121.
529 Vgl. auch für das Zitat Kreß 1996, 75.
530 Vgl. dazu mit Verweisen auf Weber und auch für das Zitat Schluchter 2016, 259. Vgl. dazu auch Heidbrink 2003, 93–95.
531 Heidbrink 2003, 89.
532 Wolfgang Huber ordnet „Bonhoeffers *Ethik* als die erste theologische Verantwortungsethik" ein (vgl. auch für das Zitat Huber 2019, 216, kursiv im Original). Bonhoeffer zitiere ich aus der aktuellen Werkausgabe (Bonhoeffer 1986–1999b), ausnahmsweise mit Siglen: DBW. Teile der hier und im dritten Kapitel präsentierten Arbeiten zu Bonhoeffer konnte ich im Rahmen des Transatlantic Dietrich Bonhoeffer Research Network 2018, der Jahrestagung der Internationalen Dietrich-Bonhoeffer Gesellschaft deutschsprachige Sektion 2018 und einer gemeinsamen Lehrveranstaltung mit Prof. Dr. Torsten Meireis vorstellen und diskutieren. Den Teilnehmer:innen dieser Tagungen und

Während Schweitzers Verantwortungsbegriff „inhaltlich [...] nur schwer zu fassen" ist und teilweise ununterschieden vom Pflichtbegriff auftaucht,[533] hat Bonhoeffer gerade in der zweiten Fassung des Ethik-Fragments „Die Geschichte und das Gute", entstanden 1942,[534] den Verantwortungsbegriff ausführlich reflektiert. Den denkerischen Weg Bonhoeffers zu diesem Verantwortungsbegriff will ich über zwei Stationen nachzeichnen, um so die Charakteristika des Verantwortungsbegriffs bei Bonhoeffer gegenüber Ethiken im Gefolge des deutschen Idealismus und dem Begriff der Nachfolge zu zeigen.[535] In den Verzeichnissen der von Bonhoeffer genutzten Literatur finden sich keine Hinweise darauf, dass Bonhoeffer auf Schweitzer und damit auf dessen Verantwortungsbegriff zurückgreift.[536]

3.2.3.1 Ausgangspunkt: Der Stand der Verantwortung

Bonhoeffer verwendet den Verantwortungsbegriff im zweiten Kapitel seiner 1930 veröffentlichten Doktorarbeit „Sanctorum Communio".[537] Dieses Kapitel soll einen christlichen Personbegriff entwickeln, der die „Geistigkeit des Menschen", „den individuell konkreten Personcharakter" und den Gemeinschaftsbezug von Personalität gleichermaßen ermöglicht.[538] Dabei knüpft Bonhoeffer einerseits affirmierend an den Kantischen und Fichteschen Pflichtbegriff an – auffälligerweise ohne das Wort „Pflicht" zu verwenden: „Mit Kant und Fichte betonen wir die Absolutheit der ethischen Forderung und beziehen diese nun auf die Person, an die sie herantritt." (DBW 1, 27)

Kritisch wendet er sich gegen die Idealisten, insofern diese die ethische Forderung beziehungsweise die andere Person als Objekt der Erkenntnis immer in die

---

Veranstaltungen bin ich für alle Hinweise und Kritiken zu Dank verpflichtet. Auch der Austausch mit Julian Zeyher-Quattlender, der eine Dissertation zu Bonhoeffers Friedensethik geschrieben hat (Zeyher-Quattlender 2021), war hilfreich in meiner Arbeit an den Bonhoeffertexten – Danke ihm. Bei meiner Arbeit mit Bonhoeffer waren außerdem besonders hilfreich und instruktiv die Arbeiten von Feil 1979; Soosten 1992; Tödt 1993; Dabrock 2009; Huber 2019.

533 Vgl. für Ersteres, auch das erste Zitat Gansterer 1997, 195 und für den nicht klar vom Pflichtbegriff differenzierenden Gebrauch Kreß 1997, 126–127.
534 DBW 6, Vorwort der Herausgeber, 17.
535 Damit fokussiere ich hier die Veränderungen in Bonhoeffers Denken in der Zeit von seiner Dissertation bis zu den Ethikfragmenten. Gotlind Ulshöfer hat Bonhoeffers Verantwortungsbegriff demgegenüber „in seiner Kontinuität wahrgenommen" und analysiert (Ulshöfer 2015, 157–167, Zitat auf S. 158)
536 DBW 6, Literaturverzeichnis, „Von Bonhoeffer benutzte Literatur", 477.
537 Band 1 Bonhoeffer 1986–1999a, im Folgenden zitiert als DBW 1. Eine erste Einführung zu diesem Werk verdanke ich Soosten 1992.
538 Vgl. auch für die Zitate DBW 1, 25. Zur „Sozialität als leitende[r] Kategorie" vgl. Soosten 1992, 18, dort auch das Zitat.

Immanenz des Geistes verlagern, der als *„allgemeine Vernunft"* andere Personen nur aus „Gleichartigkeit", nur in *„Selbigkeit"* bestimmen kann:[539] „Ein Ich ist gleich dem anderen." (DBW 1, 24) So treffe der Geist nie auf *„eine prinzipielle Schranke"*, weder auf eine ethische noch auf eine intellektuelle.[540] Während Bonhoeffer also ähnlich wie Schweitzer den Kantischen Rigorismus übernimmt, kritisiert er letztlich dessen Formalismus, der das absolut Fordernde nur in der Allgemeinheitsform des Gesetzes und nicht im geist-transzendenten Gegenüber denken kann.

Genau diese Abgrenzung gegen das Zeitlose und die Geistimmanenz bei Kant betont der junge Bonhoeffer nun mit dem Verantwortungsbegriff:[541]

> Im Augenblick des Angesprochenwerdens steht die Person im Stande der *Verantwortung* oder anders gesagt, der Entscheidung; und zwar ist die Person hier nicht die idealistische Geist- oder Vernunftperson, sondern die Person in konkreter Lebendigkeit und Besonderheit [...]; der ‚Augenblick' ist die Zeit der Verantwortung, der Wertbezogenheit – sagen wir Gottbezogenheit [...].[542]

Es ist dieser Augenblick, in dem der Mensch „sich von der absoluten Forderung bedroht sieht", heimgesucht „durch den ihn überwältigenden Anspruch", in dem die konkrete Person entsteht, konfrontiert mit einer „realen Schranke".[543] Worin Forderung, Anspruch und Schranke begegnen, fasst Bonhoeffer konkret in der Terminologie der Ich-Du-Philosophie:[544]

> Das Du als Wirklichkeitsform trägt prinzipiell selbständigen Charakter gegenüber dem Ich in dieser Sphäre. Es unterscheidet sich von der idealistischen Gegenstandsform aber wesentlich dadurch, daß es nicht dem Geiste des Subjektes immanent ist. Es setzt dem Subjekt die Schranke, betätigt von sich aus Willen, an den der andere anstößt und zwar eben so, daß dieser andere Wille für das Ich ein Du werde. (DBW 1, 31)

In der Begegnung mit dem Du und dessen Anspruch, die Bonhoeffer als Verantwortung qualifiziert, entsteht Personalität (Vgl. DBW 1, 32). Theologisch bestimmt

---

539 Vgl. DBW 1, 24–27, Zitate auf S. 24, kursiv im Original.
540 Vgl. DBW 1, 26–27, Zitat auf S. 26, kursiv im Original.
541 Vgl. DBW 1, 26–27.
542 DBW 1, 27–28, kursiv im Original.
543 Vgl. auch für die Zitate DBW 1, 29. Bonhoeffer spricht ebd. selbst von „Heimsuchung".
544 Zum Einfluss von Emanuel Hirsch und Eberhard Grisebach auf Bonhoeffers Ich-Du-Denken vgl. Lichtenberger 2006, 294, die dort (insbes. in Anm. 15) zitierte Literatur und die wenigen, kurzen Andeutungen hier unten (s. 4.1.2.3) sowie die dort zitierten Stellen. Grisebach spricht auch von der „Forderung", dem „Anspruch des Du" (vgl. etwa Grisebach 1924, 316, dort auch beide Zitate).

Bonhoeffer dann, was einem letztlich fordernd und so personkonstituierend begegnet: Es ist das „göttliche[.] Du".[545]

Der „Stand[.] der Verantwortung" (DBW 1, 28) markiert also die Bestimmung, mit der Bonhoeffer von dem Formalismus von Kants Pflichtethik zu etwas anderem übergeht: Von den Implikationen des Kantischen Pflichtbegriffs ist der „Stand der Verantwortung" (DBW 1, 29) durch soziale Responsivität und konkrete Situationalität unterschieden, anders als bei Schweitzer aber noch nicht durch einen Sollenskonflikt: Bonhoeffer schreibt von „Schranke", „Forderung" und „Anspruch" jeweils im Singular.[546] Sie begegnen in dem Verhältnis zwischen einem Ich und der aus der Perspektive dieses Ichs anderen Person, dem Du. Damit geht es hier (noch) nicht um eine Mehrzahl konfligierender Ansprüche. Der „Stand der Verantwortung" (DBW 1, 29) bezeichnet die Konfrontation mit einer konkreten eindeutigen Sollensforderung. Der Konflikt, der sich in Begriffen wie „Widerspruch", „Heimsuchung", „Not des Gewissens" oder dem des „leidenschaftlichen ethischen Kampfes" ausdrückt,[547] ist kein Konflikt zwischen divergierenden Sollensforderungen, sondern zwischen dem Willen des Ich, der an die „Schranke" eines anderen Willen stößt.[548] Der „Stand[.] der Verantwortung" (DBW 1, 28) benennt also die Entscheidungssituation eines Willenskonfliktes, in dem anders als bei Kant der gegenüber dem natürlichen Willen des Selbst zweite Wille nicht die Möglichkeit eines komplett durch die allgemeine Vernunft bestimmten Willens „in der Idee"[549] (s. 3.1.1), sondern der reale, konkrete geist-transzendente Wille des Du ist.[550] Insofern der Verantwortungsbegriff bei Bonhoeffer hier also mit einem Willenskonflikt bei Sollenseindeutigkeit verbunden ist, ist er dem Kantischen Pflichtbegriff noch deutlich näher als Schweitzers Verantwortungsbegriff. In SC verwendet Bonhoeffer also einen *pflichtnahen Verantwortungsbegriff.*

---

545 DBW 1, 33, kursiv im Original. Vgl. dazu auch Soosten 1992, 46.
546 Vgl. etwa DBW 1, 26, 27, 29, dort auch die Zitate in dieser Reihenfolge.
547 Vgl. auch für die Zitate DBW 1, 29.
548 Vgl. auch für das Zitat DBW 1, 26, 29. Das Wort „anstößt" verwendet Bonhoeffer in diesem Zusammenhang wie zitiert genauso selbst, wie den Willensbegriff: DBW 1, 31. In diesem Willensbegriff ließe sich genauso wie in dem von Bonhoeffer kurz vorher erwähnten „*voluntaristischen Gottesbegriff*" (DBW 1, 29, kursiv im Original) eine Prägung durch den Voluntarismus seines Doktorvaters Reinhold Seeberg ausmachen (vgl. dazu wie zu einer kurzen Zusammenfassung dieses Voluntarismus: Huber 2019, 71–73). Prüller-Jagenteufel hat zu Bonhoeffers Voluntarismus trefflich festgehalten: „Bonhoeffers Betonung der voluntaristischen Dimension des göttlichen Wesens führt direkt zur Bedeutung des Gehorsams gegenüber dem Willen Gottes [...]." (Prüller-Jagenteufel 2004, 33)
549 Kant, GMS, BA 86–87 (Kant 1974, 74).
550 Vgl. DBW 1, 26, 28–29.

Den Unterschied zu Kant markiert Bonhoeffer im Verantwortungsbegriff über die Verortung dieses Willenskonflikts in einer konkreten, zeitgebundenen Situation in „sozialer Sphäre".[551] Wie auch bei Schweitzer bezeichnet Verantwortung den konkreten Situationsbezug in der Zeit. Bonhoeffer qualifiziert diese Situation als eine der unvertretbaren Entscheidung des Subjektes.[552] Deutlicher als bei Schweitzer und anders als im Pflichtbegriff ist diese Situation in ihrer Sozialität schon auf Responsivität[553] angelegt: Der „Stand der Verantwortung" bezeichnet den Augenblick des Konfrontiertseins mit einem Anspruch, auf den mit einer Entscheidung reagiert werden muss.[554]

Dieser „Stand[.] der Verantwortung" (DBW 1, 28) kommt der Sache nach ähnlich im Vortrag „Grundfragen einer christlichen Ethik", den Bonhoeffer als Vikar 1929 in Barcelona gehalten hat,[555] und dann deutlicher modifiziert in der „Nachfolge" als „Nachfolge" vor. Im Barcelona-Vortrag beschreibt Bonhoeffer der Sache nach auch besagten „Stand[.] der Verantwortung" als Ort, an dem Personalität erst entsteht: „Erst durch den Ruf Gottes werde ich ‚Ich', isoliert von allen anderen, von Gott zur Verantwortung gezogen, mich allein wissend der Ewigkeit gegenüber." (DBW 10, 332)

Auch hier ist diese Situation wie in „Sanctorum Communio" zunächst klar mit einem Willenskonflikt verbunden, insofern Bonhoeffer davon spricht „daß der eigene Wille jedesmal in den göttlichen Willen hineingezwungen werden muß" (DBW 10, 329). Allerdings deutet Bonhoeffer hier schon auch einen Sollenskonflikt an, der mit Verantwortungssituationen verbunden ist:

> Nun werden wir aber Tag für Tag, Stunde für Stunde vor nie dagewesene Situationen geführt, in denen wir uns entscheiden sollen, und in denen wir immer wieder die eine überraschende und erschreckende Erfahrung machen, daß der Wille Gottes sich unseren Augen nicht so eindeutig enthüllt, wie wir hofften und das darum, weil offenbar der Wille Gottes in sich selbst widerspruchsvoll zu sein scheint, weil 2 Ordnungen Gottes einander zu widerstreiten scheinen, daß wir nicht in der Lage sind zwischen Gut und Böse, sondern zwischen Böse und Böse zu wählen. (DBW 10, 333)[556]

---

551 Vgl. DBW 1, 26–28, Zitat auf S. 26.
552 Vgl. wie zitiert DBW 1, 28–29.
553 Zur Responsivität bei Bonhoeffer vgl. ausführlich Hamilton 2016, insbes. S. 400–405. Im Zusammenhang mit Bonhoeffers Bibelauslegung verweist auch Huber 2019, 120 auf Hamiltons Arbeit.
554 Vgl. DBW 1, 28–29.
555 Vgl. dazu DBW 10, 323. Zu den Barcelona-Vorträgen und ihrer Einordnung vgl. Huber 2019, 14, 133–136.
556 Auch zitiert bei Tödt 1993f, 82. Am Barcelona-Vortrag arbeitet Tödt heraus, dass beim „Vikar Bonhoeffer die Liebesordnung der Bergpredigt und die Geschichtsordnung Gottes" immer im Konflikt stehen (vgl. auch für das Zitat ebd.). Vgl. dazu auch Tödt 1993b, 114.

Wenige Seiten später bezeichnet er den Konflikt zwischen dem „Schützen der Meinen" und dem „Nichttöten des Feindes" als „das entscheidende Dilemma" – und macht damit einen Sollenskonflikt explizit.[557] Allerdings löst Bonhoeffer diesen Sollenskonflikt damals durch die Festlegung des Einzelnen auf das Volk als Schöpfungsordnung auf (vgl. DBW 10, 337).[558] Diesen Sollenskonflikt wird er später, in den Ethik-Fragmenten anders denken.

Eine diesem Stand der pflichtnahen Verantwortung ebenfalls äquivalente Situation, die wie in „Sanctorum Communio" auch den „Menschen nach dem Falle" (DBW 1, 25) im Blick haben muss, findet sich zweitens in der 1937 publizierten „Nachfolge" Bonhoeffers.[559] Dabei werden Konkretheit der Situation, Absolutheit der Forderung und Notwendigkeit der Responsivität auf die Spitze getrieben.

3.2.3.2 Übergang: Nachfolge

Die 1937 veröffentlichte „Nachfolge" ist nicht mehr in dem wissenschaftlich-philosophischen Stil der Doktorarbeit verfasst, sondern eher in einem erbaulichen, manchmal predigtähnlichen Stil; das ist verständlich, insofern die Texte der „Nachfolge" auf frühere Vorarbeiten und Vorlesungen im Rahmen der Predigtamtsausbildung der Bekennenden Kirche in Zingst und Finkenwalde zurückgehen.[560] Anders als in Sanctorum Communio geht Bonhoeffers Argumentation in der Nachfolge eng an der Auslegung biblischer Texte, insbesondere der Bergpredigt entlang. Entsprechend ist auch eine der in Sanctorum Communio beschriebenen Entscheidungssituation mindestens sehr ähnliche Situation in biblischen Begriffen beschrieben: Die „absolute[.] Forderung" (DBW 1, 29), mit der das Ich konfrontiert ist, bestimmt Bonhoeffer nun biblisch als den „Ruf in die Nachfolge" Jesu Christi (DBW 4, 45).[561]

Folgende Eigenschaften des Rufes und der durch den Ruf geschaffenen Situation beschreibt Bonhoeffer:

1) Der Ruf von Jesus Christus ergeht ohne Begründungen, insbesondere ohne „[p]sychologische Begründungen", sondern hat seinen einzigen Grund im Rufenden, *„Jesus Christus selbst"*.[562]

---

557 Vgl. auch für die Zitate DBW 10, 336. Vgl. dazu auch DeJonge 2017, 167.
558 Vgl. auch Moses 2009, 41. Zur theologischen Problematik dessen vgl. pointiert Huber 2019, 134–136. Vgl. dazu auch DeJonge 2017, 167.
559 Vgl. DBW 4, Vorwort der Hg., 14.
560 Vgl. Vorwort d. Hg., DBW 4, 8–10.
561 Dort schreibt Bonhoeffer etwa: „Die unbedingte, unvermittelte und unbegründbare Autorität Jesu wird in dieser Begegnung bezeugt." (DBW 4, 45)
562 Vgl. auch für die Zitate DBW 4, 45, kursiv im Original.

2) Der Ruf ist einerseits „etwas schlechthin Inhaltsloses", insofern er schlichtes Hinterherlaufen fordert und dabei „kein Ziel, kein Ideal" verfolgt (DBW 4, 46).[563] Er ist andererseits „kein allgemeines Gesetz", sondern „Bindung an Jesus Christus allein".[564]
3) Der Antwort auf den Ruf ist „gehorsame[s] Tun" (DBW 4, 45) – also Nachfolge.
4) Der Ruf schafft erst die Situation „glauben zu können",[565] indem er aus allen Bindungen löst[566] und so „in die freie Luft der Entscheidung" (DBW 4, 59) stellt.
5) „Der Ruf in die Nachfolge macht den Jünger zum Einzelnen. Ob er will oder nicht, er muß sich entscheiden, er muß sich allein entscheiden." (DBW 4, 87) Der Ruf in die Nachfolge schafft so eine Entscheidungssituation zwischen tätigem Gehorsam und Ungehorsam (vgl. DBW 4, 45, 65). In der Situation ist das einzelne Subjekt zu eigenen unvertretbaren Entscheidung herausgefordert.
6) Die Eindeutigkeit des Rufes – Bonhoeffer spricht vom „klaren Gebot Gottes" – stellt er dem „ethischen Konflikt[.]" gegenüber, in dessen Ausspielen er selbst einen „Fluchtversuch" des Menschen vor Gottes Gebot sieht:[567] Durch Zweifel und Deutungsfragen versuche der Mensch den geforderten Gehorsam zu erübrigen (vgl. DBW 4, 61).

Das Ich des Jüngers ist somit in der Zeit mit einem nicht diskutablen, eindeutigen, situativ konkreten Anspruch konfrontiert, der es in die unvertretbare Entscheidung zwingt. Dies entspricht soweit dem „Stande der Verantwortung" (DBW 1, 28), dass „Ruf" und „Nachfolge" hier als Bezeichnung der Situation verstanden werden können, die vom „Stande der Verantwortung" in Sanctorum Communio nur durch die jesulogische Bestimmung des Rufes und die biblische Terminologie unterschieden ist. Von daher trägt Nachfolge bei Bonhoeffer eine eigentümliche Kontinuität zum Kantischen Pflichtbegriff in sich, dem sein früher Verantwortungsbegriff ja wie gesehen relativ nahe stand: Auch der Ruf in die Nachfolge bringt in einen Willenskonflikt – die Entscheidungssituation – bei Sollenseindeutigkeit – das Gebot ist klar. In eigentümlicher Parallele zum Verpflichtenden bei Kant – dem objektiven Gesetz nämlich – kennt auch der Ruf in die Nachfolge keine Gründe außerhalb seiner selbst beziehungsweise außer der Würde des Gesetzgebers und des Rufenden (siehe 1)). Zudem sind beide eigentümlich inhaltsleer (siehe 2)). Die Absolutheit der

---
563 Vgl. auch für die Zitate DBW 4, 46. Dort formuliert Bonhoeffer selbst den Ruf so: „Folge mir nach, laufe hinter mir her! Das ist alles." (ebd.)
564 Vgl. auch für die Zitate DBW 4, 46–47.
565 Vgl. auch für das Zitat DBW 4, 50.
566 Vgl.: „Jetzt löste sein Ruf in die Nachfolge alle Bindungen um der einzigen Bindung an Jesus Christus willen. Jetzt mußten alle Brücken abgebrochen werden […]." (DBW 4, 51)
567 Vgl. auch für die Zitate DBW 4, 61.

Forderung bei Kant wollte Bonhoeffer in Sanctorum Communio übernehmen und er hat sie in der Nachfolge noch in den „Ruf in die Nachfolge" übernommen. Insofern liegt es nahe, den Nachfolgebegriff Bonhoeffers in Kontinuität zu seinem pflichtnahen Verantwortungsbegriff aus Sanctorum Communio zu verstehen.

Eindeutig kann der Ruf in die Nachfolge sein, weil er von allen sozialen Bindungen suspendiert, den Menschen eben nicht in Geschichtsordnungen und Beziehungssysteme eingebunden sieht.[568] Die familiären Bindungen, die Bonhoeffer im Barcelona-Vortrag ordnungstheologisch in Geltung setzte (vgl. DBW 10, 337) und die in den Ethik-Fragmenten zum Paradigma der Stellvertretungsverantwortung werden sollen, stehen in der „Nachfolge" m.E. dem „Ruf Jesu in die Nachfolge" entgegen; hier bricht der „Ruf Jesu" alle unmittelbaren Ansprüche, die sich aus diesen Beziehungen, Bindungen und Ordnungen ergeben könnten:[569]

> In dem Ruf Jesu ist der Bruch mit den natürlichen Gegebenheiten, in denen der Mensch lebt, bereits vollzogen. [...] Christus hat den Menschen aus seiner Unmittelbarkeit zur Welt gelöst und in die Unmittelbarkeit zu sich selbst gestellt. (DBW 4, 87)

Besonders deutlich wird dies an dem Bibelzitat aus Lk 14, 26, das Bonhoeffer dem Kapitel über den Einzelnen voranstellt: „'So jemand zu mir kommt und haßt nicht seinen Vater, Mutter, Weib, Kinder, Brüder, Schwestern, auch dazu sein eigen Leben, der kann nicht mein Jünger sein' (Lk. 14, 26)" (DBW 4, 87).

Mit diesen (familiären) Bindungen und Ordnungen assoziiert Bonhoeffer nun in der Nachfolge wie später in den Ethik-Fragmenten auch den Begriff der „Verantwortlichkeit".[570] Darin zeigt sich neben dem pflichtnahen Verantwortungsbegriff aus Sanctorum Communio nun eine zweite Linie der Verwendung des Verantwortungsbegriffs bei Bonhoeffer: In dieser Linie ist Verantwortung mit sozialen Bindungen assoziiert – so etwa auch schon in dem Vortrag „Das Recht auf Selbstbehauptung" von 1932.[571] Und in dieser Linie ist Verantwortung nicht mehr mit Sollenseindeutigkeit assoziiert ist. Denn mit der „Verantwortlichkeit" familiärer

---

568 Vgl. DBW 4, 46, 51, 87–88.
569 Vgl. auch für die Zitate DBW 4, 87.
570 So schreibt er etwa dem Menschen, der in „Verantwortlichkeiten [...] Deckung" sucht ins Stammbuch (DBW 4, 87): „Aber nicht Vater und Mutter, nicht Weib und Kind, nicht Volk und Geschichte decken den Gerufenen in dieser Stunde." (ebd.) Später heißt es: „Nun weiß er, daß er selbst in den engsten Bindungen seines Lebens, in der Bindung des Blutes an Vater und Mutter, an Kinder, Brüder und Schwestern, in der ehelichen Liebe, in den geschichtlichen Verantwortlichkeiten keine Unmittelbarkeit haben kann." (DBW 4, 90)
571 Vgl. DBW 11, 215–228. Darin heißt es etwa: „So bedeutet Leben gebunden sein nach rückwärts und vorwärts, in-Anspruch-genommen-sein von außen, von den anderen Menschen meiner Umwelt; bedeutet: verantwortlich sein." (DBW 11, 222).

Bindungen und der Einordnung in unterschiedliche Ordnungen ergab sich schon im Barcelona-Vortrag die Möglichkeit des Sollenskonflikts,[572] den Bonhoeffer dort aber gleich schöpfungstheologisch auflöste.[573] Dieser Konflikt besteht m. E. auch in der Nachfolge – und nun als Konflikt zwischen sozialen Verantwortlichkeiten einerseits und Nachfolge andererseits. Denn in der Nachfolge erscheint Verantwortung *auch* als eine der Mächte, die vom Gehorsam gegenüber dem „Wort Jesu" abhalten wollen,[574] als etwas, hinter dem der Einzelne „Schutz" sucht.[575] In der Nachfolge fokussiert Bonhoeffer auf den Einzelnen, dessen Vereinzelung die Voraussetzung dafür sei, auf Christi Ruf zu hören (DBW 4, 87, 138), was einer undifferenziert positiven Wertung von sozialen Bindungen und der mit diesen einhergehenden Verantwortung in der Stellvertretungsimagination (4.1.3.1) grundsätzlich entgegensteht.[576] Anders gesagt stehen damit in der Nachfolge zwei Bedeutungslinien von Verantwortung gegeneinander: die Linie von pflichtnaher Verantwortung zu Nachfolge einerseits und die Linie familiärer Bindungen, Ordnung und sich daraus ergebender Verantwortlichkeit andererseits. In der ersten Linie denotiert Verantwortung Sollenseindeutigkeit, in der zweiten Linie die Möglichkeit des Sollenskonflikts.

Auf der ersten Linie ist anders als im kantischen Pflichtbegriff der Ruf in die Nachfolge personal konkret – es ruft eine andere Person, nämlich Jesus Christus, eine konkrete andere Person, den potentiellen Jünger – und zeitlich gebunden an die Situation, die der Ruf selbst schafft. Kurz gesagt: Was in Sanctorum Communio „Stand[.] der Verantwortung" (DBW 1, 28) war ist nun der „Stand der Nachfolge", der sich vom Stand der Pflicht durch Responsivität – nun Jesus Christus antwortend – und konkrete Situationalität unterscheidet, mit diesem aber die Sollenseindeutig-

---

572 Vgl. wie bereits zitiert (Anm. 556 in diesem Kapitel) Tödt 1993 f, 82; Tödt 1993b, 114; Huber 2019, 134–136.
573 Vgl. zu dieser Auflösung ausführlicher 4.1.3.1, vgl. zu deren Problematik pointiert Huber 2019, 134–136.
574 Vgl. DBW 4, 51, 69, 87, 89–90, 91–92, Zitat auf S. 69 und dort etwa: „Die Mächte, die sich zwischen das Wort Jesu und den Gehorsam stellen wollten, waren damals ebenso groß wie heute. Die Vernunft widersprach, das Gewissen, die Verantwortung, die Pietät, ja selbst das Gesetz und das Schriftprinzip traten ins Mittel, um dieses Äußerste, diese gesetzlose ‚Schwärmerei' zu verhüten." (DBW 4, 69)
575 Vgl. auch für das Zitat: „Jeder ist allein gerufen. [...] In der Furcht vor diesem Alleinsein sucht der Mensch Schutz bei den Menschen und Dingen um ihn herum. Er entdeckt auf einmal alle seine Verantwortlichkeiten und klammert sich an sie." (DBW 4, 87)
576 Auch in der Nachfolge finden sich Hinweise auf ein positives, christologisches Verständnis von Verantwortung, das sich in der Ethik durchsetzen wird (DBW 4, 91–92, 138). Dort heißt es etwa: „[E]s gibt keine echten Verantwortlichkeiten in der Welt ohne die Anerkennung des Bruches, durch den wir bereits von ihr getrennt sind." (DBW 4, 91–92)

keit bei Willenskonflikt gemein hat. Das ist wichtig, weil in Bonhoeffers Ethik der Verantwortungsbegriff diesen Nachfolgebegriff ablöst,[577] womit Bonhoeffer diese erste Bedeutungslinie von Verantwortung mit der zweiten, in Barcelona-Vortrag und Nachfolge eben nachgewiesenen, mit Sollenskonflikten assoziierten Bedeutungslinie zusammenführt. *Der Übergang vom Pflicht- zum Verantwortungsbegriff lässt sich deshalb bei Bonhoeffer nicht vor allem in Sanctorum Communio, wo Verantwortung gegenüber formaler Pflicht durch Responsivität und Situationalität ausgezeichnet ist, beobachten, sondern von vornherein binnentheologisch in der aneignenden Integration von pflichtnahem Nachfolgebegriff und Sollenskonflikte denotierendem Verantwortlichkeitsbegriff in den Verantwortungsbegriff der Ethik-Manuskripte.*

3.2.3.3 Aneignung: Zur christologisch begründeten Verantwortung im Widerstand

Die Fragmente einer Ethik sind in einer anderen Situation entstanden als die neutestamentlichen Vorlesungen der „Nachfolge". An die Stelle der quasi-monastischen Gemeinschaft in den Predigerseminaren der Bekennenden Kirche ist die Arbeit im konspirativen Widerstand getreten.[578] Dass diese Arbeit weniger als jene mit eindeutigen Sollensforderungen hantieren konnte und sich noch stärker in den Grauzonen der zwielichtigen Sollenskonflikte bewegen musste, illustriert unabhängig von ihrer historischen Trefflichkeit eine einschlägige Anekdote, die Eberhard Bethge seiner Schilderung von „Bonhoeffers Doppelleben [...] im politischen Untergrund" voranstellt:[579] Am 17. Juni 1940 habe Bethge seiner Erinnerung zufolge mit Bonhoeffer „in einem Kaffeegarten" in Memel gesessen, als Lautsprecher die Botschaft von der Kapitulation Frankreichs in den Nachmittag posaunten; Menschen hätten die Nationalhymne angestimmt und den rechten Arm erhoben:[580]

> Bonhoeffer hob den Arm zum vorgeschriebenen Hitlergruß, während ich wie benommen danebenstand. ‚Nimm den Arm hoch! Bist Du verrückt?' flüsterte er mir zu, und hinterher: ‚Wir werden uns jetzt für ganz andere Dinge gefährden müssen, aber nicht für diesen Salut!'[581]

---

577 Vgl. DBW 4, Nachwort der Herausgeber, 324.
578 Vgl. Huber 2019, 159–183, 209–232. Zum Konspirativen vgl. etwa a.a.O., 209–210 Zu den im „konspirativen Widerstand" auftauchenden „ethischen Problem[en]" vgl. etwa Tödt 1993c, Zitate auf S. 161. Zu Bonhoeffers „Weg in die aktive Konspiration" vgl. 90–100, Zitat auf S. 93.
579 Vgl. dafür, für das Zitat und das Folgende Bethge 1989, 765. Diese Geschichte ist mit Bethges Darstellung als Quelle auch erzählt bei Wind 2006, 171; Huber 2019, 159.
580 Vgl. Bethge 1989, 765.
581 Bethge 1989, 765.

Dieses Leben in Grauzonen und Sollenskonflikten des konspirativen Widerstands reflektiert Bonhoeffer in den Ethik-Fragmenten auch mit dem Begriff „Verantwortung".[582] In diesem Begriff führt er die rigoristische Linie der Sollenseindeutigkeit von Pflicht über Verantwortung zu Nachfolge und die Linie der mit Sollenskonflikten verbundenen, ordnungstheologisch verstandenen Verantwortlichkeit zusammen, indem er den Übergang von Pflicht zu Verantwortung christologisch aneignet.

Dieser Übergang lässt sich deutlich in den Überarbeitungen des zwischen Sommer und November 1940 entstandenen Manuskripts „Ethik als Gestaltung" wiederfinden, das teilweise wortgleich in „Nach zehn Jahren" von 1942 wieder auftaucht.[583] Dort denkt Bonhoeffer über Gründe für das moralische „Scheitern" vieler seiner Zeitgenossen am Nationalsozialismus nach – und einer davon ist der *„Weg der Pflicht":*[584]

> Aus der verwirrenden Fülle der möglichen Entscheidungen scheint der sichere *Weg der Pflicht* herauszuführen. Hier wird das Befohlene als das Gewisseste ergriffen, die Verantwortung für den Befehl trägt der Befehlsgeber, nicht der Ausführende. In der Beschränkung auf das Pflichtgemäße aber kommt es niemals zu dem Wagnis der freien, auf eigenste Verantwortung hin geschehenden Tat, die allein das Böse im Zentrum zu treffen und zu überwinden vermag. (DBW 6, 65)

Gerade wegen der für sie charakteristischen Sollenseindeutigkeit erscheint die Pflicht hier als freilich trügerischer Ausweg aus der „verwirrenden Fülle der möglichen Entscheidungen" (DBW 6, 65), die sich gerade als Sollenskontingenz interpretieren lässt. Gerade wegen dieser Sollenseindeutigkeit steht die Pflicht der Verantwortung – genauer: dem verantwortlichen Handeln – entgegen. Bonhoeffer beginnt hier Verantwortung anders als in Sanctorum Communio nicht in Kontinuität zu, sondern in Abgrenzung von sollenseindeutiger Pflicht und anders als in der Nachfolge nicht auch als Christuswidriges, sondern als zu gehenden Weg zu verstehen. Gerade Letzteres zeigt sich daran, dass er den Verantwortungsbegriff aus der Benennung der Irrwege im Manuskript herauszuredigieren angesetzt hatte: Den auf Pflicht folgenden Irrweg hatte er in erster Fassung noch den Weg *„freier Verantwortung"* genannt, was in der summarischen Liste der Wege zwei Absätze später auch noch erhalten ist; dies hatte er aber „mit klarblauer Tinte [...] offenbar

---

582 Vgl. zu dieser Verbindung auch: „Die Teilnahme an der Konspiration und die Entwicklung einer Ethik der Verantwortung fanden gleichzeitig statt – eine einmalige Konstellation." (Huber 2019, 210)
583 Zur Datierung dieses Fragments vgl. DBW 6, Vorwort der Herausgeber, 16. Für die im Folgenden behandelte Textpassagen vgl. auch die Auslegung bei Tödt 1993d, 150–152.
584 DBW 6, 64–66, Zitate auf S. 64 und 65, kursiv im Original. Vgl. auch DBW 8, 20–23. Zur Kontextualisierung vgl. a.a.O., 64, Anm. 9 und Tödt 1993d, 150–152.

für den Text ‚Nach zehn Jahren'" zu *„eigenster Freiheit"* redigiert.⁵⁸⁵ Verantwortung nicht mehr zur Benennung eines Irrwegs zu verwenden, zeigt m. E. Bonhoeffers Intention, den Begriff nun mit einer positiven Bedeutung zu versehen.⁵⁸⁶

Dieser positiv verstandene Verantwortungsbegriff löst den Nachfolgebegriff ab: Die Herausgeber der Nachfolge haben darauf hingewiesen, dass Bonhoeffer in der Bergpredigtauslegung „das ‚schlafwandlerische' Geschehen des Guten in der Nachfolge" betont hatte,⁵⁸⁷ und dann festgehalten: „An die Stelle, an der das Wort ‚Nachfolge' gestanden hatte, rückte in der ‚Ethik' der nun theologisch geprägte Begriff ‚Verantwortung'."⁵⁸⁸ Das ist auch inhaltlich nachvollziehbar, weil beide Begriffe insgesamt dasselbe Moment in Bonhoeffers Argumentationsstruktur bezeichnen: die Antwort des Menschen auf den Ruf beziehungsweise die Wirklichkeit Jesu Christi.⁵⁸⁹ Beide Begriffe bezeichnen dasselbe Moment in einem responsiven Geschehen.⁵⁹⁰ Vor dem Hintergrund dieser Kontinuität von Nachfolge zu Verantwortung ist es bezeichnend, was den Verantwortungsbegriff der Ethikmanuskripte gegenüber dem Nachfolgebegriff der Nachfolge, dem Verantwortungsbegriff von Sanctorum Communio und damit implizit dem Pflichtbegriff profiliert – und dies ist: eine Veränderung des Entscheidungscharakters durch affirmierte Sollensuneindeutigkeit (2) unter stärkerer Betonung der christologisch pointierten Responsivität (1).

(1) Zunächst zur *Responsivität:*⁵⁹¹ Während seiner Schweizreisen 1941/42 hat Bonhoeffer in den Druckfahnen des zweiten Teils des zweiten Bandes von Karl Barths kirchlicher Dogmatik gelesen und mit ihm über Verantwortung gespro-

---

585 Vgl. dafür und für die Zitate DBW 6, 65, Anm. der Herausgeber 11, kursiv im Original, und DBW 8, 22 wie auch dort zitiert. Für die ebenfalls in besagter Anmerkung erwähnte Passage mit der Liste siehe DBW 6, 66. In einer ähnlichen Auflistung in „Nach zehn Jahren" ist „Verantwortung" dann auch durch „Freiheit" ersetzt, vgl. DBW 8, 23.
586 Vgl. für diese positive Wertung von Verantwortung mit Bezug auf die besagte Stelle in „Nach zehn Jahren" (DBW 8, 23) vgl. auch Tödt 1993d, 151–152.
587 Vgl. auch für das Zitat in DBW 4, Nachwort der Herausgeber, 324.
588 DBW 4, Nachwort der Hg., 324. Ähnlich betont auch Huber: „Der Begriff der Verantwortung tritt in Bonhoeffers *Ethik* an die Stelle, an der in seinem Sprachgebrauch bis dahin die Begriffe der Nachfolge und des Gehorsams standen." (Huber 2019, 217, kursiv im Original)
589 Für „Verantwortung" in diesem Sinne vgl. DBW 6, 254 und die häufig zitierte Passage bei DBW 8, 23. Vgl. zur Verantwortung als „Antwort auf einen Ruf" auch Huber 2019, 219, dort auch das Zitat.
590 Vgl. DBW 6, 254, Anm. der Herausgeber, 25. Dafür, dass Bonhoeffer den „Antwortcharakter menschlichen Handelns in den Vordergrund" stellt, vgl. Huber 2019, 217, dort auch das Zitat, und a.a.O., 219.
591 Zu Bonhoeffers „responsorische[m] Verständnis des Menschen" vgl. DBW 6, 254, Anm. d. Hg. 25, dort auch das Zitat, ebenfalls zitiert bei Dabrock 2009, 138, Anm. 70. Zur Wichtigkeit des Motivs der *„Responsivität"* in der evangelischen Verantwortungsethik des 20. Jh. vgl. Reuter 2011, 303, Zitat im Original kursiv. Vgl. dazu auch Huber wie bereits zitiert, s. Anm. 590 in diesem Kapitel.

chen.⁵⁹² Von dort hat er vermutlich die Anregung übernommen, das ganze Leben als Verantwortung – „als Antwort auf das Leben Christi" zu verstehen.⁵⁹³ An dieser Stelle beerbt „Verantwortung", was er früher „Nachfolge" genannt hatte: Während in der Nachfolge der Begriff „Nachfolge" die angemessene Antwort des Einzelnen auf den Ruf Christi bezeichnet (vgl. DBW 4, 45–46), ist es in der Ethik der Begriff „Verantwortung", der diese Antwort qualifiziert:⁵⁹⁴

> Das Leben, das uns in Jesus Christus als Ja und Nein zu unserem Leben begegnet, will durch ein Leben, das dieses Ja und Nein aufnimmt und eint, beantwortet werden. Dieses Leben als Antwort auf das Leben Jesu Christi (als Ja und Nein über unser Leben) nennen wir ‚Verantwortung'. In diesem Begriff der Verantwortung ist die zusammengefaßte Ganzheit und Einheit der Antwort auf die uns in Jesus Christus gegebene Wirklichkeit gemeint im Unterschied zu den Teilantworten, die wir zum Beispiel aus der Erwägung der Nützlichkeit oder aus bestimmten Prinzipien heraus geben könnten. […] Verantwortung bedeutet daher, daß die Ganzheit des Lebens eingesetzt wird, daß auf Leben und Tod gehandelt wird. (DBW 6, 253–254⁵⁹⁵)

Damit ist „Verantwortung" primär responsiv verstanden.⁵⁹⁶ „Verantwortung" bezieht Bonhoeffer hier auf das ganze Leben einer Person (vgl. DBW 6, 253–254). Dieses ganze Leben soll Antwort auf die Christuswirklichkeit sein, in der Gott die Welt mit sich versöhnt hat (mehr zur Christuswirklichkeit unter 4.3.3),⁵⁹⁷ und steht deshalb auch als Ganzes auf dem Spiel; Bonhoeffer betont Responsivität als Grundstruktur von Verantwortung. Als Antwort auf Christus ist Verantwortung

---

592 Vgl. DBW 6, Nachwort der Herausgeber, 419, 429. Die entscheidende Passage bei Barth ist KD II/2, 713–717 (Barth 1948b). Die Herausgeber von Bonhoeffers Ethik verweisen auf S. 714–715, vgl. DBW 6, 254, Anm. d. Hg. 25.
593 Für das Zitat vgl. DBW 6, 254. Für den Inhalt vgl. ebd., Anm. d. Hg. 25.
594 Vgl. dazu auch DBW 4, Nachwort der Hg., 324.
595 Ebenfalls zitiert bei Dabrock 2009, 137. In „Nach zehn Jahren" hat Bonhoeffer in einer viel zitierten Stelle von der „Antwort auf Gottes Frage und Ruf" gesprochen (vgl. auch für das Zitat DBW 8, 23, auch zitiert etwa bei Jähnichen 2005, 89)
596 Peter Dabrock hat in Anschluss an Bonhoeffers „Differenz von Anspruch und Antwort" von einer „*responsive[n]* Differenz" gesprochen: Dabrock 2009, 138, kursiv im Original. Vgl. dazu, dass hier ein „responsorisches Verständnis des Menschen" vorliegt, auch DBW 6, 254, Anm. d. Hg. 25, ebenfalls zitiert bei Dabrock 2009, 138, Anm. 70. Vgl. zum Bezug von Verantwortung auf „das responsorische Verhalten" auch Lichtenberger 2006, 289.
597 Für eine phänomenologische Relecture von Bonhoeffers Wirklichkeitsverständnis vgl. Dabrock 2009, 130–145. Zum Zusammenhang von Offenbarungsverständnis und Verantwortungsethik bei Bonhoeffer vgl. auch Tödt 1993e, 39 und dort: „Diesem Offenbarungsverständnis entspricht die Umorientierung der christlichen Ethik zur Verantwortungsethik. Verantwortung entspringt nicht der subjektiven Spontaneität der Vernunft und nicht aus der Innerlichkeit, sondern aus der unlösbaren Verbundenheit des Menschen mit seiner Welt. In ihr erschließt sich die Wirklichkeit Gottes, und in dieser Wirklichkeit wiederum die Verantwortung in der Welt." (Tödt 1993e, 39)

damit – anders als in Sanctorum Communio, im Barcelona-Vortrag und der Nachfolge – nun christologisch gerahmt, und nicht mehr moralisch-personalistisch wie in Sanctorum Communio oder ordnungstheologisch wie im Barcelona-Vortrag. Insofern die Christuswirklichkeit die Versöhnung der Welt beziehungsweise des Sünders beinhaltet (s. 4.3.3), vermittelt auch bei Bonhoeffer der Verantwortungsbegriff als Benennung der Antwort auf die Christuswirklichkeit Ethik und Rechtfertigungslehre miteinander – allerdings nicht wie bei Körtner forensisch (1.2.2.2), sondern von Barth her responsiv.[598] Dies wird vor allem für die dadurch mit Verantwortung konnotierten Imaginationen einen Unterschied machen (4.1.1 und 4.3.3).

(2) Bonhoeffer verbindet 1942 den Begriff der Verantwortung mit der Kategorie des Wagnisses und der Entscheidung,[599] die sich – so meine Interpretation – auf Situationen von Sollensuneindeutigkeiten und -konflikten beziehen.[600] Einerseits geht es bei Verantwortung darum, das „Notwendige zu tun"[601] – insofern knüpft Verantwortung bei ihm an den Rigorismus des Pflichtbegriffs an. Andererseits verbindet sich mit dieser Notwendigkeit bei Bonhoeffer hier betontermaßen keine Sollenseindeutigkeit;[602] diese Uneindeutigkeit ergibt sich m. E. der Sache nach aus einer christologisch vermittelten, nun positiven Aufnahme der zweiten Bedeutungslinie von Verantwortung, der Linie (familiärer) Bindungen und historischer Verantwortlichkeit, in denen Menschen immer schon stehen und die in der Ethik Bonhoeffers anders als in der Nachfolge dem Ruf Christi nicht mehr entgegen stehen:[603]

> Jesus war nicht der Einzelne, der zu einer eigenen Vollkommenheit gelangen wollte, sondern er lebte nur als der, der in sich das Ich aller Menschen aufgenommen hat und trägt. Sein gesamtes Leben, Handeln und Leiden war Stellvertretung. [...] In dieser realen Stellvertretung [...] ist er der Verantwortliche schlechthin. (DBW 6, 257f)

Die Sollenseindeutigkeit des Vereinzelungs-Ideals der Nachfolge ist der positiven Aufnahme der Sollenskonflikte in Sozialität gewichen. So schreibt Bonhoeffer:

---

598 Die hier und im Rest der Arbeit damit zugrunde gelegte Unterscheidung von responsivem und primär forensischem Verständnis von Verantwortung geht auf Waldenfels (Waldenfels 2010b) bzw. in dieser begrifflichen Fassung auf Vogelmanns Waldenfelsrezeption zurück (vgl. Vogelmann 2014, 326–336).
599 Vgl. u. a. DBW 6, 220, 224–225, 246, 256, 274.
600 Zu den Konflikten und Sollenskonflikten im Konspirativen Widerstand vgl. Tödt 1993d, 146; Tödt 1993c.
601 DBW 6, 224. Vgl. zu diesem Notwendigen für Bonhoeffer selbst eindrücklich: Tödt 1993c, 165.
602 Vgl. etwa DBW 6, 220, 246, 284.
603 Vgl. zur grundsätzlichen Aufnahme dieser Einordnung des Handelnden in Relationen und Bindungen etwa DBW 6, 218–220, 245–246. Für die christologische Vermittlung vgl. DBW 6, 257–258.

> Das Subjekt des Handelns ist nicht mehr der isolierte Einzelne, sondern der für andere Menschen Verantwortliche; die Norm des Handelns ist nicht ein allgemeingültiges Prinzip, sondern der konkrete Nächste, wie er mir von Gott gegeben ist; die Entscheidung fällt nicht mehr zwischen dem klar erkannten Guten und dem klar erkannten Bösen, sondern sie wird im Glauben gewagt angesichts der Verhüllung des Guten und des Bösen in der konkreten geschichtlichen Situation. (DBW 6, 220)

Und in der zweiten Fassung desselben Fragments heißt es:

> Ob ein aus seiner geschichtlichen Situation und seinen geschichtlichen Bindungen gelöstes isoliertes Individuum überhaupt als ethisch relevant angesehen werden kann, ist mindestens sehr fragwürdig [...]; die Entscheidung zwischen dem klar erkannten Guten und dem klar erkannten Bösen nimmt die menschliche Erkenntnis selbst von der Entscheidung aus, verlegt das Ethische in den Kampf zwischen der bereits am Guten orientierten Erkenntnis und dem noch widerstrebenden Willen und verfehlt damit jene echte Entscheidung, in der der ganze Mensch samt Erkenntnis und Willen in der Vieldeutigkeit einer geschichtlichen Situation nur im Wagnis der Tat selbst das Gute sucht und findet. (DBW 6, 246)

Explizit geht es nicht mehr um den Konflikt des „widerstrebenden Willen", also den Willenskonflikt, sondern um Sollensuneindeutigkeit. Verantwortlich gehandelt wird im „Zwielicht", im „Bereich der Relativitäten" (DBW 6, 284). Dabei gelte es, mögliche Folgen abzuwägen (DBW 6, 224) und situativ zu handeln (DBW 6, 220). Die Handlungsentscheidung wird bei Bonhoeffer ein „Wagnis", weil es in außergewöhnlichen Notsituationen „kein Gesetz [gäbe, FH], hinter dem der Verantwortliche hier Deckung suchen könnte".[604] In blanken Dezisionismus kippt Bonhoeffer dennoch nicht,[605] weil sein Verantwortungsbegriff eben Bindungs- und Freiheitsmomente verbindet (vgl. DBW 6, 256):[606] „Das Handeln des Verantwortlichen geschieht in der allein und gänzlich befreienden Bindung an Gott und den Nächsten [...]."[607] In dem Freiheitsmoment, das insbesondere in diesem „*Wagnis*"-Charakter zum Tragen kommt,[608] liegt meinem Verständnis nach das Spezifikum des Verantwortungsbegriffs des späten Bonhoeffers gegenüber dem Pflichtbegriff: Nicht über die Gültigkeit von Gesetz, Normen und Prinzipien, wohl aber darüber, ob sie situativ hand-

---

604 Vgl. auch für das Zitat DBW 6, 274.
605 Vgl. hier auch ausführlicher 4.3.3.4, wo es um den „Augenblick" geht. Mit Bezug auf den Vortrag „Grundfragen einer christlichen Ethik" (1929) von Bonhoeffer macht Tödt plausibel, dass Bonhoeffers vorhandene dezisionistische Tendenz durch seinen Voluntarismus begrenzt wurde (Tödt 1993 f, 80–81): „Dieser immer erneuerte Vorgang der Einung mit dem Willen Gottes setzt der dezisionistischen Willkür Grenzen." (a.a.O., 81) Vgl. zu dezisionistischen Tendenzen beim frühen Bonhoeffer auch Huber 2019, 133.
606 Vgl. dazu auch Jähnichen 2005, 103.
607 DBW 6, 284. Vgl. zu dieser Bindung auch DBW 6, 220, 256.
608 Vgl. auch für das Zitat DBW 6, 256, kursiv im Original.

lungsrelevant werden, hat m. E. bei Bonhoeffer das verantwortlich handelnde Subjekt im Wagnis zu entscheiden.[609] Die Entscheidung fällt damit nicht im Willenskonflikt zwischen Eigenwillen und gefordertem Guten, sondern zwischen in Geltung stehenden Sollensforderungen. Das „freie[.] Wagnis"[610] ist der Sache nach eine gewagte Entscheidung angesichts von Sollenskonflikten. Verantwortung bei Bonhoeffer setzt als Bindung situative Freiheit (vgl. DBW 6, 256) ein und denotiert Situationen von Sollensuneindeutigkeit.

Christologisch gründet Bonhoeffer diese Freiheit, dieses Wagnis und die bei ihm damit verbundene „*Bereitschaft zur Schuldübernahme*"(DBW, 275, kursiv im Original) in der Christuswirklichkeit (vgl. DBW 6, 257–258): Weil Jesus Christus menschliches Dasein geteilt hat, das Schuldübernahme notwendig mit sich bringt, ist verantwortliches, menschliches Handeln danach weiterhin mit einer Schuldübernahme verbunden, die aber in der Christuswirklichkeit als Versöhnung von Gotteswirklichkeit mit Weltwirklichkeit aufgenommen ist.[611] Für den Negativfall formuliert Bonhoeffer entsprechend:

> Wer sich in der Verantwortung der Schuld entziehen will, löst sich aus der letzten Wirklichkeit des menschlichen Daseins, löst sich aber auch aus dem erlösenden Geheimnis des sündlosen Schuldtragens Jesu Christi und hat keinen Anteil an der göttlichen Rechtfertigung, die über diesem Ereignis liegt. (DBW 6, 276)

Der Verantwortungsbegriff bei Bonhoeffer ist so genuin theologisch – nämlich christologisch-rechtfertigungstheologisch – ge- und begründet (DBW 6, 257–258).[612] Das ermöglicht auch, das „letzte Nichtwissen des eigenen Guten und Bösen" zuzulassen (DBW 6, 268): Prinzipien bestimmen das verantwortliche Handeln deshalb nicht notwendig, weil sie es auch nicht rechtfertigen – die Rechtfertigung geschieht bei und durch Gott: „Der ideologisch Handelnde sieht sich in seiner Idee gerechtfertigt, der Verantwortliche legt sein Handeln in die Hände Gottes und lebt von Gottes Gnade und Gericht."[613] Dieser bei Bonhoeffer in den Verantwortungsbegriff

---

609 Zur bleibenden „Gültigkeit des Gesetzes" vgl. DBW 6, 273–274, Zitat auf S. 274.
610 DBW 6, 274.
611 Vgl. dazu DBW 6, 40–48, 257–258, 275–276 und ausführlich meine Ausführungen unter 4.3.3 sowie die dort zitierten Belege.
612 Zur Wichtigkeit der Rechtfertigungslehre bei Bonhoeffer vgl. auch Rasmussen 1995, der in „Bonhoeffers Rechtfertigungslehre" das „Grundmotiv der ‚Ethik'" sieht (vgl. auch für beide Zitate a. a. O., 120).
613 DBW 6, 268. In einer ähnlichen Formulierung in der ersten Fassung dieses Fragments findet sich sogar der Begriff „Prinzip" anstelle von „Idee": „Während alles ideologische Handeln seine Rechtfertigung immer schon in seinem Prinzip bei sich hat, verzichtet verantwortliches Handeln auf das Wissen um seine letzte Gerechtigkeit." (DBW 6, 224, auch zitiert bei Tödt 1993i, 70)

eingelassene Gedanke ermöglicht Handlungsfähigkeit in den Dilemmasituationen von offenen Sollenskonflikten.

Argumentationslogisch ist dieses Wagnis nötig, weil Bonhoeffer den Begriff „Verantwortung" hier mit einer Situation verbindet, in der Sollenseindeutigkeit dem „Subjekt des Handelns" weder durch einen konkreten Befehl noch abgeleitet von einem allgemeinen Prinzip wie dem objektiven Gesetz Kants gegeben ist. Die „Entscheidung zwischen dem klar erkannten Guten und dem klar erkannten Bösen" (DBW 6, 246) wäre der Willenskonflikt des Pflichtbegriffs. Hier aber hat die Entscheidung den Charakter „verantwortlicher Abwägung aller Umstände" (DBW 6, 224). Das setzt unterschiedliche, situativ konfligierende Ansprüche voraus, zwischen denen unter Bedingungen unsicheren Wissens abgewogen[614] wird. Dass die konfligierenden Ansprüche geltende Ansprüche sind, zeigt sich daran, dass verantwortliches Handeln für Bonhoeffer Schuldigwerden beinhaltet.[615] Im Gedanken der Schuld nimmt Bonhoeffer den Sollenskonflikt als solchen ernst: Schuldig werden verantwortlich Handelnde, indem sie denjenigen geltenden Sollensforderungen nicht gerecht werden, denen sie in der Entscheidung im Sollenskonflikt nicht zu folgen frei gewagt haben.

Damit verbindet Bonhoeffer hier den Verantwortungsbegriff anders als in Sanctorum Communio und anders als den Nachfolgebegriff mit einem Sollenskonflikt. Anders als Schweitzer, bei dem das Schuldigwerden aus dem situativen Sollenskonflikt folgte, integriert Bonhoeffer die Schuldübernahme als Teil des Wagnisses christologisch-rechtfertigungstheologisch. Der Sollenskonflikt soll menschlicherseits zwar offen und ungelöst bleiben, wird von Bonhoeffer aber anders als bei Schweitzer in den Horizont der Christuswirklichkeit gerückt – ausführlich dazu, wenn es um Bonhoeffers Versöhnungsimagination geht (4.3.3). Dort wird sich auch zeigen, wie die christologische Pointierung eine positive Aufnahme der in der „Nachfolge" problematischen Bindungen und Verantwortungsordnungen ermöglicht.

Der entscheidende Vorzug des Verantwortungsbegriffs gegenüber dem Pflicht- und Nachfolgebegriff ist es hier, Sollenskonflikte zu beachten und zu integrieren. Darin, gerade in dem Freiheitsmoment, ist die Situation im konspirativen Widerstand reflektiert,[616] in der die Ansprüche, Verfolgten zu helfen, die Wahrheit zu sagen, für die Zukunft zu sorgen, nicht zu töten, miteinander situativ in Konflikt

---

614 Zum Abwägen vgl. etwa DBW 6, 224.
615 Vgl. DBW 6, 276. Zur Schuldübernahme und bleibenden Schuldbelastung vgl. auch Tödt 1993d, 154–155.
616 Vgl.: „Der Abschnitt über das Moment der Freiheit in der Struktur verantwortlichen Lebens spiegelt deutlich die Situation der in der Konspiration Verantwortlichen." (DBW 6, Nachwort der Herausgeber, 429)

traten.[617] In dieser Situation ermöglichte der Verantwortungsbegriff Bonhoeffer qua „Bindungsmoment" die Orientierung an Gott und dem Nächsten und qua Freiheitsmoment den Erhalt der Handlungsfähigkeit in der Situation des Sollenskonfliktes:[618] *Wo dem pflichtgemäß und aus Pflicht Handelnden nur die Verzweiflung bleibt, kann der verantwortlich Handelnde Bonhoeffers Ethik zufolge eine Entscheidung wagen, verantworten und handelnd umsetzen.*

Zusammenfassend gesagt vollzieht Bonhoeffer also den Übergang von Pflicht zu Verantwortung als Übergang von Nachfolge zu Verantwortung, wobei der Verantwortungsbegriff auch hier einen Sollenskonflikt denotiert, der den Willenskonflikt sekundär macht. Während Bonhoeffer wie Schweitzer diesen Sollenskonflikt an das situativ-konkrete, verantwortliche Entscheiden in der Bindung an andere verweist, bettet Bonhoeffer dieses Entscheiden anders als Schweitzer christologisch-rechtfertigungstheologisch ein, so dass *verantwortliches Handeln nicht nur als ein situativ Notwendiges, sondern als ein rechtfertigungstheologisch Ermöglichtes erscheint.* Bonhoeffers Verantwortungsbegriff ist anders als der Schweitzers explizit und genuin theologisch; der Begriff impliziert als solcher nicht nur (wie der Schweitzers) Handlungsnotwendigkeit, sondern dazu noch Handlungsfähigkeit – und zwar genauer: Handlungsfähigkeit angesichts von Sollenskonflikten. Deutlich stärker als bei Schweitzer trägt der Bonhoeffersche Verantwortungs- und Nachfolgebegriff von Sanctorum Communio Züge von Responsivität, die ihn vom (kantischen) Pflichtbegriff abgrenzen. Bezieht sich in Sanctorum Communio und im Nachfolgebegriff die Responsivität vor allem auf eine Entscheidung, meint sie in den Ethik-Manuskripten das ganze Leben.

Mit dem Verantwortungsbegriff bezeichnet Bonhoeffer insgesamt also eine responsive Struktur und die christologisch-rechtfertigungstheologisch begründete Handlungsfähigkeit in nicht lösbaren Sollenskonflikten. Während der Verantwortungsbegriff bei Bonhoeffer nahe am Pflicht- und Nachfolgebegriff bleibt, unterscheidet er sich von beiden durch den Bezug auf Sollenskonflikte sowie durch dies und die responsive Struktur von Pflicht.

---

617 Zu Bonhoeffers Entscheidungssituationen vgl. etwa auch Jähnichen 2005.
618 Vgl. wie oben referenziert etwa DBW 6, 256, zur Orientierung an Gott und dem Nächsten vgl. insbesondere die in Anm. 607 in diesem Kapitel genannten Stellen. Den Begriff des „Bindungsmoment[s]" verwendet auch Huber 1990, 144.

3.3 Aneignung: Der Begriff „Verantwortung" in evangelischer Ethik nach dem Zweiten Weltkrieg

In den Debatten der evangelisch-theologischen Ethik im deutschsprachigen Raum spielt seit dem Ende des zweiten Weltkrieges der Verantwortungsbegriff immer wieder eine prominente Rolle. Das ist nicht erst seit Hans Jonas' „Das Prinzip Verantwortung"[619] so. Vielmehr bereitet das ökumenische Leitbild einer „verantwortlichen Gesellschaft" die Bühne für die theologischen Verantwortungsdiskurse.

Die bisher entfaltete These war: Mindestens in den untersuchten theologischen (und soziologischen) Klassikern der ersten Hälfte des 20. Jahrhundert ist das genuin Neue des Verantwortungsbegriffs, den Umgang mit Sollenskonflikten und -kontingenzen zu denotieren. Im Folgenden will ich exemplarisch zeigen, dass und wie sich evangelische Ethik seit dem zweiten Weltkrieg diese ethische Kernbedeutung von Verantwortung angeeignet hat. Dabei wird aus der historisch rekonstruierten Bedeutung von Verantwortung, den Umgang mit Sollenskonflikten und -kontingenzen zu denotieren, eine systematische These, in deren Lichte klar wird, dass „Verantwortung" in jüngeren Debatten auch verwendet wurde, ohne das rekonstruierte Bedeutungspotenzial zu aktualisieren. Das gilt nicht nur für theologische Verantwortungsethiken, sondern zunächst und vor allem für Hans Jonas' einschlägiges Hauptwerk „Das Prinzip Verantwortung": Jonas' Verantwortungsethik ist in der Bedeutung des Verantwortungsbegriffs wie im formal-methodischen Aufbau nicht eigentlich eine Verantwortungs-, sondern eine Prinzipien- und Pflichtethik; das belege ich in einem kurzen Exkurs an Jonas' Text (Exkurs), weil dies begründet, warum Jonas Hauptwerk trotz seiner Bedeutung für die Theologie in dem folgenden Abriss nicht die vielleicht erwartbare Hauptrolle spielt.

Angesichts der prominenten Rolle von Verantwortung kann die folgende Interpretation nicht umfassend, sondern nur exemplarisch verfahren:[620] Ausgehend von dem ökumenischen Leitbild der „verantwortlichen Gesellschaft" (3.3.1), das die Bühne des weiteren Diskurses vorbereitet, werde ich im Folgenden zeigen, wie der Verantwortungsbegriff als diskursive Repräsentation des Umgangs mit Sollenskonflikten in der Münchner (3.3.2) und der Heidelberger evangelischen Ethik (3.3.3) angeeignet wurde.

Exkurs: Warum nicht Jonas? Das Prinzip Verantwortung als Pflichtethik
In seinem berühmten und auch in der Theologie viel rezipierten Werk „Das Prinzip Verantwortung" von 1979 entwickelt Hans Jonas eine Zukunftsethik, die Ethik

---

619 H. Jonas 1979.
620 Eine ähnliche Auswahl an exemplarischen Traditionen nimmt Ulrich 2014, 31–36 vor.

und menschliches Handeln auf die technisch entgrenzte Reichweite der Folgen menschlichen Handelns einstellen soll. Ihrer Struktur und ihrer Begründung nach ist diese Zukunftsethik eine Pflichtethik mit Prinzipienlehre.[621] Ihr Geltungsgrund ist die *„unbedingte Pflicht* der Menschheit zum Dasein", die Jonas metaphysisch-naturrechtlich über die der Natur inhärenten Zwecke begründet.[622] Damit ist die Pflicht gesetzt, nie „Existenz oder Wesen des Menschen im Ganzen" aufs Spiel zu setzen, woraus die Pflicht, sich eine *„Vorstellung von den Fernwirkungen"* des Handelns zu erstellen, genauso folgt, wie die Vorschrift, unter Ungewissheitsbedingungen „der schlechten vor der guten Prognose" den Vorrang zu geben.[623] Die Frage nach den „Fernwirkungen", also nach den Folgen taucht damit im Horizont der pflichtethischen Frage nach der Normanwendung auf. Zu dieser metaphysisch-naturrechtlich begründeten Pflichtenlehre tritt Verantwortung – genauer: das subjektive „Gefühl der Verantwortlichkeit" – als Motivation hinzu, in Anlehnung an Kants Terminologie gesagt: Nicht aus Pflicht, sondern aus Verantwortungsgefühl heraus handeln wir pflichtgemäß:[624] „Erst das hinzutretende *Gefühl der Verantwortung*, welches *dieses* Subjekt an dieses Objekt bindet, wird uns seinethalben handeln machen."[625]

Paradigma dieser Verantwortung ist bei Jonas die „elterliche Verantwortung" für den Nachwuchs, die „Sorge um den Nachwuchs".[626] Entsprechend definiert Jonas Verantwortung als „die als Pflicht anerkannte Sorge um ein anderes Sein, die bei Bedrohung seiner Verletzlichkeit zur ‚Besorgnis' wird."[627] In geltungstheoretischer Hinsicht ist Jonas' „Das Prinzip Verantwortung" damit insgesamt trotz des Titels eine metaphysisch begründete Pflichtenethik. Verantwortung ist bei Jonas

---

621 Indiz dafür ist nicht nur, wie oft Jonas von Pflicht, Pflichten und Imperativen spricht, sondern auch, dass er Verantwortung und Pflicht ineinander ordnet (vgl. H. Jonas 1979, 8, 391). Genuin verantwortungsethisch argumentiert Jonas, wo er vom „Schuldigwerden" und der „Kasuistik der Verantwortung" schreibt (vgl. auch für die Zitate H. Jonas 1979, 77), was beides einen fundamentalen Sollens-, also Pflichtenkonflikt voraussetzt. Auch Assadi hat bei Jonas eine „hierarchisch strukturierte[.] Pflichtethik" entworfen gefunden (vgl. auch für das Zitat Assadi 2013, 129).
622 Das Zitat findet sich bei H. Jonas 1979, 80, kursiv im Original. Zu diesem ersten Pflichtprinzip vgl. auch H. Jonas 1979, 34, 36, 90–91, 245. Zur metaphysischen Begründung vgl. a.a.O., 92–162. Dabei leitet er zunächst die „Immanenz von Zwecken im Sein" (a.a.O., 150) her, aus der folgt, „daß die Natur Werte hegt" (a.a.O., 150). Daran schließt Jonas eine „Wertlehre" (a.a.O., 150) an, die die Wertesetzungen der Natur in menschliche Pflicht übersetzt.
623 Vgl. auch für die Zitate H. Jonas 1979, 81, 64, 70, kursiv im Original.
624 Vgl. auch für das Zitat H. Jonas 1979, 162–163. Den Zusammenhang mit Kant stellt Jonas (in Abgrenzung) selbst her, vgl. a.a.O., 167–171.
625 H. Jonas 1979, 170, im Original kursiv.
626 Vgl. H. Jonas 1979, 171, 189, 234–242, Zitate auf S. 189, 171. Die „elterliche Verantwortung" nennt Jonas „Archetyp aller Verantwortung" (ebd., 189).
627 H. Jonas 1979, 391.

eigentlich Pflicht im oben beschriebenen, kantischen Sinne, nämlich: Sollenseindeutigkeit bei Willenskonflikt. Die von ihm entfalteten und in ihrem Zusammenhang begründeten Prinzipien und Vorschriften funktionieren als Vereindeutigungen möglicher Sollenskonflikte. Verantwortung repräsentiert bei Jonas also gerade nicht den Umgang mit Sollenskonflikten, sondern deren Auflösung in Tutiorismus. Deshalb ist „Das Prinzip Verantwortung" für die Fragen nach den von Verantwortung konnotierten Imaginationen hochrelevant, nicht aber für die systematische Rekonstruktion des Verantwortungsbegriffs.

3.3.1 Zur „Verantwortlichen Gesellschaft" (Ökumenische Bewegung und Heinz-Dietrich Wendland): Die Sozialethisierung des Sollenskonflikts

Die Bühne für die theologische Diskussion um Verantwortung in Deutschland nach dem zweiten Weltkrieg staffiert die ökumenische Bewegung und das in der unmittelbaren Nachweltkriegszeit in ihr virulente Konzept einer „responsible society".[628] Dieses Schlagwort wurde auf den Weltkirchenkonferenzen in Amsterdam 1948 und Evanston 1954 diskutiert (3.3.1.2). Danach verschob sich der Fokus im Ökumenischen Rat der Kirchen hin zu anderen Orientierungsbegriffen, auch zugunsten einer stärkeren Betonung von Bibelbezug, Gerechtigkeitsfragen und Fragen aus Kontexten des globalen Südens.[629] Gleichzeitig blieb „responsible society" auch ökumenisch ein Thema.[630]

---

628 Vgl. einführend zu diesem Konzept Ledig 1957; P. Albrecht 1970, 241–242; Strohm 2000. Dem Aufsatz von Strohm sind auch die im Folgenden genannten und gliedernden Stationen der Entwicklung des Konzepts entnommen: von Oldhams Ethik über die Amsterdamer Gespräche zu Evanston. Die Auffindung der Darstellung von Albrecht verdanke ich Mudge 2004, 281; Strohm 2000, 206. Albrechts Darstellung ist vor dem Hintergrund zu lesen, dass dieser als „Exekutivsekretär des Referats für ‚Church and Society' im ÖRK (seit 1954)" selbst eine Rolle in der ökumenischen Bewegung und der Debatte um eine „verantwortliche Gesellschaft" spielte (vgl. auch für das Zitat Strohm 2000, 206). Das Konzept wird mal als Vision (etwa: Strohm) und mal als „Leitbild" (etwa: Wendland, s. u.) diskutiert.

629 Vgl. für die Konzeptabfolge auch Meireis 2016, 21–22 und die in diesem Aufsatz zitierte Literatur. Lewis Mudge schreibt über die Uppsala-Versammlung von 1968: „Both Niebuhrian caution about revolutionary social change and ‚responsible society' rhetoric began to give way in favour of biblical themes available to anyone." (Mudge 2004, 283) Und über Nairobi 1975 heißt es: „JPSS [„Just, Participatory, and Sustainable Society", FH] marked one more shift away from 'responsible society' rhetoric, which Niles saw as engendering political pessimism about the possibilities of change in the world. 'Responsible society' talk was ostensibly focused on maintaining democracy rather than achieving justice." (Mudge 2004, 292. Die Auffindung dieses Aufsatzes verdanke ich dem Verweis auf diesen Band in: Meireis 2016, 22, Anm. 26). Dafür, dass die „responsible society"-Debatte stärker Fragen aus dem globalen Norden aufgriff, spricht auch Paul Albrechts Verweis auf die global un-

Inhaltlich verständlich wird es vor dem Hintergrund der Ethik des schottischen Ökumenikers Joseph Houldsworth Oldham (3.3.1.1),[631] die den „Hintergrund der Formulierung ‚responsible society'" gibt.[632] In Deutschland wurde der Begriff oder der damit verbundene Inhalt sowohl in der kirchenleitenden Arbeit[633] als auch von einzelnen Theologen, insbesondere von Heinz-Dietrich Wendland (3.3.1.3), diskutiert und differenziert rezipiert. Über diese drei Stationen[634] – Oldham, Amsterdam und Evanston, Wendland – werde ich zeigen, wie Verantwortung in „verantwortlicher Gesellschaft" formal responsiv verstanden wird, dass weiterhin Sollenskonflikte – nun allerdings mehr implizit und der Sache nach – denotiert werden und dass präskriptiv die Reichweite von Verantwortung ausgedehnt wird: Verantwortung wird präskriptiv zur sozialethischen Kategorie popularisiert.[635]

---

terschiedliche Rezeption: „The concept of responsible society helped many Churches in the West in their debates about economic and social policy, especially those in danger of being caught up in the sterile and self-righteous anti-communist crusade which obsessed many western countries in the 1950s. But it found little acceptance among Christians in the Third World who felt the need for concepts which related more closely to the dynamic social conditions in which they lived." (P. Albrecht 1970, 242). Albrecht wird auch referenziert von Mudge 2004, 282, Anm. 9. Es ist in der Person von Albrecht „ein amerikanischer baptistischer Pfarrer", der Strohm zufolge „nach der zweiten Vollversammlung das Konzept der verantwortlichen Gesellschaft mehr und mehr in den Hintergrund treten ließ." (Strohm 2000, 206) Richard Shaull problematisierte in seinem Beitrag „The Revolutionary Challenge to Church and Theology", dass das Konzept „responsible society" abstrakt sei, wenn er von „abstract principles, or ideas like the responsible society" spricht (Shaull 1997, 302). Die Auffindung dieser Stelle verdanke ich Mudge 2004, 281). Bei Shaull tauchen auch die ebenso von Mudge erwähnten biblischen Motive als bessere Option auf: „It is out of this sort of biblical and theological reflection that the broader dimensions of thought about the renewal of man and his historical existence may be kept in the centre of the revolutionary struggle." (Shaull 1997, 302.)

630 Das zeigen nicht nur die Ansprache von Visser't Hooft bei der Genfer Vollversammlung des ÖRK von 1966 und die Arbeit von Lukas Vischer, sondern auch Theodor Strohms eigener Aufsatz, der sich auf diese beiden bezieht (auf S. 206 und 208–209), um mit der These zu schließen, „daß die Vision der ‚responsible society' keine Leerformel, sondern nach wie vor eine christliche Handlungsperspektive für die Weltgestaltung im Zeichen der Globalisierung darstellt." (Strohm 2000, 211)

631 Zur Rolle Oldhams in der ökumenischen Bewegung vgl. Kosmahl 1970, 13–25.

632 Vgl. auch für das Zitat Strohm 2000, 204.

633 Vgl. Sozialethischer Ausschuß der Evangelischen Kirche im Rheinland 1961.

634 Die Gliederung in diese drei Stationen stammt von Strohm 2000, dem ich auch einen ersten Einblick ins Thema und Verweise zur Literatur verdanke. Zu zwei dieser Stationen vgl. auch Ulrich 2014, 31. Manche der hier verabeiteten Texte habe ich an anderer Stelle auf das Thema „Partizipation" hin ausgewertet (vgl. Höhne 2021a).

635 Vogelmann hat in nicht-theologischen Arbeiten eine ähnliche Entwicklung beobachtet und diese trefflich „Verallgemeinerung von Verantwortung" genannt (vgl. Vogelmann 2014, 342, 370–372, Zitat auf S. 370).

3.3.1.1 Joseph H. Oldham

Kann Oldham als ein Vater des Konzepts einer „responsible society" gelten, so werden die Inhalte dieses Konzepts vor dem Hintergrund von Oldhams ethischem Denken deutlicher,[636] dessen Grundlinien Hans-Joachim Kosmahl nachgezeichnet hat.[637] Oldhams Denken bewegt sich dabei in einem ähnlichen Diskurszusammenhang wie das anderer Verantwortungstheologen: Wie der junge Bonhoeffer greift er auf die Ich-Du-Philosophie und Eberhard Grisebach zurück und kennt zudem die Kulturethik Albert Schweitzers.[638] Die hier wichtigsten Grundlinien bei Oldham sind der von Martin Buber übernommene dialogische Personalismus (1) und der Gedanke „mittlerer Axiome" (2).[639] Vor diesem Hintergrund wird die Vision „verantwortlicher Gesellschaft" verständlich (3).

(1) *Personalismus*. Als „beherrschende[...] Triebkraft" von Oldhams ethischem Denken identifiziert Kosmahl die „Ich-Du-Korrelation aus dem Werk Martin Bubers".[640] So habe Oldham von Buber die Unterscheidung von Objekt- oder Es-Welt einerseits und Du-Welt andererseits übernommen.[641] Während der Mensch in der Relation zu den „Es'-Dingen" ein Meister sei, der „beobachtet, mißt, wiegt, urteilt, arrangiert und ordnet", sei der Mensch in der personalen Begegnung mit einem Du zu „Antwort und Entscheidung" herausgefordert und werde erst in dieser Relation zur Person.[642] In dieser Begegnungssituation des Antwortenmüssens sähe Oldham nun „unsere Bestimmung als fundamentalontologischer Gegebenheit des Schöpfers", in der „Personalität des Menschen" erst entstehe.[643] Dieses „dialogische Leben" kann m. E. deshalb „die Basis" sein, „auf der Oldham die Verantwortung als

---

636 Zur prägenden Rolle Oldhams für das Konzept der „responsible society" vgl. W. Schweitzer 1962, 165, Kosmahl 1970, 58 (Den Hinweis auf den Schweitzerartikel verdanke ich Kosmahl, a. a. O., 58–59) Theodor Strohm zufolge bietet Oldhams Ethik den „Hintergrund der Formulierung ‚responsible society'" (Strohm 2000, 204).
637 Vgl. Kosmahl 1970. Die Oldham-Darstellung bei Strohm 2000, 204–205 scheint ganz von Kosmahls Ausarbeitung abhängig.
638 Vgl. für die Rezeption der Ich-Du-Philosophie, das Folgende und für die Rezeption von Grisebach Kosmahl 1970, 33 Zu Oldhams Schweitzer-Bezügen vgl. Oldham 1948, 155; Kosmahl 1970, 39, 93, 96.
639 So spricht Kosmahl vom „Beieinander von mittleren Axiomen als Ausdruck modifizierten Naturrechts anglikanischer Prägung und der Ich-Du-Kategorie der dialogischen Beziehung im Denken Oldhams" (Kosmahl 1970, 22)
640 Vgl. auch für die Zitate Kosmahl 1970, 32. Vgl. zu Oldhams Buber-Rezeption auch kurz Kosmahl 1970, 21–22.
641 Vgl. Kosmahl 1970, 30–31. Zu der Unterscheidung der zwei „Grundworte" bei Buber vgl. Buber 2017c, 9–12.
642 Vgl. Kosmahl 1970, 30–31, dort besonders auch Anm. 26, Zitate von S. 30.
643 Vgl. auch für die Zitate Kosmahl 1970, 31.

das persönliche Engagement der Christen in der Gesellschaft" versteht,[644] weil sich besagte Antwort im Anschluss an Buber als Verantwortung interpretieren lässt.[645]

Mit dieser relational-dialogischen Anthropologie verankert Oldham interpersonale Verantwortung – die „Verantwortung von Mensch zu Mensch"[646] – als nötige Antwort auf das Du in der gottgegebenen menschlichen Sozialität, die er wiederum schöpfungstheologisch grundiert, indem er der „Begegnung mit dem anderen Menschen" eine „transzendente, schöpferbestimmte Dimension" beimisst:[647] Über die Einbettung des Menschen in ein Gemeinschaftsleben, das solche Begegnungen beinhaltet, schreibt Oldham:

> Für den Christen ist sie Schöpfung der göttlichen Vorsehung zu dem Zweck, ihn in seinem sittlichen Wachstum zu fördern und zu unterstützen, und der von Gott gesetzte Bereich, in dem er zum Dienst Gottes gerufen ist. Dadurch, daß er in ihr steht, ist er in ein Netz von Verantwortlichkeiten und Verpflichtungen eingesponnen, deren Erfüllung zur Entwicklung seiner Persönlichkeit dient.[648]

Diese schöpfungstheologische,[649] relational-dialogische und personale Anthropologie fungiert für Oldham – wie Kosmahl zeigt – zugleich ins Normative gewendet als sozialethisches Grundprinzip:

> Der Gedanke ist zugleich Aufgabe: Die Christen messen ‚den direkten Beziehungen zwischen Personen größere Bedeutung zu als den kollektiven Verhältnissen, die unser Leben zu beherrschen drohen. Die letzteren sind Instrumente für die ersteren und müssen danach beurteilt werden, in welchem Ausmaß sie ein ursprüngliches persönliches Leben fördern, das zu wahrer Gemeinschaft führt. Institutionen haben einen wesentlichen Platz im menschlichen Leben und können das Hilfsmittel eines persönlichen Lebens werden.'[650]

---

644 Vgl. auch für das Zitat Kosmahl 1970, 32.
645 Vgl. Buber 2017d, 160.
646 Oldham 1937, 173.
647 Vgl. auch für die Zitate Kosmahl 1970, 27. Vgl. ebd.: „Der Mensch handelt in der Gesellschaft mit einem Status, den ihm nicht die Gesellschaft gibt, sondern der Schöpfer." Nicht die Gesellschaft, sondern Gott ist es, der dem Menschen „die Freiheit und die Verantwortung verliehen hat" (a.a.O., 28).
648 Oldham 1937, 168.
649 Ich qualifiziere den Gedanken Oldhams hier nicht schöpfungstheologisch, weil in der deutschen Übersetzung hier das Wort „Schöpfung" vorkommt, sondern weil die Vorsehungslehre ihren Ort in der Schöpfungslehre hat. Für diese Qualifikation spricht auch Oldhams Einordnung in das affirmative Nachdenken über Naturrecht, die Kosmahl vornimmt: „Zweifellos ist er [Oldham, FH] dort zu suchen, wo auf der protestantischen Seite an einer Erneuerung des Naturrechts gearbeitet wird." (Kosmahl 1970, 104)
650 Kosmahl 1970, 32. Das Zitat im Zitat stammt der Fußnote zufolge aus der Dokumentation der „Amsterdamgespräche", „X, 31". Es findet sich in Oldhams Studie „Eine Verantwortliche Gesell-

Dabei ist entscheidend, dass Oldham seinen Personalismus so in ein dezidiert sozialethisches Grundprinzip fasst, nach dem die soziale, institutionelle Ordnung und Struktur auf die Ermöglichung personaler Verantwortungsbeziehungen auszurichten sind. Entsprechend besagten Grundprinzips hat Oldham etwa schon in Vorbereitung auf die Oxforder Weltkonferenz für praktisches Christentum 1937 auf die „Oberhoheit des Persönlichen"[651] und damit auf die „Haltung der Ehrfurcht und der Verantwortung vor dem anderen Ich"[652] verwiesen. Entsprechend sind bei Oldham kleine Gruppen als Beziehungsorte entscheidend, weil hier Verantwortung gelernt wird.[653] Oldham hat mit dieser relational-dialogischen und personalen Anthropologie Verantwortung wie Bonhoeffer auch formal responsiv verstanden und der Sache nach mit Sollenskonflikten verbunden. Verantwortung ist responsiv „Antwort auf". Implizit, aber der Sache nach vorhanden sind bei Oldham die Sollenskonflikte: Wenn Menschen immer in ein „Netz von Verantwortlichkeiten und Verpflichtungen eingesponnen" sind und ihnen dies normative Aufgabe ist, wie Oldham schreibt, dann ist damit die Möglichkeit von Sollenskonflikten gegeben, weil sich aus unterschiedlichen Verantwortlichkeiten, aus unterschiedlichen Du-Beziehungen konfligierende Ansprüche ergeben können – schon in kleinster Gruppe können etwa die Ansprüche zweier eigener Kinder auf die eigene Aufmerksamkeit konfligieren. Mindestens von Oldham her setzt deshalb der Verantwortungsbegriff in „responsible society" Sollenskonflikte auch voraus, wo dies nicht explizit genannt wird. „Verantwortung" repräsentiert auch hier implizit die Möglichkeit von Sollenskonflikten, auf die Verantwortliche zu antworten herausgefordert sind.

(2) *Zwischenaxiome.* Im Zuge des dialogischen Personalismus wird die verantwortliche Entscheidung einer Person in der Begegnung mit einer anderen ethisch, theologisch und kirchenpraktisch zentral. „Antwort und Entscheidung" sind für Oldham die Charakteristika der Du-Welt im Unterschied zur Es-Welt.[654] Entsprechend qualifiziert Kosmahl Oldhams Ethik als „eine Ethik persönlicher Entscheidung und Verantwortung inmitten einer gesellschaftlichen Struktur, die angemes-

---

schaft" für die Amsterdamer Kirchenkonferenz 1948, auch mit expliziter Rückführung auf Buber (Oldham 1948, 186.).
651 Vgl. Kosmahl 1970, 68, 71, 106. Inhaltlich drückt Oldham dies etwa in der Forderung aus, „direkten Beziehungen zwischen Personen größere Bedeutung zu[zu]messen als den kollektiven Verhältnissen" (Oldham 1948, 186).
652 Kosmahl 1970, 71.
653 Siehe unten dafür. Kosmahl schreibt in Aufnahme von einem Kommentar von Times über Oldham: „Kleinere Gemeinschaftsgebilde – Gruppen – bieten den Raum für die personale und soziale Verantwortung des einzelnen als Glied am Leib der Gesellschaft." (Kosmahl 1970, 22)
654 Vgl. Kosmahl 1970, 30, Anm. 26.

sene Schritte zuläßt."[655] Die „verantwortliche Entscheidung" kann dem Einzelnen keiner abnehmen, auch Kirche und Theologie nicht.[656] Darüber, das Handeln dieser Einzelnen mit zu formen, nähmen Glaube und Kirche am wirksamsten Einfluss auf die Gesellschaft.[657] Die Aufgabe von Kirche und Theologie sieht Oldham in der „Zurüstung" der einzelnen Christen zu diesen Entscheidungen.[658] Teil dieser Zurüstung zu persönlich-verantwortlichen Entscheidungen ist nun das, was Oldham „Zwischenaxiome" oder „mittlere Axiome" nennt:[659] Sie nehmen dem Einzelnen die Entscheidung nicht ab, indem sie eindeutig angeben, was zu tun ist, aber sie vermitteln die „bloß allgemeine[.] Feststellung der ethischen Forderung des Evangeliums" in der Lebenspraxis der Einzelfälle.[660] *Zwischenaxiome lösen – so lässt sich*

---

655 Kosmahl 1970, 22.
656 Vgl. auch für das Zitat Oldham 1937, 199. Vgl. ähnlich auch: „Der Einzelne kann der verantwortlichen Entscheidung nicht ausweichen." (Oldham 1937, 170)
657 Vgl. Oldham 1937, 111, 192; dazu auch: Kosmahl 1970, S. 21.
658 Vgl. Oldham 1937, 199–200: „Es ist nicht die Aufgabe der Geistlichen, den Laien zu sagen, wie sie in öffentlichen Angelegenheiten zu handeln haben, sondern sie der christlichen Forderung gegenüberzustellen und sie zur richtigen Anwendung auf das eigene Leben zu ermutigen." (ebd., auch zitiert bei Kosmahl 1970, 57) Für den Zurüstungsbegriff vgl. Kosmahl 1970, 23, 25 (Auf beiden Seiten spricht Kosmahl von „Zurüstung" und „zurüsten", einmal in Bezug auf die Evanstongespräche und Oldham, einmal in Bezug nur auf Oldham). Besonders eindrücklich schreibt Oldham etwa: „Eine Kirche, die von sozialer Leidenschaft erfüllt ist, sollte erkennen, daß der wichtigste Beitrag des geistlichen Amtes zur sozialen Umgestaltung ein mittelbarer ist und daß die Erweckung, Erziehung und religiöse Ermutigung derer, die die mannigfachen Verantwortlichkeiten des Gemeinschaftslebens tragen, die höchste und lohnendste Kampfweise darstellt." (Oldham 1937, 192) Und 1948 beschreibt er die erste Hauptaufgabe der Kirche angesichts der vorher von ihm beschriebenen Krise so: „Die erste unabdingbare Aufgabe besteht darin, der menschlichen Person durch die Wiedererweckung des persönlichen Lebens im lebendigen Geben und Nehmen, in der gegenseitigen Verpflichtung und Verantwortung einer Personengemeinschaft wieder Substanz zu geben." (Oldham 1948, 157)
659 So hält Kosmahl fest: „Wenn die Kirche im Wissen um ihre sozialethische Aufgabe in den Fragen der Gesellschaft das Wort ergreift, dann nicht in der Absolutheitsform mit einem Programm, sondern in der Gestalt von Formulierungen und Überlegungen, die Oldham ‚middle axioms' nennt, d. h. in Sätzen, die in einem allgemeinen Rahmen einer allgemeinen Zielsetzung richtungsweisend dienen. [...] Nicht konstante Normenbegriffe, sondern flexible Orientierungshilfen helfen dem Menschen zu seiner Verantwortung des Entscheidens und Handelns. Ethisches Handeln ist in der Ich-Du-Beziehung Antwort auf den Ruf Gottes." (Kosmahl 1970, 21) Vgl. zu diesen mittleren Axiomen (bei Oldham) ausführlich: Kosmahl 1970, 51–52, 55–108 In diesem Zusammenhang (a.a.O., 57) zitiert Kosmahl auch die eben zitierte Stelle bei Oldham (Oldham 1937, 199–200), wo dieser von „Zwischenaxiome[n]" schreibt (a.a.O., 200). Theodor Strohm hat den Begriff der „mittlere[n] Axiome" auf den Soziologen Karl Mannheim zurückgeführt (Strohm 2000, 204). Zu Oldham und den „middle axioms" im Horizont einer Public Theology vgl. Forrester 2004, 11–13.
660 Vgl. Oldham 1937, 199–200, dort auch die Zitate, auch zitiert bei Kosmahl 1970, 57. Zum Zusammenhang des „Liebesgebots Christi" mit den mittleren Axiomen vgl. Kosmahl 1970, 50.

Oldham hier m. E. verstehen – den von „Verantwortung" denotierten Sollenskonflikt unterschiedlicher Du-Ansprüche nicht prinzipiell, sondern helfen zu dessen situativer Beantwortung. Sie sind Versuche, „die Richtung zu bestimmen, in der der christliche Glaube sich in einer besonderen Gesamtlage auswirken muß",[661] mit Kosmahl gesagt „immer neu zu formulierende Versuche der Artikulierung des Liebesgebots im Dialog mit Andersdenkenden um des gemeinsamen Weges willen"[662]. Sie sind vorläufig, geben ein „relatives" Ziel an[663] und liegen zumindest insofern auf der Ebene dessen, was Torsten Meireis in Unterscheidung von unverfügbarem und realisiertem Guten „intendiertes Gutes" genannt hat.[664] Trefflich hat Kosmahl differenziert, dass die so verstandenen mittleren Axiome Vermittlungsgrößen in materialer und formaler Hinsicht sind:[665] Material vermitteln sie das christliche Liebesgebot und „die allgemein gültige sittliche Grundlage als Prinzip der Ordnungen der menschlichen Gesellschaft"; formal zwischen Theologie und praktischer Anwendung der „Laien".[666]

(3) *Verantwortliche Gesellschaft.* Das Konzept von Zwischenaxiomen unterscheidet Oldhams personalistische Entscheidungsethik von einer reinen Situationsethik; die schöpfungstheologische Grundierung in einer auf personale Beziehung, Antwort und personale Verantwortung angelegten Begegnung unterscheidet sein Denken in Axiomen von einer reinen, naturrechtlichen Prinzipienethik.[667] Beide zusammen münden in die Vision einer „verantwortlichen Gesellschaft".[668] Von der schöpfungstheologischen Grundlegung in personaler Ich-Du-Begegnung her erscheint diese Gesellschaft als eine, in der Einzelne in personalen

---

661 Vgl. auch für das Zitat Oldham 1937, 200. Auch zitiert bei Kosmahl 1970, 57. Vgl. ähnlich auch: „Wir haben schon betont, daß die Formulierung von Zwischenaxiomen, die die Art und Weise kennzeichnen, wie zu einer bestimmten Zeit und unter bestimmten Verhältnissen das christliche Liebesgebot den angemessensten Ausdruck findet, in der Gegenwart ein dringendes Bedürfnis ist." (Oldham 1937, 228) Vgl. zur Vorläufigkeit auch Kosmahl 1970, 29.
662 Kosmahl 1970, 23.
663 Oldham 1937, 231. Vgl. zu dieser Vorläufigkeit, Relativität und Korrigierbarkeit, die mittlere Axiome von Ideologien unterscheidet, auch Kosmahl 1970, 29, 51.
664 Vgl. zu diesen Begriffen und dieser Unterscheidung Meireis 2008, 259–263, Zitat auf S. 261.
665 Vgl. auch für das Folgende Kosmahl 1970, 56.
666 Vgl. auch für die Zitate Kosmahl 1970, 56.
667 Damit grenze ich mich zumindest leicht von Kosmahls Gesamteinordnung von Oldhams Ethik ab, der schrieb: „Oldhams Ethik ist nicht Normen-, Zweck- oder Wertethik, sondern Inspirations-, Situations- oder Kontextethik. Die Agape ist das einzige Gesetz der Ethik. [...] Die Liebe ist der Inhalt der dialogischen Beziehung, die Normen wie Freiheit, Gerechtigkeit und Frieden zu flexiblen richtungsweisenden mittleren Axiomen uminterpretiert." (Kosmahl 1970, 22) An anderer Stelle ordnet Kosmahl Oldham ähnlich ein und grenzt die Rede von „mittleren Axiomen" vom Naturrecht ab (vgl. auch für das Zitat a.a.O., 107).
668 Dazu vgl. v. a. Oldham 1948.

Beziehungen verantwortlich handeln und entscheiden[669]. Damit verbindet Oldham weder eine Engführung der Ethik auf Individualethik noch eine Einschränkung der kirchlichen Aufgabe auf die Zurüstung der Einzelnen, sondern sieht das verantwortliche Entscheiden der Einzelperson gerade in seinem sozialen und sozialstrukturellen Kontext als Ermöglichtes und zu Ermöglichendes.[670] Das ist von seinem dezidiert sozialethisch pointierten Personalismus her konsequent.[671]

Von dem Gedanken der Zwischenaxiome her wird *erstens* der theologische Status der „verantwortlichen Gesellschaft" bestimmbar: Sie ist ein mittleres Axiom (so Wolfgang Schweitzer und in dessen Folge Kosmahl[672]). Oldham führt den Begriff als Antwort auf die Frage nach der „rechte[n] Ordnung der menschlichen Gesellschaft" ein.[673] Inhaltlich bestimmt er diese anzustrebende „soziale Ordnung" unter der Überschrift „Die politische Aufgabe"[674] über die folgenden Elemente:[675] die Freiheit, insbesondere die Gewissensfreiheit des Einzelnen, das Recht der freien Wahrheitssuche, die Achtung des individuellen Menschen als „Gegenstand der Liebe Gottes", das Primat der „direkten Beziehungen zwischen Personen", als der von Buber her gewonnenen „Oberhoheit des Persönlichen" (s. o.), Verantwortung und Unabhängigkeit der Einzelnen sowie soziale Gerechtigkeit.[676] Eine durch diese Elemente gekennzeichnete Gesellschaftsordnung wäre als mittleres Axiom[677] entsprechend als vorläufige Vermittlung von Liebesgebot und allgemeinen Ordnungsprinzipien einer Gesellschaft zu verstehen.

---

669 Vgl. dazu und für dieses Begriffspaar Kosmahl 1970, 21.
670 Die Einbindung des Einzelnen in den Sozialzusammenhang, die beiden Einschränkungen entgegen steht, betont Oldham mehrfach (etwa: Oldham 1937, 129, 167–168; Oldham 1948, 157f.). Zu Oldhams Ablehnung von „bloße[r] Individualethik" vgl. Kosmahl 1970, 52, 65, Zitat auf S. 52. Das Konzept verantwortlicher Gesellschaft führt Oldham als sozialethische Kategorie ein (vgl. Oldham 1948, 149). Als Teil der kirchlichen Aufgabe sieht er 1948 auch, „zu ethischer Führung bei den kollektiven Entscheidungen und Aktionen zu helfen" und politisch die soziale Ordnung mit zu bestimmen (Oldham 1948, 168, 182–183, Zitat auf S. 168). Entsprechend erkennt er auch den Zweck von kirchlichen Kundgebungen nicht nur in der „religiöse[n] und sittliche[n] Erziehung der Kirchenglieder", sondern im Einflussnehmen „auf die öffentliche Meinung" (Oldham 1937, 213). Er betrachtet das „Handeln der Kirche in der Welt in seinen beiden Formen, als körperschaftliches und als Handeln ihrer einzelnen Glieder" (Oldham 1937, 223).
671 Damit kann er als ein Beispiel dafür gelten, wie „evangelische Sozialethik [...] ihren traditionellen Personalismus korrigiert" (Wendland 1969c, 21).
672 Vgl. W. Schweitzer 1962, 165; Kosmahl 1970, 58.
673 Vgl. auch für das Zitat Oldham 1948, 149.
674 Oldham 1948, 170, im Original gesperrt.
675 Vgl. dafür und für das Folgende Oldham 1948, 182–191, Zitat auf S. 182.
676 Vgl. Oldham 1948, 182–191, Zitate auf S. 185 und 186. Vgl. auch Kosmahl 1970, 67.
677 Kosmahl nennt die aufgelisteten Elemente „sieben Mittelaxiome[.]" (Kosmahl 1970, 67).

Aus der Realisierung der „verantwortlichen Gesellschaft" ergäbe sich *zweitens* wiederum die Nachfrage nach mittleren Axiomen, nach Hilfestellungen für die Einzelpersonen nämlich, in Freiheit und persönlicher Bezogenheit auf andere verantwortliche Entscheidungen zu treffen.[678] Die „verantwortliche Gesellschaft" wäre eine, die so geordnet ist, dass alle Einzelnen in dieser Gesellschaft Verantwortung tragen, verantwortlich handeln und entscheiden – und dies auch können, weil sie dazu zugerüstet sind. Bezog sich Verantwortung bei Weber auf Politiker und bei Bonhoeffer[679] auf Entscheider in der Krise, bezieht sich die Verantwortung „verantwortlicher Gesellschaft" klassen- und milieuübergreifend auf alle – und diese Verantwortung aller strukturell zu ermöglichen ist das Ziel, das die Vision einer „verantwortlichen Gesellschaft" sozialethisch beschreibt. Bei Oldham ist Verantwortung nicht nur individualethische, sondern vor allem sozialethische Kategorie. Das zeigt sich auch da, wo er den Begriff der „freien Gesellschaft", der damals neben „verantwortlicher Gesellschaft" diskutiert wurde, kritisiert, indem er fragt, „in welchem Ausmaß es ‚freien Gesellschaften' wirklich gelingt, Freiheit zu schaffen."[680]

Besagte Frage nach der „rechte[n] Ordnung der menschlichen Gesellschaft" stellt Oldham 1948 im Zusammenhang mit einer *Krisendiagnose*, vor deren Hintergrund die „verantwortliche Gesellschaft" Profil gewinnt. Die Krise ist Oldham zufolge neben einer „Krisis der Kultur" auch eine „Krisis des Menschen", die sich in doppelter Hinsicht als Krise der menschlichen Verantwortung verstehen lässt:[681] Der wissenschaftliche Fortschritt habe dem Menschen eine neue Macht der Naturgestaltung gegeben, die ihn zugleich an die eigene Macht, die Gesellschaft zu gestalten, glauben ließe.[682] Daraus ergibt sich für Oldham nun erstens, dass Menschen so eine Verantwortung übernehmen, die sie überfordert.[683] Zweitens spricht

---

678 Vgl. so auch Kosmahls Interpretation: „Nicht konstante Normenbegriffe, sondern flexible Orientierungshilfen helfen dem Menschen zu seiner Verantwortung des Entscheidens und Handelns. Ethisches Handeln ist in der Ich-Du-Beziehung Antwort auf den Ruf Gottes." (Kosmahl 1970, 21) Vgl. auch: Kosmahl 1970, 56.
679 Zu der Kritik an Bonhoeffers Verantwortungsethik, sie könne „elitär werden" vgl. F. Keller et al. 2009, 188, dort auch das Zitat.
680 Vgl. auch für die Zitate Oldham 1948, 178. Für den Begriff der „free society" in der Diskussion vgl. P. Albrecht 1970, 241.
681 Vgl. Oldham 1948, 149–155, Zitate auf S. 155 und 149, im Original gesperrt. Von der „Krisis des Menschen" spricht übrigens auch Martin Buber schon: Buber 2017b, 259.
682 Vgl. Oldham 1948, 150.
683 So „lädt der menschliche Versuch, die Welt aus eigner Kraft zu ordnen, ihm damit eine erschreckende und faktisch untragbare Entscheidungsverantwortung auf." (Oldham 1948, 153) Vgl. zu dieser überfordernden Verantwortung auch Kosmahl 1970, 36, 59. Überfordernd ist diese Verantwortung bei Oldham auch, weil der Mensch sein eigenes Natur- und Gesellschaftsbeherrschen nicht

Oldham in seiner Krisendiagnose von einer „Verarmung des menschlichen Geistes":[684] Im Streben nach Naturbeherrschung habe der Mensch die „Zwecke des Lebens aus der Sicht verloren"; die „Sphäre persönlichen Lebens", in der diese Zwecke erlernt werden könnten, außer Acht gelassen.[685] Durch objektiven Machtzuwachs bei gleichzeitigem Kontrollverlust und Verlust der sozialen Ressourcen entsteht für Oldham also eine Krise,[686] die m. E. eine Krise der Verantwortung ist.

Bezeichnenderweise sieht Oldham die kirchliche Antwort auf diese Krise nun gerade in der Orientierung an einer „verantwortlichen Gesellschaft", die er unter den Themen „Praxis des Gemeinschaftslebens", christliche Arbeitsethik, „[k]ollektive Sittlichkeit" und Politik – also: kirchlich, ökonomisch, kulturell und politisch – profiliert.[687] *Dabei erscheint die „verantwortliche Gesellschaft" als ein kirchliches sozialethisches Konzept zur Förderung und Stärkung personaler Verantwortung, persönlicher Beziehung und Sinnfindung aller:*[688] Konkret wird dies etwa auf der Linie von Oldhams Ich-Du-Personalismus in der von ihm geforderten „Wiedererweckung des persönlichen Lebens", der Rede von der „gegenseitigen Verpflichtung und Verantwortung einer Personengemeinschaft" und von „subsidiären Verbänden".[689] Die „Kunst des Zusammenlebens" müsse „in kleinen Gruppen, vor allem der Familie, gelernt und geübt werden".[690] Die „kleine[n] Gruppen von Personen",

---

beherrschen kann. Vgl.: „In erster Linie haben die Menschen in dem Prozeß, die Herrschaft über die physische Natur zu gewinnen, ein riesiges Netzwerk von Kräften und verwickelten Organisationen ins Leben gerufen, die sie wirksam zu beherrschen nicht fähig sind." (Oldham 1948, 152) Insgesamt zu dieser „übergroßen ethischen Verantwortung" vgl. auch Kosmahl 1970, 36.
684 Vgl. auch für das Zitat Oldham 1948, 154, und auch: Oldham 1948, 156.
685 Vgl. Oldham 1948, 154–155, Zitate auf S. 154.
686 Vgl. Oldham 1948, 152–155.
687 Vgl. auch für die Zitate Oldham 1948, 157–191., Zitate jeweils aus den Überschriften, im Original gesperrt.
688 Vgl.: „Die erste unabdingbare Aufgabe besteht darin, der menschlichen Person durch die Wiedererweckung des persönlichen Lebens im lebendigen Geben und Nehmen, in der gegenseitigen Verpflichtung und Verantwortung einer Personengemeinschaft wieder Substanz zu geben. [...] Menschliches Leben ist Leben in Beziehungen zu anderen Personen und kann nur in diesen Beziehungen Sinn und Tiefe gewinnen." (Oldham 1948, 157) Dazu, dass das „Leben in persönlichen Beziehungen zu anderen Personen" gestärkt werden müsse (vgl. auch Oldham 1948, 170, 186. [Zitat auf S. 170]). Vogelmann hat wie gesagt in nicht-theologischen Arbeiten eine ähnliche Entwicklung beobachtet und diese trefflich „Verallgemeinerung von Verantwortung" genannt (vgl. Vogelmann 2014, 342, 370–372, Zitat auf S. 370), so auch Anm. 635 in diesem Kapitel.
689 Vgl. auch für die Zitate Oldham 1948, 157, 159 Diese Forderung findet sich auch schon früher bei Oldham: „Wir müssen auf die Bildung kleiner Gruppen hinarbeiten, die als Kennzeichen christlicher Gemeinschaft wechselseitiges Vertrauen, gegenseitige Hilfe und Verantwortlichkeit in ihrem Kreise zu verwirklichen suchen." (Oldham 1937, 123)
690 Vgl. auch für die Zitate Oldham 1948, 157.

in der Menschen in „verantwortliche[n] Beziehungen zu anderen" leben, seien entscheidend und „Übungsplatz für das politische Leben".[691] Diese kleinen, verantwortlichen Persongemeinschaften sind für Oldham zunächst die Familie, dann die gottesdienstliche Gemeinde bzw. kirchliche Gemeinden und später auch Fabrik, Partei und Gewerkschaft.[692] Ziel sei die „weiteste Verteilung von Verantwortung" und „kleine Gemeinschaften mit gemeinsamen Interessen und von allen geteilter Verantwortung".[693] Durch Bürokratisierung und „Anwachsen der Organisation" sei der Raum individueller Freiheit geschrumpft, die „individuelle Person [...] zu einer Illusion" geworden.[694] Angesichts dessen fordert Oldham, dass „zu allererst innerhalb der kleineren Gruppen die Ausübung von Verantwortung gesichert"[695] werde. In Oldhams Ausführungen erscheint das Zwischenaxiom „verantwortliche Gesellschaft" damit als Kombination von Ich-Du-Personalismus und Subsidiaritätsprinzip: Ein „echtes persönliches Leben" erscheint bei Oldham als „weiteste Verteilung von Verantwortung, Initiative und Gelegenheit der Zusammenarbeit mit ihren Kameraden."[696] Verantwortung wird zu einer Sache aller Gesellschaftsmitglieder.

Fazit. Insgesamt benennt „verantwortliche Gesellschaft" damit bei Oldham eine kirchliche Bildungs- und Ordnungsaufgabe, die als solche eine politische ist. „Verantwortliche Gesellschaft" ist Aufgabe und Forderung, weil sie noch nicht realisiert ist, sondern kontrafaktisch der Verantwortungskrise gegenübersteht. Damit ist „verantwortliche Gesellschaft" bei Oldham primär eine sozial- und nicht eine individualethische Kategorie: Sie ist primär nicht Appell zur individuellen Verantwortungsübernahme und Zurechnung von individueller Verantwortung, sondern

---

691 Vgl. auch für die Zitate Oldham 1948, 158–159. Vgl. etwa: „Nur solche Menschen, die durch ihre Erfahrung in diesen gegenüber dem Staate kleineren Verbänden im Blick auf religiöse, kulturelle, philanthropische, bürgerliche und wirtschaftliche sowie für Zwecke sinnvoller Freizeitgestaltung durchgeformt wurden, sind auch imstande, von dem Entscheidungs- und Denkvermögen Gebrauch zu machen, die für ein gesundes politisches Leben erforderlich sind." (Oldham 1948, 159)
692 Vgl. Oldham 1948, 157, 158, 161, 167: „In einer Gesellschaft [...] muß zu allererst innerhalb der kleineren Gruppen die Ausübung von Verantwortung gesichert werden. In der einzelnen Fabrik, der Partei, der Gewerkschaft, der Angestelltenvereinigung muß der Kampf für die Gewissensfreiheit ausgetragen und gewonnen werden." (a.a.O., 167) Früher schon hatte Oldham geschrieben: „Die Kirche ist die Verwirklichung wahrer Gemeinschaft. Ihr eigentliches Wesen besteht in persönlicher Gemeinschaft." (Oldham 1937, 121) Vgl. zur Rezeption dessen in Evanston: Ledig 1957, 154.
693 Vgl. auch für die Zitate Oldham 1948, 160–161.
694 Vgl. auch für die Zitate Oldham 1948, 161, 166–167.
695 Oldham 1948, 167.
696 Vgl. auch für die Zitate Oldham 1948, 160. Auch Wendland hat (im Bezug auf den Evanston-Report) im Plädoyer für „das Recht der kleineren Gemeinschaften" als Teil der verantwortlichen Gesellschaft das „Prinzip der Subsidiarität" wiedererkannt (vgl. auch für die Zitate Wendland 1973, 151, siehe so auch Anm. 725 in diesem Kapitel).

Vision einer sozialen Ordnung, die kirchlich, ökonomisch, kulturell und politisch durchgesetzt werden muss mit dem Ziel, personale Verantwortung aller zu ermöglichen und zu fördern. Verantwortung ist damit nicht mehr primär eine Kategorie, die wie bei Schweitzer, Bonhoeffer und Weber die Reflexion auf Konflikt- und Entscheidungssituationen von Individuen ermöglicht, sondern primär sozialethische Leitkategorie, die soziale Ordnung auf die Ermöglichung der personalen Verantwortung aller ausrichtet.[697]

3.3.1.2 Ökumenischer Rat der Kirchen: Amsterdam und Evanston

Vor allem während der ersten beiden Vollversammlungen des Ökumenischen Rates der Kirchen – 1948 in Amsterdam und 1954 im US-amerikanischen Evanston – wurde das Konzept „verantwortliche Gesellschaft" diskutiert und weiterentwickelt.[698] Verständlich wird die Profilierung dieses Konzepts vor dem ökumenischen und zeitgeschichtlichen Hintergrund. Den „Referenzrahmen" für die Debatte auch um die „verantwortliche Gesellschaft" hatten – so Theodor Strohm – die ökumenische Weltkonferenzen „Life and Work" 1925 in Stockholm und 1937 in Oxford umrissen; letztere wurde von dem damaligen Vorsitzenden der „Konferenz für Praktisches Christentum" Jospeh H. Oldham unter dem Titel „Kirche, Volk und Staat" vorbereitet:[699] „Angesichts der massiven gesellschaftlichen Krise wurde das ‚allgemeine soziale Amt' der Kirche auf den Kern der sozialen Frage, die Erneuerung des Menschen, bezogen."[700] Auch Titel und Texte der Amsterdamer Konferenz von 1948 spiegeln noch die zeitgeschichtliche Krise und Krisenstimmung: „Die Unordnung der Welt und Gottes Heilsplan" war Konferenztitel.[701] Henry P. van Dusen, der damalige Vorsitzende der Ökumenischen Studienkommission schrieb:

> Der Oekumenische Rat der Kirchen ist in einem Augenblick der Gefahr für die ganze Menschheit ins Leben getreten, wie er seinesgleichen in der ganzen Geschichte nicht gehabt hat.[702]

---

697 Vgl. zu dieser Entwicklungsdiagnose auch wie zitiert die Arbeit von Vogelmann, siehe Anm. 635 in diesem Kapitel.
698 Zur Geschichte der Kategorie vgl. Ledig 1957; P. Albrecht 1970, 241–242; Strohm 2000.
699 Vgl. auch für die Zitate Strohm 2000, 204. Vgl. zu Oldhams Rolle in Oxford Kosmahl 1970, 18. Oldhams eigene Studien für die Oxforder Konferenz sind unter dem Titel „Der Dienst der Kirche" veröffentlicht und oben bereits beachtet (Oldham 1937).
700 Strohm 2000, 204.
701 Vgl. für den Titel Strohm 2000, 204.
702 VanDusen 1948, 8.

Der Schrecken des zweiten Weltkrieges, die Erfahrung der zerstörerischen Kraft von Technik (etwa: Atomenergie),[703] sowie der Systemgegensatz von Ost und West[704] konturieren den Hintergrund der Diskussion.[705] Von wichtigen Konferenzteilnehmern wird die Krise grundsätzlicher als religiöse, moralische und kulturelle Krise gefasst. So listet van Dusen folgende Krisenzeichen: das „Abhandenkommen gemeinsamer Urteilsmaßstäbe, die Leugnung eines göttlichen Gesetzes, das über dem Willen von Menschen und Staaten steht, der Zerfall des Familienlebens, die Auflösung der Gemeinschaft, der Verlust des Glaubens"[706]. Auf der Linie dieser Interpretation spricht auch Reinhold Niebuhr – damals Vorsitzender der dritten Kommission der Vollversammlung, in der Oldham als Vize-Vorsitzender das Konzept einer verantwortlichen Gesellschaft einbrachte – von „Unordnung und Verwirrung" in der Gesellschaft.[707] In diesem Zusammenhang geht er auf die „Zerstörung der organischen und traditionellen Formen der Gemeinschaft"[708] ein.

Die Krisendiagnose steht auch am Anfang des Abschlussberichts der dritten von Niebuhr und Oldham geleiteten Kommission, die sich mit dem Thema „Die Kirche und die Auflösung der gesellschaftlichen Ordnung" auseinandergesetzt hatte und den Begriff der verantwortlichen Gesellschaft einführte.[709] Krisenbeschreibung und Lösung tragen deutlich Oldhams Handschrift.[710] Ähnlich wie Oldham fasst der Bericht die Krise der Sache nach als Krise der Verantwortung – nun sogar explizit:

> The world to-day is experiencing a social crisis of unparalleled proportions. The deepest root of that disorder is the refusal of men to see and admit that their responsibility to God stands over and above their loyalty to any earthly community and their obedience to any worldly power.[711]

Zwei Hauptfaktoren („[t]wo chief factors") trügen dazu dabei: zum einen die Machtkonzentrationen („vast concentrations of power") in Kapitalismus und Kommunismus, die die Fähigkeit zu personaler Verantwortungsübernahme ein-

---

703 Zur expliziten Nennung von Krieg und „Atomkraft" vgl. VanDusen 1948, 8. Zur „Entwicklung der Technik" auch R. Niebuhr 1948, 15.
704 Vgl. etwa Hooft 1949, 15, 78–80; Kosmahl 1970, 66.
705 Diesen Zusammenhang habe ich so auch formuliert in Höhne 2021a.
706 VanDusen 1948, 8.
707 Vgl. auch für das Zitat R. Niebuhr 1948, 14. Vgl. dazu auch R. Niebuhr 1948, 11, 15, 17, 21. Zu Oldhams und Niebuhrs Funktion in der Kommission vgl. Studienabteilung des Oekumenischen Rates der Kirchen in Genf 1948, 224.
708 R. Niebuhr 1948, 16.
709 Der Bericht ist auf Deutsch hier dokumentiert: Studienabteilung des Oekumenischen Rates der Kirchen in Genf 1948, 229–240 und auf Englisch hier: Hooft 1949, 74–82.
710 Vgl. Kosmahl 1970, 58–68. Schon betont in Höhne 2021a.
711 Hooft 1949, 74.

schränkten, und die Erosion Personalität fördernder Gemeinschaftsformen durch den technischen Fortschritt.[712] Vor allem letzteres fand sich schon bei Oldham (s. o.).

Systematisch betrachtet beschreiben die Autoren mit dem Verlust von „Urteilsmaßstäben", traditionellen Gemeinschaftsformen und der „Auflösung der gesellschaftlichen Ordnung" eine Krise der Sollenseindeutigkeiten. In ihrer Tiefenschicht erscheint die beschriebene Krise also als Situation neuer Sollenskontingenz in der Gesellschaft. Dem stellt das Abschlussdokument schon eingangs wie zitiert die „responsibility to God" gegenüber. In dieser Gegenüberstellung benennt der Verantwortungsbegriff in diesem Dokument also die geforderte Umgangsweise und Antwort aller Menschen auf die als krisenhaft wahrgenommene Sollenskontingenz.

Vor dem Hintergrund dieser Krise beschreibt der Kommissionsbericht „the responsible society" als Antwort. Diese oft zitierte[713] Bestimmung gebe ich hier komplett wieder, um sie danach zu analysieren:

> Man is created and called to be a free being, responsible to God and his neighbour. Any tendencies in State and society depriving man of the possibility of acting responsibly are a denial of God's intention for man and His work of salvation. A responsible society is one where freedom is the freedom of men who acknowledge responsibility to justice and public order, and where those who hold political authority or economic power are responsible for its exercise to God and the people whose welfare is affected by it.
>
> Men must never be made a mere means for political or economic ends. [...] For a society to be responsible under modern conditions it is required that the people have freedom to control, to criticise and to change their governments, that power be made responsible by law and tradition, and be distributed as widely as possible through the whole community. It is required that economic justice and provision of equality of opportunity be established for all the members of society.
>
> We therefore condemn:
>
> 1. Any attempt to limit freedom of the Church to witness to its Lord and His design for mankind and any attempt to impair the freedom of men to obey God and to act according to conscience, for those freedoms are implied in man's responsibility before God;
> 2. Any denial to man of an opportunity to participate in the shaping of society, for this is a duty implied in man's responsibility towards his neighbour;
> 3. Any attempt to prevent men from learning and spreading the truth.[714]

Folgende Aspekte daran sind hier entscheidend: (1) Zunächst werden Verantwortung und Freiheit ähnlich wie bei Oldham in der Schöpfung,[715] beziehungsweise hier genauer: in der Natur und Bestimmung des Menschen und damit letztlich

---

712 Vgl. in ähnlichen englischen Worten und auch für die Zitate Hooft 1949, 75.
713 Vgl. P. Albrecht 1970, 241–242; W. Schweitzer 1962, Sp. 165; Kosmahl 1970, 60; Strohm 2000, 205.
714 Hooft 1949, 77–78.
715 Vgl. dazu schon Höhne 2021a.

schöpfungstheologisch und naturrechtlich, begründet: Gott hat Menschen als verantwortliche Wesen und auf Verantwortung hin geschaffen. Die Freiheit, die einen Umgang mit Sollenskonflikten und -kontingenzen ermöglicht, ist danach in der Geschöpflichkeit begründet.

(2) Während Oldhams Personalismus an anderer Stelle im Dokument vorkommt,[716] taucht er in der Beschreibung Verantwortlicher Gesellschaft zwar indirekt in dem Instrumentalisierungsverbot des Menschen, das als Ausdruck der „Oberhoheit des Persönlichen" gelesen werden kann, auf,[717] aber nicht direkt in der Betonung personaler Verantwortung oder Entscheidung. Wo bei Oldham die Person in Ich-Du-Relation Subjekt und Objekt der Verantwortung ist, ist es hier deutlicher auch die Gesellschaft als Ganzes: „For a society to be responsible...". Damit ist besonders betont, dass die Kategorie eine sozialethische ist.

(3) Im Text werden explizit und implizit Macht und Freiheit einerseits und Verantwortung andererseits besonders eng gekoppelt. Explizit wird Gewissensfreiheit als Implikat schöpfungstheologisch-naturrechtlich fundierter Verantwortung bezeichnet: „implied in man's responsibility before God". Implizit verkoppelt die Zuschreibung von Verantwortung an politische und ökonomische Machthaber Verantwortung und Macht – zumal diese Macht verfahrenstheoretisch durch das im Text erwähnte Recht des Volkes auf Kontrolle und Kritik verbürgt wird.

(4) Deutlicher als bei, aber auf einer Linie mit Oldham wird das Wofür der Verantwortung benannt, Gerechtigkeit und öffentliche Ordnung nämlich.

(5) Im Ruf zur Verantwortungs- und Machtteilung – „distributed as widely as possible" – klingt Oldhams Version des Subsidiaritätsprinzips nach.

(6) Oldhams Zwischenaxiome – etwa die Freiheit, die Gewissensfreiheit und das Recht auf Wahrheitssuche – kommen zwar inhaltlich vor, aber der metaethische Gedanke der Zwischenaxiome wird nicht genannt. Auch deshalb bleibt der theologische Status des Konzepts „verantwortliche Gesellschaft" hier unklar. Diese Unklarheit verschärft sich dadurch, dass der Text mit einem Verwerfungssatz endet („We therefore condemn") und damit auf das Gattungsformular reformatorischer Bekenntnisschriften anspielt: Ist verantwortliche Gesellschaft also ein Glaubens- und Bekenntnisinhalt?

In dem Sektionsbericht wird die „verantwortliche Gesellschaft" durch den Gang der Argumentation als sozialethische Kategorie und damit als verantwortungser-

---

716 Dies ist besonders an zwei Stellen der Fall: einmal dort, wo von der Aufgabe die Rede ist, einen Raum offenzuhalten, „in which men can have direct and responsible relations with each other as persons", und einmal dort wo von den „local congregations" die Rede ist (vgl. auch für die Zitate Hooft 1949, 77, 80–81).
717 Vgl. so auch Kosmahl 1970, 60.

möglichende Strukturvorgabe eingeführt.[718] Wie stark das auch in der Rezeption so wahrgenommen wurde, belegt die Diskussion des Berichts, in der vielfach der fehlende Verweis auf die individuelle Verantwortung der Christen kritisiert wurde.[719] Damit ist klar: Bei verantwortlicher Gesellschaft geht es darum, die Verantwortung aller strukturell zu ermöglichen und nicht nur die Verantwortung weniger Politiker (Weber) oder Entscheidungsträger (Bonhoeffer) zu fokussieren.

Evanston. Auch bei der zweiten Vollversammlung des Ökumenischen Rates in Evanston 1954 war der Begriff der „responsible society" virulent. Der Bericht der Sektion III dokumentiert den Fortgang der Diskussion dazu und zeigt, wie der Begriff theologisch präzisiert, etwas stärker differenziert und in Handlungskriterien weiter konkretisiert wurde.[720]

Zunächst präzisiert der Evanston-Report den theologischen Status des Begriffs „verantwortliche Gesellschaft" und tut dies ganz im Sinne von Oldhams Zwischenaxiomen: Verantwortliche Gesellschaft wird sehr deutlich als sozialethisches „Kriterium" und als Orientierungsrichtlinie verstanden.[721] Zudem hat sich die theologische Begründung der „responsible society" verschoben – weg von der schöpfungstheologisch-naturrechtlichen („created and called") zu einer *christologisch-responsiven Fundierung:* „Christians are called to live responsibly, to live in response to God's act of redemption in Christ, in any society, even within the most unfavourable social structures."[722]

Damit ist Verantwortung nicht nur *responsiv* als Antwort verstanden, sondern auch als Antwort auf eine spezifisch interpretierte Wirklichkeit, auf eine christologisch und nicht mehr primär schöpfungstheologisch-naturrechtlich interpretierte Wirklichkeit nämlich: Menschen antworten wie zitiert auf „God's act of redemption in Christ" oder – wie der Bericht vorher formuliert – auf „God's love in Christ"[723].

---

718 Vgl. so den Absatz direkt vor dem Unterkapitel zur „verantwortlichen Gesellschaft": „Coherent and purposeful ordering of society has now become a major necessity." (Hooft 1949, 77)
719 So etwa von Dr. Mays, Dr. Karrenberg und Mrs. Rohde (vgl. Hooft 1949, 82–84).
720 Theodor Strohm schreibt, der Begriff sei „erweitert und im Sinne einer Handlungsanweisung präzisiert" worden (Strohm 2000, 205). Von einer Erweiterung lässt sich m.E. deshalb eigentlich nicht sprechen, weil die Fassung des Begriffs in Amsterdam so vage war (gerade was das Verantwortungssubjekt angeht), dass jede Erweiterung noch als Interpretation im Spielraum dieser Vagheit gefasst werden könnte.
721 Vgl.: „‚Responsible society' is not an alternative social or political system, but a criterion by which we judge all existing social orders and at the same time a standard to guide us in the specific choices we have to make." (Hooft 1955, 113)
722 Hooft 1955, 113. Ausführlicher deutlich wird dies auch in der Einleitung des Berichts (Hooft 1955, 112–113). Dort heißt es etwa: „Responding to God's love in Christ, and being aware of His final judgment Christians will act responsibly." (Hooft 1955, 112)
723 Hooft 1955, 112.

Klar differenziert der Bericht die Rollen von kleinen Gruppen und Institutionen bei der Realisierung verantwortlicher Gesellschaft. Für die kleineren Gruppen hält der Bericht in fast wörtlicher Aufnahme von Oldham fest: „[T]he art of social living has to be learned in small groups"[724] und übernimmt so Oldhams Fassung des Subsidiaritätsprinzips.[725] Dies wird für Familien und andere Gemeinschaften konkretisiert,[726] wobei besonders deutlich wird, dass diesen kleinen Gruppen die Rolle zukommt, verantwortliche Einzelpersonen auszubilden: „For right development into responsible adulthood, children need security and love, and the discipline which family life pre-eminently secures."[727]

Damit tritt Oldhams Personalismus auch in der Fassung verantwortlicher Gesellschaft deutlicher hervor als in Amsterdam. Der Fokus des Reports liegt allerdings auf der Rolle der großen Institutionen – insbesondere dem Staat, der Kirche und der Rolle von Kaufmännern und Gewerkschaften.[728] Das zeigt, wie „verantwortliche Gesellschaft" Einheiten auf unterschiedlichen Ebenen in die Verantwortung zieht: Arbeiter, Bauern und Kaufleute werden zur Verantwortung gerufen,[729] Gewerkschaften und Arbeitnehmervereinigungen („trade unions and associations of employers") „must be responsible to the whole of society".[730] In dem Kapitel zum Staat konkretisiert der Bericht „the embodiment of the responsible society in political institutions":[731] Jeder Mensch müsse vor willkürlicher Inhaftierung („arbitrary arrest") geschützt sein und seine Meinung frei äußern dürfen; gewaltloser Regierungswechsel durch das Volk müsste genauso möglich sein wie staatsunabhängige Vergemeinschaftungsformen („Churches, families, and universities").[732] Ein Staat, der sich daran hält, verkörpert verantwortliche Gesellschaft m. E., insofern er erstens selbst verantwortlich handelt und zweitens die Übernahme von personaler Verantwortung in der Gesellschaft fördert und ermöglicht und damit auf die Förderung von Verantwortung in der Gesellschaft ausgerichtet ist.

Fazit. Insgesamt ist die „verantwortliche Gesellschaft" damit klar eine sozialethische Kategorie, die eine Gesellschaft beschreibt, in der alle verantwortlich sind

---

724 Hooft 1955, 114; Oldham 1948, 157; Wendland 1973, 135.
725 Vgl. Oldham 1948, 159. Auch Wendland hat im Evanston-Report im „Recht der kleineren Gemeinschaften" das „Prinzip der Subsidiarität" wiedererkannt (vgl. auch für die Zitate Wendland 1973, 151).
726 Vgl. Hooft 1955, 114.
727 Hooft 1955, 114.
728 Vgl. Hooft 1955, 115–120.
729 Vgl. Hooft 1955, 118–119. Bei Kaufleuten geschieht dies eher indirekt über den Verweis auf „irresponsible salesmanship"(a. a. O., 119).
730 Vgl. auch für die Zitate Hooft 1955, 119.
731 Vgl. auch für das Zitat Hooft 1955, 115.
732 Vgl. auch für die Zitate und in teilweise ähnlichen englischen Worten Hooft 1955, 115–116.

und durch die soziale Ordnung zu dieser Verantwortung zugerüstet werden.⁷³³ *Das Konzept "verantwortliche Gesellschaft" hat Verantwortung präskriptiv zur sozialethischen Kategorie popularisiert: Verantwortung soll eine Sache aller sein.* Verantwortung repräsentiert dabei nicht nur implizit den eher handlungstheoretischen Sollenskonflikt, der sich aus der Verortung des Einzelnen in Beziehungsnetzen von Verantwortlichkeiten ergibt wie bei Oldham, sondern auch die eher geltungstheoretische Sollenskontingenz (3.2.2), die sich aus dem von Verantwortung hier denotierten Umgang mit der Krise als Krise der Sollenseindeutigkeit ergibt.

3.3.1.3 Heinz-Dietrich Wendland

Der Neutestamentler und Münsteraner Sozialethiker Heinz-Dietrich Wendland hat den Begriff der "verantwortlichen Gesellschaft" prominent rezipiert.⁷³⁴ Nicht nur deshalb bietet er sich hier an, um exemplarisch an seiner Rezeption die Aneignung dieses Konzepts in und für den deutschen Kontext zu diskutieren. Wichtiger noch ist, dass Wendland das disruptive Potential der "verantwortlichen Gesellschaft" als sozialethischer Kategorie in Deutschland erkannt und von ordnungstheologischen Traditionen⁷³⁵ herkommend damit gerungen hat (s. 4.2.1.2).

---

733 Zur ähnlichen Tendenz insgesamt in nicht-theologischen Arbeit vgl. wie gesagt die Arbeit Vogelmanns, siehe Anm. 635 in diesem Kapitel.

734 Strohm hat diese Rezeption kurz zusammengefasst, wobei er sich vor allem auf zwei Aufsätze Wendlands aus den 1960er Jahren, nicht aber auf die Arbeiten aus den 1950er Jahren – nämlich: Wendland 1973, zuerst erschienen 1955 und 1957 (aus dem Vorwort zur zweiten Auflage geht hervor, dass das fünfte Kapitel mit den Arbeiten zur "verantwortlichen Gesellschaft" Teil der ersten beiden Auflagen von 55 und 57 war, vgl. Wendland 1973, 9) – stützt: Strohm 2000, 207–208. Ich konzentriere mich hier und im vierten Kapitel in meinen Auseinandersetzungen mit Wendland (von wenigen Ausnahmen abgesehen) vor allem auf die Werke von ihm, in denen der Begriff der "verantwortlichen Gesellschaft" prominent, etwa in Aufsatztiteln vorkommt. Das ist für den Band "Botschaft an die soziale Welt" (Wendland 1959) soweit ich sehen kann nicht der Fall; dort betitelt der Begriff "Verantwortliche Gesellschaft" nur einen Teil mit mehreren Aufsätzen (vgl. a. a. O., 8); Wendland erwähnt das Leitbild darin a. a. O., 301–302.

Vgl. zu einer Rekonstruktion von Wendlands Rezeption des Begriffs der "verantwortlichen Gesellschaft" auch Kosmahl 1970, 117–126; Ulshöfer 2015, 147–155 und zum Verweis auf diese Rezeption aus der ökumenischen Bewegung auch Dietzel 2017, 96. Kontakte in die Ökumene knüpfte Wendland bereits seit 1925, zunächst vermittelt über Adolf Deissmann (Dietzel 2017, 46–52, bes. 47), und engagiert sich dann auch selbständig, etwa in der Vorbereitung der Weltkirchenkonferenz in Oxford 1937, an der er selbst dann nicht teilnehmen konnte, und insbesondere nach dem zweiten Weltkrieg, etwa als Beteiligter der Weltkirchenkonferenz von Evanston 1954 (Dietzel 2017, 64–65, 94, 96–101).

Zur Biographie und theologischen Entwicklung Wendlands ist schon eine erste Arbeit erscheinen (Bruns und Dietzel 2017), die insgesamt einen guten ersten Einblick gibt.

735 Zu Wendlands früherer Ordnungstheologie vgl. etwa Bruns 2017a, 218–219.

Theologische Einordnung. Heinz-Dietrich Wendland versteht „verantwortliche Gesellschaft zusammengefasst als „Gesellschaft freier, verantwortlicher Personen"[736]. Auch hier ist „Verantwortung" damit präskriptiv zur sozialethischen Kategorie popularisiert: So können „alle Glieder der Gesellschaft, auch die Nichtchristen, als zu verantwortlicher Freiheit gerufen in Anspruch" genommen werden.[737] Seine Rezeption dieses „Leitbild[es]" steht im Kontext seiner Bemühung, eine „Theologie der Gesellschaft" als evangelisches Pendant zur katholischen Soziallehre zu entwickeln.[738] Dieser „Theologie der Gesellschaft" soll es „nicht bloß um ethische Normen für das soziale Handeln" gehen, sondern um eine „theologische[...] Analyse der Gesellschaft".[739] Für diese Analyse fehlten – so Wendlands Diagnose – „die theologischen Kategorien", weil die „traditionellen Begriffe der theologischen Ethik" für die Analyse moderner Gesellschaften „unzureichend" seien.[740] Vor diesem Hintergrund will Wendland den „Begriff der ‚verantwortlichen Gesellschaft'" aus der ökumenischen Debatte im deutschen Kontext 1955 bzw. 1957 aneignen.[741] Dabei spricht er vom „sozialethische[n] Leitbild" oder vom „Maßstab der verantwortlichen Gesellschaft".[742] Beides ordnet Wendland von seinem „universaleschatologische[n] Ansatz"[743] her und in impliziter Übereinstimmung mit Oldhams Gedanken der Zwischenaxiome[744] der menschlichen Aktivität im Vorletzten (Bon-

---

736 Wendland 1965a, 12; Wendland 1965b, 68. Vgl. so auch Wendland 1969a, 33. Der erstgenannte Text (Wendland 1965a) ist auch abgedruckt in Wendland 1967, 99–116, vgl. a.a.O., S. 8. Ich zitiere im Folgenden aus der ZEE-Fassung von 1965.
737 Vgl. auch für das Zitat Wendland 1973, 129.
738 Vgl. für die thematische Nähe zur katholischen Soziallehre explizit Wendland 1973, 29 und auch Ulshöfer 2015, 147–148. Zur Einordnung der verantwortlichen Gesellschaft in die „Theologie der Gesellschaft" vgl. Wendland 1973, 127–128. Der Leitbildbegriff fällt etwa a.a.O., 128 oder Wendland 1969c, 18.
739 Vgl. auch für die Zitate Wendland 1973, 29–30.
740 Vgl. auch für die Zitate Wendland 1973, 31, 127–128.
741 Vgl. Wendland 1973, 127 Den Begriff der „Aneignung" benutzt Wendland hier selbst.
742 Vgl. auch für die Zitate Wendland 1973, 122, 126, 128–129, 138, 157. Vom „Maßstab zur Beurteilung sozialer Ordnungen" sprach auch: Ledig 1957, 154.
743 Wendland 1973, 70. Vgl. dazu auch Wendland 1969b, 40–42.
744 Wendland nimmt Oldhams Gedanken der „mittleren Axiome" an anderer Stelle explizit auf: „Es geht in der konkreten Sozialethik nicht um abstrakte Moralprinzipien, ebensowenig um technische Einzelanweisungen (etwa juristischer, organisatorischer, politischer, ökonomischer Art), sondern um die ‚mittleren Axiome' (J. H. Oldham), die das Gebot des Herrn in einer gesellschaftlichen Situation der Gesellschaft, im Raum eines bestimmten Gesellschaftskörpers konkretisieren." (Wendland 1973, 36. Vgl. zu Wendlands Rezeption der „mittleren Axiome" auch Bruns 2017b, 269). Deren Geschichtlichkeit und Vergänglichkeit betont Wendland auf derselben Seite. Vgl. zu den mittleren „Formen" und Axiomen bei Wendland auch Wendland 1973, 106–107. An anderer Stelle entsprechen Wendlands Ausführungen dem, was Kosmahl als materialen Vermittlungsaspekt der Zwischenaxiome beschrieben hat; so grenzt sich Wendland von der „Entwicklung isolierter, auto-

hoeffer) zu: Verantwortliche Gesellschaft ist ihm ein „diesseitiges und realisierbares Zielbild für die Gesellschaft".[745] In Meireis' Terminologie[746] gesagt, ist die „verantwortliche Gesellschaft" für Wendland kein Bild des unverfügbaren Guten, sondern des intendierten Guten, nämlich – in Wendlands Worten: „keine Vorstufe des Reiches Gottes [...], wohl aber das Nötige, das wir heute und morgen um der Menschen will zu erkämpfen und den Gegenkräften abzuringen haben, ohne daß doch dieser Kampf jemals stillstehen könnte."[747]

Theologische Begründung. Durch diese Einordnung liegt eigentlich eine christologisch-eschatologische Begründung der „verantwortlichen Gesellschaft" nahe,[748] die diese etwa als vom Liebesgebot[749] abgeleitete und auf diesem Wege christologisch bestimmte „Erhaltungsordnung" (s. 4.2.1.) gegen die „Gegenkräfte" in Anschlag bringt. Wendland greift aber wie der ältere Amsterdamer Bericht und anders als der Evanston-Report auf eine naturrechtliche Herleitung zurück:[750]

> Die erste Voraussetzung ist ein naturrechtliche. Der Mensch ist gesehen als das Wesen, dem Freiheit zukommt. In seiner Freiheit ist er zugleich für den Mitmenschen und die Gesellschaft verantwortlich. Dies gilt von jedem Menschen. Verantwortliche Freiheit, die nicht sich selbst lebt, sondern nach der Gerechtigkeit für alle trachtet, ist das Merkmal der verantwortlichen Gesellschaft.[751]

---

nomer, theologischer Grundbegriffe" ab und plädiert für Begriffe, „die prinzipiell das gesellschaftliche Gegenüber ins Auge fasen [!]." (Wendland 1969c, 18–19, Zitate auf S. 19)

745 Wendland 1969c, 27.
746 S. oben und 2.3.3.3.
747 Wendland 1973, 150. An dieser Stelle aus Wendlands Kapitel über „Die Verantwortliche Gesellschaft" nennt er zwar den Begriff nicht explizit, schreibt der Sache nach aber von „verantwortlicher Gesellschaft": Er spricht von dem „Werden der auf verantwortlicher Freiheit und Mitmenschlichkeit beruhenden, zukünftigen Gesellschaft" (Wendland 1973, 150). In einem späteren Aufsatz (das 1973 nachgedruckte Buch „Die Kirche in der modernen Gesellschaft", aus dem eben zitiert wurde, ist zuerst 1955 und 1957 veröffentlich worden) betont er, „daß unsere Zielsetzung für die Ordnung der menschlichen Gesellschaft nicht den ‚Letztcharakter' trägt, der dem eschatologischen Telos des Reiches Gottes zukommt, zu welchem Gott die Geschichte der Welt und Menschheit führt. Die ‚verantwortliche Gesellschaft' ist nicht das Reich Gottes auf Erden, auch nicht ein Übergang oder eine Brücke dahin [...]; sie trägt den Charakter einer *weltlichen* und geschichtlichen Ordnung." (Wendland 1965a, 6–7; Wendland 1965b, 59, kursiv im Original) Es geht Wendland um die „Zielsetzung einer relativ besseren Ordnung der Gesellschaft" (Wendland 1965a, 9; Wendland 1965b, 62).
748 Das gilt auch insofern, als Wendland die „Forderungen" christlicher Ethik „christologisch und eschatologisch, z. B. mit der Liebe Christi" begründen will (Wendland 1969c, 19).
749 Zur sozialethischen „Konkretisierung des Liebesgebotes" und des Verhältnisses zum Naturrecht bei Wendland vgl. Wendland 1973, 156–157, Zitat auf S. 156.
750 Vgl. für Wendlands Positionierung zum Naturrecht Wendland 1969c, 26.
751 Wendland 1973, 129.

Vermutlich tut er dies, um „auch die Nichtchristen [...] als zu verantwortlicher Freiheit gerufen in Anspruch" nehmen zu können.[752] Das hätte bei einer christologisch-eschatologischen Begründung seines eigenen Ansatzes und insbesondere bei der christologisch-responsiv Begründung des Evanston-Dokuments einer weiteren Erläuterung bedurft. So behebt Wendland – bewusst oder unbewusst – eine theologische Inkohärenz des Evanston-Dokuments: Wenn alle Gesellschaftsmitglieder als verantwortlich vorgestellt werden sollen, dann kann Verantwortung eigentlich und zunächst nicht responsiv als glaubende Antwort auf das Christusgeschehen imaginiert werden, sondern etwa nur als im sozialen Wesen und der Bestimmung des Menschen und so schöpfungstheologisch-naturrechtlich begründete Verantwortung.

Differenzierung und disruptives Potential. Entscheidend für Wendlands Rezeption des Leitbilds „verantwortliche Gesellschaft" ist, dass er dieses als dezidiert sozialethisches Konzept aneignet und dessen „sozialkritische Funktion" erkennt[753]: So unterscheidet er eine individual- oder „personal-ethische" Interpretation des Leitbildes, die „lediglich von den *einzelnen Gliedern* der Gesellschaft ein höheres Maß von Verantwortlichkeit" fordert, eine berufsethische, die die Einzelnen in der Gesellschaft „nach Maßgabe der sozialen Rollen" verantwortlich macht, und schließlich eine sozial-struktur-ethische, die Strukturen daraufhin prüfen lässt, inwieweit sie die Verantwortung der Einzelnen ermöglichen.[754] Während „verantwortliche Gesellschaft" auch für Wendland alle drei Dimensionen umfasst, entfaltet er vor allem die Bedeutung der dritten, sozialethischen. Gerade in dieser erkennt er das disruptive, weil emanzipative Potential des Leitbildes. Aus den ökumenischen

---

752 Vgl. auch für das Zitat Wendland 1973, 129.

753 Vgl.: „Der Leitbegriff der ‚verantwortlichen Gesellschaft' aber setzt dagegen die Veränderbarkeit gesellschaftlicher Strukturen und die Notwendigkeit ständiger sozialkritischer Revisionen voraus. Die sozialkritische Funktion gehört notwendig zur Humanität des Leitbildes ‚verantwortlicher Gesellschaft' [...]." (Wendland 1965b, 70–71) Zur „kritische[n] Funktion" von Wendlands „Theologie der Gesellschaft" vgl. auch Ulshöfer 2015, 153.

754 Vgl. auch für die Zitate Wendland 1965a, 1–2; Wendland 1965b, 53–54, kursiv im Original. Die erste Interpretation nennt Wendland selbst „personal-ethische", die zweite und dritte habe ich benannt. Die Unterscheidungslinie zwischen der zweiten und der dritten franst aus, wenn man beachtet, dass Rollen eigentlich Teile von Strukturen sind. Wendland scheint es bei der zweiten Interpretation um Verantwortung in Rollen bzw. Strukturen und bei der dritten um Verantwortung für verantwortungsermöglichende Rollen bzw. Strukturen zu gehen. Die sozialethische Dimension betont Wendland auch in Auseinandersetzung mit dem Personalismus seiner Zeit, indem er auf die strukturellen Ermöglichungsbedingungen von Personalität verweist: „Die Zukunft der Person hängt an der Ordnung und Gestalt der Sozietät und die Ordnung der Sozietät an der Zukunft der Person. Beides bedingt sich gegenseitig." (Wendland 1973, 64) Kurz und auf Englisch habe ich diese drei Dimensionen bereits an anderer Stelle zusammengefasst (vgl. Höhne 2021a).

Texten schließt er, dass das Leitbild eine Forderung für „die Institutionen (nicht nur die Personen) der Gesellschaft" enthält:[755]

> Diese sollen nämlich so beschaffen sein, daß der einzelne in ihnen und mit ihrer Hilfe verantwortlich handeln und leben kann. Das heißt jedoch, daß die *Freiheit* der Bürger des Staates und daß die Freiheit der Träger und Verwalter der einzelnen Institution der Gesellschaft zur Voraussetzung aller sozialen Gefüge und Strukturen der Gesellschaft gemacht werden soll. Dies ist gegenüber allen rein hierarchisch gebauten, traditionalen Institutionen eine wahrhaft revolutionäre Forderung.[756]

In dem ökumenischen Leitbild meint Wendland so eine Forderung zu entdecken, deren Folgen „weitreichend" seien:[757] den „Prozeß der *Emanzipation*" fortsetzen und „Fundamental-Demokratisierung in der modernen Gesellschaft allenthalben zu Ende" führen.[758] Das würde das evangelische, sozialethische Denken aus voraufklärerischer Zeit revolutionieren, weil es die Freiheit zur „Fundamental-Voraussetzung" macht:[759] „Denn die überlieferten, geheiligten Autoritäten gelten nun nicht mehr absolut."[760] Genau mit dieser zwischen Deskription und Präskription schillernden Beschreibung benennt auch Wendland im Zusammenhang mit „Verantwortung" den Verlust von Sollenseindeutigkeit, die die „geheiligten Autoritäten" eben nicht mehr gewähren, beziehungsweise: nicht mehr gewähren sollen – auch nicht im Deutschland der 1950er Jahre.

Wie sehr Wendland mit diesem emanzipativen Potential gerungen hat, weil er gleichzeitig an ordnungstheologischen Motiven festgehalten hat, werde ich im Zusammenhang mit der Beschreibung der Ordnungsimagination zeigen, die „Verantwortung" bei Wendland konnotiert (4.2.1.2).[761] Hier macht die Auseinanderset-

---

755 Vgl. auch für das Zitat Wendland 1965a, 2. Auch an anderer Stelle betont Wendland den Zusammenhang von „Freiheit der Person und [...] Ordnung der Gesamtgesellschaft" (Wendland 1965b, 24).
756 Wendland 1965a, 2, kursiv im Original.
757 Vgl. auch für das Zitat Wendland 1965a, 2.
758 Vgl. auch für die Zitate Wendland 1965a, 2, kursiv im Original. Vgl. zur Aufgabe der Demokratisierung auch Wendland 1969c, 17.
759 Wendland 1965a, 3. An anderer Stelle hält er ähnlich und ohne Bezug zur „verantwortlichen Gesellschaft" fest: „Hieraus ergibt sich, daß die evangelische Ethik in einer auf die Freiheit und die Gleichheit gegründeten Gesellschaft nicht mehr ungebrochen und naiv ein Ethos des Gehorsams und der Unterordnung proklamieren kann [...]. Die heutige christliche Sozialethik muß vielmehr von der Freiheit des Christen her das Ethos der Freiheit und die freiheitliche Rechtsordnung der Demokratie begründen und auslegen." (Wendland 1965b, 23)
760 Wendland 1965a, 3.
761 Dieses Ringen deutet sich etwa da an, wo er auf „die Institutionen der Ehe und der Familie oder des Staates" verweist (Wendland 1965b, 23).

zung mit Wendland exemplarisch deutlich, dass die Kategorie der „verantwortlichen Gesellschaft" auch im deutschsprachigen theologischen Diskurs auf eine Weise angeeignet wurde, in der sie erstens eine sozialethische Kategorie bleibt, zweitens Verantwortung präskriptiv popularisiert und nicht nur Eliten oder Politikern vorbehält und drittens mit Freiheit angesichts einer neuen Sollensunsicherheit zu tun hat, die im Kern auf Sollenskonflikte und -kontingenzen bringt.

3.3.1.4 Zwischenergebnis

Das an der Geschichte der Leitkategorie „verantwortlicher Gesellschaft" für den Verantwortungsbegriff hier Wichtige lässt sich wie folgt zusammenfassen: Das ökumenische Leitbild einer „Verantwortlichen Gesellschaft" übersetzt, was zunächst eine individualethische Kategorie ist – der Einzelne ist in seinem Handeln angesichts von Sollenskonflikten bei Schweitzer, Weber und Bonhoeffer frei verantwortlich – in eine sozialethische Kategorie. Gefragt sind nun auch Strukturen, in denen Individuen verantwortlich handeln können. Die Möglichkeit der Verantwortung der Einzelnen ist nicht nur individuelle Aufgabe, sondern wird auch zum Maßstab für die Ordnung – und damit zur sozialethischen Kategorie.

Im Zuge dessen wird die implizite Zurechnung von Verantwortung ausgeweitet. Formal ist Verantwortung gerade bei Oldham und im Evanston-Dokument wie bei Bonhoeffer responsiv verstanden. *Verantwortung bezieht sich nun nicht nur auf den charismatischen, politischen Führer wie bei Weber und nicht primär auf Entscheidungsträger wie bei Bonhoeffer, sondern auf alle.*[762] Mit der Rede von „verantwortlicher Gesellschaft" wird „Verantwortung" zumindest präskriptiv weiter popularisiert.

Dabei setzten die interpretierten Texte zur „verantwortlichen Gesellschaft" die Bedeutung von Verantwortung, den responsiven Umgang mit Sollenskonflikten zu repräsentieren, voraus, ohne dies immer explizit zu machen. Der Verweiszusammenhang von Verantwortung und Sollenskonflikten ergibt sich erstens logisch aus der Verankerung von Verantwortung in einem Netz von Ich-Du-Beziehungen, die potentiell konfligierende Ansprüche implizieren, zweitens aus der Einordnung von Verantwortung als Umgang mit dem Verlust von Sollenseindeutigkeit in der diagnostizierten Krise und schlägt sich drittens in der Rede von individuellen Entscheidungen und von Freiheit nieder.

---

762 Vogelmann hat in nicht-theologischen Arbeiten eine ähnliche Entwicklung beobachtet und diese trefflich „Verallgemeinerung von Verantwortung" genannt (vgl. Vogelmann 2014, 342, 370–372, Zitat auf S. 370).

3.3.2 Zur verantwortlichen Lebensführung (Trutz Rendtorff): Die Rücknahme des Sollenskonflikts

„Verantwortung" ist eine Schlüsselkategorie der von Trutz Rendtorff entwickelten „ethischen Theologie".[763] Das zeigen schon die ersten Sätze seiner „Ethik", die deren Gegenstand so bestimmen:

> Der Mensch ist verantwortlich für sein Leben, als einzelner wie in der Gemeinschaft mit anderen Menschen [...]. Der Mensch ist verantwortlich als Subjekt der Lebensführung. Das ist Thema und Gegenstand der Ethik. [...] Das Wissen um diese Verantwortung entfaltet sich als Ethik.[764]

Für Rendtorff ist *„Ethik [...] die Theorie der menschlichen Lebensführung".*[765] Die Schlüsselstellung von Verantwortung liegt dabei insofern nahe, als Rendtorff eine *responsive Struktur* zugrunde legt, die er im *„Erfahrungshorizont des Individuums"*[766] auffindet und inhaltlich füllt: Der einzelne Mensch (c) antwortet (a) auf eine ihn dazu herausfordernde Wirklichkeit (b).[767] Über die genauere Bestimmung der drei Satzelemente a, b und c lässt sich Rendtorffs Argumentationsgang skizzieren (3.3.2.1), in dessen Kontext sein Verantwortungsbegriff Profil gewinnt (3.3.2.3). Zwischengeschaltet ist eine elementarisierende Reduktion der Grundstruktur Rendtorffs, die die These zum Verantwortungsbegriff vorbereitet (3.3.2.2).

---

763 Eine „Schlüsselfunktion" weist Rendtorff dem Begriff für die „Lebenswirklichkeit" selbst zu: Rendtorff 1982, 117, dort auch die Zitate. Mit dem Label „ethische Theologie" setzt Rendtorff sich bewusst von der Barthschen Einordnung ab (vgl. Rendtorff 1990, 46–49, Zitat auf S. 48): „Gegenüber der Form der dogmatischen Theologie muß die ethische Theologie aber offen sein für die Lebenswirklichkeit, in der sich die ethische Frage stellt." (Rendtorff 1990, 48) Vgl. zum Programm der ethischen Theorie überblickshaft Anselm 1992 und dort auch die Verhältnisbestimmung zu Karl Barth (Anselm 1992, 259–261).
764 Rendtorff 1990, 9.
765 Rendtorff 1990, 13, kursiv im Original.
766 Anselm 1992, 263, kursiv im Original. Vgl. ebd. dort auch für die Wichtigkeit dieses Horizontes bei Rendtorff.
767 Dass Rendtorff diese Struktur implizit zugrundelegt, wird die Entfaltung ihrer Elemente (3.3.2.1) zeigen. Deutlich wird diese Struktur etwa schon, wo Rendtorff von der Aufforderung „zur Stellungnahme" und der Antwort darauf spricht (vgl. auch für das Zitat Rendtorff 1990, 18) oder von der *„Antwort der eigenen Lebensführung"* (a.a.O., 130, kursiv im Original)

3.3.2.1 Grundstruktur und Grundelemente von Rendtorffs Ethik
(a) Die Antwort
Die Antwort des Menschen nennt Rendtorff „Stellungnahme":[768] Inhaltlich geht es in der Stellungnahme „um die Frage des richtigen und des guten Lebens".[769] Stellung nähmen Menschen zunächst implizit durch ihr Handeln, ihr Entscheiden und ihre ganze Lebensführung, einschließlich des Alltagshandelns.[770] In der Theoriebildung, der Ethik und dem sittlichen Urteilen werde diese Stellungnahme explizit und trete zugleich in reflexive Selbstunterscheidung vom „praktischen Lebensvollzug".[771] Erst mit dieser Reflexivität und Ausdrücklichkeit sei die Ebene der Ethik erreicht.[772] Im Begriff der „Stellungnahme" vermittelt Rendtorff so ethische Theorie und Praxis:[773] Die theoretisch expliziten Stellungnahmen sind „bezogen auf die menschliche Lebensführung" und damit auf (künftig) implizite Stellungnahmen.[774]

(b) Die Lebenswirklichkeit
Wozu der Mensch implizit und explizit Stellung nimmt, fasst Rendtorff zunächst mit unterschiedlichen Begriffen. Er spricht vom *„Lebensfragen"*, von der Stellungnahme „zu sich selbst, zur Gesellschaft, zum Leben" und schließlich von der „ethischen

---

768 Vgl. etwa Rendtorff 1990, 12, 18, 20, 22, 23, 24, 60, 66, 68; Rendtorff 1991b, 16.
769 Vgl. auch für das Zitat Rendtorff 1990, 18.
770 Vgl. etwa: „Alles Handeln impliziert eine solche Stellungnahme." (Rendtorff 1990, 18) Später erwähnt Rendtorff, dass „jedes Handeln, auch das unmittelbare Alltagshandeln, eine Stellungnahme zu denjenigen lebensweltlichen Voraussetzungen impliziert, im Blick auf die eine einzelne Handlung als ‚richtig' beurteilt werden kann" (Rendtorff 1990, 39). Vgl. auch besonders deutlich: „Die eigene Lebensführung ist Vollzug einer Stellungnahme zum Leben." (Rendtorff 1990, 130)
771 Vgl. auch für das Zitat: „Ausdrücklich wird eine solche Stellungnahme allerdings erst, wo sie dem praktischen Lebensvollzug gegenübertritt. Sie nimmt dann die Form eines Urteils an, mit dem zu der tatsächlichen Lebensführung Stellung genommen wird." (Rendtorff 1990, 18) Vgl. ebd. auch für das *„Ineinander der theoretischen und der praktischen Aufgabe* der Ethik" (ebd., kursiv im Original). Zur Selbstreflexivität vgl. etwa a. a. O., 20; außerdem ist *„Reflexivität"* das *„dritte Grundelement"* in Rendtorffs Ethik (vgl. auch für die Zitate etwa a. a. O., 93, kursiv im Original).
772 Vgl.: „Das Spezifikum der Lebensführung ist ethisch darin zu identifizieren, daß der Mensch zu sich und zu seiner Welt in ein ausdrückliches Verhältnis tritt. Eben dies wird mit dem Begriff der *Stellungnahme* bezeichnet." (Rendtorff 1990, 20, kursiv im Original) Vgl. entsprechend auch: „Eine ethische Form erhält diese Stellungnahme aber erst, wenn die ihr eigene Reflexivität sich ihrer Aufgabe bewußt wird." (Rendtorff 1990, 68)
773 Vgl. Rendtorff 1990, 18.
774 Vgl. auch für das Zitat Rendtorff 1990, 18.

Lebenswirklichkeit" mit ihren drei Grundelementen (s. u.).[775] Der „Mensch" ist – so Rendtorff – „zu einer solchen Stellungnahme immer wieder herausgefordert".[776]

Damit sieht Rendtorff den Menschen also herausgefordert, zu den Voraussetzungen, Gegebenheiten, Verbindlichkeiten des gegebenen Lebens – also des ersten Grundelements der Lebenswirklichkeit –, zu der „Aufgabe, Leben zu geben", die er als zweites Grundelement beschreibt, und zu den „Möglichkeiten des Lebens", die mit dem dritten Grundelement der Reflexivität impliziert sind, Stellung zu nehmen.[777] Diese drei Grundelemente treten bei Rendtorff, wie Anselm betont, als „Grunderfahrungen" oder „Elementarerfahrungen des Menschen" auf:[778] Es ist immer Gegebensein „in Beziehung auf uns als Subjekte unseres Lebens, die zur Stellungnahme gefordert sind".[779] Insgesamt grenzt sich Rendtorff mit dieser inhaltlichen Füllung der responsiven Grundstruktur so von Karl Barth wie Dietrich Bonhoeffer deutlich ab, bei denen Antwort die Antwort auf das „Wort Gottes'" beziehungsweise die Christuswirklichkeit ist.[780] Bei Rendtorff ist sie Antwort auf die vom Individuum erfahrene Lebenswirklichkeit, die theologisch interpretiert werden kann.[781] Diese Lebenswirklichkeit will er beschreiben – so fasst Anselm zusammen:[782] *„Deskription, nicht Normativität* könnte man darum das Programm Rendtorffs plakativ überschreiben."[783]

Da es in praxeologischer Hinsicht (2.1) Deskription als Praxis ohne sozial situierten Standpunkt und Perspektive nicht geben kann, gibt es sie auch nicht ohne Normativität, weshalb dieses Programm Rendtorffs m. E. darauf hinauslaufen muss, normative Setzungen als Erfahrungsinhalte zu beschreiben und so unsichtbar zu machen. Dass Rendtorffs Beschreibung dieser Erfahrungswirklichkeit tatsächlich nicht weniger von dogmatischen Setzungen durchdrungen ist als der Begriff der Christuswirklichkeit, diese Setzungen aber in der Beschreibung nicht explizit

---

775 Vgl. Rendtorff 1990, 18, 20, 48–49, 62, Zitate auf S. 18, 20, 62. kursiv im Original. So spricht Rendtorff etwa von „*der Konkretheit der Lebenswirklichkeit, die zur Stellungnahme fordert.*" (Rendtorff 1990, 49, im Original kursiv, ähnlich auch Rendtorff 1991a, 9).
776 Vgl. auch für die Zitate Rendtorff 1990, 18.
777 Vgl. Rendtorff 1990, 62–98, 130, bes. S. 62, 93, Zitat auf S. 130 und 93.
778 Vgl. auch für die Zitate Anselm 1992, 263.
779 Vgl. auch für das Zitat Rendtorff 1991b, 16.
780 Siehe 3.2.3.3 und 4.3.3. Vgl. zu Barth etwa (dort auch das Zitat): „Wir leben verantwortlich, d. h. unser Sein, Wollen, Tun und Lassen ist, ob wir es wissen und wollen oder nicht, ein fortwährendes Antworten auf das uns als Gebot gesagte Wort Gottes […]." (Barth 1948b, 713, auf eine etwas spätere Passage verweist DBW 6, 254, Anm. d. Hg. 25) Für Bonhoeffer vgl. etwa DBW 6, 254. Vgl. zu diesem Unterschied in Gegenüberstellung von Troeltsch und Barth Anselm 1992, 259–261.
781 Vgl. zu dieser Interpretationsmöglichkeit Anselm 1992, 263.
782 Vgl. Anselm 1992, 261.
783 Anselm 1992, 261, kursiv im Original.

werden, wird die Reflexion auf den imaginären Horizont besagter Lebenswirklichkeit im nächsten Kapitel zeigen (4.2.1.3).

Viererlei ist an Rendtorffs Beschreibung der Lebenswirklichkeit, die zur Stellungnahme herausfordert, entscheidend. Erstens muss der Mensch bei Rendtorff so zu einer Wirklichkeit Stellung nehmen, deren Teil er unhintergehbar selbst schon ist; der Mensch findet sich in einem konkreten Leben wieder, das er sich nicht selbst gegeben hat, und in dem er sozial schon in „elementare Verbindlichkeiten" verstrickt ist, zuvörderst jene, das Leben zu empfangen und „als eigenes" auch zu führen.[784] Dieses gegebene Leben tätig lebend gibt der Mensch Rendtorff zufolge selbst wiederum Leben in ganz basalem Sinne:[785] „Das eigene Leben bestimmt und bewirkt in seinem tätigen Vollzug immer auch Leben für andere."[786] Schließlich spricht Rendtorff von „einer der Lebenswirklichkeit immanenten Reflexivität", in der Menschen sich den „Möglichkeiten des Lebens" und damit dessen Kontingenz bewusst würden.[787]

Zweitens muss der Mensch bei Rendtorff so zu einer Wirklichkeit Stellung nehmen, die immer schon auch Wirklichkeit des „richtigen und guten Leben[s]" ist.[788] Auch ethische „Argumentationen" müssten, wie Rendtorff später betont, zeigen, „daß das, was in irgendeinem Sinne sein *soll*, auch *wirklich geschieht* und insofern auch *ist*."[789] Damit räumt Rendtorff dem, was Meireis „realisiertes Gutes" genannt hat, die zentrale Stelle in seinem ethischen Denken ein (2.3.3.3).

Drittens schreibt Rendtorff allen drei Grundelementen einen intrinsischen Appellcharakter zu: „*Das empfangene Leben muß vom Menschen auch angenommen werden*";[790] das „Leben anderer Menschen muß angenommen werden" und der

---

784 Vgl. Rendtorff 1990, 63–67, Zitate auf S. 66 und 69. Vgl.: „Niemand kann sich selbst das Leben geben" (a.a.O., 64). Und: „Das Leben, das vom Menschen empfangen wird, ist das zur eigenen Lebensführung bestimmte Leben. Darin liegt eine elementare Verbindlichkeit." (a.a.O., 65) Deutlicher noch schreibt er im zweiten Band: „Wir finden uns in Lebensformen, die elementare Verbindlichkeiten enthalten und die eigene Lebensführung auffordern, bestimmte Voraussetzungen zu übernehmen." (Rendtorff 1991a, 13)
785 Vgl. Rendtorff 1990, 76.
786 Rendtorff 1990, 76.
787 Vgl. auch für die Zitate Rendtorff 1990, 93. Für den hier verwendeten Begriff von „Kontingenz" siehe oben, Anm. 78 in diesem Kapitel.
788 Vgl. auch für das Zitat Rendtorff 1990, 22.
789 Vgl. auch für die Zitate Rendtorff 1990, 107, kursiv im Original. An anderer Stelle formuliert Rendtorff ähnlich pointiert: „Was vom Standpunkt rein rationaler Begründung sein soll […], muß in der *sittlichen Realität* immer schon auf konkret bestimmbare Weise der Fall sein." (Rendtorff 1990, 33, kursiv im Original)
790 Vgl. Rendtorff 1990, 64–67, Zitat auf S. 67, kursiv im Original. Er schreibt vor auch: „*Der Mensch muß das Leben empfangen.*" (a.a.O., 64, kursiv im Original)

„Überschuss an Wirklichkeit wird als ein Appell erfahren".[791] Dreifach findet sich der Mensch damit zur Stellungnahme aufgefordert, ja: genötigt wieder,[792] und Rendtorff betont, dass es jeweils um die je eigene und unvertretbare Stellungnahme geht:[793]

> Aber die ethische Lebenswirklichkeit, die konkrete Sittlichkeit, die praktischen Lebensformen, kurz: die Gesellschaft, auch die Kirche entheben den Menschen nicht der *eigenen Stellungnahme*.[794]

Viertens steht das Individuum damit zwar im Fokus, aber nicht in „,individualistische[r]' Engführung":[795] Sowohl in den Voraussetzungen seiner Vorfindlichkeit als auch im Vollzug seines Stellungnehmens und Reflektierens erfahre sich das Subjekt Rendtorff zufolge als in Sozialität eingebunden und damit gleichzeitig abhängig von anderen und darin frei zum eigenen Gestalten.[796] So betont er etwa die „überindividuelle Konstituiertheit der ethischen Lebenswirklichkeit des Menschen".[797]

(c) Das Subjekt

Damit ist schließlich schon thematisiert, wer hier Stellung nimmt: Es ist der einzelne Mensch, den Rendtorff als „ethisches Subjekt" bezeichnet, das in die Sozialität gegebenen Lebens lebend und reflektierend immer schon eingebunden ist.[798] Entscheidendes Grundpostulat von Rendtorffs Ethischer Theologie ist die Freiheit dieses ethischen Subjekts.[799] Dieses Postulat begründet er theologisch: Freiheit ist „Gabe' [...] von ,Gott'" und nicht die absolute „Freiheit des isolierten Einzelsubjektes", sondern Freiheit in Sozialität und theologisch: „in Christus".[800] Dergleichen begründet ist bei Rendtorff die individuelle Freiheit des ethischen Subjektes in zwischenmenschlichen Zusammenhängen nicht erzeugt und deshalb letztlich auch

---

791 Vgl. auch für die Zitate Rendtorff 1990, 81, 93.
792 Vgl. Rendtorff 1990, 62, 97, 81, 93. Das „genötigt" greift Rendtorffs eigene Wortwahl auf, der von der „Nötigung zur Stellungnahme" spricht (Rendtorff 1990, 81).
793 Vgl. zur Unvertretbarkeit etwa: „Die eigene Lebensführung ist unvertretbar." (Rendtorff 1990, 66)
794 Rendtorff 1990, 22, kursiv im Original.
795 Vgl. auch für das Zitat Rendtorff 1990, 21.
796 Vgl. Rendtorff 1990, 66, 79–81, 95–96. Vgl. zu dieser elementaren Erfahrung von Sozialität im Miteinander von Freiheit und Abhängigkeit bei Rendtorff auch Anselm 1992, 269.
797 Vgl. auch für das Zitat Rendtorff 1990, 21.
798 Vgl. Rendtorff 1990, 20–24, 35, 42, 46, 65, 103, Zitat auf S. 20.
799 Vgl.: „Freiheit des Menschen ist ein für die Ethik unverzichtbares Postulat." (Rendtorff 1990, 16)
800 Vgl. auch für die Zitate Rendtorff 1990, 16. Zur Sozialität vgl. etwa a.a.O., 66.

nicht mehr zurückzunehmen⁸⁰¹ – und wird so folgerichtig nicht nur zum Grundpostulat, sondern zum zentralen Prinzip Ethischer Theologie:⁸⁰² Mit dem „*Gegebensein des Lebens*" – so das erste der „Grundelemente der ethischen Lebenswirklichkeit" bei Rendtorff⁸⁰³ – ist die „*Realität individueller Freiheit*'" gegeben, weshalb jede „dem Menschen gemäße Gestaltung der Welt [...] Freiheit zu ihrem Grundgesetz" haben müsse.⁸⁰⁴ Die individuelle Freiheit der Stellungnahme zu fördern, ist Aufgabe und „Ethos der Ethik".⁸⁰⁵ Der „Ort der Konstitution ethischer Verbindlichkeit" ist der des „menschlichen Subjekts" in seiner Freiheit.⁸⁰⁶ Freiheit bestimmt er damit „als Selbsttätigkeit [...] nicht als Selbstkonstitution".⁸⁰⁷ Zentrales Prinzip der Ethik ist die Freiheit damit deshalb, weil Ethik bei Rendtorff von diesem Postulat ausgehend mit der Freiheit des ethischen Subjektes rechnen muss, diese als gegeben voraussetzen muss und Subjekte nur in ihrer Freiheit adressieren kann.⁸⁰⁸

Als „Ort der Konstitution ethischer Verbindlichkeit" ist das freie Subjekt auch zentral für die Begründung der Ethik.⁸⁰⁹ Das zeigt Rendtorff einmal historisch in der reformatorischen Abkehr von römisch-katholischer „Moralkasuistik":⁸¹⁰

---

801 Vgl.: „Freiheit als Postulat der Ethik heißt dann: von der ‚Welt' her gesehen, also aus der Perspektive von Staat und Gesellschaft, bzw. der ethischen Lebensformen ist die Anerkennung individueller Freiheit das Medium, in dem der Überzeugung Ausdruck gegeben wird, daß Freiheit in einem letztgültigen Sinne nicht von der ‚Welt', von gesellschaftlichen Strukturen und Verhältnissen erzeugt wird. Diese notwendig zu achtende Grundstruktur der Freiheit ist in der Ethik wahrzunehmen." (Rendtorff 1990, 16) Zur Nichtzurücknehmbarkeit siehe auch unten, Anm. 806, und die dort zitierten Belege.
802 Entsprechend rekonstruiert Anselm Rendtorffs „Ethik als Theorie der Freiheit" (Anselm 1992, 273).
803 Vgl. auch für dieses und das vorherige Zitat Rendtorff 1990, 62, kursiv im Original.
804 Vgl. auch für die Zitate Rendtorff 1990, 66–67, kursiv im Original. Zur „Verbindung des Gegebenseins der Freiheit mit dem Gegebensein des Lebens" vgl. auch a.a.O., 16, dort auch das Zitat.
805 Vgl. auch für das Zitat Rendtorff 1990, 60.
806 Vgl. auch für die Zitate Rendtorff 1990, 46. Vgl. dazu auch implizit Rendtorff 2001, 85, wo Rendtorff vom „Geist verantworteter Freiheit" (ebd.) spricht. Anselm hat das darin liegende genuin lutherische Moment betont: „Die Letztbegründungen für das ethische Handeln werden damit bewußt immer aus der ethischen Lebenswirklichkeit herausgenommen. Sie sind nur der individuellen Person im Glauben und in seinem Gewissen zugänglich. Rendtorffs Ethik erweist sich so als eine wahrhaft lutherische ethische Theologie, gilt doch seit Martin Luther der Ausdruck ‚sola fide', allein durch Glauben, als *das* Erkennungsmerkmal der Protestanten." (Anselm 1992, 274, kursiv im Original)
807 Vgl. auch für das Zitat Rendtorff 1990, 72.
808 Vgl. dazu wie teilweise bereits zitiert etwa Rendtorff 1990, 16, 66–67; Anselm 1992, 273–274.
809 Vgl. auch für das Zitat Rendtorff 1990, 46.
810 Vgl. Rendtorff 1990, 19.

Luther hat die Begründung für den verpflichtenden Charakter der Gebote Gottes von der Kirche weg verlegt in die Einsicht des Christen. [...] Die Freiheit des Glaubens ermöglicht gleichsam den direkten Zugriff auf den Ursprung der ethischen Verpflichtung.[811]

Zum anderen begründet Rendtorff die Ethik in der vormoralischen „Konstitution des Subjekts", geht damit einen anderen Weg als Kant, nämlich einen genuin theologischen, kommt aber zum selben Ergebnis wie die philosophische Ethik:[812] „Der Mensch wird dadurch als ethisches Subjekt konstituiert, daß er *selbst für den Sinn der ethischen Forderung einzutreten vermag.*"[813] Theologisch gesehen trete das Subjekt für diesen Sinn aber zunächst nicht wie in der philosophischen Ethik auf dem „*Standpunkt des Gesetzgebers*" ein, sondern in einer Zustimmungsbeziehung zu Gott, die nicht durch Moral, sondern durch Vertrauen vermittelt und deshalb befreit ist:[814] Dem moralischen Gesetz komme von daher „eine dienende Funktion zu seiner Begründung", zum „ursprünglichen Gemeinschaftssinn des Gesetzes" zu, der in der von Gott gewährten Vertrauensbeziehung gegeben ist.[815] Von daher befolgt das so vormoralisch konstituierte Subjekt das Gesetz nicht blind, sondern orientiert sich an dessen Sinn und begreift sich darin „von Gott her auch in der Perspektive des Gesetz*gebers* selbst".[816]

Vor dem Hintergrund dieser Betonung der Freiheit des Subjektes liegt es nahe, dass Rendtorff den „Pluralismus der Theorien" in seinem Methodenkapitel nicht in Eindeutigkeit überführt,[817] sondern drei methodische Ansätze nebeneinanderstellt, wie man zu Stellungnahmen zur „ethischen Lebenswirklichkeit" – hier jetzt genauer: zu Antworten auf die Kantische Frage „Was sollen wir tun?"[818] kommen kann: „Dem Element ‚Gegebensein des Lebens' entspricht"[819] die „*Antwort der ethischen Tradition*", die „*Pflichtenlehre*"; sie beantwortet die ethische Frage mit dem Verweis darauf, wie sie in dem, was schon gilt, „*schon beantwortet* ist".[820] Dem

---

811 Rendtorff 1990, 19.
812 Vgl. Rendtorff 1990, 25–28, Zitat auf S. 27, wo es heißt; „Die Begründung der Ethik als Konstitution des Subjekts hat vormoralischen Charakter." (a.a.O., 27)
813 Rendtorff 1990, 28., kursiv im Original.
814 Vgl. Rendtorff 1990, 25–27, Zitat auf S. 25, kursiv im Original, inhaltlich v.a. S. 27.
815 Vgl. auch für die Zitate Rendtorff 1990, 27.
816 Vgl. Rendtorff 1982, 123–124, Zitat auf S. 124.
817 Vgl. auch für das Zitat Rendtorff 1990, 99.
818 Rendtorff 1990, 100. Dort ordnet Rendtorff diese Frage auch der „ethischen Lebenswirklichkeit" zu (vgl. auch für das Zitat [auch das im Haupttext] ebd.).
819 Anselm 1992, 268. Anselm fasst die drei Antwortwege von Rendtorff wie sie im Haupttext gleich referiert werden auch als Entsprechungen zu den Grundelementen (vgl. ebd.). In diesem „triadischen Aufbau" erkennt Anselm ebd. eine „trinitarische Struktur" wieder (vgl. ebd.).
820 Vgl. Rendtorff 1990, 101–103, Zitate auf S. 102, kursiv im Original. Rendtorff meint „diese erste Antwortmöglichkeit auch als *Gebotsethik* bezeichnen" zu können (vgl. auch für das Zitat a.a.O., 102,

zweiten Grundelement entspricht die „*Antwort der eigenen Lebensführung*", also der Verweis auf die Notwendigkeit, eine Antwort zu finden, die das ethische Subjekt „selbst verantworten" kann.[821] Die dritte Antwortmöglichkeit sieht Rendtorff in der „Aufforderung [...], sich an der Überprüfung ethischer Urteile zu beteiligen" – also im Verweis auf den „*ethischen Diskurs*"; hier geht es um die „*Rechtfertigung der Ethik*".[822]

Aus den drei Grundelementen – „Gegebensein des Lebens", „Geben des Lebens" und „Reflexivität des Lebens" – und den drei methodischen Zugriffen – Gebot, Verantwortung, diskursive Rechtfertigung – entwickelt Rendtorff eine Matrix mit neun Feldern, vermittels derer er in dem Konkretionsband seiner Ethik fünf „Themen der Lebensführungspraxis" erörtert:[823] „Ehe und Familie, Politik, Wirtschaft, Kultur und Religion"[824]. Es fällt auf, dass in diesen Themen die Stände der lutherischen Ordnungstheologie, die Institutionen oder Mandate inhaltlich mindestens nachklingen.[825]

3.3.2.2 Von der Freiheit und dem Gefälle zum Gegebenen

Insgesamt entwickelt Rendtorff Ethik als „*Theorie der menschlichen Lebensführung, welche die durch den Menschen selbst nicht nur zu befolgende, sondern von ihm auch zu bestimmende ethische Verbindlichkeit des richtigen und guten Lebens in gegenseitiger Anerkennung der in Kommunikation miteinander verbundenen Subjekte im Medium der konkret-geschichtlichen ethischen Lebenswirklichkeit zum Thema hat*"[826]. Dabei sind zwei Grundentscheidungen konstitutiv: die rechtfertigungstheologische Grundlegung der Ethik in der Freiheit des ethischen Subjektes[827] und die Vorordnung des gegebenen Guten.[828] Einerseits muss nämlich der Ausgangspunkt bei Rendtorff immer das schon gegebene Gute sein:

---

kursiv im Original), worin Anselm ihm folgt (vgl. Anselm 1992, 268). Es wäre zu diskutieren, inwiefern das nicht irreführend ist.
821 Vgl. auch für die Zitate Rendtorff 1990, 103, kursiv im Original.
822 Vgl. auch für die Zitate Rendtorff 1990, 105, kursiv im Original.
823 Vgl. auch für die Zitate Rendtorff 1991a, 9–10.
824 Rendtorff 1991a, 10.
825 Zu diesen Begriffen der Ordnung, der Institution und der Mandate, zu ihrer Herkunft, Einordnung und Bedeutung vgl. etwa Wolf 1988, 168–179. Bonhoeffer nannte die Mandate „Ehe und Familie, Arbeit, Obrigkeit, Kirche, später noch als fünftes die Kultur" (a. a. O., 170).
826 Rendtorff 1990, 35, Vorfassung etwa a. a. O., 22, in der hier zitierten Vollfassung auch zitiert bei Anselm 1992, 264.
827 Vgl. dazu wie eben referiert (2.3.2.1) etwa Rendtorff 1990, 16, 19–20, 27–28.
828 Diese Vorordnung benennt auch schon Tödt 1988, 52 und Tödt 1988c, 209.

> Die Frage nach dem richtigen und guten Leben ist an das Gute zu adressieren, das schon in der Welt ist, als reale und nicht nur hypothetische Möglichkeit. [...] Es kann nicht sinnvoll bezweifelt werden, daß die Konkretionen der Ethik aus eben diesem Stoff bestehen, der in solcher Betrachtungsweise anschaulich vor Augen tritt. Das ethische Bewußtsein erzeugt nicht jeweils neu die ethische Lebenswirklichkeit.[829]

Und später heißt es:

> Ethische Theologie gründet Ethik im Gegebensein des Lebens, wie es als Voraussetzung menschlichen Handelns den elementaren Wirklichkeitszusammenhang bildet, in dessen Kontext sich Fragen der menschlichen Lebensführung stellen.[830]

Andererseits ist das freie Subjekt zur eigenen Stellungnahme herausgefordert;[831] die *„ethische Verbindlichkeit des richtigen und guten Lebens"* ist wie zitiert *„nicht nur zu befolgende, sondern von ihm auch zu bestimmende"*.[832] Damit schreibt Rendtorff der *„Theorie der menschlichen Lebensführung"* eine Grundspannung ein, die jene zu bearbeiten hat: die Spannung zwischen Gegebensein des Lebens und freier Stellungnahme dazu.[833]

Obwohl Rendtorff seine Ethische Theologie immer wieder auf die Freiheit des ethischen Subjekts ausrichtet, lässt sich in der Durchführung dieser Theologie ein *Gefälle zum Gegebensein des Lebens* erkennen, das tatsächlich ja nur ein kultur-, kontext- und klassen- bzw. milieuspezifisches Gegebensein sein kann. Dieses Gefälle hat schon Heinz Eduard Tödt benannt.[834] Das Gefälle liegt daran, dass die responsive Struktur des Stellungnehmens das Subjekt in die Position des Reagierenden und modifizierend Anwendenden versetzt.[835] Das zeigt sich besonders, wo Rendtorff das Verhältnis „von Prinzipien und Entscheidungen" in der Lebensführung

---

829 Rendtorff 1990, 22.
830 Rendtorff 1990, 48.
831 Vgl. Rendtorff 1990, 22 und s. o. (3.3.2.1).
832 Vgl. auch für die Zitate Rendtorff 1990, 22, kursiv im Original.
833 Vgl. Rendtorff 1990, 20, 68; Rendtorff 1991a, 13, Zitat in Bd. 1 auf S. 22, kursiv im Original.
834 Vgl.: „Schon aus der Bestimmung der drei Grundelemente und der bevorzugten Funktion des ‚Gegebenseins' ergibt sich der konservative Charakter dieses Konzepts." (Tödt 1988, 52) Und an anderer Stelle: „Das ‚Gegebensein des Lebens' in seiner Allgemeinheit soll nun als eines, und zwar das am stärksten betonte, der drei Grundelemente der ethischen Lebenswirklichkeit gelten." (Tödt 1988c, 209)
835 Vgl. dafür die folgenden Ausführungen und etwa: „Die eigene Stellungnahme ist aber immer ein zweiter Schritt innerhalb der geschichtlichen-sozialen Lebenswirklichkeit einer mit anderen geteilten Welt." (Rendtorff 1991a, 13)

bestimmt.[836] Dabei setzt das kontextspezifisch Gegebene, nämlich erlernte Prinzipien,[837] den Horizont möglicher Stellungnahmen: Dies macht Rendtorff explizit, wo er von der „Ethosqualität der ethischen Frage" spricht und betont, dass „das Bewußtsein des ethischen Subjekts [...] faktisch eingebunden [ist] in ein jeweils schon gelebtes Ethos",[838] das ja – so ergänze ich von den hiesigen praxeologischen Reflexionen her – immer kultur-, habitus- und kontextspezifisch ist. In der Konsequenz dessen muss jede Freiheit als sozial präfiguriert vorgestellt werden muss. Während diese Ethosqualität der Freiheit als soziologische Beschreibung trefflich ist, gewinnt sie bei Rendtorff normative Qualitäten,[839] auch weil er insofern dem Gegebenen einen Vertrauensvorschuss entgegenbringt, als er in diesem wie zitiert das Gute als auch schon Reales immer wiederfindet. Damit kommt zur soziologisch feststellbaren Bindungskraft des kontextuell Gegebenen und Gewohnten noch die theologisch ethische Qualifizierung dieses Ethos hinzu, das damit in praktischer Konsequenz ein – nicht intendiertes[840] – Übergewicht im Vergleich zur Freiheit des Subjektes bekommt: Freiheit ist bei Rendtorff eher die Freiheit zur (kritisch-konstruktiven) Einfindung in gegebene Verbindlichkeiten als die Freiheit zur (grundsätzlichen) Veränderung der Gesellschaft.

---

836 Vgl. Rendtorff 1990, 131–132, Zitat auf S. 131. Dort heißt es: „Die Entscheidungen sind aber nicht reine Situationsentscheidungen, d.h. die bloße Anwendung eines Prinzips auf eine gegebene Situation. Sie sind auch eine Ausweitung oder ein Ausbau der Prinzipien, nach denen entschieden wird." (Rendtorff 1990, 132) Damit bleiben die überkommenen Prinzipien Ausgangspunkt und Material der Freiheit (vgl. auch: Rendtorff 1990, 22).
837 Vgl. Rendtorff 1990, 131–132.
838 Vgl. auch für die Zitate Rendtorff 1990, 22.
839 Hier mag man mit Reiner Anselms luzider Zusammenfassung des Rendtorffschen Programms einwenden, Rendtorffs Programm sei ja „*Deskription*, nicht *Normativität*" (Anselm 1992, 261, kursiv im Original). Dem steht gegenüber, dass jede Deskription normative Voraussetzungen und Implikationen hat – schon etwas für erwähnens*wert* zu halten impliziert ein Werturteil – und dass in praxistheoretischer Perspektive vermeintlich deskriptive Aussagen praktisch normative Qualität gewinnen: Die in der Praxis theoretisch-distanzierter Beobachtung formulierte Behauptung, dass das Leben „einen unausweichlichen Appell empfängt" (Rendtorff 1990, 65), schreibt in die Lebenspraktiken der dies Lesenden ja die Erinnerung an oder gar den Appell selbst erst ein – die Deskription der Forderung ist praktisch selbst eine. Insofern hat auch Rendtorffs Beschreibung gegebener „elementare[r] Verbindlichkeiten" (Rendtorff 1990, 65) normative Qualität. Praxissoziologisch gesehen entwirft Rendtorff eben keine „Ethik ‚*von unten*'", indem er „von der Beschreibung der Lebenswirklichkeit" anstatt wie Barth von der Offenbarung Gottes ausgeht (vgl. so Anselm 1992, 261, dort auch die Zitate, kursiv im Original), sondern selbst eine „Ethik ‚*von oben*'" (ebd., kursiv im Original, allerdings für Barth), nämlich eine solche, die aus einer privilegierten, den distanzierten Blick ermöglichenden Position in der Gesellschaft (vgl. dazu: Bourdieu wie referiert, 2.1.3.1) – also von oben – Lebenswirklichkeit beschreibt.
840 Vgl. Rendtorff 1990, 177.

Das zeigt sich besonders an dem von Rendtorff mehrfach behandelten Thema der Homosexualität: Hier ist es das tradierte – also Ende des 20. Jahrhunderts kontextuell und kulturspezifisch gegebene – und heteronormativ[841] enggeführte Verständnis von Ehe, das ihm zum ethischen „Maßstab"[842] wird, demgegenüber mit gleichgeschlechtlicher Liebe begabte Menschen weder wirklich als Subjekte noch in ihrer verantworteten Freiheit zur Mitgestaltung der Lebensform Ehe vorkommen, sondern nur in der „Freiheit", ihr „Problem" individuell und nicht durch gesellschaftliche Veränderung zu lösen, und dabei als individuelle Adressaten gesellschaftlicher und kirchlicher Hilfe:[843] „Homosexualität ist nicht ein Problem der

---

841 Zu Bedeutung und Herkunft dieses Begriffs vgl. Greenough 2020, 25, der auf Warner 1993 verweist.
842 Rendtorff 1991a, 70; Rendtorff 1993, 234. Vgl. etwa: „Die Grundstruktur human gelebter Sexualität ist die Ehe. Alle anderen sexuellen Beziehungen sind darum ethisch im Verhältnis zur Ehe zu bestimmen und zu korrigieren." (Rendtorff 1991a, 69)
843 Vgl. insgesamt dazu Rendtorff 1991a, 69–71; Rendtorff 1993. In beiden Texten steht letztlich folgende Frage im Mittelpunkt: „Der eigentliche Streitpunkt ist und bleibt, ob die Homosexualität in dem Sinne als gleichwertig zur Heterosexualität anerkannt werden soll, daß die homosexuelle Praxis wie die Heterosexualität eine selbständige, auf Dauer und Lebensgemeinschaft angelegte Lebensform bildet, die den Charakter einer homosexuellen ‚Ehe' hätte. Das ist empirisch betrachtet in der überwiegenden Zahl der homosexuellen Beziehungen so nicht der Fall. Ob eine Entwicklung in diese Richtung wünschenswert, förderungswürdig und gestaltungsfähig ist, das ist weniger eine Frage der Absicht, als eine Frage danach, ob Homosexualität in einem erkennbaren überindividuellen Sinne als eine Grundstruktur des Lebens ausgewiesen werden kann. Soll sie als Alternative zur Ehe zur Geltung gebracht werden, so ist die Ehe auch der Maßstab, an dem diese Erwartung zu messen ist. Von daher sprechen alle Gründe dagegen, die Homosexualität in den Rang einer eigenen Lebensform zu erheben." (Rendtorff 1991a, 70, s. auch Rendtorff 1993, 237–242) Hier gewinnt Rendtorff, seinem eigenen Ansatz gemäß, den Maßstab aus dem Gegebenen, schon Realisierten, der Lebensform der auf das heteronormative Verständnis von ihr reduzierten Ehe. Das Gegebene wird dabei als Gutes aufgenommen – nicht ohne Gründe zu nennen (etwa biblische [Rendtorff 1993, 233–234] und schöpfungstheologische [Rendtorff 1993, 238–239]), aber doch ohne kritische Rückfragen an die Lebensdienlichkeit der heteronormativ enggeführten Ehe. Gegenüber der Institution der heterosexuellen Ehe habe die „homosexuelle Orientierung […] konstitutive Mängel zu akzeptieren. […] Sie zeigen sich unmißverständlich an dem entscheidenden ethischen Knotenpunkt, nämlich an der Frage, ob die homosexuelle Orientierung zu einer eigenen, der Ehe vergleichbaren Lebensform gestaltet werden kann. Daß dies prinzipiell nicht möglich ist, resultiert aus der elementaren Tatsache, daß aus homosexuellen Beziehungen keine weiteren Beziehungen hervorzugehen vermögen. […] Eine ‚Normalisierung' der Homosexualität als anderer Ausdruck humaner Sexualität ist allgemein ethisch nicht zu rechtfertigen." (Rendtorff 1993, 239–240)
Die Freiheit gleichgeschlechtlich liebender Subjekte taucht am ehesten dort auf, wo Rendtorff beleglos behauptet, „daß Homosexualität keine absolute Determination bedeutet, die keine selbständige Stellungnahme zu Veranlagung und Neigung mehr zuließe" und diese von daher nicht als „ein Problem der ‚Gesellschaft', sondern eine Aufgabe der individuellen Lebensführung" fasst (vgl. auch für die Zitate Rendtorff 1991a, 71). Es gehe „um die ethische Würdigung eines individuellen

‚Gesellschaft', sondern eine Aufgabe der individuellen Lebensführung."[844] Von Lebensformen, die der freien, verantwortlichen, menschenwürdigen und erfüllten Lebensführung von mit gleichgeschlechtlicher Liebe begabten Menschen entgegen kämen,[845] ist keine Rede. Daran zeigt sich exemplarisch und konkret nicht nur die Einschreibung des Gefälles zum Gegebenen in Rendtorffs Begriff von „Freiheit". Daran wird auch deutlich, wie im konkreten Fall dieses subtile Gefälle in demjenigen Maß stärker ausgeprägt ist als die Freiheitsorientierung, als diese jenes nicht dagegen absichert, Rendtorff in die zitierten menschenverachtenden und zutiefst freiheitsfeindlichen Aussagen[846] zur Homosexualität abrutschen zu lassen.

3.3.2.3 „Verantwortung" als zurückgenommener Sollenskonflikt

Was meint Verantwortung in diesem Zusammenhang nun bei Rendtorff? Als Antwort darauf entwickle ich im Folgenden die These: „Verantwortung" denotiert auch bei Rendtorff einen Sollenskonflikt, der aber in dem beschriebenen Gefälle zu gegebenen Verbindlichkeiten ein immer schon zurückgenommener Sollenskonflikt ist.

Grundlegend benennt und qualifiziert „Verantwortung" bei Rendtorff die Stellungnahme des einzelnen Menschen, die die Lebensführung impliziert oder ein Urteil darüber expliziert.[847] Auf dieser Linie spricht er auch von der „primär individuell zu verantwortenden Lebensführung"[848].

Mit dem Verantwortungsbegriff betont Rendtorff zunächst die individuelle Eigenständigkeit der Stellungnahme genauso wie deren vorausgehende Verwiesenheit auf andere Menschen, die in der Begrenzung ihrer Freiheit und in ihrer diskursiven und forensischen Rechenschaftspflichtigkeit konkret wird:[849] Die Ei-

---

Konflikts, der den Weg zu einer je individuellen Lösung und Gestaltung finden muß und dazu der Hilfe und anerkennenden Unterstützung durch die Gesellschaft, auch durch die Kirche, bedarf." (Rendtorff 1993, 240) Diese Freiheit ist aber nicht die Freiheit des Subjektes zur Stellungnahme gegenüber den gegebenen Verbindlichkeiten, sondern die Freiheit zur Einfindung in diesen Verbindlichkeiten – unabhängig davon, ob diese Verbindlichkeit dem Gelingen des Lebens des Einzelnen zugutekommen oder nicht.
844 Rendtorff 1991a, 71.
845 Dieses Entgegenkommen ist bei Rendtorff sonst die von der Freiheit ausgehende Forderung an Lebensformen (vgl. Rendtorff 1990, 33).
846 Siehe besonders die Zitate oben in Anm. 843 in diesem Kapitel.
847 Vgl. etwa: „Die eigene Lebensführung ist Vollzug einer Stellungnahme zum Leben." (Rendtorff 1990, 130) Zur Responsibilisierung der Lebensführung vgl. wie bereits zitiert Rendtorff 1990, 9.
848 Rendtorff 1990, 16.
849 Vgl. Rendtorff 1990, 10–11. Zur individuellen Eigenständigkeit der Stellungnahme vgl. etwa a.a.O., 103. Vgl. auch die im Folgenden zitierten Belege.

genständigkeit der Stellungnahme fasst Rendtorff besonders mit dem Begriff der „Eigenverantwortung":[850] Dass „[w]eder ein kirchliches Lehramt noch ein wissenschaftliches Äquivalent [...] den Ort der ethischen Verantwortung ausfüllen" können, fände Ausdruck in der neuzeitlichen Zentralstellung vom „Bewußtsein der Eigenverantwortlichkeit".[851] Der „Hinweis auf die eigene Verantwortung" ist bei Rendtorff der Hinweis auf die *„Antwort der eigenen Lebensführung"*, die man sich *„nicht* allein von außen *geben* lassen" kann, sondern *„selbst suchen"* muss.[852] An anderer Stelle nennt Rendtorff Verantwortung den „Inbegriff ethischer Selbständigkeit".[853] Mit dieser Betonung von Eigenständigkeit und Selbständigkeit ist „Verantwortung" bei Rendtorff eine Tugend, die von Pflicht dadurch unterschieden ist, dass sie nicht die Tugend des Gehorsams, sondern des selbständig-verantwortlichen Umgangs mit Pflichten und Prinzipien meint.[854] Erst diese Selbständigkeit eröffne die Möglichkeit von ernster Schuld:[855]

> Der Ernst der Schuld hängt an dieser Würde des Menschen, die ihn mehr sein läßt als einen ‚Befehlsempfänger', die ihn als selbständiges und verantwortliches Subjekt in der Realisierung des Guten in Anspruch nimmt, das heißt aber als Mensch Gottes.[856]

---

850 Vgl.: „Die anders votierende, etwas pauschal gern als ‚liberal' bezeichnete Theologie hat sich dagegen [...] gerade für die Eigenverantwortung der ethischen Stellungnahme des menschlichen Subjekts stark gemacht." (Rendtorff 1990, 23) Vgl. zur „Eigenverantwortlichkeit" auch a. a. O., 42, dort auch das Zitat.
851 Vgl. auch für die Zitate Rendtorff 1990, 42.
852 Vgl. auch für die Zitate Rendtorff 1990, 103, kursiv im Original.
853 Vgl. auch für das Zitat Rendtorff 1991a, 97 Verantwortung bringe – so schreibt Rendtorff im „Handbuch der christlichen Ethik" – ein „Moment der Selbständigkeit im Rahmen allgemeiner Pflichten und Normen zum Ausdruck." (Rendtorff 1982, 118) Die Begriffe Freiheit, Selbständigkeit und Verantwortung verbindet Rendtorff interessanterweise auch da, wo es um die kollektive Verantwortung der Kirche geht: „In der Parole der öffentlichen Verantwortung kommt sowohl die Freiheit der Kirchen *gegenüber* Staat und Gesellschaft, nämlich als Subjekt von Verantwortung, zum Ausdruck wie zugleich der Imperativ der Verantwortung *für* die Res Publica, zu der sich die Kirche verpflichtet wissen soll. Für das Bewußtsein der *Freiheit* der Kirche bildet die institutionelle Selbständigkeit, wie sie mit der Weimarer Verfassung einen öffentlichen, verfassungsrechtlichen Status erhalten hatte, ein Fundament [...]." (Rendtorff 2004, 381–382, kursiv im Original)
854 Vgl. Rendtorff 1990, 101–104, 131–134; Rendtorff 1982, 119, 123. Rendtorff ordnet die *„Verantwortungsethik"* selbst explizit der *„Tugendlehre"* zu, vgl. Rendtorff 1990, 103, dort auch die Zitate, kursiv im Original.
855 Vgl. Rendtorff 1990, 134.
856 Rendtorff 1990, 134. Vor diesem Hintergrund lässt sich auch verstehen, was Rendtorff an anderer Stelle über den Zusammenhang von Schuld und Verantwortung schreibt (Rendtorff 1989), besonders, dass so in der Umkehrung der zitierten Logik „Schuld in ein geschärftes Bewußtsein der Verantwortung auszulegen" sei (Rendtorff 1989, 111).

Mit dem Verwiesensein auf andere in der freien Stellungnahme grenzt Rendtorff sich gegen individualistische Missverständnisse des Freiheitsbegriffs ab und nutzt hierfür „Verantwortung" als Komplement der Freiheit:[857] Verantwortung überführe „die Spannung von Freiheit und Abhängigkeit in einen produktiven Umgang von Freiheit mit Abhängigkeit" und sei so „die Einlösung des ethischen Sinns von Freiheit".[858] Freiheit und Verantwortung bedingten einander: „Frei ist nicht, wer tun kann, was er will, sondern wer für seine Lebensführung zur Verantwortung gezogen werden kann."[859] Damit impliziert Verantwortung eine Rechenschaftspflicht und damit die Reflektierbarkeit und Korrigierbarkeit der eigenen Lebensführung.[860] Verantwortung steht so insgesamt für vorausgehende Einbindung individueller Freiheit in Sozialität:[861] „Mit der Kategorie der Verantwortung rückt ein Begriff in den Vordergrund, der für die Ethik die Kompatibilität des Gebrauchs der Freiheit mit der Freiheit aller anderen zum Thema macht."[862] Deshalb wundert es auch nicht, dass Rendtorff von „zu verantwortende[r]" und „verantwortete[r] Freiheit" spricht.[863] In dieser engen Kopplung von Freiheit und Verantwortung findet die Verantwortung bei Rendtorff auch in den Möglichkeiten des Subjekts ihr Maß.[864] Darüber hinaus nutzt Rendtorff den Begriff der „Verantwortungsethik" im Weberschen Sinne, um zu betonen, dass gerade vom Liebesgebot her nach den Folgen der eigenen Lebensführung für andere gefragt werden muss.[865]

Verantwortung qualifiziert für bei Rendtorff die Stellungnahme also gleichzeitig als individuell eigenständig zu vollziehende und als in Sozialität konstitutiv eingebettete. Damit denotiert Verantwortung bei ihm Eigenständigkeit und Diskursivität, aber noch keinen Sollenskonflikt. Dieser klingt an, wo er „Verantwor-

---

857 Vgl. Rendtorff 1982, 120 –121; Rendtorff 1990, 21– 22, 95.
858 Vgl. auch für das Zitat Rendtorff 1982, 120.
859 Rendtorff 1990, 95.
860 Vgl. „Diese theoretische Anschauung des eigenen Lebens ist in dem ethischen Terminus ‚Verantwortung' enthalten. Verantwortung unterstellt die Fähigkeit, sich im Forum einer öffentlichen Kommunikation zu korrigieren, zu lernen, die eigene Identität nur als eine sich bildende offene Identität zu haben." (Rendtorff 1990, 95) Vgl. zur „Reflexivität" ebd., dort auch das Zitat. Vgl. gerade zur Rechenschaftspflicht auch Rendtorff 1990, 9 –10; Rendtorff 1982, 118.
861 Vgl. Rendtorff 1990, 95; Rendtorff 1991a, 97; Rendtorff 1982, 120 –121.
862 Rendtorff 1991a, 97. Die soziale Dimension betonend hat Rendtorff Verantwortung auch als „Abbreviatur für die Sozialität der ethischen Lebenswirklichkeit" bezeichnet (Rendtorff 1982, 117).
863 Vgl. auch für die Zitate Rendtorff 1990, 148, 155.
864 Vgl.: „Der Anredecharakter der Ethik besagt, daß der Mensch als Adressat ethischer Weisung ethische Gebote auch befolgen und in seiner Lebensführung erfüllen kann. Nur unter dieser Voraussetzung ist es sinnvoll, ein Handeln bzw. eine Lebenserfahrung der Verantwortung des Menschen zuzurechnen und ihn auf diese Verantwortung auch in Fällen der Nichtbefolgung bzw. der Nichterfüllung anzusprechen." (Rendtorff 1990, 24)
865 Vgl. Rendtorff 1990, 91.

tung" mit der „Bereitschaft, in den oft höchst aporetischen materiellen Problemstand einzutreten", und der „Übernahme der Mehrdeutigkeit und der Ambivalenz der Problemlagen" verbindet.[866] Konkret wird der Sollenskonflikt bei der Einordnung der verantwortlichen Stellungnahme in die Grundstruktur von Rendtorffs Ethik: Das ethische Subjekt findet sich danach wie beschrieben im gegebenen Leben und damit in einem Netz von „elementare[n] Verbindlichkeiten"[867] vor – und zwar als zur freien und eigenständigen Stellungnahme zu dieser gegebenen Lebenswirklichkeit herausgefordertes. Die damit gegebene Spannung von gegebener Wirklichkeit und herausgeforderter individueller Freiheit trifft m. E. auch bei Rendtorff den Kern des Verantwortungsbegriffs: „Die Verbindung des Gegebenseins der Freiheit mit dem Gegebensein des Lebens führt darum an den Ort der primär individuell zu verantwortenden Lebensführung."[868]

Gegeben ist beides: Ethos und die Notwendigkeit „der *eigenen Stellungnahme*".[869] Dass das Implikat dessen ein „spannungsreicher Unterschied"[870] ist, der gerade die mit „Verantwortung" verbundene Eigenständigkeit und Sozialität aktualisiert, macht Rendtorff an anderer Stelle noch deutlicher:

> Die Unterscheidbarkeit zwischen dem eigenen Leben und dem Leben überhaupt besagt für die Ethik, daß der Mensch mit sich weder einfach als der identisch ist, als der er sich natürlich oder historisch vorfindet (naturalistisches Mißverständnis), noch seine Identität darin hat, daß er alles, was er möchte und will, auch sein kann (voluntaristisches Mißverständnis). Diese Unterscheidung besagt vielmehr, daß er seine Aufgabe im Leben überhaupt und so auch in der Mitmenschlichkeit überindividueller Sozialität allein auf eigene, nämlich individuell bestimmte Weise wahrnehmen kann; er muß sich in dieser Beziehung als bestimmtes individuelles Subjekt akzeptieren. Diese Unterscheidbarkeit konstituiert den Begriff der ethischen Verantwortung.[871]

Damit verweist Verantwortung auf einen zurückgenommenen Sollenskonflikt. Es ist der Konflikt zwischen dem Anspruch der Gesellschaft auf den Einzelnen und dem Anspruch des Individuums auf sich selbst. Das von Rendtorff benannte naturalistische und das voluntaristische Missverständnis lösten diesen Sollenskonflikt jeweils zu einer Seite auf: nur das Ich der Gesellschaft oder nur das eigene Ich. Rendtorff löst diese Spannung nicht auf, nimmt sie aber m. E. in das Gefälle zum

---

866 Vgl. auch für die Zitate Rendtorff 1982, 119.
867 Rendtorff 1990, 66.
868 Rendtorff 1990, 16.
869 Vgl. auch für das Zitat Rendtorff 1990, 22, kursiv im Original.
870 Rendtorff 1990, 20.
871 Rendtorff 1990, 68. Vgl. dazu auch kurz und klar: „Elementare Lebensformen umfassen das Spannungsverhältnis von gebotenem Handeln und aufgegebener Verantwortung." (Rendtorff 1991a, 13)

Gegebenen zurück – das zeigt sich am Ende des Zitats: Die überindividuell-gesellschaftlich gesetzte Aufgabe des Einzelnen ist „auf eigene, nämlich individuell bestimmte Weise" wahrzunehmen.[872]

Deutlicher und konkreter noch werden Sollenskonflikt und dessen Rücknahme dort, wo Rendtorff das Verhältnis von Gebotsethik und Pflichtenlehre einerseits und Verantwortungsethik andererseits bestimmt – zwischen den ersten beiden Antwortmethoden auf die ethische Frage also: Die *„Antwort der ethischen Tradition"* verweist als *„Pflichtenlehre"* auf Ordnungen, „Normen oder Maßstäbe [...], die bereits in Geltung stehen".[873] Diese Antwort beinhaltet Gegebenes, Vorgegebenes und formuliert etwa den Imperativ: „Sei gehorsam gegen Gottes Gebot!"[874] Die *„Antwort der eigenen Lebensführung"* weist hingegen auf „die eigene Verantwortung" hin:[875] Als „ethisches Subjekt" soll der Einzelne „einen ‚moralischen Standpunkt' einnehmen und sich die Antwort nicht allein von außen geben lassen. *Er soll sie selbst suchen.*"[876] Damit tritt mit und in „Verantwortung" ein Sollenskonflikt in die Lebensführung – nämlich der zwischen den zitierten Sollensforderungen „Sei gehorsam" und „Suche selbst, verantworte selbst". Diesen mit eigenständiger „Verantwortung" denotierten möglichen Sollenskonflikt nimmt Rendtorff gleich mit der Behauptung zurück: „Zwischen den beiden bisher erörterten Antwortmöglichkeiten besteht kein Gegensatz."[877] Von der „Gebotsethik" aus nicht, weil „gegebene Gebote [...] jeweils individualisiert und aktualisiert werden" müssten; von der Verantwortungsethik aus nicht, weil für diese alles, „was in einem historischen Sinne als geboten gilt" doch „selbständig begründet sein" müsse.[878] Beide Male ist der Konflikt in der Tat zurückgenommen, aber beide Male zugunsten des Gebots, das einmal individuell angewendet, und einmal „selbständig begründet" wird. Auch bei der Entfaltung der Antwort betont Rendtorff in Auseinandersetzung mit Hare:[879]

> Es geht um den guten Sinn von Selbstbestimmung als die freie Anerkennung der Mitwirkung [...] an der ethischen Aufgabe, durch die ‚äußere Gebote' zur eigenen ‚inneren' Verbindlichkeit produktiv verwandelt werden.[880]

---

872 Vgl. für das Zitat wie zitiert Rendtorff 1990, 68.
873 Vgl. auch für die Zitate Rendtorff 1990, 102, kursiv im Original.
874 Rendtorff 1990, 101.
875 Vgl. auch für die Zitate Rendtorff 1990, 103, kursiv im Original.
876 Vgl. auch für die Zitate Rendtorff 1990, 103, kursiv im Original.
877 Rendtorff 1990, 104.
878 Vgl. auch für die Zitate Rendtorff 1990, 104. Für letztere spricht Rendtorff auch von Möglichkeit des „Anfang[s] einer individuellen Tradition" (ebd.). Für ersteres vgl. auch Rendtorff 1982, 123.
879 Vgl. Rendtorff 1990, 131.
880 Rendtorff 1990, 131.

In christlicher Perspektive betont Rendtorff dann auch, „daß die Lebensführung des Menschen an der inneren Gestaltung der ‚Prinzipien' beteiligt wird."[881] Nach dem „*Sinn* des Gesetzes" gelte es zu handeln.[882]

Zusammengefasst gesagt: *Verantwortung bezeichnet bei Rendtorff die Stellungnahme des ethischen Subjektes in seiner Lebensführung in Eigenständigkeit und sozialer Eingebundenheit und denotiert gerade dabei einen zurückgenommenen Sollenskonflikt zwischen Eigenständigkeit und gegebener Verbindlichkeit.*

3.3.3 Zur Verantwortungsethik als Sozialethik (Heinz Eduard Tödt und Wolfgang Huber): Die Operationalisierung und Diskursivierung des Sollenskonflikts

Naheliegend wäre jetzt, sich nun dem Pol zuzuwenden, der im Feld evangelischer Nachkriegstheologie Trutz Rendtorffs „ethischer Theologie" gegenüberliegt. Nach der hier vorgelegten Interpretation wäre dieser Gegenpol nicht wie üblich bei den Heidelberger Sozialethikern zu suchen, sondern in der „neue[n] Politische[n] Theologie", die evangelischerseits etwa der Tübinger Theologe Jürgen Moltmann vertreten und entwickelt hat:[883] Dann stünde – in Anlehnung an Tödts Einordnung gesagt – dem eben rekonstruierten geltungstheoretischen Gefälle zum Gegebenen in Ethischer Theologie das geltungstheoretische Gefälle zum Kommenden in Politischer Theologie gegenüber.[884] Aus einem werkimmanenten und einen argumentationsstrategischen Grund tue ich dies hier nicht:

Erstens. Jürgen Moltmann hat auf seine „Theologie der Hoffnung" *damals* keine „Ethik der Hoffnung" folgen lassen;[885] seinen eigenen Erinnerungen nach hatte er dies zwar vor, es sei aber nicht gelungen, weil er „nicht wußte, ob Reformen oder

---

881 Rendtorff 1990, 134. Dazu vgl. auch Rendtorff 1982, 123–125.
882 Vgl. Rendtorff 1982, 123–124, Zitat auf S. 123, kursiv im Original.
883 Zur „neue[n] Politische[n] Theologie" in diesem Sinne vgl. etwa Moltmann 1997a, 51–63, Zitat auf S. 53. Als Vertreter:innen nennt er evangelischerseits etwa „Helmut Gollwitzer, Dorothee Sölle" und sich selbst (vgl. ebd.). Vgl. auch Moltmann 1970; Moltmann 1972, 293–315. Vgl. zur Politischen Theologie ferner die Darstellungen bei Huber 1973, 473–482 und Höhne 2013 sowie die dort zitierte Literatur.
884 Vgl. für diese zeittheoretische Einordnung der theologischen Ansätze auch Tödt 1988a, 51–52. Während Tödt Rendtorff beim Namen nennt, kommt Moltmann unter dem Chiffre der „von Ernst Bloch […] beeinflußten Theologen" vor, aber ohne Namensnennung (vgl. auch für das Zitat a.a.O., 52). Bei jenem spricht Tödt vom „konservative[n] Charakter dieses Konzepts", bei diesen davon, dass der „Zeitmodus Zukunft ein Übergewicht" habe (vgl. auch für die Zitate a.a.O., 52).
885 Vgl. auch für die Gründe dafür Moltmann 1997b, 27. Nachgeholt hat Moltmann dies dann 2010 (vgl. Moltmann 2010).

Revolution die Verhältnisse bessern würden".[886] Das aber würde für einen ethischen Entwurf einen entscheidenden Unterschied machen. Zwar lassen sich auch davon abgesehen der „Theologie der Hoffnung" und anderen Texten Moltmanns Konsequenzen für eine Ethik ziehen.[887] Darin spielt aber der Verantwortungsbegriff keine prominente Rolle. Das ist insofern plausibel, als spätestens mit Hans Jonas' „Das Prinzip Verantwortung" Verantwortung als Gegenbegriff zu Hoffnung auftritt,[888] Moltmann sich aber von Ernst Blochs „Das Prinzip Hoffnung" inspiriert sah.[889]

Zu diesem werkimmanenten kommt *zweitens* ein argumentationsstrategischer Grund: Das geltungstheoretische Gefälle zum Kommenden in Moltmanns Eschatologie ist strukturanalog zu Rendtorffs Gefälle zum Gegebenen und verspricht damit wenig neue Erkenntnisse.

Stattdessen werde ich mich auf die Heidelberger Sozialethiken konzentrieren, die vor diesem Hintergrund als Mittelposition zwischen Rendtorffs impliziter Schöpfungsdogmatik und Moltmanns expliziter Hoffnungsdogmatik erscheinen: Heinz Eduard Tödt und Wolfgang Huber. Gerade ersterer hat in seiner Analyse der Zeitmodi die Einseitigkeiten Ethischer wie Politischer Theologie kritisiert: „Tödt möchte in der ethischen Entscheidungsfindung einseitige Orientierungen an der Zukunft (wie sie J. Moltmann wahrnimmt) oder Gegenwart (R. Bultmann) und Vergangenheit (T. Rendtorff) vermeiden."[890] Gegen diese Einseitigkeiten geht es Tödt um das *„Zusammenspiel der Zeitmodi"*, für das dann allerdings die Zukunftsperspektive „theologisch konstitutiv" ist – und zwar weil Vergangenheit und Gegenwart, „ihren rechten Sinn erst von jener Zukunft her" erhalten, „die in der Präsenz des Reiches Gottes sich ankündigt".[891] Gleichzeitig warnt Tödt aber vor dem

---

886 Vgl. auch für das Zitat Moltmann 1997b, 27, schon zitiert bei Höhne 2013, 59.
887 So hat Timothy Harvie seine Monographie „Jürgen Motlmann's Ethics of Hope" dem Ziel gewidmet, „to develop an eschatological account of the sphere of human moral action in dialogue with Moltmann's work" (vgl. Harvie 2009, Zitat auf S. 3) – und das kurz bevor Moltmann selbst dann doch eine solche Ethik vorgelegt hat (vgl. Moltmann 2010).
888 Vergleiche zu dieser Oppositionsstellung von Jonas' Titelformulierung zu Bloch schon Jonas selbst (vgl. H. Jonas 1979, 390) und Huber 1990, 146; Huber 2019, 217. Zu den beiden Prinzipien vgl. ausführlich Römelt 1991, 17–51; zu deren Gegenüberstellung etwa a. a. O., 17.
889 Vgl. zur Verhältnisbestimmung der beiden in Moltmanns Perspektive den Anhang in der „Theologie der Hoffnung": Moltmann 1966, 313–334. Moltmann selbst schreibt zum Verhältnis von Blochs „Das Prinzip Hoffnung" und seiner eigenen „Theologie der Hoffnung" (vgl. auch für die Zitate Moltmann 1997b, 25): „Ich wollte vielmehr eine Parallelhandlung in der christlichen Theologie aufgrund ihrer eigenen Voraussetzungen unternehmen." (ebd.)
890 Schuhmacher 2006, 292. Vgl. dazu ausführlicher Tödt selbst Tödt 1988a, 51–52, 82–83. Für Tödts Auseinandersetzung mit Moltmann vgl. Tödt 1967; Tödt 1988a, 80.
891 Vgl. Tödt 1988a, 52–53., 73–74, 81–82, Zitate auf S. 52 und 53 kursiv im Original.

"Überwiegen" eines Zeitmodus, einschließlich der Zukunft.[892] Im Aufbau analog zum Rendtorff-Kapitel werde ich im Folgenden zunächst die handlungstheoretische Grundstruktur von Tödts „Theorie sittlicher Urteilsfindung"[893] als Kernelement seiner Verantwortungsethik beschreiben (3.3.3.1),[894] um vor diesem Hintergrund zu analysieren, welche Bedeutung er dem Verantwortungsbegriff zuschreibt (3.3.3.2). In inhaltlicher Nähe zu Tödt expliziert Wolfgang Huber Verantwortungsethik dann als Sozialethik (3.3.3.3).

3.3.3.1 Die Grundstruktur von Tödts „Theorie sittlicher Urteilsfindung"

In der Ethik von Heinz Eduard Tödt spielt der Verantwortungsbegriff eine zentrale Rolle.[895] Spätestens seit 1970/71 versteht Tödt seine Ethik explizit als christliche Verantwortungsethik.[896] Ethik konzeptualisiert er dabei als eine Theorie, die „[v]erantwortliches Verhalten" reflektiert.[897] Charakteristisch für Verantwortungsethik ist Tödt zufolge, in „der sittlichen Urteilsbildung von den auslösenden Problemen auszugehen".[898] Damit weist die in Tödts Verantwortungsethik implizite Handlungstheorie – hier genauer: Verhaltenstheorie[899] – ähnlich wie diejenige Rendtorffs eine responsive Grundstruktur (2.3.1.3) auf: Der Mensch (c) antwortet (a) auf eine ihn dazu herausfordernde Wirklichkeit (b).[900] An diesen drei Punkten entlang referiere ich diejenigen Grundgedanken von Tödts Ethik, die für die Analyse seines Verantwortungsbegriffes wichtig sind.

---

892 Vgl. auch für das Zitat Tödt 1988a, 78.
893 Tödt 1988f.
894 Zur Zentralstellung dieser Theorie bei Tödt vgl.: „Tödts ethische Konzeption hat ihr Zentrum in einer Theorie der sittlichen Urteilsfindung." (Schuhmacher 2006, 322)
895 Entsprechend formuliert er selbst: „Meiner Auffassung sittlicher Urteilsfindung entspricht eine Theorie der Ethik, welche sich primär am Begriff der Verantwortung orientiert und komplementär die Begriffe Tugend und Güter(abwägung) heranzieht." (Tödt 1988f, 44, auch zitiert bei Schuhmacher 2006, 289–290)
896 Vgl.: „Spätestens seit der Vorlesung ‚Ethik I' aus dem WS 1970/71 trägt Tödt seine eigene ethische Konzeption unter dem Titel ‚Das Konzept einer christlichen Verantwortungsethik' vor." (Schuhmacher 2006, 290)
897 Vgl. Tödt 1988f, 24–29 und auch für das Zitat Tödt 1988 g, 17.
898 Vgl. auch für das Zitat Tödt 1988a, 51.
899 Zum Verhaltensbegriff bei Tödt vgl. etwa Tödt 1988f, 35.
900 Diese Grundstruktur findet sich in zahlreichen Formulierungen bei Tödt, etwa: „Der Verantwortliche versteht sich als betroffen und herausgefordert durch ein Geschehen in seiner Umwelt und sieht sich verpflichtet, sich dem zu stellen, an ihm teilzunehmen." (Tödt 1988d, 153) Oder: „Probleme fordern zu Lösungen heraus. Hat man sie in der Situation analysiert, in der sie begegnen, so stellt sich auch die tastende Vorstellung von Verhaltensalternativen ein, mit denen auf sie zu antworten geboten scheint." (Tödt 1988f, 34) Vgl. auch Tödt 1988f, 22–23; Tödt 1988a, 51.

(a) Die Antwort

Der Mensch antwortet auf herausfordernde, „anfallende Probleme".[901] In der Reflexion dieser Antwort konzentriert sich Tödts Theoriebildung auf „sittliche[.] Urteile" (1) und von diesen orientiertes Verhalten (2).[902] Beides – sittliche Urteile wie Verhalten – lokalisiert Tödt auf der *„Objektebene"*:[903] Die *„ethische* Reflexion" liegt auf der davon unterschiedenen *„Theorieebene"* und bezieht sich auf die *„Objektebene"* oder „Vollzugsebene", auf der Menschen zu Urteilen und Verhalten herausgefordert sind.[904]

(1) Auf dieser Vollzugsebene sieht Tödt dann „sittliche Urteile" als Mittel zur reflexiven Selbststeuerung des eigenen Verhaltens:[905] „In sittlichen Urteilen werden Verhaltensweisen geboten"[906]; besagte Urteile „zielen auf eine bewußt verantwortete Verhaltensorientierung."[907] Ein sittliches Urteil – genauer: der sittliche „Urteilsentscheid" – ist bei Tödt weit gefasst als „integraler, kognitiver, voluntativer und identitätsrelevanter Akt, der eine in eigenes Verhalten umzusetzende sittlich relevante Antwort auf das Problem ist".[908] Der Urteilsentscheid beinhaltet bei Tödt also nicht nur eine Verhaltensorientierung (kognitiver Akt), sondern auch den Entschluss entsprechend zu handeln (voluntativer Akt), und dies in dem Bewusstsein, dass im Urteilen und Handeln die eigene Identität „auf dem Spiel" steht.[909]

(2) Für das, was Menschen mit sittlichen Urteilen orientieren, benutzt Tödt nun bewusst nicht den Handlungsbegriff, sondern den „Begriff des ‚Sich-verhaltens-zu'",[910] der wiederum eine relationale Grundstruktur menschlichen Lebens aus-

---

901 Vgl. Tödt 1988f, 23, 22, Zitat auf S. 23, ähnlich auch Tödt 1988a, 51, 53.
902 Vgl. auch für das Zitat: „Ich will mich vielmehr auf sittliches Urteilen beschränken, und zwar auf solches, das durch anfallende konkrete Probleme herausgefordert wird und in handlungssteuernde Entscheidungen mündet." (Tödt 1988f, 22)
903 Vgl. Tödt 1988f, 25, 27, Zitat auf S. 25, kursiv im Original.
904 Vgl. auch für die Zitate Tödt 1988f, 25, kursiv im Original, und vgl. auch Tödt 1988a, 50.
905 Vgl. Tödt 1988a, 50–51, Zitat auf S. 50. Er schreibt: „Nur von Urteilen, die das eigene Verhalten steuern, soll hier die Rede sein, und nur von solchen, die durch ein drängendes Problem herausgefordert werden." (Tödt 1988a, 51) Zur Reflexivität des Verhaltens vgl. Tödt 1988f, 43, zur Rolle des Urteils in dieser Reflexivität vgl.: „Im sittlichen Urteil, das in einem Entschluß den daraus resultierenden Verhaltensweisen zum Ziel kommt, gewinnt das Sich-verhalten-zu seine Bestimmtheit und Gewißheit." (Tödt 1988f, 27)
906 Tödt 1988f, 26.
907 Tödt 1988a, 54.
908 Vgl. auch für die Zitate Tödt 1988a, 78. Vgl. ähnlich auch schon für Urteile: Tödt 1988f, 22.
909 Vgl. Tödt 1988f, 22–23, 28; Tödt 1988a, 54, 78, Zitat auf S. 28. Zur Identität schreibt Tödt: „Im Handeln wie im Erleiden steht jeweils die Bestimmtheit des Selbstseins, die Identität, auf dem Spiel." (Tödt 1988f, 28)
910 Tödt 1988f, 27, 42–43, Zitat von S. 27.

drückt.[911] Dieser Begriff ist weiter als der Handlungsbegriff, „weil in ihm nicht nur die drei Aspekte Handeln, Leiden und Erfahren sowie Identität zusammenkommen, sondern weil er auch einen reflexiven Selbstbezug einschließt."[912]

Damit ist der Ort der Verantwortung in Tödts Ethikkonzept benannt: Verantwortung qualifiziert bei ihm das sittliche Urteilen und das davon orientierte, motivierte und reflektierte Handeln, Leiden und Erfahren, mit dem Menschen auf Herausforderungen reagieren.[913]

(b) Die Wirklichkeit

Zu dieser verantwortlichen Antwort werden Menschen von Problemen herausgefordert, die sie in der eigenen Lebenswirklichkeit im *„Horizont"* des „Wirklichkeitsverständnis" wahrnehmen.[914] Tödt nennt etwa folgende Beispiele für solche „anfallende[n] Probleme":[915] Soll jemand etwa den „Wehrdienst aus Gewissensgründen verweigern"[916]? Oder kann sich ein Ehepaar zu einem Schwangerschaftsabbruch entscheiden?[917] Tödt sieht das jeweilige Problem genauso wie die Antwort darauf als Teil einer immer selektiv wahrgenommenen „viel umfassenderen Wirklichkeit".[918] Wie bei Rendtorff umfasst die Wirklichkeit auch hier das ethische Subjekt selbst.[919] Wie bei Rendtorff beinhaltet die Wirklichkeit auch bei Tödt schon befolgte Pflichten oder Normen und schon realisierte Güter.[920] Anders

---

911 Vgl. Tödt 1988 f, 28; Tödt 1988a, 54.
912 Tödt 1988 f, 43. Vgl. dazu auch Tödt 1988 f, 27–28; Tödt 1988a, 54–55.
913 Entsprechend schreibt Tödt nicht nur von „verantwortliche[m] Verhalten" (Tödt 1988 g, 17), sondern auch von der „Klarheit und Verantwortbarkeit", zu der ethische Reflexion „das sittliche Urteil" bringen soll (vgl. auch für die Zitate Tödt 1988 f, 22).
914 Vgl. Tödt 1988 f, 28, 30, 31; Tödt 1988a, 51, 56., bes. im ersten Text S. 30, dort auch die Zitate im Haupttext, kursiv im Original.
915 Vgl. auch für das Zitat und die folgenden Beispiele Tödt 1988 f, 23–24.
916 Tödt 1988 f, 23.
917 Vgl. Tödt 1988 f, 23.
918 Vgl. auch für das Zitat Tödt 1988a, 59. Vgl. dort: „Ich verstehe […], die Situation als jenen Ausschnitt von Wirklichkeit, in den das anfallende Problem und dessen Wahrnehmung durch die Betroffenen eingebettet ist." (ebd.)
919 Entsprechend schreibt Tödt von der „Verflochtenheit der Betroffenen in die Situation", die wie gesagt ein „Ausschnitt von Wirklichkeit" ist (vgl. auch für die Zitate Tödt 1988a, 59).
920 Dies wird besonders deutlich, wo Tödt über Normen und Güter und deren Zeitmodus handelt (Tödt 1988a, 65–74). Bei der Normen- und Güterprüfung sei deren Gegenwart und Vergangenheit entscheidend (vgl. a. a. O., 73–74). Damit kommen Normen und Güter bei Tödt als schon tradierte, befolgte realisierte, als Teile der Wirklichkeit in den Blick – dies zeigt sein Beispiel der Menschenrechte besonders deutlich: „Zweifellos geht es bei der Normen- und Güterprüfung um hier und jetzt, also in der Gegenwart zu fällende Entscheidungen und Wahlakte. Die inhaltlichen Probleme aber sind – gerade in unserem Beispiel der Grundrechte – im wesentlichen durch die Geschichte der

als Rendtorff meint Tödt allerdings nicht, seine eigenen dogmatischen Lehrsätze in dieser Wirklichkeit aufzufinden (4.2.1.3), sondern macht diese als das explizit, was er programmatisch „Perspektiven" nennt.[921] Tödt betont, dass „Lebenswirklichkeit" nicht als evident gegebene oder aufgegebene begegne, sondern „als eine ambivalente und strittige", als „noetisch und sittlich" strittig.[922] Erst in spezifischen Perspektiven, zum Beispiel der christlichen, nehmen Menschen die Wirklichkeit als problematische oder verbindliche Wirklichkeit wahr; auf dieser Linie hält Tödt fest:

> Was sich als sittlich verpflichtend zeigt, das geht also nicht schon aus Gegebenem evident hervor, sondern muß in diesem – beim Christen vom Glauben geleiteten – Begegnungsgeschehen erkannt werden.[923]

Entsprechend gilt bei Tödt auch, dass Probleme in der Wirklichkeit nicht an und für sich eine verantwortliche Antwort herausfordern; vielmehr müssten sie erst in einer spezifischen Perspektive als sittliche wahrgenommen werden:[924] „Es ist alles andere als evident, daß ein bedrängendes Problem als ein sittliches wahrgenom-

---

Menschenrechtsbewegung, also durch die Vergangenheit gestellt und nur so hinreichend bekannt. Wir wissen zum Beispiel aus geschichtlicher Erfahrung, welche Folgen es hat, wenn man allein die individualistischen Freiheitsrechte forciert, Gleichheitsrechte hingegen vernachlässigt [...]. Bei der Neuformulierung von Normen, bei der ‚jetzt' zu leistenden Güterbewegung ist also die in der Gegenwart fortwirkende Vergangenheit beteiligt. Sie gibt die inhaltliche Bestimmtheit her. Das ist eine unentbehrliche Vorgabe, ohne die wir keine konkreten Vorstellungen von der inhaltlichen Bestimmtheit der betreffenden Normen und Güter, ihrer Wirkungsweise und ihrer Funktionen haben könnten." (a.a.O., 73) Zum Begriff des realisierten Guten vgl. Meireis wie unter 2.3.3.3 referiert.
921 Vgl. zu dem Begriff etwa: „Es geht hier um die Perspektiven, in denen wir erfahren, erleiden, handeln möchten und dabei immer urteilen. Von dorther bestimmt sich die Grundrichtung unseres Willens (Intentionen). Von dorther bestimmen sich unsere Affekte, Gestimmtheiten und Motivationen. Für diese Dimension soll als Kürzel das Wort Perspektiven stehen [...]." (Tödt 1988a, 68, auch zitiert bei Schuhmacher 2006, 303) Zum Begriff der Perspektiven bei Tödt vgl. auch Schuhmacher 2006, 303–304. In den „Glaubensperspektiven", die Tödt anlegt, findet er entsprechend auch das *„Proprium"* christlicher Ethik (Schuhmacher 2006, 268, 270, Zitate auf S. 268, kursiv im Original).
922 Vgl. Tödt 1988 g, 12–13, 20, Zitate auf S. 13 und 20. Und: „Wohl aber, wenn sie bedenkt, daß Wirklichkeit nicht einfach vorgegeben und so erkennbar ist, sondern nur im teilnehmenden Zusammenspiel mit ihr erkannt wird. In dieser Art von Erkenntnis wird Welt auch immer verändert, und ebendieses ist jeweils zu verantworten. Dogmatik und theologische Ethik entspringen also der gemeinsamen Wurzel der glaubenden Begegnung mit der noetisch und sittlich strittigen Weltwirklichkeit." (Tödt 1988 g, 20) Vgl. dazu auch Tödt 1988g, 17.
923 Tödt 1988g, 18.
924 Vgl. auch Tödt 1988f, 30.

men wird."⁹²⁵ In sein Beispiel gefasst: Der Einberufungsbescheid wird nicht jedem Empfänger zum sittlich herausfordernden Problem. Entsprechend fällt dieses Wahrnehmen, Erkennen und Bestimmen von Problemen auch in den Bereich des human zu Verantwortenden.⁹²⁶

Welche Perspektive legt Tödt nun an? Eine umfassende Rekonstruktion von Tödts theologischem Ansatz liegt mit der Arbeit von Wolfgang Schuhmacher bereits vor und muss hier nicht wiederholt werden.⁹²⁷ Für das Thema Verantwortung ist wichtig, dass Tödt seine Perspektive in Tradition zu Karl Barth und Dietrich Bonhoeffer so bestimmt:

> Vielmehr erfolgen Urteile christlicher Ethik unter Voraussetzungen der Verfallenheit der Menschenwelt in Sünde in den grundlegenden Perspektiven auf Schöpfung, auf Versöhnung und Erlösung. In ihnen und angeleitet von ihnen erfolgt der Umgang mit Normen und Gütern. Normen und Güter haben, um mit Dietrich Bonhoeffer zu reden, ihr Gewicht im Vorletzten, doch dieses muß im Blick auf das Letzte wahrgenommen werden, also in eschatologischer Perspektive.⁹²⁸

In dieser Perspektive auf Schöpfung, Versöhnung und Erlösung zeigt sich auch für Tödt m. E. genau genommen erst die „Verfallenheit der Menschenwelt in Sünde".⁹²⁹ Denn er betont an anderer Stelle, dass „Sünde [...] nur dort eine sinnvolle und zugleich umfassende Kategorie [sei], wo ein Verhältnis zum Heiligen, zu Gott als grundlegend für die Wirklichkeit erfahren wird"⁹³⁰ – das geschieht aber erst in der Perspektive auf Schöpfung, Versöhnung und Erlösung.

---

925 Tödt 1988a, 82, zur herausgeforderten Verantwortung s. ebd., vgl. auch: „Schon die Selektion der Probleme, die ich als die meinigen annehme, ist also eine Frage des sittlichen Urteils." (Tödt 1988a, 57)
926 Vgl. Tödt 1988 g, 20; Tödt 1988a, 57.
927 Vgl. Schuhmacher 2006. Schuhmachers Verdienst in dieser Arbeit ist auch, umfangreich die Vorlesungen Tödts für die Rekonstruktion seines ethischen Denkens ausgewertet zu haben. Tödt selbst hat die Kriterien evangelischer Ethik mit Schriftgemäßheit, Traditionsgemäßheit, Sachgemäßheit und Wirklichkeitsgemäßheit zusammengefasst (vgl. Tödt 1979, 39–47, dort auch die Begriffe, vgl. dazu auch Schuhmacher 2006, 286–287).
928 Tödt 1988a, 71. Die Trias von Schöpfung, Versöhnung und Erlösung findet sich bei Tödt auch an anderen Stellen und in anderer Terminologie, so etwa in Reflexionen zur Güterethik: „Das Verständnis von Schöpfung und Fall (Protologie), von Rechtfertigung und Versöhnung (Christologie), vom Ende und von der Vollendung der Welt in der kommenden Herrschaft Gottes (Eschatologie) gibt dafür entscheidende Perspektiven her." (Tödt 1979, 51) Zur Einordnung Tödts auf der „Linie der *offenbarungstheologischen Ethik-Tradition* (K. Barth, D. Bonhoeffer u. a.)" vgl. auch Schuhmacher 2006, 270, dort auch das Zitat, kursiv im Original), zur ausführlicheren Analyse dieser Trias bei Tödt vgl. Schuhmacher 2006, 304–305.
929 Vgl. auch für das Zitat Tödt 1988a, 71.
930 Tödt 1988a, 74–75.

Deshalb erscheint die Weltwirklichkeit[931] in dieser Perspektive grundlegend als ambivalente;[932] Verantwortung sei *„Weltverantwortung* in der entzweiten Wirklichkeit"[933]: Einerseits qualifiziert Tödt die Wirklichkeit als die „der nichterlösten Welt", in der Sünde „herrscht",[934] der „von Sünde gezeichneten Welt"[935] und spricht von der „vom Menschen nicht zu bewältigende[n] Macht des Bösen"[936]. Andererseits erkennt er in dieser Wirklichkeit auch nicht zu Verwerfendes, Gutes und gute Möglichkeiten, etwa in der Perspektive auf Schöpfung[937] und vor allem „in eschatologischer Perspektive".[938] In Barthscher Tradition geht Tödt von der Möglichkeit von Entsprechungen zum Reich Gottes in der Weltwirklichkeit aus:

> Daher ist der Glaubende nicht zur Preisgabe der Zeit in Erwartung der Ewigkeit aufgefordert, sondern ermächtigt, dem erlösenden Kommen des Reiches Gottes in der Zeit zu entsprechen – und eben das wirkt sich bis ins sittliche Urteil hinein aus.[939]

Die „Weltwirklichkeit" sei „im Licht ihrer Zukunft" zu sehen.[940] Diese Ambivalenz bringt diejenigen also, die als Teil dieser Wirklichkeit auf sie verantwortlich antworten, in die Situation, prüfen zu müssen:[941]

> [D]as Prüfen soll herausbringen, wie Glaubende in ihrem konkreten Tun am ehesten dem Willen Gottes entsprechen, das heißt eigentätig auf seine Kundgabe antworten können.[942]

---

931 Den Begriff verwendet Tödt selbst, etwa: Tödt 1988 g, 20.
932 Es sind „die ambivalenten Lagen, die seine verantwortliche Orientierung herausfordern" (Tödt 1988 g, 17).
933 Vgl. auch für das Zitat Tödt 1979, 55, kursiv im Original.
934 Vgl. auch für die Zitate Tödt 1988a, 74.
935 Tödt 1988 f, 47.
936 Tödt 1988 g, 17.
937 Vgl. so etwa: „Dabei sind die Normen und Güterbewertungen der noch nicht erlösten Welt nicht pauschal zu verwerfen; denn in dieser Welt geschieht immerfort Gottes gutes Schöpfungshandeln, wenn auch zumeist unter dem gegenteiligen Augenschein verborgen und nur sichtbar für den, ‚der Augen hat, zu sehen'. Was in der humanen Begründung von Normen und Gütern zur Sprache kommt und die Selbstdeutung, die mit diesem Begründen verbunden ist, ist nicht aus Voreingenommenheit abzulehnen sondern kritisch zu bedenken. ‚Prüfet alles, und das Gute behaltet'" (Tödt 1988a, 75).
938 Vgl. Tödt 1988a, 61, 64, 71., Zitat auf S. 71.
939 Tödt 1988a, 81. Vgl. zu diesem entsprechungsethischen Ansatz auch schon: Tödt 1979, 64 und Schuhmacher 2006, 320, vgl. dort auch für den Einfluss Barths.
940 Vgl.: „Der Glaubende sieht seine ‚diesseitige' Weltwirklichkeit im Licht ihrer Zukunft, er erkennt seine Situation als durch die Verheißung auf Gott hin geöffnet." (Tödt 1993e, 41)
941 Vgl. Tödt 1988 g, 17, 19; Tödt 1988f, 46–47; Tödt 1988a, 75. An anderer Stelle spricht Tödt vom Achten auf „die Differenz von gefallener und versöhnter Welt" (Tödt 1979, 55).
942 Tödt 1988a, 75.

Genau zu diesem Prüfen sieht er Christen nicht nur beauftragt, sondern auch bevollmächtigt.[943] Ergebnis dieses Prüfens ist dann offenbar genau das verantwortliche Urteilen und Verhalten, das auf die Wirklichkeit antwortet.[944] Dieses Prüfen auf Vollzugsebene theoretisch zu beraten und zu reflektieren, ist Aufgabe christlicher Ethik in Tödts Sinne.[945] Zusammengefasst und pointiert in Tödts eigenen Worten gesagt:

> Verantwortliches Verhalten wird das um uns und in uns wirkende Böse samt seinen Folgen nicht verharmlosen, wird nicht meinen, das Böse sittlich bewältigen zu können, wo doch der Glaube Gott allein die Überwindung des Bösen zutraut. Die vom Menschen nicht zu bewältigende Macht des Bösen zeigt sich gerade, wenn es nicht um Entscheidungen zwischen Gut und Böse geht, sondern wenn jede mögliche Verhaltensweise böse Folgen mit einschließt, wenn also Wahrnehmung von Verantwortung mit Schuldübernahme verbunden ist und folglich der Vergebung bedarf. [...] In solchen Situationen wird der Christ nach den Perspektiven und Intentionen des Glaubens rückfragen, um in ihrem Zusammenhang die ambivalenten Lagen, die seine verantwortliche Orientierung herausfordern, zu prüfen und handelnd zu beantworten. Christliche Ethik hat die Aufgabe, ihn auf diesem Weg zu begleiten.[946]

(c) Das Verfahren

Damit stellt Tödt einen anderen „Ort der Konstitution ethischer Verbindlichkeit"[947] in den Fokus als Rendtorff: zwar auch, aber nicht primär das individuelle Subjekt in seiner Freiheit,[948] sondern eben diesen „Weg", den Prozess der sittlichen Urteilsfindung und die Geschichte.[949] Freiheit ist damit nicht als zwar sozial eingebundene,

---

943 „Durch das Kommen des Glaubens haben die Christen also die Vollmacht, mitten in der von Sünde gezeichneten Welt zu prüfen, zu urteilen und entsprechend zu handeln. Dieses Handeln und Verhalten geschieht aber nicht im eigenen Namen, sondern aufgrund der Gnadengaben Gottes in Christus." (Tödt 1988f, 47) Vgl. auch Tödt 1988a, 57 und Schuhmacher 2006, 274.
944 Vgl. Tödt 1988 g, 17.
945 Vgl. Tödt 1988 g, 17. Vgl. auch: „Vom Glauben geleiteter Umgang mit Vernunft wird ihre Einsichten weder pauschal annullieren noch ratifizieren. ‚Prüfet alles und behaltet das Rechte' (1Thess 5,21). Theologische Ethik ist Vollzug solchen Prüfens und Anleitung zu ihm." (Tödt 1988 g, 19) Zur Rolle dieses „Prüfens" im Denken Tödts, zur Ermächtigung dazu und zur Aufgabe theologischer Ethik vgl. auch Schuhmacher 2006, 274.
946 Tödt 1988 g, 17.
947 Wie zitiert (3.3.2.1) Rendtorff 1990, 46.
948 Vgl. für diese Antwort wie referiert (3.3.2.1) Rendtorff 1990, 46.
949 So schlägt Tödt vor, „bei der sittlichen Urteilsbildung von den auslösenden Problemen auszugehen" und „nicht vom Subjekt." (Tödt 1988a, 51) Vgl. so auch an anderer Stelle: Die „anthropologische Struktur [...] ist nicht vom ‚Subjekt' im neuzeitlichen Sinne her zu denken. Vielmehr fällt Verantwortung jeweils an bestimmten Stellen der Zeit den Betroffenen zu und sucht sich so erst ihr ‚Subjekt'. Insofern ist Verantwortung strikt geschichtlich und muß konkret in der Begegnung mit Mitwelt und Umwelt entdeckt und übernommen werden." (Tödt 1988d, 164)

aber letztlich individuelle Freiheit an das Subjekt gebunden, sondern wird bei Tödt „als *kommunikative* Freiheit" prozessual konkret:[950] Tödt fokussiert in der „Theorie sittlicher Urteilsfindung" m. E. ein Verfahren, das Freiheit als kommunikative Freiheit konkret realisiert. Dabei trägt dieses Verfahren der theologischen Perspektive Rechnung, dass sowohl Vollzugs- wie Theorieebene in die „noch nicht erlöste[.] Welt"[951] einzuordnen sind. Außerdem ist mit Fokus auf dieses auch diskursive[952] Verfahren der Schritt von der Individual- zur Sozialethik getan. Es geht nicht mehr nur um Subjekte, sondern um soziale Verfahren der Verantwortung.

Der besagten Aufgabe christlicher Ethik zur Wegbegleitung folgend hat Tödt sukzessive eine „Theorie sittlicher Urteilsfindung" entwickelt.[953] Darin ist die Urteilsfindung als *„iterativer* Prozeß" verstanden, in dem nicht ein Arbeitsschritt linear nach dem anderen gegangen werden kann, sondern die einzelnen „Sachmomente" miteinander zusammenhängen und „durch ihre wechselseitige Beleuchtung immer schärfer herausgearbeitet werden".[954] Bildlich ist dies m. E. der Arbeit an einem Mobile vergleichbar, bei der die Veränderung von einem Element präzisierende Nacharbeit an den anderen erfordert. Während Tödt betont, dass ein Urteilsentscheid Teil dieses Prozesses ist,[955] ist besagter Prozess sachlogisch eigentlich als unabschließbarer, weil eben als iterativer gedacht. Das Mobile wird nicht perfekt, weil auch die jeweils letzte Nachjustierung eigentlich eine weitere erforderte. Darin trägt diese Theorie der Lokalisierung von Theorie- und Vollzugsebene in der „noch nicht erlösten Welt"[956] Rechnung. Auch die Urteilsfindung müsste an den

---

950 Vgl. Tödt 1988f, 40–41, Zitat auf S. 40, kursiv im Original. Vgl. zu Tödts Freiheitsbegriff Tödt 1988f, 40–41 und ausführlicher Schuhmacher 2006, 255–257mit Verweis auf dieselbe Tödt-Passage (a. a. O., 255).
951 Tödt 1988a, 75.
952 Vgl. dazu (auch im Folgenden) das Sachmoment der *„Prüfung der sittlich-kommunikativen Verbindlichkeit"* (Tödt 1988f, 39–41, Zitat von S. 39, kursiv im Original).
953 Einen ersten Entwurf dazu veröffentlichte er 1977: „Versuch zu einer Theorie ethischer Urteilsfindung" (vgl. dazu Tödt selbst: Tödt 1988a, 53), einen zweiten Versuch machte er im September 1979 (veröffentlicht als Tödt 1988 f), vgl. Tödt 1988a; auf diesen (Tödt 1988f) beziehe ich mich hier. Eine Vorform findet sich etwa auch in Tödt 1979, 47–50. Für einen ausführlichen Vergleich der unterschiedlichen Fassungen vgl. Schuhmacher 2006, 322–336. Neben Benennungsfragen und Begriffsdifferenzierung ist der wichtigste Unterschied der Fassung von 1979 gegenüber der letzten vorhergehenden Fassung noch von 1978 (dokumentiert in: Tödt 1979) der Wegfall der „rückblickende[n] Adäquanzkontrolle" und die Ausdifferenzierung der Kommunikabilitätsprüfung (vgl. auch für das Zitat Schuhmacher 2006, 329). Ersteres erklärt Schuhmacher plausibel damit, dass dieser Schritt mit dem Verständnis der Urteilsfindung als „iterative[m] Prozess" obsolet wurde (vgl. Schuhmacher 2006, 329–330, Zitat auf S. 329).
954 Vgl. auch für die Zitate Tödt 1988f, 29, kursiv im Original.
955 Vgl. Tödt 1988f, 29, 41; Tödt 1988a, 53.
956 Tödt 1988a, 75.

Ambivalenzen Anteil haben. Dem Urteilsentscheid „eignet" – wie Tödt selbst sagt – „sowohl der Charakter des Wagnisses wie der möglichen Schuld".[957] Nicht zu letzter Klarheit über das Zutuende verhilft die Reflexion also, wohl aber „zu größerer Klarheit und Verantwortbarkeit".[958] Steigerung von „Klarheit und Verantwortbarkeit" sind m. E. auch bei Tödt Beiträge zur Steigerung von Freiheit. Das Bemühen darum im Bewusstsein um die Lokalisierung in der „noch nicht erlösten Welt"[959] finden sich auch in Tödts Beschreibung der „Sachmomente". Diese sind im Text von 1979:[960]

- Problemwahrnehmung,
- „*Situationsanalyse*",
- „*Beurteilung von Verhaltensoptionen*",
- „*Prüfung von Normen, Gütern und Perspektiven*",
- „*Prüfung der sittlich-kommunikativen Verbindlichkeit*" und
- „*Urteilsentscheid*".[961]

Etwa in den folgenden beiden Punkten kommt die Begrenztheit und Ambivalenzanfälligkeit der Theorieebene zum Tragen: Für die „anfängliche Problemdefinition" betont Tödt, dass diese „gegebenenfalls durch Erkenntnisse der Situationsanalyse korrigiert" werden muss.[962] Für die Situationsanalyse, in der der Kontext des jeweiligen sittlichen Problems beschrieben werden soll,[963] betont Tödt deren Selektivität:[964] „Einen *Kontext* ,vollständig' zu erfassen wäre eine unendliche Aufgabe"[965]. Deshalb müsste die „*Selektion*" über „Auswahlkriterien" verantwortet werden.[966] Die Begrenztheit der Vollzugsebene in der „noch nicht erlösten Welt"[967] zeigt sich auch, wo Tödt betont, dass es „immer um Verhaltensalternativen [geht, FH], die auch ein Mehr oder Weniger an Ungutem enthalten oder enthalten können, sei es auch nur in unvorhergesehenen Folge- oder Nebenwirkungen."[968]

---

957 Vgl. auch für die Zitate Tödt 1988f, 41. Zum „*Wagnis* des Irrtums" schon in der Situationsanalyse vgl. Tödt 1988f, 32., dort auch das Zitat, kursiv im Original.
958 Vgl. auch für das Zitat Tödt 1988f, 22. An anderer Stelle spricht Tödt von dem, was „am ehesten zu verantworten ist" (Tödt 1988f, 32).
959 Tödt 1988a, 75.
960 Vgl. für das Folgende Tödt 1988f, 30–42, Zitate im Original kursiv.
961 Tödt 1988f, 31, 34, 37, 39, 41, im Original kursiv.
962 Vgl. auch für das Zitat Tödt 1988f, 32.
963 Vgl. Tödt 1988f, 31–33.
964 Vgl. Tödt 1988f, 31.
965 Tödt 1988f, 31, kursiv im Original.
966 Vgl. auch für die Zitate Tödt 1988f, 31, kursiv im Original.
967 Tödt 1988a, 75.
968 Tödt 1988f, 32.

Gerade seine Ausführungen zum Sachmoment *„Prüfung der sittlich-kommunikativen Verbindlichkeit"* profilieren Tödts Freiheitsbegriff. In der sittlichen Urteilsfindung sei ein Mensch einerseits in „Identität und Integrität" gefordert; andererseits werde „im sittlichen Urteil die Einheit der Menschen als maßgebend für ihr menschliches Verhalten postuliert".[969] Auch wegen dieser Einheit – und m. E. gerade, weil sie „in der nichterlösten Welt" eine „verdunkelt[e]" sei – bedürfe es gerade der Bemühung um Kommunikativität:[970]

> Das bedeutet nun freilich, daß bei jedem Urteilsschritt mitbedacht werden muß, daß nicht die Subjektivität des Urteilenden, seine Orientierung am Selbstseinkönnen, der Generalisierung des betreffenden Moments im Urteilsgang im Wege stehen darf. Der Urteilende [...] hat aber zu bedenken, was in der von ihm zu wählenden Verhaltensweise unkommunikativ, für andere nicht akzeptabel und darum trennend ist.[971]

Dieses Sachmoment richteten die Urteilsfindung also auf die Steigerung von Kommunikativität und Akzeptanz des Urteils bei anderen Betroffenen aus.[972] In dieser Ausrichtung kommt ein Begriff von Freiheit „als *kommunikative[r]* Freiheit" zum Ausdruck, nach dem „die Individuen die Freiheit der anderen nicht bloß [...] als Beschränkung der eigenen Freiheit erfahren, sondern zugleich als deren Ermöglichung."[973] Nach einem *„gemeinsamen* sittlichen Urteil"[974] zu suchen, worauf dieses Sachmoment ausrichtet, ist damit nicht als Einschränkung von, sondern als Gewinn an Freiheit gesehen. Voraussetzung dafür ist eine dogmatisch informierte, genauer: eine eschatologische Perspektive, die Tödt explizit macht:

> Eben das Wissen um den Geschenkcharakter des je anderen und der durch ihn vermittelten Gaben gehört zum Charakter der neuen Welt, des Reiches Gottes. Dessen Strukturen können nicht zu Gesetzen der gefallenen Welt gemacht werden; aber schon jetzt kann und darf auf sie hingelebt werden.[975]

Vergleicht man an dieser Stelle die beiden lutherischen Theologen Rendtorff und Tödt,[976] wird eine interessante Fokusverschiebung sichtbar. Beide schreiben sowohl von der Individualität als auch der sozialen Eingebundenheit und Kommunikati-

---

969 Vgl. auch für die Zitate Tödt 1988a, 74.
970 Vgl. auch für die Zitate Tödt 1988a, 74.
971 Tödt 1988a, 76.
972 Vgl. auch zum Gedanken der Betroffenen: Tödt 1988f, 40.
973 Vgl. auch für die Zitate Tödt 1988f, 40–41, kursiv im Original.
974 Tödt 1988f, 40.
975 Tödt 1988a, 76.
976 Zur lutherischen Prägung Tödts vgl. Schuhmacher 2006, 29.

vität der Freiheit.[977] Rendtorff allerdings lädt vor allem die „[i]ndividuelle Freiheit" theologisch, genauer: protologisch als „,Gabe' [...] von ,Gott'" und als „Freiheitssinn der Geschöpflichkeit" auf.[978] Tödt lädt wie gerade zitiert vor allem die kommunikative Freiheit theologisch, genauer: eschatologisch auf, als Entsprechung[979] zur Reich-Gottes-Gemeinschaft. Deshalb kommt m. E. bei Rendtorff Freiheit eher als sozial unhintergehbares Postulat zur Geltung, während bei Tödt eher die konkrete Freiheitswahrnehmung in Sozialzusammenhängen im Mittelpunkt steht. Deshalb ist Tödts Verantwortungsethik im Kern Sozialethik.

Zusammenfassend gesagt ist Tödts „Theorie sittlicher Urteilsfindung" insgesamt darauf angelegt, „Klarheit und Verantwortbarkeit"(s. o.) zu steigern, indem sie die Sensibilität für den Kontext und die Selektivität der eigenen Kontextwahrnehmung, für die Fülle an Verhaltensoptionen und für deren Ambivalenzen, für die möglicherweise situativ verbindlichen Normen und Güter[980] und deren Geltung in theologischer Perspektive und für die Ausrichtung auf Kommunikativität erhöht.[981] So ist Tödts „Theorie sittlicher Urteilsfindung" ihrer Anlage nach eine Theorie der konkreten Wahrnehmung kommunikativer Freiheit in Perspektive auf Schöpfung, Versöhnung und Erlösung und in der von der daher als noch nicht erlöst verstandenen Welt. Mit den Ambivalenzen der noch nicht erlösten Welt rechnet diese Theorie auf Vollzugs- wie auf Theorieebene.

3.3.3.2 „Verantwortung" als operationalisierter Sollenskonflikt
Im Zug der gerade sehr grob umrissenen ethischen Theorie eignet Tödt den Übergang von Pflicht zu Verantwortung, in dem „Verantwortung" den Umgang mit Sollenskonflikten denotiert, unabgeschwächt an und operationalisiert die diskursive und reflexive Wahrnehmung und Bearbeitung dieses Konflikts mit seiner „Theorie sittlicher Urteilsfindung". Diese These will ich im Folgenden erläutern und prüfen.

Tödt macht den Übergang von Pflicht zu Verantwortung in der „sittliche[n] Sprache der Gegenwart" explizit; Verantwortung habe „die Nachfolge des Pflicht-

---

977 Bei Tödt etwa wird die Individualität deutlich, wo er wie teilweise zitiert betont: „Zwar bin ich im sittlichen Urteil gerade als ,ich selbst' in meiner lebensgeschichtlichen Einmaligkeit, in meiner Identität und Integrität gefordert;" (Tödt 1988a, 74). Rendtorff betont wie gezeigt auch die Sozialität (vgl. etwa Rendtorff 1990, 72, vgl. da auch für die „kommunikative Struktur der menschlichen Lebenswirklichkeit" [ebd.]).
978 Vgl. auch für die Zitate Rendtorff 1990, 16, 71.
979 Zum entsprechungsethischen Ansatz in Barthscher Tradition bei Tödt s. o., bes. Anm. 939 in diesem Kapitel und die dort zitierte Literatur.
980 Vgl. Tödt 1988f, 37–39.
981 Vgl. Tödt 1988f., das erste Zitate ist aus dem Titel dieses Aufsatzes.

begriffs" angetreten.⁹⁸² Den Unterschied zwischen Pflicht – m.E. hier vor allem: Kants Pflichtbegriff – und Verantwortung – genauer: Webers Verantwortungsbegriff – bestimmt er wie folgt:⁹⁸³

> Für das Pflichtgesetz wird die Wirklichkeit zum Material der Pflicht; ihr werden die aus dem Sollen des Pflichtgesetzes entspringenden Handlungen und Verhaltensweisen aufgeprägt, ohne daß thematisiert wird, was diese Wirklichkeit von sich aus zu sagen hat. Bei Max Weber [...] heißt Verantwortung vor der Zukunft zu übernehmen: sich intensiv auf die Wirklichkeit und das in ihr Mögliche einzulassen und dabei die Folgen des eigenen Tuns als etwas zu betrachten, was dem Täter zugerechnet wird, wofür er sittlich einzustehen hat.⁹⁸⁴

In diesem Übergang wird einmal, wie Tödt zurecht festhält, „ein verändertes Verhältnis von sittlichem Subjekt und der ihm begegnenden Wirklichkeit vorausgesetzt",⁹⁸⁵ also mit dem Verantwortungsbegriff theoretisch repräsentiert. Charakteristisch für Tödts, in diesem Punkte von Georg Picht übernommenen Verantwortungsbegriff, ist, „bei der sittlichen Urteilsbildung von den auslösenden Problemen auszugehen", nämlich: „von dem Geschehen selbst" und „nicht vom Subjekt".⁹⁸⁶ Zum anderen impliziert in Folge dieser Verhältnisänderung der Verantwortungsbegriff bei Tödt auch eine Veränderung der „ethische[n] Grundsituation"⁹⁸⁷ für das Subjekt, nämlich von der Pflichtsituation der Sollenseindeutigkeit zu der Situation, mit mehreren, potentiell konfligierenden, aber gleichermaßen berechtigten Sollensforderungen konfrontiert zu sein, also in einem „Sollenskonflikt" zu stehen. Diese Situation hatte der klassische Pflichtbegriff für die Reflexion nicht theoretisch abgebildet. Folgt man aber Tödts zitierter Rekonstruktion von Verantwortung und repräsentiert auf Theorieebene das Verhältnis zur Wirklichkeit geltungstheoretisch als relevant, beinhaltet dies, Sollenskonflikte auf Theorieebene zuzulassen: Im kantischen Pflichtbegriff war die Sollenseindeutigkeit ja gerade über den von Tödt angedeuteten geltungstheoretischen Ausschluss empirischer Bestimmung von der Reflexionsebene erreicht. Entsprechend lässt sich vermittels

---

982 Vgl. auch für die Zitate Tödt 1988f, 44.
983 Vgl. Tödt 1988f, 44.
984 Tödt 1988f, 44.
985 Vgl. auch für das Zitat Tödt 1988f, 44. Vgl. zu dieser Veränderung auch: „An Stelle dieses imperativen Verhältnisses der moralischen Vernunft zur Sinnenwelt fassen wir Begebenheiten, die zu sittlichen Urteilen herausfordern, nicht als bloßes Material sittlicher Handlungen, sondern als etwas, das in sich selbst Wert enthält und also sittlich etwas zu besagen hat." (Tödt 1988f, 27)
986 Tödt 1988a, 51. Vgl. so – wie bereits zitiert – auch an anderer Stelle: Die „anthropologische Struktur [...] ist nicht vom ‚Subjekt' im neuzeitlichen Sinne her zu denken. Vielmehr fällt Verantwortung jeweils an bestimmten Stellen der Zeit den Betroffenen zu und sucht sich so erst ihr ‚Subjekt'." (Tödt 1988d, 164)
987 Fischer 1992, 122.

des kategorischen Imperativs denkend vereindeutigen, worin die Pflicht besteht.[988] Hört der zum sittlichen Urteil Herausgeforderte und Reflektierende nun nicht nur auf diese Stimme der Vernunft, sondern gemäß dem veränderten Verhältnis zur Wirklichkeit auch darauf, was „Wirklichkeit von sich aus zu sagen" (s. o.) hat, hat er es mit potentiell konfligierenden Forderungen zu tun. Handelt jemand etwa nicht nur nach der Maxime, nie zu lügen, sondern bezieht die Folgen des Nicht-Lügens in sein Handlungskalkül ein, kann sich aus dieser Folgenabwägung die Forderung ergeben, in dieser Situation zu lügen, die wiederum der Eingangsmaxime widerspricht.[989] Deshalb denotiert Verantwortung bei Tödt nicht nur das veränderte Wirklichkeitsverhältnis des sittlichen Subjekts, sondern damit auch diesen permanent möglichen Sollenskonflikt. Offenbar hatten sich für Max Weber, für Dietrich Bonhoeffer, davor für Albert Schweitzer und nun für Heinz Eduard Tödt in der Begegnung mit Wirklichkeit ethische Konflikte, Dilemmata und Sollensuneindeutigkeiten ergeben, die sich mit einem klassischen Pflichtbegriff weder angemessen theoretisch repräsentieren noch bearbeiten ließen. Daher die Wende zum Verantwortungsbegriff, der die Situation dieser Sollenskonflikte theoretisch repräsentiert.

Dass dieser Sollenskonflikt auch für Tödt mit dem Verantwortungsbegriff verbunden war, zeigt sich zunächst an Tödts Wahrnehmung dessen, was die „Theorie sittlicher Urteilsfindung" überhaupt erst notwendig macht:[990]

> Das moderne sittliche Bewußtsein wird von der Einsicht bestimmt, daß man mit der einfachen Deduktion aus festgelegten moralischen Einstellungen nicht der Vielfältigkeit und Eigenart anfallender Probleme gerecht wird, daß man vielmehr in einem sorgfältigen Verfahren den Weg vom Ethos zum konkreten Urteil und zur Handlungsentscheidung gehen muß – oder umgekehrt [...].[991]

Sollenseindeutigkeit ist deduktiv nicht mehr herstellbar, deshalb bedarf es Tödt zufolge komplexerer Verfahren der Urteilsfindung. Die Verbindung von Sollenskonflikt mit dem Verantwortungsbegriff zeigt sich sodann an zahlreichen Formulierungen: „Verantwortliches Verhalten" hatte Tödt wie zitiert mit solchen „ambivalenten Lagen" verbunden, in denen „jede mögliche Verhaltensweise böse Folgen mit einschließt", also Lagen von Sollensuneindeutigkeit und -konflikten.[992] Menschen seien „zur Entscheidung zwischen gegensätzlichen Optionen" herausgefordert.[993] Die von Tödt als Beispiel zitierten „anfallende[n] Probleme" – Wehr-

---

988 Vgl. dazu oben 3.1.1, bes. etwa Anm. 79, und die dort zitierte Literatur.
989 Vgl. zu diesem in Theologie und Philosophie einschlägigen Beispiel etwa DBW 6, 280–281.
990 Vgl. Tödt 1988 f, 21.
991 Tödt 1988 f, 21. Vgl. dazu Schuhmacher 2006, 324.
992 Vgl. auch für die Zitate Tödt 1988 g, 17.
993 Vgl. auch für die Zitate Tödt 1988 g, 17. Auch Tödt spricht hier von „herausfordern".

dienstverweigerung, Schwangerschaftsabbruch, „lebensverlängernde[.] Maßnahmen", Verschwörung gegen einen Tyrannen oder der „Bau eines Kernkraftwerks" – beinhalten alle Sollenskonflikte oder gar Dilemmasituationen.[994] In der Arbeit zum Sachmoment „Situationsanalyse" betont Tödt, dass es „immer um Verhaltensalternativen, die auch ein Mehr oder Weniger an Ungutem enthalten oder enthalten können" geht:[995]

> Hier gibt es keine Wahl zwischen eindeutig gut und eindeutig ungut, sondern nur ein Abwägen, welche Entscheidung den sittlichen Vorzug verdient, also am ehesten zu verantworten ist [...].[996]

Deshalb beinhaltet die Urteilsfindung ja auch die Möglichkeit von *„Schuld"* und das *„Wagnis* des Irrtums".[997] Deshalb gilt: „Der Urteilsentscheid enthält in vieler Hinsicht ein Wagnis."[998] In Ablösung vom Pflichtbegriff denotiert „Verantwortung" bei Tödt also ein verändertes Wirklichkeitsverhältnis und damit Sollensuneindeutigkeit und potenziell Sollenskonflikte.

Vor diesem Hintergrund verstehe ich seine „Theorie der sittlichen Urteilsfindung" als Verfahren zur Entscheidungsfindung angesichts potentieller Sollenskonflikte und damit als Verfahren zum Erhalt der Verhaltensfähigkeit in Situationen von Sollensuneindeutigkeit. Diese Theorie nimmt den jeweiligen Sollenskonflikt dabei nicht durch ihre Voreinstellungen zurück, sondern vertieft dessen theoretische Wahrnehmung.

Grundlegend zeigt sich dies etwa, wenn Tödt – m. E. implizit auch gegen Rendtorffs konservative Tendenz gerichtet – betont, „daß der heutige Mensch sich nicht dominant auf evidente Vorgegebenheiten des Lebens beziehen kann, sondern – die Vorgegebenheiten transzendierend – nolens volens selbst Lebensverhältnisse schafft, für die er wegen ihrer Neuheit die Verantwortungsmaßstäbe nicht aus schon Gegebenem ableiten kann, sondern neue Kriterien finden muß".[999] Das

---

994 Vgl. Tödt 1988f, 23–24, Zitate auf S. 23.
995 Vgl. auch für die Zitate Tödt 1988f, 32.
996 Tödt 1988f, 32.
997 Vgl. auch für die Zitate Tödt 1988f, 32, kursiv im Original.
998 Tödt 1988a, 78. Was dieses Wagnis konkreter meinen kann, führt Tödt mit Bezug zur Zeit des Nationalsozialismus aus: „Die Männer des Widerstands im Dritten Reich nahmen die größten Gefahren für ihre Familien und das eigene Leben auf sich, um der ihnen zufallenden Verantwortung zu genügen, nämlich dem Unrechtsregime ein Ende zu setzen. Sie hatten den Mut zum freien Wagnis der Verantwortung jenseits des mißbrauchten Rechts und des geschändeten Gesetzes." (Tödt 1988b, 86)
999 Vgl. auch für das Zitat Tödt 1988 g, 16. Vgl. für Tödts Einordnung von Rendtorff als konservativ: Tödt 1988a, 52.

impliziert nicht nur die Kritik an Ethischer Theologie, die (Neuheit der) Situation zu unterschätzen, es verzichtet vor allem darauf, den Sollenskonflikt hinter vermeintlichen Vorgegebenheiten zurückzunehmen. In die Prävalenz des Kommenden nimmt Tödt den Konflikt aber auch nicht zurück, weil er an der geltungstheoretischen Relevanz des Vorgegebenen weiterhin festhält.[1000] Genau das macht ihn zur Mittelposition zwischen konservativer Ethischer Theologie und mindestens in der Rhetorik revolutionärer Neuer Politischer Theologie:

> Für die Perspektive, in der ich zum sittlichen Urteil finde, ist also der Zeitmodus der Zukunft von entscheidender Bedeutung. Für die Vorgabe, Klärung und Auswahl von Normen und Gütern, also für die materialen, die inhaltlichen Komponenten des Urteils hingegen sind Vergangenheit und Gegenwart dominant.[1001]

Im Vollzug zeigt sich die Nichtzurücknahme des Sollenskonflikts daran, dass die Sachmomente der Urteilsfindung für sich und zusammen dazu anleiten, so viele wie möglich der relevanten Ansprüche, Forderungen, Orientierungen und Pflichten in Bezug auf ein Problem in Reflexion und Diskurs zu repräsentieren. Das deckt mögliche Sollenskonflikte auf und vertieft deren Wahrnehmung. Auf diesem Wege operationalisiert Tödts Theorie sittlicher Urteilsfindung die reflexive und diskursive Wahrnehmung und Bearbeitung von Sollenskonflikten.

Die theologische Voraussetzung dafür ist m.E. Tödts in der Tradition zu Karl Barth und Dietrich Bonhoeffer stehende Perspektive auf die Wirklichkeit als Perspektive auf Schöpfung, Versöhnung und Erlösung, die es ihm ermöglicht, die Realität der nichterlösten Welt ernst zu nehmen, ohne darüber die eschatologische Perspektive in ethische Irrelevanz zu entlassen oder sich von dieser zur politischen Ideologisierung verführen zu lassen.[1002] Es ist die theologische Deutung der Welt als nichterlöste, die es bei ihm nötig macht, die Ambivalenzen, Sollenskonflikte und „bösen" Anteile aller Verhaltensoptionen auch theoretisch ernst zu nehmen und mit ihnen zu rechnen. Ohne die eschatologische Perspektive auf Erlösung, würde dieses Rechnen mit Unerlöstheit Ethik allzu leicht in eine nur an der Vermeidung des Negativen orientierten Lebenserhaltungsethik kippen lassen.[1003] Dagegen hält Tödt

---

1000 Vgl. etwa Tödt 1988a, 73–74.
1001 Tödt 1988a, 74.
1002 Zu dieser Trias und der theologiegeschichtlichen Einordnung vgl. auch wie zitiert Schuhmacher 2006, 270, 304–305.
1003 Vgl. dazu Tödt 1988 g, 15–16, 18. Dort heißt es etwa: „Der Glaube enthält zum Beispiel eine eschatologische Perspektive, die uns hindert, sittliche Verantwortung ganz vorwiegend an der Eindämmung von Sündenfolgen im Sinne der Lebenserhaltung zu praktizieren." (Tödt 1988 g, 18)

gerade in Sollenskonflikten der unerlösten Welt an der eschatologischen Hoffnungsperspektive fest:

> Vielmehr ergibt sich aus der Erwartung des kommenden Reiches Gottes eine Perspektive und eine Hoffnung, welche eine bestimmte Wahl geradezu fordert. Denn im vorscheinenden Lichte des kommenden Reiches Gottes werden weltliche Situationen zum Gleichnis dieses Reiches und locken den Glaubenden so, das Verhalten zu wählen, das zu seinem Kommen die stärkste Affinität hat [...].[1004]

Zusammenfassend gilt also: *Bei Heinz Eduard Tödt denotiert „Verantwortung" ein verändertes Wirklichkeitsverhältnis des sittlichen Subjektes und damit Situationen mit Sollenskonflikten, die mittels des Verantwortungsbegriffs theoretisch unabgeschwächt repräsentiert werden. Seine „Theorie sittlicher Urteilsfindung" operationalisiert die diskursive und reflexive Wahrnehmung und Bearbeitung dieser Konflikte. Auf theoretischer Ebene befähigt sie so zum verantwortlichen Verhalten. Theologische Voraussetzung ist dafür die eschatologische Perspektive auf die Wirklichkeit, in der diese als noch nicht erlöste Welt erscheint.*

3.3.3.3 Die Verbindung von Verantwortung mit Reflexivität, Pluralität, Reziprozität und Dialogizität in Hubers „Sozialethik als Verantwortungsethik"

Der zeitweise ebenfalls in Heidelberg arbeitende und lehrende Theologe Wolfgang Huber kann – das hat Wolfgang Schuhmacher zurecht bemerkt – „wohl als der bekannteste Vertreter der ‚Tödt-Schule' in Öffentlichkeit und Fachwelt gelten".[1005] Huber, der mit Tödt an der Forschungsstätte der Evangelischen Studiengemeinschaft (FEST) arbeitete und ihm auf dem Lehrstuhl folgte,[1006] hat Tödts Verantwortungsethik explizit als Sozialethik weitergedacht.[1007] Hubers Konzept von Verantwortung hatte ich einleitend (1.2.2.1) in Anlehnung an Hubers eigene Zusammenfassung mit den Stichworten Relationalität, Reziprozität, Reflexivität, Dialogizität und eschatologische Perspektive charakterisiert. Gerade die Relationalität, die Reflexivität, die Dialogizität und die eschatologische Perspektive teilt Hubers mit Tödts Verantwortungsethik. Auch dieser hatte über die Differenzierung von Theorie

---

1004 Tödt 1988a, 81.
1005 Vgl. auch für das Zitat Schuhmacher 2006, 398–399. Arbeiten von mir zu Grundgedanken Hubers zu Verantwortung und Verantwortungsethik finden sich auch bereits in Höhne 2022b.
1006 Vgl. Schuhmacher 2006, 398.
1007 Schuhmacher hat umfassend die Verbindungen im Denken von Tödt und Huber gelistet (Schuhmacher 2006, 399–402) – die „Konzeption evangelischer (Sozial-)Ethik als Verantwortungsethik" zählt dazu (a.a.O., 401).

und Vollzugsebene implizit auf „reflexiven Prinzipiengebrauch"[1008] abgestellt. Auch dieser hatte über die „Prüfung der sittlich-kommunikativen Verbindlichkeit" (s. 3.3.3.1 (c)) die verantwortliche Urteilsfindung auf Dialogizität ausgerichtet. Und wie Tödt (und Bonhoeffer) geht auch Huber von responsiven Grundbestimmungen der Verantwortung aus.[1009] Wie Tödt versteht er Freiheit als „‚kommunikative Freiheit'".[1010]

Wichtiger als die Gemeinsamkeiten von Tödt und Huber ist an dieser Stelle aber die Frage, inwiefern Hubers derartig charakterisierte Verantwortungsethik als Aneignung des Übergangs vom Pflicht- zum Verantwortungsbegriff gelesen werden kann. Meine darauf antwortende These, die ich im Folgenden entwickeln und prüfen werde, lautet: *Wichtige charakteristische Denotationen des Verantwortungsbegriffs bei Huber lassen sich auf den Übergang von Pflicht zu Verantwortung, wie er sich in der Weber-Interpretation des Heidelberger Soziologen Wolfgang Schluchter findet, zurückführen. Von daher denotiert Verantwortung bei Huber explizit Reflexivität, Anerkennung von weltanschaulicher Pluralität, Reziprozität und Dialogizität und implizit in all dem die Sollensuneindeutigkeit moderner komplexer Gesellschaften. Die Verbindung von Verantwortung mit Relationalität und eschatologischer Perspektive lässt sich auf genuin theologische Traditionen zurückführen.*

1982 hat Wolfgang Huber in seinem Marburger Festvortrag zu den Geburtstagen von Dietrich von Oppen und Stephan Pfürtner deren Aufschläge angenommen, „Sozialethik als Verantwortungsethik" zu entwerfen.[1011] Dabei erweist sich seine jeweils an Schlüsselpunkten von Schluchters Systematisierung geprägte Weber Rezeption insofern als entscheidend, als sie *erstens* die Einordnung des Verantwortungsbegriffs und *zweitens* die Essenz ihrer nicht-theologischen Bestimmung stellt.

(1) *Einordnung.* Erstens zieht sich die Weber-Schluchtersche Typisierung von Gesetzes-, Gesinnungs- und Verantwortungsethik (vgl. 3.2.2.3) durch den ganzen Aufsatz und benennt jeweils das Spezifische des Verantwortungsbegriffs: Schon eingangs verortet Huber Pfürtners Impuls zu einer Sozialethik als Verantwortungsethik in dessen Selbstabgrenzung zur „normativen Ethik", welche Huber als „Gesetzesethik" identifiziert.[1012] Während diese „gesellschaftliche Verantwortung durch moralische Disqualifikation" ersetze, schreibe jene die „Achtung vor der personalen Verantwortung eines jeden" ins Stammbuch.[1013] Am Ende des Textes

---

[1008] Huber 1990, 140.
[1009] Vgl. etwa Huber 1990, 144; Huber 2012b, 81–83.
[1010] Vgl. auch für das Zitat Huber 1985, 118; Huber 2012b, 63.
[1011] Vgl. Huber 1990, 135.
[1012] Vgl. Huber 1990, 136–137, Zitate auf S. 136.
[1013] Vgl. auch für die Zitate Huber 1990, 137.

bezieht Huber die Trias von Gesetzes-, Gesinnungs- und Verantwortungsethik auf Habermas' „drei Weltkonzepte".[1014]

(2) *Bestimmung.* Zweitens rezipiert Huber in dem Vortrag zwar auch Dietrich Bonhoeffer und Hans Jonas zum Verantwortungsbegriff. Bonhoeffer liest er dabei aber als theologische Verschärfung und christologische Bestimmung von Verantwortung, für die dann „Antwortstruktur und Stellvertretungscharakter" kennzeichnend seien.[1015] Hans Jonas' „Prinzip Verantwortung" kritisiert er so scharf, dass davon letztlich nur eine Anregung zur Entschränkung der Zukunftsverantwortung bleibt.[1016] Für die grundsätzliche Pointierung von Verantwortung bleibt also der Weber-Teil des Textes entscheidend, dessen Inhalte sich teilweise mit Hubers Pfürtner-Rezeption überschneiden: So beschreibt Huber mit dem Rationalismustext Schluchters den „Übergang von der Gesinnungsethik zur Verantwortungsethik" als den „Schritt vom einfachen zum reflexiven Prinzipiengebrauch".[1017] Dieser sei wegen der neuzeitlichen „Pluralität ethischer Orientierungen" nötig geworden:[1018]

> Wer sich auf diese Situation einstellen will, muß seine eigenen ethischen Prinzipien reflexiv zu den Prinzipien anderer in Beziehung setzen; er muß die Gewissensfreiheit des anderen genau so ernst nehmen wie seine eigene Gewissensfreiheit.[1019]

Genau diesen Gedanken, der sich ähnlich auch bei Schluchter nachweisen lässt,[1020] übernimmt Huber dann in seine eigene Konzeption einer Verantwortungsethik, wo er ihn zudem bei Stephan Pfürtner wiederfindet.[1021]

1014 Vgl. auch für das Zitat Huber 1990, 156.
1015 Vgl. Huber 1990, 141–145, Zitat auf S. 144.
1016 So schreibt er über Jonas: „Deshalb bildet nicht die Wechselseitigkeit von Verantwortung den Rahmen, innerhalb dessen sich unterschiedliche Gestalten und deshalb auch nichtreziproke Formen der Verantwortung entfalten – sondern die Einseitigkeit, die Nichtreziprozität wird zur Grundbestimmung von Verantwortung. Daraus ergibt sich schließlich ein elitärer, ein seiner Tendenz nach undemokratischer Begriff der Verantwortung." (Huber 1990, 146–147) Einzige die spätere Erwähnung von Jonas im Zusammenhang mit dem Zukunftsbezug der Ethik lässt sich so verstehen, als habe dieser zumindest auf die gegenwärtig neue „Dramatik" dieses Zukunftsbezugs verwiesen (vgl. Huber 1990, 154). Zur *„Expansion der Verantwortung"* bei Jonas vgl. Heidbrink 2003, 123, kursiv im Original.
1017 Vgl. auch für die Zitate Huber 1990, 140. Vgl. auch Huber 2012b, 92.
1018 Vgl. auch für das Zitat Huber 1990, 140. Vgl. auch Huber 2012b, 92.
1019 Huber 1990, 140.
1020 Vgl. Schluchter 1979, 68–69, 87–89; Schluchter 1998, 121,141–143. und die Zitate daraus oben 3.2.2.3. Huber selbst zitiert Gedanken der „Anerkennung der Gewissensfreiheit des anderen" als „Ausgangspunkt einer ‚sozialen Ethik'" auch von Pfürtner (Huber 1990, 137).

In dem „Respekt vor der Gewissensfreiheit des anderen" unterscheidet sich bei Huber so die Verantwortungsethik von der Gesinnungsethik,[1022] sodass in seinem eigenen Konzept dieser Respekt vor den „Überzeugungen des anderen",[1023] der sich in der Reflexivität des Prinzipiengebrauchs niederschlägt und der Situation der Pluralität gerecht wird, die Schluchter später mit Weber als „absoluten Polytheismus der Werte" (3.2.2.2) beschrieben hat, konstitutiv mit „Verantwortung" verbunden ist:

> Erst [...] wenn man die personale Verantwortung, die man selbst in Anspruch nimmt, auch dem anderen zuerkennt, hat man den Weg einer sozialen Ethik betreten, die den Namen ‚Verantwortungsethik' verdient.[1024]

Insofern damit der Sache nach Reziprozität benannt ist, zeichnet Huber von Schluchters Weberrekonstruktion her Reziprozität – nämlich die „gegenseitige[.] Anerkennung der Gewissensfreiheit"[1025] – in den Verantwortungsbegriff so ein, dass sich dieser durch die so implizierte Reziprozität gegenüber Gesinnungsethik und „Pflicht" auszeichnet:[1026] Verantwortung rechnet für Huber mit der Verantwortung des anderen und ist gerade darin auf Wechselseitigkeit, also Reziprozität

---

1021 Vgl.: „Das heißt: nicht mehr nur die eigene Gewissensfreiheit, sondern die Gewissensfreiheit des anderen ist der Ausgangspunkt der ethischen Reflexion. Stephan Pfürtner hat in dieser Einsicht das grundlegende Prinzip einer sozialen Ethik erkannt." (Huber 1990, 150).
1022 Vgl. Huber 1990, 140–141, Zitat auf S. 141, und Huber 2012b, 92: „Beim Übergang von der Gesetzesethik zur Gesinnungsethik wächst der Gewissensfreiheit des einzelnen für die ethische Orientierung eine Schlüsselrolle zu. [...] Doch die Stufe der Gesinnungsethik wird in der neuzeitlichen Entwicklung in dem Maß überschritten, in welchem innerhalb einer Gesellschaft verschiedenartige Gewissensorientierungen nebeneinandertreten. [...] Gerade dann jedoch, wenn man an der Möglichkeit gemeinsamer Orientierung und gemeinsamen Handelns interessiert ist, muß man zunächst die Überzeugung des anderen als *fremde* Überzeugung ernstnehmen und respektieren." (Huber 1990, 150, kursiv im Original). Pointiert formuliert Huber später: „Seinen entscheidenden Grund hat dieser Übergang [von Gesinnungs- zu Verantwortungsethik, FH] im Respekt vor der Gewissensfreiheit der anderen." (Huber 2012b, 92)
1023 Vgl. Huber 1990, 150.
1024 Huber 1990, 151.
1025 Huber 2012b, 93. Vgl. dazu auch Huber 1995, 156.
1026 Huber spricht von „der Basis der wechselseitig zugestandenen Gewissensfreiheit" (Huber 1990, 137). Gesinnungsethik als Pflichtethik war dagegen bei Schluchter gerade nur an der eigenen Gewissensfreiheit, nicht an der fremden interessiert (vgl. Schluchter 1998, 141): „Sie reklamiert sie für ihr Prinzip, nicht für das des Andersdenkenden, insbesondere dann nicht, wenn dieser in der Minderheit und machtlos ist." (ebd.) So pointiert impliziert Gesinnungsethik als Pflichtethik also gerade nicht den reziproken Respekt von Gewissensfreiheit.

angelegt.[1027] Reflexivität im Prinzipiengebrauch wegen „Respekt vor der Gewissensfreiheit des anderen" und Reziprozität im Verantwortungsbegriff denkt Huber folglich als ethische Reaktionen auf eine Situation, genauer: auf die Akzeptanz einer Situation weltanschaulicher Pluralität.[1028]

Wo Schluchter 1988 wie gesehen (3.2.2.3) auf das „dialogisches Prinzip der kritischen Prüfung"[1029] in der Verwantwortungsethik verweist, arbeitet er genau die systematische Grundlage für diese Reziprozität der Verantwortung heraus: In verantwortungsethischer Perspektive versetze sich der verantwortlich Handelnde – so Schluchter wie referiert (3.2.2.3) – anders als der in gesinnungsethischer Perspektive aus Pflicht Handelnde, nicht mehr „*auf* den Standpunkt der Vernunft"[1030], um seine Moralprinzipien prädiskursiv als notwendig zu begründen. Damit ist die Situation human irreduzibler Pluralität akzeptiert. Daraus folgt die Reflexivität des Prinzipiengebrauchs, die mit der gewissensfreien und verantworteten Prinzipienwahl des anderen rechnet und die eigenen „Prinzipien reflexiv zu den Prinzipien anderer in Beziehung" setzt.[1031] So sind bei Huber von Schluchter her Reflexivität, Pluralität und Reziprozität in den Verantwortungsbegriff der Verantwortungsethik eingelassen und aus all dem folgt bei Huber nun – im Rückgriff auf Schluchter – die notwendig „dialogische Struktur" der Verantwortungsethik.[1032]

Damit kommt diese Pointierung von Reziprozität in Hubers Verantwortungsbegriff aus seiner Schluchter-Weber-Rezeption und nicht von Bonhoeffer her. An diesen schließt er zwar die theologische Grundlegung des Verantwortungsbegriffs an.[1033] Huber weist aber gleichzeitig darauf hin, dass Bonhoeffer Verantwortung sowohl vom Stellvertretungsgedanken als auch von den gewählten Beispielen her als einseitig und asymmetrisch versteht.[1034] Von Bonhoeffer stammt bei Huber die

---

1027 Vgl.: „Die Achtung vor der personalen Verantwortung eines jeden bildet den Ausganspunkt der Sozialethik" (Huber 1990, 137). Zur Wechselseitigkeit, Gegenseitig und Reziprozität vgl. auch Huber 1995, 154–160.
1028 Vgl. Huber 1990, 140–141, 150–151, Zitat auf S. 141 und 151. Vgl. auch Huber 2012b, 92.
1029 Schluchter 2016, 261.
1030 Vgl. Schluchter 2016, 254–261, Zitat auf S. 254, kursiv im Original.
1031 Vgl. auch für das Zitat Huber 2012b, 92.
1032 Vgl. auch für das Zitat Huber 1990, 151 und den Verweis auf Schluchter ebd. in Anm. 56.
1033 So habe Bonhoeffer in Bezug auf Verantwortung „darauf beharrt, daß dieser Begriff theologisch gefaßt werden muß" (Huber 1990, 143). Entsprechend versteht Huber Verantwortungsethik als bleibend an ihre „theologischen Voraussetzungen gebunden" (Huber 1990, 149).
1034 Huber benennt hier selbst „Momente der Asymmetrie und der Einseitigkeit" (Huber 1990, 145); So schreibt er in dem Bonhoeffer-Teil: „Doch der Begriff der Verantwortung akzentuiert ein Moment der Einseitigkeit, des Zuvorkommens, das nicht vollständig an die Bedingungen der Gegenseitigkeit gebunden ist. Dies zeigt sich bei Bonhoeffer in der Entfaltung des Verantwortungsbegriffs. […] Gegenseitigkeit ist nicht die Voraussetzung der verantwortlichen Tat. Bonhoeffer erläutert sein Ver-

Möglichkeit im Verantwortungsbegriff, die gewagte, einseitige, zuvorkommende, stellvertretende Tat zu meinen – nicht zuerst seine Grundlegung in Wechselseitigkeit.[1035]

Vor dem Hintergrund des von Schluchter bei Weber rekonstruierten Übergangs von Gesetzes- und Gesinnungs- zu Verantwortungsethik und damit der Sache nach von Pflicht zu Verantwortung (3.2.2) denotiert Verantwortung so bei Huber die enge Verbindung von reziprokem Respekt, Pluralitätsakzeptanz, reflexivem Prinzipiengebrauch und Dialogizität.

Bei Weber und in Schluchters weiterführender Reflexion zu Weber, auf Teile von denen sich Huber bezieht, hatten sich die pluralitätsakzeptierende, reflexive und dialogische Bestimmung der Verantwortungsethik und ihres Verantwortungsbegriffs vor dem Hintergrund von Webers „Konflikttheorie"[1036] ergeben, vor dem Hintergrund von handlungstheoretischer Spannung und geltungstheoretischer Kontingenz, die sich beide Sollenskonflikte wahrscheinlicher machen. Verantwortlich Handelnde sind demnach vor allem mit einer Pluralität an Weltanschauungen und damit potentiell divergierender Ensembles von Sollensforderungen konfrontiert, deren situative und subjektbezogene Geltung sie reflexiv und diskursiv klären müssen. Damit denotiert Verantwortung auch bei Huber mindestens mittelbar Sollenskonflikte.

---

ständnis der Verantwortung einmal an den Beispielen des Vaters, des Lehrers und des Staatsmannes: von Rollen also, die gerade durch Momente der Asymmetrie und der Einseitigkeit bestimmt sind. Daß die Ethik nicht auf Gegenseitigkeit fixiert ist, sondern daß ihr Vorgänge des zuvorkommenden Handelns zum Thema werden können, ist mit dem Begriff der Verantwortung mitgesetzt." (Huber 1990, 144–145)
1035 Vgl. Huber 1990, 145.
1036 Schluchter 2016, 306.

Zwischenbetrachtung

(A) „Verantwortung" als responsive Bearbeitung von Sollenskonflikten

Was also bedeutet „Verantwortung" evangelischer Ethik, das nicht auch „Schuld", „Pflicht", „Nachfolge" oder „Ordnung" bedeuten? Kurz geantwortet: Verantwortung denotiert das Konfrontiertsein mit Sollenskonflikten sowie -kontingenzen und den Umgang damit. In den analysierten Texten liegt der spezifische Bedeutungsmehrwert von Verantwortung insbesondere gegenüber Pflicht darin, Sollenskonflikte und -kontingenzen erstens zu repräsentieren und zweitens zu bearbeiten.

Dies zeigte sich vor dem Hintergrund der philosophischen Ausgangspunkte in Kants Pflichtbegriff und Schopenhauers Verbindung von Zurechnungsverantwortung und doketischem Voluntarismus. Schon bei *Albert Schweitzer* verweist „Verantwortung" auf Situationen unversöhnlicher Sollenskonflikte zwischen gleichermaßen berechtigten Ansprüchen. Im Unterschied zu Kants Pflichtbegriff wird mit Verantwortung hier also nicht Willenskonflikt bei Sollenseindeutigkeit denotiert, sondern Sollenskonflikt unter Sistierung des Willenskonflikts. Im Unterschied zu Schopenhauers Begriff von Zurechnungsverantwortung ist Verantwortung bei Schweitzer als Aufgabenverantwortung positiv auf den konkreten anderen verwiesen. „Verantwortung" bearbeitet den Sollenskonflikt, indem sie ihn in das subjektive Entscheiden verweist.

Auch bei *Max Weber* und in der Weberinterpretation Wolfgang Schluchters denotiert und bearbeitet der von Verantwortungsethik implizierte Verantwortungsbegriff Sollenskonflikte und -kontingenzen. Als Folgenverantwortung repräsentiert und erzeugt Verantwortung ähnlich wie bei Schweitzer handlungstheoretische Sollenskonflikte, grundstrukturell den zwischen Gesinnungs- und Erfolgswert. Als Verantwortung vor dem Hintergrund des „Wertepolytheismus" repräsentiert Verantwortung geltungstheoretische Sollenskontingenz, die durch den von Verantwortung in Schluchters weiterführender Interpretation denotierten reflexiven Dialog bearbeitet wird. Diese für die differenzierte Weberauslegung zunächst hilfreiche Unterscheidung von handlungstheoretischem Sollenskonflikt und geltungstheoretischer Sollenskontingenz, verliert schon bei Weber und erst recht für eine heute konstruktiv weiterarbeitende Verantwortungsethik an Relevanz, sofern man mit Schluchter den Erfolgswert auf Begründungsebene und damit auf geltungstheoretischer Ebene verortet und so mit geltungstheoretischer Kontingenz verbindet (3.2.2.3).

Bei *Dietrich Bonhoeffer* denotiert und bearbeitet Verantwortung Situationen mit Sollenskonflikten, die sich aus der positiv gedeuteten Verwiesenheit auf andere ergeben und durch die von Verantwortung ebenfalls denotierten Formen der Responsivität und des Wagnisses bearbeitet werden. Anders als Weber denkt Bonhoeffer Sollenskonflikte und ihre Bearbeitung in einem rechtfertigungstheologisch-christologischen Rahmen, sodass humane Handlungsfähigkeit rechtfertigungstheologisch grundiert wird. Damit ist Verantwortung bei Bonhoeffer genuin theologisch begründet.

Bei allen dreien ist der Übergang von „Pflicht" zu „Verantwortung" mit der Abkehr vom Kantischen Formalismus verbunden, die sich wiederum bei allen dreien paradoxerweise mit einer Beibehaltung des Pflichtrigorismus paart. Die Paradoxie zeigt sich darin, dass Verantwortung bei allen dreien Schuldübernahme impliziert. Mit dem Rigorismus besteht eine Kontinuität von „Pflicht" zu „Verantwortung". Insofern hat der Begriff „Verantwortung" auch „Pflicht" weniger abgelöst oder ersetzt als vielmehr beerbt: der für den Pflichtrigorismus typische Willenskonflikt ist mit dem Verantwortungsbegriff zwar nicht als primärer denotiert, weil er von dem Sollenskonflikt überlagert wird, aber nicht grundsätzlich ausgeräumt, sondern bloß sistiert. Am Beispiel gesagt: Wer in einem Sollenskonflikt entschlossen hat, zur Rettung des Lebens eines anderen zu lügen, muss sich trotzdem noch im Willenskonflikt dazu durchringen oder die ausreichend eingeübte Selbstdisziplin aufbringen (vgl. 3.2.1.4, 3.2.3.2).

Im Übergang von „Pflicht" und „Nachfolge" zu „Verantwortung" verwenden die zitierten Theologen und Soziologen Verantwortung als Aufgabenverantwortung (2.3.1) zur Denotation und Bearbeitung von Situationen mit Sollenskonflikten und -kontingenzen. Gerade Bonhoeffer versteht diese Bearbeitung wie gesehen responsiv als „Antwort auf" (3.2.3.3). Verantwortung als Aufgabenverantwortung – und nicht bloß als Zurechnungsverantwortung – wird für theologische Ethik da zum Begriff, wo die Aufgabe mit Sollenskonflikten zu tun haben kann.

Theologisch-ethische Traditionen nach dem Ende des zweiten Weltkrieges haben den Übergang von Pflicht zu Verantwortung und den dabei vom Verantwortungsbegriff denotierten und bearbeiteten Sollenskonflikt unterschiedlich angeeignet, dabei aber grundsätzlich formal die Struktur der Responsivität übernommen.[1]

Texte rund um die Vollversammlungen des Ökumenischen Rates der Kirchen in Amsterdam 1948 und Evanston 1954 haben das *Leitbild einer „verantwortlichen Gesellschaft"* diskutiert und geprägt. Dieses sozialethische Leitbild setzt die Bedeutung von Verantwortung, Sollenskonflikte zu denotieren, zwar voraus, entfaltet sie aber nicht selbst. Vielmehr ergibt sich der Verweiszusammenhang von Verantwortung und Sollenskonflikten erstens logisch aus der Verankerung von Verant-

---

1 Vgl. zur Responsivität so auch schon Reuter 2011, 303, zur *„responsiven Ethik"* vgl. etwa Waldenfels 2010a, 169, kursiv im Original, und Waldenfels 2010b.

wortung in einem Netz von Ich-Du-Beziehungen, zweitens aus der Einordnung von Verantwortung als Umgang mit dem Verlust von Sollenseindeutigkeit in der diagnostizierten Krise und schlägt sich drittens in der Rede von individuellen Entscheidungen und von Freiheit nieder. Vor allem sozialethisiert bzw. popularisiert dieses Leitbild Verantwortung als Denotation und Bearbeitung von Sollenskonflikten, wobei Verantwortung gerade bei Oldham und in Evanston eine Kategorie der Responsivität ist: Hatte Weber sich zunächst auf den Politiker und sein Machtstreben konzentriert und Bonhoeffer der Sache nach in der Ethik von der Verantwortung im konspirativen Widerstand her gedacht, geht es nun um die strukturell geordnete und zu ordnende Verantwortung aller Gesellschaftsglieder.[2]

Die Münchner und Heidelberger Traditionen evangelischer Ethik arbeiten beide mit einem *responsiven Grundverständnis*,[3] indem das Handlungssubjekt sich zur Verantwortung herausgefordert sieht. In *Trutz Rendtorff*s Ethischer Theologie denotiert Verantwortung als Qualifikation der eigenständigen, freien und selbständigen „*Antwort der eigenen Lebensführung*"[4] auch die Sollenskonflikte und Sollenskontingenzen, die in dieser Lebensführung aufkommen. Das seiner Theorie implizite Gefälle zum Gegebenen nimmt diesen Sollenskonflikt aber tendenziell immer zurück: Freiheit ist eher die Freiheit zur (kritisch-konstruktiven) Einfindung in gegebene Verbindlichkeiten als die Freiheit zu deren grundsätzlichen Veränderung.

Bei den Heidelberger Sozialethikern *Heinz Eduard Tödt und Wolfgang Huber* denotiert der Verantwortungsbegriff in der Tradition vor allem zu Dietrich Bonhoeffer und Wolfgang Schluchters Weber-Auslegung Sollenskonflikte und Sollenskontingenz. Tödt deutet die Möglichkeit von Sollenskonflikten dezidiert theologisch als Teil der unerlösten Welt und entwickelt mit seiner Theorie sittlicher Urteilsfindung ein Verfahren, das Sollenskonflikte und -kontingenzen ernst nimmt, indem es sie bearbeitet. Tödts Schema zur sittlichen Urteilsfindung lässt sich als Operationalisierung von Verantwortung als Denotation von Sollenskonflikten interpretieren (3.3.3.2). Huber verbindet Verantwortung als Bearbeitung von Sollenskonflikten mit Pluralität, Reziprozität und vor allem dem Doppel aus Reflexivität und Diskursivität (3.3.3.3).

---

[2] Vogelmann hat in nicht-theologischen Arbeiten eine ähnliche Entwicklung beobachtet und diese trefflich „Verallgemeinerung von Verantwortung" genannt (vgl. Vogelmann 2014, 342, 370–372, Zitat auf S. 370).
[3] Vgl. zu diesem Grundverständnis 2.3.1.3 und die dort referenzierte Literatur.
[4] Vgl. auch für die Zitate Rendtorff 1990, 103, kursiv im Original.

(B) Von ihrer Sachgerechtigkeit zum Allokationsproblem von Verantwortung...

Insgesamt lohnt es sich für evangelische Ethik damit aus zwei Gründen, an Verantwortungssemantiken festzuhalten. *Erstens* ist der Verantwortungsbegriff mit seinen eingeschliffenen Denotationen an die reformatorisch zentrale Christologie und Rechtfertigungslehre anknüpfungsfähig, wie die Arbeiten von Bonhoeffer (3.2.3), Tödt und Huber (3.3.3) gezeigt haben. Das funktioniert wie gesehen über die responsive Grundstruktur (dazu: 2.3.1.3) von Verantwortung. Eine entsprechende theologische Grundlegung von Verantwortung werde ich in Anknüpfung an Bonhoeffers Versöhnungsimagination (4.3.3) in der Schlussbetrachtung skizzieren.

Zweitens bearbeitet der Verantwortungsbegriff Sollenskonflikte und -kontingenzen, indem er einmal entsprechende Situationen repräsentiert[5] und sie zum anderen vermittels denotierter Reziprozität, Reflexivität und Dialogizität bearbeitet. Insofern Verantwortungssemantiken Situationen inkommensurabler, handlungstheoretischer Sollenskonflikte dem ethischen Diskurs zugänglich machen, sind sie dem sachgerecht, was sich theologisch als unerlöste Welt beschreiben lässt (3.3.3.2); insofern Verantwortungssemantiken Situationen geltungstheoretischer Kontingenz dem ethischen Diskurs zugänglich machen, sind sie dem sachgerecht, was sich soziologisch als weltanschaulich plurale und funktional ausdifferenzierte[6] Gesellschaft beschreiben lässt (3.2.2).[7] Obwohl sie hier parallel stehen und obwohl die Unterscheidung von handlungstheoretischem Konflikt und geltungstheoretischer Kontingenz wie gesagt zu relativieren ist, sind die Deutungskategorien „unerlöste Welt" und „plurale Gesellschaft" inhaltlich keine Entsprechungen, weil die Bearbeitungen von handlungstheoretischen Sollenskonflikten und geltungstheoretischer Sollenskontingenz praktisch in theologischer Perspektive gegenläufig sind

---

5 Einen ähnlichen Grund macht Oswald Bayer für die Verwendung des Verantwortungsbegriffs geltend, wenn er schreibt: „Wie kein zweites Wort ist ‚Verantwortung' geeignet, die Komplexität des Sachverhaltes, den es zu bedenken gilt, zu repräsentieren." (Bayer 1995, 183)
6 Begriff und Beschreibung von „funktionale[r] Differenzierung" und „Ausdifferenzierung" sind von Luhmann übernommen, vgl. etwa Luhmann 1987, 261–262, Zitate auf S. 261.
7 Obwohl Schweiker den Verantwortungsbegriff inhaltlich anders pointiert als dies hier geschehen ist, begründet er das Festhalten an dem Begriff auch mit seiner gegenwärtigen Sachgerechtigkeit (vgl. etwa Schweiker 1999 [1995], 28); insbesondere bearbeite seine Verantwortungsethik mit deren Werttheorie die von ihm als zentral identifizierten Probleme des *„moral pluralism"* und der menschlichen Macht (vgl. a. a. O., 21–28, 117, Zitat auf S. 21, kursiv im Original); so schreibt er: „The idea of responsibility seems to provide the means for thinking ethically in an age characterized by moral diversity and the increase in human power. [...] In this book, I develop a theory of value to address the problem of moral diversity and also an imperative of responsibility which is to direct the exercise of power." (a. a. O., 28)

und sich so im besten Fall gegenseitig begrenzen: Die Bearbeitung des handlungstheoretischen Konflikts drängt Handelnde ja gerade in die Gottposition des Erlösenden (3.2.2.1), die ihnen die reflexive und diskursive Bearbeitung der Geltungskontingenz verwehrt (3.2.2.3).

Nun mag es so scheinen, als führe der Verantwortungsbegriff theologiegeschichtlich schon handlungs- und geltungstheoretische Kontingenzsteigerungen mit sich, würde aber nur unzureichende Mittel zu deren Bearbeitung bereitstellen, weil dessen Ausarbeitungen bei Schweitzer, Bonhoeffer und Weber eine orientierende Kriteriologie schuldig bleiben.[8] Der Sollenskonflikt werde repräsentiert – und sogar mit rigorosem Unvertretbarkeits-, Pflicht- und Absolutheitspathos aufgeladen. Brauchbare Kriterien dafür, wie angesichts unversöhnlicher Sollenskonflikte zu handeln ist, fehlten allerdings bei Schweitzer,[9] Bonhoeffer und Weber. Sämtliche Bearbeitungen der Sollenskonflikte laufen ja eher auf eine Delegation der Konflikt- und Kontingenzbearbeitung entweder in das subjektiv wagende Entscheiden bei Schweitzer und Bonhoeffer, an den individuellen Glauben[10] und den reflexiven Dialog bei Weber, Schluchter und Huber, in ein diskursives Verfahren bei Tödt oder die freie Lebensführung des Einzelnen bei Rendtorff. Meines Erachtens sind diese Delegationen nicht bloß unzureichende Bearbeitungen der Kontingenzsteigerungen. Sie sind vielmehr zunächst die Pointe der Aufgabenverantwortung in ihren Entdeckungszusammenhängen: „Verantwortung" denotiert eben Situationen, deren Sollenskonflikte und -kontingenz sich nicht präsituativ, kontextenthoben, stellvertretend, prinzipiell oder prädiskursiv lösen lassen, sondern die nur situativ, unvertretbar, reflexiv und diskursiv bearbeitet werden können.

Genau diese Einsicht führt aber in das m.E. zentrale *Gerechtigkeits- und Ethikproblem des so rekonstruierten Verantwortungsbegriffs.* Ideengeschichtlich wird dieses Problem begünstigt durch die Spannung zwischen einem elitistischen Verantwortungsbegriff bei Weber (3.2.2.1) sowie dem Bezug zu außergewöhnlichem Entscheiden bei Bonhoeffer (3.2.3.3) einerseits und der Sozialethisierung und Reichweitenausweitung seit dem zweiten Weltkrieg andererseits. Systematisch entsteht dieses Problem aus der Kombination von Denotation und theoretischer Einordnung des Verantwortungsbegriffs. Einerseits denotiert Verantwortung situative Sollenskonflikte, die verantwortlich auch nicht präsituativ bearbeitet werden können, und hat gerade darin für den Diskurs „Ethik" einen Bedeutungsmehrwert. Andererseits wird Verantwortung immer wieder anthropologisch als allgemein-menschliche theoretisch eingeordnet – sei es zuerst sozial-empirisch und

---
8 Vgl. dazu und zum Folgenden etwa die zitierte Kritik Körtners an Schweitzer (3.2.1.3)
9 Für das Fehlen solcher Maßstäbe bei Schweitzer vgl. etwa Körtner 1988, 343.
10 Vgl. dazu bei Weber etwa schon dessen Begriff von Wertrationalität, zitiert oben in Anm. 408 in Kapitel 3.

dann christologisch wie bei Bonhoeffer, sei es Ich-Du-phänomenologisch und schöpfungstheologisch wie bei Oldham und dem Amsterdamer Dokument oder christologisch wie in Evanston, sei es handlungstheoretisch wie bei Rendtorff: Immer werden alle Menschen als verantwortlich gedacht – mit unterschiedlichen Begründungen. Diese Kombination aus denotiertem situativem Sollenskonflikt und anthropologischer Verallgemeinerung macht die soziale Allokation von Verantwortung unsichtbar und entzieht sie so dem ethischen Diskurs.[11] Es sind konkrete soziale Praktiken im hier entfalteten Sinne (2.1), in denen sozial situierte Akteure sich selbst und anderen mehr, weniger oder gar keine Verantwortung zurechnen. Es sind konkrete soziale Praktiken, in denen Akteure Situationen entstehen lassen in denen sie selbst oder andere Akteure mit Sollenskonflikten konfrontiert sind. Diese diskursiv zu benennen und ethisch zu bearbeiten, leistet der Verantwortungsbegriff. Dabei lässt er aber tendenziell die Entstehung der Verantwortungssituationen genauso wie ungleiche Zurechnung von Verantwortung ausblenden. Ersteres geht auf das Konto der Denotation „Sollenskonflikt"; letzteres auf das Konto der anthropologischen Einordnung. Zu Ersterem: Verantwortung denotiert plausibel Sollenskonflikte, sieht dabei aber tendenziell von deren Entstehungsbedingungen ab, weil der Sollenskonflikt ja als schon aktualer und unhintergehbarer Problemhorizont auftritt. Letzteres: Alle Menschen als irgendwie in Verantwortung stehend zu denken, tendiert dazu, die soziale, konkret ungleiche Verantwortungszurechnung unterzubetonen.[12]

Beide Aspekte fasse ich als *Allokationsproblem* von Verantwortung; es lässt sich kurz gefasst auf die Frage nach der sozialen und praktischen Entstehung von Situationen bringen, in denen jeweils konkrete Akteure Verantwortung übernehmen: Wie ist diese Sollenskonfliktsituation entstanden und wieso trägt gerade diese Akteurin hier Verantwortung? Wie also allozieren Menschen Verantwortung praktisch im Kontext von Sozialität, sozialer Ungleichheit, Raum und Zeit?

Genau hier ist das formal responsive Grundverständnis von Verantwortung (2.3.1.3) und die Einordnung des Imaginären in dieses Grundstruktur (2.3.2.3) ent-

---

[11] Wendt und Görgen haben dieses Problem für den Nachhaltigkeitsdiskurs in etwas anderer Terminologie formuliert. So zeigen die beiden, wie die „Annahme einer kollektiven Universalverantwortung", die die beiden zwar spezifisch begründet sehen, die aber im argumentativen Effekt einer anthropologischen Verallgemeinerung gleichkommt, dazu führt, dass man „den Zusammenhang zwischen Verantwortung, Macht und sozialer Ungleichheit ausblendet." (Wendt und Görgen 2018, 51) Vogelmann hat in nicht-theologischen Arbeiten eine Entwicklung beobachtet, die er trefflich „Verallgemeinerung von Verantwortung" genannt hat (vgl. Vogelmann 2014, 342, 370–372, Zitat auf S. 370).
[12] Vgl. dazu auch den eben (s. Anm. 11 hier) von Wendt und Görgen zitierten Ansatz.

scheidend.[13] Praktisch entstehen Situationen, auf die Menschen verantwortlich handelnd antworten, in imaginären Horizonten, die wiederum mit dem Symbol „Verantwortung" als dessen Konnotation verbunden sind.[14] Einfacher gesagt: Dass eine konkrete Person A in einer konkreten, historisch wie gesellschaftlich spezifischen Situation sowohl Gegebenheit B als auch Gegebenheit C als Aufgaben oder Ansprüche an das eigene Verhalten erlebt, hängt an dem imaginären Horizont, in dem sich A als gesellschaftliches Wesen bewegt, und damit sowohl an den individuellen Imaginationen As als auch an den A möglicherweise von außen begegnenden Verkörperungen des sozial Imaginären. In solchen imaginären Horizonten erst können sich konkrete Personen als Angesprochene erfahren und denken, können die ihnen begegnete Realität erst als Anspruch erfahren und denken und können das eigene Verhalten als Antwort, als Verantwortung gegenüber diesen Realitäten vollziehen: Verantwortung ist Antwort auf imaginationsvermittelt wahrgenommen Wirklichkeit (2.3.2.3). Deshalb kann die Reflexion auf das Allokationsproblem bei den responsibilisierenden Imaginationen ansetzen – und wird dies in Kapitel 4 tun.

(C) ...zu einer provisorische Kriteriologie verantwortlichen Verantwortungsgebrauchs

Vor diesem Hintergrund kann evangelische Ethik nur dann an Verantwortungssemantiken festhalten, wenn sie Allokationsprobleme mitreflektiert. Naheliegend ist, dies ebenfalls vermittels einer Verantwortungssemantik zu tun, also für die Allokation von Verantwortung zu responsibilisieren.[15] Evangelische Ethik als Verantwortungsethik ist damit nicht nur eine Responsibilisierungspraktik, die Verantwortung zurechnet, sondern eine *reflexive und diskursive Responsibilisierungs-*

---

13 Vgl. zu dieser entscheidenden Stelle im responsiven Grundverständnis auch Dabrocks Rede von den Wirklichkeitserfahrung ermöglichenden *„Deutungsmustern"* (Dabrock 2009, 132, dort auch das Zitat, kursiv im Original). Was ihm „Deutungsmuster" sind, sind mir wie in 2.2 entwickelt Imaginationen und Imaginäres.
14 Vgl. dafür und für das Folgenden schon ausführlicher hier oben 2.3.2.3.
15 Auf dieser Linie liegt m. E. Heidbrinks Arbeit zur „Kritik der Verantwortung" (Heidbrink 2003). Das macht auch das Vorwort dazu von Wolfgang Kerstin deutlich, dem dieser eine Überschrift gegeben hat, die die Verantwortungssemantik auf Verantwortung anwendet – sie lautet: „Verantwortliche Verantwortung" (a.a.O., 9) – und in dem Kerstin von den „Bedingungen einer verantwortlichen Verwendung der Verantwortungskonzeption" (a.a.O., 9–10) gesprochen hat. Genau darum geht es mir. In eine grob ähnliche Richtung geht Bayertz Rede von „Metaverantwortung" und seine Frage nach einer Kriteriologie, vgl. Bayertz 1995, 62–63, 66–67.

praktik,[16] die auch für diesen Zurechnungsprozess selbst rechenschaftsfähig sein muss. Evangelische Ethik kann nur als *verantwortliche, reflexive und selbstkritische Verantwortungsethik* eine Verantwortungsethik sein.

Was also ist eine verantwortliche Allokation von Verantwortung? Die zitierten Ansätze haben den einfachen Verantwortungsbegriff mit einem „intendierten Guten"[17] verbunden oder sogar zur Bezeichnung eines intendierten Guten verwendet. Daraus lassen sich nun provisorische Kriterien für einen reflexiven Verantwortungsbegriff ableiten: das Diskurskriterium (1), das Reziprozitätskriterium (2) und das Freiheitskriterium (3).[18] Zur Sicherheit: Diese Kriterien werden hier nur sehr grob skizziert und weder ausführlich begründet noch differenziert – eine begründete und revidierte Kriteriologie wird erst in der Schlussbetrachtung im Rückblick auf die imaginationstheoretischen Entfaltungen erarbeitet. Hier geht es darum, grobe Maßstäbe zunächst nur provisorisch und grob zu benennen, insoweit sie sich aus den bislang in diesem Kapitel rekonstruierten Ansätzen ergeben. Das tue ich, um transparent zu machen, woher die Intuitionen für Ambivalenzen im vierten Kapitel kommen.

(1) *Diskurskriterium.* Schweitzer hatte wie gesehen den Verantwortungsbegriff verwendet, um das positive und verpflichtende Bezogensein auf anderes Leben explizit zu machen, das sich aus dem Erleben des Lebenswillens ergibt. Damit nutzt er den Begriff, um eine ethische Intuition, nämlich das Pflichtgefühl gegenüber anderem Leben, gerade da zu benennen, wo diese in Konflikte führt und relativierende Kompromisse als Konfliktlösung nicht mehr zulässt. So macht er diese ethische Intuition und besagte ethische Konflikte vermittels des Verantwortungsbegriffs im Diskurs reflektier- und diskutierbar. Ähnliches gilt für Bonhoeffer, dem die Kategorien „Verantwortung" und „Schuldübernahme" eine explizite Reflexion handlungstheoretischer Sollenskonflikte in den Ethikfragmenten ermöglichten. Tödts Schema sittlicher Urteilsfindung ließ sich als Verfahren verstehen, das Verantwortung operationalisiert, indem es Probleme und Sollenskonflikte explizit und damit diskutierbar macht. Seine Theorie sittlicher Urteilsfindung zielt auf „größere[.] Klarheit"[19] (3.3.3.1 (c)). Das implizit intendierte Gut dabei ist, Konflikte und Verhaltensorientierungen explizit zu machen, damit sie bewusst reflektiert und diskursiv überprüft werden können.

---

16 Die Formulierung ist angelehnt an den Titel Henkel et al. 2018a.
17 Den Begriff hat Meireis geprägt. Meireis hat unverfügbares, intendiertes und realisiertes Gutes wie in 2.3.3.3 ausführlich referiert und reflektiert unterschieden.
18 Strohm fasst teilweise ähnliche Richtungsorientierungen zusammen: Solidarität, „Freiheit und Mündigkeit", Dienst und „Hilfe für Schwache und Schutzbedürftige durch Ausrichtung des Rechts" (vgl. auch für die Zitate Strohm 2000, 210).
19 Vgl. auch für das Zitat Tödt 1988f, 22.

Bei Weber denotierte Verantwortung nicht nur die Möglichkeit solcher Konflikte, also handlungstheoretische Sollensuneindeutigkeit, sondern darüber hinaus auch geltungstheoretische Sollenskontingenz. Wegen letzterer sieht Schluchter den Typ Verantwortungsethik bei Weber als in die Reflexivität gewiesene Prinzipienethik, die wiederum in den Dialog verwiesen sei. Charakteristisch für Verantwortungsethik sei, dass das grundlegende Moralprinzip „als dialogisches Prinzip der kritischen Prüfung verstanden"[20] wird: Mit dem Verantwortungsbegriff ist verbunden, dass verantwortlich Handelnde sich angesichts geltungstheoretischer Sollensuneindeutigkeit der diskursiven Überprüfung aussetzen.

Nicht nur bei Wolfgang Huber und Heinz Eduard Tödt, sondern auch bei Trutz Rendtorff ist Verantwortung mit „Reflexivität" (als drittem Grundelement seiner Ethik) und „kommunikative[r] Transparenz" verbunden, weil Verantwortung die Reflektierbarkeit der Lebensführung impliziert (3.3.2):[21] „Verantwortung unterstellt die Fähigkeit, sich im Forum einer öffentlichen Kommunikation zu korrigieren, zu lernen, die eigene Identität nur als eine sich bildende offene Identität zu haben."[22]

Immer wieder ist der Gebrauch von Verantwortung so – implizit oder explizit – mit dem „intendierten Guten" (Meireis, 2.3.3.3) verbunden, Sollenskonflikte und Verhaltensorientierungen kommunikativ transparent, reflektierbar und so diskursiv überprüfbar zu machen. Sollen Verantwortungsallokationen verantwortlich sein, müssen sie sich auch am Maßstab dieses Guten messen lassen. Sie sind relativ gut, insofern sie die Verantwortungsallokation selbst, die ihr zugrundeliegenden Mechanismen, Machtverhältnisse und Orientierungen und die mit ihr delegierten Sollenskonflikte kommunikativ transparent, reflektier- und damit diskursiv überprüfbar machen – ausführlicher dazu in der Schlussbetrachtung (B.3). Dieses erste, provisorische Kriterium heißt: Diskurskriterium.

(2) *Reziprozitätskriterium.* Von Oldham herkommend bezeichnet das Leitbild einer „verantwortlichen Gesellschaft" in den Texten des Ökumenischen Rates der Kirchen (Amsterdam und Evanston) ein „mittleres Axiom" und damit ein „intendiertes Gutes" (Meireis, 2.3.3.3). Die intendierte, gute Gesellschaftsordnung ist eine, in der alle in Freiheit und Verantwortung leben können: Alle sind zur Verantwortung berufen, zur Partizipation an einem verantwortlichen Leben also. Aufgabe der politischen Ordnung ist, dies zu ermöglichen und zu schützen (3.3.1).

Generalisierend und präzisierend lässt sich dieser partizipative Impetus in die hier eingeführten Kategorien so übersetzen, dass es ein intendiertes Gutes ist, dass die Positionen von Verantwortungspraktiken – nämlich die Subjektpositionen der

---

20 Schluchter 2016, 261.
21 Vgl. auch für die Zitate Rendtorff 1990, 95.
22 Rendtorff 1990, 95.

Zurechner:innen und der Träger:innen von Verantwortung wie die Objektpositionen im Zuständigkeitsbereich – nicht immer konkret, aber prinzipiell tauschbar bleiben:[23] In Anlehnung an Rawls' zweiten Gerechtigkeitsgrundsatz ließe sich dies auch so fassen, dass die „Positionen [...] allen gemäß fairer Chancengleichheit offenstehen" müssen.[24] Für andere Menschen Verantwortung zu übernehmen sollte für die Möglichkeit offen bleiben, dass diese anderen selbst Verantwortung übernehmen und zurechnen. Wer Verantwortung übernimmt, sollte auch Verantwortung zurechnen dürfen und als jemand im Blick bleiben, für den andere Verantwortung übernommen haben. Und es ist gut, wenn Zurechner:innen als Menschen im Blick bleiben, die selbst Verantwortung tragen und Verantwortungsobjekte sind.

Damit klingt als intendiertes Gutes an, was bei Wolfgang Huber „Reziprozität" heißt. Damit ist der wechselseitige Respekt für die Freiheit des anderen genauso gemeint wie die Anlage von Praxis auf Wechselseitigkeit. Verantwortungspraktiken sind folglich danach zu evaluieren, inwiefern sie für Wechselseitigkeit offen bleiben und sind. Sie sind zu problematisieren, wenn sie Strukturen und Haltungen reproduzieren, die grundlegend für Wechselseitigkeit verschließen, indem sie etwa Verantwortungsobjekte dauerhaft in Unmündigkeit halten oder Träger:innen von Verantwortung die Möglichkeit verwehren, Zurechner:innen für ihre Zurechnung zu responsibilisieren.[25] Freilich gilt es dies noch genauer und differenzierter auszuführen – das wird in der Schlussbetrachtung geschehen (A.3). Dieses zweite hier nur grob skizzierte, provisorische Kriterium heißt Reziprozitätskriterium.

(3) *Freiheitskriterium.* Die Freiheit der Einzelnen wurde schon von Dietrich Bonhoeffer und im Leitbild „verantwortlicher Gesellschaft" betont. Gerade das Leitbild einer „verantwortlichen Gesellschaft" zielte auf eine Ordnung, die die Verantwortung und Freiheit der Einzelnen ermöglicht, schützt und sie dazu zurüstet. Oldham fragte hierbei in Bezug auf ein anderes Konzept danach, inwiefern es „wirklich gelingt, Freiheit zu schaffen."[26] Bei Rendtorff wird die Freiheit des ethischen Subjektes wie beschrieben zum Grundpostulat seiner Ethik: Mit der theologisch begründeten individuellen Freiheit als Selbsttätigkeit der Subjekte habe Ethik zu rechnen (3.3.2.1). Auch wenn Rendtorffs Ethik praktisch dazu tendiert, diese Freiheit immer wieder zugunsten eines konservativen Gefälles zu gegebenen Verbindlichkeiten zurückzunehmen, hat er doch Freiheit zunächst als intendiertes Gutes gesetzt. Heinz Eduard Tödt profiliert dann Freiheit in einem umfassenderen

---

23 Die Begriffe der Subjekt- und Objektposition sind wie oben auch von Vogelmann übernommen (vgl. Vogelmann 2014, 24, 125–126).
24 Vgl. auch für die Zitate Rawls 1979, 336, auch zitiert bei H. Bedford-Strohm 2018, 211.
25 Für die Begrifflichkeit von Zurechner:innen und Träger:innen vgl. Vogelmann wie unter 1.1.2 referiert.
26 Vgl. auch für das Zitat Oldham 1948, 178.

und tieferen Sinne als „kommunikative Freiheit", als eine Freiheit also, die im anderen die Grundlage ihrer eigenen Ermöglichung findet (3.3.3.1): Kam bei Rendtorff Freiheit eher als sozial unhintergehbares Postulat zur Geltung, steht bei Oldham und bei Tödt eher die konkrete Freiheitswahrnehmung in Sozialzusammenhängen im Mittelpunkt, die tatsächlich gelebte Freiheit mit ihren sozialen Voraussetzungen also.

Die von der Ethik reflektierte Freiheit rechtfertigungs- und schöpfungstheologisch zu begründen, hat theologisch ein gutes Recht, steht aber immer in der Gefahr, übersehen zu machen, dass damit nur die normativen Grundlagen für die Zurechnung von Freiheit zu allen Individuen, nicht aber die im Vorletzten[27] entscheidenden sozialen Bedingungen für die Realisierung von Freiheit benannt sind. Der von Huber und Tödt verwendete Begriff der „kommunikativen Freiheit" ist so strukturiert, dass er dies miteinbezieht, indem er auch das integriert, was im Zwischenmenschlichen Freiheit ermöglicht. Dieser Denkrichtung folgend, sind Verantwortungspraktiken daraufhin zu befragen, inwiefern sie strukturell, habituell und individuell die Ermöglichungsbedingungen für Freiheit produzieren oder reproduzieren. Dieses dritte provisorische Kriterium heißt Freiheitskriterium.

Kurz und grob gesagt ist die Allokation von Verantwortung auch durch evangelische Ethik selbst verantwortlich, ...
1. ... insofern die Verantwortungszurechnung und die damit denotierten Sollenskonflikte transparent und so der reflexiven und diskursiven Überprüfung zugänglich sind und wirksam kritisiert werden können.
2. ... insofern die Verantwortungspraktiken zumindest grundsätzlich offen bleiben für Wechselseitigkeit.
3. ... insofern die Verantwortungszurechnung die sozialen Bedingungen für reale Freiheit reproduziert.

Ist es von der intendierten Denotation von Verantwortung für eine evangelische theologische Ethik her also angemessen (nämlich: der soziologisch als plural und ausdifferenziert sowie theologisch als versöhnt, aber noch unerlöst beschreibbaren Gesellschaft angemessen), soziale Praktiken unter Einbezug der allozierenden Responsibilisierungspraktik, die Ethik selbst ist, mit Verantwortungssemantiken zu reflektieren und zu orientieren, dann lohnt die nun unerlässliche Frage, was diese Verantwortungssemantiken praktisch und sozial „anrichten". Was konnotieren sie? Welche Vorstellungen und Vorstellungswelten heften sich an Verantwortungssemantiken an? Welche individuellen, ins sozial Imaginäre ragenden Imaginationen versehen sie mit normativer Bindungskraft oder gar zwingendem Sanktions-

---

27 Der Begriff stammt in dieser Verwendung von Dietrich Bonhoeffer (vgl. etwa DBW 6, 137–162).

potenzial?[28] Wie ambivalent sind diese Verantwortungsimaginationen im Lichte der eben entfalteten provisorischen Kriteriologie? Diese Fragen werden für evangelische Ethik im deutschsprachigen Raum im kommenden Kapitel adressiert. Das soll dafür sensibilisieren, was wir Ethiker:innen der Gesellschaft und uns selbst antun oder wozu wir uns verhelfen, wenn wir von Verantwortung reden.

---

28 Dieser Formulierung liegt Habermas' Unterscheidung von Geltungs- und Machtansprüchen zugrunde: „Während Geltungsansprüche intern mit Gründen verknüpft sind und der illokutionären Rolle eine rational motivierende Kraft verleihen, müssen Machtansprüche durch ein Sanktionspotential gedeckt sein, damit sie durchgesetzt werden können." (Habermas 1995a, 408) Vorher spricht er auch von „bindende[r] Kraft" (a.a.O., 406).

4 Von der Theologie zum Imaginären der Verantwortung. Der imaginäre Bedeutungsüberschuss des Verantwortungsbegriffs in der Praxis evangelischer Ethik

Ziel dieses Kapitels ist die Beschreibung und Selbstkritik der in der Praxis „evangelische Ethik" vom Verantwortungsbegriff konnotierten Imaginationen. Was theologische Ethiker:innen tun, ließe sich als *Responsepraktiken* reflektieren, als verantwortliche Erfüllung der selbstgesetzten oder empfunden Beauftragung zur kritischen Reflexion anderer Praktiken. Dazu gehört – wie bereits erläutert (2.3.3.3) – neben der Praxiskritik auch die Selbstkritik und die Kritik der Selbstkritik. Dieses Kapitel zielt vor allem auf die Selbstkritik.

In der Blickrichtung dieser Kritik steht die Wissenschaftspraxis evangelischer Ethik hier nicht primär als Response-, sondern als *Responsibilisierungspraktik* im Fokus. Die akademischen Diskurse evangelischer Ethik reflektieren Responsepraktiken und responsibilisieren damit implizit oder explizit selbst: die Kirche, Christ:innen, Menschen im Allgemeinen oder bereichsethikenspezifisch unterschiedliche Gruppen, von Journalist:innen über Unternehmer:innen bis hin zu Politiker:innen – sie alle dürfen, sollen, könnten, müssten evangelischen Ethiken zufolge verantwortlich handeln. Diese Responsibilisierungen, dieser ethische Gebrauch von Verantwortung soll in diesem Kapitel einer Selbstkritik zugänglich gemacht werden.

Die Gruppe von Praktiken, die evangelische Ethik genannt wird, responsibilisiert. Sie tut dies besonders einfach greifbar, wo sie den Begriff „Verantwortung" als Verantwortungssymbol verwendet. In einem ersten Schritt hatte ich die Zeugnisse dieser Responsibilisierungspraktiken evangelischer Ethik, die explizit und exemplarisch mit dem Verantwortungsbegriff arbeiten, in synchroner Lektüre auf den intentional denotierten Bedeutungsmehrwert von Verantwortung im Argumentationszusammenhang untersucht und daraus in der Zwischenbetrachtung grob drei provisorische Kriterien des „intendierten Guten" (T. Meireis 2.3.3.3) im Gebrauch von „Verantwortung" destilliert: Diskursivität, Freiheit und Reziprozität. Jetzt geht es bei der zweiten, diachronen Lektüre um den konnotierten Bedeutungsüberschuss, der ins Imaginäre ragt. Das Ergebnis dieser zweiten Lektüre der exemplarischen Verantwortungstexte vor allem aus Kapitel 2 stelle ich im Folgenden systematisch dar. Es geht um die vom Verantwortungsbegriff konnotierten und von besagten Texten als selbstverständlicher Horizont vorausgesetzten Imaginationen.

Diese sind relevant, weil sie – wie in Kapitel 2 begründet – den Horizont beschreiben, in dem akademische und andere gesellschaftliche Praktiken, Responsibilisierungs- und Responsepraktiken aneinander anknüpften – oder nicht. Erst vermittels dieser Imaginationen erscheint die Wirklichkeit jeweils auf spezifische Weise als eine, auf die zu antworten ist.[1] Erst vermittels dieser Imaginationen erscheinen Gegebenheiten individuellen und kollektiven Akteuren „als" Sollensforderungen.[2] Erst vermittels dieser Imaginationen entstehen folglich die in Kapitel 3 genannten Sollenskonflikte und -kontingenzen für spezifische Akteure.[3] Deshalb wird im Horizont des sozial Imaginären die gesellschaftliche Allokation von Verantwortung genauso wie die individuellen Zuschreibungen und Übernahmen von Verantwortung jeweils plausibel, gar zwingend – oder nicht. Deshalb bereitet die Beschreibung der Imaginationen die materialethische und bereichsspezifische Bearbeitung des Allokationsproblems (Zwischenbetrachtung) vor. Wie sich für eine solche Bearbeitung die Kriterien aus meiner Zwischenbetrachtung begründen, spezifizieren und differenzieren lassen, wird die Schlussbetrachtung klären und damit materialethische Reflexionen ermöglichen, die in dieser Arbeit nicht mehr erfolgen, sondern nur noch angedeutet werden können (Ausblick).

Die Verantwortungsimaginationen evangelischer Ethik lassen sich weitgehend plausibel nach den Verantwortungsrelationen systematisieren. Die Praxis-Teilnahmeperspektive dieser Imagination ist immer die von der Position der Verantwortungsträger:innen.

– Eine erste Gruppe von Imaginationen stellt primär (aber nicht ausschließlich) die *Zurechnungsrelation* vor, in der beauftragt und Rechenschaft abgelegt wird (2.3.2.1). Deshalb werden diese Imaginationen unter der Überschrift „responsibilisierende Imaginationen" analysiert (4.1). Das ist nicht so zu verstehen, als würden die anderen Imaginationen und Relationen nicht responsibilisieren. Aber in den Imaginationen dieser Gruppe steht die Responsibilisierung im Vordergrund und Fokus, in den anderen Anderes. Primär responsibilisierende

---

1 Zu diesem grundsätzlich responsiven Verständnis von Verantwortung vgl. hier 2.3.1.3 und 4.3 und die dort zitierte Literatur, insbesondere etwa Dabrock 2009.
2 Dieses „als" spielt auf das phänomenologisch „als" in der *„responsive[n] Differenz"* in Peter Dabrocks Waldenfels geprägter Bonhoefferinterpretation an, die an die „signifikative[.] Differenz" anschließt (vgl. Dabrock 2009, 130–138), Zitate auf S. 132, 138, 132: „Die kommunikative Wirklichkeitskonstitution ‚Weltwirklichkeit *als* Christuswirklichkeit' kann also auch beschrieben werden als: *Antworten auf den entscheidenden Anspruch Jesu Christi in unseren je eigenen, lebensweltlichen Wirklichkeitskonstitutionen.*" (a.a.O., 137–138) Vgl. dazu auch schon meine Ausführung zur Einordnung der Imaginationskategorie in die responsive Grundstruktur von Verantwortung unter 2.3.2.3.
3 Vgl. dazu schon ausführlich 2.3.2.3 und die dort zitierte Literatur.

Imaginationen sind: Verantwortung aus (erwarteter) Anklage, Verantwortung aus Begegnung und Verantwortung aus Beziehung.
- Eine weitere Gruppe von Imaginationen stellt primär (aber nicht ausschließlich) die *Zuständigkeitsrelation* vor. Weil der Zuständigkeitsbereich für Verantwortungsträger:innen in ihrem verantwortlichen Praktiken den verhaltensrelevanten Kontext meint, verhandele ich diese Imaginationen unter der Überschrift: „kontextualisierende Imaginationen" (4.3). Während auch diese Imaginationen responsibilisieren, stellen Sie doch primär nicht die Zurechnungsrelation selbst vor, sondern die Eigenschaften des Verantwortungsbereiches. Kontextualisierende Imaginationen sind: Verantwortung angesichts der Diabolizität der Welt, der Fragilität der Welt oder der Versöhnung der Welt in Christus.
- Eine weitere Gruppe von Imaginationen betrifft primär die Praxissituation der Verantwortungsträger:innen selbst, wieder in der Perspektive von ihrer Position. Anders als bei den kontextualisierenden Imaginationen steht hier nicht die Relation zum Zuständigkeitsbereich im Mittelpunkt. Es geht aber auch nicht simpel um das Selbstverhältnis der Verantwortungsträger:innen, sondern um Imaginationen der eigenen Situiertheit, Praxisbeteiligung und Einordnung in einen größeren Zusammenhang: Es geht um die Situation der Verantwortungsträger:innen, in der sich Zuständigkeits- und Zurechnungsrelation schneiden. Deshalb fallen diese Imaginationen unter die Überschrift der „situierenden Imaginationen" (4.2.). Sie stellen Verantwortung in Ordnungen, in außerordentlichen Situationen und in der Lebensführung jeweils als paradigmatisch vor.

Diese Systematik ist anhand der Verantwortungstexte und nicht als Begriffsanalyse entstanden und erhebt von daher schon keinen Anspruch auf Vollständigkeit. Zudem sind die Benennungen der einzelnen Gruppen wie gesagt jeweils nicht als Benennung einer *differentia spezifica* der jeweiligen Gruppe zu verstehen – responsibilisierende Imaginationen situieren und kontextualisieren ja auch, situierende responsibilisieren auch etc. Das ist schon deshalb so, weil Zuständigkeits- und Zurechnungsrelationen in Praktiken wie gezeigt immer schon zusammenhängen und ich deshalb nicht von Zurechnungs- und Zuständigkeitspraktiken spreche (2.3.2.2). Vielmehr benennt der Gruppenname jeweils das Moment, dass in dieser Gruppe im Vordergrund und Fokus steht, während die anderen jeweils auch eine Rolle spielen können.

4.1 Responsibilisierende Imaginationen von Verantwortung

Die erste Gruppe von Imaginationen stellt vor allem die Zurechnungsrelation vor. Vermittels dieser Imaginationen responsibilisieren Menschen sich und andere. Diese responsibilisierenden Imaginationen, die Verantwortung in theologischen und philosophischen Texten konnotiert, lassen sich in drei Untergruppen sortieren: Verantwortung ergibt sich aus der Erwartung, in einem künftigen Forum Rechenschaft ablegen zu müssen (4.1.1), aus der augenblickhaften Begegnung mit dem mehr oder weniger überwältigenden Anspruch des konkreten Anderen (4.1.2) oder aus der dauerhaften Beziehung zu anderen (4.1.3).[4]

4.1.1 Verantwortung aus der Anklage[5] (forensische Imagination)

Der Verantwortungsbegriff kommt nicht nur etymologisch aus dem Bereich des Rechts.[6] An ihm hängt bei vielen Autoren auch eine juridische Metaphorik und ein ganzes Wortfeld von Rechtsbegriffen: Gericht, Zurechnung, Zurechnungsfähigkeit, Schuld, Rechtfertigung, Instanz, Schaden oder Anklage. Entsprechend konnotiert der Verantwortungsbegriff auch in ethischen und philosophischen Texten immer wieder eine Gerichtssituation: „Das Sich-Verantworten für eine Tat wird immer – mehr oder weniger – nach dem Paradigma einer gerichtlichen Verantwortung konzipiert."[7] Das gilt selbst da, wo Verantwortung schon längst der „Zurechnungsverantwortung" entwachsen ist und als ethischer Begriff „Aufgabenverantwortung" bedeutet:[8] In der Rede von Verantwortung schwingt die Vorstellung mit, vor Gericht

---

4 Die Unterscheidung von Beziehung und Begegnung ist hier angelehnt an die Unterscheidung zwischen Beziehung und Interaktion in der Medienwissenschaft (vgl. Krotz 1996, 73–74, 80–81). Krotz fasst den Unterschied so: „Beschreibt also parasoziale Interaktion den medienbezogenen Kommunikationsprozeß, so meint *parasoziale Beziehung bei Horton und Wohl eine durch Gewohnheit, kognitive Operationen und Emotionen vermittelte situationsübergreifende Bindung.*" (a.a.O., 80, kursiv im Original) Zum Nachweis der Herkunft der anderen hier verwendeten Begriffe vgl. jeweils die entsprechenden Unterkapitel und die dort zitierte Literatur.
5 In eine andere Richtung gehende Vorarbeiten zu dieser Imagination habe ich auf einer Konferenz in Princeton zur Diskussion gestellt. Sie sind hier online publiziert: Höhne 2019c.
6 Dazu und zum Folgenden vergleiche ausführlich 2.3.1.1 und die dort zitierte Literatur sowie etwa kurz Körtner 1992, 98.
7 Bayertz 1995, 17. Nethöfel spricht in seiner Analyse von Verantwortungsrelationen von „einer idealtypischen forensischen Szene" und sieht Verantwortung dann auch in dieser Szene interpretiert (vgl. Nethöfel 2009, 111–116, Zitat auf S. 111).
8 Vgl. für diese Unterscheidung Klaus Günther wie unter 2.3.1 zitiert.

auf eine Anklage zu antworten, mit einer Rechtfertigung oder Verteidigung, für sich selbst oder für einen Mandanten – kurz: sich verantworten zu müssen.⁹ Vorgestellt wird damit eine dreistellige Relation, die Ulrich Körtner so beschrieben hat:

> Die Bestimmung der ethischen Grundsituation als forensischer wirft demnach die Frage nach dem *Subjekt* von Verantwortung, nach der *Verantwortungsinstanz* und nach dem *Verantwortungsbereich* oder Gegenstand und Maß der Verantwortung auf.¹⁰

Mit dieser von Körtner so genannten „ethischen Grundsituation" hat er – wie auch andere Theologen – die forensische Imagination in Beobachtungsperspektive beschrieben. Praktisch ist diese Imagination jedoch in Teilnahmeperspektive als individuelle Imagination des Handlungssubjektes gedacht, das sich in der „ethischen Grundsituation" selbst wiederfindet: In der dreistelligen Relation kommt das vorstellende Subjekt also selbst vor, nämlich als „*Subjekt* von Verantwortung". Als individuelle meint die forensische Imagination dann die Vorstellung, sich für das eigene Tun und Lassen vor einer Instanz verantworten zu müssen. Als solches responsibilisiert diese Imagination praktisch. Im Rahmen der als Aufgabenverantwortung verstandenen Verantwortung konkretisiert die forensische Imagination das mitlaufende Bewusstsein antizipierter Zurechnungsverantwortung (2.3.1.2 und 2.3.1.3). Klassisch kommt die derartig lokalisierte, forensische Verantwortungsimagination in Immanuel Kants Verständnis des Gewissens vor. Das Gewissen ist für Kant das „Bewußtsein eines i n n e r e n G e r i c h t s h o f e s im Menschen":¹¹ Ein Gewissen haben heißt dann, sich ständig als durch eine Richtperson beobachtet wissen, der über das eigene Tun wacht und urteilt.¹²

Wie wird diese Richtperson als Verantwortungsinstanz imaginiert? An der Beantwortung dieser Frage zeigt sich, inwiefern die forensische Imagination religiös aufgeladen ist. Die religiöse Aufladung entschränkt den Verantwortungsbereich.¹³ Das lässt sich schon an exemplarischen, philosophischen Texten zeigen (4.1.1.1).

Für theologische Texte zur Verantwortung, in denen Verantwortung eine derart religiös aufgeladen Imagination als Horizont konnotiert, ergeben sich zwei Ambivalenzen. Die erste hat damit zu tun, ob das responsibilisierende Imaginieren

---

9 So hat beispielsweise Georg Picht die Gerichtsvorstellung zusammengefasst, vgl. Picht 1969, 318–319.
10 Körtner 1992, 98, kursiv im Original.
11 Vgl. auch für das Zitat Kant, Metaphysik der Sitten, A 100 (Kant 2014, 573), gesperrt im Original. „Die Metaphysik der Sitten" kürze ich im Folgenden mit der Sigle „MdS" ab. Vgl. dazu und zum Folgenden Heidbrink 2003, 63–68.
12 Vgl. Kant, MdS, A99–103, Kant 2014, 572–576; Heidbrink 2003, 63–64.
13 Vgl. so einschlägig Picht 1969, 319–320.

der Gerichtssituation künftiges Verhalten formt, ob also Responsepraktiken an das Imaginieren anschließen. In Anlehnung an die Sprechakttheorie,[14] lässt sie sich perlokutionäre Ambivalenz nennen (4.1.1.2); die andere bezieht sich auf die ethisch ambivalente Bindungsmacht[15] der Richtinstanz im Vollzug, genauer: des von ihr erwarteten Urteilsspruches. Diese lässt sich entsprechend als illokutionäre Ambivalenz fassen (4.1.1.3).[16]

4.1.1.1 Die zwei bis drei Instanzen

Welche *Instanzen* kommen nun in der individuellen forensischen Imagination in Frage?[17] Kurt Bayertz nennt drei: ein Gericht (2), Gott (3) und das Gewissen (1).[18]

(1) *Gewissen.* Geht es – wie mir hier – um die Rekonstruktion konnotierter individueller Imaginationen, scheidet das Gewissen als imaginierte Instanz strenggenommen aus: Folgt man dem kantschen Gewissensbegriff bezeichnet dieser ja das „Bewußtsein eines inneren Gerichtshofes im Menschen"[19] – und so Bewusstsein einer Instanz, also den Ort der individuellen Imagination – und nicht die imaginierte Instanz selbst. Diese imaginierte Instanz selbst konnte für Kant gerade nicht das eigene Selbst sein – das wäre ihm zufolge „eine ungereimte Vorstel-

---

14 Die „Unterscheidung zwischen Illokutionen und Perlokutionen", mit der ich im Folgenden arbeite, geht auf Austins Sprechakttheorie zurück; ich übernehme sie hier so wie sie referiert wird bei Habermas 1995a, 388–390, Zitat auf S. 388.
15 Die Rede von der Bindung von Macht oder Handeln sowie von Bindungsmacht oder „Bindungskraft" ist hier wie an allen folgenden Stellen aus der Literatur übernommen; genauso oder ähnlich finden sich diese Metaphorik und diese Wendungen etwa bei Habermas 1995a, 376, 406; Habermas 1995b, 275; Joas 2017, 277, 285; Assadi 2013, 246; Vogelmann 2014, 357. Letzterer hat „normative[.] Bindungskraft" definiert als „[j]ene nicht determinierende, wohl aber fordernde, vorschreibende und bindende Kraft, die dem Normativen zu eigen ist und es vom Nicht-Normativen abgrenzt." (vgl. auch für beide Zitate Vogelmann 2015, 123)
16 Hier passt die Bezeichnung insofern besonders gut, als auch Habermas die „illokutionäre Kraft einer Äußerung" damit verbindet, *„eine rational motivierte Bindung einzugehen"* (vgl. auch für die Zitate Habermas 1995a, 376, kursiv im Original). Zu Verbindung von Perlokution und Effekten vgl. a.a.O., 389.
17 Vgl. zu dieser Frage Körtner 1992, 100; Körtner 1997, 145.
18 Vgl. Bayertz 1995, 16–19. Wolfgang Huber listet zwei mögliche Instanzen, „entweder ein *forum internum*, nämlich das Gewissen des Einzelnen, oder ein *forum externum*, nämlich Gott" (Huber 2013, 121, kursiv im Original). Zu den Foren vgl. etwa auch Bayertz 1995, 18. Ulrich Körtner nennt „Gott als der Weltenrichter" als theologische Instanz und dann moderne Ersetzungen: „das Selbst (W. Weischedel) bzw. das Gewissen (W. Schulz), die künftigen Generationen (H. Jonas), die Geschichte oder auch die Zukunft als solche (G. Picht, H.E. Tödt)" (Körtner 1992, 99).
19 Vgl. auch für das Zitat Kant, Metaphysik der Sitten, A 100 (Kant 2014, 573), gesperrt im Original. Vgl. dazu und zum Folgenden Heidbrink 2003, 63–68, dem ich den Hinweis auf relevante Kantpassagen verdanke.

lungsart von einem Gerichtshofe", sondern musste als eine andere Person vorgestellt sein.[20]

Von daher ist Heidbrinks Qualifikation von Kants (implizitem) Verantwortungsbegriff als „*Selbstverantwortlichkeit*"[21] nur unter Ausblendung der subjektiven[22] Teilnahmeperspektive plausibel: In Beobachtungsperspektive auf das Subjekt ist dieses vor einem inneren Gerichtshof, also in Außenperspektive vor sich selbst verantwortlich. In der Teilnahmeperspektive des Subjekts selbst imaginiert sich dieses gerade deshalb wirksam als verantwortlich, weil es sich als verantwortlich vor einem anderen vorstellt – also gerade nicht als selbstverantwortlich. Dies ist entscheidend, weil in der Teilnahmeperspektive die Spuren der immer sozial situierten Entdeckungszusammenhänge von responsibilisierenden Gerichtsvorstellungen in ihrer soziokulturellen Situiertheit verfolgbar bleiben,[23] während der Rückzug auf die Beobachtungsperspektive, von der aus Verantwortung dann als Selbstverantwortlichkeit pointiert werden kann, diese Spuren tendenziell kaschiert oder gar kassiert.

(2) *Gericht.* Inhalt der Imagination kann erstens sein, sich vor einer anderen menschlichen Instanz verantworten zu müssen.[24] Dies ist klassischerweise ein Gerichtsverfahren mit einem Menschen als Richter:in, wie Bayertz dies beschreibt.[25] In der Rolle der imaginierten Instanz können aber auch andere Menschen oder Gruppen auftreten: eine Prüfungskommission, ein (versammeltes) Pu-

---

20 Vgl. Kant, MdS, A 100–101 (Kant 2014, 573–574), Zitat: A 100. Dort bes.: „Diese ursprüngliche intellektuelle und [...] moralische Anlage, G e w i s s e n genannt, hat nun das Besondere in sich, daß, ob zwar dieses sein Geschäfte ein Geschäfte des Menschen mit sich selbst ist, dieser sich doch durch seine Vernunft genötigt sieht, es als auf das Geheiß e i n e r a n d e r e n P e r s o n zu treiben. [...] Daß aber der durch sein Gewissen A n g e k l a g t e mit dem Richter als e i n e u n d d i e s e l b e P e r s o n vorgestellt werde, ist eine ungereimte Vorstellungsart von einem Gerichtshofe" (Kant, MdS, A 100 [Kant 2014, 573], gesperrt im Original, inhaltlich dazu vgl. auch Heidbrink 2003, 63–64).
21 Vgl. Heidbrink 2003, 63–64, Zitat auf S. 64, kursiv im Original.
22 Der Begriff „s u b j e k t i v" in diesem Kontext greift Kants eigene Terminologie auf: Kant, MdS, A 102 [Kant 2014, 575], dort auch das Zitat, gesperrt im Original. Auch Heidbrink greift Kants eigene Terminologie hier auf: Heidbrink 2003, 64.
23 Sehr grob in Richtung dieser sozialen Geprägtheit des Gewissens weisen theologisch auch Volker Eids Ausführungen zur „Sozialstruktur des verantwortlichen Selbst-Bewußtseins" (vgl. Eid 1999, 177–180, Zitat auf S. 177). Dort hält er etwa fest: „Weil wir Menschen sozusagen existenziell-schicksalhaft von den sozialen Bedingungen unserer konkreten Mensch-,Werdung' und unseres Lebensausbaus abhängen, kann das Gewissen keine bloß egobezogene Struktur haben, muß es auch durch die soziale ,Vernetzung' geprägt sein." (a.a.O., 177) Für den Verweis auf die auch soziale Konstituiertheit des Gewissens und seiner Bilder danke ich dem Berliner Forschungskolloquium von 2017 und 2018, insbesondere Torsten Meireis.
24 Vgl. Kant, MdS, A 100 (Kant 2014, 573–574).
25 Vgl. Bayertz 1995, 16–17.

blikum, ein „disperses Publikum"²⁶ von Internetusern, die eigenen Eltern, die Presse oder etwa ein Untersuchungsausschuss. Georg Picht hatte folgende Beispiele genannt: „die gewählte Regierung vor ihren Wählern, der Beamte vor seinem Vorgesetzten, der Schüler vor seinem Lehrer und seinen Eltern"²⁷.

Diese Beispiele zeigen zugleich, dass die forensische nicht nur eine individuelle Imagination ist, sondern ins soziale Imaginäre reicht: Die Imagination eines Gerichtsverfahrens liegt nicht nur in den individuellen Imaginationen vor, die in konkreten Responsibilisierungs- und Responsepraktiken bestehen. Die forensische Imagination ist gleichzeitig sozial institutionalisiert: in den sozialen Praktiken von Gerichtsverfahren etwa,²⁸ die praktisch bedeutsame Dinge wie Gerichtsgebäude, Sitzordnungen oder Roben nutzen und routinisiert nach Strafprozessrecht geordnet sind, oder in den Praktiken kriminalpolizeilicher Ermittlungen. In diesen institutionalisierten Praktiken begegnet dem Einzelnen die forensische Imagination als Teil des sozial Imaginären auch unabhängig von seinem individuellen Imaginieren als äußerer Zwang. Gleichzeitig gewinnt in diesen und angesichts dieser institutionalisierten Gerichtspraktiken die forensische Imagination praktische Plausibilität und Wirksamkeit.

Würde Verantwortung ausschließlich auf dieser Linie menschliche Instanzen als Teil der forensischen Imagination konnotieren, würde der Verantwortungsbereich immer schon als begrenzt wahrgenommen:²⁹ Der Beamte ist eben nur für die Erfüllung der Pflicht verantwortlich, die sein Vorgesetzter ihm angewiesen hat;³⁰ der Schüler nur für die vom Lehrer gestellte Aufgabe, der Bürger nur für den Rechtsbruch, der ihm vor Gericht nachgewiesen werden kann. Dass Verantwortung dieser Begrenzung gegenüber immer „einen eigentümlichen Überschuß" enthält, hängt – wie vor allem Picht plausibel beschreibt – daran, dass Verantwortung nicht

---

26 Den Begriff „disperses Publikum" hat Gerhard Maletzke für Massenkommunikation geprägt und folgendermaßen gefasst: „Gemeint ist damit eine große Zahl von räumlich getrennten Individuen oder kleinen Gruppen (zum Beispiel Familien), die eine durch ein Massenmedium verbreitete öffentliche Aussage empfangen." (Maletzke zitiert bei W. Schulz 2000, 143, vgl. dort auch der zitierte Begriff „disperses Publikum", im Original gesperrt. Vgl. auch Maletzke selbst dazu: Maletzke 1963, 28–29; Maletzke 1964, 33–35).
27 Picht 1969, 319–320.
28 Dass sich Gerichtsverfahren rechtssoziologisch als „soziale Praxis" perspektivieren lassen, zeigt etwa Starystach 2018, Zitat aus dem Titel. Starystach gewinnt seinen Praxisbegriff „in Anlehnung an G. H. Meads pragmatische Sozialtheorie" und verwendet diesen „im Sinne eines ‚sensitizing concept'" (vgl. auch für die Zitate a.a.O., 16). Den Imaginationsbegriff verwendet er soweit ich sehen kann nicht.
29 Vgl. zu dieser Begrenztheit im „rechtliche[n] Verhältnis" und in „der römischen Ethik" Picht 1969, 319–320, dort auch die Zitate.
30 Vgl. für dieses Beispiel auch Picht 1969, 320.

nur die Imagination menschlicher Instanzen konnotiert, sondern etwa auch den „Richtstuhl Christi".[31]

(3) *Gott*. Als „zweite paradigmatische Instanz" wurde Gott benannt:[32] „Die Vorstellung von Gott als einem himmlischen Richter, vor dem sich der Mensch zu verantworten hat, ist in der jüdisch-christlichen Tradition tief verwurzelt."[33] Konnotiert Verantwortung diese forensische Imagination eines göttlichen Richters, fallen die Grenzen des Verantwortungsbereichs.[34] Denn Gott sieht in dieser Vorstellung alles – „Ein Mensch sieht, was vor Augen ist; der HERR aber sieht das Herz an."[35] (1. Sam 16, 7) – und kann folglich für alles Rechenschaft verlangen. Diese entschränkende Konnotation hat Kant bewusst als solche in seinen Gewissensverständnis integriert;[36] Georg Picht hat sie in die theologisch reichlich rezipierte,[37] aber leider kaum belegte[38] Behauptung überführt, Verantwortung „als moralischer Begriff" sei „christlichen Ursprungs, genauer gesagt: er ist ein eschatologischer Begriff".[39]

Das bedarf der Entfaltung: Kant zufolge muss die vom Gewissen gedachte Instanz des Richters, nicht nur vom Selbst imaginativ unterschieden sein, sondern zudem ein „Herzenskündiger", „a l l v e r p f l i c h t e n d " und allmächtig sein, weil sie nur so über „alle freie Handlungen der innere Richter" sein kann, diese kennend und zu diesen wirksam verpflichtend.[40] Vorgestellt werde also ein entsprechend allverpflichtender und allmächtiger „Gott":[41] „so wird das Gewissen als subjektives

---

31 Vgl. auch für die Zitate Picht 1969, 320.
32 Vgl. auch für dieses und das folgende Zitat Bayertz 1995, 17. Theologisch so etwa: Körtner 1992, 98–100; Körtner 1997, 137, 139, 145.
33 Bayertz 1995, 17.
34 Vgl. Picht 1969, 319–320.
35 Revidierte Lutherübersetzung von 2017.
36 Vgl. Kant, MdS, A 101 (Kant 2014, 574).
37 Vgl. etwa Tödt 1988 f, 44; Tödt 1988a, 51; Tödt 1988b, 86; Körtner 1992, 100. Ohne Verweis auf Picht behauptet auch Bayer, dass im philosophischen und „umgangsprachlichen Gebrauch von ‚Verantwortung' […] Theologie und Kirche einer Säkularisierung ihrer ureignen Tradition (vgl. nur 2Kor 5, 10) [begegneten, FH], die ihrerseits freilich selbst wiederum mit der allgemeinen Religionsgeschichte verbunden ist, die ja auch außerhalb des Judentums und Christentums von einer letzten Verantwortung des Menschen in einem Totengericht weiß." (Bayer 1995, 185) Er nennt dieselbe Bibelstelle wie Picht als Beleg (s. hier Anm. 38 in diesem Kapitel).
38 Picht zitiert einzig 2. Kor 5, 10 als Beleg (vgl. Picht 1969, 319).
39 Vgl. auch für die Zitate Picht 1969, 319.
40 Vgl. auch für die Zitate Kant, MdS, A 101 (Kant 2014, 574), Sperrung im Original, auch referenziert bei Heidbrink 2003, 63.
41 Vgl. Kant, MdS, A 101 (Kant 2014, 574), auch referenziert bei Heidbrink 2003, 63.

Prinzip einer vor Gott seiner Taten wegen zu leistenden Verantwortung gedacht werden müssen"[42]. Vermittels der Gottesvorstellung erst kann danach die Rechenschaftspflichtigkeit subjektiv plausibel universal auf alle Handlungen bezogen und so „allverpflichtend" gedacht werden. Die Gottesvorstellung entschränkt bei Kant den Verantwortungsbereich.

Dieser Kantische Gedanke aber ist genau derjenige, in dem Picht den „christlichen Ursprung[.]" des ethischen Verantwortungsbegriffs ausmacht:[43] Während „der römischen Ethik [...] der Gedanke fremd [gewesen sei, FH], daß man auch für sein moralisches Verhalten, ja sogar für sein bloßen Gedanken vor dem höchsten Richter zur Verantwortung gezogen werden könnte",[44] hält er für die christliche Ethik fest: „Erst aus der Erwartung dieses letzten Gerichtes konnte der Gedanke entspringen, daß das menschliche Leben insgesamt der Vorbereitung auf diese letzte ‚Verantwortung' dienen müsse."[45] Die Vorstellung von Gott als Richter leistet die Entschränkung des Verantwortungsbereichs etwa über das juristisch unter einen Tatbestand subsumierbare Verhalten hinaus auf alles moralische Handeln.[46] Im Horizont dieser vom Wort „Verantwortung" konnotierten Vorstellung beobachtet Picht „einen eigentümlichen Überschuß" des Verantwortungsbegriffs:[47] Bezeichne der Beamte sein Tun mit dem Begriff „Verantwortung", sei seine Verpflichtung nicht mehr auf durch die rechtlich bindende Dienstanweisung umzäunte Pflicht beschränkt.[48]

> „Die Unabgrenzbarkeit der Verantwortung gehört", so Picht, „[...] zu ihrem Wesen. Sie erklärt sich geistesgeschichtlich daher, daß die Verantwortung jedes Menschen schlechthin vor dem

---

42 Kant, MdS, A 101 f (Kant 2014, 574), auch zitiert bei Heidbrink 2003, 63. Vgl. auch Kants eigene Zusammenfassung: Der „Mensch, durch die Idee, zu welcher ihn sein Gewissen unvermeidlich leitet, sei berechtigt, noch weniger aber, er sei durch dasselbe v e r b u n d e n, ein solches höchste Wesen außer sich als w i r k l i c h a n z u n e h m e n; [...] und der Mensch erhält vermittelst dieser, n u r n a c h d e r A n a l o g i e mit einem Gesetzgeber aller vernünftigen Weltwesen, eine bloße Leitung, die Gewissenhaftigkeit (welche auch religio genannt wird) als Verantwortlichkeit vor einem von uns selbst unterschiedenen, aber uns doch innigst gegenwärtigen heiligen Wesen (der moralisch-gesetzgebenden Vernunft) sich vorzustellen und dessen Willen den Regeln der Gerechtigkeit zu unterwerfen." (Kant, MdS, A 102 [Kant 2014, 575], gesperrt im Original, teilweise auch zitiert bei Heidbrink 2003, 63–64)
43 Vgl. auch für das Zitat Picht 1969, 319.
44 Picht 1969, 319.
45 Picht 1969, 319.
46 Vgl. Picht 1969, 320.
47 Vgl. auch für das Zitat und auch für das Folgende Picht 1969, 320.
48 Vgl. inhaltlich so Picht in leicht anderen Worten Picht 1969, 320.

Richtstuhl Christi alle jene Distinktionen durchbricht, deren das endliche Denken des Menschen bedarf, um rechtliche und moralische Ordnung zu etablieren."[49]

Damit sind die entscheidenden Kennzeichen der forensischen Imagination in religiöser Zuspitzung schon anhand von philosophischen Texten klar nachgezeichnet: *Der Verantwortungsbegriff konnotiert hier die forensische Imagination eines allwissenden und allmächtigen göttlichen Richters, der im jüngsten Gericht für alles zur Verantwortung ziehen kann. Diese Imagination entschränkt den Verantwortungsbereich.* Sie mag Teil des sozial Imaginären sein, insofern sie sich in zahlreichen individuellen Imaginationen findet. In Responsepraktiken kann sie als solches wirksam werden.

Anders als die auf eine menschliche Instanz beschränkte forensische Imagination wird die religiös aufgeladene nicht direkt selbst in gesellschaftlichen Responsibilisierungspraktiken performiert, konkretisiert, inszeniert und damit praktisch plausibilisiert: Gott selbst urteilt (noch) nicht so direkt erlebbar und zwingend, wie menschliche Richter:innen dies tun. Die verhaltenswirksame Plausibilität der religiös aufgeladenen forensischen Imagination hängt deshalb an der Plausibilität, die sich aus der Institutionalisierung der auf menschliche Instanzen beschränkten forensischen Imagination als Teil des sozial Imaginären ergibt. Würden sämtliche Gerichte einer Gesellschaft ihre Praxis einstellen, verlöre vermutlich langfristig auch die Vorstellung eines Jüngsten Gerichts ihre praktische Plausibilität.

Gerade in protestantischen, theologischen Texten zur Verantwortung funktioniert die religiös aufgeladene forensische Imagination allerdings nicht so reibungslos, wie Kants Gewissensverständnis und Pichts Ursprungsbehauptung dies erscheinen lassen. Das bringt zur ersten, zur perlokutionären Ambivalenz:

4.1.1.2 Perlokutionäre Ambivalenz zwischen ethischer und rechtfertigungstheologischer Inanspruchnahme

Dieses Stocken im Imaginationsgetriebe liegt an einer praktischen Spannung,[50] die sich im Horizont der forensischen Imagination aus der Rechtfertigungslehre da ergibt, wo auch diese Lehre jene Imagination in Anspruch nimmt. Die in theolo-

---

49 Picht 1969, 320.
50 Auch Georg Kalinna hat bereits darauf verwiesen, dass „die Szene einer gerichtlichen Situation [...] im theologischen Bereich für erhebliche Schwierigkeiten" sorgt; er hat dabei aber eine andere Schwierigkeit im Blick als ich hier, nämlich die zu plausibilisieren, „ob oder inwiefern das ehemals selbstverständliche Bild des göttlichen Richters auch heute noch für ethische Grundlagendiskussionen in Anspruch genommen oder modifiziert werden kann." (vgl. Kalinna 2021, 67–68, Zitate auf S. 67)

gischen Texten zur Verantwortung konnotierte Vorstellungen von Gott als Richter wird nämlich gleichzeitig ethisch responsibilisierend (1) – also Verantwortung zurechnend und deren Bereich entschränkend – und rechtfertigungstheologisch responsibilitätstranszendierend[51] (2) in Anschlag gebracht, wobei diese Spannung unterschiedlich explizit und unterschiedlich vermittelt wird (3).

(1) *Ethisch responsibilisierend* – und damit auf die Initiation von Responsepraktiken gerichtet – wird die forensische Konnotation des Verantwortungsbegriffs überall da vorausgesetzt, wo von der Verantwortung *vor* Gott die Rede ist. Entsprechend hat beispielsweise der junge Bonhoeffer in Barcelona 1929 die forensische Imagination aufgerufen: Die „christliche Ethik" sei „in der Verantwortung vor Gott verwurzelt";[52] der Christ stünde „frei ohne Rückendeckung vor Gott und vor der Welt, auf ihm allein ruht die ganze Verantwortung dafür, wie er mit dem Geschenk der Freiheit umgeht" (DBW 10, 331); „Erst durch den Ruf Gottes werde" der Mensch zum ich, „von Gott zur Verantwortung gezogen, mich allein wissend der Ewigkeit gegenüber." (DBW 10, 332)

Trutz Rendtorff ruft die forensische Imagination auf, wenn er schreibt: „Verantwortung schuldet der Mensch in dem allen letztlich Gott".[53] In Heidelberg hatte der bereits zitierte Philosoph Georg Picht, der über seine Tätigkeit an der „Forschungsstätte der Evangelischen Studiengemeinschaft" (FEST) die Theologie prägte, in dem Verantwortungsbegriff „eine doppelte Verweisung" gesehen:[54] Verantwortung *für* sei eben auch Verantwortung „*vor* einer Instanz", christlich dann „vor dem Richtstuhl Christi".[55] Diesen Gedanken Pichts haben sowohl Heinz Eduard Tödt als auch Wolfgang Huber übernommen.[56] Tödt schreibt etwa:

> Verantwortung ist ursprünglich ein eschatologisches, auf das Ende aller Dinge bezogenes Wort: Rechenschaft vor Gott für das, was man zu Lebzeiten für Mitmenschen und Mitwelt und in sich selbst gewesen ist und was man getan oder unterlassen hat.[57]

Auch bei Huber ist der „Einfluss des christlichen Gedankens [...], dass alle Menschen letztlich vor einem göttlichen Gericht am Ende der Geschichte, in der Erfüllung der Zeit, Rechenschaft ablegen müssen" entscheidend für den Weg der „Verantwortung

---

51 Den Begriff des Transzendierens übernehme ich in diesem Zusammenhang von Körtner 1992, 102; Körtner 2018, 102.
52 Vgl. auch für die Zitate DBW 10, 341.
53 Rendtorff 1990, 9.
54 Vgl. auch für das Zitat Picht 1969, 319.
55 Vgl. auch für die Zitate Picht 1969, 319–320, kursiv im Original.
56 Vgl. Tödt 1988b, 86. Huber findet den Gedanken zunächst bei H. Richard Niebuhr und bei Dietrich Bonhoeffer, dann bei Picht, vgl. Huber 2012b, 83.
57 Tödt 1988b, 86.

vor'" in die Ethik.⁵⁸ Er verbindet diese forensische Imagination explizit mit der „Universalisierung der Verantwortung" und konkretisiert diese mit dem „Gleichnis vom Weltgericht (Mt 25, 31–46)", in dem er dann ein Kriterium für die Verantwortung findet:⁵⁹ Handlungen seien insofern „gerechtfertigt, als sie vorteilhaft sind für diejenigen, die schwächer sind als die handelnde Person selbst."⁶⁰ Im Horizont dieser Imagination bindet Huber nun auch Macht an Verantwortung, indem er „Anwendung von Macht" auf „die Prüfung am Maßstab der Verantwortung" verpflichtet.⁶¹

Auch Theodor Strohm bezieht sich affirmativ auf Tödt und versteht Verantwortung von „der Bevollmächtigung der Christenheit" her folgendermaßen:⁶² „Verantwortung ist bezogen auf das endgültige Gericht vor Gott und stellt alles menschliche Tun unter einen eschatologischen Vorbehalt."⁶³

(2) *Responsibilitätstranszendierend.* Gleichzeitig wird Verantwortung so gedacht, dass die theologische, besonders die rechtfertigungstheologische Konturierung der forensischen Imagination von Gott als Richter den responsibilisierenden Effekt dieser Imagination transzendiert. Das hat Ulrich Körtner pointiert betont, wenn er schreibt: „Als an der Rechtfertigungslehre gewonnener Begriff transzendiert der Begriff der Verantwortung freilich deren ethischen Sinn."⁶⁴

Dieses Transzendieren zeigt sich auch besonders bei Heinz Eduard Tödt und Dietrich Bonhoeffer. Tödt zufolge

> repräsentiert er [der Verantwortungsbegriff, FH] einerseits das Bewußtsein, daß ein jeder dereinst vor dem Richterstuhl Gottes offenbar werden muß; aber eben dieser Richter ist zugleich der Vater, der sich einem jeden in zuvorkommender Liebe zuwendet, seine Sünden vergibt und so erst die Erwartung des Gerichtes erträglich macht, indem sie durch die Erwartung des Heils im Reiche Gottes überboten wird.⁶⁵

---

58 Vgl. auch für die Zitate Huber 2012b, 84. Verantwortung meint für Huber auch „[i]n der Perspektive des christlichen Glaubens" auch „die Verantwortung vor Gott, also eine letzte Rechenschaftspflicht für die Führung des eigenen Lebens" (vgl. auch für die Zitate Huber 2013, 46).
59 Vgl. auch für die Zitate Huber 2012b, 85. Vgl. dazu auch: Die „Sprache, welcher der Begriff der Verantwortung entstammt, ist die Sprache des Jüngsten Gerichts. Und diejenigen, denen die Verantwortung des Menschen vor allen anderen gilt, sind nach dem neutestamentlichen Gleichnis vom Weltgericht die ‚geringsten Brüder'." (Huber 1990, 144)
60 Huber 2012b, 85.
61 Vgl. auch für die Zitate Huber 2012b, 86.
62 Vgl. auch für das Zitat Strohm 2000, 210.
63 Strohm 2000, 210.
64 Körtner 2018, 102.
65 Tödt 1988a, 81. Vgl. ähnlich auch: „Wir haben in den irdischen Angelegenheiten unausweichlich Verantwortung. Wir müssen, bedrängt von ihnen, auf unser Gewissen hören. Denn dereinst müssen

Den Richter in der forensischen Imagination als liebenden Vater vorzustellen transzendiert den responsibilisierende Effekt dieser Imagination auf die Möglichkeit von Vergebung hin.

Der lutherische Theologe Dietrich Bonhoeffer verbindet seinen Gebrauch des Verantwortungsbegriffs schon insofern mit forensischen Imaginationen, als er juristische Terminologie verwendet.[66] Anders als bei Kant und Picht scheint diese Imagination bei Bonhoeffer aber nicht vorzukommen, weil sie Verantwortung universalisiert, sondern weil sie von den letzten Konsequenzen des eigenen Tuns entlastet, indem sie auf Gott verweist:[67] Dank der Imagination eines letzten Gerichts kann der verantwortlich Handelnde bei Bonhoeffer das letzte „Urteil über das eigene Handeln [...] ganz an Gott ausliefern" und muss es sich nicht selbst sprechen:[68] Der „Verantwortliche legt sein Handeln in die Hände Gottes und lebt von Gottes Gnade und Gericht." (DBW 6, 268) Dieser rechtfertigungstheologische Gedanke begrenzt Verantwortung eigentlich nicht, entlastet aber von ihrer letzten Konsequenz.[69]

Bonhoeffer zufolge soll diese Vorstellung vom Nichtwissen des letzten Urteils über das eigene Tun die konkrete Praxis verantwortlichen Handelns informieren.

> Das letzte Nichtwissen des eigenen Guten und Bösen und damit das Angewiesensein auf Gnade gehört wesentlich zum verantwortlichen geschichtlichen Handeln. (DBW 6, 268, 224)

Ob die verantwortliche Tat gut (oder böse) war, bleibe dem Handelnden „verborgen".[70] In dieser Vorstellung hätten Handelnde folglich gar nicht die Möglichkeit zu einer Verteidigungsrede oder Rechenschaft – also: Verantwortung im alten juristischen Sinne – vor dem jüngsten Gericht, weil das Wissen dazu fehlte.[71]

Der Gedanke der „iustitia aliena" und der Imputation in lutherischer Rechtfertigungslehre erscheint in der forensischen Imagination noch deutlicher re-

---

wir alle erscheinen vor dem Richterstuhl Gottes. Sein letzter Wille aber ist nicht Verurteilung des sündigen Menschen, sondern Vergebung und ewiges Leben." (Tödt 1988b, 95)

66 Vgl. so DBW 6, 224, 255, 268.
67 Die folgende Zusammenfassung bis zum Absatzende war bereits Teil meiner Probevorlesung in Zürich im Sommer 2018.
68 Vgl. auch für das Zitat DBW 6, 268, vgl. dazu auch DBW 6, 224.
69 Zum „entlastenden, befreienden Sinn der Rechtfertigung" vgl. auch Kreß 1992, 129, dort auch das Zitat.
70 Vgl. auch für das Zitat DBW 6, 320.
71 Vgl. DBW 6, 268, 320–321.

sponsibilitätstranszendierend – wenn nicht gar deresponsibilisierend – als dies bei Bonhoeffer und Tödt ausgeführt ist.[72]

Dabei geht es um „die dem Sünder angerechnete Gerechtigkeit Christi als eine dem Menschen fremd bleibende, äußere Gerechtigkeit (iustitia aliena, externa)".[73] So schreibt Luther über diese fremde Gerechtigkeit Christi:

> Dessen Gerechtigkeit, dieweil sie ohn Fehl ist und gemacht ist zu unserm Schirm wider die Hitze des göttlichen Zorns, läßt's nicht zu, daß unsre angefangene Gerechtigkeit verdammt werde. [...] Dies gerecht gemacht Werden schließt folgendes ein: daß wir durch den Glauben um Christi willen für gerecht gerechnet werden; [...] Und daß keine Sünde, sie sei vergangen oder bleibe übrig im Fleische, uns zugerechnet werde (imputari), sondern gleich als wäre sie nichts, einstweilen (interim) weggenommen werde.[74]

Rechtfertigungstheologisch stellt Luther hier die Gerichtssituation so vor,[75] dass der oder dem Angeklagten gerade nicht die eigene Gerechtigkeit, die eigenen Taten oder Sünden zugerechnet werden, sondern „durch den Glauben" die Gerechtigkeit Christi. Damit ist aber auch die eigentliche Verantwortung vor Gericht letztlich als Verantwortung Christi vorgestellt: Dessen vollkommene Rechenschaft, dessen Gerechtigkeit zählt vor dem Richterstuhl. Im Horizont einer dergestalt rechtfertigungstheologisch gefassten forensischen Imagination geht es also gerade nicht um die Zurechnungsverantwortung des Handlungssubjektes, sondern um dessen Glauben, der die Zurechnung von Verantwortung aussetzt. Um sicher zu gehen: Es geht mir nicht darum, das gerade Gesagte als eine mehr oder weniger sachgerechte Lutherdeutung zu präsentieren. Es geht vielmehr darum zu zeigen, dass auf der Ebene konkreter bildlicher und szenischer Vorstellung eine protestantische Rechtfertigungslehre im Horizont der forensischen Imagination einen verantwortungstranszendierenden, wenn nicht gar desresponsibilisierenden Zug trägt. Kürzer, einfacher und das bis hierher referierte zusammenfassend gesagt: Wird in der Gerichtsvorstellung die Position des Richters nicht mit einem strengen und strafenden, sondern einem gnädigen und vergebenden Gott besetzt, ist diese Vorstellung für sich genommen praktisch anders, weniger oder nicht mehr responsibili-

---

72 Vgl. zum hier zugrundeliegenden, reformatorischen Rechtfertigungsverständnis kurz Hamm 1986. Vgl. dort auch für den Begriff der „iustitia aliena, externa" und die „imputatio" sowie deren Bedeutung, insbes. a.a.O., S. 16–19, Zitat auf S. 17.
73 Vgl. auch für das Zitat Hamm 1986, 17.
74 WA XXXIX/I 82ff, zitiert nach Hirsch 1964, 123–124.
75 Die vorgestellte Gerichtssituation wird auch in Hamms Ausführungen zur Rechtfertigungslehre explizit: „‚Gerechtigkeit' ist Geltung des Sünders vor dem Tribunal Gottes angesichts der von allen Seiten und aus dem eigenen Herzen aufsteigenden Anklagen." (Hamm 1986, 17)

sierend. Die Zurechnung (böser) Taten würde nicht mehr vollzogen, hätte keine letzten Sanktionen zur Konsequenz oder wäre auf die Hoffnung auf Gnade (Bonhoeffer) und das Reich Gottes (Tödt) hin transzendiert.

(3) *Vermittlung.* Die in theologischen Texten zur Verantwortung konnotierte Vorstellungen von Gott als Richter wird also gleichzeitig ethisch responsibilisierend und rechtfertigungstheologisch responsibilitätstranszendierend in Anschlag gebracht. Auf die Spannung dazwischen hat schon Bernd Wannenwetsch hingewiesen und dies kritisch gegen forensische Pointierungen von Verantwortung gewandt: „The forensic dimension of responsibility is essentially *not* a moral one."[76] Diesseits dieser Kritik gibt es für die theologische Bearbeitung dieser Spannung unterschiedliche Vermittlungsangebote. In jüngeren Texten zur Verantwortungsethik sind dies insbesondere das der paradoxen Forenidentifikation und das der paradoxen Forendifferenz.

Die *Figur paradoxer Forendifferenz* kann an die „Doppelthese" aus Luthers Freiheitsschrift anknüpfen und findet sich bei Wolfgang Huber.[77] Dieser differenziert im Anschluss an Martin Luther, H. Richard Niebuhr, Dietrich Bonhoeffer und Georg Picht im Verantwortungsbegriff wie gesagt die Vor- und die Für-Relation:[78]

> In der Frage nach der ‚Verantwortung vor...' ist jeder als unvertretbar einzelner in seiner Relation zu Gott und gerade deshalb als Freier angesprochen. In der Frage nach der ‚Verantwortung für' ist jeder als der angesprochen, der für andere da ist und sich zum Dienst für andere aufgefordert weiß.[79]

Während sich in dieser Differenz die rechtfertigungstheologische Responsibilitätstranszendierung der Vor-Relation appropriieren lässt und die ethische Responsibilisierung der Für-Relation, hängen beide Foren doch für Luther, für Bonhoeffer und in deren Folge für Huber „unlöslich zusammen".[80] Responsibilisierung kann sich – so vorgestellt – aber auf jeden Fall auch ohne forensische Imagination aus der Für-Relation ergeben.

Die *Figur paradoxer Forenidentifikation* findet sich in Ulrich H. J. Körtners Vermittlung von forensischem Verantwortungsbegriff und Theologie. Körtner sieht in der forensischen Fassung von philosophischem Verantwortungsbegriff und theologischer Rechtfertigungslehre eine „Affinität", die er zur Vermittlung beider

---

76 Wannenwetsch 2005, 133, kursiv im Original. Vgl. dazu und den daraus entstehenden Problemen auch a.a.O., 133–137. Wannenwetsch verbindet damit auch das Problem der Selbstrechtfertigung (vgl. a.a.O., 134, 136–137).
77 Vgl. auch für die Lutherreferenz und den Begriff: Huber 1990, 149.
78 Vgl. Huber 1990, 149; Huber 2012b, 83–84.
79 Huber 1990, 149.
80 Vgl. auch für das Zitat Huber 1990, 149.

nutzt.[81] Diese fasst er nun – wie bereits beschrieben und zitiert (s. 1.2.2.2) – so, dass der „*Rechenschaftspflicht* des ethischen Subjekts" dessen „*Rechtfertigung*, d. h. aber die *Gerechtsprechung des Sünders* durch den ihm gnädigen Gott voraus" geht:[82] „In der Kommunikation des Evangeliums wird die Rechenschaft fordernde Instanz zugleich als diejenige erfahren, welche die Schuld vergibt."[83]

Damit lokalisiert Körtner Responsibilisierung, nämlich Rechenschaftspflicht, und Responsibilitätstranszendenz, nämlich Gerechtsprechung des Sünders, in einem und demselben Forum der Gottesrelation.[84] Körtner fasst zusammen:

> Theologisch gesprochen ereignet sich der Ruf zur Verantwortung im Geschehen der Rechtfertigung. Die mit der Annahme des sündigen Menschen verbundene Unterscheidung zwischen Person und Werk bedeutet gerade nicht die Entbindung von der Verantwortung für das eigene Tun, sondern befähigt im Gegenteil zur Anerkennung persönlicher Verantwortung. Die Gewißheit der Schuldvergebung befähigt zur Verantwortungsübernahme.[85]

Paradox ist dies, weil auf imaginativer und praktischer Ebene in Teilnahmeperspektive die responsibilisierende und die responsibilitätstranszendierende Pointierung der forensischen Imagination widersprüchlicher sind, als dies auf theoretischer Ebene in Beobachtungsperspektive scheint. Denn in der Imagination der Praxisteilnehmenden sind diese Pointierungen in unterschiedlichen Vorstellungen der Gerichtsszene und des richtenden Gottes konkret: Die Szene eines Freispruches, eines Prozesses mit offenem Ausgang oder einer Rechenschaft ablegenden Verteidigungsrede im Anklagestand unterscheiden sich genauso voneinander wie das Bild eines aus Gnade freisprechenden und eines Rechenschaft einfordernden Richters. Dies individual-imaginativ oder in einem imaginationstradierenden und gepredigten Narrativ zusammen zu erzählen, ohne in die innerhalb der forensischen Imagination deresponsibilisierende Zusicherung eines sicheren Freispruches oder die responsibilisierende Androhung eines möglichen Schuldspruchs zu kippen, ist eine größere Herausforderung als theoretisch die Vermittlung von Rechtfertigung und

---

81 Vgl.: „Zwischen philosophischen Entwürfen einer Verantwortungsethik und der paulinisch-reformatorischen Rechtfertigungslehre besteht aber insoweit eine grundlegende Affinität, insofern auch die Rechtfertigungslehre das Sein des Menschen relational, d. h. konstitutiv in Bezügen, seine konkrete Lebenssituation als eine forensische bestimmt." (Körtner 2018, 99)
82 Vgl. auch für die Zitate Körtner 1992, 101; Körtner 1997, 146, kursiv 1992 im Original.
83 Körtner 1997, 146; Körtner 2008, 130.
84 Entsprechend verbindet Körtner auch ethische und rechtfertigungstheologische Bedeutungsdimension im Verantwortungsbegriff: Der Verantwortungsbegriff „bezieht sich nicht allein auf die Zurechenbarkeit von Handlungen, sondern meint zugleich ein sich Sich-Überantworten im Sinne der Hingabe an Gott." (Körtner 2018, 102)
85 Körtner 1997, 147. Vgl. ähnlich auch schon Körtner 1992, 103.

Ethik im Verantwortungsbegriff so zu konzeptualisieren, wie Körtner dies wie eben beschrieben tut.[86]

Das zeigt sich besonders auf praktischer Ebene, also bei der Frage der praktischen Anschlussfähigkeit und der *„perlokutive[n] Effekte"*[87] des Imaginationsaktes: Wie genau können im Horizont der religiös aufgeladenen, forensischen Imagination Responsepraktiken an Responsibilisierungspraktiken anschließen? Innerhalb dieses Horizonts doch nur über die Angst vor Verurteilung oder abgemildert über die antizipierte Rechenschaftspflicht vor Gott.[88] In beiden Fällen wird nicht Glaube oder Gottvertrauen, sondern negativ Heilsangst oder positiv die Möglichkeit zur Selbstrechtfertigung zur Motivation.[89] Damit geht es in beiden Fällen motivational nicht eigentlich um den Dienst am Nächsten, sondern um die Gunst des Richters. Darin bleibt in beiden Fällen diese Motivation von einer lutherischen Rechtfertigungslehre gerade uninspiriert.

Andersherum schafft der Glaube an und die Hoffnung auf Gottes unverdiente Gerechtsprechung im Jüngsten Gericht um Christi willen zumindest im Horizont der forensischen Imagination keine Anknüpfungsmöglichkeit für davon geprägte Responsepraktiken – darauf hat schon Wannenwetsch hingewiesen.[90] Die Aussage „Die Gewißheit der Schuldvergebung befähigt zur Verantwortungsübernahme."[91] (Körtner, s. o.) ist in Teilnahmeperspektiv zumindest im Horizont der forensischen Imagination nicht plausibel. In diesem Horizont entlässt der Freispruch ja aus Verantwortung und Rechenschaftspflicht. Dass die Rechenschaftspflicht des Subjekts dessen Rechtfertigung vorausgeht, wie Körtner behauptet, ist im Horizont der forensischen Imagination nicht kohärent szenisch vorstellbar: Warum sollte der Freigesprochene zu einer Verteidigungsrede, i. e. einer „Verantwortung", ansetzen,

---

86 Vgl. dazu auch die Zusammenfassung unter 1.2.2.2 und die dort zitierte Literatur.
87 Zum Begriff der *„perlokutive[n] Effekte"* vgl. wie zitiert (Anm. 14 in diesem Kapitel) Habermas 1995a, 389–390, Zitat auf S. 389, kursiv im Original.
88 Auf den zweiten Punkt hat auch Wannenwetsch in seiner Kritik verwiesen: „Yes, strictly speaking, this would not be responsible acting, but acting based on *anticipated* responsibility: the forseen necessity to give an account in the eschatological judgement." (Wannenwetsch 2005, 133–134, kursiv im Original)
89 Die Verbindung von forensischer Pointierung und Tendenz zur Selbstrechtfertigung hat auch Wannenwetsch in seiner Kritik hergestellt (vgl. Wannenwetsch 2005, 134, 136–137, insbes. S. 137).
90 Vgl.: „As far as the doctrine of justification goes, the giving of an account before God's judgment seat is precisely, and in terms of our salvation, removed from the realm of worldly agency. Our deeds will be laid before God, but the hope for a salvific outcome in the judgment is bound to the hope that it is us to present our deeds but to Christ as mediator and judge in one. The forensic dimension of responsibility is essentially *not* a moral one." (Wannenwetsch 2005, 133, kursiv im Original)
91 Körtner 1997, 147. Vgl. ähnlich auch schon Körtner 1992, 103.

warum der fest auf den kommenden Freispruch Vertrauende sich handelnd auf eine solche Rechenschaft vorbereiten?

Die Anknüpfung von Responsepraktiken und die Befähigung „zur Verantwortungsübernahme" durch die „Gewißheit der Schuldvergebung" (Körtner, s.o.) könnte natürlich im Modus der Befreiung durch und der dankbaren Antwort[92] auf die forensische Imagination eines Freispruchs funktionieren. Damit aber wäre die forensische Imagination der Responsibilisierungspraktik auf eine responsive Imagination hin transzendiert, in der nicht mehr die antizipierte Rechenschaftspflicht das motivationale Anknüpfungsmoment darstellt. Dann wäre der Rahmen des Gerichtsbildes längst verlassen und Verantwortung responsiv vorgestellt: Verantwortung meinte dann die menschliche Antwort auf das Rechtfertigungsgeschehen und nicht forensisch ein Moment desselben.[93]

Zusammengefasst gesagt ist die forensische Imagination also entweder in rechtfertigungstheologischer oder in ethischer Perspektive problematisch. Denn sie bringt gerade in Teilnahmeperspektive zwischen die Skylla von Werkgerechtigkeit, Selbstrechtfertigung[94] und Gerichtsangst und die Charybdis gepredigter Verantwortungslosigkeit. Für das Schiff der Verantwortungspraxis scheint es deshalb naheliegend, eine andere Route als jene zu finden, die durch die Meerenge der religiös aufgeladenen, forensischen Imagination führt.

4.1.1.3 Illokutionäre Ambivalenz vollzogener Machtrelationen: religiöse Aufladung und asynchroner Panoptismus

Die im Horizont der forensischen Imagination vorgestellten oder ausgeführten Akte des Richtspruchs und der Rechtfertigung in einer Gerichtssituation vollziehen selbst Machtasymmetrien[95] – und zwar auf mehrdeutige Art und Weise. Darin liegt die illokutionäre[96] Ambivalenz forensischer Imaginationen. Als imaginativer Horizont des Handlungssubjektes fungiert die forensische Imagination sowohl in Teilnahmeperspektive als auch als sozial Imaginäres und deshalb Institutionalisiertes als ein Mechanismus, der Handlungsmacht individuell imaginativ und sozial

---

92 Vgl. zu dieser Option („responding to the ruling that already has happened *eph' hapax* in Christ") etwa Wannenwetsch 2005, 135–136, Zitat auf S. 136, kursiv im Original.
93 Zur Unterscheidung von forensisch und responsiv vgl. Waldenfels 2010b; Vogelmann 2014, 326–330.
94 Vgl. dazu wie gesagt schon Wannenwetsch 2005, 134, 136–137.
95 Zur „Machtasymmetrie" in Verantwortungsrelationen und ihrer Umkehr durch Kontrolle vgl. Vogelmann 2014, hier bes. S. 345, dort auch das Zitat.
96 Vgl. zu diesem Begriff wie zitiert (Anm. 14 in diesem Kapitel) Habermas 1995a, 389.

bindet:⁹⁷ Die Vorstellung, sich für die eigenen Taten vor einem irdischen Gericht oder dem jüngsten Gericht, vor einem Aufsichtsrat, einem Parlament oder etwa der Mitgliederversammlung eines Vereins verantworten zu müssen, kann den Umgang mit der eigenen Handlungsmacht begrenzen, kontrollieren und beeinflussen.⁹⁸ Das gilt umso mehr, als es Gerichte und Kontrollgremien nicht nur in der Vorstellung eines praktisch sich verhaltenden Individuums, sondern auch als sozial Imaginäres gibt, das in einer offenen Vielheit von sozialen Praktiken von Gerichtsprozessen bis Gremiensitzungen persistiert.

Es ist diese Bindungskraft der von „Verantwortung" konnotierten forensischen Imagination, die „Verantwortung" in ethischen und politischen Diskursen immer wieder interessant gemacht hat: Ohne die forensische Imagination zu beschreiben setzt Hans Jonas' „Prinzip Verantwortung" auf die Responsibilisierung neuer technischer Macht, genauer: auf die moralische Bindung dieser Macht an Arterhalt;⁹⁹ die darin liegende Umkehr einer Machtasymmetrie macht Jonas explizit: „Das Abhängige in seinem Eigenrecht wird zum Gebietenden, das Mächtige in seiner Ursächlichkeit zum Verpflichteten."¹⁰⁰ Die oben beschriebene Idee einer dem Souverän verantwortlichen Regierung will Regierungsmacht über Rechenschaftspflichtigkeit vor dem Souverän binden (2.3.1.2).¹⁰¹ Gemessen am *Reziprozitätskriterium* ist das insofern gut, als es weniger Mächtigen ermöglicht, Mächtigere zur Rechenschaft zu ziehen und so für Wechselseitigkeit öffnet – insbesondere, wenn der Maßstab wie bei Huber der ist, „ob der Gebrauch von Macht die Schwächeren begünstigt".¹⁰² Insofern über diesen Mechanismus die Macht der Mächtigen zu verantwortlichem Gebrauch gebunden ist, fördert dies auch die Bedingungen für die Freiheit der weniger Mächtigen, was gemessen am *Freiheitskriterium* ein Gut ist.

---

97 Zum Sprachbild der Bindung (von Macht) siehe oben, Anm. 15 in diesem Kapitel. Von einem „Bindungsmoment der Verantwortung" hat schon Huber in seiner Bonhoeffer-Interpretation gesprochen, vgl. etwa, auch für das Zitat Huber 1990, 144. Im Horizont der forensischen Imagination bindet Huber wie bereits dargestellt auch die „Anwendung von Macht" an den „Maßstab der Verantwortung" (Huber 2012b, 86).
98 Vgl. so schon oben 2.3.1.3. Auf dieser Linie hat Vogelmann Constant verstanden: „Wo der zuvor rekonstruierte Sprachgebrauch Verantwortung bei der machtlosen Subjektposition ansetzt, die den Zuschreiber_innen von Verantwortung unterworfen ist, inauguriert Constant einen Verantwortungsbegriff, der Verantwortlichkeit gerade an die machtvolle Subjektposition heftet, um den weniger mächtigen Subjekten eine gewisse Kontrolle zu verleihen und damit die Machtasymmetrie zu verringern." (Vogelmann 2014, 345)
99 Vgl. H. Jonas 1979, für die Bindung von Macht durch Verantwortung darin bes. a. a. O., 175.
100 H. Jonas 1979, 175.
101 Vgl. dazu auch Vogelmann 2014, 343–348, insbes. S. 345 wie zitiert in Anm. 98 in diesem Kapitel.
102 Vgl. auch für das Zitat Huber 2012b, 86.

Gerade wegen dieser theoretisch immer wieder affirmativ in Anspruch genommenen Bindungskraft von Verantwortung, will ich genauer auf den Mechanismus der Bindung durch forensische Imaginationen schauen. Die Handlungsmacht des Subjektes wird in der forensischen Imagination in vorgestellten und realen Akten asymmetrischer Machtrelationen zwischen Handlungssubjekt und Instanz wie beschrieben gebunden, indem diese Macht auf Rechenschaftspflichtigkeit festgelegt wird.[103] Im Horizont der forensischen Imagination sind die Prävalenz von Schadens- über Nutzensensibilität, von Retrospektivität über Prospektivität[104] und deshalb von Ein- über Mehrdeutigkeit (1) genauso charakteristisch für den Bindungsmechanismus wie die Latenz religiöser Aufladung und die Intensivierung[105] durch Überwachung (2).

(1) *Prävalenzen.* Wie oben bereits ausführlicher beschrieben, kommt die Frage nach rechtlicher Verantwortung Kurt Bayertz zufolge vor allem angesichts eingetretener *„schlimme[r] Folgen"* auf.[106] Von daher hat Verantwortung im Horizont forensischer Imagination die Tendenz zum Fokus auf Schaden und Retrospektivität.[107] Erstens bindet diese Imagination damit responsibilisierte Handlungsmächtige eher an die Vermeidung von *Schäden* als an die Realisierung eines Guten.[108] In diese Logik ließe sich auch Hans Jonas' „Heuristik der Furcht" einordnen.[109] Konkret exemplifiziert: Institution und Vorstellung eines ausstehenden Strafgerichts motiviert etwa eher negativ dazu, den Diebstahl zu unterlassen, als positiv dazu, sich bei der Berliner Tafel ehrenamtlich zu engagieren. Konzentriert sich Verantwortungsethik auf von forensischen Imaginationen informierte Responsepraktiken wird sie eher zur schadensvermeidenden Moraltheorie als zu einer Ethik unter Einbeziehung „attraktiver Werte" werden.[110]

---

103 Vgl. dazu auch schon 2.3.1.3.
104 Zu diesem Begriffspaar im Verantwortungsdiskurs vgl. Bayertz 1995, 45.
105 Die Rede von „Intensivierung" ist übernommen aus Vogelmanns Sprachgebrauch, vgl. etwa Vogelmann 2014, 424, dort auch das Zitat.
106 Vgl. Bayertz 1995, 5, 45, Zitat auf S. 5, kursiv im Original. Dort heißt es: „Den Anlaß für die Frage nach der Verantwortung gibt in der Regel ein schlimmes Ereignis." (a.a.O., 5)
107 Vgl. Bayertz 1995, 5, 13–14, 32, 45.
108 Zu einer „auf Eindämmung der Folgen des Bösen beschränkte[n] Sittlichkeit" vgl. Tödt 1988 g, 15–16, Zitat auf S. 16.
109 Vgl. auch für den Begriff H. Jonas 1979, 64 und die Ausführungen dazu unter 4.3.2.1.
110 Grundsätzlicher zum Verhältnis von „Werte[n] und Normen", von „Gute[m]" und „Rechte[m]" vgl. Joas 2017, 252–93, Zitate auf S. 252. Joas verwendet auch den Ausdruck „attraktiver Werte" (a.a.O., 254) und unterscheidet „zwischen dem Restriktiv-Obligatorischen und dem Attraktiv-Motivierenden" (a.a.O., 288).

Zweitens trägt die forensische Imagination eine *Prävalenz der Retrospektivität* ins Handlungskalkül ein.[111] Dies mag angesichts dessen verwundern, dass das mitlaufende Bewusstsein antizipierter Rechenschaftspflichtigkeit prospektiv auch Responsepraktiken der Aufgabenverantwortung informiert. Retrospektivität trifft aber gerade auch diese prospektiven Antizipationen: Streng genommen richtet sich das mitlaufende antizipierende Bewusstsein ja nicht auf die tatsächlich möglichen Handlungsfolgen, sondern extrapoliert[112] von der Gegenwart auf die künftig einnehmbare Retrospektive auf die dann vergangenen Handlungsfolgen. Zielpunkt der Extrapolation sind nicht die Handlungsfolgen selbst, sondern die ex-post-Perspektive auf diese. Grammatikalisch gesagt ist die Extrapolation nicht im Futur I prospektiv, sondern im Futur II,[113] nicht: „Meine Handlung wird Folgen haben, für die ich mich verantworten muss", sondern: „Meine Handlung wird zum Zeitpunkt der Rechenschaft Folgen gehabt haben."

Präzisieren lässt sich dies mit der in diesem Punkte hilfreichen Unterscheidung Jürgen Moltmanns zwischen zwei „Weisen, mit der Zukunft umzugehen":[114] *Extrapolieren* heißt für Moltmann, von Vergangenem und Gegenwärtigem auf Zukunft zu schließen und diese so im Horizont des Überkommenen zu erschließen; *antizipieren* hingegen bedeute, von der erhofften Zukunft aus zu denken:[115] „Wir sehen dann nicht von der Gegenwart in die Zukunft, sondern von der Zukunft in die Gegenwart."[116] Während im Modus des Extrapolierens also damit gerechnet wird, dass alles weiterhin funktioniert wie bisher, rechnen Antizipierende mit dem, was ihnen unverfügbar und aus der Vergangenheit nicht extrapolierbar, überraschend, disruptiv aus der Zukunft entgegenkommt.[117] In der Perspektive dieser Unterscheidung intensiviert die forensische Imagination den Extrapolationscharakter der Zukunftsorientierung: Nicht nur werden Handlungsfolgen als künftige unter Annahme der Weitergeltung vergangener und gegenwärtiger Selbstverständlichkeiten prognostiziert, sie werden zudem noch im Modus nicht der Vorausschau, sondern im Modus der hypothetischen Rückschau behandelt, im Futur II eben. Deshalb meine ich, dass sich mit der forensischen Imagination Handlungsmacht an

---

111 Zur Retrospektivität vgl. wie zitiert Bayertz 1995, 45 und auch die von Vogelmann referierte, Waldenfelssche Beschreibung klassischer Verantwortung Vogelmann 2014, 327.
112 Für den Begriff bei Moltmann vgl. etwa Moltmann 1974, 73.
113 Zur Verschränkung von prospektiver und retrospektiver Zeitrichtung vgl. auch Vossenkuhl 2006, 343.
114 Vgl. auch für das Zitat Moltmann 1974, 73. Vgl. dazu und zum Folgenden auch Moltmann 1968, 251–253, wo Moltmann die Unterscheidung von „Hoffnung und Planung" entfaltet (Zitat aus dem Aufsatztitel), sowie die Ausführungen dazu in Höhne 2022a.
115 Vgl. Moltmann 1974, 73.
116 Moltmann 1974, 73.
117 Vgl. Moltmann 1974, 73–74.

die Prävalenz der Retrospektive bindet: sie tut dies selbst da noch, wo es um die Zukunft geht, weil auch die echte Zukunft nur im Modus hypothetisch vorweggenommener Retrospektive thematisch werden kann.

Dies ist deshalb entscheidend, weil die Retrospektive der forensischen Situation eine *vereindeutigende* ist: „Aufgrund der forensischen Grundstruktur und des juridischen Charakters wird", wie Heidbrink für Kant trefflich festhält, „verantwortliches Handeln auf Regelkonformität reduziert und einem Rechtfertigungsdiktat unterworfen[...]".[118] Sowohl die Rechenschaftsablage oder die Verteidigungsrede als auch das Urteil vereindeutigen komplexe, mehrdeutige Sachverhalte. Dies gilt gerade für die Bewertung von Verhalten oder Verhaltensfolgen. Deskriptive und evaluative Mehrdeutigkeit wird in die Eindeutigkeit eines retrospektiv gefassten Urteils überführt. Die Antizipation dieser vereindeutigenden Retrospektive steht in Responsepraktiken erstens in Spannung zu von „Verantwortung" denotierten Sollenskonflikten und macht zweitens das Eingehen von risikoreichen Wagnissen unwahrscheinlicher.[119]

Das bisher Entwickelte ist verantwortungstheoretisch und theologisch folgenreich. Verantwortungstheoretisch imprägniert die Imagination die Art der handlungsleitenden Folgenverantwortung:[120] Im Horizont der forensischen Imagination erscheint Folgenverantwortung als Folgenverantwortung im Futur II, das die Gegenwartsbedingungen in die Zukunft projiziert hat und Folgen eindeutig evaluiert. Daher stammt m. E. die antiprogressive und „lähmende" Tendenz mancher Verantwortungsethiken, die sich etwa in der Opposition von Jonas' „Prinzip Verantwortung" zu Blochs „Prinzip Hoffnung" zeigt.[121] Nicht schon der Verantwortungs-

---

118 Heidbrink 2003, 68.
119 Zu den Verhältnissen von Risiko, Verantwortung und Diffusion in diesem Zusammenhang Günther 2006, 317–318, 323–327.
120 Ludger Heidbrink hat den Begriff der „Folgenverantwortung" verwendet, um seine Rekonstruktion von Hegels impliziten Verantwortungskonzept zu überschreiben (vgl. Heidbrink 2003, 69–75, Zitat auf S. 69). Ich verwende den Begriff hier, um die Verantwortung für Handlungsfolgen zu bezeichnen – also das, was Hartmut Kreß „Handlungs*folgen*verantwortung" genannt hat (vgl. auch für das Zitat Kreß 1997, 119, kursiv im Original).
121 Diese „lähmende" Tendenz beschreibt Körtner in Auseinandersetzung mit Jonas: „So berechtigt die Kritik von Jonas am utopischen oder technokratischen Meliorismus ist, so birgt doch seine Heuristik der Furcht in sich die Gefahr, dass jede Motivation zur Veränderung bestehender Lebensverhältnisse im Keim erstickt wird. Die Maßlosigkeit des generellen Handlungsziels kann zur Lähmung des konkreten Handelns und Planens für überschaubare Zeiträume führen." (Körtner 2001, 54) Vgl. zu besagter Opposition von Jonas und Bloch schon Jonas selbst (vgl. H. Jonas 1979, 390) und Huber: „Schon der Titel ‚Das Prinzip Verantwortung' ist in bewußter Polemik gegen Ernst Blochs ‚Prinzip Hoffnung' formuliert." (Huber 1990, 146, vgl. a.a.O., 146–147 und ebd. auch für Hubers Kritik an Jonas' Verantwortungsbegriff. Vgl. auch Huber 2019, 217). Auch Josef Römelt zufolge

begriff mit seinen Denotationen gibt „Verantwortung" diese Tendenz, sondern erst die konnotierte forensische Imagination, die das eigene Verhalten und seine Folgen immer im Modus (hypothetischer) Rückschau mit intensivierter Gefahrensensibilität vorstellt. Während dies sicher responsibilisierend, also als Bindung von Handlungsmacht, funktioniert, macht diese bindende Konnotation gleichzeitig unwahrscheinlicher, dass Handelnde Neues wagen oder mit Innovationen und Paradigmenwechseln rechnen:[122] Extrapolation von Gegenwartsbedingungen, erhöhte Sensibilität für mögliche schlimme Folgen und vereindeutigende Retrospektivität legen eher tutioristische[123] Entscheidungen nahe.

Theologisch ist besonders die Frage nach der Eschatologizität relevant: Die etwa von Picht vorgenommene Qualifikation der ethischen Universalisierung von Verantwortung als Atavismus christlicher Eschatologie (4.1.1.1) zeigt sich so nämlich als das Ergebnis einer Festlegung auf die Teilnahmeperspektive, in der Handelnde das Jüngste Gericht erwarten. Unter Einbezug der Beobachtungsperspektive in die Reflexion hingegen erscheint die forensische Imagination praktisch als paradoxe Ausklammerung der Eschatologie: Sie macht gerade nicht eschatologisch damit rechnen, dass in der Zukunft ein aus der Vergangenheit nicht extrapolierbares Gutes den Hoffenden entgegenkommen könnte, sondern beschränkt auf die futurologische Extrapolation. Darin ist sie zutiefst uneschatologisch.

(2) *Bindungen.* Die Bindung von responsibilisierter Handlungsmacht an retrospektive Rechenschaft und Schadensvermeidung geschieht in Akten des (imaginiertantizipierten) Verteidigens und Urteilens, die in der deutlichen Machtasymmetrie zwischen Urteilsinstanz und Handlungssubjekt vollzogen werden.[124] Als individuelle wie als transpraktisch-soziale reproduziert die forensische Imagination diese Machtasymmetrie. Die Bindungskraft in dieser Asymmetrie wird m. E. besonders durch die religiöse Aufladung der Imagination (2.1) und imaginierte Überwachung intensiviert (2.2), durch beides aber im Konflikt mit dem *Diskurskriterium* der diskursiven Überprüfung entzogen.

(2.1) *Religiöse Aufladung.* Einmal funktioniert die Vorstellung einer Instanz, vor der künftige Rechenschaftspflicht besteht, in dem Maße handlungsmachtbindend,

---

hat Jonas „sein ‚Prinzip Verantwortung' unter anderem in bewußter Kritik des ‚Prinzips Hoffnung'" entworfen (vgl. auch für das Zitat Römelt 1991, 17, kursiv im Original).
122 Zu einem ähnlichen Problem als Problem theologischer Entwürfe vgl. Tödt 1988 g, 16. Zu dieser konservativen Tendenz bei Jonas vgl. Werner 2003.
123 Zur „Methode des Tutiorismus" vgl. Huber 2013, 43. Zum Tutiorismus bei Jonas und der daraus resultierenden konservativen Tendenz vgl. Werner 2003.
124 Vgl. zu ähnlichen Punkten auch Vogelmanns Interpretation von Waldenfels: Vogelmann 2014, 327. Zum „Faktum des eigenen Unterworfenseins" der Verantwortungsträgerinnen in philosophischen Entwürfen vgl. a. a. O., 313–341, Zitat auf S. 313.

in dem diese Instanz, mit Kant gesagt, auch als wissend („Herzenskündiger") und „a l l v e r p f l i c h t e n d " vorgestellt werden kann.[125] Gerade damit ist – so hatte auch Kant wie referiert argumentiert (s. 4.1.1.1) – eine universal machtbindende Instanz aber nicht mehr als eine menschliche, sondern als eine göttliche imaginiert. Die Erwartung eines mit Menschen besetzten Gerichtes ist auch handlungsmachtbindend, aber beschränkt auf das, was sich gerichtsfest wird nachweisen lassen, was Richter:innen als sehen könnten, was der Wahrnehmung anderer Menschen zugänglich ist, was entdeckt wird etc. Spielt die ethische Inanspruchnahme der forensischen Imagination in die religiöse Aufladung der Gerichtsinstanz zu einer göttlichen, gerät die Praxis dieser Imagination in einen Widerspruch zum *Diskurskriterium*. Zwar fungiert sie dann wirksam handlungsmachtbindend, entzieht für Praxisteilnehmer:innen aber die Vereindeutigungen des zu erwartenden Urteils jedweden Zugriffs der Kritik, indem sie das (erwartete) Urteil zum Gottesurteil überhöht. Da es sich bei den individuellen und sozialen Imaginationen zunächst aber immer um menschliche Vorstellungen handelt – in diesem Falle: Vorstellungen vom Gottesurteil – erscheint die religiöse Aufladung dieser Vorstellung als Mechanismus der Immunisierung[126] gegenüber jeder Kritik – und zwar nicht nur gegenüber der Kritik anderer, sondern auch gegenüber der kritischen Reflexion des Handlungssubjektes selbst. Denn das Handlungssubjekt erkennt die Vorstellung von Gott und Gottesurteil ja nicht mehr als seine eigene – so ließe sich im Anschluss an Castoriadis' Verständnis dessen formulieren, wie sich das Imaginäre gegenüber den Imaginierenden auf entfremdende Art und Weise verselbstständigt (s. 2.2.1.3). Wenn etwa manche Fundamentalisten in den von ihnen gepredigten Gottes- und Gerichtsvorstellungen nicht mehr ihre eigenen, fehlbaren Vorstellungen erkennen, sondern diese mit Gottes Wirklichkeit verwechseln und so dem diskursiven Zugriff entziehen, liegt dies in der Ambivalenz der religiösen Aufladung forensischer Imagination.

(2.2) *Überwachung.* Die religiöse Aufladung intensiviert und entgrenzt den Handlungsmacht bindenden Mechanismus der forensischen Imagination, ist aber nicht dessen Kern. Die essentielle Funktionseinheit dieses Mechanismus liegt vielmehr in dem, was sich in Anlehnung an Michel Foucaults einschlägige Arbeit zur

---

[125] Zitate aus Kant, MdS, A 101 (Kant 2014, 574), Sperrung im Original, auch referenziert bei Heidbrink 2003, 63.
[126] Den Ausdruck „gegen Kritik zu ‚immunisieren'" verwendet auch Karl R. Popper und führt ihn auf Hans Albert zurück (vgl. etwa Popper 1984, 30–31, Zitat auf S. 30, kursiv im Original. Die Auffindung dieser Stelle bei Popper verdanke ich dem Wikipedia-Artikel zu „Immunisierungsstrategie").

"Disziplinarmacht" *"asynchroner Panoptismus"* nennen lässt.[127] Dieser beschreibt die verhaltenssteuernde Wirkung der forensischen Imagination sowohl als individueller als auch als transpraktisch sozialer. „Disziplin" ist bei Foucault eine „spezifische Technik einer Macht", die mit den Instrumenten „des hierarchischen Blick, der normierenden Sanktion und ihrer Kombination im Verfahren der Prüfung" arbeitet.[128] So funktioniere der „Mechanismus" der Prüfung im Vergleich zur „traditionelle[n] Macht" über eine „Umkehrung der Sichtbarkeit":[129]

> Ganz anders die Disziplinarmacht: sie setzt sich durch, indem sie sich unsichtbar macht, während sie den von ihr Unterworfenen die Sichtbarkeit aufzwingt. [...] Es ist gerade das ununterbrochene Gesehenwerden, das ständige Gesehenwerdenkönnen, ... was das Disziplinarindividuum in seiner Unterwerfung festhält.[130]

Genau das führt Foucault in der Beschreibung des Benthamschen Panopticons weiter aus und spricht in diesem Zusammenhang von „Panoptismus".[131] In Benthams architektonischem Entwurf eines Gefängnisses sind die Gefangenen voneinander getrennt und für die zentrale Macht ständig sichtbar, wobei „die Macht sichtbar, aber uneinsehbar sein muß".[132] Wegen dieser Uneinsehbarkeit, muss der Wächter in der Mitte gar nicht tatsächlich überwachen, weil die unerkennbare Möglichkeit seiner Anwesenheit schon das „Bewußtsein des Beobachtetseins" bei den Gefangenen schafft.[133] Foucault spricht von der „Schaffung eines bewußten und permanenten Sichtbarkeitszustandes beim Gefangenen, der das automatische Funktionieren der Macht sicherstellt."[134] Das führe – so Foucault weiter – dazu, dass die Gefangenen die sie unterwerfende Zwangsmacht internalisieren und sich so im Sinne der Macht selbst steuern.[135] Der Gefangene „wird zum Prinzip seiner eigenen Unterwerfung."[136] Das ist Verhaltenssteuerung und damit Bindung individueller

---

127 Vgl. Foucault 2014, dort auch für den Begriff „Disziplinarmacht" (etwa: a.a.O., 220). Vgl. zum „Panoptismus" a.a.O., 251–292, Zitat auf S. 251, darauf bezieht sich das folgende Referat. Gerade im Digitalisierungsdiskurs, etwa über Big Data ist das Benthamische Panopticon eine viel diskutierte Deutungskategorie, was mich hier zur Arbeit mit diesem Begriff anregte, vgl. etwa Han 2016 (etwa S. 18); Seele 2016; Seele und Zapf 2017, 30–31 und die dort zitierte Literatur.
128 Vgl. auch für die Zitate Foucault 2014, 220.
129 Vgl. auch für die Zitate Foucault 2014, 241, 243.
130 Foucault 2014, 241.
131 Vgl. Foucault 2014, 251, 256–263, Zitat auf S. 251.
132 Vgl. Foucault 2014, 256–258, 275, 282, Zitat auf S. 258.
133 Vgl. Foucault 2014, 258–260, Zitat auf S. 260.
134 Foucault 2014, 258.
135 Vgl. Foucault 2014, 258–263, insbes. S. 260.
136 Foucault 2014, 260.

Handlungsmacht durch eine disziplinierende Macht – und genau das nennt Foucault den „endlos verallgemeinerungsfähigen Mechanismus des ‚Panoptismus'".[137]

Obgleich Foucault selbst die Disziplin von der Gerichtsuntersuchung historisch unterscheidet,[138] macht die Kategorie des „Mechanismus des ‚Panoptismus'"[139] die Handlungsmacht bindende Funktionsweise der forensischen Imagination in ihrem Kern beschreibbar. Anders als im Panopticon Benthams fallen hier der Verhaltensakt und der Akt des Beobachtens zeitlich aber auseinander: Was einer jetzt tut und möglicherweise im Verborgenen tut wird der forensischen Imagination nach künftig möglicherweise vor einem Richterstuhl offenbar und also sichtbar werden. Subtil dringt von dieser Vorstellung aus das Bewusstsein künftiger Sichtbarkeit in die geheimsten und verborgensten Verhaltenspraktiken ein. Die Möglichkeit des „Beobachtetseins"[140] wird damit über das Foucaultsche Panoptikum hinaus selbst da noch wirksam, wo sie synchron nicht als gegenwärtige Möglichkeit uneinsehbar sichtbar wird, sondern als künftige – also: asynchrone – Möglichkeit antizipierbar ist. Als asynchroner ist deshalb der Panoptismus subtiler und invasiver Handlungsmacht bindend. Das gilt vor allem für die individuelle forensische Imagination in Teilnahmeperspektive, die wiederum ohne die Institutionalisierungen des sozial Imaginären kaum plausibel und tradierbar wäre: Als sozial Imaginäres persistiert die forensische Situation in Praktiken von Gerichtsprozessen, Prüfungen oder Rechenschaftsablagen vor Gremien und schafft so Situationen nachträglicher Sichtbarmachung. Als individuelle Imagination in Teilnahmeperspektive lässt die forensische Imagination das Handlungssubjekt sich vorstellen, sich künftig einmal für die dann retrospektiven sichtbar gemachten Verhaltenspraktiken verantworten zu müssen. In beiden Fällen liegt in der Möglichkeit nachträglicher Überwachung, genauer: dem internalisierten Bewusstsein von dieser Möglichkeit die disziplinierende, steuernde und damit intern Handlungsmacht bindende Wirkung der (imaginierten) Verantwortungsinstanz. Kurz gesagt: *Mit der forensischen Imagination konnotiert Verantwortung für das Handlungssubjekt überwacht zu werden.* Die religiöse Aufladung der Imagination entschränkt, ja: totalisiert die vorgestellte Überwachungsmöglichkeit auf alle Vollzüge und Praktiken:[141] „Hände auf die Bettdecke!"

---

137 Vgl. auch für das Zitat Foucault 2014, 277.
138 Vgl. Foucault 2014, 289.
139 Foucault 2014, 277.
140 Foucault 2014, 260.
141 Vgl. Seele und Zapfs „Typologie des geheimen Privaten", deren erster Typ Gottes „*transzendente analoge Allwissenheit*" und deren dritter Typ die „[i]mmanente digitale Allwissenheit" ist: Seele und Zapf 2017, 20–32, insbes. S. 21–22, Zitate auf S. 20, 20, 25, im Original kursiv und teilw. gefettet. Schon Kant hatte – wie gesehen – die Position der Instanz imaginativ mit einem „Herzenskündiger" (vgl.

4.1.1.4 Fazit: Forensische Responsibilisierung

Kurz gesagt lassen sich somit zwei Fassung einer responsibilisierenden forensischen Imagination unterscheiden: In Teilnahmeperspektive imaginiert sich das Handlungssubjekt als künftig rechenschaftspflichtig und zwar erstens vor einem menschlichem Forum oder zweitens vor einem göttlichen Forum. Es ist gerade die zweite, die religiös aufgeladenen Imaginationen, die der Verantwortungsbegriff im theologischen Diskurs immer wieder konnotiert hat.

Dass Theologen diese praktische Imagination nun sowohl ethisch als auch rechtfertigungstheologisch in Anspruch genommen haben, führt am Ort der imaginierenden Praxisteilnehmer:inner zu einer perlokutionären Ambivalenz zwischen Responsibilisierung und Responsibilitätstranszendierung. Das lässt schon in theoretischer Perspektive in Frage stellen, ob es theologisch angemessen ist, Rechtfertigungslehre und Ethik in einer forensischen Verantwortungssemantik zu vermitteln.

Unabhängig von ihrer religiösen Aufladung ist die forensische Implikation zudem ambivalent, weil sie nicht nur die im Lichte des *Reziprozitäts- und Freiheitskriteriums* auch gute Bindung von Handlungsmacht ermöglicht, sondern auch praktisch die Prävalenz von Schadens- über Nutzensensibilität, von Retrospektivität über Prospektivität und deshalb von Ein- über Mehrdeutigkeit bewirkt und so paradoxerweise einer eschatologischen Hoffnungsorientierung gerade entgegensteht. Charakteristisch für die forensische Verantwortungsimagination ist zudem ihre Tendenz zur religiösen Aufladung und ihre Intensivierung durch Überwachungsmöglichkeiten in einem *asynchronen Panoptismus*.

Insgesamt kann deshalb festgehalten werden, dass die religiöse Aufladung der ethisch in Anschlag gebrachten forensischen Imagination problematisch ist – und zwar erstens aus rechtfertigungstheologischen Gründen (4.1.1.2) und zweitens angesichts des *Diskurskriteriums:* Im Horizont der religiös-forensischen Imagination, können menschliche Regeln und ihre Bindungskraft dadurch Diskurs und Kritik entzogen werden, dass sie praktisch-imaginativ als Grundlage für das antizipierte Gottesgericht ausgegeben werden. Dagegen richtet sich evangelische Ethik als Religionskritik im Barthschen Sinne (2.3.3.2).

---

auch für das Zitat Kant, MdS, A 101 [Kant 2014, 574], auch referenziert bei Heidbrink 2003, 63.) füllen wollen.

4.1.2 Verantwortung aus Begegnungserleben

Verantwortung konnotiert in theologischen Texten immer wieder Imaginationen, in denen Menschen sich aus Begegnungen, Begegnungserlebnissen oder -ereignissen zu verantwortlichem Handeln gerufen sehen.[142] Charakteristisch für diese im Folgenden zu entfaltende Imagination ist, dass diese responsibilisierende Begegnungen als ein unmittelbares Erleben vorgestellt werden,[143] das mit der Kategorie des „Augenblicks" verbunden ist.[144] Stellte die forensische Imagination eine dreistellige Relation vor, ist es hier eine zweistellige, nämlich die zwischen Subjekt und Anderem. Die Position des Subjekts ist wieder diejenige des oder der Imaginierenden: Es stellt sich als in der Begegnung unmittelbar durch einen anderen beansprucht vor. Zwei ähnliche Varianten dieser Imagination lassen sich danach unterscheiden, als was das Andere vorgestellt wird, das in der Begegnung dem Subjekt begegnet. In (impliziter) Kontinuität zu Schopenhauers Voluntarismus (3.1.2) kann dies einerseits der universale, eine Wille zum Leben sein, der in allem Leben leben will. In Anlehnung an eine Unterscheidung von Dietrich Bonhoeffer gesagt: Hier begegnet im Anderen ein universales, transzendentales Ich, das im eigenen genauso wie im fremden Willen analog zueinander das Wollende ist – also nicht eigentlich ein Du (vgl. DBW 1, 30–31, 23–24). Die entsprechende Imagination nenne ich „mystische" und beschreibe sie anhand von Albert Schweitzer (4.1.2.1). Das Begegnende stellt Bonhoeffer andererseits gerade im Sinne eines Du vor, in Nähe zu dem von Martin Bubers Du-Philosophie eröffneten imaginativen Horizont und in Kontinuität zu Eberhard Grisebachs personalistischer Verantwortungsphilosophie.[145] Dann begegnet im Anderen nicht ein Ich, sondern ein anderes Du. Diese

---

[142] Vgl. zu dem Grundgedanken, dass „Verantwortung ihre Evidenz aus der Begegnung mit anderen Menschen" erlangen kann auch Huber 2013, 119, dort auch das Zitat. Huber verbindet diese Verantwortung v. a. mit Emmanuel Levinas (ebd.). Zur Frage nach der Evidenz der Verantwortung und dem Nachweis des Evidenzbegriffes vgl. 2.3.2.3.

[143] Besagte Unmittelbarkeit hat auch Schweiker in dem gefunden, was er „Ethik der Begegnung" („ethics of encounter") nennt (vgl. auch für das Zitat Schweiker 2004, 141). Zu diesem Typ zählt er unter anderem „thinkers like Karl Barth, Abraham Heschel, Rudolf Bultmann, and Martin Buber" (Schweiker 2004, 140). Dabei kommt auch die Kritik vor, dass die *„immediacy of the ought"* dieses der Kritik entziehe (vgl. Schweiker 2004, 141–142, Zitat auf S. 141, kursiv im Original).

[144] Diese Verbindung von Verantwortung und einer spezifischen Qualifikation des Zeitmoments findet sich übrigens auch bei Dietrich von Oppen: „Personales Leben und personale Verantwortung vollziehen sich in der immer neuen lebendigen Begegnung mit Gott, dem Mitmenschen, mit sich selbst, und auch wohl mit den Dingen. Dieses ‚Jetzt' ist dann aber nicht nur ein Zeit=Punkt zwischen Vergangenheit und Zukunft, sondern ist erfüllte Gegenwart des Begegnenden." (Oppen 1960, 25)

[145] Vgl. zu Bonhoeffers „Verwurzelung" in der „Ich-Du-Philosophie" (v. a. Grisebachs): Lichtenberger 2006, 294, dort auch das zweite Zitate, Lichtenberger spricht von „verwurzelt" (ebd.).

Imagination nenne ich „personalistisch" und beschreibe sie anhand der Texte des jungen Bonhoeffers (4.1.2.3), die vor dem Hintergrund einer Kurzzusammenfassung von Bubers Personalismus (4.1.2.2) Profil gewinnen.[146]

Die Rede von einer Imagination unmittelbaren Erlebens ist paradox. Denn mit der Imagination selbst wird ja ein Vermittelndes beschrieben, das scheinbare Unmittelbarkeitserfahrungen ermöglicht. Dies und die Problematik der Imagination von Unmittelbarkeit werde ich im Anschluss an die mystische Imagination reflektieren (4.1.2.1). Die theologische Aufladung dieser Imagination lässt sich hingegen besser an der bei Bonhoeffer konnotierten personalistischen Imagination reflektieren (4.1.2.3).

4.1.2.1 Die mystische Imagination

Die bereits referierte Begründung von Schweitzers Verantwortungsethik (vgl. 3.2.1) lässt sich in praxis- und imaginationstheoretische Kategorien kurz so übersetzen: Schweitzer nimmt in seiner Verantwortungsethik theoretisch solche Praktiken als Responsibilisierungspraktiken in Anspruch, in denen vermittels einer mystischen Imagination unmittelbarer Begegnung mit dem Willen zum Leben eine responsibilisierende „Ehrfurcht vor dem Leben" entsteht.[147] Denn Schweitzer verankert Verantwortlichkeit in der „Ehrfurcht vor dem Leben":

> Mit rastloser Lebendigkeit arbeitet die Ehrfurcht vor dem Leben an der Gesinnung, in die sie hineingekommen ist, und wirft sie in die Unruhe einer niemals und nirgends aufhörenden Verantwortlichkeit hinein.[148]

Damit hat er Praktiken, in denen „Ehrfurcht vor Leben" aufkommt, als Grund für Verantwortlichkeit und damit als Responsibilisierungspraktiken in Anspruch genommen. Das Erleben aber, das diese Ehrfurcht herbeiführt, fasst Schweitzer als „Mystik ethischen Einswerdens mit dem Sein"[149] und als unmittelbares Erleben.[150] Gerade letzteres wird an folgendem Zitat deutlich:

---

146 Zur Rolle des „dialogischen Personalismus" für evangelische Verantwortungsethik vgl. auch Reuter 2011, 303, dort auch das Zitat.
147 Vgl. dazu auch Gansterer, der den Weg Schweitzers vom „Erleben des Willes zum Leben in mir und außer mir" als einer „unmittelbar gegebenen Erfahrung" zur „Ehrfurcht vor dem Leben" nachgezeichnet hat (vgl. Gansterer 1997, 88–92, Zitat auf S. 88, 89).
148 A. Schweitzer 1974a, 380.
149 A. Schweitzer 1974a, 377. Zur Mystik in diesem Zusammenhang vgl. auch Gansterer 1997, 92–93.
150 Schweitzer verbindet die „Ehrfurcht vor dem Leben" selbst mit Unmittelbarkeit, vgl. etwa: A. Schweitzer 1974a, 108, 109. Zur „Unmittelbarkeit der Einsichtigkeit in die Ehrfurcht vor dem Leben" bei Schweitzer vgl. Gansterer 1997, 94–95, Zitat auf S. 94; Gansterer verweist unter anderem auch auf die eben genannte Stelle aus der Vorrede Schweitzers.

> Alles wahre Erkennen geht in Erleben über. Das Wesen der Erscheinungen erkenne ich nicht, sondern ich erfasse es in Analogie zu dem Willen zum Leben, der in mir ist. So wird mir das Wissen von der Welt zum Erleben der Welt. Das zum Erleben werdende Erkennen läßt mich der Welt gegenüber nicht als rein erkennendes Subjekt verharren, sondern drängt mir ein innerliches Verhalten zu ihr auf. Es erfüllt mich mit Ehrfurcht vor dem geheimnisvollen Willen zum Leben, der in allem ist [...]
>
> Nicht dadurch, daß es mir kundtut, was diese und jene Erscheinung von Leben in dem Weltganzen bedeuten, bringt mich das Erkennen in ein Verhältnis zur Welt. [...] Von innen heraus setzt es mich zur Welt in Beziehung, indem es meinen Willen zum Leben alles, was ihn umgibt, als Willen zum Leben miterleben läßt.[151]

In dieser Opposition von Erkennen und Erleben, von „der Welt gegenüber" Stehen und „innerliches Verhalten", von Kundtun und „in Beziehung" Setzen ist Letzteres jeweils durch ein *Moment des Unmittelbaren* gegenüber Ersterem unterschieden. Dieses unmittelbare Erfülltwerden mit „Ehrfurcht vor dem geheimnisvollen Willen zum Leben" (s. o.) ist letztlich das responsibilisierende Moment der so beschriebenen Responsibilisierungspraktik.

Dieses Zitat zeigt auch: Das, was hier mystisch-unmittelbar erlebt wird, ist nicht eigentlich der fremde, ganz andere Wille eines konkreten Anderen, sondern vielmehr der „Willen zum Leben, der in allem ist",[152] derselbe „Willen zum Leben in mir und außer mir",[153] inneres Miterleben des anderen im eigenen, in „Analogie" eben, ist also etwas Vertrautes. Erlebt wird das andere als dem eigenen Analoges, nicht als ganz anderes, in der Terminologie des jungen Bonhoeffers gesagt: als anderes „Ich", nicht als „Du".[154] Kurz gesagt:

> Der denkend gewordene Mensch erlebt die Nötigung allem Willem zum Leben die gleiche Ehrfurcht vor dem Leben entgegenzubringen wie dem seinen. Er erlebt das andere Leben in dem seinen.[155]

Insgesamt konnotiert damit bei Schweitzer der Verantwortungsbegriff die mystische Imagination eines unmittelbaren Erlebens des Willens zum Leben und der Ehrfurcht davor. Praktiken, in denen es vermittels dieser Imagination zu eben diesem Erleben kommt, erscheinen so als Responsibilisierungspraktiken. Damit vermittelt hier die Imagination von Unmittelbarkeit ein Erleben, das Erlebende als

---

151 A. Schweitzer 1974a, 376–377. Diese Passage kommentiert auch Gansterer 1997, 94, ohne sie zu zitieren.
152 Wie eben zitiert: A. Schweitzer 1974a, 377.
153 A. Schweitzer 1974a, 383.
154 Für diese kategoriale Unterscheidung vgl. wie gesagt DBW 1, 30–31.
155 A. Schweitzer 1974b, 181. Zur „*Nötigung*" vgl. auch Gansterer 1997, 95–96, Zitat auf S. 95, kursiv im Original.

unmittelbares Erleben erleben. Das ist doppelt paradox, erstens weil Modus des Erlebens und Gegenstand des Imaginierens zusammenfallen (1) und zweitens weil Unmittelbarkeit vermittelt erlebt wird (2).

(1) *Modus und Gegenstand:* An dieser imaginations- und praxistheoretischen Zusammenfassung von Schweitzers Ethikbegründung mag verwundern, dass die Imagination vorstellt, was vermittels ihrer erst als solches erlebbar wird – unmittelbares Erleben von Lebenswillen nämlich – und so der Modus des Erlebens das Imaginierte ist. Das ist aber genau eine Konsequenz dessen, was ich in Auseinandersetzung mit Anderson auf kategorialer Ebene für menschliches Verhalten entwickelt hatte: Imaginationen, gerade als Teil des sozial Imaginären, richten Verhalten und Erleben im Sinne des „Thomas-Axioms" auf die Reproduktion ihrer eigenen Konstitutions- und damit auch ihrer subjektiv-situativen Plausibilitätsbedingungen aus (2.2.2).[156] So wie auf Verhalten bezogen die Imagination von Nationalität durch territoriale Grenzen plausibel wird, die dieselben Imaginationen ziehen und durchsetzen lassen,[157] wird die mystische Imagination plausibel durch ein als unmittelbar erlebtes Erleben, das sie selbst erst ermöglicht.

Diese Imagination theoretisch in Anspruch zu nehmen hat für den Argumentierenden den Nutzen, dass sich im Horizont dieser Imagination von Unmittelbarkeit die „Kluft von Sein und Sollen"[158] nicht auftut.[159] Körtner hatte wie referiert (vgl. 3.2.1.1) zurecht darauf hingewiesen, dass Schweitzer eigentlich aus partikularem Willen nicht auf universalen, von beidem nicht auf Verantwortung schließen könne.[160] Oben hatte ich argumentiert, dass sich dieses Problem in Schweitzers eigener Argumentation nicht stellt, weil mystisches Erleben die Brücke schlägt (3.2.1.1). Das lässt sich nun genauer fassen: Im Horizont der mystischen Imagination von Unmittelbarkeit erlebt das Subjekt praktisch das Sein unmittelbar als Sollen, den partikularen unmittelbar als den universalen Lebenswillen und schließlich damit den Lebenswillen unmittelbar als Verantwortung fordernd. In der Teilnahmeperspektive dieser Imagination fällt deshalb nicht als Problem an, was Körtner in Beobachtungsperspektive beschreibt.

---

156 Vgl. ausführlich dazu hier: 2.2.2. Zum „Thomas-Axiom" vgl. wie dort zitiert etwa Dürrschmidt 2011, 737.
157 Zu diesem Beispiel und seiner Herkunft vgl. 2.2.2 und die dort zitierte Literatur.
158 H. Jonas 1979, 234.
159 Vgl. zu dieser Erlebnismöglichkeit auch Waldenfels: „Fremde Ansprüche, die sich gemeinsamen Zielen und allgemeinen Geltungsansprüche entziehen, haben etwas Unausweichliches, das die Alternative von Sein und Sollen unterläuft." (Waldenfels 2010a, 169)
160 Vgl. Körtner 1988, 341–342, 346. Die Terminologie, von einem „universalen Willen" (Körtner 1988, 342) und einem „partikularen Willen" (a.a.O., 346) zu sprechen, ist hier von Körtner übernommen.

Explizit hat Hans Jonas diese Funktion dieser imaginativen Konnotation von Verantwortung in Anspruch genommen. Jonas verteidigt seine Behauptung, dass „ein seinsimmanenter Anspruch [...] objektiv eine Pflicht" begründen könne, mit dem Verweis auf ein „*ontisches* Paradigma", nach dem die „angebliche Kluft von Sein und Sollen" gar nicht erst aufbreche:[161] das „Urbild aller Verantwortung" ist ihm die „elterliche[.] für das Kind", für „das Neugeborene, dessen bloßes Atmen unwidersprechlich ein Soll an die Umwelt richtet, nämlich: sich seiner anzunehmen. Sieh hin und du weißt."[162] Gerade der abschließende Imperativ nimmt eine von der mystischen Unmittelbarkeitsimagination vermittelte Erfahrung in Anspruch: Sieh auf das Sein und du weißt, was du tun sollst. Im Horizont dieser Imagination wird das „Hängen des hilflosen Seins über dem Nichtsein" als unmittelbare Verpflichtung zur Verantwortung erlebt.[163] Im Horizont dieser Imagination tut sich die „angebliche Kluft" gar nicht erst auf.

(2) *Vermittelte Unmittelbarkeit.* Es mag paradox klingen, von der Imagination unmittelbaren Erlebens zu reden, weil die Imagination ja eine vermittelnde Vorstellung ist – genau das zeigt sich aber erst in Beobachtungs-, nicht schon in Teilnahmeperspektive. In Teilnahmeperspektive wird die Begegnung als unmittelbar erlebt, weil die Unmittelbarkeit als Imaginäres sich selbst unsichtbar macht. Anders gesagt: Sich durch die Begegnung mit anderem Leben als unmittelbar beansprucht zu erleben, geschieht in einem imaginären Horizont, in dem es in Teilnahmeperspektive plausibel erscheint, dass einer Seinsbegegnung unmittelbar ein Sollen innewohnt. Das ist aber nur solange plausibel, wie für dieses Erfahren, die es vermittelnde Vorstellung von Unmittelbarkeit unsichtbar und unbenannt ist. Die Begegnung, die nur in Beobachtungsperspektive von ihrer imaginären Bedeutung, unmittelbar mit einer Sollensforderung verschmolzen zu sein, differenziert werden kann, muss im Horizont derselben mystischen Imagination als nicht sprachlich oder sonstwie kulturell vermittelter Anspruch erlebt werden.[164] Darin genau liegt das ethische Problem der Imagination mystisch-unmittelbarer Begegnung.[165] Sie

---

161 Vgl. auch für die Zitate H. Jonas 1979, 234–235, kursiv im Original.
162 Vgl. auch für die Zitate H. Jonas 1979, 234–235. Vgl. dazu auch a.a.O., 185.
163 Vgl. H. Jonas 1979, 240–242, Zitat auf S. 240.
164 Zur (dort auf Religion bezogenen) Unmöglichkeit, Erlebens- und Deutungsmoment in der Erfahrung zu differenzieren, vgl. Rieger 2007, 292, der schreibt: „Zu beachten vorausgesetzt ist allerdings, dass es sich bei den beiden Teilmomenten des Begriffs um in der Reflexion gewonnene Grenzbegriffe handelt. Das bedeutet: Die Relation von präsymbolischem Erleben und symbolischer Deutung kann nicht in zwei für sich bestehende Relate zerlegt werden. Präreflexive Selbstvertrautheit ohne symbolische Deutung gibt es schlichtweg nicht; ihr wechselseitiger Zusammenhang ist unhintergehbar." (ebd.)
165 Zur Problematik der Suche nach „moral immediacy" vgl. auch Schweiker 1999 [1995], 131, dort auch das Zitat. Auch de Villiers hat in seiner Auseinandersetzung mit dem Paradigma „elterlicher

wird im Lichte des *Diskurskriteriums* problematisch, weil sie die Gültigkeit des fremden Anspruchs unabhängig von dessen sprachlichen Vermittlung vorstellt, sodass der Anspruch des anderen in der Unmittelbarkeit des Erlebens als unmittelbar gültiger Anspruch erlebt wird.[166] Darin schon – nicht wie Körtner meint erst im Mangel an Kriterien zur Anspruchsgewichtung oder im Sein-Sollen-Fehlschluss (3.2.1.3) – liegt praktisch die eigentliche Problematik der Schweitzerschen Ethik: Sie setzt von mystischen Imaginationen informierte Responsibilisierungspraktiken als Paradigma der Ethik; begegnet der Anspruch des Lebens aber vorsprachlich und nimmt ohne Sprache in die Pflicht, ist er mit den Mitteln der Sprache auch nicht mehr kritisier- oder gewichtbar; selbst wenn Schweitzer Kriterien entwickelte, könnten diese im Horizont seiner eigenen Imagination nicht zur Anwendung kommen: Der Anspruch entsteht erst gar nicht auf einer Ebene, auf dem er kriteriengeleiteter diskursiver Gewichtung zugänglich wäre.[167] Nicht nur, dass das Nilpferd leben will,[168] sondern auch noch, dass ich ihm bei diesem Ansinnen helfen soll, ist bei Schweitzer schlicht nicht diskutabel, weil als unmittelbar bindendes Erleben imaginiert und im Horizont dieser Imagination auch so erlebt. Dieser Umstand lässt sich reflexiv retrospektiv zwar einholen aber nicht zurückholen.

4.1.2.2 Die reziprok-personalistische[169] Imagination bei Martin Buber

Das responsibilisierend Begegnende wurde nicht nur voluntaristisch in Analogie zum eigenen Ich vorgestellt, sondern auch personalistisch als vom Ich differentes Du.[170] Einschlägig dafür ist Martin Bubers Ich-Du Philosophie, die durch Dialogi-

---

Verantwortung" schon auf kulturelle Prägungen verwiesen (vgl. auch für das Zitat Villiers 2007, 11): „Obwohl das *Gefühl* elterlicher Verantwortung seinen Ursprung in natürlichen Instinkten haben kann, ist sein Gehalt nicht universal einheitlich, sondern kulturell geprägt." (ebd., kursiv im Original)
166 Der Anspruch wird – mit Hans Jonas gesagt – als „unwidersprechlich, nicht ‚unwiderstehlich'" (H. Jonas 1979, 235) erlebt.
167 Vgl. zu dieser Kritik an dem, was Schweiker „ethics of encounter" nennt, Schweiker 2004, 141–142, Zitat auf S. 141: „The ethics of encounter […] makes this point in a way that seems to disallow critical assessment of the validity of that demand in any concrete situation." (Schweiker 2004, 142)
168 Für dieses Beispiel vgl. das einschlägige Ogowefluss-Erlebnis Schweitzers (etwa: A. Schweitzer 1974a, 179–180).
169 Hans Peter Lichtenberger hat wie gesagt diejenige Verantwortung, die durch die Begegnung mit dem „*Anspruch des Du*" entsteht ebenfalls unter der Überschrift „*Personalismus*" besprochen (vgl. Lichtenberger 2006, 294–295, Zitate auf S. 294, kursiv im Original). Ähnlich bezeichnet Kreß Bubers Ethik als „*peronal-dialogisch[.]*" (Kreß 1992, 123, im Original kursiv).
170 Hans Peter Lichtenberger hat diejenige Verantwortung, die durch die Begegnung mit dem „*Anspruch des Du*" entsteht, ebenfalls unter der Überschrift „*Personalismus*" besprochen (vgl. Lichtenberger 2006, 294–295, Zitate auf S. 294, kursiv im Original).

zität, „responsive Ethik" und „Anerkennung von Alterität" charakterisiert wird[171] und sich für die theologische Reflexion von Verantwortung als prägend erwiesen: So hatte der Vordenker der „responsible society", Joseph Oldham,[172] Buber rezipiert. Eberhard Grisebach, dessen Du-Philosophie Bonhoeffer verarbeitet,[173] erinnert bei wichtiger Differenz immer wieder an Bubers Philosophie.[174] Zudem ist die bei Buber konnotierte Verantwortungsimagination für sich genommen interessant. Sie wird auch die Eigenart der Verantwortungsimagination im zweiten Kapitel von Bonhoeffers Doktorarbeit profilieren helfen. Bubers Verantwortungsverständnis lässt sich in seinem gedanklichen Kontext vor dem Hintergrund von Bubers „Ich und Du" von 1923 anhand der Werke „Zwiesprache" von 1929 und „Die Frage an den Einzelnen" von 1936 nachzeichnen.[175]

Martin Buber geht von der grundlegenden Unterscheidung zweier „Grundworte", „Welt[en]" und menschlichen „Haltung[en]" aus, die er mit den „Wortpaar[en] Ich-Du" und „Ich-Es" benennt:[176] Das Es wird als „Ding unter Dingen" erfahren; zum Du steht das Ich in Beziehung, die sowohl gegenseitig als auch unmittelbar ist und für ihre Gegenwart nicht eines unter anderem ist, sondern ausschließlich und horizonthaft.[177] Die „‚Es-Welt' konstituiert", so Sabine Sander, „ein

---

[171] Vgl. zu diesen Qualifizierungen und den beiden Zitate Sander 2017, 281.
[172] Vgl. zu Oldhams Buber-Rezeption Kosmahl 1970, 21–22, 26–38.
[173] Vgl. DBW 1, 25, Anm. 9, wo er neben Hirsch auch auf Grisebach 1924 (in der Auflage von 1925) verweist. Vgl. zu den Hirsch- und Grisebachbezügen auch die entsprechende Bemerkung der Herausgeber (und DBW 1, 30, 217, Anm. d. Hg. 62), denen ich die Auffindung des zitierten Werkes von Grisebach verdanke. Vgl. dazu auch Huber, der Bonhoeffer „die Brücke zu der Dialogphilosophie Martin Bubers und Eberhard Grisebachs" schlagen sieht: Huber 2019, 55, dort auch das Zitat.
[174] Insbesondere erinnert Grisebachs Differenzierung von „Mensch zur Natur"-Relation und „Mensch zu Mensch" Relation (Grisebach 1924, 287–298, Zitate auf S. 288 und 294) auch inhaltlich an Bubers gleich zu referierende Unterscheidung von Ich-Du- und Ich-Es-Welt. Beide verbinden die Beziehung zum „Du" mit Gegenwärtigkeit und Wechselseitigkeit (für Grisebach: Grisebach 1924, 294–295, für Buber s. u. im Haupttext.) Allerdings betont Grisebach – so wird im Nachwort zur Ausgabe von Bubers „Das dialogische Prinzip" festgestellt (vgl. Unbekannt 2017, 307–308) – das Begrenzende und Gegensätzliche des „Du" (Grisebach 1924, 312, 314–315, 294–295, 287): „Sich vom Du wirklich begrenzen lassen ist wichtig, aber weit wichtiger vermag zu sein, sich zusammen mit ihm dem uns beide einander entgrenzenden Unbegrenzten auszusetzen." (Unbekannt 2017, 308) Gerade an diesen Grenzcharakter des Du knüpft – wie sich gleich zeigen wird (s. 4.1.2.3 und dort Anm. 240) – aber Bonhoeffer an.
[175] Vgl. zu diesen Texten und ihrer Zusammenstellung Sander 2017, 301. Alle drei Texte sind in dem Band „Das dialogische Prinzip" (Buber 2017a) zusammengefasst. Zu einer kurzen Zusammenfassung von Bubers *personal-dialogische[m] Verständnis* von Verantwortung vgl. auch Kreß 1992, 123–125, Zitat auf S. 123, im Original kursiv.
[176] Vgl. auch für die Zitate Buber 2017c, 9. Vgl. dazu und zum Folgenden auch Kosmahl 1970, 30–31.
[177] Vgl. Buber 2017c, 10–22, 80, Zitat auf S. 11. Vgl. dort besonders: „Beziehung ist Gegenseitigkeit." (a.a.O., 14, 21); „Die Beziehung zum Du ist unmittelbar." (a.a.O., 17, zur Unmittelbarkeit auch a.a.O.,

Herrschaftsverhältnis", das „Du" hingegen erlaube „vielstimmige Resonanzerfahrungen".[178] Gerade in dieser Unterscheidung steht das „Ich-Du" auch bei Buber selbst ausdrücklich für Gegenseitigkeit:[179] Der Sache nach haben Zwiesprache und Dialog, auf die Buber zielt, ihren Ort in Ich-Du-Beziehungen – „Gegenseitigkeit der inneren Haltung" und „lebendige Gegenseitigkeit" machen den „echten" Dialog aus.[180] Es gehe Buber um „dialogische Symmetrie", wie Sander zusammenfasst:[181] „Begegnung war in der dialogischen Philosophie keine Einbahnstraße und kein hierarchisches Verhältnis von ‚Ich' und ‚Du', sondern ihre Verwirklichung hing am Gelingen der Wechselbeziehung."[182]

Die Du-Beziehung kann für Buber nicht nur andere Menschen zum Gegenüber haben, sondern auch Natur und die „geistigen Wesenheiten".[183] Das zeigt, dass die Unterscheidung zwischen Es und Du nicht ontologisch, sondern phänomenologisch gemeint ist:[184] Derselbe andere Mensch kann dem Ich als Du begegnen und dann wieder als Es in der dritten Person behandelt und erfahren werden.[185] Der Es-Modus ist für Buber zwar „nicht vom Übel", aber gefährlich, wenn und insofern er die Welt „überwuchert".[186] Deshalb müsse der Du-Modus („Beziehungswillen") den Es-Modus („Machtwille") rahmen:[187] „Nutzwille und Machtwille des Menschen

---

20, 78) Zu Ausschließlichkeit und Horizontcharakter vgl.: „Jede wirkliche Beziehung zu einem Wesen oder einer Wesenheit in der Welt ist ausschließlich. Losgemacht, herausgetreten, einzig und gegenüber wesend ist ihr Du. Es füllt den Himmelskreis: nicht als ob nichts anderes wäre, aber alles andere lebt in *seinem* Licht. Solange die Gegenwart der Beziehung währt, ist diese ihre Weltweite unantastbar." (Buber 2017c, 80) Vgl. zu diesen Bestimmungen auch Kurz 1968, 227–228.
178 Vgl. auch für die Zitate Sander 2017, 303.
179 Vgl. Buber 2017c, 21, 49, 38. Vgl. auch Kurz 1968, 227.
180 Vgl. auch für die Zitate in dieser Reihenfolge Buber 2017d, 149, 165, 165. Vgl. zu dieser Verortung der Dialogizität mit ihrer Gegenseitigkeit im Ich-Du-Verhältnis auch: „Diese Beziehung ist immer Gegenseitigkeit. Das Du, das mir gegenübersteht, wirkt auf mich ein, wie ich auf es einwirke. Das ist es, was Buber als ‚Dialogisches Leben' bezeichnet. Der dialogisch Lebende bekommt etwas gesagt und fühlt sich um Antwort angegangen. Die dialogische Grundbewegung ist immer Hinwendung." (Kurz 1968, 227)
181 Vgl. Sander 2017, 299–300, Zitat auf S. 299.
182 Sander 2017, 299.
183 Vgl. auch für das Zitat Buber 2017c, 12, 103. Vgl. zu dieser Differenzierung von Relationen auch Kurz 1968, 227; Kosmahl 1970, 31; Sander 2017, 290, 316.
184 Zum phänomenologischen „als" vgl. hier 2.3.2.3. Zur Phänomenologie bei Buber vgl. grundsätzlich auch Kreß 1992, 124; Kreß 1997, 153.
185 Vgl. Buber 2017c, 22–23, 39. Zu derartigen Wechseln anhand eines Beispiels und unter Verwendung des „als" vgl. Kurz 1968, 227.
186 Vgl. auch für die Zitat Buber 2017c, 50. Vgl. zu diesem Überwuchern und der Verselbständigung der „Eswelt" ausführlich Buber 2017c, 55–69, Zitate auf S. 55.
187 Vgl. auch für die Zitate Buber 2017c, 52.

wirken naturhaft und rechtmäßig, solange sie an den menschlichen Beziehungswillen geschlossen sind und von ihm getragen werden."[188]

„Du" ist dem Ich in unmittelbarer Beziehung gegenwärtig und begegnet, widerfährt dem Ich:[189] Während „Es" nur als Vergangenes erfahren wird, begegnet „Du" als Gegenwart.[190] Die „Latenz gelungener Begegnung" bestimmt Buber „als Liebe".[191] In diese Zusammenhang fällt der Begriff Verantwortung: „Liebe ist Verantwortung eines Ich für ein Du".[192] Verantwortung ist damit auf die Begegnung und Beziehung von „Ich" und „Du" bezogen.[193] In dieser Begegnung entsteht Buber zufolge erst das Ich, genauer: das Ich als Person.[194] Im dritten Teil von „Ich und Du" bestimmt Buber das Du theologisch: „Die verlängerten Linien der Beziehungen schneiden sich im ewigen Du. Jedes geeinzelte Du ist ein Durchblick zu ihm."[195]

Was das Ich in dieser Begegnung „zwischen Ich und Du" handelnd tut, sagt oder lebt, nennt Buber in „Ich und Du" von 1923 „Antwort".[196] In „Zwiesprache" von 1939 benutzt m. E. genau für diese Antwort den Begriff „Verantwortung":[197] „Echte Verantwortung gibt es nur, wo es wirkliches Antworten gibt. Antworten worauf?

---

188 Buber 2017c, 52.
189 Zur Gegenwart und Begegnungscharakter vgl. Buber 2017c, 18–19. Zum Widerfahrnischarakter vgl. Buber 2017c, 78. Zur Unmittelbarkeit vgl. auch Kreß 1992, 124; Kurz 1968, 228.
190 So schreibt Buber: „Das Ich des Grundwortes Ich-Es, das Ich also, dem nicht ein Du gegenüber leibt, sondern das von einer Vielheit von ‚Inhalten' umstanden ist, hat nur Vergangenheit, keine Gegenwart." (Buber 2017c, 18) Vgl. dazu auch Kurz 1968, 228.
191 Vgl. auch für die Zitat Sander 2017, 304.
192 Buber 2017c, 21.
193 So hat Kreß Bubers Verantwortungsethik auch als „Ethik der Antwort auf die begegnende Person verstanden" (Kreß 1992, 123). Sander hält über Buber fest: „Antwort galt im als Verantwortung." (Sander 2017, 293)
194 Vgl.: „Ich werde am Du; Ich werdend sprech ich Du. Alles wirkliche Leben ist Begegnung." (Buber 2017c, 17); „Der Mensch wird am Du zum Ich." (Buber 2017c, 34) Zur „Person" vgl. a.a.O., 66. Vgl. dazu auch Kurz 1968, 227.
195 Buber 2017c, 77. Vgl. dazu auch Kreß 1992, 124.
196 Vgl. auch für die Zitate Buber 2017c, 43. Vgl. auch: „Hier erschien dem Menschen aus tieferem Geheimnis das Du, sprach ihn aus dem Dunkel selbst an, und er antwortete mit seinem Leben." (Buber 2017c, 46)
197 Auch in „Ich und Du" hatte Buber schon den Verantwortungsbegriff benutzt (Buber 2017c, 21, 109–110) – allerdings nicht explizit auf diese Antwort bezogen. Für die Identifikation von Antwort und Verantwortung vgl. auch: „Verantwortung gibt es nur, wo es eine Antwort gibt auf das, was dem Menschen in jeder konkreten Stunde widerfährt. In den Begebenheiten des persönlichen Alltags werden wir angeredet, und in ihnen müssen wir antworten. Hier ist der Mensch aufgerufen, seinem Du Antwort zu geben; hier muß er mit seinem ganzen Wesen in Beziehung zu seinem Du treten." (Kurz 1968, 227) Vgl. zur „Verantwortung als ‚Antwort' des Menschen auf das ‚Du'" auch Kreß 1992, 123, dort auch das Zitat.

Auf das, was einem widerfährt, was man zu sehen, zu hören, zu spüren bekommt."[198]

Das Widerfahrene hatte Buber vorher identifiziert mit dem, was „*mir* etwas sagt", mit der „Anrede an mich", mit dem, „das eine Antwort heischt".[199] Grundsätzlich sieht Buber alles Widerfahrende potentiell als „Anrede an mich" – die Beziehungswelt umfasste ja auch Natur, Menschen und geistliche Wesenheiten – stellt aber fest, dass Menschen sich dagegen abgeschirmt hätten, sodass nicht alles und jeder als Anrede begegnet.[200] Sobald wir antworten, also in Verantwortung treten, sind all diese Schutzmechanismen gefallen; über die entsprechende Situation schreibt Buber:

> Wir werden nun mit ihr nicht fertig [...]. Dem Augenblick antworten wir, aber wir antworten zugleich für ihn, wir verantworten ihn. Ein neuerschaffenes Weltkonkretum ist uns in die Arme gelegt worden; wir verantworten es. Ein Hund hat dich angesehen, du verantwortest seinen Blick, ein Kind hat deine Hand ergriffen, du verantwortest seine Berührung, eine Menschenschar regt sich um dich, du verantwortest ihre Not.[201]

Ganz im Sinne der Ausschließlichkeit der Ich-Du-Beziehung wird das Widerfahrnis – Anrede des „Du" – zum Horizont der Verantwortung.[202] Das gilt umso mehr, als Buber die Faktizität der Verantwortung daran bindet, dass „es die Instanz gibt" und „das ‚Selbst', vor dem ich mich verantworte, in das Unbedingte durchsichtig wird".[203] Das Fordernde begegnet so als unbedingt; alle vermittelnden Moralprinzipen oder Dogmen erscheinen in dieser Situation als Verstellungen der Anrede.[204] Dabei zeigen schon die Beispiele des Langzitats, was auch Sander betont: Die „Begegnung mit Alterität" muss nicht in Form von Sprache geschehen, sondern kann „noch vor der verbalen Interaktion" zur „Resonanzerfahrung" werden.[205]

---

198 Buber 2017d, 160.
199 Vgl. Buber 2017d, 151–156, Zitate auf S. 151, 153 und 152, kursiv im Original.
200 Vgl. auch für das Zitat Buber 2017d, 153: „Was mir widerfährt, ist Anrede an mich. Als das, was mir widerfährt, ist das Weltgeschehen Anrede an mich. Nur indem ich es sterilisiere, es von Anrede entkeime, kann ich das, was mir widerfährt, als einen Teil des mich nicht meinenden Weltgeschehens fassen." (ebd.)
201 Buber 2017d, 162.
202 Für beides – Ausschließlichkeit und Horizontcharakter – siehe oben Anm. 177 in diesem Kapitel und die dort zitierten Buberpassagen.
203 Vgl. auch für die Zitate Buber 2017d, 162.
204 Buber spricht vom „unbedingte[n] Sein des Fordernden" (Buber 2017d, 163). Vgl. auch: „Und wenn es nichts gibt, das uns so das Antlitz des Menschen verstellen kann wie die Moral, kann die Religion uns wie nichts andres das Antlitz Gottes verstellen. Prinzip dort, Dogma hier [...]." (Buber 2017d, 163) Meine Wortwahl – insbes.: „Verstellungen" – greift Bubers auf.
205 Vgl. auch für die Zitate Sander 2017, 304.

Während diese Fassung des Verantwortungsbegriffs gerade in ihren Beispielen danach klingt als sei die Anrede zunächst die des möglichen Verantwortungsobjektes, das in seiner Bedürftigkeit als Instanz prospektiv in die Verantwortung zieht, erscheint der Anredende in „Die Frage an den Einzelnen" vor allem als Instanz, die nach Rechenschaft fragt.[206] Damit konnotiert Verantwortung bei ihm nicht nur die personalistische Imagination von Gegenwärtigkeit der Du-Begegnung, sondern auch die forensische Imagination. Von einer Auseinandersetzung mit Kierkegaards „Kategorie des ‚Einzelnen'" herkommend betont Buber in diesem Text zudem die Unvertretbarkeit der Verantwortung.[207] Auch an einen „Meister" sei die Verantwortung nicht delegierbar.[208] Versuche, dieser Verantwortung zu entgehen, bezeichnet Buber als „Flucht".[209] Es bräuchte Personen, „die sich nur eben in der Verantwortung nicht vertreten lassen."[210]

Bubers Ausführungen implizieren und explizieren eine auch von Verantwortung konnotierte Imagination, die ich *reziprok-personalistische Imagination* nenne.[211] Insofern die Ausdifferenzierung des Du-Modus auf Unmittelbarkeit[212] zielt, gilt für den folgenden Versuch, die solche Begegnungen vermittelnde Imagination als Horizont von Buber Philosophie zu beschreiben, das gleiche wie für dieselbe Paradoxie vermittelter Unmittelbarkeitswahrnehmung bei der mystischen Imagination (s. 4.1.2.2). In Beobachtungsperspektive lässt sich die reziprok-personalistische Imagination so umreißen: Imaginiert wird die unmittelbare Begegnung von „Ich" und „Du", in der das „Ich" das „Du" nicht objektiviert oder beherrscht, sondern sich beide in Gegenseitigkeit als Gegenüber erfahren.[213] Ein anschauliches Bild dafür verwendet Buber selbst:

---

[206] Vgl.: „Verantwortung setzt einen primär, d. h. aus einem nicht von mir abhängigen Bereich mich Ansprechenden voraus, dem ich Rede zu stehen habe. Er spricht mich um etwas an, das er mir anvertraut hat und das mir zu betreuen obliegt. Er spricht mich von seinem Vertrauen aus an, und ich antworte in meiner Treue oder versage die Antwort in meiner Untreue, oder aber ich war der Untreue verfallen und entringe mich ihr durch die Treue der Antwort." (Buber 2017b, 204.)
[207] Zitat auf S. Buber 2017b, 197. Für den Inhalt vgl.: „Mit meiner Wahl, Entscheidung, Handlung [...] antworte ich, wie unzulänglich auch, dennoch rechtmäßig dem Wort, verantworte ich meine Stunde. Diese Verantwortung kann mir meine Gruppe nicht abnehmen [...]." (Buber 2017b, 240)
[208] Vgl. auch für das Zitat Buber 2017b, 241.
[209] Vgl. auch für das Zitat Buber 2017b, 243.
[210] Vgl. Buber 2017b, 262–263, Zitat auf S. 263.
[211] Zur „Reziprozität von Anrede und Antwort" vgl. Sander 2017, 284, dort auch das Zitat.
[212] Vgl. wie bereits entfaltet unter anderem Buber 2017c, 17.
[213] Dazu, dass es Buber vor allem auf das Zusammen von Ich und Du ankommt vgl. Unbekannt 2017, 308.

die Blicke, die im Getümmel der Straße aufflattern zwischen Unbekannten, die aneinander gleichbleibenden Schritts vorübergehen; es sind Blicke darunter, die schicksallos schwingend zwei dialogische Naturen einander offenbaren.[214]

Verantwortung ist dann nicht nur wie in „Die Frage an den Einzelnen " (1936) forensisch die Rechenschaft für „ein Anvertrautes",[215] sondern zunächst personalistisch und responsiv[216] die in dieser Beziehung oder Begegnung[217] gegebene Antwort auf den als Anrede erlebten Anderen.

Besonders interessant an dieser Imagination ist, dass sie Verantwortung nicht in einem machtasymmetrischen Herrschaftsverhältnis vorstellt und auch nicht mit der Position dessen verbindet, der mehr Handlungsmacht hat als ein anderer.[218] Vielmehr stellt sie Verantwortung in gegenseitigen, dialogisch-symmetrischen Reziprozitätsverhältnissen vor, die den objektivierenden Herrschaftsverhältnissen des Ich-Es-Modus expressis verbis gegenüber gestellt werden. Hier sind es Reziprozitätsverhältnisse, die responsibilisieren. Daran knüpft, vermittelt über Joseph Oldhams Buber-Rezeption in der Betonung von „„direkten Beziehungen zwischen Personen",[219] Wendlands Verständnis von „Mitmenschlichkeit" und damit der Gedanke von „Partnerschaft" an (s. die entsprechende Mitmenschlichkeitsimagination 4.1.3.2).

4.1.2.3 Die asymmetrisch-personalistische[220] Imagination bei Dietrich Bonhoeffer

Bereits in seiner Dissertation zu einer soziologisch informierten, dogmatischen Perspektivierung der Kirche hat Dietrich Bonhoeffer den Begriff „Verantwortung" ausführlicher benutzt und ihn mit einer Imagination verbunden, in der der Ein-

---

214 Buber 2017d, 144.
215 Vgl. auch für das Zitat Buber 2017b, 204.
216 Zur Unterscheidung von forensisch und responsiv vgl. wie bereits zitiert Waldenfels 2010b; Vogelmann 2014, 326–330.
217 Buber unterscheidet nicht konsequent zwischen Beziehung und Begegnung: Buber 2017c, 18.
218 Die Frage nach Verbindung von Handlungsmacht und Verantwortung und die dafür hier verwendete Semantik von Kopplung, Verknüpfung oder Verschmelzung stammt wie einleitend gesagt von Vogelmann (1.1.2).
219 Zum Zusammenhang von Bubers Denken und Oldhams Betonung von „direkten Beziehungen zwischen Personen'" vgl. Kosmahl 1970, 31–32, Zitat auf S. 32.
220 Zur „Reziprozität" in diesem Zusammenhang vgl. etwa Sander 2017, 284. Hans Peter Lichtenberger hat diejenige Verantwortung, die durch die Begegnung mit dem *„Anspruch des Du"* entsteht ebenfalls unter der Überschrift *„Personalismus"* besprochen (vgl. Lichtenberger 2006, 294–295, Zitate auf S. 294, kursiv im Original). Ähnlich bezeichnet Kreß Bubers Ethik als *„peronal-dialogisch[.]"* (Kreß 1992, 123, im Original kursiv).

zelne mit dem Anspruch eines Du konfrontiert wird, auf den er reagieren und eine Entscheidung treffen muss.[221]

Der Kontext dieser Imagination in Bonhoeffers Argumentation lässt die Konturen dieser Vorstellung besser erkennen: Im zweiten Kapitel der Doktorarbeit, das Joachim von Soosten plausibel als „theologische[.] *Prolegomena*" zur ganzen Studie identifiziert hat,[222] entwickelt Bonhoeffer einen *„christlichen Personbegriff"* in Abgrenzung vom antik-griechischen und idealistischen Personbegriff, besonders in Abgrenzung von Kant.[223] Dieser christliche Personbegriff soll einerseits dessen Einbindung in Sozialität denkbar machen und andererseits den „individuell konkreten Personcharakter als endgültig, gottgewollt" erweisen.[224] Für Bonhoeffer disqualifizierte sich die idealistische Philosophie als Kandidatin für einen christlichen Personbegriff damit, dass sie erkenntnistheoretisch arbeitet; von den allgemeinen transzendentalen Bestimmungen des menschlichen Geistes auszugehen, mache es unmöglich, die Begegnung der Person mit einer konkreten, aber real anderen Person in der Zeit zu denken.[225] Im Gegensatz dazu verortet Bonhoeffer die Entstehung von Personalität selbst in Sozialität und in der Zeit (vgl. DBW 1, 26–28) und führt dabei wie beschrieben (3.2.3.1) den Begriff „Verantwortung" ein. Dieser konnotiert die Imagination der folgenden Situation:

> Mit Kant und Fichte betonen wir die Absolutheit der ethischen Forderung und beziehen diese nun auf die Person, an die sie herantritt. Im Augenblick des Angesprochenwerdens steht die Person im Stande der *Verantwortung* oder anders gesagt, der Entscheidung und zwar ist die Person hier nicht die idealische Geist- oder Vernunftperson, sondern die Person in konkreter

---

221 Zur inhaltlichen Bestimmung von Bonhoeffers Dissertation Sanctorum Communio vgl. auch deren Untertitel in DBW 1. Ich zitiere im Folgenden mit der Siglie DBW für Dietrich Bonhoeffer Werke (vgl. Bonhoeffer 1986–1999b).
222 Vgl. Soosten 1992, 46–47, Zitat auf S. 46, kursiv im Original. Soostens Arbeit verdanke ich die Einführung in Bonhoeffers Denken in Sanctorum Communio.
223 Vgl. DBW 1, 19–35, Zitat auf S. 19, kursiv im Original.
224 Vgl. auch für das Zitat DBW 1, 25. Dort heißt es: *„Christlicher Personbegriff soll nun der Personbegriff heißen, der für den Begriff der christlichen Gemeinschaft konstitutiv in ihm vorausgesetzt ist*, d.h. theologisch ausgedrückt, nicht der Personbegriff des urständlichen Menschen, sondern des Menschen nach dem Falle, also dessen, der nicht in ungebrochener Gottes- und Menschengemeinschaft lebt, sondern weiß, was gut und böse ist. […] Auch in diesem allgemein geistigen Personbegriff muß der idealistische durch einen den individuell konkreten Personcharakter als endgültig, gottgewollt bewahrenden Personbegriff überwunden werden […]." (DBW 1, 25, kursiv im Original) Zur „Sozialität als leitende[r] Kategorie" vgl. Soosten 1992, 18, dort auch das Zitat.
225 Vgl. DBW 1, 22–27. Dort heißt es pointiert: *„Aus der erkenntnistheoretischen Kategorie ist eine Ableitung der sozialen […] abzulehnen, aus der rein transzendentalen Kategorie des Allgemeinen kommt man nie zu dem realen Vorhandensein fremder Subjekte."* (DBW 1, 25, kursiv im Original) Bonhoeffers Auseinandersetzung mit dem Idealismus insbesondere Fichtes ist wie von ihm ausgewiesen (DBW 1, 24, Anm. 8) abhängig von Hirsch 1926 (vgl. so auch DBW 1, 25, 215, Anm. d. Hg. 28)

Lebendigkeit und Besonderheit, nicht die in sich gespaltene, sondern die ganze angesprochene Person; nicht ist sie da in zeitloser Wertfülle und Geistigkeit, sondern sie ist im Stande der Verantwortung mitten in der Zeit, und nicht in deren kontinuierlichem Verlauf, sondern im wertbezogenen – nicht werterfüllten! – Augenblick. *Im Begriff des Augenblicks aber ist Zeitbegriff und Wertbezogenheit desselben ineinandergesetzt.* Er ist nicht ein kürzester Teil der Zeit, gleichsam ein mechanische gedachtes Atom; der ‚Augenblick' ist die Zeit der Verantwortung, der Wertbezogenheit – sagen wir Gottbezogenheit – , und was das Wesentlich ist, er ist konkrete Zeit, und nur in konkreter Zeit vollzieht sich der reale Anspruch der Ethik, und auch nur in der Verantwortung bin ich meiner Zeitgebundenheit voll bewußt. Nicht treffe ich aus dem Vollbesitz des vernünftigen Geistes heraus irgendwelche allgemein gültigen Entscheidungen, sondern indem ich meine konkrete Person in der Zeit in allen Besonderheiten auf dieses Soll beziehe, unter die ethische Verantwortung stelle, trete ich in die Realität der Zeit ein.[226]

„Verantwortung" bezieht Bonhoeffer hier aus der Beobachtungsperspektive auf eine Imagination, die mindestens eine Person als Imaginierende und einen dieser Person äußerlichen „Anspruch der Ethik" enthält, wobei Bonhoeffer im weiteren Verlauf der Argumentation diesen Anspruch in der „Ich-Du-Beziehung" verortet; im „Du" begegnet das „Ich" einem absoluten Anspruch.[227] Der andere ist eine konkrete Person, wie Bonhoeffer sagt: *„das konkrete* Du" (DBW 1, 30). Ethisch unterscheidet Bonhoeffer dabei zwischen „Ich" und „Du" (vgl. DBW 1, 31): „Der andere ist vom Ich schlechthin nur als Du zu erleben, nicht aber selbst als Ich, d. h. im Sinne des Ich, das erst durch den Anspruch eines Du zum Ich geworden ist." (DBW 1, 31)

Bonhoeffer legt dem Du zwar auch ein „ander[es] Ich" zugrunde und es lässt sich das „Du als Ich im allgemeinen Sinne" interpretieren, als Erlebnisform in Teilnahmeperspektive bleiben beide aber geschieden:[228] „Mein Ich als Duform ist nur dem anderen Ich erlebbar, mein Ich als Ichform nur mir; also *nie wird die Ichform des anderen im Duerlebnis unmittelbar mitgesetzt.*" (DBW 1, 31, kursiv im Original) In der Teilnahmeperspektive besteht eine Grenze: „Ob der andere auch ein Ich im Sinne der Ich-Du-Beziehung ist, ist für mich unerforschlich." (DBW 1, 32)

An dieser Imagination und ihrer Entfaltung bei Bonhoeffer ist erstens die Differenz zur mystischen Imagination, zweitens das imaginativ-praktische Machtgefälle zwischen den Relaten und drittens die theologische Aufladung beachtlich:

---

226 DBW 1, 27–28, kursiv im Original, in einem kürzeren Ausschnitt bereits zitiert unter 3.2.3.1.
227 Vgl. DBW 1, 30–33, Zitat auf S. 32. Zur Absolutheit und Konkretheit des Anspruchs vgl. a. Lichtenberger 2006, 294. Zur „Betonung eines Du-Anspruches" vgl. die Bonhoeffer bekannte Arbeit von Grisebach 1924, 276–281, 287, 295, 307, 314–320, Zitat auf S. 276.
228 Vgl. DBW 1, 30–31, Zitate auf S. 30 und 31. Zur Hervorhebung der Teilnahmeperspektive vgl. auch Grisebach 1924, 85.

(1) Erstens stellt die personalistische Imagination den beanspruchenden Anderen als „Du" vor; das unterscheidet sie von der mystischen.[229] Fokussierte diese darauf, dass im Anderen etwas dem Ich Analoges[230], ein im Ich und Du gleichermaßen wollender Wille zum Leben, unmittelbar-mystisch erlebt wird, fokussiert die bei Bonhoeffer konnotierte personalistische Imagination auf die Andersartigkeit des Anderen gerade in Erlebnisperspektive:[231] Im anderen wird nicht unmittelbar ein allem zugrundeliegender Wille erlebt, sondern ein beschränkender anderer Wille, das beanspruchende Du.[232]

(2) Zweitens verbindet Bonhoeffer „Verantwortung" hier mit der Imagination einer asymmetrischen Begegnung mit einer *„Schranke"* und einem machtvollen Anspruch, der eine Entscheidung unumgänglich macht.[233] Die Absolutheit dieses ethischen Anspruches übernimmt Bonhoeffer – wie zitiert: „Mit Kant und Fichte […]" (DBW 1, 27) – vom Idealismus, stellt das Ich aber nicht in zeitloser, sondern in zeitgebundener, konkreter, unausweichlicher Konfrontation mit diesem Anspruch (vgl. DBW 1, 27–29). Der Machtcharakter dieses Anspruchs wird etwa deutlich, wenn Bonhoeffer von „der Heimsuchung des Menschen durch den ihn überwältigenden Anspruch" spricht.[234] Das Ich muss entscheiden – und genau das ist mit der „unendliche[n] Angst vor der Entscheidung" verbunden.[235] Um diese Situation zu beschreiben, benutzt Bonhoeffer den „Begriff der Schranke"[236], mit dem er die Externalität und Realität der Forderung betont: Sie ist nicht „dem Geiste des Sub-

---

229 Zur „Betonung eines Du-Anspruches" vgl. die Bonhoeffer bekannte Arbeit von Grisebach 1924, 276–281, 287, 295, 307, 314–320, Zitat auf S. 276.
230 So Schweitzer wörtlich: Ich „erfasse es in Analoge zu dem Willem zum Leben, der in mir ist." (A. Schweitzer 1974a, 377)
231 Darin findet Bonhoeffers referierte Idealismuskritik (s. hier oben Anm. 225 in diesem Kapitel) Ausdruck.
232 Zur Metaphorik der Schranke vgl. bes. DBW 1, 29; zum Voluntarismus vgl. DBW 1, 28 und Tödt 1993f, 81. Zu all dem vgl. hier bereits 3.2.3.1 und die dort zitierten Belegstellen und Literaturnachweise.
233 Vgl. dafür DBW 1, 26–32, Zitat von S. 26, im Original kursiv. Im Zusammenhang mit Bonhoeffers Spätwerk hat Prüller-Jagenteufel von „[t]heonome[r] Verantwortung" gesprochen und darin „formal Charakteristika sowohl der Autonomie als auch der Heteronomie" wiedergefunden (vgl. auch für das Zitat Prüller-Jagenteufel 2004, 79). Letztere sah er mit dem „Anspruch des Du" verbunden, was die These im Haupttext stützt: „Insofern meine personale Freiheit sich erst vom Du her als solche erweist, insofern der Mensch immer schon unter dem Anspruch des Du steht, dem er verantwortlich zu entsprechen hat, hat Verantwortung eine heteronome Struktur: Vom Du her ist meine Verantwortung herausgefordert." (Prüller-Jagenteufel 2004, 79)
234 Vgl. auch für das Zitat DBW 1, 29.
235 Vgl. auch für das Zitat DBW 1, 29.
236 DBW 1, 30. Der Begriff taucht etwa auf den Seiten DBW 1, 26, 27, 29, 30, 31 auf.

jektes immanent", ist nicht im Ich, sondern ein anderes.[237] In seiner Entfaltung der Ich-Du-Begegnung zeigt Bonhoeffer ein voluntaristisches Verständnis[238] dieser Schranke: Was dem Ich im Du als Schranke und Anspruch begegnet ist ein „andere[r] Wille", der dem eigenen entgegensteht.[239] Genau diese Betonung des „Widerspruch[es]", des „relative[n] Gegensatz[es] von Ich und Du" und des „Anspruch des Du" stammt m. E. nicht von Buber, sondern eher von Grisebach, der genau diese Gegensatz betont und zur Grundlage der Verantwortung macht.[240]

Diese Begegnung ist – darauf hat Lichtenberger zurecht verwiesen – eine *asymmetrische*, weil das Du eben nicht nur ein anderes Ich auf Augenhöhe darstellt, sondern einen beschränkenden Anspruch.[241] Die Machtasymmetrie wird auch daran deutlich, dass Bonhoeffer die Begegnung als „überwältigend[.]" vorstellt.[242] Während Bonhoeffers Rede von der „Anerkenntnis der realen Schranke" Freiwilligkeit insinuiert,[243] schreibt er gleichzeitig, der Einzelne sei „zur Anerkennung derselben genötigt" (DBW 1, 30). Besonders deutlich wird die Macht des Anspruchs schließlich darin, dass dieser die Person als ethisch bewusste und verantwortliche konstituiert.[244] Verantwortung konnotiert damit eine Imagination, in deren Hori-

---

237 Vgl. auch für das Zitat DBW 1, 31.
238 Für den Voluntarismus bei Bonhoeffer vgl. Tödt 1993f, 81.
239 Vgl. auch für das Zitat DBW 1, 31.
240 Vgl. Grisebach 1924, 279–280, 283, 287, 294–295, 297, 314–315, Zitate auf S. 315, 314, 314: „Das wirkliche Geschehen, die reale Dialektik beruht auf dem Widerspruch von Ich und Du, denn hier übernehme ich eine Verantwortung gegenüber dem andern." (Grisebach 1924, 315) Zum Vergleich mit Buber siehe oben Anm. 174 in diesem Kapitel und das dort Zitierte.
241 Vgl. Lichtenberger 2006, 294. Zu einem ähnlichen Schluss kommt Vogelmann in der Zusammenfassung und Reflexion von Bernhard Waldenfels „*Responsive[r] Verantwortung*" (vgl. Vogelmann 2014, 325–335, Zitat auf S. 325, kursiv im Original): „Das Selbstverhältnis der responsiven Verantwortung ist wiederum der aktive Umgang mit dem Faktum des eigenen Unterworfenseins, das sich diesmal als Unterworfensein durch fremde Ansprüche zeigt, denen man schon deswegen nicht ausweichen kann, weil das Subjekt erst in der Antwort auf sie entsteht." (Vogelmann 2014, 330) Zu diesem Unterworfensein als Teil von Verantwortung vgl. auch schon Assadi 2013, dort etwa S. 14.
242 Vgl. auch für das Zitat DBW 1, 29.
243 Vgl. DBW 1, 27, 31, 34, Zitat auf S. 27.
244 Vgl. DBW 1, 29, 33. Auch Vogelmann sieht gerade darin wie zitiert die Unausweichlichkeit des Anspruchs (siehe oben, Anm. 241 in diesem Kapitel und die dort zitierte Stelle). Bemerkenswerter Weise klingt darin ein Gedanke an, der in der neueren Praxissoziologie Foucaultscher Prägung in der Diskussion um Verantwortung eine wichtige Rolle spielt (vgl. Vogelmann 2014, 76–87, 97–98). Die konkrete Person als solche ist danach nicht Voraussetzung oder unveränderliches Element sozialer Verantwortungspraxis, sondern emergiert als konkretes Subjekt in dieser Praxis (vgl. bes. a. a. O., 79, 97–98). Ähnlich stellte Bonhoeffer „Person" als in konkreter sozialer Praxis konstituierte vor: „*Person entsteht und vergeht immer wieder in der Zeit.* Sie ist nicht ein zeitlos Bestehendes, sie hat nicht statischen, sondern dynamischen Charakter, sie besteht immer nur, wenn der Mensch in ethischer Verantwortung steht […]" (DBW 1, 28, kursiv im Original).

zont das Subjekt das andere Du als „überwältigenden Anspruch" erlebt.²⁴⁵ In den von dieser Imagination informierten Praktiken wird die vorgestellte Machtasymmetrie praktisch produziert und reproduziert: Vermittels dieser Imagination erscheint mir der Anspruch des anderen überwältigend, was plausibel darin wird, dass ich den Anspruch praktisch im Horizont dieser Imagination auch als überwältigenden behandle.²⁴⁶

Nun haben Bonhoefferexperten wie Joachim von Soosten entgegen dem eben dargestellten asymmetrischen Zug der personalistischen Imagination bei Bonhoeffer die Reziprozität der Beziehungen betont, die sich bei Martin Buber ja tatsächlich fand: „Bonhoeffers These lautet: Wirkliche Personalität gibt es nur auf der Basis der dialogischen Reziprozität von Individuen."²⁴⁷ Wie passt das zusammen?

Die von Bonhoeffer im zweiten Kapitel seiner Doktorarbeit beschriebene „Ich-Du-Beziehung" (DBW 1, 32) kann in Beobachtungsperspektive weiterführend in der Tat als dialogisch und reziprok interpretiert werden, wo sie als Prozess verstanden wird, in dem beide involvierte Personen im Zusammenspiel miteinander füreinander zum „Du" werden können.²⁴⁸ Aber Bonhoeffer verbindet den „Stande der *Verantwortung*"²⁴⁹ imaginativ in Sanctorum Communio mit dem initialen Moment dieses Prozesses und dem positionsgebunden perspektivierten²⁵⁰ existentiellen Erleben eines Prozessteilnehmers; in diesem „Augenblick" und auf dieser Position ist die Person mit dem Anderen als Anspruch konfrontiert und zur Entscheidung genötigt (N.B. nicht durch die Macht des menschlichen Gegenübers (vgl. DBW 1, 33)).²⁵¹ Die Tendenz zur Asymmetrie bei Bonhoeffer ergibt sich aus der Verbindung von „Verantwortung" mit dem existentialistischen Begriff „Augen-

---

245 Vgl. auch für das Zitat DBW 1, 29.
246 Für diese Logik vgl. 2.2.2, insbesondere das dort zum „Thomas-Axiom" (Dürrschmidt 2011, 737) Gesagte.
247 Soosten 1992, 46. Huber hat die „Einlinigkeit in Bonhoeffers Verantwortungsbegriff" gesehen (vermutlich bezogen v. a. auf den späten Bonhoeffer) und gleichzeitig ähnlich wie von Soosten dessen implizite Gründung in Reziprozität betont: „Bonhoeffer hat diese Wechselseitigkeit gelingenden Lebens eher vorausgesetzt als thematisiert." (vgl. für beide Zitate Huber 1995, 154) Auch Gotlind Ulshöfer sieht in Bonhoeffer „in seiner Dissertation ‚Sanctorum Communio' [...] von einem reziproken Verständnis des Seins" ausgehen (Ulshöfer 2015, 159).
248 Davon geht auch Bonhoeffer aus; so heißt es etwa in einem Vortrag von 1933: „Darum findet hier der echte Begriff der Gemeinschaft, der auf der Verantwortlichkeit, dem einander verantwortlich gehören der einzelnen beruht, nicht seine Erfüllung." (DBW 12, 254, teilweise auch zitiert bei Huber 2019, 74)
249 DBW 1, 28, kursiv im Original.
250 Vgl.: „So ist alles über den christlichen Personbegriff zu Sagende nur von dem in der Verantwortung Stehenden selbst zu erfassen." (DBW 1, 31)
251 Vgl. auch für das Zitat DBW 1, 28.

blick",²⁵² der den Moment der Entscheidung qualifiziert und auf die Perspektive des Angesprochenen festlegt.

Die Praxis der Wechselbeziehung von Ich und Du kann in der Beobachtungsperspektive und über die Zeit reziprok und dialogisch erscheinen.²⁵³ In Teilnahmeperspektive aber erleben Verantwortliche den „Stande der Verantwortung" zunächst im Moment dieser Begegnung als asymmetrisch, weil sie sich ja im Horizont der personalistischen Imagination mit einem „überwältigenden" ethischen Anspruch konfrontiert sehen. Imaginativ möglich wird dieses asymmetrisierende Motiv auch dadurch, dass Bonhoeffer die Gegensätzlichkeit von Ich und Du etwa im Begriff der „Schranke" überbetont und sich damit eher von dem Ich-Du-Denken von Eberhard Grisebach und Emanuel Hirsch beeinflusst zeigt als von dem Bubers.²⁵⁴ Der Augenblicksbegriff²⁵⁵ verdeutlicht die Notwendigkeit der Entscheidung. Der „Stande der Verantwortung" ist eine Zeit der Entscheidung, in die der Einzelne sich ohne Zustimmung oder Freiwilligkeitsmoment versetzt wiederfindet – unabhängig davon, welche reziproken Interaktionen folgen könnten.²⁵⁶ Darin liegt der entscheidende Unterschied zwischen dem zweiten Kapitel von Bonhoeffers Doktorarbeit und Buber: Dieser verbindet Verantwortung imaginativ eher mit dem Dialog, jener eher mit Entscheidung im Augenblick angesichts eines „überwältigenden Anspruch[s]".²⁵⁷

---

252 So etwa wie zitiert DBW 1, 28.
253 Zum „Nacheinander wechselseitiger Ansprüche" vgl. auch Grisebach 1924, 296, dort auch das Zitat.
254 Zum Begriff der „Schranke" bei Bonhoeffer siehe hier oben, Anm. 236 in diesem Kapitel. Auf den Einfluss von Grisebach und Hirsch verweisen nebst Bonhoeffer selbst (DBW 1, 25, Anm. 9 mit Hinweis auf Hirsch 1926, 66 ff. und Grisebach 1924, in Aufl. von 1925) auch die Herausgeber (DBW 1, 216–217, Anm. d. Hg. 49 und 62), welche auch die hier von Grisebach und Hirsch referenzierten Werke und darin relevanten Abschnitte benennen. Zu diesem Einfluss von Grisebach (und Hirsch) auf das Ich-Du-Denken des frühen Bonhoeffer vgl. auch Lichtenberger 2006, 294 und die dort (insbes. in Anm. 15) zitierte Literatur.
Zum Unterschied zwischen Grisebach und Buber in der Gewichtung und Einordnung des Grenzcharakters vgl. wie gesagt (Anm. 174 in diesem Kapitel) Unbekannt 2017, 307–308. Zur Gegensätzlichkeit von Ich und Du sowie dem Grenzcharakter des Du bei Grisebach s. oben (Anm. 240 in diesem Kapitel) und bes. etwa Grisebach 1924, 282, 312; zum Ich-Du-Denken und zu dieser „Entgegensetzung von Ich und Du" bei Hirsch vgl. Hirsch 1926, 73–84, insbes. 74, 79, Zitat auf S. 74; bei Hirsch werden Gegensatz und Asymmetrie noch dadurch verstärkt, dass er – wie der frühe Bonhoeffer – den Gegensatz letztlich der Mensch-Gott-Unterscheidung parallelisiert (vgl. Hirsch 1926, 76, 80–81).
255 Dieser findet sich übrigens auch schon bei Grisebach (vgl. etwa Grisebach 1924, 85, 282).
256 Vgl. auch für das Zitat DBW 1, 28. Ich danke Jan Kingreen für den Hinweis hierauf. Vgl. dazu in Bezug auf Waldenfels auch Vogelmann 2014, 328.
257 Vgl. DBW 1, 28–29, Zitat auf S. 29.

Verantwortung konnotiert bei Bonhoeffer also eine asymmetrisch-personalistische Imagination. In deren Horizont erscheint das begegnende Du als Schranke, als anderer Wille, als ethischer Anspruch, der es zur Entscheidung nötigt. Praktiken, in denen es vermittels der personalistischen Imagination zu einem solchen Erleben kommt, nimmt der junge Bonhoeffer am Anfang von Sanctorum Communio als Responsibilisierungspraktiken theoretisch in Anspruch. Imaginativ kennzeichnend für sie ist die Machtasymmetrie zwischen „ich" und beanspruchendem „Du".

(3) Diese Imagination ist insofern eine *explizit theologische*, als Bonhoeffer nicht nur eine Gottesvorstellung in sie einlässt, sondern dieser auch eine essentielle Rolle in der Imagination zuspricht. Das implizite Problem der personalistischen Imagination ist ja, dass ein anderer Mensch zunächst nur ein anderer Mensch ist und in sich eben noch keinen ethischen Anspruch darstellt.[258] Die Einführung der Gottesvorstellung macht bei Bonhoeffer plausibel, den anderen als Anspruch zu imaginieren:

> *Gott oder der Heilige Geist tritt zum konkreten Du hinzu, nur durch sein Wirken wird der andere mir zum Du, an dem mein Ich entspringt, m.a.W. jedes menschliche Du ist Abbild des göttlichen Du. [...] Nur in Gott ruht der Anspruch des anderen, deshalb bleibt es aber doch der Anspruch eben des anderen.* (DBW 1, 33, kursiv im Original)

Diese Imagination intensiviert die Asymmetrie in der Perspektive des verantwortlichen Praxisteilnehmers, weil es nun sogar Gott ist, der im anderen begegnet (vgl. DBW 1, 33): „[H]eilig ist das Du Gottes, der absolute Wille, der hier im konkreten Du des sozialen Lebens sichtbar wird." (DBW 1, 33) Der Anspruch wird imaginativ religiös aufgeladen, ja: vergöttlicht – und damit der diskursiven Kritik entzogen. Was in Schweitzers mystischer Imagination das Moment des Unmittelbaren tat, leistet beim frühen Bonhoeffer die religiöse Auflandung des anderen: Sie entzieht den Anspruch auf imaginativer Ebene der sprachlichen Klärung, Kritik oder kriterienbasierten Abwägung. Lapidar gesagt: Wird das im Du des anderen im Horizont dieser Imagination als absoluter Gotteswille erlebt, gibt es kein „Ja, aber" als tertium neben Gehorsam und Ungehorsam mehr.[259]

Bonhoeffer beschreibt die Beziehung des Du auf das Ich im „Stande der *Verantwortung*" als ethischen Anspruch.[260] Die Begegnung damit qualifiziert er mal als

---

258 Vgl. ähnlich: DBW 1, 33.
259 Das wird Bonhoeffer in der Nachfolge in seiner Auslegung der „Geschichte vom reichen Jüngling" narrativ sehr klar machen, vgl. DBW 4, 59–67, Zitat auf S. 59. Zum fehlenden Dritten vgl. dort bes.: „Der Jüngling steht vor Jesus, dem Sohne Gottes, die volle Begegnung ist da. Es gibt nur noch Ja oder Nein, Gehorsam oder Ungehorsam." (DBW 4, 65)
260 Vgl. auch für das Zitat wie gesagt DBW 1, 28, kursiv im Original.

Kampf, Heimsuchung, Widerspruch und Überwältigung (vgl. DBW 1, 29) und mal als Anerkennung (vgl. DBW 1, 34) oder gar Glauben (vgl. DBW 1, 32). Berücksichtigt man, dass es Bonhoeffer in diesem Kapitel um den „Menschen nach dem Falle" (DBW 1, 25) geht, lässt sich im Rückgriff auf andere Bonhoefferinterpreten theologisch näher bestimmen, was hier in dem anderen konkret und situativ praktisch begegnet: Es ist Gesetz in Unterscheidung vom Evangelium, und es ist Gesetz in seinem aufdeckenden, theologischen Gebrauch; es ist die Konfrontation mit einem Anspruch.[261]

Wenn Bonhoeffer später vom „Ich-Du-Verhältnis[.]" in der Kirche handelt, qualifiziert er retrospektiv die Konfrontation mit dem Du, von der in diesem frühen Kapitel die Rede war selbst als Gesetz:[262]

> Der in der Gemeinschaft des Ich-Du-Verhältnisses Lebende bekommt die Gewißheit, geliebt zu werden, und im Glauben an Christus die Kraft, selbst lieben zu können, indem er, der in Christus schon in der Kirche ist, in die Kirche hineingeführt wird. Der Andere in der Gemeinde ist ihm nicht mehr wesentlich Anspruch, sondern Gabe, Offenbarung seiner Liebe, d.h. der Liebe Gottes, seines Herzens, d.h. aber des Herzens Gottes, und damit ist das Du dem Ich nicht mehr Gesetz, sondern Evangelium und somit Gegenstand der Liebe.[263]

In der asymmetrisch-personalistischen Imagination des zweiten Kapitels von Sanctorum Communio entsteht Personalität also in einer Verantwortung, die Gesetzescharakter im theologischen Sinne hat.[264] Verantwortung bezeichnet in dieser

---

[261] Zu diesem Themenfeld in Bonhoeffers Sanctorum Communio und zur theologischen Qualifikation der Forderung bzw. des Anspruchs als „Gesetz" vgl. Soosten 1992, 47, 83. Vgl. für einen grob ähnlichen Gedanken auch Lichtenberger 2006, 298. Für die „Unterscheidung von Evangelium und Gesetz" und die unterschiedliche usus des Gesetzes in protestantischer Tradition vgl. Joest 1993, 487–517, Zitat auf S. 492, für den „*dreifachen ‚Brauch' des Gesetztes*" vgl. a. a. O., 494–496, Zitat auf S. 494, kursiv im Original; für den „usus theologicus'" als Gebrauch „zur Aufdeckung der Sünde" vgl. a. a. O., 494, dort auch die Zitate.
[262] Vgl. auch für das Zitat DBW 1, 107.
[263] DBW 1, 107. Vgl. auch von Soostens Auslegung dieser Passage: Soosten 1992, 79, der von derselben Seite zitiert.
[264] Dagegen ließe sich einwenden, was von Soosten in enger Anlehnung an eine Formulierung Bonhoeffers betont: „Der Begriff der christlichen Person ist nach Bonhoeffer nämlich erst dort erreicht, wo das göttliche Du nicht mehr als Forderung an das Ich herantritt (Gesetz), sondern der Person sich selbst als Ich in der Offenbarung seiner Liebe schenkt (Evangelium) (vgl. SC 34)." (Soosten 1992, 47, mit Verweis auf DBW 1, 34) In der zugrundeliegenden Formulierung Bonhoeffers geht es diesem entweder um die „christliche Person" und „ihr eigentliches Wesen" in einem sehr engen Sinne (vgl. auch für die Zitate DBW 1, 34) oder Bonhoeffer widerspricht hier seiner eigenen, für die Interpretation im Haupttext hier leitenden Feststellung: „Es ist christlichen Erkenntnis, daß im Augenblick des Bewegtseins, des Stehens in der Verantwortung [...], der Heimsuchung des Menschen durch den ihn überwältigenden Anspruch die Person als bewußte erzeugt wird; [...]" (DBW 1, 34)

Imagination die Nötigung zum Antworten und zunächst nicht die Befreiung oder Möglichkeit zur Antwort. Verantwortung lässt hier die Konfrontation mit einem Anspruch imaginieren, die zur offenen Entscheidung zwingt und so Personalität konstituiert.

4.1.2.4 Fazit: Prädiskursive Responsibilisierung

Verantwortung hat in theologischen Texten also auch die eben beschriebene mystische und personalistische Imagination konnotiert. Beide sind zweistellig, weil sie neben dem sich selbst vorstellenden Subjekt nur noch ein begegnendes Anderes enthalten. In der Perspektive der Subjektposition einer Responsibilisierungspraktik erscheint im Horizont beider Imaginationen dieses begegnende Andere als geltungsmächtiger Anspruch. Im Horizont der mystischen Imagination ist die Geltung dieses Anspruchs durch die vermeintliche Unmittelbarkeit des Erlebens, im Horizont der asymmetrisch-personalistischen Imagination durch die religiöse Aufladung des Du der diskursiv-sprachlichen Klärung, Abwägung und Kritik entzogen. Das setzt entsprechende Praktiken in Widerspruch zum *Diskurskriterium*.

Beide, Schweitzer und Bonhoeffer, verwenden starke, bildreiche Begriffe für die Bindungskraft der imaginierten Begegnung: Schweitzer spricht wie zitiert davon, mit „Ehrfurcht" erfüllt zu werden, Bonhoeffer vom „überwältigenden Anspruch" (DBW 1, 29).[265] Das deutet darauf hin, dass im Horizont der mystischen wie der personalistischen Imagination der Anspruch des anderen als stark bindender erfahren wird. Die Begegnungsimaginationen binden über vermeintliche Unmittelbarkeit oder religiöse Aufladung des Du stark an eine jeweilige Aufgabenverantwortung. In der mystischen Imagination entsteht die Bindung durch die vorgestellte und unterstellte Analogie des Anderen zum Ich, in der asymmetrisch-personalistischen durch die vorgestellte und unterstellte Überwältigung durch den fremden Anspruch des Anderen. Die Stärke dieser Bindungskraft ist ambivalent. Insbesondere liegt die Ambivalenz bei beiden wie beschrieben darin, die Bindung dem Diskurs zu entziehen. Die Responsibilisierung von den Responsibilisierungspraktiken der Begegnungsimaginationen ist in Teilnahmeperspektive prädiskursiv.

Dogmatisch ist diese Responsibilisierung der Kategorie des (überführenden) Gesetzes zuzuordnen.[266] Das hatte besonders die Bonhoefferexegese gezeigt. Diese

---

265 Vgl. dazu auch Lichtenberger: „Die Forderung des Du an das Ich ist absolut und je konkret. Sie zwingt mir eine Verantwortung auf, die allen abstrakten Normen und jeder ethischen Begründung vorausgeht." (Lichtenberger 2006, 294)

266 Dem und dem Folgenden liegt die *„altprotestantische Lehre vom dreifachen ‚Brauch' des Gesetzes"* als Unterscheidung zugrunde; vgl. dazu kurz und einführend Joest 1993, 494–496, Zitat auf S. 494, kursiv im Original. Der überführende Brauch des Gesetzes wäre der „zur Aufdeckung der Sünde" (a.a.O., 494), der „u. elenchticus" (a.a.O., 495).

Zuordnung erklärt dogmatisch, warum weder beim jungen Bonhoeffer noch bei Schweitzer die Voraussetzungen des Verantwortungssubjektes, dem Anspruch zu genügen, imaginativ thematisch werden. In der Praxis des theologisch als überführend verstandenen Gesetzes müssen diese Voraussetzung gerade nicht vorkommen:[267] im „u[sus] elenchticus"[268] sieht die Gesetzesanwendung ja gerade von den subjektiven Erfüllungsvoraussetzungen insofern ab, als der Anspruch des Gesetzes das Verantwortungssubjekt seines Ungenügens überführt. Insofern diese Imagination also von den Ermöglichungsbedingungen von Freiheit absieht, wird sie keine Praktiken informieren, die Freiheitsbedingungen reproduzieren, sondern nur dort zu Praktiken führen können, wo diese Freiheitsbedingungen bereits unabhängig von der Responsibilisierung vorliegen. Das steht in Spannung zum *Freiheitskriterium*.

Darüber hinaus hat William Schweiker an dialogischen Verantwortungstheorien, die unter anderem auch die hier skizzierten Begegnungsimaginationen fassen würden, problematisiert, dass sie ethische Fragen auf Fragen von „personal responsiveness" reduzieren könnten und damit der „complexity of the late-modern social world" nicht gerecht würden.[269]

Kurz gesagt: Begegnungsimaginationen responsibilieren als Konnotationen theologischen Verantwortungsgebrauchs mit starker Bindungskraft und ohne Berücksichtigung der subjektiven Erfüllungsvoraussetzungen.

4.1.3 Verantwortung aus Beziehung

In Texten evangelischer Ethik konnotiert Verantwortung nicht nur Imaginationen von Gerichtssituationen und Begegnungen, sondern auch von Beziehungen.[270] Anders als Imaginationen von Begegnungen beziehen sich diese auf dauerhafte und

---

267 Vgl. dafür und für das Folgende wie zitiert die Lehre vom „usus theologicus", kurz zusammengefasst bei Joest 1993, 494–495, Zitat auf S. 494.
268 Joest 1993, 495.
269 Vgl. Schweiker 1999 [1995], 40–47, Zitate auf S. 41 und 45. Die Benennung „dialogical" stammt von Schweiker selbst (a. a. O., 41). Er schreibt zunächst: „And an ethics of responsibility which focuses moral attention on interpersonal encounters too easily reduces questions of responsibility to personal responsiveness." (a. a. O., 41) Dann hält er pointiert fest: „A dialogical model of responsibility based on the I-Thou encounter simply lacks the resources to address the complexity of the late-modern social world." (a. a. O., 45)
270 Die Unterscheidung von Beziehung und Begegnung ist hier – wie bereits angemerkt – angelehnt an die Unterscheidung zwischen Beziehung und Interaktion in der Medienwissenschaft (vgl. Krotz 1996, 73–74, 80–81). Vgl. dazu schon oben Anm. 4 in diesem Kapitel.

auch in der Vorstellung sprachlich und kulturell vermittelte Relationen.²⁷¹ Imaginiert und herbeigeführt wird hier nicht ein unmittelbares Erleben, sondern ein mehrstelliges Beziehungsnetz, dessen Teil das imaginierende Subjekt ist. Nicht nur als Teil eines Beziehungsnetzes zu leben, sondern dies auch so zu imaginieren, macht diese Beziehungen zum einem responsibilisierenden Moment.²⁷² Genau das leisten Beziehungsimaginationen. In ihrem Horizont erscheinen dem Subjekt, die Beziehungen, in denen es steht, als zur Verantwortung verpflichtende Verhältnisse verantwortlichen Handelns.

Im Folgenden werde ich drei responsibilisierende Beziehungsimaginationen unterscheiden: die Stellvertretungsimagination, die sich anhand von Bonhoeffers Ethik-Fragmenten nachzeichnen lässt, die Mitmenschlichkeitsimagination, die bei Heinz-Dietrich Wendland vorkommt und die Reziprozitätsimagination, die bei Wolfgang Huber explizit wird. Die Stellvertretungsimagination (4.1.3.1) stellt eine nicht-reziproke, machtasymmetrische, mehrstellige Relation zwischen dem imaginierenden Verantwortungssubjekt und einem oder mehreren anderen vor. In der Mitmenschlichkeitsimagination (4.1.3.2) wird eine zweistellige, aber eine symmetrische Beziehung in kleinen Gemeinschaften als Entscheidendes vorgestellt, wobei die Imagination von Symmetrie gerade kontrafaktisch sein kann. Die Reziprozitätsimagination stellt – wie der Name schon sagt – die Verantwortungsbeziehung als synchron oder asynchron reziproke, also wechselseitige vor (4.1.3.3).

4.1.3.1 Die Stellvertretungsimagination

Ausgehend von der anthropologischen Überzeugung, dass zum menschlichen Leben notwendig Sozialität gehört, stellt Bonhoeffer in seinem Spätwerk soziale Existenz so vor, dass sie für den Einzelnen notwendig Verantwortung beinhaltet.²⁷³ Damit ist eine Imagination angedeutet, die Bonhoeffer immer wieder auch christologisch

---

271 In dieser Formulierung findet sich auch, was bei Krotz im Anschluss an Horton und Wohl „Beziehung" auszeichnet, dass sie nämlich *„eine durch Gewohnheit, kognitive Operationen und Emotionen vermittelte situationsübergreifende Bindungen"* beinhaltet (vgl. auch für die Zitate Krotz 1996, 80, kursiv im Original).
272 Darauf hat in dieser Grundsätzlichkeit auch Schweiker verwiesen: „Human beings are defined as agents intimately related to each other and to their environment seeking integrity in life. This makes responsibility basic to human existence." (Schweiker 1999 [1995], 51).
273 Vgl. DBW 6, 219. Dort spricht er von der *„Geschichtlichkeit des menschlichen Daseins"* (ebd., kursiv im Original): „Darunter soll verstanden sein, daß der Mensch notwendig in einer Begegnung mit anderen Menschen lebt und daß ihm mit dieser Begegnung in einer je verschiedenen Form eine Verantwortung für den anderen Menschen auferlegt wird." (DBW 6, 219, auch zitiert bei F. Keller et al. 2009, 185) Vgl. dazu auch DBW 6, 88.

aufladen wird, die hier aber zunächst als sozialanthropologische[274] Vorstellung beschrieben werden soll, weil sie auch in Bonhoeffers Argumentation zunächst glaubensunabhängig plausibel ist und der Sache nach bereits im Barcelona-Vortrag von 1929 ohne christologische Brechung auftaucht.[275] Einerseits beinhaltet diese Imagination Elemente, die sie mit der personalistischen teilt: die Begegnung mit dem anderen und die Zeitgebundenheit der eigenen Situation. Andererseits beinhaltet sie bei Bonhoeffer das Spezifikum, Verantwortung als Stellvertretung vorzustellen,[276] weshalb ich sie im Folgenden Stellvertretungsimagination nenne. Stellvertretung meint bei ihm Folgendes:[277]

> Der Einzelne handelt nicht für sich allein, sondern er vereinigt in seinem Ich das Ich mehrerer Menschen, gegebenenfalls sogar einer sehr großen Zahl. Der Familienvater zum Beispiel kann nicht mehr handeln, als wäre er ein Einzelner. In sein Ich ist das Ich seiner Familienglieder aufgenommen, für die er verantwortlich ist. (DBW 6, 219, ähnlich: 256–257)

Anders als in der personalistischen Imagination versteht Bonhoeffer hier den Bezug der Subjektposition auf den Anderen also nicht als Ich-Du-Verhältnis, sondern als Position eines Ichs, das mehrere andere (imaginierte) Ichs von anderen beinhaltet. Während die anderen oder die andere Person tatsächlich existiert, geht es ihm hier offenbart nicht um die reale Begegnung mit ihr als „Du", sondern darum, an ihrer statt zu handeln – und das impliziere wiederum, sie als virtuelles Ich zu imaginieren.

> Der Vater handelt an der Stelle der Kinder, indem er für sie arbeitet, für sie sorgt, eintritt, kämpft, leidet." (DBW 6, 257)

Das ist wichtig, weil es die Machtasymmetrie gegenüber der personalistischen Imagination in einer Hinsicht auch umkehrt: Es ist nicht mehr der machtvolle Wille des anderen, der mir im Du potenziell überwältigend begegnet. Vielmehr stehe ich in Beziehung zu jemandem, der weniger machtvoll ist als ich und an dessen Stelle

---

274 Für den Begriff in diesem Zusammenhang siehe Lichtenberger 2006, 289, für die christologische Aufladung des Stellvertretungsgedankens vgl. Soosten 1992, 64–69, 73–75.
275 Vgl. DBW 10, 337. Dass Stellvertretung *der Sache nach* beim frühen Bonhoeffer auch ohne Christusvermittlung vorkommt, wie eben diese Stelle aus dem Barcelona-Vortrag belegt, gilt auch angesichts dessen, dass von Soosten den frühen Bonhoeffer mit der Betonung zitiert, „daß Stellvertretung kein ‚ethischer, sondern ein theologischer Begriff' (ebd.) ist" (Soosten 1992, 65). Zum Handeln „an der Stelle" eines anderen vgl. DBW 6, 257, dort auch das Zitat.
276 Vgl. DBW 6, 256–257.
277 Für die Identifikation des im Folgenden zitierten als Stellvertretung vgl. DBW 6, 256–257.

ich machtvoll handle.²⁷⁸ Damit beinhaltet die Stellvertretungsimagination eine Figur, die ich „potestativen Dual" nennen werde (4.3.2): Im Horizont dieser Imagination stellen sich Verantwortungsträger:innen als machtvoller vor als die Subjekte in ihrem Verantwortungsbereich, wobei diese Machtasymmetrie sie gerade als Verantwortungsträger:innen auszeichnet.²⁷⁹

Die meisten von Bonhoeffers eigenen Beispielen veranschaulichen dies: der Vater (DBW 6: 219, 257, 287), der Ehemann (DBW 6, 287), der Freund (DBW 6, 287) der Staatsmann (DBW 6, 257), der Lehrer (DBW 6, 257, 287), der Richter (DBW 6, 287) und – wenn man dies dazurechnet – 1929 der Soldat gegenüber dem schutzbedürftigen Volk (DBW 10, 337). Es ist bezeichnend für die Machtasymmetrie, dass Bonhoeffer die drei klassischen Verantwortungsbeispiele (Vater, Lehrer, Staatsmann), bereits 1933 erwähnt – dort aber zunächst als historische Beispiele für frühere Erscheinungsformen von „Führertum".²⁸⁰ Es sei – so Bonhoeffer – etwa die Aufgabe des Ehemanns, für die Ehe zu sorgen; dies mache ihn auch für das Glück seiner Frau verantwortlich. So schreibt Bonhoeffer – bereits im Gefängnis – in der Predigt für die Hochzeit seines Freundes Bethge:²⁸¹ „… dir, Eberhard, ist die ganze Verantwortung für das Gelingen eures Vorhabens mit all dem Glück, das eine solche Verantwortung in sich schließt, auferlegt" (DBW 8, 73). Zusammengenommen zeigen diese Beispiele sechs Punkte und Ambivalenzen, an deren Nennung ich den Verweis auf die Plausibilitätsbedingungen der Stellvertretungsimagination anschließe:

(1) *Verallgemeinerung der Amtslogik.* Bonhoeffer unterscheidet hier erstens offenbar nicht zwischen der Rollenverantwortung,²⁸² die mit einem bestimmten institutionalisierten Amt verbunden ist – mit dem des Richters etwa – und der

---

278 Vgl. so etwa Bonhoeffers Beispiele: DBW 6, 257.
279 Zur Tendenz der „Formen der Stellvertretung" dazu, „sublime Formen von Herrschaft" zu sein, vgl. auch Ottmar Schulz und dessen Verweis auf diese Kritik bei Dorothee Sölle: O. Schulz 2002, 171, dort auch das Zitat.
280 Zu den drei klassischen Beispielen vgl. DBW 6, 257; dazu, dass diese auch bei Hans Jonas vorkommen vgl. wie gesagt Huber 2012b, 83. In dem Vortrag von 1933 heißt es: „[W]ährend früher Führertum zum Ausdruck kam beim Lehrer, beim Staatsmann, beim Vater, d.h. in den gegebenen Ordnungen und Ämtern, ist jetzt der Führer zu einer selbständigen Gestalt geworden." (DBW 12, 250, den Hinweis auf diesen Vortrag verdanke ich Huber 2019, 74) Bonhoeffer selbst will diese drei als „Verwalter ihres Amtes" und nicht als Führer verstanden wissen (vgl. auch für das Zitat DBW 12, 257).
281 Für Situation und Kontext vgl. Huber 2019, 23–24. Dort berichtet Huber über diese nie gehaltene Predigt: „Das junge Paar war im Rückblick eher erleichtert darüber, dass sie nicht verlesen wurde, denn der patriarchalische Ton, in dem die dienende Rolle der Frau und die übergeordnete Verantwortung des Mannes hervorgehoben wurden, war den beiden Adressaten peinlich." (ebd.)
282 Vgl. für den Begriff etwa Lenk 2017, 67; Funiok 2011, 75.

allgemeineren Verantwortung, die sich in und aus Beziehungen zu anderen Menschen, in Freundschaft oder qua sozialer Existenz ergibt.[283] All diese Verantwortungsarten nimmt Bonhoeffer in der Kategorie des „geschichtlichen Dasein" zusammen.[284] Allgemeiner noch stellt er Verantwortung als gemeinschaftsbildend dar: Gemeinschaft bestünde „nur in den konkreten, unendlich mannigfaltigen Verantwortungsverhältnissen der Menschen füreinander".[285] Insgesamt nimmt Bonhoeffer damit auf imaginativer Ebene die in lutherischer Tradition klar gezogene „Unterscheidung von *Person* und *Amt*", die mit der Differenz der zwei Reiche parallelisiert wurde,[286] zugunsten des Amtshandelns zurück. Martin Luther unterschied in der Obrigkeitsschrift zwei Werke: „Denn mit dem einen siehst du auf dich und auf das Deine, mit dem andern auf den Nächsten und auf das Seine."[287] Ersteres heißt traditionell als Person, letzteres im Amt zu handeln.[288] Nach dieser Unterscheidung differenzierte Luther dann die Handlungsorientierungen:

> In bezug auf dich und das Deine hältst du dich nach dem Evangelium und leidest Unrecht als ein rechter Christ; in bezug auf den andern und das Seine hältst du dich nach der Liebe und leidest kein Unrecht gegen deinen Nächsten.[289]

Diese Unterscheidung hat Bonhoeffer bereits in der Nachfolge explizit nicht übernommen:

> Jesus aber ist diese Unterscheidung zwischen mir als Privatperson und als Träger des Amtes als maßgeblich für mein Handeln fremd. (DBW 4, 137)

Wenn Bonhoeffer Stellvertretungsbeziehungen nun als sozialanthropologische Konstante vorstellt, imaginiert er alle ethischen Situationen als solche, in denen

---

283 Für eine Differenzierung von „Rollen- und Aufgabenverantwortung" einerseits und „Universalmoralische[r, FH] Verantwortung" andererseits vgl. Lenk 2017, 67–69, Zitate auf S. 67 und 68. Die Unterscheidung rezipiert etwa auch Funiok 2011, 75.
284 Vgl. auch für das Zitat DBW 6, 219.
285 Vgl. auch für das DBW 6, 377.
286 Vgl. zu diesen Unterscheidungen und ihrer Herkunft etwa Honecker 1995, 18, dort auch das Zitat, kursiv im Original. S. dort: „Der Unterscheidung der zwei Reiche entspricht die Unterscheidung von *Person* und *Amt*. In *eigener* Sache soll ein Christ Rechtsverzicht üben, dem Evangelium und Wort Christi, der Bergpredigt folgen. Für den *Anderen*, den Nächsten soll er, auch unter Zuhilfenahme des Schwertes, aber dem Unrecht wehren." (ebd., kursiv im Original) Martin Luther selbst macht diese Unterscheidung pointiert in der Obrigkeitsschrift (WA 11, 255, im Folgenden zitiert nach M. Luther 1967).
287 WA 11, 255, zitiert nach M. Luther 1967, 20.
288 Vgl. Honecker 1995, 18.
289 WA 11, 255, zitiert nach M. Luther 1967, 20; ähnlich auch WA 11, 259 (M. Luther 1967, 25).

Menschen für andere Menschen stellvertretend handelnd und so verantwortlich sind, also „auf den Nächsten und das Seine"[290] sehen, also im lutherischen Sinne qua Amt handeln – und nicht qua Person auf sich selbst schauend.[291] Die sauber herausdifferenzierbare Situation, in der handelnd nur das Eigene auf dem Spiel steht und in der allein deshalb das Unrecht wie von Luther beschrieben evangeliumsgemäß gelitten werden kann, ist für Bonhoeffer nicht mehr vorstell- oder abgrenzbar:[292]

> Kein Mensch, der Verantwortung und das heißt der Stellvertretung überhaupt entgehen könnte. Selbst der Einsame lebt stellvertretend, ja er in qualificierter Weise, da sein Leben stellvertretend für den Menschen schlechthin, für die Menschheit, gelebt wird. (DBW 6, 257)

Am Beispiel gesagt: Das Elternteil riskiert mit der eigenen Existenz eben nicht nur ein Eigenes, sondern auch Anvertrautes.

(2) *Dauer.* Zweitens zeigen die Beispiele Bonhoeffers, dass die Stellvertretungsimagination ein anderes Verständnis von Zeit impliziert als die personalistische: Nun geht es um anhaltende, alltägliche Verpflichtung, um Beziehungen eben, nicht nur um Begegnungen:[293] die Verpflichtung des Lehrers gegenüber seinen Schülern oder des Ehemanns gegenüber seiner Frau. Diese Imagination handelt anders als die personalistische Imagination vom Gewöhnlichen und nicht vom außergewöhnlichen „Augenblick" der Entscheidung (vgl. dazu 4.2.2).

(3) *Diskursivierbarkeit.* Drittens bringt die Stellvertretungsimagination gegenüber den Begegnungsimaginationen zumindest teilweise einen Vorsprung an Diskursivierbarkeit. Die beispielhaften Beziehungen in der Imagination bestehen und entstehen auch sprachlich und kulturell vermittelt und werden nicht nur als Unmittelbarkeiten vorgestellt. Lehrer und Richter haben ihre Stellvertretungsmacht in sprachlich vermittelnden Prozessen erworben und nehmen sie sprachlich vermittelt war. Insofern sind Be- und Entstehen dieser Beziehungen auch imaginativ sprachlich-diskursiv kritisier- und revidierbar: Das (un-)verantwortliche Urteil des Richters kann durch die höhere Instanz aufgehoben, die Fehler im Vortrag des Lehrers können als solches explizit gemacht werden. Auch in Teilnahmeperspektive

---

290 WA 11, 255 (zit. nach M. Luther 1967, 20).
291 Vgl. für die so bestimmte Unterscheidung wie gesagt Honecker 1995, 18.
292 Entsprechend hatte Bonhoeffer schon in der Nachfolge gefragt: „Bin ich nicht, wo immer ich angegriffen werde, zugleich der Vater meiner Kinder, der Prediger meiner Gemeinde, der Staatsmann meines Volkes? Bin ich nicht aus diesem Grunde jedem Angriff die Abwehr schuldig, eben um der Verantwortung für mein Amt willen?" (DBW 4, 137–138)
293 Die Unterscheidung von Beziehung und Begegnung ist hier – wie gesagt – angelehnt an die Unterscheidung zwischen Beziehung und Interaktion in der Medienwissenschaft (vgl. Krotz 1996, 73–74, 80–81). Vgl. dazu schon hier oben Anm. 4 in diesem Kapitel.

sind die Bindungen, die sich im Horizont der Stellvertretungsimagination ergeben anders als die der personalistischen Imagination diskursiv überprüf- und reflektierbar, insofern sie den Teilnehmer:innen selbst als kritisierbare, sprachlich explizite Ansprüche begegnen.

Damit sind sowohl die Zuständigkeits- als auch die Zurechnungsrelation ex ante und ex post der wirksamen diskursiven Prüfung zugänglich.[294] Das entspricht dem *Diskurskriterium*. Einzig im Vollzug selbst sind sie es nicht. Darin liegt ja genau die Pointe der Stellvertretungsimagination: Die Verantwortung ent- und besteht hier ja nicht in Konfrontation mit dem realen Anspruch eines Du, sondern virtueller Ichs anderer, die als ins eigene Ich inkorporiert imaginiert werden. Nicht das vom Du selbst diskursiv beanspruchte Wohl steht im Moment des Verantwortungsvollzug im Mittelpunkt, sondern dass vom Verantwortungssubjekt imaginierte Wohl des anderen als imaginiertes Ich. Nicht das diskursiv geäußerte Interesse des Anderen, sondern das akteursseitig unterstellte Interesse des anderen orientiert das verantwortliche Handeln. *Der potestative Dual besteht damit im Horizont dieser Imagination nicht nur auf der Ebene der Handlungsmacht, sondern auch auf der Ebene der diskursiven Deutungsmacht.* Am Beispiel gesagt: Lehrer:innen vollziehen Erziehungsmaßnahmen an ihren Schüler:innen im Interesse des unterstellten Kindswohls. Ob besagte Maßnahmen tatsächlich im Interesse der Kinder lagen, lässt sich nur ex post und nicht im Vollzug selbst diskursiv überprüfen.

(4) *Hierarchische Gesellschaftsordnung – und ihre Ambivalenz.* Viertens zeigen diese Beispiele Bonhoeffers, wie tief der potestative Dual in diese Verantwortungsimagination eingelassen ist: Verantwortliches Handeln als stellvertretendes Handeln fällt damit zusammen, etwas anstelle eines anderen zu tun,[295] der nicht willens, nicht in der Lage oder noch nicht fähig ist, dies selbst zu tun. Damit setzt das derartig vorgestellte verantwortliche Handeln voraus, Sozialität als hierarchisch gegliederte zu imaginieren.[296] Von einer derartigen Ordnung der Sozialität geht Bonhoeffer tatsächlich aus, mindestens insofern sie für das Ethische essentiell ist:[297]

---

294 An andere Stelle habe ich für diese Kritikmöglichkeit in Auseinandersetzung mit Habermas den Begriff der „zweitinstanzliche[n] Verständigung und Kritik" verwendet (vgl. auch für das Zitat Höhne 2015, 153, für die Rückführung auf Habermas vgl. ebd., Anm. 769 und die dort zitierte Literatur).
295 Vgl. für das Handeln „an der Stelle" eines anderen DBW 6, 257, dort auch das Zitat.
296 Auch Carl J. Rasmussen hat Bonhoeffers „Autoritarismus" betont (vgl. Rasmussen 1995, 122, 126–8, Zitat auf S. 122) und Bonhoeffers Rede „über die Notwendigkeit von Autoritätsstrukturen für die Stellvertretung" herausgestellt (vgl. auch für das Zitat a.a.O., 141). Zum „hierarchischen[n] Verhältnis zwischen Oben und Unten" in Verbindung mit und konkret in „den Verantwortungsrollen der Eltern [...] und der Regierenden [...] und schließlich des Lehrers oder Meisters" vgl. auch schon Huber 2019, 222–223 dort auch die Zitate. Zum Zusammenhang von Stellvertretung und „oben-unten-Struktur" vgl. auch O. Schulz 2002, 171, dort auch das Zitat. Vgl. zu Imaginationen

> Ohne diese objektive Ordnung von oben und unten und ohne den – dem modernen Menschen so gänzlich verloren gegangenen – Mut, oben zu sein, verliert sich die ethische Rede im Allgemeinen, Gegenstandslosen, büßt sie ihr Wesen ein. (DBW 6, 375)

Den Verantwortlichen sieht Bonhoeffer dann offenbar in dieser Position des Obens, in der er „in seinem Ich das Ich mehrerer Menschen" vereint.[298] So verstanden ist diese Verantwortungsimagination gerade nicht reziprok – Stichwort: *Reziprozitätskriterium* –, sondern hat eine paternalistische Tendenz,[299] die Bonhoeffer in seinem prosaischen Texten sogar explizit macht.[300]

Bonhoeffers Stellvertretungsimagination stellt Verantwortung als etwas jeweils objektiv Gegebenes vor (vgl. DBW 6, 88, 220): Eine Person wählt nicht frei verantwortlich zu sein, sondern findet sich in einem responsibilisierenden Beziehungsnetz lokalisiert wieder (vgl. DBW 6, 219–220, 257). Einzig ob sie der Verantwortung gerecht wird, ist eine Frage der eigenen Wahrnehmung und Wahl; nicht entsprechend der eigenen Verantwortung zu handeln, heißt für Bonhoeffer nicht, diese Verantwortung nicht zu haben, sondern sie zu leugnen.[301] Bonhoeffer illustriert dies mit dem Beispiel eines Vaters, der seine Verantwortung verleugnet:

> Er hört ja nicht auf, Familienvater zu sein, sondern er ist nur statt ein guter Familienvater zu sein ein schlechter Familienvater. Ein guter Familienvater ist er, wenn er die ihm durch die Wirklichkeit auferlegte Verantwortung auf sich nimmt und danach handelt. (DBW 6, 220)

Das aber bedeutet, dass die Stellvertretungsimagination die erste Machtasymmetrie der personalistischen Verantwortungsimagination ebenfalls in sich trägt, allerdings

---

hierarchisch gegliederter Gesellschaft C. Taylor 2004, 9–13, der diese explizit den „[p]remodern social imaginaries" zuordnet (a.a.O., 11). Die These dieses Absatzes habe ich bereits im Rahmen in Probevorlesung in Zürich im Sommer 2018 vorgetragen.

297 Vgl. so mit Bezug zu einigen der eingangs für Stellvertretung genannten Beispiele Bonhoeffers DBW 6, 375.

298 Vgl. auch für das Zitat etwa DBW 6, 219.

299 Zu dieser Tendenz vgl. auch Lichtenberger: Die Fragen „spitzen sich zu in der Aporie, ob Stellvertretung als Gebot und Prinzip nicht gerade die Würde und Autonomie des Anderen zerstören könne, dem sie doch gelten soll." (Lichtenberger 2006, 300) Zur Asymmetrie und Nicht-Reziprozität in Verantwortungsrelationen vgl. auch schon Huber 1990, 144–145; Huber 1995, 154; H. Jonas 1979, 85, 178.

300 In seinem Romanfragment beschreibt er, wie Christophs Impuls, „Verantwortung für einen anderen Menschen [zu, FH] übernehmen" (DBW 7, 132) ambivalente Auswirkungen unter seinen Freunden hat: „Das hatte zur Folge, daß er bei dem einen Teil seiner Kameraden als stolz und herrisch verschrieen war, bei anderen aber ein unbegrenztes Vertrauen genoß […]" (DBW 7, 132).

301 Vgl.: „Jeder Versuch zu leben als wäre er allein, ist eine Leugnung der Tatsächlichkeit seiner Verantwortlichkeit." (DBW 6, 257) Vgl. dazu auch DBW 6, 220.

abgeschwächt und als sekundäre:[302] Die Machtbeziehung zwischen Verantwortungssubjekt und -objekt ist dialektisch – aber immer noch nicht reziprok: Der „Stande der Verantwortung"[303], für jemanden verantwortlich zu sein, kann – etwa im Falle des Lehrers – muss als solcher aber nicht gewollt sein, sondern ist ein Stand, in dem das Ich sich auch nolens volens wiederfinden kann. Gleichzeitig bleibt dieser Stand aber eine Machtposition gegenüber dem Verantwortungsobjekt, an dessen statt jemand der Imagination nach handelt. Damit impliziert diese Imagination aber anders als die Begegnungsimaginationen auch die subjektiven Erfüllungsbedingungen der imaginierten Verantwortung: Stellvertretungsverantwortung trägt auch im Horizont dieser Imagination ja nur, wer auch an der Stelle anderer zu handeln befähigt ist: der Lehrer für die Schüler, der Vater für die Familie, der Staatsmann für das Volk. Von der sozialanthropologischen Fundierung her sind Handlungsmacht und Verantwortung auf imaginärer Ebene auch für das Handlungssubjekt verschränkt, oder mit Vogelmann gesagt: verschmolzen:[304] Nur insofern eine die Handlungsmacht hat, an eines anderen statt zu handeln, ist sie dafür auch verantwortlich. Die entsprechende Verantwortungsimagination gewinnt ihre Plausibilität in Teilnahmeperspektive entsprechend auch nur in handlungsmächtigen Positionen. Handlungsmacht und Verantwortung bleiben – anders als in Günthers und Vogelmanns Kritik (1.1) – verbunden. Insofern Handlungsmacht eine Bedingung für die Realisierung von Freiheit ist, entspricht dies dem *Freiheitskriterium*.

Schreibt die Stellvertretungsimagination sozialen Praktiken und Deutungen von Praxisteilnehmer:innen die so beschriebenen Machtbeziehungen wirksam ein, ist sie damit ambivalent: Einerseits bindet diese Imagination Handlungsmacht an den Anspruch des anderen. Die Handlungsmacht der Eltern beispielsweise wird durch ihre imaginierte Verantwortung daran gebunden, jene zum Wohle der Kinder einzusetzen, an deren statt sie handeln.[305] Andererseits kann die vorgestellte Machtasymmetrie praktisch und damit auch sozial, strukturell und intersubjektiv sich selbst reproduzieren: Immer an eines anderen statt zu handeln, kann dazu tendieren, diesen nicht zum eigenständigen Handeln zu ermächtigen.[306]

---

302 Zu beiden Machtasymmetrien als Teil von Verantwortung vgl. ausführlich Assadi 2013.
303 Ich verwende hier nur den Begriff aus DBW 1, 28, nicht die dort gemeinten imaginativen Implikationen.
304 Vgl. zur „theoretischen *Verschmelzung*" von Verantwortung und „Handlungsmacht" vgl. etwa Vogelmann 2014, 24, dort auch die Zitate.
305 Für eine strukturell ähnliche Form der Machtkontrolle vgl. Vogelmanns Interpretation von Constant: Vogelmann 2014, 345.
306 Siehe dazu auch die von Lichtenberger bereits zitierte Kritik (s. Anm. 299 in diesem Kapitel).

(5) *Begrenzter Bereich*. Von ihrer sozialanthropologischen Fundierung und Plausibilisierung her stellt die Stellvertretungsimagination den jeweiligen Verantwortungsbereich immer als begrenzten vor:[307] Der Vater zum Beispiel ist in dieser Rolle zunächst für seine eigene Familie verantwortlich. Verantwortung ist ebenfalls in Folge des Allgemeinheitsanspruch begrenzt vorgestellt, den Bonhoeffer mit dieser Imagination verbindet: Wenn jeder qua sozialer Existenz verantwortlich ist oder sein wird, begrenzen sich menschliche Verantwortungsbereiche gegenseitig (DBW 6, 268–269): „Die Verantwortung des Vaters oder des Staatsmannes ist begrenzt durch die Verantwortlichkeit des Kindes oder des Staatsbürgers […]" (DBW 6, 268). Verantwortung als Stellvertretung ist immer begrenzt „durch Gott und den Nächsten" (DBW 6, 269).

Diese praktisch imaginierte Begrenzung des Verantwortungsbereiches ist ambivalent: Einerseits konkretisiert die Begrenzung Verantwortung und macht sie so realistisch übernehmbar und damit praxisorientierend.[308] Aus der Vorstellung, begrenzt für ein Kind verantwortlich zu sein, lassen sich verhaltensrelevante Konsequenzen ziehen, aus der unbegrenzten Verantwortung für alle Kinder zunächst nicht. Zudem lässt sich diese Begrenzung, sofern sie auch Autorität begrenzt, mit Huber als „antitotalitär" verstehen.[309] Andererseits wird diese Begrenzung dazu tendieren, den von „Verantwortung" denotierten Sollenskonflikt auszublenden: Wenn ich begrenzt für ein Kind verantwortlich bin, wird der Sollenskonflikt zwischen den berechtigten und konfligierenden Ansprüchen mehrerer Kinder unwahrscheinlicher. Entsprechend nennt Bonhoeffer in dem 1929 in Barcelona gehaltenen Vortrag „Grundfragen einer christlichen Ethik" zwar noch „das entscheidende Dilemma" im Krieg zwischen dem „Schützen der Meinen" und dem „Nichttöten des Feindes".[310] Solange sich die Verantwortung unbegrenzt auf die Meinen wie die Feinde bezieht, entstünde besagter Sollenskonflikt. Der junge Bonhoeffer löst diesen Konflikt 1929 aber vereindeutigend und interessanterweise ebenfalls am Familienbeispiel, allerdings – vielleicht altersbedingt – von der Position der Filial-, nicht der Parentalgeneration aus:

---

307 Vgl. DBW 6, 267. Vgl. so auch, aber mit Bezug zu einem früheren Text Bonhoeffers: Huber 2019, 223. Zur Stellvertretung als sozialanthropologischer Kategorie vgl. wie zitiert Lichtenberger 2006, 289.
308 Bonhoeffer spricht von „begrenzter Verantwortung" auch in Zusammenhang mit *„der konkreten Verantwortung"*: DBW 6, 266–267, dort auch die Zitate, kursiv im Original.
309 Vgl. Huber 2019, 223–224, Zitat auf S. 224. Huber verwendet den Ausdruck „begrenzte Autorität" (a.a.O., 223).
310 Vgl. auch für die Zitate DBW 10, 336.

[In, FH] der Not der Entscheidung, daß ich entweder meinen leiblichen Bruder, meine leibliche Mutter der Hand des Angreifers aussetze oder aber selbst die Hand erheben muß gegen den Feind, dann wird mir der Augenblick gewiß sagen, wer von den beiden mein Nächster, auch vor Gottes Augen, ist und sein muß. Gott hat mich meiner Mutter, meinem Volke gegeben; was ich habe, danke ich diesem Volk [...], das ist so göttliche Ordnung, denn Gott schuf die Völker. (DBW 10, 337).[311]

Der Sollenskonflikt ist damit darin gelöst, dass die Stellvertretungsverantwortung gegenüber der eigenen Familie oder dem eigenen Volk priorisiert ist. Das begrenzt den Verantwortungsbereich imaginativ auf die Eigenen.

In den Ethik-Fragmenten wird Bonhoeffer Stellvertretung christologisch grundieren und gerade über den Gedanken der „Schuldübernahme" (s. 3.2.3.3, 4.2.2 und 4.3.3) Sollenskonflikte wieder integrieren. Ohne die Sensibilität für Sollenskonflikte ist die Stellvertretungsimagination nur als sozialanthropologische für sich genommen gefährlich ambivalent, insofern sie die Begrenzung des Verantwortungsbereichs mit einer Entschränkung der Amtslogik zulasten der Personlogik verbindet (s. o.), damit über einen „*funktionalen* Charakter"[312] der Verantwortung (Bayertz) zu dem führt, was ebenfalls Bayertz „*Entmoralisierung* des Verantwortungsbegriffs" nennt,[313] und dem Einzelnen den kollektiven Egoismus eines beschränkten Verantwortungsbereichs individuell als moralisch hochstehenden Selbstlosigkeit erscheinen lässt.[314] Gefährlich daran ist auch, dass die Stellvertretungsimagination mit der Kombination von begrenzter Verantwortung und entschränkter Amtslogik für Praxisteilnehmer:innen so eine Verhaltenslogik bereitstellt, die die Verhaltensrelevanz dessen aushebelt, was Hannah Arendt einschlägig „animalische[s] Mitleid[...], das normale Menschen beim Anblick physischer Leiden nahezu un-

---

311 Auch zitiert bei Huber 2019, 134; Moses 2009, 41; Tödt 1993b, 114–115. Vgl. für dieses Dilemma und Bonhoeffers „Lösung" auch DeJonge 2017, 130–131, 167.
312 Bayertz 1995, 35, kursiv im Original.
313 Vgl. Bayertz 1995, 35–36, Zitat auf S. 35, kursiv im Original. Bayertz verbindet dies mit Arendts Begriff des „Rädchen im Getriebe" und der „Beteiligung an den größten Verbrechen" (vgl. auch für die Zitate a. a. O., 36). Vgl. dazu auch Huber 1995, 151–152.
314 Diese Dynamik hat schon Reinhold Niebuhr trefflich beschrieben: „The larger social groups above the family, communities, classes, races and nations all present men with the same twofold opportunity for self-denial and self-aggrandisement; and both possibilities are usually exploited. Patriotism is a high form of altruism, when compared with lesser and more parochial loyalties; but from an absolute perspective it is simply another form of selfishness." (R. Niebuhr 2008 [1932], 47–48) Und dann pointiert: „So civilization has become a device for delegating the vices of individuals to larger and larger communities. The device gives men the illusion that they are moral; but the illusion is not lasting." (R. Niebuhr 2008 [1932], 49)

weigerlich befällt", genannt hat.[315] Das Stellvertretungshandeln, das im Dienst an eigener Familie und eigenem Volke beides an deren statt stellvertretend gegen einen vermeintlichen Feind verteidigt, kann sich wegen dieses scheinbaren Altruismus im Horizont der Stellvertretungsimagination als verantwortliches Handeln rechtfertigen, demgegenüber das Mitleid mit dem zu bekämpfenden vermeintlichen Feind als Versuchung, als Schwäche erscheinen wird. Dieser Mitleid umschiffende, Sollenskonflikte vereindeutigende Kurzschluss von Amtslogik und Begrenzung des Verantwortungsbereiches ist die Gefahr der für sich genommenen Stellvertretungsimagination.

(6) *Plausibilitätsbedingungen.* Gerade die letzten beiden Punkte – die von der Stellvertretungsimagination als Selbstverständlichkeit vorausgesetzte Imagination einer hierarchisch geordneten Gesellschaft und die Begrenztheit des jeweils eigenen, imaginierten Verantwortungsbereichs – zeichnen diese Imagination als Imaginäres einer spezifischen sozialen Klasse aus: dem deutschen Bildungsbürgertum lutherischer Tradition.[316] John A. Moses hat plausibel nachgezeichnet, wie Bonhoeffer einerseits von dieser seiner Herkunftsklasse geprägt war, sich andererseits zu deren Kritiker emanzipierte und damit schließlich zum „Reluctant Revolutionary" wurde.[317] Danach ist neben einer hierarchischen Gesellschaftsordnung – dazu mehr, wenn es um die Ordnungsimagination geht (4.2.1.1) – die religiöse Verpflichtung auf Gewissenhaftigkeit und Gehorsam im Beruf, die zum Fokus auf den je eigenen Verantwortungsbereich tendiert, ein Charakteristikum lutherisch geprägten Bildungsbürgertums:[318]

> Consequently, by the nineteenth century the ideal piety of the believing *Bildungsbürger* was charaterized by service to the state, and thereby the community, simply by conscientious execution of one's duty, fortified by regular bible reading [...]. It all formed an organic cultural whole.[319]

---

315 Vgl. für das Zitat Arendt 2006, 194–195. Die Erinnerung an diese Stelle bei Arendt verdanke ich dem Verweis darauf bei Bauman 2012, 34. Den Verweis auf Bauman verdanke ich auch Huber 1995, 151–152.
316 Vgl. Moses 2009, 27–30, 141–145, 173–203. Zur lutherischen Prägung vgl. etwa auch a.a.O., 145, 181. Den Hinweis auf die Arbeit von Moses verdanke ich Torsten Meireis.
317 So der Titel des Buches: Moses 2009. Zur bildungsbürgerlichen Prägung Bonhoeffers vgl. etwa Moses 2009, 30–31, 189, 196; zu Bonhoeffers später, kritischer Haltung gegenüber dieser Klasse vgl. a.a.O., 130, 134–135, 141–145, 173–203.
318 Vgl. Moses 2009, 173–203. Zur (hierarchischen) Ordnung vgl. bes. a.a.O., 182–183, 187–192, 196. Zu Gehorsam und „service to the community" vgl. a.a.O., 177, dort auch das Zitat; für die lutherische Berufsethik in „Bonhoeffer's ideal image of the lifestyle of the *Bildungsbürgertum*" vgl. a.a.O., 181–184, bes. S. 182, Zitat auf S. 181, kursiv im Original.
319 Moses 2009, 183, kursiv im Original.

Die Stellvertretungsimagination wird vor dem Hintergrund von Moses Arbeit also als Teil des sozial Imaginären des lutherischen Bildungsbürgertums plausibel:[320] sie wird anhand der in diesem Horizont vollzogenen und erfahrenen Praktiken des bildungsbürgerlichen Lehrers, Staatsmanns, Familienvaters plausibel, die tatsächlich pflichtbewußt, gewissenhaft, in einer sozialen Ordnung situiert, stellvertretend handeln, und vermittels dieser Praktiken tradiert. Damit ist die Stellvertretungsimagination zunächst eine klassenspezifische, die nicht auf allen Positionen in der Gesellschaft plausibel wird.

Zusammengefasst gesagt: Diese Imagination qualifiziert die einzelne individuelle Person, mit der es Ethik als „Subjekt des Handelns" zu tun hat.[321] Diese Person ist nicht eine abstrakt allein stehende, sondern in und wegen sozialen Bindungen verantwortliche Person (vgl. etwa DBW 6, 218–220). Diese dauerhaften sozialen Bindungen werden als Stellvertretungsbeziehungen vorgestellt und damit als inhärent machtasymmetrisch. Die Stellvertretungsimagination setzt die Imagination einer hierarchisch gegliederten Gesellschaft voraus, die sie zugleich reproduziert. Sie stellt Verantwortungsbereiche als begrenzt vor, was Verantwortungsübernahmen erleichtert, aber Sollenskonflikte tendenziell ausblendet. In diesen beiden Punkten – hierarchische Ordnung und Begrenzung – zeigt sich die Stellvertretungsimagination als Teil des sozial Imaginären des lutherisch geprägten Bildungsbürgertums (J. A. Moses). Im Horizont der Stellvertretungsimagination entstehen Bindungen auch sprachlich vermittelt und sind soweit auch diskursiv überprüfbar.

4.1.3.2 Die Mitmenschlichkeitsimagination

Verantwortung konnotiert nicht nur die Imagination machtasymmetrischer Beziehungen, sondern auch und manchmal gleichzeitig die Imagination symmetrischer und reziproker Beziehungen. Auch Bonhoeffer betont auf anderer Ebene neben dem „Gegeneinander" auch das „Miteinander, Füreinander" der Mandate[322] und das „für einander" in „Gehorsamsverhältnisse[n]",[323] obwohl es die Stellvertretungsimagination ist, die responsibilisiert. Gerade im Zusammenhang mit dem ökumenischen Leitbild verantwortlicher Gesellschaft verbindet sich Verantwortung mit der Imagination *personaler, mitmenschlicher Partnerschaft in sozialen Nahbeziehungen* und gegenseitiger Verpflichtung von Gleichen und Freien.

---

320 Vgl. für diesen Zusammenhang von Stellvertretung und Bürgerlichkeit auch: Lichtenberger 2006, 310.
321 Vgl. auch für das Zitat DBW 6, 220.
322 Vgl. auch für die Zitate DBW 6, 397.
323 Vgl. für beide Zitate DBW 6, 288.

Diese Imagination zeigt sich schon in Oldhams Betonung von „direkten Beziehungen zwischen Personen"[324] und der „gegenseitigen Verpflichtung und Verantwortung einer Personengemeinschaft"[325]. Weil es ihm dabei auf „direkte und enge Beziehungen" ankommt, geht es ihm vor allem um die „kleinen Gruppen", besonders: die Familie.[326] Verantwortung konnotiert hier den Primat der personalen Verbindlichkeit und der Aufgabe kleiner Gemeinschaften.[327] Auf dieser Linie liegt die große Rolle, die „Mitmenschlichkeit" bei Oldham spielt.[328]

Diese Imagination zeigt sich auch da, wo der Evanstoner Bericht in fast wörtlicher Aufnahme von Oldham festhält: „[T]he art of social living has to be learned in small groups".[329] Damit übernimmt der Bericht Oldhams Fassung des Subsidiaritätsprinzips,[330] von wo es wiederum Wendland affirmativ übernimmt: Mit der Betonung der Staatsunabhängigkeit von Gemeinschaften berühre der Bericht das

> Problem [...], das die katholische Soziallehre mit Hilfe des Prinzips der Subsidiarität zu lösen versucht, welches unseres Erachtens auch von der evangelischen Soziallehre in seiner Bedeutung zu erkennen ist. Dieses Prinzip schützt das Recht der kleinen Gemeinschaften in Staat und Gesellschaft [...]. Eine ‚verantwortliche Gesellschaft' ist ohne die Selbstverwaltung und die Initiative der ‚kleinen' sozialen Einheiten undenkbar, weil in ihnen der Einzelne verantwortlich tätig sein kann [...].[331]

Auch hier konnotiert Verantwortung die Vorstellung von Subsidiarität, von Verbundenheit in kleinen Gemeinschaften und der wichtigen Aufgabe kleiner Gemeinschaften.

Diese Imagination zeigt sich auch da, wo Wendland von Mitmenschlichkeit und Partnerschaft spricht: Über den Begriff der Partnerschaft konkretisiert Wendland das Leitbild „verantwortlicher Gesellschaft".[332] Anknüpfungspunkt dafür ist der

---

324 Oldham 1948, 186.
325 Oldham 1948, 157.
326 Vgl. auch für die Zitate Oldham 1948, 157.
327 Später hat etwa auch Huber auf dieser Linie „die überschaubaren Gemeinschaften der Zivilgesellschaft" als „Lernort für solche Verantwortung" gesehen (Huber 1995, 153).
328 Vgl. so etwa Kosmahl: „Wir lernen bei Oldham, daß der Begriff der ‚Mitmenschlichkeit' als die Summe der ‚Mittleren Axiome' eine missionarisch-evangelistische und diakonisch-soziale Dimension hat." (Kosmahl 1970, 38)
329 Hooft 1955, 114. Vgl. Oldhams ähnliche Formulierung wie unter 2.2.1.1 zitiert: Oldham 1948, 157.
330 Auch Wendland hat wie bereits mehrfach angemerkt im Evanston-Report im „das Recht der kleineren Gemeinschaften" das „Prinzip der Subsidiarität" wiedererkannt (vgl. auch für die Zitate Wendland 1973, 151, zum Subsidiaritätsprinzip bei Wendland vgl. auch Bruns 2017b, 284).
331 Wendland 1973, 151.
332 Vgl. Wendland 1965a, 4–6; Strohm 2000, 207. Bruns führt die Verwendung des Partnerschaftsbegriffs bei Wendland auf Friedrich Oettingers Pädagogik zurück (Bruns 2017b, 313).

Personalismus Oldhams, den Wendland mit dem Begriff der „Mitmenschlichkeit" übernimmt.³³³ Denn Wendland führt „Partnerschaft" als eine „Form der Mitmenschlichkeit"³³⁴ ein, in der er offenbar den Gedanken „mitmenschliche[r] Verantwortung"³³⁵, „personaler Verbundenheit" und „Gleichheit" unter „gesellschaftlichen Bedingungen" – also: Ungleichheitsbedingungen – aktualisiert sieht:³³⁶

> Partnerschaft setzt die Positionsdifferenzen voraus, bedeutet die Anerkennung der Notwendigkeit der anderen Position bzw. der anderen gesellschaftlichen Gruppe; sie widersetzt sich aber der Klassenbildung und fordert zum Beispiel, in dem abhängigen Arbeitnehmer zugleich den mitverantwortlichen Mitarbeiter zu erkennen, diesen rechtlich und ethisch demgemäß zu behandeln und eine kooperative Struktur auf Grund der Positionsdifferenz und der mitmenschlichen Gleichheit der Personen auszubilden.³³⁷

Partnerschaft ist für Wendland „mitmenschliche Solidarität von oben nach unten, von unten nach oben, von Mann zu Mann"³³⁸ und die „Form der Mitmenschlichkeit unter Freien und Gleichen, die zugleich die Notwendigkeit der Distanz und der Unterschiede in den sozialen Positionen voraussetzt"³³⁹. Damit konkretisiert Wendland das Leitbild verantwortlicher Gesellschaft in der Imagination mitmenschlicher Partnerschaft, gegenseitiger, solidarischer,³⁴⁰ „mitmenschliche[r]

---

333 Vgl. für den Begriff und für Mitmenschlichkeit Wendland 1965a, 3, 4, 5, 6, 13; Wendland 1965b, 46. Besonders deutlich ist der Bezug zu Oldhams (bzw. Bubers) Personalismus etwa hier: „Verantwortliche Person sein heißt, den Mit-Menschen annehmen, anerkennen, aufnehmen in die eigene Person, ihm ‚antworten'." (Wendland 1965a, 3; Wendland 1965b, 56–57, Wendland 1965a, 3, 4, 5, 13.)
334 Wendland 1965a, 4, ähnlich 6; Wendland 1965b, 46.
335 Wendland 1973, 145.
336 Vgl. auch für die letzten drei Zitate Wendland 1965a, 5–6. Während sich Wendland von „einer romantischen Überdehnung" von Gemeinschaftsvorstellungen abgrenzt, verbindet er „Züge personaler Verbundenheit" und den Gemeinschaftsbegriffs auch positiv mit den Kategorien der Mitmenschlichkeit und der „personalen Ich-Du-Gemeinschaft" (vgl. auch für die Zitate Wendland 1965b, 27). Dabei gilt aber: „Partnerschaft ist nicht identisch mit personaler Verbundenheit überhaupt oder mit der in der deutschen Sprache sogenannten ‚Gemeinschaft'", sondern meint Verbundenheit unter Ungleichheitsbedingungen (vgl. Wendland 1965a, 5): „Partnerschaft ist eine begrenzte, geschichtlich bedingte Realisierung sozialer Humanität unter Voraussetzung der Ungleichheit sozialer Positionen" (a. a. O., S. 6). Für den Zusammenhang von „personaler Verbundenheit" und Gemeinschaft sowie deren sozialethische Problematik vgl. auch Wendland 1969c, 24.
337 Wendland 1965a, 5.
338 Wendland 1973, 148.
339 Wendland 1965b, 58.
340 Vgl. zur Verbindung von Partnerschaftlichkeit und Solidarität Wendland 1973, 145. Vgl. auch: „Es ist richtig, daß man den Begriff der Partnerschaft nicht überanstrengen soll. Gleichwohl bezeichnet er treffend die nüchterne, praktische und handfeste *Solidartiät* [...]." (Wendland 1965b, 46, kursiv im Original)

Verantwortung"[341] über Positionendifferenzen hinweg,[342] die Probleme zunächst im sozialen Nahbereich direkter Beziehungen angeht und die als praktische Imagination fungieren kann: Arbeitnehmer stellen sich als mitverantwortliche Partner ihrer Arbeitgeber vor, die zugleich Mitmenschen sind. Die Mitverantwortung aller vorzustellen, passt dazu, dass Wendland den von Dietrich von Oppen so genannten „Prozeß der *Personalisierung*", der eigentlich ein Prozess der Responsibilisierung der Person ist, positiv aufnimmt.[343]

Wendland lehnt in der Entfaltung des Partnerschaftsbegriffs „Standesvorrechte oder Patriarchalismus" zwar explizit ab,[344] spricht von der Gefahr, dass „Mitmenschlichkeit versinke[.] in tatenloses Mitleid",[345] und bezieht trotz der Formulierung „von Mann zu Mann" auch Frauen als Gleichberechtigte mit ein.[346] Doch seine Vorstellung von Partnerschaft ist gegenüber gesellschaftlichen Machtasymmetrien ambivalent: Dass Wendland mit Positionendifferenzen rechnet, zeichnet seine Fassung des Leitbildes verantwortlicher Gesellschaft zunächst einerseits als Kategorie des intendierten Guten (Meireis) und damit als Kategorie menschlicher Gesellschaftsgestaltung aus, die mit bleibenden Herrschaftsverhältnissen rechnen muss. „‚Verantwortliche Gesellschaft' ist" für ihn „nicht die Illusion einer herrschaftslosen Gesellschaft"; Vielmehr werde weiterhin „geführt und regiert", nur müssen „Regierung und Führung" nun demokratischer Kontrolle unterworfen werden.[347] Auf dieser Linie hat die in der Imagination von mitmenschlicher Part-

---

341 Wendland 1973, 145.
342 Dass dies über Positionendifferenzen hinweg geschieht, ist entscheiden und zeigt sich besonders in Zitaten wie diesem: „Alle herrschaftlichen Unterordnungsverhältnisse in der modernen Gesellschaft müssen partnerschaftlich durchwirkt werden […].“ (Wendland 1973, 146)
343 So erklärt Wendland mit explizitem Bezug auf Dietrich von Oppen: „Es handelt sich um den Prozeß der *Personalisierung*, um die Herausbildung neuer Chancen der Person und neuer Formen personaler Verantwortung, wie sie sowohl in der Veränderung der früheren, rein hierarchisch gebauten Betriebsstruktur wie auch im inneren Gefüge der Verbände zu beobachten sind." (Wendland 1965b, 36, kursiv im Original) Während der die damit einhergehenden Lasten sieht (vgl. ebd.), nennt er besagten Prozess „ein positives Element der gesellschaftlichen Entwicklung" (Wendland 1965b, 37). Dietrich von Oppen hatte in der Auslegung der Bergpredigt das Verständnis „personaler Verantwortung" entwickelt, dieses „der institutionellen Verantwortung gegenübergestellt" und im „Vorgang der *Personalisierung*" ein Kennzeichen der Entwicklung von dieser zur jener gesehen (vgl. Oppen 1960, 18–33, Zitate auf S. 22, 22 und 27, kursiv im Original). Die Konsequenz dieses Vorgangs beschreibt von Oppen so: „Dadurch aber wird auch der Mensch nun als Person angesprochen und verantwortlich aufgerufen." (a.a.O., 27)
344 Vgl. auch für das Zitat Wendland 1965a, 5.
345 Wendland 1969a, 34.
346 Vgl. Wendland 1965b, 50–51.
347 Vgl.: „Dies alles ist nicht so zu verstehen, als ob der Leitbegriff ‚verantwortliche Gesellschaft' die Eliminierung oder Auflösung von Herrschaft und Führung forderte. Auch im demokratischen Ge-

nerschaftlichkeit konkrete Vorstellung einer Gesellschaft verantwortlicher Einzelne eine symmetrisierende Wirkung, weil Menschen sich in unterschiedlichen Positionen gegenseitig auf ihre Verantwortung ansprechen können. Andererseits bleibt das Rechnen mit Positionendifferenzen für patriarchale Formen hierarchischer Ordnung insofern offen, als die Imagination mitmenschlicher Verantwortung nicht nur als disruptive Kritik, sondern auch als Instrument subtiler patriarchaler Machtausübung selbst fungieren kann:[348] Tine Haubners umfangreiche Arbeit zur Laienpflege lässt sich als Beleg dieser Ambivalenz persönlicher, mitmenschlicher Verbundenheit lesen.[349] Und einen Arbeitnehmer etwa als „mitverantwortlichen Mitarbeiter"[350] anzusprechen, kann gerade als subtile Form der Herrschaft fungieren.[351] Die Solidarität mit Kolleg:innen und die menschliche, persönliche Beziehung zu Chef:innen können Verhalten auf subtilere Weise steuern, als dies der „Chef als ‚Herr im Hause'"[352] könnte.

Zusammengefasst gesagt: *Verantwortung als Imagination, dem Mitmenschen in direkten sozialen Nahbeziehungen persönlich verpflichtet zu sein, ist in der Tradition „verantwortlicher Gesellschaft" wirkmächtig und dem Subsidiaritätsprinzip sachlich ähnlich.* Diese Imagination ist ambivalent, insofern sie etwa bei Wendland über Positionendifferenzen hinweg gedacht wird. Kann sie einerseits ein von gegensei-

---

meinwesen muß bekanntlich geführt und regiert werden. ‚Verantwortliche Gesellschaft' ist nicht die Illusion einer herrschaftslosen Gesellschaft, die allein durch Gemeinschaftsgefühle oder (nach der Erwartung christlicher Schwärmer) allein durch die Liebe geordnet werden könnte. Wohl aber fordert die ‚verantwortliche Gesellschaft' die demokratische Konstituierung und Kontrolle von Regierung und Führung, die Verantwortlichkeit der Machtausübenden und die rechtlich geordnete Mitbestimmung der Glieder eines jeden Gemeinwesens." (Wendland 1965a, 11; Wendland 1965b, 66)
348 Wendland sieht zumindest eine – dem ähnliche Gefahr – und betont, dass der Begriff der Partnerschaft „nicht zur Verschleierung sozialer Spannungen verwendet werden" darf – dies bleibt aber eine Sollensforderung (vgl. auch für das Zitat Wendland 1965b, 45).
349 So thematisiert Haubner den Zusammenhang von Laienpflege und Ausbeutungsprozessen (vgl. Haubner 2016). Sie benennt „‚Austausch- und Verpflichtungsmotive' auf der Grundlage innerfamiliärer Reziprozität" und etwa auch „Verbundenheit und Zuneigung" als „Hauptmotive für die Übernahme familiärer Pflege" (a.a.O., 234). Das ist deshalb ethisch problematisch, weil sie zugleich auf einen Umstand verweist, der in ethischer Perspektive als geschlechterungerecht erscheinen muss, dass es hier nämlich vor allem zu „weiblicher Verantwortungsübernahme" kommt (a.a.O., 269 und inhaltlich auch 229): „Frauen sind [...] aufgrund zugeschriebener und internalisierter Sorgeverpflichtung kulturell-symbolisch verwundbar." (a.a.O., 269) Zur Überforderungsproblematik vgl. a.a.O., 247, 255, 257. All das hatte ich schon in der Einleitung angesprochen (vgl. 1.2.1.3).
350 Wendland 1965a, 5.
351 Allgemeiner zu Machtwirkungen durch Responsibilisierung hatte Vogelmann ja zu Arbeitnehmer:innen gearbeitet (vgl. Vogelmann 2014, 132–164).
352 So Wendlands Konkretion des „konservative[n] Patriarchalismus" (Wendland 1965b, 47).

tiger Achtung der Würde³⁵³ des anderen geprägtes Miteinander praktisch informieren, kann sie andererseits genauso zum Herrschaftsmittel werden. Kann sie einerseits den gleichberechtigten Partner qua Imagination auch praktisch konstituieren, kann sie andererseits genauso mit dieser Imagination bestehende Asymmetrien verdecken und den weniger mächtigen Partner einseitig über persönliche Bindung verpflichten. Dann sind es nicht mehr äußere Zwangsmittel mit denen Menschen einander oder sich selbst zwingen, sondern die zwingende Imagination mitmenschlicher Partnerschaft in „‚kleinen' sozialen Einheiten".

4.1.3.3 Die Reziprozitätsimagination

Schon in der Alltagspraxis vieler Menschen dürfte Verantwortung nicht nur mit Vorstellungen von asymmetrischen Machtbeziehungen und kontrafaktischen Mitmenschlichkeitsannahmen, sondern auch mit Vorstellungen von Wechselseitigkeit zusammenhängen: Verantwortung von Freund:innen füreinander, von Nachbar:innen oder Kolleg:innen füreinander. Die von Verantwortung konnotierte Imagination von Wechselseitigkeit lässt sich exemplarisch und kurz anhand von Wolfgang Hubers Verantwortungsethik beschreiben. Dass Huber den Verantwortungsbegriff mit reziprokem Respekt verbunden hat und dass diese Verbindung eher von Schluchters Weberinterpretation stammt und mit Bonhoeffers Stellvertretungsbegriff in Spannung steht, ist bereits erläutert worden (siehe 1.2.2.1 und 3.3.3.3). Welche konkreten Vorstellungen von Reziprozität, die im Imaginären eine Eigendynamik entfalten können, verbindet er aber mit Verantwortung?

Thema der Ethik ist für Huber „kommunikatives Handeln",³⁵⁴ also das von Jürgen Habermas in der Theorie des kommunikativen Handels beschriebene, nicht durch Zwang oder Manipulation, sondern durch Verständigung koordinierte soziale Handeln.³⁵⁵ Damit denkt er Ethik grundlegend von „Verhältnissen[n, FH] der Gegenseitigkeit, der Reziprozität" und der „Wechselseitigkeit" her.³⁵⁶ Auch wenn er dies als sachliche Voraussetzung von Bonhoeffers Ethik wiederfindet, grenzt er sich damit gegen die Engführung von Verantwortung auf einseitige Stellvertretung ab und betont die von Verantwortung konnotierte Imagination von Reziprozität.³⁵⁷

---

353 Vgl. Wendland 1965b, 46–47.
354 Vgl. auch für das Zitat Huber 1990, 144.
355 Vgl. Habermas 1995a und dort insbesondere die S. 385, 395, 397–398, 408 in Verbindung mit S. 410, 446.
356 Vgl. auch für die Zitate in dieser Reihenfolge Huber 1990, 144; Huber 1995, 154. Die Begriffe „Wechselseitigkeit" und „Gegenseitigkeit" scheint Huber austauschbar zu benutzen – das legt zumindest das im Haupttext hier folgende Langzitat nahe.
357 Vgl. Huber 1990, 144, 146; Huber 1995, 154.

Diese wird zweimal konkret, einmal als Vorstellung asynchroner und einmal als Vorstellung quasi synchroner Reziprozität.

Was sich *asynchrone Reziprozität* nennen lässt klingt in folgenden Zitaten durch:

> Menschliches Leben beruht in seinem Kern auf wechselseitiger Anerkennung, nicht auf einseitiger Fürsorge. Unsere Kraft, uns für andere Menschen einzusetzen, beruht gerade darauf, daß wir von anderen Menschen solchen Einsatz erfahren haben und immer wiederhoffen dürfen. Verantwortung wurzelt in der Erfahrung der Gegenseitigkeit.[358]

Die Teilnahmeperspektive der verantwortlich Handelnden hat hier die Erfahrung des Umsorgtwerdens durch andere zeitlich hinter und vor sich: Weil ein anderer für mich gesorgt hat und weil andere für mich sorgen werden, kann ich jetzt für andere verantwortlich sorgen.[359] Reziprozität ist damit als Verkettung von zeitlich wechselnden einlinigen Verhältnissen verstanden, also als asynchrone Gegenseitigkeit. Das zeigt sich auch, wo Huber das entsprechende „*Dasein füreinander*" qualifiziert:[360]

> Wo immer Menschen vorbehaltlos dafür kämpfen, daß diejenigen Anerkennung erfahren, denen sie verweigert wird, ist schon immer vorausgesetzt, daß die so Kämpfenden selbst Anerkennung erlebt, Zuneigung erfahren, Freiheit gespürt, gelingendes Füreinander gefeiert haben.[361]

Gleichzeitig hat dieses „Füreinander", von dem Huber schreibt, bei ihm auch einen Aspekt *synchroner Reziprozität,* den er mehrfach betont und der insgesamt mehr Raum einnimmt als die asynchrone Reziprozität. Erik H. Erikson zitierend rückt Huber diejenige Beziehung in den Blick, „in der die Partner für die Entwicklung ihrer jeweiligen Stärken voneinander abhängig sind'."[362] Mit Erikson verweist Huber auf die bei Bonhoeffer und Jonas beispielhaften Eltern-Kind-Beziehung die darinliegende synchrone Reziprozität:[363] In dieser Beziehung gehe die „Initiative zum Austausch des Lächelns [...] mindestens ebenso sehr vom Kind aus wie vom

---

358 Huber 1995, 154.
359 Diese Erfahrung hat auch Hans Jonas aufgerufen, obwohl es ihm grundsätzlich um das „nicht-reziproke Verantwortungsverhältnis" (H. Jonas 1979, 178, dazu auch Huber 1990, 146–147) geht: „[D]ie Ur-Verantwortung der elterlichen Fürsorge hat *jeder zuerst* an sich selbst erfahren." (H. Jonas 1979, 185, kursiv im Original)
360 Vgl. auch für dieses Zitat: Huber 1995, 156, kursiv im Original.
361 Huber 1995, 156.
362 Erikson-Zitat bei Huber ohne Seitenangabe: Huber 1995, 155.
363 Vgl. auch für den Bonhoeffer- und Jonas-Bezug Huber 1995, 155.

Erwachsenen".[364] Daraus entwickelt Huber die Vorstellung vom „*Dasein füreinander*", die es ihm auch erlaubt die positiven Effekte verantwortlichen Handelns bei Handelnden selbst zu sehen:[365]

> Die Stärkung, die wir selbst erfahren, wenn wir anderen zur Stärke verhelfen, sollte nicht länger ein theologisches Tabu bleiben. Gemeinschaften wechselseitiger Stärkung in ihrer intensivsten Form bezeichnen wir als Freundschaften.[366]

Daraus folgert er die Aufgabe, eine „Theologie der Freundschaft" zu entwickeln.[367] Verantwortung konnotiert damit als ihr Paradigma nicht nur das Eltern-Kind-Bild, sondern auch das *Bild der Freundschaft*. Verantwortung besteht bei Huber hier in und für „wechselseitige[.] Anerkennung" (s.o.), Sorge und wechselseitiges füreinander Eintreten – nicht nur einseitiges. Eben in der Erfahrung solcher Beziehungen liegt folglich auch die subjektive Plausibilitätsbedingung dieser Imagination: Wer nie wirklich erfahren hat, dass jemand für sie oder ihn eintritt, dass jemand sie oder ihm freundschaftlich verbunden ist, wird auch diese Reziprozitätsvorstellung nicht plausibel finden. Gleichzeitig reproduziert diese Imagination die Praktiken, in denen sie persistiert, und damit: reziproke Beziehungen des Füreinanderdaseins.

Aus der Beobachtungsperspektive lokalisiert diese Imagination verantwortliches Handeln in reziproken Beziehungen. In der Teilnahmeperspektive wird sie aber auch praktisch dazu tendieren, selbst zu responsibilisieren, weshalb sie in der systematischen Beschreibung der Imaginationen hier ihren Ort hat. Wenn Verantwortung in Reziprozitätsbeziehungen vorgestellt wird, werden diese Beziehungen auch praktisch responsibilisieren. Konkret in Teilnahmeperspektive formuliert: Im Horizont der Reziprozitätsimagination wird mir die Fürsorge, die ich erfahren habe, als Grund dafür erscheinen, Verantwortung für die Fürsorge für andere zu übernehmen. Die wechselseitige Anerkennung wird als Grund erscheinen, für meinen Teil in diesem Anerkennen Verantwortung zu übernehmen. Als Praxishorizont kann die Reziprozitätsimagination so auch zu einem Schillern zwischen eine Logik der Dankbarkeit und einer Logik des Tausches führen: „Ich handle verantwortlich aus Dankbarkeit für das erfahrene Gute und in Hoffnung auf Gutes, das dem von mir erbrachten Guten entspricht", ist im Horizont dieser Imagination genauso plausibel wie: „Weil du mir Gutes tatest, tue ich dir dasselbe – und ich tue dir Gutes in Erwartung, dass du mir Gutes tust."

---

364 Vgl. auch für das Zitat Huber 1995, 155.
365 Vgl. auch für das Zitat Huber 1995, 156, kursiv im Original.
366 Huber 1995, 156.
367 Vgl. auch für das Zitat Huber 1995, 156.

4.1.3.4 Fazit: Ambivalente Responsibilisierungen
Insgesamt lassen sich so drei unterschiedliche Pointierungen von responsiblisierenden Beziehungsimaginationen unterscheiden, die auf jeweils andere Weise ambivalent sind als die Begegnungsimaginationen. Einerseits erhöhen die Beziehungsimaginationen die diskursive Zugänglichkeit der Responsibilisierung gegenüber den Begegnungsimaginationen, weil Beziehungen als sprachlich und kulturell vermittelt und nicht als unmittelbar beanspruchend vorgestellt werden. Die Stellvertretungsimagination stellt machtasymmetrische Beziehungen als responsibilisierende Beziehungen vor. Einerseits begrenzt das den Verantwortungsbereich auf ein wahrnehmbares Maß und koppelt Verantwortung und Macht.[368] Damit macht diese Imaginationen von den Ermächtigungsbedingungen für freies und verantwortliches Handeln gerade nicht absehen. Andererseits setzt sie die Vorstellung einer hierarchisch gegliederten Gesellschaft voraus, die sie zugleich reproduziert, und blendet tendenziell Sollenskonflikte aus. Klassenspezifisch ist die Stellvertretungsimagination, insofern sie aus dem sozial Imaginären des lutherisch geprägten Bildungsbürgertums stammt.

Die Mitmenschlichkeitsimagination verbindet Anregungen aus der Ich-Du-Philosophie mit dem Subsidiaritätsprinzip und stellt direkte soziale Nahbeziehungen als respsonsibilisierend dar. Das ist insofern ambivalent als es einerseits diese Beziehungen symmetrisieren, andererseits aber auch Machtasymmetrien kaschieren kann. Gleiches gilt für die Reziprozitätsimagination, die Verantwortung als synchron oder asynchron reziproken Beziehungen entstehen lässt.

4.2 Situierende Imaginationen von Verantwortung

Der Verantwortungsbegriff konnotiert meist eine Vorstellung der Situation der verantwortlich Handelnden und ihrer jeweiligen Rolle in dieser Situation. Vermittels dieser Imagination situieren Handelnde sich und andere in einem gesellschaftlichen Kontext. Zunächst etwas grob lassen sich diese situierenden Imaginationen, sofern sie in theologischen Texten konnotiert werden, danach gruppieren, in welcher Situation sich Handelnde vorstellen: Ordnungsimaginationen situieren verantwortlich Handelnde in einer gesellschaftlichen Ordnung (4.2.1), Wagnisimaginationen verbinden verantwortliches Handeln mit außerordentlichen Situationen auch im wörtlichen Sinne (4.2.2). Gestaltungsimaginationen stellen die Situation von der Lebensführung der Subjekte aus vor (4.2.3).

---

[368] Die Rede von der Kopplung (von Verantwortung und Macht) habe ich wie gesagt von Vogelmann (1.1.2) übernommen; sie findet sich auch bei Assadi (s. etwa Anm. 664 in diesem Kapitel).

4.2.1 Verantwortung in Ordnung: die Ordnungsimagination

Theologisch konnotiert der Verantwortungsbegriff die Imagination einer sozialen Ordnung, in die sich Verantwortliche als eingeordnet imaginieren. Mal wird diese als göttlich angeordnet vorgestellt wie bei Bonhoeffer, mal als elementare Grundsituation wie bei Rendtorff, mal weist diese Ordnung dem Einzelnen den Ort der Verantwortlichkeit zu, mal ist sie selbst zu verantworten. Mit der Beschreibung dieser Imagination betrete ich unweigerlich das weite Feld der protestantischen Ordnungstheologie im deutschsprachigen Raum – oder bildlich vielleicht passender: das tiefe Dunkel dieses deutschen Mischwaldes. Sicher wäre auch in diesem Wald von neulutherischen Ordnungen und Emil Brunners Ordnungstheologie zu reden, von Bonhoeffers Mandaten und der Arbeit der Institutionenkommission,[369] über Ernst Wolfs[370] und Wolfgang Hubers Institutionenbegriff[371]. Aus pragmatischen Gründen beschränke ich mich hier auf die Verantwortungstexte von Bonhoeffer (4.2.1.1), Wendland (4.2.1.2) und Rendtorff (4.2.1.3), anhand derer sich

---

369 Zur Institutionenkommission vgl. Brinkmann 1997, 115–174, zu Bonhoeffers Mandantenlehre vgl. a.a.O., S. 93–104.
370 Vgl. Wolf 1988, 168–179. Wolf steigt ebd. mit einer Auseinandersetzung mit Bonhoeffers Mandatsbegriff ein und rezipiert dann aus der Debatte seiner Zeit die Begriffe der Institution und Institutionalität. Der Begriff der „Institutionen" habe – so Wolf – verwiesen „auf einige mit dem Menschen gegebene, unverzichtbare und existentielle soziale Grundbezüge; auf Grundbezüge allerdings, die im einzelnen einer rechtlichen Ausprägung fähig und bedürftig sind, der jeweils relative Geltung zukommt" (a.a.O., 174). „Institutionalität" hingegen versteht er zusammen mit Sozialität und „Rationalität als die spezifischen Nenner für die existentialen Grundbedürftigkeiten des Menschen in seiner Menschwerdung" (a.a.O., 174). So denkt er Institutionen vom „Schöpfer- und Erhalterwillen Gottes" her als veränderungsoffen und dynamisch (vgl. auch für das Zitat a.a.O., 177). Von der Überschrift des Kapitels abgesehen – sie lautet: *„Die Institutionen als von Gott angebotener Ort der Bewährung in Verantwortung"* (a.a.O., 168, kursiv im Original) - spielt der Verantwortungsbegriff in Wolfs grundlegenden Ausführungen zu Institutionen keine prominente Rolle. Wo der Verantwortungsbegriff vorkommt, erscheinen die Institutionen sowohl als etwas, das den Menschen responsibilisiert, als auch als etwas, für dessen Gestaltung er verantwortlich ist. Institutionen sind mit Responsibilisierung verbunden, wenn Wolf schreibt: „Denn sofern Gott mit diesen Institutionen den Menschen als mit dem ihm angebotenen Ort seiner Bewährung in Verantwortung nimmt, stellt er ihn dadurch zugleich unter sein Gebot." (a.a.O., 173) Sie sind verantwortlich zu gestalten, wenn er festhält: „Gerade der theologische Begriff der Institution befreit also den Christen davon, sich an unabänderliche, gesetzliche Schöpfungsordnungen oder ähnliches gebunden zu wissen, und stellt ihn dazu frei, die Gestaltung der jeweils menschliches Dasein gewährenden Institutionen in freier Verantwortung und im Gehorsam gegenüber dem Gebote Gottes zu vollziehen." (a.a.O., 177) Zu Ernst Wolf und seinem „Beitrag zur Institutionendiskussion" vgl. Brinkmann 1997 und dort besonders Kapitel IV (S. 175–268), Zitat aus dem Untertitel der Arbeit.
371 Vgl. dazu etwa Huber 1985, 113–127, insbes. S. 124–127.

grundlegende Ambivalenzen der dort von Verantwortung konnotierten Ordnungsimagination zeigen lassen.

Gerade bei Bonhoeffer und Wendland zeigt sich die Ordnungsimagination unabhängig davon, ob in ihrem Horizont die Ordnung selbst auch als human zu verantworten imaginiert wird, als Einordnung des einzelnen in ein Netz von sozialen Beziehungen, das wiederum vermittels der Stellvertretungs- oder Mitmenschlichkeitsimagination als responsibilisierendes erlebt werden wird. Insofern es in dieser Imagination darum geht, sich selbst als in einer gesellschaftlichen Ordnung situiert und eingeordnet vorzustellen, wäre eigentlich der Name „Einordnungs-Imagination" passender. Während genau das auch gemeint ist, spreche ich um der sprachlichen Griffigkeit willen von Ordnungsimagination.

4.2.1.1 Hierarchische Gesellschaft (Bonhoeffer)

Wie bereits angedeutet, impliziert die Vorstellung von Verantwortung als Stellvertretung bei Bonhoeffer die Imagination einer hierarchisch gegliederten Gesellschaft,[372] die Bonhoeffer auch explizit macht (4.1.3.1): „Das Gebot Gottes will dem Menschen also immer in einem irdischen Autoritätsverhältnis, in einer durch ein klares Oben und Unten bestimmten Ordnung begegnen."[373]

Bonhoeffer hat diese Ordnungsimagination im Laufe seiner theologischen Entwicklung – wie DeJonge herausgearbeitet hat – theologisch unterschiedlich pointiert, was sich schon in unterschiedlichen Benennungen niederschlägt:[374] So schreibt DeJonge, dass Bonhoeffer im schon zitierten Barcelona-Vortrag von 1929 von „Schöpfungsordnungen" spricht, dann später von „Erhaltungsordnungen" und schließlich in den Ethik-Fragmenten von „Mandaten".[375] Grundsätzlich hält er an dem Ordnungsgedanken und insofern – wie Moses betont und bei Bonhoeffer wiedergefunden hat – an einer Selbstverständlichkeit des lutherisch geprägten Bil-

---

372 Vgl. zu Imaginationen hierarchisch gegliederter Gesellschaft wie zitiert (s. Anm. 296 in diesem Kapitel) schon C. Taylor 2004, 9–13; C. Taylor 2002, 94–95, 98.
373 DBW 6, 394–395. Vgl. auch wie oben bereits zitiert: „Ohne diese objektive Ordnung von oben und unten und ohne den – dem modernen Menschen so gänzlich verloren gegangenen – Mut, oben zu sein, verliert sich die ethische Rede im Allgemeinen, Gegenstandslosen, büßt sie ihr Wesen ein." (DBW 6, 375)
374 Vgl. zu Bonhoeffers andauernder Auseinandersetzung mit dem Ordnungsdenken, zu den im Folgenden benannten „three phases marked by differing terminology" und den inhaltlichen Verschiebungen die konzise Darstellung bei DeJonge 2017, 130–131, 166–169, Zitat auf S. 166–167. Unterscheidung der drei Termini auf S. 167. Vgl. auch Zeyher-Quattlender 2021, 177, dem ich auch den Hinweis auf diese Arbeit DeJonges verdanke. Zu Bonhoeffer Ordnungsdenken und dessen (terminologische) Veränderungen vgl. auch Tödt 1993f, 86–87, 100–101; Tödt 1993b, 120–121.
375 Vgl. bei DeJonge 2017, 166–169, insbes. S. 167, meine Rückübersetzung. Zur „Erhaltungsordnung" bei Bonhoeffer vgl. auch Tödt 1993b, 120–121; Prüller-Jagenteufel 2004, 273.

dungsbürgertums fest:[376] Legitimierender Souverän der staatlichen Ordnung sei danach letztlich nie das Volk, sondern Gott.[377] Die grundlegende Ordnungsimagination stammt damit zusammen mit der Stellvertretungsimagination aus dem sozial Imaginären lutherischen Bildungsbürgertums, in dessen Praktiken und Welterleben diese Imaginationen ihre praxisprägende und sich selbst tradierende Plausibilität haben.

Allerdings identifiziert Bonhoeffer die theologisch gesollte hierarchische Ordnung nicht einfach mit der existierenden und will deshalb in den Ethik-Fragmenten nicht den Begriff „Ordnung" verwenden, sondern von „Mandate[n]" sprechen.[378] Er wendet sich gegen „die göttliche Sanktionierung aller überhaupt existierenden Ordnungen" (DBW 6, 393).[379] Gleichzeitig betont er aber, dass die theologisch gesollte Ordnung eine Ordnung von oben nach unten ist und die ihren Geltungsanspruch von ganz oben, von Gott bezieht:[380]

> Die Träger des Mandats sind nicht Beauftrage von unten, Vollstrecker und Exponenten menschlicher Willensbildung, sondern im strengen unabdingbaren Sinne Beauftragte, Stellvertreter, Platzhalter Gottes. [...] So ist in dem Mandatsbereich ein unaufhebbares Oben und Unten gesetzt kraft göttlicher Ermächtigung. (DBW 6, 394)

Ad bonam partem lässt sich dieses „Oben und Unten" mit Huber freilich vor dem zeithistorischen Hintergrund „antitotalitär" interpretieren, nämlich etwa so, dass es sich gegen den Nationalsozialismus richtet, der sich als Bewegung von unten, aus dem Volk und als Vollstreckung des Volkswillens inszenierte.[381] Dem setzt Bon-

---

376 Vgl. dazu Moses 2009, 40–42, 182, 189–192, 196–203, bes. etwa S. 191–192. Entsprechend schreibt auch Wolf Krötke über Bonhoeffers Staatsverständnis: „Dieses sehr konservative Staatsverständnis schließt sich deutlich an das Ordnungsdenken der lutherischen Tradition an." (Krötke 1995, 45)
377 Vgl. Krötke 1995, 45 und etwa: „The evidence is that he [Bonhoeffer, FH] remained a *Bildungsbürger* with an unshakable Lutheran conviction that any constitutional arrangement for Germany should enshrine the sovereignty of almighty God. He firmly rejected an immediate embracing of Western-style parliamentary democracy. Rather, Bonhoeffer prioritized a solution that ensured that sovereignty derived from God, not exclusively from the people." (Moses 2009, 196, kursiv im Original. Vgl. dazu auch a.a.O., 189–190, 192)
378 Vgl. auch für die Zitate DBW 6, 393, 395; vgl. zu der Terminologie bei Bonhoeffer wie zitiert DeJonge 2017, 167.
379 Vgl. so auch: „Bonhoeffer grenzt seine Überlegungen aber auch von der Tendenz der Heiligsprechung weltlicher Ordnungen im Sinn der traditionellen lutherischen Schöpfungstheologie und der kulturprotestantischen Verklärung der bürgerlichen Lebensform ab." (Jähnichen 2005, 101)
380 Vgl. DBW 6, 294.
381 Vgl. Huber 2019, 223–224, Zitat auf S. 224. So betont Huber mit Verweis auf dessen Vortrag „*Der Führer und der Einzelne in der jungen Generation* von 1933", dass sich bei Bonhoeffer die Ämter „auf eine überpersönliche und zugleich begrenzte Autorität [beziehen, FH], die Bonhoeffer als Autorität

hoeffer die göttliche Beauftragung von oben als kritisches Korrektiv entgegen.[382] Unabhängig von dieser Würdigung ist hier entscheidend, dass das im Begriff der Stellvertretung präsente Konzept der Verantwortung die Imagination einer göttlichen Ordnung konnotiert, in der Gott ein „klares Oben und Unten" (DBW 6, 395) setzt und damit Obenstehende für Untenstehende responsibilisiert:[383] Ordnung lokalisiert in einem Beziehungsnetz, das als Netz von Stellvertretungsbeziehungen imaginiert wird, die so responsibilisieren.[384] In Teilnahmeperspektive des Obenstehenden formuliert: Kraft „göttlicher Ermächtigung" kann und soll ich an anderer Menschen Statt handeln und dies in Gottes Ordnung verantwortlich tun.[385] In dieser Ordnung hätten – so Bonhoeffer – alle eine spezifische Stellvertretungsver-

---

von oben her beschrieben. Der Führer dagegen habe ‚Autorität von unten her, von den Geführten' [...]. Bonhoeffers These, dass Verantwortungsstrukturen durch ein Oben und Unten charakterisiert sind, mag paternalistisch und in manchen Formulierungen vordemokratisch klingen; aber sie ist [...] durch und durch antitotalitär." (vgl. für beide Zitate Huber 2019, 223–224, kursiv im Original) Eine Beobachtung von Wolf Krötke stützt und plausibilisiert diese Lesart historisch: „Wie im ganzen deutschen Widerstand spielt bei der Bevorzugung autoritativer staatlicher Ordnungsstrukturen aber auch das Trauma der Erfahrungen mit der Weimarer Republik, in der Hitler durch Wahlen an die Macht gekommen war, eine Rolle." (Krötke 1995, 45) Zu Bonhoeffers entsprechendem Misstrauen gegenüber der Masse vgl. auch F. Keller et al. 2009, 189.

Für eine ähnliche Assoziierung des Nationalsozialismus mit dem „Unten" bei Bonhoeffer, allerdings mit Bezug zum Text „Staat und Kirche" (DBW 16, 506–35) und ohne Wertung, vgl. Moses 2009, 189–190. Moses schreibt über Bonhoeffer: „He apparently had come to believe that the Nazi regime could succeed in Germany essentially because the Weimar Republic had opened the floodgates to a fateful political pluralism, the by-product of the false doctrine of the sovereignty of the people as enshrined in the Weimar Constitution. This radical departure of the doctrine of the sovereignty of God that was expressed in the divine-right monarchy allowed the formation of numerous political parties whose platforms appealed to the ignorant and uncultured, all competing in the Reichstag for power. It was an open invitation for the flourishing of unprincipled demagoguery." (Moses 2009, 189–190)

382 Vgl. Huber 2019, 223–224. Dieser Beauftragung als Grundlage für Kritik siehe unten die Belege aus „Die Kirche vor der Judenfrage", aus der Barmer Theologischen Erklärung und den Ethikfragmenten. Vgl. dazu auch Krötkes Auslegung von Bonhoeffers Mandatenlehre: „Wichtig an der *Mehrzahl* der Mandate ist, daß sie eine Begrenzung des Staates darstellen und verhindern, daß der Staat sich in der Wahrnehmung seines Mandates zum totalen Staat entwickelt, der alle Bereiche des Lebens bestimmen will. Wo das geschieht, wie im Falle des nationalsozialistischen Staates, da mißbraucht die Obrigkeit ihren besonderen Auftrag." (Krötke 1995, 45, kursiv im Original)

383 Vgl. dazu oben 4.1.3.1, Gliederungspunkt 4 und insbesondere Anm. 296 und 297 in diesem Kapitel.

384 So verweist er etwa darauf, dass „Gemeinschaft nur in den konkreten, unendlichen mannigfaltigen Verantwortungsverhältnissen der Menschen füreinander besteht" (DBW 6, 377). Zu dieser unhintergehbaren Einbindung in Sozialität und Verantwortung vgl. wie bereits zitiert auch DBW 6, 218–220, 246.

385 Vgl. auch für das Zitat DBW 6, 394.

antwortung: „Kein Mensch, der der Verantwortung und das heißt der Stellvertretung überhaupt entgehen könnte." (DBW 6, 257)

Als frühe, freilich problematische[386] und noch nicht christologisch informierte Konkretion dieses responsibilisierenden Einordnung in Ordnung lässt sich die Stelle in Bonhoeffers Barcelona-Vortrag lesen, an der er von der Verantwortung zum „Schützen der Meinen" (DBW 10, 336) im Kriegsfall handelt:[387]

> Gott hat mich meiner Mutter, meinem Volke gegeben; was ich habe, danke ich diesem Volk; was ich bin, bin ich durch mein Volk, so soll auch was ich habe ihm wieder gehören, das ist göttliche Ordnung, denn Gott schuf die Völker. (DBW 10, 337)[388]

Hier begrenzt die Einordnung in eine imaginierte Ordnung, die „göttliche Ordnung", das „Volk"[389] – mit Anderson gesagt: eine „imagined community" – die Verantwortung, indem sie die Verpflichtung auf das eigene Volk priorisiert (vgl. DBW 10, 337).

Damit weist die imaginierte Ordnung der Verantwortung als Stellvertretung einen Ort, eine Aufgabe und einen begrenzten Verantwortungsbereich zu (4.1.3.1),[390] wobei die Verortung selbst human nicht mehr zu verantworten ist. Diesen Gedanken hat Bonhoeffer später berufstheologisch expliziert und christologisch relativiert,[391] wobei diese Relativierung auch das angesprochene lutherisch-bildungsbürgerliche Berufspflichtethos[392] transzendiert. So fasst er zusammen:

> Nun wird *in* der Welt gegen die Welt Stellung bezogen, der Beruf ist der Ort, an dem dem Ruf Christi geantwortet und so verantwortlich gelebt wird. So ist zwar die mir im Beruf gesetzte Aufgabe eine begrenzte, zugleich aber stößt die Verantwortung vor dem Ruf Jesu Christi durch alle Grenzen hindurch. (DBW 6, 291–292)

Während das Verhältnis von Begrenzung und Entgrenzung ausführlicher bei der Versöhnungsimagination diskutiert wird (4.3.3.4), ist hier entscheidend, dass die Ordnungsimagination einerseits Verantwortung verortet und begrenzt, Bonhoeffer diese Grenzen aber im Ruf Christi als überwunden denkt.

---

386 Vgl. zur Problematik etwa Huber 2019, 133–136.
387 Vgl. dazu und zum Folgenden auch DeJonge 2017, 167.
388 Auch zitiert bei Huber 2019, 134; Moses 2009, 41 und hier oben (4.1.3.1, bei: Anm. 311).
389 Zu Bonhoeffers Verständnis von „Volk" als „Ordnung" an dieser Stelle vgl. auch Moses 2009, 40–42.
390 Vgl. ausführlich 4.1.3.1 und zur „Aufgabe" DBW 6, 292, dort auch das Zitat.
391 Vgl. zu der Relativierung, insbesondere der Begrenzung, 4.3.3.4, dort bes. Gliederungspunkt 2.
392 Vgl. dazu (wie bereits beschrieben und zitiert, 4.1.3.1) Moses 2009, 183.

Diese Ordnungsimagination ist nicht nur wegen der implizierten Stellvertretungsrelation ambivalent (s. 4.1.3.1), sondern gerade, weil sie Gott als ordnungssetzende Instanz vorstellt. Praktisch kann dies nun einerseits als Staats- und Gesellschaftskritik funktionieren, weil der Staat genauso wie einzelne Amtsträger:innen auf seine und ihre eigentliche, weil von Gott gesetzte Aufgabe behaftet werden können. Entsprechend benennt Bonhoeffer 1933 in dem Aufsatz „Die Kirche vor der Judenfrage" im Horizont der Ordnungsimagination die Aufgabe der Kirche, den Staat verantwortlich zu machen und „immer wieder danach [zu] fragen, ob sein Handeln von ihm als *legitim staatliches* Handeln verantwortet werden könne, d. h. als Handeln, in dem Recht und Ordnung, nicht Rechtlosigkeit und Unordnung geschaffen werden." (DBW 12, 351)[393] Mit letzterem ist genau die Funktion des Staates in und als Gottes Anordnung benannt – und damit die „Schwere der Verantwortung" des Staates.[394] Ebenfalls im Horizont einer Ordnungsimagination konnte die Barmer Bekenntnissynode in These V ihrer Theologischen Erklärung von der Aufgabe des Staates „nach göttlicher Anordnung" und damit potentiell kritisch von der „Verantwortung der Regierenden und Regierten" sprechen.[395] Ebenfalls auf dieser Linie spricht Bonhoeffer in den Ethikfragmenten vom „Mißbrauch des Obenseins" und „Mißbrauch des Untenseins" (DBW 6, 395).

Andererseits besteht im Horizont dieser Imagination die – von Bonhoeffer zwar benannte, aber damit noch nicht gebannte – Gefahr, irdische Ordnungen mit Gottes Ordnung zu identifizieren und die gegenwärtige Ordnung über Rückführung auf Gott religiös zu legitimieren.[396] Das tut Bonhoeffer dort, wo er „die göttlichen Mandate der Kirche, der Ehe und Familie, der Kultur und der Obrigkeit" als solche

---

393 Vgl. DBW 12, 350–355, Zitat auf S. 351 (teilweise auch zitiert bei Tödt 1993f, 101). Bonhoeffer spricht selbst von der „Verantwortlichmachung des Staates" (DBW 12, 353, auch zitiert bei Zeyher-Quattlender 2021, 96). Vgl. zu diesem Verantwortungsgebrauch bei Bonhoeffer Zeyher-Quattlender 2021, 96–97. Dieser Arbeit Zeyher-Quattlenders (bes. Kap. 3.2.3) verdanke ich auch die Erinnerung an diesen Kontext der Verantwortungsfrage und die Relevanz dieser Schrift Bonhoeffers in diesem Zusammenhang. Vgl. zu Inhalt und historischem Kontext des Vortrages Huber 2019, 161–163, wo auch von „der Verantwortung der Kirche gegenüber dem Staat" (a. a. O., 162) die Rede ist.
394 Vgl. auch für das Zitat DBW 12, 352.
395 Barmen V, zitiert nach Bekenntnissynode der Deutschen Evangelischen Kirche 1980, 131.
396 Vgl. DBW 6, 393–395. Dort heißt es etwa: „Recht verstanden wäre auch der Begriff der ‚Ordnung' hier verwendbar, nur daß ihm die Gefahr innewohnt, den Blick stärker auf das Zuständliche der Ordnung als auf die die Ordnung allein begründende göttliche Ermächtigung, Legitimierung, Autorisierung zu richten, woraus dann allzuleicht die göttliche Sanktionierung aller überhaupt existierenden Ordnungen und damit ein romantischer Konservativismus folgt [...]." (DBW 6, 393) Und: „Es [das Autoritätsverhältnis, FH] ist nicht identisch mit einem irdischen Machtverhältnis." (DBW 6, 395) Vgl. dazu auch Tödt 1993a, 14.

benennt.³⁹⁷ Dadurch zieht er das Ordnen selbst aus dem Bereich dessen heraus, was menschlicherseits verantwortet werden kann und muss. Das ist gemessen am Diskurskriterium problematisch, weil es auch dazu tendieren wird, nicht nur das Ordnen an sich, sondern auch konkrete Ordnungsformationen ihrer diskursiven Überprüfung und Kritik zu entziehen, in dem es religiös legitimiert und stratifiziert, was Gegenstand humanen Transformationshandelns sein könnte. Insbesondere die Allokation von Verantwortung kann im Horizont dieser Imagination allzu leicht als gottgegeben erscheinen, obwohl sie doch gerade selbst der Überprüfung auf ihre Gerechtigkeit bedürfte.

Die Ordnungsimagination kommt also in hierarchischer Gestalt vor. Ihre Ambivalenz hängt daran, dass es auf imaginativer Ebene eine übergeordnete Instanz ist, die Ordnungen setzt, und diese nicht einfach auf menschlichen Verhandlungen oder Setzungen beruhen. Ordnungen allozieren dann Verantwortung, ohne dass das Dass ihrer Existenz selbst menschlich verantwortet werden müsste. Das kann zum Instrument der Gesellschaftskritik werden, ist aber ebenso offen dafür, ungerechte Verantwortungsallokationen religiös zu legitimieren.

4.2.1.2 Verantwortliche Gesellschaft (Wendland)

Wendland hat betont, dass „christliche Sozialethik [...] personal und sozial zugleich sei" und damit die „Einteilung in Individual- und Sozialethik" hinfällig gemacht.³⁹⁸ Entsprechend hat er das ökumenische Leitbild einer „verantwortlichen Gesellschaft" wie beschrieben nicht nur als individual- und berufsethische Kategorie rezipiert, sondern auch als sozialethisches Leitbild profiliert (3.3.1.3). Als solches beinhaltet es wie oben bereits zitiert die folgende Maßgabe: Die

> Institutionen [...] der Gesellschaft [...] sollen nämlich so beschaffen sein, daß der einzelne in ihnen und mit ihrer Hilfe verantwortlich handeln und leben kann. [...] Dies ist gegenüber allen rein hierarchisch gebauten, traditionalen Institutionen eine wahrhaft revolutionäre Forderung. Denn sie hat doch zum Inhalt, daß alle Institutionen der Gesellschaft auf das Fundament der Freiheit gestellt werden sollen [...].³⁹⁹

Einerseits geben die „Institutionen [...] der Gesellschaft" der Verantwortung damit einen Ort: „in ihnen". Andererseits dekonstruiert „verantwortliche Gesellschaft"

---

397 Vgl. auch für die Zitate DBW 6, 397. Vgl. auch DBW 6, 392. Das Mandat, das Bonhoeffer hier „Kultur" nennt, taucht an anderer Stelle bei ihm als „Arbeit" auf (vgl. dazu DBW 6, 392, Anm. 2, dort auch die Zitate).
398 Vgl. auch für die Zitate Wendland 1969c, 21.
399 Vgl. auch für das Zitat Wendland 1965a, 2.

damit zunächst hierarchische Ordnungsimaginationen.[400] Schon das „sollen" im ersten Satz transformiert die gegebene Ordnung von Verantwortlichkeiten in eine verantwortlich zu gestaltende Ordnung:[401] „sollen [...] so beschaffen sein". An anderer Stelle schreibt er, dass alle „eines kritischen Maßstabes und einer Zielsetzung für die zukünftige Ordnung der Gesellschaft, für die wir miteinander verantwortlich sind" bedürften.[402] Er betont die „Veränderbarkeit gesellschaftlicher Strukturen und die Notwendigkeit ständiger sozialkritischer Revisionen".[403]

Die Möglichkeit von Freiheit und Verantwortung wird dabei selbst zum Kriterium verantwortlichen Ordnungsgestaltung.[404] Konstruktiv betont Wendland, dass „verantwortliche Gesellschaft" positiv nun ein spezifisches Freiheitsverständnis impliziert, nämlich nicht die „Freiheit eines absoluten Ich", sondern die „sich verantwortende Freiheit" des Menschen, der nicht für sich, sondern *mit* den anderen zusammen und *für* andere" frei ist.[405] Darin klingt m.E. Oldhams Personalismus nach. Damit lokalisiert die Imagination verantwortlicher Gesellschaft den Einzelnen in einem Beziehungsnetz, in dem gerade die sozialen Nahbeziehungen und kleinsten Gemeinschaften qua Mitmenschlichkeitsimagination als responsibilisierend erscheinen werden.

Diese Freiheit hatte Wendland – wie Oldham und der Amsterdamer Bericht – schöpfungstheologisch-naturrechtlich begründet (3.3.1): Die „[v]erantwortliche Freiheit", in der der Mensch „zugleich für den Mitmenschen und die Gesellschaft verantwortlich" ist, liege im Wesen des Menschen.[406] „Verantwortung" konnotiert hier die Imagination einer Gesellschaft, in der *alle Einzelnen grundlegend füreinander frei und füreinander verantwortlich sind*.[407]

---

400 Vgl. Wendland 1965a, 2–3.
401 An anderer Stelle konnte Wendland auch von der Kirche schreiben, dass sie „*mit-verantwortlich* für die soziale Ordnung" sei (vgl. auch für das Zitat Wendland 1959, 54, kursiv im Original).
402 Vgl. auch für das Zitat Wendland 1965b, 63.
403 Wendland 1965b, 71. Bruns zufolge hat Wendland in seiner theologischen Entwicklung nach dem zweiten Weltkrieg „die weltliche Ordnung [...] langsam ihres theologischen Begründungszusammenhangs entkleidet" – und somit einer „Überlegitimation". (Vgl. auch für die Zitate Bruns 2017b, 255.) Grundsätzlicher identifiziert Bruns bei Wendland „die eschatologische Relativierung der Ordnungen und ihre Wahrnehmung als historisch wandelbare Größen im Rahmen einer Reformulierung der Theologie der Ordnung als Institutionentheorie" (Bruns 2017b, 274–275, 302, Zitat auf S. 274).
404 Vgl. Wendland 1965a, 2; Wendland 1965b, 63–64.
405 Vgl. auch für die Zitate Wendland 1965a, 3.
406 Vgl. auch für die Zitate Wendland 1973, 129.
407 „[V]erantwortliche Gesellschaft" zielt Wendland zufolge „auf eine Gesellschaft freier, verantwortlicher Personen" (Wendland 1965b, 68).

Neu gegenüber Bonhoeffers Verantwortungsimaginationen ist in der so imaginierten „Verantwortlichen Gesellschaft", die Responsibilisierung aller Gesellschaftsglieder nun selbst zum Teil der Gesellschaftsimagination zu machen. Schon Bonhoeffer begründet wie beschrieben die Verantwortung aller Menschen (4.2.1.1). Diese Verantwortung blieb bei ihm aber zunächst in eine schon gegebene, hierarchische Ordnung eingegliedert und als Stellvertretung gedacht. Mit der „verantwortlichen Gesellschaft" wird Verantwortung selbst zu einer sozial ordnenden Kategorie. Das heißt: Während Bonhoeffer alle *Einzelnen* als verantwortlich im hierarchischen Sozialkontext vorstellte, drückt das Leitbild der verantwortlichen Gesellschaft die Imagination einer *Gesellschaft* verantwortlicher Einzelner aus. Diese Differenz ist nicht nur ein Wechsel von Mikro- auf Makroperspektive und nicht nur eine theologische Spitzfindigkeit, sondern hat materialethische Konsequenzen: Nicht schon die Imagination aller Einzelnen als verantwortlich im hierarchischen Sozialkontext, sondern erst die Imagination einer Gesellschaft verantwortlicher Einzelner begibt sich in den potentiellen Konflikt mit der sozialen Hierarchisierung einer Gesellschaft. Erst sie macht die Ordnung selbst zu einer zu verantwortenden Ordnung. Während Bonhoeffers Verantwortungsimaginationen noch relativ bruchlos zu der Imagination der Gesellschaft als in „oben und unten" (4.1.3.1 und 4.2.1.1) strukturierter passten, gilt genau das für die Imagination verantwortlicher Gesellschaft nicht mehr. Darin liegt das disruptive und zunächst emanzipative Potential[408] der Imagination verantwortlicher Gesellschaft, mit dem nun auch Wendland ringt, weil bei ihm ordnungstheologische Motive weiterhin eine Rolle spielen:[409] Er will „auch hier nicht das Kind mit dem Bade ausschütten."[410]

Denn das Konzept von „sich verantwortende[r] Freiheit" (s. o.) und Mitmenschlichkeit schillert bei Wendland dazwischen, die Imagination einer egalitären und freiheitlichen Ordnung[411] zu initiieren und gleichzeitig noch die Imaginationen hierarchisch geordneter Gemeinschaftlichkeit zu tradieren, die etwa Bonhoeffer wie beschrieben voraussetzte. Die überkommene ordnungstheologische Vorstellung, die Verantwortlichkeit ordnet, besteht noch zusammen mit dem sie

---

408 Von „*Emanzipation*" spricht Wendland in diesem Zusammenhang selbst (Wendland 1965a, 2, kursiv im Original).
409 Dass in der politischen Ethik theologischerseits Klärungsbedarf besteht, hat Wendland selbst gesehen: „Hier liegen große Aufgaben! Insbesondere ist es nötig, die Begriffe Herrschaft und Ordnung einerseits, Freiheit und Gleichheit andererseits einander neu zuzuordnen." (Wendland 1969c, 17)
410 Wendland 1969c, 20. Ebd. spricht er davon, dass der Ordnungsbegriff „sein relatives Recht" habe.
411 Zu Freiheit und Gleichheit siehe unten und Wendland 1965a, 3.

erschütternden Potential und der anhebenden Freiheit „verantwortlicher Gesellschaft", die ihre Ordnung verantworten muss. Wendland ringt als Erbe ordnungstheologischer Motive mit der anhebenden Imagination einer demokratischen[412] Gesellschaft. Dieses Ringen zeigt sich in Wendlands Antithesen verantwortlicher Gesellschaft (1) und in seinen unterschiedlichen Aussagen zum Ordnungsbegriff (2):

(1) *Antithesen.* Wendland bringt die „verantwortliche Gesellschaft wie gesehen gegen überkommene hierarchische Ordnungen in Anschlag und außerdem gegen Individualismus und Kommunismus, gegen „westliche und östliche Strukturen gleichermaßen", gegen die Tendenzen der „technisierten Massengesellschaft" nämlich und profiliert das Leitbild so indirekt in „kritischen Antithesen".[413] Das Leitbild richte sich gegen die Tendenz, den Menschen auf „den homo faber" und Funktionsträger zu reduzieren.[414] Es spricht für die Sicht des Menschen als „den Mitmenschen verantwortliche Person [...] in seiner personalen Gesamtexistenz",[415] gegen die auseinanderstrebenden partikularen Teilinteressen gesellschaftlicher Verbände,[416] gegen den Konformismus und die „Herrschaft des ‚Man'".[417] Diesen „kritischen Antithesen" liegen binäre Unterscheidungen zugrunde, die „verantwortliche Gesellschaft" immer mit den zweiten, positiv bewerteten Pol identifizieren:[418] „Funktionär" oder „Gesamtperson", „Absolutsetzung von Teilinteressen" oder „Einheit der Gesellschaft", Macht der Masse oder „Selbständigkeit der freien Person".[419] Gerade in der Hochschätzung von Einheit und Gesamtheit – sowohl der Person wie der Gesellschaft – und in dem subtilen Mißtrauen gegenüber Teilinteressen scheint m. E. gegen Wendlands Intention[420] seine frühere Imagination ei-

---

412 Zur Demokratie bei Wendland vgl. ebenfalls Wendland 1965a, 2–3.
413 Vgl. Wendland 1973, 133–134, 139, 143, Zitate auf S. 139 und 143.
414 Vgl. Wendland 1973, 139–140, Zitat auf S. 139.
415 Vgl. auch für das Zitat Wendland 1973, 140.
416 Vgl.: „So gewiß jede vorschnelle Gleichsetzung des heutigen, gesellschaftlichen ‚Pluralismus' mit Zerstörung, Auflösung oder Verfall abzulehnen ist, so ist hier doch die höchste Wachsamkeit der christlichen Soziallehre erforderlich, die seit jeher der Absolutsetzung von Teilinteressen leidenschaftlich widerstrebt hat. Sie trachtete immer nach der Ordnung und der Gemeinschaft der Teilgruppen und der Schichten der Gesellschaft und diente der menschlichen Einheit der Gesellschaft [...]." (Wendland 1973, 142)
417 Vgl. Wendland 1973, 140–142, letztes Zitat auf S. 142.
418 Vgl. auch für das Zitat Wendland 1973, 143.
419 Vgl. auch für die Zitate in ihrer Reihenfolge Wendland 1973, 139–140, 142.
420 Wendland wendet sich explizit gegen die theologische Übernahme von „romantischen Sozialvorstellungen": „Vor allem muß er [der Theologe, FH] sich von den romantischen Sozialvorstellungen freimachen, die mit dem Begriff des ‚Organismus' arbeiten. Denn von diesen her kann man die Probleme einer technisierten Gesellschaft nicht zu Gesichte bekommen, mag der Organismusbegriff auch auf bestimmten begrenzten Sektoren der soziologischen Erkenntnis heute noch brauchbar sein." (Wendland 1973, 26) Vgl. dazu auch Wendland 1965b, 11. An dem Gemeinschafts-

ner Gemeinschaft durch,[421] die dem disruptiv-emanzipativen Potential der „verantwortlichen Gesellschaft" als sozialethischer Kategorie nicht nur, aber auch entgegensteht.

(2) *Ordnungsbegriff*. In zwei Hinsichten zeigen sich Spannungen in Wendlands Vorstellung gesellschaftlicher Ordnung: In *erster Hinsicht* benutzt er einerseits hierarchisierende ordnungstheologische Semantiken zur Beschreibung der handlungsleitenden Vorstellung von Gesellschaft. So nennt er die Gesellschaft „ein großes System von Stellvertretungen"[422], „ein System der durchgehenden Abhängigkeit aller sozialer Positionen voneinander"[423] und betont andererseits die Gleichheit der Menschen.[424] Beides kommt zusammen in der Forderung:

> Die Positionsdistanzen dürfen nicht zu einer pseudosakralen Hierarchie erstarren: Partnerschaft und gesellschaftliche Demokratie müssen die Distanz durchdringen und Menschen verbinden, ohne daß die Positionen gleichgemacht, nivelliert werden könnten.[425]

Das Gleichheitsmoment[426] der verantwortlichen Gesellschaft kommt also mit Ungleichheitsbedingungen vermittelt in der Orientierung an partnerschaftlicher Mit-

---

begriff hält Wendland aber fest: „[N]ur muß die romantische Ganzheitslehre ausgeräumt werden, weil sie die Freiheit nicht ertragen kann. Aber die ‚große' Wir-Gemeinschaft ist gerade von Grund auf personal und nicht impersonal gebaut und geordnet." (Wendland 1965b, 29)

421 Beim jüngeren Wendland findet Stefan Dietzel noch den „Traum von einer organischen Gemeinschaft" (Dietzel 2017, 19, zum „Ideal einer organischen, letztlich harmonisierenden Vorstellung von Gesellschaft" vgl. auch Dietzel 2017, 37), den Wendland nach 1945 allerdings zugunsten einer positiven Aufnahme des (Gegen-) Begriffs der Gesellschaft revidiert habe (Dietzel 2017, 20). Bruns findet in Wendlands Texten der Jahre 1929 bis 1933 „die polemische Ablehnung des Individualismus und die Implementierung der Sozialethik über den Versuch, einen christlichen Begriff der Gemeinschaft zu entwickeln" und spricht von dem „Druck, den Gemeinschaftsbegriff gegen eine als übermächtig und falsch empfundene Freiheitskonzeption theologisch handhabbar zu machen" (vgl. auch für die Zitate Bruns 2017a, 212, zur Datierung vgl. a. a. O., 209–210).

Als Hintergrund dazu vgl. Ferdinand Tönnies einschlägige Unterscheidung von *„Gemeinschaft und Gesellschaft"*, die sich konzise zusammengefasst findet bei H. Bedford-Strohm 1999, 51–53, Zitat auf S. 51, kursiv im Original. Zu Bonhoeffers Tönniesrezepetion vgl. Soosten 1992, 249–256.

422 Wendland 1965a, 11, ähnlich auch Wendland 1973, 143, 147.
423 Wendland 1965a, 11.
424 Vgl. so seine Rede von „Freien und Gleichen", bzw. von „Freiheit und […] Gleichheit": Wendland 1965a, 3, 4; Wendland 1965b, 23. Zur Gleichheit vgl. a. Wendland 1969a, 32.
425 Wendland 1965a, 11.
426 Die Herangehensweise, von der sozialethischen Orientierung an Gleichheit als „Moment" oder „Sachmoment" zu sprechen, geht auf die Arbeiten von Heinz Eduard Tödt und Wolfgang Huber zu Menschenrechten zurück, in denen sie die *„Grundfigur des Menschenrechts"* als „Konfiguration" der Sachmomente *„Freiheit, Gleichheit* und *Teilhabe"* bestimmen (vgl. Huber und Tödt 1977, 80–83, Zitate auf S. 80, kursiv im Original. Vgl. Tödt 1982, 22–31, insbes. S. 23.

menschlichkeit vor, um deren Ambivalenz es schon ging (4.1.3.2). Da Wendland den „Begriff der *Partnerschaft*" aber als „Forderung[.] des allgemeinen, alle bindenden gesellschaftlichen Ethos" einführt,[427] löst er die Spannung von Gleichheitsmoment und Ungleichheitsbedingungen implizit über die Differenz von Tugendethik und Sozialethik auf:[428] Die Tugenden von Mitmenschlichkeit und Partnerschaftlichkeit legt er den Einzelnen in ihren Sozialzusammenhängen auch als Imagination nahe (4.1.3.2), während sozialethisch hierarchisierende Semantiken vorkommen. Löst man den Knoten von Gleichheitsmoment und Ungleichheitsbedingungen so auf, nimmt man das emanzipative Potential der verantwortlichen Gesellschaft als sozialethischer Kategorie insoweit wieder zurück, als man Emanzipation tendenziell wieder in die Individual-, Personal- und Rollenethik verlagert. Insoweit Wendland mit den Begriffen der Mitmenschlichkeit und Partnerschaft hier genau in diese Richtung tendiert, lässt sich dies als Ringen mit besagtem emanzipativen Potential und seinen Konsequenzen verstehen.

In *zweiter Hinsicht* bestimmt Wendland gesellschaftliche Ordnungen einerseits als zeitlich, vorläufig, veränderbar und als Gegenstand menschlicher Planung und andererseits als göttliche Anordnungen im Kampf gegen das „Reich des Teufels".[429] Dass Wendland diese Ordnungen als Aufträge und mit Bonhoeffer als „Mandate Gottes" fasst,[430] löst diese Spannung für manche materialethische Fragen aber nicht grundsätzlich auf: So schreibt Wendland über die Ordnungen:

> Kraft göttlicher An-Ordnung wirken sie die Zu-Ordnung der Menschen zueinander in der Ehe, dem Staate und der gesellschaftlichen Arbeit. So wird die Mitmenschlichkeit in verschieden-

---

427 Vgl. auch für die Zitate Wendland 1965a, 4., kursiv im Original.
428 Daran ändert auch wenig, dass er Voraussetzungen für dieses „Ethos der Partnerschaft" benennt (vgl. auch für das Zitat Wendland 1965b, 47–48), die „verantwortliche Gesellschaft' [...] auf eine Struktur von Führung und Organisation, die auf Mitbestimmung und Partnerschaft beruht" zielen lässt (Wendland 1965b, 68) und die „Baugesetze der Institutionen" mitbedenken will (Wendland 1973, 148). Bleibt Partnerschaft dabei ein Ethos, wird das Gleichheitsmoment primär auf der Ebene zwischenmenschlichen Handels aktualisiert, ist eher Tugend als selbst Strukturmoment – und das obwohl Wendland an anderer Stelle die „Gefahr" der Leitbegriffs „verantwortliche Gesellschaft" benennt, „einseitig auf den Bereich des personalen Verhaltens eingeengt zu werden" (Wendland 1965b, 71).
429 Vgl. zum Charakter göttlicher Anordnung bes. Wendland 1973, 81–84, Zitat auf S. 81. Wendland übernimmt W. Künneths Begriff der „Erhaltungsordnungen" (a.a.O., 83). Andersseits spricht er von der „Zeitlichkeit und Vorläufigkeit aller dieser Ordnungen" (Wendland 1973, 83), betont mit dem Begriff der „verantwortlichen Gesellschaft" die „Veränderbarkeit gesellschaftlicher Strukturen" (Wendland 1965a, 14, zur Veränderlichkeit vgl. auch Wendland 1973, 27) und macht die „Ordnung der Gesellschaft" zum Gegenstand menschlicher Planung (vgl. auch für das Zitat Wendland 1965b, 65).
430 Vgl. Wendland 1973, 81–83, Zitat auf S. 82.

artigen Relationen gefaßt; alle Ordnungen aber dienen dem Gegenüber von Mensch und Mitmensch und dessen Erhaltung.[431]

Damit sakralisiert Wendland nicht eine konkrete historische Formation von Staatlichkeit, Ehe und Arbeit zur göttlichen Ordnung, sondern macht die Ordnungen gerade zu am Zweck der Erhaltung orientierten, menschlichen Gestaltungs- und Verantwortungsbereichen, in denen die Amtsträger „dem anordnenden Gott verantwortlich sind".[432] Damit nimmt er die menschliche Verantwortung für die Ordnung der Gesellschaft, die der Begriff „verantwortliche Gesellschaft als sozialethische Kategorie begründet, nicht zurück, relativiert diese Verantwortung aber durch ihre Einordnung zu einer nicht grundsätzlichen Gestaltungsverantwortung: Die Institutionen sind bei Wendland in ihrer Gestalt „dem Willen und der Verantwortung der Menschen anvertraut" und bleiben als Teil menschlichen Gestaltens für die „Mächte des Bösen" anfällig.[433] Das gilt für Wendland aber nicht grundsätzlich: Die Ordnungen Staat, Arbeit und Ehe erscheinen als göttlich gesetzt und in diesem Gesetztsein dem verantwortlichen Gestalten von Menschen gerade entzogen.[434] Auf fundamentalethisch-abstrakter Ebene kann dies zunächst als gut und unproblematisch erscheinen, weil so über die Unterscheidung von grundsätzlicher Konstitution und konkreter Ausgestaltung von Ordnung – kurzer gesagt: vom Dass und Wie der Ordnung – göttliches Anordnen und menschliches Gestaltungshandeln auf eine Weise zusammengedacht werden, in der jenes zur Orientierung für dieses wird. Dass Menschen etwa in Ehen leben wäre dann als göttliche Anordnung vorgestellt, wie sie dies tun und verstehen als menschliches Gestalten. Die menschliche Verantwortung für die Ordnung der Gesellschaft wäre dann als eine Verantwortung für die Gestaltung dieser Ordnung vorgestellt, die Grenze und Maßstab im göttlich gesetzten Dass dieser Ordnung findet.

Dennoch trägt auch die so interpretierte und konkretisierte Imagination die Spur des Wendlandschen Ringens zwischen emanzipativem Potential der verantwortlichen Gesellschaft als sozialethischer Kategorie einerseits und ordnungstheologischen Vorstellungen anderseits an sich. Deutlich tritt diese Spur vielleicht noch nicht auf der Ebene fundamentalethischer Abstraktion, wohl aber bei der Verhandlung material- und bereichsethischer Fragen hervor. Dort nämlich zeigt sich die Schwierigkeit, die Grenzlinie zwischen dem Gegenstand menschlicher

---

431 Wendland 1973, 82.
432 Vgl. auch für das Zitat Wendland 1973, 83–84, Zitat auf S. 84. Wendland spricht auf dieser Seite von „Institutionen, um den geschichtlichen, und zwar vor allem den sozialen und rechtlichen Charakter dieser Ordnungen zu erfassen." (ebd.)
433 Vgl. auch für die Zitate Wendland 1973, 85.
434 Vgl. auch für die Nennung der drei Ordnungen Wendland 1973, 81.

Gestaltung hier und dem, was als göttlich gesetztes Dass der Anordnung gelten soll, dort eindeutig zu ziehen. In der Konsequenz der referierten Vorstellungen Wendlands läge etwa, dass die Abschaffung der Ehe nicht als Akt der verantwortlichen Gesellschaft denkbar wäre, weil das Daß der Ehe göttliche Setzung ist, die individuelle und gesellschaftliche Ausgestaltung der Ehe aber sehr wohl in der Verantwortung des Menschen liegt. Materialethisch aber wird gerade zum entscheidenden Streitpunkt, was noch Ausgestaltung und was schon Abschaffung ist – und damit die Ziehung besagter Grenzlinie zwischen Dass und Wie. Gerade in solchem Grenzlinienstreit ist mit dem ordnungstheologischen Grundgedanken göttlicher Setzung diskurspraktisch ein Theologumenon beibehalten, vermittels dessen das emanzipative Potential verantwortliche Gesellschaft wieder stillgelegt werden kann.

Trotz dem, was ich als „Ringen" interpretiert habe, gilt: Als sozialethische Kategorie lässt die „Verantwortliche Gesellschaft" Verantwortung nicht nur als Verantwortung in Ordnung, sondern auch als Verantwortung für Ordnung imaginieren.

4.2.1.3 Gegebene Verbindlichkeit (Rendtorff)

Beim Wendland-Schüler[435] Rendtorff zeigt sich die Ordnungsimagination in der Folge einer Kernaussage seiner Ethischen Theologie als Imagination des „Gegebensein[s] des Lebens", die ich Gegebenheitsimagination nennen werde: „Das Gegebensein des Lebens ist die elementare Voraussetzung, die in allem konkreten und bestimmten Handeln immer schon in Anspruch genommen wird."[436]

Dies stellt Rendtorff nun nicht nur in theoretischer Beobachtungsperspektive nur als philosophische These fest, sondern schreibt davon, was passiert, wenn „dieser Ausgangspunkt [...] im Handlungsbewußtsein des Menschen sein Recht verlangt".[437] Damit hat er das Dogma „Gegebensein des Lebens" selbst als praktische Imagination eingeführt, die Praxis da prägen soll, wo Handelnde in der Vorstellung von dieser „elementare[n] Voraussetzung" ihres Handelns ihr Leben führen.[438]

Indem Rendtorff nun die Implikationen dieser Voraussetzung beschreibt, profiliert er gleichzeitig die Imagination „Gegebensein des Lebens". Mit der Imagination „Gegebensein des Lebens" sieht Rendtorff die mögliche Verantwortung des Menschen limitiert: „Handeln kann sich als konkrete Verantwortung [...] nur in den

---

435 Zur Verbindung von Trutz Rendtorff und Wendland vgl. Dietzel 2017, 88–89, 101, 107.
436 Rendtorff 1990, 63. Vgl. ähnlich Rendtorff 1991b, 16.
437 Vgl. auch für das Zitat Rendtorff 1990, 63.
438 Für die Zitate vgl. Rendtorff 1990, 63.

Grenzen eines dem Menschen gegebenen Lebens gestalten."[439] Das scheint sich zunächst auf die Handlungsmöglichkeiten im Rahmen eines kontextuell gegebenen und zeitlich wie örtlich begrenzten Lebens zu beziehen. Es meint m.E. auch die im Horizont des kontextuell gegebenen Lebens überlieferten oder vor diesem Hintergrund denkbaren, aber noch nicht in Geltung stehenden, möglichen Sollensforderungen; denn Rendtorff verknüpft die Imagination „Gegebensein des Lebens" mit der Vorstellung „elementare[r] Verbindlichkeiten", die im „empfangenen Leben[.] [...] mitgesetzt" seien, weil es nicht erst sekundär ein Leben in Sozialität sei.[440] Daran bindet Rendtorff alle anderen Verbindlichkeiten:

> Was immer als Sollen im ethischen Bewußtsein gewußt wird und sich in wechselnden inneren Lebenssituationen auch verschieden darstellt, erhält seine innere konstante Verbindlichkeit aus der Appellstruktur des empfangenen Lebens selbst.[441]

Das scheint nicht nur formal, sondern insofern auch materiell zu gelten, als Rendtorff betont, dass das ethische Subjekt in seinem individuellen Entscheiden nie am „Nullpunkt" anfängt und das „ethische Bewußtsein" immer „Stoff" braucht, demgegenüber es sich zustimmend oder diesen verändernd verhalten kann.[442] Nicht schon dieser Umstand, sondern ihn zu betonen, zeichnet den Ausgangskontext als responsibilisierendes und Verantwortung limitierendes Bild ins Imaginäre ein: Als verantwortlich kann sich das darin beschriebene Subjekt nur von denjenigen Verbindlichkeiten ausgehend vorstellen, in denen es sich kontextuell vorfindet. Responsibilisierend ist diese Situierung über die Zuweisung der limitierten Verantwortung und deshalb, weil das Subjekt in dieser Situation für die von ihm in der Lebensführung befolgten und reproduzierten[443] Verbindlichkeiten Rendtorff zufolge wohl insofern verantwortlich ist, als es für die eigene Lebensführung verantwortlich ist.[444]

Mit der Vorstellung „elementare[r] Verbindlichkeiten"[445]führt Rendtorff die Imagination „Gegebensein des Lebens" so implizit nicht nur, aber auch als Gegen-

---

439 Rendtorff 1990, 63.
440 Vgl. auch für die Zitate Rendtorff 1990, 66. Das ist zunächst die Bestimmung „zur eigenen Lebensführung" (vgl. auch für das Zitat Rendtorff 1990, 65).
441 Rendtorff 1990, 65.
442 Vgl. Rendtorff 1990, 133, 22, Zitate in dieser Reihenfolge auf S. 133, 22, 22.
443 Vgl. zu dieser Reproduktion von Geltung: „Die *Lebensführung* ist dann aber selbst von konstitutiver Bedeutung für die *Geltung von Prinzipien*." (Rendtorff 1990, 133, kursiv im Original)
444 Vgl. zu letzterem etwa Rendtorff 1990, 9.
445 Rendtorff 1990, 66.

bild zu der von Taylor rekonstruierten, modernen sozialen Imagination von Individualität und Sozialität ein:[446]

> Die Theorie kann nicht von einer in sich unbegrenzten Handlungskompetenz des Menschen ausgehen, die erst sekundär durch die Notwendigkeit, mit anderen Menschen zusammenzuleben, eingeschränkt würde.[447]

Dagegen betont Rendtorff das „Miteinander von *Abhängigkeit und Freiheit eines verdankten Lebens*":[448] Er stellt damit Menschen als immer schon auf einander Angewiesene und darin gleichzeitig Freie vor.[449]

Auch wenn Rendtorff die Freiheit des Subjekts zur eigenen Stellungnahme in und gegenüber diesen „elementare[n] Verbindlichkeiten" unterstreicht,[450] tradiert er mit der Hervorhebung dieser Verbindlichkeiten im „Gegebensein des Lebens", was systematisch eine Voraussetzung von Ordnungstheologie ist. Dabei betont er zwar, dass die Verbindlichkeit von „Schöpfungsordnungen [...] nicht über eine ontologische Wesensbestimmung von Ordnungen zu erschließen" ist, „sondern an der Erfahrung ihres tatsächlichen empirischen Anspruchs" hängt.[451] Praxistheoretisch gesehen ist diese zweite, von Rendtorff gewählte Option aber Teil eines praktischen Zirkelschlusses: Als Anspruch können Gegebenheiten ja nur vor dem Hintergrund der Imagination „Gegebensein des Lebens" erfahren werden, die Rendtorff selbst diskurspraktisch voraussetzt und tradiert, indem er sie im „Handlungsbewußtsein" aufzufinden meint.[452] Der imaginative Anteil liegt hier darin, das beschreibbare Vorhandensein von Leben und Ethos, in dem jedes Subjekt sich wiederfindet, als „elementare Verbindlichkeit" zu deuten.[453] Damit hat Rendtorff eine Imagination konnotiert, die die dogmatischen Setzungen für das imaginierende Subjekt unsichtbar macht, indem die Imagination diese Setzungen dem Handlungssubjekt als

---

446 Vgl. C. Taylor 2004, 17–22. Charakteristisch für dieses Imaginäre bei Taylor ist im Gegensatz zu dem gleich von Rendtorff zitierten das Primat des Individuums (vgl. a.a.O., 18, 20, wo Taylor etwa schreibt: „The individual seems primary [...]." (a.a.O., 18).
447 Rendtorff 1990, 66. Vgl. auch: „Am Anfang steht nicht das wählende und frei agierende Subjekt, sondern dieser Anfang bildet sich für uns immer in einem Kontext gegebenen Lebens [...]." (Rendtorff 1991b, 16)
448 Rendtorff 1990, 66, kursiv im Original.
449 Vgl. Rendtorff 1990, 66.
450 Vgl. Rendtorff 1990, 22, 60, 66, 114, 117–118, Zitat auf S. 66.
451 Vgl. auch für die Zitate Rendtorff 1990, 125. Kritisch setzt sich Rendtorff etwa auch da mit Ordnungstheologie auseinander, wo er von „öffentlicher Verantwortung der Kirche" schreibt (vgl. Rendtorff 2004, 384–385, Zitat auf S. 384).
452 Sie oben und vgl. wie oben für das Zitat Rendtorff 1990, 63.
453 Vgl. Rendtorff 1990, 65–66, Zitat auf S. 65.

„immer schon in Anspruch genommen[e]" Voraussetzung, als *„Grundsituation der Ethik"* oder gar als Erfahrung erscheinen lässt.[454] Das ist insofern ambivalent, als Erfahrungsplausibilität oder -transzendentalität damit einerseits als dogmenkritische Instanz eingeführt sind, andererseits aber gerade kaschierend funktionieren können, indem sie dem Theologen ermöglichen, dogmatische Setzungen als immer schon vorausgesetzte Selbstverständlichkeiten der Erfahrung auszugeben und so dem Diskurs zu entziehen. Letzteres ließ sich wie oben ausgeführt (s. 3.3.2.2) gerade an Rendtorffs Behandlung von Homosexualität beobachten, in der ein diskursiv nicht als solches explizit ausgewiesenes, heteronormativ enggeführtes Verständnis von Ehe zum selbstverständlich gegebenen Maßstab wird: Dass sich Homosexualität nicht „in einem erkennbaren überindividuellen Sinne als eine Grundstruktur des Lebens" ausweisen ließe,[455] ist eine quasi-dogmatische Setzung, die im Horizont von Rendtorffs Gegebenheitsimagination als Teil gegebenen Lebens ausgegeben wird.

Am Ort des Individuums setzt diese Gegebenseinsimagination als ihre Plausibilitätsbedingung einen Erfahrungskontext voraus, in dem das gegebene Leben und die darin als Ausgangspunkt gegebenen Verbindlichkeiten zumindest auch – wenn nicht gar überwiegend – subjektiv als gut, freiheitsförderlich und insgesamt erfüllbar erlebt werden können. Ins sozial Imaginäre sickert diese Imagination vom „Gegebensein des Lebens" da ein, wo für die mit kommunikativer Macht ausgestatteten Milieus in der jeweiligen Gesellschaft diese Plausibilitätsbedingungen jeweils subjektiv erfahrbar sind. Die in praxeologischer und gerade von Bourdieu her wichtige soziale Situierung des imaginierenden Subjekts verschärft die angesprochene Ambivalenz. Denn die Erfahrungen und das Handlungsbewusstsein, in die der Akt dogmatischer Setzung elementarer Verbindlichkeiten zurückgezogen wird, sind offenbar klassen- und milieuspezifisch. So wird als elementar verbindlich rekonstruiert und als allgemein menschlich behauptet, was eigentlich nur Standesethos eines Milieus ist.

4.2.1.4 Fazit

In den theologischen Diskursen des 20. Jahrhunderts hat Verantwortung also auch die Imagination einer gesellschaftlichen Ordnung konnotiert. Diese Vorstellung von Ordnung lokalisieren den Einzelnen in einem Netz von Beziehungen, das vermittels der Stellvertretungs- oder Mitmenschlichkeitsimagination als responsibilisierend erlebt werden kann. Damit setzten die Ordnungsimaginationen Beziehungs- und potentiell auch Begegnungsimaginationen in Kraft und wirken so indirekt responsibilisierend. Wie in Auseinandersetzung mit Bonhoeffer, dem Konzept der

---

454 Vgl. Rendtorff 1990, 63, 125, beide Zitate auf S. 63, kursiv im Original, zur Erfahrung s. a. a. O., 125.
455 Vgl. auch für das Zitat Rendtorff 1991a, 70.

„verantwortlichen Gesellschaft" und Rendtorffs Ethischer Theologie gezeigt, ist diese Imagination je nach inhaltlicher Profilierung in unterschiedlichen Dimensionen ambivalent:

(1) Die Ordnungsimagination schillert erstens dazwischen Verantwortlichkeiten zu ordnen und eine zu verantwortende Ordnung zu meinen. Bei Bonhoeffer, vor allem aber bei Wendland ist beides präsent: Einerseits gibt die imaginierte Ordnung der Verantwortung des Imaginierenden einen Ort und begrenzten Verantwortungsbereich. Andererseits ist die Ordnung selbst gesellschaftlich zu gestalten und also zu verantworten.

(2) Bei Bonhoeffer beinhaltet die Ordnungsimagination wie auch in vielen anderen Theologien die dritte Instanz des Ordnung setzenden und beauftragenden Gottes. Dies schillert dazwischen, entweder eine gesollte Ordnung als kritischen Maßstab für die tatsächliche oder eben die tatsächliche Ordnung selbst religiös zu legitimieren. Dieses Schillern zwischen zu gestaltender Ordnung und religiöser Aufladung macht die Imagination im Lichte des Diskurskriteriums und des Freiheitskriterium ambivalent: Die religiöse Aufladung der Ordnung entzieht diese dem Diskurs, kann aber der freiheitsorientierten Kritik eine Grundlage geben. Die Mitgestaltung von Ordnung entspricht dem Diskurskriterium, kann aber die Bedingungen von Freiheit überfordern.

(3) Bei Rendtorff klingt die Ordnungsimagination als Imagination des gegebenen Lebens, als Gegebenheitsimagination also, an, die Erfahrungsplausibilität und -transzendentalität als Maßstab vorstellt. Dies schillert dazwischen, lebensweltliche Aneignungs(un)möglichkeiten zum kritischen Maßstab für dogmatisch gesetzte Ordnungen zu machen oder eigene dogmatische Setzungen von Verbindlichkeiten hinter ihrer vermeintlichen und immer bloß kontext- und klassenspezifischen Erfahrungsplausibilität zu verstecken und so dem Diskurs zu entziehen. Es schillert also dazwischen, Freiheit zu fördern oder dem Diskurs zu entziehen, zwischen Diskurskriterium und Freiheitskriterium.

4.2.2 Verantwortung in außerordentlichen Situationen: die Wagnisimagination

Die Rede von Verantwortung ist auch ein „Krisenphänomen":[456] So schrieb Max Weber „Politik als Beruf" inmitten der „Kämpfe um die politische Neuordnung

---

[456] Heidbrink nennt die „Konjunktur des Verantwortungsprinzips [...] ein *Krisenphänomen*" (Heidbrink 2007, 162, kursiv im Original); Hartmut Kreß hat bezugnehmend auf die erste Hälfte des 20. Jhd. Verantwortung trefflich als „Krisenbegriff" bezeichnet (vgl. auch für das Zitat Kreß 1997, 116 – 118). Prüller-Jagenteufel zufolge hat „Bonhoeffer die Ethik vor allem als ein Krisenphänomen"

Deutschlands" nach dem ersten Weltkrieg, Dietrich Bonhoeffer verfasste die Ethik-Fragmente angesichts der „Zerstörung der Rechtsordnung durch die NS-Diktatur".[457] Beide Male staffieren Krise, Zusammen- oder Umbruch von Ordnungen die Bühne für die Situation, in der der Verantwortungsbegriff hilfreich scheint. Schon begriffsgeschichtlich ist Verantwortung so mit Situationen verbunden, die Menschen nicht mehr als Teil einer selbstverständlich geltenden Ordnung begreifen konnten, sondern als *außerordentlich* im buchstäblichen Sinne erlebten.[458] Von daher wäre es naheliegend, dass „Verantwortung" die Außerordentlichkeit als ihren eigenen Entdeckungszusammenhang im Imaginären weiter konnotiert.[459] Gerade für und anhand von Bonhoeffers Spätwerk lässt sich dies klar zeigen: Wenn er dort seinen Verantwortungsbegriff entwickelt, scheint die außerordentliche Situation, in der und für die er dies tut, immer wieder durch – und diese Situation erscheint ihm als Situation der Entscheidung.[460]

(1) *Freies Wagnis*. In der ersten Fassung des Fragments „Die Geschichte und das Gute" verbindet Bonhoeffer die Übernahme von Verantwortung mit der Vorstellung einer spezifischen Situation, die er „echte ethische Situation" nennt.[461] Diese Situation qualifiziert Bonhoeffer als den „Augenblick", in dem eine „Entscheidung" zu treffen ist[462] – darin klingt die asymmetrisch-personalistische Imagination nach. Aber vermutlich anders als in dieser gilt hier:

> [D]ie Entscheidung fällt nicht mehr zwischen dem klar erkannten Guten und dem klar erkannten Bösen, sondern sie wird im Glauben gewagt angesichts der Verhüllung des Guten und des Bösen in der konkreten geschichtlichen Situation. (DBW 6, 220)

---

verstanden und „primär in Grenzsituationen gefordert" gesehen (vgl. auch für die Zitate Prüller-Jagenteufel 2004, 363).
457 Vgl. dafür und auch für die Zitate Huber 1990, 138, 141. Zur „Kulturkrise im zeitlichen Umfeld des Ersten Weltkriegs", in der Weber und Schweitzer schrieben vgl. Kreß 1997, 117–118, Zitat auf S. 117.
458 Mit dem Begriff „außerordentlich" lehne ich mich hier bewusst an Bonhoeffers eigene Wortwahl an, der von der „außerordentliche[n] Situation" spricht (DBW 6, 272).
459 Dieser Gedanke lässt sich auf Wolfgang Huber zurückführen, der die Differenz „zwischen der normalen Situation der Funktionsverantwortung und der außergewöhnlichen Situation der stellvertretenden Verantwortung" erwähnt (Huber 2012b, 74) und dabei Bonhoeffers Verantwortungsbegriff implizit über den Stellvertretungsbegriff teilweise in die Nähe von letzterer gerückt hat. Zudem ordnet Huber Bonhoeffers Verantwortungsbegriff in dessen „außerordentliche Situation" (DBW 6, 272) ein: „Auf dem Höhepunkt seiner konspirativen Tätigkeit formuliert Bonhoeffer sein Verständnis von Verantwortung und Verantwortungsethik." (Huber 1990, 141)
460 Vgl.: „Der Abschnitt über das Moment der Freiheit in der Struktur verantwortlichen Lebens spiegelt deutlich die Situation der in der Konspiration Verantwortlichen." (DBW 6, Nachwort der Herausgeber, 429)
461 Vgl. auch für die Zitate DBW 6, 220.
462 Vgl. auch für die Zitate DBW 6, 220.

4.2 Situierende Imaginationen von Verantwortung — 469

Dies ist, wie bereits entfaltet, die Situation von Sollenskontingenz und -konflikt (3.2.3.2). Weil die Entscheidung „gewagt" werden muss, nenne ich diese Imagination einer außerordentlichen Situation Wagnisimagination.[463]

In der entsprechend vorgestellten Situation ist das „Subjekt des Handelns [...] nicht mehr der isolierte Einzelne, sondern der für andere Menschen Verantwortliche", steht also in den konkreten Beziehungen, die die Stellvertretungsimagination als Verantwortung vorstellte.[464] Gleichzeitig stellt Bonhoeffer in dem, was ich Wagnisimagination nenne, die zu treffende Entscheidung als eine „in *Freiheit*" vor:[465] Sie ist weder durch „ein allgemeingültiges Prinzip" noch von einem „klar erkannten Guten" vorbestimmt.[466] Bonhoeffer spricht von der „Freiheit des Wagnisses" (DBW 6, 227).

Das Subjekt erscheint also als eines, das sich in Sozialität einbezogen weiß und gleichzeitig eine unabhängige Entscheidung zu treffen hat;[467] beides verlagert Bonhoeffer in die „Struktur des verantwortlichen Lebens", die „durch ein doppeltes bestimmt [sei, FH]: durch die Bindung des Lebens an Mensch und Gott und durch die Freiheit des eigenen Lebens."[468] Während er „*Bindung*" über „*Stellvertretung*" und „*Wirklichkeitsgemäßheit*" qualifiziert, verbindet er das Freiheitsmoment mit der „*Selbstzurechnung*" und der Kategorie des „*Wagnis*".[469] Was ich entsprechend Wagnisimagination nenne, lässt das verantwortliche, in Sozialität gebundene Subjekt sich folglich als ein vor die freie, zu wagende und zu vertretende Entscheidung gestelltes vorstellen.

Das Freiheitsmoment[470] darin steht insofern in Kontinuität zu den Ausführungen in der „Nachfolge", als Bonhoeffer dort betont hatte, dass der „Ruf Jesu in die Nachfolge" den Gerufenen „zum Einzelnen" mache[471] und so von anderen Verbindlichkeiten befreie, dem Gesetz zum Beispiel.[472] Diese Unabhängigkeit von allen

---

463 Zum Wagnischarakter siehe gleich ausführlicher.
464 Vgl. DBW 6, 219–220, Zitat auf S. 220.
465 Vgl. auch für das Zitat DBW 6, 220, kursiv im Original.
466 Vgl. auch für die Zitate DBW 6, 220.
467 Vgl. DBW 6, 220–221, 224, 256–258, 260.
468 Vgl. auch für die Zitate DBW 6, 256. Vgl. auch seine Rede von der „befreienden Bindung an Gott und den Nächsten, wie sie mir in Jesus Christus begegnen" (DBW 6, 284). Vgl. für „Freiheit und Bindung" bei Bonhoeffer auch Tödt 1993i, 67, der wegen Bonhoeffers Kombination dieser Momente von „kommunikative[r] Freiheit" spricht (vgl. auch für das Zitat ebd.).
469 Vgl. auch für die Zitate DBW 6, 256, kursiv im Original. Zu diesen „vier Strukturelemente[n]" vgl. auch Huber 2019, 221, dort auch das Zitat, und Jähnichen 2005, 103.
470 Vgl. zu Freiheit und Bindung als Momenten in der „Struktur des verantwortlichen Lebens": DBW 6, 256, dort auch das Zitat. Vgl. dazu auch Jähnichen 2005, 103.
471 Vgl. auch für die Zitate DBW 4, 87.
472 Vgl. DBW 4, 46–47, 48–49, 51.

Bindungen, in denen der Handelnde dennoch steht, ist charakteristisch dafür, wie die Wagnisimagination die Situation des Handelnden darstellt:

> In konkreter Verantwortung handeln heißt in *Freiheit* handeln, ohne Rückendeckung durch Menschen oder Prinzipien *selbst* entscheiden, handeln und für die Folgen des Handelns einstehen. Verantwortung setzt letzte Freiheit der Beurteilung einer gegebenen Situation, des Entschlusses und der Tat voraus. [...] Es muß beobachtet, abgewogen, gewertet werden, alles in der gefährlichen Freiheit des eigenen Selbst. (DBW 6, 220)

In Freiheit müssen unterschiedliche Faktoren abgewogen werden, einschließlich aller möglichen Konsequenzen, aber die Entscheidung ist letztlich durch keinen dieser Faktoren gebunden.

(2) Die *paradigmatische Situation* für diese „echte ethische Situation" (DBW 6, 220) scheint bei Bonhoeffer die Situation *außerordentlicher Entscheidungen* zu sein: Diese Situation trägt die Spuren der Situation, in der Bonhoeffer sich befand, als er die Ethik schrieb, während er an der Verschwörung gegen Hitler teilnahm:[473]

> Dort wo die sachliche Befolgung des formalen Gesetzes eines Staates [...] durch den Verlauf des geschichtlichen Lebens zusammenprallt mit den nackten Lebensnotwendigkeiten von Menschen, tritt verantwortliches sachgemäßes Handeln aus dem Bereich des Prinzipiell-Gesetzlichen, des Normalen, des Regulären vor die durch kein Gesetz mehr zu regelnde, außerordentliche Situation letzter Notwendigkeit. (DBW 6, 272)

In solchen Situationen gehe es „unmittelbar" um „freie Verantwortung des Handeln"[474] – damit hat Bonhoeffer diesen Verantwortungsbegriff mit jener „außerordentliche[n] Situation" verbunden. Während er die im Folgenden zu nennenden Charakteristika freier Verantwortung dieser als solches im Allgemeinen zuschreibt, werden sie doch besonders deutlich und anschaulich, wo sie auf solch außerordentliche Situationen bezogen werden. Die „außerordentliche Situation" ist das

---

473 Vgl. Nachwort der Herausgeber DBW 6, 429 und dort wie bereits zitiert „Der Abschnitt über das Moment der Freiheit in der Struktur verantwortlichen Lebens spiegelt deutlich die Situation der in der Konspiration Verantwortlichen." (ebd.) Vgl. dazu auch Prüller-Jagenteufel 2004, 369. Zur „Teilnahme an der Verschwörung gegen Hitler" als Kontext von Bonhoeffers Ethik und insbesondere als Kontext seines Wagnisbegriffs vgl. Krötke 1995, 43–46, Zitat auf S. 43.

Huber ordnet das im Haupttext folgende Zitat Bonhoeffers in seinen historischen Kontext ein und damit Bonhoeffers eigener Situation zu: „Bonhoeffer nahm den Zweiten Weltkrieg als ein Ereignis wahr, in dem ‚nackte Lebensnotwendigkeiten der Menschen' durch kein Gesetz mehr zu regeln waren." (Huber 2019, 152)

474 Vgl. auch für beide Zitate DBW 6, 273.

praktische Modell für das, was ich Wagnisimagination nenne und was dann wiederum auch die gewöhnliche Verantwortung prägen soll (vgl. DBW 6, 285–287).[475]

Dass die außerordentliche Situation diesen Modellcharakter hat, zeigen die Parallelen zwischen der von ihm beschriebenen ethischen Situation und den Situationen, in denen Bonhoeffer selbst war, etwa der Folgenden:[476] 1939 hatte Henry Smith Leiper, Sekretär beim „Federal Council of Churches", offenbar angeregt von Reinhold Niebuhr für Bonhoeffer die Möglichkeit (mit)organisiert, deutsche Emigranten „im Auftrag des *American Committee for Christian German refugees in the City of New York*" zu betreuen.[477] Chance und Problem für Bonhoeffer: „Die Annahme eines solchen Postens aber hätte den Rückweg nach Deutschland von vornherein abgeschnitten."[478] Angesichts dieser Möglichkeit ringt Bonhoeffer im Juni 1939 in New York mit der Entscheidung, in der es offenbar kein eindeutiges Gutes gab.[479] Das zeigt eindrücklich etwa der Briefwechsel mit besagtem Henry Leiper:[480] Einerseits spricht aus Bonhoeffers Briefen die Dankbarkeit für die Hilfe; Bonhoeffer beschreibt die Möglichkeiten der angebotenen Arbeit in den USA (vgl. DBW 15, 188), hält aber gleichzeitig fest: „The only thing that makes me hesitate at the present moment of decision is the question of loyalty to my people at home" (DBW 15, 188).[481] Auch nach der Entscheidung gegen die Stelle bleibt Bonhoeffer hin- und hergerissen:[482] eine „außerordentliche Situation" konfligierender Verantwortungen.[483]

---

475 Grundlage dafür ist, was auch Huber betont, dass nämlich bei Bonhoeffer „für das *Normale* und das *Außergewöhnliche* keine unterschiedlichen Kriterien ins Spiel gebracht" werden (Huber 2019, 225, kursiv im Original).
476 Traugott Jähnichen hat ausführlicher die Entscheidungssituationen Bonhoeffers des Jahres 1939 rekonstruiert, insbesondere die hier im Haupttext behandelte Entscheidung, aus den USA nach Deutschland zurückzukehren, um von daher Teile von Bonhoeffers Schriften zu interpretieren (vgl. Jähnichen 2005, insbes. S. 90–100). Prüller-Jagenteufel gilt diese im Folgenden beschriebene Situation gar als „hermeneutischer Schlüssel" (vgl. auch für das Zitat Prüller-Jagenteufel 2004, 363): „Als hermeneutischer Schlüssel zu Bonhoeffers Verständnis von freier Verantwortung und damit auch Freiheit der Entscheidung kann sein Ringen im Juni 1939 gelten, ob er im Exil in den USA bleiben oder aber nach Deutschland zurückkehren sollte." (ebd.)
477 Vgl. Leipers Brief an Samuel McCrea Cavert (DBW 15, 177–178) und Bethge 1989, 732–733, Zitate auf S. 732 und 733, im Original kursiv.
478 Bethge 1989, 733.
479 Zu diesem „innere[n] Kampf" vgl. Bethge 1989, 732–737, Zitat auf S. 733.
480 Die Briefe lagern genauso wie anderes Material von und zu Bonhoeffer im Archiv der Burke Library des Union Theological Seminary in New York, wo ich neben vielem anderen auch diese Briefe einsehen konnte: Ich danke den Archivmitarbeiter:innen für die Möglichkeit zur Recherche dort im November 2018. Veröffentlicht sind die Briefe soweit hier zitiert in DBW 15, 187–193.
481 Vgl. zu dieser Verbundenheit auch Jähnichen 2005, 93–94, 96, 99–100.
482 Vgl. Bethge 1989, 735–736.

(3) *Charakteristisch* für das, was sich bei Bonhoeffer als Wagnisimagination rekonstruieren lässt, ist eine spezifische Bestimmung des Verhältnisses von Gesetzlichkeiten, Normen, Normalität und Ordnungen einerseits und dem Außerordentlichen, dem Wagnis anderseits.[484] Der frei verantwortlich Handelnde weiß bei Bonhoeffer um „Gesetzlichkeiten" und folgt ihnen im Normalfall, aber er ist nicht letztlich daran gebunden, Gesetzen zu gehorchen, seien es die „Gesetze des Staates" oder der Vernunft.[485] Das wird besonders in außerordentlichen Situationen deutlich, in denen die Notwendigkeit entstehen kann, ein Gesetz zu brechen (vgl. DBW 6, 274, 280, 283, 298 f).[486] Diese „gefährliche[.] Freiheit" (s.o., DBW 6, 220) ist aber insofern grundsätzlich und im Nicht-Außergewöhnlichen ein Charakteristikum freier Verantwortung, als derjenige, der ein Gesetz befolgt, Bonhoeffer zufolge nie das Gesetz für sein Handeln verantwortlich machen kann, sondern selbst verantwortlich bleibt:[487] „Es gibt kein Gesetz, hinter dem der Verantwortliche hier Deckung suchen könnte." (DBW 6, 274) Auch Gehorsamsverhältnisse nullifizieren Verantwortlichkeit nach Bonhoeffer nicht.[488]

Damit zusammen hängt, dass für Bonhoeffer diese Freiheit auch die Freiheit von der „Selbstrechtfertigung" anhand eines Gesetzes oder einer Idee beinhaltet.[489] Wird verantwortliches Handeln dergestalt als Nichtwissen „um seine letzte Gerechtigkeit" (DBW 6, 224) imaginiert, erscheint es als etwas, das gewagt werden muss; Bonhoeffer spricht entsprechend mehrfach vom „Wagnis" (DBW 6, 227, 246, 274, 285): Die verantwortliche Person wage unter Bedingungen der Unsicherheit über die Situation, die Evaluation von Handlungsoptionen und die Qualität des eigenen Handelns eine Entscheidung (vgl. DBW 6, 220 f, 246). Die Person handele und entscheide im „Bereich der Relativitäten", im „Zwielicht" zwischen Gut und Böse.[490]

In dem, was ich hier bei Bonhoeffer als Wagnisimagination rekonstruiere, kann die gewagte Entscheidung – wie auch Bonhoeffer selbst betont – folglich Schuld

---

483 Das Zitat stammt wie gesagt von DBW 6, 272. Bethge zufolge benutzt Bonhoeffer in diesem Ringen auch den Verantwortungsbegriff, vgl. Bethge 1989, 735.
484 Vgl. dazu auch Krötke 1995, 45–46, insbes. S. 46, linke Spalte.
485 Vgl. DBW 6, 271–273, Zitate auf S. 271–272 und 271.
486 Vgl. dazu auch Huber 2019, 179. Dabei ist wichtig zu beachten, was Huber betont, dass nämlich bei Bonhoeffer „für das *Normale* und das *Außergewöhnliche* keine unterschiedlichen Kriterien ins Spiel gebracht" werden (Huber 2019, 225, kursiv im Original).
487 Vgl. DBW 6, 274, 283, 284–286.
488 Vgl. DBW 6, 287–288. Vgl. dazu auch Prüller-Jagenteufel 2004, 368.
489 vgl. DBW 6, 224–225, 227, 268, 285, 288–289 Bonhoeffer spricht selbst vom „Verzicht auf jede Selbstrechtfertigung" (DBW 6, 227).
490 Vgl. auch für die Zitate DBW 6, 221, 284.

beinhalten:[491] Das Gesetz zu brechen, schaffe dieses gerade nicht ab, sondern bestätige die „Gültigkeit dieses Gesetzes".[492] Deshalb lädt Schuld auf sich, wer das Gesetz bricht.[493] Auch dieser Gedanke ist wieder besonders relevant in der „außerordentliche[n] Situation letzter Notwendigkeit", insofern Bonhoeffer über diesen Gedanken verhindert, was ihm zufolge nicht geschehen dürfe, dass nämlich „aus dem Grenzfall das Normale" wird.[494] Dass „Gesetz der Gottes- und Nächstenliebe" (DBW 6, 282) bleibt bei Bonhoeffer wie Huber betont der „Maßstab" der Schuldübernahme, was Bonhoeffers Ethik Huber zufolge deutlich von jeder bloßen „Situationsethik" unterscheidet.[495] Für die theologische Ermöglichung der *„Schuldübernahme"*[496] legt die christologische Versöhnungsimagination (4.3.3) den Grund: „Weil Jesus die Schuld aller Menschen auf sich nahm, darum wird jeder verantwortlich Handelnde schuldig" (DBW 6, 233).[497] In genau diesen Ausführungen Bonhoeffers zum Gesetz und zur Schuld ist seine „außerordentliche Situation" (DBW 6, 272) – bei allen oberflächlichen Gemeinsamkeiten – klar von dem „Ausnahmezustand" Carl Schmitts unterschieden:[498] Wer die verantwortliche Ent-

---

491 Zum Zusammenhang von Verantwortung, Wagnis und „Schuldübernahme" vgl. auch Krötke 1995, 45, dort auch das Zitat, und Jähnichen 2005, 104–105.
492 Vgl. DBW 6, 274, 298–299, Zitat auf S. 274. Vgl. dazu auch Jähnichen 2005, 104–105.
493 Vgl. DBW 6, 299. Für die Situation im konspirativen Widerstand macht etwa Moses diesen Gedanken bei Bonhoeffer explizit: „Clearly, what was exercising him was the planning of the assassination of the Führer. Given the eternal validity of the commandment 'Thou shalt do no murder,' it was obvious that the conspirators, Bonhoeffer included, were going to incur guilt for their actions." (Moses 2009, 143, vgl. dort auch für das Thema der Schuldübernahme bei Bonhoeffer). Vgl. für „den Tyrannenmord als schuldbelastetes, aber unumgänglich gefordertes Handeln" bei Bonhoeffer Tödt 1993d, 154–155, Zitat auf S. 155. Auch für Bonhoeffers Haltung zu anderen Fällen des Tötens, etwa im Verteidigungsfall im Krieg, betont Huber: „Ein Recht zur Tötung menschlichen Lebens behauptet er damit nicht; vielmehr betrachtete er das Handeln aller Beteiligten als schuldbehaftet." (Huber 2019, 153)
494 Vgl. auch für die Zitate DBW 6, 272–273. Dort heißt es: „Ebenso aber ist gewiß, daß diese Notwendigkeiten, als Urtatsachen des Lebens selbst, durch kein Gesetz mehr erfaßt werden können und selbst niemals zum Gesetz werden können." (DBW 6, 273)
495 Vgl. Huber 2019, 204–205, Zitate auf S. 204, Huber zitiert auch diese Bonhoefferstelle.
496 Zu diesem Begriff bei Bonhoeffer vgl. Huber 2019, 186, dort auch das Zitat, kursiv im Original. Zum Inhalt vgl. auch a. a. O., 202–207, zum Zusammenhang mit Verantwortung vgl. auch Tödt 1993i, 70.
497 Vgl. dazu auch DBW 6: 232–233, 237, 275–276, 279, 280–281, 283. Vgl. zu Schuldübernahme und Verantwortung bei Bonhoeffer auch Jähnichen 2005, 103–105.
498 Vgl. Schmitt 2015, 13–21, Zitat auf S. 21. „[W]er über den Ausnahmezustand entscheidet", ist bei Schmitt auch insofern „[s]ouverän", als er über der Gesetzbindung steht – das ist bei Bonhoeffer wie gesehen anders (vgl. auch für die Zitate a. a. O., 13). So schreibt Schmitt: „Dazu [zum Ausnahmezustand, FH] gehört vielmehr eine prinzipiell unbegrenzte Befugnis, das heißt die Suspendierung der gesamten bestehenden Ordnung. […] Weil der Ausnahmezustand immer noch etwas anderes ist als

scheidung wagt, steht für Bonhoeffer nicht *über* dem Gesetz, sondern *unter* „der Gnade Gottes".[499]

(4) *Plausibilität.* Insgesamt erscheint der Handelnde (sich selbst) im Horizont der Wagnisimagination bei Bonhoeffer also gleichzeitig als frei und gebunden:[500] Ausgestattet mit einer großen inneren Freiheit gegenüber allen Gesetzen oder Prinzipien und gleichzeitig seinen Mitmenschen verpflichtet sieht er sich verantwortlich und damit auch berufen, berechtigt und beauftragt in freier Verantwortung zu handeln; in diesem (Selbst-)Bild und dieser Einstellung schwingt m. E. das Ideal einer Führungspersönlichkeit mit, das John Moses anhand von Bonhoeffers Romanfragment als Ziel, Berufung und Selbstverständnis des Bildungsbürgertums beschrieben hat:[501] „What Bonhoeffer makes clear is that it was expected of a son of the *Bildungsbürgertum* at that time [...] to demonstrate his ability to lead and set the example."[502] Und:

> The German *Gymnasium* was meant also to be a microcosm of the 'nation,' certainly not dissimilar to the English public school system. In it were concentrated the educated elite who fostered their peculiar devotion to learning and cultivated ideas of superiority while, above all, acquiring the notion that in the fullness of time they would be leading the nation – whether it

---

Anarchie und Chaos, besteht im juristischen Sinne immer noch eine Ordnung, wenn auch keine Rechtsordnung. Die Existenz des Staates bewährt hier eine zweifellose Überlegenheit über die Geltung der Rechtsnorm. Die Entscheidung macht sich frei von jeder normativen Gebundenheit und wird im eigentlichen Sinne absolut." (a.a.O., 18) Genau diese Ungebundenheit trifft für die Wagenden bei Bonhoeffer nicht zu (vgl. bes. auch DBW 6, 256–257). Zur Relevanz des „Ausnahmezustand[es]" bei Bonhoeffer vgl. auch Tödt 1993i, 73–74, dort auch das Zitat.

499 Vgl. DBW 6, 224–227, 268, 272–274, 283, Zitat auf S. 225. Bonhoeffer schreibt zwar, dass besagte Situation eine „durch kein Gesetz mehr zu regelnde" (a.a.O., 272) ist und die „ultima ratio [...] jenseits der Gesetze der ratio" liegt; das ist aber m.E. von seiner Rede von der „in dieser Durchbrechung anerkannten Gültigkeit des Gesetzes" (a.a.O., 274) zu verstehen; auf die von Moses beschriebene konkrete Situation des Widerstandes bezogen (vgl. Moses 2009, 143, wie zitiert in Anm. 493 in diesem Kapitel): In Bonhoeffers Logik stünde der Tyrannenmörder nicht über dem Tötungsverbot, sondern bräche es (vgl. so auch Tödt 1993d, 154–155). Vgl. dazu und zur Gnade Gottes bei Bonhoeffer auch Huber 2019, 180.

500 Vgl. für die beiden Momente „Freiheit" und „Bindung" wie eingangs zitiert: DBW 6, 256.

501 Vgl. Moses 2009, 186–189. Ähnlich hat Wolfgang Huber diese Einstellung mit Bezug zu den Jugendlichen im Grunewald, unter denen Bonhoeffer aufwuchs, beschrieben: „[D]ie Jugendlichen bewegten sich in einem Freundeskreis, in dem man sich früh einer besonderen Berufung bewusst war. Sie vergewisserten sich ihres Wegs im Kreis von Gleichgesinnten. Das Bewusstsein, in einer Elite aufzuwachsen und zu entsprechender Verantwortung verpflichtet zu sein, prägte von früh auf das Selbstverständnis dieses Kreises." (Huber 2019, 11)

Die (bildungs-)bürgerliche Prägung von Bonhoeffers Denken und Freiheitsbegriff haben auch schon andere Bonhoefferexperten festgestellt, etwa Hans D. van Hoogstraten in dem m.W. unveröffentlichten Thesenpapier „Bonhoeffer on Responsibility" von 1980.

502 Moses 2009, 187, kursiv im Original.

be in the army, the church, the public service, or in the university or *Gymnasium* teaching professions.[503]

Genau diese Haltung klingt in den Beschreibungen der „ethische[n] Situation" (DBW 6, 220) und dessen, was ich Wagnisimagination genannt habe, bei Bonhoeffer nach. In der imaginierten inneren Freiheit auch gegenüber Gesetzen und in dem Gefühl, zuständig zu sein und entscheiden zu können, findet auch der Habitus eines Bildungsbürgertums Ausdruck, dass sich auf Führungspositionen sieht. Vor dem Hintergrund dieser klassenspezifischen Erfahrungen gewinnt die Wagnisimagination, gewinnt die Vorstellung, auch im Außerordentlichen verantwortlich zu sein, Plausibilität. Das hat Bonhoeffer selbst so gesehen und explizit gemacht.

> Nach der Lage der Dinge ist es so, daß das große Erfahrungsmaterial für das Problem der Verantwortung bei den großen Führern, Wirtschaftsunternehmern und Feldherrn gesucht werden muß; denn die wenigen Anderen, die mitten im Zwang des täglichen Lebens ein freies verantwortliches Handeln wagen, werden von der Maschinerie des allgemeinen Reglementes erdrückt. (DBW 6, 286–287)

Insofern ist auch die Wagnisimagination zunächst im sozial Imaginären einer bildungsbürgerlichen Mittel- und Oberschicht situiert.[504] Sie persistiert, wird tradiert[505] und plausibilisiert in Praktiken freien verantwortlichen Handelns, zu denen es in anderen Klassen zunächst an materiellen, strukturellen und habituellen Möglichkeiten fehlt. Diese ursprüngliche Situierung der Wagnisimagination wird gerade da zu beachten sein, wo andere gesellschaftliche Klassen und Milieus für was auch immer responsibilisiert werden, während in den entsprechenden Responsibilisierungspraktiken „Verantwortung" auch diese Wagnisimagination weiter konnotiert.

(5) *Ambivalenz*. Nicht nur daraus ergibt sich die Ambivalenz dieser Imagination. Einerseits hat sie – gerade in Bonhoeffers Fall – lebensrettende und potentiell lebensrettende Praktiken ermöglicht. Sie hat Praktiken des Widerstandes gegen ein tyrannisches, menschenverachtendes Unrechtsregime ermöglicht. Im Horizont dieser Imagination ist jedem blinden Gehorsam, jeder Abschiebung von Verant-

---

503 Moses 2009, 188, kursiv im Original.
504 Zu dieser Einordnung von Bonhoeffers Familie vgl. auch Moses 2009, 31.
505 So betont auch Huber: „Wie stark die Familie ihn prägte und ihm den Mut zur selbständigen Entscheidung und zur gelebten Verantwortung vermittelte, blieb Dietrich stets bewusst." (Huber 2019, 12)

wortung auf andere der Grund entzogen.⁵⁰⁶ Für all das ist diese Imagination zweifelsohne zu würdigen. Gleichzeitig werden im Horizont der Wagnisimagination auch bei Bonhoeffer die Semantiken vom Außerordentlichen, von „Entscheidung" und „Augenblick" sinnig, was ihn in gefährliche Nähe zum Dezisionismus bringt.⁵⁰⁷ Obwohl Bonhoeffer die „Ganzheit des Lebens" in der Verantwortung betont,⁵⁰⁸ richtet die Wagnisimagination die Aufmerksamkeit doch auf außerordentliche Entscheidungen. Das blendet den Responsepraktikencharakter von routinierten Alltagspraktiken aus.⁵⁰⁹ Es schließt zudem für den Moment auch Reziprozität aus, weil es immer einseitig gewagtes Handeln ist.⁵¹⁰ Während dies in Bonhoeffers außerordentlicher Situation sinnig ist, wird es da problematisch, wo Verantwortung auch in anderen Situationen durch ihre konnotierte Wagnisimagination auf außergewöhnliche Entscheidungen als primär zu verantwortendes fokussiert – und nicht auf Alltagsverhalten.

4.2.3 Verantwortung in der Lebensführung: die Gestaltungsimagination

Verantwortung konnotiert nicht nur die Imagination, in einer Ordnung oder in einer außerordentlichen Situation verantwortlich zu handeln, sondern quer dazu und mehr auf das unverwechselbare Leben des Einzelnen fokussiert die Situation der eigenen, unvertretbaren und unverwechselbaren Lebensführung – und zwar die Lebensführung aller und nicht nur die von „großen Führern, Wirtschaftsunternehmern und Feldherrn" (DBW 6, 286–287). Diese Imagination lässt sich anhand von Trutz Rendtorffs ethische Theologie und als deren Horizont paradigmatisch beschreiben.

---

506 Letzteres zeigt sich gerade daran, dass Bonhoeffer das Freiheitsmoment in der Verantwortung nicht nur mit dem „*Wagnis*", sondern gleichermaßen mit der „*Selbstzurechnung* des Lebens und Handelns" verbunden sieht (vgl. auch für die Zitate DBW 6, 256, kursiv im Original).
507 Eine solche Verbindung von „Ausnahmezustand" und „Dezision" vollzieht Carl Schmitt (vgl. Schmitt 2015, 13, 19, Zitate auf S. 13). Davon unterscheidet sich Bonhoeffers „außerordentliche Situation" (DBW 6, 272) wie gesagt über die Feststellung von Gesetzesgültigkeit und Schuld (s. Anm. 498 und 499 in diesem Kapitel). Zur Nähe des frühen Bonhoeffers zum Dezisionismus vgl. Huber 2019, 133; Tödt 1993f, 81. Zur Abgrenzung des späten Bonhoeffers gegen den Dezisionismus vgl. Prüller-Jagenteufel 2004, 378.
508 Vgl. auch für das Zitat DBW 6, 254.
509 Ausgeblendet wird so tendenziell, was bei Huber die „normale[.] Situation der Funktionsverantwortung" in Abgrenzung von der „außergewöhnlichen Situation der stellvertretenden Verantwortung" heißt (Huber 2012b, 74).
510 Zu diesem „Moment der Einseitigkeit" bei Bonhoeffer vgl. Huber 1990, 144–145, Zitat auf S. 144.

Zentral für Rendtorffs ethische Theologie ist der bereits beschriebene Gedanke: „Der Mensch ist verantwortlich für sein Leben" und seine Lebensführung.[511] Das klingt banal, ist aber keineswegs selbstverständlich. Es ließe sich ja einerseits behaupten, dass nicht *alle* Menschen verantwortlich für ihr Leben sein seien, sondern nur besondere, adlige oder privilegierte, oder andererseits, dass sie *nicht verantwortlich* seien, sondern vielmehr die göttliche Vorsehung, das Schicksal, die Konstellation der Sterne oder der innere Hormonhaushalt.[512] Praxistheoretisch gesehen nimmt Rendtorff also mit der scheinbar deskriptiven Feststellung eine allgemeine Responsibilisierung vor: Er rechnet jedem Subjekt explizit Verantwortung für die eigene Lebensführung zu. Mit dieser Responsibilisierung ist eine soziale Imagination verbunden, die schon in Rendtorffs Ethik manifest wird.

In dieser Imagination stellt Rendtorff den *„Menschen als ethisches Subjekt der Lebensführung"* vor, das „zu eigener Stellungnahme fähig und gefordert" ist, dem eine (begrenzte) „Handlungskompetenz" gegeben ist, das theologisch gesehen „in einer unverwechselbaren Weise als einzelne konkrete Person Geschöpf Gottes" und als solches frei ist:[513] Der einzelne Mensch lebt nicht nur vor sich hin, sondern führt sein unverwechselbares Leben, hat „das Leben als eigenes Leben *in jedem Falle* zu verantworten", wobei das „eigene Leben' [...] unterscheidbar und unterschieden von anderem Leben" ist.[514] Rendtorff spricht nicht nur von „Einzelentscheidungen" des Subjektes, sondern von der „Gestaltung des Lebens überhaupt auf individuelle Weise" und der „Bildung eines ethisch bestimmten Lebensplans".[515] Dabei ist die verantwortliche Lebensführung aufs engste mit der individuellen Freiheit verknüpft, die sie notfalls kontrafaktisch postuliert.[516] Ausführlich war diese Freiheit des Subjekts bei Rendtorff bereits im dritten Kapitel Thema (3.3.2). Zentral für die

---

511 Vgl. Rendtorff 1990, 9, 16, 69, Zitat auf S. 9.
512 Vgl. zu diesem Gedanken der unterschiedlichen Zuschreibungs- und Konstruktionsmöglichkeiten Günther 2000, 469–470. Dort heißt es anschaulich: „In der Summe bedeutet die Zurechnung eines Ereignisses zur Verantwortung einer Person vor dem Verweisungshintergrund von Alternativen also: Statt einer handelnden Person könnte das Ereignis auch den Umständen, der Situation, anderen Personen, der Gesellschaft oder einfach dem Schicksal zugeschrieben werden." (a. a. O., 470).
513 Vgl. auch für die Zitate Rendtorff 1990, 20, 24, 66, 71, kursiv im Original. Zur *„Unverwechselbarkeit des gegebenen Lebens"* vgl. bes. Rendtorff 1991b, 17, dort auch das Zitat, kursiv im Original.
514 Vgl. Rendtorff 1990, 71, 69, 66, Zitate auf S. 69 und 66, kursiv im Original.
515 Vgl. Rendtorff 1990, 134–135, Zitate auf S. 134, 134, 135. Zum Individualismus als Teil des „modern social imaginary" vgl. etwa C. Taylor 2004, 17, dort auch das Zitat und C. Taylor 2002, 93.
516 Vgl.: „Die Verbindung des Gegebenseins der Freiheit mit dem Gegebensein des Lebens führt darum an den Ort der primär individuell zu verantwortenden Lebensführung." (Rendtorff 1990, 16) Und etwas später auf derselben Seite zum Postulatcharakter: „Individuelle Freiheit ist also auch dort noch als ethisches Postulat maßgebend, wo die Chancen menschlicher Lebensführung als Träger des ethischen Bewußtseins eher negativ eingeschätzt werden." (Rendtorff 1990, 16)

hier beschriebene Imagination ist also die Vorstellung, ich könne mein eigenes Leben auf unverwechselbare Weise selbst relativ frei gestalten und planen. Deshalb nenne ich dies die *Gestaltungsimagination:* Sie stellt – wie beschrieben – ein zur Gestaltung freies und so für die Lebensführung selbst verantwortliches individuelles Subjekt vor.

Das empfangene Leben habe – so Rendtorff – *„selbst subjekthafte Struktur"* und sei „zur eigenen Lebensführung" bestimmt.[517] Genau darin nun, dass Menschen erfahren und voraussetzen, dass ihnen jeweils ein einmaliges unverwechselbares Leben zu ihrer in seinen Grenzen freien Gestaltung gegeben ist, sieht Rendtorff den „Grund für Verantwortung".[518] In anderen Worten gesagt: Dass eigene Leben als gegebenes zu imaginieren macht es in der Vorstellung zu etwas, das es in „zu verantwortende[r] Freiheit" als Unverwechselbares zu führen ist.[519]

Teil der Imagination „primär individuell zu verantwortende[r] Lebensführung"[520] ist die Vorstellung von einer Bestimmung des Lebens genau zu dieser Gestaltung:[521] Das eigene Leben soll als genuin eigenes auch gelebt werden, da „es nur von mir selbst gelebt werden kann."[522] Damit zeichnet Rendtorff die Unvertretbarkeit der Führung und Gestaltung des unverwechselbar eigenen Lebens in diese Imagination ein.[523] Dass diese Imagination nicht individualistisch oder egoistisch missverstanden werden muss, zeigt Rendtorff dadurch, dass er das Leben immer als „Leben mit und für andere" vorstellt:[524] „Wir sind und gestalten für andere eine *Welt des Lebens.*"[525]

Inhalt dieser sozialen Imagination ist also, dass jeder Einzelmensch als zur unvertretbar eigenen und aktiven Führung seines Lebens befähigter und beauftragter, dadurch für dieses Leben verantwortlich ist. Das unterscheidet sich von der Tendenz der Wagnisimagination dadurch, dass es hier erstens nicht nur um Entscheidungsverantwortung, sondern um die Lebensverantwortung für einen Lebensplan[526] und zweitens nicht um außergewöhnliche Extremsituationen, sondern

---

517 Vgl. auch für die Zitate Rendtorff 1991b, 16, kursiv im Original. „Gegebensein und Empfangen des Lebens sind zwei Seiten desselben Sachverhaltes." (ebd.)
518 Vgl. auch für das Zitat und die Rede von *„Unverwechselbarkeit"* Rendtorff 1991b, 17, kursiv im Original.
519 Vgl. Rendtorff 1990, 64–72, 148, Zitat auf S. 148.
520 Rendtorff 1990, 16.
521 Vgl. zu dieser Bestimmung Rendtorff 1990, 65.
522 Rendtorff 1990, 66. Vgl. zum ersten Teil des Satzes: „Das Leben, das vom Menschen empfangen wird, ist das zur eigenen Lebensführung bestimmte Leben." (Rendtorff 1990, 65)
523 Vgl. (gerade zur Unvertretbarkeit) Rendtorff 1990, 66.
524 Vgl. etwa Rendtorff 1990, 137, dort auch das Zitat.
525 Rendtorff 1990, 76. Vgl. dazu auch Rendtorff 1991b, 17–18.
526 Vgl. Rendtorff 1990, 134–135.

um Alltagsverantwortung[527] geht. Bonhoeffer hatte zwar auch von der „Ganzheit des Lebens" (DBW 6, 254) gesprochen, in Bezug auf die „ethische Situation" aber doch den Entscheidungs- und Augenblickscharakter betont (s. 4.2.2).

Am Ort des Individuums setzt die Gestaltungsimagination als ihre Plausibilitätsbedingung einen Erfahrungskontext voraus, in dem das eigene Leben „als eigenes"[528], als gestalt- und planbares, kurz: als subjektiv führbares Leben erlebt wird. Damit setzt ihre Plausibilität für Praxisteilnehmende voraus, dass diese über das nötige kulturelle, ökonomische und soziale Kapital verfügen (Bourdieu),[529] das ihnen diese Gestaltung überhaupt erst ermöglicht. Nur vom unmittelbaren ökonomischen Druck entlastet entsteht die Position, nach der Gestaltung des eigenen Lebens fragen zu können.

Gleichzeitig ist die in dieser Imagination vorgestellte Gestaltungsfreiheit ambivalent. *Einerseits* können Subjekte, die über die entsprechenden Kapitalvoraussetzungen verfügen, im Horizont dieser Imagination in freier Verantwortung agieren und sich als frei und verantwortlich erleben. Das entspricht zwar zunächst dem Freiheitskriterium. Auch das ist schon nicht unproblematisch, weil hinter der Gestaltungsimagination für betreffende Subjekte das Vorliegen dieser Kapitalvoraussetzungen unsichtbar werden kann.

Andererseits kann – etwa im Sinne des von Günther beschriebenen Disziplinierungsproblems (1.1.1.1) gerade die Möglichkeit zur Gestaltung in einen Zwang zur Gestaltung umkippen, kann die Verantwortung für den eigenen Lebensplan als deprimierende Last erlebt werden. Von dieser dunkleren Seite der Gestaltungsimagination handelt Alain Ehrenbergs Arbeit über „Das erschöpfte Selbst":[530]

> Im Jahr 2000 gibt es die Pathologie eines verantwortlichen Individuums, das sich vom Gesetz der Väter und den alten Gehorsams- und Konformitätssystemen befreit hat. Depression und Sucht sind wie die Vorder- und Rückseite des souveränen Individuums, des Menschen, der glaubt, der Autor seines eigenen Lebens zu sein, während er doch Subjekt im doppelten Sinne ist: Souverän und Untertan bleibt [...].[531]

---

527 Vgl. zur Betonung des „Alltagshandeln" etwa Rendtorff 1990, 39, dort auch das Zitat. Zur „affirmation of ordinary life' in „European culture" vgl. C. Taylor 2004, 102, dort auch die Zitate. Zur Unterscheidung von Verantwortung in einer „normalen" und in einer „außergewöhnlichen Situation" vgl. Huber 2012b, 74.
528 Rendtorff 1990, 69.
529 S. oben 2.1.2.1 und vgl. Bourdieu 2015b.
530 Vgl. Ehrenberg 2015. Ich danke dem Berliner Forschungskolloquium 2017 für den Hinweis auf diesen Text. Ehrenberg wird auch erwähnt bei Heidbrink 2007, 167.
531 Ehrenberg 2015, 305.

Insofern die Gestaltungsimagination Menschen – zwar nicht nur, aber auch – als verantwortliche (Mit-) Autor:innen ihres eigenen Lebens vorstellt, trifft diese Ambivalenz die Praktiken, in denen sie wirksam besteht.

4.3 Kontextualisierende Imaginationen von Verantwortung

Spätestens seit dem zweiten Teil des zweiten Bandes von Karl Barths kirchlicher Dogmatik und der zweiten Fassung von Bonhoeffers Fragment „Die Geschichte und das Gute" ist der Verantwortungsbegriff in der evangelischen Ethik mit einer responsiven Grundstruktur verbunden.[532] „Das für die evangelische Ethik spezifische Profil des Verantwortungsbegriffs", so fasst Hans-Richard Reuter zusammen, „geht auf Einflüsse des dialogischen Personalismus zurück: ‚Ver-antwortung' ist Ausdruck der *Responsivität*[...]."[533]

Eine responsive Grundstruktur fand sich – bei sehr unterschiedlicher Bestimmung ihrer Relate – sowohl bei Heinz Eduard Tödt als auch bei Trutz Rendtorff wieder (vgl. 3.3.): Ein Mensch C gibt Antwort A auf Wirklichkeit B. Beschreibt dies konkrete Praktiken, so ist darin in ethischer Perspektive besonders interessant, wie Mensch C praktisch die Wirklichkeit B imaginiert, auf die er oder sie antwortet und die zugleich den Kontext der eigenen Antwort A liefert.[534] In den Kategorien von Praxis, Imagination und Imaginärem formuliert hängt dies wiederum entscheidend davon ab, vermittels welcher Imagination Handelnde Wirklichkeit „als"[535] Wirklichkeit erfahren und folglich auf sie antworten. Genauer gesagt: Welche Imaginationen konnotiert der Verantwortungsbegriff, die Handelnden eine Vorstellung von der Wirklichkeit vermitteln, auf die sie verantwortlich handelnd antworten? In den exemplarisch gesichteten Texten evangelischen Verantwortungsethik sind dies vor allem drei: Die Diabolizitätsimagination lässt die Wirklichkeit als von diabolischen Mächten und Unordnung durchwaltet vorstellen (4.3.1), die Fragilitätsimagination als verletzlich, zerbrechlich, ohnmächtig und hilfsbedürftig (4.3.2) und die Christus- oder Versöhnungsimagination als in Christus versöhnte Wirklichkeit (4.3.3).

---

532 Vgl. 2.3.1.3, die dort zitierte Literatur und vgl. DBW 6, 254 und ebd. auch Anm. 25 sowie in Zusammenhang damit DBW 6, Nachwort der Herausgeber, 419, 429. Bei Barth geht es wie von den DBW-Herausgebern zitiert (DBW 6, 254, Anm. 25) v. a. um KD II/2, 714–715, m.E auch schon KD II/2, 713–715 (Barth 1948b, 713–775), bei Bonhoeffer um DBW 6, 254.
533 Reuter 2011, 303, kursiv im Original.
534 Vgl. dazu 2.3.2.3 (2) und dort insbesondere die Auseinandersetzung mit Dabrock 2009, der (wie dort beschrieben) diese Struktur auch so fasst und in Aufnahme dessen ich Imaginationen derartig in die responsive Grundstruktur eingeordnet hatte.
535 Zu diesem als wie gesagt (2.3.2.3 (2)) vgl. Dabrock 2009, 132.

4.3.1 Die Diabolizität der Welt – und das Gute im Handeln

Verantwortung konnotiert immer wieder die Imagination einer sozialen Welt, die nicht gut, sondern von „Unordnung", von dämonischen und „diabolischen Mächten" durchwirkt ist, einer Welt also, in der Böses erlebt wird – in anderen Menschen, in Routinen und Strukturen oder im Sozialzusammenhang.[536] Wie weit rechnet das ethisch reflektierte Handeln mit dem Bösen in der Welt – theologisch formuliert: mit dem Gefallensein der Schöpfung? Diese Frage zielt hier nicht nur auf die Faktizität des Bösen in der Welt, sondern auf die verhaltensprägenden Implikationen individueller und sozialer Imagination davon: Nicht ob es Böses gibt, ist die entscheidende Frage, sondern ob Individuen und Gesellschaften es sich auf eine Weise vorstellen, die die erfolgreiche Bekämpfung des Bösen auch zu ihrer eigenen menschlichen Aufgabe macht – und zwar so, dass sie in ihrem Verhalten und Strukturieren mit dem Bösen rechnen. Das werde ich hier als entscheidendes Charakteristikum der Verantwortungsimagination vom Diabolischen der Welt profilieren: Nicht nur die Faktizität, nicht nur die Aufgabe der Bekämpfung des Bösen, sondern das praxisprägende Rechnen mit dem Bösen ist dieser Imagination zufolge das, was von Einzelnen und Gesellschaft erwartet werden darf.

Dass beides – die Frage nach der Faktizität des Bösen und seiner Relevanz einerseits und die Frage nach dem praxisprägenden Rechnen mit dem Bösen anderseits – auseinanderfallen kann, illustriert schon die von Max Weber typisierend beschriebene gesinnungsethische Maxime (3.2.2). Max Webers Gesinnungsethiker leugnet – etwas flapsig gesagt – ja das Üble in der Welt und seinen Handlungsfolgen nicht, sondern „wälzt" die Verantwortung dafür etwa auf Gott ab und muss so mit der Faktizität böser Folgen weder rechnen noch sich diese zurechnen.[537]

Der Begriff „Verantwortung" konnotiert schon bei Max Weber, also bereits seit den frühen Zeiten seiner nicht-juristischen Karriere, handlungsrelevante Imaginationen des Bösen. In dieser Imagination sind die beiden eben genannten Fragen in zwei Vorstellungsmomenten mit Ja beantwortet: Erstens wird die Welt als eine vorgestellt, in der Böses ist. Zweitens werden Verhalten und Strukturieren als Vollzüge vorgestellt, die mit diesem Bösen rechnen müssen. Beides konnotiert „Verantwortung". Beides wird in unterschiedlicher Begrifflichkeit in den bereits referenzierten Texten aufgerufen: Max Weber spricht vom der „ethische[n] Irrationalität der Welt"[538] und „diabolischen Mächten"[539], Heinz Eduard Tödt von dem

---

536 Zum Nachweis der zitierten Begriffe siehe unten, insbesondere 4.3.1.2 und 4.3.1.3.
537 Vgl. Weber 1994a, 80. Auch Weber spricht ebd. von „abzuwälzen".
538 Weber 1994a, 81.
539 Weber 1994a, 82, 85.

„um uns und in uns wirkende[n] Böse[n]"⁵⁴⁰, in der ökumenischen Bewegung ist von der „disorder of society"⁵⁴¹ die Rede und Heinz-Dietrich Wendland schreibt vom Dämonischen (4.3.1.3.). Um den Aspekt der Unordnung und des Bösen auf einen Begriff zu bringen, knüpfe ich an Max Weber an und spreche metaphorisch vom „Diabolischen" und folglich von der Diabolizitätsimagination. Bevor ich diese Imagination als horizontgebende bei besagten Autoren und Texten nachzuweisen versuche (4.3.1.2 und 4.3.1.3), will ich exemplarisch darauf hinweisen, dass und wie sich diese Imagination schon in den Anfängen der Geschichte des Protestantismus und noch ohne Verbindung zum Verantwortungsbegriff findet: in Martin Luthers Obrigkeitsschrift von 1523 nämlich (4.3.1.1). Insgesamt wird sich dabei zeigen, dass die konkreten Vorstellungen auf unterschiedliche Weise mit Gott rechnen und auf unterschiedliche Weise einen evaluativen Dual in der Allokation von Ambivalenzsensibilität aufmachen – beides gilt es abschließend zu explizieren (4.3.1.4).

4.3.1.1 Martin Luther

Ohne hier in den weiten Diskurs um Lutherauslegungen und insbesondere die Zwei-Regimente-Lehre einsteigen zu können, will ich im Folgenden nur knapp und nur exemplarisch anhand der Obrigkeitsschrift darauf verweisen, dass sich rückblickend das, was ich Diabolizitätsimagination nenne, bereits bei Luther findet.⁵⁴² Während Luthers Obrigkeitsschrift insgesamt auf die Begrenzung weltlicher Herrschaft zielt – so schon im Titel: „Von weltlicher Obrigkeit, wie weit man ihr gehorsam schuldig sei"⁵⁴³ – setzt er mit der Begründung von „weltlich[.] Recht und Schwert" ein, damit „nicht jemand daran zweifle, es sei durch Gottes Willen und Ordnung in der Welt".⁵⁴⁴ In und neben zahlreichen Schriftverweisen liegt ein systematischer Grund für die Notwendigkeit weltlicher Obrigkeit bei Luther in der chaotischen Bosheit des Menschen; dieser zu wehren sei die Aufgabe der Obrig-

---

540 Tödt 1988, 17.
541 Vgl. Hooft 1949, Zitat auf S. 74, im Original in Versalien.
542 Die folgende Darstellung ist deshalb eng am Luthertext gehalten und verzichtet auf eine ausführliche Diskussion der Sekundärliteratur. Für eine erhellende Auslegung der gesamten Obrigkeitsschrift vgl. Zeyher-Quattlender 2021, 123–145, für einen Überblick über die Geschichte der Diskussion um die Zwei-Regimente-Lehre vgl. a.a.O., 160–202. Grundsätzlich zu dieser Lehre bei Luther vgl. etwa Suda 2006, 117–137. Ich habe mich mit der Obrigkeitsschrift Luthers bereits auseinandergesetzt in: Höhne 2017a.
543 WA 11, 246 (M. Luther 1967, 9), im Original in Versalien. Hier und im Folgenden zitiere ich den Luthertext nach der von Kurt Aland herausgegebenen Auswahl (M. Luther 1967). Die Begriffe „weltliche Obrigkeit" und „Regiment" sind im Folgenden von Luther übernommen. Zum Anlass der Schrift vgl. etwa Suda 2006, 121.
544 Vgl. auch für die Zitate WA 11, 247 (M. Luther 1967, 10).

keit.⁵⁴⁵ Dies wird explizit deutlich, wo Luther davon handelt, warum Gott „so viele Gesetze gegeben" hat:⁵⁴⁶

> Nun aber kein Mensch von Natur Christ oder fromm ist, sondern sie allzumal Sünder und böse sind, wehret ihnen Gott allen durchs Gesetz, daß sie ihre Bosheit nicht äußerlich mit Werken nach ihrem Mutwillen zu üben wagen.⁵⁴⁷

Charakteristisch für die dabei horizontgebende Imagination vom Menschen ist dessen Bosheit.⁵⁴⁸ Luthers Bild dafür ist das des wilden Tieres; so schreibt er auf die selbstgestellte Frage, was passieren würde, wenn „jemand die Welt nach dem Evangelium" regierte:⁵⁴⁹

> Er würde den wilden, bösen Tieren die Bande und Ketten auflösen, daß sie jedermann zerrissen und zerbissen, und daneben vorgäben, es wären feine, zahme, kirre Tierlein.⁵⁵⁰

Diese Imagination der Bosheit der Menschen ist dabei auf charakteristische Weise praxis- und handlungsprägend, insofern sie vermittels der vorgestellten, auf die Bosheit bezogenen Anordnung Gottes den Sachgrund für das Walten der weltlichen Obrigkeit gibt.⁵⁵¹ Insofern bringt Luther diese Imagination auch auf individueller

---

545 Vgl.: „So ist gewiß und klar genug, wie es Gottes Wille ist, das weltliche Schwert und Recht zu handhaben zur Strafe der Bösen und zum Schutz der Frommen." (WA 11, 248 [M. Luther 1967, 11–12]) Und etwas später heißt es über das weltliche Regiment, dass es „äußerlich Frieden schaffe und bösen Werken wehret" (WA 11, 252 [M. Luther 1967, 16]).
Vgl. zu dieser Begründung von Zwang und weltlicher Obrigkeit bei Luther schon Zeyher-Quattlender 2021, 123–160, und dort bes. S. 126, 129, 134, 154, 157. Dort heißt es etwa: „Die Unfähigkeit zum Guten des Menschen nach dem Fall bewirkt, dass nach Luther eine Gesellschaft nicht ohne Zwang auskommt." (a.a.O., 134) Und: „Die Bösen sind immer in der Überzahl gegenüber den Rechtschaffenen, auf dieser Voraussetzung baut Luthers politische Ethik auf." (a.a.O., 126) Zu Luthers Menschenbild (als Grund für weltliche Ordnungen) vgl. a.a.O., 156–158, insbes. S. 157. Zur Einsetzung der weltlichen Herrschaft „zur Verhinderung von politischem Chaos" vgl. etwa a.a.O., 129, dort auch das Zitat; zum „Chaos" vgl. auch a.a.O., 126; zum Schutzzweck der Ordnungen vgl. a.a.O., 157.
546 Vgl. auch für das Zitat WA 11, 250 (M. Luther 1967, 14).
547 WA 11, 250 (M. Luther 1967, 14).
548 Zum Menschenbild Luthers als Grundlage für seine „politische Ethik" vgl. Zeyher-Quattlender 2021, 126, 154–158, Zitat auf S. 126. Arnulf von Scheliha zufolge liegt der „Aufgabenstellung" der Obrigkeit bei Luther „das pessimistische Menschenbild der Reformation zugrunde." (vgl. auch für die Zitate Scheliha 2018, 64–65)
549 Vgl. auch für das Zitat WA 11, 251 (M. Luther 1967, 15). Für dieses Bild vgl. auch Zeyher-Quattlender 2021, 126.
550 WA 11, 251 (M. Luther 1967, 15).
551 Pointiert hat Brunner diesen Zusammenhang als allgemeinen formuliert: „Je mehr Gewicht man bei der Einschätzung des Menschenwesens dem Element ‚das Böse' beilegt, desto entschie-

Ebene praxis- und handlungsprägend in Anschlag, wenn er davon handelt, „ob denn auch ein Christ das weltliche Schwert führen und die Bösen strafen dürfe".[552] Luthers prominente Antwort: in *„eigener* Sache" nicht, um dessen Nächsten willen aus Liebe schon;[553] so formuliert er später:

> Und das ist das Ergebnis: das Schwert soll kein Christ für sich und seine Sache führen noch anrufen; sondern für einen andern kann und soll ers führen und anrufen, damit der Bosheit gesteuert und die Rechtschaffenheit geschützt werde.[554]

Im Horizont der Imagination von der Bosheit des Menschen, mit der zu rechnen ist, wird die lutherisch einschlägige und bereits referierte Unterscheidung zwischen Amt und Person plausibel:[555] Qua Person ist dem „Unrecht" nicht zu widerstehen; qua Amt, qua Einbindung in die imaginierte soziale Ordnung und qua Bezogensein auf den Nächsten aber ist das Böse als handlungsrelevant zu imaginieren und ihm ist gewaltsam zu wehren. Anders gesagt: Wenn ich die mich umgebende Gesellschaft als eine Gesellschaft von „wilden, bösen Tieren"[556] vorstelle, deren böse Intentionen nur durch die äußerliche Gewalt des Staates im Zaum gehalten werden, wird es auch plausibel, aus Nächstenliebe für den Schutz des (schwächeren) Nächsten einzutreten. *Damit fungiert in derartigen, potenziell gewalttätigen Schutzpraktiken das Rechnen mit dem Bösen als praxisprägende Imagination.*

Während es oft vor allem die religiös aufgeladene Ordnungsimagination (4.2.1) und von daher individuell die Stellvertretungsimagination (4.1.3.1) sind, die die Faktizität des Bösen handlungsrelevant machen, könnten dies genauso gut die Begegnungsimaginationen sein: Nicht nur die Einordnung in die (staatliche) Ordnung und von daher die Zuständigkeit für einen schwächeren anderen, sondern auch die

---

dener wird man die unbedingte Notwendigkeit einer ‚Archie' anstelle der Anarchie betonen. Diese Erkenntnis liegt dem Urteil zugrunde, der Staat sei eine Ordnung Gottes." (Brunner 1943, 233)

552 Vgl. auch für das Zitat WA 11, 254 (M. Luther 1967, 19).
553 Vgl. dazu, auch für das Zitat Honecker 1995, 18, kursiv im Original. Zur Liebe als Grund vgl. WA 11, 256 (M. Luther 1967, 22) sowie Zeyher-Quattlender 2021, 129–130, 134. Im obrigkeitlichen Amt setze der Christ Gewalt ein „deinem Nächsten zugut und zur Erhaltung des Schutzes und Friedens der andern. Denn für dich selbst bleibst du an dem Evangelium und hältst dich nach Christi Wort, daß du gern den andern Backstreich littest […]. So fügt sichs denn beides fein zueinander, daß du zugleich Gottes Reich und der Welt Reich genug tust, äußerlich und innerlich, zugleich Übel und Unrecht leidest und doch Übel und Unrecht strafest, zugleich dem Übel nicht widerstehst und doch auf widerstehst. Denn mit dem einen siehst du auf dich und auf das Deine, mit dem anderen auf den Nächsten und das Seine." (WA 11, 255 [M. Luther 1967, 20], ähnlich auch: WA 11, 259 [M. Luther 1967, 25])
554 WA 11, 260 (M. Luther 1967, 27). Vgl. dazu auch Honecker 1995, 18–19.
555 Vgl. dafür und auch für das Folgende 4.1.3.1 und die dort zitierte Literatur.
556 WA 11, 251 (M. Luther 1967, 15).

Begegnung mit einem anderen, wird in diesem imaginativen Horizont die Abwehr des Bösen vom jeweils anderen zur Aufgabe machen.

4.3.1.2 Max Weber und Heinz Eduard Tödt

Nicht schon bei Luther, aber bei *Max Weber* ist diese Imagination des praxisprägenden Bösen in der Welt eine charakteristische Konnotation des Verantwortungsbegriffs. In der Krisenstimmung um das Ende des ersten Weltkrieg herum hatte Weber den Verantwortungsbegriff in „Politik als Beruf" wie beschrieben auf den Gebrauch von Gewalt bezogen und mit der Machtposition des verantwortlichen Politikers verknüpft.[557] Für diese Position denotierte Verantwortung als Folgenverantwortung in Abgrenzung von einem Ethos der Bergpredigt Sollensuneindeutigkeit.[558] Weiter hatte ich zu zeigen versucht, dass Weber vermittels dieser Integration von Sollensuneindeutigkeit in die Handlungsabwägung zwei Aspekte des Theodizee-Problems bearbeitet hat – erstens die „ethische Irrationalität der Welt",[559] die zweitens mit dem Machtcharakter des Bösen zusammenhängt (3.2.2).[560] Beides kann nun als von Verantwortung konnotierte Imagination profiliert werden, in deren Horizont die Rede von Folgenverantwortung, die Sollensuneindeutigkeit denotiert, erst plausibel ist.

Erstens. Die „Irrationalität der Welt" tritt in Webers impliziter Wiedergabe der Lactanzschen Fassung[561] des Theodizee Problems als moderne Konkretion und Spezifikation des Leidens auf:

> Wie kommt es, daß eine Macht, die als zugleich allmächtig und gütig hingestellt wird, eine derartig irrationale Welt des unverdienten Leidens, des ungestraften Unrechts und der unverbesserlichen Dummheit hat erschaffen können.[562]

Wer derartig von „unverdiente[m] Leid" und „ungestraften Unrecht[.]" spricht, stellt die Welt nicht als moralische geordnet vor: „[D]aß aus Gutem nur Gutes, aus Bösem nur Böses kommen könne" ist nicht selbstverständliche Grundannahme[563] und deshalb nicht Teil des individuell und sozial Imaginären. Vielmehr wird die

---

557 Siehe oben 3.2.2.1 (1). Pointiert hat Vogelmann Webers Verantwortungsethik als „Ethik der Gewalt" zusammengefasst: Vogelmann 2014, 348–352, Zitat auf S. 348. Zur Einordnung von Webers Arbeit in die „Kulturkrise im zeitlichen Umfeld des Ersten Weltkriegs" vgl. auch Kreß 1997, 117.
558 Vgl. 3.2.2.1 (2).
559 Vgl. auch für das Zitat Weber 1994a, 81.
560 Vgl. 3.2.2.1.
561 Vgl. etwa Leonhardt 2009, 251.
562 Weber 1994a, 82.
563 Vgl. auch für das Zitat Weber 1994a, 82.

Welt als moralisch ungeordnet vorgestellt: Gutes kann böse Folgen und Nebenfolgen haben, Böses kann gute Folgen haben – und das gilt Weber zufolge gerade für den politischen Gewalteinsatz.[564] In Webers Vorstellung hängt dies mit der mangelnden „Güte und Vollkommenheit" der (anderen) Menschen zusammen:[565]

> Der Verantwortungsethiker dagegen rechnet mit eben jenen durchschnittlichen Defekten der Menschen, – er hat, wie Fichte richtig gesagt hat, gar kein Recht, ihre Güte und Vollkommenheit vorauszusetzen, er fühlt sich nicht in der Lage, die Folgen eigenen Tuns, soweit er sie voraussehen konnte, auf andere abzuwälzen.[566]

Verantwortung konnotiert folglich bei Weber nicht nur die Vorstellung der „ethische[n] Irrationalität der Welt",[567] sondern darüber hinaus auch die Aufgabe, mit dieser zu rechnen. Sind die „durchschnittlichen Defekte[.] der Menschen"[568] Teil und der Zusammenhang von guten Taten und guten Folgen nicht mehr Teil der Imagination und beides auf eine Weise, in der Handelnde sich wie zitiert als damit zu rechnen unvertretbar beauftragt vorstellen, dann scheint in diesem imaginativen Horizont auch plausibel, mögliche Handlungsfolgen abzuwägen und also nach verantwortungsethischer Maxime zu handeln.[569] Verantwortung konnotiert diesen sie selbst nötig machenden Horizont einer sittlich ungeordneten Welt.

Zweitens nimmt nun Weber interessanterweise den Gedanken vom Machtcharakter des Bösen in der Welt aus der religiösen Tradition in seine eigene Argumentation auf: Zunächst verweist er auf die Vorstellung im alten Christentum, „daß die Welt von Dämonen regiert sei, und daß, wer mit der Politik, das heißt: mit Macht und Gewaltsamkeit als Mitteln, sich einläßt, mit diabolischen Mächten einen Pakt schließt, und daß für sein Handeln es *nicht* wahr ist, daß aus Gutem nur Gutes, aus Bösem nur Böses kommen könne, sondern oft das Gegenteil", um diesen Gedanken dann affirmativ aufzunehmen: „Wer das nicht sieht, ist in der Tat politisch ein Kind."[570]

Die Rolle dessen, was Weber hier als „Dämonen" und „diabolische[.] Mächte" bezeichnet, scheint zu sein, dafür zu sorgen, dass aus gut Gemeintem auch Böses folgt. Diese potentiell bösen Konsequenzen beträfen dann nicht nur die anderen, sondern auch die Handelnden und ihr Entscheiden selbst: „Wer immer mit diesem Mittel [der Gewalt, FH] paktiert, zu welchen Zwecken immer – und jeder Politiker

---

564 Vgl. Weber 1994a, 82.
565 Vgl. auch für das Zitat und für das folgende Weber 1994a, 80.
566 Weber 1994a, 80.
567 Vgl. auch für das Zitat Weber 1994a, 81.
568 Weber 1994a, 80.
569 Vgl. wie unter 3.2.2.1 referiert etwa Weber 1994a, 79–80.
570 Beide Zitate Weber 1994a, 82.

tut das –, der ist seinen spezifischen Konsequenzen ausgeliefert."[571] Angesichts dieser „Paradoxien" sei der Politiker auch verantwortlich, „für das, was aus *ihm selbst* unter ihrem Druck werden kann".[572] Der Politiker „läßt sich [...] mit den diabolischen Mächten ein, die in jeder Gewaltsamkeit lauern" – und das könne als Gefährdung für „das ‚Heil der Seele'" gesehen werden.[573] Einerseits verortet Weber den Politiker so imaginativ im Kontext der Irrationalität der Welt, die nicht nur sein Handeln, sondern ihn selbst auch betrifft. Anderseits stellt Weber den Politiker als verantwortlich „für das" vor, „was aus *ihm selbst*" wird.[574] Damit aber setzt er ein unzweideutiges, vom Kontext der „diabolischen Mächte" unbetroffenes Moment voraus, das sich responsibilisieren lässt. Dazu passt, dass Weber den Politiker letztlich doch nicht als Ambivalenten in den Ambivalenzen der Politik, sondern als „Held" vorstellt.[575]

Bei Weber konnotiert Verantwortung also die Imagination einer Welt, die in seinen eigenen Metaphern gesagt von dämonischen und „diabolischen Mächten" regiert wird,[576] weshalb aus gut gemeinten Taten böse Konsequenzen folgen – und zwar sowohl für die Welt als auch für den Charakter der Handelnden selbst. Folgenverantwortung übernehmen heißt im Horizont dieser Imagination dann bei Weber, mit den dämonischen Mächten bewusst und verantwortlich zu paktieren, um die Welt gerade nicht diesen Dämonen zu überlassen, sondern ihnen ein „dennoch!" entgegenzusagen.[577] Das hat für ihn etwas Heldisches.[578] Entsprechend schließt Weber:

> Nur wer sicher ist, dass er daran nicht zerbricht, wenn die Welt, von seinem Standpunkt aus gesehen, zu dumm oder zu gemein ist für das, was er ihr bieten will, daß er all dem gegenüber: ‚dennoch!' zu sagen vermag, nur der hat den ‚Beruf' zur Politik.[579]

Genuin theologisch hat etwa *Heinz Eduard Tödt* den Gedanken Webers angeeignet, dass verantwortliches Handeln sich im Kontext einer irrationalen Welt zu verorten habe. Tödt rezipiert Weber dabei nicht nur explizit, etwa wo es um die „Ziel-Mittel-Relation"[580] oder das Einlassen auf die Wirklichkeit[581] geht. Die Imagination einer

---

571 Weber 1994a, 84.
572 Vgl. auch für das Zitat Weber 1994a, 85, kursiv im Original.
573 Vgl. auch für die Zitate: Weber 1994a, 85.
574 Zitate wie eben angegeben: Weber 1994a, 85, kursiv im Original.
575 Vgl. auch für das Zitat Weber 1994a, 88.
576 Vgl. auch für das Zitat Weber 1994a, 82.
577 Vgl. auch für das Zitat Weber 1994a, 88.
578 Vgl. Weber 1994a, 88.
579 Weber 1994a, 88.
580 Vgl. Tödt 1988f, 34–35, Zitat auf S. 35.

ethisch irrationalen Welt lässt sich auch als Horizont seiner theologischen Einordnung menschlichen, verantwortlichen Verhaltens erkennen. So schreibt Tödt:

> Verantwortliches Verhalten wird das um uns und in uns wirkende Böse samt seinen Folgen nicht verharmlosen, wird nicht meinen, das Böse sittlich bewältigen zu können, wo doch der Glaube Gott allein die Überwindung des Bösen zutraut. Die vom Menschen nicht zu bewältigende Macht des Bösen zeigt sich gerade, wenn es nicht um Entscheidungen zwischen Gut und Böse geht, sondern wenn jede mögliche Verhaltensweise böse Folgen mit einschließt, wenn also Wahrnehmung von Verantwortung mit Schuldübernahme verbunden ist und folglich der Vergebung bedarf.[582]

Wie Weber rechnet Tödt hier mit dem Bösen in der Welt, mit der Macht des Bösen und bösen Folgen. Wie Weber stellt auch Tödt die sich Verhaltenden selbst als von der Macht des Bösen betroffene vor, wenn er von dem „in uns wirkende[n] Böse[n]"[583] spricht. Das Heldenpathos hingegen, das in Webers Responsibilisierung des Politikers für seine eigene Entwicklung zunächst implizit und am Ende von „Politik als Beruf" wie zitiert sehr explizit ist, fehlt bei Tödt. An dessen Stelle steht wie zitiert die Vorstellung, dass allein Gott Überwinder des Bösen ist und dass das menschliche Verhalten in den Irrationalitäten der Welt mit Schuld verbunden sein wird. Nicht die heldische Entscheidung für ein zweideutiges Mittel, sondern die mit den daraus folgenden bösen Konsequenzen übernommen Schuld steht so bei Tödt im Fokus.

4.3.1.3 Ökumenische Bewegung und Heinz-Dietrich Wendland

In der Krisenstimmung nach dem nächsten, dem zweiten Weltkrieg, diskutierten die ersten Versammlungen des ökumenischen Rates der Kirchen wie gesagt das Konzept einer „responsible society"[584]. Insofern sie dies vor dem Hintergrund einer expliziten Krisenerfahrung taten, verbanden auch diese Diskussionen den Verantwortungsbegriff mit der Vorstellung einer ungeordneten Welt, nur anders als bei Max Weber. Hatte dieser Verantwortung auf das politische Handeln in einer ethisch irrationalen Welt bezogen, stellen die theologischen Texte der Amsterdamer ÖRK-Versammlung 1948 und von Heinz-Dietrich Wendland Verantwortung und Unordnung einander stärker gegenüber. Verantwortung konnotiert hier die Vorstellung von Irrationalität weniger als Ort der Verantwortung, sondern mehr als das Gegenteil der Verantwortung.

---

581 Vgl. Tödt 1988f, 44.
582 Tödt 1988, 17.
583 Tödt 1988, 17.
584 Siehe dazu 3.3.1 und etwa Hooft 1949, 77, im Original in Versalien.

So lassen sich die Texte rund um die Amsterdamer ÖRK-Versammlung von 1948 wie beschrieben (3.3.1.2) als Antworten auf eine wahrgenommene Krise verstehen. Schon im Titel der Abschlusserklärung ist von „man's disorder" und in dessen dritten Abschnittstitel von der „disorder of society" die Rede.[585] Es geht also um die Unordnung der menschlichen sozialen Welt. Dieser krisenhaften Unordnung stellen die Autoren dann die „Verantwortung vor Gott" gegenüber:

> The deepest root of that disorder is the refusal of men to see and admit that their reponsibibility to God stands over and above their loyalty to any earthly community and their obedience to any worldly power.[586]

Wie gesagt (3.3) nennt das Papier zwei Hauptfaktoren dieser Krise der Verantwortung: die Machtkonzentration und die Erosion von Personalität fördernden Gemeinschaftsformen.[587] Beide Faktoren benennen gesellschaftliche Entwicklungen, in denen sich verändert, wie individuelle und kollektive Handlungssubjekte als solche konstituiert werden. So heißt es dort über die Machtkonzentrationen:

> In such conditions, social evil is manifest on the largest scale not only in the greed, pride and cruelty of persons and groups; but also in the momentum or inertia of huge organisations of men, which diminish their ability to act as moral and accountable beings.[588]

Damit stellen die Autoren die damals gegenwärtige soziale Welt als eine vor, die gerade insofern von Unordnung durchwirkt ist, als sie die individuellen und kollektiven Fähigkeiten zu moralischem Handeln untergräbt. Damit aber steht auch die Fähigkeit zur Verantwortungsübernahme der menschlich-soziale Unordnung der Gegenwart zunächst eher gegenüber als dass sie in diese Unordnung eingewoben sich vollziehen soll: Platz für Verantwortung scheint dieser Unordnung eher als Landgewinn abgerungen werden zu müssen, als dass Verantwortung im Meer dieser Unordnung selbst ihren Ort finden.[589]

Eine Fassung dieser eher gegenüberstellenden Relationierung lässt sich anhand von Heinz-Dietrich Wendlands Aneignung der Kategorie „verantwortliche Gesellschaft" in seinen „universal-eschatologische[n] Ansatz"[590] für die deutschsprachige

---

585 Vgl. Hooft 1949, für das zweite Zitat a. a. O., 74.
586 Hooft 1949, 74.
587 Vgl. in ähnlichen englischen Worten Hooft 1949, 75.
588 Hooft 1949, 75.
589 Vgl. so etwa: „We must prevent abuse of authority and keep open as wide a sphere as possible in which men can have direct and responsible relations with each other as persons." (Hooft 1949, 77)
590 Diese Benennung ist eine Selbsteinordnung Wendlands: Wendland 1973, 70, dort findet sich auch das Zitat.

Sozialethik beschreiben. Universal und eschatologisch ist Wendlands theologischer Ansatz, weil er von dem „zukünftig-gegenwärtigen Reiche Gottes" ausgeht, das universal zu verkünden sei und in seiner eschatologischen Einheitlichkeit alle gegenwärtigen Dualitäten zu zeitlichen Übergangsstadien erkläre:[591] Die „Zweiheit[en]" von „Kirche *und* Gesellschaft" und von zwei Reichen bestünde nur so lange, wie „die von Gott erschaffene Welt noch nicht mit dem Reiche Gottes identisch ist", sondern noch mit „dämonischen Gewalten" in Welt und Gesellschaft ringt.[592] Damit entwickelt Wendland grob das, was Ulrich Duchrow als „*Dreireichelehre*" bei Luther rekonstruiert hat:[593] Auf der einen Seite stünde die schon „gegenwärtige Herrschaft" des auferstandenen Christus, der „im Reich der Gnade durch das Evangelium" und die Sakramente regiert und „im Reiche der ‚Welt'" auch unter Nicht-Christen auf verborgene Weise durch „Ordnungen" das „irdische Leben" erhält.[594] Beide Regimente der lutherischen Zwei-Regimente-Lehre sind damit

---

591 Vgl. auch für das Zitat Wendland 1973, 70.
592 Vgl. auch für die Zitate Wendland 1973, 73. Vgl. für die Unterscheidung von *„Kirche und Gesellschaft"* auch Wendland 1969c, 23, kursiv im Original. Den Gedanken der „dämonischen Verkehrungen" bzw. der „dämonischen Pervertierungen" hat Wendland seinen eigenen Ausführungen zufolge von Tillich übernommen (vgl. auch für die Zitate Wendland 1969c, 22). Vgl. zum „Begriff der Dämonie" bei Wendland und zur Herleitung von Tillich Bruns 2017b, 299.
593 Vgl.: „Will man eine einfache Bezeichnung als Reichelehre festhalten, so sollte man in Zukunft von *Dreireichelehre* sprechen, um die Dreiheit von *zwei Reichen Gottes und Reich des Bösen* deutlich zu machen." (Duchrow 1983, 526, kursiv im Original). Huber hat die zentrale These Duchrows folgendermaßen einschlägig zusammengefasst: „Duchrow hat überzeugend dargelegt, daß und wie Luther zwei traditionsgeschichtliche Elemente miteinander verknüpft. Er übernimmt Augustins Lehre von den zwei civitates [...]. Mit der civitates-Lehre verbindet Luther Elemente der mittelalterlichen Theorie von den beiden potestates, der geistlichen und der weltlichen Gewalt. [...] Vielmehr sind beide Regimente das Feld der eschatologischen Auseinandersetzung zwischen Gott und dem Bösen. Damit dies deutlich wird, stellt Duchrow zur Diskussion, ob man in Zukunft nicht von einer Drei-Reiche-Lehre sprechen solle: es handelt sich um die zwei Reiche (bzw. Regimente) Gottes – sein geistliches und weltliches Reich – und as Reich des Bösen." (Huber 1973, 439, in Anm. 11 Verweis auf Duchrow, Christenheit und Weltverantwortung, S. 437 ff.).
594 Vgl. auch für die Zitate Wendland 1973, 74. Zur Verborgenheit von Christi Wirken „durch das Gesetz und die Ordnungen" vgl. auch a. a. O., S. 75. An anderer Stelle formuliert Wendland pointiert: „Die Herrschaft Christi als Rettung der Schöpfung und Besiegung der Dämonen ist das ‚Vorzeichen' vor der ‚Klammer', innerhalb deren ‚Welt' und ‚Reich Christi' (regnum gratiae) zu unterscheiden sind. Der Überschritt des Reiches Gottes durch Christus in die Welt vollzieht sich sowohl durch die Verkündigung von Christus als auch durch die in seiner Vollmacht ausgerichteten, anti-dämonischen Taten der Liebe, d. h. im Kampf gegen jede ideologische wie praktische Entmenschlichung und Zerstörung des Menschen [...]." (Wendland 1969b, 41)

christologisch-eschatologisch bestimmt und parallelisiert.[595] Ihr kommender Sieg ist in Christus verbürgt.[596] Ihnen im „Kampf" Gegenüber stünden in der eschatologischen „„Zwischenzeit""[597] noch die „dämonischen Mächte", das „Reich[.] des Satans" bzw. „Antichrists".[598] Damit stellt er die Welt der aktuellen „Zwischenzeit" grundlegend als Welt des Dämonischen vor, weil „,Welt', Menschenwelt, Gesellschaft und deren Geschichte immer auch die Wirkungs- und Machtzeit der dämonischen Gewalten meint"[599]. In der gegenwärtigen „Zwischenzeit" ist die Imagination einer noch auch von dämonischen Mächten durchwirkten Welt des Satans die praxisprägende theologische Imagination.

Diese „Dreireichelehre" (Duchrow) ordnet den Dienst der Kirche als Dienst an der Verkündigung und an den weltlichen Ordnungen in den Kampf gegen die dämonischen Mächte ein – und damit implizit auch das sozialethische Leitbild der „verantwortlichen Gesellschaft" als Grundlage für den Dienst an den weltlichen Ordnungen, der an diesem Leitbild orientiert auch die Form der Kritik annehmen kann:[600]

> Der Maßstab der verantwortlichen Gesellschaft soll auf jede Gesellschaftsordnung angewendet werden. Das heißt der Begriff schließt die kritische Funktion gegenüber den bestehenden Gesellschaftssystemen ein, die für ein sozialethisches Leitbild unerläßlich ist.[601]

---

595 Zur christologischen Bestimmung auch der Ordnungen vgl. etwa: „Denn die ‚Erhaltung' hat einen ‚christologischen' Sinn, insofern Gott die Welt auf die Sendung und das Heilswerk Christi hin erhält […]." (Wendland 1973, 83)
596 Vgl. Wendland 1973, 73–75. Ebd. ist in etwas in problematischer Wortwahl davon die Rede, dass Christi Auferstehung „Verbürgung seines kommenden Endsieges" (S. 75) sei.
597 Wendland 1973, 73.
598 Vgl. auch für die vier Zitate Wendland 1973, 74.
599 Vgl. auch für die Zitate Wendland 1973, 73.
600 Vgl. zu dieser Einordnung der Sozialethik: „In diese Zwischenzeit bis hin zur Vollendung und dem Siege des Reiches Gottes in Christus gehören Kirche und Gesellschaft; nur in dieser Zeit des Gegenübers von beiden […] gibt es christliche Sozialethik." (Wendland 1973, 73) Vgl. zum Dienst der Kirche im Horizont dieser Lehre Wendland 1973, 76–77. Dort spricht Wendland auch davon, dass die Kirche zusätzlich zu ihrem Verkündigungsdienst den „Ordnungen der jetzigen Welt […] dient" (a. a. O., S. 76). Zur „verantwortlichen Gesellschaft" als Grundlage für eine Gesellschaftskritik vgl. Wendland 1973, 139–143; Wendland 1965b, 70–71; Strohm 2000, 208. Als Teil der Theologie ist die christliche Sozialethik bei Wendland dabei im theologisch bestimmten Dienst der Kirche verortet: „In dieser weltbezogenen Kirche hat der Theologe seinen Ort; in der Kirche und für die Kirche wird theologisch gedacht." (Wendland 1973, 20). Auch Bruns versteht Wendland so, dass das Leitbild der „verantwortlichen Gesellschaft" die Mitarbeit der Christ:innen in der Gesellschaftsgestaltung informieren soll (Bruns 2017b, 306).
601 Wendland 1973, 129.

So lässt sich bei Wendland der Zusammenhang von verantwortlichem Handeln in der Welt, Einsatz für verantwortliche Gesellschaft und der Imagination des Kampfes gegen dämonische Mächte in der eschatologischen „Zwischenzeit" rekonstruieren:[602] Verantwortliches Handeln und vom Leitbild „verantwortlicher Gesellschaft" informierte Gesellschaftskritik haben im Rahmen von Wendlands Theologie ihren Ort im Dienst am Kampf der Christusherrschaft gegen die dämonisch-satanischen Mächte in der Welt. Implizit identifiziert er verantwortliches Handeln imaginativ mit einer Kampfhandlung – das zeigt sich auch in seiner Wahl militärischer Metaphern:[603] So spricht er nicht nur vom „Kampf", vom „Ringen", von „Eroberung", „Endsieg", „Angriff" und der „Zitadelle der Kirche",[604] sondern bezeichnet die Kirche etwa auch als „Vorhut des Reiches Gottes"[605]. Auch wenn Wendland auf begrifflicher Ebene betont, dass Ordnungen „dämonisiert werden" können und dass es nicht nur um die „Sünde einzelner Menschen", sondern auch um die „dämonischen Verzerrung und Verbildung der Institutionen selber",[606] sogar die „dämonischen Verkehrungen" der Kirche selbst,[607] gehen muss, bringt auf imaginativer Ebene die Kampfmetaphorik das verantwortliche Handeln auf eine „verantwortliche Gesellschaft" hin imaginativ eher ins Gegenüber zu dämonischen Mächten, als dass es jenes Handelnden als von diesen Mächten selbst affiziert vorstellt:[608] Etwa das Bild der „Zitadelle", der Festung also, situiert den Feind ja außerhalb, vor Tor und Mauern.

4.3.1.4 Analyse der Imaginationen

Exemplarisch sollte mit diesen Ausführungen zu Max Weber und Heinz Eduard Tödt, zum Amsterdamer ÖKR-Dokument und zu Heinz-Dietrich Wendland deutlich geworden sein, dass sich die Rede von Verantwortung immer wieder die Imagi-

---

602 Wendland 1973, 73.
603 Auch Bruns spricht bei Wendland von „kämpferischen Metaphern" (vgl. auch für das Zitat Bruns 2017b, 252): „Das bedeutet aber auch, dass es kein schiedlich, friedliches Nebeneinander der beiden Reiche geben kann, sondern dass bei der Beschreibung der Spannung zwischen Altem und Neuem Äon immer wieder auf kämpferische[.] Metaphern zurückgegriffen werden muss, in denen sich das metaphysische Drama in den Alltag von Kirche und Welt einschreibt." (Bruns 2017b, 252)
604 Die Seitenangaben hinter den Begriff beziehen sich jeweils auf Wendland 1973: „Kampf" (74, 75, 99, 100, 150), vom „Ringen" (73), von „Eroberung" (99), „Endsieg" (75), „Angriff" (100) und „Zitadelle der Kirche" (100).
605 Wendland 1973, 71.
606 Vgl. Auch für die Zitate Wendland 1973, 85. Vgl. auch Wendland 1969c, 23.
607 Vgl. auch für das Zitat Wendland 1969c, 22.
608 Zur Mitverantwortung der Kirche und ihren „Beitrag zur Bildung der verantwortlichen Gesellschaft" vgl. Wendland 1973, 150. Zur „verantwortlichen Gesellschaft" als „Zielsetzung" Wendland 1965b, 62–63. Zur Kirche als „Diakon der Gesellschaft" vgl. Wendland 1969c, 23.

nation einer von diabolischen Mächten durchwalteten Welt konnotiert hat. Ein Vergleich der Konkretionen dieser Imagination bringt auf folgende ethisch relevante Beobachtungen zu den praktischen Tendenzen dieser Imagination.

Die exemplarisch beschriebenen Konkretionen dieser Imagination unterscheiden sich erstens danach, wie sie die Rolle Gottes angesichts dieser diabolischen Mächte bestimmen, und zweitens darin, inwieweit sie das verantwortliche politische Handeln selbst als von den dämonischen Mächten affiziert vorstellen: Webers verantwortungsethisch handelnder Politiker rechnet nicht mit Gott, sondern handelt nach dem, was Kreß trefflich als „nachreligiöse [...] rationale Handlungsfolgenverantwortung" beschrieben hat.[609] Durch seine Folgenverantwortung stellt der Politiker sich mit seinen begrenzten Fähigkeiten ein Stückweit auf die Gottposition des zwischen Sittlichkeit und Glückseligkeit vermittelnden vor,[610] was überfordern muss. Die imaginationsbedingte Sensibilität für die Wirkung „diabolischer Mächte" erstreckt sich bei Weber auch auf die Wirkungen dieser Mächte auf den Verantwortlichen selbst, wobei das dafür Responsibilisierte von dieser imaginierten Kontextualisierung implizit ausgespart bleibt: Der Politiker könne wie zitiert noch ein Held sein.[611]

Martin Luther, das Amsterdamer Dokument und Heinz-Dietrich Wendland rechnen mit Gott und sehen die Kirche, das verantwortliche Handeln der Christen und die Ordnungsmacht des Staates qua göttlicher Beauftragung im Gegenüber zu den diabolischen Mächten. Die christlichen Autoren sind zwar anders als Weber eigentlich durch ihr Rechnen mit Gott davor gefeit, Handelnde imaginativ auf die Gottposition zu setzen, tendieren aber vom Theologumenon der göttlichen Einsetzung, Anordnung oder Beauftragung her dazu, die Verwicklung des politischen wie kirchlichen Handelns mit „diabolischen Mächten" weniger zu sehen als Weber. Anders als dieser stellen sie nicht nur das responsibilisierbare Residuum des heldischen „Dennoch" der diabolischen Irrationalität der Welt gegenüber,[612] sondern mehr noch: „weltlich[.] Recht und Schwert", imaginiert als „durch Gottes Willen und Ordnung in der Welt" in Luthers Obrigkeitsschrift,[613] die personale Verantwortung ermöglichenden kleinen Gemeinschaften im Amsterdamer ÖRK-Text (4.1.3.2) und Christi „Herrschaft im Reiche der ‚Welt', [...] der Welt unter dem Gesetze und den ‚Ordnungen' [...], die das irdische Leben erhalten"[614] und der Dienst der Kirche an

---

609 Vgl. Kreß 1997, 119–120, Zitat auf S. 120.
610 Vgl. 3.2.2.1 und die dort zitierte Literatur.
611 Vgl. 4.3.1.2. Siehe dort auch für den Nachweis des Zitats der „diabolischen Mächte".
612 Für Webers „dennoch!" vgl. 4.3.1.2 und die dort zitierten Nachweise.
613 Vgl. auch für die Zitate wie bereits unter 4.3.1.1 angegeben: WA 11, 247 (M. Luther 1967, 10).
614 Wendland 1973, 74.

diesen weltlichen Ordnungen[615] bei Wendland. Drei praktische Implikationen dieser Imaginationen lassen sich aus diesem Vergleich ableiten.

(1) *Evaluativer Dual.* Die in Beobachtungsperspektive gerade skizzierte Imagination schreibt der Teilnahmeperspektive tendenziell einen evaluativen Dual ein zwischen der imaginierten Irrationalität, Unordnung, Bosheit oder Diabolizität des Kontextes und einem mehr oder weniger raumgreifenden Anderen – dem responsibilisierten Residuum des Politikers, den weltlichen Ordnungen oder etwa der Kirche. Insofern dieses Andere nicht als unverfügbare Gotteswirklichkeit, sondern irgendwie als Teil der sozial verfügbaren Praxis vorgestellt wird, nimmt diese Imagination verhaltenspraktisch die Ambivalenzsensibilität zurück, die sie in Beobachtungsperspektive erwarten lässt:[616] In Beobachtungsperspektive gesehen sollte die Vorstellung einer unerlöster Welt als Kontext für die Grauzonen, Zweideutigkeiten und Dilemmata des Verhaltens in dieser Welt sensibilisieren. In Teilnahmeperspektive tendiert diese Imagination praktisch dazu, ein Moment der Praxis dieser Sensibilisierung gegenüber zu verdecken, weil das Rechnen mit dem Bösen darüber praxisprägend wird, dass dieses Böse – gegebenenfalls mit seinen eigenen Mitteln – bekämpft wird, womit das Kämpfende dem bekämpften Bösen gegenübergestellt und nicht in dieses auch eingeordnet wird. Entsprechend separierte das Webersche „Dennoch!" in Teilnahmeperspektive den Helden von der diabolischen Macht, die ihn – weil sie ihn doch eigentlich betrifft – eigentlich selbst zu einer ambivalenten Erscheinung macht. Einfacher gesagt: Als Praxisteilnehmer:in die Ambivalenz des eigenen Tuns im Kampf gegen Böses zu unterschätzen ist die Kehrseite der gesteigerten Sensibilität für die Ambivalenz der Umwelt in der Diabolizitätsimagination – und genau das nenne ich *evaluativen Dual.*

(2) *Evaluative Duale der (Un-)Ordnung.* Zweitens hat dieser evaluative Dual gerade in protestantischer Tradition eine inhaltliche Konkretion angenommen, die als unselbstverständliche benannt werden muss, weil sie als selbstverständliche ins sozial Imaginäre eingesickert ist. Evangelische, gerade lutherische Sozialethiken haben immer wieder der imaginierten Sündhaftigkeit und Unordnung (in) der unerlösten Welt die weltliche Ordnung, insbesondere staatlicher Gewalt, als Eindämmung des Bösen und seiner Folgen im irdischen Zusammenleben gegenübergestellt; dies war in Luthers Obrigkeitsschrift genauso der Fall wie in der bei Wendland rekonstruierten „Dreireichelehre"[617] (Duchrow). Damit geschieht zwei-

---

615 Vgl. für diesen Dienst der Kirche Wendland 1973, 76.
616 Dieses Phänomen der ungleich allozierten Ambivalenzsensibilität lässt sich für die Verhältnisbestimmung von Kirche und Welt etwa auch bei Helmut Thielicke finden, vgl. so Höhne 2020b, insbes. S. 262–263.
617 Vgl. dazu 4.3.1.3, insbes. Anm. 593 und die dort referenzierte Literatur, einschließlich des Werkes Duchrows.

erlei. Einmal ist die Vorstellung des Staates so getragen von der Vorstellung der Unordnung der Welt. Impliziert Letztere tatsächlich praktisch besagten evaluativen Dual, dann wird die entsprechende Staatsvorstellung dazu tendieren, den Staat als Ordnungsmacht selbst aus der unerlösten Welt auszuklammern. So wird unsichtbar, dass staatliche Gewalt selbst – wie Weber trefflich bemerkt – immer ein Einlassen „mit den diabolischen Mächten" beinhaltet.[618]

Zum anderen ist im Horizont der so konkretisierten Imagination Ordnung als eindeutig gut und Unordnung als eindeutig böse evaluiert. In ethischer Perspektiv hat dies auch grundsätzlich sein Recht. Insofern besagte Evaluation selbstverständlich scheint, ist sie aber ins Imaginäre eingesickert, das über die Diabolizitätsimagination auch von „Verantwortung" konnotiert wird. Ethisch problematisch wird dies, wo diese Imagination Praxisteilnehmer:innen das Üble der Ordnung und das Gute der Unordnung, die Ambivalenzen beider also, unbemerkt übersehen lässt: Das Üble wird dann eher im Einzelnen, in dessen Wildheit und dessen Missbrauch der Freiheit gesehen als in der Ordnungsmacht, das Gute hingegen in der Ordnungsmacht. Dieser Vertrauensvorschuss gegenüber der Ordnungsmacht ist gerade in Kombination mit dem Misstrauensvorschuss gegenüber den Einzelnen sachlich unbegründet. Das haben gerade die Arbeiten von Hannah Arendt zur „Banalität des Bösen" und von Zygmunt Bauman zur „Dialektik der Ordnung" insofern gezeigt, als sie sich als Beschreibungen des Diabolischen der Ordnung lesen lassen.[619]

Die Folgerung aus dieser Beobachtung ist nun gerade nicht die Ablehnung staatlicher Ordnung, sondern das Plädoyer für mehr Ambivalenzsensibilität im Dienste einer guten staatlichen Ordnung. In freiheitlich-demokratischen Rechtsstaaten wird diese Ambivalenzsensibilität gegenüber der Ordnungsmacht praktisch etwa in Rechtstaatlichkeit konkret.

(3) *Reproduktion des Imaginierten.* Die grundlegendste praktische Ambivalenz der Kontextimagination vom Diabolischen der Welt, also der Diabolizitätsimagination, besteht darin, dass sie einerseits Praxisteilnehmende die Schattenseite der Welt wahrnehmen lässt, andererseits aber reproduzieren macht, womit sie zu rechnen lehrt.[620] Das gilt insbesondere da, wo sie ins sozial Imaginäre eingesickert

---

618 Vgl. auch für das Zitat Weber 1994a, 85.
619 Vgl. Arendt 2006; Bauman 2012., Zitat bei Arendt, a.a.O., S. 56, bei Baumann aus dem Titel. Den Verweis auf beide Werken in diesem Kontext verdanke ich Huber 1995, 151–152; Huber 2012b, 75–76; Huber 2019, 203. In der Huberpassage von 1995 findet sich eine konzise Zusammenfassung von Baumans Arbeit.
620 In dieser Vermutung kommt wieder die theoretische Grundlage der Imaginationskategorie zum Tragen, insbesondere das Thomas-Axiom (vgl. zu dieser Grundlage und diesem Axiom oben 2.2 insbes. 2.2.2).

ist und wo sie als individuelle Imagination das eigene Handeln von der Weltambivalenz ausklammert. Wo Institutionen so gestalteten werden, dass alle Menschen Teufel sein könnten, werden diese Strukturen Teufel reproduzieren. Deshalb verschärft gerade der evaluative Dual, wo er Eigenaktivität vom Ambivalenzsensibilität ausklammert, die reproduktive Wirkung der Imagination des Diabolischen in der Welt.

Insgesamt zeigt sich die Diabolizitätsimagination also darum ambivalent, weil sie Praktiken tendenziell einen evaluativen Dual einschreibt, was gerade in protestantischen Theologien zu einer mangelnden Ambivalenzsensibilität gegenüber Ordnungen und Unordnungen führte, insbesondere das Diabolische der Ordnung unterschätzte und schließlich auch das sachgerecht wahrgenommene Böse in der Welt über das Rechnen damit reproduzieren lässt. Der evaluative Dual verleitet dazu, mögliche Wechselseitigkeit auszublenden und steht so in Spannung zum *Reziprozitätskriterium*. Schon aus praktischen Gründen und diesseits von Fragen dogmatischer Verantwortbarkeit scheint es deshalb angebracht, alternative Vorstellungen vom Bösen und seiner Handlungsrelevanz – etwa im Horizont der Versöhnungsimagination (4.3.3) – ethisch vorzuziehen.

4.3.2 Die Fragilität der Welt – und die Macht im Handeln

Verantwortung hat in philosophischen und theologischen Diskursen immer wieder die Fragilität dessen konnotiert, was gerade wegen dieser Fragilität zum Zuständigkeitsbereich der Verantwortung zu werden hatte. Bezeichnenderweise ist es nicht ein:e Theolog:in, sondern ein Philosoph, bei dem diese Fragilitätsimagination besonders explizit und damit klar beschreibbar wird (4.3.2.1), sie lässt sich aber auch in theologischen Texten, exemplarisch bei Dietrich Bonhoeffer und beim Abschlussbericht zur ersten Vollversammlung des ÖRK in Amsterdam implizit sowie bei Wolfgang Huber explizit, nachweisen (4.3.2.2). Anschließend kann die praktische Ambivalenz dieser Imagination beschrieben werden (4.3.2.3).

4.3.2.1 Hans Jonas: Fragilitätsbestimmung und potestativer Dual

Hans Jonas macht die Fragilitätsimagination zweimal konkret: zum einen gegenwartsdiagnostisch als Anlass und Voraussetzung für seine Arbeit zum „Prinzip Verantwortung" und zum anderen phänomenologisch-personal bezogen auf das Beispiel der Eltern-Kind-Beziehung. Bei ersterem spricht Jonas – wie sich gleich in den Zitaten zeigen wird – von Verletzlichkeit, bei letzterem von Fragilität. Weil ich die konkretisierenden Züge der Imagination an letzterem gewinne, spreche ich von Fragilität und Fragilitätsimagination. Anhand von Jonas' Fragilitätsbegriff wird deutlich, dass das die Imagination der Fragilität des anderen die Imagination eigener Macht beinhaltet.

(1) *Die Verletzlichkeit der Natur.* Zum einen stellt Jonas die Existenz der Menschheit und ihrer Welt als fragil da. So setzt die Argumentation in „Das Prinzip Verantwortung" schon mit der These ein, dass neben anderen folgende Voraussetzung aller „bisherige[n] Ethik" nicht mehr gelte:[621] „Der menschliche Zustand, gegeben durch die Natur des Menschen und die Natur der Dinge, steht in den Grundzügen ein für allemal fest."[622] Gilt das nicht mehr,[623] ist als veränderlich vorgestellt, was vorher Stabilität verhieß. In der vorherigen Zeit sei die „Unverletzlichkeit des Ganzen [...] der Hintergrund zu allen Unternehmungen des sterblichen Menschen" gewesen[624] – und damit in Taylorscher Terminologie gesagt: tief ins sozial Imaginäre eingelassen. Als „erste größere Veränderung" demgegenüber beschreibt Jonas die „kritische *Verletzlichkeit* der Natur durch die technische Intervention des Menschen".[625] Die Vorstellung von der Macht des Menschen ist bei Jonas also verschmolzen mit der Vorstellung der „*Verletzlichkeit* der Natur".[626] Genaue dieses Doppel mache die Natur zu „eine[r] menschliche[n] Verantwortlichkeit"[627]. Verantwortung konnotiert damit also nicht die „Unverletzlichkeit des Ganzen",[628] sondern die Imagination der Verletzlichkeit des Ganzen. Erst im Horizont dieser Imagination wird es möglich die von Jonas behauptete „*unbedingte Pflicht* der Menschheit zum Dasein" sinnvoll als Prinzip zu formulieren.[629] Den Inhalt dieses Prinzips bestimmt Jonas so: „Niemals darf Existenz oder Wesen des Menschen im Ganzen zum Einsatz in den Wetten des Handelns gemacht werden."[630] Dieses Prinzip kann erst sinnvoll erscheinen, wenn besagtes Dasein als auf dem Spiel stehendes imaginiert wird; erst dann kann das Verbot von dessen Einsatz explizit werden.[631] Auch die Rede von Verantwortung wird erst in diesem Horizont sinnvoll. Denn: „Verantwortlich kann man nur für Veränderliches sein, für das von

---

621 Vgl. auch für das Zitat H. Jonas 1979, 15.
622 H. Jonas 1979, 15.
623 Und genau das ist Jonas These (vgl. H. Jonas 1979, 15).
624 Vgl. auch für das Zitat H. Jonas 1979, 20.
625 Vgl. auch für die Zitate H. Jonas 1979, 26, kursiv im Original. Vgl. zur „Verletzbarkeit der Natur" bei Jonas auch Assadi 2013, 124, dort auch das Zitat.
626 Vgl. auch für das Zitat H. Jonas 1979, 26, kursiv im Original.
627 H. Jonas 1979, 27.
628 H. Jonas 1979, 20.
629 Vgl. H. Jonas 1979, 80–81, Zitat auf S. 80.
630 H. Jonas 1979, 81.
631 Die Spielmetaphorik greift Jonas eigene spieltheoretische Rahmung der Begründung dieses Prinzips auf, vgl. H. Jonas 1979, 77–83.

Verderbnis und Verfall Bedrohte, kurz für Vergängliches in seiner Vergänglichkeit [...]."[632]

Diese Vorstellung von der Verletzlichkeit, Bedrohtheit oder Fragilität der Welt lässt sich auch in kirchlichen Dokumenten ausmachen: Der Ökumenische Rat der Kirchen regte 1983 einen konziliaren Prozess für „Justice, Peace, and the Integrity of Creation" (JPIC) an.[633] Letzteres wurde auf Deutsch mit „Bewahrung der Schöpfung" übersetzt – ein nicht nur viel und zurecht kritisiertes, sondern auch bleibend viel verwendetes Schlagwort.[634] Die Rede von „Bewahrung" ist nur sinnvoll, wenn die Schöpfung als fragil imaginiert wird, im Horizont der Fragilitätsimagination also.[635]

Diese Vorstellung von der Verletzlichkeit oder Fragilität der Welt und menschlicher Existenz ist in der akademischen Theologie selbst da rezipiert worden, wo es Vorbehalte gegenüber dem Verantwortungsbegriff gibt: So hält Johannes Fischer gleich am Anfang eines verantwortungskritischen Textes fest:

> Keine Generation vor uns hat sich mit der Tatsache konfrontiert gesehen, daß die Zukunft des Lebens auf der Erde von ihr selbst abhängt als direkte kausale Folge ihres Tuns. [...] So drängt der Zustand der Welt hin zu einer Ethik der Verantwortung.[636]

Die „Zukunft des Lebens auf der Erde" wird damit als fragil vorgestellt und vermittels dieser Vorstellung zum Gegenstand menschlicher Verantwortung.[637]

(2) *Fragilität.* Das „Grundparadigma" der Verantwortung ist für Jonas die „elterliche[.] Fürsorge".[638] Am Objekt elterlicher Fürsorge, am Kinde, genauer: am Neugeborenen, zeigt Jonas, was er mit Fragilität meint, nämlich ein spezifisches „Verhältnis zwischen Besitz und Nichtbesitz des Daseins".[639] Genauer:

---

632 H. Jonas 1979, 226. Vgl. auch: „Nur das Lebendige also in seiner Bedürftigkeit und Bedrohtheit [...] *kann* überhaupt Gegenstand von Verantwortung sein [...]." (H. Jonas 1979, 185, kursiv im Original)
633 Vgl. Mudge 2004, 296, 298–299; Meireis 2016, 21–22.
634 Vgl. für die Geschichte des Begriffs und einen Überblick über die Kritikpunkte Meireis 2016, 22, 26–29, Zitat auf S. 26. Zur Kritik an der Rede von der „Bewahrung der Schöpfung" vgl. auch Huber 2013, 243; Körtner 2001, 110–111.
635 Auch darauf – nämlich auf den Dual von menschlicher Macht und vermeintlich fragiler Schöpfung – bezieht sich die Kritik, die Huber von Hans Blumenberg zitiert: „Die Aussage, es liege in der Hand des Menschen, die Schöpfung entweder zu bewahren oder zu zerstören, bezeichnete er als eine ‚törichte Anmaßung' [...]." (Huber 2013, 243)
636 Fischer 1992, 114–115. Zur Übereinstimmung von Fischer und Jonas in einem ähnlichen Punkt, nämlich auf menschliche Macht bezogen („human power") vgl. Villiers 2003, 26, dort auch das Zitat.
637 Vgl. Fischer 1992, 114–115, Zitat auf S. 114.
638 Vgl. H. Jonas 1979, 184–185, 234, Zitate auf S. 185. Dort spricht Jonas von der „Ur-Verantwortung der elterlichen Fürsorge" (a.a.O., 185). Damit steht Jonas – wie auch schon Huber festhält – in eigentümlicher Parallelität zu Bonhoeffers Beispielen (vgl. Huber 1990, 146).
639 Vgl. H. Jonas 1979, 234–236, 240–242, Zitat auf S. 236.

> Der Säugling vereinigt in sich die selbstbeglaubigende Gewalt des Schondaseins und die heischende Ohnmacht des Nochnichtseins, den unbedingten Selbstzweck jedes Lebendigen und das Erstwerdenmüssens des zugehörigen Vermögens, ihm zu entsprechen. Dies Werdenmüssen ist ein Dazwischen – ein Hängen des hilflosen Seins über dem Nichtsein –, das eine fremde Kausalität füllen muss.[640]

Und zusammenfassend:

> Äußerste Faktizität der Diesheit, äußerstes Recht darauf und äußerste Fragilität des Seins fallen hier zusammen. In ihm zeigt sich exemplarisch, daß der Ort der Verantwortung das ins Werden eingetauchte, der Vergänglichkeit anheimgegebene, vom Verderb bedrohte Sein ist.[641]

Sieht man einmal von den steilen ontologischen Behauptungen zur Sein-Sollen-Relation bei Jonas ab, bleibt doch das Charakteristische der von Verantwortung konnotierten Fragilität in diesen Sätzen erkennbar: Es liegt im Zusammenfall von „Schondasein" (Faktizität), Hilflosigkeit („heischende Ohnmacht"), Nicht-selbständig-sein-können („vom Verderb bedrohte Sein") und Rettbarkeit („eine fremde Kausalität füllen muss") des Verantwortungsobjektes.[642] Das Neugeborene lebt (Schondasein), kann sich selbst nicht am Leben halten (Hilflosigkeit), würde so ohne Fürsorge sterben (Nicht-selbständig-sein-können), kann mit Fürsorge aber wachsen und Leben (Rettbarkeit).[643] Diese vier vorgestellten Eigenschaften des Zuständigkeitsbereichs charakterisieren die von Verantwortung konnotierte Fragilitätsimagination.

(3) *Potestativer Dual.* Dieses Verständnis von Fragilität zeigt auch, dass deren Imagination impliziert, was ich *potestativen Dual* nenne:[644] Der Fragilität auf der einen entspricht die Macht einer „fremde[n] Kausalität"[645] auf der anderen Seite.[646]

---

640 H. Jonas 1979, 240.
641 H. Jonas 1979, 242.
642 Vgl. auch für die Zitate wie gesagt H. Jonas 1979, 240, 242.
643 Vgl. H. Jonas 1979, 240–242.
644 Dieser Dual wird der Sache nach auch bei Fischer thematisch, wo er vom „Imperialismus der Verantwortung" spricht und die „Unterwerfung der Wirklichkeit unter einen ethischen Herrschaftsanspruch" problematisiert (vgl. auch für die Zitate Fischer 1992, 125). Was ich hier potestativer Dual nenne, ist bei Henning Luther die „Defizitperspektive" (vgl. auch für das Zitat H. Luther 1992, 234): „Unter der Defizitperspektive verstehe ich jenen Ansatz, der die Adressaten der Seelsorge prinzipiell als mit einem Mangel/Defizit behaftet sieht, dem andere, die gleichsam defizitfrei sind, abzuhelfen suchen. Im Defizitmodell wird Seelsorge/Beratung in einem Oben-Unten-Gefälle, in dem Starke, Gesunde, Lebende... sich helfend dem Schwachen, Kranken, Sterbenden ... zuwenden." (ebd.)
645 H. Jonas 1979, 240.

Der imaginierten Fragilität des Gegenübers korrespondiert bei Jonas die imaginierte eigene menschliche Macht: So spricht Jonas vom „endgültig entfesselte[n] Prometheus", von „ganz neuen Modalitäten der Macht", von den Handlungen im „Zeichen der Technologie [...], die eine beispiellose kausale Reichweite in die Zukunft haben", von der neuen Macht über „die gesamte Biosphäre des Planeten" und vom „Baconischen Programm [...], nämlich das Wissen auf Herrschaft über die Natur abzustellen und die Herrschaft über die Natur für die Besserung des Menschenloses nutzbar zu machen".[647] Er benennt die Veränderung der „Vorstellung unserer selbst als eines kausalen Faktors im weiteren System der Dinge":[648] Die neuen Möglichkeiten der *„Lebensverlängerung"*, der *„Verhaltenskontrolle"* und der *„[g]enetische[n] Manipulation"* zeigten, „wie weit unsere Macht des Handelns uns über die Begriffe aller früheren Ethik hinaustreiben [sic]."[649] Darin manifestiert sich die Imagination menschlicher Macht über die Natur in[650] und um sich.

Diese Vorstellung insgesamt ist mit der oben eingeführten Kategorie „Imagination" aus folgenden Gründen plausibel zu fassen: Die von Verantwortung konnotierte Vorstellung menschlicher Macht ragt ins Imaginäre, insofern sie erstens nicht nur tatsächliche Wirkmöglichkeiten vorstellt, sondern seduktive[651] Allmachtsphantasien und unrealistische Vorstellung von Steuerungsmöglichkeiten,[652] attraktive Utopien und apokalyptische Schreckensszenarien beinhaltet, und sich zweitens – wie Castoriadis dies beschrieben hatte – ihren Autoren gegenüber verselbständigt, wenn die Gesellschaft in der Machtimagination nicht mehr ihr eigenes Produkt erkennt, sondern diese für eine selbstverständliche Gegebenheit hält, so dass jedes Problem wiederum nur im Horizont dieser Machtimagination lösbar erscheint:[653] durch mehr Fortschritt, Technik, menschliches Wirkung, Kontrolle und

---

646 Vgl. ähnlich, aber anders pointiert und kontextualisiert: „Die Asymmetrie zwischen der machtvollen Verantwortungsträgerin und dem ohnmächtigen Subjekt ihrer Sorge ist entscheidend für Jonas' Verantwortungsbegriff" (Vogelmann 2014, 354–355).
647 Für die Zitate in ihrer Reihenfolge H. Jonas 1979, 7, 7, 8–9, 27, 251.
648 Vgl. auch für das Zitat H. Jonas 1979, 26–27.
649 Vgl. H. Jonas 1979, 47–53, Zitate auf S. 47, 50, 52, 53, kursiv im Original.
650 Dazu, wie der Mensch selbst „unter die Objekte der Technik geraten „ist, vgl. H. Jonas 1979, 47–53, Zitat auf S. 47.
651 Zu einer Macht, die „eher seduktiv als repressiv" wirkt vgl. auch Han 2016, 25–28, Zitat auf S. 27.
652 Vgl. in dieser Richtung etwa Heidbrink 2003, demzufolge der Verantwortungsbegriff „das Medium der Steuerung in einer steuerungslosen Zeit" bildet (vgl. auch für das Zitat a.a.O., 44); eine Seite dieses Begriffs sei es, dass er „verleitet [...], die Einsichten in eigensinnige Strukturzusammenhänge überzubewerten und die Eingriffsmöglichkeiten in sie zu überschätzen." (a.a.O., 48)
653 Damit ist der Sache nach beschrieben, was Johannes Fischer als „Regelkreis" umrissen hat (vgl. Fischer 1992, 116–117, Zitat auf S. 117): „Es bildet sich eine Art Regelkreis heraus, bei dem die Erkenntnis sich steuern läßt durch die Imperative einer Welt, welche sie sich, nicht zuletzt in ständiger

Machtausübung nämlich.⁶⁵⁴ Auf dieser Linie haben beispielsweise Lars Hochmann und Reinhard Pfriem Ansätze der *„green economy"* dafür problematisiert, dass „Natur […] dabei als passives Handlungsfeld von Unternehmen in den Blick" gerät; die ideologischen Grundlagen der „Unterwerfung und Beherrschung von Natur" würde reproduziert.⁶⁵⁵ Pointiert halten sie fest, was ich als Beleg für besagte These der Horizonthaftigkeit der Machtimagination, die nur Lösung in ihrem eigenen Sinne zulässt, verstehe: „Denn aus der Einsicht in das praktische Versagen des Seitherigen werden mithin die Folgen enthemmten Naturumgangs durch noch radikalere Praxis eskaliert."⁶⁵⁶

Diese beiden Folgen der Machtimagination zeigen sich unter anderem in Jonas' Text selbst – teilweise performativ, teilweise von Jonas explizit benannt. Wenn er *erstens* von der „unwiderstehlichen Ausübung dieses Könnens" spricht,⁶⁵⁷ verweist er selbst explizit auf die seduktive Komponente der Machtimagination; gleichzeitig verbindet er diese mit mythischen Figuren – siehe oben: Prometheus – und apokalyptischen Szenarien.⁶⁵⁸ Gerade die Schreckensszenarien der Machtimagination sind bei Jonas das, was verantwortliches Handeln und seine Zukunftsethik motiviert.⁶⁵⁹ Seine „Heuristik der Furcht" funktioniert praktisch als Detektor und Impuls für Worst-Case-Szenarien – und solle „ein hochnützliches erstes Wort" in der „Suche nach dem Guten" haben.⁶⁶⁰

Wie aktuell die Eigendynamik der Machtimagination ist, zeigt das zeitweise populäre Werk von Yuval Harari, der menschliche Verfügungsmacht sowohl mit utopischen wie dystopischen Aufladungen verbindet.⁶⁶¹ Mit dem hier vertretenen Imaginationsbegriff müssen die Imaginationen nur der herrschenden Klasse einer Gesellschaft plausibel, nicht aber grundsätzlich realistisch ein, um sozial wirksam zu werden. Plausibilitätsbedingungen für die Vorstellung menschlicher Macht benennt Jonas en passant selbst: Sie liegen im erlebbaren „Ausmaße des Erfolgs" und in der neu wahrnehmbaren *Verletzlichkeit* der Natur durch die technische Inter-

---

Reaktion auf diese Imperative, fortgesetzt selbst vergegenständlicht. Längst ist auch die Ethik im Sog dieses Regelkreises." (Fischer 1992, 117)
654 Vgl. dazu auch die hier gleich zu behandelnde „Dialektik der Macht" bei H. Jonas 1979, 253–255, Zitat auf S. 253.
655 Vgl. auch für die Zitate Hochmann und Pfriem 2018, 125.
656 Hochmann und Pfriem 2018, 126.
657 Vgl. auch für das Zitat H. Jonas 1979, 7.
658 Vgl. H. Jonas 1979, 251–253. Jonas spricht dort selbst etwa von „einer apokalyptischen Situation" (a. a. O., 51).
659 Vgl. H. Jonas 1979, 63–64, 391.
660 Vgl. auch für die Zitate H. Jonas 1979, 64.
661 Vgl. etwa Harari 2016.

vention des Menschen".⁶⁶² Plausibilisieren derartige Erfahrungen die Machtimagination, muss sie in allen ihren mythischen, utopischen und dystopischen Verästelungen nicht mehr realistisch sein: Wie der imaginierten Gemeinschaft einer Nation bei Anderson trotz ihrer Plausibilität keine realen Interkationen entsprechen,⁶⁶³ so müssen auch der Machtimagination keine tatsächlichen Wirkungs- oder Handlungsmöglichkeiten entsprechen, solange nur die Imagination plausibel bleibt.

Als kollektive Selbstverständlichkeit reproduziert die Macht-Fragilitätsimagination ihre eigenen Plausibilitätsbedingungen, insofern sie zur Entwicklung und Nutzung neuer Technologie motiviert: Ohne die Imagination der eigenen Macht, die Natur nach den eigenen Zwecken ordnen zu können oder zu wollen, hätten Menschen keine Staudämme, Brücken oder Kernkraftwerke gebaut, keine Kettensägen, Bagger und Atombomben erfunden.

Zweitens entwickelt die Machtimagination eine Eigendynamik, in der sie zum selbstverständlichen Horizont wird. Das lässt sich auch bei Jonas in zwei Schritten beobachten: an der Kopplung von Macht und Verantwortung⁶⁶⁴ und an der Notwendigkeit, *„Macht über die Macht"*⁶⁶⁵ zu gewinnen: Zunächst knüpft Jonas angesichts der Krise⁶⁶⁶ an die Machtimagination die Notwendigkeit einer „Ethik, die durch freiwillige Zügel seine Macht davor zurückhält, dem Menschen zum Unheil zu werden".⁶⁶⁷ Dies soll der pflichtethisch gerahmte und begründete „Begriff der *Verantwortung*" leisten,⁶⁶⁸ in dem Jonas Macht und Verantwortung verkoppelt:⁶⁶⁹ Verantwortung ist die *„Pflicht der Macht"*; das „wofür" der Verantwortung nimmt „die Macht in ihre Pflicht"; Verantwortung sei „eine Funktion von Macht und Wissen", ja: „ein Korrelat der Macht".⁶⁷⁰ Deshalb lässt sich „Das Prinzip Verantwortung" m. E. als Versuch lesen, in die Imagination eigener oder fremder Macht die Imagination eigener oder fremder Verantwortung für das „im Wirkungsbereich

---

662 Vgl. auch für die Zitate H. Jonas 1979, 251, 26, kursiv im Original.
663 Vgl. dazu oben 2.2.2.
664 Vgl. dazu auch Assadi 2013, 125–138, wo Assadi von der „Verantwortung als Korrelat der Macht" (a. a. O., 125) und auch von der „Kopplung von Verantwortung und Souveränität" (a. a. O., 135) spricht.
665 H. Jonas 1979, 254, kursiv im Original.
666 Zur Situation von Jonas Prinzip Verantwortung vgl. Huber 1990, 145. Assadi hat Jonas' „Verantwortung als Antwort auf gesellschaftliche Problemlagen" rekonstruiert (vgl. Assadi 2013, 118–124, Zitat auf S. 118). Zur Verbindung von Verantwortung Krise allgemeiner siehe in diesem Kapitel Anm. 456.
667 Vgl. auch für das Zitat H. Jonas 1979, 7.
668 Vgl. H. Jonas 1979, 8–9, Zitat auf S. 8, kursiv im Original.
669 Vgl. so auch Vogelmann 2014, 352–357. Auch die Metapher des Koppelns ist hier von Vogelmann übernommen, vgl. etwa a. a. O., 24. Auch Assadi hat in Bezug auf Jonas von einer „Kopplung von Verantwortung Souveränität" gesprochen (vgl. auch für das Zitat Assadi 2013, 135).
670 Vgl. auch für die Zitate in ihrer Reihenfolge H. Jonas 1979, 174, 175, 222, 230, kursiv im Original.

meiner Macht" liegende „Anvertraute"[671] als Korrelat dieser Macht einzuzeichnen. Damit entwirft Jonas seine Ethik im Horizont der Machtimagination. In diesem Horizont wird Verantwortung zur *„Sorge"*[672] und zur Verantwortung des Mächtigen, paradigmatisch des Staatsmannes etwa.[673] Dass er den Horizont der Macht- und Fragilitätsimagination – also den potestativen Dual als Selbstverständlichkeit nicht transzendiert, zeigt sich schon daran, dass es um die Verantwortung des als fragil imaginierten Gegenübers m. W. nicht geht.

Dass Jonas Ethik im Horizont der Machtimagination denkt, macht ein zweiter Schritt besonders deutlich: Nicht nur schon erworbene und imaginierte Macht verpflichtet zur Verantwortung, Verantwortung macht bei ihm auch weiteren Machterwerb nötig: Den Erwerb der „Macht über die Macht" nämlich.[674] Dieser Dialektik, dass die *„Macht über die Natur"* sich des Menschen bemächtigt sei, so Jonas, „nur mit einer weiteren Stufe der Macht selber, nicht mit einem quietiven Verzicht auf Macht, beizukommen".[675] Die Machtimagination wird nicht mehr als Produkt der eigenen Vorstellung erkannt[676] und gibt den Horizont für die Lösungen zu den von ihr selbst aufgeworfenen Problemen.[677] Lösungen sind nur noch im potestativen Dual von Fragilität und Mächtigkeit denkbar.

4.3.2.2 Fragilitätsimaginationen in der Theologie

In den exemplarisch analysierten Verantwortungstexten aus Kapitel 3 zeigt sich die Fragilitätsimagination unterschiedlich explizit. Unausgeführt angelegt ist sie in den Paradebeispielen für stellvertretend-verantwortliches Handeln bei *Dietrich Bonhoeffer*, die sich – wie schon Huber[678] trefflich bemerkt hat – so auch (teilweise) bei Jonas wiederfinden:[679]

---

671 Beide Zitate: H. Jonas 1979, 175.
672 Vgl. auch für das Zitat H. Jonas 1979, 391, kursiv im Original.
673 Vgl. H. Jonas 1979, 184–198.
674 Vgl. H. Jonas 1979, 253–255 (Zitat auf S. 253). Die „Fähigkeit, Macht über die eigene Macht zu gewinnen" gehört auch für Wolfgang Huber zum „reflexiven Gebrauch der Macht" (vgl. auch für das Zitat Huber 2012b, 86).
675 Vgl. H. Jonas 1979, 253–254, Zitate auf S. 253.
676 Die Formulierung greift die von Castoriadis (2.2.1) übernommene Grundstruktur auf.
677 Hier setzt genau ein Teil von Johannes Fischers Kritik des Verantwortungsbegriffs ein: Fischer 1992, insbes. S. 116–118 und dort insbes. die kritische Beschreibung dessen, was er „eine Art Regelkreis" nennt (a. a. O., 117 und siehe oben, Anm. 653 in diesem Kapitel). Was er kritisiert ist aber nur ein spezifischer Verantwortungsbegriff, nämlich der Begriff von Verantwortung im Horizont der von ihr konnotierten Machtimagination.
678 Vgl. Huber 1990, 146; Huber 2012b, 83.
679 Jonas behandelt ausführlich „Eltern und Staatsmann als eminente Paradigmen" (H. Jonas 1979, 184), den Lehrer anders als Bonhoeffer m. W. nicht prominent.

> Daß Verantwortung auf Stellvertretung beruht, geht am deutlichsten aus jenen Verhältnissen hervor, in denen der Mensch unmittelbar genötigt ist, an der Stelle anderer Menschen zu handeln, also etwa als Vater, als Staatsmann, als Lehrmeister. Der Vater handelt an der Stelle der Kinder, indem er für sie arbeitet, für sie sorgt, eintritt, kämpft, leidet. (DBW 6, 256–257)

Zur Vorstellung von Stellvertretung und Verantwortung gehört hier, dass ein irgendwie weniger handlungsmächtiges Gegenüber es nötig hat, dass für es gearbeitet, gesorgt und eingetreten wird, weil es dies (noch) nicht selbst kann. Das Gegenüber ist da, ist hilfsbedürftig, bedroht und rettbar (s. 4.3.2.1). Damit aber konnotiert Verantwortung nicht nur eine hierarchische, in diesem Fall einseitige Sorgebeziehung, sondern grundlegender noch das Nötighaben des Verantwortungsobjektes, das eben darin als fragil imaginiert ist.

Im *Sektionsbericht der Sektion III bei der Amsterdamer ÖRK-Versammlung von 1948* schwingt die Fragilitätsimagination bezeichnenderweise nicht erkennbar mit, wenn von der „verantwortlichen Gesellschaft" die Rede ist, wohl aber da, wo es um die Verantwortung der Kirche angesichts der gesellschaftlichen Krise geht. Nachdem diese Krise als Krise der Konstitution von individueller und kollektiver Moralität (s. o. 4.3.1.3) beschrieben wurde, heißt es dort:

> There is no inescapable necessity for society to succumb to undirected developments of technology, and the Christian Church has an urgent responsibility to-day to help men to achieve fuller personal life within the technical society.[680]

Damit wird das persönliche Leben den Menschen als fragil dargestellt, weil es in der technischen Gesellschaft bedroht und untergraben wird und deshalb der Hilfe bedarf – die Verantwortung der Kirche zu helfen konnotiert also die Imagination dieser Fragilität.

In *Wolfgang Hubers* einschlägigem Aufsatz zur „Sozialethik als Verantwortungsethik" konnotiert Verantwortung eine Fragilitätsimagination besonders deutlich dort, wo er Verantwortungsethik als „Ethik der Betroffenheit" bestimmt.[681] Gemeint ist die „Betroffenheit von den Folgen unserer technisch-industriellen Zivilisation" – und unter diese Folgen fällt die „Zukunftslosigkeit" vieler Menschen, etwa vieler Arbeitsloser oder bei „Millionen Menschen in der Dritten Welt".[682] Ethik der Betroffenheit setzt also eine von der Fragilitätsimagination sensibilisierte Weltwahrnehmung voraus, die Huber wiederum eng mit dem Stellvertretungsbe-

---

680 Hooft 1949, 75.
681 Vgl. auch für das Zitat Huber 1990, 153.
682 Vgl. auch für die Zitate Huber 1990, 153.

griff verknüpft, den er mit Bonhoeffer als eine Charakterisierung von Verantwortung verstanden hatte:[683]

> Nur als Ethik der Betroffenheit kann Verantwortungsethik zu den Umorientierungen beitragen, die heute an der Zeit sind. Stellvertretung wird dann für sie unausweichlich zur tragenden Kategorie: das stellvertretende Reden für die, die keine Stimme haben; das stellvertretende Handeln für die, denen selbständiges Handeln verwehrt ist. Die Unterprivilegierten der heutigen Weltgesellschaft, die Angehörigen künftiger Generationen und die außermenschliche Natur sind es, die stellvertretendes Handeln heute in besonderer Dringlichkeit herausfordern. Sie sind die ‚geringsten Brüder', die das Gleichnis vom Weltgericht zum Maßstab unserer Verantwortung macht.[684]

Hier ist explizit, was in Bonhoeffers Stellvertretungsbeispielen implizit war: Diejenigen auf der Objektposition werden als solche vorgestellt, die schwach und bedroht sind, ohne selbst handeln oder sich selbst helfen zu können: sie werden kurz gesagt als fragil oder als schon zerbrochene („keine Stimme"[685]) imaginiert. Das Narrativ, das hier und an anderer Stelle[686] diese Fragilitätsimagination als Verantwortungskonnotation transportiert, ist das „Gleichnis vom Weltgericht" (Mt 25). Dabei schreibt Huber diese Fragilität – wie das Zitat zeigt – auch der außermenschlichen Kreatur zu.

4.3.2.3 Analyse der Imaginationen

In ethischer Perspektive relevant ist, dass die Fragilitätsimagination drei praktische Tendenzen in den von ihr informierten Praktiken zur Folge hat: Einen Zug zur Dringlichkeit (1.), die Schaffung einer Aura des moralisch Richtigen (2) und ein potestativer Dual (3).

(1) *Dringlichkeit.* Erstens ist die Fragilitätsimagination fast immer mit einem Zug zur „Dringlichkeit"[687] verbunden. In der Fragilitätsimagination wird etwas als Notstand imaginiert. Der Säugling bei Jonas ist in seiner Fragilität unmittelbar todbedroht und bedarf deshalb der Sorge Erwachsener; die Existenz der Menschheit ist ihm in ihrer Verletzlichkeit durch selbstgemachte Umweltzerstörung oder nuklearen Overkill unmittelbar vom Untergang bedroht und bedarf deshalb drin-

---

683 Vgl.: „Antwortstruktur und Stellvertretungscharakter kennzeichnen also die Verantwortung." (Huber 1990, 144)
684 Huber 1990, 153–154.
685 Huber 1990, 153.
686 Vgl. Huber 2012b, 85. Vgl. dazu auch meine Ausführungen in Höhne 2022b.
687 So etwa wörtlich in dem gerade von Huber Zitierten: „heute in besonderer Dringlichkeit" (Huber 1990, 154). Der Tenor der Dringlichkeit zieht sich durch das ganze „Prinzip Verantwortung" von Jonas.

gend der Sorge verantwortlich Handelnder. Dieser Zug zur Dringlichkeit wird durch die Verbindung mit dem etwa von Huber aufgeführten eschatologischen Narrativ des Gleichnisses vom Weltgericht noch verstärkt. Schließlich gibt es in diesem Narrativ ein „zu spät": „Geht weg von mir, ihr Verfluchten", sagt Jesus in diesem Text zu denen, die ihm in seiner Not nicht halfen, „in das ewige Feuer, das bereitet ist dem Teufel und seinen Engeln!" (Mt 25, 41[688])

So sachgerecht dieses Dringlichkeitsempfinden, in das die Fragilitätsimagination Praxisteilnehmende bringt, ethisch sein kann, so ambivalent ist doch Folgendes: Dringlichkeit meint in Teilnahmeperspektive praktisch die Verengung des Zeithorizontes – sowohl in der Retrospektive als auch in der Prospektive – und damit in der Wahrnehmung überhaupt. Sie fokussiert Praxisteilnehmer:innen auf die jeweilige Situation, das in dieser Situation akut Fragile und das dringend nötige Rettungshandeln. Am Beispiel gesagt: Wenn die Schwimmerin A einen Ertrinkenden B im Teich sieht, verengt die hier sachgerechte Vorstellung von Bs Fragilität den Blick von A auf Not und nötige Rettung und lässt sowohl die Vergangenheit – Wieso ist B im Teich? – als auch die Zukunft – Was passiert mit der neuen Kleidung der Schwimmerin? – aus dem Wahrnehmungshorizont rücken. Durch diese Horizontverengung reduziert oder suspendiert die Fragilitätsimagination die diskursive Überprüfung der in ihrem Horizont favorisierten Verhaltensoption (*Diskurskriterium*): Einmal lässt die Fragilitätsimagination den Eindruck entstehen, dass für diskursive Prozesse die Zeit fehle. Anderseits werden viele Aspekte der von Tödt beschriebenen Sachmomenten der Findung sittlicher Urteile (3.3.3) abgeblendet, wenn Vergangenheit und Zukunft aus- und nur situative Notwendigkeiten aufgeblendet werden. Reduktion oder Suspendierung des Diskurses sind in akuten Notsituationen gut, richtig und lebensdienlich, weil die Fragilitätsimagination hier sachgerecht ist. Persistiert die Fragilitätsimagination aber in einer Praktik, in der ihre Sachgerechtigkeit in Beobachtungsperspektive rational bestreitbar ist, etwa in Praktiken der Sicherheitspolitik, wo sie die nationale Sicherheit eines Landes als Fragiles erscheinen lässt, wird die Problematik der Diskurshemmung und Blickverengung deutlich: Die Fragilitätsimagination wird dazu tendieren lassen, langfristige Folgen, Entwicklungen und Präventionsmaßnahmen genauso auszublenden wie andere Fragen, etwa Fragen „transnationaler sozialer Gerechtigkeit"[689]. In der Friedensethik lässt sich das Leitbild des „gerechten Friedens" etwa als eines verstehen, das die Festlegung auf eine unmittelbare Bedrohungssituation auflöst und so die Horizontverengung der Fragilitätsimagination weitet, etwa auf Gerechtig-

---

[688] Zitiert nach der revidierte Lutherübersetzung von 2017.
[689] Die „Förderung transnationaler soziale Gerechtigkeit" ist ein Element im Leitbild „eines gerechten Friedens" (vgl. auch für die Zitate Huber 2012a, 234).

keitsfragen hin.⁶⁹⁰ Wo die Fragilitätsimagination als nicht sachgerechte diskursive Überprüfung von Verhaltensoptionen reduziert und suspendiert, schränkt sie die „kommunikative Freiheit" (Tödt, 3.3.3.1(c)) der Akteure ein und bringt sie in Spannung mit dem *Freiheitskriterium*.

(2) *Moralisierung*. Ähnlich diskurs- und damit freiheitshemmend kann auch eine zweite praktische Tendenz dieser Imagination wirken: die Tendenz des Dringlichkeitsempfindens zur Moral. Wenn es um alles oder nichts geht, steht nicht mehr ethisches Abwägen im Licht des *„intendierten Guten"* (T. Meireis⁶⁹¹) im Mittelpunkt, sondern Richtigkeitsurteile mit Allgemeingültigkeitsanspruch.⁶⁹² Über die Plausibilitätsanmutung dieser Richtigkeitsurteile – natürlich ist es richtig, hilflose Kinder zu versorgen, Umweltschutz zu betreiben und Zusammenleben zu ermöglichen – stattet die Fragilitätsimagination Verantwortung mit einer Aura des moralisch Richtigen aus. Verantwortlich Handelnde sind richtig Handelnde, weil sie den Ruf der Notleidenden hören, die fragile Umwelt schützen und vor Schlimmerem bewahren. Zur Sicherheit: Ich behaupte nicht, dass all das falsch wäre; lege nicht nahe, es könne nicht richtig sein, hilflose Kinder zu versorgen etc.

Wohl aber behaupte ich, dass darin die Tendenz liegt eine Ethik der Verantwortung auf Moral zu reduzieren. Die Aura des moralisch Richtigen macht dabei die paternalistische Tendenz übersehen, die in der Fragilitätsimagination praktisch wirkt: Als Konnotation des Verantwortungsbegriffs behaftet die Fragilitätsimagi-

---

690 Vgl. zum Leitbild „gerechten Friedens" etwa Huber 2012a, 230–237. Der Horizont, in den das Leitbild stellt, ist insofern ein über die unmittelbare Situation hinausgehender, als das Leitbild auf „gerechten und dauerhaften Frieden" ausrichtet (a. a. O., 232, auch: 234) und der Fokus auf die Gewaltfrage als Reduktion erscheint: „Würde man sich auf diese eine Dimension beschränken, so ließe sich gerade nicht mehr plausibel machen, warum um des Friedens willen der Einsatz ziviler Mittel vor militärischen Mitteln den Vorrang haben soll. Friedensethik würde wieder auf den [sic] Frage reduziert, ob und wann militärische Gewalt eingesetzt werden darf oder muss." (a. a. O., 233) Es zeigt sich auch an den „vier Ordnungselemente[n]", die das Leitbild charakterisieren (vgl. auch für das Zitat a. a. O., 234): „Kollektive Friedenssicherung, die Kodifizierung und der Schutz universaler und unteilbarer Menschenrechte, die Förderung transnationaler sozialer Gerechtigkeit, die Ermöglichung kultureller Vielfalt." (a. a. O., 234) Pointiert bringt Huber die Horizontveränderung in diesem Leitbild so auf den Punkt: „Während die Theorie des gerechten Krieges vom Krieg her auf den Frieden schaut, betrachtet die ethische Konzeption des gerechten Friedens kriegerische Gewalt vom Frieden her." (Huber 2013, 232) Vgl. zu diesem Leitbild auch a. a. O., 231–234) Mit der Denkschrift „Aus Gottes Frieden leben – für gerechten Frieden sorgen" von 2007 hat sich der Rat der Evangelischen Kirche in Deutschland das „ethische Leitbild des gerechten Friedens" zu eigen gemacht (Kirchenamt der EKD 2007, 57–65, Zitat auf S. 57). Zu der Horizontveränderung vgl. auch schon Höhne 2022a.
691 Vgl. Meireis 2008, 259–263, Zitat von S. 261, kursiv im Original, und oben 2.3.3.3.
692 Zu der zugrundeliegenden Unterscheidung von Ethik und Moral sowie der Verbindung von Moral mit Richtigkeit und Allgemeinheit vgl. Reuter 2015, 14–16, insbes. S. 15.

nation das Verantwortungsobjekt bei dessen Fragilität und damit bei dessen Schwäche, Hilflosigkeit, Ohnmacht, Unzulänglichkeit, wenn nicht gar bei dessen Makel – und nicht primär bei dessen Potenzial, dessen Selbstheilungskräften, Mündigkeit und Widerständigkeit. Die Wahrnehmung des im Zuständigkeitsbereich Befindlichen wird tendenziell auf dessen Hilfsbedürftigkeit und Hilflosigkeit konzentriert. Die davon informierte Hilfspraktik wird entsprechend dazu tendieren, diese Fragilität zu reproduzieren. Sie tendiert dazu, schon weil der Aspekt „Ohnmacht" in der Fragilitätsimagination praktisch einen deresponsibilisierenden Mechanismus ölt, in dem das fragile Verantwortungsobjekt jeglicher Verantwortung enthoben wird. Damit bringt die Fragilitätsimagination das paternalistische Moment der „Verantwortung für" auf den Punkt. Die Aura moralischer Richtigkeit kann das paternalistische Entmündigen stellvertretender Verantwortungsübernahme für vermeintlich Fragile kaschieren.

(3) *Potestativer Dual*. Das betrifft in der praktischen Beziehungen von Verantwortungsträger:innen und Subjekten im Zuständigkeitsbereich auch die Träger:innen. Im Horizont von Fragilitätsimaginationen werden Verantwortungsträger:innen dazu tendieren, sich diese Beziehung in einem ähnlichen Dual vorzustellen, wie im Horizont der Diabolizitätsimagination. Nun ist dieser Dual aber hier kein evaluativer wie dort, sondern ein potestativer: Der Imagination der Ohnmacht des fragilen Gegenübers entspricht – wie die Auseinandersetzung mit Hans Jonas zeigte – die Imagination der eigenen Macht.[693] Dieser *potestative Dual* ist hochgradig ambivalent. Knüpft er an praktisch bestehende Machtasymmetrien an, hilft er – auch den potentiellen Verantwortungsträger:innen selbst – Verantwortliche zu identifizieren und damit zu nötigem Hilfshandeln zu motivieren: Würde Schwimmerin A sich nicht in einem potestativen Dual zu Ertrinkendem B wahrnehmen, sondern die in ihrer eigenen Schwimmkompetenz liegende Handlungsmacht ignorieren, entfiele wohl auch die Lebensrettung. Anderseits sind mit dem potestativen Dual der Praxis drei in ethischer Perspektive potentiell problematische Tendenzen eingeschrieben:

Auf der Position der Verantwortungsträger:innen verleitet der potestative Dual zur Überschätzung[694] der eigenen Macht angesichts der Ohnmacht des fragilen Gegenübers. Schwimmerin A überschätzt angesichts der Fragilität von B ihre eigenen Schwimmfähigkeiten. Beim Verantwortungssubjekt erzeugt die Fragilitätsimagination ex ante Handlungsdruck und ex post die bohrende Frage nach der eigenen Schuld, wobei beides zunächst von der eigenen Fähigkeit und situativen

---

693 Siehe dazu auch oben, Anm. 646 in diesem Kapitel und die dort zitierte Literatur.
694 Zur Verbindung von Verantwortung und Möglichkeitsüberschätzung vgl. auch Römelt 2014, 148.

Möglichkeit absieht; das ist gefährlich und – mit Klaus Günther gesagt: disziplinierend.[695]

Auf der Position der Subjekte im Zuständigkeitsbereich verleiten von Fragilitätsimagination und potestativem Dual informierte Praktiken, sich diese in der Gesamtpraktik oder im Verhalten der Verantwortungsträger:innen inszenierte Fragilitätswahrnehmung anzueignen und sich so selbst als ohnmächtig zu imaginieren. Genau über diese Einschreibung in die Selbsteinschätzung reproduziert die Fragilitätsimagination die vorgestellte Ohnmacht. Das aber ist dysemanzipativ und freiheitshemmend.

Auf die praktische Relation von Verantwortungsträger:innen und Subjekten im Zuständigkeitsbereich bezogen, macht der potestative Dual die Wahrnehmung von Gemeinsamkeiten und „Solidarität" unwahrscheinlich, weil es die Machtasymmetrie in die Praxis stärker einschreibt als die geteilte Ohnmacht und Fragilität – darauf hat Henning Luther trefflich verwiesen.[696]

Insgesamt zeigt sich die Fragilitätsimagination also darin ambivalent, dass sie Dringlichkeit insinuiert, bestimmten Verhaltensoptionen eine Aura moralischer Richtigkeit verleiht und der Praxis einen potestativen Dual einschreibt. Dies kann genauso lebensdienlich, ja: lebensrettend sein wie es disziplinierend, dysemanzipativ und diskurssuspendieren wirkt.

4.3.3 Die Versöhnung der Welt in Christus – und die Teilhabe daran

Da ist eine dritte Imagination, die evangelische Theolog:innen in ihren Texten impliziert und Responsepraktiken – insbesondere den gläubigen Teilnehmer:innen daran – als Horizont der Wirklichkeitswahrnehmung eingeschrieben haben: die Vorstellung, dass die Welt in Wirklichkeit eine in Christus versöhnte Wirklichkeit ist. Diese Vorstellung findet sich in den diskutierten Texten besonders bei Dietrich Bonhoeffer, Heinz Eduard Tödt und Wolfgang Huber.[697] Anhand von Bonhoeffers Spätwerk werde ich diese Imagination konkretisieren und analysieren.

---

695 Vgl. dazu die in der Einleitung referierten Arbeiten von Klaus Günther (1.1.1.1). Günther spricht auch einen Umstand an, der sich als mögliche Schuldlast deuten lässt: „In dem bewusst gewählten Risiko, Subjekt einer Zurechnung negativer Folgen zu werden, liegt die Last, die jemand mit der Übernahme einer Aufgabe trägt." (Günther 2006, 317)
696 Vgl. dazu Luthers „Kritik am Defizitmodell des Helfens" (H. Luther 1992, 224–238, Zitat aus dem Titel auf S. 224) und a.a.O., insbes. S. 234–235, wo Luther sowohl auf Machtverhältnisse als auch auf Solidarität in besagtem Sinne zu sprechen kommt.
697 Vgl. etwa Tödt 1988f, 46–47; Tödt 1988a, 71, 75; Tödt 1993d, 160; Huber 2012b, 86–87; Dabrock 2009, 131.

Immer wieder beschreibt Bonhoeffer in den Ethik-Fragmenten diese Wirklichkeitsvorstellung, setzt sie voraus, bezieht sich auf sie und macht sie zum Maßstab. Systematischer Ausgangspunkt dafür ist, was er selbst als „letzte Entscheidungsfrage" benennt, die Frage, „mit welcher Wirklichkeit wir in unserem Leben rechnen wollen",[698] mit Dabrocks Terminologie gesagt: „als" welche Wirklichkeit wir die Wirklichkeit erfahren, auf die wir antworten.[699] Bonhoeffers Antwort: mit der „Wirklichkeit Gottes in seiner Offenbarung in Jesus Christus", die als „gegebene" erst die Frage und jede wirklichkeitsgemäße Antwort ermöglicht.[700] Diese Gotteswirklichkeit sei „letzte Wirklichkeit" und in Bonhoeffers Ausführungen der Sache nach damit letztgültige Wirklichkeit.[701] Sie ist muss „geglaubt" und „gesehen" werden, „sich überall als die letzte Wirklichkeit erweise[n]" und ist im „Wirklichwerden".[702] Mit dieser Differenzierung von „Wirklichkeit und Wirklichwerden"[703] rechtfertigt auch Bonhoeffers eigene Argumentation die Rede von der Gotteswirklichkeit als Imagination – als Horizont der glaubenden Wirklichkeitswahrnehmung nämlich, als „Wende- und Angelpunkt aller Wirklichkeitserkenntnis überhaupt" wie Bonhoeffer selbst schreibt (DBW 6, 33), als glaubende Bestimmung dessen, womit zu rechnen ist. Eben als glaubende Imagination wäre sie dann sich selbst zufolge nicht bloß menschlich imaginiert, sondern selbst Teil des Offenbarungsgeschehens, das sie als letzte Wirklichkeit imaginiert.[704] Hier sollen einige besonders profilierende, inhaltliche Konkretionen dieser so vorgestellten und von Bonhoeffer beschriebenen Gotteswirklichkeit Thema sein. Es sind dies ihr inkludierender Evangeliumscharakter (4.3.3.1), ihr christologischer Versöhnungscharakter (4.3.3.2), die darin begründete ethische Responsibilisierung (4.3.3.3) und die sich daraus ergebende Transformation der Stellvertretungsimagination (4.3.3.4).

4.3.3.1 Einbezug und Ermöglichung

Die Grundstruktur des Antwortens-auf-Wirklichkeit (3.2.3.3 und 2.3.1.3) erinnert an die asymmetrisch-personalistische Imagination, die ich anhand vom zweiten Ka-

---

698 Vgl. auch für die Zitate DBW 6, 33.
699 Vgl. Dabrock 2009, 130–145. Für das „als" vgl. a.a.O., 132–133, 137.
700 Vgl. DBW 6, 33–34, Zitate auf S. 33. Zur Wirklichkeitsgemäßheit vgl. dann später DBW 6, 260–261. Zu Bonhoeffers „theologische[m] Wirklichkeitsbegriff" und der Christozentrik vgl. auch Huber 2019, 212, dort auch das Zitat.
701 Vgl. DBW 6, 32–33, Zitat auf S. 32.
702 Vgl. DBW 6, 32–34, Zitate auf S. 32, 32, 32 und 34. Vgl. auch: „Klug ist darum allein, wer die Wirklichkeit in Gott sieht." (DBW 6, 67)
703 Vgl. auch für das Zitat DBW 6, 34.
704 Vgl. DBW 6, 33–34. Zum „Erschließungsgeschehen als Offenbarung" bei Bonhoeffer vgl. auch Dabrock 2009, 135–136, Zitat auf S. 135.

pitel von Bonhoeffers Doktorarbeit rekonstruiert hatte (4.1.2.3). In den Fragmenten zu einer Ethik hat diese Wirklichkeit für Bonhoeffer aber nicht mehr den für die asymmetrisch-personalistisch Imagination rekonstruierten Charakter des überführenden Gesetzes (4.1.2.3), sondern ist mit der Person Jesus Christus und seinem Leben identifiziert (vgl. DBW 6, 85, 254). Was im zweiten Kapitel von Sanctorum Communio der ethische Anspruch eines anderen Willens war, wird nun christologisch qualifiziert. Das bringt eine spezifische Pointierung des Anspruches mit sich: Der Mensch wird hier bei Bonhoeffer nicht durch den Anspruch herausgefordert, etwas zu realisieren, was noch nicht wirklich wäre (vgl. DBW 6, 37, 39–40, 61), sondern durch eine Wirklichkeit, die bereits in Christus realisiert ist, nämlich der Versöhnung der Gotteswirklichkeit mit der Welt (vgl. DBW 6, 39–40, 61, 253). Deshalb bestehe die Antwort – also: „Verantwortung" – auch nicht darin, etwas noch nicht Wirkliches zu realisieren, was ein Gebot fordert, sondern in der Teilhabe an einer Wirklichkeit, die schon wirklich ist (vgl. DBW 6, 38, 40, 43, 61, 254). Verantwortlich als Antwortender handelt, wer „*wirklichkeitsgemäß*"[705] handelt oder – wie Bonhoeffer es mit einem Barthschen Begriff sagt – wer in Entsprechung[706] zur Wirklichkeit handelt.

Darin liegt der entscheidende theologische Unterschied zur asymmetrisch-personalistischen Imagination. Während diese wie gesehen vor allem in Begriffen des Gesetzes in theologischer Unterscheidung vom Evangelium formuliert war – als Anspruch, Schranke und Überwältigung (4.1.2.3) –, vereint die Versöhnungsimagination Aspekte, die Gesetzescharakter indizieren, mit solchen, die Evangeliumscharakter indizieren, bei deutlichem Gefälle zu letzteren: Bonhoeffer bezeichnet die begegnende Christuswirklichkeit als „Angebot[.]"[707] und „Anspruch[.]" (DBW 6, 60) und stellt sie als Wirklichkeit der „Liebe Gottes zur Welt", der „Liebe Gottes in Jesus Christus" vor (DBW 6, 69).

In der Versöhnungsimagination ist es nur eine Seite der Medaille, dass die Wirklichkeit dem Einzelnen gegenübersteht. Auf der anderen Seite umfasst bei Bonhoeffer diese Wirklichkeit die Person als Teil der Welt, die Gott in Christus mit sich versöhnt hat:[708] Basierend auf Bonhoeffers Argumentation muss die antwortende Person so vorgestellt werden, dass sie sowohl Teil der versöhnten Wirklichkeit ist (vgl. DBW 6, 40, 44, 51, 70–71) als auch genau dieser wirklich werdenden Wirklichkeit gegenüber steht und gerade deshalb an dieser Wirklichkeit erst teil-

---

705 Vgl. DBW 6, 260–269, Zitat auf S. 260, kursiv im Original.
706 Bonhoeffer verwendet das Verb „entsprechen" (DBW 6, 60).
707 DBW 6, 60. Zum Angebotscharakter vgl. auch Dabrock 2009, 135.
708 Die „Wirklichkeit als Ganze, in Gott gehaltene" beinhaltet doch notwendigerweise auch die Person, die durch die Begegnung mit der Wirklichkeit zur Antwort herausgefordert ist (vgl. auch für das Zitat DBW 6, 37). Zur Versöhnung der Welt mit Gott in Christus vgl. etwa DBW 6, 40.

bekommt (vgl. DBW 6, 38, 40).[709] Vor diesem Hintergrund wird verständlich, wie Bonhoeffer schreiben kann, die Antwort sei immer schon gegeben:

> Sie stellt vor die letzte Entscheidungsfrage, nämlich mit welcher Wirklichkeit wir in unserem Leben rechnen wollen [...]. Diese Frage selbst, die kein Mensch von sich aus, aus eigener Wahl entscheiden kann, ohne sie falsch zu entscheiden, setzt schon die gegebene Antwort voraus, daß nämlich Gott, wie auch immer wir uns entscheiden, schon sein Offenbarungswort geredet hat und daß wir auch in der falschen Wirklichkeit garnicht anders leben können als von der wahren Wirklichkeit des Wortes Gottes. Die Frage nach der letzten Wirklichkeit versetzt uns also bereits in eine solche Umklammerung durch ihre Antwort, daß wir uns garnicht mehr entwinden können. Sie trägt uns selbst mitten hinein in die Wirklichkeit der Offenbarung Gottes in Jesus Christus, aus der sie herkommt. (DBW 6, 33–34)

Folglich wird Bonhoeffer auch das Rechnen mit dieser Wirklichkeit und die „freie verantwortliche Tat eines Menschen" als entsprechende Antwort auf diese Wirklichkeit letztlich rückblickend nur „als Gottes Tat" vorstellen:[710] Nachfolge ist Bonhoeffer zufolge „keine freie Möglichkeit des Menschen" (DBW 4, 76); die „[f]reie Tat erkennt sich zuletzt als Gottes Tat" (DBW 6, 285). Damit ist es m. E. gut begründet zu behaupten: Das verantwortliche Handlungssubjekt und dessen Responsepraktiken erscheinen im Horizont der Versöhnungsimagination nicht in erster Linie als Gegenüber zu der Wirklichkeit, auf die sie antworten, sondern als Vollzüge, die immer schon Teil der mit Gott versöhnten Wirklichkeit sind. Subjekt und Responsepraktiken sind einbezogen in diese Wirklichkeit und ermöglicht von dieser Wirklichkeit, auf die sie antworten. Damit hat die Versöhnungsimagination das, was sich abgekürzt *inkludierender Evangeliumscharakter* nennen lässt: Gottes Versöhnungswirklichkeit wird als immer schon einbeziehend und ermöglichend vorgestellt.

4.3.3.2 Christologischer Versöhnungscharakter

Mit dem gerade beschriebenen Verhältnis von Handlungssubjekt und Wirklichkeit ist schon die Grundfigur der Versöhnungsimagination bei Bonhoeffer benannt, die – wie sich gleich zeigen wird – auch „Gericht" beinhaltet: Differentes – Weltwirklichkeit und Gotteswirklichkeit – wird im Horizont dieser Imagination als letztlich Versöhntes – nämlich hier: als Einbezug von jener in diese – vorgestellt.

---

709 Vgl. zu beidem pointiert: „Es wird vielmehr danach gefragt, wie die – auch uns und unsere Welt längst in sich beschlossen haltende – Wirklichkeit in Christus als jetzt gegenwärtige wirke beziehungsweise wie in ihr zu leben sei. Es geht also darum, *an der Wirklichkeit Gottes und der Welt in Jesus Christus heute teilzuhaben* und das so, daß ich die Wirklichkeit Gottes nie ohne die Wirklichkeit der Welt und die Wirklichkeit der Welt nie ohne die Wirklichkeit Gottes erfahre." (DBW 6, 40–41, kursiv im Original)
710 Vgl. auch für die Zitate DBW 6, 225.

Charakteristisch dafür ist bei Bonhoeffer, dass der Grund dieser Versöhnung nicht als human verfügbarer oder human noch zu realisierender, sondern als in Jesus Christus schon gegebener vorgestellt wird: *„In Jesus Christ ist die Wirklichkeit Gottes in die Wirklichkeit dieser Welt eingegangen.*" (DBW 6, 39, kursiv im Original) Im diesem Eingehen Christi ist der Gegensatz von Gott und Welt versöhnt (vgl. DBW 6, 40) – das ist der theologische Kern der Versöhnungsimagination bei Bonhoeffer:

> Die Wirklichkeit Gottes erschließt sich nicht anders als indem sie mich ganz in die Weltwirklichkeit hineinstellt, die Weltwirklichkeit aber finde ich immer schon getragen, angenommen, versöhnt in der Wirklichkeit Gottes vor. Das ist das Geheimnis der Offenbarung Gottes in dem Menschen Jesus Christi. (DBW 6, 40)

Imaginationstheoretisch reformuliert: Im Horizont der geglaubten Versöhnungsimagination, sieht sich das Handlungssubjekt auf eine Wirklichkeit bezogen, die als in Christus mit Gott versöhnt vorgestellt wird. In dieser und auf diese Wirklichkeit antwortet menschliche Verantwortung bei Bonhoeffer – das hat auch Prüller-Jagenteufel schon betont.[711]

Dass Versöhnung hier für Bonhoeffer nicht undifferenzierte Bejahung meint, sondern auch „Gericht" beinhaltet, wird in dem Fragment „Ethik als Gestaltung" besonders deutlich. Wie Versöhnung geschieht, erzählt er hier als Geschichte der „Gestalt des Versöhners, des Gottmenschen Jesus Christus":[712] In dieser Gestalt bejaht Gott qua Inkarnation den „wirklichen Menschen", richtet Gott qua auf sich selbst genommenem Kreuz den Menschen und erweckt ihn „zu einem neuen Leben":[713] „Gottes Ja zum Menschen hat sein Ziel gefunden durch Gericht und Tod hindurch." (DBW 6, 78) Hier impliziert die Versöhnungsimagination, die Welt als in Christus gerichtet und versöhnte und nicht als schlicht undifferenziert angenommene vorzustellen – daran wird die Schlussbetrachtung hier anknüpfen. Die Versöhnungsimagination macht entsprechend das Böse und Diabolische in der Welt nicht übersehen – Bonhoeffer erwähnt selbst „die unter die Gewalt des Teufels geratene ‚arge' Welt" (DBW 6, 50) –, aber diese „arge Welt" ist es ja eben, die in Christus mit Gott schon versöhnt ist und die nun nicht im Teufel, sondern doch wieder in Christus ihre letzte und eigentliche Wirklichkeit hat." (DBW 6, 51)

---

711 Vgl.: „Wenn nun also die Christologie die ‚hermeneutische Matrix' der Verantwortungsethik bildet, so versteht sich Verantwortung in der Welt wesentlich als christologische Kategorie, d.h. als relationale Kategorie der eschatologischen Realität der Versöhnung: ‚Dieses Leben als Antwort auf das Leben Jesu Christi (als Ja und Nein über unser Leben) nennen wir ‚Verantwortung'" (Prüller-Jagenteufel 2004, 365, das Bonhoefferzitat im Zitat stammt aus DBW 6, 254, kursiv im Original)
712 Vgl. auch für das Zitat DBW 6, 69. Vgl. auch: „Von dieser Gestalt geht alle Gestaltung einer mit Gott versöhnten Welt aus." (DBW 6, 80)
713 Vgl. DBW 6, 70–81, Zitate auf S. 71, 78.

Die erste, ethisch konkretere Pointe von Bonhoeffers Wirklichkeitsvorstellung ist seine Ablehnung des „traditionellen christlich-ethischen Denkens" in „zwei Räumen".[714] Gegen die vorgestellten Gegensätze von „weltlich – christlich, natürlich – übernatürlich, profan – sakral, vernünftig – offenbarungsgemäß" setzt er die „ursprüngliche Einheit dieser Gegensätze in der Christuswirklichkeit".[715] Ist diese ursprüngliche Einheit charakteristischer Teil der Versöhnungsimagination, kommt es für die davon informierten Praktiken und den Christ nicht mehr in Frage, sich als aus der profanen Welt ins Sakrale zurückgezogene vorzustellen (vgl. DBW 6, 44–48): „Ganz Christus angehörend steht er zugleich ganz in der Welt." (DBW 6, 48)

In der Vorstellung der Versöhnung mit inkludierendem Evangeliumscharakter ist auch aufgenommen, was ich *evaluativen und potestativen Dual* genannt hatte: Besser und schlechter, stärker und schwächer müssen im Horizont dieser Vorstellung letztlich nicht von ihrer Differenz, sondern von ihrem gemeinsamen Menschsein her, das in Christus angenommen, gerichtet und versöhnt[716] ist, vorgestellt werden.

4.3.3.3 Ethische Responsibilisierung

Die ethische Konsequenz der Versöhnungsimagination zieht Bonhoeffer in seiner Beschreibung der „Struktur des verantwortlichen Lebens" (DBW 6, 256). Hier setzt die Versöhnungsimagination die Stellvertretungsimagination christologisch in Kraft. Was das heißt und dass dies selbst in Bonhoeffers eigener Entwicklung unselbstverständlich ist, gilt es nun zu zeigen und am Text zu belegen.

Im Zusammenhang von Bonhoeffers Argumentation erscheint die sozialanthropologische Stellvertretungsimagination insofern zunächst relativ unabhängig von christologischen Motiven, als er dreimal mit einem Aufruf der Stellvertretungsimagination einsteigt, um diese anschließend erst in der christologischen grundzulegen:[717] Ohne Christusbezug kann Bonhoeffer feststellen, dass Menschen

---

714 Vgl. auch für die Zitate DBW 6, 41.
715 Vgl. auch für die Zitate DBW 6, 44. Wenn Bonhoeffer weiter unten im Text von der „in Christus gesetzte[n] Einheit" (ebd.) spricht, ist zu beachten, dass er den Einheitsbegriff später wohl durch den Versöhnungsbegriff ersetzt hat (vgl. DBW 6, 44–45, Anm. 44).
716 Bei Bonhoeffer lautet der Dreiklang zunächst „getragen, angenommen, versöhnt" (DBW 6, 40), in „Ethik als Gestaltung" ist dann wie gesagt auch von „Gottes Gericht" die Rede (DBW 6, 74)
717 Vgl. DBW 6, 88, 219–231, 257–258, wobei Bonhoeffer den Stellvertretungsbegriff beim ersten Mal noch nicht verwendet. In Bonhoeffers Doktorarbeit hat von Soosten ein ähnliches Vorgehen ausgemacht, vgl. Soosten 1992, 44–45: „Die theologische Entfaltung des Kirchenbegriffs auf der Basis der Offenbarung Gottes in Christus scheint entgegen der beteuerten Behauptung abhängig zu sein von den vorangehenden, protologisch verorteten sozialphilosophischen und soziologischen Annahmen." (a.a.O., 44)

sich in Beziehungsnetzen wiederfinden, in denen sie verantwortlich und stellvertretend für andere handeln.[718] Dass bei Bonhoeffer diese Beziehungsnetze als Teil der Welt wegen der Versöhnung der Weltwirklichkeit mit Gott in Christus auch angenommene und zu bejahende sind, macht erst deren nachklappende Grundlegung in Christus in der zweiten Fassung von „Die Geschichte und das Gute" explizit deutlich:

> Daß Jesus ohne die besondere Verantwortung einer Ehe, einer Familie, eines Berufes lebte, stellt ihn keineswegs aus dem Bereich der Verantwortlichkeit heraus, sondern macht seine Verantwortung und seine Stellvertretung für alle Menschen nur umso deutlicher. Damit aber rühren wir bereits an den tragenden Grund alles bisher Gesagten. Weil Jesus, – das Leben, unser Leben, – als der Menschgewordene Sohn Gottes stellvertretend für uns gelebt hat, darum ist alles menschliche Leben durch ihn wesentlich stellvertretendes Leben. Jesus war nicht der Einzelne, der zu einer eigenen Vollkommenheit gelangen wollte, sondern er lebte nur als der, der in sich das Ich aller Menschen aufgenommen hat und trägt. Sein gesamtes Leben, Handeln und Leiden war Stellvertretung. [...] In dieser realen Stellvertretung, die seine menschliche Existenz ausmacht, ist er der Verantwortliche schlechthin. Weil er das Leben ist, ist durch ihn alles Leben zur Stellvertretung bestimmt. (DBW 6, 257–258)

Die christologische Imagination zeigt Jesus Christus damit insofern als verantwortliche Person „schlechthin", als dieser nicht nur etwa wie der Lehrer für seine Schüler stellvertretend handelt (vgl. DBW 6, 257), sondern „wirklich an der Stelle aller Menschen",[719] womit er der Grund aller anderen stellvertretenden Verantwortungen lege (vgl. DBW 6, 258). Die Menschwerdung Jesu als verantwortlicher Mensch etabliert den verantwortlichen Menschen als „wirklichen Menschen".[720] Damit wird qua Inkarnationstheologie menschliches Leben eben als verantwortliches und nicht als isoliertes Leben deutlich: „Weil Jesus, – das Leben, unser Leben, – als der Menschgewordene Sohn Gottes stellvertretend für uns gelebt hat, darum ist alles menschliche Leben durch ihn wesentlich stellvertretendes Leben." (DBW 6, 257,

---

718 Vgl. etwa: „Dem steht aber entgegen, daß wir durch unsere Geschichte objektiv in einen bestimmten Erfahrungs-, Verantwortungs- und Entscheidungszusammenhang gestellt sind, dem wir uns ohne Abstraktion nicht mehr entziehen können." (DBW 6, 88) Vgl. auch wie unter 4.1.3.1 (etwa Anm. 273) bereits genannt DBW 6, 219–220, 257. Schon 1932, in dem Vortrag „Das Recht auf Selbstbehauptung" konnte Bonhoeffer ohne herausstechenden Christusbezug über die soziale Einbindung als Verantwortung schreiben: „Aber diese Wahrheit wird gehört und aufgenommen auch dort, wo der Mensch seine geschichtliche Bindung in Verantwortung erfaßt, wo er sich nicht als den Herrn über sein eigenes Leben versteht, sondern wo er sein Leben versteht als verantwortlich gegenüber dem Bruder-Mensch. Hier lebt er nicht allein, sondern er lebt wesentlich durch und für den andere, ihm verantwortlich zugeordnet." (DBW 11, 222–223, für Vortragstitel und Datierung vgl. DBW 11, 215)
719 Vgl. DBW 6, 230–231, Zitat auf S. 230.
720 Vgl. DBW 6, 70–71, 258, Zitat auf S. 71.

s. o.) Der Mensch wird Bonhoeffer zufolge in die Gestalt Christi hineingezogen.[721] Bemerkenswert ist, dass diese Annahme verantwortlicher Existenz auch deren *Schuldhaftigkeit* explizit einschließt. Wie für Schweitzer ist auch für Bonhoeffer verantwortliches Handeln mit Schuld verbunden – und auch diesen Aspekt sieht Bonhoeffer in Christus aufgehoben und ins Recht gesetzt:

> Weil Jesus die Schuld aller Menschen auf sich nahm, darum wird jeder verantwortlich Handelnde schuldig. Wer sich in der Verantwortung der Schuld entziehen will, löst sich aus der letzten Wirklichkeit des menschlichen Daseins, löst sich aber auch aus dem erlösenden Geheimnis des sündlosen Schuldtragens Jesu Christi und hat keinen Anteil an der göttlichen Rechtfertigung, die über diesem Ereignis liegt." (DBW 6, 276)

Zusammengefasst verstehe ich das insgesamt so: Die Vorstellung, dass die Welt mit Gott in Christus schon versöhnt ist, weil Jesus Christus in diese Welt eingegangen ist, macht das Leben in weltlichen, potentiell mit Schuld belastenden Verantwortungsbeziehungen in der Perspektive des Glaubens zu einem guten Leben, weil es eben dieses verantwortliche, schuldigwerdende Leben ist, in das Christus eingegangen ist und das er so mit Gott versöhnt hat. Die Versöhnungsimagination setzt so schuldanfällige Verantwortungsbeziehungen ins Recht und ist deshalb *ethisch responsibilisierend*. Gleichgültig sind die Unterschiede von Verhaltensoptionen auch angesichts dieser Schuldanfälligkeit nicht, weil Verhalten – wie sich gleich zeigen wird – bei Bonhoeffer in Beziehungen eingebunden ist.

4.3.3.4 Transformierte Stellvertretungsimagination

Die Frage nach dem Verhältnis von christologischer Versöhnungs- und sozialanthropologischer Stellvertretungsimagination[722] setzt auf die Spur der Transformation von Letzterer im Horizont von Ersterer (4.1.3.1). Geht man davon aus, dass der Begriff „Verantwortung", wie Bonhoeffer ihn in der Nachfolge verwendet, nicht nur, aber auch die Stellvertretungsimagination in ihrer sozialanthropologischen Plausibilität konnotiert,[723] dann tritt demgegenüber die theologische Aufladung dieser

---

721 Vgl. DBW 6, 80–81. Bonhoeffer spricht von „Hineingezogenwerden in die Gestalt Jesu Christi" (DBW 6, 80).
722 Für diese Frage vgl. auch Lichtenberger 2006, 299. Lichtenberger spricht von der „Unterscheidung zwischen theologischer und ethischer Stellvertretung", die „beim späten Bonhoeffer durchlässiger wird" (ebd.). Für den Begriff der sozialanthropologischen Stellvertretung vgl. Lichtenberger 2006, 289.
723 In der Nachfolge verweist „Verantwortung" immer wieder auf das, was Menschen an ihren sozialen Herkunftskontext bindet oder auf diesen verpflichtet (DBW 4, 51, 69, 89–90, 92, 152 und oben 3.2.3.2): „Nun weiß er, daß er selbst in den engsten Bindungen seines Lebens, in der Bindung des Blutes an Vater und Mutter, an Kinder, Brüder und Schwestern, in der ehelichen Liebe, in den ge-

Imagination in den Ethikfragmenten deutlich zu Tage: Die Stellvertretungsimagination lässt die eigene Person in sozialen Bindungen sehen und stellt diese Bindungen als Verantwortung vor (s. 4.1.3.1). In der „Nachfolge" sieht Bonhoeffer die Bindungen von Verantwortungsbeziehungen wie gesagt in potentiellem Gegensatz zur Berufung durch Christus (s. 2.3.3.2), also gerade nicht christologisch aufgeladen. Der Ruf Jesu vereinzelt (vgl. DBW 4, 87): „In dem Ruf Jesu ist der Bruch mit natürlichen Gegebenheiten, in denen der Mensch lebt, bereits vollzogen." (DBW 4, 87)

In den Ethikfragmenten „Die Geschichte und das Gute" erster und zweiter Fassung hingegen kann Bonhoeffer dann im Horizont der Versöhnungsimagination an diese Bindungen theologisch positiv anknüpfen (vgl. DBW 6, 220, 231, 257–258). Mit der in die Versöhnungsimagination aufgenommenen Stellvertretungsimagination stellt er hier das Handlungssubjekt gerade als in diesen Bindungen vor die Entscheidung gestellt und nicht aus Situation und Bindungen abstrahiert vor:[724] Theologisch-ethisch verantwortliche Entscheidungen fallen beim späten Bonhoeffer in Geschichte und sozialer Einbindung – und nicht im geschichts- und sozialitätstranszendierendem Augenblick der Existentialisten.[725]

Der theologische Grund – Bonhoeffer selbst spricht wie zitiert vom „tragenden Grund" (DBW 6, 257) – für diese Aufwertung der responsibilisierenden sozialen Einbindung ist ein christologischer, genauer: der inkarnationstheologische Aspekt der Versöhnungsimagination:

> Jesus war nicht der Einzelne [...], sondern er lebte nur als der, der in sich das Ich aller Menschen aufgenommen hat und trägt. (DBW 6, 257–258)

Weil Versöhnung bei Bonhoeffer nicht undifferenzierte Annahme, sondern Annahme und Gericht impliziert, ist konsequent, dass in diesem Horizont die ethische Qualifizierung der sozialen Bindungen auch eine differenzierte ist. Dies wird be-

---

schichtlichen Verantwortlichkeiten keine Unmittelbarkeit haben kann." (DBW 4, 90) Es sind genau diese Bindungen, die in Bonhoeffers Ethik-Fragment (s. 4.1.3.1) wie beschrieben in der Stellvertretungs-Imagination als Verantwortungsverhältnisse erscheinen.
724 Vgl. DBW 6, 220, 245–246. Genau diesen Punkt – Bonhoeffers Abkehr von „jener schlechten Abstraktion in der Ethik" – hat auch Huber betont: „Es ist der Abschied von jener schlechten Abstraktion in der Ethik, die von einem isolierten einzelnen Menschen ausgeht, der sich an einem absoluten Maßstab des Guten orientiert und auf dieser Grundlage beständig zwischen Gut und Böse zu entscheiden hat." (Huber 1990, 143)
725 Vgl. DBW 6, 218–221, 245–246 und dort etwa: „Mitten in der jeweils bestimmten und doch unabgeschlossenen, einmaligen und schon wieder dahinfließenden Situation unseres Lebens, mitten in den lebendigen Bindungen an Menschen, Dinge, Einrichtungen, Mächte, das heißt mitten in unserem geschichtlichen Dasein wird die Frage nach dem Guten gestellt und entschieden." (DBW 6, 245–246)

sonders in Bonhoeffers Berufs- und Mandatenlehre deutlich: Genau genommen lädt Bonhoeffer hier imaginativ nicht die konkreten, sich in diesen Bindungen ergebenden Ansprüche christologisch mit Geltung auf, sondern zunächst das Situiertsein in ihnen.[726] Christologisch Geltung beanspruchende Orientierung ergibt sich aus dem Ruf Christi in dieser Situation:[727] „Dort wo er gerade ist, soll er den Ruf hören und sich von ihm in Anspruch nehmen lassen."[728] Bindungskraft schreibt Bonhoeffer auch in sozialen Bindung nur diesem Ruf (vgl. DBW 6, 291) und damit dem göttlichen Gebot zu (vgl. DBW 6, 392) – darin liegt die Kontinuität zur „Nachfolge" und damit tritt theologisch ein drittes Relat[729] neben Subjekt und anvertrautes Objekt[730] in der Imagination auf: die Gottposition des Gebotsgebers. Von der Mandatslehre her erscheint die imaginierte Stellvertretungsrelation nicht als zwei- sondern als dreistellig, weil Bonhoeffer sie analog zu einer Treuhandbeziehung (s. Günther, 2.3.1.2) vorstellt. Das Mandat Gottes beinhaltet nicht nur den Auftrag zur verantwortlichen „Ausrichtung" des Gebots, sondern auch folgendes:[731]

> Unter Mandat ist zugleich die Inanspruchnahme, die Beschlagnahmung und Gestaltung eines bestimmten irdischen Bereiches durch das göttliche Gebot zu verstehen. Der Träger des Mandats handelt in Stellvertretung, als Platzhalter des Auftraggebers. (DBW 6, 393)

Die Position dieses Auftraggebers macht die imaginierte Relation dreistellig, das Verantwortungsobjekt zu einem Anvertrauten und die Stellvertretung zu einer doppelten:[732]

> Die Verantwortung *für* Jesus Christus vor den Menschen ist die Verantwortung für die Menschen vor Christus und nur darin die Verantwortung meiner selbst vor Gott und den Menschen. (DBW 6, 255)

---

726 Vgl.: „Der Beruf im neutestamentlichen Sinne ist niemals eine Sanktionierung der weltlichen Ordnungen als solcher, sein Ja zu ihnen enthält immer zugleich das schärfste Nein, den schärfsten Protest gegen die Welt. [...] Nun wird *in* der Welt gegen die Welt Stellung bezogen [...]." (DBW 6, 291, kursiv im Original)
727 Vgl. DBW 6, 291.
728 DBW 6, 291. Bonhoeffer schreibt dies in Kontext von Bibelauslegung.
729 Für die „dritte Instanz" in anderem Zusammenhange vgl. schon Soosten 1992, 46, dort auch das Zitat.
730 Die Semantik des „Anvertrauten" findet sich nicht nur wie zitiert bei Martin Buber, sondern auch in Hubers Bonhoeffer-Rekonstruktion (vgl. Huber 1995, 153).
731 Vgl. DBW 6, 392–393, Zitat auf S. 393.
732 Zu dieser Doppelstruktur bei Bonhoeffer vgl. auch etwa Huber 1990, 143. Vgl. dazu auch schon 2.3.2.1.

Das Handlungssubjekt imaginiert seine Aufgabenverantwortung als eine von einem Auftraggeber verliehene Verantwortung für ein schwächeres Verantwortungsobjekt, an dessen statt es wegen des Auftrages und wegen dessen Schwäche zu handeln gilt, womit es zugleich an Stelle des Auftraggebers handelt. Kurz gesagt: in ihrem Horizont transformiert die Versöhnungsimagination die erst einmal zweistellige sozialanthropologische Stellvertretungsimagination in eine christologisch aufgeladene, immerschon dreistellige Imagination doppelter Stellvertretung. Das rearrangiert das Ambivalenzgefüge der Stellvertretungsimagination bezogen auf den Machtaspekt (1) und den Begrenzungsaspekt (2).

(1) *Machtaspekt.* Erstens impliziert das Christusnarrativ interessanterweise eine andere Machtverteilung als die reine Stellvertretungsimagination: Im Horizont der sozialanthropologischen Stellvertretungsimagination waren Handlungsmacht und Verantwortung verkoppelt[733] (4.1.3.1). Die christologische Aufladung hingegen entkoppelt auf imaginärer Ebene Handlungsmacht und Verantwortung in doppelter Hinsicht: Ist erstens Jesus Christus „der Verantwortliche schlechthin", dann ist stellvertretendes und also verantwortlichen Handeln paradigmatisch mit „Handeln und Leiden" verknüpft.[734] Jesus Christus füllt seine Position als Stellvertreter in Bonhoeffers Fassung der Christuserzählung zu einem entscheidenden Teil kenotisch, nämlich als Leidender, der Macht aufgibt, aus: „Am Leibe Jesu Christi tobt sich die Welt aus." (DBW 6, 69) Das biblisch von Jesus Christus erzählte Leiden beinhaltet aber Momente der Ohnmacht und des Ausgeliefertseins.

Ist zweitens die Relation eine dreistellige geworden, ergibt sich Stellvertretungsverantwortung nicht mehr nur aus der bilateralen Machtasymmetrie, sondern auch aus der Mandatierung durch einen dritten, die (anders als beim späten Bonhoeffer) von der Handlungsmacht des Mandatars absehen könnte. Das schafft auf imaginativer Ebene die Möglichkeit, sich als mit einer Stellvertretungsverantwortung göttlich beauftragt vorzustellen, für deren Wahrnehmung man nicht mit der nötigen Handlungsmacht ausgestattet ist und sich mit dieser auch nicht ausstatten kann. Zudem intensiviert die christologische Aufladung die Bindung der Handlungsmacht an den Anspruch des anderen. Verstünden Eltern sich etwa in ihrem Dienst an den eigenen Kindern auch als Mandatare Christi, wäre die Bindung ihrer Handlungsmacht an das Kindswohl umso intensiver.

---

733 Die Kopplungssemantik verwendet Vogelmann 2014, 24 auch.
734 Vgl. auch für die Zitate DBW 6, 258. Während die Stellvertretungsimagination den Menschen vor allem als stellvertretend Handelnden zeichnet, ist Christus in Bonhoeffers Argumentationsgang auch und entscheidend der stellvertretend Leidende (vgl. DBW 6, 71, 74–75, 258). Das lässt ihn Verantwortung von Christus her als „Hingabe des eigenen Lebens" verstehen (vgl. auch für das Zitat DBW 6, 258, 338).

(2) *Begrenzung.* In der sozialanthropologischen Stellvertretungsimagination war der Verantwortungsbereich immer begrenzt (s. 4.1.3.1). Verantwortung in der Versöhnungsimagination vorzustellen hat einen spannungsvoll entgrenzenden Effekt auf den Verantwortungsbereich.[735] Während die Rollenverantwortung des Vaters in der sozialanthropologischen Imagination auf dessen Familie begrenzt ist, wohnt der Begründung von Stellvertretungsverantwortung in Jesu „Stellvertretung für alle Menschen" (DBW 6, 257) auf imaginativer Ebene eine Entgrenzung des Bereichs inne. Dieser entgrenzende Effekt zeigt sich nicht nur, wo Bonhoeffer die „Weite" der Verantwortung der „Gemeinde Jesu Christi" betont, die eben über die Grenzen der eigenen Gruppe hinausgeht.[736] Der Effekt zeigt sich vor allem in Bonhoeffers Berufslehre: Zwar bringt ihn „die Frage nach Ort und Grenze der Verantwortung […] auf den Begriff des Berufes", der Ruf Christi transzendiert diese Grenze aber auch:[737]

> Durch diese Beziehung auf Christus ist das ‚abgegrenzte Gebiet von Leistungen' aus jener Isolierung befreit. Die Grenze ist nicht nur nach oben hin, also durch Christus, durchbrochen, sondern auch nach außen hin. (DBW 6, 293)

Dieser entgrenzende Effekt bleibt aber in offener Spannung zur Begrenzung.[738] Denkt man die Ins-Recht-Setzung der sozialanthropologischen Stellvertretungsbeziehungen durch die versöhnende Annahme in der Menschwerdung Christi konsequent zu Ende, müssten die darin angenommen Stellvertretungsbeziehungen ja gerade die menschlichen, in ihrem Verantwortungsbereich begrenzten sein; Annahme müsste sich auf die human begrenzte Verantwortung beziehen; tatsächlich lässt Bonhoeffer Verantwortung „*durch unsere Geschöpflichkeit*" begrenzt sein:[739] Es ist eben nicht menschliche „Verantwortung, aus der Welt das Reich Gottes zu machen" (DBW 6, 224).

Diese offene Spannung von sozialanthropologischer Begrenzung und christologischer Entschränkung kann praktisch produktiv werden, weil sie einerseits über die imaginierte Begrenzung des Verantwortungsbereichs die Wahrnehmung kon-

---

735 Vgl. Prüller-Jagenteufel 2004, 375; Lichtenberger 2006, 299; Jähnichen 2005, 102–103. Vgl.: „Die Freiheit der Verantwortung entgrenzt dabei aber auch den Verantwortungsbereich: Da er sich an Christus zu orientieren hat, der ‚alles in allem' ist, ist auch der menschliche Verantwortungsbereich prinzipiell universal." (Prüller-Jagenteufel 2004, 375)
736 Vgl. auch für die Zitate DBW 6, 347. Vgl. dazu auch Lichtenberger 2006, 299.
737 Vgl. auch für das Zitat DBW 6, 293.
738 Zur Spannung zwischen der „Tendenz zur Entgrenzung" und der „zur Eingrenzung von Verantwortungsräumen" vgl. grundsätzlich auch Kalinna 2021, 109–117, Zitate auf S. 109.
739 Im Kontext: „*Wirklichkeitsgemäßes Handeln steht in der Begrenzung durch unsere Geschöpflichkeit.*" (DBW 6, 267, kursiv im Original)

kreter Verantwortung ermöglicht: Für ein konkretes Kind können Eltern realistisch Verantwortung übernehmen, für alle Kinder nicht. Andererseits verhindert das entgrenzende Moment problematische Dekontextualisierungen konkreter Verantwortung: Das „Ganze" bleibt – wie Bonhoeffer formuliert – „im Auge" behalten.[740] Im Horizont dieser Imagination wird im stellvertretenden Handeln an und für Einen die Konsequenz daraus für die Anderen nicht verdeckt. Es gibt „kein banausisches Sichbeschränken auf die engsten Berufspflichten; eine derartige Beschränkung wäre Verantwortungslosigkeit" (DBW 6, 294).[741] Damit setzt Bonhoeffer auf imaginärer Ebene der berufsethischen Tendenz zu „Verbrechen aus Gehorsam"[742] ein Resilienzmoment entgegen.

4.3.3.5 Fazit
In der bei Bonhoeffer konnotiert und explizierten Versöhnungsimagination ist eine Vorstellung von der Welt aufgerufen, die diese weder von ihrer Fragilität noch von ihrer Diabolizität her sieht, ohne beides zu verleugnen, sondern von ihrer Versöhnung in Christus her. Die Fragilität kommt als angenommene Begrenzung menschlichen Lebens, die Diabolizität als gerichtetes, versöhntes Arges[743] in den Blick. Im Horizont der Versöhnungsimagination hat die Wirklichkeit nicht nur Anspruchscharakter, sondern einbeziehenden Ermöglichungscharakter,[744] sie begegnet theologisch gesprochen also nicht nur als Gesetz, sondern als Einheit von Evangelium und Gesetz.[745] Die Annahme verantwortlichen Lebens durch Christus setzt dieses verantwortliche Leben ins Recht – und zwar m. E. sowohl als schuldbelastendes (4.3.3.3) als auch als begrenztes (4.3.3.4). Es ist die schuldig werdende und in seinem Bereich begrenzte Verantwortung, die Jesus Christus angenommen und damit als Teil des Lebens des wirklichen Menschen begründet hat. Potestativer und evaluativer Dual sind in dieser Vorstellung ins gemeinsame Menschsein aufgehoben, das in Christus angenommen, gerichtet und versöhnt ist.[746]

---

740 Vgl. auch für die Zitate DBW 6, 294. Vgl. dazu auch Wannenwetsch 2005, 131.
741 Vgl. dazu auch Jähnichen 2005, 101–102; Jähnichen zitierte diese Bonhoefferstelle auf a. a. O., 102 ausführlich. Vgl. dazu außerdem Wannenwetsch 2005, 131.
742 Huber 2012b, 76. Vgl. dazu auch Bayertz 1995, 35–36.
743 Vgl. wie zitiert DBW 6, 50–51.
744 Entsprechende findet Tödt bei Bonhoeffer, was er „kommunikative Freiheit" nennt (vgl. auch für das Zitat Tödt 1993i, 67); Zur Verbindung dieses Freiheitsbegriffs mit dem Thema „Ermöglichung" und „Beschränkung" vgl. Tödt 1988f, 40–41, Zitate auf S.41.
745 Vgl. die Verbindung des Anspruches bei Bonhoeffer mit der Kategorie des Gesetzes wie zitiert Soosten 1992, 47, 83. Für diese Einheit und die Reihenfolge „Evangelium und Gesetz" ist Karl Barth einschlägig, vgl. dazu etwa Joest 1993, 498–500, bes. S. 499, dort auch das Zitat.
746 Zu diesem Dreiklang vgl. oben Anm. 716 in diesem Kapitel und die dort genannten Stellen.

Stellt man vor diesem Hintergrund mit Bonhoeffer Verantwortung als Stellvertretung vor, zeigt sich diese Stellvertretung nun gegenüber ihrer sozialanthropologischen Fassung als veränderte: Ihr Verantwortungsbereich ist nicht mehr nur begrenzt, sondern steht in der Spannung von konkreter Begrenzung und christologischer Entschränkung. Dadurch, dass Stellvertretung nun immer dreistellig geworden ist, sind Handlungsmacht und Verantwortung entkoppelt, weil Verantwortung nicht mehr im vorgestellten potestativen Dual, also nicht mir in der eigenen Handlungsmacht gegenüber einem weniger Mächtigen gründet, sondern in der Mandatierung durch einen dritten, Christus.

Schlussbetrachtung: Verantwortung, Verantwortungslosigkeit, Unverantwortbarkeit. Von der Verantwortungsethik zur selbstreflexiven Ethik freier Verantwortung

Ziel dieser Schlussbetrachtung ist es, Ansatzpunkte für meine eigenen Positionierung zu entwickeln: In Tradition vor allem zu Dietrich Bonhoeffer, Heinz Eduard Tödt und Wolfgang Huber verstehe ich meine eigene ethische Arbeit als selbstreflexive und *selbstkritische evangelische Verantwortungsethik*. Um diese zu entfalten, gilt es im Folgenden erstens die Verantwortungsimaginationen explizit zu machen, die horizontgebend für eine solche selbstreflexive und selbstkritische evangelische Verantwortungsethik sein können. Zweitens sollen aus dieser Imagination konkrete Kriterien für die Praxis- und Selbstkritik einer solchen Verantwortungsethik entwickelt werden: Die Kriterien beziehen sich damit nicht nur auf die von evangelischer Ethik beanspruchten Responsibilisierungs- und Responsepraktiken (Praxiskritik), sondern auch auf die Responsibilisierungspraktik, die evangelische Verantwortungsethik selbst ist (Selbstkritik).

Voraussetzung dafür ist ein *formal responsives Verantwortungsverständnis*,[1] *nach dem das Imaginäre den Horizont bezeichnet, in dem für eine Subjektposition eine Wirklichkeit als eine solche Wirklichkeit erscheint, auf die das Subjekt mit „Verantwortung" antwortet.*[2] Imaginäre Vorstellungsgehalte, die der Verantwortungsbegriff in Texten evangelisch-theologischer Ethik konnotiert, habe ich im vierten Kapitel beschrieben und gruppiert. Während alle diese Imaginationen responsibilisieren, habe ich von den im engeren Sinne *responsibilisierenden Imaginationen* (4.1), die dies primär und hauptsächlich tun, die primär *situierenden* (4.2) und die primär *kontextualisierenden Imaginationen* (4.3) unterschieden. Weder beansprucht diese Liste Vollständigkeit noch die Systematisierung Alternativlosig-

---

Anmerkung: Die Unterscheidung von Unverantwortung, Verantwortungslosigkeit und Verantwortung ist inspiriert von Ludger Heidbrink, der nicht nur von Verantwortung, sondern auch von „Unverantwortlichkeit" und dem „Unverantwortbaren" geschrieben hat (vgl. etwa Heidbrink 2007, 168–173, Zitate auf S. 171, 170, auch a.a.O., 13).

1 Vgl. dazu hier die Zwischenbetrachtung und 2.3.1.3 und die dort zitierte Literatur. Vgl. besonders Bonhoeffer (DBW 6, 254, 260–269) und Huber 2012b, 81–82; Huber 2013, 120; Reuter 2011, 303; Dabrock 2009, 128–158, sowie phänomenologisch Waldenfels 2010b; Vogelmann 2014, 325–337. (Den Hinweis auf diesen Waldenfelstext verdanke ich Vogelmann.)
2 Vgl. 2.3.2.3 und die dort zitierte Literatur.

keit; diese Darstellung zeigt aber die *Vielfalt* der Verantwortungsimaginationen, die sich tabellarisch zusammenbringen lässt (siehe Tabelle 4 unten):[3] Verantwortung ergibt sich (4.1) aus der Erwartung, vor einem mehr oder weniger religiös aufgeladenen Forum Rechenschaft ablegen zu müssen (forensische Imagination), aus augenblickhaften Begegnungen, die als unmittelbar oder göttlich beanspruchend vorgestellt werden (mystische und personalistische Imaginationen), oder aus dauerhaften Beziehungen, die mehr oder weniger machtasymmetrisch und mehr oder weniger reziprok sind (Stellvertretungs-, Mitmenschlichkeits- und Reziprozitäts-Imaginationen). Verantwortung konnotiert zweitens (4.2) das Situiertsein in einer mehr oder weniger zu verantwortenden Ordnung (Ordnungsimagination[4]), in einer außerordentlichen Entscheidungssituation (Wagnisimagination) oder in der gestaltenden Lebensführung der Subjekte (Gestaltungsimagination). Schließlich konnotiert Verantwortung Vorstellungen von der Wirklichkeit, mit der Verantwortliche es zu tun haben (4.3). Diese wird vorgestellt als unordentlich-dämonische im mehr oder weniger stark ausgeprägten evaluativen Dual zum Verantwortungssubjekt (Diabolizitätsimagination), als verletzliche und bedrohte Wirklichkeit im potestativen Dual zur Macht der verantwortlich Handelnden (Fragilitätsimagination) oder als in Jesus Christus versöhnte Wirklichkeit.

Tabelle 4: Imaginationen der Verantwortung

Responsibilisierende Imaginationen (4.1)	Situierende Imaginationen (4.2)	Kontextualisierende Imaginationen (4.3)
Forensische Imagination	Ordnungsimagination[5]	Diabolizitätsimagination[6]
Mystische Imagination Reziprok-personalistische I. Asymmetrisch-personal. I.	Wagnisimagination	Fragilitätsimagination
Stellvertretungsimagination Mitmenschlichkeitsimag. Reziprozitätsimag.	Gestaltungsimagination	Versöhnungsimagination

---

3 Vgl. zu dieser Vielfalt indirekt auch Schweiker 1999 [1995], 32.
4 Weil es in dieser Imagination darum geht, sich selbst als in einer gesellschaftlichen Ordnung situiert und eingeordnet vorzustellen, wäre hier wie gesagt (4.2.1) eigentlich der Name „Einordnungs-Imagination" passender. Während genau das auch gemeint ist, spreche ich um der sprachlichen Griffigkeit willen aber von Ordnungsimagination.
5 Zu deren Benennung siehe Anm. 4 in dieser Schlussbetrachtung.
6 Diese Imagination hatte ich in 4.3 beschrieben und auf ihre Ambivalenz hingewiesen. Ich verorte meine eigene Position wohlgemerkt nicht im Horizont dieser Diabolizitätsimagination: ich gehe also – wie die folgenden Ausführungen mehrfach zeigen werden – nicht von einem substantiellen

Schon auf theoretischer Ebene fällt die unterschiedliche *Kombinierbarkeit* der Imaginationen auf. Unter dem praxeologischen Vorbehalt, dass theoretisch-logisch nicht kombinierbare Imaginationen in konkret ablaufenden Praktiken auch kombiniert sinnig sein können, macht die kategoriale Herleitung der Systematisierung dieser Imaginationen[7] nun folgende These plausibel: Wenn Verantwortung wie beschrieben sowohl Zurechnunungs- als auch Zuständigkeitsrelationen umfasst (2.3.2.1) und sich responsibilisierende Imaginationen auf jene und kontextualisierende auf diese beziehen, während situierende Imaginationen die Situation der Verantwortungsträger:innen vorstellen, in der sich beide Relationen schneiden, wenn sich die Gruppen von Imaginationen also von ihrer kategorialen Herleitung her auf unterschiedliche Relationen und Positionen beziehen, werden die Imaginationen unterschiedlicher Gruppen eher kombinierbar sein, diejenigen derselben Gruppe eher alternativ. Auf die Tabelle bezogen formuliert: Imaginationen derselben Spalte, insbesondere derselben Untergruppe, sind weniger kombinierbar als Imaginationen unterschiedlicher Spalten. Es lassen sich in der Tabelle eher horizontale Verbindungen herstellen als vertikale. Gleichzeitig legt schon die Ordnungssystematik nahe, dass Verantwortung praktisch meist responsibilisierende, situierende und kontextualisierende Imaginationen konnotieren wird, sodass sich in der Tabelle horizontale Verbindungen nicht nur ziehen lassen, sondern in vielen Ethiken schon gezogen sind.

Zudem ist – wie auch die gleich folgenden Beispiele plausibilisieren – *eine* der Imaginationen meist Ausgangspunkt oder Horizont der anderen – eine Imagination ist *Basisimagination*. Damit kann diese Überblickstabelle auch als Matrix zur Einordnung von Verantwortungskonzeptionen mit ihren unterschiedlichen Konnotationen verstanden werden. Das sensibilisert für die Unterschiede dieser Konzeptionen genauso wie für deren interne Spannungen. Mit der hier vorgestellten Matrix von Imaginationen liegt also schon ein Mittel für die Selbstkritik bereit, um die Konnotationen von Verantwortung systematisch zu reflektieren.

Zum Beispiel: Der Leitbegriff der „verantwortlichen Gesellschaft" konnotiert als Basisimagination eine Mitmenschlichkeitsimagination, die reziprok-personalistische Imaginationen aufgenommen hat, situiert über die Ordnungsimagination und kontextualisiert vor allem über die Diabolizitätsimagination.

Bösen aus, sondern verweise nur darauf, dass der Verantwortungsbegriff im evangelischen Diskurs auch Vorstellungen von substantiell Bösem konnotieren kann. (Vgl. dazu hier auch Anm. 81 in dieser Schlussbetrachtung und die dort zitierte Literatur.) Ich danke Torsten Meireis für den Hinweis auf diese Missverständlichkeit.

7 Diese Herleitung findet sich am Anfang des dritten Kapitels, sie setzt die Ausführungen in 2.3 voraus.

Zum Beispiel: Bei Trutz Rendtorff ist das Responsibilisierende am ehesten die forensische Imagination,[8] als Basisimaginationen fungieren die situierenden Imaginationen – und zwar sowohl die Ordnungsimagination (4.2.1.3) als auch die Gestaltungsimagination (4.2.3) in Spannung zueinander. Diese Spannung erklärt die festgestellte Tendenz der Freiheit zum Gegebenen (3.3.2.): Während Rendtorffs Betonung der Freiheit im Horizont der Gestaltungsimagination plausibel ist, ergibt sich die Tendenz zum Gegebenen aus der weniger explizit reflektierten Ordnungsimagination.

These. Die Bestimmung von Verantwortung als responsiv auf formaler Ebene und die Beschreibung unterschiedlicher Verantwortungsimaginationen auf materialer Ebene legen die Frage nahe, von welcher Basisimagination die Praxis- und Selbstkritik einer selbstreflexiven evangelischen Verantwortungsethik ausgehen kann und sollte. Die hier zu begründende und in den folgenden Teilen der Zwischenbetrachtung zu entfaltende *These* lautet: *Selbstreflexive evangelische Verantwortungsethik findet den Grund für (ihre eigenen) Responsibilisierungen und deren Kritik in einem formal responsive Verantwortungsverständnis und material im Horizont der Versöhnungsimagination, die die religiös forensische integriert, ohne diese selbst zur Basisimagination zu machen.*[9] *Die Basisimagination von Verantwortung, die der hier zu entwickelnden Position zugrunde liegt, ist vielmehr, Verantwortung als material auf Versöhnungswirklichkeit antwortende und ihr entsprechende zu verstehen.* Diese Voraussetzung reflektiert die dogmatische Grundlage protestantischer Ethik in diese Ethik als Praxisreflexion. Im Horizont einer responsiven Versöhnungsimagination ist die hier vollzogene Praxis von Praxis- und Selbstkritik vollzogen und plausibel.

Begründung. Vor allem zwei Gründe lassen die Versöhnungsimagination als sachgerechter erscheinen als andere, insbesondere als für sich genommene forensische Imaginationen: Die Versöhnungsimagination ermöglicht erstens eine Vermittlung von Rechtfertigungslehre und verantwortlichem Handeln, wobei sie auch forensische Vorstellungen von Rechtfertigung integriert, und erlaubt zweitens den Realismus eschatologischer Hoffnung mit der Ambivalenzsensibilität der Diabolizitätsimagination zusammen zu denken, ohne dem Bösen eigenständiges Sein zuzusprechen.

(1) *Rechtfertigungstheologisch* formuliert geht die Versöhnungsimagination von der Wirklichkeit der Versöhnung der Welt mit Gott in Christus aus und stellt ver-

---

[8] Vgl.: „Verantwortung schuldet der Mensch in dem allen letztlich Gott" (Rendtorff 1990, 9.).
[9] Ich danke Torsten Meireis für den Hinweis darauf, dies zu betonen. Die hier vorausgesetzte Gegenübersetzung von forensisch und responsiv geht auf Waldenfels (Waldenfels 2010b) bzw. in dieser begrifflichen Fassung auf Vogelmanns Waldenfelsrezeption zurück (vgl. Vogelmann 2014, 326–336).

antwortliches Handeln dann entsprechungsethisch, in Barthscher Tradition als Antwort auf diese Versöhnungswirklichkeit vor (ausführlich dargestellt in: 4.3.3).[10] Das vermittelt den Ertrag der Rechtfertigungslehre sachgerecht in die Ethik. Werden ethische Subjekte als solche vorgestellt, die auf die Wirklichkeit der Versöhnung antworten, gehen ihre Verhaltenserwägungen von der Befreiung in der Rechtfertigungszusage aus.

Dieses Vorgehen entgeht so auch der perlokutionären Ambivalenz der forensischen Imagination (4.1.1.2). Als derart Befreite könnten sich ethische Subjekte im Horizont der forensischen Imagination nicht mehr als Verantwortliche vorstellen, weil sie keine Rechenschaft mehr ablegen müssen. Sind sie im Horizont dieser forensischen Imagination als responsibilisierbare, potentiell rechenschaftspflichtige Subjekte im Blick, sind diese ethischen Subjekte als solche vorgestellt, denen die befreiende Rechtfertigungsbotschaft in dieser Hinsicht nicht gilt. Jede Handlungsorientierung hat im Horizont der forensischen Imagination allzu leicht den Anstrich eines extern beanspruchenden, überfordernden Gesetzes, nach dem gerichtet wird. Deshalb läge es im Horizont dieser Imagination nahe, alle Handlungsorientierungen tendenziell als Moralgesetze zu verstehen. Hier würde die Befreiung nicht zum ersten, sondern zum letzten Wort theologischer Ethik, die nun über die fundamentalethische Verteidigung rechtfertigungstheologisch begründeter Freiheit hinaus nichts Materialethisches mehr zu sagen hat, weil jede Orientierung in der Gefahr steht zu moralisieren, eben: Moralgesetze zum forensischen Gebrauch zu etablieren. Deshalb tendieren lutherische Ethiken, die forensische Imaginationen konnotieren, auch dazu, Ethik und Rechtfertigungslehre nicht miteinander zu vermitteln, sondern mit Versionen einer Zwei-Regimente-Lehre zu arbeiten, die materiale Orientierungen sozialen Handelns von der Freiheit der Rechtfertigungsbotschaft entkoppeln. Damit liegt – das sei nur kurz am Rande bemerkt – eine Interpretationsmöglichkeit für den Moralismusvorwurf an theologische Materialethik auf dem Verhandlungstisch: Dieser Vorwurf könnte seinen Hauptgrund dann nicht in der Sache der kritisierten Ethik, sondern im forensischen Imaginationshorizont des Vorwerfenden finden, in dem Ethik immer schon als Moral erscheint.

Responsive Versöhnungsimaginationen ermöglichen demgegenüber eine konstruktive Vermittlung von Rechtfertigungslehre und Ethik, indem sie die Rechtfertigungszusagen als die befreiende Grundlage verstehen lassen, auf die menschli-

---

10 Damit knüpfe ich an die Ansätze an, die „eine theologische Ethik der Verantwortung zugleich als Ethik der Entsprechung" entworfen haben (Huber 2012b, 90). Vgl. zur entsprechungsethischen Vorgehensweise auch Tödt wie referiert (3.3.3.1 (b)).

ches Verhalten antwortet und für dieses Antworten konstruktive Orientierungen braucht. Genau diese Antwort ist dann die Verantwortung.

(2) *Eschatologisch* formuliert impliziert die Versöhnungsimagination, wie sie sich in Bonhoeffers Spätwerk rekonstruieren lässt (4.3.3), die gegenwärtige Wirklichkeit als unerlöst vorzustellen: Versöhnt ist die Wirklichkeit in ihrer Zweideutigkeit, mit ihren Grauzonen und Relativitäten.[11] Die versöhnte Wirklichkeit wird eben noch nicht als die erlöste Wirklichkeit eines eindeutig Guten, das eindeutig als solches erkennbar wäre, vorgestellt.[12] Sie ist – mit Bonhoeffer gesagt – ein „Bereich der Relativitäten", in dem relativ „Bessere[s]" von „weniger Gutem" zu unterscheiden ist (DBW 6, 221).[13] Handelnd und entscheidend auf diese Wirklichkeit zu antworten beinhaltet im Horizont dieser Imagination, mit diesem Handeln und Entscheiden selbst Teil von deren Zweideutigkeiten zu sein – und gerade deshalb Anteil an deren Versöhntheit, „Anteil an der göttlichen Rechtfertigung", wie Bonhoeffer sagt, zu haben – und damit an der Erlösungshoffnung.[14] Das ermöglicht es, den Realismus der Erlösungshoffnung mit der Ambivalenzsensibilität der Diabolizitätsimagination zusammenzudenken – und zwar auch für die Praxis, die Ethik selbst ist.

Im Horizont der Versöhnungsimagination kann die Ambivalenz von Imaginationen, Strukturen und Verhaltensoptionen realistisch wahrgenommen werden, weil diese Ambivalenz das Ambivalente nicht per se ethisch disqualifiziert: Ambivalenz ist ja gerade Signum versöhnter, unerlöster Wirklichkeit (4.3.3.3.3). Versteht sich ethische Reflexion im Horizont der Versöhnungsimagination selbst als Teil der versöhnten und noch unerlösten Wirklichkeit,[15] kann sie die Ambivalenzen

---

11 Vgl. dazu hier 3.2.3.3, 4.2.2 und die dort zitierten Stellen bei Bonhoeffer. Die „Radikalität der Zweideutigkeit der menschlichen Freiheit" spielt auch in Josef Römelts katholischer *„Theologie der Verantwortung"* eine wichtige Rolle; eine Pointe dieser „Theologie der Verantwortung" ist bei ihm „die Rückbindung der menschlichen Verantwortung in die Verantwortung Gottes" in dessen Werk (vgl. auch für die Zitate Römelt 1991, 13, kursiv im Original). Dieser römisch-katholische Ansatz, der Bonhoeffer nicht verarbeitet (zumindest nicht in Römelt 1991) könnte in manchen Punkten Ähnlichkeiten aufweisen zu dem, was ich von Bonhoeffer ausgehend für evangelische Ethik entwickeln werde, was meine Arbeit für den ökumenischen Dialog anschlussfähig macht.
12 Vgl. dazu auch DBW 6, 246.
13 Wegen der Fülle der Bezüge verweise ich auf Bonhoeffer hier wie im Rest der Arbeit über Siglien im Haupttext, die sich immer auf die Dietrich Bonhoeffer Werkausgabe beziehen (Bonhoeffer 1986 – 1999b).
14 Vgl. DBW 6, 233–234, Zitat auf S. 233. Zur Erlösungshoffnung in diesem Zusammenhang vgl. ähnlich DBW 6, 78–79, 82–83 und Moltmann 1972, 170.
15 Zur „geschaffenen und gefallenen, noch nicht erlösten Welt" vgl. auch Meireis 2008, 261, dort auch das Zitat.

der eigenen Praxis offenlegen, ohne dies in eine Fundamentalkritik an besagter Praxis münden zu lassen. Eine Fundamentalkritik, die Ambivalenzen wegen Ambivalenz disqualifiziert, wäre nur in Ausrichtung auf ein unzweideutig Gutes plausibel. Eine solche Ausrichtung setzt aber voraus, was im Horizont der Versöhnungsimagination als Selbstverortung in der Erlösungswirklichkeit und damit als ungerechtfertigte Einnahme einer Gottposition erscheinen muss. Im Rahmen der Versöhnungsimagination gilt es vielmehr, die Ambivalenzen auch der eigenen Verantwortungspraktiken und ihrer Imaginationen soweit als möglich offen zu legen, um jeweils das „relativ Bessere[.]" abwägend zu ermitteln.[16] Entsprechend sind sämtliche Amivalenzsensibilisierungen des vierten Kapitels zu Imaginationen nicht als fundamentalkritische Ausschlüsse der jeweiligen Imaginationen zu verstehen, sondern eben als Sensibilisierungen im Blick auf ausstehende, diskursive Abwägungsprozesse.

Gliederung. Was kann für eine selbstreflexive evangelische Verantwortungsethik nun inmitten von Ambivalenzen als Maßstab des relativ Besseren fungieren, der Praxis- und Selbstkritik im Horizont der Versöhnungsimagination zugrunde liegt? Zur Beantwortung dieser Frage setze ich materialiter bei der Versöhnungsimagination an, so wie ich sie anhand von Bonhoeffers Texten beschrieben hatte (4.3.3). Da das Imaginäre Taylor zufolge über Narrative tradiert wird (2.2.3.), setze ich genauer gesagt bei dem Narrativ an, das bei Bonhoeffer die Versöhnungsimagination tradiert, dem Christusnarrativ. In diesem Narrativ sind auch bei Bonhoeffer vor allem drei Erzählstränge oder Sachmomente impulsgebend, von denen ich auch hier in Anlehnung und Weiterentwicklung von Bonhoeffers Ausführungen (dazu: 4.3.3.2 und DBW 6, 70–90) ausgehe.[17] Die drei Sachmomente sind die folgenden:

---

[16] Das Zitat findet sich bei DBW 6, 260 (Bonhoeffer 1986–1999b). Eine „ethische Methode der Güter- und Überabwägung" hat etwa Stephan Feldhaus diskutiert und in den sozialethischen Diskurs eingeordnet (vgl. Feldhaus 1999, Zitat auf S. 182).

[17] Zu diesem „Dreischritt, in dem vom menschgewordenen, gekreuzigten und auferstandenen Christus die Rede ist" als Konkretion der Christuswirklichkeit bei Bonhoeffer vgl. auch Huber 2019, 212, dort auch das Zitat, und a.a.O., 252. Die drei Sachmomente entsprechen dem Barthschen Dreiklang von Schöpfung, Versöhnung und Erlösung (vgl. etwa Tödt 1988a, 71). Bonhoeffer spricht auch davon, „daß wir Geschöpfte, Versöhnte und Erlöste sind" (DBW 6, 250). Den Begriff „Sachmomente" verwende ich in grober Anlehnung an Tödt 1988f, 29.

Georg Kalinna hat im Rückgriff auf Gustafson in seiner Arbeit über H. Richard Niebuhr einen Dreiklang thematisiert, der ihn selbst an Karl Barths Unterscheidung von *„Schöpfung, Versöhnung und Erlösung"* erinnert (vgl. Kalinna 2021, 117–126, Zitat auf S. 120, kursiv im Original): „Wäre es zur Ausführung seines ethischen Entwurfs gekommen, hätte Niebuhr das Handeln Gottes, auf das der Mensch antwortet, als *schöpferisches, erhaltendes* und *versöhnendes* Handeln näher bestimmt." (Kalinna 2021, 118) Von H. R. Niebuhr sieht er Barth durch Barths christozentrische Offenba-

1. Inkarnierend in die Welt eingehend nimmt Christus das Leben des Menschen in schuldanfälligen Verantwortungsbeziehungen mit begrenzten Verantwortungsbereichen als Leben des wirklichen Menschen an. Die *endliche Verantwortung* der Menschen (A) ist mit Gott in Christus versöhnte Wirklichkeit. Folglich gehört konkret begrenzte Verantwortung zum menschlichen Leben, das auf diese Wirklichkeit antwortet.
2. Am Kreuz nimmt Gott als Christus das Gericht über die „Schuld der Menschheit" auf sich (DBW 6, 74–75, Zitat S 74). Die *gerichtete Verantwortungslosigkeit* der Menschen (B) ist mit Gott in Christus versöhnte Wirklichkeit. Folglich gehört ein heilsamer Umgang mit humaner Verantwortungslosigkeit zum menschlichen Leben, das auf diese Wirklichkeit antwortet.
3. In der Auferstehung erweckt Gott den toten Christus als ersten Menschen „zu neuem Leben" (DBW 6, 78).[18] Die *humane Unverantwortbarkeit dieser Erlösung* (C) ist mit Gott in Christus versöhnte Wirklichkeit. Folglich gehört ein Wissen um die humane Unverantwortbarkeit der Erlösung zum menschlichen Leben, das auf diese Wirklichkeit antwortet (DBW 6, 79). Güterethisch konkretisiert bedeutet dies, die Unverfügbarkeit des unverfügbaren Guten[19] anzuerkennen.

Jeder dieser drei Erzählstränge legt auf begrifflicher Ebene theologisch begründete Kriterien für Verantwortungspraktiken nahe, die ich im Folgenden jeweils nach kurzer Reflexion der Charakteristika und imaginativen Spezifika des jeweiligen Sachmomentes entfalten werde. Die Kriterien werden sich lesen lassen als nun imaginationsinformierte Konkretionen der provisorischen Kriterien aus der Zwischenbetrachtung. Die Kriterien sind jeweils als Maßstäbe, nicht als Ausschlusskriterien, zu verstehen und so auch formuliert.

---

rungstheologie unterschieden, die aber unter „den gegenwärtigen Bedingungen eines religiösweltanschaulichen Pluralismus [...] eine intersubjektiv problematische" sei (vgl. Kalinna 2021, 120–122, Zitat auf S. 120). Letzteres ist m. E. gerade nicht selbstverständlich, weil ja insbesondere offenbarungstheologisch die menschliche Unverfügbarkeit der Erkenntnis Gottes und des Guten plausibilisiert werden kann.

18 Vgl. dazu auch Moltmann 1972, insbes. 170.
19 Vgl. zu diesem Begriff wie zitiert Meireis (2.3.3.3).

(A) Endliche Verantwortung[20]

Das erste entscheidende Sachmoment im Christusnarrativ ist bei Bonhoeffer die Menschwerdung Gottes in Jesus Christus (DBW 6, 70–74):

> Ecce homo – seht den menschgewordenen Gott, das unergründliche Geheimnis der Liebe Gottes zur Welt. Gott liebt den Menschen. [...] Nicht einen Idealmenschen, sondern den Menschen wie er ist, nicht die Idealwelt, sondern die wirkliche Welt. [...] Gott wird Mensch, wirklicher Mensch. [...] Gott will, daß auch wir – Menschen, wirkliche Menschen seien. (DBW 6, 0)

Dieses inkarnationstheologische Sachmoment lässt das wirkliche Menschsein als von Gott geliebt und gewollt (DBW 6, 70) und damit von Gott mit Gott versöhnt vorstellen. Der erzählte Grund dafür ist, dass Gott selbst Mensch wurde, wirkliches Menschsein geteilt, gelebt und damit bejaht hat (DBW 6, 71).[21] Die ethische Pointe dieses Sachmoments der Versöhnungsimagination ergibt sich aus den Bestimmungen desjenigen Menschseins, das Gott in Jesus Christus bejaht hat, und das in diesem imaginären Horizont von daher als von Gott Gewolltes und mit Gott Versöhntes gelten kann (DBW 6, 71–72). Bei Bonhoeffer ist das angenommene Menschsein das wirkliche Menschsein, wobei „wirklich" hier wie zitiert Gegenbegriff zu „ideal" ist. Das wirkliche Menschsein, das „Leben der Menschen" beinhaltet für Bonhoeffer „Schuld und Leiden" (DBW 6, 71); das angenommene Menschsein ist damit bei Bonhoeffer als unerlöstes Menschsein im Vorletzten (DBW 6, 137–144), als menschliches Leben in den Zwielichtigkeiten und Relativitäten der unerlösten Welt vorgestellt (3.2.3.3 und 4.2.2). Die ethische Pointe des inkarnationstheologischen Sachmomentes besteht also darin, dass es das unvollendete, unerlöste, schuldbelastete und leidende, in Grauzonen und Zwielichtigkeiten abwägende Leben im Vorletzten theologisch in ein relatives Recht setzt.[22] Auf dieser Linie muss die Orientierungsarbeit evangelischer Ethik sich weder auf die rechtlich kodifizier- und sanktionierbaren moralischen Richtigkeiten zurückziehen, die das bloße Überleben

---

20 Bonhoeffer selbst spricht von „begrenzter Verantwortung", DBW 6, 267. Auch Oswald Bayer betont, „daß menschliche Verantwortung endliche und begrenzte Verantwortung ist" (vgl. auch für das Zitat Bayer 1995, 196).
21 Vgl. etwa: „Er sucht sich nicht den vollkommensten Menschen, um sich mit ihm zu verbinden, sondern er nimmt menschliches Wesen an, wie es ist. Jesus Christus ist nicht die Verklärung hohen Menschentums, sondern das Ja Gottes zum wirklichen Menschen." (DBW 6, 71)
22 Josef Römelt hat einen ähnlichen Gedanken als Implikat der Verantwortung Gottes formuliert: *„Gott selbst übernimmt die Verantwortung für den Menschen, seine Geschichte und seine Welt* – nicht, indem er die Ambivalenz dieser Geschichte (gleichsam utopisch) einfach auflöst, sondern indem er sie leidend aufnimmt. Er liefert sich im Schicksal Jesu dem Paradox selbst aus, weil er seine Liebe in Ohnmacht vor dem Hass des Menschen behauptet." (Römelt 2014, 162, kursiv im Original)

zum Zwecke des Predigthörens (und Opernbesuchs) sichern, noch zur Realisierung des vollkommenen Reiches Gottes aufschwingen, sondern kann „relativ Besseres" (DBW 6, 260) im Vorletzten als solches wichtig nehmen, ohne es als letztentscheidend sehen zu müssen: Es ist das Leben des wirklichen Menschen, das weder vollkommen noch verloren, sondern gerade als solches von Gott in Christus bejaht ist (DBW 6, 71). Das inkarnationstheologische Sachmoment setzt das unperfekte Vorletzte[23] in sein relatives Recht: Das Unperfekte ist nicht sinnlos.

1) Charakteristika: Bejahung begrenzter Verantwortung im Vorletzten

Davon ausgehend und in weiterentwickelnder Anlehnung an Bonhoeffers Darstellung des Christusnarratives lassen sich drei Charakteristika des Lebens des wirklichen Menschen[24] konkretisieren, die für die Orientierung für Verantwortungspraktiken relevant scheinen:

(1) Weil der wirkliche Mensch als Unerlöster in der unerlösten Welt lebt, ist seine Wirklichkeit nicht nur von eindeutig Gutem durchwirkt, sondern auch von Bösem; Entscheidungssituationen stellen Menschen deshalb nicht vor die Wahl zwischen eindeutig Gutem und eindeutig Bösem, sondern zwischen zweideutigen Verhaltensoptionen, die relativ besser oder schlechter sein können, aber jeweils Gutes und Böses enthalten.[25] So entstehen Sollenskonflikte. Gehört all dies zum Leben des wirklichen Menschen, gehört es zu der Wirklichkeit, die Gott in Jesus Christus angenommen, bejaht und versöhnt hat. Negativer Ausdruck besagter Sollenskonflikte ist bei Bonhoeffer der Gedanke der Schuldübernahme, positiver die Rede vom freien Wagnis.[26] Bedeutet „Verantwortung" den diskursiven Umgang mit solchen Sollenskonflikten, dann entspricht die ethische Rede von Verantwortung der Wirklichkeit des Lebens des wirklichen Menschen in der unerlösten Welt.

(2) Das Leben des wirklichen Menschen ist räumlich und zeitlich begrenzt.[27] Es bewegt sich räumlich zwischen bestimmten Orten, in bestimmten Gesellschaften,

---

23 Der Begriff des „Vorletzten" ist hier von Bonhoeffer entlehnt, vgl. DBW 6, 137–162.
24 Die Rede vom „Leben der Menschen" in diesem Zusammenhang ist auch von Bonhoeffer selbst (DBW 6, 71).
25 Vgl. hier 3.2.3.3, die dort zitierten Stellen und besonders DBW 6, 220–221, 224–225, 260.
26 Für Schuldübernahme und Wagnis vgl. hier 4.2.2 und die dort zitierten Stellen. Zur Schuldübernahme vgl. DBW 6, 232–233, 237, 275–276, 279, 280–281, 283, zum Wagnis vgl. etwa DBW 6, 224, 227, 256.
27 Zu diesen Grenzen als „Begrenzung durch unsere Geschöpflichkeit" vgl. DBW 6, 267, kursiv im Original. Zur Endlichkeit menschlichen Lebens („finite and fragmentary") vgl. auch Schweiker 1999 [1995], 129, 131, Zitat auf S. 131.

Milieus und Klassen und zeitlich von Geburt bis Tod. Schon dadurch sind die Möglichkeiten eines menschlichen Lebens begrenzt. Hinzu kommen noch die Möglichkeitsbegrenzungen, die sich aus dem jeweils konkreten räumlichen, zeitlichen und sozialen Kontext ergeben. Was einem konkreten Menschen möglich ist, hängt praxistheoretisch besehen genauso von sozialen Strukturen und technischer Entwicklung der Dinge ab (2.1.1) wie von der je individuellen Akkumulation von ökonomischem, kulturellem und sozialem Kapital (Bourdieu, s. 2.1.2.1, 2.1.3.1 und unten (A) 3). Dadurch haben die einen weniger oder fast keine und die anderen mehr „Lebenschancen"[28] (Staab, Dahrendorf). Das setzt in ethischer Perspektive Gerechtigkeitsfragen auf die Agenda. Hier ist allerdings zunächst der grundsätzliche Gedanke impulsgebend, dass auch das Leben des wirklichen Menschen, das Gott in Christus bejaht hat, ein endliches und begrenztes Leben mit Möglichkeiten, aber eben mit begrenzten Möglichkeiten ist. Dem entspricht, dass menschliche Verantwortung im Horizont dieser Imagination nur als *begrenzte* und *endliche* Verantwortung[29] vorgestellt werden kann – aber eben als Verantwortung für das in diesen Grenzen Mögliche.[30]

(3) Diese Betonung der prinzipiellen Grenzen menschlicher Möglichkeiten ist gegenüber der Hybris menschlicher Selbstvervollkommnung und überenthusiastischer Fortschrittshoffnungen nötig. Diese Betonung steht gleichzeitig in der Gefahr, als quietiv oder gar resignativ missverstanden zu werden; allzu leicht lässt sich die Forderung, die prinzipiellen Grenzen menschlichen Lebens zu akzeptieren, paternalistisch gegen Ambitionen anderer oder zynisch gegen die Nutzung der eigenen Möglichkeiten wenden.[31] Etwas flapsiger gesagt, trifft Paul Gerhardts „Gib dich zufrieden" (EG 371) im Horizont der Versöhnungsimagination nur die halbe Wahrheit. Denn als quietiv missverstanden wird die göttliche Bejahung einseitig als auf die Grenzen menschlicher Möglichkeiten bezogen vorgestellt und nicht auch auf die vorhandenen Möglichkeiten selbst. Die Bejahung des wirklichen Menschen richtet sich aber auch auf dessen Möglichkeiten. Das hat auch Dietrich Bonhoeffer betont, insofern er das Sachmoment der Menschwerdung nicht nur gegen die

---

28 Den Dahrendorfschen Begriff „Lebenschancen" verwende ich hier (wie in der entsprechenden Anmerkungen unter 2.1.2.1 ausführlich beschrieben) wie Philipp Staab (vgl. Staab 2019, 294–295, 300), der sich auf Dahrendorf (Dahrendorf 1979) bezieht.
29 Von „begrenzter Verantwortung" spricht wie gesagt auch Bonhoeffer selbst: DBW 6, 267.
30 Zur Bejahung einer „Verpflichtung auf die bescheidene, ihre eigenen Möglichkeiten und Grenzen frei und realistisch übernehmende menschliche Verantwortung" in einem anderen Argumentationszusammenhang vgl. auch Römelt 2006, 157, dort auch das Zitat.
31 Vgl. zu diesem Problem auch Tödt 1988 g, 16 (vgl. dazu auch unten (C) 1 und insbes. Anm. 116 in dieser Schlussbetrachtung).

„Menschenvergötzung", sondern auch gegen die „Menschenverachtung" gerichtet versteht (DBW 6, 72 f):

> Der tyrannische Menschenverächter macht sich in solchem Zeitpunkt das Gemeine des menschlichen Herzens leicht zunutze, indem er es nährt und ihm andere Namen gibt: Angst nennt er Verantwortung, [...]. So wird im buhlerischen Umgang mit den Schwächen der Menschen das Gemeine immer neu erzeugt und vermehrt. (DBW 6, 72)

Der Menschenverächter übersieht damit die Stärken der Menschen, ihre Möglichkeiten zum relativ Besseren. Im Horizont der Versöhnungsimagination hat Gott in der Menschwerdung aber nicht nur die Grenzen menschlichen Lebens angenommen, sondern auch dessen Möglichkeiten zum relativ Besseren. Kommt es so auf die Möglichkeiten menschlichen Lebens in dem an, was Bonhoeffer Vorletztes nennt, dann ist jede Einschränkung und Abschneidung dieser Möglichkeiten ethisch zu problematisieren – individual- wie sozialethisch.

Entspricht den Lebensmöglichkeiten des wirklichen Menschen im antwortenden Verhalten auf diese Wirklichkeit die verantwortliche Nutzung dieser Möglichkeiten, dann ist im Horizont der Versöhnungsimagination die humane Verantwortung nicht nur eine begrenzte und endliche, sie ist als solches auch zunächst dies: eine Verantwortung. Der ethische Impuls des inkarnationstheologischen Sachmoments geht damit in Richtung einer Bejahung der Möglichkeiten im Vorletzten zum „relativ Bessere[n]" (DBW 6, 260). Die ethische Orientierungspraxis richtet sich informiert von dieser Imagination deshalb gerade nicht nur gegen den menschlichen Hochmut, sondern auch gegen den Kleinmut und Zynismus, der die Möglichkeiten im Vorletzten unterschätzt oder negiert.[32]

2) Imaginationen: Reziprozität statt Stellvertretung

Grundproblem. Das inkarnationstheologische Sachmoment der Versöhnungsimagination in theologisch-ethischer Perspektive derartig als Grund für die endliche Verantwortung von Menschen zu verstehen, ist methodisch nicht unproblematisch. Das in dieser Vorstellung grundlegende Orientierende ist ja das als von Gott in Christus angenommen vorgestellte Menschsein, genauer: die Charakteristika dieses angenommenen Menschseins, die qua göttlicher Bejahung als gut vorgestellt wer-

---

[32] Damit ist die doppelte Abgrenzung zu dem ausgedrückt, was Bonhoeffer mit den Worten „Menschenvergötzung" und „Menschenverachtung" belegt hatte. Dem entspricht in Barths christologischer Sündenlehre die erste und zweite „Gestalt" der Sünde: „Hochmut" und „Trägheit" (vgl. auch für die Zitate KD IV/1, 156–157; Barth 1953, 156–157, im Original teilweise gesperrt).

den. Gewonnen sind diese Charakteristika aber immer als Interpretationen des Christusnarrativs, die wiederum die eigenen Vorannahmen im eigenen imaginativen Horizont in diese hineinlesen. Deshalb ist der Vorzug dieser christozentrischen Methodik gegenüber der schöpfungstheologischen ein relativer und kein prinzipieller: Ob ein:e Theolog:in die eigenen jeweils kontextbedingten Selbstverständlichkeiten in die Interpretation der Schöpfung hineinliest, um ihr von da aus implizit oder explizit schöpfungstheologisch Orientierungskraft zuzuschreiben, oder ob dies in der Interpretation des Christusnarrativs geschieht, um diesem dann christologisch-inkarnationstheologisch Orientierungskraft beizumessen, kommt prinzipiell auf dasselbe hinaus. Der relative Vorzug der christozentrischen Methodik liegt in zwei Argumenten. Erstens: Weil sich schöpfungstheologische Auflagung auf einen Gegenstandsbereich bezieht, der auch in der theologischen Tradition als vermeintlich der glaubensunabhängigen Wahrnehmung aller Menschen zugänglich vorgestellt werden kann, während sich die Christozentrik auf eine Wirklichkeit bezieht, deren Wahrnehmung traditionell mit dem Glauben verbunden wird, steht der schöpfungstheologische Weg stärker in der Gefahr, den eigenen Imaginationscharakter und damit die dogmatischen Setzungen in der eigenen Wirklichkeitsinterpretation unsichtbar zu machen. Das Spezifische eines christozentrischen Zugangs hält demgegenüber eher bewusst, dass es sich bei der eigenen Wirklichkeitsinterpretation um eine unselbstverständliche handelt, die diskursiv expliziert werden muss und nicht allgemein-menschlicher Erfahrung als deren Gegenstand unterstellt werden kann. Gerade Schöpfungslehre ist immer in der Gefahr, ihre eigenen dogmatischen Setzungen nicht als solche zu behandeln, sondern diese Dogmen als Gegenstand menschlicher, manchmal gar allgemein-menschlicher Erfahrung auszugeben (s. etwa: 4.2.1.3). Der christozentrische Ansatz steht weniger in dieser Gefahr, weil er explizit hält, dass mit „Christus" an die Erfahrung etwas ihr Äußerliches angetragen wird.

Zweitens liegt in der Bestimmung des Interpretandums – Christusnarrativ anstelle von Schöpfungswirklichkeit – im positiven Sinne ein größeres Störpotenzial für eigensinniges Interpretieren: Während die Interpretation von Menschsein als Schöpfungswirklichkeit relativ ungestört die eigenen kontextspezifischen Vorannahmen in aufgegebenes Leben hineinlesen kann (vgl. 4.2.1.3), richtet sich die Interpretation von Menschsein als christologisch angenommener Wirklichkeit auf einen Anderen, der in einem fremden kulturellen Kontext das eigene Leben zudem mit der Perspektive der Ausgegrenzten und Unterdrückten verbunden hat: Das Interpretandum ist relativ widerständiger, ohne vor ähnlich verheerenden Eisegesen gefeit zu sein.

Stellvertretungsproblem. Nicht weniger als schöpfungstheologische Annahmen staffiert auch das inkarnationstheologische Moment der Versöhnungsimagination zunächst nur die Leinwand für Wertprojektionen: Das menschliche Leben wird als von Gott in Christus qua Inkarnation angenommenes Leben zur Projektionsfläche für menschliche Wertzuschreibungen, die auf dem Wege der Projektion imaginativ-religiös aufgeladen und überhöht werden. Das ist bei Bonhoeffer auf problematische Weise so: Seine Vorstellung von Stellvertretung, die das in Jesus Christus angenommene Leben qualifiziert, setzt wie gezeigt die Vorstellung einer hierarchischen Gesellschaftsordnung voraus (s. 4.1.3.1 und 4.2.1.1). Diese einseitige Festlegung der Relationalität des wirklichen Menschen auf Stellvertretung muss heute als eine ethisch problematische Projektion der für Bonhoeffer selbstverständlichen hierarchischen Gesellschaftsordnung in das evaluativ als „gut" aufgeladene, weil als göttlich bejaht imaginierte Leben des wirklichen Menschen erscheinen.[33] Das gilt umso mehr, als die Versöhnungsimagination die Stellvertretungsimagination transformiert und so Relationalität nicht nur als Stellvertretung plausibel erscheinen lässt (4.3.3.4).

Trefflich an der Bonhoefferschen Kopplung von Versöhnungs- und Stellvertretungsimagination ist die Bejahung der Relationalität des Menschseins. Diese ist aber grundlegend als reziproke und als auf Reziprozität angelegte Relationalität zu verstehen; das hat Wolfgang Huber wie dargestellt plausibel gemacht (4.1.3.3, 1.2.2.1 und 3.3.3.3).[34] Auf dieser Linie ist im Horizont der Versöhnungsimagination die ethisch grundlegende Beziehungsimagination die Reziprozitätsimagination. In diesem Horizont können dann auch Stellvertretungsimaginationen ihren Ort haben: Wenn Huber für Ethik betont, dass sie mit dem Verantwortungsbegriff auch „Vorgänge des zuvorkommenden Handelns" fasse,[35] schreibt er von Verantwortung, die Stellvertretungsimaginationen konnotiert. Die Rolle der Stellvertretungsimagination ist dann in Anlehnung an Huber[36] im Horizont der Reziprozitätsimagination zu bestimmen: Die Stellvertretungsimagination bindet[37] die asymmetrische Handlungsmacht in Vorgängen „zuvorkommenden Handelns" an das Wohl im Verantwortungsbereich und legt besagte Handlungsmacht auf die zu diesem Wohl gehörige Reziprozitätsimagination fest. Verantwortliches als stellvertretendes Handeln muss im Horizont der Reziprozitätsimagination immer mindestens für Reziprozität offenbleiben und noch besser die Möglichkeiten für Reziprozität fördern, weil es selbst in diesem Horizont als verdankte Handlungsmacht vorgestellt werden muss.

---

33 Vgl. zur Sperrigkeit von Stellvertretung heute aus diesem Grunde auch Tödt 1993a, 14.
34 Auf dieser Linie liegt es auch, was Tödt von Solidarität schreibt: „Wir sprechen lieber von Solidarität – aber Solidarität ist eine Sache derer, die jedenfalls prinzipiell gleichartig, gleichrangig sind. Stellvertretung geschieht gerade da, wo einer für den anderen an einen Ort tritt, wo dieser nicht selber stehen kann." (Tödt 1993a, 14).
35 Vgl. auch für das Zitat Huber 1990, 145.
36 Vgl. für dies und die folgende Entfaltung der Reziprozität 4.1.3.3 und die dort zitierte Literatur.
37 Zur Semantik der Bindung von Macht vgl. 4.1.1.3.

Bonhoeffers Priorisierung der Stellvertretungsimagination ist auch dogmatisch problematisch, weil sie das zuvorkommende Handeln Jesu Christi zum Paradigma für das verantwortliche Handeln zwischen Menschen macht. In dieser Vorstellung ginge die ethische Orientierung nicht mehr von der inkarnationstheologischen Insrechtsetzung des wirklichen Menschen aus, sondern von Gottes Heilshandeln in Jesus Christus selbst. Was eigentlich als Gottes Werk vorgestellt ist – nämlich die rechtfertigende Stellvertretung Jesu Christi – würde so zum orientierenden Modell für verantwortliches Handeln. Demgegenüber erscheint die Reziprozitätsimagination eher kohärent mit dem inkarnationstheologischen Sachmoment der Versöhnungsimagination: Das angenommene und bejahte Leben des wirklichen Menschen ist – wie auch von Huber entfaltet (4.1.3.3) – grundlegend eines in Reziprozitätsverhältnissen, das auch imaginär seinen Grund in Gottes Werk findet, dem es sich verdankt, ohne es imitieren zu müssen. Gottes Stellvertretung in Christus ist dann nicht als Modell für, sondern als Grund von menschlicher Relationalität vorgestellt, die dann gerade reziprok und reziprozitätsoffen sein kann, weil sie ihren Grund nicht in sich finden muss, sondern in Gottes Stellvertretung schon begründet ist. Folglich ist das Zuvorkommen Gottes gerade im Horizont der Versöhnungsimagination von jedem ethisch thematisierbaren menschlichen Zuvorkommen prinzipiell zu unterscheiden: Während Gott in Christus grundlegend zuvorkommend handelt, kommt jedes menschliche Handeln, auch das zuvorkommende, immer schon von dem grund-legenden Zuvorkommen eines anderen her – entsprechend hält Huber fest: „Denn die Wirklichkeit der Kirche ist dadurch bestimmt, daß Menschen füreinander da sind, weil Christus für sie da ist."[38] Deshalb ist menschliches Handeln – auch da, wo es momenthaft in stellvertretender Machtasymmetrie geschieht – immer mindestens in asynchrone Reziprozitätsbeziehungen eingebunden (s. 4.1.3.3). Im Horizont der Versöhnungsimagination ist also in dogmatischer Perspektive die Reziprozitätsimagination für humane Relationen immer grundlegender, weil sie menschliche Stellvertretung einordnet, während die grundlose und einseitige Stellvertretung gerade Gott in Christus vorbehalten bleibt.

Im Horizont der so pointierten Versöhnungsimagination gewinnen dann die anderen responsibilisierenden Imaginationen (4.1) ihr Recht erst auf der Grundlage der Reziprozitätsimagination. Nicht nur die Stellvertretungsimagination, sondern auch die forensische Imagination und die Begegnungsimaginationen sind durch die Reziprozitätsimagination einzuordnen – konkreter gesagt, sind die von ihnen informierten Praktiken danach zu evaluieren, inwiefern sie reziprozitätsoffen bleiben lassen und Reziprozitätsmöglichkeiten befördern. Das gilt es gleich in einem Kriterium zu präzisieren. Es heißt konkret etwa, dass die forensische Imagination

---

[38] Huber 1995, 157, und das oben über „asynchrone Reziprozität" Gesagte (4.1.3.3).

insofern Responsibilisierungspraktiken auf relativ gute Weise informieren kann, als sie jeweils die Gegenrichtung in Machtasymmetrien so verstärkt, dass diese ein Moment von Wechselseitigkeit ist: wenn etwa Menschen aus dem Verantwortungsbereich die jeweils Mächtigeren dafür rechenschaftspflichtig machen, zugunsten ihrer künftigen Lebensmöglichkeiten zu handeln.

Kurz gesagt: *Von dem inkarnationstheologischen Sachmoment her lässt sich das Leben des wirklichen Menschen in Reziprozitätsrelationen vorstellen. Von dieser Reziprozitätsimagination her können die anderen Imaginationen und die von ihnen informierten Praktiken ethisch eingeordnet werden.*

3) Kriterien: Konkretion, Kapitaladäquanz, Reziprozität

Im Horizont der bislang auf das inkarnationstheologische Sachmoment hin umrissenen Versöhnungsimagination lassen sich nun Kriterien explizieren, die Ethik als Praxis der Praxiskritik auf andere gesellschaftliche Praktiken und als Praxis der Selbstkritik auf sich selbst als Responsibilisierungspraxis anwendet. Mittels dieser Kriterien lassen sich Responsibilisierungs- und Responsepraktiken als relativ gut qualifizieren. Insofern die Kategorie „Praxis" hier Handlungs- und Strukturmomente integriert (2.1.2) sind diese Kriterien sowohl als individual- als auch als sozialethische Kriterien zu verstehen.

Die Zurechnung von Verantwortung in Responsibilisierungspraktiken und die Übernahme von Verantwortung in Responsepraktiken ist vom inkarnationstheologischen Sachmoment her gesehen insoweit relativ gut...

1. ...als in ihnen klar und konkret wird, wer für welchen Verantwortungsbereich genau verantwortlich sein soll (Konkretionskriterium),[39]
2. ... als der Verantwortungsbereich der gegenwärtig vorhandenen oder künftig möglichen Kapitalakkumulation[40] (Bourdieu) am Ort des Verantwortungssubjekts adäquat ist (Kapitaladäquanzkriterium)
3. und als die Zurechnung und Übernahme in Zurechnungs- und Zuständigkeitsrelation reziprozitätsoffen bleibt (Reziprozitätskriterium).

(1) *Zum Konkretionskriterium.* Das Konkretionskriterium ist der grundlegendste Ausdruck der Einsicht, dass menschliche Möglichkeiten und die ihnen entsprechende Verantwortung im Horizont der Versöhnungsimagination immer begrenzt

---

39 Mit der Bezeichnung des Konkretionskriteriums greife ich Bonhoeffers Rede von „*der konkreten Verantwortung*" auf (DBW 6, 266, kursiv im Original).
40 Der Kapitalbegriff und sein Verständnis sind hier von Pierre Bourdieu übernommen, siehe dazu unten und etwa Anm. 45 in dieser Schlussbetrachtung sowie die dort zitierte Literatur.

vorgestellt und gerade als solche inkarnationstheologisch zu bejahen sind.[41] Wenn menschliche Verantwortung aber niemals Allzuständigkeit meinen kann, dann muss in der Zurechnungsrelation konkretisiert und explizit gemacht werden, *wer wen für welche Aufgabe verantwortlich macht*, wofür genau das Verantwortungssubjekt also zuständig ist.[42]

Neben dem inkarnationstheologischen Sachmoment sprechen auch praktische und diskursethische Gründe für dieses Kriterium. Unklarheiten und Unkonkretheiten in der Responsibilisierung können das Diffusionsproblem von Verantwortung befördern und wahrscheinlicher machen, dass Verantwortung nicht tatsächlich übernommen wird. Pragmatisch spricht also für das Konkretionskriterium, dass es solche Responsibilisierungspraktiken als relativ besser qualifizieren lässt, an die auch Responsepraktiken anknüpfen können. Diskursethisch spricht für dieses Kriterium, dass erst mit der konkreten Benennung von Verantwortungssubjekt und -bereich in der Responsibilisierungspraktik ein Geltungsanspruch vorliegt, der nicht nur übernommen, sondern auch kritisiert oder abgelehnt werden kann.[43] Die unkonkrete und unklare Verantwortungszurechnung kann nicht nur nicht angenommen, sie kann auch diskursiv schwerer bestritten werden.

Im Lichte dieses Kriteriums erscheinen Responsibilisierungspraktiken in dem Maße als gut, als in ihnen klar und konkret wird, wer Verantwortungssubjekt – und wer oder was der Verantwortungsbereich ist. Damit sind explizit und absichtlich nicht die Vollzüge, Handlungen und Verhaltensweisen der Zuständigkeitsrelation umfasst. Im Lichte dieses Konkretionskriteriums müssen Responsibilisierungspraktiken, um relativ gut zu sein, nicht klären und konkretisieren, was genau zur Aufgabenerfüllung zu tun ist oder wie auflaufende Sollenskonflikte zu lösen sind; Verantwortung bleibt mit „nicht programmierbarer Handlungsbereitschaft" verbunden.[44] Nur die Aufgabe muss möglichst klar und konkret gefasst sein. Würde das Konkretionskriterium sich auch auf Erfüllungsvollzüge beziehen, würde es die Güte

---

41 Zur Notwendigkeit der Konkretion im Zusammenhang mit der Begrenztheit vgl. auch: „Die Rechtfertigungslehre setzt ein Verständnis von konkreter, das heißt gleichermaßen subjektiver wie begrenzter Verantwortung frei." (Körtner 2001, 114)
42 An die Güte dieser Konkretion erinnert auch Heidbrinks Explikation der *„Grundstruktur verantwortlichen Handelns"* und sein *„Differenzierungsprinzip"* (vgl. auch für die Zitate Heidbrink 2003, 305–306, kursiv im Original, und meine Zusammenfassung davon 1.1.1.2).
43 Zu „kritisierbaren Geltungsansprüchen" vgl. Habermas 1995a, 405–417, Zitat auf S. 408, und Habermas 1983, 67–72; Habermas 1995c, 353–385. Neben „Wohlgeformtheit oder Regelrichtigkeit" ist bei Habermas allen Diskursen (außer dem explikativen) auch „Verständlichkeit" unterstellt (Habermas 1995a, 44, dort auch die Zitate) – und schon an der mangelte es m. E. ohne Konkretion der Verantwortungszurechnung. Zur „anfechtbaren Zuschreibung von Verantwortung" auch: Günther 2006, 299, dort auch das Zitat.
44 Vgl. dazu und zum Zitat Kaufmann 1992, 67, auch zitiert bei W. E. Müller 1997, 17.

von Verantwortung letztlich an Pflicht und ihrer Eindeutigkeit messen und damit Verantwortung wieder in Pflicht transformieren.

Gemessen an diesem Kriterium ist es also beispielsweise besser, den Bewohnern einer Straße die Verantwortung dafür zuzurechnen, ihren Müll zu trennen, als von der Schöpfungsverantwortung der Menschen zu reden. In erstem Fall sind Verantwortungssubjekt und -bereich klarer und konkreter und damit anknüpfungsfähiger und kritisierbarer benannt als im zweiten Fall.

Dieses Kriterium ist auch anwendbar, wo die Subjektpositionen der Zurechnungsrelationen zusammenfallen, sich also ein konkretes Subjekt selbst für etwas responsibilisiert. Während in diesem Fall das Verantwortungssubjekt maximal klar und konkret benannt ist, muss dies für den Bereich noch lange nicht gegeben sein. Hier können gemessen am Konkretionskriterium gerade solche Praktiken problematisch werden, die von Begegnungsimaginationen informiert sind: Was die konkrete Aufgabe oder der konkrete Verantwortungsbereich ist, ist in der Selbstresponsibilisierungspraktik noch nicht klar und konkret, in der sich jemand im Horizont einer Begegnungsimagination als von einem anderen unmittelbar beansprucht und verpflichtet erfährt.

(2) *Zum Kapitaladäquanzkriterium.* Das Kapitaladäquanzkriterium ist ein abgeleiteter Ausdruck der Einsicht, dass menschliche Möglichkeiten immer begrenzt vorzustellen sind. Nicht nur die Möglichkeiten des Menschen an sich sind begrenzt; abhängig von der jeweils spezifischen Kapitalakkumulation[45] sind die Möglichkeiten von Individuen und Gruppen unterschiedlich vorhanden und begrenzt. Deshalb scheinen Aufgaben- und Verantwortungszurechnungen umso besser, je besser sie zu den je spezifischen Möglichkeiten und Entwicklungsmöglichkeiten passen und Aufgaben nur insofern vergeben und übernommen werden, als sie auch nachhaltig erfüllt werden können.[46] Dabei lassen sich die Möglichkeiten und Entwicklungsmöglichkeiten von Individuen und Gruppen relativ sachgerecht mit der bereits erwähnten Kapitalartentheorie von Pierre Bourdieu fassen, die zwischen ökonomischem, sozialem und kulturellem Kapital unterscheidet.[47] Kapitel ist danach das,

---

45 Zum „Konzept der Kapitalakkumulation" vgl. Bourdieu 2015b, 49, dort auch das Zitat.
46 Auf die „Voraussetzungen der Verantwortung", insbesondere auf „materielle, zeitliche, kulturelle und soziale Ressourcen", hatte wie referiert (1.1.1.1) bereits Günther verweisen (Günther 2002, 127–128, Zitate auf S. 127) und damit die Kapitaladäquanz implizit auch zur Zurechnungsbedingung gemacht.
47 Vgl. hier 2.1.2.1 und 2.1.3.1 und Bourdieu 2015b. Bourdieu selbst spricht ebd. von „Kapitalarten" (etwa a.a.O., 73).

was ermöglicht: „Das Kapital ist eine der Objektivität der Dinge innewohnende Kraft, die dafür sorgt, dass nicht alles gleich möglich oder gleich unmöglich ist."[48]

Die Möglichkeiten eines Individuums oder einer Gruppe ergeben sich danach aus der Kombination von materiellen Ressourcen, sozialen Netzen und Bildung;[49] an Volumen und Kombination dieser Kapitalarten bemessen sich die Möglichkeiten und Handlungsspielräume von Einzelnen und Gruppen (2.1.2.1).[50] Responsibilisierungspraktiken sind in dem Maße besser, in dem sie Aufgabenverantwortung nach dem Maße dieser Möglichkeiten und ihrer Entwicklungsmöglichkeiten zurechnen. Sehen sie von Möglichkeiten und Entwicklungsmöglichkeiten ab, entsteht das, was mit Klaus Günther als Disziplinierungsproblem beschrieben wurde (1.1.1.1).

Zwei Absicherungen gegen Missverständnisse sind hier nötig: Erstens habe ich in die Formulierung dieses Kriteriums nicht nur die zu einem Zeitpunkt gegebenen, sondern auch die künftigen Möglichkeiten, die Entwicklungsmöglichkeiten also, mit aufgenommen, um dem Umstand Rechnung zu tragen, dass Responsibilisierungen selbst emanzipativ wirken können und Menschen an den übertragenen oder übernommenen Aufgaben wachsen.[51] Insofern die Zurechnung von Verantwortung als Impuls zu Bildungsprozessen fungieren kann, können gerade Responsibilisierungspraktiken auch kulturelles Kapital vermehren; dafür muss aber die Möglichkeit zu diesen Entwicklungen bestehen; ist dies nicht der Fall, wirkt Verantwortungszurechnung doch wieder disziplinierend.[52]

Zweitens könnte auffallen, dass vom Adäquanzkriterium her die Gerechtigkeit der Kapitalverteilung nicht problematisiert oder problematisierbar wird. Diese Gerechtigkeitsfrage soll hier nicht ausgeschlossen werden. Der Fokus liegt aber auf der Verantwortungsallokation. Auf diese bezogen läuft das Adäqanzkriterium dann auf die Empfehlung von Responsibilisierungspraktiken hinaus, die Ungleichheiten der Kapitalverteilung zumindest nicht noch weiter verschärfen und bestenfalls relativieren. Das Kriterium orientiert ja Praxis letztlich daran, Möglichkeitsträger auch stärker mit Verantwortung zu belasten und Handlungsmacht qua Responsibilisierung an das Wohl des Verantwortungsbereiches zu binden. So sind beispielsweise Responsibilisierungspraktiken, die alle Menschen gleichermaßen

---

48 Bourdieu 2015b, 50. Zum „*Gesamtvolumen des Kapitals*" als Summe aller effektiv aufwendbaren Ressourcen und Machtpotentiale" vgl. Bourdieu 2014, 196, kursiv im Original.
49 Vgl. zusammenfassend Bourdieu 2015b, 52–53, 63.
50 Vgl. hier 2.1.2.1, die dort zitierte Literatur und bes. Bourdieu 2014, 195–206.
51 Zu der Möglichkeit, dass Responsibilisierung als „Ermächtigung" erfahren wird vgl. Günther wie unter 1.1.1.1 zitiert und zusammengefasst.
52 Zu diesem Zusammenhang vgl. neben Günther (1.1.1.1.) auch Huber 2009, 29, 33–34 und insbesondere sein Hinweis auf die (sozialstaatlichen) Voraussetzungen der „Rede von der Befähigung zur Eigen- oder Selbstverantwortung" (ebd., Zitat auf S. 34).

für die Transformation zu einem nachhaltigen Lebensstil verantwortlich machen, gemessen am Adäqanzkriterium weniger gut als solche, die Menschen mit mehr ökonomischem und kulturellem Kapitel stärker responsibilisieren.[53] Das Beispiel illustriert auch die Abhängigkeit der Kapitaladäquanz vom Konkretionskriterium: Inwieweit eine Responsibilisierung kapitaladäquat ist, lässt sich individuell oder diskursiv nur prüfen, wenn sie hinreichend konkret ist – nur dann kann ihr Geltungsanspruch sinnvoll kritisiert werden.

Insofern evangelische Ethik selbst als Responsibilisierungspraktik verstanden werden kann, lässt sich das Kapitaladäquanzkriterium plausibel und ertragreich auch auf die Selbstkritik evangelischer Ethik anwenden. Arbeiten Responsibilisierungspraktiken evangelischer Ethik im Horizont der Gestaltungsimagination, müssen sie die Kapitalbedingungen von individueller Lebensgestaltung mitreflektieren. Auf dieser Linie ließe sich etwa plausibel argumentieren, dass eine Ethik individueller Lebensführung, die die Verantwortung für das eigene Leben an selbstverantwortliche Individuen delegiert, immer notwendig eine Sozialethik der ökonomischen, kulturellen und sozialen Bedingungen voraussetzt und so in die Frage nach dem Sozialstaat mündet.[54] Gerade auf dieser Linie des Kapitaladäqanzkriteriums ließe sich – zugegebenermaßen etwas provokativ, aber gar nicht nur abwegig – argumentieren, dass eine Ethische Theologie verantwortlicher Lebensführung (4.2.3) ein bedingungsloses Grundeinkommen voraussetzen muss, wenn sie ihren Geltungsbereich nicht auf privilegierte Milieus beschränken will. Sollen alle grundsätzlich verantwortlich für ihre Lebensführung sein, müssten alle auch grundlegend die Kapitalvoraussetzungen dafür haben, zumindest die ökonomischen. Andernfalls riskiert die Rede von individueller Verantwortung praktisch jeweils zum Akt der Disziplinierung zu werden (1.1.1.1).

Grundsätzlich wird das Kapitaladäquanzkriterium in der materialethischen Arbeit wie vorgeschlagen über den Bourdieuschen Kapitalbegriff operationalisierbar. Das muss nicht davon ablenken, dass es gerade angesichts von Sollenskonflikten

---

53 Dazu und v. a. zur Problematisierung unterschiedsloser Zuschreibung von Nachhaltigkeitsverantwortung vgl. Wendt und Görgen 2018. Die beiden wollen „[...] bezüglich der Frage nach der Verantwortung für eine nachhaltige Entwicklung zunächst auch von der Annahme einer kollektiven Universalverantwortung ausgehen", um dann zu „zeigen, dass diese [...] den Zusammenhang zwischen Verantwortung, Macht und sozialer Ungleichheit ausblendet" (a. a. O., 51). Dabei greifen sie auch auf Bourdieus Kapitalartentheorie zurück (a. a. O., 58) und „geben zu bedenken, dass sich Verantwortungszuschreibungen sehr wohl über die soziale Ungleichheit in Bezug auf die Verteilung der gesellschaftlichen Machtpotenziale begründen lassen" (a. a. O., 59) – damit bringen sie als Orientierung das in Anschlag, was ich Kapitaladäquanzkriterium genannt habe.
54 Diese Argumentation findet sich fast genauso etwa bei Huber 2009, 31–34.

damit und zusätzlich dazu auch in einem tieferen Sinne darum gehen kann, welche Verantwortung ein Mensch tragen kann:

> Das Maß der mit dem verantwortlichen Handeln verbundenen Schuldübernahme hat seine jeweilige konkrete Grenze an der Einheit des Menschen mit sich selbst, an seiner Tragkraft. Es gibt Verantwortungen, die ich nicht zu tragen vermag, ohne daran zu zerbrechen [...]. (DBW 6, 282)

Diese Frage leitet über zum Thema des Unverantwortbaren (siehe unten, C).

(3) Zum Reziprozitätskriterium. Das Reziprozitätskriterium erscheint im Horizont der Versöhnungsimagination als plausibel, insofern in diesem Horizont naheliegt, die göttlich angenommene und versöhnte Relationalität menschlichen Lebens grundlegender als Reziprozität denn als Stellvertretung vorzustellen (s.o.).[55] Provisorisch war dieses Kriterium bereits als Ertrag des Begriffskapitels formuliert worden (Zwischenbetrachtung I (C)). Danach sind Responsibilisierungs- und Responsepraktiken insofern relativ besser, als sie Reziprozitätsverhältnisse reproduzieren oder für diese offen bleiben. Das gilt sowohl für die Zurechnungs- als auch für die Zuständigkeitsrelation.

Reziprozitätsoffenheit in der Zurechnungsrelation bedeutet insbesondere die Offenheit für die Möglichkeit, die Zurechnungsrichtung umzukehren. Diese ist insoweit gegeben, als Responsibilisierte Responsibilisierende für die Responsibilisierung wirksam responsibilisieren können. Die Praktiken, in denen der Gesetzgeber eines Sozialstaats den Bürger:innen Verantwortung für die eigene Wohlfahrt zurechnet, sind gemessen an diesem Kriterium insoweit relativ gut, wie die betroffenen Bürger:innen den Gesetzgeber für diese Responsibilisierung zur Verantwortung ziehen können, bei einer Wahl oder in einem öffentliche Diskurs etwa. Die Praktiken der Judikative sind gemessen an diesem Kriterium insofern relativ gut, als den von ihr auf der Subjektposition der Responsibilisierten Betroffenen wiederum der Rechtsweg offen steht.

Grundlegender ist Reziprozität auch da schon gegeben, wo die Zurechnungsachse nicht entlang, sondern entgegen von Machtasymmetrien verläuft, wenn also von der weniger mächtigen Position die mächtigere Position für ihren Machtgebrauch responsibilisiert wird. Das ist etwa in der bereits angesprochenen demokratietheoretischen Idee „verantwortlicher Regierung"[56] der Fall, wenn danach das Volk als Souverän seine Regierung für deren Regierungshandeln responsibilisiert und so deren Macht bindet (2.3.1.2).

---

55 Siehe dazu hier (A) 2) und 4.1.3.3, 1.2.2.1 und 3.3.3.3.
56 Bayertz 1995, 37.

Die beiden Konkretionen machen auch deutlich: Gemessen am Reziprozitätskriterium werden Praktiken problematisch, die von einer Ordnungsimagination informiert sind, die diese Ordnung nicht als human zu verantwortende vorstellen lässt (4.2.1). Besser erscheint es, Ordnung als human zu verantwortende vorzustellen und diese Vorstellung praktisch zu reproduzieren (4.2.1.2). Nur dann können diejenigen, die in Ordnungen zu leben haben, diejenigen, die diese Ordnungen aufrechterhalten und reproduzieren, dafür responsibilisieren. Die religiösen Aufladungen der Ordnungsimagination geben denjenigen, die Ordnungen aufrechterhalten und reproduzieren, immer die Möglichkeit, dieses reproduzierende Handeln hinter vermeintlicher Gottgegebenheit zu verstecken. Insofern Ordnungen von der Mehrheit einer Gesellschaft reproduziert werden, läuft hier das Reziprozitätskriterium auf Minderheitenschutz hinaus.

Zum Beispiel: In Deutschland ist eine heteronormative[57], auf eine patriarchale Beziehung von Mann und Frau angelegte Form der Ehe lange Teil der ins sozial Imaginäre eingesickerten Ordnungsimagination gewesen. Dass diese Eheordnungsvorstellung Teil des sozial Imaginären in Westdeutschland war, zeigt sich nicht nur an der gesellschaftlichen Selbstverständlichkeit dieser Lebensform, sondern auch daran, dass das Bürgerliche Gesetzbuch lange „die hierarchische Gestalt der Ehe" gesetzlich institutionalisiert hat.[58] Deutschsprachige Theologen, etwa auch der Schweizer Emil Brunner, haben diese Rollenverteilung als göttliche Schöpfungsordnung ausgegeben.[59] Das ist vom Reziprozitätskriterium her problematisch, weil diese Theologen denen, die von dieser Ordnung betroffen, ausgegrenzt oder auf möglichkeitsärmere Positionen verwiesen sind, so die Möglichkeit nehmen, diejenigen für diese Ordnung zur Rechenschaft zu ziehen, die diese Ordnung reproduzieren und von dieser Reproduktion profitieren.

Im Horizont der Versöhnungsimagination gilt das Reziprozitätskriterium auch für die Responsibilisierungspraktik, die evangelische Ethik selbst ist: Es ist relativ besser, wenn diejenigen, denen evangelische Ethiker:innen Verantwortung implizit oder explizit, mit oder ohne religiöse Aufladung zurechnen, dieselben Ethiker:innen dafür responsibilisieren können. Dabei umfasst diese Möglichkeit dieser wechselseitigen Responsibilisierung nicht nur vollzogene, sondern auch unterlassene Responsibilisierungen. Informiert von der Gestaltungsimagination etwa ten-

---

57 Zu dem Begriff „[h]eteronormativity" vgl. einschlägig Warner 1993, Zitat auf S. xxi.
58 Vgl. auch für das Zitat Surall 2015, 476, der sich unter anderem auf die Geschichte von §1354 BGB bezieht.
59 Vgl. Brunner 1943, 167–171. Dort heißt es etwa: „Die Gleichheit der Würde hebt nicht eine gewisse hierarchische Gliederung auf: ‚Der Mann ist des Weibes Haupt.' Auch das wird, in gleicher Weise wie die monogame Forderung, in Gottes Schöpfungsordnung begründet. Gott hat den Mann so geschaffen, dass er in der Ehe der führende Teil sein soll." (a. a. O., 169)

diert evangelische Ethik als Responsibilisierungspraktik dazu, vor allem den Einzelnen in ihrer Freiheit Verantwortung und damit auch die Bearbeitung von Sollenskontingenz zuzurechnen, und demgegenüber theologische Ethik und Kirchenpraxis von der Verantwortung, Orientierungshilfen zu entwickeln, genauso zu entlasten wie den Sozialstaat von der umfassenden Verantwortung, die Ermöglichungsbedingungen individueller Freiheit für alle zu schaffen.

Reziprozitätsoffenheit in der Zuständigkeitsrelation bedeutet die Ausrichtung des verantwortlichen Handelns auf Ermächtigung der Subjekte im Verantwortungsbereich. Die für einen anderen übernommene Verantwortung ist gemessen am Reziprozitätskriterium dann relativ gut, wenn sie mindestens ihre Grenze und bestenfalls ihr Ziel in der werdenden Verantwortung der Subjekte im Verantwortungsbereich findet – in Anlehnung an Bonhoeffer gesagt: die Verantwortung des Elternteils für das Kind ist insofern reziprozitätsoffen, als sie Grenze und Ziel in der werdenden Verantwortungsfähigkeit des Kindes findet.[60] In beiden Relationen wird das Reziprozitätskriterium Machtasymmetrie nicht ausräumen oder verbieten, es zielt aber auf die symmetrisierenden Impulse einer Orientierung an humaner Reziprozität.

Insgesamt hat sich also im Horizont der Versöhnungsimagination aus dem inkarnationstheologischen Sachmoment Folgendes ergeben: erstens eine grundlegende theologisch-ethische Bejahung endlicher, begrenzter Verantwortung im Vorletzten und zweitens drei Kriterien für die Verantwortungspraktiken: Konkretions-, Kapitaladäquanz- und Reziprozitätskriterium.

(B) Gerichtete Verantwortungslosigkeit

Das zweite entscheidende Sachmoment im Christusnarrativ ist bei Bonhoeffer die Kreuzigung Jesus Christi (DBW 6, 74–78):

> Ecce homo – seht den *von Gott gerichteten Menschen!* Die Gestalt des Jammers und des Schmerzes [...]. Die Schuld der Menschheit ist auf ihn gefallen, sie stößt ihn in Schande und Tod unter Gottes Gericht. So teuer wird Gott die Versöhnung mit der Welt. Nur indem Gott an sich selbst das Gericht vollzieht, kann Friede werden zwischen ihm und der Welt und zwischen Mensch und Mensch. (DBW 6, 74f, kursiv im Original)

---

[60] So formulierte schon Bonhoeffer selbst: „Es gehört weiter zur Begrenztheit verantwortlichen Lebens und Handelns, daß es mit der Verantwortlichkeit der anderen ihm begegnenden Menschen rechnet. [...] Die Verantwortung des Vaters oder des Staatsmannes ist begrenzt durch die Verantwortlichkeit des Kindes oder des Staatsbürgers, ja es besteht die Verantwortung des Vaters oder des Staatsmannes eben darin, die Verantwortlichkeit der ihm Anbefohlenen ins Bewußtsein zu erheben, zu stärken." (DBW 6, 268–269)

Dieses kreuzestheologische Sachmoment lässt den Menschen als Schuldigen vorstellen, der gerade als solcher mit Gott in Christus versöhnt ist. In dieser Vorstellung nimmt Gott die Gerechtigkeitskonsequenzen der menschlichen Schuld auf sich selbst; Gottsohn leidet am Kreuz.[61] In diesem Narrativ lassen sich *zwei Erzählstränge* hervorheben, die auch beide in der theologischen Tradition und bei Bonhoeffer vorkommen – sogar innerhalb der eben zitierten Bonhoeffer-Passage: Am Kreuz hängt erstens der, der die Schuld der Menschen und damit das Gericht Gottes trägt – belastet mit „Schande und Tod". Am Kreuz hängt zweitens der Leidende, belastet mit „Jammer und Schmerz". Auf imaginativ-narrativer Ebene macht es einen Unterschied, entweder das Schuldtragen oder das Leiden des Gekreuzigten mehr zu betonen. In Anlehnung an Bonhoeffer gesagt: „Am Leibe Jesu Christi tobt sich" im ersten Erzählstrang das Gericht Gottes, im zweiten „die Welt aus" (DBW 6, 69). Im Folgenden steht der erste Aspekt im Zentrum: Im kreuzestheologischen Sachmoment erzählt Bonhoeffer den wirklichen Menschen auch als *„gerichteten Menschen"* (DBW 6, 74).[62]

Die Chiffre „gerichteter Mensch" lässt die Versöhnungsimagination den Menschen im Vorletzten als Schuldigen und damit als potenziell Schuldhaften und als Fehlbaren sehen.[63] Dass der Mensch immer als Schuldiger in den Blick kommt, hätte sich schon aus dem inkarnationstheologischen Sachmoment ableiten lassen: Wenn das Leben des wirklichen Menschen ein Leben in den Ambivalenzen des Vorletzten ist, das immer in Sollenskonflikte führen kann, dann führt dieses Leben auch schon insofern in Schuld, als Sollenskonflikte nicht schuldlos zu lösen sind, also nicht ohne das, was bei Bonhoeffer *„Schuldübernahme"* heißt.[64] Schuld erschiene damit zunächst als offene Schuld. Im Horizont der Versöhnungsimagination ist es aber plausibler, ausgehend vom kreuzestheologischen Sachmoment in Tradition zu (Barth und) Bonhoeffer die Schuld des Menschen als in Wirklichkeit schon gerichtete Schuld vorzustellen. Das macht sowohl für die Reflexion der forensischen Imagination (B.1) als auch der Diabolizitäts-Imagination (B.2) einen Unterschied.

Die Vorstellung von der gerichteten Schuld des Menschen impliziert die Möglichkeiten des Menschen zu schuldhaftem Handeln, was wiederum menschliche Fehlbarkeit impliziert – die Möglichkeit zu Fehlern, deren Zurechnung als Schuld

---

61 Zum Leiden Gottes am Kreuz vgl. Moltmann 1972 und dort insbes. etwa S. 214, 230–233.
62 Vgl.: „Von Gott angenommen, im Kreuz gerichtet und versöhnt, das ist die Wirklichkeit der Menschheit." (DBW 6, 75)
63 Zur Fehlbarkeit („fallibility") im menschlichen Leben vgl. auch Schweiker 1999 [1995], 129, dort auch das Zitat.
64 Vgl. DBW 6, 275–276, Zitat auf S. 275, kursiv im Original, sowie 4.2.2, 3.2.3.3, und die dort zitierten Stellen.

dann reflektiert und debattiert werden kann.[65] Insofern entspricht es dem kreuzestheologischen Sachmoment nicht nur, mit der geschehenen Schuld von Menschen zu rechnen, sondern auch mit der künftigen Schuld – und damit in einem weiteren Sinne mit der moralischen und praktischen Fehlbarkeit des Menschen. Fehlbar sind menschliche Tugenden genauso wie menschliche Normsetzungen und Vorstellungen des intendierten Guten (Meireis),[66] fehlbar sind Richtigkeitsurteile über moralische Orientierungen genauso wie Klugheitsurteile über einzusetzende Mittel. Beides fasst hier der Begriff der Fehlbarkeit zusammen, wobei die moralische Fehlbarkeit auf die Möglichkeit verweist, dass Menschen relativ schlechtere oder gar böse Intentionen haben und sittlich weniger richtige oder gar falsche Urteile fällen können, während die praktische Fehlbarkeit die Möglichkeit bedeutet, dass auch gut gemeinte Handlungen und Strukturierungen relativ schlechte oder böse Konsequenzen haben können – woraus auch immer diese sich konkret ergeben. Was insgesamt jeweils als gut gilt, ist freilich eine Frage, die auch über die hier verhandelte Kriteriologie hinausweist, welche auf Praktiken der Verantwortungszuschreibung und -übernahme bezogen ist.

Aus all dem ergibt sich immer wieder, was Menschen als Schuld zugerechnet wird: schuldhaftes Handeln, gut gemeintes Handeln mit schlimmen Konsequenzen und auch schuldbeladenes Handeln mit guten Konsequenzen. Die Versöhnungsimagination lässt all dies, die schon geschehene und die künftige Schuld des Menschen, als am Kreuz gerichtete Schuld vorstellen.

Wird vergangene und künftige Schuld somit als gerichtete Schuld vorgestellt, ist sie damit nicht weniger *ernst genommen*. Des Menschen Schuld ist nicht einfach weggewischt oder für nichtig erklärt, sondern gerade in den Kreuzesleiden Gottes ernst genommen: Schuld hatte die Konsequenzen, die Gott im Kreuz auf sich selbst genommen hat, „indem Gott an sich selbst das Gericht vollzieht" (DBW 6, 75). Eben über die Auserzählung des schon vollzogenen Gerichts, des Kreuzesereignisses nämlich, ist Schuld hier gerade als gerichtete und nicht als offene ernst genommen. Das hat Konsequenzen für die Reflexion anderer Imaginationen (B.1 und B.2) und führt zu Kriterien, die Praktiken ihrer eigenen Fehlbarkeit entsprechen lassen (B.3).

---

65 Dazu, dass Schuld „rechtlich zurechenbar und vorwerfbar" ist vgl. Honecker 1993, 215; dies gelte für Schuld als „culpa" (vgl. a.a.O., 218). Zu Unterschied und Zusammenhang von *„Schuld und Sünde"* vgl. a.a.O., 215–218, Zitat auf S. 215, kursiv im Original; zu *„Differenzierungen im Schuldbegriff"* a.a.O., 218–220, Zitat auf S. 218, kursiv im Original.
66 Zu Meireis' Begriff des intendierten Guten vgl. oben 2.3.3.3 und die dort zitierte Literatur. Zu der zugrundeliegenden, auch von Reuter auf Schleiermacher zurückgeführten „Dreigliederung der wichtigsten Typen ethischer Theoriebildung" in „Tugendethik, Pflichtethik und Güterethik" vgl. Reuter 2015, 24–25, Zitate auf S. 24.

1) Imaginationen I: Gericht

Der eben benannte Unterschied zwischen der Vorstellung offener und der Vorstellung in Wirklichkeit schon gerichteter Schuld ist auch verantwortungsethisch wichtig, weil er – wie sich gleich zeigen wird – einen praktischen Unterschied in den Konsequenzen erwarten lässt: Praktiken, die von der Imagination offener Schuld informiert sind, werden vermutlich eher die Realität des Schuldhaften praktisch reproduzieren als solche, die von der Imagination gerichteter Schuld geprägt sind.

Diesen praktischen Unterschied macht die Imagination von Schuld als gerichteter und nicht als offener gerade, wo es mehr um künftige als um geschehene Schuld geht: Responsibilisierungs- und Responsepraktiken, in denen Menschen die Wirklichkeit, auf die sie verantwortlich handelnd antworten, als die Wirklichkeit offener Schuld vorstellen, also als Wirklichkeit noch nicht beglichener vergangener Schuld und künftiger moralischer und praktischer Fehlbarkeit, werden anders aussehen als Praktiken, in denen Menschen von der Wirklichkeit als Wirklichkeit gerichteter Schuld und Fehlbarkeit ausgehen. Ein wichtiger Unterschied liegt m. E. in Folgendem: Insofern beide Vorstellungen mit Schuld- und Gerichtssemantiken arbeiten, konnotieren beide die forensische Imagination. In der entsprechenden imaginären Gerichtsszene ist in der Vorstellung gerichteter Schuld die Richtposition blockiert: Sie ist besetzt mit dem Gott, der seine Liebe gerade als die Richtperson zeigt, die das Gericht auf sich selbst nimmt und den schuldigen Menschen damit rechtskräftig freigesprochen hat.[67] Schuld und Fehlbarkeit sind damit nicht als letzte oder letztgültige Wirklichkeiten vorgestellt. Vorstellungen offener Schuld gewinnen diese Schuldvorstellung nicht aus diesem Freispruch, sondern aus anderen Realitäten oder Annahmen.[68] Deshalb ist in Vorstellungen offener Schuld die Richtposition noch nicht notwendig mit dem in Christus offenbaren Gott besetzt, sondern offener. Die imaginativ nicht mit dem unverfügbar in Christus offenbaren Gott blockierte Position des letzten Richters ist offen für andere, projektive Füllungen, etwa mit menschlichen Instanzen oder Bildern unbarmherziger Gottheiten. Genau diese Offenheit schließt die Möglichkeit ein, dass Schuld und Fehlbarkeit auch in ihren Konsequenzen als letzte oder letztgültige Wirklichkeiten erscheinen können.

---

[67] Vgl. dazu wie zitiert DW 6, 75 und ebd. auch zu diesem Gericht als Ausdruck von Gottes Liebe.
[68] Auf diese Problematik hat mit Bezug auf die forensische Pointierung von Verantwortung auch schon Bernd Wannenwetsch verwiesen (vgl. Wannenwetsch 2005, 135–136): „What is problematic in the translocation of the forensic situation from soteriological into moral language is not the forensic positioning itself; the difficulty lies in the fact that the moral situation of the self orients itself within a sphere that is characterised by the presumed openness of a ruling that has not yet been made." (Wannenwetsch 2005, 135)

An dieser Offenheit ist zunächst dogmatisch problematisch, was bereits als perlokutionäre Ambivalenz der forensischen Imagination benannt wurde (4.1.1.2): Sie lässt die Praxis entweder zu Werkgerechtigkeit und Gerichtsangst tendieren, wenn die imaginative Füllung der richterlichen Gottposition von der Christusoffenbarung entkoppelt wird, oder zu Selbstrechtfertigung, wenn das Selbst sich selbst die Richterposition anmaßt. Dogmatisch problematisch ist beides, weil der Mensch so die Gottposition mit sich selbst füllt, indem er sich einmal zum verurteilenden und einmal zum sich selbst rechtfertigenden Richter aufspielt.

Ethisch problematisch ist darüber hinaus, dass mit Vorstellungen offener Schuld so Schuldwahrnehmung und Hoffnungsperspektive imaginativ entkoppelt werden: Das Böse wird getrennt von der göttlichen Verheißung thematisierbar, die eigentlich der ganzen Welt als in Christus schon versöhnter aber noch nicht erlöster gilt.[69] Das aber informiert den praktischen Umgang individuell wie kollektiv auf Schuld und Fehlbarkeit und so auf Hoffnungs- und Perspektivarmut hin. Auf dieser Linie hatte schon Moltmann „Sühnopfervorstellungen" dafür kritisiert, „durchweg im Rahmen des Gesetzes" zu verbleiben, also in einem forensisch imaginierten Rahmen:[70] „Sühne für Sünden hat immer einer retrospektiven Charakter. Ihr Zukunftssinn ist die restitutio in integrum, aber nicht der Anfang eines neuen Lebens."[71] Konkreter gesagt und wieder auf Schuld gewendet: Solange Schuld als offene Schuld vorgestellt wird, fokussiert diese Vorstellung die in jeweiligen (Diskurs-)Praktiken möglichen Perspektiven auf das, was zur Klärung dieser offenen Frage notwendig ist, auf Beweise und Argumente für oder gegen das Vorliegen schuldhaften Handelns, auf Entschuldigungen und Milderungen, auf Motive und Intentionen.[72] Damit reproduzieren entsprechende (Diskurs-)Praktiken die Realität der Schuld. Vorstellungen gerichteter Schuld hingegen lassen demgegenüber praktisch die Perspektive weiten. Entscheidend ist: Diese Vorstellungen blenden die Schuldfrage selbst nicht aus und machen das klare Benennen von Schuld möglich und nötig – nur jetzt offen und ohne Entschuldigungsinteressen. Zusätzlich weiten sie noch den Blick darüber hinaus auf den „Anfang eines neuen Lebens" (Moltmann) und damit auf die aus der gerichteten Schuld erwachsende Zukunftsverantwor-

---

69 Zur „geschaffenen und gefallenen, noch nicht erlösten Welt" vgl. auch Meireis 2008, 261, dort auch das Zitat.
70 Vgl. auch für die Zitate Moltmann 1972, 171.
71 Moltmann 1972, 171.
72 Zur Problematik der „Suche nach Schuld und Schuldigen" im Zusammenhang einer Verantwortungsethik vgl. auch Kalinna 2021, 68, dort auch das Zitat. Für die rechtlich verstandene Verantwortung – also Verantwortung im Horizont der forensischen Imagination – hat schon Hans Jonas festgestellt, dass „Sühne […] nicht der Gutmachung des von andern erlittenen Schadens oder Unrechts" dient (vgl. auch für das Zitat H. Jonas 1979, 173).

tung – auch über Generationen hinweg.[73] Welche ethischen Konsequenzen sich aus dem Gedanken der Versöhnung und dem, was ich *gerichtete Schuld* genannte hatte, ethisch für eine Strafrechtstheorie ziehen lassen, hat Hans-Richard Reuter gezeigt, der die „Überwindung des Strafmythos im Versöhnungsgedanken des Neuen Testaments" erkennt,[74] der die „‚Schuld', die Jesus weggetragen hat" so als gerichtete und gesühnte denken lässt.[75] Die „rechtserhaltende Gewalt" sei dann „dem Versöhnungssinn des Rechts unterzuordnen".[76]

Deshalb ordnet hier die Versöhnungsimagination die forensische Imagination ein – und nicht umgekehrt. Die forensische Imagination wird ethisch nur insofern plausibel als sie entweder als religiös aufgeladene den imaginativen Rahmen für die Erzählung der Rechtfertigungsbotschaft bietet oder auf sämtliche religiöse Aufladungen verzichtet:[77] In theologischer, entsprechungsethischer Perspektive, im Horizont der Versöhnungsimagination, muss die Richterposition entweder mit dem in Christus offenbaren Gott oder ohne religiöse Aufladung mit Letztgültigkeit mit fehlbaren Menschen besetzt vorgestellt werden, die dann auch nicht letztlich frei oder schuldig sprechen. Im Horizont der Versöhnungsimagination erscheinen so forensische Vorstellungen im Sinne einer humanen Rechenschaftspflichtigkeit im Vorletzten möglich und nötig, als Handlungsmotivation oder Basisimagination in religiöser Aufladung aber problematisch.

---

73 Zu dem Zusammenhang von Schuld für Vergangenes und Zukunftsverantwortung auch über Generationen hinweg vgl. Huber: „Die Vergangenheit zu verantworten: diese Aufgabe stellt sich auch den Nachgeborenen. [...] Wer sich darauf vorbereitet, die Zukunft mitzugestalten, muß sich auch der Vergangenheit verantwortlich stellen. Verantwortung heißt dabei nicht, die Schuld der Taten zu übernehmen, an denen man selbst nicht beteiligt war und vom eigenen Alter her nicht beteiligt sein konnte. Sondern Verantwortung heißt in diesem Fall: Klarheit über die geschichtlichen Tatsachen und ihre Hintergründe gewinnen, der moralischen Kategorien gewiß werden, mit denen diese Tatsachen zu beurteilen sind, und diese Kategorien konsequent auf die Gegenwart und Zukunft anwenden." (Huber 1995, 147–148)
74 Vgl. auch für das Zitat Reuter 1987, 382. Daraus folgt dann: *„Wir müssen von einem Begriff des Rechts ausgehen, dessen Grundsinn dem der Liebe als Kraft der Versöhnung entspricht."* (Reuter 1987, 382, kursiv im Original)
75 Vgl. auch für das Zitat Reuter 1987, 381, wo Reuter auch von „Sühne" spricht.
76 Vgl. auch für die Zitate Reuter 1987, 383.
77 Genau gegen diese religiösen Aufladungen richtet sich Reuter mit dem „Ende des Strafmythos" (vgl. Reuter 1987, 378–381, Zitat auf S. 378, im Original im Kapitälchen, insbes. a.a.O., 378).

2) Imaginationen II: Diabolizität

Im Horizont der Versöhnungsimagination erscheinen gerade vom kreuzestheologischen Sachmoment her die Gehalte der Diabolizitätsimagination (4.3.1) in einem neuen Licht. Die vom Verantwortungsbegriff konnotierte Diabolizitätsimagination hatte die Welt als ethisch irrational[78] – auf gute Intentionen folgen nicht unbedingt gute Folgen[79] – und als metaphorisch gesprochen von „dämonischen Mächten"[80] durchwaltet, als ungeordnet und diabolische vorstellen lassen (4.3.1). Als Sensibilisierung für die Faktizität des Bösen in der Welt, in individuellen Lebensläufen wie in sozialen Zusammenhängen, hatte diese Imagination ihr Gutes: Sie trägt zur Ambivalenzsensibilität in ethischer Praxis bei. Sie lässt die Faktizität des Bösen nicht nur sehen, sondern macht auch damit rechnen. Gleichzeitig waren problematische Implikationen und Effekte dieser Diabolizitätsimagination benannt worden. Folgendes davon erscheint vom kreuzestheologischen Sachmoment her als besonders problematisch.

Als Konnotation des Verantwortungsbegriffs impliziert die Diabolizitätsimagination einen evaluativen Dual zwischen der Diabolizität des Kontextes einerseits und einem mehr oder weniger raumgreifenden anderen andererseits – dem responsibilisierten Residuum des Politikers bei Weber, den weltlichen Ordnungen in manchen lutherischen Traditionen, kleinen Gemeinschaften, dem handelnden Subjekt oder etwa der Kirche (4.3.1.4 und 4.3.1.3). Problematisch darin ist – wie gesagt –, dass so praktisch die Ambivalenzsensibilisierung insoweit wieder zurückgenommen wird, als besagtes anderes von ihr ausgeklammert werden muss. Gerade mit der guten Sensibilität für ungute Wirkungen[81] in der Welt geht so fehlende Sensibilität für die Ambivalenz jeder menschlichen Gegenmaßnahme einher. Demgegenüber lässt das kreuzestheologische Moment der Versöhnungsimagination menschliche Schuld als schon gerichtete vorstellen. Das aber relativiert den evaluativen Dual, wenn es diesen nicht gar aufhebt: Wenn Schuld und Fehlbares und damit Verfehltes und Böses nicht als letzte Wirklichkeit vorgestellt werden, sondern

---

78 Vgl. 4.3.1. Max Weber hat – wie ebd. zitiert – von der „ethische[n] Irrationalität der Welt" gesprochen (Weber 1994a, 81).
79 Vgl. Weber 1994a, 82.
80 Wendland 1973, 74.
81 Das Böse oder Diabolische ist hier immer nicht als eigenständiges Sein verstanden, sondern im Sinne von Karl Barths „Nichtige[m]", also immer von „seiner schon vollbrachten Widerlegung und Erledigung" her (vgl. dazu etwa KD III/3, 327 [Barth 1950, 327], dort auch die Zitate, im Original kursiv und gefettet). Vielleicht noch trefflicher ließe sich hier nicht vom Bösen, sondern mit dem späten Barth von den „herrenlosen Gewalten" sprechen, vgl. dazu Plonz 1995, insbes. S. 319–324, Zitat (von Barth zitierend) auf S. 321; Plonz rekonstruiert (a. a. O., 319–324) die Bedeutung besagten Barthschen Begriffes. Ich danke Torsten Meireis hier für diese Hinweise.

als vorläufige Realität, die nur noch wirkt, obwohl sie eigentlich schon rechtskräftig verurteilt und gerichtet ist, dann muss die Grundlage für ein gegen dieses Böse gerichtetes, verantwortliches Handeln nicht mehr über einen evaluativen Dual hergestellt werden, sondern kann in der in Christus schon wirklichen Versöhnung, in dem am Kreuz schon vollzogenen Gericht gesehen werden, ohne dabei die bleibende Wirkung des Bösen ausblenden zu müssen. Nicht von irgendeinem weltlichen, von diabolischen Mächten vermeintlich unbetroffenen Residuum im evaluativen Dual her, nicht von imaginierter Unschuld her ergibt sich die Möglichkeit zum verantwortlichen Handeln, sondern von als gerichtet vorgestellter Schuld her. Weil die Versöhnungsimagination Schuld als in Christus schon gerichtete Schuld vorstellen lässt, ermöglicht sie auch verantwortlich Handelnden, ihre eigene geschehene wie künftige Schuld offen zu sehen. Damit fällt der evaluative Dual; dem Handlungszentrum muss nicht mehr unsachgerechter Weise unterstellt werden, von der kompromittierenden Wirkung des Bösen ausgenommen zu sein, weil es nunmehr das als gerichtet vorgestellte Böse ist, womit gerade diese Gerichtsvorstellung zur Handlungsgrundlage werden kann.

Im Horizont der Versöhnungsimagination kann also vom kreuzestheologischen Sachmoment her die Ambivalenzsensibilität der Diabolizitätsimagination ohne evaluativen Dual auch imaginativ auf alles bezogen werden, einschließlich des eigenen Handlungszentrums. Auch die weltlichen Ordnungen, auch die kleinen Gemeinschaften, auch die eigene Subjektivität können so als ambivalent gesehen werden, ohne ihnen mögliche Wirksamkeit zum relativ Besseren hin abzusprechen. Vorbehaltlos Schuld und Fehlbarkeit auch im Eigenen sehen und zugestehen zu können – das ist der Sensibilitätsgewinn, der dem so verstanden kreuzestheologischen Sachmoment in der imaginierten Wirklichkeit entspricht. Die Sensibilität für die Fehlbarkeit in allem Handeln, Verhalten und Strukturieren ist Entsprechung zur Wirklichkeit gerichteter Schuld, auf die sie verantwortlich antwortet.

Das heißt für von der Versöhnungsimagination informierte Ethik-Praktiken der Praxiskritik, dass eine solche Ethik Schuld, Fehlbarkeit und Böses in Responsepraktiken sehen kann und damit in ihren Responsibilisierungen rechnen muss. Das heißt aber für von dieser Imagination informierte Ethik-Praktiken der Selbstkritik auch, die Fehlbarkeiten und das Schuldhafte in Responsibilisierungspraktiken zu sehen und damit zu rechnen – nicht zuletzt in der Responsibilisierungspraktik, die Ethik selbst ist. Beides ist entscheidend – und beides hat jeweils andere Konsequenzen für die Kriteriologie für Praktiken, in denen Akteure der versöhnten Wirklichkeit antwortend entsprechen wollen.

3) Kriterien: Fehlertoleranz, diskursive Prüfbarkeit, Reintegration

Praktiken, die auf eine vermittels der Versöhnungsimagination wahrgenommene Wirklichkeit antworten, entsprechen dem kreuzestheologischen Sachmoment dieser Imagination, insofern sie mit Fehlbarkeit und Schuldhaftem in der Welt genauso wie im eigenen Handeln und Strukturieren rechnen. Die grundlegende Maßgabe, mit Fehlbarkeit zu rechnen, konkretisiere ich in drei Kriterien für Responsibilisierungen, von denen sich das erste, das Fehlertoleranzkriterium (1), aus der Fehlbarkeit in Responsepraktiken und das zweite, das Diskurskriterium (2), aus der Fehlbarkeit in Responsibilisierungspraktiken ergibt. Der Betonung der Versöhntheit als Wirklichkeit entspricht das Reintegrationskriterium (3).

(1) *Zum Fehlertoleranzkriterium.* Das erste Kriterium ergibt sich aus der Fehlbarkeit in Responsepraktiken, ist aber selbst vor allem ein sozialethisches Kriterium, an dem Strukturmomente[82] und diese Strukturen besonders machtvoll (re)produzierende Responsibilisierungspraktiken zu messen sind. Praktiken und besonders deren Strukturmomente sind nach diesem Kriterium in dem Maß relativ gut, als sie moralische und praktische Fehlbarkeit tolerieren können. Praktiken und Strukturen sind insoweit fehlertolerant, als sie es mindestens unwahrscheinlicher machen, dass ungute Handlungen geschehen oder dass Handlungen ungute Folgen zeitigen. Fehlertoleranz in diesem Sinne kann auf viele Weisen, vor allem aber auf die folgenden zwei Arten hergestellt werden, die genauso schwer voneinander abzugrenzen sind wie Handlungen und Handlungsfolgen:

1. Praktiken können erstens so strukturiert werden, dass sie ungute Taten und Verhaltensweisen selbst verhindern oder unwahrscheinlicher machen. Solche Strukturen können die eines Rechtssystems sein, das über das Strafrecht ungute Taten – gegebenenfalls unabhängig von deren Konsequenzen – sanktioniert und so für potentielle Täter:innen unattraktiver macht. Das kann das Ethos einer Gruppe oder Gemeinschaft sein, welches als praktisches Wissen und sozial Imaginäres bestimmte Verhaltensweisen unwahrscheinlicher macht – auch indem es diese sozial sanktioniert. Gerade praxistheoretisch geschehen, kann dies auch über die Architektur der sinnhaft gebrauchten (Reckwitz[83]) Dinge geschehen, über Zweihand- oder Totmannschaltungen etwa. Sind industrielle Papierguillotinen beispielsweise mit einer Zweihandschaltung ausgestattet, müssen beide Schalter gleichzeitig gedrückt bleiben, um die Schneideprozesse zu initiieren und weiterlaufen zu lassen. Das verhindert über die Architektur des Dinges, sich eine Hand abzuschneiden.

---

82 Für den Begriff, seine Bedeutung und Herkunft vgl. 2.1.2.
83 Vgl. 2.1.1.3.

2. Praktiken können zweitens so strukturiert werden, dass ungute Folgen guter oder unguter Taten in ihnen verhindert oder in Reichweite oder Intensität begrenzt werden. Das kann über Strukturen mit Machtgleichgewichten, Checks-and-Balances oder Vieraugenprinzip geschehen: Die Institution des Co-Piloten etwa verhindert im besten Falle, dass eine falsche Entscheidung des Piloten katastrophale Konsequenzen zeitigt. Das Bundesverfassungsgericht verhindert im besten Falle, dass gesetzgebende Entscheidungen der Legislative rechtlich ungute, nämlich verfassungswidrige Konsequenzen haben. Kritische Presseberichterstattung verhindert im besten Falle, dass Politiker:innen an unguten Politikoptionen festhalten.

Folgen können auch über die Strukturen der Verantwortungsallokation verhindert oder eingedämmt werden, indem Menschen sich und anderen nur Zuständigkeitsbereiche zur verantwortlichen Bearbeitung zumuten, in denen sie auch die Folgen der Entscheidungen im ökonomischen, psychologisch-kulturellen und sozialen Sinne tragen können. Fehlertolerant können Responsibilisierungspraktiken so auch darüber sein, dass sie Responsepraktiken ausschließen, die insofern nicht fehlertolerant sein können, als kein Mensch die Verantwortung für die Folgen der Fehler tragen könnte. Hier hängt das Fehlertoleranzkriterium mit dem Kapitaladäquanzkriterium insofern zusammen, als Letzteres Ersteres operationalisiert. Wenn Menschen nur die Verantwortung zugeschrieben wird, die sie qua spezifischer Kapitalakkumulation auch tragen können, richtete dies Responsepraktiken insofern auf Fehlertoleranz aus, als solche Praktiken, die bei gegebener Kapitalakkumulation nicht mehr verantwortbare Folgen zeitigen können, unterbleiben müssen.

Auf dieser Linie ließe sich zum Beispiel argumentieren, dass Bau und Betrieb eines Atomkraftwerkes human nicht zu verantworten ist – und zwar aus ökonomischen Gründen. Die fehlertolerante Verantwortung für die tatsächlichen (Endlagerung der Abfallprodukte) und möglichen Folgen (Super-GAU) würde entweder das ökonomische Kapital oder die Zahlungsbereitschaft des potentiellen Betreibers überfordern. Nach Berechnungen des „Forum Ökologisch-Soziale Marktwirtschaft (FÖS)" hat die Reaktorkatastrophe von Tschernobyl von 1986 allein bis 2016 weltweit Folgekosten in Höhe von 646 Milliarden Euro verursacht.[84] Den Betrieb eines Atomkraftwerkes ökonomisch zu verantworten hieße also, mindestens diese Summe pro Reaktor – Versicherungsexperten rechnen für den Fall „eines Unfalls der höchsten Kategorie" sogar mit

---

84 Vgl. https://www.greenpeace-energy.de/blog/wissen/atomkraft/tschernobyl-katastrophe-staatliche-kosten-von-mehr-als-einer-milliarde-allein-in-deutschland/ [Abruf am 7.03.2022].

sechs Billionen Euro⁸⁵ – vorzuhalten oder über diese Summe eine Versicherung abzuschließen. Dies nicht zu tun, würde darauf setzen, dass das Gesamtsystem aus menschlichen Akteuren und Technik unterm Strich keine fatalen Fehler macht – wäre also im Gesamt fehlerintolerant. Schon ökonomisch erscheint von daher der mit Fehlern rechnende Betrieb nicht rentabel oder nicht zu verantworten. Responsibilisierungspraktiken, die mit Fehlbarkeit in Responsepraktiken rechnen, werden somit das Praktikenensemble „Betrieb eines Atomkraftwerkes" unwahrscheinlich machen oder verbieten. Die Tatsache, dass es in der Bundesrepublik Atomkraftwerke gibt, ist damit zu erklären, dass Staat und Mehrheitsgesellschaft über lange Zeit keine vom Fehlertoleranzkriterium informierten Responsibilisierungspraktiken vollzogen haben, den Betreibern von Atomkraftwerken die Verantwortung dafür also nur unzureichend zugerechnet haben, indem sie ertragen haben, dass diese dramatisch unterversichert sind.⁸⁶

Fehlertoleranz entsteht also über Strukturen, die entweder ungutes Verhalten oder ungute Folgen verhindern, eindämmen oder unwahrscheinlicher machen. Relativ schlechter sind nach dem Fehlertoleranzkriterium Praktiken und deren Strukturmomente in dem Maße, in dem sie die Wahrscheinlichkeit von Fehlern unterschätzen, gar Unfehlbarkeit erwarten und voraussetzen, oder indem ihnen Mechanismen fehlen, die ungute Folgen verhindern oder beschränken.

Das Fehlertoleranzkriterium lässt sich als Übersetzung der praktischen Vorschrift in Jonas' „Das Prinzip Verantwortung" verstehen, Übersetzung nämlich aus dessen apokalypsebezogener Pflichtethik⁸⁷ in eine Verantwortungsethik im Vorletzten: Angesichts der technischen Möglichkeit der Menschheit zum Selbstmord und der „*Ungewissheit* aller Fernprognosen" hatte Jonas die „praktische Vorschrift" aufgestellt, der schlechtesten Prognose immer den Vorzug zu geben, und dies mit dem prinzipiellen Verbot an die Menschheit begründet, „Existenz oder Wesen des Menschen im Ganzen zum Einsatz in den Wetten des Handelns" zu machen:⁸⁸

---

85 Vgl. auch für das Zitat: https://www.manager-magazin.de/finanzen/versicherungen/a-761954.html [Abruf am 7.03.2022].
86 Vgl. dazu https://www.manager-magazin.de/finanzen/versicherungen/a-761954.html [Abruf am 7.03.2022].
87 Zur Qualifikation von Jonas' Arbeit als Pflichtethik vgl. 3.3. Exkurs. Zum Apokalypsebezug vgl. etwa H. Jonas 1979, 76.
88 Vgl. H. Jonas 1979, Zitate auf S. 76, 81, kursiv im Original. Zum fehlenden „Recht der Menschheit zum Selbstmord" vgl. a.a.O., 80, dort auch das Zitat.

Was wir bisher erörtert haben, war schon die praktische Vorschrift, in der sich das Prinzip ausspricht, nämlich daß in Dingen einer gewissen Größenordnung – solchen mit apokalyptischem Potential – der Unheilsprognose größeres Gewicht als der Heilsprognose zu geben ist.[89]

Mit dem Bezug zum apokalyptischen Potenzial hat Jonas den Punkt benannt, an dem die verantwortungsethische Güterabwägung mit dem Maßstab des Fehlertoleranzkriteriums in Moral und pflichtethische Sollenseindeutigkeit kippt: Schon die Möglichkeit, genauer: die von der schlechtesten Prognose wahrgenommene Möglichkeit, dass eine Verhaltensoption[90] das Ende der Menschheit als Ganzes zur Folge haben könnte, bezeichnet die Möglichkeit eines Fehlers, der als Folge nicht eintreffen darf und deshalb eine Möglichkeit, die nur so toleriert werden kann, dass die sie implizierende Verhaltensoption verboten wird. In Anlehnung an Jonas gesagt: *Eine Praktik, in der alles der Wetteinsatz ist,*[91] *kann nicht mehr fehlertolerant strukturiert werden und ist deshalb moralisch falsch.* Diesseits dieser Grenze zur Pflichtethik, die angesichts apokalyptischer Szenarien ihr Recht hat, ist das Fehlertoleranzkriterium über eine praktische Abwägung von Fehlereintrittswahrscheinlichkeit und Größenordnung der Konsequenzen zu konkretisieren. Zumindest beiläufig vollzieht Jonas genau diese Abwägung, wenn er über „Fehlschlüsse"[92] schreibt:

[...] obwohl man sich in kleinen Dingen deren viele um der seltenen Erfolgschance willen leisten kann, so doch in großen Dingen nur wenige, und in den ganz großen, irreversiblen, die an die Wurzeln des ganzen menschlichen Unternehmens gehen, eigentlich gar keine.[93]

Damit impliziert Jonas: Mit dem Schweregrad der zu erwartenden Konsequenzen gewinnt das Fehlertoleranzkriterium an Gewicht – und das ist selbst Ausdruck dieses Kriteriums in der Abwägung. Kurzum: Entspricht es dem kreuzestheologischen Sachmoment einer Wirklichkeitsdeutung im Horizont der Versöhnungsimagination, mit Fehlbarkeit auch in Responsepraktiken praktisch zu rechnen, dann findet der Impuls zu diesem Rechnen im Fehlertoleranzkriterium seine Konkretion.

Eine wichtige Konsequenz dieses Fehlertoleranzkriteriums ergibt sich für die politische Ethik: Gemessen an diesem Kriterium sind demokratische Strukturen immer besser als diktatorische oder monarchistische – auch im Krisenfall. Wäh-

---

89 H. Jonas 1979, 78.
90 Für den Begriff vgl. Tödt (3.3.3.1 (c)).
91 Diese Bildebene greift hier Jonas Rede von „*Glücksspiel[.]*" und „*Wette*" auf: H. Jonas 1979, 76–83, Zitate auf S. 77, kursiv im Original.
92 H. Jonas 1979, 70.
93 H. Jonas 1979, 70.

rend letztere auf die Tugend und Unfehlbarkeit des Monarchen oder der Diktatorin vertrauen müssen, sind erstere fehlertoleranter.

(2) *Zum Diskurskriterium.* Das Diskurskriterium hatte ich bereits provisorisch aus der systematischen Rekonstruktion des Verantwortungsbegriffs hergeleitet (Zwischenbetrachtung C). Es steht hier einerseits in engem Zusammenhang zum Reziprozitätskriterium, als dessen Konsequenz und Konkretion es verstanden werden kann. Es ergibt sich hier in konkreter Fassung andererseits als Konsequenz davon, nicht nur in Response-, sondern auch in Responsibilisierungspraktiken mit Fehlbarkeit zu rechnen.[94] Das heißt: ungute Verhaltensweisen und Folgen finden sich nicht nur in der Wahrnehmung und Übernahme, sondern auch in der Zurechnung von Verantwortung. Auch Verantwortungsallokationen können moralisch ungerecht, praktisch unklug oder nicht am Guten ausgerichtet sein: Auch Verantwortungsallokationen sind fehlbar.

Das führt immer wieder dazu, dass Verantwortungsallokationen kritisiert werden. So hat etwa die wahrgenommene Verschiebung der Verantwortung vom Sozialstaat in die Gesellschaft und die „Eigenverantwortung" von Einzelnen Kritik auf sich gezogen.[95] Damit werden Güte und Gerechtigkeit der Verantwortungsallokation problematisiert. Andererseits können die Verantwortungszurechnungen von Responsibilisierungspraktiken auch unterbleiben, was genauso kritisierbar ist. So ließe sich beispielsweise argumentieren, dass sich in dem Mangel an ausreichender Responsibilisierung der Betreiber von Atomkraftwerken in der Bundesrepublik die Fehlbarkeit von Responsibilisierungspraktiken zeigt.

Im krassesten Fall führen ungute Verantwortungsallokationen zu dem, was als „Verbrechen aus Gehorsam" diskutiert wurde.[96] Darin liegt – wie erwähnt – (4.1.3.1 und 4.3.1.4) gerade das Diabolische von Ordnungen und Verantwortungsordnungen: Sie können die Verantwortungsbereiche unterschiedlichen Menschen so zuordnen,

---

[94] Zur Fragilität und Fallibilität von Verantwortungszurechnungen vgl. schon ausführlich Heidbrink 2003, 296–300, der von *„fragilen Verantwortungsarrangements* [...], die eine permanente Revision der ausgehandelten Regelungen nach sich ziehen" spricht (vgl. a.a.O., 297, kursiv im Original) und darauf verweist, dass diese Arrangements auch „auf einer falliblen Bewertungsbasis beruhen" (a.a.O., 299). Den Hinweis auf die „Irrtumsfähigkeit" in Responsibilisierungspraktiken verdanke ich dem Berliner Forschungskolloquim 2017, insbesondere Torsten Meireis.
[95] Vgl. 1.1 und dort so wie zitiert etwa Heidbrink 2007, 164–167; Vogelmann 2014, 166–174. Vgl. auch Günther 2000, 266–267; Günther 2002, 118–119, 131–132.
[96] Zum Begriff vgl. etwa Huber 2012b, 75–76, Zitat auf S. 76. Inhaltlich vgl. Huber 1995, 151–152 mit Verweis auf Bauman 2012. So referiert Huber zu der Frage, „wie ein rational durchgeplantes Verbrechen von den Ausmaßen und dem Grauen des Holocaust überhaupt möglich war" (a.a.O., 151), Bauman: „Zum abstrakten Charakter moderner Bürokratien gehört es, daß die Akteure zweckrational handeln, ohne die Frage nach der moralischen Legitimität der Zwecke überhaupt zu stellen." (ebd.) Damit ist eine spezifische und hochproblematische Verantwortungsallokation benannt.

dass jede:r in ihrem und seinem Verantwortungsbereich pflichtbewusst und verantwortlich handelt, die kumulative Konsequenz dessen aber eine verbrecherische ist. Gerade in von der Stellvertretungsimagination informierten Praktiken besteht wie beschrieben diese Gefahr, insofern die Amtslogik dieser Imagination in einen scheinbaren Altruismus führt, der Sollenskonflikte kurzschließt (4.1.3.1).[97] In einem eindrücklichen und beeindruckenden Zeugnis hat Heinz Eduard Tödt eine seiner eigenen Kriegserfahrungen als eine Geschichte beschrieben, die sich auch als verfehlte Allokation von Verantwortung deuten lässt: Als Offizier an der Front des zweiten Weltkrieges, sah er sich verantwortlich für die ihm anvertrauten Soldaten; aus dieser zugeschriebenen Verantwortung heraus hätten sie gekämpft und so den Verbrechern hinter der Front Zeit verschafft.[98]

Responsibilisierungspraktiken rechnen mit ihrer eigenen Fehlbarkeit, insofern sie nicht nur Verantwortung konkret an Adressat:innen und für Aufgaben zurechnen (Konkretionskriterium), sondern dabei offen bleiben für die diskursive Überprüfung dieser Zurechnung. Das setzt voraus, dass das Konkretionskriterium nicht streng für den Inhalt des Verantwortungsbereichs, sondern eben nur für die Adressanten- und Aufgabenfrage gilt. Verantwortung ist zwar als begrenzte zuzurechnen, diese Zurechnung rechnet aber nur insofern mit ihrer eigenen Fehlbarkeit als sie immer etwas Mitverantwortung für die Grenzziehung des Verantwortungsbereichs zurechnet. Mit dieser Fehlbarkeit der Allokation ist nur gerechnet, wenn diejenigen, die in einer Ordnung verantwortlich sind, auch für diese Ordnung mitverantwortlich sind, wenn die Verantwortungsordnung also nicht religiös aufgeladen wird, sondern human zu verantworten ist (4.2.1).

Auf dieser Linie hatte Klaus Günther gefordert, „daß die Bürger Verantwortung für ihre Verantwortlichkeit übernehmen" und das „implizite Personenkonzept [...] selbst zum Gegenstand öffentlicher Diskurse der Zivilgesellschaft werde".[99] Auf dieser Linie hatte Armin Grunwald mit der Unterscheidung von Verantwortung als

---

97 Vgl. zu diesem Umstand und seinen schlimmen Konsequenzen auch Bayertz 1995, 35–36.
98 Vgl. Tödt 1993 h, 279–280. So habe er 1944 in einem Gespräch gesagt: „Was ich – als Reserveoffizier – tun kann, ist einzig die mir anvertraute Truppe mit möglichst geringen Verlusten durch den Krieg zu bringen, und das bedeutet: am eigenen Frontabschnitt mit vollem Einsatz zu kämpfen." (a.a.O., 279–280) Darauf blickt Tödt dann in demselben Vortrag zurück: „In dieser Aussichtslosigkeit war ich dennoch ‚Handlanger des größten Verbrechers aller Zeiten'. Denn wenn zum Beispiel meine Männer, wie es gerade vier Wochen vor diesem Gespräch geschehen war, einmal durch ihren Einsatz den Zusammenbruch der deutschen Nordfront verhinderten, so verschafften sie damit Hitler und Himmler mit ihren Schergen mehr Zeit, Hunderttausende in den Vernichtungslagern zu vergasen." (a.a.O., 280) Vgl. zu dieser Erinnerung auch Tödt 1993a, 19.
99 Vgl. auch für die Zitate Günther 2000, 477, die erste Formulierung führt Günther auf Bauman zurück. Vgl. dazu auch schon hier 1.1.1.1. Auch William Schweiker macht insgesamt grob ähnlich Kommunikation zu einem Kriterium der Ethik (vgl. Schweiker 1999 [1995], 221).

Konsument:in und als Bürger:in gearbeitet; als Bürger:innen seien wir Teil „eines Gemeinwesens, in dem [wir] Mitverantwortung für die Regelung der uns gemeinsam betreffenden Angelegenheiten haben".[100] Auf dieser Linie hat schließlich auch schon Bonhoeffer betont, dass „Gehorsams- und Abhängigkeitsverhältnisse [...] Verantwortlichkeiten" nicht „aufheben" (DBW 6, 287) und dass es „kein banausisches Sichbeschränken auf die engsten Berufspflichten" gibt (DBW 6, 294). Diese Mitverantwortung der konkret Verantwortlichen für die Verantwortungsordnung drückt sich nicht nur wie bei Bonhoeffer im „Wagnis" des Widerstandes (4.2.2), sondern auch in deren Möglichkeit aus, an der diskursiven Überprüfung der Verantwortungsallokation teilzunehmen. Das setzt voraus, dass Verantwortungszuschreibungen explizit sind und als Geltungsansprüche kritisiert werden können. So folgere ich aus der Fehlbarkeit der Responsibilisierungspraktiken das Diskurskriterium. Nach diesem Kriterium sind Responsibilisierungspraktiken relativ besser, insofern sie Mitverantwortung für die eigene Responsibilisierung mit zurechnen, indem sie die diskursive Überprüfung der Zurechnung ermöglichen – gerade auch denen, denen Verantwortung zugerechnet wird.

Um Missverständnisse zu vermeiden: Das Diskurskriterium ist hier als regulativer Maßstab für Responsibilisierungspraktiken und nicht als limitierender Maßstab für Responsepraktiken gemeint: Es macht die Offenheit für diskursive Überprüfungen zum Maßstab für Responsibilisierungspraktiken; es limitiert nicht die Reaktionsmöglichkeiten auf verfehlte Verantwortungsallokationen auf die Möglichkeiten der Diskursteilnahme und diskursiven Überprüfung.

(3) *Zum Reintegrationskriterium.* Die bisher entfalteten Kriterien hatten sich in die Chiffre „gerichtete Schuld" auf die eintretende oder künftige Schuld und Fehlbarkeit konzentriert. Das dritte Kriterium soll Praktiken darauf ausrichten, dem zu entsprechen, dass Schuld im Horizont der Versöhnungsimagination vom kreuzestheologischen Sachmoment her als schon gerichtete und versöhnte erscheint. Wie von Bonhoeffer referiert, lässt sich das Christusnarrativ als eine Geschichte deuten, in der Gott im Kreuz die Schuld der Menschen und ihre Folgen auf sich selbst genommen hat. Mit dieser Versöhnung führt die Schuld nicht mehr zum Ausschluss des Schuldigen aus der Geschichte Gottes mit den Menschen. Der im Horizont der Versöhnungsimagination so wahrnehmbaren Wirklichkeit entsprechen menschliche Praktiken, die Schuld und Verfehltes nicht verschweigen oder vertuschen, sondern offen benennen, während sie den Schuldigen die Reintegration in die gemeinsame Geschichte nicht verunmöglichen.[101] Von daher sind Responsibilisie-

---

100 Vgl. auch für das Zitat Grunwald 2013, 15.
101 Auf der Linie des so verstanden und begründeten Reintegrationskriteriums liegen auch die Konsequenzen, die Hans-Richard Reuter aus dem Versöhnungsgedanken für eine ethische Per-

rungspraktiken insofern relativ besser, als sie die Reintegration der verantwortungslos Handelnden nach offen benannter Verantwortungslosigkeit möglich lassen. Ich nenne dies das Reintegrationskriterium.

Dieses Kriterium gilt umso mehr, als Verantwortung handlungstheoretische Sollenskonflikte denotiert, verantwortliches Handeln also immer partielle Verantwortungslosigkeit impliziert. Das hatten Bonhoeffer, Weber und Schweitzer als Schuld reflektiert (3.2 und 4.2.2.). Responsibilisierungspraktiken rechnen also mit der Aufgabenverantwortung auch immer die Aufgabe zu, aufkommende Sollenskonflikte zu bearbeiten, die insofern belastend sind, als sie nie ohne partielle Verantwortungslosigkeit und Schuld zu lösen sind. An Schweitzers Beispiel illustriert: Wer verantwortlich handelnd einen Fischadler retten will, steht in dem Sollenskonflikt, entweder dem berechtigten Lebensanspruch des Adlers oder dem berechtigten Lebensanspruch der Fische nachzukommen, handelte also entweder dem Adler oder den Fischen gegenüber partiell verantwortungslos, wenn er insgesamt verantwortlich handelt und Schuld auf sich lädt.[102] Dass Responsibilisierungspraktiken mit Verantwortung auch potentiell die Bearbeitung von handlungstheoretischen Sollenskonflikten allozieren, macht es umso nötiger, dass die daraus notwendig folgende Schuld nicht zum sozialen Ausschluss führt. Dass dies nicht geschieht, fordert das Reintegrationskriterium.

Insgesamt haben sich also im Horizont der Versöhnungsimagination aus dem kreuzestheologischen Sachmoment folgende Kriterien für Praktiken ergeben, die der Versöhnungswirklichkeit entsprechen wollen: das Fehlertoleranz-, das Diskurs- und das Reintegrationskriterium.

(C) Humane und individuelle Unverantwortbarkeit

Das dritte entscheidende Sachmoment im Christusnarrativ ist bei Bonhoeffer die Auferstehung Jesu Christi (DBW 6, 78–80):

> Ecce homo – seht den von Gott angenommenen, von Gott gerichteten, von Gott zu einem neuen Leben erweckten Menschen, seht den Auferstandenen! Gottes Ja zum Menschen hat sein Ziel gefunden durch Gericht und Tod hindurch. [...] Was an Christus geschah, ist an allen geschehen; denn er war *der* Mensch. Der neue Mensch ist geschaffen." (DBW 6, 78, kursiv im Original)

---

spektive auf das Strafrecht gezogen hat (vgl. Reuter 1987 und s. oben, inbes. Anm. 74 ff. in dieser Schlussbetrachtung). Er fordert unter anderem: „Im Vollzug darf die Schuldschwere die Resozialisierungsbemühungen nicht hindern, aber die Persönlichkeitsautonomie bildet die Schranke für die Behandlung im Strafvollzug." (Reuter 1987, 384)

102 So das bereits erwähnte (3.2.1.3) Beispiel, das Helmut Groos zitiert (Groos 1974, 522).

Zwei Punkte sind an diesem eschatologischen Sachmoment der Versöhnungsimagination im hier Folgenden für die Reflexion von Verantwortung entscheidend. Den *ersten Punkt* macht Bonhoeffer selbst wenig später explizit: „Den neuen Menschen und die neue Welt aber erwartet man allein von jenseits des Todes her, von der Macht, die den Tod überwunden hat." (DBW 6, 79)

Die neue Welt – an anderer Stelle[103] und bei anderen Autoren ist vom „Reich Gottes" die Rede – ist nicht von menschlichem Handeln und Strukturieren zu erwarten, sondern von Gott allein.[104] Das ist die erste Pointe dieses eschatologischen Sachmoments der Versöhnungsimagination. Die Metaphern „neue Welt" und „Reich Gottes" markieren ein eindeutig Gutes, das menschlichem Verfügen und damit menschlicher Verantwortbarkeit entzogen ist.[105] Sie verweisen auf das, was Torsten Meireis „unverfügbares Gutes" genannt hat (2.3.3.3). Sie markieren etwas, das human nicht mehr zu verantworten ist, also human unverantwortbar ist.[106] Wird die Wirklichkeit in der Versöhnungsimagination so als eine vorgestellt, in der die Realisierung des eindeutig Guten menschliches Vermögen transzendiert und exklusiv von Gott zu erwarten und zu verantworten ist,[107] dann entsprechen dem Responsibilisierungs- und Responsepraktiken, die selbst mit Unverantwortbarkeit rechnen. Dazu gleich mehr ((C) 1).

Als *zweiter Punkt* ist entscheidend, dass das Christusnarrativ der Versöhnungsimagination „Gottes Ja" sein Ziel „durch Gericht und Tod" hindurch findet. Damit ist auf eine Frage verwiesen, die Jürgen Moltmann behandelt hat, die Frage nämlich, bei wem diese human unverfügbare, eindeutig gute Welt anfängt, wer der Erste ist, der von den Toten auferweckt wird.[108] Dass dies im Christusnarrativ

---

103 Vgl. etwa: „Kein Mensch hat den Auftrag, die Welt zu überspringen und aus ihr das Reich Gottes zu machen." (DBW 6, 266)
104 Vgl. dazu Tödts Formulierung, dass das „Kommen von Gottes Reich [...] exklusive Tat Gottes" sei (Tödt 1967, 198). Vgl. zu einer ähnlichen Formulierung auch Meireis 2008, 259.
105 Zur Unverfügbarkeit und zur Bildhaftigkeit der Rede vom „Reich" vgl. Meireis 2008, 259–263 (Zitat auf S. 263), wo Meireis betont: „Unsere Vorstellungen vom unverfügbaren Guten hängen auch von den Bildern ab, die durch die Konzeptualisierung des realisierten Guten bestimmt werden"; Meireis exemplifiziert dies am Bild des „Königreich[es]" (vgl. auch für die Zitate a.a.O., 263).
106 Vgl. zur ähnlichen Rede von „Unverantwortlichkeit" auch Heidbrink 2007, 155. Zum Begriff vgl. hier Anm. 110 in dieser Schlussbetrachtung.
107 Tödt formuliert ähnlich: „Das Kommen von Gottes Reich bleibt exklusive Tat Gottes." (Tödt 1967, 198) Meireis spricht ebenfalls ähnlich formuliert davon, dass „Erlösung ebenfalls allein von Gott zu erwarten ist." (Meireis 2008, 259)
108 Vgl. Moltmann 1972, 155–174, 203 und dort insbesondere: „Wir fragen nicht nur, ob es möglich und denkbar ist, daß einer allen voran von den Toten auferweckt worden ist [...], sondern wir fragen, *wer* denn dieser eine war. [...] Nicht daß irgendeiner allen anderen voran auferweckt, sondern daß es dieser Verurteilte, Gehenkte und Verlassene ist, macht das Neue und Anstößige der christlichen Osterbotschaft aus." (a.a.O., 162–163) Für die Auferweckung als Anbruch der „Zukunft

der von aller Welt und von Gott Verlassene[109] ist – das hat Konsequenzen für die ethische Reflexion von Praktiken die sich als Antwort auf die so vorgestellte Wirklichkeit verstehen. Das gilt es zu entfalten ((C) 2) bevor Kriterien für die diesem Sachmoment entsprechenden Responsibilisierungs- und Responsepraktiken formuliert werden können (C 3). Zunächst aber zum ersten Punkt, zu den Grenzen der Unverantwortbarkeit.

1) Charakteristikum I: Grenzen der Unverantwortbarkeit

Das eschatologische Sachmoment lässt das eindeutig Gute als human unverantwortbar vorstellen. Dem entsprechen Praktiken, die mit dieser Unverantwortbarkeit rechnen. Hier ist also nicht von Verantwortungslosigkeit die Rede, die die unzureichende Wahrnehmung übernommener oder trefflich zugerechneter Verantwortung meint, sondern vom dem, wofür Menschen sich im Horizont der Versöhnungsimagination nicht plausibel Verantwortung zurechnen können, weil es nicht menschlich machbar ist.

Die Notwendigkeit, auch mit Unverantwortbarkeit zu rechnen, ist auch im philosophischen Verantwortungsdiskurs formuliert worden. Insbesondere Ludger Heidbrink hat angesichts der „Paradoxien der gegenwärtigen Verantwortungsdebatte" für die „Einbeziehung des Unverantwortbaren" plädiert:[110]

> Die Paradoxien der gegenwärtigen Verantwortungsdebatte lassen sich, wenn überhaupt, nur auflösen, wenn der Anteil dessen, was nicht verantwortet werden kann, eine größere Aufmerksamkeit findet.[111]

---

der neuen Welt der Gerechtigkeit und Gegenwart Gottes" vgl. a. a. O., 157, dort auch das Zitat, und 203. Vgl. dazu insgesamt auch schon Moltmann 1966, 174–175, 179–184 und meine früheren Arbeiten zu Moltmann, etwa Höhne 2015, 43–103 (insbes. etwa 90–91) sowie die in diesem Kapitel zitierte Literatur und Sekundärliteratur, die mein auch in dieser Schlussbetrachtung wiedergegebenes Verständnis von Moltmann mitgeprägt hat. Dort ist insbesondere Moltmanns pointierende Formulierung zitiert: „Das Reich Gottes beginnt in dieser Welt bei den Armen, und das Recht Gottes kommt rechtfertigend zu den Entrechteten." (Moltmann 1970, 46–47, auch zitiert bei Höhne 2015, 91)

109 Vgl. Moltmann 1972, 163. Moltmann betont gerade die Gottverlassenheit (a. a. O., 138–146).

110 Vgl. auch für die Zitate Heidbrink 2007, 170. Heidbrink spricht ebd. auch von *„Unverantwortlichkeit"* (kursiv im Original). Ich übernehme hier den im Haupttext zitierten Begriff des Unverantwortbaren, weil zumindest nach meinem Sprachgefühl die Semantik von „unverantwortlich" der von „verantwortungslos" näher ist, während „unverantwortbar" im Gegenüber zu beidem auf das verweist, was nicht verantwortet werden kann und nicht nur auf das, was, möglicherweise schuldhaft, nicht verantwortet wird.

111 Heidbrink 2007, 170.

Diesem Desiderat entspricht die Verantwortungsreflexion im Horizont der Versöhnungsimagination auf spezifisch theologische und auf theologisch spezifische Art und Weise.

- *Spezifisch theologisch* ist die „Einbeziehung des Unverantwortbaren"[112] hier, weil sie von einer Gottesvorstellung ausgeht: Danach endet das human zu Verantwortende spätestens in dem, was allein Gott verantworten kann und was deshalb als human Unverantwortbares vorgestellt werden kann.
- *Theologisch spezifisch* ist die hiesige Bearbeitung dieses Defizits, weil sie das Unverantwortbare nicht protologisch,[113] sondern eschatologisch einbezieht und damit vom unverfügbar Guten (Meireis[114]) und nicht vom unverfügbar Bösen her denkt.

Die Signifikanz dieser Spezifikationen lässt sich am Vergleich mit Heidbrinks Konkretion des Unverantwortbaren zeigen.

Protologische Bestimmung. Erstens konkretisiert Heidbrink das, was als unverantwortbar gelten soll, zunächst so:

> Wir sind nicht für das verantwortlich, was wir sind. Der Mensch trägt weder die Verantwortung für seine natürliche Ausstattung, für seine Begabungen und Talente, noch für seine gesellschaftliche Lage, in die er hineingeboren wurde. Gleichwohl besitzt er die Verpflichtung, aus seiner Natur und seiner sozialen Ausgangssituation das zu machen wozu er aufgrund seiner Vermögen in der Lage ist.[115]

In theologischer Perspektive gesehen folgt diese Bestimmung einer protologischen Argumentationsfigur:[116] Das, wovon wir herkommen und worin wir „hineingebo-

---

112 Heidbrink 2007, 170.
113 Zwar rechtfertigungstheologisch gewendet, aber doch im Kern protologisch spricht etwa Körtner über das, was ich Grenze zum Unverantwortbaren nenne (vgl. Körtner 2001, 114).
114 Vgl. hier ausführlich 2.3.3.3.
115 Heidbrink 2007, 170.
116 Die protologische Argumentationsfigur hat auch Tödt kritisiert (vgl. Tödt 1988 g, 15–16) – von den wenigen inhaltlich dichten Sätzen Tödts dazu hat die hier im Haupttext folgende Gedankenführung viel gelernt. Grundlegend hält Tödt etwa, seine Kritik einleitend fest: „Bei der Zuordnung von Dogmatik und Ethik dominiert oft die Auffassung, daß die sittliche Forderung evident und eindeutig verpflichtend in der Vorgegebenheit des Lebens und einer condition humaine begründet sei (Naturrecht, Ethik der Schöpfungs- und Erhaltungsordnungen, Ethik anthropologischer Existentialien)." (a.a.O., 15) Daran problematisiert er vor allem, dass hier „restriktive Konsequenzen" folgen, eben weder für „einen tertius usus legis" noch für „produktive, auf Zukunft bezogene Verhaltensentwürfe" offen zu sein (vgl. auch für die Zitate a.a.O., 16). Diese restriktive Konsequenz einer protologischen Grenzbestimmung zeigt sich m.E. etwa in Körtners Argument zur Beweislastumkehr: „Schöpfungstheologisch begründbar ist auch der ethische Grundsatz der Beweislast-

ren"[117] sind, wird als vorangegangenes Erstes zur Chiffre des Unverantwortbaren; die gegebene Natur, die jeweils vorfindliche Ausstattung und Begabung bezeichnen das Unverantwortbare. Dogmatisch gedeutet reformuliert: Seine eigene Schöpfung und die Charakteristika seiner damit gegebenen Geschöpflichkeit hat der Mensch nicht zu verantworten.[118] Heidbrinks zitierte Formulierung verwischt dabei einen Unterschied, den auch schöpfungstheologische Traditionen nicht immer gemacht haben: den Unterschied zwischen Geschöpflichkeit des Menschen als anthropologischer Wesensbestimmung einerseits und dem konkreten, sozialkulturellen Kontext, in dem sich ein jeweils konkreter Mensch immer schon wiederfindet. Die erste dieser Bestimmungen unterscheidet das Wesen Mensch anthropologisch von Gott, das Geschöpf vom Schöpfer. Im Zitat von Heidbrink: Wir sind nicht dafür verantwortlich, dass wir Menschen mit der „natürliche[n] Ausstattung" aller Menschen sind. Wenn Heidbrink aber die „gesellschaftliche Lage, in die er hineingeboren wurde" benennt, bezieht er sich nicht mehr auf anthropologische Bestimmungen des Menschen als irgendwie begrenztes Wesen, sondern auf die soziale Bestimmung individueller Menschen und deren Grenzen. Theologisch gedeutet, geht es hier nicht um die vertikale Differenz von Schöpfer und Geschöpf und die sich daraus ergebenden Begrenzungen humaner Verantwortung, sondern um die horizontale zwischen Menschen und die sich daraus ergebende Begrenzung individueller Verantwortung.

Der Unterschied zwischen vertikaler Differenz und horizontaler Differenz ist ethisch signifikant, weil Menschen die Begrenzung aus der ersten nur in Innenperspektive erleben und hinnehmen können, während es zu den jeweils individuellen sozialen Begrenzungen aus der zweiten Differenz auch humane Außenpositionen gibt, von denen aus diese gesehen, verändert und verantwortet werden können. Einfacher gesagt: Was mir individuell unverantwortbar ist, ist deshalb noch lange nicht prinzipiell human unverantwortbar. Mir ist unverantwortbar, in welche sozialen Verhältnisse ich hinein geboren werde. Die sozialen Verhältnisse, in die Menschen hineingeboren werden, sind aber sehr wohl menschlich beeinflusst und verantwortbar: sozialpolitisch, bildungspolitisch und zuletzt auch individuell durch Lebensentscheidungen der Eltern. Dieses individuell Unverantwortbare ist zu unterscheiden vom human Unverantwortbaren: Ersteres bezieht sich auf die so-

---

umkehr aufzustellen. Die Beweislast für die Förderung des Allgemeinwohls gemäß Prinzip der Schadensvermeidung hat demnach der Veränderer." (Körtner 2001, 112)

117 Heidbrink 2007, 170.

118 Darauf verweist auch schon Bonhoeffer, wenn er etwa schreibt: „Die Frage nach dem Guten findet uns immer in einer bereits nicht mehr rückgängig zu machenden Situation vor: wir leben. [...] Als Geschöpfe, nicht als Schöpfer fragen wir nach dem Guten." (DBW 6, 245) Zur *„Begrenzung durch unsere Geschöpflichkeit"* vgl. DBW 6, 267, kursiv im Original. Vgl. auch DBW 6, 269.

ziale, horizontale Differenz, letzteres auf die anthropologische, vertikale. Dass ein Mensch etwa grundsätzlich sterblich ist, hat nicht nur dieser konkrete Mensch nicht, sondern kein Mensch zu verantworten.

Die protologische Bestimmung des Unverantwortbaren tendiert nun dazu, diesen Unterschied zwischen individuell und human Unverantwortbarem zu verwischen – so bei Heidbrink in den Worten „wir" und „[d]er Mensch" –, weil beides, das Anthropologische wie das Soziale, Bestimmungen dessen sind, worin „wir" uns vorfinden – in ersterem tatsächlich wir alle, in letzteren er, Sie und ich jeweils anders.[119]

Darin besteht auch die praktische Überzeugungskraft dieser protologischen Bestimmung – sei sie theologisch aufgeladen oder nicht: Unabhängig von weltanschaulichen Voraussetzungen kann der Gedanke als plausibel erscheinen, dass der Mensch als Wesen in seiner „natürliche[n] Ausstattung"[120] begrenzt ist, weil der Mensch als Individuum in gesellschaftlicher Lage sich als in seinen Möglichkeiten begrenzt erlebt. Von den eigenen konkret erfahrbaren und historisch bedingten Grenzen der Handlungsmöglichkeiten und den damit einhergehenden Unverantwortbarkeiten auf die eigene Geschöpflichkeit zu schließen, die sich nicht dafür verantworten muss, „wer wir sind", ist zunächst plausibel. Problematisch wird es, wenn die individuelle Imagination anthropologischer Begrenzungen des Menschseins qua Wesen oder qua Geschöpflichkeit die jeweils individuell auflaufenden, sich aus der sozialen Lage ergebenden Begrenzungen stratifiziert.

Diese Stratifizierung ergibt sich aus der Verwischung der Differenz der Differenzen, der anthropologischen und der sozialen nämlich: Das lässt sich am Bild der Grenze erklären: Wenn wir alle uns innerhalb eines begrenzten Raumes befinden, können wir alle die Grenze nur in Innenperspektive wahrnehmen, weder in Draufnoch in Außenperspektive. Entsprechend können wir als Menschen die Grenze humaner Verantwortbarkeit nur von innen wahrnehmen. Unverantwortbar ist damit nicht nur, was jenseits dieser Grenze liegt, sondern auch der Verlauf der Grenze selbst. Auf dieser Linie ist trefflich, was Heidbrink schreibt: „Wir sind nicht für das verantwortlich, was wir sind."[121] Anders nun sieht es aus mit den Grenzen individueller Verantwortbarkeit, die sich etwa aus der gesellschaftlichen Lage ergeben. Diese sind vom betroffenen Individuum ebenfalls nur von innen zu erfahren und deshalb in ihrem Verlauf ebenso individuell unverantwortbar. Sie sind für

---

119 Diese Tendenz lässt sich als auf Unverantwortbares gekrempelte Seite des für Responsibilisierungen bereits beschriebenen Allokationsproblems der Spannung zwischen anthropologischer Begründung und sozialer Verteilung von Verantwortung deuten (vgl. Zwischenbetrachtung (B) und die dort zitierte Literatur).
120 Heidbrink 2007, 170.
121 Heidbrink 2007, 170.

andere Menschen aber sehr wohl in Draufsicht und Außenperspektive wahrnehmbar, gestaltbar und deshalb auch in ihrem Verlauf human, nämlich von anderen Menschen, zu verantworten. Weil das Individuum die sich aus sozialer Differenz ergebenden individuellen Grenzen aber genauso nur in Innenperspektive erleben und deshalb genauso plausibel als unverantwortbar imaginieren kann wie die sich aus der anthropologischen Differenz ergebenden humanen Begrenzungen, führt die protologisch mögliche, ja in der individuellen Erfahrung naheliegende Verwischung der Differenz dieser Differenzen zur auch für die Betroffenen plausiblen Stratifizierung der Möglichkeitsgrenzen.

Insofern die protologische Bestimmung den Unterschied von sozialer und anthropologischer Differenz, von individuell und human Unverantwortbarem verwischt, imaginiert sie auch die individuellen Begrenzungen als human unverantwortbar. Sie tendiert so dazu, soziale Bedingungen dem Verantwortungsbereich des Menschen zu entziehen, die keineswegs einfach gegeben oder gar gottgegeben sind, sondern sehr wohl in menschlichen Verantwortungsbereichen liegen. Die „gesellschaftliche Lage"[122] hängt mit ihren Begrenzungen sehr wohl von menschlich beeinflussten und beeinflussbaren Bedingungen ab, die nicht einfach in den Bereich des „Unverantwortbaren" zurückgezogen werden dürfen. Gleiches gilt für gesellschaftliche Ordnung, die theologisch immer wieder als gottgegeben imaginiert wurde (4.2.1).

Zweitens. Aus der m. E. protologisch gefassten „Unverantwortbarkeit für unsere Ausgangslage folgt", so Heidbrink, „auch, dass die gesellschaftlichen Wohlfahrtsinstitutionen dafür nicht verantwortlich sind. Der soziale Ausgleich sollte deshalb nicht auf die Herstellung egalitärer Lebensverhältnisse zielen, sondern auf die Gewährleistung von Chancengleichheit und die Linderung von Not und Unglück, in die jemand unverschuldeterweise hineingerät."[123] Das lässt sich als Konsequenz der protologischen Argumentationsfigur verstehen, die die gesellschaftlich und individuell gegebenen Ungleichheiten als „unverantwortbar" gelten lässt und so nur noch auf der Basis dieser akzeptierten Ungleichheiten Chancengleichheit und Notlinderung fordern kann. Die protologische Bestimmung von Unverantwortbarkeit bleibt so hinter der theologischen Forderung nach „Teilhabe- und Teilnahmegerechtigkeit" zurück.[124] Diese impliziert ja die Transformationsarbeit an den sozialen Bedingungen, die individuelle Begabung und soziale Lage mitbestimmen, entzieht diese also nicht dem Bereich des human Verantwortbaren.[125] Damit besteht die

---

122 Siehe für das Zitat immer noch das Heidbrink-Zitat oben.
123 Vgl. auch für die Zitate Heidbrink 2007, 171.
124 Für diese Forderung und die Unterscheidung von „Teilhabe- und Teilnahmegerechtigkeit" vgl. Meireis 2018, 204, 211–215, Zitat auf S. 211.
125 Vgl. der Sache nach Meireis 2018, 212–213.

Schwäche der protologischen Bestimmung des Unverantwortbaren darin, das Unverantwortbare zu überschätzen und das Verantwortbare zu unterschätzen – und dies auf Kosten der Unterprivilegierten zu tun.

Die *eschatologische Bestimmung des Unverantwortbaren* setzt nicht bei den gegebenen Grenzen menschlicher Geschöpflichkeit an, die menschliche Deutungen in den erfahrbaren Grenzen individuellen Lebens wiederfinden und allzu leicht mit diesen identifizieren können, sondern – in Anlehnung an Bonhoeffer gesagt – bei der Macht, „die den Tod überwunden hat." (DBW 6, 79) Das eschatologische Sachmoment von Christusnarrativ und Versöhnungsimagination liegt bei Bonhoeffer im Ereignis der Auferstehung Jesu Christi von den Toten. In der Glaubensperspektive liegt in diesem Ereignis eine Verheißung – das hat gerade Jürgen Moltmann entfaltet,[126] wenn er etwa über den Auferstandenen schreibt: „Was an ihm geschah, wird als Anbruch und verbürgte Verheißung der kommenden Herrschaft Gottes über alles, als Sieg des Lebens aus Gott über den Tod verstanden."[127] Zu diesem Verheißungscharakter gehört: „Die Auferstehung Christi meint nicht eine Möglichkeit in der Welt und ihrer Geschichte, sondern eine neue Möglichkeit von Welt, Existenz und Geschichte überhaupt."[128] Anders gesagt: Was in der Auferstehung als Gottes Möglichkeit erscheint, überschreitet alle innerweltlichen, menschlichen und geschichtlichen Möglichkeiten – insbesondere die Grenze des Todes: „Diese Erwartung der Auferstehung der Toten steht in ihrer israelitischen Gestalt [...] in einem theologischen Zusammenhange – als Auslegung der Macht des Verheißungsgottes, dem auch der Tod sein Recht nicht rauben kann [...]."[129]

Was dementsprechend als Verheißen geglaubt wird, ist folglich human Unverantwortbar. Die Verheißung darin, dass Gottes Möglichkeiten die geschöpflich unüberschreitbare Möglichkeitsgrenze des Todes in Christi Auferstehung schon überschritten haben, weckt Moltmann zufolge Hoffnung auf Gottes Möglichkeiten und damit „Phantasie für das Reich Gottes" (Müller-Fahrenholz).[130]

Die Verheißung weitet den Vorstellungsraum über das Menschenmögliche hinaus auf „Gottes Möglichkeiten".[131]

---

126 Zu diesem „Verheißungscharakter" vgl. Höhne 2015, 55–56, insbes. Anm. 206, und die dort zitierten Stellen von Moltmann sowie die dort zitierte Sekundärliteratur.
127 Moltmann 1966, 183.
128 Moltmann 1966, 162.
129 Moltmann 1966, 190.
130 So der Buchtitel von Müller-Fahrenholz 2000. Vgl. dazu, dass die Verheißung Hoffnung weckt, etwa Moltmann 1966, 176 sowie Höhne 2015, 52, 55–56 und die dort zitierte Literatur und Sekundärliteratur. Zur theologischen Rede von der Hoffnung insgesamt vgl. Moltmann 1966. Zur Phantasie vgl. a. a. O., 29.
131 Vgl. auch für das Zitat Moltmann 1966, 26, dort heißt es: „Wo man im Glauben und in der Hoffnung auf dieses Gottes Möglichkeiten und Verheißungen hin zu leben beginnt, erschließt sich

Im Lichte dieser Hoffnung, angesichts dieser Weitung des Vorstellungsraums der Zukunft, wird die imaginierte Grenze des human und individuell Unverantwortbaren auf ambivalente Weise prekär. Sakralisierung und Stratifizierung der Grenze sind aufgehoben. Die vermeintlich ultimative Möglichkeitsgrenze geschöpflicher Existenz, die Todesgrenze, kann nicht mehr Gottes letzte Wirklichkeit als Autorität für sich in Anspruch nehmen.[132] Die Hoffnungsperspektive nimmt eine Drauf- und Außenperspektive auf die Grenze vorweg.[133] Zumindest von Gottes Möglichkeiten her erscheint die Grenze nicht mehr als letzte Möglichkeitsgrenze. In der Hoffnungsperspektive erscheint so schon die anthropologische Grenze nicht mehr nur in Innenperspektive, sondern auch in vorweggenommener Außenperspektive und damit nicht mehr als göttlich sanktionierte Möglichkeitsgrenze. Dem *entspricht* eine veränderte Sicht auf soziale Grenzen, die nun nicht mehr als göttliche sanktionierte Grenzen der Geschöpflichkeit ausgegeben werden können, sondern als überschreitbar scheinen. Der Hoffnung auf das nur Gott Mögliche *entspricht* ein tieferer Sinn für das geschichtlich Mögliche.[134]

Ambivalent ist diese Grenzdeutung nun folgendermaßen: Einerseits lassen sich auf dieser Linie die Grenzen des Möglichen nicht mehr stratifizieren und sakralisieren, sondern müssen als transzendierte imaginiert werden. Das Transzendieren der anthropologischen Grenze liegt aber allein in Gottes Möglichkeit. Dem kann auch eine veränderte Sicht auf die sozialen Grenzen entsprechen – eine Sicht,

---

die ganze Fülle des Lebens als des geschichtlichen und darum zu liebenden Lebens." (ebd.) Vgl. auf dieser Linie auch Moltmann über die Frage „Wer bin ich?" (a.a.O., 262): „Sie wird vielmehr angesichts göttlicher Sendung, Beauftragung und Bestimmung gestellt, die die Grenzen des Menschenmöglichen übersteigen." (ebd.)

Grundsätzlich und in katholischer Perspektive hat sich Josef Römelt mit dem Verhältnis von menschlicher und göttlicher Verantwortung bzw. Freiheit auseinandergesetzt (vgl. etwa Römelt 2006).

132 Vgl. Moltmann 1972, 157–158, 161, 163, 175. Vgl. insbesondere: „Im Zusammenhang dieser Lebenserwartungen muß seine Auferstehung dann nicht als Wiederkehr ins Leben überhaupt, sondern als Überwindung der Tödlichkeit dieses Todes verstanden werden; [...]." (Moltmann 1966, 192) Vgl. dazu auch schon Höhne 2015, 57 und die dort zitierte Literatur.

133 Zum „vorweg" vgl. auch Moltmann 1972, 160–164, 172.

134 So insbesondere: „Denn die eschatologische Hoffnung zeigt das Mögliche und Veränderliche an der Welt als etwas Sinnvolles, und die praktische Sendung ergreift das jetzt an der Welt In-Möglichkeit-Stehende. Die Theorie der weltverändernden, zukunftswilligen Praxis der Sendung sucht nicht nach ewigen Ordnungen in der bestehenden Weltwirklichkeit, sondern nach Möglichkeiten in dieser Welt in Richtung auf die verheißene Zukunft." (Moltmann 1966, 265–266) Vgl. auch Moltmann 1966, 21, 29, 247, 262–263, teilweise auch schon zitiert bei Höhne 2015, insbes. S. 52, 69–70, vgl. ebd. auch für weitere Literatur und Belege. Vgl. dazu auch die Formel „Leidenschaft für das Mögliche" (Moltmann 1966, 29, vgl. zu dieser Formel auch Welker 1986, 23–24, auch zitiert bei Höhne 2015, 52, Anm. 180).

die auch diese als transzendierbar vorstellt, so dynamisiert und entsprechend menschlichen Möglichkeiten zur Überschreitung oder Verschiebung dieser sozialen Grenzen entspricht. Der von der Verheißung geweckten Hoffnung auf die allein Gott möglichen Grenzüberschreitungen entspricht eine Perspektive, die innergeschichtliche Grenzen als bloß menschlich gesetzt erkennt und so als menschlich überschreit- oder verschiebbar imaginiert. Die Hoffnungsperspektive dynamisiert so indirekt auch die Imagination sozialer Grenzen. Damit wird der Grenzverlauf des individuell Unverantwortbaren zum human Unverantwortbaren als eine human zu verantwortende Setzung deutlich. Die Stärke einer vom eschatologischen Sachmoment ausgehenden Vorstellung des Unverantwortbaren ist, dass sie so nicht nur human und individuell Unverantwortbares vorstellen kann, sondern auch den Grenzverlauf des individuell Unverantwortbaren als human Verantwortbaren – und zwar in den Grenzen des human Verantwortbaren vorstellen lässt.

Die Gefahr am eschatologischen Sachmoment liegt wieder in der Identifikation von anthropologischen und sozialen Grenzen – nun aber nicht vom göttlich anthropologisch Vorgegebenen, sondern vom Ermöglichten her. Hier lässt die Identifikation Gottes Möglichkeiten mit menschlichen Möglichkeiten verwechseln. Eschatologische Hoffende[135] stehen mit der dynamisierenden Sicht auch auf die sozialen Grenzen zum je und je individuell Unverantwortbaren immer in der Versuchung, doch auch die anthropologische Grenze zum human Unverantwortbaren überschreiten zu wollen, doch am Reich Gottes mitarbeiten zu meinen[136] und doch das realisieren zu wollen, was nur Gott möglich ist: das eindeutig Gute, mit Meireis gesagt: das unverfügbare Gute[137], mit Bonhoeffer gesagt: das „absolut Gute" (DBW 6, 260). Dieser Versuchung kann in Hoffnungsperspektive nicht dadurch entgangen werden, einfach an den vermeintlich protologisch gesetzten Grenzen festzuhalten und diese religiös zu sichern. Ihr kann in Hoffnungsperspektive nur durch die verantwortliche und zu verantwortende, selbst vorläufige und deshalb diskursive Konkretisierung des Grenzverlaufs zum human Unverantwortbaren begegnet werden – eine Konkretisierung, die immer wieder zwischen intendiertem und unverfügbarem Guten (Meireis[138]), zwischen Vorletztem und Letztem (Bonhoeffer[139]) unterscheidet und in ersterem nur Entsprechungen zu und nicht Iden-

---

135 Zum Thema „eschatologische Hoffnung" vgl. wie zitiert Moltmann 1966, 265, dort auch das Zitat.
136 Danach kann auch Moltmann klingen, wenn er etwa von der „Berufung zur Mitarbeit am Reiche Gottes" schreibt (so: Moltmann 1966, 307, auch zitiert bei Höhne 2015, 110).
137 Vgl. Meireis 2008, 259–261.
138 Vgl. Meireis 2008, 259–262.
139 Vgl. DBW 6, 137–162.

tifikationen mit Letzterem findet (gegen Moltmann[140]). Was dabei entscheidend ist, wird gleich (C.2) noch deutlich.

Vom eschatologischen Sachmoment her ist in diesem Horizont deshalb klar, dass Unverantwortbares ist – nämlich das Reich Gottes – aber nicht, was schon zu diesem gehört. Menschen können gegenwärtig und künftig Handlungsmöglichkeiten und damit Verantwortung zuwachsen, die noch nicht Möglichkeiten zum Reich Gottes sind, aber sehr wohl das transzendieren, was sich protologisch plausibel als jeweils Gegebenes deuten ließ – darauf hat schon Heinz Eduard Tödt verwiesen.[141] Dabei problematisiert Tödt diejenige theologische Ansicht, die „auf Zukunft bezogene Verhaltensentwürfe [...] a priori unter Verdacht" stellt, „die Verwirklichung des Heils durch eigene Werke anzustreben".[142]

Was Menschen einst unmöglich war, ist ihnen heute möglich, ohne schon Reich Gottes auf Erden zu sein: Fliegen, digital Kommunizieren, Herzen transplantieren, gleichgeschlechtlich Heiraten. Geschichtlich erarbeiten sich Menschen neue Möglichkeiten. Damit gehen – so der entscheidende Punkt von Hans Jonas' Prinzip Verantwortung – auch neue Verantwortlichkeiten einher. Damit wird zum Gegenstand menschlicher Verantwortung, was vorher unverantwortbar schien. Imaginationen humaner und individueller Unverantwortbarkeit müssen auch mit dem Zuwachs menschlicher Möglichkeiten rechnen – und das tun sie m. E. eher, wenn sie von eschatologischen, als wenn sie von protologischen Bestimmungen ausgehen.

Zu diesem Vorzug der eschatologischen vor der protologischen Bestimmung des Unverantwortbaren kommt ein zweiter hinzu, der hier nur kurz angesprochen sei, weil er der Sache nach bereits ausführlich verhandelt wurde, als es um Schuld und gerichtete Verantwortungslosigkeit ging (s. o.). Wie Heidbrink werden auch theologisch-protologische Bestimmungen des Unverantwortbaren dazu tendieren, von

---

140 Vgl. dazu Moltmann 1972, 294–298, 314. M. E. wagt sich Moltmanns Semantik der Identifikation und Sakramentalität (ebd.) hier zu weit in das hinein, was schon als human Unverfügbar gelten sollte.
141 Vgl. Tödt 1988 g, 16. Dort spricht er davon, dass „im menschlichen Existenzraum unübersehbare Handlungsmöglichkeiten und Gefahren zugewachsen sind" (ebd.) und schreibt über eine von ihm problematisierte Ansicht: „Diese Formation des Argumentierens gerät aber ins Wanken, wenn man sieht, daß der heutige Mensch sich nicht dominant auf evidente Vorgegebenheiten des Lebens beziehen kann, sondern – die Vorgegebenheiten transzendierend – nolens volens selbst Lebensverhältnisse schafft, für die er wegen ihrer Neuheit die Verantwortungsmaßstäbe nicht aus schon Gegebenem ableiten kann, sondern neue Kriterien finden muß (medizinische Ethik, Politik angesichts der bisher nie dagewesenen Gefahr der Selbstvernichtung der Menschheit und dergleichen mehr)." (ebd.)
142 Vgl. auch für das Zitat Tödt 1988 g, 16.

der Unverantwortbarkeit des Scheiterns und der Defizite her zu denken.[143] Diese Pointierung lässt besonders das Negative fokussieren. Das beinhaltet die Gefahr, dies auch im Handlungskalkül zu überschätzen und Risiken auch da nicht einzugehen, wo dies verantwortbar wäre.[144] Es führt auch zu einer Defizitperspektive auf Unverantwortbarkeit, die diese mit Negativem verbindet. Sich auf Unverantwortbarkeit zu berufen haben dann nur Gescheiterte nötig.

Demgegenüber lässt das eschatologische Sachmoment von der Unverantwortbarkeit des Guten ausgehen. *Paradigma des human Unverantwortbaren ist das eindeutig, unverfügbare Gute (Meireis), das Reich Gottes*[145] (Moltmann). Dem entspricht eine ethische Perspektive, die auch das Gelingen als unverantwortbar sehen kann, nicht nur das Scheitern, und die aus dem Unverantwortbaren nicht nur Schaden erwarten kann, sondern auch das Gute. Diese Perspektive entgeht auch der Gefahr, das Negative vorschnell als nicht nur individuell, sondern auch human unverantwortbar vorzustellen.

Erst von der Hoffnung auf unverantwortbar Gutes, kann auch das, was diesem Guten noch entgegensteht bedingt als unverantwortbar gedeutet werden. Die Grenze dazu ist diskursiv zu bestimmen, wofür gerade der folgende Punkt wichtig ist.

2) Charakteristikum II: Vorrangige Perspektive der Teilhabeärmeren[146]

Gerade Jürgen Moltmann hat dem Erzählstrang zentrale Bedeutung beigemessen, dass der Auferstandene und der erste von den Toten erweckte auch der Gekreuzigte

---

143 Heidbrink konzentriert sich in zwei von drei Punkten auf die „Gefahr des Scheiterns" und das „unverschuldete Scheitern" (vgl. auch für die Zitate Heidbrink 2007, 171). Tödt hat eine theologische Position skizziert und problematisiert, nach der es darauf ankommt, „die Folgen des Bösen einigermaßen in Grenzen zu halten", und die damit – wie aus Tödts Argumentation folgt – auch vom Negativen und nicht von Veränderungsmöglichkeiten bestimmt bleibt (vgl. auch für das Zitat Tödt 1988 g, 16).
144 Inhaltlich ähnlich hat schon Körtner die „Heuristik der Furcht" von Hans Jonas kritisiert (Körtner 2001, 54): „So berechtigt die Kritik von Jonas am utopischen oder technokratischen Meliorismus ist, so birgt doch seine Heuristik der Furcht in sich die Gefahr, dass jede Motivation zur Veränderung bestehender Lebensverhältnisse im Keim erstickt wird." (ebd.)
145 Dazu und auch zu dessen humaner Unverfügbarkeit vgl. Moltmann 1966, 197–204, bes. S. 201.
146 Vgl. zu dem folgenden Abschnitt bereits frühere Arbeiten von mir, in denen sich gleiche Gedanken und ähnliche Formulierungen finden werden: Höhne 2015, 81–103, 118–120, insbes. 100–101; Höhne 2017b, 65–68; Höhne 2019a, 41 sowie insbesondere die Aufsätze Höhne 2022b, Höhne 2022d und die zurzeit unveröffentlichte Erlanger Probevorlesung vom Oktober 2021.

ist.¹⁴⁷ Die eindeutig gute und human unverfügbare Zukunft Gottes für uns sieht er so „bei den Armen" und Rechtlosen beginnen.¹⁴⁸ Der so vorgestellten Wirklichkeit entspricht in der christlichen Ethik eine besondere Verpflichtung auf die Perspektive der Rechtlosen, Verlassenen und Armen.

Torsten Meireis hat diese Entsprechung über die eigene Rechtlosigkeit vor Gott rechtfertigungstheologisch hergestellt:

> Gott aber wendet dem, der den Bund gebrochen und sich damit von der Gemeinschaft mit Gott abgewandt hat, dem Sünder, nicht seinen Zorn, sondern seine Vergebung zu. In Jesus von Nazareth geschieht nach christlicher Auffassung Gottes Versöhnung mit dem Menschen, die Zuwendung zum Sünder, der alles Recht verloren hat, indem ihm in Christus auch als Sünder die Würde zugesprochen wird, in der er Rechte beanspruchen kann. In den Benachteiligten, den Armen und Rechtlosen erkennen die Christinnen und Christen sich selbst in der Rechtlosigkeit wieder, in der sie vor Gott stehen – der es aber dabei nicht belässt, sondern ihnen in Jesus Christus Recht gibt und sie so rechtfertigt. [...] Gerade das versöhnende Rechtfertigungsgeschehen motiviert moralisch zur Orientierung an der Perspektive der Rechtlosen im Interesse ihrer Überwindung zugunsten von Ermächtigung, Berechtigung und Beteiligung.¹⁴⁹

Wolfgang Huber kommt über die Auslegung vom „Gleichnis vom Weltgericht" zu einer genuin verantwortungstheoretischen Begründung dieser Orientierung.¹⁵⁰ Er schreibt: Der

> Gedanke der Verantwortung beinhaltet ein Kriterium, das nicht bloß formal ist, sondern einen wesentlichen inhaltlichen Gesichtspunkt einschließt. Es erklärt Handlungen soweit für ge-

---

147 Vgl. Moltmann 1972, 155–174, bes. 162–163, 170, 203. Zu dieser „kreuzestheologische[n] Begründung" vgl. auch H. Bedford-Strohm 2018, 297, dort auch das Zitat. Zu dieser Begründung vgl. auch schon Höhne 2015, 84–92, 96–98, 100–101.
148 Vgl. auch für das Zitat Moltmann 1970, 46–47. Dort heißt es etwa wie teilweise bereits zitiert: „Das Reich Gottes beginnt in dieser Welt bei den Armen, und das Recht Gottes kommt rechtfertigend zu den Entrechteten. Die qualitativ neue Zukunft Gottes beginnt nicht ‚dann aber', sondern sie beginnt mit der Erscheinung des Menschensohnes bei den Unscheinbaren. [...] Die Zukunft Gottes hat sich durch den Gekreuzigten mit denen verbunden, die eine sich selbst bestätigende und auf innere Homogenität drängende Gesellschaft ins Nichts drängt." (Moltmann 1970, 46–47, auch zitiert bei Höhne 2015, 91) Vgl. auch Moltmann 1972, 155–174, 203, 303–305, und etwa: „Die Zukunft der qualitativ neuen Schöpfung hat durch die Leidensgeschichte Jesu mitten in der Leidensgeschichte der verlassenen Welt schon begonnen." (a.a.O., 156). Vgl. auch Moltmann 1966, 174–175, 179–184 (insbesondere Moltmanns Rede vom „Anbruch" auf S. 183) und meine früheren Arbeiten zu Moltmann, etwa Höhne 2015, 43–103.
149 Meireis 2016, 41–42.
150 Vgl. auch für das Zitat Huber 2012b, 85. Vgl. dazu auch schon meine ähnlichen Ausführungen in dem Aufsatz Höhne 2022b.

rechtfertigt, als sie vorteilhaft sind für diejenigen, die schwächer sind als die handelnde Person selbst.[151]

Vor diesem Hintergrund nennt Huber dann die „vorrangige Option für die Opfer" und die „vorrangige Option für die Bewahrung der Natur" als Konkretionen.[152]

Vom eschatologischen Sachmoment des Christusnarrativs lässt sich damit entsprechungslogisch, rechtfertigungstheologisch und verantwortungstheoretisch die ethische „Orientierung an der Perspektive der Rechtlosen" und Schwächeren begründen. Im theologisch-ethischen und ökumenischen Diskurs hat dies in der „Option für die Armen" Ausdruck gefunden.[153] Heinrich Bedford-Strohm hat in seiner Doktorarbeit zu diesem Thema präzisiert, wessen Option hier genau gemeint sein kann,[154] und dafür den „Begriff der *fehlenden Teilhabe* verwendet:[155]

> Fehlende Teilhabe ist überall da gegeben, wo Menschen von den wirtschaftlichen und sozialen Prozessen einer Gesellschaft ausgeschlossen werden. Die *materielle Armut* muß als fehlende Teilhabe in potenzierter Form gesehen werden.[156]

Der kontextuell „*relative Charakter der Armut*"[157] und der situative Komparativ „schwächer" in Hubers Formulierung legen es nahe, von den jeweils Teilhabeärmeren zu sprechen.[158] Von daher geht es ethisch, in Anlehnung an Meireis' For-

---

151 Huber 2012b, 85.
152 Vgl. auch für die Zitate Huber 2012b, 94–95.
153 Vgl. ausführlich dazu H. Bedford-Strohm 2018, insbesondere Kapitel II, Zitat von S. 150.
154 Vgl. dazu H. Bedford-Strohm 2018, 166–170, in der Unterkapitelüberschrift fragt er wörtlich: „Wer sind die Armen?" (a. a. O., 166)
155 Vgl. auch für das Zitat H. Bedford-Strohm 2018, 169, kursiv im Original. Für die ethische Arbeit führt diesbezüglich Torsten Meireis' Unterscheidung von „Teilhabe- und Teilnahmegerechtigkeit" weiter (vgl. auch für das Zitat Meireis 2018, 211). Um die betreffende Orientierung auf einen griffigen Ausdruck zu bringen, verwende ich im Folgenden nur den Teilhabebegriff und meine damit Teilhabe und Teilnahme in Meireis' Sinne.
156 H. Bedford-Strohm 2018, 169, kursiv im Original.
157 Vgl. für ersteres und das Zitat H. Bedford-Strohm 2018, 167 und dort besonders: „Bei der Übertragung auf andere Kontexte muß der *relative Charakter der Armut* beachtet werden: Armut kann nie absolut definiert werden, sondern sie muß im Verhältnis zum allgemeinen Wohlstand einer Gesellschaft bestimmt werden." (a. a. O., 167, kursiv im Original)
158 Diese Begrifflichkeit drückt ebenfalls „den relationalen Charakter des schlechten sozioökonomischen Status" aus, von dem Peter Dabrock spricht und wegen dessen er die „Formulierung ‚vorrangige Option für Benachteiligte'" wählt (vgl. auch für die Zitate Dabrock 2012, 185, Anm. 176). Mit dieser Pointierung des Relationalität trägt Dabrock m. E. auch seiner theoretischen Einsicht Rechnung, „dass es gemäß der Systemtheorie nicht um die *Vollintegration von Menschen in die Gesellschaft*, sondern um *Partikularinklusionen von Personen in systemische Kommunikationen* geht." (Dabrock 2012, 203, kursiv im Original) Vgl. dazu auch a. a. O., 213.

mulierung gesagt, um die „Orientierung an der Perspektive" der Teilhabeärmeren „im Interesse ihrer [...] Ermächtigung, Berechtigung und Beteiligung"[159] (s. o.). Das impliziert, dieser Perspektive Vorrang einzuräumen – insbesondere, wenn Handlungen wie von Huber zitiert für ihre Auswirkungen auf die jeweils Teilhabeärmeren gerechtfertigt werden müssen. Der Begriff des Vorrangs in „*vorrangige* Option" betont dabei Bedford-Strohm zufolge den „*inklusiven* Charakter":[160] „Die christliche Liebe richtet sich auf vorrangige Weise auf die Armen, ohne deshalb andere ausschließen zu wollen."[161]

Bezogen auf die Praxis evangelischer Ethik macht diese Orientierung es also plausibel, der Perspektive der jeweils Teilhabeärmeren in den Problembestimmungen, Situationsanalysen, Güterabwägungen und Urteilsentscheiden „Vorrang" einzuräumen.[162] Auch wenn die Orientierung an Teilhabe der „Gefahr des Paternalismus" dabei entgegensteht,[163] kommt es im Vollzug dessen zu Problemen, auf die die sogenannte postkoloniale Kritik zu Recht verwiesen hat.[164] Gerade die Sensibilisierung für diese Probleme fordert in Praktiken und Diskursen evangelischer Ethik zu der Anstrengung heraus, dass die Perspektive der tatsächlich Teilhabeärmeren tatsächlich zu Geltung kommt.

Das hat Konsequenzen für die Bestimmung der Unverantwortbarkeit. Ist diese Orientierung an den Perspektiven der Teilhabeärmeren genauso aus dem eschatologischen Sachmoment im Christusnarrativ abgeleitet wie die Vorstellung von Unverantwortbarkeit, dann muss die Imagination von humaner (und individueller) Unverantwortbarkeit immer schon von dieser Perspektive her orientiert werden. Gerade in der diskursiven Auslotung dessen, was als humane und individuelle Unverantwortbarkeit gelten soll, ist dann der Perspektive der jeweils Teilhabeärmeren Vorrang einzuräumen. Was heißt dies konkret?

---

159 Meireis 2016, 42.
160 Vgl. auch für die Zitate H. Bedford-Strohm 2018, 193, kursiv im Original. Der Begriff findet sich schon im Titel seiner Arbeit: „Vorrang für die Armen".
161 H. Bedford-Strohm 2018, 193.
162 Die Begriffe spielen auf die Sachmomente in der sittlichen Urteilsfindung bei Tödt an, vgl. hierzu 3.3.3.1 und 3.3.3.2. Der „Vorrang" spielt wieder auf den „Vorrang für die Armen" an (so auch der Titel von: H. Bedford-Strohm 2018).
163 Vgl. H. Bedford-Strohm 2018, 195–9, Zitat auf S. 195. Er spricht in diesem Zusammenhang vom „*partizipatorischen Charakter*[.] der Option für die Armen" (a. a. O., 197, kursiv im Original) und hält fest: Das „Konzept der Option für die Armen intendiert in seiner ursprünglichen Bedeutung nicht die karitative oder politische Bevormundung der Armen, sondern deren *Teilhabe*." (a. a. O., kursiv im Original)
164 Vgl. Spivak 2008; Spivak, Landry und MacLean 2008; Riach 2017 und v. a. M. L. Taylor 2013. Vgl. dazu auch schon Höhne 2015, 306–307.

Im Horizont der Versöhnungsimagination kommt das unverantwortbare Gute als erstes zu dem Ausgeschlossenen (s. o.). Dem entspricht, dass die menschliche Rede und Imagination von Unverantwortbarkeit im besten Fall den Teilhabeärmsten auch am meisten zugutekommt[165] und im am wenigsten guten Falle zumindest nicht auf deren Kosten geht. Dass dies berücksichtigt bleibt und nicht an der tatsächlichen Situation von jeweils Teilhabeärmeren vorbei geht, ist am ehesten sichergestellt, wenn deren Stimme in der diskursiven Auslotung dessen, wo die Grenzen zum individuell und human Unverantwortbaren liegen sollen, zur Geltung kommt – und zwar nicht ausschließlich, aber vorrangig.

Liegt der Grund für diesen Vorrang in ihrer Entsprechung zur Wirklichkeit, dass Gott in Christus jeden Menschen als Rechtlosen unverdient ins Recht gesetzt hat (Meireis) und so Gottes neue Wirklichkeit beim Ausgestoßenen hat anfangen lassen (Moltmann), dann muss es erstens um die Perspektive der tatsächlich und nicht bloß scheinbar Teilhabeärmeren gehen und dann wird zweitens plausibel, dass auch relative Teilhabearmut zu einem relativen Vorrang vor relativer Bevorteilung führt.

Ersteres ist wichtig anzumerken, weil es in Emanzipationsprozessen gerade die privilegierten Täter:innen von Diskriminierung sind, die sich diskursiv als Opfer stilisieren oder wahrnehmen:[166] Luca di Blasi hat in seinem „Anti-Manifest" über den „Weiße[n] Mann" auf die „Möglichkeit der Selbstviktimisierung der Geschonten" verwiesen, die – so di Blasi – die „Verwechslung von Privilegienabbau mit Diskriminierung" voraussetze.[167] Zudem ist nicht auszuschließen, dass die Selbststilisierung zum Opfer auch bewusst als Kommunikationsmittel eingesetzt wird, um moralische Autorität zu erlangen. Vor diesem Hintergrund ist wichtig zu betonen, dass die Perspektive der tatsächlich Teilhabeärmeren und -ärmsten zur Geltung kommen muss.

---

[165] Die Formulierung greift John Rawls' zweiten Gerechtigkeitsgrundsatz auf (Rawls 1979, 336), auf den sich Bedford-Strohm im Rahmen des Themas „Vorrang für die Armen" bezogen hat (vgl. etwa H. Bedford-Strohm 2018, 211, 307, Zitat aus dem Titel des Buches). „Soziale und wirtschaftliche Ungleichheiten müssen" nach Rawls unter anderem so beschaffen sein, dass sie „unter der Einschränkung des gerechten Spargrundsatzes den am wenigsten Begünstigten den größtmöglichen Vorteil bringen" (Rawls 1979, 336, auch zitiert bei H. Bedford-Strohm 2018, 211).
[166] Vgl. dazu schon Höhne 2015, 100–101.
[167] Vgl. auch für die Zitate Di Blasi 2013, 48–49, 51, Zitate vom Buchtitel und S. 51.

3) Kriterien: Grenzentwurf, Beteiligung, Solidarität

Praktiken, die auf eine vermittels der Versöhnungsimagination wahrgenommene Wirklichkeit antworten, entsprechen dem eschatologischen Sachmoment dieser Imagination, insofern sie mit der humanen und individuellen Unverantwortbarkeit des eindeutig Guten rechnen. Das impliziert, auch in dem Widerständigen, das diesem eindeutig Guten entgegensteht, Momente und Bereiche des Unverantwortbaren zu sehen. Die grundlegende Maßgabe, mit individuell und human Unverantwortbarem zu rechnen, konkretisiere ich in drei Kriterien für Responsibilisierungspraktiken. Das erste, das Grenzentwurfskriterium (1), folgt aus der Reflexion der Grenzen des Unverantwortbaren im Lichte des eschatologischen Sachmoments (C.1) und das zweite, das Beteiligungskriterium (2), aus der Vorrangigkeit der Perspektive der Teilhabeärmeren (C.2). Aus den praktischen Konsequenzen beider ergibt sich das Solidaritätskriterium (3).[168]

(1) *Zum Grenzentwurfskriterium.* Das Grenzentwurfskriterium lässt sich als Kehrseite des Konkretionskriteriums verstehen. Responsibilisierungs- und Responsepraktiken sind danach in dem Maße gut, in dem sie begrifflich-denotativ explizit machen, was human und jeweils individuell als unverantwortbar gelten soll, oder auch von explizierten Imaginationen des individuell und human Unverantwortbaren informiert sind. Richtet sich das Konkretionskriterium auf die konkrete Benennung dessen, wofür ein Akteur verantwortlich sein soll, fordert das Grenzentwurfskriterium die Spezifikation oder Imagination der Grenze zum Unverantwortbaren. Ging es dort um die Bejahung der begrenzten Verantwortung für das Verfügbare, geht es hier um die Bejahung der Unverantwortbarkeit des unverfügbaren eindeutig Guten. Vor dem Hintergrund des bisher Entfalteten ist in der begrifflichen Fassung oder Imagination des Unverantwortbaren wichtig, dass zwischen human und individuell Unverantwortbarem unterschieden wird und Begriff und Imagination als fehlbare Entwürfe verstanden werden. Gerade letzteres soll die Benennung als Grenzentwurfskriterium ausdrücken: Begriffliche oder imaginative Spezifikationen von Grenzen zum Unverantwortbaren haben immer Entwurfscharakter, insofern sich im Laufe der Geschichte und des Lebenslaufs verändert, was den Menschen und dem individuellen Menschen möglich ist und damit Gegenstand seiner Verantwortung werden kann. Das Grenzentwurfskriterium impliziert, dass die Grenzziehungen zum Unverantwortbaren immer menschliche, zeit- und kontextbedingte Entwürfe sind, die sich zu anderen Zeiten und in anderen Kontexten als nicht oder nicht mehr trefflich erweisen dürften. Das Kri-

---

[168] Zu Beteiligungs- und Solidaritätskriterium vgl. vorbereitend Höhne 2015, 118–120; Höhne 2017b, 53–68.

terium zielt darauf, auch Unverantwortbares zu imaginieren und die Grenzen dazu provisorisch zu benennen. Diesem Kriterium ist nicht weniger genüge getan, wenn Grenzentwürfe später als überholt gelten müssen.

Das lässt sich an einem komplett fiktiven Beispiel illustrieren. Man stelle sich ein hochansteckendes, potentiell tödliches Virus vor, das sich in einer Pandemie auf dem ganzen Erdball verbreitet. Zu Beginn der Pandemie lässt sich die Grenze des individuell Unverantwortbaren vielleicht so entwerfen: So lange jemand die Kontakte auf das Notwendige reduziert, eine Mund-Nasen-Maske trägt, eine Pony-Länge Abstand zu anderen Menschen hält und sich regelmäßig die Hände wäscht, also alle verantwortbaren und zumutbaren Maßnahmen ergreift, ist das Ereignis, dass dieser jemand sich selbst ansteckt und andere ansteckt, individuell unverantwortbar. Sobald aber ein gut verträglicher und wirksamer Impfstoff existiert, der Ansteckung und Weiterübertragung relativ zuverlässig verhindert und zu dem alle – hier kommt die fiktive Komponente ins Spiel – ungehinderten Zugang haben, müssen die Grenzen des Unverantwortbaren neu ausgelotet werden. Fällt es nun noch in den Bereich des individuell Unverantwortbaren, wenn jemand sich aus freien Stücken ohne medizinische Gründe gegen die Impfung entscheidet, sich ansteckt und das Virus an andere weiterüberträgt? Genau diese Frage ist der Kern der Diskussion darum, ob Geimpfte privilegiert und freiwillig Nichtgeimpfte diskriminiert werden dürfen: Es ist auch eine Frage nach dem Grenzentwurf des individuell Unverantwortbaren.

Das Grenzentwurfskriterium ist insbesondere als eine *Herausforderung an solche Praktiken gemeint, in denen es um die bewusste Arbeit am Imaginären geht.* Denn es fordert einerseits, Imaginationen des human und individuell Unverantwortbaren zu tradieren, und andererseits gleichzeitig die darin imaginierten Grenzen revisionsoffen zu halten. Schaut man von diesem Kriterium auf die beschriebenen Verantwortungsimaginationen zurück (Kap. 4), fällt auf, dass diese kaum starke Vorstellungen der Grenzen von Verantwortung oder positiv konnotierte Vorstellungen des Unverantwortbaren enthalten. Am ehesten kamen starke und positive Vorstellung des Unverantwortbaren vor in den Ordnungsimaginationen, in der Bonhoefferschen Vorstellung einer hierarchisch geordneten Gesellschaft, die jeden einzelnen in Stellvertretungsbeziehungen loziert, (4.2.1.1) und in Rendtorffs Imagination des gegebenen Lebens (4.2.1.3), das ganz im Heidbrinkschen Sinne den Menschen dafür deresponsibilisiert, als wer er sich im Leben vorfindet. Auch wenn Bonhoeffers Mandatenlehre und Verantwortungsbegriff später christologisch vermittelt sind, ist die Vorstellung einer hierarchisch geordneten Gesellschaft mit zunächst begrenzten Bereichen stellvertretender Zuständigkeit doch genauso eine protologische Bestimmung des Unverantwortbaren wie Rendtorffs Imagination des gegebenen Lebens. Insofern bei beiden so auch (nicht nur) protologische Bestimmungen des nicht mehr zu Verantwortenden vorliegen, partizipieren diese an der bereits entfalteten Problematik: Sie tendieren dazu, humane und individuelle Unverantwortbarkeit zu identifizieren und so den Grenzvorstellungen ihren Entwurfscharakter zu nehmen. Bei Rendtorff zeigt sich dies in seinem konservativen Gefälle zum Gegebenen (3.3.2.2).

Ist das Grenzentwurfskriterium dann aber überhaupt als konstruktive Herausforderung für besagte Imaginationspraktiken zu verstehen? Die Hindernisse für das Konstruktive ergeben sich aus einer in das Kriterium eingebauten Spannung, der Spannung zwischen Grenzziehung und Entwurfscharakter nämlich: Einerseits lässt sich die Grenze zum Unverantwortbaren dann besonders plausibel explizieren und besonders praxiswirksam imaginieren, wenn sie religiös aufgeladen wird. Das geschieht etwa protologisch, wenn die individuellen Grenzen menschlicher Möglichkeiten und Verantwortung als die Grenzen von dessen Geschöpflichkeit imaginiert werden und alles jenseits dieser Grenzen dem Erhaltungshandeln des Schöpfergottes zugerechnet wird.[169] Das Unverantwortbare erscheint dann als Verantwortungsbereich Gottes, die Grenzen dazu gottgewollt und deren Übertretung als Hybris.[170] Das macht Grenzen explizierbar und wirksam imaginierbar, entzieht sie aber über die Aufladung mit religiöser Autorität dem zwischenmenschlichen Diskurs und kompromittiert so ihren Entwurfscharakter. Betont man hingegen den Entwurfscharakter der Grenzen, fällt die Grenze selbst immer noch in den humanen oder individuellen Verantwortungsbereich, was die Praxiswirksamkeit von deren Imagination beeinträchtigt und so weniger entlastend wirkt. Etwas einfacher gesagt: Wer die Grenzen seines Verantwortungsbereichs selbst ziehen und selbst verteidigen muss, wird von dem so umgrenzten Unverantwortbaren weniger entlastet.

Beide Forderungen des Grenzentwurfskriteriums werden am relativ besten m. E. von einer Imagination des Unverantwortbaren getroffen, die vom eschatologischen Sachmoment der Versöhnungsimagination inspiriert primär vom human und individuell unverantwortbar Guten ausgeht. Damit ist auch theologisch pointiert imaginierbar, *dass* es human und individuell Unverantwortbares gibt – die Realisierung des Reiches Gottes als Reich des eindeutig Guten nämlich. *Wo* genau dieses beginnt, ist aber so offen – und zwar auch gerade, weil das Reich Gottes noch aussteht.[171] Die Eindrücklichkeit des *Dass* bei Unbestimmtheit des Grenzverlaufs

---

[169] Dies tut etwa der gesinnungsethisch handelnde Christ in Webers Schilderung (vgl. Weber 1994a, 79–80).
[170] Vgl. dazu der Sache nach Tödt 1988 g, 16.
[171] Vgl. Moltmann 1966, 25, 207–209. Moltmann selbst verwendet den Ausdruck „real ausstehende Zukunft" (a.a.O., 207). Zu dieser „real-futurische[n] [...] Dimension der Eschatologie" vgl. auch schon Höhne 2015, 51 (dort auch das Zitat) und die dort zitierte Literatur, insbesondere von Bauckham, sowie die dort genannten Belegstellen.

bietet den imaginativen Horizont dafür, am Entwurfscharakter der Grenzziehung zu dem festzuhalten, was als unverantwortbar gelten kann.

Etwas pastoraler formuliert, könnte diese Imagination so klingen: Wir müssen diese Welt nicht erlösen.[172] Denn Gott hat in der Auferweckung Jesu Christi verheißen, dass Gott diese Welt erlösen wird. Weil diese Erlösung aber noch aussteht, können wir noch nicht sicher wissen, in welche menschlichen Projekte dieses Erlösungswerk Gottes reinreicht, sondern müssen das Wagnis eingehen, eine Grenze zu entwerfen zwischen dem menschlich Machbaren und Verantwortbaren und dem Unverantwortbaren, allein von Gott zu Erwartenden. „Du darfst von dem Versuch lassen, den Himmel auf Erden zu realisieren", ist weise und leicht gesagt – eröffnet aber erst die viel schwierigere und viel handlungsrelevantere Frage, was denn schon zu diesem Versuch zählt.

Ein eindrückliches und freilich auch streitbares Beispiel dafür, wie die praktische Fassung eines Grenzentwurfs lauten kann, findet sich in Michael Klessmanns Seelsorge-Lehrbuch, also im Kontext von Ausbildungspraktiken. Kurz vor Ende seiner achtsamen Ausführungen zum Thema „Seelsorge mit suizidalen Menschen" schreibt er dort einen Absatz,[173] den ich als Abschreitung des seelsorgerlich Unverantwortbaren lese:

> Wer mit suizidalen Menschen zu tun bekommt, muss die Begrenztheit der eigenen Möglichkeiten realisieren. Der suizidgefährdete Mensch hat ein Recht auf seinen Suizid, auf seinen Tod. Der Seelsorger / die Seelsorgerin hat nicht die Macht, jemanden daran zu hindern, sich das Leben zu nehmen! Gott allein zeichnen wir als Herrn über Leben und Tod – die Seelsorgenden sind es nicht![174]

(2) *Zum Beteiligungskriterium.* Gerade bei diesem Wagnis, den Grenzverlauf zum Unverantwortbaren provisorisch und handlungsrelevant zu ziehen, wird das nächste Kriterium wichtig, das ebenso wie gezeigt aus dem eschatologischen Sachmoment abgeleitet ist ((C) 2)). Es lässt sich so formulieren: Responsibilisierungs- und Responsepraktiken sind in dem Maße relativ gut, als ihre begrifflich denotierten und imaginativ konnotierten Grenzentwürfe unter Beteiligung der relativ am meisten durch diese Grenzentwürfe Betroffenen[175] und auf dieses Thema be-

---

[172] Vgl. ähnlich: „Weder die Rettung noch die technische Vervollkommnung der Welt sind die Sache des Menschen." (Körtner 2001, 114)
[173] Vgl. Klessmann 2012, 394–402, Zitat aus dem Titel des Unterkapitels (S. 394), im Original gefettet.
[174] Klessmann 2012, 401.
[175] Vgl. zur entsprechenden Grundintention schon Habermas 1983, 73. Habermas formuliert die auch dem Gedanken im Haupttext zugrundeliegende Intention so: „Das Moralprinzip wird so gefaßt, daß es die Normen als ungültig ausschließt, die nicht die qualifizierte Zustimmung aller möglicherweise Betroffenen finden könnten." (ebd.)

zogen Teilhabeärmeren entstanden sind. Dieses Beteiligungskriterium soll vor allem dagegen absichern, dass evangelische Ethiker:innen „von den besseren Plätzen der Sozialstruktur"[176] (Bourdieu) soziale Ungleichheiten, Diskriminierungen oder Benachteiligungen, unter denen sie selbst gar nicht leiden, zum human Unverantwortbaren, nämlich zur Inneneinrichtung einer unerlösten und gefallenen Welt erklären.

Die begriffliche Fassung und Imagination von Unverantwortbarkeit ist nicht nur in Entsprechung zum eschatologischen Sachmoment, sondern auch pragmatisch nötig, um Verantwortung in Responsepraktiken übernehmbar zu machen. Unverantwortbarkeitsimaginationen sollen entlasten und so dem Disziplinierungs- und Diffusionsproblem von Verantwortung vorbeugen (1.1.1). Wo sie dies auf Kosten der Teilhabeärmeren tun, werden sie für eine Ethik problematisch, die Praxis auf Entsprechung zum eschatologischen Sachmoment zu orientieren sucht. Dass Ethik Unverantwortbarkeit nicht auf Kosten der Teilhabeärmeren imaginieren lässt – das soll das Beteiligungskriterium absichern.

(3) *Zum Solidaritätskriterium.* Das Solidaritätskriterium weitet den Blick über die jeweils konkrete Responsibilisierungspraktik hinaus und lässt nach dem gesellschaftlichen und staatlichen Umgang mit dem fragen, was als unverantwortbar gelten soll. Das lässt sich ausgehend von dem bereits erwähnten Zitat von Heidbrink entfalten, der den Zusammenhang zwischen Unverantwortbarkeit und Wohlfahrtsstaatlichkeit herstellt. Er schreibt:

> Aus der Unverantwortlichkeit für unsere Ausgangslage folgt auch, dass die gesellschaftlichen Wohlfahrtsinstitutionen dafür nicht verantwortlich sind. Der soziale Ausgleich sollte deshalb [...] zielen [...] auf die Gewährleistung von Chancengleichheit und die Linderung von Not und Unglück, in die jemand unverschuldeterweise hineingerät.[177]

Das Satzende entwirft eine Grenze zum Unverantwortbaren und responsibilisiert den Wohlfahrtsstaat für die Linderung der Lasten, die sich aus Unverantwortbarem jenseits dieser Grenze ergeben, dem unverschuldeten Unglück eben. Nun wäre dieser Grenzentwurf im Lichte des Beteiligungskriteriums wie eben angedeutet zu problematisieren. Weiterführend scheint aber der Ansatz, dass die Lasten des Unverantwortbaren solidarisch zu tragen oder zu lindern sind.

Insofern die von Henning Luther thematisierten Anlässe für Seelsorge, Trauer und Tod in den Bereich des Unverantwortbaren fallen, lässt sich seine Kritik am „Defizitmodell des Helfens", dem er eine „Einstellung der Solidarität", eine „Soli-

---

176 Bourdieu 1993, 97.
177 Heidbrink 2007, 171.

darische Seelsorge" gegenübergestellt,[178] auf dieser Linie verstehen: Angesichts der Unverantwortbarkeiten des Lebens sollte es nicht mehr um das Zu-, Auf- und Verrechnen von Verantwortung zwischen Betroffenen und vermeintlich Unbetroffenen gehen, sondern um die Solidarität zwischen Menschen, die wir alle nur in einem Meer an Unverantwortbarem, Unverfügbarem und Unkontrollierbarem verantwortlich leben dürfen, können, müssen.[179]

Von daher lässt sich die erste Fassung des Solidaritätskriteriums formulieren: Responsibilisierungs- und Responsepraktiken sind in dem Maße relativ gut, als sie die Lasten von Unverantwortbarkeiten soweit möglich solidarisch tragen lassen. Einen exemplarischen Ausdruck findet das Solidaritätskriterium so etwa in einem solidarischen gesetzlichen Krankenversicherungssystem. Insofern die Behandlungskosten hier von der Solidargemeinschaft der Versicherten übernommen werden, rechnet dieses System mit der Unverantwortbarkeit von Krankheit und lässt die daraus entstehenden Lasten solidarisch tragen; für Krankheitsfälle wird nicht grundsätzlich individuell responsibilisiert.

Eine zweite Fassung des Solidaritätskriteriums liegt von dem Impuls der Versöhnungsimagination, von der Gabe des Guten auszugehen, nahe. Unverantwortbar kann von daher gedacht ja nicht nur Schaden, Leid und Scheitern sein, sondern gerade auch Glück, Nutzen und Gelingen. Theologisch formuliert war ja gerade das Gute unverantwortbar. Dem würde es in sozialen Praktiken entsprechen, nicht nur die Lasten des Unverantwortbaren solidarisch zu tragen, sondern auch die Nutzen des Unverantwortbaren solidarisch zu genießen. Kulturell ist diese Möglichkeit darin institutionalisiert, gerade unverantwortbare Ereignisse gemeinschaftlich zu feiern: Geburt und Liebesglück etwa. Vollständiger lautet das Solidaritätskriterium dann: Responsibilisierungs- und Responsepraktiken sind in dem Maße relativ gut, als sie die Nutzen und Lasten von Unverantwortbarkeiten solidarisch verarbeiten lassen.

Insgesamt haben sich also im Horizont der Versöhnungsimagination aus dem eschatologischen Sachmoment folgende Kriterien für Praktiken ergeben, die der Versöhnungswirklichkeit entsprechen wollen: das Grenzentwurfs-, das Beteiligungs- und das Solidaritätskriterium.

---

178 Vgl. auch für die Zitate H. Luther 1992, 224, 234, 237–238, für die beiden genannten Themen etwa a. a. O., 233, 235.
179 Dieser Satz reformuliert die Gedanken Luthers (H. Luther 1992, 234–238) einschließlich seiner Betroffenen-Semantik für das Verantwortungsthema.

Ausblick

Am Ende von Frieder Vogelmanns Arbeit „Im Bann der Verantwortung" steht kein Ausblick, eher: die Erklärung des Fehlens eines Ausblicks – oder der Aufruf zum Ausbruch:

> Da sie [die Kritik oder die Philosophie, FH] selbst noch im Bann der Verantwortung steht und die notwendigen Transformationen nicht als philosophische Aufgabe, sondern als politischen Kampf begreift, kann sie kein Bild einer Welt jenseits von ‚Verantwortung' und ‚Verantwortungslosigkeit' vorzeichnen. Gerade weil sie sich selbst noch im Bann der Verantwortung gefangen weiß, bleibt ihr nur, den Bann der Verantwortung als das zu zeigen, was er ist.[1]

Ist der Blick[2] gebannt, kann es auch keinen Ausblick geben.

Am Ende dieser theologisch-fundamentalethischen Arbeit hingegen steht ein Ausblick – und zunächst: die Erklärung für die Möglichkeit eines Ausblicks. Der These vom Bann der Verantwortung widerspricht eine Intuition, die sich durch die Kapitel dieser Arbeit zieht. Verantwortung ist nicht gleich Verantwortung.[3] Insbesondere die Auffächerung der teilweise sehr unterschiedlichen Imaginationen, die „Verantwortung" allein in den akademischen Praktiken evangelischer, überwiegend deutschsprachiger Theologie im 20. Jahrhundert konnotiert, verweist auf die Breite der Vielfalt der von diesen Imaginationen durchwirkten Verantwortungspraktiken. So ließ sich für die theoretische Ebene zwar eine heuristische Arbeitsdefinition formulieren und der von Verantwortung in evangelischen Ethiken denotierte Bedeutungsmehrwert auf die Bearbeitungen von Sollenskonflikten und -kontingenzen bringen. Sobald Verantwortung aber über einen imaginationstheoretischen Zugriff auf ihre akademische Praxis perspektiviert wurde, zeigte sich die Vielfalt der Imaginationen, die Verantwortung als Begriff und Symbol praktisch konnotiert und die sich in den Eigendynamiken ihrer sozialen Verwendungen mit ihr verbanden. Der Einbezug anderer gesellschaftlicher Praktiken sowie der vom Praxisbegriff nahegelegte Einbezug von Körperlichkeit und Materialität in Verantwortungspraktiken würde das so entstandene Bild weiter diversifizieren. Kurzum: Die theoretisch und definitorisch herstellbare Einheit von Verantwortung lässt sich in den eigendynamischen Vollzugswirklichkeiten gesellschaftlicher Verantwortungspraktiken weder auffinden noch über akademische Deutungshoheit

---

[1] Vogelmann 2014, 435.
[2] Vogelmann verwendet das Bild vom „Blick" im Zusammenhang mit dem Bann auch selbst: Vogelmann 2014, 19.
[3] Auch Assadis Arbeit lässt sich als Hinweis auf die Vielfalt der Verantwortungen lesen, vgl. Assadi 2013, insbes. etwa S. 244–254.

herstellen. Genau diese praktische Vielfalt spricht dagegen, dass Verantwortung im Singular in den Bann schlägt.[4] Manche Ensembles von Verantwortungspraktiken als Konstellationen bestimmter Imaginationen, Körper und Dinge werden diejenigen in den Bann schlagen, die sich auf den Subjekt- oder Objektpositionen dieser Praktiken wiederfinden. Andere Verantwortungspraktiken werden die Inhaber:innen ihrer Subjekt- oder Objektpositionen ermächtigen, befreien oder sie schlicht ungestört ihren Alltag leben lassen.

Um das Bild aus der Einleitung aufzugreifen: Verantwortung ist weniger ein Schlüssel, sondern vielmehr ein Schlüsselbund – und zwar eher der Schlüsselbund eines Briefzustellers als der einer Privatperson: Es öffnet, schließt und verschließt die unterschiedlichsten Türen – und nicht einfach die Gefängnistür des Banns von innen.

Wenn dies soweit plausibel ist, wird sich nicht fundamentalethisch das Gute oder das Bannende der Verantwortung im Singular herauspräparieren lassen. Vielmehr werden dann die materialethischen Blicke auf die jeweils unterschiedlich gelagerten Ambivalenzen spezifischer Verantwortungspraktiken nötig. Diese Blicke können aber im Rahmen einer fundamentalethischen Arbeit wie der vorliegenden nur Ausblicke sein, deren Blickrichtungen andere und weitere Projekte folgen können.

Für diese materialethischen Weiterarbeiten liefern die vorliegenden fundamentalethischen Reflexionen das nötige Rüstzeug – genauer: die theoretischen Kategorien, eine begriffsgeschichtlich sensibilisierte Heuristik, eine erweiterbare Systematik von Imaginationen sowie die Skizze einer in einer theologischen Tradition gegründeten Kriteriologie – auch für die Responsibilisierungspraktik, die evangelische Verantwortungsethik selbst ist. Die vorliegenden Reflexionen tun dies als Selbstreflexion der Praxis evangelischer Ethik. Auf diese Praxis hat die vorliegende Arbeit besagte Kategorien, Heuristik, Systematik und Kriteriologie anzulegen begonnen. Materialethische Arbeiten werden dies für andere gesellschaftliche Praktiken im Modus der Praxiskritik tun können, während sie im Modus von Selbst- und Kritikkritik den Zusammenhang zur eigenen Ethikpraxis mitreflektieren (2.3.3).

– Als Kategorie zur Reflexion und Kritik von Verantwortung habe ich in dieser Arbeit einen imaginationstheoretisch pointierten Praxisbegriff entfaltet, der

---

4 Ähnliches hat auch Buddeberg gegen Vogelmanns Fundamentalkritik eingewandt; das belegt folgendes Zitat von ihr: „Einige der von Vogelmann aufgeworfenen kritischen Fragen leuchten mir ein. Gleichwohl meine ich, dass nicht jegliche Verwendung des Begriffs pauschal als Symptom oder Quelle eines selbstobjektivierenden Selbstverhältnisses zu denunzieren ist; [...]. Stattdessen denke ich, dass philosophische Reflexion doch dabei helfen kann und sollte, *bestimmte* Verwendungsweisen von Verantwortung als problematisch zurückzuweisen." (Buddeberg 2016, 233, kursiv im Original)

die Aufmerksamkeit auf das praktische Zusammenspiel von Imaginationen, Körpern und Dingen in konkreten Vollzugswirklichkeiten richtet (2.1, 2.2, 2.3.2).
- Als Heuristik habe ich zunächst einen hierarchisch integrierten Begriff von formal responsiver Verantwortung vom Konzept der Aufgabenverantwortung her vorgeschlagen (2.3) und damit als verantwortungsrelevant identifizierte Texte vor allem evangelischer Ethik auf den Bedeutungsmehrwert untersucht, den „Verantwortung" in ihnen denotiert. Dieser bestand im Umgang mit Sollenskonflikten und -kontingenzen (Kapitel 3).
- Dann wurden die überwiegend in denselben Texten vom Verantwortungsbegriff praktisch konnotierten Imaginationen systematisch und in ihrer jeweiligen Ambivalenz dargestellt. So ergab sich eine Tafel aus jeweils primär responsibilisierenden, situierenden und kontextualisierenden Imaginationen (Kapitel 4, zur Tafel s. o.).
- Eine Kriteriologie habe ich schließlich ausgehend von einer der vorher entfalteten Imaginationen als Basisimagination – der Versöhnungsimagination – entfaltet. Der damit formulierte Impuls zu einer selbstreflexiven evangelischen Verantwortungsethik lässt sich dann wie folgt zusammenfassen.

Eine selbstreflexive evangelische Verantwortungsethik findet den Grund für (ihre eigenen) Responsibilisierungen und deren Kritik in einem formal responsiven Verantwortungsverständnis und material im Horizont der Versöhnungsimagination als Basisimagination von Verantwortung. Insofern Verantwortungspraktiken einschließlich der Praxis evangelischer Ethik auf eine im Horizont dieser Imagination wahrgenommene Wirklichkeit antworten,[5] ergeben sich in Entsprechung zu dieser Wirklichkeit Kriterien dafür, was als relativ bessere Antwort gelten kann, aus den drei Sachmomenten, die Bonhoeffer in Barthscher Tradition in dem der Versöhnungsimagination zugrundeliegenden Christnarrativ ausmacht: Dem inkarnationstheologischen Sachmoment, das die Endlichkeit humaner Verantwortung genauso betont wie die Verantwortung in der Endlichkeit, entsprechen auf der Seite praktischer Antwort das Konkretions-, das Kapitaladäquanz- und das Reziprozitätskriterium. Dem kreuzestheologischen Sachmoment, dass die Fehleranfälligkeit humaner Verantwortung betonen lässt, entsprechen das Fehlertoleranz- und das Reintegrationskriterium sowie das Kriterium diskursiver Prüfbarkeit der Verantwortungszuschreibung. Dem eschatologischen Sachmoment, nach dem die Verwirklichung des letztlich Guten jenseits humaner und individueller Verantwortung liegt, entsprechen das Grenzentwurfs-, Beteiligungs- und Solidaritätskriterium.

---

5 Vgl. Dabrock 2009, 130–145, dort besonders S. 137–138.

Dies fasst folgende Tabelle zusammen:

Tabelle 5: Kriterien für Verantwortungspraktiken

Endliche Verantwortung	Gerichtete Verantwortungslosigkeit	Angenommene Unverantwortbarkeit
Reziprozität	Diskursive Prüfbarkeit	Beteiligung
Konkretion	Fehlertoleranz	Grenzentwurf
Kapitaladäquanz	Reintegration	Solidarität

Wie sehr die einzelnen Kriterien miteinander zusammenhängen und ineinander verzahnt sind, wird sich in der praktischen Arbeit mit ihnen zeigen. Schon auf theoretischer Ebene wird beispielsweise deutlich: Das Reziprozitätskriterium wird konkret in der diskursiven Prüfbarkeit, die sich im Vollzug wiederum am Beteiligungskriterium orientieren wird. Konkretions- und Grenzentwurfkriterium lassen sich als zwei Seiten derselben Medaille verstehen, wobei jenes Verantwortung konkretisiert und dieses die Grenze zum nicht mehr zu Verantwortenden entwirft.

Während die Reflexionen zum Verantwortungsbegriff relevante Themen für den Verantwortungsdiskurs auffinden lassen, die Kategorie eines imaginationspointierten Praxisbegriffs die Wahrnehmung der tatsächlich ablaufenden Praktiken, einschließlich der akademischen Ethik selbst, schärft, und die Systematik der Imaginationen eine Grundlage für differenzierte Diskussion unterschiedlicher Verantwortungspraktiken liefert, stellt die Kriteriologie konkretere Orientierungen für deren Evaluation in evangelischer Perspektive bereit. An diese fundamentalethischen Reflexionen könnten nun materialethische Arbeiten anknüpfen. In welche Richtungen solche Forschungen etwa gehen könnten, will ich im Folgenden anhand der Themen Nachhaltigkeit, Seelsorge oder Digitalität nur beispielhaft andeuten.

Zum Thema *Nachhaltigkeit* haben Buschmann und Sulmowski festgehalten: „Verantwortung spielt für den Nachhaltigkeitsdiskurs eine zentrale Rolle."[6] Das gilt auch für theologische[7], ökumenische[8] und kirchliche Beiträge[9]. Ausführlich hat 2017

---

6 Buschmann und Sulmowski 2018, 283.
7 So schreibt etwa der katholische Theologe Markus Vogt: „Nachhaltigkeit ist der kategorische Imperativ zeitgemäßer Schöpfungsverantwortung." (Vogt 2012, 34)
8 Historisch zeigt sich die Nähe von Nachhaltigkeit und Verantwortung etwa in der Ökumenischen Bewegung: In der „Konsultation des Ökumenischen Rats der Kirchen in Bukarest 1974" taucht der Begriff „*sustainability*" auf – bis dahin zieht Torsten Meireis den modernen Nachhaltigkeitsdiskurs zurück (Vgl. Meireis 2016, 20, dort auch die Zitate, kursiv im Original). Die in dieser Bewegung in der Folge entwickelten Leitbilder einer „*just and sustainable society*" und dann einer „*just, participatory*

die „Konferenz ,Reflexive Responsibilisierung. Verantwortung für nachhaltige Entwicklung'" das „Verhältnis von Nachhaltigkeit und Verantwortung" aufgearbeitet.[10] Dabei steht etwa die Frage im Fokus, wer für nachhaltige Entwicklung wie und inwiefern Verantwortung trägt – „die Frage nach Konstellationen von Verantwortungsattributionen" also.[11] Viele Beiträge haben in diesem Diskurs bereits mit der Kategorie des Praxisbegriffs gearbeitet.[12] Insgesamt sind einzelne Responsibilisierungen – gerade etwa im Sinne einer Konsument:innenverantwortung – hoch umstritten.[13] Zum evangelisch-ethischen Diskurs über Nachhaltigkeit könnte die konstruktiv-kritische Reflexion auf die in dieser Arbeit entwickelten Verantwortungsimaginationen einen Beitrag zur Erkundung von „Cultural Sustainability"[14] leisten.

Damit liegen von den Imaginationen her etwa folgende Fragen nahe: Mit welchen dieser Imaginationen ist der Verantwortungsbegriff in Beiträgen zum Nachhaltigkeitsdiskurs konnotierend verbunden? Wo sind entsprechende Imaginationen bereits ins soziale Imaginäre eingesickert und institutionalisiert? Wo treten Spannungen auf zwischen Nachhaltigkeitspraktiken und Verantwortungsimaginationen, etwa zwischen den Begegnungsimaginationen und der im Sinne von Nachhaltigkeit geforderten „Fernstenverantwortung"[15]? Könnten Stellvertre-

---

and sustainable society" stünden in Tradition zum früheren ökumenischen Leitbild der *„responsible society"*; die nachhaltige löst die verantwortliche Gesellschaft ab (vgl. auch für die Zitate Meireis 2016, 21, im Original kursiv). Falko Schmieder hat darauf verwiesen, dass das mit dem Nachhaltigkeitsbegriff arbeitende Modernisierungskonzept „die Anfang der 1970er Jahre kursierende sozialethische Formel der ,verantwortlichen Gesellschaft' ablöste" (Schmieder 2018, 186), wobei unklar bleibt, inwiefern dies auch das ökumenische Leitbild mit meint, das ja eigentlich schon seit den 1940er Jahren kursierte.

9 In der EKD-Denkschrift „Umkehr zum Leben. Nachhaltige Entwicklung im Zeichen des Klimawandels" etwa wird explizit von der „Verantwortung von Industrie- und Entwicklungsländern" (vgl. Kirchenamt der EKD 2009, 14, 45–46, 82, 115, Zitat auf S. 14), der Kirche und ihrer Glieder (a. a. O., 20–21, 156), der Unternehmen (a. a. O., 79) und der Eigenverantwortung der Einzelnen (a. a. O., 55) gesprochen.

10 Vgl. auch für beide Zitate Henkel et al. 2018b, 19–20.

11 Vgl. auch für das Zitat Henkel et al. 2018b, 12.

12 Vgl. etwa Henkel et al. 2018b, 15–17; Rückert-John und Jaeger-Erben 2018, 300–304; Jaeger-Erben und Hipp 2018, 372–373; M. Jonas 2018, 397–398 und die dort zitierte Literatur.

13 Zur Frage der individuellen Verantwortung und Konsument:innenverantwortung vgl. unter anderem Heidbrink und I. Schmidt 2011; Schrader 2013; Grunwald 2013; Grunwald 2018; Rückert-John und Jaeger-Erben 2018; Jaeger-Erben, Rückert-John und Schäfer 2017b; Jaeger-Erben, Rückert-John und Schäfer 2017a; Paech 2018.

14 Vgl. dazu Meireis und Rippl 2019, Zitat aus dem Titel. Zur Rolle von „social imaginaries" (Taylor) in und für kulturelle Nachhaltigkeit vgl. schon Meireis 2019b, 54, dort auch das Zitat. Das legt schon nahe, nun auch nach Verantwortungsimaginationen zu fragen.

15 Vgl. auch für das Zitat Hochmann und Pfriem 2018, 134.

tungsimaginationen in einer Ethikpraxis wichtig werden, die für nachhaltiges Handeln wirbt?[16] Welche Rolle spielen Imaginationen bei der Entstehung der „Einstellungs-Verhaltens-Kluft"[17]? Oder allgemeiner gesagt: Inwiefern machen welche Imaginationen es wahrscheinlicher oder unwahrscheinlicher, dass an Responsibilisierungspraktiken der Nachhaltigkeit auch Responsepraktiken anknüpfen? Dabei könnte sich die Aufmerksamkeit auch auf von Religions- und Gemeindepädagogik behandelte Praktiken richten und reflektieren, inwiefern diese als Responsibilisierungspraktiken fungieren und spezifische Verantwortungsimaginationen reproduzieren; dies wäre etwa für Praktiken des Musizierens interessant.[18] Die Evaluation all dieser Imaginationen und Praktiken vermittels der hier vorgelegten Kriterien kann dabei auch helfen, diese Kriterien weiter auszuarbeiten. Insofern könnte das hier Erarbeitete im Nachhaltigkeitsdiskurs eine Fortsetzung finden.

Das Thema *Seelsorge* ist doppelt mit dem Thema Verantwortung verbunden: Poimenisch geht es einerseits um die Verantwortung der Seelsorgenden:[19] Christoph Morgenthaler etwa verweist beim Thema „Seelsorge bei assistiertem Suizid" in

---

16 In dieser Richtung hat etwa Traugott Jähnichen den Stellvertretungsgedanken aufgerufen, nicht ohne später auf dessen Problematik zu verweisen: „Da jedoch zukünftige Generationen und die kreatürliche Mitwelt bei gegenwärtigen Entscheidungen nicht angemessen vertreten sind, ist im Blick auf den Aspekt der Nachhaltigkeit der Gedanke der Stellvertretung, wie er explizit dem Konzept der Verantwortungsethik Bonhoeffers entspricht [...], grundlegend. So benötigen die Natur wie auch kommende Generationen Anwälte ihrer Interessen in der Gegenwart, wobei jedoch problematisch und stets neu zu prüfen ist, wer sich mit welchem Recht und mit welchen Argumenten als Träger einer solchen advokatorischen Ethik erweisen kann." (Jähnichen 2015, 363–364)
17 Vgl. auch für das Zitat: Heidbrink und I. Schmidt 2011, 36.
18 So heißt es etwa mit explizitem Verweis auf die Schöpfungsverantwortung in einem Standardhandbuch zur „Musik in Schule und Gemeinde" (so der Untertitel des Bandes: Bubmann und Landgraf 2006b): „Musik zur sozialethischen Weltverantwortung [...] bzw. die mit ihr verbundenen Texte haben eine explizit ethische Ausrichtung und fordern einen verantwortlichen Umgang mit der Schöpfung oder mit dem Nächsten" (Bubmann und Landgraf 2006a, 47, im Original teilw. hervorgehoben). Im Zusammenhang mit „ökologischer Responsibilisierung" hat dies etwa Thorsten Philipp für „das populäre Lied" getan (vgl. auch für beide Zitate Philipp 2018, 316).
19 Immer wieder, aber doch nicht so häufig wie vielleicht erwartet, ist in kirchlichen und akademischen Texten von der Verantwortung der Seelsorgenden die Rede: So hält der „Wissensspeicher für die Arbeit in Presbyterien" der westfälischen Landeskirche fest, dass „[a]lle Gemeindeglieder füreinander seelsorgliche Verantwortung" tragen (vgl. auch für die Zitate Landeskirchenamt der Evangelischen Kirche von Westfalen o.J. [https://www.gemeinde-bewegen.de/136-2/, Abruf am 25.4. 2022], zweites Zitat dort 4.2.). Michael Klessmann spricht nicht nur von „berufsethischer Verantwortung" der Seelsorgenden (vgl. auch für das Zitat Klessmann 2012, 312), sondern skizziert auch eine „Ethik des Helfens", in der es um die „Grundhaltung" der Seelsorgenden geht und in der über eine Levinas-Referenz der Verantwortungsbegriff vorkommt (vgl. Klessmann 2012, 313–316, Zitate auf S. 313, Levinas-Referenz auf S. 314).

der Schweiz angesichts des „theologischen Grunddilemma" der christlichen Seelsorgenden in dieser Situation auf deren „Verantwortung":[20] „Keinem und keiner wird die Verantwortung abgenommen, zu einer persönlichen Position zu finden."[21] Gerade hier ist „Verantwortung" also auch mit dem von ihr denotierten, systematisch charakteristischen Sollenskonflikt verbunden. Vor diesem Hintergrund wäre erforschenswert, welche (der hier vorgestellten) Verantwortungsimaginationen die Verantwortung der Seelsorgenden prägt, welche Verantwortungsimaginationen in Lehrbüchern und Seelsorgeausbildungspraktiken (re)produziert werden und wie diese Imaginationen das Seelsorgegespräch und dessen Relationen prägen. So lässt sich beispielsweise Henning Luthers Problematisierung vom „Defizitmodell des Helfens"[22] rückblickend auch als Auseinandersetzung mit einer von der Fragilitätsimagination durchwirkten Seelsorgepraxis verstehen.

Am Schnittpunkt von Poimenik und Verantwortungstheorie geht es zweitens um die Verantwortung derjenigen, die Seelsorge suchen oder von Seelsorgenden gefunden werden: „Verantwortliches Entscheiden und Handeln von Menschen in ihrer aktiven wie auch pathischen Dimension zählen somit zu zentralen Themen und Subtexten seelsorglicher Beratung und Begleitung."[23] Vor diesem Hintergrund scheint die ethische Reflexion darauf ertragversprechend, welche Imaginationen, gefasst in welche Narrative, Seelsorgende aus der christlichen Vorstellungswelt anbieten könnten und welche Imaginationen im Lichte der hier vorgestellten Kriteriologie besonders naheliegen. Zu reflektieren wäre auch, inwiefern Seelsorgepraxis da, wo sie nach dem „Prinzip der Nicht-Direktivität"[24] verfährt, subtil als Responsibilisierungspraxis fungiert. Insgesamt wäre hier auszuloten, welche Rolle nicht nur „endliche Verantwortung" und der Umgang mit „Verantwortungslosigkeit" in Seelsorgegesprächen spielen, sondern auch, inwiefern Bilder des „Unverantwortbaren" gerade in religiöser Perspektive ins Gespräch kommen.

Das Stichwort der *Digitalität* bezieht sich auf einen weitreichen gesellschaftlichen Wandel, der mit der Entwicklung und Verbreitung digitaler Technologie zu

---

20 Vgl. dafür und für das zweite Zitat: Morgenthaler 2019, 80, das erste Zitat ist der Aufsatztitel.
21 Morgenthaler 2019, 80.
22 Vgl. H. Luther 1992, 224–238, das Zitat ist der Untertitel des Aufsatzes (a.a.O., 224). Luther klärt den Begriff wie folgt: „Unter Defizitperspektive verstehe ich jenen Ansatz, der die Adressaten der Seelsorge prinzipiell als mit einem Mangel/Defizit behaftet sieht, dem andere, die gleichsam defizitfrei sind, abzuhelfen suchen. Im Defizitmodell wird Seelsorge/Beratung in einer einlinigen, herablassenden Einstellung betrieben, in einem Oben-Unten-Gefälle, in dem Starke, Gesunde, Lebende… sich helfend dem Schwachen, Kranken, Sterbenden… zuwenden." (a.a.O., 234) Das lässt sich als Beschreibung dessen lesen, was ich Fragilitätsimaginationen und potestativen Dual genannt hatte (4.3.2).
23 Sautermeister 2017, 63.
24 Vgl. auch für die Zitate Klessmann 2012, 306, im Original gefettet.

tun hat, aber sich keineswegs auf die technische Dimension materialer Praxisbestandteile reduzieren lässt: So verdeutlicht schon Christoph Neubergers Medienbegriff, der „zwischen dem technischen Potenzial eines Mediums und seiner selektiven Aneignung im Prozess der Institutionalisierung" differenziert, dass mit der Beschreibung des „technischen Potenzial[s]" digitaler Medien noch nicht alles Entscheidende gesagt ist.[25] Felix Stalder hat Digitalisierung plausibel als kulturellen Wandel skizziert und folglich von einer „Kultur der Digitalität" gesprochen:[26] „Die Entstehung und Ausbreitung der Kultur der Digitalität ist die Folge eines weitreichenden, unumkehrbaren gesellschaftlichen Wandels, dessen Anfänge teilweise bis ins 19. Jahrhundert zurückreichen."[27] Während Armin Nassehi diese These systemtheoretisch nachbuchstabiert hat,[28] bleibt an Stalders Arbeit instruktiv, dass er den Wandel auch als Wandel von Praktiken beschrieben hat.[29] Folglich ist davon auszugehen, dass sich im Zuge dieses Wandels auch die Responsibilisierungs- und Responsepraktiken verändern, auf die sich evangelische Ethik in all ihren Bereichsethiken im Modus der Praxiskritik bezieht – und nicht zuletzt die Responsibilisierungspraktik, die sie selbst ist. Das gilt es im Zuge einer selbstreflexiven Verantwortungsethik anknüpfend an vorhandene theologische Diskurse zu reflektieren, etwa für die Bereiche der Medienethik[30] oder etwa der Wirtschaftsethik[31].

Mit dem Fokus auf digitaler Technik wird auch die materiale Dimension sozialer Praktiken zu einem wichtigen Untersuchungsgegenstand und Ausgangspunkt für die ethische Reflexion derjenigen Praktiken, die „sinnhaften Gebrauch" (Reckwitz) von den jeweilgen technischen Artefakten machen. Wie relevant das gerade für eine selbstreflexive Verantwortungsethik sein kann, will ich noch kurz exemplifizierend andeuten: Praktiken der Verantwortung, wie ich sie hier zu verstehen vorgeschlagen hatte (2.3.3 und Kapitel 3), und genauer: Responsepraktiken, setzen voraus, was sich mit Philipp Staab eine „Lücke" im Herrschaftssystem nennen lässt – sei es wie bei ihm auf Organisationen bezogen oder sei es im weiteren Sinne auch auf Selbstbeherrschung bezogen:[32]

> Herrschaft ist kein einseitiger, sondern ein sich im Wechselspiel zwischen Kontrollinstanzen und Herrschaftsunterworfenen entfaltender sozialer Zusammenhang. Dabei entsteht Freiheit

---

25 Vgl. Neuberger 2009, 22–50, Zitat auf S. 22.
26 Vgl. Stalder 2016, das Zitat ist der Buchtitel. Einen ersten Einblick in seine Thesen gewährt: Stalder und W. Beck 2021.
27 Stalder 2016, 10–11.
28 Vgl. Nassehi 2019.
29 Vgl. in programmatischer Benennung so Stalder 2016, 16–17, 21.
30 Vgl. dazu beispielsweise die Arbeiten von Haberer 2015; Ott 2019.
31 Vgl. dazu beispielsweise Jähnichen und Wiemeyer 2020.
32 Vgl. Staab 2019, 230–233, Zitat auf S. 232, zum Bezug auf Organisationen vgl. a. a. O., 231.

aufseiten der Unterworfenen letztlich aus der zeitlichen Lücke, die ein Kontrollsystem benötigt, um sich auf deren (im Sinne der Kontrollinstanz) nichtintendiertes Verhalten einzustellen."[33]

In dieser Lücke findet der Umgang mit Sollenskonflikten, -kontingenzen und -uneindeutigkeiten statt, der sich begriffstraditionell als „Verantwortung" qualifizieren lässt; schlösse sich die Lücke, würde aus dieser Kontingenz Eindeutigkeit, aus der Verantwortungs- wieder eine Pflichtpraktik, deren Konflikt ein Willenskonflikt zwischen Sollen und Wollen ist (Kapitel 3). Hier wird nun ein Ausschnitt der viel diskutierten digitalen Überwachung und „Quantifizierung"[34] relevant, den Staab im Rückgriff auf Giddens „Automatisierung von Rekursivität" genannt hat.[35] Das beinhaltet: „Echtzeitbeobachtung" und „Echtzeitanalyse".[36] Und damit passiere nun genau das eben im Konjunktiv angedeutete: „Mit der Automatisierung von Rekursivität verschwindet nun also jene zeitliche Lücke, die ein Kontrollsystem benötigt, um sich auf nichtintendiertes, reflexives Verhalten einzustellen."[37] Das heißt an einem vergleichsweise harmlosen Beispiel in praxeologischen Kategorien formuliert: Der „sinnhafte Gebrauch" (Reckwitz) meiner Smartwatch zum Behufe des Fitness Tracking[38] transformiert die Verantwortung zu täglicher Bewegung in eine Pflicht. Das für vergleichsweise weniger harmlose Beispiele in Arbeitswelt[39] oder Gesundheitsvorsorge zu vertiefen, wäre eine lohnende Aufgabe selbstreflexiver Verantwortungsethik.

Am Ende stand ein offener Ausblick auf einige, bloß exemplarisch genannte materialethische Fragen, zu deren Bearbeitung die vorliegende fundamentalethische Untersuchung zur Verantwortung Anlass geben will und theoretisches Rüstzeug gibt. Grund für diesen Ausblick ist die Überzeugung, dass sich das „Bild einer Welt"[40] relativ besserer Responsibilisierungen fundamentalethisch nur vorbereiten, aber nicht vorzeichnen lässt, weil es dieses Bild mit der irreduziblen Vielfalt gesellschaftlicher und individueller Verantwortungspraktiken zu tun hat, der nur die materialethische Detailarbeit einigermaßen gerecht werden kann. Dass es aber auch in akademischen, theologischen Praktiken möglich ist, das „Bild einer Welt

---

[33] Staab 2019, 232.
[34] Vgl. Mau 2018., Zitat aus dem Untertitel. Bei Staab kommt der Begriff auch vor, etwa: Staab 2019, 248.
[35] Vgl. auch für das Zitat Staab 2019, 232–233.
[36] Vgl. auch für die Zitate Staab 2019, 232.
[37] Staab 2019, 233.
[38] Vgl. dazu Staab 2019, 248–249.
[39] Zu weniger harmlosen Beispielen aus diesem Bereich vgl. Staab 2019, 233–247.
[40] Vogelmann 2014, 435. Diese und die im Folgenden zitierte Formulierung spielen auf die am Anfang des Ausblicks zitierte Vogelmannpassage an.

jenseits von ‚Verantwortung' und ‚Verantwortungslosigkeit'" vielleicht nicht vor-,[41] aber doch nachzuzeichnen, darauf hat diese fundamentalethische Arbeit damit verwiesen, dass sie im Horizont der Versöhnungsimagination ein Drittes neben Verantwortung und Verantwortungslosigkeit beschrieben hat: das Unverantwortbare, das in diesem Horizont zunächst auch dies ist: ein unverfügbar Gutes[42]: Aus dem Unverantwortbaren der Zukunft drohen nicht nur wechselnde Katastrophen. Von dort schafft letztlich Gott allein das unzweideutig Gute. Die Hoffnung darauf könnte es aushaltbar machen, inmitten eigener und fremder Verantwortungslosigkeit endlich verantwortlich zu sein.

---

41 Für das Zitat vgl. Vogelmann 2014, 435, wo Vogelmann auch von „vorzeichnen" spricht.
42 Vgl. dazu (zum „*unverfügbaren Guten*") wie zitiert Meireis 2008, 259–261, Zitat auf S. 259, kursiv im Original.

Siglen

GMS Immanuel Kant: Grundlegung zur Metaphysik der Sitten, zitiert nach: (Kant 1974).
KD   Karl Barth: Kirchliche Dogmatik, zitiert nach (Barth 1948a, 1948b, 1950, 1953).
MdS Immanuel Kant: Metaphysik der Sitten, zitiert nach (Kant 2014).
DBW Dietrich Bonhoeffer Werke, zitiert nach Bonhoeffer 1986–1999.
WA   Weimarer Ausgabe der Schriften Martin Luthers, zitiert nach (Luther 1967).

Literaturverzeichnis

Adorno, Theodor W. 2003. *Minima Moralia: Reflexionen aus dem beschädigten Leben*. 1. Aufl. Gesammelte Schriften 4. Frankfurt am Main.

Albrecht, Christian und Reiner Anselm. 2019. „Aus Verantwortung. Der Protestantismus in den Arenen des Politischen: Zur Einleitung." In *Aus Verantwortung: Der Protestantismus in den Arenen des Politischen*, hrsg. von Christian Albrecht, Reiner Anselm, Andreas Busch, Hans M. Heinig, Christiane Kuller, Martin Laube und Claudia Lepp, 1–9. Religion in der Bundesrepublik Deutschland 3. Tübingen.

Albrecht, Christian, Reiner Anselm, Andreas Busch, Hans Michael Heinig, Christiane Kuller, Martin Laube und Claudia Lepp, Hrsg. 2019. *Aus Verantwortung: Der Protestantismus in den Arenen des Politischen*. Religion in der Bundesrepublik Deutschland 3. Tübingen.

Albrecht, Paul. 1970. „The Development of Ecumenical Social Thought and Action." In *The Ecumenical Advance: A History of the Ecumenical Movement. Volume 2: 1948–1968*, hrsg. von Harold E. Fey, 233–259. London.

Anderson, Benedict. 2006 [1983]. *Imagined communities: Reflections on the origin and spread of nationalism*. Revised edition. London, New York.

Anselm, Reiner. 1992. „Ethische Theologie: Zum ethischen Konzept Trutz Rendtorffs." *Zeitschrift für Evangelische Ethik* 36: 259–275.

Arendt, Hannah. 2006. *Eichmann in Jerusalem: Ein Bericht von der Banalität des Bösen*. Erw. Taschenbuchausg., 15. Aufl. Serie Piper 308. München.

Assadi, Galia. 2013. *Ordnung durch Verantwortung: Neue Perspektiven auf einen philosophischen Grundbegriff*. Frankfurt am Main. Dissertation.

Barth, Karl. 1948a. *Die Lehre vom Wort Gottes. Prolegomena zur kirchlichen Dogmatik: Kirchliche Dogmatik I/2*. Zürich.

Barth, Karl. 1948b. *Die Lehre von Gott: Kirchliche Dogmaitk II/2*. Zürich.

Barth, Karl. 1950. *Die Lehre von der Schöpfung: Kirchliche Dogmatik III/3*. Zürich.

Barth, Karl. 1953. *Die Lehre von der Versöhnung: Kirchliche Dogmatik IV, 1*. Zürich.

Bauman, Zygmunt. 2012. *Dialektik der Ordnung: Die Moderne und der Holocaust*. 3. Aufl. Eva-Taschenbuch 105. Hamburg.

Bayer, Oswald. 1995. *Freiheit als Antwort: Zur theologischen Ethik*. Tübingen.

Bayertz, Kurt. 1995. „Eine kurze Geschichte der Herkunft der Verantwortung." In Bayertz 1995, 3–69.

Bayertz, Kurt, Hrsg. 1995. *Verantwortung: Prinzip oder Problem?* Darmstadt.

Bayertz, Kurt und Birgit Beck. 2017. „Der Begriff der Verantwortung in der Moderne: 19.–20. Jahrhundert." In Heidbrink, Langbehn, and Loh 2017, 133–147.

Bedford-Strohm, Heinrich. 1999. *Gemeinschaft aus kommunikativer Freiheit: Sozialer Zusammenhalt in der modernen Gesellschaft. Ein theologischer Beitrag*. Öffentliche Theologie 11. Gütersloh.

Bedford-Strohm, Heinrich. 2018. *Vorrang für die Armen: Auf dem Weg zu einer theologischen Theorie der Gerechtigkeit*. 2., mit einem neuen Vorwort versehene Auflage. Öffentliche Theologie 4. Leipzig. Dissertation.

Bedford-Strohm, Jonas, Florian Höhne und Julian Zeyher-Quattlender, Hrsg. 2019. *Digitaler Strukturwandel der Öffentlichkeit: Interdisziplinäre Perspektiven auf politische Partizipation im Wandel*. 1. Auflage. Kommunikations- und Medienethik 10. Baden-Baden.

Bekenntnissynode der Deutschen Evangelischen Kirche. 1980. „Die Barmer ‚Theologische Erklärung zur gegenwärtigen Lage der Deutschen Evangelischen Kirche' (Mai 1933)." In *Neuzeit*, hrsg. von

Hans-Walter Krumwiede, Martin Greschat, Manfred Jacobs und Andreas Lindt, 130–132. Kirchen- und Theologiegeschichte in Quellen IV/2. Neukirchen-Vluyn.
Bethge, Eberhard. 1989. *Dietrich Bonhoeffer: Eine Biographie*. 7., neu durchges. Taschenbuchausg. d. 6. Aufl. Kaiser-Taschenbücher 69. München.
Bongaerts, Gregor. 2007. „Soziale Praxis und Verhalten – Überlegungen zum *Practice Turn in Social Theory*." *Zeitschrift für Soziologie* 36 (4): 246–260.
Bonhoeffer, Dietrich. 1986–1999a. „Sanctorum Communio: Eine dogmatische Untersuchung zur Soziologie der Kirche." In *Werke (DBW)*, hrsg. von Eberhard Bethge, Ernst Feil, Christian Gremmels, Wolfgang Huber, Hans Pfeifer, Albrecht Schönherr und Heinz E. Tödt. Sonderausgabe 2015. 17 Bände. Gütersloh.
Bonhoeffer, Dietrich. 1986–1999b. *Werke (DBW)*. Sonderausgabe 2015, hrsg. von Eberhard Bethge, Ernst Feil, Christian Gremmels, Wolfgang Huber, Hans Pfeifer, Albrecht Schönherr, und Heinz E. Tödt. 17 Bände. Gütersloh.
Boomgaarden, Jürgen und Martin Leiner, Hrsg. 2014. *Kein Mensch, der der Verantwortung entgehen könnte: Verantwortungsethik in theologischer, philosophischer und religionswissenschaftlicher Perspektive*. Originalausgabe. Freiburg im Breisgau.
Bourdieu, Pierre. 1993. *Sozialer Sinn: Kritik der theoretischen Vernunft*. 1. Aufl. Suhrkamp-Taschenbuch Wissenschaft 1066. Frankfurt am Main.
Bourdieu, Pierre. 2014. *Die feinen Unterschiede: Kritik der gesellschaftlichen Urteilskraft*. Unter Mitarbeit von Bernd Schwibs und Achim Russer. 24. Auflage. Suhrkamp-Taschenbuch Wissenschaft 658. Frankfurt am Main.
Bourdieu, Pierre. 2015a. *Entwurf einer Theorie der Praxis: Auf der ethnologischen Grundlage der kabylischen Gesellschaft*. 4. Aufl. Suhrkamp-Taschenbuch Wissenschaft 291. Frankfurt am Main.
Bourdieu, Pierre. 2015b. „Ökonomisches Kapital – Kulturelles Kapital – Soziales Kapital." In *Die verborgenen Mechanismen der Macht*, hrsg. von Margareta Steinrücke. Durchgesehene Neuauflage der Erstauflage 1992, 49–79. Schriften zu Politik & Kultur 1. Hamburg.
Bourdieu, Pierre. 2018. *Homo academicus*. Unter Mitarbeit von Bernd Schwibs. 7. Aufl. Suhrkamp-Taschenbuch Wissenschaft 1002. Frankfurt am Main.
Bourdieu, Pierre. 2020 [2012]. *Die männliche Herrschaft*. 5. Aufl. Suhrkamp-Taschenbuch Wissenschaft 2031. Frankfurt am Main. Aus dem Französischen von Jürgen Bolder.
Bourdieu, Pierre. 2020. *Meditationen: Zur Kritik der scholastischen Vernunft*. 5. Aufl. Suhrkamp Taschenbuch Wissenschaft 1695. Frankfurt a. M.
Brinkmann, Gert Ulrich. 1997. *Theologische Institutionenethik: Ernst Wolfs Beitrag zur Institutionendiskussion in der evangelischen Kirche nach 1945*. Neukirchener Beiträge zur systematischen Theologie 20. Neukirchen-Vluyn.
Brunner, Emil. 1943. *Gerechtigkeit: Eine Lehre von den Grundgesetzen der Gesellschaftsordnung*. Zürich.
Bruns, Katja. 2017a. „Kirche und Gesellschaft bis Mitte der 1930er Jahre." In Bruns and Dietzel 2017, 196–243.
Bruns, Katja. 2017b. „Theologie in der Bundesrepublik." In Bruns and Dietzel 2017, 244–320.
Bruns, Katja und Stefan Dietzel, Hrsg. 2017. *Heinz-Dietrich Wendland (1900–1992): Politisch-apologetische Theologie*. Edition Ethik Band 18. Göttingen.
Buber, Martin, Hrsg. 2017a. *Das dialogische Prinzip*. 14. Aufl. Gütersloh.
Buber, Martin. 2017b. „Die Frage an den Einzelnen [1936]." In Buber 2017, 197–263.
Buber, Martin. 2017c. „Ich und Du [1923]." In Buber 2017, 9–135.
Buber, Martin. 2017d. „Zwiesprache [1932]." In Buber 2017, 139–194.

Bubmann, Peter und Michael Landgraf. 2006a. „Musik in der religionspädagogischen Praxis – eine Übersicht." In *Musik in Schule und Gemeinde: Grundlagen – Methoden – Ideen: ein Handbuch für die religionspädagogische Praxis*, hrsg. von Peter Bubmann und Michael Landgraf, 13–51. Stuttgart.

Bubmann, Peter und Michael Landgraf, Hrsg. 2006b. *Musik in Schule und Gemeinde: Grundlagen – Methoden – Ideen: ein Handbuch für die religionspädagogische Praxis*. Stuttgart.

Buddeberg, Eva. 2016. „Verantwortung: Existenzial oder Versatzstück neoliberaler Apologetik?". *DZPhil* 64 (2): 232–245.

Buschmann, Nikolaus und Jędrzej Sulmowski. 2018. „Von ‚Verantwortung' zu ‚doing Verantwortung': Subjektivierungstheoretische Aspekte nachhaltigkeitsbezogener Responsibilisierung." In Henkel et al. 2018, 281–295.

Castoriadis, Cornelius. 1980. *Sozialismus oder Barbarei: Analysen und Aufrufe zur kulturrevolutionären Veränderung*. Unter Mitarbeit von Übersetzung. Politik 86. Berlin.

Castoriadis, Cornelius. 1990 [1984]. *Gesellschaft als imaginäre Institution: Entwurf einer politischen Philosophie*. Suhrkamp-Taschenbuch Wissenschaft 867. Frankfurt a. M.

Cavanaugh, William T. 2002. *Theopolitical Imagination: Discovering the Liturgy as a Political Act in an Age of Global Consumerism*. London, New York.

Christians, Clifford G. 1989. „Gibt es eine Verantwortung des Publikums?". In *Medien zwischen Markt und Moral: Beiträge zur Medienethik*, hrsg. von Wolfgang Wunden, 255–266. GEP-Buch. Stuttgart, Frankfurt am Main.

Collins, H. M. 2001. „What Is Tacit Knowledge?". In Schatzki, Knorr Cetina, and Savigny 2001, 115–128.

Dabrock, Peter. 2009. „Wirklichkeit verantworten: Der responsive Ansatz theologischer Ethik bei Dietrich Bonhoeffer." In Nethöfel 2009, 117–158.

Dabrock, Peter. 2012. *Befähigungsgerechtigkeit: Ein Grundkonzept konkreter Ethik in fundamentaltheologischer Perspektive*. Unter Mitarbeit von Ruth Denkhaus. 1. Aufl. Gütersloh.

Dahrendorf, Ralf. 1979. *Lebenschancen: Anläufe zur sozialen und politischen Theorie*. Suhrkamp Taschenbuch 559. Frankfurt am Main.

Debatin, Bernhard. 1998. „Verantwortung im Medienhandeln: Medienethische und handlungstheoretische Überlegungen zum Verhältnis von Freiheit und Verantwortung in der Massenkommunikation." In *Freiheit und Medien*, hrsg. von Wolfgang Wunden, 113–130. Beiträge zur Medienethik 4. Frankfurt am Main.

DeJonge, Michael P. 2017. *Bonhoeffer's Reception of Luther*. First edition. Oxford.

Di Blasi, Luca. 2013. *Der weiße Mann: Ein Anti-Manifest*. X-Texte zu Kultur und Gesellschaft. Bielefeld.

Dietzel, Stefan. 2017. „Biographische Grundlinien." In Bruns and Dietzel 2017, 13–107.

Duchrow, Ulrich. 1983. *Christenheit und Weltverantwortung: Traditionsgeschichte und systematische Struktur der Zweireichelehre*. 2., verb. Aufl. Forschungen und Berichte der Evangelischen Studiengemeinschaft 25. Stuttgart.

Dürrschmidt, Jörg. 2011. „Roland Robertson: Kultur im Spannungsfeld der Glokalisierung." In Moebius and Quadflieg 2011, 734–745.

Ehrenberg, Alain. 2015. *Das erschöpfte Selbst: Depression und Gesellschaft in der Gegenwart*. 2., erweiterte Auflage. Campus Bibliothek. Frankfurt, New York.

Eid, Volker. 1999. „Gewissen: Verantwortliches Selbst-Bewußtsein." In Gruber and Hintersberger 1999, 170–180.

Feil, Ernst. 1979. *Die Theologie Dietrich Bonhoeffers: Hermeneutik – Christologie – Weltverständnis*. 2. Aufl. Gesellschaft und Theologie: Systematische Beiträge 6. Berlin.

Feldhaus, Stephan. 1999. „Verantwortung als Handeln im Kompromiß: Zur ethischen Methode der Güter- und Übelabwägung." In Gruber and Hintersberger 1999, 181–199.

Fischer, Johannes. 1992. „Christliche Ethik als Verantwortungsethik?". *Evangelische Theologie* 52 (2): 114–128.

Fischer, Johannes. 2002. *Theologische Ethik: Grundwissen und Orientierung*. Forum Systematik 11. Stuttgart, Berlin, Köln.

Fischer, Johannes. 2016. „Politische Verantwortung aus christlicher Gesinnung: Über Gesinnungsethik, Verantwortungsethik und das Verhältnis von Moral und Politik." *Zeitschrift für Evangelische Ethik* 60: 297–306.

Fonnesu, Luca. 2017. „Der Begriff der Verantwortung in der Neuzeit und in der Aufklärung." In Heidbrink, Langbehn und Loh 2017, 111–132.

Forrester, Duncan B. 2004. „The Scope of Public Theology." *Studies in Christian Ethics* 17 (2): 5–19. https://doi.org/10.1177/095394680401700209.

Foucault, Michel. 1974. *Die Ordnung der Dinge: Eine Archäologie der Humanwissenschaften*. 1. Aufl. Suhrkamp-Taschenbuch Wissenschaft 96. Frankfurt am Main.

Foucault, Michel. 1992. *Was ist Kritik?* Internationaler Merve-Diskurs 167. Berlin.

Foucault, Michel. 2014. *Überwachen und Strafen: Die Geburt des Gefängnisses*. Unter Mitarbeit von Walter Seitter. 19. Aufl. Suhrkamp-Taschenbuch Wissenschaft 184. Frankfurt am Main.

Früh, Werner und Klaus Schönbach. 1982. „Der dynamisch-transaktionale Ansatz. Ein neues Paradigma der Medienwirkungen." *Publizistik* 27: 74–88.

Funiok, Rüdiger. 2011. *Medienethik: Verantwortung in der Mediengesellschaft*. 2., durchges. und aktualisierte Aufl. Kon-Texte 8. Stuttgart.

Gansterer, Gerhard. 1997. *Die Ehrfurcht vor dem Leben: Die Rolle des ethischen Schlüsselbegriffs Albert Schweitzers in der theologisch-ökologischen Diskussion*. Forum interdisziplinäre Ethik 16. Frankfurt am Main. Zugl. Wien, Univ., Diss., 1996.

Gaonkar, Dilip Parameshwar. 2002. „Toward New Imaginaries: An Introduction." *Public Culture* 14 (1): 1–19.

Gertenbach, Lars. 2011. „Cornelius Castoriadis: Gesellschaftliche Praxis und radikale Imagination." In Moebius and Quadflieg 2011, 277–289.

Giddens, Anthony. 1997. *Die Konstitution der Gesellschaft: Grundzüge einer Theorie der Strukturierung*. 3. Aufl. Theorie und Gesellschaft 1. Frankfurt.

Greenough, Chris. 2020. *Queer Theologies*. The Basics. London, New York.

Grisebach, Eberhard. 1924. *Die Grenzen des Erziehers und seine Verantwortung*. Halle.

Groos, Helmut. 1974. *Albert Schweitzer: Größe und Grenzen; eine kritische Würdigung des Forschers und Denkers*. München.

Gruber, Hans-Günter und Benedikta Hintersberger, Hrsg. 1999. *Das Wagnis der Freiheit: Theologische Ethik im interdisziplinären Gespräch. Johannes Gründel zum 70. Geburtstag*. Würzburg.

Grundgesetz für die Bundesrepublik Deutschland. Deutscher Bundestag. Dezember 2000.

Grunwald, Armin. 2013. „Überforderte Verbraucher – warum Kosumentenverantwortung die Umwelt nicht rettet." In Umweltbundesamt 2013, 6–18.

Grunwald, Armin. 2018. „Warum Konsumentenverantwortung allein die Umwelt nicht rettet: Ein Beispiel fehllaufender Responsibilisierung." In Henkel et al. 2018, 421–436.

Günther, Klaus. 2000. „Verantwortlichkeit in der Zivilgesellschaft." In *Das Interesse der Vernunft: Rückblicke auf das Werk von Jürgen Habermas seit „Erkenntnis und Interesse"*, hrsg. von Stefan Müller-Doohm. 1. Aufl., 465–485. Frankfurt am Main.

Günther, Klaus. 2002. „Zwischen Ermächtigung und Disziplinierung: Verantwortung im gegenwärtigen Kapitalismus." In *Befreiung aus der Mündigkeit: Paradoxien des gegenwärtigen Kapitalismus*, hrsg. von Axel Honneth, 117–139. Frankfurter Beiträge zur Soziologie und Sozialphilosophie 1. Frankfurt am Main.

Günther, Klaus. 2006. „Aufgaben- und Zurechnungsverantwortung." In *Verantwortung in der Zivilgesellschaft: Zur Konjunktur eines widersprüchlichen Prinzips*, hrsg. von Ludger Heidbrink, 295–329. Frankfurt am Main.

Haberer, Johanna. 2015. *Digitale Theologie: Gott und die Medienrevolution der Gegenwart*. München.

Habermas, Jürgen. 1983. *Moralbewußtsein und kommunikatives Handeln*. Suhrkamp-Taschenbuch Wissenschaft 422. Frankfurt am Main.

Habermas, Jürgen. 1988. *Der philosophische Diskurs der Moderne: Zwölf Vorlesungen*. Suhrkamp-Taschenbuch Wissenschaft 749. Frankfurt am Main.

Habermas, Jürgen. 1990. „Vorwort zur Neuauflage 1990." In *Strukturwandel der Öffentlichkeit: Untersuchungen zu einer Kategorie der bürgerlichen Gesellschaft*, hrsg. von Jürgen Habermas, 11–50. Frankfurt am Main.

Habermas, Jürgen. 1995a. *Theorie des kommunikativen Handelns: Band 1. Handlungsrationalität und gesellschaftliche Rationalisierung*. Suhrkamp-Taschenbuch Wissenschaft 1175. Frankfurt am Main.

Habermas, Jürgen. 1995b. *Theorie des kommunikativen Handelns: Band 2. Zur Kritik der funktionalistischen Vernunft*. Suhrkamp-Taschenbuch Wissenschaft 1175. Frankfurt am Main.

Habermas, Jürgen. 1995c. *Vorstudien und Ergänzungen zur Theorie des kommunikativen Handelns*. 1. Aufl. Suhrkamp-Taschenbuch Wissenschaft 1176. Frankfurt am Main.

Hamilton, Nadine. 2016. *Dietrich Bonhoeffers Hermeneutik der Responsivität: Ein Kapitel Schriftlehre im Anschluss an „Schöpfung und Fall"*. Forschungen zur systematischen und ökumenischen Theologie 155. Göttingen. Dissertation.

Hamm, Berndt. 1986. „Was ist reformatorische Rechtfertigungslehre?". *Zeitschrift für Theologie und Kirche* 83 (1): 1–38.

Han, Byung-Chul. 2016. *Psychopolitik: Neoliberalismus und die neuen Machttechniken*. 2. Auflage. Fischer Taschenbuch 03375. Frankfurt am Main.

Harari, Yuval N. 2016. *Homo deus: A brief history of tomorrow*. Revised edition. London.

Harris, Ruth. 2014. „The Allure of Albert Schweitzer." *History of European Ideas* 40 (6): 804–825.

Harvie, Timothy. 2009. *Jürgen Moltmann's Ethics of Hope: Eschatological Possibilities For Moral Action*. Farnham, Surrey, England, Burlington, Vt.

Haubner, Tine. 2016. *Die Ausbeutung der sorgenden Gemeinschaft*. Frankfurt am Main. Dissertation.

Heidbrink, Ludger. 2003. *Kritik der Verantwortung: Zu den Grenzen verantwortlichen Handelns in komplexen Kontexten*. 1. Aufl. Ethische Anthropologie. Weilerswist.

Heidbrink, Ludger. 2007. *Handeln in der Ungewissheit: Paradoxien der Verantwortung*. Kulturwissenschaftliche Interventionen 7. Berlin.

Heidbrink, Ludger, Claus Langbehn und Janina Loh, Hrsg. 2017. *Handbuch Verantwortung*. Springer Reference Sozialwissenschaften. Wiesbaden, s.l.

Heidbrink, Ludger und Imke Schmidt. 2011. „Mehr Verantwortung für den Konsumenten." *Ökologisches Wirtschaften* 26 (3): 35. https://doi.org/10.14512/oew.v26i3.1144.

Henkel, Anna, Lars Hochmann, Nikolaus Buschmann und Nico Lüdtke, Hrsg. 2018a. *Reflexive Responsibilisierung: Verantwortung für nachhaltige Entwicklung*. Sozialtheorie. Bielefeld.

Henkel, Anna, Nico Lüdtke, Nikolaus Buschmann und Lars Hochmann. 2018b. „Einleitung: Reflexive Responsibilisierung. Beiträge kulturwissenschaftlicher Perspektiven zum Nachhaltigkeitsdiskurs." In Henkel et al. 2018, 9–27.

Hillebrandt, Frank. 2014. *Soziologische Praxistheorien: Eine Einführung*. Soziologische Theorie. Wiesbaden.

Hirsch, Emanuel. 1926. *Die idealistische Philosophie und das Christentum: Gesammelte Aufsätze*. Studien des apologetischen Seminars 14. Gütersloh.

Hirsch, Emanuel. 1964. *Hilfsbuch zum Studium der Dogmatik*. 4. Aufl. Berlin.

Hirschberger, Johannes. 1980. *Geschichte der Philosophie: Band II: Neuzeit und Gegenwart*. Lizenzausgabe der 11. Auflage. Frankfurt/M.

Hochmann, Lars und Reinhard Pfriem. 2018. „Verantwortung kommt mit Nähe: Vorspiel einer Unternehmenstheorie der Zukunft." In Henkel et al. 2018, 123–140.

Höffe, Otfried. 1989. „Schulden die Menschen einander Verantwortung? Skizze einer fundamentalethischen Legitimation." In *Verantwortlichkeit und Recht*, hrsg. von Ernst-Joachim Lampe, 12–35. Jahrbuch für Rechtssoziologie und Rechtstheorie. Wiesbaden, s.l.

Höffe, Otfried. 2004. *Immanuel Kant*. Orig.-Ausg., 6., überarb. Aufl. Beck'sche Reihe 506: Denker. München.

Hofheinz, Marco und Raphaela J. Meyer zu Hörste-Bührer, Hrsg. 2014. *Theologische Religionskritik: Provokationen für Kirche und Gesellschaft*. Forschungen zur Reformierten Theologie 1. Neukirchen-Vluyn. Symposion, das vom 8.–10. Februar 2013 in Hannover stattfand.

Höhne, Florian. 2013. „Kinship in Time? Exploring the Relation of Public Theologies and Moltmann's Early Political Theology." In *Contextuality and Intercontextuality in Public Theology: Proceedings from the Bamberg Conference 23.–25.06.2011*, hrsg. von Heinrich Bedford-Strohm, Florian Höhne und Tobias Reitmeier, 53–70. Theology in the Public Square 4. Münster.

Höhne, Florian. 2015. *Einer und alle: Personalisierung in den Medien als Herausforderung für eine Öffentliche Theologie der Kirche*. Öffentliche Theologie 32. Leipzig. Teilw. zugl. Erlangen-Nürnberg, Univ., Diss., 2014 u.d.T. Personalisierung in den Medien als Herausforderung für eine evangelische Öffentliche Theologie der Kirche.

Höhne, Florian. 2017a. „,No tool of iron was heard'. A Lutheran Perspective on Leadership and Priesthood of All in the Church." In *African Christian Theologies and the Impact of the Reformation. Symposion PIASS Rwanda February 18–22, 2016*, hrsg. von Heinrich Bedford-Strohm, Tharcisse Gatwa, Traugott Jähnichen und Elisée Musemakweli, 241–54. Theologie in der Öffentlichkeit 10. Münster.

Höhne, Florian. 2017b. „Prophetenrufe und Königsbilder: Anregung zu einer Ethik ästhetischer Formen im Horizont Öffentlicher Theologie." In *Öffentliche Theologie zwischen Klang und Sprache: Hymnen als eine Verkörperungsform von Religion*, hrsg. von Thomas Wabel, Florian Höhne und Torben Stamer, 41–68. Öffentliche Theologie 34. Leipzig.

Höhne, Florian. 2017c. „Who Is Responsible for What I Do on Facebook to Democracy? A Public-Theological Reflection on the ‚Responsibility' of Media-Users for Democratic Culture." In *Religion and Democracy: Studies in Public Theology*, hrsg. von Torsten Meireis und Rolf Schieder. 1. Edition, 121–141. Ethik und Gesellschaft 3. Baden-Baden, Germany.

Höhne, Florian. 2019a. „Darf ich vorstellen: Digitalisierung. Anmerkungen zu Narrativen und Imaginationen digitaler Kulturpraktiken in theologisch-ethischer Perspektive." In Bedford-Strohm, Höhne, and Zeyher-Quattlender 2019, 25–46.

Höhne, Florian. 2019b. „‚Öffentlichkeit' als Imagination und Ensemble sozialer Praktiken. Zur Relevanz einer Schlüsselkategorie Öffentlicher Theologie in digitalen Kontexten." *Ethik und Gesellschaft*, Nr. 1: 1–31. https://doi.org/10.18156/EUG-1-2019-ART-1.

Höhne, Florian. 2019c. „The Porous Mask: A Theological Reflection on Concepts of Personhood and Personal Agency in the Digital Age." *Cursor_ Zeitschrift für Explorative Theologie.* https://cursor.pubpub.org/pub/uv2c6nd4.

Höhne, Florian. 2020a. „On Doing Public Theology: Reflections Towards a More Public Praxis." In *What Does Theology Do, Actually? Observing Theology and the Transcultural*, hrsg. von Matthew R. Robinson und Inja Inderst, 195–210. Leipzig.

Höhne, Florian. 2020b. „Wo noch? Kirche in gesellschaftlichen Öffentlichkeiten: Anmerkungen zu theopolitischen Imaginationen." In *Krisen – Aufbrüche – Transformationen: Zur Sozialität der evangelischen Kirche*, hrsg. von Traugott Jähnichen, Torsten Meireis, Johannes Rehm, Sigrid Reihs, Hans-Richard Reuter und Gerhard Wegner. [1. Auflage], 255–282. Jahrbuch Sozialer Protestantismus 12. Leipzig.

Höhne, Florian. 2021a. „‚Called to Live Responsibly'. The ‚Responsible Society' as Ethical Ideal of Participation Between the Ecumenical Debate and the German Context." In *Overcoming Violence: Challenges and Theological Responses in the Context of Central Africa and Europe*, hrsg. von Pascal Bataringaya, Claudia Jahnel, Traugott Jähnichen und Penine Uwimbabazi, 125–128. Theologie in der Öffentlichkeit 14. Wien, Zürich.

Höhne, Florian. 2021b. „Theologische Grundlegungen für eine Ethik der Social Media." In *Digitalisierung aus theologischer und ethischer Perspektive: Konzeptionen – Anfragen – Impulse*, hrsg. von Gotlind Ulshöfer, Peter G. Kirchschläger und Markus Huppenbauer. 1. Auflage, 45–62. Religion – Wirtschaft – Politik 22. Baden-Baden, Zürich.

Höhne, Florian. 2021c. „Transformation und Digitalisierung." In *Handbuch Transformation: Ein Schlüssel zum Wandel von Kirche und Gesellschaft*, hrsg. von Tobias Faix und Tobias Künkler, 294–308. Interdisziplinäre Studien zur Transformation Band 1. Neukirchen-Vluyn.

Höhne, Florian. 2021d. „Welche Öffentlichkeit? Wessen Forum? Theologische, sozialphilosophische und medientheoretische Reflexionen zur Öffentlichkeit Öffentlicher Theologie." In *Bubbles & Bodies: Neue Öffentlichkeiten zwischen sozialen Medien und Straßenprotesten: interdisziplinäre Erkundungen*, hrsg. von Lukas Kaelin, Andreas S. Telser und Ilaria Hoppe, 39–58. Edition Kulturwissenschaft Band 218. Bielefeld.

Höhne, Florian. 2022a. „Bilder des Menschlichen. Theologisch-ethische Herausforderungen der Vorstellungswelten künstlicher Intelligenz." In *Framing KI. Narrative, Metaphern und Frames in Debatten über Künstliche Intelligenz*, hrsg. von Frederike van Oorschot und Selina Fucker, 111–135. FEST Forschung Band 2. Heidelberg.

Höhne, Florian. 2022b. „Die Verantwortung kritischer Öffentlicher Theologie." In *Kritische Öffentliche Theologie*, hrsg. von Heinrich Bedford-Strohm, Peter Bubmann, Hans-Ullrich Dallmann und Torsten Meireis, 111–126. Öffentliche Theologie Band 42. Leipzig

Höhne, Florian. 2022c. „Glokal gemeinsam Menschsein. Anregungen für einen verantwortungsethischen, protestantischen Internationalismus". *Theologische Zeitschrift* 78: 269–286.

Höhne, Florian. 2022d. „Religiöse Rede im digitalen Raum in der Perspektive der Öffentlichen Theologie." In Kirche im digitalen Raum. Mediale Performanzen religiöser Akte, hrsg von Johanna Haberer und Christian Gürtler, 71–93. Erlangen.

Honecker, Martin. 1993. „Individuelle Schuld und kollektive Verantwortung: Können Kollektive sündigen?". *Zeitschrift für Theologie und Kirche* 90 (2): 213–230.

Honecker, Martin. 1995. *Grundriss der Sozialethik.* De Gruyter Lehrbuch. Berlin.

Honneth, Axel. 2013. *Die zerrissene Welt des Sozialen: Sozialphilosophische Aufsätze.* Erweiterte Neuausgabe, 4. Auflage. Suhrkamp-Taschenbuch Wissenschaft 849. Frankfurt am Main.

Hooft, W. A. Visser'T, Hrsg. 1949. *The Assembly of the World Council of Churches: Held at Amsterdam August 22nd to September 4th, 1948*. Man's Disorder and God's Design. The Amsterdam Assembly Series 5. London.

Hooft, W. A. Visser'T, Hrsg. 1955. *The Evanston Report: The Second Assembly of the World Council of Churches 1954*. London.

Huber, Wolfgang. 1973. *Kirche und Öffentlichkeit*. Forschungen und Berichte der Evangelischen Studiengemeinschaft im Auftrage des Wissenschaftlichen Kuratoriums herausgegeben von Georg Picht, Hans Dombois und Heinz Eduard Tödt 28. Stuttgart.

Huber, Wolfgang. 1985. *Folgen christlicher Freiheit: Ethik und Theorie der Kirche im Horizont der Barmer Theologischen Erklärung*. 2. Aufl. Neukirchner Beiträge zur Systematischen Theologie 4. Neukirchen-Vluyn.

Huber, Wolfgang. 1988. *Kirche*. 2. Aufl. München.

Huber, Wolfgang. 1990. „Sozialethik als Verantwortungsethik." In *Konflikt und Konsens: Studien zur Ethik der Verantwortung*, hrsg. von Wolfgang Huber, 135–157. München.

Huber, Wolfgang. 1993. *Die tägliche Gewalt: Gegen den Ausverkauf der Menschenwürde*. Herder Spektrum. Freiburg im Breisgau.

Huber, Wolfgang. 1995. „Vergangenheit verantworten – Zukunft gestalten: Zur Erinnerung an Dietrich Bonhoeffer (4. Februar 1906 bis 9. April 1945)." *Ökumenische Rundschau* 44: 147–164.

Huber, Wolfgang. 1998. *Kirche in der Zeitenwende: Gesellschaftlicher Wandel und Erneuerung der Kirche*. Gütersloh.

Huber, Wolfgang. 2009. „Freiheit und soziale Verantwortung: Eine sozialethische Perspektive." In Nethöfel 2009, 18–34.

Huber, Wolfgang. 2012a. „Legitimes Recht und legitime Rechtsgewalt in theologischer Perspektive." In *Gewalt und Gewalten: Zur Ausübung, Legitimität und Ambivalenz rechtserhaltender Gewalt*, hrsg. von Torsten Meireis, 225–242. Tübingen.

Huber, Wolfgang. 2012b. *Von der Freiheit: Perspektiven für eine solidarische Welt*. Orig.-Ausg. Beck'sche Reihe 6065. München.

Huber, Wolfgang. 2013. *Ethik: Die Grundfragen unseres Lebens von der Geburt bis zum Tod*. München.

Huber, Wolfgang. 2019. *Dietrich Bonhoeffer: Auf dem Weg zur Freiheit. Ein Porträt*. 1. Auflage. München.

Huber, Wolfgang, Torsten Meireis und Hans-Richard Reuter, Hrsg. 2015. *Handbuch der Evangelischen Ethik*. München.

Huber, Wolfgang und Heinz Eduard Tödt. 1977. *Menschenrechte: Perspektiven einer menschlichen Welt*. 1. Aufl., 1.–5. Tsd. Stuttgart.

Irlenborn, Bernd. 2002. „Verantwortung und Schuld: Philosophische und theologische Aspekte ihrer Zusammengehörigkeit." *Ethica* 10 (1): 33–49.

Jaeger-Erben, Melanie und Tamina Hipp. 2018. „Geplanter Verschleiß oder Wegwerfkonsum? Verantwortungsdiskurse und Produktverantwortung im Kontext kurzlebiger Konsumgüter." In Henkel et al. 2018, 369–390.

Jaeger-Erben, Melanie, Jana Rückert-John und Martina Schäfer. 2017a. „Do-it-yourself oder do-it-together? – Eine Typologie sozialer Innovationen für nachhaltigen Konsum." In *Soziale Innovationen für nachhaltigen Konsum: Wissenschaftliche Perspektiven, Strategien der Förderung und gelebte Praxis*, hrsg. von Melanie Jaeger-Erben, Jana Rückert-John und Martina Schäfer, 23–50. Innovation und Gesellschaft. Wiesbaden.

Jaeger-Erben, Melanie, Jana Rückert-John und Martina Schäfer, Hrsg. 2017b. *Soziale Innovationen für nachhaltigen Konsum: Wissenschaftliche Perspektiven, Strategien der Förderung und gelebte Praxis*. Innovation und Gesellschaft. Wiesbaden.

Jähnichen, Traugott. 2005. „Freie Verantwortlichkeit und Zivilcourage: Biografischer Kontext und Begründungszusammenhang der Verantwortungsethik Dietrich Bonhoeffers." In *Dietrich Bonhoeffer – Stationen und Motive auf dem Weg in den politischen Widerstand: Festschrift für Manfred Keller zum 65. Geburtstag am 19. September 2005*, hrsg. von Günter Brakelmann und Traugott Jähnichen, 89–109. Zeitansage 2. Münster.

Jähnichen, Traugott. 2015. „Wirtschaftsethik." In Huber, Meireis, and Reuter 2015, 331–400.

Jähnichen, Traugott und Joachim Wiemeyer. 2020. *Wirtschaftsethik 4.0: Der digitale Wandel als wirtschaftsethische Herausforderung*. 1. Auflage. Ethik – Grundlagen und Handlungsfelder Band 15. Stuttgart.

Jarren, Otfried und Patrick Donges. 2006. *Politische Kommunikation in der Mediengesellschaft: Eine Einführung*. 2., überarb. Aufl. Lehrbuch. Wiesbaden. http://deposit.ddb.de/cgi-bin/dokserv?id=2714081&prov=M&dok_var=1&dok_ext=htm.

Joas, Hans. 2017. *Die Entstehung der Werte*. 7. Auflage. suhrkamp taschenbuch wissenschaft [stw] 1416. Frankfurt am Main.

Joest, Wilfried. 1993. *Dogmatik: Band 2: Der Weg Gottes mit dem Menschen*. 3., durchgesehene Auflage. UTB für Wissenschaft. Uni-Taschenbücher. Göttingen.

Jonas, Hans. 1979. *Das Prinzip Verantwortung: Versuch einer Ethik für die technologische Zivilisation*. Frankfurt am Main.

Jonas, Michael. 2018. „Moralisierung der Marktsphäre? Verantwortungszuschreibungen in der Inszenierung von Fairtrade." In Henkel et al. 2018, 391–410.

Junge, Torsten. 2008. *Gouvernementalität der Wissensgesellschaft: Politik und Subjektivität unter dem Regime des Wissens*. Sozialtheorie. Bielefeld. Zugl. Hamburg, Univ., Diss., 2008 u. d. T. Junge, Torsten: Dabei sein ist alles: Gouvernementalität der Wissensgesellschaft.

Jütte, Stephan R. 2016. *Analogie statt Übersetzung*. Religion in philosophy and theology 86. Tübingen. Dissertation.

Kalinna, Georg. 2021. *Der Mensch als antwortendes Wesen: Gedanken zur gegenwärtigen Verantwortungsethik. Mit einem Vortrag von H. Richard Niebuhr*. Theologische Studien Neue Folge 16. Zürich.

Kant, Immanuel. 1974. *Kritik der praktischen Vernunft, Grundlegung zur Metaphysik der Sitten: Werkausgabe Band VII. Herausgegeben von Wilhelm Weischedel*. 1. Aufl. 12 Bände. Frankfurt am Main.

Kant, Immanuel. 2014. *Die Metaphysik der Sitten: Werkausgabe Band VIII. Herausgegeben von Wilhelm Weischedel*. 17. Aufl. 12 Bände. Frankfurt am Main.

Kantzenbach, Friedrich Wilhelm. 1978. *Programme der Theologie: Denker, Schulen, Wirkungen; von Schleiermacher bis Moltmann*. 1. Aufl. München.

Kaufmann, Franz-Xaver. 1992. *Der Ruf nach Verantwortung: Risiko und Ethik in einer unüberschaubaren Welt*. Originalausg. Herder Spektrum. Freiburg.

Keil, Günther. „Art. Pflicht. I. Philosophisch." In *Theologische Realenzyklopädie*. XXVI, 438–445.

Keller, Frieder, Marion Abendroth, Gebhard Allert, Ulrike Winkler und Gerlinde Sponholz. 2009. „Bedeutung der Verantwortungsethik von Bonhoeffer und Lévinas für die moderne Medizin." *Zeitschrift für medizinische Ethik* 55: 183–193.

Keller, Reiner. 2011. *Diskursforschung: Eine Einführung für SozialwissenschaftlerInnen*. 4. Auflage. Qualitative Sozialforschung 14. Wiesbaden.

Kelsey, David H. 2005. *Imagining redemption*. Louisville, KY.

Kemnitzer, Konstanze. 2013. *Glaubenslebenslauf-Imaginationen: Eine theologische Untersuchung über Vorstellungen vom Glauben im Wandel der Lebensalter.* Leipzig. Zugl. Neuendettelsau, Augustana-Hochschule, Habil.-Schr.

Kirchenamt der EKD, Hrsg. 2007. *Aus Gottes Frieden leben – für gerechten Frieden sorgen: Eine Denkschrift des Rates der Evangelischen Kirche in Deutschland.* 1. Aufl. Gütersloh.

Kirchenamt der EKD, Hrsg. 2009. *Umkehr zum Leben: Nachhaltige Entwicklung im Zeichen des Klimawandels; eine Denkschrift des Rates der Evangelischen Kirche in Deutschland.* 1. Aufl. Gütersloh.

Kirchschläger, Peter G. 2014. „Verantwortung aus christlich-sozialethischer Perspektive." *Ethica* 22 (1): 29–54.

Klessmann, Michael. 2012. *Seelsorge: Begleitung, Begegnung, Lebensdeutung im Horizont des christlichen Glaubens. Ein Lehrbuch.* 4. Aufl. Neukirchen-Vluyn.

Körtner, Ulrich H. J. 1988. „Ehrfurcht vor dem Leben – Verantwortung für das Leben: Bedeutung und Problematik der Ethik Albert Schweitzers." *Zeitschrift für Theologie und Kirche* 85 (3): 329–348.

Körtner, Ulrich H. J. 1992. „Verantwortung." *Glaube und Lernen* 7: 97–104.

Körtner, Ulrich H. J. 1996. „Dem Risiko trotzen: Grundzüge einer zeitgemäßen Verantwortungsethik." *Evangelische Kommentare* (10): 581–586.

Körtner, Ulrich H. J. 1997. „Prinzip Verantwortung? Begründungsprobleme heutiger Verantwortungsethik." *Glaube und Lernen* 12 (2): 136–147.

Körtner, Ulrich H. J. 2001. *Freiheit und Verantwortung: Studien zur Grundlegung theologischer Ethik.* Studien zur theologischen Ethik 90. Freiburg, Schweiz, Freiburg Breisgau, Wien.

Körtner, Ulrich H. J. 2008. *Evangelische Sozialethik: Grundlagen und Themenfelder.* 2. Aufl. UTB 2107: Theologie. Göttingen.

Körtner, Ulrich H. J. 2010. „Dimensionen der Verantwortung: Verantwortungsethik in der Diakonie." *Wiener Jahrbuch für Theologie* 8: 235–248.

Körtner, Ulrich H. J. 2016. „Gesinnungs- und Verantwortungsethik in der Flüchtlingspolitik." *Zeitschrift für Evangelische Ethik* 60: 282–296.

Körtner, Ulrich H. J. 2018. „Liebe, Freiheit und Verantwortung: Grundzüge evangelischer Ethik." In *Was ist theologische Ethik? Grundbestimmungen und Grundvorstellungen*, hrsg. von Michael Roth und Marcus Held, 93–111. De Gruyter Studium. Berlin, Boston.

Kosmahl, Hans-Joachim. 1970. *Ethik in Oekumene und Mission: Das Problem der „Mittleren Axiome" bei J.H. Oldham und in der christlichen Sozialethik.* Göttingen.

Kreß, Hartmut. 1988. „Die Kategorie der ‚Verantwortung' in der neueren Diskussion." *Theologische Rundschau* 53: 82–98.

Kreß, Hartmut. 1992. „‚Verantwortung' in der Ethik des 20. Jahrhunderts: Zum Profil eines mehrdimensionalen Begriffs." *Glauben und Lernen* 7: 117–130.

Kreß, Hartmut. 1996. „Theologische Ethik." In *Theologische Ethik – Pastoralsoziologie*, hrsg. von Hartmut Kreß und Karl-Fritz Daiber, 9–118. Grundkurs Theologie 7. Stuttgart.

Kreß, Hartmut. 1997. „Verantwortungsethik als Ethik der Person." In Kreß and Müller 1997, 115–238.

Kreß, Hartmut und Wolfgang Erich Müller, Hrsg. 1997. *Verantwortungsethik heute: Grundlagen und Konkretionen einer Ethik der Person.* Kohlhammer. Stuttgart.

Krötke, Wolf. 1985. „Gottes Anspruch und menschliche Verantwortung: Auslegung der II. These der Barmer Theologischen Erklärung." In *Die Universalität des offenbaren Gottes: Gesammelte Aufsätze*, hrsg. von Wolf Krötke, 165–178. Beiträge zur evangelischen Theologie 94. München.

Krötke, Wolf. 1995. „Dietrich Bonhoeffer. Politischer Widerstand zwischen persönlichem Wagnis und theologischer Verantwortung." *Die Zeichen der Zeit* 49: 42–47.

Krotz, Friedrich. 1996. „Parasoziale Interaktion und Identität im elektronisch mediatisierten Kommunikationsraum." In *Fernsehen als „Beziehungskiste": Parasoziale Beziehungen und Interaktionen mit TV-Personen*, hrsg. von Peter Vorderer, 73–90. Opladen.
Kühn, Manfred. 2004. *Kant: Eine Biographie*. 3. Aufl. München.
Kurz, Gerhard. 1968. „Die Verantwortung bei Martin Buber." *Bildung und Erziehung* 21: 226–231.
Landeskirchenamt der Evangelischen Kirche von Westfalen. o.J. „Gemeinde bewegen: Wissensspeicher für die Arbeit im Presbyterium." Zugriff am 23. September 2020. https://www.gemeinde-bewegen.de/136-2/.
Latour, Bruno. 2007. *Reassembling the Social: An Introduction to Actor-Network-Theory*. 1. publ. in paperback. Clarendon lectures in management studies. Oxford.
Ledig, Peter-Kristian. 1957. „Die verantwortliche Gesellschaft: Beiträge der Ökumene zu den Fragen der gesellschaftlichen Wandlung." *Gewerkschaftliche Monatshefte* 8 (3): 151–157.
Lenk, Hans. 2017. „Verantwortlichkeit und Verantwortungstypen: Arten und Polaritäten." In Heidbrink, Langbehn und Loh 2017, 57–84.
Lenk, Hans und Matthias Maring. 1995. „Wer soll Verantwortung tragen? Probleme der Verantwortungsverteilung in komplexen (soziotechnischen-sozioökonomischen) Systemen." In Bayertz 1995, 241–286.
Leonhardt, Rochus. 2009. *Grundinformation Dogmatik: Ein Lehr- und Arbeitsbuch für das Studium der Theologie*. 4. Aufl. UTB für Wissenschaft Theologie, Religion 2214. Göttingen.
Lichtenberger, Hans P. 2006. „Stellvertretung und Verantwortung bei Dietrich Bonhoeffer und Emmanuel Lévinas." In *Stellvertretung: Theologische, philosophische und kulturelle Aspekte*, hrsg. von J. C. Janowski, Bernd Janowski und Hans P. Lichtenberger, 287–312. Neukirchen-Vluyn.
Luhmann, Niklas. 1987. *Soziale Systeme: Grundriß einer allgemeinen Theorie*. 1. Aufl. Suhrkamp-Taschenbuch Wissenschaft 666. Frankfurt am Main.
Luther, Henning. 1992. *Religion und Alltag: Bausteine zu einer praktischen Theologie des Subjekts*. Radius-Bücher. Stuttgart.
Luther, Martin. 1967. *Der Christ in der Welt*. 2. Aufl. Luther Deutsch. Die Werke Martin Luthers in neuer Auswahl für die Gegenwart. Hg v. Kurt Aland 7. Stuttgart, Göttingen.
Lütkehaus, Ludger, Hrsg. 2018. *Arthur Schopenhauer: Werke in 5 Bänden mit einem Beibuch*. 2. Auflage. Gerd Haffmans bei Zweitausendeins. Leipzig.
Lütkehaus, Ludger. 2018. „Beibuch zur Schopenhauer-Ausgabe: Einleitung zu Schopenhauers Werken nach den Ausgaben letzter Hand." In Lütkehaus 2018.
Maletzke, Gerhard. 1963. *Psychologie der Massenkommunikation: Theorie und Systematik*. Hamburg.
Maletzke, Gerhard. 1964. *Grundbegriffe der Massenkommunikation: unter besonderer Berücksichtigung des Fernsehens*. München.
Marais, Nadia. 2015. *Imagining Human Flourishing? A Systematic Theological Exploration of Contemporary Soteriological Discourses*. Stellenbosch. https://scholar.sun.ac.za/bitstream/handle/10019.1/97855/marais_imagining_2015.pdf?sequence=2&isAllowed=y.
Mau, Steffen. 2018. *Das metrische Wir: Über die Quantifizierung des Sozialen*. 3. Aufl. Berlin.
Meireis, Torsten. 2008. *Tätigkeit und Erfüllung: Protestantische Ethik im Umbruch der Arbeitsgesellschaft*. Tübingen. Zugl. Münster (Westfalen), Univ., Habil.-Schr., 2007.
Meireis, Torsten. 2016. „Schöpfung und Transformation: Nachhaltigkeit in protestantischer Perspektive." In *Nachhaltigkeit*, hrsg. von Torsten Meireis und Stefan Böschen. 1. Auflage, 15–50. Jahrbuch Sozialer Protestantismus Band 9. Gütersloh.
Meireis, Torsten. 2018. „Recht auf Zugang: Sozialethische Überlegungen zur Gentrifizierung des öffentlichen Raums." In *Stadtluft macht reich/arm: Stadtentwicklung, soziale Ungleichheit und*

Raumgerechtigkeit, hrsg. von Bernhard Emunds, Claudia Czingon und Michael Wolff, 201–220. Die Wirtschaft der Gesellschaft Jahrbuch 4. Marburg.

Meireis, Torsten. 2019a. „‚O daß ich tausend Zungen hätte': Chancen und Gefahren der digitalen Transformation politischer Öffentlichkeit – die Perspektive evangelischer Theologie." In Bedford-Strohm, Höhne, and Zeyher-Quattlender 2019, 47–62.

Meireis, Torsten. 2019b. „Sustainable Development and the Concept of Culture – an Ethical View." In *Cultural Sustainability: Perspectives from the Humanities and Social Sciences*, hrsg. von Torsten Meireis und Gabriele Rippl, 47–59. Routledge Environmental Humanities. Milton.

Meireis, Torsten und Gabriele Rippl, Hrsg. 2019. *Cultural Sustainability: Perspectives from the Humanities and Social Sciences*. Routledge Environmental Humanities. Milton.

Moebius, Stephan und Dirk Quadflieg, Hrsg. 2011. *Kultur: Theorien der Gegenwart*. 2., erweiterte und aktualisierte Auflage. Wiesbaden.

Moltmann, Jürgen. 1966. *Theologie der Hoffnung: Untersuchungen zur Begründung und zu den Konsequenzen einer christlichen Eschatologie*. 6. Aufl. Beiträge zur evangelischen Theologie 38. München.

Moltmann, Jürgen. 1968. „Hoffnung und Planung." In *Perspektiven der Theologie: Gesammelte Aufsätze*, hrsg. von Jürgen Moltmann, 251–268. München, Mainz.

Moltmann, Jürgen. 1970. „Theologische Kritik der politischen Religion." In *Kirche im Prozeß der Aufklärung: Aspekte einer neuen „politischen Theologie"*, hrsg. von Johann B. Metz, Jürgen Moltmann und Willi Oelmüller, 11–51. Gesellschaft und Theologie, Abt. Systematische Beiträge 1. München.

Moltmann, Jürgen. 1972. *Der gekreuzigte Gott: Das Kreuz Christi als Grund und Kritik christlicher Theologie*. München.

Moltmann, Jürgen. 1974. *Das Experiment Hoffnung: Einführungen*. München.

Moltmann, Jürgen. 1997a. *Gott im Projekt der modernen Welt: Beiträge zur öffentlichen Relevanz der Theologie*. Gütersloh.

Moltmann, Jürgen. 1997b. „Jürgen Moltmann." In *Wie ich mich verändert habe*, hrsg. von Jürgen Moltmann, 22–30. Kaiser-Taschenbücher 151. Gütersloh.

Moltmann, Jürgen. 2010. *Ethik der Hoffnung*. 1. Aufl. Gütersloh.

Morgenthaler, Christoph. 2019. „Seelsorge bei assistiertem Suizid." *Wege zum Menschen* 71: 68–81.

Moser, Valerie. 2008. „Die Zuschreibung von Verantwortung als soziale Praxis: Erste Ergebnisse aus einem Forschungsprojekt." *sozialersinn* 9 (1): 37–50.

Moses, John Anthony. 2009. *The Reluctant Revolutionary: Dietrich Bonhoeffer's Collision with Prusso-German History*. New York.

Mudge, Lewis S. 2004. „Ecumenical Social Thought." In *A History of the Ecumenical Movement: Volume 3: 1968–2000*, hrsg. von John Briggs, Mercy A. Oduyoye und Georges Tsetsis, 279–321. Geneva.

Müller, Hans-Peter. 2014. *Pierre Bourdieu: Eine systematische Einführung*. 1. Aufl., Orig.-Ausg. Suhrkamp Taschenbuch Wissenschaft 2110. Berlin.

Müller, Wolfgang Erich. 1997. „Der Begriff der Verantwortung in der gegenwärtigen theologischen und philosophischen Diskussion." In Kreß and Müller 1997, 11–113.

Müller, Wolfgang Erich. 2000. „Eine Frage der Haltung: Das ethische Prinzip der Verantwortung ist begrenzt." *Evangelische Kommentare* 33 (8): 28–30.

Müller-Fahrenholz, Geiko. 2000. *Phantasie für das Reich Gottes: Die Theologie Jürgen Moltmanns. Eine Einführung*. Gütersloh.

Nassehi, Armin. 2011. *Soziologie: Zehn einführende Vorlesungen*. 2. Aufl. Wiesbaden.

Nassehi, Armin. 2019. *Muster: Theorie der digitalen Gesellschaft*. München.
Nemitz, Rolf. 2016. „Das Imaginäre, das Symbolische und, vor allem, das Reale." Zugriff am 7. Juni 2019. https://lacan-entziffern.de/reales/das-imaginaere-das-symbolische-und-vor-allem-das-reale/.
Nethöfel, Wolfgang. 2009. „‚Verantwortung' – notwendige Beziehungen zwischen Person und System, Schuld und Verfahren." In Nethöfel 2009, 101–116.
Nethöfel, Wolfgang, Hrsg. 2009. *Verantwortungsethik als Theologie des Wirklichen*. Göttingen.
Neuberger, Christoph. 2009. „Internet, Journalismus und Öffentlichkeit: Analyse des Medienumbruchs." In *Journalismus im Internet: Profession – Partizipation – Technisierung*, hrsg. von Christoph Neuberger, Christian Nuernbergk und Melanie Rischke, 19–105. Wiesbaden.
Nida-Rümelin, Julian. 2011. *Verantwortung*. Reclams Universal-Bibliothek 18829. Stuttgart.
Niebuhr, Helmut Richard. 1999 [1963]. *The Responsible Self: An Essay in Christian Moral Philosophy*. Library of theological ethics. Louisville, Ky.
Niebuhr, Reinhold. 1948. „Gottes Ordnung und die Unordnung der heutigen Kultur." In Studienabteilung des Oekumenischen Rates der Kirchen in Genf 1948, 11–30.
Niebuhr, Reinhold. 2008 [1932]. *Moral man and immoral society: A study in ethics and politics*. [9. print.]. Library of theological ethics. Louisvile, KY.
Nietzsche, Friedrich. 1967. „Menschliches, Allzumenschliches I." In *Kritische Gesamtausgabe IV*, hrsg. von Giorgio Colli und Mazzino Montinari, 1–375. Berlin.
Nietzsche, Friedrich. 1968. „Zur Genealogie der Moral: Eine Streitschrift." In *Kritische Gesamtausgabe VI*, hrsg. von Giorgio Colli und Mazzino Montinari, 257–430. Berlin.
Oeming, Manfred. 2010. *Biblische Hermeneutik: Eine Einführung*. 3., unveränd. Aufl. Die Theologie. Darmstadt.
Ohly, Lukas. 2017. „Die Gesinnung der Verantwortungsethik: Über eine bald hundertjährige fragwürdige Differenz." *Evangelische Theologie* 77 (3): 212–227.
Oldham, Joseph H. 1937. „Der Dienst der Kirche." In *Die Kirche und ihr Dienst in der Welt: Eine ökumenische Kirchenkunde der Gegenwart*, hrsg. von W. A. V. Hooft und Joseph H. Oldham, 94–244. Kirche und Welt 4. Berlin.
Oldham, Joseph H. 1948. „Eine Verantwortliche Gesellschaft." In Studienabteilung des Oekumenischen Rates der Kirchen in Genf 1948, 149–191.
Oppen, Dietrich von. 1960. *Das personale Zeitalter: Formen und Grundlagen gesellschaftlichen Lebens im 20. Jahrhundert*. Handbücherei des Christen in der Welt 7. Stuttgart/Gelnhausen.
Orwell, George. 1982. *Farm der Tiere: Ein Märchen*. Detebe 20118. Zürich.
Ott, Kate M. 2019. *Christian Ethics for a Digital Society*. Lanham, Boulder, New York, London.
Paech, Niko. 2018. „Überforderte Politik – warum nur individuelle Verantwortungsübernahme die Ökosphäre rettet." In Henkel et al. 2018, 437–453.
Paßmann, Johannes. 2018. *Die soziale Logik des Likes: Eine Twitter-Ethnografie*. Frankfurt am Main, New York. Dissertation.
Pfleiderer, Georg. 2006. „‚Verantwortung' als Signatur reflexiver Handlungsmächtigkeit: zur Pragmatisierung der Geschichtstheologie nach Ernst Troeltsch." In *„Geschichte durch Geschichte überwinden": Ernst Troeltsch in Berlin*, hrsg. von Friedrich W. Graf, 175–203. Troeltsch-Studien: Neue Folge 1. Gütersloh.
Philipp, Thorsten. 2018. „Farmer, farmer, put away this DDT now: Umweltkonflikte und Verantwortungsdiskurse im Spiegel des populären Liedes." In Henkel et al. 2018, 315–329.
Picht, Georg. 1969. *Wahrheit Vernunft Verantwortung: Philosophische Studien*. Stuttgart.

Plonz, Sabine. 1995. *Die herrenlosen Gewalten: Eine Relektüre Karl Barths in befreiungstheologischer Perspektive.* Mainz. Zugl. Heidelberg, Univ., Diss., 1993 u. d. T. Plonz, Sabine: Theologie im veränderten Kontext.

Polanyi, Michael. 1962. „Tacit Knowing: Its Bearing on Some Problems of Philosophy." *Reviews of Modern Physics* 34 (4): 601–616.

Popper, Karl R. 1984. *Objektive Erkenntnis: Ein evolutionärer Entwurf.* Unter Mitarbeit von Ingeborg Fleischmann, Gerd Fleischmann und Bernd K. Fleischmann. 4. Auflage, deutsche Fassung der 4. verbesserten und ergänzten Auflage nach einer Übersetzung von Hermann Vetter, in Abstimmung mit dem Autor überarbeitet von Ingeborg, Gerd und Bernd Fleischmann. Hamburg.

Prüller-Jagenteufel, Gunter M. 2004. *Befreit zur Verantwortung: Sünde und Versöhnung in der Ethik Dietrich Bonhoeffers.* Ethik im theologischen Diskurs 7. Münster. Zugl. Regensburg, Univ., Habil.-Schr., 2003 u. d. T. Prüller-Jagenteufel, Gunter M. Der Mensch im Spannungsfeld von „iustus" und „peccator" in der Ethik Dietrich Bonhoeffers.

Rasmussen, Carl J. 1995. „Gerechtigkeit, Rechtfertigung und Verantwortung in Dietrich Bonhoeffers ‚Ethik': Eine nordamerikanische Perspektive auf Bonhoeffers Autoritätsverständnis." *Berliner theologische Zeitschrift* 12 (1): 119–143.

Rawls, John. 1979. *Eine Theorie der Gerechtigkeit.* 1. Aufl. Suhrkamp-Taschenbuch Wissenschaft 271. Frankfurt am Main.

Reckwitz, Andreas. 2003. „Grundelemente einer Theorie sozialer Praktiken: Eine sozialtheoretische Perspektive." *Zeitschrift für Soziologie* 32 (4): 282–301.

Reckwitz, Andreas. 2016. *Kreativität und soziale Praxis: Studien zur Sozial- und Gesellschaftstheorie.* Sozialtheorie. Bielefeld.

Reckwitz, Andreas. 2018. *Die Gesellschaft der Singularitäten: Zum Strukturwandel der Moderne.* 6. Auflage. Berlin.

Reese-Schäfer, Walter. 2001. *Jürgen Habermas.* 3. Aufl. Campus Einführungen. Frankfurt am Main.

Rendtorff, Trutz. 1982. „Vom ethischen Sinn der Verantwortung." In *Handbuch der Christlichen Ethik: Band 3: Wege ethischer Praxis.* Bd. 3, hrsg. von Anselm Hertz, Wilhelm Korff, Trutz Rendtorff und Hermann Ringeling, 117–129. Freiburg im Breisgau.

Rendtorff, Trutz. 1989. „Schuld und Verantwortung 1938/1988: Gedanken zum christlichen Umgang mit der Vergangenheit." *Zeitschrift für Theologie und Kirche* 86 (1): 109–124.

Rendtorff, Trutz. 1990. *Ethik: Grundelemente, Methodologie und Konkretionen einer ethischen Theologie. Band I.* 2., überarb. u. erw. Aufl. Theologische Wissenschaft 13,1. Stuttgart.

Rendtorff, Trutz. 1991a. *Ethik: Grundelemente, Methodologie und Konkretionen einer ethischen Theologie. Band II.* 2., überarb. u. erw. Aufl. Theologische Wissenschaft 13,2. Stuttgart.

Rendtorff, Trutz. 1991b. *Vielspältiges: Protestantische Beiträge zur ethischen Kultur.* Stuttgart, Berlin.

Rendtorff, Trutz. 1993. „Homosexualität: Ethisch-theologische Kriterien zur Urteilsbildung." In *Was auf dem Spiel steht: Diskussionsbeiträge zu Homosexualität und Kirche,* hrsg. von Barbara Kittelberger, Wolfgang Schürger und Wolfgang Heilig-Achneck, 230–242. München.

Rendtorff, Trutz. 2001. „Lebensschutz: Zum achtsamen Umgang mit der ethischen Kultur." *Zeitschrift für Evangelische Ethik* 45: 82–85.

Rendtorff, Trutz. 2004. „Die Autorität der Freiheit: Theologische Beobachtungen zur öffentlichen Rolle der Evangelischen Kirche in Deutschland." *Zeitschrift für Theologie und Kirche* 101: 379–396.

Reuter, Hans-Richard. 1987. „Recht und Strafe: Ein Beitrag aus der Sicht evangelischer Ethik." *Zeitschrift für Evangelische Ethik* 31 (1): 372–91. https://doi.org/10.14315/zee-1987-0130.

Reuter, Hans-Richard. 2009. *Botschaft und Ordnung: Beiträge zur Kirchentheorie.* Öffentliche Theologie 22. Leipzig.

Reuter, Hans-Richard. 2011. „Das ethische Stichwort: Verantwortung." *Zeitschrift für Evangelische Ethik* 55: 301–304.
Reuter, Hans-Richard. 2015. „Grundlagen und Methoden der Ethik." In Huber, Meireis, and Reuter 2015, 9–123.
Riach, Graham. 2017. *An Analysis of Gayatri Chakravorty Spivak's Can the Subaltern Speak?* The Macat library. London.
Rieger, Hans-Martin. 2007. *Theologie als Funktion der Kirche: Eine systematisch-theologische Untersuchung zum Verhältnis von Theologie und Kirche in der Moderne.* Theologische Bibliothek Töpelmann 139. Berlin. Univ., Habil.-Schr.-Jena, 2006. http://deposit.d-nb.de/cgi-bin/dokserv?id=2943985&prov=M&dok_var=1&dok_ext=htm / http://www.gbv.de/dms/hebis-darmstadt/toc/187216665.pdf.
Römelt, Josef. 1991. *Theologie der Verantwortung: Zur theologischen Auseinandersetzung mit einem philosophischen Prinzip.* Wissenschaft und Verantwortung 1. Innsbruck. Zugl. Innsbruck, Univ., Habil.-Schr., 1990.
Römelt, Josef. 2006. „Von der Vorsehung Gottes zur Verantwortung Gottes für die selbstverantwortete Freiheit des Menschen: Freiheit und Verantwortung in den Traditionen christlicher Theologie." In *Christi Spuren im Umbruch der Zeiten: Festschrift für Bischof Joachim Wanke zum 65. Geburtstag*, hrsg. von Josef Freitag und Josef Römelt, 145–159. Erfurter theologische Studien 88. Leipzig.
Römelt, Josef. 2014. „Theologie der Verantwortung: Zu den theologischen Voraussetzungen der erfolgreichen ethischen Kategorie der Moderne und radikalen Moderne aus Sicht der katholischen Theologie." In Boomgaarden and Leiner 2014, 147–164.
Ropohl, Günter. 1994. „Das Risiko im Prinzip Verantwortung." *EuS* 5 (1): 109–120.
Rückert-John, Jana und Melanie Jaeger-Erben. 2018. „Nachhaltiger Konsum im Alltag – Verantwortungsübernahme zwischen Politisierung und Agency." In Henkel et al. 2018, 297–314.
Sander, Sabine. 2017. *Dialogische Verantwortung: Konzepte der Vermittlung und des Fremdverstehens im jüdisch-deutschen Kontext des 19. und 20. Jahrhunderts.* Paderborn.
Sautermeister, Jochen. 2017. „Gelebte Verantwortung: Gegenstand, Aufgaben und Bedeutung der Moralpsychologie (im Kontext der Theologie)." *Wege zum Menschen* 69: 62–74.
Schatzki, Theodore R. 2001. „Introduction: Practice Theory." In Schatzki, Knorr Cetina, and Savigny 2001, 10–23.
Schatzki, Theodore R. 2008. *Social Practices: A Wittgensteinian Approach to Human Activity and the Social.* Digitally printed version, paperback re-issue. Cambridge.
Schatzki, Theodore R., Karin Knorr Cetina und Eike von Savigny, Hrsg. 2001. *The Practice Turn in Contemporary Theory: [Based on a Conference held Jan. 4–6, 1996 at the University of Bielefeld].* Transferred to digital printing. London.
Scheliha, Arnulf von. 2018. *Religionspolitik: Beiträge zur politischen Ethik und zur politischen Dimension des religiösen Pluralismus.* Tübingen.
Schluchter, Wolfgang. 1971. *Wertfreiheit und Verantwortungsethik: Zum Verhältnis von Wissenschaft und Politik bei Max Weber.* Gesellschaft und Wissenschaft 3. Tübingen.
Schluchter, Wolfgang. 1979. *Die Entwicklung des okzidentalen Rationalismus: Eine Analyse von Max Webers Gesellschaftsgeschichte.* Die Einheit der Gesellschaftswissenschaften 23. Tübingen.
Schluchter, Wolfgang. 1998. *Die Entstehung des modernen Rationalismus: Eine Analyse von Max Webers Entwicklungsgeschichte des Okzidents.* 1. Aufl. Suhrkamp-Taschenbuch Wissenschaft 1347. Frankfurt am Main.
Schluchter, Wolfgang. 2000. *Individualismus, Verantwortungsethik und Vielfalt.* 1. Aufl. Weilerswist.
Schluchter, Wolfgang. 2016. *Religion und Lebensführung: Band 1: Studien zu Max Webers Kultur- und Werttheorie.* 2. Aufl. Suhrkamp-Taschenbuch Wissenschaft. Frankfurt am Main.

Schmidt, Jan-Hinrik. 2011. *Das neue Netz: Merkmale, Praktiken und Folgen des Web 2.0.* 2., überarb. Aufl. Kommunikationswissenschaft. Konstanz.

Schmidt, Robert. 2012. *Soziologie der Praktiken: Konzeptionelle Studien und empirische Analysen.* Orig.-Ausg., 1. Aufl. Suhrkamp Taschenbuch Wissenschaft 2030. Berlin.

Schmieder, Falko. 2018. „‚Eingebaute Verantwortungslosigkeit': Über Systembedingungen mangelnder Nachhaltigkeit." In Henkel et al. 2018, 181–194.

Schmitt, Carl. 2015. *Politische Theologie: Vier Kapitel zur Lehre von der Souveränität.* 10. Aufl. Berlin.

Schoberth, Wolfgang. 2014. „Theologische Religionskritik als Gesellschafts- und Ideologiekritik." In Hofheinz and Meyer zu Hörste-Bührer 2014, 118–132.

Schopenhauer, Arthur. 2018a. „Die beiden Grundprobleme der Ethik, behandelt in zwei akademischen Preisschriften." In Lütkehaus 2018, 323–632.

Schopenhauer, Arthur. 2018b. „Die Welt als Wille und Vorstellung: Erster Band. Vier Bücher, nebst einem Anhange, der die Kritik der Kantischen Philosophie enthält." In Lütkehaus 2018.

Schopenhauer, Arthur. 2018c. „Die Welt als Wille und Vorstellung: Zweiter Band, welcher die Ergänzungen zu den vier Büchern des ersten Bandes enthält." In Lütkehaus 2018.

Schopenhauer, Arthur. 2018d. „Ueber die vierfache Wurzel des Satzes vom zureichenden Grunde: Eine philosophische Abhandlung." In Lütkehaus 2018, 7–168.

Schrader, Ulf. 2013. „Verantwortlicher Verbraucher – Voraussetzungen und Perspektiven nachhaltigen Konsums." In Umweltbundesamt 2013, 19–28.

Schuhmacher, Wolfgang. 2006. *Theologische Ethik als Verantwortungsethik: Leben und Werk Heinz Eduard Tödts in ökumenischer Perspektive.* 1. Aufl. Öffentliche Theologie 20. Gütersloh. Zugl. München, Univ., Diss., 2005.

Schulz, Otmar. 2002. *Freiheit und Anwaltschaft: Der evangelische Publizist Robert Geisendörfer. Leben, Werk und Wirkungen.* Studien zur christlichen Publizistik 8. Erlangen.

Schulz, Winfried. 2000. „Art. Kommunkationsprozeß." In *Das Fischer-Lexikon Publizistik, Massenkommunikation,* hrsg. von Elisabeth Noelle-Neumann, Winfried Schulz und Jürgen Wilke. 7. Aufl., 140–171. Fischer-Taschenbücher 12260. Frankfurt am Main.

Schwarzwäller, Klaus. 1992. „Literatur zum Thema ‚Verantwortung'." *Theologische Rundschau* 57 (2): 141–179.

Schweiker, William. 1999 [1995]. *Responsibility and Christian Ethics.* 1. paperback ed. New studies in Christian ethics 6. Cambridge.

Schweiker, William. 2004. *Theological Ethics and Global Dynamics: In the Time of Many Worlds.* Malden, MA.

Schweitzer, Albert. 1974a. *Gesammelte Werke in fünf Bänden. Band 2.* München.

Schweitzer, Albert. 1974b. *Gesammelte Werke in fünf Bänden. Band 5.* München.

Schweitzer, Wolfgang. 1962. „Sozialethik." In *Die Religion in Geschichte und Gegenwart: Handwörterbuch für Theologie und Religionswissenschaft. Sechster Band Sh-Z,* hrsg. von Kurt Galling. 3. Aufl., 159–167. Tübingen.

Seele, Peter. 2016. „Envisioning the digital sustainability panopticon: a thought experiment of how big data may help advancing sustainability in the digital age." *Sustainability Science* 11: 845–854.

Seele, Peter und Chr. Lucas Zapf. 2017. *Die Rückseite der Cloud: Eine Theorie des Privaten ohne Geheimnis.* Berlin, Heidelberg.

Shaull, Richard. 1997. „The Revolutionary Challenge to Church and Theology: World Conference on Church and Society, Geneva, 1966." In *the Ecumenical Movement: An Anthology of Key Texts and Voices,* hrsg. von Michael Kinnamon und Brian E. Cope, 299–303. Geneva.

Sombetzki, Janina. 2014. *Verantwortung als Begriff, Fähigkeit, Aufgabe: Eine Drei-Ebenen-Analyse.* Wiesbaden.
Soosten, Joachim von. 1992. *Die Sozialität der Kirche: Theologie und Theorie der Kirche in Dietrich Bonhoeffers „Sanctorum Communio".* Öffentliche Theologie 2. München. Vollst. zugl. Heidelberg, Univ., Diss., 1989.
Sozialethischer Ausschuß der Evangelischen Kirche im Rheinland. 1961. „Gutachten des Sozialethischen Ausschusses der Evangelischen Kirche im Rheinland zum Thema ‚Verantwortliche Gesellschaft'." *Zeitschrift für Evangelische Ethik* 5: 366–373.
Spivak, Gayatri Chakravorty. 2008. „Can the Subaltern Speak? Postkolonialität und subalterne Artikulation." In Spivak and Steyerl 2008, 17–118.
Spivak, Gayatri Chakravorty, Donna Landry und Gerald MacLean. 2008. „Ein Gespräch über Subalternität." In Spivak and Steyerl 2008, 119–148.
Spivak, Gayatri Chakravorty und Hito Steyerl, Hrsg. 2008. *Can the subaltern speak? Postkolonialität und subalterne Artikulation.* es kommt darauf an Band 6. Wien, Berlin.
Staab, Philipp. 2019. *Digitaler Kapitalismus: Markt und Herrschaft in der Ökonomie der Unknappheit.* Berlin.
Stalder, Felix. 2016. *Kultur der Digitalität.* Edition Suhrkamp 2679. Berlin.
Stalder, Felix und Wolfgang Beck. 2021. „Zur Kultur der Digitalität: Ein Interview." In *Theologie und Digitalität: Ein Kompendium,* hrsg. von Wolfgang Beck, Ilona Nord und Joachim Valentin, 21–31. Freiburg im Breisgau.
Starystach, Sebastian. 2018. *Die soziale Praxis des Gerichtsverfahrens: Über die juristische Fallbearbeitung in Straf- und Zivilverfahren.* SpringerLink Bücher. Wiesbaden.
Strauss, Claudia. 2006. „The Imaginary." *Anthropological Theory* 6 (3): 322–344.
Strohm, Theodor. 2000. „‚Verantwortliche Gesellschaft' – Eine Zukunftsvision ökumenischer Sozialethik?". *Zeitschrift für Evangelische Ethik* 44: 203–213.
Studienabteilung des Oekumenischen Rates der Kirchen in Genf, Hrsg. 1948. *Die Kirche und die Auflösung der gesellschaftlichen Ordnung.* Oekumenische Studien: Die Unordnung der Welt und Gottes Heilsplan 3. Tübingen.
Suda, Max J. 2006. *Die Ethik Martin Luthers.* Forschungen zur systematischen und ökumenischen Theologie Band 108. Göttingen.
Sulmowski, Jędrzej. 2018. „Eigenverantwortung als neoliberale Regierungstechnologie und/oder emanzipatorische Selbst-Ermächtigung? Über die Vielfalt von Responsibilisierungsweisen in einem sozial-ökologischen Gemeinschaftsprojekt." In Henkel et al. 2018, 331–349.
Surall, Frank. 2015. „Ethik der Lebensformen." In Huber, Meireis, and Reuter 2015, 451–516.
Taylor, Charles. 2002. „Modern Social Imaginaries." *Public Culture* 14 (1): 91–124.
Taylor, Charles. 2004. *Modern Social Imaginaries.* Public planet books. Durham.
Taylor, Mark Lewis. 2013. „Subalternität und Fürsprache als Kairos für die Theologie." In *Postkoloniale Theologien: Bibelhermeneutische und kulturwissenschaftliche Beiträge,* hrsg. von Andreas Nehring und Simon Tielesch, 276–299. ReligionsKulturen 11. Stuttgart.
Tödt, Heinz Eduard. 1967. „Aus einem Brief an Jürgen Moltmann." In *Diskussionen über die „Theologie der Hoffnung" von Jürgen Moltmann,* hrsg. von Wolf-Dieter Marsch, 197–200. München.
Tödt, Heinz Eduard. 1979. „Kriterien evangelisch-ethischer Urteilsfindung: Grundsätzliche Überlegungen angesichts der Stellungnahmen der Kirchen zu einem Kernkraftwerk in Wyhl am Oberrhein." In *Der Spielraum des Menschen. Theologische Orientierung in den Umstellungskrisen der modernen Welt,* hrsg. von Heinz E. Tödt, 31–80. Gütersloher Taschenbücher Siebenstern 337. Gütersloh.

Tödt, Heinz Eduard. 1982. „Menschenrechte – Grundrechte." In *Christlicher Glaube in moderner Gesellschaft*, hrsg. von Franz Böckle, Franz-Xaver Kaufmann, Karl Rahner und Bernhard Welte, 9–57. Enzyklopädische Bibliothek 27. Freiburg im Breisgau.
Tödt, Heinz Eduard, Hrsg. 1988. *Perspektiven theologischer Ethik*. München.
Tödt, Heinz Eduard. 1988a. „Die Zeitmodi in ihrer Bedeutung für die sittliche Urteilsbildung. Anregungen aus Georg Pichts Zeitphilosophie für eine evangelische Verantwortungsethik [1984]." In Tödt 1988, 49–84.
Tödt, Heinz Eduard. 1988b. „Gewissen und politische Verantwortung [1985]." In Tödt 1988, 85–95.
Tödt, Heinz Eduard. 1988c. „Institution [1987]." In Tödt 1988, 204–226.
Tödt, Heinz Eduard. 1988d. „Menschenrechte – Grundrechte [1982]." In Tödt 1988, 135–176.
Tödt, Heinz Eduard. 1988f. „Versuch einer ethischen Theorie sittlicher Urteilsfindung [1979]." In Tödt 1988, 21–48.
Tödt, Heinz Eduard. 1988 g. „Zum Verhältnis Dogmatik und theologischer Ethik [1982]." In Tödt 1988, 12–20.
Tödt, Heinz Eduard, Hrsg. 1993. *Theologische Perspektiven nach Dietrich Bonhoeffer*. Gütersloh. Herausgegeben von Ernst-Albert Scharffenorth.
Tödt, Heinz Eduard. 1993a. „Das beunruhigende Vermächtnis: Charakteristiken der Theologie Dietrich Bonhoeffers." In Tödt 1993, 11–23.
Tödt, Heinz Eduard. 1993b. „Dietrich Bonhoeffers ökumenische Friedensethik." In Tödt 1993, 112–137.
Tödt, Heinz Eduard. 1993c. „Gewissenskonflikte im Widerstand gegen das nationalsozialistische Unrechtsregime: Dietrich Bonhoeffers Rechenschaft an der Jahreswende 1942/43." In Tödt 1993, 161–169.
Tödt, Heinz Eduard. 1993d. „Gewissenspraxis und ethische Gewissenstheorie bei Dietrich Bonhoeffer." In Tödt 1993, 146–160.
Tödt, Heinz Eduard. 1993e. „Glauben in einer religionslosen Welt: Muß man zwischen Barth und Bonhoeffer wählen?". In Tödt 1993, 36–44.
Tödt, Heinz Eduard. 1993f. „Judendiskriminierung 1933 – der Ernstfall für Bonhoeffers Ethik." In Tödt 1993, 77–111.
Tödt, Heinz Eduard. 1993 h. „Verdrängte Verantwortung: Evangelische Theologie und Kirche angesichts der vierzigsten Wiederkehr des Tages des Kriegsendes." In Tödt 1993, 276–284.
Tödt, Heinz Eduard. 1993i. „Wortwiderstand und politischer Widerstand in ethischer Verantwortung – der einzelne, die Gruppen und die Kirche." In Tödt 1993, 61–76.
Tracy, David. 1981. *The Analogical Imagination: Christian Theology and the Culture of Pluralism*. London.
Tschida, Ulla. 2014. „Auf der Suche nach dem Artefakt: Zur materiellen Praxis von Infrastruktur-Entwicklung." In *Praxeologie: Beiträge zur interdisziplinären Reichweite praxistheoretischer Ansätze in den Geistes- und Sozialwissenschaften*, hrsg. von Friederike Elias, Albrecht Franz, Henning Murmann und Ulrich W. Weiser, 219–242. Materiale Textkulturen Band 3. Berlin, Boston.
Ulrich, Hans G. 2014. „Zur Wahrnehmung von Verantwortung: „Verantwortung" in der gegenwärtigen evangelisch-theologischen Diskussion." In Boomgaarden and Leiner 2014, 27–66.
Ulshöfer, Gotlind. 2009. „Corporate Social Responsibility auf den Finanzmärkten: Ebenen der Verantwortung." In *Corporate Social Responsibility auf dem Finanzmarkt: Nachhaltiges Investment – politische Strategien – ethische Grundlagen*, hrsg. von Gotlind Ulshöfer und Gesine Bonnet. 1. Aufl., 27–44. Wiesbaden.
Ulshöfer, Gotlind. 2015. *Soziale Verantwortung aus protestantischer Perspektive: Kriterien für eine Ethik der Handlungsräume angesichts des Corporate-Social-Responsibility-Diskurses*. 1. Aufl. Stuttgart. Zugl. Tübingen, Univ., Habil.-Schr., 2013.

Umweltbundesamt, Hrsg. 2013. *Umweltverträglicher Konsum durch rechtliche Steuerung: Dokumentation des Symposiums in der Landesvertretung Sachsen-Anhalt in Berlin am 27. November 2012.* Berlin.
Unbekannt. 2017. „Nachwort: Zur Geschichte des dialogischen Prinzips." In Buber 2017, 297–315.
VanDusen, Henry P. 1948. „Allgemeine Einleitung." In Studienabteilung des Oekumenischen Rates der Kirchen in Genf 1948, 8–10.
Veith, Werner. 2002. „Ethik der Rezeption." In *Mediale Gewalt: Interdisziplinäre und ethische Perspektiven*, hrsg. von Thomas Hausmanninger und Thomas Bohrmann, 377–390. München.
Villiers, Etienne de. 2003. „A Christian Ethics of Responsibility: Does it Provide an Adequate Theoretical Framework for Dealing with Issues of Public Morality?". *Scriptura* 82: 23–38.
Villiers, Etienne de. 2007. „Perspektiven einer christlichen Verantwortungsethik." *Zeitschrift für Evangelische Ethik* 51: 8–23.
Villiers, Etienne de. 2015. „In Search of an Approriate Contemporary Approach in Christian Ethics: Max Weber's Ethic of Responsibility as Resource." *HTS Teologiese Studies/ Theological Studies* 71 (1): 1–8.
Villiers, Etienne de. 2018. *Revisiting Max Weber's Ethic of Responsibility.* Perspektiven der Ethik 12. Tübingen.
Vogelmann, Frieder. 2014. *Im Bann der Verantwortung.* Frankfurter Beiträge zur Soziologie und Sozialphilosophie 20. Frankfurt. Teilw. zugl. Frankfurt (Main), Univ., Diss., 2013.
Vogelmann, Frieder. 2015. „Der kleine Unterschied: Zu den Selbstverhältnissen von Verantwortung und Pflicht." *Zeitschrift für Praktische Philosophie* 2 (2): 121–64.
Vogelmann, Frieder. 2016. „Drei Gefahren philosophischer Begriffsanalysen von Verantwortung." *Deutsche Zeitschrift für Philosophie* 64 (2): 273–286.
Vogelmann, Frieder. 2017. *Foucault lesen.* essentials. Wiesbaden.
Vogt, Markus. 2012. „Was ist Nachhaltigkeit?". In *Nachhaltig wirtschaften: Wirtschaftsethische Reflexionen*, hrsg. von Stefan Jung und Thomas Katzenmayer, 23–38. Management – Ethik – Organisation 1. Göttingen.
Vossenkuhl, Wilhelm. 2006. „Verantwortung als Sorge." In *Die Gegenwart des Gegenwärtigen: Festschrift für P. Gerd Haeffner SJ zum 65. Geburtstag*, hrsg. von Margarethe Drewsen und Fischer Mario, 341–363. Freiburg, München.
Wabel, Thomas. 2010. *Die nahe ferne Kirche: Studien zu einer protestantischen Ekklesiologie in kulturhermeneutischer Perspektive.* Religion in philosophy and theology 50. Tübingen. Zugl. Berlin, Humboldt-Univ., Habil.-Schr., 2009.
Waldenfels, Bernhard. 2010a. „Bewährungsproben der Phänomenologie." *Philosophische Rundschau* 57: 154–178.
Waldenfels, Bernhard. 2010b. „Responsive Ethik zwischen Antwort und Verantwortung." *DZPhil* 58 (1): 71–81.
Wannenwetsch, Bernd. 2005. „‚Responsible Living' or ‚Responsible Self'? Bonhoefferian Reflections on a Vexed Moral Notion." *Studies in Christian Ethics* 18 (3): 125–140. https://doi.org/10.1177/0953946805058804.
Warner, Michael. 1993. „Introduction." In *Fear of a Queer Planet: Queer Politics and Social Theory*, hrsg. von Michael Warner, vii–xxxi. Cultural politics 6. Minneapolis.
Weber, Max. 1976. *Wirtschaft und Gesellschaft: Grundriß der verstehenden Soziologie.* 5. revidierte Aufl. 1. Halbband. Grundriss der Sozialökonomik. Tübingen.
Weber, Max. 1984. *Soziologische Grundbegriffe.* 6., erneut durchges. Aufl. UTB 541. Tübingen.

Weber, Max. 1988. *Gesammelte Aufsätze zur Religionssoziologie I*. 9. Aufl.; Photomechan. Nachdr. der 1920 erschienenen Erstaufl. UTB für Wissenschaft Uni-Taschenbücher Religionswissenschaft 1488. Tübingen.

Weber, Max. 1988a. „Die protestantische Ethik und der Geist des Kapitalismus." In *Gesammelte Aufsätze zur Religionssoziologie I*. 9. Aufl.; Photomechan. Nachdr. der 1920 erschienenen Erstaufl., 17–206. UTB für Wissenschaft Uni-Taschenbücher Religionswissenschaft 1488. Tübingen.

Weber, Max. 1988b. „Zwischenbetrachtung: Theorie der Stufen und Richtungen religiöser Weltablehnung." In *Gesammelte Aufsätze zur Religionssoziologie I*. 9. Aufl.; Photomechan. Nachdr. der 1920 erschienenen Erstaufl., 536–573. UTB für Wissenschaft Uni-Taschenbücher Religionswissenschaft 1488. Tübingen.

Weber, Max. 1994a. „Politik als Beruf." In *Wissenschaft als Beruf 1917/1919. Politik als Beruf 1919*, hrsg. von Wolfgang J. Mommsen und Wolfgang Schluchter, 35–88. Studienausgabe der Max Weber Gesamtausgabe I/17. Tübingen.

Weber, Max. 1994b. „Wissenschaft als Beruf." In *Wissenschaft als Beruf 1917/1919. Politik als Beruf 1919*, hrsg. von Wolfgang J. Mommsen und Wolfgang Schluchter, 1–23. Studienausgabe der Max Weber Gesamtausgabe I/17. Tübingen.

Weber, Max. 1994c. *Wissenschaft als Beruf 1917/1919. Politik als Beruf 1919*, hrsg. von Wolfgang J. Mommsen und Wolfgang Schluchter. Studienausgabe der Max Weber Gesamtausgabe I/17. Tübingen.

Weber, Max. 2005. *Wirtschaft und Gesellschaft. Die Wirtschaft und die gesellschaftlichen Ordnungen und Mächte. Nachlaß Religiöse Gemeinschaften: Teilband 2: Religiöse Gemeinschaften*, hrsg. von Hans G. Kippenberg. Studienausgabe der Max Weber Gesamtausgabe I/22 – 2. Tübingen.

Weber, Max. 2009a. *Wirtschaft und Gesellschaft. Die Wirtschaft und die gesellschaftlichen Ordnungen und Mächte. Nachlaß: Teilband 1: Gemeinschaften*, hrsg. von Wolfgang J. Mommsen. Studienausgabe der Max Weber Gesamtausgabe I/22 – 1. Tübingen.

Weber, Max. 2009b. *Wirtschaft und Gesellschaft. Die Wirtschaft und die gesellschaftlichen Ordnungen und Mächte. Nachlaß: Teilband 4: Herrschaft*, hrsg. von Edith Hanke. Studienausgabe der Max Weber Gesamtausgabe I/22 – 4. Tübingen.

Weinrich, Michael. 2013. „Von der Humanität der Religion." In *Die bescheidene Kompromisslosigkeit der Theologie Karl Barths: Bleibende Impulse zur Erneuerung der Theologie*, hrsg. von Michael Weinrich, 296–315. Forschungen zur systematischen und ökumenischen Theologie 139. Göttingen.

Weinrich, Michael. 2014. „Theologische Religionskritik als Brücke zu einer Theologie der Religionen." In Hofheinz and Meyer zu Hörste-Bührer 2014, 16–33.

Weinrich, Michael. 2019. *Karl Barth: Leben – Werk – Wirkung*. 1. Auflage. Göttingen.

Weischedel, Wilhelm. 1972 [1933]. *Das Wesen der Verantwortung: Ein Versuch*. 3. Aufl. Frankfurt am Main.

Welker, Michael. 1986. „Hoffnung und Hoffen auf Gott." In *Gottes Zukunft, Zukunft der Welt: (Festschrift für Jürgen Moltmann zum 60. Geburtstag)*, hrsg. von Hermann Deuser, Gerhard M. Martin, Konrad Stock und Michael Welker, 23–38. München.

Wendland, Heinz-Dietrich. 1959. *Botschaft an die soziale Welt: Beiträge zur christlichen Sozialethik der Gegenwart*. Studien zur evangelischen Sozialtheorie und Sozialethik 5. Hamburg.

Wendland, Heinz-Dietrich. 1965a. „Der Begriff der ‚verantwortlichen Gesellschaft' in seiner Bedeutung für die Sozialethik der Ökumene." *Zeitschrift für Evangelische Ethik* 9: 1–16.

Wendland, Heinz-Dietrich. 1965b. *Person und Gesellschaft in evangelischer Sicht*. Köln.

Wendland, Heinz-Dietrich. 1967. *Die Kirche in der revolutionären Gesellschaft: Sozialethische Aufsätze und Reden*. Gütersloh.

Wendland, Heinz-Dietrich. 1969a. „Fragen der ökumenischen Sozialethik." In Wendland 1969, 29 – 38.
Wendland, Heinz-Dietrich, Hrsg. 1969. *Sozialethik im Umbruch der Gesellschaft: Arbeiten aus dem Mitarbeiter- und Freundeskreis des Instituts für Christliche Gesellschaftswissenschaften an der Universität Münster.* Göttingen.
Wendland, Heinz-Dietrich. 1969b. „Thesen zur Zwei-Reiche-Lehre und ihrer Bedeutung für die Zukunft." In Wendland 1969, 39 – 42.
Wendland, Heinz-Dietrich. 1969c. „Über den gegenwärtigen Stand der Sozialethik." In Wendland 1969, 15 – 28.
Wendland, Heinz-Dietrich. 1973. *Die Kirche in der modernen Gesellschaft: Entscheidungsfragen für das kirchliche Handeln im Zeitalter der Massenwelt.* Unveränd. Nachdr. d. 2. Aufl. Hamburg 1958. Darmstadt.
Wendt, Björn und Benjamin Görgen. 2018. „Macht und soziale Ungleichheit als vernachlässigte Dimensionen der Nachhaltigkeitsforschung: Überlegungen zum Verhältnis von Nachhaltigkeit und Verantwortung." In Henkel et al. 2018, 49 – 66.
Werner, Micha H. 2003. „Hans Jonas' Prinzip Verantwortung." In *Bioethik: Eine Einführung*, hrsg. von Marcus Düwell und Klaus Steigleder, 41 – 56. Frankfurt am Main.
Wind, Renate. 2006. *Dem Rad in die Speichen fallen: Die Lebensgeschichte des Dietrich Bonhoeffer.* 4. Aufl. der Taschenbuchausg. Gütersloh.
Wolf, Ernst. 1988. *Sozialethik: Theologische Grundfragen.* 3. Aufl. Uni-Taschenbücher 1516. Göttingen.
Würthwein, Ernst und Otto Merk. 1982. *Verantwortung.* Kohlhammer-Taschenbücher Biblische Konfrontationen 1009. Stuttgart.
Zeyher-Quattlender, Julian. 2021. *Du sollst nicht töten (lassen)? Eine Rekonstruktion der Friedensethik Dietrich Bonhoeffers aus der Perspektive Öffentlicher Theologie in aktueller Absicht.* Öffentliche Theologie 40. Leipzig.
Žižek, Slavoj. 2016. *Lacan: Eine Einführung.* 5. Auflage: Juni 2016, Deutsche Erstausgabe. Fischer Taschenbuch 17626. Frankfurt am Main.

Register

Fett gedruckte Seitenangaben weisen im folgenden Register darauf hin, dass das Stichwort oder der Name hier besonders ausführlich verhandelt wird. Kursiv gedruckte Seitenangaben bedeuten, dass das Stichwort oder der Name in einer Fußnote vorkommt.

Personenregister

Adorno, Theodor   184
Albert, Hans   *404*
Albrecht, Christian   29
Albrecht, Paul   *306*
Anderson, Benedict   63, 118, **126–132**, 168 f., 175, 411, 454
Anselm, Reiner   29, *329*, 331, *338*
Arendt, Hannah   439, 495
Aristoteles   205
Assadi, Galia   *16*, *256*, 258, *305*

Barth, Karl   65, 155, **190–196**, 197, 297, 331, 351, 361, 480, *521*, 527, *534*, 546, *551*
Bauman, Zygmunt   *14*, 495, *557*
Bayer, Oswald   *28*, 155
Bayertz, Kurt   140, 142, 145–147, *148*, 157 f., *159*, 160–162, 164, 185, *206 f.*, *250*, 385, 400, 439
Bedford-Strohm, Heinrich   *281*, *572*, 573
Bentham, Jeremy   405
Bethge, Eberhard   295, 432
Blasi, Luca di   575
Bloch, Ernst   346, 402
Blumenberg, Hans   *498*
Bongaerts, Gregor   *74*, 75
Bonhoeffer, Dietrich   42, 45 f., 67, 70 f., 155, 164, 170, 196, 206, *218*, 249, **286–303**, 308, 314, 321, 331, 351, 361, 364, 366, **368**, 371 f., 375, 377, **391**, **393**, 395, **419–428**, **430–441**, 447, 450, **451–456**, 458, 466, **467–476**, 479, **503**, *503*, **509–522**, 528 f., 533, 536, 545 f., 559–561, 567, 569, 577
Bourdieu, Pierre   74, 76, 81, **84–89**, 91, 94, **96–101**, 133, 137, 167, 171, 183, 185, 188, 202, *338*, 466, 540, 580
Breitfeld, Georg   *190*
Brinkmann, Gert Ulrich   *450*
Brunner, Emil   *450*, 544
Bruns, Katja   *460*

Buber, Martin   *148 f.*, 308, 313, **413–419**, 423–425
Buddeberg, Eva   *583*
Burke, Edmund   145
Buschmann, Nikolaus   *585*

Castoriadis, Cornelius   63, **104–125**, 126, 132, 136, 168 f., 173, 175, 177, 186 f., 189, 500
Cavanaugh, William   102
Christians, Clifford   *181*
Constant, Benjamin   145

Dabrock, Peter   *28*, *154*, 155, 170, *171*, *179*, *298*, *573*
Dahrendorf, Ralf   *88*, 533
Debatin, Bernhard   *149*, *181*
DeJonge, Michael   *451*
Dietzel, Stefan   *460*
Duchrow, Ulrich   490
Dürrschmidt, Jörg   *129*
Dusen, Henry P. van   317

Ehrenberg, Alain   *9*, *479*
Eid, Volker   *386*
Erikson, Erik H.   447

Fichte, Johann Gottlieb   142, 287, 420, 486
Fischer, Johannes   **39–44**, 59, *151*, *281*, *498*, *503*
Fonnesu, Luca   *206*
Forrester, Duncan   3
Foucault, Michel   *2*, *15*, 33, 76, 101, 173, 184, 404, *423*
Frankenberg, Günter   *6*
Freud, Sigmund   109
Funiok, Rüdiger   *181 f.*

Gansterer, Gerhard   245, 248
Gaonkar, Dilip Parameshwar   137

Garfinkel, Harold   76
Gertenbach, Lars   *105*
Giddens, Anthony   76, 84, 590
Gollwitzer, Helmut   *345*
Görgen, Benjamin   *165*, 373, *542*
Grisebach, Eberhard   *288*, 308, 414, 423, 425
Groos, Helmut   244, 246
Grotius, Hugo   176
Grunwald, Armin   558
Günther, Klaus   **5–9**, 12–14, 25 f., 140, 144, 147, 154, 161, *208*, 437, *477*, 479, 509, 518, 541, 558

Haberer, Johanna   *589*
Habermas, Jürgen   14, *47*, *105*, *117*, *121*, 122, 167, *169*, 176, *268*, *276*, 364, *385*, 446, *539*, *579*
Hamilton, Alexander   145
Hamilton, Nadine   *290*
Harari, Yuval   501
Harris, Ruth   *237*, 240
Harvie, Timothy   *346*
Haubner, Tine   43, 445
Hegel, Georg Wilhelm Friedrich   206
Heidbrink, Ludger   **9–13**, 25 f., 142, 151, *157*, *160*, *182*, 204 f., *206 f.*, *209*, 229, 262, 286, 402, *467*, *523*, **562 f.**, 564 f., 577, 580
Heidegger, Martin   76
Henkel, Anna   *586*
Hillebrandt, Frank   74, 78, **92–94**, 95
Hirsch, Emanuel   *288*, *420*, 425
Hirschberger, Johannes   *209*, *218*
Hoch, Jürgen   *106*
Hochmann, Lars   501
Höffe, Otfried   35, *140*, 149, *209*
Honecker, Martin   *152*, *433*, *547*
Honneth, Axel   *105*, 184
Huber, Wolfgang   42, **44–50**, 60, 68, *105*, 108, 151, *153*, 155, 162, *199*, 253, **254**, 277, 284, *286*, **362–367**, *370*, 371 f., 376 f., *385*, 391, **395**, **413–419**, 438, 450, 452, *468*, 473, *476*, *490*, *495*, *498*, **504**, 506, 509, 536 f., *572*

Irlenborn, Bermd   *152*

Jähnichen, Traugott   *452*, *471*, *587*, *589*
Jesus   433

Jesus Christus   291, 294, 297, 510–512, **513**, 515, 519, 521, 524, 531 f., 537
Joas, Hans   *385*, *400*
Jonas, Hans   19, 46, *152*, 176, *189*, *207*, **304–306**, 346, 364, *385*, 399 f., 402, 412, *432*, 447, **496–503**, 505, 508, *549*, **555**, 570
Jütte, Stephan   *189*

Kalinna, Georg   29, *154 f.*, 156, 171, *253*, *390*, *529*
Kant, Immanuel   66, 142, 206, **209–217**, 219, *224*, 232, **243 f.**, 251, 263, *275*, 278, 282, 287, 289, 292, 335, 358, 368, **384**, 385, 388, 404, 420
Kantzenbach, Friedrich Wilhelm   244
Kaufmann, Franz-Xaver   27, 37, 52, *207*
Keil, Günther   209
Keller, Reiner   *101*
Kelsey, David   103
Kemnitzer, Konstanze E.   103
Kerstin, Wolfgang   *374*
Kierkegaard, Sören   418
Kirchschläger, Peter   *207*
Klessmann, Michael   *579*, *587*
Kohlberg, Lawrence   276
Körtner, Ulrich   **50–56**, 60, *139 f.*, *207*, *235*, 236, 238, 244, 246, *253*, *262*, 299, 384, **392**, 395, *402*, 411, 413, *498*
Kosmahl, Hans-Joachim   308, 312 f.
Kreß, Hartmut   **29–34**, 59, *207*, 232, *242*, *252*, 253, *281*, 286, *467*, 493
Krötke, Wolf   155, *452 f.*
Krotz, Friedrich   *429*
Kühn, Manfred   *209*

Lacan, Jacques   103, 109
Latour, Bruno   82
Leiper, Henry Smith   471
Lenk, Hans   *139*, 149
Lévi-Strauss, Claude   *112*
Levinas, Emmanuel   *408*
Lévy-Bruhl, Lucien   145
Lichtenberger, Hans   *288*
Lichtenberger, Hans Peter   *413*, 423
Luhmann, Niklas   2, 94, *215*, *371*
Luther, Henning   509, 580, 588
Luther, Martin   46, 141, 335, 394 f., *433*, **482–485**, 490, 493

Maletzke, Gerhard   *387*
Mannheim, Karl   *311*
Maring, Matthias   149
Mau, Steffen   *590*
Meireis, Torsten   65, 111, *139*, 140, *190*, 195, **197–199**, 200, 312, 325, 507, 569, 572, 575
Mill, John Stuart   207
Moltmann, Jürgen   345, 401, 549, 561, 567, 570, 571, *572*, 575
Morgenthaler, Christoph   587
Moser, Valerie   165, *168*
Moses, John Anthony   440 f., 451, *453*, 474
Mudge, Lewis   306
Müller, Hans-Peter   *74*
Müller, Wolfgang Erich   **35–39**, 45, 59

Nassehi, Armin   94, 589
Nethöfel, Wolfgang   *28*
Neuberger, Christoph   589
Nida-Rümelin, Julian   *158*
Niebuhr, H. Richard   29, 155 f., 171, 395, *529*
Niebuhr, Reinhold   318, **439**, 471
Nietzsche, Friedrich   4, 18, 67, *160*, 207, *228*, **229–232**

Oettinger, Friedrich   *442*
Ohly, Lukas   *253*
Oldham, Joseph   **308–317**, 318 f., 322, 324, 376, 414, 442 f., 457
Oppen, Dietrich von   *45*, 363, *408*, 444
Orwell, George   125
Ott, Kate   *589*

Parsons, Talcott   114
Paulus   141
Pfleiderer, Georg   *28*, *253*, *256*
Pfriem, Reinhard   501
Pfürtner, Stephan   *45*, 363 f.
Picht, Georg   3, *49*, *139*, 141, 151, *159*, 162, 358, *384* f., 387 f., 391, 395
Polanyi, Michael   *79*, *94*
Popper, Karl   *404*
Prometheus   500 f.
Prüller-Jagenteufel, Gunter   *289*, *467*, *471*, *476*, 513

Raffoul, François   205

Rasmussen, Carl   *435*
Rawls, John   377, *575*
Reckwitz, Andreas   74–76, 82, **90**, 91 f., 101, 130, 137, 165, 167, 553, 589
Rendtorff, Trutz   45, 68, 90, *153*, 155, **329–345**, 349, 353, 356, 360, **370**, 372, 376, **391**, **463–466**, **476–480**, 526, 577
Reuter, Hans-Richard   140, 156, 178, *207*, 480, 550, *559*
Rieger, Hans-Martin   *228*, *239*, *412*
Robertson, Roland   *129*
Robinson, Matthew   *173*
Römelt, Josef   *27*, *402*, *528*, *531*
Ropohl, Günter   139, *145*, **149–151**, *158*, 161, 163, *207*
Rothe, Richard   31
Rouse, Joseph   15, 17

Sander, Sabine   414, 417
Schatzki, Theodore   74, 76, **89**, 91 f., 94, 138
Schleiermacher, Friedrich   *157*, *193*
Schluchter, Wolfgang   68, *209*, *215*, *247*, 253, **254**, *255*, 260, 262, 266, *269*, 273, **275–285**, 363 f., 366, 368, 372, 446
Schmid, Thomas   *106*
Schmidt, Jan-Hinrik   *74*
Schmidt, Robert   74, 92, 99 f.
Schmitt, Carl   473, *476*
Schoberth, Wolfgang   2, 184, *190*, *192*
Schopenhauer, Arthur   66, 207, **217–228**, 229 f., **240–242**, 368
Schuhmacher, Wolfgang   351, 362
Schulz, Ottmar   *432*
Schweiker, William   *27*, *371*, *408*, *412*, 429
Schweitzer, Albert   *30*, 53, 67, 172, 206, 212, *223*, **232–252**, 265, 286, 288–290, 302 f., 308, **368**, 372, 375, **409–413**, 426, 428, 516, 560
Schweitzer, Wolfgang   313
Seeberg, Reinhold   *218*, *289*
Seele, Peter   *406*
Shaull, Richard   *307*
Sölle, Dorothee   *345*, *432*
Sombetzki, Janina   149, *158*
Soosten, Joachim von   420, 424, *427*
Staab, Philipp   *88*, 533, 589
Stalder, Felix   589
Starystach, Sebastian   *387*

Strauss, Claudia   103, *105*, 117, 122, *123*, 125
Strohm, Theodor   *311*, 317, *321*, *323*, 392
Sulmowski, Jędrzej   585
Surall, Frank   *544*

Taylor, Charles   63, 76, **132–139**, 168 f., 173, 175–177, 183, 186, 465, *477*, 529
Theunissen, Michael   *108*
Tödt, Heinz Eduard   68, *107*, 155, 172, *207*, *244*, *300*, 337, 345, **347–362**, **370**, 371 f., 375, 378, *385*, **391 f.**, 480 f., **487 f.**, 492, 506, 509, *536*, 558, *563*, 570
Tönnies, Ferdinand   *460*
Tracy, David   102
Turner, Victor   130

Ulrich, Hans G.   28
Ulshöfer, Gotlind   **56–59**, 60, *153*, *251*, *287*

Veith, Werner   *181*
Villiers, Etienne de   *27 f.*, *152*, *207*, 253, **254**, 257, 266–268, 273, 276, *413*
Vogelmann, Frieder   **15–24**, 26, *73*, 139, *140*, 142, 145, 158, 160, *161*, 162 f., 170, 173, 175, 178, 182, 184, 205 f., *207*, 217, *224*, *227*, 229, *230*, 251, *256*, 281, *423*, 437, 582

Vogt, Markus   585
Vossenkuhl, Wilhelm   *43*

Wabel, Thomas   103, *118*
Waldenfels, Bernhard   19, *42*, *154*, 156, 171, *299*, *411*, *423*
Wannenwetsch, Bernd   155, 395, 397
Warner, Michael   *544*
Weber, Max   19, *27*, 30, 67, 146, 206, 215, 242, **252–286**, 314, 321, 358, 363 f., **368**, 372, 376, 446, 467, 481, **485–487**, 488, 492, 551, 560
Weinrich, Michael   189, *190*, 191, 194
Weischedel, Wilhelm   19, **159**, *385*
Wendland, Heinz-Dietrich   **323–328**, 419, **441–446**, **456–463**, 482, **489**, 492–494
Wendt, Björn   *165*, *373*, *542*
Wiemeyer, Joachim   *589*
Wittgenstein, Ludwig   75, 78, *92*
Wolf, Ernst   450

Zapf, Lucas   *406*
Zeyher-Quattlender, Julian   *455*, *483*
Žižek, Slavoj   *115*

Sachregister

a priori   *210*, 219
Abendland   233
Abhängigkeit   465
Absoluter Polytheismus   285
Absolutheit   212, 247, 287, 292, 372, 420, 422
Absolutsetzung   459
Abwägung   302, 360, 507, 529
accountability   *155*
Achtung   313
Achtung fürs Gesetz (Kant)   210 f., 213, 243
Affektion   220
Agenda 2010   182
Akademische Praxis   96, 99, 101, 103, 138, 168 f., 177, 180, 183, 194
Akteur-Netzwerk-Theorie   82
Aktivistische Zumutung   6, 14
Allgemeingültigkeit   300

Allgemeingültigkeitsanspruch   507
Allgemeinheit   211, 213, 244, 372
Allgemeinheitsanspruch   438
Allmacht   263, 388, 390, 485
Allmachtsphantasie   500
Allokation   376
Allokationsproblem   68, 71, **373**, 374, 381
Alltag   10, 168, 583
Alltagspraxis   446, 476
Alltagsverantwortung   479
Allverpflichtung   388
Allwissenheit   390, *406*
Allzuständigkeit   539
Alterität   414, 417
Altruismus   440, 558
Ambivalenz   343, **528**
Ambivalenzsensibilität   494–496, 528 f., 551 f.

Ampel 92
Amsterdam VV ÖRK 1948 306, 317, 369, **489**, **504**
Amt 432 f., 484
Amt und Person 484
Amtskette 166
Amtslogik **432**, 439, 558
Analogie 220, 410, 422
Anderer 70, 283, 437
Aneignung 133
Anerkennung 414, 427, 447 f.
Angebot 511
Angeklagter 394
Angreifer 439
Angriff 492
Angst 237, 397, 422
Anklage 144, 156, 382–384, 396
Anknüpfung 381, 539
Anonymität 112, 116, 122 f.
Anrede 417, 419
Anschauung 219
Anschluss 22, 64, 169
Anschlussfähigkeit **94 f.**, 167 f., 179, 201, 397
Anschlussproblem 13, 22, **24–26**, 61, 103, **168**
Anspruch 70, *141*, 171, 212, 236, **239**, 240, 242, 244, 288, 292, 302, 310, 343, 374, 412, 421 f., 424, 427, 437, 511, 518
Anspruchskollision 262
Anspruchskonflikt **244–250**
Ansteckung 577
Anthropologie 68, 309, 372, 564
– dialogische 309
– relationale 46, 309
– schöpfungstheologische 309
Antichrist 491
Antitotalitarismus 452
Antizipation 147, 167, 384, **401**, 402, 406
Antizipierende Bewusstsein 154
Antwort 64, 141, 154, **156**, 167, 171, 193, 273, 292, 297 f., 308, 310, 319, 321, 326, 329–331, 335, 369, 374, 398, **416**, 419, 480, 510, 512, 523, 526, 528
Antwortstruktur 364
Anvertrautes *149*, 419, 434, 503
Anwendung 280
Apokalypse 500 f., 556
Appell **333**, 464

Arbeit 18, 20, 100, 461
Arbeiter 86, 322
Arbeitnehmer 443
Arbeitnehmervereinigung 322
Arbeitskraftunternehmer 21
Arbeitsloser 504
Arbeitsteilung *51*, 145
Arbeitswelt 590
Arges 513, 521
Armut 85, 572 f.
– materielle 573
– relative 573
Artefakt 76, 80, **81**, 92, 124, 589
Arterhalt 399
Artikulation 17, **197**
Asketischer Protestantismus 279
Asymmetrie 424
Atmen 412
Atombombe 502
Atomenergie 318
Atomkraftwerk 554, 557
Attraktion 168
Attraktiver Wert (Joas) 400
Attraktor 93
Attributionsforschung 165
Auferstehung 72, 530
Auferstehung Jesu Christi 560, 567
Auferweckung Jesu Christi 579
Aufgabe 157, 162, 481, 486, 539
Aufgabenverantwortung 67, **147**, 228–230, **231**, 232, 253, 369, 372, 383 f., 428, 519, 541, 560, 584
Aufhebung 192
Aufsichtsrat 399
Auftraggeber 518
Augenblick 41, 288, *300*, 408, 417, 420 f., 424 f., 434, 468, 476, 517
Aura des moralisch Richtigen 507
Ausbeutung 44, *445*
Ausblick 582, 590
Ausdifferenzierung 9, 268 f., 284, 371
Außerordentlichkeit 468
Ausgangslage 566
Ausgegrenzte 535
Ausnahmezustand (Schmitt) 473, *476*
Ausstattung 564
Autofahren 90, 94

Automatisierung 590
Autonomie 25, 38, 107–109, 112, 196, 213
Autoritarismus *435*
Autorität 327, 438
Autoritätsverhältnis 451

Baconisches Programm 500
Bagger 502
Banalität des Bösen (Arendt) 495
Bann 582 f.
Barcelona 290
Barmer Theologische Erklärung *155*, *453*, 455
Basisimagination **525**, 584
Bauer 322
Beamte 258, 387
Beauftragung 166
Bedeutungsmehrwert 66, 170, 204, 380, 582
Bedeutungsüberschuss 66, 114, 169 f., 177, 380
Bedingungsloses Grundeinkommen 542
Bedrohtes 498
Bedrohtheit 504
Bedrohungssituation 506
Bedürftigkeit 418
Befähigung 49
Befehl 296, 302
Befreiung 398, 527
Begabung 563 f.
Begegnung 70, 172, 309, 408, 412, 418, 524
Begegnungserlebnis 408
Begierde 216
Begleitung 588
Begrenzung 387, 438, 454, **520**, 522, 532, 564
Begriffsgeschichte 204
Begründung 167, 280
Begründungsdilemma der Ideologiekritik 184 f.
Begründungsebene 285
Begründungsprinzip 282
Beherrschung von Natur 501
Bekämpfung des Bösen 481
Bekennende Kirche 291, 295
Bekenntnisschrift 320
Benachteiligter 572
Benachteiligung 580
Beobachtungsperspektive **97**, 104, 129, 186, 384, 396, 411 f., 418, 421, 424, 448, 463
Beratung 588
Berechtigung 572, 574

Bergpredigt 47, 260 f., 272, *290*, **291–295**, 297, *444*, 485
Berliner Tafel 400
Beruf 168, 440, 454, 515
Berufsethik 326
Berufslehre 520
Berufspflicht 559
Besonderheit 421
Bestimmung 478
Beteiligung 572, 574, **579 f.**
Beteiligungskriterium 72, **579 f.**
Betroffenheit 504
Bewahrung der Schöpfung 498
Bewusstsein 406
Bewusstseinsphilosophie 242
Beziehung 70, 293, 429, 444, 469
Beziehungsnetz 430, 436, 451, 453, 457, 466, 515
Beziehungswelt 417
Beziehungswillen 415
Bibel 141, 291, 306
Big Data *405*
Bild 139
Bildung 541
Bildungsaufgabe 316
Bildungsbürgertum 440 f., 449, 452, 474 f.
Bildungspolitik 564
Bindung 88, *154*, 292 f., 300, 398, 400, **403**, 407, 435, 469, 517, 519
Bindungskraft 338, ***385***, 399, 400, 403, 428, 518
Bindungsmacht 385, ***385***
Blick 405, 419
Blickverengung 506
Böses 290, 296, 300, **481–496**, 513, 532, 551
Bosheit 483 f., 494
Bottom-Up-Ansätze *179*
Bruch 293
Brücke 502
Brückenproblem (Schluchter) *262*
Bruder 293, 439
Brüderlichkeitsethik 272
Buch 182
Bund 572
Bundesverfassungsgericht 554
Bürger: in 543, 559
Bürgergesellschaft 9

Bürgerliches Gesetzbuch   544
Bürgertum   *193*
Bürokratie   106
Bürokratisierung   316

capacité imaginaire   115
causa   *152*
Chancengleichheit   377, 566, 580
Charakter   226 f.
Checks-and-Balances   554
Christ: in   380
Christentum   191
Christologie   296, 299, 301, 303, 321, 325, 369, 371, 373, 454, 511, 519
Christozentrik   **535**
Christus   70, 333, 427, 490, 509, 520, 530, 535, 548, 552
Christusgeschehen   326
Christusherrschaft   492
Christusnarrativ   71, 529, 531, 535, 545, 559 f., 567, 574, 584
Christuswirklichkeit   298, 301 f., 331, 511, 514
Civitates-Lehre   *490*
Co-Pilot   554
Corporate-Social-Responsibility   56
culpa   *152, 547*
Cultural Studies   76

Dämon   486, 490
Dämonische Macht   481, 487, 491, 551
Dämonisches   **481–496**
Dankbarkeit   448, 471
Daseinsvorsorge   166 f.
Dauer   434
debitum   *152*
Deckung   472
Defekt der Menschen   486
Defizit   571
Defizitmodell des Helfens (Luther)   580, 588
Defizitperspektive   571, *588*
Deformation   125
Dekonstruktion   184, 194 f., 202
Demokratie   327, 444, 459, 556
Demonstration   134
Denken   85, 235
Denotation   66, 114 f., 170, 172, 204
Deontologie   *281*

Depression   479
Deresponsibilisierung   394, 396, 508
Deskription   *133*, 331, *338*
Determinismus   224, 228–230
Deutungsmacht   22
Deutungsmuster   135
Dezeptionsproblem   21, **25**, 175
Dezisionismus   300, 476
Diabolische Macht   70, 481, 486
Diabolisches   513, 557
Diabolität   **481–496, 521, 551 f.**
Diakonie   *50*
Dialektik   86, *184*, 437
Dialektik der Ordnung (Bauman)   495
Dialog   282, 309, 376, 415, 424 f.
– gewaltfreier   **284**
– realer   **283**
Dialogische Prüfung   286
Dialogische Struktur   284
Dialogischer Personalismus   *141*, 156, 308, 310
Dialogizität   47, **282–284**, 363, 366, 368, 371, 414
Diätetik der Verantwortung   12
Diebstahl   400
Dienst der Kirche   491
Dienstanweisung   389
Differenz
– horizontale   564 f.
– vertikale   564 f.
Differenz von Beobachtungs- und Teilnahmeperspektive   74, **97**, 100
Differenz von Schöpfer und Geschöpf   564
Differenzbegriff   140
Differenzierungsprinzip (Heidbrink)   151
Diffusionsproblem   8 f., 11–13, **25**, 37, 51, 539, 580
Digitalität   **588–590**
Diktatur   556
Dilemma   246, 249, 291, 302, 359, 438, 494
Ding   80, **81**, 165, 182, 414, 583 f.
Diskriminierung   575, 580
Diskurs   14, 17, 101, 336, 372, 374, **375**, **434**, 529, 543, **557–559**, 571
– akademischer   188, 201, 380
– ethischer   202
– philosophischer   20, 23
– politischer   399

– theologischer 22, 407
Diskurs des Anderen 109
Diskurs des Subjektes 109
Diskursanalyse 101
Diskursbegriff 101 f.
Diskursethik 539
Diskursforschung *101*
Diskurshemmung 506
Diskursive Überprüfbarkeit 72
Diskursive Überprüfung 506, 558
diskursiver Operator *Siehe* Operator, diskursiver
Diskursivität 342
Diskurskriterium **375**, 404, 407, 413, *428*, 435, 456, 467, 506, **557–559**
Diskurspraktik 168, 170, 200
Diskurspraktiken **101 f.**, 167
Disposition 85 f.
Disziplin 405
Disziplinarmacht 405
Disziplinierung 7, 542
Disziplinierungsproblem 6–8, 13, **25**, 175, 479, 509, 541, 580
Dogma 192, 417, 463
Dogmatik 51, *563*
Dogmatische Setzung 331, 465, 535
Doing Class *78*
Doing Gender *78*
Doketismus 241
Dreireichelehre 490
Dringlichkeit **505**
Drittbegünstiger *163*
Drucktechnik 128
Du 288 f., 309, 413–416, 418, 421 f., 425 f., 431
Du-Welt 308, 310
Dualität 490
Duform 421
Dummheit 485
Dynamik 186, 196
Dynastie 127
Dysemanzipation 509
Dystopie 501

Egoismus 221 f., 439
Ehe 339, 432, 455, 461, 463, 515, 544
Ehemann 432
Ehrfurcht vor dem Leben (Schweitzer) 232, **233–240**, 241, 243 f., 247 f., 409

Eigendynamik 114, 186, 582
Eigengesetzlichkeit **270**, 274
Eigenlogik der Praxis 95
Eigensinnigkeit 169
Eigensinnigkeit der Praxis 186
Eigenständigkeit 154, 340, 342
Eigenverantwortung 182, 258, 341, 557 *Siehe* „Verantwortung"
Eigenwert 261, 267, 271, 274, 280
Einberufungsbescheid 351
Einbildungskraft *115*
Eindeutigkeit 292, 335, 402, 407, 540, 590
Einheit 221, 241, 459, 490, 514
Einseitigkeit 50, *476*
Einstellungs-Verhaltens-Kluft 587
Einswerdens 409
Einzelner 292, 299 f., 313, 469, 476
Einzelpraktik 93
Elite 328
Elitismus 258, 286, 372
Eltern 305, 387, *503*
Eltern-Kind-Beziehung 46, 447
Emanzipation 327, 541, 575
Emanzipatives Potential 178, 458, 461, 463
Empirie 358
Empirischer und intelligibler Charakter 224
Endlagerung 554
Endsieg 492
Ensemble von Praktiken 92
Entfremdung 109, 112, 118, 123, 137, 174 f., 404
Entgrenzung 454, 520
Entlastung 578
Entmoralisierung 439
Entscheiden 247, 262, 272, 330, 372, 464, 588
Entscheidung 248, 251, 273, 278, 288, 290, 292, 297, 299–301, 303, 308, 310, 337, 370, 420, 422, 424, 426, 468 f., 472, 476, 517
Entscheidungsethik 312
Entscheidungsfähigkeit 250
Entscheidungssituation 274, 289, 291, 524, 532
Entschränkung 522
Entsprechung 48, 193, 352, 357, 511, 526, 552, 569, 573, 575
Entsprechungsethik 193, 527, 550
Entwicklungsmöglichkeit 540 f.
Entwurf 112, 189, 196
Entwurfscharakter 576, **578**

Entzauberung der Welt (Weber) 264
Entzug 122, 187
Ereignis 191, 194
Erfahrung 210, 235, 535
Erfahrungsbegriff 40
Erfahrungsnähe 251
Erfahrungsplausibilität 466 f.
Erfolg 261, 271, 274, 280, 501
Erfolgswert 215, 242, 280, 368
Erfüllungsbedingung 437
Erfundenes 126
Erhaltung 462
Erhaltungsordnung 325, 451, *461*, *563*
Erkennen 410
Erkenntnis 218
Erkenntnisinteresse 204
Erkenntnislehre 218
Erkenntnistheorie 197, 420
Erkenntnisweise *78*
Erleben *220*, 235, 241, 410
Erlösung 72, 197, 224, 351, 530, 579
Erlösungshoffnung 528
Erlösungsreligion 272
Ermächtigung 453, *541*, 572, 574
Ermöglichungsbedingung 127, 129
Ernennung 166
Ernennungsurkunde 166
Eroberung 492
Erscheinung 221
Erster Weltkrieg 485
Ertrinkender 506, 508
Erzeugungsbedingung 87
Erzeugungsprinzip 88
Erzeugungsschema 84
Es 414–416
Es-Welt 308, 414
Eschatologie 48, 199, 325, 351, 356, 388, 391, 403, 407, 490, 506, 528, 563, **567–570**
Eschatologischer Vorbehalt 392
Essen 81
Esskultur 86, 88, 95
Ethik 32, 204, 330, 372, 395, 407, 413, 527, 552
– absolute 247 f., 260
– akademische 185, 585
– Aufgabe 178
– Bergpredigt, der 261
– christliche 39, 351, 353 f., 389, 391, 572
– dialogische 284
– evangelisch-theologische 178, 304
– evangelische 180, 188, 253, 371, 374, 380, 480, 531, 542, 544, 574, 582, 584
– Gegenstand der 329
– Gesetzes- 277
– Gesinnungs- 277
– Kantsche 209, 278, *279*
– lutherische 527
– magische Nicht- 277
– Maßstab 179
– Material- 199
– neutestamentliche 41
– Normen- 277
– philosophische 335
– politische *483*, 556
– Praxisreflexion 180
– Prinzipien- 277
– relative 247
– religiöse 271, 274
– responsive 155, 414
– Selbstbeobachtung 185
– Selbstkritik 183 f.
– Selbstreflexion 182, 187
– Situations- 248
– Sozialethik 3
– theologische 3, 25, 27, 102, 138, 173, 189 f., 195, 324, 527
– theologische Maßstab 65
– Typen 275
– Typologie 276
– Verantwortungs- 277
– von oben *338*
– von unten *338*
Ethik als Praxis 70
Ethik (Bonhoeffer) **295–303**
Ethik der Begegnung *408*
Ethik der Bergpredigt 260
Ethik der Betroffenheit 504 f.
Ethik der Entsprechung 48
Ethik der Gewalt 256
Ethik der Verantwortung *42*
Ethik des Helfens 587
Ethiktyp *255*
Ethische Grundsituation 384
Ethische Reflexion 201

Ethische Theologie (Rendtorff)   68, 329, 333, 337, 345, 361, 370, 463, 467, **542**
Ethos   179, 338, 553
Evaluativer Dual   70, **494**, 495, 514, 521, 551
Evangelium   311, 427, 433, 483, 490, 511, 521
Evangelium und Gesetz   521
Evangeliumscharakter   511 f., 514
Evanston VV ÖRK 1954   306, 317, 321, *323*, 369
Evidenz   172 f.
Ewigkeit   290
Existentialismus   424, 517
Existenz der Menschheit   497, 505
Existenzbedingung   16 f., 86
Explicit Rule   89
Extrapolation   **401**, 403

Fabrik   316
Fahne   114
Faktizität des Bösen   481
Familie   293, 315, 318, 322, 437, 455, 515, 520
Federalist Papers   145
Fehlbarkeit   198, 546–548, 551 f., **553–557**, 559
Fehlereintrittswahrscheinlichkeit   556
Fehlertoleranz   71, **553–557**
Fehlertoleranzkriterium   **553–557**
Feind   291, 438–440
Feldherr   475
Fernstenverantwortung   586
Fernwirkungen   305
Finkenwalde   291
Fisch   560
Fischadler   560
Fliegen   570
Flucht   418
Flüchtiges   137, 177
Flüchtlingspolitik   *39*
Folge   142, 231, 250, 260, 263, **280–282**, 284, 305, 486, 506, 554, 559
Folgenabschätzung   280
Folgenabwägung   242, 285, 300
Folgenverantwortung   30, 265, 368, 402, 485, 487, 493
Forderung   288, 291
Forendifferenz   395
Forenidentifikation   395
Forensik   395

Formalismus   67, 210, **212**, 243, **244**, 247, 249, 288, 369
Formalität   279
Forschungsstätte der Evangelischen Studiengemeinschaft   362, 391
Fortschritt   145, 314, 500
Fortschrittshoffnung   533
Forum   70, 395, 407, 524
Fragilität   **496–509, 521**
Frankfurter Schule   *105, 107*
Freiheit   25, 143, 178, 180, 190, 192, 196, 201 f., 213, 224, 226, 228, 231, 300, 302, 313 f., 316, 319, 324, 327 f., 333, 336, **337 f.**, *353*, 370, **377**, 391, 399, 437, 441, 447, 456 f., 465, 469 f., 472, 474, 477, 526 f., 545, 589
– absolute   *228*
– anti-empirischer Begriff von   228
– geschenkte   108
– individuelle   186, 333 f., 477
– intelligible   230
– kommunikative   107, 110, **354**, 356, 363, 378, 469, 507, *521*
– transzendentale   226, 228
– verantwortete   342, 458
– Verantwortliche   325
Freiheit eines Christenmenschen   46
Freiheit (Rendtorff)   339, 342
Freiheitsbedingung   429
Freiheitskriterium   **377**, 399, 407, 429, 437, 467, 479, 507
Freiheitsschrift (M. Luther)   395
Freispruch   396 f., 548
Freiwilligkeit   164
Freizeit   181
Freund   432, 446
Freundschaft   433, **448**
Friedensethik   506, *507*
Führungsposition   475
Fundamentalethik   582
Fundamentalist   404
Fundamentalkritik   195, 529
Fundamentismus   179
Funktion   114
Funktionalismus   *83*, 112, *114*
Funktionär   459
Funktionsträger   459
Funktionsverantwortung   *476*

Füreinander 441, 447
Fürsorge 151, 447f., **498**
Futurologie 403

Gabe 427, 581
Ganzheit 298
Gebot 260, 336
Gebot Gottes 292, **451**, 518
Gebotsethik 335, 344
Gebrauchstheorie 78
Geburt 533
Gedächtnis 230
Gefahrensensibilität 403
Gefallene Welt 356
Gefallensein der Schöpfung 481
Gefangener 405
Gefängnis 112, 405, 432
Gefühl 267
Gegebenes Leben 577
Gegebensein des Lebens 463–465
Gegenseitigkeit 415, 446
Gegenstand der Imagination 127
Gegenwart 416
Gegenwartsdiagnose 274
Geheimnis 406
Gehorsam 289, 292, 294, 327, 341, 426, 440, 559
Gehorsamsverhältnis 472
Geist 197, 288
Geistigkeit 421
Geistimmanenz 288
Geldschein 113
Gelingen 581
Geltung 186
Geltungsanspruch 179, 539
Geltungstheoretische Kontingenz **262**, 272, 280, 284f., 367, 371
Geltungstheoretische Sollenskontingenz 323, 368, 371, 376
Geltungstheoretische Spannung **262**
Geltungstheoretischer Konflikt 285
Gemeinde 316, 427
Gemeindepädagogik 587
Gemeinsames Menschsein 514
Gemeinschaft 118, 127, 287, 295, 318, 322, 433, 442, 460, 489
Gemeinschaftsbegriff 460

Genealogie 18f., 28, 206
Genealogie der Moral (Nietzsche) **229**
Genetische Manipulation 500
Genf 1966 307
Gerechter Frieden 506
Gerechtigkeit 68, 306, 313, 320, 372, 394, 472, 506, 533, 541, 557
Gerechtigkeit Christi 394
Gerechtigkeitsgrundsatz (Rawls) 377, 575
Gerechtsprechung 396
Gericht 158, 383, 384, **386**, 389, 399, 512f., 517, 530, **548–550**, 552, 561
Gericht Gottes 545f.
Gerichtsangst 398, 549
Gerichtshof 384f.
Gerichtshof (innerer) 206
Gerichtsmetapher 55
Gerichtsprozess 406
Gerichtssituation 162, 383, 394, 398
Gerichtsszene 548
Gerichtsurteil 112
Gerichtsverfahren 386
Geringster Bruder 47
Gesamtperson 459
Geschichte 86, 113, 433, 517
Geschichte vom reichen Jüngling 426
Geschichtsdeterminismus 106
Geschichtsordnung 290, 293
Geschlechterunterschiede 81
Geschmack 81
Geschöpflichkeit 520, 564
Gesellschaft 120, 174, 266, 309, 313, 320, 324, 343, 456
Gesellschaftlich-Geschichtliches 112, 116, 121
Gesellschaftliche Lage 563
Gesellschaftliches 122
Gesellschaftsanalyse 266
Gesellschaftsgestaltung 444
Gesellschaftskritik 202, 455, 492
Gesellschaftsordnung 440, 491, 536
Gesellschaftstheorie 119
Gesetz 210, **211**, 212, 288, 292, 335, 345, 427f., 469f., 472–474, 511, 521, 527, 549
– allgemeines 211
– objektives 214, 216
Gesetzesethik 363
Gesetzgeber 335, 543

Gesetzlichkeit 472
Gesetzmäßigkeit 211
Gesinnung 234, 240, 280
Gesinnungs- und Verantwortungsethik 275
Gesinnungsethik **260**, 279, **285**, 364 f.
– materiale und formale 279
– religiöse 279
Gesinnungsethische Maxime 146, 481
Gesinnungsethische und verantwortungsethische Maxime **259–262**, 276
Gesinnungswert 272, 280, 284 f., 368
Gestaltung 70, 462 f., 467, 477
Gestaltungshandeln 462
Gesundheitsvorsorge 590
Gewalt 15, 23, 26, 178, 256, 484–486, 494
Gewaltpotential 138
Gewaltsamkeit 256, 264 f., 486
Gewerkschaft 316, 322
Gewissen 163, *206*, 249, 289, **384 f.**, 388
Gewissenhaftigkeit 440
Gewissensbisse *230*
Gewissensfreiheit 47, 282, 285, 313, 320, 364 f.
Gewissensverantwortung 32
Gewohnheit 267
Gewöhnliches 434
Glaube **191**, 285, 292, 300, 312, 318, 394, 397, 427, 535
Gleichheit *327*, 441, 443, 460
Gleichnis vom Weltgericht (Mt 25) 506
Gleichnis vom Weltgericht (Mt 25) 392, 505, 572
Gleichzeitigkeit 127
Gliederung der Arbeit **202 f.**
Globaler Süden 306
Globalisierung *45*
Glück 223, 432, 581
Glückseligkeit 263, 285, 493
Gnade 191, 301, 393 f., 396, 490
Gnade Gottes 474
Gott **388**, 391
Gottebenbildlichkeit 56
Götter 216 f.
Gottes Wille 482, 493
Gottesbild 194
Gottesdienst *28*
Gottesgedanke 51
Gottesgericht 407

Gottesurteil 404
Gottesvorstellung 426, 563
Gotteswille 426
Gotteswirklichkeit 301, 494, 510
Gottposition 285, 493, 518, 529, 549
Gottverlassenheit 562
Götze 192
Governmentality Studies 2
Grauzone 528, 531
green economy 501
Grenze 421, 454, 462, 464, 533, 543, **565**, 567, 571
Grenzentwurf **576–579**
Grenzentwurfskriterium 72, **576–579**
Größenordnung 556
Großwetterlage, sozialethische 45
Grund der Verantwortung 199
Grundeinkommen 542
Grundfragen einer christlichen Ethik (Bonhoeffer) 438
Grundprinzip des Sittlichen 243
Grundsituation
– ethische 41, 50
– forensische 52
Grundstruktur 156
Grundstruktur verantwortlichen Handelns (Heidbrink) 151
Grundstruktur von Verantwortung 64
Gruppe 322
Gültigkeit 413
Gut 197, 290, 351
Güte 263, 485 f.
Güterabwägung 556
Güterethik 157, 238, 530
Güterlehre 52
Gutes 297, 300
– absolutes 569
– gegebenes (Rendtorff) 336
– intendiertes (Meireis) 111, 197, 201, 312, 375 f., 444, 507, 547
– realisiertes (Meireis) 198, 200, 312, 332
– unverantwortbar **571**, 575, 591
– unverfügbares (Meireis) 111, 197, 201, 312, 530, 561, 563, 569, 591
Gutes Leben 179
Gymnasium 474

Habenmentalität 189, 193
Habitus 81, **84–89**, 91, 94, 99, 137, 167, 172, **175**, 182, *338*, 378, 475
- Feldhabitus 99
- Klassenhabitus 99
Haftungsverantwortung 32
Hammer 82
Handeln 330, 552, 561
- affektuelles 266
- traditionales 266
- wertrationales 266
- zweckrationales 266, 270
Handlung *163*, 225, 553
Handlungsabwägung 217, 485
Handlungsbedingung 260, 270
Handlungsbegriff 348
Handlungsbereitschaft 539
Handlungsbewußtsein 463, 465
Handlungsdruck 508
Handlungserfolg 215
Handlungsfähigkeit 38, 302 f., 369
Handlungsfolge 163, 254, 278, 401, 481, 486
Handlungsfolgenverantwortung 30, 252, 260, 280, **281**
Handlungskompetenz 465, 477
Handlungsmacht 17, 20, 398, 400, 419, 437, 508, 519, 522, 536, 541
Handlungsmächtigkeit, reflexive *28*
Handlungsmöglichkeit 464
Handlungsorientierung 527
Handlungspraxis 197
Handlungsraum 57
Handlungsspielraum 147
Handlungssubjekt 400, 404, 512, 517
Handlungstheoretische Kontingenz **261**, 272, 285
Handlungstheoretische Spannung **261**, 271, 367
Handlungstheoretischer Konflikt **261**, 280, 285
Handlungstheoretischer Sollenskonflikt 371, 375, 560
Handlungstheorie 83, 91, 210, 347, 373
Heidelberger Sozialethik 68, 346
Heil der Seele 487
Heilige 216 f., 250
Heiliges 351
Heiligung 191
Heilsprognose 556

Heimsuchung *288*, 289, 422, 427
Held 487, 494
Hermeneutik des Verdachts 2
Herrschaft 445, 482, 490, 589
- charismatische (Weber) 257
- legale *257*
- traditionelle *257*
- Weber, Max *257*
Herrschaft des ‚Man' 459
Herrschaft Gottes 567
Herrschaftssystem 589
Herrschaftsverhältnis 415, 419, 444
Herrschende Klasse (Bourdieu) *86*
Herztransplantation 570
Heteronomie 25, 109, 209, 213
Heteronormativität 339, 544
Heuristik 17, 139, 150, 202, 584
Heuristik der Furcht (Jonas) 400, *402*, 501
Hexis (Bourdieu) 81
Hierarchie 435, 445, 458, 504
Hierarchische Gesellschaft **451–456**
Hierarchische Gesellschaftsordnung 440, 449, 536, 577
Hierarchisierung 458
Hilfe 504
Hilflosigkeit 499, 508
Hilfsbedürftigkeit 504
Hilfshandeln 508
Hilfspraktik 508
Hingebung 246
Hintergrundwissen 134
Hitlergruß 295
Hochzeit 432
Hoffnung 345, 362, *401*, 402, 549, 567–569, 571, 591
Hoffnungsdogmatik 346
Hoffnungsorientierung 407
homo faber 459
Homosexualität **339**, 466
Horizont **117**, 134, 171, 174, 201, 349, 374, 380, 397, 412
Horizontcharakter *117*, 118, 169, *417*
Horizontverengung 506
Hormonhaushalt 477
Humanität *326*
Hybris 533, 578

Ich 110, 290, 292, 414, 416, 418, 421, 425, 431
Ich-Du-Begegnung 423
Ich-Du-Beziehung 370, 415, 417, 421, 424 f., 427, 431
Ich-Du-Philosophie 288, 308, 413 f., 449
Ich-Es 414
Ichform 421
Idealismus 287, 420, 422
Idealistische Philosophie 100
Idealmensch 531
Idealwelt 531
Identifikation 570
Identität 118, 348, 376
Ideologie 112, 185
Ideologiekritik *184*, 192, 194 f.
Ideologisierung 361
Illokutionäre Ambivalenz **398–406**
Imaginäres 26, **102–139**, **168–178**, 186, 188, 192, 201 f., 374, 480
– aktual 115 f., 131
– Kategorie 63
– radikal 115, 119
– sozial **168–178**, 387
Imaginäres (psychoanalytisch) *105*
Imagination 173, 175, 178, 201, 374, 380, 480, 583 f.
– asymmetrisch-personalistische 69, **419–428**, 510 f.
– Basis- **525**, 526
– Begegnungs- **408**, 466, 484, 537, 540
– Beziehungs- **429**
– christologische 515, 519
– Diabolizitäts- 69, **481–496**, 508, 524 f., 528, **551 f.**
– forensische 69, 227, **383–407**, 418, 524, 526 f., 537, **548–550**
– Fragilitäts- 69, **496–509**, 524, *588*
– Gegebenheits- **463–466**
– Gestaltungs- 69, **476–480**, 524, 526, 542, 544
– individuelle **173**, 177, 384, 406
– kontextualisierende 69 f., **480–522**, 524 f., 584
– Matrix 525
– Mitmenschlichkeits- 69, **441–446**, 449, 451, 457, 466, 524 f.
– mystische 69, **409–413**, 418, 422, 426, 428, 524

– Ordnungs- 69, **450–467**, 484, 524–526, 544, 577
– personalistische 431, 436, 524 Siehe „asymmetrisch-personalistische" und „reziprok-personalistische"
– responsibilisierende 69 f., **383–449**, 524 f., 584
– responsive 398
– reziprok-personalistische 69, **413–419**, 525
– Reziprozitäts- 69, **413–419**, 449, 524, **535–538**
– situierende 69 f., **449–480**, 524 f., 584
– Stellvertretungs- 69, 294, **430–441**, 449, 451 f., 466, 469, 484, **514**, **516 f.**, **519**, 520, 524, **535–538**, 558, 587
– symmetrisch-personalistische 428
– Versöhnungs- 69, 71, 302, **509–522**, 524, 526–529, 531, 534, 536, 538, 546, 551, 553, 556, 561 f., 567, 578, 581, 584
– Wagnis- 69, **467–476**, 478, 524
Imagination (Kategorie) 62
Imaginationsbegriff 126
Imaginationsfähigkeit 110
Imaginationstheorie 170, 409, 583
Imaginieren 186
Immunisierung 404
Impeachment 145
Imperativ 211, 412
– hypothetischer 212
– kategorischer **211**, 212
Impfstoff 577
Individualethik 326, 328, 461
Individualisierung 6, *45*
Individualismus 136, 459, *477*
Individualität 121, 186, 221 f., 241, 287, 356, 465
Individualitätsmoment 91
Individuelle Imaginationen Siehe Imaginationen, individuelle
Individuum 35, 121, 221, 273, 300, 328, 333, 343, 479, 542, 565
– souveränes 231, 479
– verantwortliches 479
Inhaftierung 322
Inkarnation 513, 530
Inkarnationstheologie 71, 515, 517
Inkorporierung 87
Innovation 403

Inquisitionsprozess 141
Inspiration 197
Instanz 383, 400, 404, 418
Instinkt 231
Institution 113, 322, 327, 336, 387, 398, 456, 462, 492
Institutionalisierung 113, 406, 589
Institutionenbegriff 450
Institutionenkommission 450
Institutionentheorie 112
Intelligibler und empirischer Charakter 228
Intensitätsgefälle, erlebnispraktisches 221 f.
Interdisziplinarität 195
Internalisierung 405 f.
Internationale Dietrich-Bonhoeffer Gesellschaft (ibg) deutschsprachige Sektion 286
Interpretationsschema 117
Irrationales 234
Irrationalität 494
Irrationalität der Welt 263, 280, 285, 481, **485**, 487
Isolierung 520
iustitia aliena 393

Journalist: in 380
Judikative 543
Jünger 292–294
Jüngstes Gericht 390, 393, 397, 399, 403
Just, Participatory, and Sustainable Society 306, 586
Justice, Peace, and the Integrity of Creation (JPIC) 498

Kampf 325, 427, 491, **492**, 494, 582
Kampf der Götter 269, 272, 274
Kapital (Bourdieu) 479, 533, **540 f.**
Kapitaladäquanz **540–543**
Kapitaladäquanzkriterium 71, **540–543**, 554
Kapitalakkumulation 86
Kapitalismus 128, 271, 318
Kapitalsorten (Bourdieu) *86*
Kapitaltheorie (Bourdieu) 99
Kapitalverteilung 541
Kapitulation Frankreichs 295
Kategorie 62, 583
Kategorienlehre (Kant) 219

Kategorischer Imperativ 282, 359 *Siehe* Imperativ, kategorischer
Kaufmann 322
Kausalität *219*, 225, 499
Kenosis 519
Kernkraftwerk 360, 502
Kettensäge 502
Kind 120, 293, 412, 431, 504, 545
Kirche 200, 311, 322, 380, 419, 427, 455, 494, 504
Kirchenlatein 127
Kirchliche Dogmatik (Barth) 190, 297, 480
Klage 141, 144, 156
Klasse 86, 133, 167, 440, 533
Klassenbildung 443
Klassenhabitus 81
Klassenkörpers 81
Klassifikationssystem 85
Kleine Gruppe 442
Kleinmut 534
Kluft von Sein und Sollen 411 f.
Klugheitslehre 281
Klugheitsurteile 547
Know-how-Wissen 77
knowing how to 89 f.
Kognitiver Akt 348
Kognitives Schema 103
Kohärentismus 179
Kolleg: in 446
Kombinierbarkeit 525
Kommunikation *158*, 164
Kommunikation des Evangeliums 53, 396
Kommunikative Freiheit *Siehe* Freiheit, kommunikative
Kommunikatives Handeln (Habermas) *14*, 446
Kommunikativität 357
Kommunismus 318, 459
Komplexitätsreduktion 5
Komplexitätssteigerung 7, 9
Kompromiss 247, 273, 375
Konflikt 214, 271, 274, 280, 292, 359, 375, 438
Konformismus 459
Konkretion **538–540**
Konkretionskriterium 71, **538–540**, 542
Konnotation 66, 114 f., 170, 173, 186, 380
Konsequentialismus *281*
Konservativismus *337*, 360

Konspiration *470*
Konspirativer Widerstand 295, 302
Konstitutionsbedingung 129
Konstruktion *158*, 159, *160*
Konsument: in 559
Konsument: innenverantwortung 586
Kontemplation 99
Kontext 70, 173, 337, 355, 382, 449, 535, 551, 564
– soziokultureller 564
Kontextualismus 179
Kontingenz **215**, 249, 262, 274, 278, 283, 332, 590
Kontingenzerfahrung 278, *283*
Kontrolle 399, 500
Koppeln *21*
Körper 76, 80, 110, 165 f., 182, 583 f.
Körperlichkeit **80**, 102, 582
Korrigierbarkeit 342
Krankenversicherung 581
Krankheitsprävention 182
Kreativität 121
Kreuz 530, 546, 552, 559
Kreuzestheologie 71
Kreuzigung 545
Krieg 233, 438, 454
Kriegserfahrung 558
Kriminalität 18
Kriminalpolitik 6
Kriminalpolizei 387
Krise 233, 314, 317 f., 370, 502, 504, 556
Krisenphänomen 467
Krisenstimmung 485, 488
Kriteriologie 196, 201, **372**, **374–379**
Kriterium
– Beteiligungs- **579 f.**
– Diskurs- **557–559**
– Fehlertoleranz- **553–557**
– Grenzentwurfs- **576–579**
– Kapitaladäquanz- **540–543**, 554
– Konkretions- **538–540**, 558, 576
– Reintegration- **559 f.**
– Reziprozitäts- **543–545**, 557
– Solidaritäts- **580 f.**
Kritik 404, 426, 434, 445, 456, 467, 557
Kritikkritik 65, **195**, **202**
Kritisierbarkeit 539, 559

Kultur 174, 233, 412, 434, 455
Kultur der Digitalität (Stalder) 589
Kulturwissenschaft 195

Lächeln 447
Lage 86
Laie 312
Laienpflege 44, 445
Lambarene 233
Langenweile 223
Leben 223
– Aufgabe (Rendtorff) 331
– gegebenes (Rendtorff) 331–333, 343, 350
– Grundstruktur (Rendtorff) *339*
– Möglichkeit (Rendtorff) 331
– richtiges und gutes 332
Lebendigkeit 421
Lebenschance 88, 533
Lebensführung 70, 271, 276, **329**, 340, 342, 370, 372, 464, **476–480**, 524, 542
Lebensgestaltung 542
Lebensmöglichkeit 534
Lebensnotwendigkeit 470
Lebensplan 477 f.
Lebenspraxis 311
Lebenssphäre 269
Lebensstil 542
Lebensverlängerung 500
Lebenswelt 176
Lebenswille 223, 234, 375
Lebenswirklichkeit **331**, 349 f.
– Grundelemente 331, 334 f.
Legislative 554
Legitimität 20, 22
Lehrer 387, 432, 434, 437, *503*
Lehrmeister 164, 504
Leib **220**
Leiden **223**, 224, 439, 485, 519, 531
Leserbrief 181
Letztes Gericht 393
Liberalismus *88*
Liebe *151*, 223, 392, 416, 427, 433, 548
Liebe Gottes 313, 511, 531
Liebesgebot 312 f., 325, 342
Liebesordnung *290*
Life and Work 317
Ligatur *88*

Logik der Logik 98
Logik der Praxis 77, **96–101**
Lokalisierbarkeit 136 f.
Lokalisierung 123, 131
Lokalisierungsproblem 174
Lücke 590
Lüge 212, 359
Lust 237

Macht 16, 24, 32, 43, 88, 123 f., 131, 146 f., 154, 231, 242, 250, 252, **255–258**, 264, 265, **286**, 314, 318, 320, 376, *385*, 392, 400, 405, 422, 431, 449, 459, 466, 485 f., 497, 499–502, 508, **519**, 524, 543, 561, 567
– diabolische 70
– diabolische (Weber) **264**, 265
– Eigendynamik 265
Macht des Bösen 462, 488
Macht über die Macht (Jonas) 503
Machtasymmetrie 398, 403, 423, 431 f., 436 f., 444, 508 f., 519, 536 f., 543, 545
Machtausübung 445
Machtcharakter des Bösen 486
Machterwerb 503
Machtgleichgewicht 554
Machtkonzentration 489
Machtposition 485
Machtstruktur 18, 88, 173 f.
Machtverhältnis 58, 164
Machtwille 415
Makel 508
Mandant 384
Mandat 518 f., 522
Mandate 336, 441, 450 f., 461, 518, 577
Manipulation 446
Mann 258
Mannigfaltigkeit 221
Marginalisierung 59
Marxismus 106
Maschinenpistole 112, 122, 124
Massengesellschaft 459
Maßstab *74*, 179, 182–184, 186, 188, **189**, 191, 193, 198–200, 202, 245, 324, 328, 457, 462, 466 f., 473, 491, 505, 510, 556, 559
Materialethik 178, 527, 542, 583, **585–590**
Materialität 76, **80–82**, 102, 182, 582
Maxime **210**, 255, 259, 275, 359

Medienethik 181 f., 589
Meditationsmantra 237
Medizin 93
Mehrdeutigkeit 402, 407
Memel 295
Menschenrechte *349*, *460*
Menschenverachtung 534
Menschenvergötzung 534
Menschheit 305
Menschwerdung *28*, 533
Menschwerdung Christi 520
Menschwerdung Gottes 531
Menschwerdung Jesu 515
Metabeobachtung 187
Metaperspektive 185, 202
Metaphysik 235, 305
Metareflexion 194
Metaverantwortung *185*, *374*
Methode 123, 125, 127, 131, **176**
Milieu 167, 466, 533, 542
Militärische Metaphern **492**
Minderheitenschutz 544
Misstrauensvorschuss 495
Miteinander 441
Mitgliederversammlung 399
Mitleid 223, 241, 439, 444
Mitleidsethik 223
Mitmenschlichkeit *325*, 419, **441–446**, 458, 461
Mittelschicht 475
Mittleres Axiom 311, 313 f., 376, *442*
    Siehe Zwischenaxiom
Mobile 354
Mobilisierungsbefehl 122, 124
Moderne 132, 268, 273, 278
Modernität 132
Möglichkeit 533, 540
Möglichkeitsgrenze 567
Monarchie 556
Monolog 282
Monologisches Begründungsprinzip 282
Moral 209, 335, 507, 527, 556
Moralgesetz 527
Moralischen Ordnung 177
Moralisierung **507**, 527
Moralismusvorwurf 527
Moralität 504
Moralkasuistik 334

Moralprinzip 282, 417
Moraltheorie 400
Motiv 226
Motivation 77, 397
Müll 540
Mund-Nasen-Maske 577
Musizieren 587
Mutter 293, 439, 454
Mystik *234*, 236, *237*, 241, 409
Mystisches Erleben **234**, 239, 251
Mythos 501

Nachbar: in 446
Nachfolge 297–299, 302, 368, 512
Nachfolge (Bonhoeffer) 290, **291–295**, 433, 469, 516
Nachhaltigkeit 542, **585**
Nachhaltigkeitsdiskurs *373*
Nächstenliebe 484
Nächster 300, 439
Nahbereich 444
Nahbeziehung 441, 449, 457
Narrativ *171*, 529
Nation 63, 115, 118, 126 f., 174 f.
Nationalhymne 295
Nationalismus **126**
Nationalsozialismus 296, *360*, 452
Nationalsozialismus, Verbrechen 44
Natur 305, 319, 417, 563 f.
Naturalistisches Missverständnis 343
Naturbeherrschung 315
Natürliche Gegebenheiten 293
Naturrecht 312, 320, 325, 457, *563*
Naturwissenschaft 195
Nebenfolge 9, 486
Nebenwirkung 31
Negatives 571
Neigung **210**, 212, 215 f., 250
Netz 451, 541
Neue Welt 561
Neues 403
Neues in der Geschichte 119
Neugeborene 412, **498**
Neuluthertum 450
Neutralisierungseffekt 97
Neutralität 147
New York 471

Nicht-erlöste Welt 352, 354–356, 361, 371
Nichtiges *551*
Nichts 224
Nichtsein 412, 499
Nichtwissen 393, 472
Nihilismus 185
Nochnichtsein 499
Norm 31, 92, 143, 148, *250*, 277, 351, 472
Normales 470
Normalität 472
Normative Grundlage 195
Normativität 331
Normsetzung 547
Not 506, 566, 580
Nötigung 209, 216, 410
Nötigung (praktische) 210
Notsituation 300, 506
Notstand 505
Notwendigkeit 212, 230, 249, 283
NS-Diktatur 468
Nutzen 581

Oben und Unten 85, 451–453, 458
Oberhoheit des Persönlichen 310, 313, 320
Oberschicht 475
Objektbeziehung 244
Objektebene 348
Objektivation 222
Objektivierung 19, 81, **83**
Objektivismus *79*, 99
Objektivität 211
Objektposition *163*, *166*, 505, 583
obligatio *152*
Obrigkeit 455, 482
Obrigkeitsschrift (Luther) 433, 482, 494
Offenbarung 190 f., 194, 197, 285, *298*, 427, 510, 512 f.
Offenbarung und Religion 190
Offenbarungstheologie 198
Offizier 558
Ogowefluss-Erlebnis 235
Ohnmacht 499, 508 f., 519
Ökonomie 272
Ökumene *323*, 324
Ökumenischen Bewegung *585*
Ökumenischer Rat der Kirchen **317–323**
Ontologisierung *159*

Operationalisierung 125, *195*, 197f., 201, 361, 370
Operator, diskursiver 17f.
Opfer 163
Option für die Armen 573
Ordination 166
Ordnung 70, 85, 240, 269, 293, 313, 328, 344, 368, 377, 390, 435, **450–467**, 472, 482, 484, 544, 551, 557f.
– gegebene **463–466**
– gesellschaftliche 318
– göttliche 453, 455, 462, 493
– hierarchische 457–460
– irdische 455
– öffentliche 320
– soziale 323
– verantwortete 458, 467
– weltliche *325*
– Zusammenbruch von 468
Ordnung Gottes 290
Ordnung von oben und unten 436
Ordnungstheologie 323, 327, 336, 450, 458, 465
Orientierungshilfe 545
Osterbotschaft *561*
Oxford 1937 317, *323*

Pandemie 577
Panopticon 405
Panoptismus 405–407
Papierguillotine 553
Parlament 399
Partei 316
Partikularität 221, 411
Partikularität und Universalität 235
Partizipation 376
Partnerschaft 419, 441f., 460
Paternalismus 59, 240, 507, 533, 574
Pathologie 479
Patriarchalismus 444, *445*
Patriarchat 445, 544
Pendel 223
Performanz 80, 166
Perlokutionäre Ambivalenz 385, **390–398**, 407, 527, 549
Person 288, 416, 420, 423, 433, 459, 484
Personalethik 32, 326, 461

Personalisierung 6, 444
Personalismus **308**, 310, 313, 315f., 320, 322, 326, 413, 443, 457, 480
Personalität 287f., 290, 308, 319, 420, 427, 489
Personbegriff 29, 287–291
– christlich 420
– idealistisch 420
Personenkonzept 558
Personenkonzept, implizites 9, 14
Personwürde 29
Perspektive 350f., 355
Pessimismus **222f.**, 224, **240**, 241
Pflanze 240
Pflege 44
Pflicht 10, 31, 157, **207**, **209–217**, 232, 242, **243f.**, 251, 254, 260, 263, 281, 285, 287, 289, 292, **296**, 302, 305, 357f., 365, 368f., 389, 412, 497, 502, 540, 590
– absolute 212, 243
– heteronome 258
– Kant 209–217
– umgangsprachlich 209
Pflichtbegriff 66, 157
– Kant 66
Pflichtenkollision *208*, 214
Pflichtenlehre 52, 335, 344
Pflichterfüllung 258
Pflichtethik 157, **209–217**, 232, 238, 246, 304f., 335, 555f.
– formale 245
– materiale 244
Pflichtgefühl 375
Pflichtgesetz 358
Pflichtkollision **245**
Phänomenologie 170, *298*, 415
Phantasma 110, 119
Philosophie 15, 18, 21f., 582
Pilgerreise 130
Planung *401*, 461
Plausibilität 186
Plausibilitätsbedingung 129, 184, 466, 479, 501
Pluralisierung **268–275**
Pluralismus 335
Pluralität 47, 262, 274, 284, 363f., 366, 371
Politik 168, 259, 265, 270, 486, 582
Politiker 255, 260, 264, 314, 328, 380, 485f., 551

Politische Theologie   345, 361
Politisches Handeln   493
Polytheismus der Werte   *270*, 273, 284f., 365
Pony   577
Popularisierung   323f., **328**, 370, 372
Positionsdifferenz   443
Postkoloniale Kritik   574
Postulat   *239*
Potestativer Dual   70, 432, 435, **499**, **508**, 514, 521, 524, *588*
Practice Turn   75
Praktik   101, 165, 373
– Beispiele   77
– diskursive   **102**
– dispersed practice   89
– Foucault   17
– integrative practice   89
– Logik der Verkettung   93
– Rouse   17
Praktikenanalyse   78
Praktikenanalyse (Foucault)   16
Praktische Logik   **96–101**, 185
Praktische Vernunft (Kant)   280
Praktische Vorschrift (Jonas)   555
Praktischer Sinn   98, 133
Praktisches Christentum   310, 317
Praktisches Wissen   Siehe Wissen, praktisches
Präskription   *133*
Präventionsmaßnahmen   506
Praxeologie   525
Praxis   107, 178, 480
– akademische   63
– Eigensinn   186
Praxis-/Diskursformation   92
Praxis (Kategorie)   62
Praxisbegriff   62, **74–102**, 107, 582f.
Praxischarakter   200
Praxisform   **92–94**
Praxisformation   **92–94**
Praxiskritik   65, **194**, **200**, 523, 526, 552
Praxisproblem   27, 38, 42f., 49, 55, **59–61**, 63, 73, **165**, **169**, 182, 189
Praxissoziologie   62, 331, *423*
Praxistheorie   83, 104, 137, 185, 196, 409, 533
Praxiszusammenhang   124, 137, 177
Presse   387
Presseberichterstattung   554

Priestertum aller Gläubigen   25
principium individuationis   221–223
Prinzip   210, 277, 279, 286, 300–302, 337, 474, 497
Prinzip der kritischen Prüfung   282
Prinzip der Nicht-Direktivität   588
Prinzipienethik   304, 312, 376
Prinzipienethik, reflexive   278
Prinzipiengebrauch, reflexiver   48, 277
Prinzipienlehre   305
Privatperson   433
Privilegienabbau   575
Problem   348f., 359
Problemwahrnehmung   *172*, 355
Prognose   305, 555
Prospektivität   *152*, 407
Protestantismus   271, 482
Protologie   **563–567**
Protologische Bestimmung des Unverantwortbaren   **563–567**, 570, 577
Prozess   353f.
Prozesscharakter   202
Prozesshaftigkeit   110
Prüfen   352f.
Prüfprinzip   215
Prüfregel   282
Prüfung   406, 435
Prüfungskommission   386
Psyche   119, 121
Psyche-Soma-Einheit   116
Psychisches   121
Psychoanalyse   109, 119
Public Theology   3
Publikum   387
Publikumsethik   181

Quantifizierung   590
Quietiv   533

Radikale Imagination   *111*
Rationales   114
Rationalisierung (Weber)   **266–268**
Rationalismus   276
Rationalität   114
Raum   86, 99, 219
Real-Rationales   *114*
Reales   114

Realisiertes Gutes 201
Realismus 528
Rechenschaft 10, 36, 52, 69f., 142, 144, 162, 206, 375, 381, 388, 391, 393f., 396, 402f., 406, 418f., 524, 527, 544
Rechenschaftspflicht 145, *151*, 154, 340, 342, 389, 396f., 400, 527, 538, 550
Rechenschaftsverantwortung **144**
Recht 32, 313, 383, 455, 482
Recht des Volkes 320
Rechtfertigung *142*, 191, 199, 301, 383, 396, 398, 516, 528
Rechtfertigungsglauben 53
Rechtfertigungslehre 53, 56, 108, 299, 301, 303, 336, 369, 371, 378, 390, 392–395, 407, **526**, 527, 550, 572f.
Rechtfertigungslehre und Ethik 55
Rechtlose 572f., 575
Rechtlosigkeit 455, 572
Rechtschaffenheit 484
Rechtserhaltende Gewalt 550
Rechtsgeschichte 161
Rechtsprechung 159
Rechtssystem 553
Rechtstaatlichkeit 495
Reden 167
Reflective-Equilibrium-Ansätze *179*
Reflektierbarkeit 342
Reflexion 22, 194, 348
Reflexion, transgressive 22f.
Reflexionspraktik 194
Reflexiven Wendung 14
Reflexiver Prinzipiengebrauch 363f.
Reflexivität 47, 278f., 330–332, 363, 365f., 371, 374, 376
Reform 345
Reformation 371
Regel 92
Regelkonformität 402
Regelmäßigkeit 91
Regelregressargument 78, *124*
Regierung 387, 399, 444, 543
Regierungswechsel 322
Reguläres 470
Reich des Teufels 461
Reich Gottes 197, 325, 352, 362, 392, 395, 490, 532, 561, 567, 569f., 578

Reicher Jüngling *261*
Reichtum 85
Reintegration 72, **559f.**
Reintegrationskriterium **559f.**
Reisen 130
Rekursivität 590
Relation und Praktik (Differenz) **165**
Relationalität 46, 49, 57, 348, 536
Relativität 300, 312, 472, 528, 531
Religion 190, **191**, 271
Religionscharakter 193, 195
Religionsgemeinschaft 127
Religionskritik 65, **190–196**, 197, 199
Religionspädagogik 587
Religionssoziologie 275
Religiöse Aufladung 403, 426, 428, 467, 484, 544, 550, 578
Religiöse Legitimierung 455, 467
Repertoire 134, 174
Repetitivität 91
Resignation 224, 241
Resignationsethik **223f.**
Resonanzerfahrung 415, 417
Resozialisierung *560*
Respekt 446
Responsepraktik 64, **167**, 168, 180f., 200f., 380, 397, 512, 523, 538
Responsibilisierung 381, 407, 552
Responsibilisierungspraktik 64, **166**, 168, 180, 182, 200f., 374, 380, 397, 409, 413, 523, 538f., 544, 557
Responsibilitätstranszendierung 392, 395f., 407
Responsibility to protect 44
responsible society Siehe Verantwortliche Gesellschaft
Responsive Grundstruktur *140*, 141, 148, 154, 156, 168, 170, 347, 371, 480
Responsive Struktur 303, 329, 337, 369
Responsives Geschehen 297
Responsives Grundverständnis **370**, 373
Responsivität *141*, 156, 289f., 294, **297–299**, 303, 369, 480
restitutio in integrum 549
Retroaktive Projektion (Vogelmann) 205
Retrospektivität *152*, 400f., 407
Rettbarkeit 499, 504
Rettung 506

Rettungshandeln 506
Reue *230*
Revisionsoffenheit 189, 577
Revolution 346
Reziprozität 46, 363, 365 f., 371, **376**, 377, **413–419**, 424, 476, **535–538**, **543–545**
– asynchrone **447**
– synchrone **447**
Reziprozitätskriterium 71, **376**, 399, 407, 436, 496, **543–545**
Reziprozitätsoffenheit 543, 545
Richter 386, 388 f., 393, 396, 432, 434, 549
Richteramt *206*
Richtiges Handeln 179
Richtigkeitsurteile 507
Richtperson 384
Richtspruch 398
Richtstuhl Christi 388, 390 f.
Rigorismus 67, **211**, 243, **244**, 249, 288, 296, 299, 369
Ringen 492
Rolle 120, *326*
Rolle Gottes 493
Rollenethik 461
Rollenverantwortung 432, 520
Rollenverteilung 544
Roman 128
Routine 91, 166
Routinehandeln 91
Ruf Christi 454, 518, 520
Ruf in die Nachfolge 291, 293 f.
Ruf Jesu 517

Sachgemäßheit *351*, 470
Sachmoment 354, **355**, 506
– eschatologisches **561**, 562, 567, 569 f., 574, 576, 578 f., 584
– inkarnationstheologisches **531**, 534, 537–539, 546, 584
– kreuzestheologisches **546**, 547, 551–553, 556, 559, 584
Sachmomente im Christusnarrativ **529**, 531, 545
Sakrales 514
Sakralisierung 568
Sakrament 490

Sanctorum Communio (Bonhoeffer) **287–291**, 511
Sanktion 113, 405
Satan 491
Säugling 499, 505
Schaden 383, 400, 407
Schadensvermeidung 403
Schauspiel 99
Scheitern 571
Schema 171
Schema sittlicher Urteilsfindung 68
Schicksal 477
Schleier der Maja (Schopenhauer) 222 f.
Schlüssel 166, 583
Schlüsselbund 583
Schmerz 220, 223, 237, 241
Scholastische Disposition 99
Scholastische Vernunft (Bourdieu) 99
Scholastischer Epistemozentrismus *96*
Schondasein 499
Schöpfergott 52
Schöpfung 52, *111*, 119, 197, 199, 309, 319, 351, 535, 564
Schöpfung, Versöhnung und Erlösung *529*
Schöpfungsdogmatik 346
Schöpfungsglauben 53
Schöpfungsordnung 291, 451, 465, 544, *563*
Schöpfungstheologie 56, 309, 319, 373, 378, 457, **535**
Schöpfungsverantwortung 540
Schranke 288, **422**, 423, 425 f.
Schriftgemäßheit *351*
Schuld **152**, 217, 227, **249**, 273, 301 f., 341, 355, 360, 368, 383, 396, **472**, 508, 516, 530 f., 545 f., 548, 551, 553, 559 f.
Schuldbewusstsein 230
Schuldhaftigkeit 516
Schuldübernahme 155, *245*, 249, **301**, 353, 369, 375, 439, **473**, 488, 532, 543, 546
Schüler 387, 437
Schutz 484
Schwäche 440, 508
Schwächere 573
Schwangerschaftsabbruch 349, 360
Schwangerschaftskonflikt *44*
Schwert 482
Schwester 293

Schwimmerin 506, 508
Seduktion 500 f.
Seelsorge 579, **587**
Seinsimmanenz 412
Selbständigkeit 341, 459
Selbstbeherrschung 589
Selbstbewusstsein 126
Selbstbewusstsein (religiöses) 192
Selbstdisziplin 369
Selbstentzweiung 245 f.
Selbstgesetzgebung 210, 213
Selbstkritik 65, 183, 190, 192, **194 f.**, **201**, 380, 523, 526, 542
Selbstobjektivierung 19
Selbstpraktiken 16
Selbstrechtfertigung *155*, 397 f., 472, 549
Selbstreflexion 99, 194
Selbsttätigkeit 334
Selbstveränderung der Gesellschaft 187
Selbstverantwortlichkeit 386
Selbstverantwortung 159
Selbstverhältnis 18, 24, 159 f., 163, 207, 251, 281
Selbstverständlichkeit 169
Selbstverständlichkeitshorizont 186
Selbstvervollkommnung 533
Selbstverwaltung 442
Selbstviktimisierung 575
Selbstzurechnung 227, 469
Selektivität 355
Sich-Verhalten 85
Sich-zu-sich-selbst-Verhalten 159
Sicherheitspolitik 506
Sichtbarkeit 405 f.
Sinnhafter Gebrauch 82, 130, 167
Sittliches Urteil 348
Sittliches Urteilen 330
Sittlichkeit 263, 285, 493
Situation 137, 300, *349*, 352, 358, 372, 374, 382, 449, 506, 517, 525
Situationalität 289 f., 294
Situationsanalyse 355, 360
Situationsethik 39, 41–43, 312, 473
Situiertheit 76, 165, 173, 177, 200, 331, 382, 386
Situiertsein 524
Situierung 464
Smartwatch 590
Soldat 432

Solidarische Seelsorge (Luther) 581
Solidarität 443, 445, 509, *536*, **580 f.**
Solidaritätskriterium 72, **580 f.**
Sollenseindeutigkeit 66, 210, **214**, 217, 246, 258, 260 f., 289, 292, 294–296, 299, 306, 319, 327, 358, 368, 556
Sollensforderung 172, 213, 381, 412, 464
Sollenskonflikt 66 f., 172 f., 208, **244–250**, 262 f., 265 f., **291**, 294 f., 299, 301 f., 304, 310, 323, 328, 340, 342–344, 358 f., 367–369, 371 f., 381, 402, 438 f., 449, 532, 539, 542, 546, 560, 582, 584, 588, 590
Sollenskontingenz 66, 265, 296, 304, 319, 328, 368, 371, 381, 469, 545, 582, 584, 590
Sollensnotwendigkeit 217
Sollensuneindeutigkeit 263, 269, 272, 274, **300**, 485, 590
Sorge 39, 41 f., **43**, 305, 448, 503, 505
Souverän 145, 399, 452, 479, 543
Souveränität 19, 21
Sozial Imaginäres **168–178**, 398, 406 *Siehe auch* Imaginäres,. sozial
Soziale Existenz 430, 433, 438
Soziale Grenze 568
Soziale Praktik (Begriff) 75
Soziale Realität 136
Soziale Verhältnisse 564
Soziale Welt 110
Sozialethik 46, 100, 160, 179, 201, 313 f., 316, 320, 322, 324, 326, 328, 354, 357, 362, 461, 490, 542
– christliche 456
– lutherische 494
Sozialethisierung 68, 372
Sozialisierung 120
Sozialität 76, **83**, 137, 159, 186, 229, 242, 290, 299, 333, 342, 420, 430, 435, 465, 469
Sozialitätsmoment 91
Sozialkritik 457
Soziallehre 324, 442
Sozialpolitik 564
Sozialstaat 6, 59, 542 f., 545, 557
Sozialtheorie 138, 169, **176**
Soziologie 37, **83**
– interpretative 83
Spielen 167
Sporttreiben 81

Sprache 120, 127, 412 f., 417, 434
Sprachenvielfalt 128
Sprachgebrauch 78
Sprechakt 80, 89
Sprechakttheorie 385
Staat 124, 256, 318, 322, *452*, 455, 461, 484, 494
Staatliche Ordnung 452
Staatskritik 455
Staatsmann 164, 258, 432, 437, 503 f.
Staatsunabhängigkeit 442
Stand der Verantwortung 290, 292, 294
Standesethos 466
Staudamm 502
Stellungnahme 465, 477
Stellungnahme (Rendtorff) 330, 333, 337
Stellvertretung 42, 46–48, 164, 299, 366, **430–441**, 446, 453, 455, 460, 469, 504 f., 508, 515, 520, 522, **535–538**, 577
Stellvertretungscharakter 364
Stellvertretungsimagination *Siehe* Imagination, Stellvertretungs-
Stellvertretungsproblem **535**
Steuerung 11
Steuerungsmöglichkeit 500
Stockholm 1925
– Life and Work 317
Strafgericht 400
Strafprozessrecht 387
Strafrecht 553
Strafrechtstheorie 550
Straßburg 233
Straßenverkehr 92
Stratifizierung 566, 568
Streben 222
Struktur 81, 83 f., 112, **124**, 175, 326, 328, 377, 443, 457, 481, 528, 533, 552 f., 561
Strukturalismus *83*, 112
Strukturen 496
Strukturethik 326
Strukturmoment 84, 89, 91–93, 179, 538, 553, 555
Strukturrealismus 86
Strukturtheorie 83, 91
Subjekt 16, 37, 121, 249, 349, 372, 377, 384, 464, 469, 477, 527
– ethisches 333
– freies 334
– Konstitution 335
– sittliches 358
Subjektivismus *78*
Subjektivität 33, 160, 211
Subjektivität, Konstitution von 53
Subjektposition 16 f., 21, *140*, 153, **160**, 161, 583
Sublimierung 120
Subsidiarität 315 f.
Subsidiaritätsprinzip 320, 322, 442, 449
Sucht 479
Sühne *549*
Sühnopfer 549
Sünde 351 f., 394, 492, *534*
Sünder 191, 299, 396, 483, 572
Sündhaftigkeit 494
Super-GAU 554
Symbol 66, 121, 166, 169 f.
Symbolisches 113
Symbolsysteme *114*
Symboltheorie 112
Synchronisierungseffekt **96**, 185, 187
Systemtheorie 9

tacit knowing *94*
Tacit knowledge 79
Talent 563
Tätigkeit 110
Tausch 36, 448
Tauschgerechtigkeit 36
Täuschung 222
Technik 145, 318, 399, 497, 500, 533, 589
Technologie 37, 500, 502, 588
Teilhabe 196, 201, 511, 566, **573**
Teilhabeärmere 573 f., 580
Teilnahmegerechtigkeit 566
Teilnahmeperspektive **97**, 104, 129, 169, 173, 186, 384, 386, 396, 398, 406, 411 f., 421, 425, 434, 447 f., 453, 494, 506
Teilnehmende Beobachtung 78
Teleoaffective Structure 89
Teleologie 48
Territorium 130
Teufel 249, 461, 496, 506, 513
Text 177
Textauswahl 208
Theodizee **263–265**, 278, 485

Theologie 311, 582
- akademische 498
- evangelische 172, 582
Theologie der Freundschaft (Huber) 448
Theologie der Gesellschaft (Wendland) 324, 326
Theologie der Hoffnung (Moltmann) 345
Theoretischer Diskurs 178
Theoretisierungseffekt 99f., 185, 187f.
Theorie 98, 135, 177
Theorie ethischer Urteilsfindung *354*
Theorie-Praxis-Problem 96
Theorie sittlicher Urteilsfindung 354, **355**, 357, 359, 375, 506
Theorie sozialer Praktiken 75
Theoriebildung 111, 177
Theorieebene 348, 354f.
Theorieproblem 95
Thomas-Axiom 129, 411, *424*, *495*
Tier 172, 240
Tod 513, 533, 545, 561, 567
Todesgrenze 568
Top-Down-Ansätze *179*
Totalisierungseffekt **97**, 185–187
Totalität 185, 222
Töten 245, 291, 302
Totmannschaltung 553
Tracking 590
Traditionsgemäßheit *351*
Trägheit *534*
Tragkraft 543
Transatlantic Dietrich Bonhoeffer Research Network 286
Transformationsprozess 135
Transgressive Reflexion 22
Transparenz 196
Transzendentalphilosophie 219, 226, 235
Transzendieren 392
Treugeber 147
Treuhandbeziehung 518
Treuhänder 147
Treuhandmodell der Aufgabenverantwortung (Günther) 147
Tschernobyl (Reaktorkatastrophe 1986) 554
Tugend **157**, 341, 547, 557
Tugendethik 157, 461
Tugendlehre 52

Tutiorismus 306, 403
Typisierung von Gesetzes-, Gesinnungs- und Verantwortungsethik 363
Tyrannenmord *473*

Überforderung 41
Übergang 204, 207
Übergeschichtlichkeit 38
Überschätzung 508
Überwachung **404**, 406f., 590
Überwältigung 424, 427f.
Überwindung des Bösen 488
Umschreibung 22, 24
Umsorgtwerden 447
Umweltzerstörung 505
Unabgrenzbarkeit 389
Unabhängige Variable *74*
Unabhängigkeit 313, 469
Unbedingtes 417
Unbedingtheit 212f., 497
Unbestimmtheit **146**
Unbewusstes 109
Unentrinnbarkeit 212
Unerlöste Welt 187, 196, 494, 531f.
Unerlöste Wirklichkeit 528
Unfehlbarkeit 555, 557
Ungehorsam 292, 426
Ungewissheit aller Fernprognosen (Jonas) 555
Ungewissheitsbedingung 305
Unglaube 191
Ungleichheit 85, *165*, 541, 566, 580
Ungleichheitsbedingung 81, 443, 460
Unglück 241, 566, 580
Unheilsprognose 556
Universal-eschatologischer Ansatz (Wendland) 324, 489
Universalisierung 100f., 392, 403
Universalismus
- konstitutiver 283
- regulativer 283
Universalität 239, 241, 411
Universalität und Partikularität 235
Universalverantwortung *542*
Unmittelbares 426
Unmittelbares Erleben 408–411, **412**
Unmittelbarkeit 43, 156, 220–222, 293, 410f., **412**, 416, 418, 428, 524

Unmündigkeit 377
Unordnung 318, 455, **481–496**
Unperfektes 532
Unrecht 433, 485
Unsicherheit 472
Unteilbarkeit 221, 223
Unterdrückte 535
Unternehmer: in 380
Unterscheidung von *Person* und *Amt* 433
Unterscheidung von Teilnahme- und Beobachtungsperspektive 185
Untersuchungsausschuss 387
Untertan 479
Unterwerfen 207
Unterwerfung 405
Unumkehrbarkeit 96
Unverantwortbares 564, 591
Unverantwortbarkeit 13, 72, 530, **560–581**, 588
– Eschatologische Bestimmung des **567–570**
– humane 564, **567**, 568f., 574, 576, 578
– individuelle 564, 568, 574, 576, 578
– Protokolgoische Bestimmung der **563–567**
Unverfügbares, intendiertes und realisiertes Gutes (Meireis) 325
Unverfügbarkeit 193–195, 197, 199, 530
Unvertretbarkeit 333, 372, 418, 476, 478, 486
Unverwechselbarkeit 477
Unzulänglichkeit 508
Uppsala 1968 *306*
Urteil 227, 351, 385, 393, 402f.
Urteilsbildung 347
Urteilsentscheid 348, 354f.
Urteilsfindung 353f., 359
Urteilskraft (Kant) 215, 280
Urteilsmaßstab 318f.
Utilitarismus 36
Utopie 500f.

Vater 164, 293, 393, 431f., 436f., 504, 520
Verallgemeinerung 68
Verallgemeinerung von Verantwortung *370*
Veränderliches 497
Verantwortliche Gesellschaft 68, **306–328**, **369**, 376f., 414, 441f., **456–463**, 467, 491, 525
Verantwortliche Regierung 145, 399, 543
Verantwortlichkeit 226f., 229, 231, 293, 305
– Gefühl der 242

Verantwortung
– accountability 140
– allgemeine 433
– Allokation 173, **373**
– als Krisenbegriff 30
– anthropologisch 24
– Arbeitsdefinition (Höhne) **153f.**, 158, 162, 164
– Aufgaben- 7, 139f., *151*, 161, 206, 242
– begrenzte 438, **533**
– Begründung von 35
– Bereich 50, 384
– Beziehungsgeschehen 57
– Definition 63
– dialogische *30*
– Differenzbegriff **139–158**
– Differenzierungsprinzip (Heidbrink) 12
– Eigenverantwortung 4, 7, 9
– Einheit von 582
– endliche 71, 530, **531–545**, 588
– Ermächtigung 7
– eschatologisch 24
– ethischer Begriff 204
– Evidenz der 173
– Expansion 39
– forensische 27, 41, *42*, 50, 52, 154, 299
– formal-responsiv 584
– formal-responsive 523, 526, 584
– freie 296
– Führungs- *258*
– Fundamentalkritik der 15–24
– für 46, 151, 162
– Für-Relation 157, 163, 395
– für sich selbst 181
– Gefühl 305
– gegen alles, was lebt **248**
– Geschichte der 161
– Geschichte des Begriffs 30
– Gewissensverantwortung 30
– Grenzenlosigkeit 239
– Grundstruktur **164**
– Grundstruktur (Heidbrink) 12
– Handlungs- 139
– handlungstheoretisch 24
– hierarisch-integrierter Verantwortungsbegriff (Höhne) **151**
– individualethisch 34f.
– Instanz 50, 52, 150, 162, 384, **385–390**

- juridische **141–144**
- juristisch   24, *139*
- klassische Modell der (Bayertz)   142
- Konjunktur des Begriffs   10
- liability   140
- Matrix (Ropohl)   149
- mehrstellige Relation   149
- moralisch   24, *139*
- personale   10, 29, 315
- pflichtnah   289, 293, **294**
- politische   24, **145–148**
- Popularisierung   307
- praktisch   24
- Problem der   49
- prospektive   *144*, 146
- Rechenschafts-   *140*, **142**, *206*
- rechtliche   32, 139, **141–144**, 161
- reflexive Wendung   8
- Relation   161, 381
- religiös   *139*
- responsiv und forensisch   154
- responsive   20, *42*, 64, 70 f., **154**, *154*, **155–157**, 299, 310, 321, 326, **328**, 363, 419
- responsive Grundstruktur   156, 170
- responsive Struktur   139
- retrospektive   143, *144*
- Rollen-   139, *151*
- Schlüsselbegriff   1, 5
- Selbstverhältnis   159
- sozial Imaginäres   **168–178**
- soziale   56, *153*
- soziale Bindung   293, **294**, 299
- soziale Funktion   5
- soziale Konstruktion   159
- soziale Praxis   156, **158–178**
- soziale Praxis (Grundidee)   62
- Stand der   **288 f.**
- strukturelle Ermöglichung von   321
- Subjekt   49–51, 257, 384, 508, 539
- Symbol   166, 380
- Träger:in   18, 21, 150, 161, 377, 508, 525
- Typpen von   150
- universale   51
- universalmoralische   139
- Unverantwortbarkeit   **560–581**   *Siehe* Unverantwortbarkeit
- Verallgemeinerung   *307, 315*
- Verantwortungsexpansion   7
- Verteilung von   5
- Vielfalt   582
- vor   46, 162
- vor Gott   53, 391
- Vor-Relation   395
- Zurechner:innen   377
- Zurechnungs-   7, 140, **144**, 161, 242
- Zurechnungsvoraussetzungen   7, 12
- Zuschreiber:in   18, 21, 161
- Zuschreiber_innen und Träger_innen   *161*
Verantwortungs- und Gesinnungsethik   253
Verantwortungsallokation   189, 199, 541, 554, 557
Verantwortungsbegründung   189, 199
Verantwortungsbereich   69, 382, 384, 387, 389, 438, 449, 454, 462, 467, 520, 522, 530, 539, 541, 558, 566
Verantwortungsbereitschaft   **157**
Verantwortungsethik   180, 232, 252–276, **277**, 278–284, **285**, 286, 304, 342, 344, 364, 366, 548
- christliche   **347**
- dogmatisch   54
- evangelische   61, 64, *297*, 480, **523**, **526**, 583
- evangelische selbstkritische   65
- Kriterien   71
- Kriteriologie   70 f.
- Maßstab   71
- selbstkritische   **523**
- selbstkritische evangelische   71
- selbstreflexive   **526**, 590
- theologische   25 f., 39, *286*
Verantwortungsethiker   486
Verantwortungsethische Maxime   146
Verantwortungsethische und Gesinnungsethische Maxime   **259–262**
Verantwortungsgefühl   **157**
Verantwortungsimagination   181
Verantwortungslosigkeit   71, 398, 521, 530, 562, 582, 588
- gerichtete   530, **545–560**
Verantwortungsobjekt   418, 437, 499, 504, 508, 519
Verantwortungspraktik   64, 181, 200, 582
Veranwortung
- Evidenz der   172

Verbindlichkeit 332, 334, 337, **338**, 343, 353, 363, 377, 442, **463–466**
Verblendungszusammenhang 24, *184*
Verblindlichkeit 355
Verborgenheit 406
Verbrechen aus Gehorsam 45, 152, 521, 557
Verderbnis 498
Vereindeutigung 402, 404
Vereinzelungs-Ideal 299
Verfahren 196, 354
Verfall 498
Verfassung in den USA 145
Verflüchtigung 122 f.
Vergangenheit *152*, 506
Vergänglichkeit 498
Vergebung 353, 393 f., 488, 572
Vergegenständlichung 40
Vergeschichtlichung 111
Verhalten 136, 348, 488, 552
Verhaltenserwartungen 137
Verhaltenskontrolle 500
Verhaltensoption 355, 528, 532, 556
Verhaltensorientierung 348
Verheißung 198, 567, 569
Verheißungscharakter 567
Verinnerlichung 87
Verkettung 94, 167 f.
Verkörperung 112, 122 f., 137, 178
Verkündigung 491
Verlassene 572
Verletzlichkeit 305, **497**, 501, 505
Verlinkung 79
Vermeidung von Schäden 400
Vermittlung 412, 434
Verneinung 224
Vernunft 209 f., 212, 247, **282**, 288
Vernunftgesetz 282
Verortung 175
Verpflichtung 389
Verschleierung 21
Verschwörung gegen Hitler 470
Versicherung 555
Versöhnte Wirklichkeit 509, 511, 530
Versöhnung 70, 273, 299, 301, 351, **509–522**, 526, 545, 550, 572
Versöhnungswirklichkeit 527
Versprechen **230**, 231

Verständigung 446
Verstellung 417
Versuchung 569
Verteidigung 384, 403
Verteidigungsrede 393, 397, 402
Vertrauen 335
Vertrauensvorschuss 495
Verzerrung 492
Verzweiflung 303
Vielfalt 241, 582
Vielgestaltigkeit 236
Vieraugenprinzip 554
Virtualität 126
Virus 577
Volk 291, 437, 439, 452, 454, 543
Volkswirtschaftslehre 195
Vollkommenheit 486
Vollzug der Praktiken 92
Vollzugsebene 348, 353–355
Vollzugswirklichkeit **77 f.**, 83, 95, 98, 100, *124*, 165, 582, 584
Voluntarismus 67, **218**, *218*, **219–222**, **240–242**, *289*, 368, 423
Voluntaristisches Missverständnis 343
Voluntativer Akt 348
Vorfindliches 564
Vorläufigkeit 202, 312
Vorletztes 196, 351, 378, 531, 534, 546, 550
Vorsehung 309, 477
Vorstellung 218
Vorstellungsstrom *111*
Vorstellungswelt 169 f., 175

Wächter 405
Wagnis 70, 189, 196, 296, **299–303**, 355, 360, 369, 402, **467–476**, 559, **579**
Wagnischarakter *196*
Wahl 255, 261, 387
Wahrheit 99, 302
Wahrheitsentzug 193
– offenbarungstheologischer 193
– praktischer 193, 196
Wahrheitssuche 313
Wahrnehmen 85
Wechselbeziehung 425
Wechsellichtzeichen 92

Wechselseitigkeit 446, 496, 538 Siehe Reziprozität
Wehrdienst 349, 360
Weib 293
Weihe 166
Weltanschauliche Pluralität 268 f.
Weltanschauung 262
Weltbeherrschung 41
Welterklärung 234
Weltwirklichkeit 301, 352, 513, 515
Werkgerechtigkeit 398, 549
Wert 260
Wertbezug 255
Wertentzug **15**, 24, 60, 62, 73, *74*, 173, 179, 181, 183, 187 f., 190, 192 f., 196
Wertepluralismus 266, 273
Wertepolytheismus 368
Wertkonflikt 260, 278
Wertnihilismus 173, 196
Wertprojektion 535
Wertrationalisierung 272
Wertrationalität 267
Wertsphäre *262*, 269, 274, 285
Wertunterschied 245, 247 f.
Wertverantwortung 30
Wesensbestimmung des Menschen 564
Wette 497, 555
Widerfahrnis 417
Widerspruch 191, 289 f., 427
Widerspruch von Maßstab und Wertentzug 184 f.
Widerstand 360, 559
Wildes Tier 483
Wille 209, 216, 288
- partikulare 236
- partikularen 239
- universaler 236, 239, 244
Wille Gottes 290, 352
Wille zum Leben 241
Wille zum Leben (Schopenhauer) 408
Wille zum Leben (Schweitzer) 234–236, 239, 245, 409 f., 422
Willen 219–221, 511
Willensfreiheit 218, 224, 226, 229
Willenskonflikt 66, 210, **216**, 217, 246, 250, **252**, 258, 289 f., 292, 295, **300**, 306, 368 f., 590
Willenskontingenz 217

Willenslosigkeit 224
Willentlichkeit 164
Wir 118
Wirklicher Mensch 513, 530–533
Wirklichkeit 156, 228, 349, 358 f., 374, 480, **510**, 513, 523, 526, 575
Wirklichkeit Gottes 510, 513
Wirklichkeit und Wirklichwerden 510
Wirklichkeitsform 288
Wirklichkeitsgemäßheit *351*, 469, 510 f.
Wirklichkeitsverständnis *40*
Wirklichkeitswahrnehmung 171
Wirtschaften 270
Wirtschaftsethik 589
Wirtschaftsunternehmer 475
Wissen 16, 500
- explizites 89, 133
- Hintergrund- 134, 137
- implizites 76 f., *79 f.*, **89–91**, 94, 102, 137, 166
- koordinierendes 136
- praktisches **79 f.**, **89–91**, 137 f., 165, 167, 183, 553
- propositionales 89, 133
- theoretisches 133, 138
- understanding of X-ing 89
Wissenschaft 272
Wissenschaft als Praxis 99
Wissenschaftliche Praxis 96
Wissenschaftsethik *39*
Wissenschaftspraxis 380
Wissensmodus 133, 137, 175
Wissensordnung 16, 24, 102
Wissentlichkeit 164
Wohl 541
Wohlfahrt 543
Wohlfahrtsstaat 9, 580
Wohlfahrtsstaatlichkeit 580
Wohlgeformtheit (Habermas) *539*
Wollust 220
Worst-Case-Szenario 501
Wort Gottes 331, 512
Würde 214, 341, 446, 572

Zähneputzen 167
Zahnhygiene 166
Zeit 188, 202, 219, 420 f., 434, 506
Zeitbegriff 96, 185

Zeitung 128
Zepter 166
Zingst 291
Zivilgesellschaft 14, 558
Zorn 572
Zukunft *152*, 231, 346, 401, 506, 591
Zukunft des Lebens 498
Zukunft Gottes 572
Zukunftsethik 304
Zukunftslosigkeit 504
Zukunftsorientierung 250
Zukunftsverantwortung 176, 364
Zuneigung 447
Zurechnerinnen-Position 162
Zurechnung 51, 142, **143**, 144, 153, 383, 394, *477*, 546
Zurechnungsfähigkeit **227**, 383
Zurechnungskonstrukt 9, 157, 229
Zurechnungsmodell 142
Zurechnungspraktik 12, 165, 167
Zurechnungspraktiken 12
Zurechnungsproblem 161
Zurechnungsrelation 69, *158*, **161**, 162, 381, 435, 525, 539, 543
Zurechnungsrichtung 543
Zurechnungsverantwortung **144**, 150, 227–230, 368, 384, 394
Zurüstung 311

Zusammenhang akademischer mit anderen gesellschaftlichen Praktiken 23
Zuschreibung 143
Zuschreibungspraxis 5
Zuständigkeit 148
Zuständigkeitsbereich 163, 165, 377, 496, 509, 554
Zuständigkeitspraktik 165
Zuständigkeitsrelation **162–164**, 165, 382, 435, 525, 539, 545
Zuvorkommen 537
Zwang 209, 387, 446
Zweckrationalität 267
Zwei-Raum-Denken (Bonhoeffer) 514
Zwei-Regimente-Lehre 482, 490, 527
Zwei-Reiche-Lehre 433, 490
Zweideutigkeit 494, 528
Zweifel 292
Zweihandschaltung 553
Zweiter Weltkrieg 304, 318, 369, 488, 558
Zwielicht 295, **300**, 472
Zwielichtigkeit 531
Zwiespalt 250
Zwiesprache 415
Zwischenaxiom **310**, 313, 320 f., 324
Zwischenzeit 491
Zynismus 534